国王的两个身体

中世纪政治神学研究

[德] 恩斯特·H. 坎托洛维奇 著
尹景旺 译

The King's Two Bodies

A Study in Mediaeval Political Theology

Ernst H.Kantorowicz

上海社会科学院出版社
SHANGHAI ACADEMY OF SOCIAL SCIENCES PRESS

目录

导读:《国王的两个身体》及其政治意涵

亚努斯·古迪安(Janus Gudian)　法兰克福大学

一、指向当下的历史书写——对坎托洛维奇的科学理解[①]

中世纪史学家坎托洛维奇的作品今天在专业领域广为认可。他作品的巨大声誉也归功于他那由许多矛盾和断裂组成的人生经历——他是20世纪30年代在德国的犹太人。诸如此类的不一致,以及由此产生的视角转换,让我们在坎托洛维奇的传记中把握住20世纪"极端的年代"[②]里的理智和政治发展。他人生中的关键词由一般的历史知识、科研兴趣和神话构建起的想象组成。[③] 所有这些使得坎托洛维奇位列最有趣

---

① 导论的第一部分作为演讲收录于 Frankfurter Historiker (Schriftenreihe des Frankfurter Universitätsarchivs 6), hrsg. von Evelyn Brockhoff/Bernd Heidenreich/Michael Maaser, Göttingen 2017, 121 - 144。

② 对于这个概念,参见 Eric Hobsbawm, Das Zeitalter der Extreme: Weltgeschichte des 20. Jahrhunderts 1914 - 1991, München 1995。

③ 对于想象的作用形式,比较 Johannes Fried, Wissenschaft und Phantasie. Das Beispiel der Geschichte, in: HZ 263, 1996, 291 - 316。参见: Jahrbuch des Historischen Kollegs 1996, 23 - 47, 再参见: Johannes Fried, Zu Gast im Mittelalter, München 2007, 239 - 259。

和最有名望的历史学家之一。

(一) 德国的坎托洛维奇

1895 年 5 月 3 日，恩斯特·坎托洛维奇(Ernst Hartwig Kantorowicz)在波兹南出生。[4] 作为富裕市民阶层的坎托洛维奇家族在当地经营着一家大的酿酒厂：由他的祖父建立，并命名为“Hartwig Kantorowicz”烈酒和利口酒厂。这不但保证了坎托洛维奇的经济独立性，而且有助于他终生保持时髦着装。[5] 波兹南在 1815—1920 年属于普鲁士的一部分。但是普鲁士人并不喜欢这个城市，不仅是因为这里的德国人和波兰人数量相当，而且两个族群因强烈的民族认同而完全区分彼此。波兹南的德国人处于一场旷日持久的文化上自我肯定的斗争之中。坎托洛维奇的一位姐姐作为一名为了解放而

---

④ 迄今为止出版的坎托洛维奇传记有四本：第一本是 Eckhart Grünewald, Ernst Kantorowicz und Stefan George. Beiträge zur Biographie des Historikers bis zum Jahre 1938 und zu seinem Jugendwerk “Kaiser Friedrich der Zweite”, Wiesbaden 1982。这本在拉默斯(Walther Lammers，他是 1965—1982 年间法兰克福大学坎托洛维奇教席继承者)指导下的博士论文没有处理坎托洛维奇的美国时期。第二本传记是 Alain Boureau, Histoires d'un historien, Kantorowicz, Paris 1990。第三本是 Janus Gudian, Ernst Kantorowicz. Der “ganze Mensch” und die Geschichtsschreibung (Gründer, Gönner und Gelehrte. Biographienreihe der Goethe Universität), Frankfurt am Main 2014，最新的是 Robert E. Lerner, Ernst Kantorowicz. A Life, Princeton/Oxford 2017。

⑤ 拉德纳(Gerhart Ladner)讲述道：第一印象是陌生。他看起来像一位花花公子，着装和举止优雅，喷了香水，声音适度，就像唱歌一样……他的形象具有异国风味，尤其是在我第一次见到他的那个环境中，即柏林的日耳曼历史档案馆。参见 Gerhart B. Ladner, Erinnerungen (Österreichische Akademie der Wissenschaften, Philosophisch-Historische Klasse, Sitzungsberichte, 617. Bd.), hrsg. von Herwig Wolfram/Walter Pohl, Wien 1994, 32。比较 1928 年齐默尔(Heinrich Zimmer)给白萨根(Friedrich Baethgen)的信件，齐默尔称呼坎托洛维奇为“美声唱法”(bel Canto)(Deutsches Literaturarchiv Marbach, Zugangssignatur 77.2950－77.2965)。

斗争的犹太人,在波兹南试图捍卫与波兰人对立的德意志文化。[⑥] 坎托洛维奇的犹太家族也是如此,他们世世代代努力融入德国市民阶层。坎托洛维奇处于德国—波兰、犹太—德国两两针锋相对的环境中。他还有德意志民族和摩西信仰两种不同的选择,这两者也处于紧张关系中。[⑦]

1913 年,坎托洛维奇参加了高考(Abtiur)。1914 年 8 月,他成为志愿军的一员,隶属 1 - a 部队。在战争中他获得了诸多荣誉,1915 年晋升为下士,并在凡尔登受伤。第一次世界大战的结束并不意味着他战斗的终结:首先,他保卫波兹南免遭波兰吞并,[⑧]1919 年春天,他在柏林与斯巴达克斯分子作斗争,接着在慕尼黑对抗共产主义苏维埃共和国。对于前两个阶段的斗争,可以证实的只有坎托洛维奇的自我陈述,[⑨]而在慕尼黑的斗争却有证据表明他加入了“人民军队”(Volkswehr)。[⑩] 受自己的政治观点驱动,坎托洛维奇自愿参战,当战争热情消退,他又自愿参加自由军团(Freikorps)。因

---

⑥ 根据坎托洛维奇姐姐萨尔茨(Sopie Salz,她与科学家 Arthur Salz 结为夫妇)的女儿(Beate Salz)的描述,Grünewald, Kantorowicz und George(参见注释 4),10 和注释 28。

⑦ 更进一步的描述,见 Gudian, Kantorowicz(参见注释 4), 20f., 24, 76。

⑧ 对于战后波兹南归属的斗争,我们无法参透坎托洛维奇的立场。

⑨ 比较 1933 年 4 月 20 日坎托洛维奇写给在柏林的普鲁士科学,艺术和教育部长的信。(参见:Leo Baeck Institute, New York, Ernst Kantorowicz Collection, 1908 - 1982, AR 7216/MF 561, II/5/5, No.479 - 480, 也参见:Universitätsarchiv Frankfurt, Abt.14, Nr.101, Bl.28)。

⑩ 一张注明为 1919 年 5 月 1 日由城市司令部签发的通行证。(LBI, 参见注释 9, III/7/7, No.1035). 根据最新发现的坎托洛维奇给他父母的信件,我们可以怀疑坎托洛维奇在自由军团的活动。比较 Janus Gudian, Rezension zu: Lerner, Kantorowicz(参见注释 4), HZ 306 (2018) 772 - 776。

此，他的德意志民族倾向[11]与极右思想并存。在他自己看来，德意志民族倾向是国家社会主义的先驱。[12]

从1919年冬季学期起坎托洛维奇在海德堡大学学习国民经济学。海德堡在当时的德国有其特殊的人文艺术氛围。那里有中世纪史学家汉普(Karl Hampe)、考古学家库齐乌斯(Ludwig Curtius)、哲学家雅斯贝尔斯(Karl Jaspers)和社会学家韦伯兄弟(Max Weber和Alfred Weber)。[13] 除了一个受蒙森(Theodor Momsen)训练的古代史学家多马谢夫斯基(Alfred von Domaszewski)关于亚历山大大帝的研讨班，[14]坎托洛维奇很少参加历史系的活动。1922年，坎托洛维奇在狄尔泰(Wilhelm Dilthey)的学生，国民经济学家、经济史学家戈泰因(Eberhard Gothein)那里博士毕业。[15]

到达海德堡不久后，坎托洛维奇认识了具有克里斯玛魅力的诗人格奥尔格，[16]很快，他就成为格奥尔格的亲密朋友。

---

⑪ 坎托洛维奇对于自己作为一名德国犹太人参加"　战"很自豪。比较他1933年4月20日的信件。

⑫ 例如他在1949年10月4日写给加州大学校长斯普劳尔(Robert G. Sproul)的信件。(LBI，参见注释9，II/6/3，No.747，795 und 797)。

⑬ 对于海德堡的神话，比较Raymond Klibansky，Aus dem Heidelberger Geistesleben. Autobiographische Anmerkungen，in：Heidelberg. Geschichte und Gestalt，hrsg. von Elmar Mittler，Heidelberg 1996，270－282；Eike Wolgast，Die Universität Heidelberg. Historische Entwicklung，ebd.，284－320，311ff。

⑭ Edgar Salin，Ernst H. Kantorowicz 1895－1963，in：HZ 199，1964，551－557，554；同样见Lerner，Kantorowicz(参见注释4)，66f。

⑮ 坎托洛维奇的104页的博士论文《论穆斯林手工业团体的本质》作为未出版的手稿存放在海德堡大学图书馆。该论文很少被研究者注意。

⑯ 谁把坎托洛维奇介绍给了格奥尔格，至今不得而知：可以讨论的人有他的姐夫萨尔茨(Arthur Salz)，冯卡勒(Erich von Kahler)和作词人坎托洛维奇(Gertrud Kantorowicz)。当然也可以考虑另一位冯卡勒(Fine von Kahler)，坎托洛维奇与她在20世纪20年代初有一段恋情。

受格奥尔格影响，他在博士毕业后为皇帝弗里德里希二世撰写传记，[17]引起轰动：坎托洛维奇卷入与学院历史学家的激烈争论（主要是普鲁士国家档案馆的领导、柏林大学的讲席教授、《历史杂志》编者之一阿尔布莱特·布莱克曼）；[18]传记出版4年后，坎托洛维奇作为词条被收录《大布洛克豪斯百科全书》，接着在没有撰写教职论文的情况下，坎托洛维奇被法兰克福大学历史系聘任。[19] 1931年夏季学期到1934年11月，坎托洛维奇成为历史系教员的一分子[20]：最初是荣誉教授，1932年8月，作为施耐德斯（Fedor Schneiders）的继任者而成为正教授。1933年4月的《重设公职人员法》（*Gesetz zur Wiederherstellung des Berufsbeamtentums*）因《前线战斗员条款》（*Frontkämpferklausel*）而对他不适用。由于学生的抵制，他在1933/34冬季学期中断了教学，把目光投向了牛津伸出的橄榄枝。[21] 谈到牛津的邀请，有人混淆了恩斯特·坎托洛

---

[17] Ernst Kantorowicz, Kaiser Friedrich der Zweite, Berlin 1927. 该书1927年的第一版没有任何脚注。在1931年的第二版中，坎托洛维奇加上了脚注：Ernst Kantorowicz, Kaiser Friedrich der Zweite. Ergänzungsband, Berlin 1931。

[18] 比较在《历史杂志》中坎托洛维奇与布莱克曼的争论，Albert Brackmann, Kaiser Friedrich II. in "mythischer Schau", in: HZ 140, 1929, 534 - 549; Ernst Kantorowicz, "Mythenschau". Eine Erwiderung, in: HZ 141, 1930, 457 - 471; 再如 Albert Brackmann, Nachwort, in: HZ 141, 1930, 472 - 478。

[19] 对于坎托洛维奇的聘任事宜，见 Notker Hammerstein, Die Johann Wolfgang Goethe-Universität Frankfurt am Main. Von der Stiftungsuniversität zur staatlichen Hochschule, Bd.I: 1914 bis 1950, Neuwied/Frankfurt am Main 1989, 101ff。

[20] 1930年坎托洛维奇已经被聘任，但他想在就任前完成传记的增补工作。他在1935年退休前申请休假（比较1933年4月20日坎托洛维奇的信件）。

[21] 最初的邀请是1933/34年冬季学期和1934年夏季学期。尽管坎托洛维奇在这一年申请休假，但坎托洛维奇当年仍然在法兰克福工作。根据当时的档案资料无法了解为什么坎托洛维奇这么做。比较 Gudian, Kantorowicz（参见注释4），108，111ff。

维奇和赫尔曼·坎托洛维奇。[22] 坎托洛维奇回到德国后主动退休，从法兰克福抵达柏林著名的日耳曼历史档案馆(*Monumenta Germaniae Historica*)，在院长科赫(Paul Kehr)的支持下展开个人的研究工作。[23]

1938年水晶之夜后，坎托洛维奇旋即逃离了“祖国”，这意味他在第一次世界大战后失去了故乡波兹南，又失去了第二故乡。他离开祖国受到两位朋友——伯恩斯托夫(Albrecht Graf Bernstorff)和克努普(Helmut Küpper)的帮助。前者把他藏匿了一个星期，后者提供金钱让他在旅程中得以享用牡蛎，[24]因为坎托洛维奇在他的朋友圈中是出了名的美食爱好者。[25] 当坎托洛维奇成功地逃亡，他的母亲却在1942年尝试越过瑞士边境时被抓后死亡，就像他的作词人姐姐(Getrud Kantorowicz)在泰雷津的遭遇一样。

(二) 格奥尔格对坎托洛维奇的意义和他的斯陶芬王朝传记

诗人、预言家和大师格奥尔格对于理解坎托洛维奇具有重要意义。坎托洛维奇的人格完全是由格奥尔格塑造的。[26]

㉒ 根据鲍勒的叙述，参见 C. Maurice Bowra, Memories 1898 - 1939, London 1966, 286。我们要小心对待他的阐释。因为他把抛向具体哪位坎托洛维奇的橄榄枝记错了。邀请一开始就是针对坎托洛维奇的。

㉓ 比较 Friedrich Baethgen, Ernst Kantorowicz 3.5.1895 - 9.9.1963, in: DA 21, 1965, 1 - 17, 7。

㉔ 1949年9月10日坎托洛维奇写给他的出版商和好友克努普的信(Stefan George Archiv Stuttgart, Kantorowicz II, 1901)。

㉕ 比较私下出版的 Ian Jackson, Cooking with Kantorowicz, Berkeley, 2009。

㉖ 通过格奥尔格和他的圈子进行人格塑造，参见：Carola Groppe, Die Macht der Bildung. Das deutsche Bürgertum und der George-Kreis 1890 - 1933, 2. Aufl. Köln/Weimar/Wien 2001。关于坎托洛维奇与格奥尔格的关系，参见：Thomas Karlauf, Stefan George. Die Entdeckung des Charisma, München 2007, 547ff。

格奥尔格(1868—1933)是一位象征主义诗人,非常受年轻人欢迎。格奥尔格对德国现状的拒绝使得人们对他的崇拜与日俱增。在格奥尔格看来,伴随着社会的蝼蚁化,现代性是一个通过技术而丧失了灵魂的世界。格奥尔格圈子中称其为“美国化”。[27] 为了对抗“美国化”的发展倾向,格奥尔格利用自己的诗歌艺术——他的诗歌和他的追随者共同塑造了这个“秘密德国”,[28]作为德国维新的出发点。针对政治现实而塑造的秘密德国的“内在”意义是什么,这非常难以解释,因为它就是“秘密的”:无论是格奥尔格的象征主义诗歌,还是他的追随者都没有给出“正式”的解释,而总是称之为“这个秘密的”。[29]在此语境中,这个表达意味着格奥尔格必须作为老师,在圈子里运用他的教育方法。

格奥尔格把自己塑造为一个预言家,他在自己的文学作品里向其追随者宣布这个预言。[30] 肩负着弥赛亚式的使命意识,他遭

---

[27] 1928年7月28日坎托洛维奇写给格奥尔格的信(StGA,参见注释24,George III,6621)。

[28] 一个在格奥尔格圈子中盛行的称号,于1910年被沃尔夫凯勒(Karl Wolfskehl)首次使用。Karl Wolfskehl, Die Blätter für die Kunst und die neueste Literatur, in: Jahrbuch für die geistige Bewegung 1, 1910, 1-18。

[29] 研究者尝试去解释这个“秘密”的意思:由此产生一个词义可能性范围,从格奥尔格用这个词含有这样一种意图——让自己对神化的美少年马西明(Maximin)的同性恋之情活脱出来,到这样一种看法——根本不存在所谓的“秘密”,有的只是一种对外渲染的效应。比较,Karlauf, George(参见注释26),395,454f.,536;同样重要的是Ernst Osterkamp, Poesie der leeren Mitte. Stefan Georges Neues Reich, München 2010。

[30] 比较格奥尔格的诗歌,Stefan George, Der Dichter in Zeiten der Wirren, in: Stefan George, Das Neue Reich (Gesamt-Ausgabe der Werke, 9. Bd.), Berlin 1928, 36f.,在其中格奥尔格把自己与Kassandra相比较,称自己为“预言家”。参见Groppe, Bildung(参见注释26),119ff.;Karlauf, George(参见注释26),254和全书各处。

遇了他的时代，一个巨大的整体塑形诉求(Gestaltungsanspruch)。格奥尔格人格所散发的效应或许可从下面这一点来判断：韦伯(Max Weber)从诗人那里得来的个人印象，发展出了他的“克里斯玛”和“克里斯玛式的统治”的概念。[31] 由于圈子中形成的等级制，人们把格奥尔格称为“大师”，而把格奥尔格的追随者称为“年轻人”。

格奥尔格圈子里的精英教育是一个紧密的社会化过程，它意在塑造各自的新人格。[32] 它开始于对“优秀青年”的选择：[33]一些戴眼镜的人不可能指望加入这个圈子，因为超过20岁的人难以被塑造。非常值得注意的是，坎托洛维奇加入格奥尔格圈子已经超过20岁了。加入圈子的首要前提是，追随者着迷于格奥尔格的作品，只有他们朗诵格奥尔格的作品，教育工作才得以展开。阅读格奥尔格的诗歌和自我创作是日常的“训练”。[34] 作为引力中心的教育影响了格奥尔格自己的人格：他是否出席朗诵会，是否与人交谈，是否邀请他人去宾根(Bingen)，或者在某人那里居住(当坎托洛维奇在撰写斯陶芬王朝传记时，格奥尔格在海德堡坎托洛维奇家中度过了几

---

[31] 比较 Karlauf, George(参见注释 26), 238, 412ff.; Groppe, Bildung(参见注释 26), 198ff., 561ff. 根据荷兰诗人维韦(Albert Verwey)描述，他曾经和格奥尔格一起散步，感到格奥尔格不是一位人，而是他身边的天使。见：Albert Verwey, Mein Verhältnis zu Stefan George. Erinnerungen aus den Jahren 1895－1928, Leipzig/Straßburg/Zürich 1936, 62f。同样他思索到，格奥尔格可以对人们产生哪些影响。

[32] 比较 Groppe, Bildung(参见注释 26), 209ff., 441ff。

[33] 比较同上, 414ff., 446ff.; Karlauf, George(参见注释 26), 259f., 365ff., 388。

[34] “我最喜欢做的就是训练”，格奥尔格强调。见 Verwey, Verhältnis(参见注释 31), 63。

周)——与格奥尔格个人的亲近是决定性的标准。[35]

坎托洛维奇曾这样描述格奥尔格对他自身人格的影响：他学会了一种新的观看方式，一种与以前不同的感知世界的方式。[36] 格奥尔格改变了一些人，[37]这也是他的意图所在：他试图在一个丧失了灵魂的世界塑造“新人”，“新人”不再是孤独的蝼蚁，而是被他赋予了精神意义。从而使得自我定位和对生活的掌控得以可能。宗教的一个重要功能是传授自我定位的知识。称格奥尔格和他的圈子为“艺术宗教”，有助于描绘格奥尔格和他圈子的特征。[38] 在这个意义上，我们说格奥尔格针对德国提出的维新概念有等级制含义：一方面，维新应该以新的精神贵族(也就是圈子成员)为支撑；另一方面，如此这般的维新只能由一个具有超凡魅力的人格，即英雄实现。[39] 与基督教相似，期待一个弥赛亚，从而得到拯救。[40]

㉟ 比较 Karlauf, George(参见注释 26), 383f。

㊱ 比较 1924 年 4 月 30 日坎托洛维奇写给格奥尔格的信(StGA, 参见注释 24, George III, 6611)。比较最新发现的 1920 年 4 月 28 日和 1920 年 11 月 6 日坎托洛维奇给冯卡勒(Fine von Kahler)写的信(StGA, 参见注释 24, Kahler III, 6515;6530)；1924 年 5 月 15 日坎托洛维奇写给斯坦恩(Wilhelm Stein)的信(StGA, 参见注释 24, Kryptoteilnachlass Wilhelm Stein)。

㊲ 在这个意义上勒内指坎托洛维奇的书法受到格奥尔格的影响，正如坎托洛维奇在给父母的书信中写到的那样。参见：Lerner, Kantorowicz(参见注释 4), 77f。

㊳ 比较维韦的说法，Verweys, Verhältnis(参见注释 31), 60f.；也见 Karlauf, George(参见注释 26), 16f., 169ff. 全书各处。

㊴ 这是格奥尔格作为诗人想实现的，见 George, Dichter(参见注释 30), 38f. 在这个意义上，也见格奥尔格的诗集《阿卡伯尔》(Algabal)中的“绝对帝国中独裁统治的图像”(Bild der unumschränkten Herrschaft im Reich des Absoluten)，见 Karlauf, George(参见注释 26), 103。

㊵ 比较 Johannes Fried, “George und seine Juden”, in: Trumah 18, 2008, 132-160, 134ff.；Karlauf, George(参见注释 26), 308, 337 和(zum Maximin-Kult) 357ff。

塑造新人和传授定位知识，一方面希冀一个拯救者形象，另一方面形成了艺术宗教和“领袖思想”㊶两块基石。其他人欣然接受格奥尔格的世界观。因此，诗人意识到且没有否认新的民族运动，即国家社会主义。㊷

当格奥尔格清楚地表现出整体塑形诉求，他却缩小了自己的作用范围：直到第一次世界大战他都进行公开创作，但1918年之后他只试图影响自己的小圈子。格奥尔格的作品为年轻人确定了生命意义，他们接受了使徒的角色，致力于传播大师的思想。尤其是来自人文学术界的第三代圈子成员，致力于在他们各自专业领域传播格奥尔格的思想。㊸后来成为法兰克福大学私人讲师的康梅尔(Max Kommerell)在1928年写就了一部名为《诗人——德国经典中的领袖》的作品。㊹格奥尔格亲自指导所有出版作品，这些作品传播了他的世界观。坎托洛维奇的斯陶芬王朝传记也是如此。与其他格奥尔

㊶ 因此沃尔夫凯勒(Karl Wolfskehl)1902年7月11日写给格奥尔格的信中，称格奥尔格为“新人的领袖”，引自Karlauf, George(参见注释26), 177；格奥尔格1902年5月写给霍夫曼斯塔尔(Hugo von Hofmannsthal)的信中谈及具有拯救效果的独裁，通过诗歌而达到的独裁。见Karlauf, George(参见注释26), 201，进一步比较254ff., 431ff., 581。

㊷ 格奥尔格没有否认自己的格言是纳粹的先驱。比较Fried, “George und seine Juden”(参见注释40), 153f。鉴于格奥尔格的思想世界与独裁思想的亲缘性，曼(Klaus Mann)接受格奥尔格从诗人到“精神领袖”变迁的看法，135ff., 152。

㊸ 比较Groppe, Bildung(参见注释26), 623ff.;Karlauf, George(参见注释26), 275f., 287, 449.对于从历史角度理解格奥尔格和其圈子，比较：Geschichtsbilder im George-Kreis. Wege zur Wissenschaft, hrsg. von Barbara Schlieben/Olaf Schneider/Kerstin Schulmeyer, Göttingen 2004。

㊹ Max Kommerell, Der Dichter als Führer in der deutschen Klassik. Klopstock-Herder-Goethe-Schiller-Jean Paul-Hölderlin, Berlin 1928。

格思想传播者唯一不同的是，这部作品为坎托洛维奇打开了进入专业领域的大门。

在1924—1927年间写就的传记名为《皇帝弗里德里希二世》。值得一提的是，弗里德里希二世作为英诺森三世的被监护人在西西里的巴勒莫长大。英诺森三世是一位世界上无出其二的主张教权优先皇权和教会的世界性力量的教皇。出于对德意志帝国冠冕的诉求，巴巴罗萨的孙子，皇帝弗里德里希二世与皇帝奥托四世对抗。后来弗里德里希二世成为罗马皇帝。作为西西里的国王，他把从母亲那里继承过来的遗产变成了一个官僚制的“国家原型”。在教会禁止的情况下，他发动了第五次十字军东征。耶路撒冷被苏丹萨拉丁(Saladin)占领后，弗里德里希二世不是通过武力，而是为了基督徒的利益回到谈判桌上，重新夺回了耶路撒冷。他接触非基督徒，因而与教会的期望背道而驰。在坎托洛维奇笔下，弗里德里希二世据说在耶路撒冷圣墓教堂自我加冕，这是他与教皇产生激烈冲突的原因。[45]

---

[45] 坎托洛维奇的弗里德里希二世自我加冕段落既闻名遐迩又恶名昭著：Friedrich(参见注释17)，183。这个段落有如下特点：作为科学散文具有艺术效果；语言生动且充满暗示意味；强大的历史塑形意志；简洁明了，在一定程度上可信：“教皇额我略九世的敌意反而是好事。感谢教皇的不饶恕，耶稣受难期的第三个星期日，3月18号，皇帝弗里德里希二世在耶路撒冷圣墓教堂自我加冕。这样的场景直到拿破仑时期才再一次出现。在追随者和朋友的引导下，这个被逐出教会的皇帝进入圣墓教堂。在这里第一个耶路撒冷的国王，哥弗里德(Gottfried von Bouillon)拒绝戴上金镯子，因为耶稣戴上了荆冠。。(格奥尔格式的省略号。——译者)在这里没有教会的中介，没有主教，没有加冕弥撒，弗里德里希二世毫无畏惧，骄傲地从圣坛取下王冠，戴在自己的头上。。弗里德里希二世并非有意如此，但此举极具象征意义。在基督教世界最圣洁的地点，他让无须教会中介的王权重获生机。”这部作品用的是格奥尔格的书写方式，例如用两个而不是三个省略号。

弗里德里希二世传记交织的意向和瞄准的受众非常多并且复杂。首先，这本书面向广大公众，它公开宣示格奥尔格的价值观，扩大了格奥尔格的智识影响。其次，坎托洛维奇以秘密的德国为导向，在历史学中传达了格奥尔格的价值观。㊻ 书写传记的难处在于，要根据现有的并且往往是片面不全的资料来栩栩如生地刻画人物。这个方法论的问题在中世纪史家那里尤其突出，因为绝大部分中世纪的统治者不识字，没有他们自己书写的材料，也就缺乏制造“自传幻觉”的基础。㊼ 这个缺乏恰恰是坎托洛维奇运用其他标准，自由处理一个时代的前提：这个空缺使得坎托洛维奇的创作欲有了必要的自由空间。他的意图再次指向他作为格奥尔格门徒的角色。

坎托洛维奇笔下的弗里德里希二世是行动者。弗里德里希二世不顾敌人的反对，获取自己应得的东西：尽管被禁止，他发动十字军东征；作为上帝的战士，他与没有信仰的人谈判；作为平信徒，他在耶路撒冷自我加冕。在坎托洛维奇的刻画中，弗里德里希二世以行动破坏了教会宣扬的上帝秩序。这个历史的建构是坎托洛维奇主观意志的结果，例如，自我加冕在坎托洛维奇的叙事里本不应该发生。㊽ 弗里德里希二世

㊻ 在此意义上，比较福尔曼(Horst Fuhrmann)的说法：坎托洛维奇刻画的弗里德里希二世是格奥尔格圈子精英思想的表达，Horst Fuhrmann，Die Heimholung des Ernst Kantorowicz，in：DIE ZEIT，vom 22.03.1991。

㊼ 对于“自传幻觉”概念，参见：Pierre Bourdieu，Die biographische Illusion，in：Bios，3，1990，75－81。

㊽ 这里涉及“加冕”，也就是涂油在中世纪思想中的作用：754 年加洛林王朝矮子丕平的任命(Königserhebung)是一项自我发明的行为，它把上帝的青睐带到眼前。比较，Franz-Reiner Erkens，Herrschersakralität im Mittelalter. Von den Anfängen bis zum Investiturstreit，Stuttgart 2006，110ff.，122ff。通过(转下页)

不是中世纪的，而是第一个现代人，因此也是一个新人：弗里德里希二世预示着现代人的提前到来。此外，他也是一个“提高了的此在”，[49]世界的惊奇。许多格奥尔格的性格特征和看法都投射在这位斯陶芬王朝皇帝身上，皇帝的宫殿是根据格奥尔格圈子的范例刻画的。[50]

这个特殊的历史表现方式的意义和目的就是，根据尼采的纪念碑历史[51]去书写，不用遵循原则，历史上是可能的，那么就行之有效。因此读者应该随机应变。这么做的目的是为广大读者指明方向，也就是追寻当代伟大榜样——格奥尔格。他与建立希望有关：格奥尔格是德意志民族首屈一指的诗人。坎托洛维奇的传记服务于极端的政治信念，成了国民读物。[52]

在这个意义上，坎托洛维奇迎合了时代精神，《皇帝弗里德里希二世》极为畅销。到 1936 年，该传记出了 4 版，卖了

（接上页）此项行为，把教权和王权结合到一起，坎托洛维奇称为“do ut des transaction”：Ernst H. Kantorowicz, Laudes regiae. A Study in Liturgical Acclamations and Mediaeval Ruler Worship — with a Study of the Music of the Laudes and Musical Transcriptions by Manfred F. Bukofzer, Berkeley/Los Angeles 1946 (2. Aufl. ebd. 1958), 54f。在坎托洛维奇的叙事里，弗里德里希二世后来否定教会赋予的合法性。

[49] 博林格斯（Robert Boehringers）的评论，比较 Grünewald, Kantorowicz und George（参见注释 4），149。

[50] 详见 Gudian, Kantorowicz（参见注释 4），53f.，59ff。

[51] 比较 Friedrich Nietzsche, Vom Nutzen und Nachtheil der Historie für das Leben, München 1996, 20ff。

[52] 比较 Johannes Fried, Einleitung, in: Ernst H. Kantorowicz, Götter in Uniform. Studien zur Entwicklung des abendländischen Königtums, hrsg. von Eckhart Grünewald/Ulrich Raulff, aus dem Englischen übersetzt von Walter Brumm, Stuttgart 1998, 7－45, 26。

1.2万册，这是每个人文学者的梦想。新的掌权者对这本书也非常有兴趣：它被放在希姆莱的桌子上，被戈林献给墨索里尼，根据施拉姆(Percy Ernst Schramm)的说法，这本书希特勒曾读了两遍。[53]

然而，这本书不仅仅面向公众，而且还指向格奥尔格圈子内部。涉及秘密德国的出版物不是相应作者的个人私事，而是"国家事务"：一个年轻人的作品——可能因为这部作品在历史中投射了大师的思想——得到格奥尔格的支持，其标志是，作品被授予"艺术之页"的图章，即一个万字符的花环。[54]图章的授予意味着这部作品被正式接收为秘密德国的人文经典。这部出自"艺术之页圈子"的作品确立了自我认同。

坎托洛维奇这部作品不仅得到了格奥尔格的出版许可，还加强自我认同，即内化了既定的世界观。坎托洛维奇与格奥尔格和圈子的其他成员密切合作，用了3年时间，从现在走向过去，走向那位格奥尔格心仪的英雄弗里德里希二世。他吸收了格奥尔格的价值观，把格奥尔格的诗歌"翻译"成《皇帝弗里德里希二世》。[55] 承认弗里德里希二世是中世纪的伟大人

---

[53] 关于希姆莱和戈林，参见1963年5月24日坎托洛维奇写给克努普(Ursula Küpper)的信(Archiv Dr. Eckhart Grünewald, Frankfurt am Main; ohne Einzelsignatur)；也参见Hitler: Percy Ernst Schramm, Vorwort und Erläuterungen, in: Henry Picker, Hitlers Tischgespräche im Führerhauptquartier 1941－1942, neu hrsg. von Percy Ernst Schramm (u.a.), Stuttgart 1963, 69。

[54] 对于格奥尔格圈子万字符标志的使用，比较：Karlauf, George(参见注释26), 325, 578. 这个标志在纳粹兴起之前就被格奥尔格圈子使用，不表明格奥尔格圈子与纳粹在政治意识形态上是一致的。

[55] 对于坎托洛维奇传记的创作形势和他与格奥尔格的关系，参见Karlauf, George(参见注释26), 556ff.；和Gudian, Kantorowicz(参见注释4), 53f., 59ff.。

物,也就是承认格奥尔格是当下的领袖。他把格奥尔格树立为榜样,格奥尔格是这位年轻人生活世界的中心,他成为新人。他不再是一个没有希望的、孤独的蝼蚁,而是拥有一颗恒星、一种世界观、一种艺术宗教。

坎托洛维奇的传记有三重功用:首先,为坎托洛维奇赢得了新的身份;其次,它使得坎托洛维奇与格奥尔格关系"亲密无间"(reichsunmittelbare),[56]又一次确认了坎托洛维奇在圈子里的分量;最后,他不仅得到了公众,还得到了历史学家协会的关注。尽管这本书没有一个脚注,但他在这个专业领域找到了职位。

(三) 坎托洛维奇在法兰克福和就职演讲"这个秘密的德国"

坎托洛维奇称自己为历史学专业的"门外汉"。[57] 这有两层含义:一方面,直至他入职法兰克福大学前,都无职无衔;[58]另一方面,当时的历史科学深受19世纪的实证主义影响,试图尽可能地客观再现历史,每一个主观性的痕迹都被认为是错误的。把历史书写当作艺术再现的坎托洛维奇必然与此针锋相对。但坎托洛维奇获得了无党派、身居要职又热衷改革

---

[56] 圈子成员很乐意利用中世纪史学术语描述自己:因其事实上没有居住地,格奥尔格被称为"旅行国王",坎托洛维奇被称为直属中央的(reichsunmittelbare)年轻人,因为他既不是外围圈子成员,也不是其他年轻人的门徒。比较Karlauf, George(参见注释26),569,617。

[57] Ernst Kantorowicz, Grenzen, Möglichkeiten und Aufgaben der Darstellung mittelalterlicher Geschichte (ed. von Eckhart Grünewald), in, DA 50, 1994, 104-125, 104.

[58] 同上。

的普鲁士文化部长贝克尔(Carl Heinrich Becker)的鼓励。[59]门外汉特性和受改良派认可两点让他得以执教于法兰克福大学,遭到院系温和的反对后,1930年8月,坎托洛维奇被曾经的帝国首相霍尔维格(Bethmann Hollweg)的顾问、大学校董里茨勒(Kurt Riezler)任命为荣誉教授。[60]

局外人和受到认可这两点对于法兰克福大学同样也适用。它的局外人角色源于其建成史。[61] 通常,大学由政府教育部门的公务员建立。1914年建立的法兰克福大学是由市民捐助的——从中世纪的科隆大学(1388年)和埃尔福特大学(1392年)建立以来——它的存在不是上层指令的结果。[62] 人们可以说,出于对抗普鲁士的目的,这个城市建立大学。法兰克福1866年被吞并,由此成为普鲁士的一个省。建立自己的大学至少令法兰克福赢回了一些面子,因为这是法兰克福人的自决宣言。捐赠人持续对大学的组织形式施加影响,[63]使得

---

[59] 贝克尔与格奥尔格圈子的关系,比较 Groppe, Bildung(参见注释 26),546ff。

[60] 从1928年7月起法兰克福人对坎托洛维奇产生兴趣;海德堡大学也准备邀请坎托洛维奇入职(出于经济原因他拒绝了海德堡大学)。

[61] 比较 Hammerstein, Goethe-Universität(参见注释 19);进一步比较 Ludwig Heilbrunn, Die Gründung der Universität Frankfurt a.M., Frankfurt am Main 1915;以及 Paul Kluke, Die Stiftungsuniversität Frankfurt am Main 1914–1932, Frankfurt am Main 1972。

[62] 无论是大学的发起还是经济支持都来自法兰克福市民:前者主要来自市长阿迪克斯(Franz Adickes)和实业家默顿(Wilhelm Merton);后者来自犹太银行家施皮耶(Georg Speyer)和他夫人弗兰齐斯卡。

[63] 比较1912年9月28日法兰克福大学的捐赠合同第8条和第9条,Richard Wachsmuth, Die Gründung der Universität Frankfurt, Frankfurt am Main 1929, 239f。

大学在国家的影响下获得了一些自由。

建立大学的经费很大程度上来源于犹太人。它首先是一所犹太人出资建立的自由大学。[64] 大学的聘任一开始就不考虑宗教信仰,[65]而仅考虑申请者的同行内部评价。这使得以往普鲁士偏爱基督教私人讲师而不是犹太私人讲师的聘任政策失效。[66] 可能要对犹太人受到的歧视加以解释,因为犹太学者在当时的研究成果非常突出:传统的科学中枢(问题、方法、研究领域等)是由德意志—基督教学者占据的,犹太学者摆脱在自己专业领域边缘的处境,开辟新的道路。[67] 这些犹太学者

---

[64] 迪斯特尔坎普(Bernhard Diestelkamp)谈及法律系的犹太自由气氛,参见 Bernhard Diestelkamp, Zur Geschichte der Rechtswissenschaftlichen Fakultät der Johann Wolfgang Goethe-Universität zu Frankfurt am Main, in: Juristen an der Universität Frankfurt am Main, hrsg. von Bernhard Diestelkamp/Michael Stolleis, Baden-Baden 1989, 9 - 30, 11。

[65] 自由精神是如此强烈,以至于一开始大学没有设神学系。

[66] 例如哲学家齐美尔在柏林授课座无虚席,也几乎不可能找到工作。关于齐美尔与格奥尔格的关系,参见:Groppe, Bildung(参见注释 26), 160ff。比较犹太学者在普鲁士大学的情形:Andreas D. Ebert, Jüdische Hochschullehrer an preußischen Universitäten (1870 - 1924). Eine quantitative Untersuchung mit biographischen Skizzen, Frankfurt am Main 2008. 当时的数据见:Bernhard Breslauer, Die Zurücksetzung der Juden an den Universitäten Deutschlands. Denkschrift im Auftrage des Verbandes der Deutschen Juden. Berlin 1911. 沃尔科夫(Shulamit Volkov)认为犹太人没有当教授的能力(professorabel),参见 Shulamit Volkov, Integration through Accomplishment: Jews in the Kaiserreich, in: "Politisierung der Wissenschaft". Jüdische Wissenschaftler und ihre Gegner an der Universität Frankfurt vor und nach 1933 (Schriftenreihe des Frankfurter Universitätsarchivs 5), hrsg. von Moritz Epple/Johannes Fried/Raphael Gross/Janus Gudian, Göttingen 2016, 95 - 108。

[67] 比较 Shulamit Volkov, Soziale Ursachen des jüdischen Erfolgs in der Wissenschaft, in: HZ 245, 1987, 315 - 342, 同样参见:Shulamit Volkov, Antisemitismus als kultureller Code. Zehn Essays, München 2000, 146 - 165, 154ff。

带着自己的问题意识和方法开创全新的研究领域，比如社会学和心理学领域。法兰克福大学的声誉、现代性同样归功于这些在各自科学领域的边缘崛起的犹太研究员们。[68]

犹太捐赠者不但面对犹太人在学术领域遭受的歧视，而且想促进犹太人的解放：教育作为犹太人解放的阿基米德点，是法兰克福人建立大学的一个决定性因素。聘任政策使得1914—1933年法兰克福有数量巨大的犹太教授，[69]这些教授的理念(也就是曼海姆的价值相对主义)获得了巨大的科学、社会和政治意义。还有什么比法兰克福大学更好的地方用理智对抗极右思想的传播，也就是纳粹的上台呢？[70]

新掌权者根据《重设公职人员法》根本改变了法兰克福的情况。接近1/3的大学教员，约100名坎托洛维奇的犹太同事于1933年被解职。[71] 他只是理论上因为《前线战斗员条款》能够在大学待下去。此后，4月20日，他申请休假。[72] 这是他战斗精神的体现。如前所述，尽管牛津向他抛出了橄榄枝，

---

[68] 物理学家玻恩(Max Born)和斯特恩(Otto Stern)，药学家埃里希(Paul Ehrlich)，宗教哲学家布伯(Martin Buber)，社会哲学家霍克海默(Max Horkheimer)，社会学家曼海姆(Karl Mannheim)和奥本海默(Franz Oppenheimer)。比较：Günther Böhme, Die Frankfurter Gelehrtenrepublik. Leben, Wirkung und Bedeutung Frankfurter Wissenschaftler, Idstein 1999。

[69] 在德意志帝国紧随柏林之后，位居第二。

[70] 大学与纳粹上台的关系参见：Hartmut Boockmann, Wissen und Widerstand. Geschichte der deutschen Universität, Berlin 1999, 236ff。

[71] 比较 Michael Maaser, Restlose Reinigung von den Schlacken des liberalistischen Geistes. 载于 Die Universität Frankfurt im Dritten Reich: Kein aktiver Widerstand der Professoren, in: Forschung Frankfurt 2/2004, 46－50, 47；参见：Die Juden der Frankfurter Universität, hrsg. von Renate Heuer/Siegbert Wolf, Frankfurt am Main/New York 1997。

[72] 参见注释9。

1933/1934冬季学期他仍继续在法兰克福的教学活动。这个学期的第一个正式演讲称为就职演讲,也就是他就职6个学期后的演讲,呈现出特别意味。演讲反映出坎托洛维奇与格奥尔格价值观的搏斗。许多圈子成员接受了新掌权者,认为国家社会主义是格奥尔格理想的实施——圈子开始分崩离析。普鲁士文化部长卢斯特(Bernhard Rust)向格奥尔格提供了一个普鲁士艺术学院的荣誉职位。[73] 由此,秘密的德国圈子面临国家社会主义的收编。格奥尔格对此始终保持沉默:直到格奥尔格临终,他都没有明确远离新政权。[74] 在这种情形下,坎托洛维奇想为了自己的精神存在而斗争:在他的就职演讲中,他陈述了自己关于"所有教育的最终来源和最终目的"上一如既往的观点,发表了关于秘密德国的告白。[75] 坎托洛维奇仔细区分了格奥尔格的世界观与国家社会主义。坎托洛维奇以这种方式对抗新掌权者。坎托洛维奇不但把演讲稿打印出来,上面有万字符标志,而且想把它寄给格奥尔格。11月中旬,坎托洛维奇作了演讲,但是格奥尔格没有听到,12月初,格奥尔格死于米努西奥。

坎托洛维奇把秘密的德国与国家社会主义区分开来。演

---

[73] 参见 Karlauf, George(参见注释 26), 621f。

[74] 格奥尔格圈子与国家社会主义的关系,见 Groppe, Bildung(参见注释 26), 651ff.;格奥尔格的沉默,见 Fried, George und seine Juden(参见注释 40)。

[75] Ernst Kantorowicz, Das Geheime Deutschland (Vorlesung, gehalten bei Wiederaufnahme der Lehrtätigkeit am 14. November 1933, ed. von Eckhart Grünewald),载于:Ernst Kantorowicz. Erträge der Doppeltagung, Institute for Advanced Study/Princeton, Johann Wolfgang Goethe-Universität/Frankfurt (Frankfurter Historische Abhandlungen 39), hrsg. von Robert L. Benson/Johannes Fried, Stuttgart 1997, 77-93, 77。

讲一开始他试图拉近与听众的关系，吁请听众同他共享“对一个永久德国及其承诺的信念”。[76] 秘密的德国是伟大德国人的共同体、民族未来的化身和诸神之邦。[77] 因为这个诸神之邦是一个乌托邦，所以对于坎托洛维奇来说，它不能成为现实。进一步，秘密的德国对拔尖人才进行教育，但它作为规范性的理念与现实相悖[78]——国家社会主义不是秘密德国的现实版本。真正的皇帝和英雄，例如歌德、荷尔德林和格奥尔格属于秘密的德国。这些英雄是美、高贵和伟大的化身。[79] 毋庸置疑的是，在坎托洛维奇看来，这些英雄人物不等同于国家社会主义者。[80]

关于上述内容可以补充如下：秘密的德国有着双重属性：一方面源自不朽的德国皇帝和英雄（宽泛意义上的秘密德国），另一方面指诗人和格奥尔格圈子（严格意义上的秘密德国）。[81] 坎托洛维奇的演讲指的仅仅是宽泛意义上的秘密德国。[82] 在就职演讲中，坎托洛维奇以格奥尔格式的思维方式，非常委婉地为宽泛意义上的秘密德国辩护，而不是为新掌权者鼓吹的理想辩护。在接下来的演讲中，他反对排除那些臆想的非德国人、持异见者、（科学上富有创新精神的）思想家或者犹太人。坎托洛维奇选择了一个大学的职位，用历史科学

---

[76] Ernst Kantorowicz, Das Geheime Deutschland (Vorlesung, gehalten bei Wiederaufnahme der Lehrtätigkeit am 14. November 1933, ed. von Eckhart Grünewald), 77f。

[77] 同上，78。

[78] 比较同上，79ff。

[79] 同上。

[80] 对演讲的详细分析，参见：Gudian, Kantorowicz（参见注释 4），102ff。

[81] 格奥尔格的诗歌居于这两层含义之间。

[82] 比较 Kantorowicz, Deutschland（参见注释 75），79。

的范例来实现政治抗议。以此种形式——就像他通过书写《皇帝弗里德里希二世》一样——确立了他在政治现实中的立场,他尝试自我肯定,在狂暴的当下进行定位和保存公开的证词。不可忽视的是,他的论证方式部分地与民族思考方式相关联,因此与他的反对者相交叠,在一封给格奥尔格的信中,他提及自己的犹太血统。对此,他不能否认也不愿意否认。[83]

(四) 坎托洛维奇在美国

1938 年,坎托洛维奇逃离德国,流亡到了一个格奥尔格憎恶的国家:对于这位大师而言,美国是去掉灵魂的现代性的缩影;美国是社会瓦解的谷底;美国是单个个体组成的国家;美国“蝼蚁”般的诸众缺乏联合的力量。初抵纽约,坎托洛维奇在曾经的法兰克福大学管理人里茨勒(Kurt Riezler)那里找到了栖息之所。具有政治意涵的斯陶芬王朝传记给他流亡生涯中的求职带来了确实的阻碍。出于同样的原因,第二次世界大战后他在求职过程中遭到芝加哥大学历史系无情的拒绝。[84] 坎托洛维奇利用学术声望于 1939—1940 年间在著名的加州大学伯克利校区谋得了一份差事。坎托洛维奇的犹太家庭尝试用德意志文化去对抗波兰,他自己的政治信念亲德

---

[83] 1933 年 6 月 5 日坎托洛维奇给格奥尔格的信(StGA,参见注释 24,George III, 6639)。根据这个观点,犹太人也能适应民族思想,参见:Moshe Zimmermann, Eine paradoxe Mutation — die jüdisch-völkische Geschichtsauffassung, in: Epple/Fried/Gross/Gudian, Wissenschaft(参见注释 66), 469 - 483; 关于坎托洛维奇作品中对“血统”一词的使用和政治意涵,比较 Janus Gudian, Kantorowicz im Kaleidoskop seiner Korrespondenz, in: George-Jahrbuch 12 (2018/2019), 79 - 98, 88ff。

[84] 对于坎托洛维奇求职芝加哥的事宜,参见 Gudian, Kantorowicz(参见注释 4), 154ff。

意志民族，他的思想表露出部分的民族意识形态，而他却在伯克利教授美国士兵德国敌人的历史。[85]

麦卡锡年代伯克利要求所有的雇员书面宣誓，既不成为共产主义者也不同情他们。1949—1950 年间，坎托洛维奇教授拒绝宣誓，并警告同事宣誓带来的后果：被迫宣誓不成为共产主义者好比希特勒上台要求的效忠宣誓。[86] 坎托洛维奇与共产主义的关系值得重视：迄今为止的研究表明，坎托洛维奇终生反对共产主义。他参加自由军团的反共斗争可以证明这一点。坎托洛维奇 1918/1919 年在柏林的反斯巴达克斯起义斗争以及在慕尼黑反苏维埃共和国的斗争也可以证明这一点。然而，可以用晚近发现的坎托洛维奇给父母的信件反驳他严肃对待斯巴达克斯起义斗争。[87] 坎托洛维奇在慕尼黑的自由军团故事值得怀疑，因为坎托洛维奇谈到自己不但被共产主义者扫射，而且受伤[88]——1919 年 5 月他确实在医院，但动的是阑尾切除手术。[89] 坎托洛维奇终生都不反感共产主义者，相反，法兰克福时期多霍夫（Marion Gräfin Dönhoff）带

---

[85] 比较坎托洛维奇为陆军专业培训项目（Army Specialized Training Program）讲授的课程(LBI，参见注释 9，III/8/2)。

[86] 比较 Ernst H. Kantorowicz，The Fundamental Issue. Documents and Marginal Notes on the University of California Loyalty Oath，San Francisco 1950，被翻译为德语：Kantorowicz，Die grundlegende Entscheidung，in：Tumult 16，1992，35 - 75。把宣誓与德国的希特勒和美国的麦卡锡时代勾连起来，比较 Gudian，Kantorowicz(参见注释 4)，168ff。

[87] 1919 年 1 月 13 日给他父母约瑟夫·坎托洛维奇和卡拉·坎托洛维奇的私人信件；相关的段落见：Gudian，Kaleidoskop(参见注释 83)，86f。

[88] 比较坎托洛维奇，简历(LBI，参见注释 9，I/1/2，No. 66f.；比较 II/5/3，No. 126f.，132f.)。

[89] 比较 Lerner，Kantorowicz(参见注释 4)，47f。

他一起去参加共产主义示威活动，1950年宣誓风波期间他试图打消顾虑，成为一名共产主义者。此外，麦卡锡年代他还准备在系里接纳共产主义者。[90] 从这个角度看，坎托洛维奇不是一名反共分子。

坎托洛维奇的第二个反对宣誓的理由是侵害学术自由。在书信中他更进一步指责大学管理层为“纳粹”。[91] 坎托洛维奇一如既往地坚持自己的信念，与他的部分同事一起给出了一个公开的辩护。1951年结束了伯克利的职业生涯后，坎托洛维奇来到了普林斯顿高研院，达到了一名历史学家职业生涯的顶峰。

坎托洛维奇在美国的著作以政治神学为研究对象：1946年，他出版了研究中世纪王权欢呼起源的《君王颂》，以论及墨索里尼法西斯统治实践的一章收尾。[92] 1957年出版了他的《国王的两个身体：中世纪政治神学研究》——一部关于从中世纪君权神授到抽象的，但仍受宗教影响的现代国家权力发展史。

坎托洛维奇充满了矛盾和断裂，他在现实世界的种种境遇称得上是德国在极端年代的化身。这里有一个对接受史的认知可能，即对坎托洛维奇的理解等同于一个对20世纪德国历史的问题[93]：他人生中的断裂，即从德国逃离，对于坎托洛维奇的人格和作品意味着什么？“德国的”坎托洛维奇与“美

---

[90] 比较 Lerner, Kantorowicz(参见注释4), 157, 326, 377, 380ff。参见进一步的证据。

[91] 比较1950年7月22日坎托洛维奇写给克努普(Helmut Küpper)的信。(StGA, 参见注释24, Kantorowicz II, 1903)。

[92] 参见注释48。

[93] 根据瓦伦西塞(Marina Valensise)的格言，“在一定程度上伟大历史学家的一生就是他所在国家的镜子”。引自福尔曼，《接坎托洛维奇回家》(参见注释46)。

国的"坎托洛维奇相比如何？两者之间有连续性还是非连续性？坎托洛维奇在多大程度上远离了德意志思想，即"大师"格奥尔格？晚期坎托洛维奇的历史书写是否指向生活世界？如果是，如何比较受格奥尔格文化宗教影响的"德国"坎托洛维奇与书写政治神学的"美国"坎托洛维奇？

二、《国王的两个身体》作为坎托洛维奇的"政治遗嘱"

（一）读者作为"钥匙士兵"

《国王的两个身体》不仅复杂，而且很大程度上是一本解释学著作。对这本书的理解取决于读者已有的知识储备、视角和认知旨趣。对它进行单一的解释，即试图给读者一个主观的解释，限制了其本身可能含有多重意义的光谱。因此，仅仅消费这个解释固然使读者处于一个舒适的位置——读者无须自己思考，也没有产生自己对作品的认识，而接受了一个陌生的解释。另一方面，对于不熟悉中世纪、近代早期历史、神学、礼拜仪式、天使学、经院哲学、法律史、莎士比亚和但丁的读者而言，《国王的两个身体》令他们无从下手。这本书有一些困难但易于理解的章节——"论连续性"和前三个"论王权"章节。但这只是产生谜团的总概念。这个导论应该给读者一把钥匙，使读者自己的理解得以可能。[94]

---

[94] 更加困难的是，坎托洛维奇自己认为《国王的两个身体》不可翻译。例如，书的标题就是一个不可译的概念。参见1957年12月28日坎托洛维奇写给克努普（Ursula Küpper）的信（Archiv Dr. Eckhart Grünewald, Frankfurt am Main; ohne Einzelsignatur）。尽管如此，克努普尝试用德语"王权的两种形式"（Die beiden Formen des Königtums）去翻译书的标题，比较1958年1月5日写给坎托洛维奇的信。

这把如何去阅读《国王的两个身体》的钥匙通过坎托洛维奇自己交给读者。或许通过对标题的简短分析可以阐明这一点。大标题以史诗般的不确定性(由定冠词 the 开始)抛出了一个谜团。普通读者感到惊讶,专家则明白这是一个法学的拟制。因为读者不一定立即理解专业术语“国王的两个身体”,产生了这项研究语言简明易懂,不需要特定知识就能理解的期望。1927 年,坎托洛维奇的早期作品《皇帝弗里德里希二世》用的是近乎诗歌的语言,然而,《国王的两个身体》的语言不是诗歌式的,语言也不遵循英美学术写作传统,面向广大公众。毋宁说此书用的是德国写作传统的语言,即尽可能地遵循事实,完全针对专业读者理性地遣词造句。副标题“中世纪政治神学研究”表明这是一部学术作品,封面上的出版社地址“普林斯顿”也表明了此书的质量。

书的献词抓住了普通读者和专家的心：因为罗马碑文式的献词(*D.M .... SACRUM*[95]：献给逝者)由拉丁文缩写组成,所以并不是每个人都能理解。形式上坎托洛维奇接受古代文化传统,内容上却受教于诸多英美专家学者。这部作品据说也是为了纪念逝者美国法学家雷丁(Max Radin)。书的标题和献词互相影响。

虽然前言(区别于书的剩余部分)是用盎格鲁撒克逊方式写就的,但它的修辞却经过高度反思。第一句话就是自我指涉的文字游戏(At the beginning ...[96])。这证明它是一个故意

---

[95] Ernst H. Kantorowicz, The King's Two Bodies. A Study in Mediaeval Political Theology, Princeton (NJ) 1957.

[96] 同上 VII。

为之且具有美学意味的表达。对此，在坎托洛维奇成为朋友和老师之前，他首先把自己刻画为一名学生和学习者：摆出明确的人文主义友谊姿态，坎托洛维奇仍然在“旧世界”，即欧洲的科学传统中（就像献词体现出来的一样）。同时，他也代表了“新世界”，即美国的科学传统。依照美国的习惯，《国王的两个身体》封面加上了他第二个名的首字母，署名为 Ernst H. Kantorowicz。区别于此，德国出版物上署名为 Ernst Kantorowicz。进一步说，坎托洛维奇的这部作品是跨越边界的，就像他在写《皇帝弗里德里希二世》和《君王颂》曾做过的那样，也像他在德国历史学家会议上的演讲那样，他把自己塑造为局外人，通过跨越边界使得创造性的重估得以可能。字斟句酌的自谦修辞婉转地表达了坎托洛维奇崇高的自我意识。这恰巧形成了一个令人惊讶的、与中世纪的对照：向公众摆出（基督教的）谦恭姿态，国王提高了自己的接受度。

坎托洛维奇在《国王的两个身体》前言中描述了雷丁温馨的办公室和写作这本书的缘由。他不仅解释了谜一般的标题，而且让读者瞥见了作品的创造过程。因此，读者读到书的第一句话，就身临其境。像一次弥撒，也像《君王颂》，坎托洛维奇建构了一个自己的（虚构的）现实领域，吸引读者进入线性阅读过程——因此产生了一个可以与读者一起阅读的幻觉。只要读者情不自禁地感受到作为阐释背景而展开的经验视域（dieser aufgespannte Erfahrungshorizont），这个段落就策略性地吸引读者并引导读者的思路。前言表明，坎托洛维奇知道如何勾起读者的阅读欲，知道在接下来的文本中考虑读者的反应，知道尝试通过此类手段使得读者得以理解。

因此,在《国王的两个身体》所有现存的阐释可能性意义上,人们可以字面地理解前言的意义。我们可以推断,坎托洛维奇从 1945 年就开始构思此书[97]——它也是一本纯粹"美国的"书,虽然有德国的知识储备,但已经不在这本书里面了。在此意义上,《国王的两个身体》不但是一部坎托洛维奇流亡期间献给美国的作品,而且有助于对新的祖国进行主观理解。他通过亲近美国历史赢得了一个精神上的新世界。毫无疑问,这是一种可信的、有代表性的和恰当的阐释可能性。

同时,从前言角度看,《国王的两个身体》的生成史是一个(纯粹的)虚构。因为这本书不是从 1945 年开始生成的,而是更早。这个时间点可以追溯到坎托洛维奇在格奥尔格圈子里的时候,还在法兰克福任教授的时候[98]:1932 年,坎托洛维奇计划研究大空位(从弗里德里希二世 1250 年死后到 1273 年,鲁道夫一世,第一位哈布斯堡人被选为皇帝),这个计划应该变成了他晚期作品的核心。这记录在他的信件、讲课和报告里面。[99] 大

---

[97] Ernst H. Kantorowicz, The King's Two Bodies. A Study in Mediaeval Political Theology, Princeton (NJ) 1957, VII。

[98] 认识到这一点要归功于勒内。比较 Robert E. Lerner, Kantorowicz and Continuity, in: Benson/Fried, Doppeltagung(参见注释 75), 104 - 123。

[99] 除了已提及的信件(1932 年夏季学期坎托洛维奇在一门课中指出了大空位研究计划,比较 Grünewald, Kantorowicz und George, 参见注释 4、110)处理这个问题:1933 年 6 月 5 日坎托洛维奇写给格奥尔格的信(StGA, 参见注释 24, George III, 6639)。

关于坎托洛维奇在牛津逗留时期处理大空位问题,比较 1934 年 4 月 7 日坎托洛维奇写给施拉姆(Percy Ernst Schramm)的信(Staatsarchiv Hamburg 622 - 1, FAS, L 230, Bd.6, Unterakte "Kantorowicz, Ernst");此外,1938 年 7 月 29 日坎托洛维奇自己写的简历(参见注释 88),"我能够继续我的德国大空位(1250—1308)研究"。进一步,对于大空位他作过一个《中世纪的世俗化》(转下页)

空位研究计划最终变成了《国王的两个身体》里的“论连续性”。[100]为什么《国王的两个身体》最古老的一部分没有出现在书的开头，而是恰恰在书的中间呢？因为“论连续性”包含了涉及整本书的根本问题。

毫无疑问，《国王的两个身体》的根本旨趣不是来源于坎托洛维奇所说的德国的文化与新祖国的文化产生的冲突。为了把坎托洛维奇从之前的阐释解救出来，我们必须一方面去了解坎托洛维奇在前言中沉默的、故意隐藏的问题，即从大空位研究计划的语境中去理解《国王的两个身体》；另一方面，给了第二把他旨趣变化历程[101]（坎托洛维奇弃用从格奥尔格继承过来的书写方式，[102]越来越少地使用格奥尔格圈子习用的概念，例如 Kairos 概念[103]）的

（接上页）（*Secularization of the Middle Ages*）的演讲，比较 Lerner, Kantorowicz（参见注释 4），196。这个演讲应作为大空位研究的前言看待，见 Lerner, Kantorowicz（参见注释 4），196。

1935—1937 年间，他提出两项研究计划（名为《时间感觉的变迁》（*Wandel des Zeitgefühls*）的两份打字稿被区分为 A 和 B（LBI，参见注释 9，II/8）。

坎托洛维奇在美国为找一份历史学家的工作而作的两次演讲被保留在 1939 年的打字稿里：1939 年 3 月（哈佛演讲）《13 世纪的永久和进步观念》（*The Idea of Permanency and Progress in the Thirteenth Century*）（LBI，参见注释 9，II/1）；1939 年 12 月（洛杉矶演讲）《13 世纪的永久观念》（*The Idea of Permanency in the Thirteenth Century*）（同上）。

接着，还有两份源自 1951—1957 年间的打字稿，一份 9 页，另一份 6 页，由冯卡勒（Erich Von Kahler）作注（今天这两份打字稿被私人收藏）。

[100] Kantorowicz, King's Two Bodies（参见注释 95），273ff。

[101] 勒内把这些不同版本的打字稿（参见注释 99）归为同一主题：Lerner, Kantorowicz and Continuity（参见注释 98），98。

[102] 比较 Kantorowicz, Wandel des Zeitgefühls, B（参见注释 99），第 1 页和文章各处：用两个而不是三个省略号，坎托洛维奇用的是格奥尔格式的写作方式。

[103] 坎托洛维奇在 Wandel des Zeitgefühls, A 版（参见注释 99）里仍然使用 Kairos 概念，后来的版本里就越来越少使用这个概念。比较 1943 年 11 月 （转下页）

钥匙给读者。此时此刻应该突出坎托洛维奇思考问题的生成过程,1932年他考虑的问题和其认知旨趣,因为这些对于坎托洛维奇的"政治神学"非常重要。

(二) 作为"政治史"的《国王的两个身体》

德国新的纳粹掌权者欣赏斯陶芬王朝传记,因为坎托洛维奇描绘了那个时代统治一切的英雄弗里德里希二世。弗里德里希二世达到了中世纪皇权统治的顶点,这位罗马皇帝要求精神上的世界统治权。[104] 坎托洛维奇在传记前言中称1920年代的德国为没有皇帝的年代。[105] 因此,13世纪与20世纪成为鲜明的对照。

1932年,[106]坎托洛维奇在书信中表达了自己完成一份"合乎时代的工作"[107]愿望,即研究中世纪没有皇帝的时代,因为大

(接上页)19日坎托洛维奇写给鲍勒的信(The Warden and Fellows of Wadham College. Wadham College Archive, Oxford; ohne Einzelsignatur):在信里Kairos概念仍然扮演重要角色。对于格奥尔格和他的圈子使用的Kairos概念,比较Stefan George, Kairos, in: Stefan George, Der siebente Ring. Gesamt-Ausgabe der Werke, Band 6/7, Berlin 1931, 188;再参见Karlauf, George(参见注释26), 384; Susanne Kaul, Kairos bei George, in: George-Jahrbuch 7 (2008/2009), 1-19。

[104] 正好这个诉求在20世纪由充当中世纪皇帝和其政策"继承者"的希特勒再次提出。比较Janus Gudian, Porzellan und Propaganda. Karl der Große im NS-Geschichtsbild, in: Erinnerungswege. Kolloquium zu Ehren von Johannes Fried (Frankfurter Historische Abhandlungen 49), hrsg. von Janus Gudian/Johannes Heil/Michael Rothmann/Felicitas Schmieder, Stuttgart 2018, 223-240。坎托洛维奇对20世纪上半叶的独裁与中世纪之间的观念联系感兴趣,参见注释92。

[105] Kantorowicz, Friedrich der Zweite(参见注释17), 7:"没有皇帝的时代"。

[106] 1927—1931年,坎托洛维奇从事着《皇帝弗里德里希二世》传记的增补工作。

[107] 1932年5月22日坎托洛维奇与给格奥尔格的信(StGA,参见注释24, George III, 6637)。

空位与当下自己所处的时代类似。[108] 对于坎托洛维奇而言，皇位空缺与纯粹的混乱、社会秩序的完全“解体”是一样的[109]：大空位是“德意志世界的完全崩溃，也就是世界的崩溃”。[110] 在中世纪皇帝的缺席意味着“超民族的世界”终结。没有皇帝的时代导致“民族”的兴起，罗马帝国解体为诸多民族。[111] 一个皇帝——那么必须说他的相反面——在坎托洛维奇心目中化身为超民族的要素，促成统一，保证了罗马帝国的存在。对“德国的”坎托洛维奇而言，皇帝的缺席意味着个体粉碎为“蝼蚁似”的动物：所有人沦为“私人的”，没有什么超越一己之私，每个人的自我来自党派和政府要员。[112] 坎托洛维奇笔下的皇帝是制度性的统一，共同体的凝聚和社会结构的保证。坎托洛维奇思想中中世纪皇权的政治潜能不仅在于避免帝国解体为各民族，而且使得人们在世界上有秩序地生活，即社会在罗马帝国得以凝聚。

《国王的两个身体》的总体构思关键在于：去认识13世纪弗里德里希二世时期有皇帝的过去和这项20世纪的研究生成时期没有皇帝的当下的对立。这是他历史建构的基石。坎托洛维奇认为弗里德里希二世所属的时代有“一种永久德国

---

[108] 比较1932年5月23日坎托洛维奇写给汉普的信（UB Heidelberg, NL Karl Hampe, Heid. Hs. 4067）：坎托洛维奇讲授中世纪晚期从“大空位到卡尔四世”的课程，与当下现实旨趣若合符节。

[109] 比较1933年11月26日坎托洛维奇写给格奥尔格的信（StGA，参见注释24，George III，6638）。

[110] 1932年5月22日坎托洛维奇写给格奥尔格的信（StGA，参见注释24，George III，6637）。

[111] 同上，坎托洛维奇的下划线。

[112] 同上。

的可能性”，大空位时期则是另一种可能性。[113] 当罗马式的统一主导一个时代，没有皇帝的时代就是其对立面：皇帝的缺席意味着国家秩序，超民族的、罗马式的统一不复存在。根据“德国的”坎托洛维奇，秩序或者混乱，统一或者解体，超民族的世界或者诸多单个的民族，统一或者蝼蚁化的个体取决于一个皇帝的在场。从这个背景出发，从第一次世界大战的失败，随之1871年建立的德意志帝国在凡尔赛没落，1919年屈辱的《凡尔赛条约》，到魏玛共和时期包括恶性通胀在内的失序，它是大空位。皇帝的有无，现在和过去都意味着“大空位”是历史上“永久德国的可能性”的落空。因此，20世纪的当下也需要一位皇帝。这是1932年坎托洛维奇大空位研究计划第一个重要的政治目的。

在坎托洛维奇那里，当下和过去不仅简单地对照，而且相互关联、纠缠：当下源于作为镜子的过去产生的必然行为后果。坎托洛维奇的二元论证需要一个对象，以便明确自己的位置。[114] 也就是过去产生了现在，现在产生了过去，二者相互依赖和补充。这已经近乎于道家了。

总而言之，坎托洛维奇想呈现的大空位研究源自德国当下的问题。进一步说，这项研究准备指出空位（皇帝的缺席）及其产生的后果。接着，它导向一个必然性问题，为什么要填

---

[113] 1932年5月22日坎托洛维奇写给格奥尔格的信（StGA，参见注释24，George III，6637）。“弗里德里希二世意味着一种永久德国的可能性，‘大空位’则是另一种可能性。这次大空位让人们看到德意志世界的初次解体——这个世界的解体基于当时日益增长的德法敌意之上。”

[114] 比较1933年11月26日坎托洛维奇写给格奥尔格的信（StGA，参见注释24，George III，6638）：他读到“中世纪的解体”“大空位”……这个主题非常符合我的口味，因为在斯陶芬帝国解体之后，从大空位那里产生了“秘密的德国”。

补这个空缺，为什么任何时代都需要一位皇帝：为了摆脱消极后果。因此，坎托洛维奇称自己的大空位研究计划为“政治史”。[115] 诚然，坎托洛维奇模棱两可地使用的“政治史”这一标签，这是一项献给政治主题的历史书写？或者有政治的整体塑形意图，即利用历史来传达政治？答案是：两者兼而有之。

与此同时，坎托洛维奇至少给出了理解“政治史”的线索，他否认1927年出版的传记属于政治史的范畴。坎托洛维奇认为大空位研究计划有政治的整体塑形意图，并把它与《皇帝弗里德里希二世》明确区分开来。从大空位研究计划的政治目的，阐明在20世纪皇帝的必要性角度而言，其政治雄心几乎与《皇帝弗里德里希二世》没有区别。但是他的大空位研究计划有进一步政治诉求，该计划的认知旨趣更全面。

我们不仅应认识到第二种认知旨趣的真实性，而且应权衡这两种不同的政治雄心。一方面，存在对大空位主动参与方，即皇帝和诸侯的兴趣。依照从格奥尔格接受来的价值观，不应出现没有皇帝的时代，这一观点又来自尼采——总有一个英雄决定他的时代的命运——在这个意义上，大空位研究计划仍然从属于皇帝观念，即为了一个强人而书写，既然如此，在坎托洛维奇那里，应阻止大空位出现吗？此种情况下，坎托洛维奇为了皇帝或国王理念，亦即为了一个个体强有力的可能地位而推出他的大空位计划，如他在弗里德里希传记中做的那样。抑或，另一方面，作为第二种旨趣，应该阻止单

[115] 比较1932年5月22日坎托洛维奇写给格奥尔格的信(StGA，参见注释24，George III，6637)：“大空位不是《皇帝弗里德里希二世》的继续。传记是一种永久德国的可能性，大空位则是另一种……它不是传记，而是政治史。”

个统治者的缺席造成的集体性后果，来避免世界的完全崩溃，或者说为了维持共同体的统一和秩序吗？坎托洛维奇那里的两个问题或两种认知旨趣，哪一种更影响深远、更有决定性，将有助于揭示他对政治史的理解。

但就在1932年，在大空位计划上因他持敌视态度的历史理解，一个果决的视角变换出现了，这可以从他的选言表述（一种永久德国的可能性……另一种）中看出。在传记里，坎托洛维奇把皇帝与帝国、罗马式的统一和秩序捆绑在一起。皇帝似乎（quasi）就是帝国。在大空位研究计划里，皇帝恰恰招致了混乱、失序和定位缺失。在任何时代，无论是中世纪还是魏玛，为了维护秩序和统一，虽说需要一个皇帝，却也同时（至少有此隐含之意）迫使人们将打造、维系和代表秩序的人视为危险，甚至是现存的危险。统治者的积极方面集中于《皇帝弗里德里希二世》一书（无视这位斯陶芬皇帝的权利熏心和暴虐之行），如此，大空位观念（无视戴王冠之人）则必然带来的是消极方面：一个这样的皇帝的死亡就是一个统一的共同体的解体。

对于“德国”的坎托洛维奇旨趣所在的大空位触发的消极后果，可以说，他应该以自己的斯陶芬王朝传记起到一位使徒的作用，[116]但是作为在世格奥尔格的使徒，坎托洛维奇必须不

---

[116] 基督教使徒不仅有传播上帝福音的任务，而且应该一方面不依赖信使的人格去传播福音，另一方面要建立共同体（比较《使徒行传》2：1－47，尤其是4－13：五旬节奇迹发生在所有12使徒身上）；根据主教会议的看法，教会本身是由使徒和他们的后继者组成的（比较《马太福音》18：18）——与早期观点形成对照（比较《马太福音》16：18）。（译按：早期观点强调彼得的磐石含义，以他单数名义给他钥匙，“凡你在地上所捆绑的……”[《马太福音》16：18－19]，而后期所确立的是复数意义上的使徒们，“凡你们在地上所捆绑的……”[《马太福音》18：18]。）

在他的大师的直接影响下，不在其人格魅力下也能应付得来。[117] 对于坎托洛维奇来说，有必要抓住格奥尔格的多面吸引力[118]，或者，获取大师对于其人格所具有的重要性[119]：概括并形成一个有魅力的人物的个体经验，将情感反转为理性，“客观化”格奥尔格的大师权威及其对自己生活的积极影响。[120] 要格奥尔格在读者那里间接地、陌生化地、历史修饰地被认识，[121]格奥尔格圈子里的人物传记作者们就要使他们自己远离格奥尔格的真实人格——与此同时却能以一种“真实在场”让他可视化。不过，赋予使徒的任务不仅限于对大师人格进行抽象，不只在于布道皇帝或者凯撒，来宣扬秘密德国的价值观和对格奥尔格的信奉。相反，使徒任务还包括第二个同层级的方面，即为格奥尔格招募更多的使徒，为秘密德国招募新的“公民”，以巩固他们自己的共同体——格奥尔格圈子、秘密德国，这样做时还不受身体层面的格奥尔格的影响。因此，由格奥尔格的使命所塑造的、坎托洛维奇借传记进行历史书写的自我理解，超越了对格奥尔格自然人格的思考，也就是说，不只是要

---

[117] 比较《马太福音》(28：19)和《约翰福音》(21：15)——通过基督的福音，反应出他的在场(《马太福音》18：20)。

[118] 比较马克斯·韦伯：超凡的支配形式，建立在对一个“人格及其昭示的秩序”的超常虔敬(引自 2018 年 5 月 16 日《法兰克福汇报》)。

[119] 比较注释 31 的文本。

[120] 虽然根据格奥尔格的著名格言，“从我出发不通向科学之路”(引自 Edgar Salin, Um Stefan George：Erinnerung und Zeugnis, München/Düsseldorf 1954, 249)——诚然(坎托洛维奇所属的)第三代圈子成员利用人文科学客观化格奥尔格。比较文集，Schlieben/Schneider/Schulmeyer, Geschichtsbilder(参见注释 43)。

[121] 比较 Groppe, Bildung(参见注释 26)，466：“格奥尔格圈子成员阅读格奥尔格诗歌的“体验”……出现在圈子的出版物里。”

传播格奥尔格的福音,还要确保其连续性。从这个视角看,坎托洛维奇并非聚焦于大空位时期的真实主角,而是聚焦于随大空位而来的后果,秩序的崩毁,说得确切些,共同体的统一。

"强人"的树立和预防共同体的消极后果两个旨趣是否对于1957年美国的坎托洛维奇具有决定性意义?由大空位招致的负面后果,可引坎托洛维奇当时自我经历的断层处为证,这些断层处使他从诸多方面体验到了非连续性的问题:1918年,不仅孕育他成长的帝国没落,而且他也失去了故乡波兹南。纳粹分子的出现导致他精神家园格奥尔格圈子分崩离析,也是因为纳粹,他在1930年代中期失去了法兰克福大学的教职,1938年,他最终不得不逃离德意志祖国。1950年,他因卷入宣誓风波而离开美国第一个栖身地伯克利。持续地失去故乡和被迫换工作表明稳定的社会关系对坎托洛维奇的意义。人们一点也不难想象,稳定(在连续性的意义上)之于大战时代的德国人和逃离纳粹德国者所具有的重要意义。除了与他那代人共有的战争经历之外,除了作为摩西信仰的后代而遭受到的排斥之外,他自己的个人经历尤其令他对这样一个连续性问题感兴趣:没有玄思的格奥尔格圈子,他应如何塑造自己的生活。这个问题不是源自1933年格奥尔格肉身之死,而是源自格奥尔格对纳粹嗜权的沉默,这好比他公共意义上的或者说社会政治意义上的死亡。因此,坎托洛维奇不再毫无保留地把格奥尔格视作精神上的"领袖",他虽然言辞隐微,但对格奥尔格的批评溢于言表。[122] 这就是为什么在他的

---

[122] 从1933年起人们能够理解这个批评,比较 Janus Gudian, Kantorowicz im Kaleidoskop seiner Korrespondenz, in: George-Jahrbuch 12 (2018/2019), 79 - 97, 88ff。

人生经历里，至少从1932年到1957年，1/4个世纪都在从事“连续性”问题研究。

总而言之，与皇帝传记形成鲜明对比的是，从大空位计划到《国王的两个身体》，坎托洛维奇的认知旨趣恰恰是相反的方向。严格意义上的大空位，并非一个国王的缺席，而是大空位引起的集体后果，即不统一、无序、罗马帝国的短暂消失，这些都是1932年以来坎托洛维奇致力于研究的令人头疼的问题。为什么要避免一个没有皇帝的时代？主因不在于皇帝的缺席，而是基于它的社会性后果的考虑。因此，坎托洛维奇不是关注国王的连续性，而是关注社会秩序的连续性。[123] 就此来看，坎托洛维奇在1932年把大空位研究计划称为“政治史”(接着1957年在《国王的两个身体》一书的副标题进行研究)，而与之前的传记区分开来，澄清了之前所说的旨趣区别和旨趣权衡，即坎托洛维奇意义上的“政治史”主题思想是什么。这种历史书写当不是：集视野于一人，以学术或文学之名夹藏对皇帝、国王或英雄的凸显，而应是：其透视消失点构造出社会秩序的统一和连续性，提出如何进行公共生活的整体塑形问题，让共同体成为“英雄”。然而，尽管事实上坎托洛维奇的认知旨趣已远离了被加过冕的统治者，远离了统治权连续性的缺乏，为什么他在自己的历史书写中仍继续聚焦于国王，深入探讨令他头疼的关于统治者的问题，还将他的晚年作品取名为《国王的两个身体》呢？

---

[123] 在元级层面上有意思的是，从科学史角度提出坎托洛维奇生平和作品中的连续性和非连续性问题。尽管从这个角度也可以就其它对象提出连续性和非连续性问题。

(三)《国王的两个身体》的政治意涵

当“德国的”坎托洛维奇完全地肯定自己历史书写的政治整体塑形诉求，[124]“美国的”坎托洛维奇的处境却完全不同。因此，借助坎托洛维奇流亡境遇中对历史的理解，可明确政治的历史书写与政治的整体塑形意图(阐明了如何进行政治定位)的关系，也就是历史和政治的关系。是否在坎托洛维奇那里政治和历史两者只有其一？

坎托洛维奇把大空位和《国王的两个身体》理解为“政治史”，但是在《国王的两个身体》前言中他否认这项研究包含政治的整体塑形意图，换言之，包含以规范性的世界观为导向的政治意志。倒不如说，《国王的两个身体》是“非政治的”。这部晚年作品不同于他早年的传记和大空位研究计划，也不同于第二部作品《君王颂》。《皇帝弗里德里希二世》和《君王颂》都有明确的政治主张，大空位计划也是出于政治意图，但根据坎托洛维奇自己的说法，《国王的两个身体》没有规范性的政治整体塑形诉求。这意味着该研究缺乏坎托洛维奇历史书写惯有的本质特征。因此，无论就认知旨趣，还是就历史理解而言，这本书使得“德国的”坎托洛维奇转向了“美国的”坎托洛维奇。

我们应该语境化《国王的两个身体》前言里的陈述。重复一下：1957 年前言中的第一句话，也即这项研究应该是 12 年

---

[124] 1933 年法兰克福著名的就职演讲具有政治效果，比较 Kantorowicz, Deutschland, 参见注释 75；1935 年坎托洛维奇的广播演讲(Radiovortrag)并不有益于历史认知，而起着政治警钟的作用，比较 Kantorowicz, Deutsches Papsttum, in: Traditio 20, 1964, 1-16。

前,1945年开始着手的。[125] 这是作者(有意的)虚假陈述,一定程度上(quasi)可以称之为“假新闻”。前言就像对读者的理解施加影响的发烟罐,令人情不自禁地追问坎托洛维奇试图掩饰其他的事情。读者的注意力便落到了如下无可争辩的陈述上:《国王的两个身体》虽然涉及政治史,但仅指向“客观的”历史,也即在布莱克曼意义上进行历史书写。《皇帝弗里德里希二世》像一个圣体光,包含改变20世纪德国历史的政治诉求;《国王的两个身体》作为其对立面出现:这项研究没有个人的政治意志,不涉及当下政治的关怀,没有任何的政治的整体塑形意图。[126]

倘若坎托洛维奇受布莱克曼影响,强烈地否定研究的政治意图,那么前言如此陈述的原因也在于作者的人生经历。因《皇帝弗里德里希二世》蕴含的政治意图,布莱克曼否认该传记作为历史书写的地位。1929—1930年间,坎托洛维奇作为历史系的门外汉引起了轰动。现在他在普林斯顿高研院谋

---

[125] Kantorowicz, King's Two Bodies(参见注释95), vii.

[126] 比较Kantorowicz, King's Two Bodies(参见注释95), viiif.:可以看到,如今所呈示的这项研究,内容之一是要尝试去理解,或者(若可能的话)去展现出,政治神学的某些原则借助哪些方式方法如何在中世纪晚期开始发展起来,这些政治神学的原则虽“已作必要修正”(*mutatis mutandis*),却一直到20世纪仍为有效。不过,就此认定作者仅依据我们自己时代可怕经历而要去探究一些现代政治宗教偶像的出现,也是与作者本意相去甚远;当今国家,从最大的到最小的,皆有沦为那种最怪异之教义的牺牲品的,在这个时代,政治神学的思考成为真正的妄念执意,在许多情形下否定人类理性和政治理性的基础。当然,作者并非没有意识到近来的错乱状况;事实上,他愈是扩展和深化有关早期发展方面的知识,便愈是清醒体认到某些意识形态方面的蛛丝马迹。然而,似乎有必要强调这一事实:此种思考属于事后想法,事后想法是当下探究所产生的结果,而不是它们导致了当下探究或决定探究进程。

生，是知名的历史系教授。他的名誉当然与出于客观性的理念而建构的科学捆绑在一起。这一判断可以由进一步的生平线索证明：1939—1945年间，坎托洛维奇为谋得美国的一个职位，尤其依赖斯陶芬王朝传记。因为他的第二本著作《君王颂》出于经济原因在第二次世界大战后才得以出版。[127] 诚然，传记的（继承自格奥尔格的）政治意涵被猛烈批评，但传记也给了坎托洛维奇在美国的工作机会。[128] 因此，坎托洛维奇现在试图成为一名非政治的历史学家。1939年，他作为德国人在美国安顿下来，面临美国与德国交战的问题。很长一段时间他都被当作"敌人"。[129] 此前，他作为犹太人在纳粹德国"里外不是人"。[130] 如今，在流亡中他第一次试图成为一个地道的"美国"历史学家。一方面，前言中"假想的"否定打消了对其作品可靠性的怀疑；另一方面，没有什么比明确的否定更惹人注目。尽管达到了科学所要求的客观性，作为引导读者理解大师的坎托洛维奇仍然惹人怀疑，是否《国王的两个身体》深藏政治整体塑形诉求。目前为止，谈论《国王的两个身体》隐藏的政治整体塑形诉求只有理论上的可能性，但接下来仍要去追问，是否《国王的两个身体》事实上有政治整体塑形诉求，是

---

[127] Kantorowicz, Laudes regiae（参见注释48）；关于《君王颂》的出版背景，比较 Gudian, Kantorowicz（参见注释4），149f.

[128] 由于斯陶芬王朝传记，坎托洛维奇的求职被芝加哥大学拒绝，比较 Gudian, Kantorowicz（参见注释4），154ff.《君王颂》的手稿1940年就完成了（1946年才出版），因此他求职芝加哥的经历（1943—1946）与这本书的内容无关。

[129] 1940年5月29日坎托洛维奇写给弗勒斯纳（Bernard Flexner）的信（New York Public Library, Manuscripts and Archives Division, ECADFS Records, MsColl 922; ohne Einzelsignatur）。

[130] 同上。

否《国王的两个身体》与《皇帝弗里德里希二世》、大空位研究计划有区别？接下来自然要追问坎托洛维奇的“动机”。

如前所述——在历史学里，也像在犯罪学里[131]——借助于对质可以验证动机：在何种程度上《国王的两个身体》的政治整体塑形意图可以与《皇帝弗里德里希二世》作比较。《皇帝弗里德里希二世》有三重功用，作为流亡者是否需要新的精神上的定位？坎托洛维奇写作《皇帝弗里德里希二世》时是没有皇帝的，迷失方向的年代，在这个年代，他唯格奥尔格为精神核心，坚信不渝，以格奥尔格圈子为精神家园；他传播格奥尔格价值观，维新德国；他信奉自己的“世界意义”(Weltwichtigkeit)。尽管坎托洛维奇在德国引领科学风尚的海德堡所受的训练是社会化的，他却自以为(程度可谓不轻)属于社会的精英先锋，就算不能奠立什么，(退一步说)至少要去稳定已有的格奥尔格圈子，纵使他认为这是一个没有皇帝和无序的时代。若这个时代对他而言失去了方向，那么接下来在流亡中他肯定也没有方向。坎托洛维奇体验到大师的双重死亡和格奥尔格圈子的分崩离析。1931年，他的家族财富被一名罪犯经管人夺走，他进入了经济不稳定状态，成了一名为稻粱谋的历史学家。[132] 此后，坎托洛维奇被迫解职，离开了德国。作为难民，他在一个陌生的国家很长时间没有工作，没

---

[131] 历史学处理史料的方法可以与警察询问证人的方法比较，比较 Hans Walder/Thomas Hansjakob, Kriminalistisches Denken (Grundlagen. Die Schriftenreihe der “Kriminalistik”), Heidelberg u.a. 2006。

[132] 对于坎托洛维奇“德国”时期的经济状况，比较 Lerner, Kantorowicz(参见注释 4), 94f., 148ff。

有足够的钱,以致他要权衡用仅有的钱把母亲还是堂姐从纳粹手中解救出来。[133] 他在新的祖国被当作"敌人",他还被强迫宣誓——就像希特勒曾经要求的。[134] 从坎托洛维奇这些人生经历来看,他很有可能没有改变自己的基本态度。相反,即使在战后,在流亡中,他也是深感无家可归。换言之,坎托洛维奇肯定有(可对照于《皇帝弗雷德里希二世》的)"动机"为《国王的两个身体》设定一个政治整体塑形意图——坎托洛维奇的研究是存有政治意图的,尽管他自己否认这一点,这一意图完全有希望(像《皇帝弗雷德里希二世》已表现的那样)成为解他思想整体的定位标。

那么接下来追问就要有所调整,应该追问定位如何能够落实。1927 年时的解决办法是《皇帝弗里德里希二世》。按格奥尔格圈子的文学模式,坎托洛维奇撰写了一个强有力的皇帝形象,其宣告的定位是人格化的恒星。读者有关定位接收到的所有拯救福音,让他们必须要做的,就是对格奥尔格说"我信",将他视为秩序定位的恒星和精神世界的神。因此,什么带来定位、什么能成为他自己内在的精神核心,在写皇帝传记的坎托洛维奇来看,是对另一个人——诗人格奥尔格的信仰。但格奥尔格的沉默摧毁了坎托洛维奇心目中的大师形

---

[133] 比较 Gudian, Kantorowicz(参见注释 4), 150f。

[134] 根据 1934 年 8 月 20 日的《国防军士兵及公务员忠诚誓词法》(Gesetz über die Vereidigung der Beamten und der Soldaten der Wehrmacht),国家公务员(德国的大学教授也是公务员)必须宣如下誓词,"我宣誓:我将忠诚于德意志国和人民的领袖阿道夫·希特勒,遵守法律并忠诚履行我的职责,愿上帝帮助我!"(Reichsgesetzblatt, Teil I, Nr. 98 vom 22.08.1934, 785)。比较 Kantorowicz, Fundamental Issue(参见注释 86)。

象。接着，格奥尔格的死亡即使没有完全毁灭他塑造认同的中柱，也至少令其摇摇欲坠。1935—1938年，坎托洛维奇在柏林居住，近距离感受到了领袖崇拜，对希特勒人格的信仰。[135]因此，坎托洛维奇认为不应过多拔高单个个体的人格。大空位计划的政治目的就显得陈腐，因为这个计划强调皇帝的重要意义。既然不突出一个强人，接下来坎托洛维奇关心什么？

要找到实现定位的一种媒介，可取的办法是将下面二者像两块拼板一样合在一起：一者是坎托洛维奇自格奥尔格沉默以来所寻求的精神支点，另一者是聚焦于社会秩序连续性的认知旨趣。随这种拼合而来的是如下观念：社会秩序或国家是否起到恒星的作用。代替“内在核心”的是一种精神上的外骨骼。依此看来，国家便是《国王的两个身体》政治塑形意图指向的对象？这种情形下，他以社会秩序的连续性为焦点的认知旨趣，不仅是纯学术性的，也有着具体的政治本性。

一方面有充分的理由反对这种说法：不是个人，而是国家承担了寻找方向的重任，那么就必须承认在坎托洛维奇那里国家具有非凡意义。因此，在何种意义上坎托洛维奇可以用“强大的国家”替换传记中的“强人”。从坎托洛维奇生平中的断裂可以给出如下简明扼要的答案：他精神上的祖国，秘密德国解体，尽管他内心确信从格奥尔格继承的世界观，信奉一个“强人”；德国，他的祖国因“强人”希特勒而没落；美国，他的新家限制言论、思想自由，强迫他宣誓。历经重重艰辛的坎托洛维奇希冀一个强大的“国家”？难道不是加深了面对国家

[135] 比较 Gudian，Kantorowicz(参见注释 4)，140。

无能为力的个体感受?难道不与他的政治整体塑形意图矛盾吗?

另一方面存在一个相反的问题:为什么坎托洛维奇总是要研究社会秩序的连续性,这有什么意义呢?就像一颗持续闪烁的星星作为航标,持存的国家承担着寻找方向的任务:倒不如说《国王的两个身体》追问持存的国家在历史上是如何形成的。

追问政治整体塑形诉求时,把动机(寻求定位)和可能的答案(提供定位的"国家")揭示出来。尽管作者强烈否认,《国王的两个身体》极有可能有政治雄心。"美国的"坎托洛维奇仍然在书写"政治史"。

因此,《国王的两个身体》的认知旨趣和(可能的)政治整体塑形意图都不聚焦于"国王",现在更为紧迫的问题是为什么"美国的"坎托洛维奇的历史书写仍然关注"国王"?

(四)《国王的两个身体》的焦点

对于《国王的两个身体》,关键在于理解坎托洛维奇如何编排史料:对于他而言,1932年德国历史中存在着两种针锋相对的可能性,如同他用过去和现代相互对照,1957年也是如此。坎托洛维奇在书中区分了原因和问题,即国王驾崩和社会秩序的非连续性。终究他在思想上还是分开了国王和社会秩序。通过这个分析性的隔离,坎托洛维奇以他的历史理解允许的方式编排史料,在分析层面建构起统治者与社会秩序之间的结构性对抗。借助于这个对抗,他为自己的历史书写创造了一个自由的论辩空间。这个空间扩大了他历史书写的可能性光谱。通过这个空间,坎托洛维奇塑造了一种可能性，即一个工具，通过这个工具他可以去行动。对于坎托洛维奇而言，国王就是一把解决认识论问题的钥匙——一个统治者的死亡导致社会秩序的断裂。坎托洛维奇借助国王可以参透永恒国度的起源。

因此，不从国王的视角，而从读者的视角看待国王：这个人是国王，但他在一定程度上（quasi）不被考虑；他处于与问题分离的状态，他似乎（quasi）处在一个分离的领域。在这个历史想象力的虚拟空间，坎托洛维奇可以通过国王进行一定程度上的“试验”：借助“基督中心的王权”章节的论述，社会秩序的连续性就是可能的吗？借助“法中心的王权”？借助“政体中心的王权”？“国王不死”这章看起来如何？倘若“论连续性”解决了苦恼坎托洛维奇的认识论问题（“法人不死”），是这本书起承转合的关键，赋此书予灵魂，现在我们应该有了一个满意的答案？

皇帝、国王或者英雄，伟大的个体是必朽的，但是“人民”“民族”和“王国共同体”（*communitas regni*）不是必朽的[136]：这些形象不但永存，而且令国王变得不朽。只有被赋予这层意义的国王才能承担起社会秩序连续性的重任。在坎托洛维奇国王功能的建构里有其政治宣言和最终的目的：国王不是因自身之故不朽；相反，国王是为了社会和人民，他才能维持现

---

[136] 对于人民，比较 Kantorowicz, Wandel des Zeitgefühls, A（参见注释 99），9；也参见 Kantorowicz, Wandel des Zeitgefühls, B（参见注释 99），8，11；对于英文的“民族”和“*communitas regni*”，比较 Kantorowicz, The Idea of Permanency and Progress in the Thirteenth Century（同上），1ff.；Kantorowicz, The Idea of Permanency in the Thirteenth Century（同上），2ff。

有的社会秩序。只要国王是作为分析性的材料被使用,他便获得了一个功能性的作用,即出于共同体之故他被永久化。他只有借助一个陌生的,也就是人民赋予的属性,才能实现自己的作用。他成为代理人,不过不是基督的代理人,而是人民的代理人:不再是神子,而是人民成就的国王。

当"国王"只有工具属性时,在"美国的"坎托洛维奇政治(历史)理解中英雄有多么重要?根据坎托洛维奇的生平线索,他与格奥尔格的交往,国家社会主义的上台,我们可以从1930年代中期把握到他研究旨趣的变化——从国王到"人民"、"民族",再到"王国共同体"。[137] 对于坎托洛维奇而言,从《皇帝弗里德里希二世》途经大空位研究计划到《国王的两个身体》是180度的大转弯:坎托洛维奇不突出一个"强人",即国王或皇帝,也不强调英雄的历史和命运,而重视集体。[138] 单个人,他可能很伟大,但仅是社会定位、社会秩序和国家统一的工具。

(五) 一个阅读策略

如何阅读《国王的两个身体》,另一种阅读此书的方式又何以可能?只要社会秩序和国家的连续性建构了坎托洛维奇

---

[137] 比较1935年6月7日坎托洛维奇写给汉普的信(UB Heidelberg, NL Karl Hampe, Heid. Hs. 4067):坎托洛维奇在研究大空位。尽管坎托洛维奇如往常一样相信"卓尔不群","大人物",但他对此施加了限制。因为20世纪30年代是没有皇帝的年代,所以没有大人物施展才华的余地。比较1935—1937年间坎托洛维奇拟定的德国研究计划(参见注释133)。

[138] 人们可以考察坎托洛维奇与格奥尔格之间关系的连续性:格奥尔格当然影响了坎托洛维奇。在他的影响下,坎托洛维奇不仅尝试去建构一个共同体,而且操心"国民"(也就是秘密德国的国民)的连续性。

的根本认知旨趣；只要国王产生并保证这种连续性；只要国王从自身而言需要源自人民和共同体的不朽；只要坎托洛维奇刻画的国王服务于所有人和民族的福祉，而不是单个人，即国王自己的福祉。坎托洛维奇不是从国王的角度撰写《国王的两个身体》，读者也不能从这个角度来阅读。这本书既不宣扬国王及其权力，也不支持君主制。倒不如说，坎托洛维奇论述的拟制的国王两体论有助于维持国家、社会秩序和统一——利用国王，但国王同时是危险的，因为国王之死摧毁社会秩序和国家。尽管标题悖论般地使人想起一些其他的东西，坎托洛维奇写作《国王的两个身体》是为了共同体和人民，而不是为了单个人与日俱增的影响。

翻译：揭　玺

法兰克福大学

序言(1997)

初版于1957年、如今整整40周年后再版的《国王的两个身体》,面世时的反响可谓即时而强烈。两篇书评,一篇由彼得·雷森伯格(Peter Riesenberg)撰写,另一篇由威廉·邓纳姆(William Dunham)撰写,都在开篇直抒胸臆——坎托洛维奇教授"写就了一部伟大著作"。[①] 邓纳姆接着继续就坎托洛维奇的方法(主张从都铎王朝时期国王两个身体的已知学说,回溯至其幽晦未明的中世纪先声),与弗里德里希·威廉·梅特兰在《末日审判书及其他:英格兰早期历史中的三篇论文》中所运用的方法进行比较。[②] 梅特兰的这部著作,作为曾出版过的六七部历史撰述和概念诠释方面的佳作之一,是《国王的两个身体》恰当的参照对象;邓纳姆企盼其读者能够欣赏坎托洛维奇那同样大胆的探索。[③] 在雷森伯格看来,《国王的两个

① 邓纳姆的书评可见于 *Speculum* 33 (1958): 550 - 553;雷森伯格的书评可见于 *American Political Science Review* 52 (1958): 1139 - 1140。

② Dunham, p.550.

③ 梅特兰的著作初版到今年恰好100年,1987年由剑桥大学出版社再版,霍尔特(J. C. Holt)为其撰写了褒誉性的序言。 (转下页)

身体》"可能是有关中世纪政治思想史最重要的著作,无疑是过去几代人相关著述里最为瞩目之作"。④

这样的溢美之词几乎成为共识:"这部杰作"(ce livre magistral);"自近一个世纪前弗里兹·科恩(Fritz Kern)的《神恩与反抗权利》(*Gottesgnadentum und Widerstandsrecht*)问世以来对中世纪王权历史研究最重要的贡献";"这项伟大的研究"。⑤ 德国评论者中最受青睐的一个词是"钦佩"(*Bewunderung*);坎托洛维奇写下了一部"奇迹"。⑥ 英国也出现了类似的反响。雅各布(E. F. Jacob)在1958年8月19日的《曼彻斯特卫报》中赞叹不已:"他写下了一部多么了不起的著作啊!"
x 虽不是盛誉却也不乏褒扬之情的杰弗里·巴拉克劳(Geoffrey Barraclough)在《观察家》(*Spectator*)上发表文章,对该书副标题"中世纪政治神学研究"的精当性作了深入思考。在他看来,其他学者甚至其他评论家都引人误解、过于理性化地称作"中世纪政治思想"的东西里,这一副标题抓住

(接上页)* 梅特兰(1850—1906年),英国法律史研究的奠基人之一,对英文世界的中世纪史和英国法律史研究影响深远。——译者

④ Riesenberg, p.1139.

⑤ 按引用的先后顺序,所引评论者及其文章收录情况如下:Robert Folz in *Revue d'histoire et philosophie religieuses* 38 (1958): 374-378; Norman Cantor in *American Historical Review* 64 (1958): 81-83; R. E. McNally in *Journal of Religion* 38 (1958): 205。

⑥ Wiebke Fesefeldt in *Göttingische Gelehrte Anzeigen* 212 (1958): 67; Rudolf Kloos in *Historische Zeitschrift* 188 (1959): 364;还有 Friedrich Kempf, "Untersuchungen über das Einwirken der Theologie auf die Staatslehre des Mittelalters (Bericht über ein neues Buch)" *Römische Quartalschrift* 54 (1959): 233。尽管费瑟菲尔德(Fesefeldt)希望该书的德译本尽快面世,但是据我所知,至1990年尚无德译本出现。

了它虔敬至诚的且归根结底乃形而上的方面(神学)。[7]

当然,也有一些诫防之言。并非所有评论家都喜欢坎托洛维奇"政治神学"这一用语,[8]有人把这一用语与德国具有纳粹倾向的法学家卡尔·施密特对独裁主义的描述和支持联系了起来。[9] 英国某些关注日常问题的历史学家想要更多了解,国王两个身体的学说是如何直接影响了都铎王朝法官接手的法院案件。法官们把国王设想成既是自然身体、有朽身体,同时又是政治身体、不朽身体,这对于日常生活来说重要吗?对这些批评者而言,坎托洛维奇这部著作的内容,有点过于沉湎去恢复高度思辨的修辞笔法,但另一方面他们又有所转圜,热情称颂这部著作。[10]

评论者们的另一同感是,该书整体上看有不少可谓冗繁

---

⑦ *Spectator*, 1 August 1958, p.171.为 *Review of Metaphysics* 撰文的评论者——有可能是罗伯特·特雷德韦尔(Robert Tredwell)(但也可能是位助理编辑),认为本书在讨论对他而言也算一个形而上学主题的研究上是"引人入胜的"。

⑧ 可参见恩斯特·鲁宾斯坦(Ernst Reibstein)的评论,载于 *Zeitschrift der Savigny-Stiftung für Rechtsgeschichte* (Germanistische Abteilung) 76 (1959): 379。鲁宾斯坦的冷言评论在弗雷德里希·贝特根(Friedirch Baethgen)看来没那么重要,见后者的"Ernst Kantorowicz 3.5.1895 - 9.9.1963," *Deutsches Archiv* 21 (1965): 12 n.19, "wird, auch wenn die darin erhobenen kritischen Einwände sich mehr oder minder als stichhaltig erweisen sollten, der Bedeutung des Buches im Ganzen keineswegs gerecht"("尽管其中提出的批评反对意见多多少少会有一定道理,但他没有公正看待这部著作整体的意义")。

⑨ 参见阿兰·布若(Alain Boureau)在 *Histoire d'un historien: Kantorowicz* (Paris, 1990), pp.162 - 167 中的讨论。

⑩ 持这种批评观点的人当中有邓纳姆和诺曼·坎托尔(Norman Cantor)(见注1和5),前者态度温和,后者语气尖刻;另外还有埃瓦尔特·路易斯(Ewart Lewis)的观点,录在 *Political Science Quarterly* 73 (1985), 453 - 455,以及科斯坦佐(J. F. Costanzo)的观点,录在 *Annals of the American Academy* 321 (1959): 203 - 204。

之处(用一位评论者的词来说,"过度"[*nimiety*])。[11] 细读《国王的两个身体》,其中包括了十余项研究,均生动有趣但又彼
xi 此联系松散,总体来看说服力不足。读这本书就像是要去破解一个"万花筒",一位同时也持褒赞态度的评论家抱怨道。[12] 一本"丰富而混乱的书",贝里尔·斯莫利(Beryl Smalley)埋怨说,读到最后,"我感觉就像用了一顿没有面包光是果酱的餐之后那般反胃"。[13] 或用理查德·索森(Richard Southern)很容易引起共鸣的话来说,"与坎托洛维奇教授一起漫游中世纪探寻国王的两个身体,就像夜幕下沿着未知道路行走在一个陌生的乡村:光亮断断续续,虽有时也照得通明,乡村轮廓却仍只是依稀可辨"。但他又补充说,"这种经历给人留下的印象,比许多次白天行走在偏远道路上的旅行要更加深刻"。[14]

本书在讨论实践政治方面有所欠缺(尽管不是所有人都认同这种批评[15]),书中内容过于冗赘,但在教皇制度的论述上却略显单薄,一位研究中世纪教会的专家如是评述;[16]除此之

---

⑪ "有点过度"的说法,参见奥夫勒(H. S. Offler)的评论,载于 *English Historical Review* 75 (1960): 295 - 298。

⑫ Cecil Grayson, *Romance Philology* 15 (1961 - 1962): 179 - 184。格雷森激赏《国王的两个身体》一书中论但丁的章节;克罗斯(Kloos)(见上面注 6)也称那一章是"一篇精湛的但丁诠注"("ein meisterlicher Danteexkurs")(第 363 页)。

⑬ *Past and Present*, No.20 (1961), pp.30 - 35.

⑭ *Journal of Ecclesiastical History* 10 (1959): 105 - 108.

⑮ 雷森伯格(上面注 1)和佛尔兹(Folz)(上面注 5)在这一点上就不会觉得有问题。

⑯ Michael Wilks in *Journal of Theological Studies* 10 (1959): 185 - 188. 参较 Kempf, "Untersuchungen," pp.213 - 214,文中谈到了坎托洛维奇对教会学的论述。

外，多是对作者学识渊博的由衷赞扬和叹服，赞叹他从都铎法学家那里一路长途跋涉，溯源之旅横贯了整个中世纪和古代后期。⑰ 坎托洛维奇是如何写就了这样一部既专精又广博的著作？

近来，一些有学识的崇拜者们，其中不乏奇思异想者，一再为这位恩斯特・H.坎托洛维奇(Ernst H. Kantorowicz)的生平故事著书立说。⑱ 他的故事有时还不免让人惋叹。按旧时欧洲所理解的“极端保守派”一词来看，坎托洛维奇算得上一位，他也是一个不信教的犹太人，可能还是个无神论者，沉 xii
浸于名噪一时的中世纪宗教和社会的有机统一体论。⑲ 身为施特凡・格奥尔格(Stefan George)圈子的一员和1933年这位大师葬礼上的扶柩人，坎托洛维奇在许多方面表现得是位唯美主义者，带有当时看来稀松平常但现在回过头来看实为

---

⑰ 除已经援引的评论外，另外还有 R. J. Schoek in the *Review of Politics* 22 (1960)：281－284，以及 Hubert Dauphin in the *Revue d'histoire ecclésaistique* 55 (1960)：176－179。

⑱ 后面的故事梗概，既包括细节也包括总体阐释，来自以下材料(以出版先后为序)：Yakov Malkiel, "Ernst H. Kantorowicz," in *On Four Modern Humanists: Hofmannsthal, Gundolf, Curtius, Kantorowicz*, ed. Arthur Evans, Jr. (Princeton, 1970), pp.146－219; David Abulafia, "Kantorowicz and Fredriek II," *History* 62 (1977)：193－210(重刊于作者的《意大利、西西里和地中海：1100－1400》[*Italy, Sicily and the Mediterranean 1100－1400*], [London, 1987], No. II, 在"Addenda et Corrigenda," p.1 中有一份重要的文献补录)；Boureau, *Histoire d'un historien*；以及 Norman Cantor, *Inventing the Middle Ages: The Lives, Works, and Ideas of the Great Medievalist of the Twentieth Century* (New York, 1991), pp, 79－117。

⑲ 有关他身上可能的无神论，我采信了 Boureau, *Histoires d'un historien*, p.137。

不幸的一些种族偏见。[20] 1895 年，他出身于波森(Posen)一个富裕的资产阶级家庭，在德国军队服役并在第一次世界大战中负伤。战后，他倾力于对德国“共产主义者”的镇压并再次负伤。

尽管他曾经试着研究东部地中海的经济史，不过后来还是决定专注于中世纪史。他第一部重要著作是皇帝腓特烈二世的传记。传记于 1927 年出版，没有注释，强烈表现出了近于小说的演义风格。它成为当时的畅销书，之后受到纳粹追捧，但却引起了学界传统卫道士疾风骤雨式的批评。坎托洛维奇以几种方式作了回应，其中一个重要方式就是出版了一部对史料进行补充的续卷，即使这样做并未回答完对手提出的所有批评，但至少证实了他对史料确如其自己所言是了然于胸的。[21]

坎托洛维奇于 1930 年在法兰克福接受教职之后，似乎要就此从事较为传统的大学教授工作了，但此时的德国已是政治堪忧、形势日蹙。这位有着贵族气质的激进保守主义者，既憎恶“国家社会主义”及其追随者强烈的反犹主义，也憎恶他们不得要领而且庸俗下作的粗暴不羁，所有这些情绪侵蚀了他对德国政治文化的本有尊重。1934 年，他拒绝宣誓效忠阿道夫·希特勒，放弃了在法兰克福大学的学术生涯，选择退隐。之后他陷溺于忧郁，并在此期间汇编和翻译了大量英国

---

[20] 朋友马尔基尔(Malkiel)直言不讳：“在坎托洛维奇那众多有时甚至相互冲突的忠诚心和求知欲中，即使最缜密的检视也找不到丝毫对广义斯拉夫人或特定对波兰人的关切。”(“Ernst H. Kantorowicz,” p.154)

[21] 有关这些插曲及其对未来学术方面的派生影响的最佳概述，可见诸阿布拉菲亚(Abulafia)的文章(上面注 18)，以及重印时那份重要的文献补录。

诗歌,以“死亡、痛苦和变形”为主题(这是他自己为诗集拟定 xiii
的题目)。不过,直到1938年他才决定永久离开德国。[22]

幸运的是他在美国找到了一块安全避难处,伯克利提供给了他一个职位,使他得以安顿下来撰他的第二部书《君王颂:礼拜呼颂和中世纪统治者崇拜》(*Laudes Regiae: A Study in Liturgical Acclamations and Mediaeval Ruler Worship*, Berkeley, 1946)。但几年之后坎托洛维奇离开了西海岸,当时他和其他加州大学的几位教员拒绝向麦卡锡主义宣誓效忠。麦卡锡反共立场那时在国家机构中有着强大的影响力。校务委员们要求坎托洛维奇发表的声明,其实质内容并不是真正令他反感的;他的反共产主义倾向至少可追溯到接踵第一次世界大战而来自己那段街头巷斗的日子。但他认为反共宣誓的要求是对学术自由的侵犯,他奋起抵制,竭尽所能寻求支持,尽管最终效果平平。

坎托洛维奇很幸运地又找到了一块自己的立足之地,因为他不久便收到了普林斯顿高等研究院给他的一个永久职位,还享有工作时间方面的特权,何时在大学开设研究生课程班由他自己决定。从1951年一直到1963年9月9日去世,他从事研究工作的地方正是普林斯顿。《国王的两个身体》这部著作,与《君王颂》一样,重建了中世纪思想家关于有机体整体所阐发的一些构想。不过,坎托洛维奇逐渐将他的颂扬对象指向了那些在有机体社会形态中体现出宗教理想的人物。尽管腓特烈二世仍然令他着迷,但坎托洛维奇极为欣赏的人

㉒ Boureau, *Histoire d'un historien*, p.124.

物形象——比如，在《君王颂》中——已不是那位神话般的英雄皇帝腓特烈二世，而是腓特烈二世那位圣人般的同时代人兼“对手”：法兰西的路易九世。[23]

1962年秋，坎托洛维奇在他最后一次研究生课程班上研讨了但丁的《帝制论》(*De Monarchia*)。在研究生课程班一位
xiv 成员的简短叙述中，作者回忆了坎托洛维奇的方法，尤其是他对学生所提学术性较强问题的回答。他会准备一张便签卡片，不管他被问到的是什么问题，卡片会将提问者引导至相关的文本和学术讨论现状。“几本参考书目里肯定会提到《国王的两个身体》，不过很少会直接引文本内容。……坎托洛维奇的研究是依据脚注进行的，那是他学识的储藏库。他一次又一次把我们送到那里，我们很快都对他使用的史料心生敬意，因为那是学问的宝藏，而且至今仍然是。”[24]

如果要对这段引文内容加上着重号，人们理所当然可能会加在“仍然”这个词上。对《国王的两个身体》最初的极大热忱，在近半个世纪的时间里一直延续着。[25] 弗里德里希·贝特根(Friedrich Baethgen)在他纪念坎托洛维奇的著作中的公允评价，如今仍然广受认可：对所有“国家理论”(*Staatstheorie*)和政

---

[23] *Laudes Regiae*, pp.3-4，“正是圣路易，在各方面丰富了那恩典的宝藏，所有他的继任者会在此恩典宝藏的基础上繁盛起来。正是在他那里，王权被他那个时代的圣灵派和象征派抬升到了超验层面；反过来他将天国的氤氲渺渺施布于自己国土之上……可以说，他已将自己的王政交付给了作为凯旋者和君王的基督，相比于其他任何国王，他自己在地上可能更为完美地代表了基督。”

[24] (普林斯顿大学历史系)迈克尔·马奥尼(Michael Mahoney)教授写给本篇序言作者的备忘录，1997年1月14日。

[25] 渡边守道(Morimichi Watanabe)评论了1983年再版的平装本，其中一段对最初及后来的一些反响作了综述；*Church History* 52 (1983), pp.258-259。

治神学方面的研究而言,《国王的两个身体》一直是而且会继续是不可或缺的。㉖ 这并不是说这本书已经达到了无可挑剔的状态。㉗ 对于初学者甚至往往包括高级研究学者来说,弄清其中的一些论证总归是有难度的事情,更不用说把它们编入一个连贯的整体中,纵然有先前学者在这方面所做努力的便利条件。

然而,对大多数读者而言,《国王的两个身体》精彩讨论过的各种各样的主题,它们的奇绝魅力,以及注释所带给人的喜悦,依然如故。当社会史学在20世纪60—70年代臻至鼎盛时,这样一部总体来说高度思辨的历史,或者至少是端赖于传统观念史资料的著作,似乎本不可避免地会被搁置在略远离中心舞台的位置。但是由于坎托洛维奇为自己的主题加入了艺术的、辐散式的和象征的取向,读者们便决不会认为《国王 xv
的两个身体》"仅仅"是一部观念史。因此,该书仍然占据了很多学者的历史想象。㉘ 在20世纪七八十年代,当社会史因其

㉖ Baethgen, "Ernst Kantorowicz", p.12.

㉗ Malkiel, "Ernst H. Kantorowicz", pp.214 - 215 中有一些苛刻的评述。在马尔基尔看来,《国王的两个身体》由于缺乏总体的内在连贯性,所以他相信书中不会有什么见地,就像是一次"stubborn retreat from monumentality"("从鸿篇巨作中执意的撤退");我不知道他此言何意。安东尼·布莱克(Anthony Black)一篇不逊和反传统的文章,题为"Society and the Individual from the Middle Ages to Rousseau: Philosophy, Jurisprudence and Constitutional Theory", *History of Political Thought* 1 (1980): 147 n.13,当布莱克称坎托洛维奇的著作是"博学之混乱的杰作"时,不过是在重复上一代人的保留意见。

㉘ 给该书做一次引证索引检索,比如在《艺术人文引证索引》(*Arts and Humanities Citation Index*, [Philadelphia, 1976 -])上做,尽管可能不是最好的证据,却可显示出对本书连续性的而且相对高频率的援引率。看过引用记录,我发现本书似乎"胜过"劳伦斯·斯通(Lawrence Stone)的权威之作《贵 (转下页)

他学科、特别是文化人类学而变得愈加丰富的时候，甚至出现了对《国王的两个身体》一波更大的兴趣浪潮，这似乎可从译本新增之数得到合理说明：[29]1985年的西班牙语译本；1989年的意大利语和法语译本；1990年的德语译本；1997年的葡萄牙语和波兰语译本。

1957年，恩斯特·坎托洛维奇出版了一部著作，这部著作一直引导着几代学人索解中世纪政治神学那些晦涩难解之谜。《国王的两个身体》不愧为一位伟大学者的珍贵遗产。它也依然是一部激荡人心、不断令人获益的著作。

威廉·切斯特·乔丹(William Chester Jordan)

新泽西，普林斯顿

1997年3月

(接上页)族的危机：1558—1641年》(*Crisis of the Aristocracy*, 1558-1641, Oxford)，其初版时间是1965年；而且本书的引用记录紧随费尔南·布罗代尔的综论性著作《地中海与菲利普二世时代的地中海世界》(*La Méditerranée et le monde méditerranéen à l'époque de Philippe II*, Paris)，其初版时间是1949年。

㉙ 参较 Robert Lerner, "Ernst H. Kantorowicz (1895-1963)," in *Medieval Scholarship: Biographical Studies on the Formation of a Discipline*, I: *History*, ed. Helen Damico and Joseph Zavadil (New York and London, 1995), pp.274-275。勒纳(Lerner)的整篇文章可引荐为对坎托洛维奇学术之经久品质的有益评断。

前　言

本书缘起于12年前我与朋友马克斯·雷丁(Max Radin，时为加州大学伯克利分校约翰·H.博尔特[John H. Boalt]讲座的法学教授)的谈话，在博尔特·霍尔(Boalt Hall)那间狭小的办公室里，从地板到天花板、从门到窗户，堆满了书、论文、文件夹、笔记本——以及“生活”。抛给他一个问题，从而引出他那总是令人振奋和饶有趣味的谈话，并非难事。一天， xvii
我在信箱里发现了美国某本笃会修道院(Benedictine Abbey)出版的一个礼拜仪式定期刊物的抽印本，上面有出版者的名称“圣本笃会法团”(*The Order of St Benedict*, *Inc.*)。对于一个来自欧洲大陆而且没有接受过英美法律思想严格训练的学者来说，看到*Inc.*这个通常用于商业及其他类型组织的名称缩写，竟用于受人崇敬的圣本笃在蒙特卡西诺(Montecassino)岩山上创建的这个古老团体——创建时间正值查士丁尼取缔雅典柏拉图学园的那年，没有比这更令我困惑的了。经我问询，马克斯·雷丁告诉我，修士团体在这个国家的确法人组织化了，罗马天主教会的主教教区也是同样的情况，例如，旧金山的大主教用法律语言来说的话就是“独体法人”——这个话题立即把我们的交谈引向了梅特兰在这个论题上的著名研究，引到了作为一个团体的抽象的“王冠”，引到了伊丽莎白时代英格兰发展起来的“国王的两个身体”这一奇特的法律拟制，引到了莎士比亚的《理查二世》，再到提出“抽象的王者”的一些中世纪先驱们。换句话说，我们的交谈很有意义，是那种你一直所期望的谈话，而马克斯·雷丁不愧是一位理想的对谈者。

之后不久，我受邀为马克斯·雷丁退休纪念论文集撰稿，递交一篇关于“国王的两个身体”的论文（第一至三章的局部以及第四章的一个片断）是再适合不过了，他本人可以说就是这篇论文的合著者，或者至少是这“私生子”的父亲。这部《纪念论文集》（*Festschrift*）不幸未能公刊。文稿都退回了作者，尽管因为友人失去了这个完全应得的荣誉而有感失意，但看
xviii 到手稿送回来我倒并没有不高兴，因为这段时间我已经扩展了在这个主题上的视野和史料。我决定单独发表我的论文并在1950年春马克斯·雷丁70岁寿辰时呈献给他（当时他是普林斯顿高等研究院的一员）。由于一些个人问题，例如与加州大学校务委员们令人不快的斗争以及其他一些要尽的义务，妨碍了我把这份礼物交到我的朋友手中。1950年6月22日马克斯·雷丁去世，而原本注定会引出他的批判、他的点评和他爽朗笑声的这项研究，如今只能用来缅怀他了。

*

本研究原初计划仅仅是想指出国王两个身体这一法律学

说的众多先驱形态或与之相类似者，但从目前最终的形态看，本研究已经大大超过了原初的计划。如副标题所示，它逐渐演变成了一项“中世纪政治神学研究”，这并非原初打算。可以看到，如今所呈示的这项研究，内容之一是要尝试去理解，或者（若可能的话）去展现出政治神学的某些原则借助哪些方式方法如何在中世纪晚期开始发展起来，这些政治神学的原则虽“已作必要的修正”（*mutatis mutandis*），却一直到20世纪仍为有效。不过，就此认定作者仅依据我们自己时代的可怕经历而要去探究一些现代政治宗教偶像的出现，也是与作者本意相去甚远；当今国家，从最大的到最小的，皆有沦为那种最怪异之教义的牺牲品的，在这个时代，政治神学的思考成了真正的妄念执意，在许多情形下否定人类理性和政治理性的基础。当然，作者并非没有意识到近来的错乱状况；事实上，他愈是扩展和深化有关早期发展方面的知识，便愈是清醒体认到某些意识形态方面的蛛丝马迹。然而，似乎有必要强调这一事实：此种思考属于后见之明，后见之明是当下探究所产生的结果，而不是它们导致了当下探究或决定探究进程。如往常一样，那种发自对史料本身的强烈兴趣，胜过任何实践应用或道德应用的念想，自然也胜过任何后见之明。这项研究探讨了主权国家及它那些永续性（王冠、威严、祖国等）的某些暗码，完全是按当下政治信条来理解的，正如它们在最初阶 xix
段也是按当时政治信条来理解的一样，那个时候，它们是充当要让近代早期国家自立起来的角色。

由于此项研究是从一件非常复杂的织物当中抽离出单独一根线，作者并不能自诩已经完整揭示了所谓“国家的神话”

(恩斯特·卡西尔语)这一问题。尽管本研究只是限于一个主导观念——“国王两个身体”的拟制,限于这一观念的迁变、蕴意和辐散,却仍然可以为解决“国家的神话”这样一个更大的问题有所贡献。通过这样限定论题的范围,作者希望至少在一定程度上避免观念史上常见的面面俱到、野心勃勃的危险做法:失去对主题、史料和论据的掌控;语焉不详、论证不清;缺少实证而盲目概括;单调重复最后导致张力缺失。国王的两个身体这一信条及其历史在本研究中是作为一个统一性原则,便于史实得到聚合和甄选,同时便于史实进行综合。

本研究的起因将解释作者何以又一次(同其之前《君王颂》中的研究一样)偏离了中世纪历史学家的研究常轨,并逾越了中世纪法律的樊篱,这一次,他并没有接受中世纪法律方面的充分训练来为越界作准备。对于这样的僭越,作者希望得到职业法学家们的谅解,他们无疑会从本书叙述中发现很多舛误,尽管作者自己也意识到了那些较明显缺陷中的一些:一方面是文本解释过多,另一方面是缺乏重要论点。不过这些都是门外汉通常会置身其中的危险;他们要为冒失闯入姊妹学科的领地交纳一定罚金。史料上的不完整也是需要求取谅解的。每位在中世纪法律这片葡萄园里辛勤劳作的学者,都能深切体认到获寻那些哪怕是最重要著述家之作品的艰难。他们的作品,就算是出版过了(还有是没出版过的,例如,12世纪末最具影响力的教会法学家比萨的胡古奇奥[Huguccio of Pisa]),也只有罕见且古旧的16世纪版本。在伯克利、剑桥和哈佛法律图书馆的查询阅览,国会图书馆法律藏书部的主任格索夫斯基(V. Gsovski)博士的善解人意,现今由麦基尔韦恩(C. H. McIlwain)藏书所丰富的普林斯顿燧石图书馆藏书,最后是高等研究院为作者以及由作者本人购买的文献,逐步填补了一些最为扰神的欠缺。馆际互借确实能带来助益,不过,通常难以预估的是,由于一项研究随着新问题不断出现,要求不断核实、再核实以及对大量资料进行比较,这种助益就会大打折扣。多少材料被遗漏,多少文本因为到手太迟而未能用于当下的研究,这些只有作者本人是最清楚的了。读者很快会注意到,哪些著述家一直都在述及,而哪些则只是偶尔提及甚至从未提及过;也会注意到,同样的著作不是统一引述于同一个版本,这一事实揭示了另一个内情。不过所幸的是,这样一项旨在呈现出问题而不是解决这些问题的研究,是不会去刻意追求全面无遗的。二手文献上的实情也是如此,尽管原因有所不同,总体来说,它们只在作者觉得直接受益的时候和地方才会被援引,此类引用方式无法排除这种可能,即一些相关的甚至是有重要价值的研究可能会被遗漏,或者引起作者注意太迟而未被本书援引。作者对自己的研究和文章引用过于频繁这一点,并非表示承惠自己,而是出于怠惰:除少数情况外,重复以前做过的工作,作者觉得还是需要有所克制的。

文献资料保留得相当充分,有时候可能显得过于冗赘。然而,因为多数法律史料在本国不下六家图书馆都无法找到,考虑到政治观念史领域学生会有需要,可行的办法似乎就是尽可能多地复制文本内容。此外,有些次要问题只要不有损正文的可理解性和有碍主要议题展开,便不会在正文中得到讨论,这些次要问题被放到了脚注中,在这里或许最终会对一

些人有所助益——不过坦率地说，向旁支性问题进行扩展的诱惑并非总是那么容易（有时确实太大以致难以）抗拒。因
xxi 此，可能出现的情形是，读者会发现更多适合自己喜好和兴趣的史料被埋没于脚注中，而不是出现在正文里。不过，作者的主要想法还是要创造一个极富可读性的正文，在人迹罕至的茂林中绘制出一条多少做过些标记的道路，保持读者的清醒明辨，进入充斥着学术采采蝇的丛林中，而非放任他漫无路标地进入其中。当然，作者的成功与否，还要取决于读者的评判。

对于要在这里下结论或指明本书不同论题是如何彼此啮合，作者觉得没有太多必要；倒是读者会发现让自己下结论是件容易的事，自己就会让诸齿轮啮合起来，并通过书中大量的相互参照和丰富的索引来便利自己操作。* 不管怎么说，如果读者能在作者铺叙之外，发现更多与“国王的两个身体”相关的事例或典据，以及“国王的两个身体”与其他问题的相互关联，那么，当下的研究就起到了唤起对某些问题注意的效果。此外，稍感遗憾的是，没有专辟一章对教会职位上出现的二元性作连贯性讨论。尽管这是可自成一脉的主题，但作者从未忽视过相关问题的教会方面，并相信教会方面的内容在文中也没有被忽视，而是以间接的方式得到了讨论。

本书的写就可谓一次漫长的跋涉，途中自然得益于众人的帮助。作者乐于坦承自己在各种资料和提挈之情上要致谢

---

* 参阅脚注的这种相互参照法，通常不仅要求参阅脚注本身，而且要参阅脚注所在的正文，甚至是脚注所在页。

朋友、同事和其他相助者，对他们贡献的感念表达在了注释和图版目录中。不过，作者首先要感谢的是他的那群年轻朋友们，那群他在伯克利时的学生们，他们先后在高等研究院做作者的助手。每个人以自己的方法不仅帮助形成手稿、预备好出版，而且通过商榷、批评和建言的方式作出贡献，通过他们的兴趣盎然作出贡献，他们的兴致反过来燃起了作者本渐趋消弱的兴致。有关于此及其他帮助，作者要感谢迈克尔·切尼亚夫斯基（Michael Cherniavsky）教授、罗伯特·本森（Robert L. Benson）先生、拉尔夫·吉赛（Ralph E. Giesey）博士，以及玛格丽特·本特利·舍甫琴科（Margaret Bentley Ševčenko）夫人，特别要单独感谢威廉·博斯基（William M. xxii Bowsky）博士，因为他所从事的是反复校读内容，汇编文献目录以及帮助归置索引等，是所有工作中最为枯燥、回报最小的一部分工作。作者要感谢以前的学生威廉·钱尼（William A. Chaney）教授和谢弗·威廉姆斯（Schafer Williams）博士，感谢他们点醒作者注意到几个要点；还有乔治·威廉姆斯（George H. Williams）教授，他友善地阅读了初稿，通过他自己著作的刊行为本书讨论的问题贡献良多。

还有其他的一些人慨然阅读了终稿的大部分内容：戴特里克·格哈德（Dietrich Gerhard）、盖恩斯·珀斯特（Gaines Post）和约瑟夫·斯特雷耶（Joseph R. Strayer）诸教授，他们赐赠作者众多建议和增补内容，而且给予作者精神上的支持。这方面，作者首先要感激西奥多·蒙森（Theodor E. Mommsen）教授，原稿通过打字机逐章打出来的同时，他便聚精会神地通读了全稿，还毫无保留地提出自己的看法，作了大量的校改工作，好几个晚上他都与作者讨论更广泛的问题及无数细节问题。此外，作者有幸能从高等研究院那里吸取自己同事的很多学识，用自己的困惑搅扰了他们：哈罗德·切尼斯(Harold Cherniss)教授成了主要“受害者”，不惮其烦地答复作者在古代哲学问题上提出的疑问，耐心地重复自己对较复杂问题的解释，置自己在被作者误解中遭受的痛苦于度外，这种误解过去不仅柏拉图在亚里士多德那里遭受过，亚里士多德在中世纪经院学派那里也遭受过；埃尔文·潘诺夫斯基(Erwin Panofsky)教授，作者有关于艺术史方面的问题总是指望他，而他一当受邀“会猎”总会乐此不疲；库尔特·魏兹曼(Kurt Weitzmann)教授唤起作者对几个论点的注意，而且在照片和图画方面一直乐于提供帮助；安德烈亚斯·阿佛第(Andreas Alföldi)教授的博识为作者解决有关古代末期的问题提供了方便之门。除了这些人之外，还要加上作者以前在伯克利的同事莱昂纳多·奥尔斯基(Leonardo Olschki)教授，作者曾在很长一段时间里与他探讨了许多但丁研究的问题，文中有关但丁一章从许多方面受益于他有用的批判。对于所有这些朋
xxiii 友，作者不仅致上由衷的感谢，而且对在曲解他们的地方致以歉意：错误是作者自己的“贡献”，或许也是极富原创性的。

拉尔夫·吉赛博士，作者与他经历了一种特殊的合作，他自己当时正着手关于“文艺复兴时期法国国王葬仪”的研究，这与本书第七章中讨论的一些重要问题有重叠的地方。二人之间无时不在的思想和史料上的日常交流，使得往往很难明晰区分彼此的贡献。不过，书中的脚注可以显明，吉赛博士多么慷慨地将自己的史料——出版过的及未出版过的文本和照

片——交到作者手里,作者使用时虽没有不安、毫不客气,但为有了这些素材而写就的章节仍惦念博士之恩情。

最后,作者要感谢罗伯特•奥本海默(J. Robert Oppenheimer)博士,感谢他代表高等研究院慨然资助这本书的出版;感谢普林斯顿大学出版社,感谢它愿意在各方面迁就作者的建言和个人要求。

E.H.K.

新泽西州普林斯顿

1957 年 3 月 2 日

导　言

神秘主义，一旦从神话和虚构的微明暖光下转到事实和理性的冷峻探照灯光下，通常很少能留下什么值得自我夸荐。神秘主义的语言，无非是在自己奇谲诡异的圈子里听来有绕梁之响，只要越出这个圈子，它总会给人贫乏甚至略显愚昧的感觉；它那令人费解的隐喻和天马行空的意象，若脱却五彩斑斓的羽翼，会像波德莱尔笔下的“信天翁”，一副悲怆落魄的形象。至于更为特指的政治神秘主义，只要离开了它的生存环境，离开了它的时空，更有丧失其魔力或变得毫无意义的危险。 3

都铎王朝[*]及此后的英国法学家们所传布的“国王的两个身体”神秘拟制，于此规律亦不例外。梅特兰[**]在一项富有新意和趣味的研究“作为团体的王冠”中，对此有

---

* 由亨利七世于1485年在英格兰、威尔士、爱尔兰开创的王朝，到1603年伊丽莎白一世去世为止。——译者

** 1850—1906年，英国法律史研究的奠基人之一，对英文世界的法律研究影响深远。——译者

无情披露。[①] 这位伟大的英国法律史家以讽刺和反讽的犀利笔触，揭示了把国王拟制为“独体法人”可能会犯下的蠢事，或已经犯下的蠢事；同时也指明双体国王和双重性王权的理论在官僚逻辑中势必会造成的混乱。睿智的梅特兰称国王是被“教区牧师（人格）化”（*par*sonified）了，把国王的两个身体理论称作“形而上学——或者我们也可称之为超性体论（metaphysiological）——胡话的惊人展示”。[*]

梅特兰从他那丰富的法律实例储库中，逐一举证了国王两个身体学说的荒诞性。他讲述了乔治三世的故事，这位国王想作为个人而不是作为国王去拥有一些土地，就必须征得议会同意，“因他无权拥有他的臣民不被拒绝拥有的权利”。他还补叙了一个饶有趣味的案例，是有关1715年起事反叛者当中的一位，他的男爵爵位被没收上交给了国王：他的那些佃户们为之欢腾，因为此领地现在“归属于国王及其政治地位的继任者，其在法律意义上是不死的”，他们相信，此后不用在
4 其（之前只是有朽的）领主死时交纳惯习的继承权利金了。然而议会出人意料的裁决让他们感到失望。议会认为，此案中，国王是作为会死亡的私有人身，因此佃户们还得像以前那样

---

① F. W. Maitland, *Selected Essays* (Cambridge, 1936), 104–127，重印于 *Law Quarterly Review*, XVII, (1901), 131–146。

* 此处“metaphysiological”可与后文“physiological”对照理解，其名词形式“physiology”的希腊词源“physis”和“logia”，本意分别为“本性、起源”和“学问、科学研究”，即是对活动体系（living systems）之本性的科学探究；至中世纪时，该词更多强调活物（譬如有机体）和拟制化的活物（譬如统合体，参看本书第四章注139）的本性及运行机理，能作为有机体或统合体的既可以是教会、基督，也可以是国家、王冠等，坎托洛维奇正是在这种意义上使用“physiological”的。“性体论”之取义接近“本性论”，但“性体”似乎更能表现“活动体系”或“活物”的内涵。——译者

交付税金。梅特兰甚至找到证据表明，路易十四那句有可能是杜撰的名言“朕即国家”，甚或相关于此的经院学派表述“可称之为教会的教皇”（*papa qui potest dici ecclesia*），在英格兰也得到了官方的认可：1887 年的一条成文法规定“‘国家终身公务人员’‘女王终身公务人员’‘王冠终身公务人员’这 3 种说法含义相同”，梅特兰对此评论道，“实属混乱”。[②]

布莱克斯通在《英国法评注》的一章中提纲挈领总结了几个世纪政治思想和法律思辨的成果，当读到他对国王超身体（superbody）或政治身体这种既富想象又不失精细的描述时，若没有相关预备知识，读者确实会感到他揶揄国王的两个身体理论甚是凌厉。他的裁章置句刻画出了一个绝对主义的幽灵，操控绝对主义的不是近代抽象的“国家”，不是中世纪盛期抽象的“法律”，而是抽象的性体论上的拟制，它在世俗思想中可能仍没有类似物。[③] 国王不朽，是因为从法律上说他决不会死，或决不会未成年，这些是国王两个身体理论为人熟知的台词。而且，我们被告知，国王“不仅不会犯错，甚至不会想到犯

---

② F. W. Maitland, *Selected Essays* (Cambridge, 1936), 104-127，重印于 *Law Quarterly Review*, XVII, (1901), 117。这种“混乱”不仅限于英格兰，梅特兰自然是心中有数的，因为 Otto von Gierke, *Deutsches Genossenschaftsrecht*（《德意志团体法论》）(Berlin, 1891), III, 294, n.148 引述过一个极为相似的情况。14 世纪一位教会法学者布特里奥的安东尼（Antonius de Butrio）声称，教会财产的所有权“或是属于基督，或是属于圣职者，或是属于普世教会，或是特定的所有者，或是主教，或是其他高位圣职者，或是基督的代理人教皇”（“sive dicas Christum, sive praelatum, sive ecclesiam universalem, sive particularem possidere, sive episcopum, sive alium praelatum, sive Papam vicarium Christi”），这些都无关紧要。

③ Sir William Blackstone, *Commentaries on the Laws of England*, I, c.7（初版于 1765 年），237ff。

错：他决不会胡作非为，他身上不存在愚昧或弱点”。④ 此外，国王是不可见的，⑤尽管身为“正义的源泉”，他自己可以不判案，却让法律无处不在：“从法律眼光看来，国王陛下虽不能亲自执行裁判，但总能出现在他的所有法庭。”⑥可以说，这种国王“拟制人格”（*persona ficta*）的超人的“绝对完善”状态，是拟制内部另一拟制的结果：它与团体概念的一个独特方面即独体法人是不可分离的。布莱克斯通将其完全归功于创造出了团体观念的罗马人——“不过，我们的法律依托英格兰民族一贯的天赋，在此创举之上得到极大的精炼和提升；特别是在独体法人方面，它只由一个人构成，罗马法学家对这种法人观念是全然无知的。”⑦

那种人为创设的非实在——其实是人类那最终受自身拟制所奴役的奇怪心志——相比于所谓冷峻现实的法律、政治和宪制领域，我们通常更容易在宗教领域中看到；因此，梅特兰多数情况下的严词苛责便显得充分正当、可以理解。不过，貌似滑稽而且许多方面并不通畅的国王两个身体观念，并非只具有性体论上那些令人忍俊不禁的特点，梅特兰本人充分意识到这套法理至少为我们提供了有重要启发意义的拟制，

---

④ Sir William Blackstone, *Commentaries on the Laws of England*, I, 246.

⑤ 布莱克斯通没有直接提到国王的不可见性，但此不可见性是属于政治身体的标准定义；参见第一章注 2，其中谈到了普洛登的话：“……政治身体是一种看不见摸不着的身体”；或 *Calvin's Case* (1608), in Sir Edward Coke, *The Reports*, ed. George Wilson (London, 1777), VII, 10 - 10a：“……因为政治权能是不可见的，是不朽的”（参较 12a）。

⑥ Blackstone, *Comm.*, I, 270.

⑦ Ibid., I, c.18, 469; Maitland, *Sel. Ess.*, 75.

在特定时期被法学者们用来“调和近代和古代的法律”，或者，协调治理上的人格概念和更非人格的概念。⑧ 作为伟大的中世纪史家，梅特兰非常清楚，“孪生王权”的有趣拟制有着相当漫长而复杂的历史，“可带我们深入中世纪的法律和政治思想中去。”⑨

遗憾的是，尽管梅特兰在此方面已给出一些有价值的暗示，但他并未对这一历史进行撰述。对那段历史的书写，尤其是对关键的15世纪那段历史的书写，对于英国法律和宪制发 6
展史的有识者来说，仍是一项饶有趣味和收获可期的研究课题，因为本书当下的诸研究不可能做到面面俱全。笔者的这些研究只是意在勾勒出历史问题本身，以止于浅表、随感而发和不求齐备的方式去粗描“国王的两个身体”的总体历史背景，并且如果可能的话，将这一概念置于中世纪思想和政治理论的恰切语境中。

---

⑧ 梅特兰的评论可见诸 Pollock and Maitland, *The History of English Law* (2nd ed., Cambridge, 1898 and 1923), I, 512, 495, and *Sel. Ess.*, 105ff；还有他的研究“The Corporation Sole,” *Sel. Ess.*, 73 - 103，第264页附有重要的年鉴判例目录(重印于 *LQR*, XVI [1900], 335 - 354)，其中，梅特兰以他人难望项背的学识揭示了中世纪早期的“私有教会法”(*Eigenkirchenrecht*)对后世诸观念的影响，当中便包括独体法人的概念。

⑨ Maitland, *Sel. Ess.*, 105.

第一章 问题：普洛登的判例报告

在埃德蒙·普洛登(Edmund Plowden)集撰于伊丽莎白女王时期的《报告》中，梅特兰发现了对那场神秘讨论的第一
7 次清晰阐释，英国王室法学家们借此神秘讨论传达了他们对王权和国王权能的定义，在定义里他们作了自己的发挥。① 为方便叙述这一问题以及国王两个身体的理论，把身为中殿律师学院法科生的普洛登选作论述起点，可能是较为合适的，我们可从国王法庭上作出的并在《报告》里得以削冗举要的那些论辩中，引述一些极有说服力的内容。

兰开斯特公爵领地，是兰开斯特历代国王以私人身份而非国王身份拥有的一份财产，伊丽莎白女王在位的第四年，该公爵领地所有权的著名案件(*case célèbre*)开庭审理，可以肯定，这并非第一次。女王之前的爱德华六世，在尚未成年时便已获得兰开斯特某些土地的租借权。就这一问题，王室律师

① Maitland, *Sel. Ess.*, 109:“这种讨论在1550年前后是否真算得上新潮，或者它是否到了普洛登那里才公之于众，这都不好说，年鉴对此并没有记载。”

们齐集高级律师公会(Serjeant's Inn)，一致商定：

> 据普通法，国王在其位所谋之政，不能因其未成年而被否决。盖因国王有两个身体，即自然身体与政治身体。其自然身体(就其本身来看)是有朽之体，免不了有因自然和偶性带来的孱弱，也免不了黄发垂髫之期的低能，还会犯下同样发生在其他自然身体上的那些过错。然而，国王的政治身体是一种看不见摸不着的身体，它由政策和政府构成，是为指导民众、管理公共福祉而组建。并且，这一政治身体完全没有黄发垂髫之期，以及其他自然缺陷和低能。藉此，国王以政治身体所行之事，不因其自然身体的无能而失效或遭贬抑。②

现在要指出的是，国王的政治身体——“没有黄发垂髫之期，
以及其他自然缺陷和低能”——这种说法的原型，从约翰·福 8
蒂斯丘爵士(Sir John Fortescue)的论集《论英格兰的政制》里很容易找到，他是这样表述的：

> ……没有能力(poiar)去犯奸作恶，老迈病痛，或自我伤害。因为所有这些能力(poiars)都来自无能(impotencie)……神圣的精灵和天使之未有罪恶、老病或自害，乃因为它们比不敌自身弱点而自害的我们拥有更多能力。国王能力

---

② Edmund Plowden, *Commentaries or Reports* (London, 1816), 212a。该案在 Coke, *Rep.*, VII, 10 (*Calvin's Case*)中有提及。

也一样更大……③

这里引这段话不是要证明伊丽莎白时代的法学家们“借用”了福蒂斯丘的说法，也不是说福蒂斯丘的论集就是那些法学家们的“来源”，尽管这种可能并不是没有。重要的是，引文表明了上述法学思想与神学思想之间的联系是何其密切，说得更具体点，这种法学思想与国王的类天使④这一中世纪观念之间

---

③ Sir John Fortescue, *The Governance of England*, C. VI, ed. Charles Plummer (Oxford, 1885), 121；参较 218f，以及出自 *Song of Lewes* 第 217 页的引文。另参见 Fortescue, *De Natura Legis Naturae*, C.XXVI。在柯瑞思（S. B. Chrimes）令人称道的福蒂斯丘《英格兰法律颂》的编本（*De Laudibus Legum Angliae* [Cambridge, 1942]）第 154 页中，他大篇幅引述了上述内容。相关观念也可参见 *De Laudibus*, C.XIV, ed. Chrimes, 34, 27f。

④ 国王“类天使的特征”在近代文献中被频繁提及，如 Eduard Eichmann, “Königs- und Bishofweihe”, *Sitz. Ber. bayer. Akad.* (Munich, 1928), No.6, p.8; Max Hackelsperger, *Bibel und mittelalterlicher Reichsgedanke* (Munich diss., 1934), 28, n.35; Kantorowicz, *Laudes Regiae* (Berkeley, 1946), 49, n.126——但是整个问题尚未得到全面研究。此一观念的重要地位不仅见于圣经，例如《撒母耳记下》14：17 和 14：20，在希腊传统中可能也一样。根据这一观念，国王和贤人代表了神人之间独特的第三阶层，参见 Erwin R. Goodenough, *The Politics of Philo Judaeus* (New Haven, 1938), 98ff，他还写了“The Political Philosophy of Hellenistic Kingship”, *Yale Classical Studies*, I (1928), 55–102, esp. 76ff, 100f；古迪纳夫（Goodenough）所写的论文最近被路易斯·德拉特（Louis Delatte）编辑和评论，Louis Delatte, *Les traits de la royauté d'Ecphante, Diotogène et Sthénidas*, Bibliothèque de la Faculté de Philosophie et Lettres de l'Université de Liège, XCVII (Liège, 1942)；也可参见 Artur Steinwenter, “ΝΟΜΟΣ ΕΜΨΥΧΟΣ: Zur Geschichte einer politischen Theorie”, *Anzeiger der Akademie der Wissenschaften in Wien*, phil.-hist. kl., LXXXIII (1946), 250–268, esp.259ff。有关早期基督教观念，则可参见 Günther Dehn, “Engel und Obrigkeit”, *Theologische Aufsätze Karl Barth zum 50. Geburtstag* (Munich, 1936), 90ff；还可参见哈罗德·富克斯（Harald Fuchs）的批评，*Der geistige Widerstand gegen Rom in der antiken Welt* (Berlin, 1938), 58f。

的联系何其密切。王权的政治身体就像是“精灵和天使”的同类，因为它像天使一样，在时间之内乃表现为不变者。王权的政治身体被提高到了天使的高度，这一点当记取于心。 9

可以说，伊丽莎白时代的法官们在牢靠的天界基础上找到立足点之后，便继续就兰开斯特公爵领地展开辩论。他们指出，国王在未登王位之前购得的土地，亦即，他以“自然身体的身份”购得的土地，后来如又馈赠他人，即便此种礼物是在他未成年时赠出的，也应视作王者（King）的行为。伊丽莎白的法官们如是解释个中原因（他们的“神秘主义”便肇端于此）：

> 虽然他（国王）是以自然身体拥有或获得这块土地的，然而他的政治身体是与其自然身体联为一体的，涵摄了他作为国王的身份和威严。政治身体中包括自然身体，自然身体相较而言是更低微的身体，政治身体有了自然身体而得以巩固。因此，国王拥有一个被赋予了国王身份和威严的自然身体，却并没有一个能自身超脱于职位和国王威严之外的自然身体。联为一体的自然身体和政治身体是不可分离的。此二者合于一身，成为一体，无间而存，此即团体身体寓于自然身体之中，反之（*et e contra*），自然身体也寓于团体身体之中。自然身体因与政治身体（包括职位、统治权和九五之尊）联为一体、互为援手，而煌煌大化。⑤

⑤ Plowden, *Reports*, 213；有关兰开斯特公爵领地案，参见第七章注 302 及其后。

国王的两个身体因此成为不可分的整体，彼此完全包含。然而政治身体高于自然身体，这一点是毋庸置疑的。“三位国王（亨利四世、亨利五世、亨利六世）以不如政治身体那样伟岸（ample and large）的自然身体拥有兰开斯特公爵领地，而第四位国王（爱德华四世）则是以比自然身体更伟岸的政治身体来拥有该领地的。”[6]

政治身体不仅比自然身体更“伟岸”，而且在它那里还的确存在某种神秘力量，可以削减甚至消除人类脆弱天性中的缺陷。

10 附并于自然身体的政治身体，可以消除自然身体的愚钝，将较低微的自然身体及其所有效力吸入较高大的自身，“因为，价值大者将价值小者吸入自身。”[7]

拉丁法谚“价值大者将价值小者吸入自身”，在中世纪的法学

---

⑥ Plowden, *Reports*, 220a，这个案例柯克同样引用过（见上面注 2）。有关兰开斯特公爵领地案，见第七章注 302 及其后。

⑦ Plowden, *Reports*, 213a。这句拉丁格言（见下一个注）后来一再被引述，例如可见于 Sir Edward Coke, *The Second Part of the Institutes of the Laws of England* (London, 1681), 307："Omnes maius dignum trahit ad se minus dignum"（“所有价值大者都将价值小者吸入自身”）。最迟至 13 世纪英国人一定已经知道了这条格言；参见 Matthew Paris. *ad a.* 1216, ed. Luard (Rolls Series), II, 657，马修·帕里斯重申了教皇英诺森三世的观点，反对那些胆敢声讨约翰王的法国领主们：“……既然领主是下位者，就不能由他们来宣判死刑，因为价值大者以某种方式吸纳价值小者”（“... per barones, tanquam inferiores, non potuit ad mortem condemnari, quia maior dignitas quodam modo absorbet minorem”）。有关英国法律语言中的法谚，参见 Davis Ogg, *Joannis Seldeni "Ad Fletam Dissertatio"* (Cambridge, 1925), Intro., pp. xlii-xlvi。（《论〈弗利特〉》详情见第四章注 185。——译者）

家中间已耳熟能详。论及“混成人格”（*persona mixta*）（在此是混成物[*res mixta*]），人们总会举证这一点。14 世纪伟大的意大利法学者和法学权威巴尔都斯（Baldus）把该法谚十分恰当地和雌雄同体的两性联系了起来：据《学说汇纂》所言，两性中特征突出一方决定性别，因为“两端若是统合，同时各端之自性得以持守，那么，主导而显著的一端会将另外一端吸入自身”（巴尔都斯如是总结）。[8] 适用于雌雄同体之两性的理

---

⑧ 关于雌雄同体（hermaphrodite），参见 *D.* 1，5，10。巴尔都斯在讨论教皇格里高利有关圣职推举权的教令时，引用了乌尔比安（Ulpian）的观点，认为圣职推举权具有凡俗的和圣职的双重特征，这种混合体（*quid mixtum*）与雌雄同体或国王的两个身体是相仿的。参见巴尔都斯对 c. 3 X 2，1，n. 7 的注释，在 *Decretalium volumen*（Venice，1580），fol.152v 中，有许多其他表述和结论：“同样，两端若是统合，同时各端之自性得以持守，那么，主导而显著的一端会将另外一端吸入自身”（“Item quando ex duobus extremis fit unio，remanentibus qualitatibus extremorum，magis principale et magis notabile aliud ad se trahit”）。可进一步参见马拉斯皮纳（Malaspina）家族关于雌雄同体的法学（也是医学上饶有趣味的）观点；Baldus，*Consilia*（Venice，1575），II，237，n.1，fol.67v。帕尔马的伯尔纳在对教皇令集（c.3 X 2，1）的注释（*Glossa ordinaria*，Bernard of Parma）里也间接提到了这条格言：“要看到，在属灵和世俗之间相混合的事例，更多是跟随属灵的性质而不是世俗的……如此，在实体性上价值更小者，在裁判权上却拥有更大效力”（“Nota quod *causa mixta* inter spiritualem et civilem magis sequitur naturam spiritualis quam civilis … et sic quod est minus dignum in sui substantia，maioris est efficaciae quo ad iurisdictionem”）。巴尔都斯本人反复提到了这条格言；可参见 Baldus，on *C.*9，1，5，n.4，*Commentaria in Codicem*（Venice，1586），fol. 194v，or on *C.*6.43.2，n.1，fol.157v，它与后来英国理论不谋而合：“要看到，在相互统合的东西上，价值大者会将价值小者吸入自身。同样，能力大者将能力小者吸入自身，并且向后者分享自己的内在价值和特权”（“Nota quod in unitis ad invicem，dignius trahit ad se minus dignum. Item quod plurimum potest，trahit ad se quod nimium potest et communicat illi suam propriam dignitatem et privilegia”）。另见对教皇格里高利九世教令集（c.3 X 3，40）的标准注释（约翰·条顿[Johannes Teutonics]），此处，这条格言被运用于圣油上：“同样，不是祝圣的油可以混合进祝圣之油，所有的油便可称作祝圣之油”（“Item oleum non consecratum potest commisceri oleo consecrato et dicetur totum consecratum”），注释者这样评注 *consecratum* 这个词：“因此，有价 （转下页）

11 念，从法学来讲同样适用于国王的两个身体。因此，都铎王朝法学家普洛登在上述场合引用这条恰当的法谚时，是合乎逻辑的，也是遵循了他法律职业的规范的。

兰开斯特公爵领地案前一年即伊丽莎白三年，民诉法庭在审理维里翁诉伯克利（*Willion* v. *Berkeley*）一案时，这一重要观念也被着力强调。该案主题是有关伯克利爵士非法侵占土地的，伯克利声称已为这些土地向亨利七世王庭交了税金，认为该土地是作为他领地一部分的限嗣继承地产。对此法官们指出：

> 尽管法律应裁决亨利七世以自然身体而非政治身体保有

（接上页）值之物上神圣的将不神圣的吸入自身”（“Et ita sacrum tanquam dignius trahit ad se non sacrum”）。（笔者要感谢盖恩斯·珀斯特[Gaines Post]教授对这段以及下面彭纳的卢卡斯[Lucas de Penna]相关知识点的友善关切）。此外，还有圣职推举权的相关文献：约翰·安德里阿（Johannes Andreae）对教令集的注释，*Novella in Decretales*，on c. un. VI 3，19，n. 12（Venice，1612），fol. 126；Hostiensis（Henry of Segusia），*Summa aurea*，on X 1，29，n.9（Venice，1586），col.297，其中提到了代理法官；还可参见 Oldradus de Ponte，*Consilia*，XVII，n.1（Lyon，1550），fol.7[v]。有关罗马法学家，可参见那不勒斯法学家彭纳的卢卡斯的 *Commentaria in Tres Libros*，on C.10，5，1，n.17（Lyon，1597），p.33：“Quotiens enim maius minori coniungitur，maius trahit ad se minus ...”（“每当大物与小物相结合，大物会将小物吸入自身……”）。有关上位法官吞并下位法官权力的相关观念，也可参见腓特烈二世的《奥古斯都宪法》（*Liber augustalis*），I，41（Edition：Cervone，Naples，1773，含注释），93：“... minori lumine per luminare maius superveniens obscurato”（“大光来照，小光暗”），对此 13 世纪的注释家卡拉马尼科的马里努斯（Marinus de Caramanico）（ibid.，93）评述说：“较大原因将较小原因吸入自身”，参引了 *D*.5，1，54；有关采用六韵步诗行表现的相同观念，也可参见 Nicolaus de Braia，*Gesta Ludovici Octavi*，line 643，in Bouquet，*Recueil des historiens*，XVII，323；Matthaeus de Afflictis，*In utriusque Siciliae ... Constitutiones novissima praelectio*（Venice，1562），I，fol. 167；Paulus，*Sententiae*，I，12，8；*Fontes iuris romani anteiustiniani*，ed. S. Riccobono et alii（Florence，1940），II，330，and *D*.5，1，54。

此地，但是他们[法官们]一致认为，国王对以自然身体据有的财物同样拥有特权。……因为一当这个王国的政治身体与自然身体相结合，并且它们二者构成一个身体，自然身体的等级以及凭此身体权能而拥有之物的等级便由此被改变了。自然身体因为与政治身体的联合，它的效力不再是原来那种等级了，而是分有了政治身体的效力。……理由在于，自然身体和政治身体结为一体，政治身体攘除了自然身体的缺陷，使自然身体拥有了在单独状态下无法获致的等级。……(类似情况下的)原因不在于他自然身体的能力为王权所吞没……而在于，国王保有该土地的自然身体是与政治身体相融合了的，在此融合过程中，自然身体分有了政治身体的本性与诸效力。[9]

---

⑨ Plowden, *Reports*, 238，之后，柯克(Coke, *Reports*, VII, 32)提到过这个案例。政治身体"攘除缺陷"是一种普遍看法；也可参见 Bacon, *Post-Nati*, in: *Works of Sir Francis Bacon*, ed. J. Spedding and D. D. Heath (London, 1892), VII, 688："王冠的政治身体可让国王的自然人格获得改善：……若国王以前有过错，戴上王冠即可得到净化。"另见 Blackstone, *Comm.*, I.c.7,248："如果王位继任者以前犯过叛国罪或刑事重罪，戴上王冠便可使这位有罪者'据事实本身'(*ipso facto*)受到净化。"这一理论在英国到 1485 年才发展起来，此时，在财政署内室法庭(the Exchequer Chamber)法官们就亨利七世得出一致看法，"国王登上王位成为国王之际，便是具有权能者并且由此免除罪者身份……"(que le Roy fuist personable et discharge dascun attainder *eo facto* que il prist sur le Raigne et estre roy ....)。可参见 Chrimes, *Const. Ideas*, Appendix 74, p.378, cf. p.51。这种观念实际上是圣事净化效力的世俗化。西奥多·巴尔萨蒙(Theodore Balsamon)认为，在拜占庭，皇帝的祝圣礼具有和洗礼一样的效力，因此祝圣礼祛除了皇帝约翰·提米斯(John Tzimisces, 969—978 年)以前犯下的所有罪过。查理五世治下的法国，让·高兰(Jean Golein)宣扬了同样的观念：受膏之后，国王"被涤除了所有罪过"(*telement nettoié des ses pechiez*)，像刚刚受过洗礼一样；参见 Marc Bloch, *Les rois thaumaturges* (Strabourg, 1924), 483；另见 George H. Williams, *Norman Anonymous* (下面第三章注 1), 159f; Kantorowicz, "The Carolingian King in the Bible of San Paolo fouri le Mura", *Late Classical and Mediaeval Studies in Honor of Albert Mathias Friend, Jr.* (Princeton, 1954), 293。

12 由于政治身体在个体国王身上就像“隐秘的神”(*deus absconditus*)一样活跃着,显然,我们难以界定政治身体对国王自然身体所施加的效用。事实上,伊丽莎白的法官们有时不得不像界定信条时的神学家那样谨小慎微。既要为国王的两个身体完美结合作辩护,同时又要为两个身体各自独特职分作辩护,而不顾此失彼,这绝非一项简单的工作。当法学家们做下面一番解释时,真可谓是刀剑上起舞:

> 国王的两个身体合而为一,其他身体无可比拟。此一合体,政治身体为大,单是一体无法保全合体。[10]
>
> (尽管两个身体合为一体,)国王在自然身体中保有的能力依然存在,不会因政治身体的而被混淆。[11]
>
> 虽然两个身体在一个时间点上交融合一,二者各自的能力却不相混淆,泾渭有别。
>
> 因此,自然身体和政治身体不分彼此,合为一体。[12]

尽管两个身体在原则上是统一的,二者的分离仍是可能的,这种分离即是在常人眼里所谓的死亡。在维里翁诉伯克利案
13 中,法官苏斯科特(Southcote)得到了法官哈珀耳(Harper)的支持,提出了一些很有说服力的观点,《报告》如是记载:

> 国王具有两重能力是因为他拥有两个身体,其一是自然

[10] Plowden, *Reports*, 238a.

[11] Ibid., 242.

[12] Ibid., 233a, 242a.

> 身体，和任何人一样，它由自然肢体构成，有着七情六欲，并且终有一死；另一个是政治身体，其构成就是他的臣民。如苏斯科特所言，他和他的臣民、他的臣民和他构成一团体，他为头，臣民为肢体。他行使唯一的统治权。政治身体不像自然身体有七情六欲，也不会死亡；因为，就这种身体而言，国王是决不会死的，他自然身体的死亡（如哈珀所言）在我们的法律里也就不被称作国王的死亡，而是国王的“传位”（*Demise*）。“传位”一词并不是说国王的政治身体死亡了，而是指两个身体分离了。政治身体从此时已死亡的自然身体转移到了另一个自然身体。这也就意味着该国国王的政治身体从一个自然身体移到了另一个自然身体。[13]

国王传位的观念所表达的是，“灵魂”和王权不朽的那一部分从一个肉身迁移到另一个肉身，这无疑是整个国王两个身体理论的枢轴。这个概念此后一直在实践中保持着它的有效性。然而有意思的是，政治身体在国王肉体中的“化身”，不仅消除了人类自然身体的缺陷，而且也为作为王者（King）的个体国王（king）带来了“不朽”。发生于菲利普和玛丽在位第

---

⑬ Plowden, *Reports*, 233a，由布莱克斯通引述于 *Comm.*, I, 249。在一般言谈方式中，国王“传位”（*demise*）一词有固定用法，指的是“政治身体的移位……从一个自然身体移到另一个自然身体”，对它的使用应该不早于 15 世纪玫瑰战争时期，其时，每次王权在兰开斯特家族和约克家族之间的转移，从法律上都被解释为失败国王的“传位”。不过，这个词之前也被使用过，例如在 1388 年，某诉讼“因为国王（爱德华三世）传位”（*par demys le Roy*）被（在庭上）“无限期”推迟了。见第七章注 195。

二、三年的希尔诉格朗奇一案（*Hill* v. *Grange*）中，法官有如下辩论：

> 当时，法令判决对那些特许权保有者作出救济……亨利八世在成为王者之前已被提到，因此这里的法律关系是就他作为王者而言的，他本人作为王者是决不会死的，而这一以其名义确立起法律关系的王者身份，确乎是永远存续的。[14]

14 此案中，虽然亨利·都铎已离世 10 年，但**王者**亨利八世依然“活着”。[15]* 换言之，尽管国王个体肉身的人性面显得无关紧要，但这位国王的永恒本质或其“神圣首领”的地位，在那些

---

⑭ Plowden, *Reports*, 177a。头衔的申明至关重要，时常具有决定意义，因为，在法律上人是“以威严的名义显身”（*celebrati sunt nomine dignitatis*）还是以姓名本身出现，有着重大区别；参见 Baldus, *Consilia*, III, 159, n.5 (Venice, 1575), 45^v，或参见 Maitland, *Sel. Ess.*, 77 对英格兰情况的讨论，牧师只使用他团体即其教堂的名字。参见第七章注 298 及后注。另见 *Year Books*, *8 Edward II* (*1315*), Y. B. Series, XVIII (Selden Society, XXXVII; 1920), 202f。

⑮ 这里令人想起利奥一世的《致弗拉维书信》（*Ad Flavianum*），(*ep.* XXVIII, c.3), *PL*, LIV, 765：“et mori posset ex uno, et mori non posset ex altero”（“……一种自然会死亡，但另一种自然不会死亡”）。

* 为便于理解，附该段原文于后——“低微是由大权确证的，虚弱是由能力确证的，而有朽是由永恒确证的。要偿付我们的罪，一种不能受难的自然统合了一种可受难的自然，满足我们这种治疗手段所需的，是上帝与人的居间者，人子耶稣基督，他的一种自然会死亡，但另一种自然不会死亡”（Suscepta est a maiestate humilitas, a virtute infirmitas, ab aeternitate mortalitas; et ad resolvendum condicionis nostrae debitum, natura inviolabilis naturae est unita passibili, ut, quod nostris remediis congruebat, unus atque idem mediator Dei et hominum, homo Iesus Christus, et mori posset ex uno, et mori non posset ex altero）。——译者

“基督一性论者”*法官的审判席上却是不得不掂量的。

反之，“人性面”(manhood)或国王的自然身体，也可能具有重大意义，如托马斯·罗斯爵士案(Sir Thomas Wroth's Case，伊丽莎白十五年)所示。⑯ 托马斯爵士原先受亨利八世任命，为爱德华六世随从，枢密院引带大臣。当时爱德华尚未封王。爱德华继位之后，托马斯爵士不再领取他的年俸，因为尽管他侍奉王子是称职的，但无法胜任侍奉王者之位。法官桑德斯(Saunders)认为，历史上侍官在新王继位后是否留任曾得到过辩护，释例如下：

> 就王子的外科或内科医师而言，当先王驾崩，王子继位，他们因有侍奉谏勉之功，不被革职……因为自然身体不免生病遭灾，侍奉为其所必需，如此，无论继位与否，九五之尊不会变更已有侍奉。教习王子文法、音乐诸事与上面的情形一样，侍奉之事只针对自然身体，与政治身体之大权无涉。⑰

有一点可以承认，法学者们的这些辩论是有逻辑性的。爱德华·柯克爵士报告的“卡尔文案”(*Calvin's Case* [1608])⑱中

---

* 基督一性论(monophysitism)是基督教异端思想，基督一性论者认为道成肉身的基督只有一性，有别于正统教义认为基督具有神人二性的观点。——译者

⑯ Plowden, *Reports*, 455a.

⑰ 类似事例可参见 Bacon, *Post-Nati*, 657f：威廉·保利特(William Paulet)，爵士依其所担任的诸多职位，本有资格拥有13位礼拜堂牧师：“尽管他有三个职位，但只有一个灵魂。”

⑱ Coke, *Reports*, VII, 10-10a.

的论证尽管篇幅冗长，但不乏条理逻辑。法官们论证说，每位 15 臣民效忠于国王是效忠于国王的自然人，就像国王是以自然人的身份宣誓效忠于他的臣民一样："因为政治权能是不可见和不朽的，政治身体没有灵魂，因其是由人的政策构成的。"⑲如此一来，叛国罪，"意欲或造成国王陛下死亡和毁灭（*mortem et destructionem domini Regis*）的，就必须从国王的自然身体来理解，因为国王的政治身体是不朽的，是不会死亡的"。

这些论证的推理过程无疑是合理的，不过，攻击国王自然身体的同时就是攻击王国的团体身体。在以上从维里翁诉贝克利案援引的一段中，法官苏斯科特提到了将国家比喻成一种人体即"团体"，它以国王为头，臣民为四肢。这种比喻确已十分古老，在中世纪后期的政治思想中较为流行。⑳ 不过，苏斯科特表达此古老理念的说法——"他和他的臣民融合一体，他的臣民和他融合一体"——却直接指向了"神秘体"（*corpus mysticum*）的政治—神学理论，实际上，法官布朗在哈勒斯诉贝迪（*Hales* v. *Petit*）一案中着重引证过该理论。案件中，法庭关心的是自杀的法律后果，法官们认为自杀这种行为是"重罪"。大法官迪伊尔（Dyer）指出自杀有三重罪行。首先，自杀违背了自然，与自我保存法则相背离；其次，因违反第六诫，自杀又违逆了上帝；最后，自杀之罪违抗国王，"国王因之损失一

---

⑲ 政治身体没有灵魂是当时法学家们当中比较普遍的看法；例如，可参见Coke, *Reports*, VII, 10a（"其本身既没有灵魂也没有身体"）。该论点非常古老，可追溯到团体学说的形成初期；参见 Gierke, *Gen.R.*, III, 282, n.112。

⑳ Gierke, *Gen.R.*, III, 517, 546ff；梅特兰在自己完成的吉尔克著作英译本《中世纪政治理论》(*Political Theories of the Middle Age* [Cambridge, 1927], p. xi, n.1)的导言中，称普洛登的引用出处是"这一古老概念在后世的一个事例"。

位臣民，而且（如布朗所言）国王作为头丢失了神秘肢体的一部分”。[21]

“政治体”（body politic）和“神秘体”（mystical body）在使用时似乎没有多大差别。事实上，柯克在讨论国王的政治体时，加了一句插入语：“在爱德华四世二十一年（1482 年），其被称作神秘体。”[22]神学和教会法所教导的教会和基督教社会是一种“基督为头的神秘体”这一学说，显然已经被法学家们 16
从神学领域引入了国家学说中，在国家中为头的是国王。[23]

很容易从普洛登《报告》中找出不少类似的段落，后来法学者们的著述中也有不少。[24] 然而新例证并不会为一般性问题增加什么新的角度；他们所参考援引的段落已是这一学说的精髓，足以展示都铎一朝法学者们的主要观点、思想趋向和特殊习语。可以理解，对他们来说，“国王的王冠正是法律的象征”。[25] 任何人看到《报告》中的这些段落，都会对其中法律语言时常达到的那种庄严肃穆印象深刻，当然也会对论证中逻辑的那种滑稽古怪印象深刻。读者们丝毫不会怀疑那些用语的最终来源，因为它们都是中世纪学者耳熟能详的。伊丽莎白时代法学者们言说方式的基调最终可追溯至神学用语，他们的言说本身至少可以算是一种隐秘神学；要深刻感受这

---

[21] Plowden, *Reports*, 261；参较 Maitland, *Sel. Ess.*, 110。

[22] Coke, *Rep.*, VII, 10（卡尔文案）。见第七章注 312。

[23] 有关作为“神秘体”的国家，参见第五章。

[24] 更多相关资料可在柯克的《报告》中找到，特别是在“卡尔文案”中；另见 *Rep.*, VII, 32。不过，值得注意的是，柯克在自己大多数案例中都把普洛登的《报告》作为依据。

[25] Coke, *Rep.*, VII, 11a.

一点，事实上我们只消用“二性”这种更为常用的神学术语替换“两个身体”那样的奇怪意象。借这种半宗教的用语，王者之位(Royalty)实际上是根据基督论的定义来阐发的。被罗马法形象地称为“正义的司祭”的法学家们，[26]不但在英国发展了一套通行于12、13世纪欧洲大陆的“王权神学”，而且还炮制出了一套地地道道的“国王基督论”。

这种研究虽然迄今为止没有得到足够的重视，却算不上新奇。梅特兰的评论可谓公允：这些英国法学家们所构建的
17 “王位的信条，若撇开那条亚他那修信经不谈，是不会蒙羞的”。[27] 梅特兰这种严肃中带着诙谐的比较极为恰当，而又一语中的。的确，都铎王朝法学者们的论点——“一人二体”——似乎回响着那条信经的熟悉定义：“然而不是两个，而是一个……是‘一’，并非肉身中神性的改变，而是上帝中人性的呈现……成为整体的‘一’，不是因为实体的混合，而是因为位格的统一(... non duo tamen, sed unus ... Unus autem non conversione divinitatis in carnem, sed assumptione humanitatis in Deum ... Unus ominino, non confusione substantiae, sed unitate personae)”。从这种联系中可以想见，自从那条亚他那修信经在克兰默(Cranmer)建议下被吸收进日常祈祷书之后，这一信经在英国民间极为流行。相反，这一信经却未被欧洲大陆新

---

[26] *D.*1,1,1(“……那称我们为司祭的。因我们尊重正义”)(... quis nos sacerdotes apellet. Justitiam namque colimus)是一个经常被引用的段落；例如可参见 Bracton, *De legibus et consuetudinius Angliae*, fol.3, ed. G. E. Woodbine (New Haven, 1922), II, 24; Fortescue, *De Laudibus*, C.III, ed. Chrimes, 8。见第四章注 94 及其后。

[27] Pollock and Maitland, *History*, I, 511.

教教会接纳，即使是罗马教会的成员，一旦星期日不再诵祷，一旦收录该信经的中世纪《日课经书》(*Livres d'Heures*)不再受人重视，它也自然被遗忘了。[28]

当然我们还可以引证其他信经。那些法学论证首先让人想到"不相混淆、恒常不变、不分不离"的迦克敦信经。[29] 总体说来，我们有幸看到，通过法学家们给"国王的两个身体"下精准定义的不懈努力，早期教会关于"二性"的所有基督论问题，在 16 世纪英国这个处于绝对君主制早期的国家得以再现和复兴。从"正统"(orthodoxy)上来探究这一新的王位信条也是富于启示意义的。我们几乎可以预先(*a priori*)否决掉"阿里乌主义"* 的解释取向，因为国王的政治身体和自然身体在它们的"联结与融合"过程中已经是同等了，这一点毫无异议；另一方面，自然身体本身较之政治身体更低微并不是"阿里乌主义的"，而是完全符合"按人性而言，较逊于父"(*minor Patre secundum humanitatem*)这一正统信条和公认教义。国王论上的"聂斯脱利派教义"** 危险在任何时候都是严峻的。

---

[28] G. Morin, "L'Orgine du Symbole d'Athanase", *Journal of Theological Studies*, XII (1911), 169, n.2。("symbol"早期含有"creed"的含义，这一含义来自拉丁语词"symbolum"。——译者)

[29] August Hahn, *Bibliothek der Symbole und Glaubensregeln der alten Kirche* (3rd ed., Breslau, 1897), 174ff，谈到了前述亚他那修信经，并且，166ff 谈到了此处的迦克敦信经。

* 阿里乌主义(Arianism)，因其代表人物阿里乌 Arius 而得名。该派认为耶稣是上帝圣父的"受造物"，因此级别更低，且并非同性同体，尼西亚大公教会将之定为异端，在 4—7 世纪时期广泛流传于哥特人和汪达尔人之中。——译者

** 聂斯脱利派教义(Nestorius)，以 381—451 年的聂斯脱利为代表，主张基督神人二性二体，在 431 年的以弗所会议上被定为异端。主要流传于叙利亚、波斯地区，唐朝进入中国的景教即属此派。——译者

18 不过有人可能会说，法官们不断强调两个身体的联合是要竭力避免它们的分离；而“聂斯脱利派教义”的另一暗礁，即那值得褒扬的从人性到神性的提升观念，在国王血统命定当王的世袭君主制中根本就不是问题。不断重申只有国王的自然身体易遭受“由自然或变故带来的虚弱”，而政治身体“并不服膺于七情六欲和死亡”，就能够完全消除有关国王的“圣父受难说”(Patripassianism)和“撒伯流主义”[*](Sabellianism)，这一点在1649年得到了验证。以这种态度对待“多纳徒主义”[**](Donatism)，也是相当正统的，无论国王自然身体的人格价值如何，也无论他是“襁褓之期抑或耄耋之年”，国王的行为都是有效的，所有的缺陷“都会被政治身体攘除”；然而国王的“不朽特征”(*character indeliblis*)所包含的神圣性问题，总会是一个聚讼纷纭的问题。[30] 上面已经提到了“基督一性论”(Monophysitism)，相关提法可能不应该被否定：“基督一性论”是源于对有朽的“道之肉身”或政治身体之个体化采取了不太在意的态度。清教徒的标语“我们反对国土(king)以保卫王者(King)”，明显是针对“基督一性论”的。法学家们关于政治身体可反复化身于可变的自然身体的观念，不管怎样都表明了一种对王权的

---

* 圣父受难说认为上帝是单一的实体，圣父、圣子只是显现样式或形态上的差异，而不是位格的差异，由此而强调基督的受难乃是圣父的受难；撒伯流主义是3世纪罗马神学家撒伯流倡导的教义，其实质同圣父受难说。——译者

** 多纳徒派是3世纪的异端教派，认为教会应当是义人的教会，罪人不得存身其中，且只有义人所行的圣事才有效，由叛教者或犯过罪的人所施行的圣事是无效的；但同时该派也强调圣事的效用是极为强大的，文中正是在这个意义上谈及多纳徒主义的。——译者

[30] 见第二章注22。

"抽象论"解释。国王的"一志论"(Monotheletism)*解释也是一个不小的危险，因为清晰区分"王冠的意志和国王的需求"不太容易；但必须承认，王室法学家们有时也能找到区分两种意志的场合，这种区分正是17世纪革命议会的准则。[31]

这一切并不意味着法学者们有意识地借鉴了早期大公会议的律令，而是意味着，国王两个身体的拟制所带来的种种解释和定义，必定会相似于基督二性论所带来的种种解释和定义。对于法学院里的话语和思想与早期教会大公会议里的话语和思想之 19
间的这种相似性，但凡熟悉基督教早期的基督论论争的人都会对它们印象深刻，此外，英国的法学家们还不自觉地从通行的神学语汇中，亦步亦趋地借用了确定王权性质的定义。从一个领域向另一个(从神学向法律)领域挪用定义的做法，就其自身来看并不令人意外，也谈不上惹人注目。"对置互用"(*quid pro quo*)的方法，也就是借神学观念来界定国家的方法，已经沿袭了几个世纪，反向的例子也有：比如，在基督教时代的最初几个世纪，帝国的政治语汇和宗教仪式就已经顺应了教会需要而为教会所用。[32]

---

* 基督一志论是7世纪的基督教异端思想，认为基督虽有与神性迥然有别的人性，但并没有人的意志，而只有神的意志。——译者

[31] 参见 Kenneth Pickthorn, *Early Tudor Government: Henry VII* (Cambridge, 1934), 159，文中提到了"沃尔瑟姆(Waltham)修道院院长案件"；有关此一案件可参见 T. F. T. Plucknett, "The Lancastrian Constitution", *Tudor Studies*, ed. by R. W. Seton-Waston (London, 1924), 172ff；有关团体的"意志"，也可参见 Gierke, *Gen. R.*, III, 308ff, 390ff，以及梅特兰在吉尔克《中世纪政治理论》英译本中的导言(*Political Theories*, p.xi)。有关清教徒的标语，参见下面注42。

[32] 许多研究揭示了这种观念发展史，如 A. Alföldi, *Mitteilungen des deutschen archäologischen Instituts: Römische Abteilung*, vols. XLIX and L, 1934 - 1935; Th. Klauser, *Der Ursprung der bischöflichen Insignien und Ehrenrechte* (Bonner Akademische Reden, I; Krefeld, 1948)。

在宗教改革时期，政治理论中的宗教脉络很强，被宣扬最多的是世俗政权的神圣权利，这一时期，圣保罗的名言“权能唯上帝独有”对论证教会权力服从于世俗权力起到了前所未有的重要作用。[33] 尽管如此，我们既没有必要在阐明都铎王朝法学者们的那些定义时抬出宗教热情高涨的16世纪，也没有必要在解释国王成为“世俗教皇”的问题上回溯到《至尊法案》。但这并不排除，可能正是为了捍卫王权，界定教皇权力的合体或其他概念才被直接传到或被引介到了都铎时期的英国。不过，法学家们出于世俗目的从神学和宗教语言中借用概念的做法，有着自身悠久的传统，因为，这种做法与“从类似者推导类似者”（*de similibus ad similia*）一样既是古已有之也是公认合理的实践。

要补充说明的是，隐秘神学的用语不是都铎时期某些法
20 学者们的个人嗜好，也不仅限于法官中某个小团体。有些法官如布朗（Brown），或许只是倾向于将这种隐秘神学用语大步推进到神秘领域。然而，普洛登《报告》开列了一大批浸润于国王两个身体的半神学定义的法官姓名。普洛登告诉我们，在佛里特街的斯普纳会堂（Spooner's Hall），审判长、法院警卫和法科学生是多么热衷于讨论兰开斯特公爵领地案，以及争辩公爵领地归属亨利七世时到底是以他自然身体的权能还是以他政治身体的权能。[34]

因此这必然成为那个时期及以后数代英国法学者们的常

---

[33] Gierke, *Johannes Althusius* (Breslau, 1913), 64.

[34] Plowden, *Reports*, 212a；参较220a，谈到了斯普纳会堂。

规用语。事实上，欧洲大陆法学界也推导出了二重主权的政治学说——人民的“实在大权（主权）”（*maiestas realis*）和皇帝的“人格大权（主权）”（*maiestas personalis*），以及许多类似的区分。[35] 然而，大陆法学家不熟悉英国发展起来的议会体制；英国议会体制中，“主权”不是单单与国王或人民等同，而是与“议会中的国王”等同。大陆法学家可能轻易设想抽象的“国家”概念，或把君王等同于国家，但是他们未能构设出作为“独体法人”的君王——称得上是一种有着复杂起源的混合物——议会所代表的政治身体是绝不可能被排除于这一“独体法人”之外的。无论如何，欧洲大陆没有给出一个能准确对应于英国的“国王的两个身体”的“性体论”概念，不论是从术语上，还是从观念上。

然而，国王的两个身体这一习语不可能轻易地从英国政治思想中解释清楚。在王权的永恒性和国王本人的短暂时间性之间，在他非物质的、不朽的政治身体和物质的、有朽的自 21
然身体之间，如果不加以区分（有时不免会令人混淆），议会几乎不可能诉诸相似的拟制，以查理一世政治身体的权威和名义召集军队，反对这同一位查理一世国王的自然身体。[36] 通过

㉟ 比如说，可以参见 Gierke，*Gen.R.*，IV，219，315ff，文中多次提到这一点，还可参见 247ff。欧洲大陆确立的“双重主权”（人民和国王）学说，以及国王作为王者与作为个体之间的区分，并不相当于英国对国王两个身体的“性体论”拟制。再者，一当英国国王的自然身体“拥有九五之尊，便不可在未作记录下而行事”，英国传统显然是通过记录下所有国王所行之事来尽可能减少国王的“私人性”；参见 Plowden，*Reports*，213a。梅特兰在吉尔克《中世纪政治理论》一书的序言中，也谈到了这些差异中的一些，p.xi 还有多处提及。

㊱ 有关这一宣言，可参见 C. Stephen and F. G. Marcham，*Sources of English Constitutional History*（New York，1937），488；C. H. McIlwain，*The High Court of Parliament*（New Haven，1934），352f，389f。另见 S. R. Gardiner，*The Fall of the Monarchy of Charles I*（London，1882），II， （转下页）

1642年5月27日上下两院的宣言，作为政治身体的王者在议会中和通过议会得以保留，而作为自然身体的国王可以说被封杀了。

> 如人所知(议会条令写道)，国王是正义和安保的源泉，但是正义和安保的法令并非以他本人来实施，也不凭他的喜好，而是由必须恪尽职守的法院和大臣来行使，**尽管国王本人可能会禁止这些法令**；因此，就算国王的法院和大臣们作出违背国王的意志和个人指令的判决，**它们仍然是王者的判决**。议会的高等法院不仅是司法院……，而且同样是一个议会……保护着王国的公共和平与安全，宣布国王在那些为公共和平与安全所必需之事上的态度，**他们所谋之政加盖了王权之印章，纵然陛下……本人会反对甚或阻止这些政事……**[37]

1642年5月决议下达不久，币章铸造出来了，上面印有议会中的国王。我们看到，币章背面下方是下院和演讲者；上方是上院大臣；最上方，在三级高台的王座之上、辇帐之下端坐

(接上页)420，文中还有多次出现。休谟在《英国史》(New York, 1880), V,102(1642年)中引人关注地褒扬了英国议会的创举，认为它“在国王职位和他的个体之间，创造了一个前所未闻的区分”。这一区分本身，在英国已经存在了好几个世纪，已经为人所熟知(1308年的《男爵宣言》)；但是从这一区分的应用来看，英国议会将其推向了极致。

[37] 参见McIlwain, *The High Court*, 389f，当中有作者引用约翰·阿兰(John Allan)的话：“……显然，上下两院不仅将国王的政治权能和自然权能分离开来，而且将法学者们赋予理想品质下的国王的主权转移到了自己身上。”

着国王，国王侧面可见（图 1）。[38] 显然，他是政治身体的王者，是王国政治体的首领：议会中的王者，其使命就是与上院和下院站在同一立场，如果需要，甚至应反对自然身体的国王。以这种方式，议会中的王者决不会游离于议会身体之外，国王“自己本人”也不是置身其外的。币章正面印有一行字，**为宗教、法律、王者和议会**（PRO RELIGIONE · LEGE · REGE · ET · PARLIAMENTO），铭文围绕着查理一世国王自然身体的头像。然而在另一个相似币章的侧身像上（图 1f），查理一世的自然身体被下面有力的铭文告诫：**事关真宗教和臣民自由应倾听议会两院之声**（SHOULD HEAR BOTH HOUSES OF PARLIAMENT FOR TURE RELIGION AND SUBJECTS FREDOM STANDS）。这一铭文逐字照搬了 1642 年 5 月 19 日的《两院宣言》。上议院和下议院的议员们呼吁国王“听取自议会两院之睿智而出的建言”。[39] 但是这位国王的自然身体不再能接受来自议会的睿智之声；他离开白厅和伦敦，最后在牛津驻留下来。同年晚些时候发行的另一块币章浓缩了一个更完整的故事（图 2）。[40] 国王的头像从新币章的正面消失了，取而代之是一艘轮船——不是通常的“政府之船”，而是一艘战舰； 22

---

[38] E. Hawkins, *Medallic Illustrations of the History of Great Britain and Ireland*（London, 1911）, pl.xxv, 5－6；以及 E. Hawkins, A. W. Franks, and H. A. Grueber, *Medallic Illustrations* （London, 1885）, I, 292f, Nos.108f. Fig. 1, c，图 1a 是纽约的美国古钱币协会收藏的一枚币章（没有背面像）。非常感谢亨利·格林塔尔（Henry Grunthal）博士唤起笔者注意到这枚币章，并提供给笔者一张它的照片。

[39] Ibid., 292, No.108，有关其他铭文，参见 No.109。

[40] Ibid., pl.xxv, 7, and p.292.

图 1　1642 年的币章：a，c，e，g：议会中的查理一世；b，f：查理；d：埃塞克斯伯爵

图 2　议会中的查理一世(1642 年的币章)

1642 年之后，海军效命于议会。币章背面似乎仍然保持原样，还是印有议会两院和国王。但是国王不再坐在议会王座上。他身体可见部分只到膝盖，像是被华盖帘子框住的一张照片，俨然一个"大玺印"像（或大玺印中间部分）（图 3）浮现出来。[41] 可以说，正是凭借着玺印的权威，议会起而反抗作为个体的查理一世。铭文"为宗教、人民和王者"（PRO: RELIOGIONE: GREGE: ET: REGE），清晰显示了议会为

图 3　查理一世的"第五玺印"

[41] *Trésor de numismatique et de glyptique: Sceaux des rois et reines d'Angleterre* (Paris, 1858), pl.xx; W. de Gray Birch, *Catalogue of Seals in the Departement of Manuscripts in the British Museum* (London, 1887), I, 63, No. 597，描述了第五玺印，它与 1640—1644 年所使用的第四玺印是一样的。

谁而战；在查理一世的头像以及战舰被议会军最高指挥官、埃塞克斯伯爵罗伯特·德维赫（Robert Devereux）的肖像（图1d）取代之后，铭文上述含义仍然有效；而在币章背面，议会中 23
作为政治身体的王者再一次未作变动地保留了下来。换言之，国王（king）在牛津的自然身体已经妨害了议会，但是作为政治身体的王者（King）依然有用：他仍出现在议会，尽管只是以他的玺印像出现，梳理好了这一观念自然就阐明了清教徒的标语“反对国王以保卫王者”。[42]

国王的两个身体的拟制与后来的事件也是不可分离的：议会以严重叛国罪为由审判了“虽贵为英国国王却仅被托付有限权力的查理·斯图亚特”，最终只是处死了国王的自然身体，并没有对作为政治身体的王者造成严重的或不可弥补的伤害，这与1793年发生在法国的事件形成了鲜明的对比。英国的国王两个身体学说有着自身非比寻常的特性或意义，如法官布朗曾解释的那样：[43]

> 王者是永继之名，只要人民存在，（依法）将永为人民的首领和统治者……以此名义，王者不死。

---

[42] 有关清教徒的标语（有些是以诗歌的形式），参见 Ethyn Kirby, *William Prynne, a Study in Puritanism* (Harvard, 1931), 60，有关埃塞克斯伯爵的纹章，参见 Hawkins, pl.XXV,10－11, and Ⅰ, p.295, No.113。

[43] Plowden, *Reports*, 177a.

第二章 莎士比亚：理查二世

> 随着“伟大”而来的（TWIN-BORN with greatness），是多
> 24 么难堪的地位啊；
> 听凭每个傻瓜来议论他——他们想到、感觉到的，
> 只是个人的苦楚！
> 做了国王，多少民间所享受的人生乐趣他就得放弃！……
> 你比崇拜者忍受着更大的忧患，
> 又是什么神明？

这席话出现在莎士比亚戏剧中，是亨利五世关于国王的神性面和人性面的内心独白。[1] 国王不仅与伟大“相伴而生”，也与

---

[1] *King Henry V*, IV.i.254ff.（如无特殊说明，书中莎士比亚原文引用均参照朱生豪先生译本《莎士比亚全集》1—6卷，人民文学出版社1994年版。但朱先生所使用英文版本的幕场排序与坎托洛维奇的英文版本有所不同。此处，朱先生未把“天生二重性”[TWIN-BORN]译出，故以英文附出以方便理解。另外，文中的“傻瓜”[Fool]在莎剧中通常指“宫廷小丑”或弄臣，而非真正意义上的傻子，后同。）

人的本性相伴而生，因此才会“听凭每个傻瓜来议论”。

莎士比亚描述的是国王“双生性”（gemination）的人间悲剧，而不是英国法学者们集于国王两个身体拟制上的法律权能。然而“两个身体”的法律行话绝不只是属于法律协会的玄秘。国王“乃在其自身中永生的团体（Corporation）”成了那个时代的常谈，在随便一本诸如约翰·考威尔（John Cowell）博士《释义词典》这样的法律辞典（1607 年）中就能看出。[2] 在甚至更早些时候，普洛登《报告》中反映出的王权观念的精髓，已经被吸纳进了约瑟夫·奇钦（Joseph Kitchin，1580）[3]和理查德·克朗普顿（Richard Crompton，1594）[4]的著作中。而且，当 1603 年弗朗西斯·培根建言英格兰和苏格兰的王室统合于詹姆斯一世，起用“大不列颠”来表达“政治身体和自然身体的完美结合”时，相关观念已经进入了公众认知。[5] “案子变了，普洛登如是说”*，这句话在 1600 年前后成为谚语，显示了 25

② Dr. John Cowell, *The Interpreter or Booke Containing the Signification of Words* (Cambridge, 1607), s.v. “King (*Rex*)”，以及 s.v. “Prerogative”，事实上这是从普洛登那里引述而来。总体情况可参见 Chrimes, “Dr. John Cowell,” *EHR*, LXIV (1949), 483。

③ Joseph Kitchin, *Le Court Leete et Court Baron* (London, 1580), fol. 1^{r-v}，提到了兰开斯特公爵领地一案。

④ Richard Crompton, *L'Authoritie et Jurisdiction des Courts de la Maiestie de la Roygne* (London, 1594), fol.134^{r-v}，在普洛登观点的基础上，重申了与兰开斯特案相关的国王的两个身体理论。

⑤ 参见培根的 *Brief Discourse Touching the Happy Union of the Kingdoms of England and Scotland*, in J. Spedding, *Letters and Life of Francis Bacon* (London, 1861 - 1874), III, 90ff；有关 1603 年的刊印情况，可参见 S. T. Bindoff, “The Stuarts and their Style”, *EHR*, LX(1945), 206, n.2。

* “案子变了，普洛登如是说”(The case is altered, quoth plowdew)，这句 17 世纪流行开来的谚语，其背后有许多轶事，有一个是这样说的：普洛登 （转下页）

普洛登《报告》家喻户晓的程度。[⑥] 要说莎士比亚了解普洛登《报告》的一个案例(黑尔诉贝蒂[*Hales* v. *Petit*])似乎也并非牵强附会,[⑦]那出匿名戏剧《伍德斯托克的托马斯》(*Thomas of Woodstock*),曾经在莎士比亚"脑海中萦绕",他甚至参与了该剧的演出,[⑧]结尾有句双关语:"我钻研普洛登,却并未找到法律。"[⑨]况且,莎士比亚几乎知道每个行业的行话隐语,如果他不知道每天发生在身边而且在法庭中广泛应用的宪政和法律方面的言论,那才是咄咄怪事。对公众感兴趣的法律案宗,莎士比亚肯定是娴熟于心的。我们还有别的证据能表明他与伦敦法科学生的往来,以及他在法庭诉讼程序方面的知识。[⑩]

退一步说,莎士比亚是否理解法律话语的微妙之处并不

(接上页)出席一个案子的庭审,原告控诉一群猪从被告猪圈逃脱后,闯进了他的田地并造成了损失。正当普洛登建议法庭让猪的主人对此损失作出赔付时,有人指出这些猪是普洛登自己的,他于是说出了这句后来成为谚语的话。轶事真伪已难辨明,但它至少表明这句谚语要表达的是新证据或新事实的出现,或者,律师因为一些不义的原因而转换立场。参见 http://mentalfloss.com/article/502933/10-long-forgotton-expressions-drop-coversation。——译者

⑥ A. P. Rossiter, *Woodstock* (London, 1946), 238.

⑦ 有关莎士比亚和普洛登,参见 C. H. Nroman, "Shakespeare and the Law", *Times Literary Supplement*, June 30, 1950, p.412,以及唐纳德·萨默维尔(Donald Somervell)爵士对该文所作的补充评论 ibid., July 21, 1950, p.453。有关这一案例,参见第一章注 21。

⑧ 约翰·多佛·威尔逊(John Dover Wilson)的《理查二世》版本的序言(下面注 12), p.1xxiv;有关莎士比亚和《伍德斯托克》的总体情况,参见 pp. xlviii ff。

⑨ *Woodstock*, V.vi.34f, ed. Rossiter, 169.

⑩ 总体情况,参见 George W. Keeton, *Shakespeare and His Legal Problems* (London, 1930);另见 Max Radin, "The Myth of Magna Carta", *Harvard Law Review*, LX (1947), 1086,作者尤为强调莎士比亚和"法学院那些激进学生"之间的交往。

重要。诗人对于国王的双重本质的见解不依赖于宪法的支撑，因为这种见解很自然地来自纯粹人性的层面。因此，我们没有必要设问莎士比亚是否运用了同时代法学家的行业术语，也无须费力去找寻莎士比亚新造语词用了何种模具，这些问题显得非常琐碎且无关大体。因为，国王双重本质的概念或者人类普遍的二重性，极有可能就是莎士比亚自己的见地。如果诗人偶然碰到王权的法律定义——在和法律学院的朋友交谈时他几乎肯定会接触到这类词汇——可以想见，国王的两个身体的比喻在他看来是多么的贴切。莎士比亚艺术活生生的本质，就在于揭示活跃于人身上复杂多样的层面，或使其樊然淆乱，或使之安然衡平，林林总总都取决于莎士比亚冀望 26
重构的生活类型。相互争斗的人性层面在法学家的国王"基督论"里合法化后，活生生的例子唾手可得，这无疑帮助了莎士比亚。

国王的两个身体的法律概念也不能因为别的什么原因而与莎士比亚隔离开来。可以看到，那一在现代宪法思想中销声匿迹的奇特意象，在我们今天仍能完整地保有非常真实的和人性的意义，这主要归功于莎士比亚。正是他将这个比喻永恒化了。他不仅使这个比喻成为一个象征，而且成为他最伟大的戏剧之一的实体与本质：《理查二世》的悲剧就是国王的两个身体的悲剧。

莎士比亚笔下的亨利五世在为国王的双重身份悲叹时，脑海里马上浮现出他父亲的前任国王理查二世的形象，指出这一点是有意义的。亨利五世的独白之后便是他召唤理查二世亡灵的那出简短幕间剧，在对以威尔顿双联画（Wilton

Diptych)而闻名的理查二世壮观许愿祭场面的理解上,后世可能要依托于这一幕间剧所表现出的历史本质。⑪

别在今天——神啊,
请别在今天——追究我父王
在谋王篡位时所犯下的罪孽!
我已经把理查的骸骨重新埋葬过,
我为它洒下的忏悔之泪
比当初它所迸流的鲜血还多。

（第四幕第一场第三一二行及其后）

亨利五世为他的君王命运,也为国王的二性存在而陷入沉思。莎士比亚的亨利五世回忆起了莎士比亚的理查二世,至少在诗人的观念中,理查二世是那种“比崇拜者忍受着更大的忧患”的神明的原型。

在《理查二世》三处扑朔迷离的重要场景中,莎士比亚将国王“双体”的多种形态展现了出来,更为细致地审视这些形态,看来与本研究的主旨是相关联的,也是值得我们去下番功夫的。⑫
27 多种双体形态,于理查二世身上汇为一体,同时作用,“这样我

---

⑪ V. H. Galbraith, “A New Life of Richard II”, *History*, XXVI (1942), 237ff;有关艺术论的诸问题和翔实的文献,参见 Erwin Panofsky, *Early Netherlandish Painting* (Cambridge, Mass., 1953), 118, 404f, n.5,以及 Francis Wormald, “The Wilton Diptych”, *Warburg Journal*, XVII (1954), 191 - 203。

⑫ 《理查二世》的权威版本是由约翰·多佛·威尔逊主编、剑桥大学出版社出版的《莎士比亚作品集》(*Works of Shakespeare*, Cambridge, 1939)。威尔逊先生的“序言”(pp. vii-lxxvi)是文学批评和资讯呈示的典范。笔者从剑桥 (转下页)

一个人扮演着许多不同的角色”(第五幕第五场第三十一行)，可能出现于国王、傻瓜和上帝那里的这些形态，又势必在镜中溶解叠化。这些“天生二重性”的三个原型不断相互交错、相互重叠、相互影响。然而可以看出，在威尔士海滩一幕中占主导的是“国王”(第三幕第二场)，在燧石堡一幕中是“傻瓜”(第三幕第三场)，在威斯敏斯特是“上帝”(第四幕第一场)，在每一个舞台上都有人类的悲惨与他们永久地相伴相对。而且在三个场景中，我们都同样遭遇了国王地位的下降：从神圣的王权到王权的“名义”，又从王权名义到常人赤裸裸的辛酸。

国王的两个身体的悲剧在威尔士海滩上正一步一步上演。理查刚从爱尔兰回国亲吻王国的土地之际，他身上还未出现分裂；此时他说出了一段脍炙人口的话来叙说王位的崇高。祝圣礼的油膏抵御住了自然环境“汹涌的怒海”的力量，因为，

> 世人的呼吸决不能吹倒
> 上帝所拣选的代表。
>
> (第三幕第二场第五十四行及其后)

(接上页)版《莎士比亚作品集》中频繁引述的那些内容，让笔者受益良多，引述内容比脚注实际标注的要更多。该书中还收录了哈罗德·柴尔德(Harold Child)鞭辟入里的评论，“The Stage-History of *Richard II*”, pp. lxxvii-xcii。Leslie Palmer, *Political Charaters of Shakespear* (London, 1945), 118ff，对该剧的政治内容有独到分析，笔者从中获益难以尽言。也可参见 Keeton, *op.cit.*, 163ff。至于历史上的理查二世，历史学家们发现他的处境要更为不幸。这位国王的历史正受到史料来源和基本概念上的彻底重评，在诸多研究中，加尔布雷斯(Galbraith)教授和其他学者的成果可资参鉴。安东尼·斯蒂尔(Anthony Steel)首次总结了过去几十年的分析研究，参见他的 *Richard II* (Cambridge, 1941)。

人的气息在理查看来是和王权不相称的。在威斯敏斯特场景中卡莱尔主教再次强调，接受过上帝膏油礼的人不可受“卑微气息”的审判（第四幕第一场第一二八行）。理查本人“以他自己的气息”同时放弃了王权和臣民（第四幕第一场第二一〇
28 行），最终，亨利五世在理查的神圣王权毁灭之后，顺理成章地抱怨了这位国王“服从于每一个傻瓜的气息”。⑬

第三幕第二场开始的时候，理查作为“上帝的代理”和“一个受到圣恩膏沐的君主”，满怀激动（第一幕第二场第三十七行）。他仍然是从前那位对好友、1397 年下院发言人约翰·布希（John Busshy）的话“洗耳恭听”的君主。布希对国王讲话时，“并不称呼国王的尊号或常用尊称，而是创造了一些异乎寻常的称号，不像是为了世间权势而造，倒像是迎合上帝神威的”。⑭ 这时他仍然像是断言了“法律在国王口中，有时则在他的胸中”，⑮并要求“国王目光所及之人，必须屈膝行礼”的那

---

⑬ 也可参见 *King John*, III.iii.147f：

哪一个地上的名字可以质难
一个不受束缚的神圣君王？

⑭ 只有霍林斯赫德（Holinshed）对此作过报告；参见 W. G. Boswell-Stone, *Shakespeare's Holinshed* (London, 1896), 130；Wilson, “Introduction,” p. lii。*Rotuli Parliamentorum* 并没有提到约翰·布希 1397 年的那番讲话。不过，从议会的惯例性布道来判断，1397 年的讲演者往往倾向于把圣经比喻用于国王身上；参见 Chrimes, *Const. Ideas*, 165ff。

⑮ “他曾以大胆恣意的态度明言，他自己的法律有时在自己口中，有时则在他的胸中：并且，只有他本人能够改变和制定自己王国的法律”（“Dixit expresse, vultu austero et protervo, quod leges suae erant in ore suo, et aliquotiens in pectore suo: Et quod ipse solus posset mutare et condere leges regni sui”）。1399 年，理查王受到指控，在所谓他的“暴政”中，这是最有名的一条；参见 E. C. Lodge and G. A. Thornton, *English Constitutional Documents 1307–1485* (Cambridge, 1935), 28f。像法国国王一样（参见第四章注 193），理查二世只是引用 （转下页）

位。⑯他仍然满心相信他自己、自己的尊严，甚至相信天使们也是听其差遣、为其效力的。 29

每一个在波林勃洛克的威压之下……

(接上页)了一条人所共知的罗马法和教会法的格言。关于格言"所有法律都在君主的(胸中)文库"(*Omnia iura in scrinio* [*pectoris*] *principis*)，参较 *C*.6，23，19，1，它经常被注释法学家们引用，例如，*Glos.org.*，on *D*.33，10，3，v. *usum imperatorem*，或者 c.16，C.25，q.2，v. *In iuris*，也经常被托马斯·阿奎那(续写者卢卡的托勒密[Tolomeo of Lucca])的 *De regimine principum*，II，c.8，IV，c.1 所引用。这条格言由于教皇卜尼法斯八世的应用而广人所知；参见埃米尔·弗赖德博格(Emil Freidberg)，*Corpus iuris canonici*，c.1 VI 1,2，ed.，(Leipzig，1879－1881)，II，937："所有法律都在自己胸中文库进行思考的罗马教皇，制定今后的法律，……废弃之前所认可的……"("Licet Romanus Pontifex，qui iura omnia in scrinio pectoris sui censetur habere，constitutionem condendo posteriorem，priorem ... revocare noscatur ...")(如果指控属实，这句话可能就是理查参引的出处)。该格言的意义(即立法者应该让相关的法律呈现于心志之前)，参见 F. Gillman，"Romanus pontifex iura omnia in scrinio pectoris sui censetur habere"，*AKKR*，XCII (1912)，3ff，CVI (1926)，156ff (also CVIII [1928]，534；CIX [1929]，249f)；以及 Gaines Post，"Two Notes，" *Traditio*，IX (1953)，311 和 "Two Laws，" *Speculum*，XIX (1954)，425，n.35。另见 Steinwenter，"Nomos，" 256ff；*Erg. Bd.*，85；Oldradus de Ponte，*Consilia*，LII，n.1 (Venice，1571)，fol.19r。该格言有时也转用于法官(Walter Ullmann，*The Mediaeval Idea of Law as Represented by Lucas de Penna* [London，1946]，107)，也可转用于国库(Gierke，*Gen.R.*，III，359，n.17)以及议会(参见第四章注 191、194 及后注)。至于理查王的其他诉求(改变和制定法律[*mutare et condere leges*])，教皇和帝国的诸学说同样给予了推助之力；参见 Gregory VII，*Dictatus Papae*，§VII，ed. Caspar《德意志历史文献[书信编]》[*MGH*，Epp. sel.，II]，203；另见 Frederick II，*Liber aug.*，I，38，ed. Cervone，85，其中参引了 *C*.1,17,2,18 的注释。

⑯ 有关屈膝礼，参见 *Eulogium Historiarum*，ed. Hayden (Rolls Series，1863)，III，378；参见 Steel，*Richard II*，278。编年史家们在相关于"加冕的庆典"(Festival Crownings)的场合下有所提及，其中描述了理查王的奇异举止：

> 庆典之日，诸器物按王家之礼来使用，他吩咐房内备好王座，午饭后，他按惯例端坐于王座，静默不语直到晚祷，观看各人。其目光所及者，无论身份地位，皆须屈膝行礼。

上帝为了他的理查的缘故，会派遣
一个光荣的天使把他击退。

（第三幕第二场第六十行）

王权“受上帝恩典”的光辉形象并不持久。坏消息接踵而至，光辉形象渐趋黯淡。理查的态度随之发生奇特变化，仿佛从“唯实论”变身为“唯名论”。被称作“王权”的共相开始解体，它超验的“实在”，它的客观真理以及神明般的存在，刚才还光芒四射，现在逐渐归于虚无，成了一个“名”（nomen）而已。[17] 剩下来的这种亦真亦幻之感好似一种处于麻痹或睡眠的状态。

我已经忘记我自己了。我不是国王吗？
醒来，你这懈惰的国王！不要再贪睡了。
国王的名字不是可以抵得上二万个名字吗？
武装起来，我的名字！一个微贱的小臣在打击
你的伟大的光荣了。

（第三幕第二场第八十三行及其后）

这种亦真亦幻、国王遭遗忘和蛰伏起来的状态预告了燧石堡的“傻瓜”国王。与之相似，当理查提及犹大背叛之时，“上帝一人”

---

⑰ 有关仅仅作为名的政治身体，可参见 Pollock and Maitland, *History*, I, 490, n.8："le corporacion ... n'est que un nosme, que ne poit my estre vieu, et n'est my substance"（“团体……只是一个名，一个不可能变老的名[参见第一章注 2、3]，也非实体”）。作为“法律的名和理智的名”（*nomina iuris*, *a nomen intellectuale*）的团体，以及它与哲学唯名论的关联，可参见 Gierke, *Gen.R.*, III, 281。

双重身份的神圣原型，就正式登场了：

> 借着我的心头的血取暖，反而把我的心刺了一口的毒蛇！
> 三个犹大，每一个都比犹大恶三倍！
> （第三幕第二场第一三一行）

理查似乎预感到了，他是上帝基督的代理人，同时也可能 30
是人子基督的代理人。作为“上帝选定的代理人”即国王理查，他可能必须效仿耶稣基督，忍受常人的羞辱，背负十字架。

然而那幕场景的主角既不是双生的傻瓜，也不是双生的上帝。他们的来临只是预示了，真正步入前台的是国王的自然的和有朽的身体：

> 让我们谈谈坟墓、蛆虫和墓碑吧……
> （第三幕第二场第一四五行及其后）

不仅国王的人性凌驾于王冠的神性之上，有朽凌驾于不朽之上了；而且更糟糕的是王权本身好像改变了本质，不再免于受“襁褓之期抑或耄耋之年以及其他自然缺陷和无能”的影响，王权本身走向悲惨的死亡，纯粹的死亡。理查的眼前闪过一长串受尽折磨的国王们，证明了这种变化：

> 为了上帝的缘故，让我们坐在地上，
> 讲些关于国王们的死亡的悲惨的故事；
> 有些是被人废黜的，有些是在战场上阵亡的，

有些是被他们所废黜的鬼魂们缠绕着的，
有些是被他们的妻子所毒毙的，有些是在睡梦中被杀的，
全都不得善终；因为在那围绕着
一个凡世的国王头上的这顶空洞的王冠之内，
正是死神驻节的宫廷，这妖魔高坐在里边，
揶揄他的尊严，姗笑他的荣华，
给他一段短短的呼吸的时间，让他在舞台上露一露脸，
使他君临万民，受尽众人的敬畏，一眨眼就可以致人于死命，
把妄自尊大的思想灌注他的心头，
仿佛这包藏着我们生命的血肉的皮囊，
是一堵不可摧毁的铜墙铁壁一样；当他这样志得意满的时候，
却不知道他的末日已经临近眼前，一枚小小的针
就可以刺破他的壁垒，于是再会吧，国王！

（第三幕第二场第一五五行及其后）

此处，“不死”的国王已经被终有一死的国王所取代，而且比起常人来，他的死亡要更为悲惨。自然身体与不朽政治身体的合体“这一其他身体无可比拟的双重性身体”，不复存在了。任何国王特权的拟制也不复存在了，剩下的只是国王孱弱的皮囊：

31 不要把严肃的敬礼
施在一个凡人的身上；丢开传统的礼貌，

仪式的虚文，因为你们一向都把我认错了；
像你们一样，我也靠着面包生活，
我也有欲望，我也懂得悲哀，
我也需要朋友；既然如此，
你们怎么能对我说我是一个国王呢？

（第三幕第二场第一七一行及其后）

国王的双重身体合一的拟制解体了。寥寥数笔，国王两个身体的神性和人性就都被清楚地勾勒出来了，它们之间相互对峙。这是他地位的第一次下降。接着场景换到燧石堡。

第二出大场景（第三幕第三场）的结构和第一出类似。的确，理查的王权，他的政治身体，在风雨中飘摇；虽然空空如也，但是王权的形廓仍在。至少这种形廓还能留存下去。在燧石堡（第三幕第三场第六十八行），约克说："他还像个国王。"自己国王威严的意念起初还主导着理查的心绪。他之前还打起念头，要在城堡上像个国王：

我，一个国王，将要成为悲哀的奴隶，但服从悲哀也应像个国王。*

（第三幕第二场第二一〇行）

他也是这样做的，对诺森伯兰伯爵大发雷霆，因为伯爵在他的君主和上帝的代理人面前，忘了臣子按惯例要施的屈膝礼：

---

* 此处在朱生豪先生译文基础上略作改动。——译者

你的无礼使我惊愕;我已经站了这一会儿工夫,
等候你惶恐地屈下你的膝来,
因为我想我是你的合法的君王;
假如我是你的君王,你怎么敢
当着我的面前,忘记你的君臣大礼?

（第三幕第二场第七十三行及其后）

地位的"下降"就像第一出那样开始了。国王再一次召唤了天界力量,这次愤怒的天使和"降散瘟疫的天军",据说是上帝"为我"(第三幕第三场第八十五行及后一行)* 在他的云霄之中召集来的。王权的"名义"再次发挥作用:

啊! 我希望我是一个像我的悲哀一样庞大的巨人,
或者是一个比我的名号远为渺小的平民!

（第三幕第二场第一三六行）

他必须失去国王的名义吗?
32 凭着上帝的名义,让它去吧。

（第三幕第二场第一四五行及后一行）

形同虚设的王权走向了新的分解。理查不再充当臣民和国家的神秘体,取代曾作为王者(King)的国王(king)的,只是个可怜可逝的孤独凡人:

---

* 此处英文是"on our behalf",应是复数意义上的国王,因此表现出的是王权的名义。——译者

我愿意把我的珍宝换一串祈祷的念珠，
把我的豪华的宫殿换一所隐居的茅庵，
把我的富丽的袍服换一件贫民的布衣，
把我的雕刻的酒杯换一只粗劣的木盏，
把我的权杖换一根游方僧的手杖，
把我的臣民换一对圣徒的雕像，
把我的广大的王国换一座小小的坟墓，
一座小小的小小的坟墓，一座荒僻的坟墓。

（第三幕第二场第一四七行及其后）

这些首语重复法（anaphoric）句式带来的震颤，紧跟着一幅幅令人恐惧的哥特式死亡意象。和第一出不同，这里的情景不是以自怜自艾的感伤迸发来结尾的，让人想起的不是死亡之舞，而是围绕自我坟墓的舞蹈。随后是更严重的落魄状。

诺森伯兰伯爵要求国王走下来，到城堡地下室会见波林勃洛克，表明新的也是更坏的局面的到来。理查的私人徽章是“出云而现的太阳”，他回应诺森伯兰时的语言有着令人难解的睿智和让人生畏的双关：

下来，下来，我来了；就像驾驭日轮的腓通，
因为他的马儿不受羁勒，从云端翻身坠落一般。
在阶下？阶下，那正在堕落了的国王奉着叛徒的呼召，
颠倒向他致敬的所在。在阶下？下来？下来吧，国王！

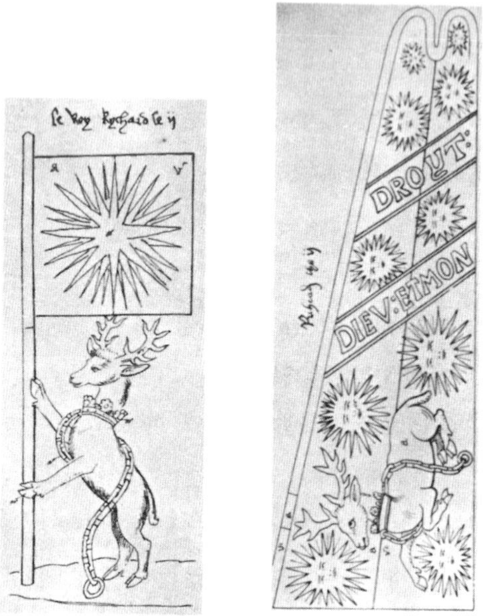

a. 方旗　　b. 军旗

图 4　理查二世的私人徽章

因为冲天的云雀的歌鸣，已经被夜枭的叫声所代替了。

（第三幕第二场第一七八行及其后）

我们在不同场合注意到《理查二世》中太阳的象征（图 4）具有多么突出的地位，有时候，有的段落读来像罗马“奥古斯都旭日”（*Oriens Augusti*）钱币上的画面（第三幕第二场第三十六至五十三行；比较图 32c）。[18] 太阳意象被嵌入理查的答案中，反

---

⑱ 有关理查的“旭日”象征，参见 Paul Reyher, “Le symbole du soleil dans la tragédie de Richard II”, *Revue de l'enseignement des langues vivantes*, VL (1923), 254 - 260；参见 Wilson, “Introduction,” p. xii, and John Gough （转下页）

映了“灾难的辉煌”，不由让人想起勃鲁盖尔（Brueghel）油画 33
“伊卡洛斯”（Icarus）和路西法（Lucifer）的坠落，它们都同样反映的是“一道道光芒……环耀着坠落天使的身体，久久不散”。另一方面，“叛徒的呼召”又影射了前面一出中的“三个犹大”。不过一般而言，圣经意象在燧石堡一出中并不重要：它是为威斯敏斯特一出留下的。在燧石堡，诗人创造了另一种景象，是与愚蠢的法厄同（Phaethons）和伊卡洛斯相关的。[*]

> 我知道我不过在说些无聊的废话，你们都在笑我了。

理查如此说道（第三幕第三场第一七一行），自我意识和尴尬难堪一起表现出来。诺森伯兰伯爵也注意到了这种突如其来的尴尬：

> 悲哀和忧伤
> 使他言语痴迷，像一个疯子一般。
>
> （第三幕第三场第一八五行）

（接上页）Nichols, “Observations on the Heraldic Devices on the Effigies of Richard the Second and his Queen”, *Archaeologia*, XXIV (1842), 47f。有关“约克的太阳”（《理查三世》第一幕第一场第二行），也可参见 Henry Green, *Shakespeare and the Emblem Writers* (London, 1870), 223；有关“奥古斯都旭日”（*Ories Augusti*）的问题，参见笔者即将发表的研究——“出云而现的太阳”，它实际上是黑太子执掌的一面方旗；理查二世的旗帜由一只白鹿执握灿烂的太阳方旗，而他的军旗则装饰着 10 个“光芒四射的”太阳，白鹿栖身其中；参见 Lord Howard de Walden, *Banners, Standards, and Badges from a Tutor Manuscript in the College of Arms* (De Walden Liberary, 1904), figs. 4,5,71。笔者能注意到这一点，完全受惠于伦敦市国家美术馆的马丁·戴维斯（Martin Davies）先生。

* 法厄同和伊卡洛斯都是古希腊神话中的人物，二人皆因固执冒失、不听父劝，从天上掉落，葬身大海。——译者

在这出中，莎士比亚应用了另一种人的形象，即傻瓜。傻瓜集两重角色于一身，诗人频繁地把它引作王侯们的反面类型。理查二世现在就扮演了下面这两重角色：作为国王本尊的傻瓜和作为王权的傻瓜。由此，他变成了似乎还逊于一般“人”的存在者，或者说（比如在海滩上的）“自然身体的国王”。然而只有在那种新的傻瓜角色里，傻瓜演国王、国王演傻瓜，理查才可能向他凯旋的表弟打招呼，才可能与屈膝施礼的波林勃洛克表演下去，上演一部恼人而又虚幻的王权戏剧。他再一次逃进了“言语痴迷”中，玩起双关语的游戏：

> 贤弟，你这样未免有屈你的贵膝，
> 使卑贱的泥土因为吻着它而自傲了。……
> 起来，兄弟，起来；虽然你低屈着你的膝，
34 我知道你有一颗奋起的雄心，至少奋起到——这儿。（指头上王冠。）
>
> （第三幕第三场第一九〇行及其后）

法学家们已声言过，国王的政治身体完全没有“自然的缺陷和低能”。然而这里“低能”似乎在左右局面。只是，政治身体还未跌到最底端。每一出都依次设计了一个新低点。第一出是“自然身体的国王”，第二出是“王道上的傻瓜”：这两种双生的存在，在半圣事性的退位场景中结合在一起，双生神祇的地位降得更低了。因为这种“傻瓜”指示着“王者”到“上帝”的转变；似乎没有什么比处于人类悲惨境地的上帝要更悲惨的了。

第三出（第四幕第一场）开幕了，圣事性王权的意象第三次登场。在威尔士海滩上，理查本人因神圣权利而成为王权崇高性的布告官；在燧石堡，他打定“主意”，就算国王的称号已与他的状况不再相符，至少要挽回国王的脸面，不失“名分”：在威斯敏斯特，他不能亲口阐述他的王权。另一个人将为他解说王权神授的意象，这个人非主教莫属。卡莱尔主教现在扮演“国务大臣”（*logothetes*）的角色；他再一次使“国王乃上帝的形像”（*rex imago Dei*）得以彰显：

> 哪一个臣子可以判定他的国王的罪名？
> 在座的众人，哪一个不是理查的臣子？……
> 难道一位代表上帝的威严，
> 为天命所简选而治理万民、受圣恩的膏沐
> 而顶戴王冠、已经秉持多年国政的赫赫君王，
> 却可以由他的臣下们任意判断他的是非，
> 而不让他自己有当场辩白的机会吗？上帝啊！
> 这是一个基督教的国土，千万不要让这些文明优秀的人士
> 干出这样一件无道、黑暗、卑劣的行为！
>
> （第四幕第一场第一二一行及其后）

这些话不折不扣是中世纪的论调，带上了“上帝代理人”（*vicarius Dei*）的特征。卡莱尔主教把当下看作有违圣经历史的背景，也同样符合中世纪传统。正是他让理查在圣经历史的背景下引出最后的结论，指明受辱的国王和受难的基督

35 之间的相似性。也正是这位主教预言了未来的恐怖和“英格兰的各各他”（England's Golgotha）*，营造出了圣经里的氛围：

> 混乱、恐怖、惊慌和暴动
> 将要在这里驻留，我们的国土
> 将要被称为各各他，堆积骷髅的荒场。
>
> （第四幕第一场第一四二行及其后）

因为言辞不逊，主教旋即被捕；但是理查王是在主教营造出的氛围中登场的。

当理查被带到威斯敏斯特厅（Westminster Hall）后，他保持了与主教和唯圣经论者的一致。他指斥敌对的人群，指斥围绕在波林勃洛克周围的臣子：

> 他们不是曾经向我高呼“万福”吗？
> 犹大也是这样对待基督，可是十二门徒只有一个人不忠，
> 我在一万二千个臣子中间，却找不到一个忠心的人。
>
> （第四幕第一场第一六九行）

理查第三次引用了犹大的名字，来非难他的对手。彼拉多的名字也紧随而至，类比含义不言自明。但是在被法官传唤，接

* “各各他”指耶稣被钉十字架的受难之所。——译者

受他的审判和受难之前，理查王必须自行“解除国王身份”(un-king)。

理查在这一幕“解除了自己的王权”，让政治身体消释在稀薄的空气中，令观众窒息。这是神圣庄严的一幕，因为解除神授王权的教会仪式与建立圣事威严的仪式相比，并不缺少庄严或分量。且不说剥夺嘉德(Garter)骑士勋位或金羊毛(Golden Fleece)骑士勋位遵循的那套繁文缛节，[19]教皇塞莱斯廷五世(Celestine V)已然给出了一个著名先例，他在那不勒斯的新堡(Castel Nuovo)，亲手摘下了象征显职的权标——戒指、三重冠和紫袍，使自己“解职”。教皇塞莱斯廷是向他的选 36
举人、枢机主教团放弃威权的；而世袭国王理查是向上帝辞去了职位——他向上帝放弃了自己的职权(*Deo ius suum resignavit*)。[20] 莎士比亚戏剧中，理查“退位伴随着宗教仪式

---

⑲ 教会的“剥夺圣职的形式”(*Forma degradationis*)可以说在这里得到忠实再现；参见威廉·杜兰铎的“主教用仪式书”(约 1293—1295 年)，III，c.7，§§21-24，ed. M. Andrieu，*Le pontifical romain au moyen-âge* (Studi e testi，LXXXVIII，Rome，1940)，III，607f and Appendix IV，pp.680f。被剥夺者必须穿戴整齐主教衣饰，而后在他的受膏圣油处擦上某种酸，最后“一件接一件取下他在其位所接受的所有(主教)徽标或神圣饰物，直至脱下教袍……”(seriatim et sigillatim detrahit [episcopus] illi omnia insignia，sive sacra ornamenta，que in ordinum susceptione recepit，et demum exuit illum habitu clericali ...)另见 S. W. Findlay，*Canonical Norms Governing the Deposition and Degradation of Clerics* (Washington，1941)。有关骑士方面，参见 Otto Cartellieri，*Am Hofe der Herzöge von Burgund* (Basel，1926)，62 (以及第 272 页的注)；还有 Du Cange，*Glossarium*，s.v. “Arma reversata”。

⑳ 有关教皇塞莱斯廷五世，参见 F. Baethgen，*Der Engelpapst* (Leipzig，1943)，175；有关理查的情况，参见 *Chronicle of Dieulacres Abbey*，ed. M. V. Clarke and V. H. Galbraith，“The Deposition of Richard II”，*Bulletin of the John Rylands Library*，XIV (1930)，173，146。

的庄严”，吸引了许多批评家的注意。瓦尔特·帕特(Walter Pater)确切地称之为一场反转的和免职的仪式，一场加冕次序被颠倒了的痛苦漫长的仪式。[21] 因为没有人有权对上帝膏油礼的接受者和具有“不朽特征”(*character indelibilis*)的王权持有者动手动脚，[22]理查王在解除自己王权的时候，就像是自己的司祭：

> 我必须又当祭司又当执事吗？那么好，阿门。
>
> (第四幕第一场第一七三行)

---

[21] Walter Pater, *Appreciations* (London, 1944), 205f; Wilson, XV f; Palmer, *Political Characters*, 166.

[22] 参较 Chrimes, *Const. Ideas*, 7, n. 2，文中引用了 *Annales Henrici Quarti*, ed. Riley (Rolls Series), 286:“Noluit renunciare spirituali honori *characteris sibi impressi* et inunctioni, quibus renunciare non potuit nec ab hiis cessare.”(“他不希望放弃由自己所印刻特征的属灵荣耀和膏油，他不可能放弃，也不会让它终止。”)国王通过膏油礼是否就在严格意义上拥有了“不可消除的特征”(*character indelibilis*)，这是一个非常复杂的问题，在此不作讨论。事实上，只是在国王(皇帝)祝圣仪式从七圣事中被排除的时代起，“圣事特征”的观念才得以发展；参较 Ferdinand Brommer, *Die Lehre vom sakramentalen Charakter in der Scholastik bis Thomas von Aquino inklusive* (Forshcungen zur christlichen Literatur-und Dogmengeschichte, VIII, 2), Paderborn, 1908。教皇英诺森三世的态度，参见第七章注 14、18 及后注。公众对于国王膏油礼的圣事特征以及关于 *sacrementum* 一词的不准确用法，则是另一个不同的问题；有关 *sacrementum* 一词的不准确用法，参见 P. E. Schramm, “Der König von Navarra (1035–1512)”, *ZfRG*, germ. Abt., LXVIII (1951), 147, n.72(教皇亚历山大四世称国王的祝圣礼为 *sacramentum*)。总体情况可参见 Eduard Eichmman, *Die Kaiserkrönung im Abendland* (Würzburg, 1942), I, 86ff, 90, 208, 279, II, 304; Philipp Oppenheim, “Die sakralen Momente in der deutschen Herrscherweihe bis zum Investiturstreit”, *Ephemerides Liturgicae*, LVIII (1944), 42ff;有关英格兰的情况，参见 Peter of Blois, *PL*, CCVII, 440D 以及 Grosseteste, *Ep.*, CXXIV, ed. Luard, 350 为众所知的说明。事实上，这一点在精确性上的不足，在任何时代都是一个大问题。

他一点一点地解除了他威权象征的政治身体，让可怜的自然身体暴露于观众眼前：

> 现在瞧我怎样毁灭我自己：
> 从我的头上卸下这千斤的重压，
> 从我的手里放下这粗笨的御杖，
> 从我的心头丢弃了君主的威权；
> 我用自己的泪洗去我的圣油，
> 用自己的手送掉我的王冠， 37
> 用自己的舌头否认我的神圣的地位，
> 用自己的嘴唇免除一切臣下的敬礼；
> 我摒绝一切荣华和尊严。……
>
> （第四幕第一场第二〇三行及其后）

理查自我褪尽了先前的荣耀，似乎又玩起了燧石堡扮演傻瓜角色的老把戏，把某种口蜜腹剑的喝彩送给了他的“继任者”。[23] 然而这一次傻瓜的掩饰却毫无用处。虽然理查拒绝“一丝一缕地剖析他的错综交织的谬误”，但冷峻严酷的对手诺森伯兰伯爵却要求他朗声宣读。他也不能再借“名位”来掩护自己了，因为连名位也一去不复返了：

> 我是一个无名无号的人。……
> 现在却不知道应该用什么名字称呼我自己。
>
> （第四幕第一场第二五四行及其后）

㉓ 第四幕第一场第二一四行及其后。

他忽然灵光一现，想躲到另一个掩体后面。他创造了一个新的分裂，在先前的荣耀中找一个裂缝，藏进去以便苟活下来。丢失了一个外在王权，他现在设立了一个内在王权，好让他的真正王权退居于内在之人，退居于灵魂、心志和“国王的思虑”之中：

> 你可以解除我的荣誉和尊严，
> 却不能夺去我的悲哀；我仍然是我的悲哀的君王。
>
> （第四幕第一场第一九二行及其后）

他的王权居于内心是不可见的；可见的是他的肉体，承受着轻蔑嘲弄或讥笑怜悯。理查悲惨的形象只有一个相似者：那受嘲讽的“人子”。所以理查断言，不仅诺森伯兰，还有其他人都将揭载于“上天降罚的册籍里”：

> 嘿，你们这些站在一旁，瞧着我被困苦所窘迫的人们，
> 虽然你们中间有些人和彼拉多一同洗过手，
> 表示你们表面上的慈悲，可是你们这些彼拉多们
> 已经在这儿把我送上了苦痛的十字架，
> 没有水可以洗去你们的罪恶。
>
> （第四幕第一场第二三七行）

莎士比亚在此将彼拉多面前的基督形象引为理查的对照者，
38 有自己的深意，基督当时被嘲笑成是犹太人的王，并被送上了十字架。莎士比亚的取材，来源于同时代人有关此事件的作

品，他们已经以相似的叙述手法再现了这幕场景。

> 这时他(波林勃洛克)让我想起彼拉多。彼拉多使得我主基督在木架上受到鞭挞，后来又将他带到众多犹太人面前说："善良的先生们，看看你们的王！"犹太人回答道："把他钉死在十字架上！"然后彼拉多洗了手道："我的手不沾血，我是清白的。"于是他把我主交给他们。亨利伯爵也是以非常相似的方式，将他合法的国王交给伦敦的乱民，因为如果他们将他处死，他会说："这件事与我无关。"㉔

波林勃洛克与理查，彼拉多与基督，这种对照关系反映了反兰开斯特集团的普遍情绪。在某种程度上都铎王朝时期这种情绪又复燃了。不过此处这一点并非要点，重要的是，莎士比亚运用这种圣经比对时，将它融合进了理查整个悲剧发展过程，悲剧的最低谷尚未到来。人子尽管受到屈辱和嘲弄，从内在

㉔ 这段话见于 *Chronique de la Traïson et Mort de Richard II*, ed. B. Williams, in: *English Historical Society*, 1846，也可见于克雷东(Créton)的法语诗韵体 *History of the Deposition of Richard II*, ed. J. Webb, in: *Royal Society of the Antiquaries* (London, 1819)。这里引用的是 15 世纪英语版本的一节(J. Webb, in *Archaeologia*, XX [1824], 179)。这些史料取自 Wilson, "Introduction," lviii, cf. xvi f and 211。叛变罪行自然会令人想到与犹大的比较。与彼拉多的比较也一样相当普遍(例如，参见但丁《神曲·炼狱篇》[*Purg.*, XX, 91])，可是彼拉多角色也不总是负面的；例如，可参见 O. Treitinger, *Die oströmische Kaiser-und Reichsidee nach ihrer Gestaltung im höfischen Zeremoniell* (Jena, 1938), 231, n.104，该书谈到了在拜占庭皇帝的宗教仪式上使用的彼拉多墨水瓶，那里的皇帝在圣灰星期三(Ash Wednesday)会象征性地"清洗双手"。

之人来看他仍然是“隐匿的上帝”(*deus absconditus*)，就像莎士比亚笔下的理查会一度相信自己有隐蔽的内在王权一样。可是，内在王权也消解了。因为，理查突然意识到，他在面对兰开斯特家族的彼拉多时，情形并不与基督的完全一样；因为，理查本人就是彼拉多们和犹大们中的一员，因为他与那些叛徒一样也是一个叛徒，罪行甚至比他们还有过之：他对于自己不朽的政治身体和王权来说成了叛徒，是存活到他自己时代的王权的叛徒：

> 我的眼睛里满是泪，我瞧不清这纸上的文字。……
> 我还看得见这儿一群叛徒们的面貌。
> 哦，要是我把我的眼睛转向着自己，
> 39 我会发现自己也是叛徒的同党，
> 因为我曾经亲自答应把一个君王的庄严供人凌辱，
> 造成这种尊卑倒置、主奴易位、
> 君臣失序、朝野混淆的现象。
>
> （第四幕第一场第二四四行）

这就是，国王的自然身体成了国王政治身体的叛徒，成了“国王九五之尊”的叛徒。理查控诉自己有叛变罪，似乎预示了1649年那场针对国王本人(king)对王者(King)犯了严重叛国罪的指控。

这种裂隙还不是理查的二重性的最低点，因为他身份的分裂还要无情地继续下去。“太阳—王权”的隐喻再一次出现。然而当理查脑海再次迸发出独特意象的比较时，对比的双方却调换了，波林勃洛克成了太阳：

> 啊！但愿我是一尊用白雪堆成的国王塑像，
> 站在波林勃洛克的阳光之前，
> 全身化水而溶解！
>
> （第四幕第一场第二六〇行及其后）

理查"全身化水而溶解"，一同溶解的还有他本人和早期礼仪意义上的王权的形象，[25]溶解不是发生在象征着神圣荣耀的新太阳之前；理查没落的威权和无名的人性，是在他自己凡人面目之前消融的。

镜子一幕是国王的两个身体悲剧的顶点。照衣镜具有魔幻的效果。理查本人就好像是童话故事里走投无路的巫师，被迫用自己的巫术做于己不利之事。镜子中照出外在的脸不再和内心保持一致。"这就是那张脸吗？"三重问答再一次回应了二重性的三个主要样态——国王、上帝（太阳）和傻瓜：

> 这就是每天有一万个人
> 托庇于他的广厦之下的那张脸吗？
> 这就是像太阳一般使人不敢仰视的那张脸吗？
> 这就是曾经"赏脸"给许多荒唐的愚行，
> 最后却在波林勃洛克之前黯然失色的那张脸吗？
>
> （第四幕第一场第二八一行）

㉕　参见第四章及其后。

40 最后，理查被脸上的“脆弱的荣光”激怒了，将镜子猛掷地上。破碎的不仅是理查的过去和现在，而且包括超世界（superworld）的方方面面。他的镜中幻象结束了。镜中映出的特征表明，他不会再有一个第二性或超身体的、有国王威严的政治身体，他也不可能再有上帝所拣选的代理人的那股神性了，他不会再扮愚人做蠢事，甚至也不会再发出内在之人那里最属人性的哀念了。破碎的镜子意味着或者就是任何可能二重性的破裂。万象可归于一宗：一个可怜人的庸常面孔和无足轻重的“存在”，一个全然没有任何形而上学意义的“存在”。这是无可言喻的死亡。这是理查的“传位”，也是一个新的自然身体的崛起。

波林勃洛克：

来几个人把他送到塔里去。

理查王：

啊，很好！你们都是送往迎来的人，

靠着一个真命君王的没落捷足高升。

（第四幕第一场第三六一行及后一行）

普洛登：

传位一词意味着两个身体的分离，意味着政治身体从一个已经死亡或失去了国王威严的自然身体，转移到了另一个自然身体。[26]

---

[26] Plowden, *Reports*, 233a；参见第一章注 13。

《理查二世》一直以来就被认为是一出政治剧。[27] 废黜王位一幕，尽管在 1595 年公演之后演出了数十场，但直到伊丽莎白女王死后才刊印，之前很有可能是被禁止刊印的。[28] 一般来说，英国人对历史剧都有好感，特别是在摧毁西班牙无敌舰队之后的那些年头；但对《理查二世》他们尤为青睐。在莎士比亚同时代的人看来，理查和波林勃洛克之间的冲突就是伊丽莎白和埃塞克斯之间的冲突，仅凭这点就能解释这种青睐的个中原因。1601 年在反抗女王的前夜，埃塞克斯伯爵在环球剧场安排了一场《理查二世》的特别演出，观众是伯爵的支 41
持者和伦敦市民。在后来审判伯爵的过程中，王室法官们（其中包括那个时代最著名的两位法学家，柯克和培根）详尽地讨论了那场演出，都觉察到该剧对时局的影射。[29] 同样，伊丽莎白对于该剧的反感也是尽人皆知。在处决伯爵时，她抱怨“这出悲剧已经在大街和剧场里上演了 40 次”。她将自己和剧中人物对号入座，以至于厉声喝道：“我是理查二世，你们不知道吗？”[30]

《理查二世》从来就是一出政治剧。17 世纪 80 年代查理二世统治时期，该剧禁止上演。或许是该剧明显影射了英国革命史中的新近事件，“查理一世陛下殉难日”，那个年代的公祷书中是这样称呼的。[31] 王政复辟时期尽量避免如是这般触

---

[27] Palmer, *Political Characters*, 118f.

[28] Wilson, “Introduction,” xvi ff, xlix；另见 Child (ibid.), lxxvii ff；参较 Keeton, *Legal Problems*, 163。

[29] Wilson, xxx ff; Keeton, 166, 168.

[30] Wilson, xxxii.

[31] Wilson, xvii; Child, lxxix.

景伤情，对这类题材的悲剧没有什么好感，不管是以基督般受难国王的观念为中心的，还是以国王两个身体暴力分离而带来的苦涩观念为中心的。

就算查理一世本人按莎士比亚的《理查二世》和国王的双重存在来思索他自己的悲剧命运，也丝毫不会令人感到奇怪。在《圣王的肖像》(*Eikon Basilike*)的一些复印本中，印有一首长篇哀怨诗《虎落平阳》(*Majesty in Misery*)，据说是查理一世写的；诗中这位不幸的国王若真是诗人自己的话，很显然他已经提到了国王的两个身体：

> 用我的权力，他们将我的王权伤害，
> 以王者(King)的名义，国王(king)本人遭到废黜。
> 如此这般，尘埃毁了钻戒。㉜

㉜ 根据 Rosemary Freeman, *English Emblem Books* (London, 1948), 162, n.1，该诗首次刊印于 1648 年版的 *Eikon Basilike*。玛格丽特·巴纳德·皮克尔(Margaret Barnard Pickel)在《查理一世：诗歌与戏剧的资助者》(*Charles I as Patron of Poetry and Drama* [London, 1938], Appendix C)中刊印了整首诗，他(在第 178 页)似乎认为该诗首次公刊于主教伯内特(Burnet)的《汉密尔顿公爵回忆录》(*Memoirs of the Duke of Hamilton* [London, 1677])中，而这部回忆录是呈献给查理二世的。有几节诗行还可见于 F. M. G. Higham, *Charles I* (London, 1932), 276。

第三章 以基督为中心的王权

诺曼佚名著者

无可否认，国王的两个身体的法律拟制是伊丽莎白时代和斯图亚特王朝早期政治思想的显著特色，但不能由此将那些拟制学说的出现时间限定在16、17世纪，或者说它之前没有先声。 42

伊丽莎白时代之前5个世纪，一位中世纪佚名作者就已经提出了国王双生人格的一些新奇观念，这在伊丽莎白时代并不广为人知，但可能当时至少有一位有名的伊丽莎白党马修·帕克(Matthew Parker)大主教是知悉的。帕克大主教在1575年逝世前不久将自己珍藏的图书赠送给母校剑桥大学圣体学院；这批珍贵藏书中，有一些神学和政治短论的仅存手稿引起了极大关注，它们是1100年左右由一位不知名的教士写成的，短论锋颖犀利的语言显露了作者在反教皇格里高利和挺王权主义上的激进立场。其中依稀可嗅到叙任权之争时期的硝烟。这些册子50年前首次出版以来，引起了历史学家越来越多的关注。尽管学界为此付出了巨大努力，仍无法确定作者的名字。最近的研究确证了这位佚名著者是来自诺曼底的诺曼人，很有可能是一位诺曼公国的高阶教士。①

诺曼佚名著者精通神学文献、礼仪和教会法，教会论和政
43 论体领域的问题他无不涉猎，其立论师心独见，行文清峻通脱。在众多他认为适合讨论的主题中，有一个概念将被后世学者界定为“混成人格”(*persona mixta*)，即融多种权能或状态交汇为一体。当然，各种权能的“合体”(Mixtures)在今天就像在各个时代一样，在各种情境下很容易找到。然而对于渴望使现世与彼岸、短暂与永恒、世俗与宗教这些二元关系得以调和的时代来说，两个貌似异类的领域之间的结合有着非同寻常的吸引力。我们只需想一下属灵骑士等级体系中设定的修士与骑士的“合体”，就能把握影响那个时代的理想模式。克吕尼(Cluny)修道院的一个修士被称为“乃天使的和人的”(*angelicus videlicet et humanus*)，这不是随性而发的比喻，因为我们应该记得，这位修士尽管仍处于尘世和肉身当中，却

---

① 佚名著者短论的大部分内容由海因里希·伯默尔(Heinrich Böhmer)在1899年公刊于 *MGH*, *LdL*, III, 642－678，以及海因里希·伯默尔《11、12世纪英格兰和诺曼公国的教会与国家》(*Kirche und Staat in England und in der Normandie im 11. und 12. Jahrhundert* [Leipzig, 1899]), 436－497；后一本著作中有对短论的详细讨论，对它们的作者身份也有所探寻(第177—269页)。要全面了解该问题，包括“对相关文献的说明”(*bibliographie raisonnée*)，目前还可参见 Harald Scherrinsky, *Untersuchung zum sogenanntn Anonymus von York* (Wurzburg-Aumuhle, 1940)，以及 George H. Williams, *The Norman Anonymous of ca. 1100 A.D.: Toward the Identification and the Evaluation of the So-called Anonymous of York* (Harvard Theological Studies, XVIII; Cambridge, 1951)，接下来的论述当中笔者会一直引用这些书。有关这些短论作者身份的论述，参见 Williams, 125ff。

宣称自己例示了天界存在的"天使生活"(*vita angelica*)。[②]

这里关心的只是宗教政治领域的"混成人格",主教和国王是该领域的主要代表;"混成"这里指的是属灵的与世俗的权力和权能融于一人。这种意义上的双重权能是一种传统特征,在封建时代的圣职者身上相当普遍。当时的主教不仅是教会的高层而且是国王的封臣。比方说,一位法国主教,宣称自己作为圣职者恪守禁欲,而同时作为男爵却又正常结婚;又或如贝叶的奥多(Odo of Bayeux)一案,在兰弗朗克(Lanfranc)的建议下,贝叶的奥多是作为伯爵而非作为主教被征服者威廉审判。不过,我们没有必要去找寻这样一些极端的例子。[③] 因为,在12世纪的头几年,主教的双重权能在罗马教廷与世俗

② 参见 John of Salerno, *Vita S. Odonis*, c.5, *PL*, CXXXIII, 63C:"Erat enim velut lapis angularis quadrus, angelicus videlicet et humanus"("他就像是方的墙角石,即,乃[连接]天使的和人的[墙角石]"),要知道,按照基督教的诠释,圣经中的"墙角石"指基督是连接"两面墙"的石头,两面墙就是犹太人和异教徒。这样,此处的克吕尼的奥多(Odo of Cluny)就不仅接受了基督才有的美誉,而且被说成连接了另外两面墙,即天使和人。有关这一观念可参见 Gerhart B. Ladner,"The Symbolism of the Biblical Corner Stone in the Medieval West", *Medieval Studies*, II (1940), 43-60,有关作为"天使生活"的修道院生活,可参见 Kassius Hallinger, "Zur geistigen Welt der Anfänge Klunys", *DA*, x(1954), 417-445, esp.429f。至于"你的天使"(*angelus tuus*)这样的称呼,参见 Henri Gregoire, "'Ton Ange' et les Anges de Théra" *BZ*, XXX (1929-1930), 641-644。

③ 参见 T. F. Tout, *The Place of Edward II in English History* (Manchester, 1914), 130. n.1; James Conway Davies, *The Baronical Opposition to Edward II* (Cambridge, 1918), 22。有关贝叶的奥多,参见 Ordericus Vitalis, *Historica Ecclesiastica*, III, c.vii. 8, *PL*, CLXXXVII, 529ff, ed, A. Le Prevost (Paris, 1845), III, 191:"Ego non clericum nec antistitem damno, sed comitem meum, quem meo vice mea preposui regno."("我判罪的不是教士或主教,而是我的伯爵,身为我的代理人受我委托管理王国之人。")

44 权力达成的众多协定中，就已经得到了法律的明文规定。重要的还在于，主教身上属灵性和世俗性之间的俨然有别，因叙任权问题近乎无望地与其缠绕，使得这种俨然有别确立起来并非易事；最终得出“认可主教的双重身份”这一逻辑结论，还要归功于法学权威夏特尔的伊沃（Ivo of Chartres）清晰明辨的思想。在伊沃的倡导下，主教对世俗权限的授予，连同教会中的圣职叙任问题，在1107年英国政教协定中得到了规范；从那时起，英国主教兼贵族的双重性地位得以明确划分。爱德华一世的王室法官曾宣称，身为巴拉汀伯爵的达拉谟（Durham）大主教“拥有双重身份”（*Habet duos status*），在此，法官们官面表述尽管更加确切，但也不过是再现了《克拉伦登宪章》（1164）和其他地方已经解说过的条文。[④]

不只是主教，国王也是以“混成人格”出现的；经过祝圣礼和膏油礼之后，国王被赋予了特定的属灵权能。天主教教义

---

④ *Constitutions of Clarendon*, §11, ed. Stubbs, *Select Charters* (Oxford, 1921), 166; *Close Rolls*, *1296－1302*, 330ff; *Rot.Parl.*, I, 102ff; cf. Davies, *op.cit.*, 23; Pollock and Maitland I, 524。主教的双重特征也被弗朗西斯·阿库修斯（Francis Accursius）强调过，参见G.L.Haskins and E. H. Kantorowicz, “A Diplomatic Mission of Francis Accursius”, *English Historical Review*, LVIII (1943), 436, 446, §27。教皇的权能称得上是不可胜数。圣伯尔纳（Bernard of Clairvaux）对教皇说道：“你是谁？你是大祭司，是至高的圣职者；你是教父们的首领，是使徒们的继承人；你有亚伯的首位权、诺亚的掌舵职、亚伯拉罕的族长位、麦基洗德的祭祀品级、亚伦的威严、摩西的权威、撒母耳的明断、彼得的权能、基督的膏油”（Quis es? Sacerdos magnus, summus Pontifex: Tu princeps episcoporum, tu haeres Apostolorum, tu primatu Abel, gubernatu Noe, patriarchatu Abraham, ordine Melchisedech, dignitate Aaron, auctoritate Moyses, iudicatu Samual, potestate Petrus, unctione Christus)；至于其司法和行政的权能，圣伯尔纳甚至都无须提及。参较 Bernard, *De Consideratione*, II, 8, 15, *PL*, CLXXXII, 751。

确实最终拒绝赋予国王圣职身份，或者将他降至不那么重要的荣衔和职责。[⑤] 然而，中世纪后期的学者继续强调国王"决不纯粹是世俗头衔"，或者用法律的术语说，"不是一个普通人格"。[⑥]

---

⑤ Eichmann，*Die Kaiserkrönung*，I，203，282f，319，讨论了国王作为副助祭和读经者的角色；也可以参见下一条注。诺曼佚名著者对混成人格的讨论，也可参见下面注 30。

⑥ 参见第二章注 22。有关"皇帝（国王）并不完全为世俗之人"（*imperator* [*rex*] *non omnino laicus*）的说法，参见 Erichmann，"Königs-und Bischofsweihe，" 58，以及 52ff；*Die Kaiserkrönung*，I，105ff，203，and passim。另见 Order of Cencius（*Cencius II*），ed，P. E. Schramm，"Die Ordines der mittelalterlichen Kaiserkrönung"，*Archiv für Urkundenforschung*，XI（1929），379："（Papa）fatiit eum clericum"（"[教皇]使他成圣职者"），指的是皇帝在圣彼得教会法中被接纳。参见 A. Shulte，"Deutsche Könige，Kaiser，Päpste als Kanoniker an deutschen und römischen Kirchen"，*Historisches Jahrbuch*，LIV（1934），137ff；另见 Schramm，"Sacerdotium und Regnum im Austausch ihrer Vorrechte"，*Studi Gregoriani*，II（1947），425ff。与分封土地的权利相关联的内容，参见诺曼佚名著者，*MGH*，*LdL*，III，679，16ff："Quare [rex] non est apellandus laicus，quia christus Domini est"（"[国王]何以不可被称为世俗的人，因为他是主的受膏者"）（参较 685，42ff）。后来的一些法学家也持有同样的观点。参见第七章注 16。有关西西里方面，可参见 Marinus de Caramanico，*Prooemium*，in *Lib. aug*，ed. Cervone，xxxv，and ed. F. Calasso，*I glossatori e la teoria della sovranità*（Millan，1951），189，26："Reges enim non sunt mere laici in quos ... spiritualia iura non cadunt."（"国王们不仅仅是世俗的人……[他们身上]属灵的法律是不会尽付阙如的。"）国王不是"普通人格"这一点，被一再重复。有关英格兰的情况，可参见 G. O. Sayles，*Select Cases in the Court of King's Bench*（London，1939），intro. xliii，n.3，国王作为"混成人格"这一点，参见 Schramm，*A History of the English Coronation*（Oxford，1937），115，n.1；也可参见 Chrimes，*Const. Ideas*，8，以及 ibid.，387，其中有大法官布莱恩（Brian）（亨利七世第 10 年）的一个有趣说法："国王是混成人格，因为他是与神圣教会即圣职者们结合而成的人格"（"*quod Rex est persona mixta* car est *persona unita cum sacerdotibus* saint Eglise"）。最终，从这个总体概念可以推导出新教国家有关君主的一个学说，即君主是作为"世俗的和教会的双重性人格"（*duplex persona*，*saecularis et ecclesiastica*）。参见 Gierke，*Gen. R.*，IV，66f，n. 20；有关总体情况，参见 Hans Liermann，"Untersuchungen zum Sakralrecht des protestantischen Herrschers"，*ZfRG*，*kan.Abt.*，XXX（1941），311－383。

45 1100年前后，也就是诺曼佚名著者撰写他的那些短论时，国王乃被赋予属灵品性的人这一观念刚刚绽放，还未到达全盛时期；因此，该学者论述的大部分内容都应置于中世纪圣职者—王权观念的背景中来分析。

“混成人格”这一学说似乎与国王二体论没有直接的联系。该概念中所表述的双体意指世俗和属灵两种权能，而非自然身体和政治身体。或者，有无可能，国王非个体的和不朽的超身体在中世纪早期出现时，是以这样或那样的形式，嵌入于由王位圣职化所带来的国王属灵特征此一观念之中呢？[7]实际上，这位诺曼佚名著者，作为王权有着类基督的属灵本质这一学说的坚定捍卫者之一，给我们指引的正是这一方向；而我们要做的就是领会他的暗示并追随他的指引。

佚名著者短论中最为人所知或最引人注意的是《论主教与国王的祝圣礼》(*De consecratione pontificum et regum*)。
46 从题目可以看出，作者论述的重点主要集中于圣职按立膏油礼对国王和主教的影响。这位诺曼佚名著者从《旧约》铺叙到《新约》，论述可谓析薪破理，开篇讲的便是以色列国王的膏油礼。在下面的引文中，我们可以暂不考虑作者所指的是否除了以色列国王的膏油礼，同时还包括了亚伦和以色列大祭司的膏油礼：

---

⑦ 有关王位圣职化的讨论，很大程度上始于兰斯大主教安克马尔(Hincmar of Reims)和秃头理查，参见 Schramm, *Der König von frankreich*, (Weimar, 1939), 17f, 26ff；参见 Kantorowicz, *Laude regiae*, 78f, and passim。

> 因此我们必须认识到[国王身上]的双重人格,一个源出自然,另一个来自上帝的恩典……一个因他与常人无异的自然条件;另一个因他神化的显赫和圣事(祝圣礼)之力量,他超越常人。从一个人格性上讲,他依自然本性是一个个体之人;从另一个人格性上讲,借着上帝的恩典,他是基督,亦即"上帝—人"。⑧

这段表述尽管用的是神学语言而不是宪制语言,但明显类似于都铎王朝法学家们的观点。当然,都铎王朝法学家所谈论的不是上帝的恩典而是英国人民的政体;他们可能会说"一个身体源于自然,另一个源于政体";不过,诺曼佚名著者与都铎王朝法学家都得出了相似的王权"超身体"的拟制,它与国王自然的和个人的身体以某种神秘的方式结合在一起。然而两种概念的相似之处不应诱导我们忽视一个事实,中世纪"双生的"国王与从其衍生出的两个身体的都铎国王之间,横亘着一个容易使人困扰的"性体论上的"差异。

佚名著者所指的国王们是受膏者(*christi*)一系的,即《旧约》中受膏的国王,预表了真正有王权的基督(*Christus*)即永

---

⑧ 参见 *MGH*, *LdL*, III, 664, 26ff: "Itaque in unoquoque gemina intelligitur fuisse persona, una ex natura, altera ex gratia, una in hominis proprietate, altera in spiritu et vitute. Una, qua per conditionem nature ceteris hominibus congrueret, altera qua per eminentiam deificationis et vim sacramenti cunctis aliis precelleret. In una quippe erat naturaliter individuus homo, in altera per gratiam Christus, id est Deus-homo."(这段拉丁文内容与正文引文一致。以下如无特别说明,当注释中的拉丁文和正文内容一致的情况下将不再另作翻译。——译者)

恒受膏者的到来。在道成肉身之后,在基督升天并被颂赞为荣耀之王后,地上王权同声相应,也跟着经历了变化,获得了
47 它在拯救摄理内应有的地位。《新约》中的诸王不再以基督预表者的身份出现,而是基督的"影子",也就是模仿者。基督徒统治者变成了"基督模仿者"(*christomimētēs*)(字面意思是基督的"扮演者"和"化身"),他在尘世的舞台上呈现出了双重自然之上帝的生动形象,甚至可以说他表现出的正是上帝那不相混同的两种自然。神圣原型同他可显见的尘世代理人被认为展现出了极大的相似性,也被视作是相互衬映的;在佚名著者看来,永恒受膏者与其尘世中的对型(antitype)即有限的受膏者之间的不同,可能只有一处但却是本质性的一处:基督依其自身本性便是王者(King)和基督(Christus),而他在地上的代理人是借着恩典而成为国王(king)和受膏者(christus)的。因为,当圣灵在世俗国王祝圣礼那一刻"跃入",而使他成为"另一人"(*alius vir*),使他在此世变形化身之时,不变不化的圣灵就从荣耀之王的不朽之体那里,以永恒的方式留在了世俗国王身上。⑨ 换句话说,国王因上帝的恩典而在短时间内趋至(*becomes*)神化,而天上的王依本性就是(*is*)永恒的上帝。

---

⑨ 参见*MGH*, *LdL*, III, 665, 2f:"Post unctionem vero insilivit in eum spiritus Domini, et propheta factus est, et mutatus est in virum alium."("膏油之后,上帝的圣灵确实跃入其中,他成为上帝所预言者,变成另一人。")国王的双重人格性事实上正是源自圣灵的这一"跃";参较 664, 20ff:"[Ad unctionem] insiliebat in eos spiritus Domini et virtus deificans, per quam Christi figura fierent et imago et que mutaret eos in viros alios, ita ut ... *in persona* sua esset *alius* vir, et *alius in spiritu* ..."("[膏油之时],主的圣灵和神化之力跃入他们当中,由此,基督的显型和形象产生了,这也把他们变成另外的人,如此一来……在人格上他是一个人,在灵性上是另一人……")

佚名著者一再使用这种对照法。这不是他的发明，他只是从神学上模拟那些为人熟知的概念。自然与恩典之间的对照，通常不仅被用来表明人类本性的弱点因恩典而得以弥补，同时恩典授人分有神圣性质本身。自然本性与恩典的对照从后一种意义上来讲，实际上成全了早期基督教中人从总体上的“神化”，而不是仅限于接受了祝圣与膏油的国王。然而，佚名著者将“来自恩典的神化”特别用于国王身上，认为这种神化是他的膏油礼和祝圣仪式的结果，并且利用自然与恩典的对照来指出“神化的显赫”给予了国王恩典的身体，由此，他成为超越所有其他人的“另一人”，佚名著者认为这种“神化”与古希腊语中的“*apotheosis*”以及古罗马语言中的“*consecratio*”的含义相近。[10] 的确，这一对照法有利于佚名著者以非常严谨 48
的方法把握住上帝与国王之间的内在差别；同时，对照法又有利于他模糊二者之间的分界线，并有利于表明，“依本性而是的上帝”与“借恩典而成的神”这二者之间的区分，若从“权力”（*potestas*）来看便不再存在。权力的本质和实体，被认为在上帝与国王身上是相同的，不论权力是依自然而来还是仅受自恩典。

国王的权力即是上帝的权力。也就是说，这种权力依本

---

⑩ 有关基督教的神化，参见 M. Lot-Borodine, “La doctrine de la déification dans l'église grecque”, *Revue de l'histoire des religions*, CV-CVII (1932－1933); J. Cross, *La divinisation du chrétien d'après les pères grecs*, (Paris, 1938)；另见 G. W. Butterworth, “The Deification of Men in Clement of Alexandria”, *Journal of Theological Studies*, XVII (1916), 157ff, 以及 Cuthbert Lattery, ibid., 257ff; A. D. Nock, in: *Journal of Religion*, XXXI (1951), 214ff, 以及 Kantorowicz, “Deus per naturam, deus per gratiam”, *Harvard Theological Review*, XLV (1952), 253－277。有关成圣(*apotheosis*)和祝圣(*consecratio*)，参见下面注 13。

> 性便是属于上帝的，借恩典而成为国王的。因此，国王就是上帝和基督，但是是借恩典意义上的；不管他做什么，他不仅仅是作为人在做，而且也是作为借恩典而成为上帝和基督的那位在做。⑪

因此，国王在权力方面也以完美的基督模仿者出现，因为他的权力即是基督的权力。据此，佚名著者可以补充说，依自然本性而是的上帝和救世主，通过他那“借恩典而成上帝和基督”的王权代表来行使权柄；他“在职位上是基督和上帝的显型和形象”。⑫

---

⑪ *MGH*, *LdL*, III, 667, 35ff。国王任命的教士并不是由人的权力任命的，而是由上帝的权力任命的：“Potestas enim regis potestas Dei est; Dei quidem est per naturam, regis per gratiam. Unde et rex Deus et Christus est, sed per gratiam, et quicquid facit non homo simpliciter, sed Deus factus et Christus per gratiam facit”。另见 676, 14ff：“Summi et celestis imperatoris et secundi terrenique una eademque potestas est, sed celestis principaliter, terreni secundarie”（“天上至高的君王权力与地上第二位的君王权力，是同一个权力，但天上的权力是首位的，地上的权力是第二位的”）。作为“上帝的次位者”（*Deo secundus*）的统治者（德尔图良的《护教篇》[*Apologeticus*, XXX, 1]已如是表述过），以及作为“第二上帝”（δεύτερος θεός）的基督的说法（可参见奥利金《驳凯尔苏斯》[*Contra Celsum*, V, 39, and VII, 57]），属于另外的问题领域，相关史料参见福克曼（H. Volkmann），“Der Zweite nach dem König”, *Philologus*, XCVII (1937), 285-316。值得注意的是，拜占庭皇帝有时被称为“借恩典而成的第二上帝”（*ὄντος σοῦ τοῦ κατὰ Χάριν καὶ δευτέρου θεοῦ*[你是接受恩典者，是第二上帝]）；参见 Spyridon P. Lampros, *Μιχαὴλ 'Ακομινάτου τοῦ Χωνιάτου τὰ σωζόμενα*（《米哈伊尔·侯尼亚迪斯或阿克米纳图斯[Michael Choniates or Acominatus]论基督》）(Athens 1879), I, 221, 11ff；M. Bachmann, *Die Rede des Johannes Syropulos an den Kaiser Isaak II. Angelos* [*1185-1195*] (Munich diss., 1935), 11 and 26。

⑫ *MGH*, *LdL*, III, 667, 8f：“... in spiritu et Christus et deus est, et in officio figura et imago Christi et Dei est.”（“……在属灵上他是基督和神；在职位上他是基督和上帝的显型和形象。”）Ibid., 667, 39：“Immo ipse, qui natura Deus est et Christus, per vicarium suum hoc facit, per quem vices suas exsequitur.”（“的确，依自然而是上帝和基督者，其本身是通过代替自己行事的代理人来做此事的。”）

也就是说,原本作为个体之人的国王现在"在职位上"是天国之主亦即上帝的显型和形象。

佚名著者对自然本性与恩典既两极对立又潜在统一的思考,将他引向了基督化身的国王具有"双生性"存在的观念。国王,作为借恩典而成的受膏者,类似于有"双生位格/人格"(*gemina persona*)的二性基督。这是一个以基督为中心的中世纪王权观念,这种被推向了极致的观念在西欧并不多见。[13] 49

---

[13] *MGH*, *LdL*, III, 665,19f:"Erat enim ... christus Domini et unus cum Domino spiritus. Christus etenim Deus et homo est."("他……既是主基督,便与主有同一的圣灵。因为,基督既是上帝,也是人。")更明确的说法可见于同一本书(Ibid., 665,28ff),这处内容表明国王和基督共同拥有"二重性质":

> "而且,国王……是这位既是上帝又是人的基督的显型和形像,因为……通过膏油的恩典和蒙祝福的祝圣,他完全为人的同时也完全神化和成圣。可以说,如果你运用希腊词源中的词汇,'祝圣'即'*apotheosis*',就是你们的'神化'的意思。因此如果……国王……借恩典而成神和主的受膏者,那么,他依循这种恩典所施行的和所从事的一切,就不再是作为人在施行和从事,而是神和主的受膏者在施行和从事"("Rex autem ... *huius* Christi, id est Dei et hominis, imago et figura erat, quia ... totus homo erat, totus deificatus erat et sanctificatus per gratiam unctionis et per benedictionis consecrationem. Nam et si Graeci sermonis utraris ethimologia, consecratio, id est *apotheosis*, sonabit tibi deficatio. Si ergo ... rex ... per gratiam deus est et christus Domini, quicquid agit et operatur secundum hanc gratiam, iam non homo agit et operatur, sed deus et christus Domini")。

笔者一再省略了对主教的提及;见下面注 30。有关盎格鲁-撒克逊国王是作为"主的受膏者",参见 787 年的教皇使节报告,收在 Haddan and Stubbs, *Councils and Ecclesiastical Documents* (Oxford: 1871), III, 454, § 12;有关亨利二世,参见 Peter of Blois, *PL*, CCVII, 440D;总体情况可参见 Leonid Arbusow, *Liturgie und Geschichtsschreibung im Mittelalter* (Bonn, 1951), 95, n.60。根据佚名著者(670, 5ff),只有国王是名副其实的基督模仿者(*christomimētēs*),这一点需加上;既然主教们是"作为以使徒们为中介的代理者和模仿者"(*interposita vice et imitatione apostolorum*)来行动,他们便是准使徒模仿者(quasi-*apostolomimētai*),只是间接地、通过使徒们才成为基督模仿者。佚名著者的"词源学"是完全正确的。在罗马,皇帝的祝圣(*consecratio*)就是他的 *apotheosis*(成圣),而"神化"(*deificatio*)一词类似希腊语中的"θεοποιτα",几乎专属基督教用语。

国王就像神-人基督(the God-man)一样是神性与人性的双生性存在,不过,国王能拥有二重自然、具有双生性只因受自恩典并且是有朽的,而不是依其自然本性,也不是(耶稣升天之后那样)在永恒中:尘世的国王并非天生就是(*is*)双生人格的,他是通过膏油礼和祝圣礼而趋至(*becomes*)双生人格的。

“双生位格/人格”(*gemina persona*)这一表述本身并不是诗的隐喻,而是源自基督论诸定义并与其相关的专门术语。该术语实际上极少用于耶稣基督,这是另当别论的问题。根据正统教义,耶稣基督是“一位二性”(*una persona, duae naturae*)。因此,“双生位格”(twin person)* 这个表述也应避免,以不至有失偏颇;这就如同说“两个位格”(two persons)一样糟糕,因为它并未完全排除掉聂斯脱利派或嗣子说的解释。然而值得注意的是,通常在那一关系中不太多见的“双生性”(twinship)形象却频繁出现在早期西班牙公会议的短祷文中。西班牙公会议通过的教义中有某些摇摆不定的表述,但它们的措辞在教理上是正确的。第二次西班牙公会议(619 年)强
50 调了耶稣基督的“双生本性”(*gemina natura*),并进一步说“双生本性”仍然构成一个位格。⑭ 第六次托莱多公会议也明确认定人性和神性是一个基督的二性……以避免如果基督是

---

* 此处留意“双生的/双生”(gemina)和“双重化/双重性”(geminata)的区别。前一个是形容词“双生的”,一般偏重于强调双生性是在基督自身之内,基督仍是一个位格,如正文所言,该词仍不免带有聂斯托利主义或嗣子说的影子;后一个是动词的被动分词形式,似乎更容易造成基督有两个位格的误解。这两个词在后文用于中世纪国王身上时,上述区分便不再明显,二者几乎可以通用。此外,译文中“persona”除非用于基督时译为位格,其他情况下一般译作“人格”。——译者

⑭ *PL*, LXXXIV, 599C; Hinschius, *Decret. Ps.Isid.*, 440b, cf.441a.

"双重性位格"(*geminata persona*)可能造成四位一体僭取三位一体。[15] 公元675年,第十一次托莱多公会议重新使用"twinship"这一术语,只是把它从"双生本性"(*gemina natura*)和"双重性位格"(*geminata persona*)的使用小心谨慎地转用为"双生实体"(*gemina substantia*)上,并进一步解释说:"因此,他在自身之内拥有'双生实体',即神性的实体和人性的实体。"在这种关联中,公会议创造了以下经典的表述:同样地,我们应该相信他本身既是崇高的也是卑微的(*Item et major et minor se ipso esse credendus est*)。[16] 第十四次托莱多公会议最终提出了一系列新的"双生性"。主教们这样宣称,事实上耶稣基督有一个"双生意志"——*gemina in eo voluntas, et operatio*(自身之内的双生意志和活动),不过,他是不可被自然的双重性分离的(*non naturarum geminatione divisus*),他是完全意义上的上帝,同时又是完全意义上的人。[17] 从那以后,双生本性(twin-nature)、双生位格(twin-person)、双生实体(twin-substance)或双生意志(twin-will)的提法在信条中似乎不流行了。拉巴努斯·毛鲁斯(Rhabanus Maurus)再次提到了这些说法,尽管可能是从否定意义上提的;[18]只有"双生实体的巨人"(*gigas geminae*

---

⑮ *PL*, LXXXIV,395A; Hahn, *Symbole*, 237; Hinschius, 376b.

⑯ *PL*, LXXXIV,456BC; Hahn, 246f; Hinschius, 407a.

⑰ *PL*, LXXXIV, 506Df;参较508B。

⑱ Hahn, *Symbole*, 357: "quia nec geminavit utriusque substantiae integritas personam, nec confudit geminam unitas personae substantiam"("因为,两重实体的统合并不会让人格双重化,人格的统一也不会让双生实体合而为一")。另见利奥一世的*ep*.33, *PL*, LIV, 797 ("gemina natura"[双生本性]),以及教皇大格里高利在*Moralia*, XVIII, 85, *PL*, LXXVI, 90B(nec naturarum distinctione geminatus[并不是通过本性的区别来双重化])中对聂斯脱 (转下页)

substantiae)经常出现在12世纪的基督论著作中,用来反驳基督在道成肉身前是"双重化存在"(*geminatus*)的论题。⑲

(接上页)利派的驳斥。明确指出"双重化"(*geminatio*)危险的是比德,见他的 *Expositio Actuum Apostolorum*, ed M. L. W., Laistner (Cambridge, Mass., 1939), 51:"... ne Christi naturam geminare et in Nestorii dogma cadere videamur"("……我们不是要双重化基督的本性,在我看来,那样会堕入聂斯脱利的教义")。

⑲ 把基督比喻成巨人(*gigas*)源自《诗篇》19:5(太阳如同新郎出洞房,又如勇士欢然奔路[tanquam sponsus procedens de thalamo suo, exsultavit ut gigas ad currendam viam]),这一比喻运用在很多出人意料的地方,从亚美尼亚的礼仪到17世纪法国的国王礼拜。有关它早期的一些运用情况,可参见 F. J. Dölger, *Sol Salutis* (2nd ed., Münster, 1925), 217, *Die Sonne der Gerechtigkeit* (Münster, 1918), 102ff; 另见 A. Alföldi, "Der iranische Weltriese auf archäologischen Denkmälern", *Jahrbuch der Schweizerischen Gesellschaft für Urgeschichte*, XL (1949-1950), 24。"双生实体的巨人"也许是通过伪托安布罗斯的《赞美诗》(*Hymns*, IV,15, *PL* XVI, 1474)而为人所知的:"从他的殿中,从那庄严的王宫中走出的,那位双生实体的巨人,欢然奔路"("Procedens de thalamo suo,/Pudoris aula regia,/*Geminae Gigas substantiae*,/Alacris ut currat viam")。参见下面注63及其后。我们发现,这个比喻经常用来指基督的双重本质/双重本性(*natura duplex*);也可参见 Rangerius of Lucca, *liber de anulo et baculo*, lines 26f, *MGH*, *LdL*, II, 509。以后在12世纪,"双生实体的巨人"成为所谓基督论的人性否定说(Christological Nihilianism)的一个特征,但被1179年的拉特兰第三次公会议所驳斥。参见 Peter of Poitiers, *Sententiae*, IV, 7, *PL*, CCXI, 1161C:"Viam quam geminae gigas substantiae exsultando cucurrit ..."("双生实体的巨人欢然奔走之路……")。另有 *Quaestiones trinitariae et christologiae*, ed. F. Stegmuller, in *Miscellanea Giovanni Mercati* (Studi e Testi, 122; Vatican, 1946), II, 306, §15:"Coepit esse gigas geminae substantiae biformisque naturae, divinae scilicet et humanae"("他生来就是双生实体巨人,有着双重本质/双重本性,即神性和人性")。Peter the Lombard, *In Ep. ad Romanos*, c.1, *PL*, CXCI, 1307C, 1308A,好像只使用了"双生实体"这个说法。不过,由梅特兰主编的人文教师瓦卡利乌斯(Vacarius)(*Opusculum de assumpto homine*)一书的序文("Magistri Vacarii Summa de Matrimonio", *Law Quarterly Review*, XIII [1897], 143),直接针对的就是伦巴第人彼得的人性否定说:"虽说人是人格性的,但[耶稣]自己被说成是化身为人,而不是人格本身。因此,荣光的主基督和双生实体的巨人,是两重实体的名。"("Et quod homo cum sit persona, ipse [Jesus] tamen assumptus dicitur et non ipsa persona. Et quod Christus et dominus glorie et gigas gemine substantie duarum sint substantiarum nomina")。总体情况参见 Joseph de Ghellinck, "Magister Vacarius: Un juriste théologien peu aimable pour les canonists", *Revue d'histoire ecclesiastique*, XLIV (1949), 173-178,当中有翔实的文献。

诺曼佚名著者对于西班牙历次公会议的决议非常熟悉，51
这些决议构成了某部伪托伊西多尔教令集重印本的一部分。他一再引用这部集子，甚至还对西班牙公会议作了慎重的评判，来证明西哥特国王（作为国王，而不是皇帝）与皇帝按惯例召集和主导普世教会会议一样，也召集和主导他们当地的教会会议。因此，西哥特模式是一个重要的先例，它比帝国模式更容易用于盎格鲁-诺曼时代，当时"国王是自己王国里的皇帝"（*rex est imperator in regno suo*）这一主张还未成型。[20]

---

[20] *MGH*, *LdL*, III, 675, 16ff，诺曼佚名著者在这里简洁明了地表述了皇帝和国王之间的区别（也可见下面注 47）。不过，他注意到，西哥特国王与皇帝们一样染指教会，并推论（675，27ff）国王们由此对教会有一种准帝权："显然，国王们对服侍主的司祭拥有教会制度上的神圣权力，并对他们有帝权"（"Unde manifestum est reges habere sacrosanctam potestatem ecclesiastici regiminis super ipsos etiam pontifices Domini et imperium super eos"）。"国王即皇帝"（*rex imperator*）这一观念在英国相对而言较早就形成了，即使卡尔·埃德曼（Carl Erdmann）在《中世纪早期政治观念世界的研究》（*Forschungen zur politischen Ideenwelt des Frühmittelalters* [Berlin, 1951], 15ff, 38ff）中所引用的有些地方被证明可能是 12 世纪伪造的。参见 Richard Drögereit, "Kaiseridee und Kaisertitel bei den Angelsachsen", *ZfRG*, germ. Abt., LXIX (1952), 24–73；另见 W. Holtzmann, "Das mittelalterliche Imperium und die werdenden Nationen", *Arbeitsgemeinschaft für Forschung des Landes Nordrhein-Westfalen*, VII (1953), 19, n.20，文中引述了亨利二世据索尔兹伯里的约翰所作的评论；还可参见 Post, "Two Notes," 303。有关这一学说本身，参见 Calasso, *Glossatori*, 35ff（有关英格兰方面），总体情况可参见 Sergio Mochi Onory, *Fonti canonistiche dell'idea moderna dello stato* (Milan, 1951)，当中收录了盖恩斯·珀斯特（Gaines Post）最近在"Two Notes," *Traditio*, IX(1954), 296ff 中对相关问题的讨论。看来，"国王即皇帝"一般所宣称具有的那些权利中并不包括召集公会议的权利，尽管这种情况在英国随着宗教改革而发生变化；可参见主教约翰·朱尔（John Jewel）为反对托马斯·哈定（Thomas Harding）而撰写的 *Apology of the Church of England* (1560)（in *The Works of John Jewel* [Cambridge, 1848], III, 98f；参较 Frances A. Yates, "Queen Elizabeth as Astraea", *Warburg Journal*, X[1947], 39f），他所做的论证不免让人想起诺曼佚名著者的那些论证。

52 佚名著者或许也从托莱多公会议借鉴了国王"双生性"的隐喻。他将从基督论上看唯一带有聂斯脱利主义和嗣子说倾向的表述"双生位格"(*gemina persona*),转用于自己明确地以基督为中心的王权学说上,这或许有些奇怪。然而,在多次声称国王的神性来自恩典而非自然本性之后,他不可能将神圣的"自然本性"赋予国王。"神化"这一原理使公元 1100 年的国王基督论与聂斯脱利主义和嗣子说有了某种联系。[21]

著者剀切入微地探究了类基督的国王有双重权能这一观念所蕴藏的各种可能。事实上,他所有其他理论都承载于这一观念之上,并不比都铎法学家们的理论缺乏连贯性和阐述技巧。佚名著者喜欢摆弄国王两个人格的概念,但他也以同样的方式沉浸于对照 Jesus *Christus* 与 Jesus *christus* 这两种形象,即耶稣基督与地上布道时在约旦河中受洗的耶稣。[22] 著

㉑ 即使佚名著者提到(667,6)国王和主教"因养子之灵的名分,成了神和基督"(sunt et dii et christi per adoptionis spiritum),以及(675,12)国王是"因基督之后的领养而成为的另一位基督"(alter Christus per adoptionem post Christum),这些相似的表述也是与《罗马书》8∶15 相关,与洗礼中"养子的圣灵"(Spiritus adoptionis)相关,而与嗣子说(Adoptionism)没有任何关系。关于领养的"诸神"可参见 Kantorowicz, "Deus per naturam," 256,262;还应该加上 Honorius of Augustodunum, *Summa gloria*, c.5, *MGH*,*LDL*, III, 66,文中作者称,司祭被称作"上帝的儿子,主的、基督的、天使的儿子"(*filii Dei*, *dii*, *christi*, *angeli*),反之,国王只被称作"人的儿子"(*filii hominum*),这便证明了"就神圣威权(而言),司祭们在他们的显职上胜于国王"([quantum] divina auctoritate sacerdotes in dignitate reges precellunt)。

㉒ 基督在约旦河受膏(《使徒行传》10∶38;参较《以赛亚书》61∶1 和《路加福音》4∶18),也被解释为"基督的加冕礼",这个主题需要从历史方面进行研究,而且首先需要从考古学切入。圣灵以鸽子的形象携王冠而下,出现在敦巴顿橡树园收藏的 5—6 世纪金盒子的盖子上,复制图可见于 *The Walters Art Gallery: Early Christian and Byzantine Art* (Baltimore, 1947), pl. CXIX, B;还可见于 Adolf Goldschmidt, *Karolingische Elfenbeinskulpturen* (Berlin, 1914), I, No. 154, pl. LXV;有关英国方面的情况,参见 Benedictional of Aethelwold (963 - 984), in J. Strzygowski, *Iconographie der Taufe Christi* (Munich, 1885), 59, pl. XVIII, 4。

者把这种二分法进一步推向异教的远古，并由此得出一些出人意料的结论。在他看来，《旧约》中“所膏立的列王”(*reges christi*) 53
预表了天国中那尊荣的“王者基督”(*Christus regnaturus*)，他们——作为国王——应被认为在某种意义上高于升天前较低位的拿撒勒的基督，这一看法貌似奇怪，却可接受。然而，要在罗马皇帝和道成肉身的上帝，确切地说，要在提比略和耶稣之间找到一种类似的关系，的确有点勉为其难。[23]

---

[23] 对接下来一段的解释可参见 Williams, *Norman Anonymous*, 131f。佚名著者也把罗马皇帝看作受膏者，可能是依据居鲁士在《以赛亚书》45：1 中是主的受膏者。例如可参见，哈尔伯施塔特(Halberstadt)的主教海蒙(Haymon)所撰《〈以赛亚书〉注》(*Commentarium in Isaiam*), c.45, *PL*, CXVI, 942D:“Christus interpretatur unctus. Antiquitus enim in populo Judaeorum, quemadmodum apud Romanos diadema, faciebant et regem .... Quare ergo appellatur Cyrus christus, cum non sit perunctus de oleo benedictionis? Quia *dignitas imperialis* pro chrismate ei fuit. Haec dicit Dominus ‘christo meo’ pro eo quod est ‘christo suo’: vel uncto suo, hoc est, regi suo”(“基督的意思是受膏者。古时，在犹太人当中与在罗马人当中一样，他们都以王冠造作王。……居鲁士没有涂抹祝圣的膏油，却何以被称为受膏者？原因在于皇帝的威严[居鲁士是第二个世界帝国即波斯的缔造者]代替了他要涂抹圣油。主说出这一点，是通过在‘主的受膏者’的地方说‘我的受膏者’——或主的膏立者，即主的王”)。比德(Bede)在 *In Esdram et Nehemian Prophetas*, c.1, PLXCI, 811 中认为居鲁士是基督的预表者：“但实际上在近乎神秘的意义上，国王居鲁士在名字(主?)上和在作为上是救世主的意义。……其实，即使他自己没有意识到自己是上帝的相似者，上帝已让他与自己的儿子相似；首先，事实看来是，上帝想要称他为自己的基督……于是，主让居鲁士与自己的独生子、上帝、吾主耶稣基督相似……”(“At vero juxta mysticos sensus Cyrus rex Dominum Salvatorem et nomine [*κύριος?*] designat et factis ... Assimilavit namque eum Deus filio suo, quamvis ipse Deum se assimilantem minime cognoverit; primum in eo quod Christum suum eum cognominare dignatus est ... Assimilavit ergo Cyrum Dominus unigenito Filio suo, Deo et Domino nostro Jesu Christo ...”)希腊著述家们通常只限于让自己作如下解释：居鲁士被称为“受膏者”，为上帝所召治理列国；可参见 Cyrillus Alexandrinus, *In Isaiam*, IV, *Oratio* ii (=*Is*., 45), *Pgr*, LXX, 950D—951A; Procopius of Gaza, *In Isaiam*, c.45, *PGr*, LXXXVII, 2418。尽管居鲁士是神圣使命的执行者，但与 (转下页)

缴纳贡金时服属于提比略的是人子耶稣。[24]税金是缴纳给哪个提比略呢？佚名著者在下面引文中作出解释时，在提比略皇帝身上创造了另外一个“双生位格(人格)”(*gemina persona*)：

(接上页)波斯政权持续冲突的希腊人显然并不站在居鲁士立场上。也可参见基里尔的评注，ed. F. C. Conybeare, *The Armenian Version of Revelations and Cyril of Alexandria's Scholia on the Incarnation and Epistle on Easter* (London, 1907), 169:“尽管这人[居鲁士]是偶像崇拜者，但他仍被称为受膏者，因为他是由上主敕令受膏登王位的：他由上帝任命，强有力地使巴比伦列国降服。”从这个意义上看，提比略在拯救摄理内肯定是有重要地位的。

㉔ 《马太福音》22：21在中世纪政治理论中扮演了众所周知的重要作用。可参见 Max Hackelsperger, *Bible und mittelalterlicher Reichsgedanke* (diss., Munich, 1934), 29f，其中提到了在叙任权之争时期的文献中有关向凯撒纳税的问题。佚名著者的见解也许和(伪托)安布罗斯(*In epist. ad Roman*, XIII, 6, *PL*, XVII, 172AB)下面的看法最为接近：“……他们的君主，充任上帝的代理人，服属上帝……因此主说‘(凯撒的)当归给(凯撒)’。正如他们要服属上帝一样他们也要服属君主……”(“... principi enim suo, qui vicem Dei agit, sicut Deo subiiciuntur ... Unde et Dominus: ‘Reddite etc.’ Huic ergo subiiciendi sunt sicut Deo ...”)。这一注释的作者可能就是所谓的“误作安布罗斯的注经者”(Ambrosiaster)。(“Ambrosiaster”这个词经常被误解，故在此略作说明。“Ambrosiaster”与同在本注出现的“[Pseudo-] Ambrose”虽指的是同一个人，但含义有所不同；后者也可能指一般意义上的托名而作，可通译为“伪托安布罗斯”；而前者拉丁文字面意思是“可能是-安布罗斯”[would be-Ambrose]，特指一位4世纪的保罗书信注经者，他被后人[一直到伊拉斯谟的时代]误认为是安布罗斯，因此，严格来说不能算是托名安布罗斯，文中将视语境译为“误作安布罗斯的注经者”或“伪托安布罗斯”。——译者)参较 E. Dekkers and A. Gaar, *Clavis patrum Latinorum* [Sacris erudiri, III, Bruges and Hague, 1951], 30, No. 184。税金交付是“为了避免难堪”(*ad scandalum vitandum*)(此处和合本圣经《马太福音》17：27译为“恐怕触犯他们[‘触犯’原文作‘绊倒’]”。——译者)，这是一个不足取的解释，看来不会早于托马斯·阿奎那，他在《神学大全》中说过：“如主在《马太福音》17中所表明的，因为儿子们是免税的，他们自己是可以不缴税金的；但他还是让他们缴税，为了避免难堪”(“Sicut etiam Dominus Matth. XVII ostendit, quod poterat se a tributo excusare, quia liberi sunt filii; sed tamen mandavit tributum solvi ad scandalum vitandum”)。这一问题也可参见 E. Gilson, *Dante the Philosopher* (New York, 1949), 208, n.1。

> 他说“凯撒的物当归给凯撒”，并没有说“提比略的物当归给提比略”。向权力（*potestas*）而不是向人纳贡。人无足轻重，但权力是正义的。提比略是极不公正的，但凯撒是善好的。不向无足轻重的人和不公正的提比略，而向正义的权力和善好的凯撒缴纳他的物。……基督[对彼得]说：“为我，也为你，缴纳给正义的权力和善好的凯撒，据我们的人性，我们是他们的子民……”因为他知道凯撒的物当归给凯撒这一点符合正义的需要……在所有这些当中，他达成了义。因为人类的弱屈从于“神圣权力”乃是正义的。即是说，从人性上看耶稣基督是单弱的，而凯撒的权力却是神圣的。[25]

54

这段话对一项原则的曲述可谓是不吝笔墨，尽管保持在传统诸概念的含义范围内，指趣却与它们相对立。从其可见，对“权力”的高扬与教会教导的“受苦中服从”理论是基本一致的。[26] 这里

㉕ *MGH*, *LdL*, III, 671, 35ff:“Reddite, inquit, que sunt cesaris cesari, non que sunt Tyberii Tyberio. Reddite potestati, non persone. Persona enim nequam, sed iusta potestas. Iniquus Tyberius, sed bonus cesar. Reddite ergo non persone nequam, non iniquo Tyberio, sed iuste postestati et bono cesari que sua sunt ... ‘Da,’ inquit, ‘pro me et te, iuste potestati et bono cesari, cui secundum hominem subditi sumus’... Sciebat enim hoc pertinere ad iusticiam, ut redderet cesari que sunt cesaris .... Sed in iis omnibus implevit iusticiam. Iustum quippe erat, ut humana infirmitas divine subderetur potestati. Christus namque secundum hominem tunc infirmus erat, cesaris vero potestas divina.”

㉖ 这一态度的权威表述可见于《彼得前书》2：13－18。服从暴君肯定是与希腊的政治思想背道而驰的，但似乎并不与犹太传统相抵牾；犹太传统里，暴君就像地震和瘟疫一样，是上帝在显怒，根据斐洛的看法是一种惩罚形式；可参见 Erwin R. Goodenough, *The Politics of Philo Judaeus* (New Haven, 1938), 100。亚马修斯（Amarcius）（约于1080—1100年）为这种税金而写的诗 （转下页）

要讲一下关于某座城市主教的感人故事。凶残的匈奴王兵临城下:“我是阿提拉,上帝之鞭。”主教只是回答道:“愿来的是上帝的仆人”,然后将门打开,就在遇害之前他还为侵略者喃喃赐福:奉主之名而来的当受赞美(*Benedictus qui venit in nomine*
55 *Domini*)。主教甚至敬拜阿提拉身上的神圣王权。[27]

无疑,这一传说是对消极服从的极端反映;它作为一个极端个案也反映出,基督徒如何秉守使徒福音中的精神,屈从于世俗权力:“存在的权能都是上帝授任的。”然而,当诺曼佚名著者把提比略身上的凯撒神性置于耶稣的人性之上时,他同样也将权力本身(*per se*)的神性推向了类似的极端。与其他地方一样,佚名著者总是从统治权的“双重性”这一固有观念(*idée fixe*)出发,不管统治者是犹太国王、基督徒君主,还是异教皇帝。他将诸神和国王们的双重身份融入他巧妙的话语体系中,而且娴熟地将这种“双重性”(*geminatio*)作为所有论证的基础。提比略皇帝看来就与神-人基督一样是“双重性”存在了。作为人的提比略是罪恶的;但他作为凯撒是神圣的,作为权力的化身是神圣的,是“神”(*deus*),而且比照耶稣来说

(接上页)中说得很清楚:

得道的国王应该受敬重和被模仿,
失道的国王不该被模仿,但要受敬重。
(Reges ergo boni venerandi et sunt imitandi,
Perversi non sunt imitandi, sed venerandi.)

参较 Erdmann, *Ideenwelt*, 133。有关叙任权之争时期的总体情况,参见 G. Tellenbach, *Church, State, and Christian Society at the Time of the Investiture Contest* (Oxford, 1938),另外还有哈克尔斯佩格(Hackelsperger)的著作(见上面注 24)。

[27] John of Salisbury, *Policraticus*, 514b, ed. Webb (Oxford, 1909), I, 236.

的话他同时也是“主”(*dominus*)。当这位皇帝的“双生位格(人格)”与另一种“双生位格”即耶稣基督形成对照时,提比略双重身份变得愈发的和近乎无望的复杂了。耶稣基督从神性来看是“独生”(*unigenitus*),从人性来看是“首生”(*premogenitus*),佚名著者现在把这种区分反过来也用在他的国王身上。[28]

这一难以想象、无比奇怪的交错法(chiasmus)源自两个双重身份的相遇。提比略身为(*qua*)凯撒的权力似乎是“带有神圣的光环”(haloed),而作为人处于被统治地位的基督则似乎是没有光环的。与此同时,罪恶的提比略就其自然身体而言是没有光环的,然而,那位道成肉身并且个体化了的上帝,尽管只是“隐匿的上帝”(*Deus Absconditus*),却甚至是作为人而带有光环的。[29]

著者并未止步于此。他以相似论证指出,主教也是“双生人格”,在这方面国王和主教没有区别。然而,等级上的差别还是存在的,著者通过新的二重划分将国王和主教间的等级 56
差别具体化了:在区分“王者基督”(*King* Christ)和“祭司职基督”(*Priest* Christ)的同时,佚名著者把这种双重性变成了

---

[28] *MGH*, *LdL*, III, 669, 35ff:“... sacerdotes quidem unxit [Deus] sicut apostolos suos unctione spirituali, regem vero sicut filium suum primogentium et ante secula genitum pre omnibus participibus suis [参见 Psalm 44:8]”(“[上帝]为司祭膏油,正如为自己使徒所行的属灵膏油,他为这位国王膏油,则如同为其首生的儿子膏油,胜过膏这位国王之前时代出生的所有同伴[参较《诗篇》45:7]”)。

[29] 梅特兰独具匠心地准确描述了这样一种有序的无序(orderly disorder),令人遗憾的是他对于这位佚名著者只写下了一行话,佚名著者“正在撰写马西利奥和威克利夫不会予以否认的判词”;参见梅特兰为古尔克《中世纪政治理论》所撰写的导言(Gierke, *Political Theories*, xliv)。

对照面，不仅将它等同于耶稣基督身上的神性和人性（如传统所做），也把它等同于地上的国王职位和司祭职位。

> [国王和主教]在属灵上都是"基督与上帝"（*Christus et Deus*）；就其职位而言，他们充当"基督与上帝"的对型和形象：司祭职之司祭（the priest of Priest），王者之国王（the king of the King）：司祭充当更低职责和自然的对型，即基督的人性的对型：国王充当更高职责和自然的对型，即基督的神性的对型。[30]

---

[30] *MGH*, *LdL*, III, 667, 8ff："Unde et uterque in spiritu et Christus et deus est, et in officio figura et imago Christi et Dei est. Sacerdos sacerdotis, rex regis. Sacerdos inferioris officii et naturae, id est humanitatis, rex superioris, id est divinitatis." 目前为止所引用的多数证明国王双生本质的论证，对于主教同样适用。因为，尽管主教是"司祭职基督"的形象，但就某种程度而言，他也在"更高职位和神性"上分有了基督的王权和神性，此种情况反用于国王身上亦然；参见 ibid., 665, 36ff："... et rex sacerdos et sacerdos rex ... iure potest appellari. Nam et sacerdotis est in spiritu Christi regere populum."（"……从法律上看，国王可称作司祭，司祭可称作国王。因为，在基督的灵下统领万民属于司祭的权限。"）类似的观点如 Hugh of Fleury, *De regia potestate*, I, 10, *MGH*, *LdL*, II, 477, 21："Hic [sacerdos] ... sal terrae vocatur, et rex propter ducatum, quem praebere populo debet, et *angelus*, quia bona nuntiat, et pastor, quia divini verbi dapibus homines explet"（"这位[司祭]……被称为世上的盐[盐和光的说法，可参见《马太福音》5：13。——译者]，是统领者国王，应指引人民，是天使，因为通报好消息，是牧者，因为他用圣言为人们奉上美食"）；ibid., 477, 38："Nam et regalem dignitatem habere ... videtur episcopus"（"因而，主教被看作是……拥有王者的尊位"）。但是，主教必须充任"国王与托付于他的羊群之间"（inter regem et oves sibi creditas）的中介者。司祭作为国王，与国王作为司祭的历史可谓并行悠远。可以参见 *Didascalia Apostorolum*, II, 34, ed R. Hugh Conolly (Oxford, 1929), 96, 17ff，或 Pseudo-Clementine, *Recognitiones*, I, 46, *PGr*, I, 1234A："pontifex Aaron, chrismatis compositione peruncus, princeps populi fuit, et tanquam rex ... iudicandi plebem sorte suscepta de mundis immundisque iudicabat"（"大祭司亚伦，因为（转下页）

佚名著者还走得更远，他把身份分裂的方法楔入了所有的存在物、人或建制。坎特伯雷和约克两地，就谁享有更高教会权力这一问题，一直争论不休。对此，佚名著者问道，有资格拥有更高权力的条件究竟是什么呢？是坎特伯雷教会的砖石，抑或是，坎特伯雷的教堂建筑优于约克的，从而为前者赢得 57
了更高的教会权力？显然，使坎特伯雷教会权力高于约克的，既不是砖石，也不是坎特伯雷教会有形的建筑，而是坎特伯雷的无形教会。一个大主教凌驾于另一个大主教之上的优越性，可见于何处？"见于作为人的他，还是见于作为大主教的他？"（*In eone quod homo est*, *an in eo quod archiepiscopus est?*）

作者最后确实一一驳斥了双方那些诉求；我们关心的要点在于，他运用了他一贯的做法，把人与大主教、人与职位、坎特伯雷教堂的砖石与主教座对照起来；正如在另一处他把有

（接上页）涂抹圣油，成为人民的君主而称王……接受裁判人民的任务，裁判洁净与肮脏"）；参较 Hinschius, *Decret.Ps.Isid.*, 53。但从这些前提出发，也可以得出完全相反的结论。例如，James of Viterbo, *De regimine christiano*, II, c.4, ed. H. X. Arquillière, *Le plus ancien traité de l'Église: Jaques de Viterbe*, '*De regimine christino*' (Paris, 1926), 199，作者在其中承认，王者基督比作为司祭职基督更有威严，地位更高："的确，基督作为人来看是司祭，但作为既是神又是人来看是王者……这样，称之为王者就比称之为司祭会赋予基督更大的威严"（"Est enim sacerdos in quantum homo, rex autem est et in quantum Deus et in quantum homo ... et sic maior dignitas importatur ex eo, quod rex dicitur, quam ex eo, quod sacerdos"）。然后他得出结论："因此，在教会圣职者那里，被称作裁判权的王者权力，要比被称作司牧权的司祭权力更上位"（"Quare et in prelatis ecclesie superior est potestas regalis, que dicitur iurisdictionis, quam sacerdotalis, que dicitur ordinis"）。参见 R. Scholz, *Die pubizistik zur Zeit Philipps des Schönen und Bonifaz' VIII.* (Stuttgart, 1903), 144f；Martin Grabmann, "Die Lehre des Erzbischofs und Augustinertheologen Jakob von Viterbo", *Episcopus: Festschrift für Kardinal Michael von Faulhaber* (Regensburg, 1949), 190f。

形的天穹与无形的天国对照起来。[31] 以同样的方式，他将罗马教皇的统一性分离开来，将教皇职位与教皇本人两相对照——我们也可以类比的方式来说——将教皇的政治身体与他的自然身体两相对照；不过，在这种情形下，他给有可能身为“罪人”(*peccator*)的教皇增加了一个“亚人”(infra-human)的层面。[32]

在诺曼佚名著者身上明显流露出了11世纪后期至12世纪早期论辩方法的影响，我们要问的是，他政治理论的主要问题是什么？那不可胜数的“双重性”的意义又何在？职位(Office)与人格(Person)之间的区分并不令人惊奇；因为这在中世纪早期已经为人所知。作者本人引用了奥古斯丁关于国王侍奉上帝的理论：“作为人侍奉(上帝)是一回事，作为国王
58 侍奉上帝是另外一回事。”[33]职位与人格之间的区分在653年雷塞文斯(Reccesvinth)国王的法律中也被着重强调，经过伪

㉛ *Tractate XXIX*, in Böhmer, *Kirche und Staat*, 479。此种论证并不乏见。例如，可参见伊西多尔的《词源》(*Etym.*, XV,2,1)(“civitas autem non saxa, sed habitatores vocantur”[“城市之为城市不是因为石头建筑，而是因为居民”])；也可参见下面注99；还有Maitland, *Sel.Ess.*, 90(“教会不应理解为房子或墙垣，而应理解为属灵教会[*ecclesia spiritualis*]”)。参见下面注47对天国与天穹所做的辨析。

㉜ Böhmer, *Kirche und Staat*, 436f.

㉝ *MGH*, *LdL*, III, 673,24:“Aliter enim servit quia homo est, aliter quia etiam rex est.” Augustine, *Ep*. CLXXXV, c.5,19, ed. A. Goldbacher (*CSEL.*, LVII), 17,21,《致卜尼法斯》(*Ad Bonifacium*)的书信经常被引用；此处引用的地方可参见格兰西的《教会法汇要》(*Decretum Gratiani*, c.42, C.XXIII, q.4, ed. Friedberg, I, 923)，尽管在更早的教会法汇编中也可以找到，例如，夏特尔的伊沃的 *Decretum*, x,121, *PL*, CLXI, 727，但此处谈到的伊沃和诺曼佚名著者之间的其他关系也饶有趣味；参见 Williams, *Norman Anonymous*, 55f。

伊西多尔教令集的传播而广为人知。在那部法律中，这位西哥特王指出，荣誉归于王权而非国王本人，不是归于国王人格之平庸，而是归于他至尊之荣誉："法权造就国王，而不是人格造就国王。"㉞这种区分稍加改动，出现在了席尔瓦·坎迪达的亨伯特（Humbert of Silva Candida）写给克鲁拉里奥斯牧首（Patriarch Kerullarios）的书信中："（教皇）因其职位类似彼得……而不是因为德性类似彼得"（[*Papa*] *qualis Petrus officio ... non qualis Petrus merito*）。㉟ 帝国与教廷分庭抗礼期间，亨利四世皇帝在宣布废黜格里高利七世时明显将教

㉞ *PL*, LXXXIV, 431A; Hinschius, *Decret. Ps. Isid.*, 392: "Regalis proinde ordo ex hoc cuncta sibi deberi convincit, ex quo se regere cuncta cognoscit; et inde conquisita non alteri quam sibi iuste defendit; unde *non personae*, *sed potentiae suae* haec deberi non ambigit. Regem enim iura faciunt, non persona; quia nec constat sui mediocritate sed sublimitatis honore. Quae ergo honori debent, honore serviant, et quae reges accumulant, regno relinquant"（"从意识到自己君临天下开始，王位便确信所有一切系于自己一身；所以要做的不过就是正当地捍卫自己（即，王位）；因此，确然无疑的是，要对国王的权力，而不是对国王的人格负起义务；法权造就国王，而不是人格造就国王。因为，国王成其所是，不是因着他平庸人格，而是因着他至尊的荣誉。如此，他们应对荣誉负起义务，服务于荣誉；国王把自己所蓄积的留给王国"）。[本段引文另有不同的拉丁文版本，可参见 http://www.benedictus.mgh.de/quellen/chga/search? q=regalis & submit=suche & file=chga & startpos=0 & max=30。——译者]荣誉观念与后来政治理论中的"威严"（*dignitas*）概念关系密切（见下面第七章）。引文最后一句——"国王们把自己所蓄积的留给王国"这一原则，在加洛林时代及其之后的时代显然遭到了忽视。有部著作中的几句话可示证一例外，那便是威泊（Wipo）的《康拉德传》（*Gesta Chuonradi*），c.7 ed. H. Bresslau (*MGH*, *SS. r. Germ.*), 29f，这几句话可能典引自古代权威，被认为讲述的是康拉德二世："如果国王死了，王国仍然存在，就像舵手虽然掉入海里，但船还在。（被帕维亚民众毁坏的）王宫是公共的，不是私人的"（"Si periit rex, regnum remansit, sicut navis remanet cuius gubernator cadit. Aedes *publicae* fuerunt, non *privatae*"）；参较 A. Solmi, "La distruzzione del palazzo regio in pavia nell' anno 1024", *Rendiconti dell' Istituto Lombardo di scienze e lettere*, LVII (1924), 97ff。

㉟ Anton Michel, *Die Sentenzen des kardinals Humbert, das erste Rechtsbuch der päpstlichen Reform* (*MGH*, *Schriften*), VII; Leipzig, 1943), 32, n.1.

皇职位同作为教皇个人的希尔得布兰德(Hildebrand)区分了开来。[36]

所有这些特色都或隐或显地可在诺曼佚名著者的作品中找到。他与别人的区别似乎在于他支撑和构建理论的那套哲学;也在于这个事实:国王人格的二重化并不是在法律或宪章中找到的,而是在神学中找到的:国王二重身份反映的是基督身上的二重本质。国王是基督在尘世完美的化身。既然国王的神圣原型同时是神和人,那么,国王即基督模仿者就得符合那个二重性;既然神圣原型同时就是王者(King)和祭司
59 (Priest),那么,基督的王权(kingship)和祭司职(priesthood)就应该在他的代表即国王和主教身上有所反映,他们同时是“混成人格”(*personae mixtae*[属灵的与世俗的])和“双重性人格”(*personae geminatae*[依自然为人和借恩典为神])。[37] 总之,佚名著者的理论并非集中在与人相对的“职位”这一概念上,也非集中于宪制或社会的考虑,而是基督论的,并以基督为中心的。

受惠于一股新的论辩思潮,也有可能受到夏特尔的伊沃的直接影响,[38]佚名著者把分离方法用于基督的二性,并把应用结果通过大胆的类比转用于地上的“基督的形象”(*imago Christ*)即国王。对“国王乃基督的形象”(*Rex imago Christi*)而非“上帝”的形象的过分强调,清楚地表明,神-人基督与其

㊱ 参见亨利四世 1076 年书信(*H. dei gratia rex Hildebrando*), ed. C. Erdmann, *Die Briefe Heinrichs IV*. (*MGH*, Deutsches Mittelalter, I, Leipzig, 1937), 14f, nos. 11 and 12;另见 C. Erdmann and D. von Gladiss, “Gottschalk von Aachen im Dienste Heinrichs IV.”, *DA*, III (1939), 168。

㊲ 上面注 9 引用过的这一内容,也提到了主教或高阶教士;参见注 30。

㊳ 有关夏特尔的伊沃参见 Williams, *Norman Anonymous*, 55ff。

形象之间比较通行的类比，不应在“职位”与“人”之间的功能性区分中去寻找。因为那将会很困难，准确点说，将基督的神性解释成“职位”是不可能的，因为神性乃是他的存在。佚名著者也同样设想国王具有两种不同形式的存在：一个是自然的或个体的，另一个是祝圣过的或者（用作者自己的话说）奉若神明的和尊奉为圣的。[39] 简言之，诺曼佚名著者把国王视作“双重性人格”的看法是本体论意义上的，是作为在祭坛上执行完圣事和仪式行为的结果，这种看法本身也是礼仪意义上的。总体上说，他的看法更紧密相关于礼仪，相关于本身既是意象同时又是现实的神圣仪式行为，而非在使职上的诸权能和宪制上的诸权限之间所作的区分，也非与人相对照的职位或尊严这类概念。佚名著者的论辩，一再让两种本性相互对立，无疑会使得本体论上的整全性面临破裂的危险。佚名著者身上的那股危险能力与他那时代的理智发展是一致的。然而，我们决不能忽视佚名著者最主要的本体论基础，因为正是在它之上，佚名著者才构建出了一目了然的以基督为中心的，同时也是礼仪的王权哲学。[40]

---

[39] 见上面注 13。

[40] 对佚名著者短论（正式些可称为约克短论）提纲挈领的评论，可参见 Wilhelm Berges, *Die Fürstenspiegle des hohen und späten Mittelalters* (*MGH*, *Schriften*, II, Leipzig, 1938), 28ff.:“Nie zuvor und nie nachher hat der Christus König-Gedanke die politische Theorie so beherrscht wie im Yorker Tractat.”（“不早不晚，在约克短论那里，以基督为中心的王权思想支配了政治理论。”）威廉姆斯(Williams), *Norman Anonymous*, 190 说道：“佚名著者的教会政治理论是以基督为中心的，不过，他的国王所模仿的和分有其权力的基督，是永恒的至上王者基督，对这位基督而言十字架上的死只是司祭们考虑的事情。基督论几乎完全被王权化了。”过度强调至上基督的这一发展进程，应该放在更广阔的欧洲 （转下页）

60 这种王权哲学不同于后来的王权哲学。诺曼佚名著者那些热情洋溢的反教权统治的文章，夹杂着他对圣事膏油力量的一种神秘信念，并没有对那个年代产生什么实际影响，这一点常为人述及，佚名著者也因此受到非难。这一点的确没错。诚然，具有变革意义的教皇制改革在叙任权之争后所取得的胜利，与教皇领导的教会帝国的兴起一道，垄断了属灵层面，并把它们变成了圣职者的天下；这样一来，对礼仪王权的国王—司祭模式进行接续或更新，就无法进行，佚名著者其实是这一模式的狂热拥护者。从另外一个角度讲，12 世纪开始发展起来的新兴领土国家尽管借鉴了很多教会和教阶制的东西，但显然仍是世俗国家；自那以后，证明统治者神圣地位的是世俗法律（包括世俗化的教会法），而不是膏油礼的效力。因此，诺曼佚名著者的观点在教会和世俗阵营都未获得响应。他描述的统治权形象是教会方面不可接受的，也不再能引起世俗国家的太大兴趣。因此，虽然他的论辩法和对照法颇有现代风格，但他为之奋斗的以基督为中心的王权模式只属于过去。他是奥托时代、早期萨利安时代以及英国盎格鲁-撒克逊时代理念的捍卫者；他的作品实际上总结了 11、12 世纪的政治理念。然而，像每一位颂扬过往时代的吟游诗人一样，佚名著者对于过去的理想也是娓娓而谈，由此他成为以基督为中心的王权论的主要倡导者，其理论简言达旨、钩深取极。尽

(接上页)背景下来看待，威廉姆斯意识到了这一点，近来对此讨论的是 Josef Andreas Jungmann, "Die Abwehr des germanischen Arianismus und der Umbruch der religiösen Kultur im frühen Mittelalter", *Zeitschrift für katholische Theologie*(《天主教神学期刊》), LXIX (1947), 36 - 99。

管他的短论不能用来反映当时的主流观念或是预见未来的思 61
想，但可以作为一面镜子，来放大已逝岁月的那些流行观念，虽然其间免不了会有些变形。[41] 图像学研究的证据将证明这一论断。

《亚琛福音书》的扉画

一幅被称作“圣容”（*Volto santo*）的罗马风格耶稣受难像，展示了头戴王冠、身穿紫袍的受难的耶稣形象；对表达耶稣基督兼具王者和献祭的特征来说，它可能算得上最简洁的图像学表现手法。[42] 表现手法如此紧凑简洁，形象直指人心，让人直接感受到：圣容明显是“一位二性”（*uno persona*，*duae naturae*）。基督二性的主题已不断成为艺术表现的主题，这一点自不待言，只不过，通常情况下每一“性”是被单独描绘的：在画板下半部是新生耶稣或背负十字架的耶稣，上方印着“荣耀之王”。在“圣容”中，二重性是如此鲜明，表现得

---

[41] 参见 Williams，*Norman Anonymous*，199ff 中的“概述”。

[42] 有关“圣容”，可参见 A. Kingsley Porter，*Spanish Romanesque Sculpture*（New York，1929），II，pls.63ff；在 G. Schürer and J. M. Ritz，*Sankt Kümmernis und Volto Santo*（Forschungen zur Volkskunde，XIII-XV，Düsseldorf，1934）中有翔实的文献。（*Sankt Kümmernis* 也作 Saint Wilgefortis，是一位女圣人，在殉难像上通常有大胡须为其独有的特征，“Wilgefortis”一词有学者认为来自古德语“heilige vartes”[神圣面容]，意大利人把它翻译成“Santo Valto”；也有学者认为它来自拉丁语“virgo fortis”[乾乾贞女]。“Wilgefortis”在德语国家一般被称为“Kümmernis”[字面意思为“忧虑、悲伤”]，信奉她的人通常是那些想祈福消灾，尤其是那些想要挣脱丈夫暴虐的女人。——译者）另见 Clairece Black，“the Origin of the Lucchese Cross Form”，*Marsyas*，I（1941），27 - 40。

如此有力，其效果要比分开表现二性的那些画像更为强烈。[43]

只有在西方文明真正以基督为中心的全盛期，即修道院时代（大约从公元 900 年到公元 1100 年），统治俗世的"基督模仿者"即皇帝的二性，才有可能会以上述简洁性呈现出来，尽管在图像学上风格会迥然不同。《亚琛福音书》中著名的插画，大约在 973 年完成于赖兴瑙（Reichenau）修道院，它表现
62 了神圣罗马帝国皇帝奥托二世登基的场面（图 5）。[44] 他坐在像往常一样装饰有卷状坐垫的御座上，足踏脚凳。这绝对是国家帝王的代表性形象，这种形象从查理大帝时代开始就是西方的传统；不过，亚琛图稿中有不少无视艺术习惯和传统的地方。御座不是立于坚实的地面之上，与通常查理大帝和奥托时代的珍贵抄本上的国家形象有所不同。御座像是置于半

---

[43] 后期拜占庭艺术，在圣礼上繁缛的象征图像和天使颂歌的插画中，也出现了类似的作品："您是那位供奉和被供奉的；是那位接受和被施与的"（Thou art he that offerest and art offered; and that acceptest and art distributed）。参见 J. D. Stefanescu, "L'Illustration des liturgies dans l'art de Byzance et de l'Orient", *Annuaire de l'institut de phiologie et d'histoire orientales*, I (1932), 72ff；表现手法本身可参较 J. M. Hanssens, *Institutiones liturgicae de ritibus orientalibus* (Rome, 1932), III, 289, §1117。

[44] Stephan Beissel, *Die Bilder der Handschrift des Kaisers Otto im Münster zu Aache*n (Aachen, 1886), 61ff, pl.3; Adolph Goldschmidt, *German Illumination, II: Ottonian Period* (New York, n.d.), pl.I; P. E. Scharamm, "Das Herrscherbild in der Kunst des Mittelalters", *Vorträge der Biblithek Warburg 1922–1923*, I (1924), 198ff，有对文献的详细讨论；也可参见 P. E. Schramm, *Die deutschen Kaiser und Könige in Bildern ihrer Zeit* (Leipzig, 1928), 81ff, 191 and pl.64；以及 K. Vöge, *Eine deutsche Malerschule um die Wende des ersten Jahrtausends* (Westdeutsche Zeitschrift, Ergänzungsheft, VII, Trier, 1891), 7f; A. Boeckler, "Die Reichenau Buchmalerei", in *Die Kultur der Abtei Reichenau, Erinnerungsschrift* (Munich, 1925), II, 982ff。

图 5　庄严的奥托二世(《亚琛福音书》,约 975 年)

空中，因为它和皇帝的整个身体被杏形光环环绕。御座实际上又是立于地上的，它由一位蹲踞的地母（Tellus）承负，地母以其手托住脚凳之腿。同时，上帝之手从天国伸下，将王冠安置于皇帝的头上，或在抚顶赐福。围绕上帝之手的神圣光环和王权的光环交错叠合，让皇帝的头置于交错光环构成的三角空间中。

图像表现了三个叠加的画面，皇帝的上身由《启示录》当中的四活物围绕，他们象征四使徒，手持白色飘带或衣饰。皇帝的脚下，画像的前景是四名权贵——两名大主教和两名甲士，代表的显然是圣俗的王侯。[45] 中间部分，脚凳左右，站立两名肩扛紫色三角旗的旗手，如果不是对皇帝表现出膜拜的姿态，至少也是非常尊敬。头上的王冠说明他们地位高贵——封地的公爵或者可能是诸侯国（*regna*）的统治者；“*regna*”一
63 词使用复数以显示皇帝威严。[46] 不管怎么说，他们都是依附于

---

[45] 圣职者的位置在皇帝左侧，相似作品有圣维塔尔教堂（San Vitale）查士丁尼时代的镶嵌画，以及该镶嵌画在拉文纳的圣阿波利那雷教堂（Sant' Apollinare in Classe）缺乏生气的复制品，已经有学者指出了这一点；参见 Schramm，“Herrscherbild”，198f；Beissel，*Bilder*，62，有一些其他相似说法。圣俗显要的排位布局，并不受拜占庭模式的影响，而是受加洛林时代《启示录》图像的影响；参见下面注 82。

[46] Schramm，*Herrscherbild*，199，以及 *Die deutschen Kaiser*，83，称那些戴王冠的君侯为“公爵”，理由是他们肩上扛着三角旗。这种样式可见于加洛林时代的《黄金抄本》（*Codex Aureas*）（Schramm，*Kaiser*，pl.29a；见下面，图 16b），相应的人物被描绘成了“法兰克之地的”（*Francia*）和“哥特之地的”（*Gothia*），同样垂下膝盖（右边的人物比左边的通常更低些），城壁王冠被君侯王冠取代，羊角状物被长矛取代。如此一来，要表达的观念似乎是，那些君侯是从属王国的王侯（*reguli*）；“帝国”的旧时观念认为自己有一种凌驾于众多诸侯国之上的霸权式“超级王权”，这种观念在奥托时代仍非常强烈，尽管罗马帝国的观念此时已经获得了很大的发展；参见 C. Erdmann，*Forschungen*，43ff，文中还有多处提及；还有他的一篇论文，“Das ottonische Reich als Imperium Romanum”，*DA*，VI（1943），412－441。

这位年轻的世界主宰者(kosmokrator)的诸侯或君主(*reguli*),而世界主宰者本人又是升向或升入天国的。由此,我们可能会想起诺曼佚名著者在一个世纪后对皇帝权力(权力本身)的描述。他称伟大而神圣的皇帝权力(*potestas*)为上帝恩典的协作者(*cooperatrix*),认为它有权"处理天主教信仰中的圣事和天上事务"。由此他推出如下结论:

> 因此,皇帝被认为通过主耶稣基督而被升举向天国。我所指的升向天国不是有形的天穹,而是不可见的无形的天国;也就是说,升向不可见的上帝。他确实被升举向上帝了,因为他已经在权力上与上帝如此贴近,以至于再没有别的权力更接近上帝或胜于皇帝;是的,所有其他权力都在他的权柄之下。[47]

---

[47] "Et utique magna et sancta imperatoris potestas, que cooperatrix est gratie Dei in pascendis ovibus eius veritatis germinibus et cui a Deo omnes regere concessum est, cui totius mundi pontifices ad concilium convocare, cui de sacramentis catholice fidei et celestibus negotiis tractare et ipsis pontificibus, ut inde tractent, imperare per cooperantem sibi eandem gratiam collatum est. Propter quod usque ad celum a domino Iesu Christo erectus esse dicitur. Ad celum, inquam, non utique istud corporeum quod videmus, sed incorporeum quod non videmus, id est invisibilem Deum. Usque ad Deum quippe erectus est, quia ei in potestate ita coniunctus est, ut nulla potestas Deo sit propinquior, imperatore sublimior, sed omnis sit alia inferior"("况且,伟大而神圣的皇帝权力,乃是上帝恩典的协作者,以真理的嫩芽来牧养自己的羊群,受上帝之命治理万民,有权召集全世界的主教举行会议,处理天主教信仰的圣事和天上事务,为了处理这些,他借着与上帝恩典的协作,被赋予对主教们下命令的权能。"[以下翻译内容见正文])*MGH*, *LdL*, III, 676,5ff。皇帝权力的神圣性,见上面注 25。"天穹"与"天国"的区分是传统的,因为圣经注释学要区分以利亚(Elijah)的升天和基督的升天,前者上升到大气的天穹(*caelum aereum*),而后者是上升到天国(*caelum aethereum*);参见格里高利一世的《福音彝训》(*Homiliae in* (转下页)

这正是画像所描绘的理念：皇帝被升举向天国（*usque ad*
64 *celum erectus*），所有地上的权力都在他之下，他自己最接近上帝。从插画来看，最令人惊奇的是“皇帝被升举向天国”（*imperator ad celum erectus*）这一观念，因为它正是艺术家在画中所呈现的。艺术家是否已经知道这个说法了？从时间概念上来讲并不难，这种说法来自所谓的《西班牙教规集》（*Collectio Hispana*）或《伊西多尔教规集》（*Isidoriana*），这是一部据称是由塞维利亚的伊西多尔在7世纪写成的一部律法集，后来这部著作与伪托伊西多尔教令集相混淆了。说它来自《西班牙教规集》，原因很简单：只有在那部集子中我们才能发现迦克敦公会议敕令中的一处文本讹误。在这次公会议上，有一个主教谦恭地说，上帝“升举皇帝向热爱[即对信仰的热爱]”（*imperatorem erexit ad zelum* [i.e., *fidei*]）。一个抄写员在抄写迦克敦信经时误读了这处文本，把 *ad zelum* 改成了 *ad celum*（向天国）。这种误读，或许经伪托伊西多尔的通路传到了诺曼佚名著者那里。对佚名著者来说，只要是有利于教阶制的，哪怕是重大伪造，也能为王权主义派上用场。[48] 这只是

（接上页）Evangelia, *II*, 29,5*f*, PL, *LXXVI*, 1216*f*)；也可参见比德的《〈使徒行传〉注解》(Expositio Actuum Apostolorum, *I*, 11, *ed. M. L. W. Laistner*, *Cambridge*, *Mass.*, 1939, 9)：“... *ut vere in caelum illum* [*Christum*] *ire monstrarent*, *et non quasi in caelum sicut Eliam*”（“……以表明那位[基督]是真正进了天国，而不是像以利亚仿似进了天国”）。这一问题可参见 *Meyer Schapiro*, “*The Image of the Disappearing Christ*”, Gazette des Beaux Arts, *LXXXV* (1943), 140。

[48] 参见 Hinschius, *Decret.Ps.Isid.*, 283，以及伯默尔(Boehmer)在 *MGH*, *LdL*, III, 676,41 中的注。正研究伪托伊西多尔抄本的谢弗·威廉姆斯(Schafer Williams)博士友善地提醒笔者，误读只见于由 F.A.冈萨雷兹(F. A. （转下页）

一个误读，但错误本身引人注意，因为它表明，那个时代借抄写员的笔来吹捧王权是多么容易的事。

就目前需要而言，我们姑且搁下《西班牙教规集》的文本，因为这位赖兴瑙的画家在描绘“皇帝被升举向天国”时，了解这一误读的可能性很小。然而，《亚琛福音书》插画对于皇帝的崇拜，超越了迄今为止东西方艺术传统中的所有其他作品。画像描绘的皇帝形象，享有基督的大权（*maiestas*）、基督的王座，像基督一样张开空空的左手，拥有基督的杏形光环，以及与基督威严形象相伴左右的四使徒动物象征。圣高尔修道院（St. Gall）收藏的一张象牙书封（图 7）和现存于达姆施塔特（Darmstadt）的另一张 10 世纪早期的象牙书封（图 6）也可证实这一观点。[49] 这些类似物表明，皇帝不仅是基督代理人 65
（*vicarius Christi*）和世界主宰者在人间的对应形象，而且他几乎就像荣耀之王本身一样，乃真正的基督模仿者（*christomimētēs*）即基督的化身和代行者。这就如同神-人基

（接上页）Gonzalez）编的纯正“西班牙”文本《西班牙教会法规集》（*Collectio canonum ecclesiae Hispaniae* [Madrid, 1808]），该法规集重印于 *PL*，LXXXIV，163C；另见G. Williams，*Norman Anoymous*，189，n.640。诺曼佚名著者在那一章中用自己的语言解释了一遍迦克敦信经。

[49] Adolf Goldschmidt，*Die Elfenbeinskulpturen aus der Zeit der karolingischen und sächsischen Herrscher* (Berlin, 1914)，pl.LXXV，书的封面出自圣高尔修道院（大约公元 900 年），图像右手张开为空，“像是代表了末日审判”（参较第 80 页，注 162）；ibid.，pl.LXXIV，来自比利时（现位于达姆施塔特）的书封，第 80 页，注 163a；基督右手握持卷轴，左手张开“显示圣痕”。另见 Vöge，*Malerschule*，282，作者想到的也是最后审判和升天的象征。实际上，奥托二世展现的手势，尽管在基督圣像中并不少见，在中世纪君王像中却显独特。Beissel，*Bilder*，62f，提到《亚琛福音书》里的皇帝像确曾被误认作基督像；Schramm，*Die deutschen Kaiser*，82，简述了这种想法是站不住脚的。

督将他的天国御座让与了尘世皇帝的荣耀，以使天国中不可见的王者基督（*Christus*）在尘世的受膏者（*christus*）的身上显现。

图6　庄严的基督（象牙书封，达姆施塔特，约公元900年）

图 7　庄严的基督(象牙书封,圣高尔修道院,约公元 900 年)

相关观念也通过其他方式在图像中得以表达。最近巴勒莫的马托拉那(Martorana)教堂的镶嵌画引起了人们的注意，它描绘了罗杰二世(Roger II)经基督之手加冕。借助罗杰与基督在面部上的惊人相似，这幅镶嵌画想让上帝在国王身上得以彰显的预期效果达到了，这也算得上是一种“双体”(*Zwillingsbildung*)；奥托时代有一些类似的画像，3世纪和4世纪早期的皇家钱币中也有先例(参看图32)。[50] 不过，在《亚琛福音书》中，皇帝与基督的同化不是借助统治者与其神圣原型之间面部或性体上的相似性来实现的，而是通过基督论的和超性体的方式表现的，说得更直接点，是通过一种图像来表现的，这种图像展示了皇帝的二重性即神性和人性，用那个时代的语言来说，统治者“依自然本性为人，借恩典成神”。

66 关于图像的任何解读都无疑会从神秘的白色饰带或围巾状的有褶帐幔开始，因为它非常显眼，必定会引起观者的注

---

[50] 参见 Ernst Kitzinger, “On the Portrait of Roger II in the Martorana in Palermo”, *Proporzioni*, III (1950), 30－35；奥托时代的类似画像，可参见 Schramm, *Die deutschen Kaiser*, 94f,112，其中谈到奥托三世和亨利二世的(还有 pl.65)；相似的见解，参见乔治·雷汀格(Georg Leidinger), *Mininaturen aus Handschriften der bayerischen Staatsbibliothek in München*, Munich(无出版时间), VI, 25 and pl.XIII。一些钱币样本(波斯杜姆斯[Postumus]，普罗布斯[Probus]，君士坦丁大帝)(波斯杜姆斯(Marcus Cassianius Latinius Postumus)，高卢帝国(259—268年)皇帝；普罗布斯(Marcus Aurelius Probus)，罗马帝国皇帝，276—282年在位。——译者)参见 Kantorowicz, “The Quinity of Winchester,” *Art Bulletin*, XXIX (1947), 图27－29(第78页后面)；也可参见 H. Usener, Zwillingsbildung, *Kleine Schriften*, IV (1913), 334ff。参见 *Panegyrici latini*, VI, 21 (Paneg. Constantino Aug. dictus, ed. Baehrens, 1911), 218,6:“Vidisti [Apollinem] teque in illius specie recognovisti”(“你看[阿波罗]，你会在那个形象中认出你”)。参见后面的结语，第742页及后页。

意。《启示录》上代表四大使徒的活物手持饰带，其手持的方式使饰带末端刚好碰到君主的王冠。饰带褶皱处似乎分开了皇帝的身体：头部、肩和胸部处于褶皱线之上；手臂、躯干和脚位于其下。很早就有人注意到，白色饰带分开了天与地。[51] 实际上，皇帝的头部不只触及天国，而且在天国之中，或者说在诸天之上。置于脚凳上的双足由恭顺的地母(Tellus)承负；这种世界主宰的特征让人联想到巴尔贝里尼的双联画(Barberini Diptych)，联想到犍陀罗和晚期佛教的塑像，也可能首先会让人联想到同时代的一件象牙作品，该作品描绘了地母(Terra)支撑着被钉十字架的基督的双脚(图 8)。[52] 图像的解读取决于饰带的解读，一旦我们了解饰带所代表的含义， 67

---

[51] Scharram, "Herrscherbild," 199；有关"饰带"和帐幔，也可参见 Vöge, *Deutsche Malerschule*, 282f。Beisesel, *Bilder*, 62，作者在将帐幔与(《维维安圣经》、《黄金抄本》中)加洛林时代御座图像的帘幕进行比较时，得出了相比其他学者更正确的一些见解，在加洛林御座图像中，上帝之手一般被帘幕与国王之首隔开。参见下面注 83，以及图 16a–b。

[52] 对巴尔贝里尼的双联画的讨论可参见 André Grabar, *L'Empereur dans l'art byzantin*, (Paris, 1936), 48ff，以及第四章；参较 Beisesel, *Bilder*, 61 以及 Scharram, "Herrscherbild," 195, n.172。犍陀罗的讨论可参见 Hugo Buchthal, "The Western Aspects of Gandhara Sculpture", *Proceedings of the British Academy*, XXXI (1945), fig.29，一个特征被反复提到。由蹲踞的地母承负的基督，可参见戈尔德施密特(Goldschmidt)，前面所引著作，第二章及第四章，图 23。也是这位地母，作为女像柱(cariatyde)，承负着四福音书"生命之树"中的基督，这本福音书之前在班贝格，现在慕尼黑(Clm.4454)；参较 Leidinger, op.cit., vi, 26, pl.xiii。可进一步参见拜占庭 10 世纪那幅奇怪的插画(Homilies of John Chrysostom; Athens, Bibl.Nat.Ms 211, fol.34^{v})，图中亚当怀抱黏土灯台，灯台中间承负着基督，而亚当自己则立于大地之上(灯台中间的基督形象，可参见《启示录》1，13。——译者)；Grabar, À propos du nimbe crucifère à Castelseprio, *Cahiers archélogiques*, VII (1954), pl.54, fig.1 facing p.161。为了表示基督对大地和海洋(*terra marique*)的主权，与海洋相连的大地经常可见(例如 (转下页)

理解其细节和全貌都会变得很简单。

白色织巾不是普通的饰带或丝巾而已，也不只是装饰性的织物。它是幔子，实际上也就是圣幔(THE VEIL)，即帐幕的幔子；根据最古老的东方传统，它象征着把天地分开的天穹。东方人对圣幔意义的思索从未间断，因为，既然圣像屏帏的幔子在所有东正教会的仪式中都有特定的功能，它就需要得到某种解释。[53]

(接上页) Goldschmidt, I, pl. LXXV)。有关这种早先的皇帝称号，参见 A. Momigliano, "Terra marique", *Journal of Roman Studies*, XXXII (1942), 53－64。这再次运用在了腓特烈二世身上("罗马从属我们，大地效力我们，海洋襄助我们"[nobis Roma subiaceat, quibus terra servit, mare favet]；"大地和海洋敬慕此人"[hunc terra et pontus adorant]；"他统辖大地，君临海洋，向二者发号施令"[dominatur in terra, principatur in mari et imperat in utroque])；参较 *Erg.Bd.*, 204f。对海洋和大地乃至诸元素的这种支配权，被视为严格意义上的皇帝大权，普莱西昂的纪尧姆(Guillaume de Plaisian)这位腓力四世的王室法学家，用下面这番话宣示了国王对热沃当(Gévaudan)主教的裁判权："同样，国王在自己王国里就是皇帝，可以对大地和海洋下命令"("Item quod dominus Rex sit imperator in regno suo et imperare possit terre et mari")，主教对这一宣示反唇相讥："且不说这位国王究竟在他的王国是不是皇帝，是否可以对大地、海洋和诸元素下命令，即使他下了命令诸元素也服从了，……他也不能蓄谋或作出任何违背主教之事"("Porro utrum dominus Rex sit imperator in regno suo et utrum possit imperare terre et mari et elementis et, si obtemperarent ipsa elemanta, si eisdem imperaret, ... nichil ad propositum nec contra Episcopum facit")。这句极为重要的话可参见 *Mémoire relatif au Paréage de 1307*, ed. A. Maisonobe, in *Bulletin de la société d'agriculture, induetrie, sciences et arts du Département de la Lozère* (Mende, 1896), 521 and 523；参较 Strayer, "The Laicization of French and English Society in the Thirteenth Century", *Speculum*, XV (1940), 82, n.5，非常感谢斯特雷耶(Strayer)提醒笔者注意到这一有趣段落。

[53] 有关对幔子的解释，参见 Carl Schneider, "Studien zum Ursprung liturgischer Einzelheiten östlicher Liturgien: ΚΑΤΑΠΕΤΑΣΜΑ", *Kyrios*, I (1935), 57－73; J. Sauer, *Die Symbolik des Kirchengebäuders* (Freiburg, 1902), 133f；也可参见 Robert Eisler, *Weltenmantel und Himmelszelt* (Munich, 1910), 191 and 250f。

图8 支撑受难基督的地母(象牙,11世纪)

然而,把帐幕幔子解释为“天穹”在西方同样很普遍。比德在他的作品《帐幕论》(*On the Tabernacle*)中,就完全同意东方评注者“幔子象征天穹”的观点。比德还提到,在一年一度的赎罪日(Day of Expiation)上,以色列大祭司会穿过会幕的幔子去献祭(《利未记》16∶12以下),他就像永恒的大祭司基督一样，能真正地“进入天国自身”。[54] 根据《出埃及记》(26：31以下)，天幔(Sky-curtain)挂于四根柱子之前。这四根柱子通常被看作是世界的四个角，但也有其他的解释。譬如，比德就
68 把这四根柱子视为“具有四枢德的天使军能天使”。[55] 在赖兴瑙的插画中，四根柱子既不是天使军、德性，也不是那些代表四根柱子、手持帐幕幔子的耶稣门徒，而是四大活物“德性”(*virtutes*)，即四部福音书的作者；这从逻辑上很好理解，因为这幅画正是在福音书的前面。[56]

---

[54] Bede, *De Tabernaculo*, II, 8, *PL*, XCI, 445f；参见 446D：“幔子象征天穹”(“velum quo coelum figuratur”)；445C：“这种幔子被解释为天穹”(“Velum hoc, coelum interpretatur”)。文中所引段落参见 445D：“至高的圣职者，在一年一度的赎罪日带着牺牲的血步入至圣所，他本人被理解成了所谓‘你是永恒的祭司’的那位大祭司……永恒的祭司(即基督)为赎我们的罪做了一次献祭，既身为祭司，又以自己的血作成祭品，进入天国自身”(“Summum vero sacerdotem, qui semel in anno sancta sanctorum cum sanguine victimarum ingrediebatur, ipsum intellegi esse pontificem magnum, cui dictum est：‘Tu es sacerdos in aeternum ....’ Qui semel oblatus pro peccatis nostris, ipse sacerdos et hostia per proprium sanguinem in ipsum coelum intravit”)。比德的《帐幕论》吸取了东方的素材；参见莱斯特纳(M. L. W. Laistner)的说法，收录于汤普森(A. H. Thompson), *Bede, his Life, Times and Writings* (Oxford, 1935), 246。这部著作一直是权威性的，为众多欧陆著述家复述、诠释和深掘价值；还可参见 Peter of Poitiers, *Allegoriae super Tabernaculum Moysi*, ed. P. S. Moore and J. A. Corbett, in *Publications in Mediaeval Studies*, *III* (Notre Dame, Indiana, 1938), 122f。

[55] Bede, *op.cit.*, 446A：“Quator autem columnae, ante quas appensum est hoc velum, coelestium sunt potestates agminum, quatuor virtutibus eximiis praeclarae”(“前面悬挂这些幔子的四柱，是配享四大卓越德性的天上的军队”)。大格里高利把四活物视同于四枢德，在拜占庭它们主要意指“天使的大能”；参见 Gregory the Great, *In Ezech.*, I, Homil. III, 8, *PL*, LXXVI, 809A，以及 F. van der Meer, *Maiestas Domini* (Vatican City, 1938), 227f。其他解释，参见 Sauer, *Symbolik*, 134。

[56] 对有关四活物文学传统的概览，参见 van der Meer, *Maiestas Domini*, 233ff；另见 Irenaeus, *Adversus haereses*, III, 11,8。

艺术家在引入四大福音活物时，也意在暗示皇帝有传教使命，这一点很容易让人联想到。毕竟，皇帝是"由上帝加冕的"，他要"宣讲永恒之王的福音"(*ad praedicandum aeterni regis evangelium*)。这一观念在官方的"国王弥撒"中得到了印证，在许多加冕弥撒中也一再被提及；奥托王朝更是在他们的传教政策中恪守了这一观念。[57] 然而，幔子与动物的结合直接源于艺术家所采用的加洛林王朝模式。这些绘画技艺的细

---

[57] 祈祷文"主啊，你使法兰克人的(罗马的)帝国准备好了，去宣讲永恒之王[王国]的福音"("Deus, qui ad praedicandum aeterni regis [regni] evangelium Francorum [Romanum] imperium praeparasti")，参见 Gred Tellenbach, *Römischer und christlicher Reichsgedanke in der Liturgie des frühen Mittelalters* (S.-B. Heidelberg, 1934-1935), Abh.1，他的文本现在可能添加了 8 世纪的 *Sacramentarium Pragense*, ed. Alban Dold and Leo Eizenhöfer, (Texte und Arbeiten der Erzabtei Beuron, 1.Abt., Heft 38-42; Beuron, 1949), II, 137*, No.246, 4。另见 Hans Hirsch, "Der mittelalterliche Kaisergedanke in den liturgischen Gebeten", *MÖIG*, XLIV (1930), 9ff，以及 C. Erdmann, "Der Heidenkrieg in der Liturgie und die Kaiserkrönung Ottos I.", *MÖIG*, XLVI (1932), 129-142(还有 *Ideenwelt*, 19f, nos.6-7)，文中反对汉斯·赫西(Hans Hirsch)的看法，强调福音宣讲(*praedicatio evangelii*)是每一位基督徒国王的使命，而不只是罗马皇帝的。还可参见对国王瑞卡尔德(Reccared)的欢呼(589 年第三次托莱多公会议)："毋庸置疑，那些履行使徒职责的人，会相应地收到使徒的酬报"("Ipse mereatur veraciter apostolicum meritum, qui apostolicum implevit officium")；*PL*, LXXXIV, 345CD。有关奥托时代的传教理念，参见 Joseph Kirchberg, *Kaiseridee und Mission unter den Sachsenkaisern und den ersten Saliern von Otto I. Bis Heinrich III* (Historische Studien, 259 [Berlin, 1934])；还有 M. Bünding, *Das Imperium Christianum und die deutschen Ostkriege vom zehnten bis zum zwölften Jahrhundert* (Historische Studien, 366 [Berlin, 1940])。有关加冕典礼上的祈祷文，可参见 Schramm, "Die Ordines der mittelalterlichen Kaiserkrönung", *ArchUF*, XI (1929), 371，以及"Die Krönung bei den Westfranken und Angelsachsen von 878 bis um 1000", *ZfRG*, kan.Abt., XXIII (1934), 220; Paul L. Ward, "An Early Version of the Anglo-Saxon Coronation Ceremony", *EHR*, LVII (1942), 360。

69 节问题尽管非常有趣，我们没有必要着墨于此。[58] 不过，应提及的是，在几部加洛林时代的圣经中，可以看到这样一幅图画，上面有四活物和一位将幔子举过头顶的加冕人物（图 9、10）。将旗幡解释为“天穹”，在这幅插画中得到了有力佐证，因为，男性形象头上鼓动飘拂的幔子，直接源于古罗马天空之神（Caelus）戴在头上指示天穹的幔子（图 11）。[59]

图 9 末世论场景（《维维安圣经》，9 世纪）

---

[58] 笔者会逐一讨论这些问题。

[59] 这一预表的三种图像资料（《维维安圣经》[Vivian Bible]，《本笃会修道院圣经》[Grandval Bible]以及《圣保罗圣经》[San Paolo Bible]），J. 克洛奎森（J. Croquison）已经做了细致的研究，参见他的文章“Une vision escgatologique carolingienne”, *Cahiers archéologiques*, IV (1949), 10－129，其中有翔实的文献（参见 p.116f，对天空之神[Caelus]的讨论），在他看来，御座上有胡子的人就是传福音者约翰，不过这只是臆想，说服力并不够。（《维维安圣经》是 845 年加洛林时代的圣经，受委托制作者是伯爵维维安[Vivien]，名字由此而来；《本笃会修道院圣经》是 830—840 年加洛林时代插画圣经，得名于本笃会修道院[Moutier-Grandval]；《圣保罗圣经》得名于意大利罗马的城外保罗大殿。——译者）

图 10　末世论场景(《圣保罗圣经》,9 世纪)

图 11　天空之神上方庄严的主(朱尼厄斯·巴苏斯的石棺,公元 359 年)

帐幕的幔子从象征意义上分开天地。根据它原初的作用,幔子在圣殿中乃是要将圣所与至圣所隔开(《出埃及记》26∶33)。在这个观念上比德再次沿袭了传统思路,认为圣殿的分隔应该是象征了本身具二重性的教会:人类在尘世奔走，圣徒和天使居于天国。比德从这里得出了他对教会二重性的思考，因为幔子让他联想到中保耶稣基督的二性：在地上他是人子耶稣，而在永恒的天国他与上帝共同掌权。[60] 不管怎么说，比德提供了一条线索，有助于我们把起分隔作用的幔子理解为基督二性的一种标志。

如果我们回过头来看亚琛插画中另外一个特别之处，比德那看似奇怪的联想就不会显得那么突兀了：皇帝体型明显庞大，双脚立于地上，头在天上。事实上，与奥托同一时代的东方拜占庭帝国皇帝巴西尔二世，也有一幅类似的插画形象，图中他像巨人一样高耸于天地之间(图 12)，而被他击败的敌人蹲伏于下。[61] 当然这个巨人形象，不仅是那些由巨型雕像所纪念的希腊、罗马或拜占庭皇帝的独特标志，也是基督的独特标志。这是早期基督教大众信仰中常见的一种特征，尤其是在 70
诺斯替教派或幻影说教派*中，它甚至可以回溯到关于亚当的

[60] Bede, *De Tabernaculo*, *PL*, XCI, 447AB:“Intra hoc velum templi posita est arca testamenti; quia mediator Dei et hominum, homo Christus Jesus, qui solus paternorum est conscius arcanorum, ... super coelos coelorum ascendens, sedet ad dexteram Patris. Hoc velo sanctuarium et sanctuarii sanctuaria dividuntur; quoniam Ecclesia, qua ex angelis sanctis et hominibus constat, partim adhuc peregrinatur in infimis, partim in aeterna patria regnat in supernis”(“法柜放入圣所的幔子内，因为，上帝和人的中保人子耶稣基督，是父祖们唯一的、隐秘的同伴……升至诸天之上的天国[参见下面第 72 页及其后]，坐在父的右边。这幔子将圣所和至圣所分开；因为由圣天使和人构成的教会，一部分旅居于地上，一部分在天上、在永恒的国中统治”)。

[61] Grabar, *L'Empéreur*, pl.XXIII, 1, and p.60.

* 幻影说(docetism)是一种与诺斯替主义相关的基督论异端，认为基督的身体不是真实的而只是幻影，基督并没有真正受苦、死亡和复活，因此，它实质上否认了基督的人性。——译者

图 12 巴西尔二世的凯旋(拜占庭抄本,11 世纪)

一个拉比传统:"初人顶天立地。"[62]不过巨人基督的想象也是正统的。它通过《诗篇》第十八章的影响在教会中一直存在:

---

[62] *Gospel of Peter*, c.40(参见下面 nos.79ff)ed. Léon Vaganay (Paris, 1930), 298ff,是尤为重要的,这一福音书中还有类似内容,其中多数已被 H. B.斯韦特(H. B. Swete)举陈过,参见 H. B. Swete, *Εὐαγγέλιον κατὰ Πέτρον: The Ahmim Fragment of the Apocryphal Gospel of St. Peter* (London, 1893), p. 18, n.2。参见 H. L. Strack and P. Billerbeck, *Kommentar zum Neuen Testament aus Talmud und Midrasch* (Munich, 1928), IV, 888,其中谈到,根据 (转下页)

“他如同巨人，因行他的义而喜悦。”* 上帝在《诗篇》中的巨人形象，尤斯丁（Justin）曾把他跟赫拉克勒斯相对照，但这与基督的二性并无明显联系。尽管如此，圣安布罗斯还是在这种联系中把基督说成是“双生实体的巨人”（*gigas geminate substantiae*）。《诗篇》的这一章后来被认为既暗示了耶稣基督的道成肉身，也暗示了他的复活升天。[63] 或许，我们应该把安布罗斯“双生实体的巨人”与东方对基督之头和脚的通行解释联系起来。耶路撒冷的基里尔（Cyril of Jerusalem）写道：“头意指耶稣基督的神性，而脚则意指他的人性。”[64]把耶稣基督的

（接上页）拉比艾拉扎尔（El'azar），初人顶天立地，但“他有原罪之后，至圣者……把手置其顶，使他变小了”。既然基督抹除了亚当的原罪，逻辑上说，这位新弥赛亚本应再次拥有亚当原来的身材，拉比传统是这样说的，“弥赛亚时代应该回复到以色列人，而不只是巨人身材”。其他资料可参见 Stack-Billerbeck，IV，947f，参较第三章。

* 《诗篇》此节摘自 Douay Rheims 版圣经。——译者

[63] 有关“双生实体的巨人”，参见上面注 19；另见 Justin，*Apologia*，I，54，他认为关于赫拉克勒斯的整个异教神话，都盗用自《诗篇》18：5，虽然该诗实际上说的是基督。（此处应是就和合本《诗篇》20：6 而言。）有关《诗篇》在升天和复活方面的解释，参见 Dölger，*Sonne der Gerechtigkeit*，102ff；以及 *Sol Salutis*，217f；还有 Pseudo-Bede，*In Psalmorum librum exegesis*，XVIII，PL，XCIII，581D。进一步参见 Hubert Schrade，“Zur Ikonographie der Himmelfahrt Christi”，*Bibliothek Warburg: Vorträge 1928 - 1929*（Leipzig，1930），119f，以及 *Ikonographie der christlichen Kunst: Die Auferstehung Christi*（Berlin and Leipzig，1932），39；此外还有 Helena Gutberlet，*Die Himmelfahrt Christi in der bildenden Kunst*（Strassburg，1934），70f。

[64] Cyril of Jerusalem，*Catechesis*，XII，1，*PGr*，XXXIII，726：“... *κεφαλὴν μετὰτ ῶν ποδῶν μεταλάβωμεν κεφαλῆs μὲν τῆs θεότητοs，νοουμένηs，ποδῶν δὲ τῆs ἀνθρωπότητοs ἐκλαμβανομένηs*”（“……头和脚在一起来理解的话，头意指耶稣基督的神性，而脚则意指他的人性”）。这句话可能反映了《所罗门颂歌》（*Odes of Solomon*，XLII，13）的相关内容，参见 Rendel Harris and Alphonse Mingana，*The Odes and Psalms of Solomon*（Manchester，1920），II，55f。（Pseudo-Chrysostomos，*In Pascha*，II，*PGr*，LIX，728）在《出埃及记》12：9 的（转下页）

71 脚看作是象征成道之肉身相当普遍，尤其是再联系到《启示录》(1∶15)中的表述——“脚好像在炉中锻炼光明的铜”。[65]

奥托时代的思想环境或许能让我们把希腊语著作考虑进来。然而，我们不必从诺斯替教派或东方神学家处寻求帮助来解释赖兴瑙插画。要从亚琛福音书非同寻常的图像推说其作者有着不比寻常的素材，这看来注定(*apriori*)是不可能的。实际上，福音书最主要的来源很清楚：奥古斯丁的《〈诗篇〉释义》(*Enarrationes in Psalmos*)，也可用来说明安布罗斯的“双生实体的巨人”。在解读《诗篇》第九十一章时，奥古斯丁慨叹：“噢，基督，在天国你端坐在天父之右，在地上却以你的手足操劳。”[66]在这里，奥古斯丁只是重复了他在前面长篇诠释

(接上页)“头和脚”中，看到了基督两次降临的暗示。在 *In Exodum*，c.12，*PL*，XCI，306D 中，比德似乎并不知道那个注释，把“头和脚”解释成了“有双重法律的基督”(*Christus cum duabus legibus*)。

[65] Andreas of Caesarea，*In Apocalypsim*(on，I，15)，*PGr*，CVI，229A，引述了纳西盎的格里高利(Gregory Nazianzen)的话：因他的脚是肉身(*πόδες γὰρ αὐτοῦ ἡ σάρξ*)；Arethas of Caesarea，*Comm. In Apoc.* (on I，15)，ibid.，519AB。有关 12 世纪的情况，参见 Michael Akominates，*Comment. In Apocalypsim*，ed. Dyovouriotis，in *Ἐπετερὶς ἑταιρείας βυζαντινῶν σπουδῶν*，V (1928)，24，19：*νοήσωμεν πόδας τὴν διὰ σαρκὸς ἐπιδημίαν*(我们通过脚意识到肉身的存在)。西罗马帝国的情况可参见 Haymon of Halberstadt，*PL*，CXVII，956B：“[pedes] aliquando significant stabilitatem aeternitatis，aliquando vero humanitatem per quam ad nos venit cognitio divinitatis，aliquando praedicatores”(“[脚]有时指的是永恒的稳定，有时指的又是人性，神性的认识通过这一人性到达我们，有时还指传道者”)。有关脚意指“传道者”(*praedicatores*)，也可参见 Victorin of Pettau，*In Apocal.*，*PL*，V，319。可进一步参见 R. J. H. Jenkins and C. A. Mango，in *Dumbarton Oaks Papers*，IX-X (1956)，132，n.52。

[66] Augustine，*Enarrationes in Psalmos*，XCI，11，*PL*，XXXVII，1178：“O Christe，qui in coelis sedes ad dexteram Patris，sed pedibus tuis et membris tuis laboras in terra.”

《诗篇》第九十章时论述过的思想。他解释了“帐幔”这个词（第十节），并指出它主要用在人的肉身上。[67]“上帝的帐幔是肉身。道居于肉身之中，肉身被做成上帝的帐幔。”奥古斯丁接着说：“在这个帐幔之中，皇帝［即基督］为我们战斗（*In ipso tabernaculo Imperator militavit pro nobis*）。”此处他再次说道：“他［基督］远升诸天之上，而他的脚立于地上：头在天上，身体在地上。”为避免众说纷纭，维持教义上的“一位，二性”，他紧接着又说道：“而我们不应认为头和身体是分离 72
的：在空间中有所分离，但在爱中是结成一体的。”[68]

可以看到，奥古斯丁对《诗篇》这章反复诠释多次，且广为人知。这些诠释成为《诗篇》的标准注释；它出现在据称是比德所著的《诗篇》评注中；后来出现在坎特伯雷《诗篇》译本的旁注和伦巴第人彼得(Peter the Lombard)所著的《诗篇》注解

---

[67] 有关比喻意义的“帐幕”(*σκηνή*, *σκᾶνος*)，参见《哥林多后书》5：4 和《彼得后书》1：13。人的肉身作为“灵魂的帐幕”有其哲学前身；参见 Delatte, *Traités de la royauté*, 181；参较 Kantorowicz, “Deus per naturam,” 270, n.56。

[68] Augustine, *op.cit.*, XC, 5, *PL*, XXXVII, 1163：“Tabernaculum Dei caro est. In carne inhabitavit Verbum, et caro facta est tabernaculum Deo: *in* ipso *tabernaculo Imperator militavit* pro nobis ... Longe est super omnes coelos, sed pedes habet in terra: caput in coelo est, corpus in terra ... Sed ne putemus quia separatum est caput a corpore: discretum est enim locis, sed iunctum est affectu.”给基督冠以“皇帝”(*imperator*)称号没有给他冠以“国王”(*rex*)称号那么频繁，但皇帝称号还是为人所知的，特别是在早期基督教时代；可参见 Erik Peterson, “Christus als Imperator”, in *Theologische Traktate* (Munich, 1951), 151－164, 文中也引用了奥古斯丁的话，尽管不是这里提到的内容。这一称号可在后世的法学家那里看到；参见 Summa *inperatorie maiestati*：“... Inperator noster, Christus Jesus, ventis imperans et mari ...”(“……我们皇帝，耶稣基督，给风和海下命令……”)。参见 Stephan Kuttner, *Repertorium der Kanonistik* (Studi e Testi, 71; Vatican, 1937), 179f; S. Mochi Onory, *Fonti canonistiche dell'idea moderna dello stato* (Milan, 1951), 112f, n.3。

中；在许多其他作品中也能看到。[69]

赖兴瑙艺术家不会只是偶然接触到了那些注释。显然，要设计皇帝的胜利形象，他自然会去求助《诗篇》第九十章，也就自然会参看奥古斯丁的注释。很明显，他被指派设计皇帝的凯旋画像，自然会参阅《诗篇》第九十章和奥古斯丁的评注。根据古老的传统，《诗篇》第九十章是伟大胜利之诗，盖世皇帝之诗，因为它包含著名的诗行（第十三节）："你要踹在狮子和虺蛇的身上，践踏少壮狮子和大蛇。"[70]实际上，《诗篇》这一章因为众多原因，不可避免会让人想到帝王风姿，以至展现为罗马皇帝全身戎装的基督形象——金质铠甲和带三个垂饰的肩章（图 13）——虽寥寥无几，却都与《诗篇》90：13 有关联，尽管"身着戎装的诸神"这一主题在古代后期是不乏描写的。[71]

---

[69] Pseudo-Bede, *In Psalmos*, XC, *PL*, XCIII, 975C－976B; Anselm of Laon（误作瓦拉弗里德·斯特拉波[Walafrid Strabo]）, *Glossa ordinaria*, Ps. XC, *PL*, CXIII, 999; *Canterbury Psalter*, fols. 163v－164r, ed. M. R. James (London, 1935); Peter the Lombard, *Comm. In Psalmos*, XC,10 (cf. titulus), *PL*, CXCI, 852C (cf. 847D).

[70] 参见 Grabar, *L'Empereur*, 237ff；有关加洛林时代的西欧，也可参见 Josef Deér, "Ein Doppelbildnis Karls des Grossen", *Forschungen zur Kunstgeschichte und christlichen Archäologie*, II (1953), 103－156，特别是 118ff。在 *Utrecht Psalter*, fol.53v, ed. E. T. Dewald (Princeton, [1932])中，《诗篇》90 的插画描绘的耶稣基督不仅脚踏狮子和大蛇，而且在接受王冠。（和合本为《诗篇》91：13。——译者）

[71] 关于拉文那新洗礼堂（Neon Baptistry），参见 Grabar, *op. cit.*, pl. XXVII, 1，有关大主教宫中的图像，参见 J. Wilpert, *Die römischen Mosaiken und Malereien* (Freiberg, 1917), I, pl. 89 and p.47。关于"肩章"，参见第七章注 341。有关"身着戎装的诸神"，目前可参见 R. Paribeni, "Divinità straniere in abito militare romano", *Bulletin de la société archéologique d'Alexandrie*, XIII (1910), 177－183，以及 E. Breccia, ibid., XVII (1919－20), 184ff；还有许多文物要加进来。相关资料还可参见 A. D. Nock, "Studies in the Graeco- （转下页）

因此，毋庸置疑，正是奥古斯丁关于《诗篇》第九十章的注释，促使这位艺术家将基督般的尘世皇帝描绘成了“战斗着的帐幕中的王者”(*Imperator in tabernaculo militans*)。其结果是，这位艺术家让模棱两可的“*tabernaculum*”，从比喻意义(“肉身”)回归到了原本“帐幕”的意义。这样，在他的画像中“帐幕的幔子”对他来说也成了必要的道具，用来划分皇帝的身体并象征二重性——脚在地上，头在天上(*pedes in terra, caput in coelo*)。 73

要理解幔子的特定含义，另一个图像模式也需考虑进来：基督升天的形象中，只表现了道成肉身的脚，而身体和头已消失于天国中。[72] “巨人基督”(*Christus Gigas*)的概念，虽非必然，但却可能是有影响的。

> Maximus ecce gigans scandit super astra triumphans
> (看哪，最伟大的巨人胜利地跨越群星)

(接上页) Roman Beliefs of the Empire", *Journal of Hellenic Studies*, XLV (1925), 93，文中讨论了诸神的奥古斯都(*augustus*)称号，这一称号沿用到了基督教时代；可参见 Petrus Chrysologus, *Sermo CXXX*, *PL*, LII, 557B: *augusta Trinitas*。

[72] 有关朱米耶吉斯的罗伯特(Robert of Jumièges)的弥撒书，参见 E. G. Millar, *English Illuminated Manuscripts* (Paris and Brussels, 1926), pl. 13a (and p.73)；11 世纪的附音乐诗句集(Troper)可参见 pl.29a；《伯恩瓦德福音书》可参见 Gutberlet, pl. XXIX; Schrade, "Ikonographie der Himmelfahrt," pl. XV, fig.30; 关于摩根图书馆《圣伯尔坦福音书》(Morgan Library Gospels of St. Bertin)(MS 333)，可参见 Schapiro, "Disappearing Christ," 147。这一新类型的总体情况，可参见 Gutberlet, 243ff; Schrade, 165ff; Schapiro, 140ff。潘诺夫斯基教授建议笔者将升天象征与赖兴瑙插画联系起来，特致感谢。

图 13　凯旋的基督(拉文纳,大主教座礼拜堂的镶嵌画,6 世纪)

11 世纪早期的《班贝格福音书》(Gospels from Bamberg)里,一首解释升天圣像的题诗这样写道。[73] 不管怎么说,盛行于

---

[73] Goldschmidt, *German Illuminations*, II, pl. 40B; Stephen Beissel, *Geschichte der Evangelienbücher in der ersten Hälfte des Mittelalters* (Stimmen aus Maria-Laach, 92 - 93, Freiburg, 1906), 218.

13世纪和中世纪晚期的新版升天图像，在公元1000年左右首次出现在两幅盎格鲁-撒克逊抄本画中，以及希尔德斯海姆(Hildesheim)的《伯恩瓦德福音书》(Bernward Gospels)中(图 74
14)，[74]就此与之前整个西方传统以及东方肖像学开始决裂。一直以来，耶稣升天的形象是按古代神格化(apotheosis)或神迹显灵(epiphany)的形式来描绘；而现在，基督没有显现，而是消失在天国中。[75] 也就是说，"基督的头和身体"(*caput et corpus Christi*)现在是在天上了，只有脚——道成肉身的象征——仍作为道降临过尘世这一历史事实的有形表征。再者，分开了基督的身体并表明他的二性的，[76]正是天穹，如同在赖兴瑙的奥托二世画像中，分开皇帝身体的是"天穹"。

天穹，即圣幕的幔子，在皇帝的图像中仍需进一步解释。代表约翰的鹰和代表马太的天使手执幔子的姿态，使得它落下的褶皱把皇帝的头、胸、肩和臂关节隔在"上面"，即天国，而包括手在内的身体则在"下面"。我们应该记得，头、胸、双肩

---

[74] Guberlet, pl.XXIX; Schrade, "Ikonographie der Himmelfahrt," pl.XV, 30(参见上面注72)。

[75] Schrade, *op. cit.*, 166.

[76] Augustine, *Enarrat.*, Ps. CIX, 7, *PL*, XXXVII, 1450: "in eadem [carne] ascendit in coelum et sedet ad dexteram Patris."("以此[肉身]，他升入天国，坐在圣父的右边。")也就是说，作为神并自永恒来与圣父一同统治的基督，作为人，坐在圣父的右边，这一点经常被遗忘；参见 Jungmann, "Die Abwehr des germanishen Arianismus," 75, n.8。重要的是，与此相关，弗鲁瓦蒙的埃利南(Helinand of Froidmont)(12世纪后期)引述了利奥一世的话："升入天国的基督，不可思议地变得与神性更近，而与人性则较远，教皇利奥如是说道。"("Christus ascendens in altum, miro modo, ut ait Leo papa, factus est divinitate praesentior, et humanitate longinquior.") *PL*, CCXII, 606D，这句话为 Schrade, *op.cit.*, 177 所引用。

图 14 消失入天上的基督(《伯恩瓦德福音书》,希尔德斯海姆,11 世纪)

和臂关节是皇帝被圣油膏抹过的地方。因此可以说他身体的这些部分所指的是主基督(*christus domini*),而躯干和四肢是平常人的。看到双手位于幔子下面而不是上面,我们也许会感到惊讶,因为国王的双手同样被膏抹过。这一细节恰恰是没有问题的：手部膏油，在皇帝的加冕仪式上并非习俗，即使是奥托二世公元 961 年在亚琛的德意志王加冕上也未曾使用；只是到了稍晚些时候，在公元 980—1000 年间的一次加冕典礼上，手部膏油才被引入。[77]

对幔子剩余部分的解释更为困难。代表马可的狮子和代 75
表路加的牛巧妙地摆动幔子，使它的底端恰巧碰到立于皇帝脚凳之侧的两位王侯（*reguli*）的王冠，皇帝的脚凳在此也可理解为皇帝“在地上战斗”的双脚。这一造型借自加洛林时代的模式，可以看到，在该模式中，幔子的末端恰巧碰到狮子和牛的嘴，它们像小狗一样嬉戏，咬住幔子飘拂的末端（图10）。[78] 但在《亚琛福音书》中，幔子触及王侯的王冠，显然有更为确切的含义。最恰当的解释是《彼得福音书》中作者关于耶稣基督复活的描述：看守坟墓的士兵看到两个天使从天而降进入墓中；接着他们看到“三个人[而不是两个]如何从墓中出来；起先那两个搀扶着救世主；两位天使的头上达于天，而他们搀扶的救世主，头高过诸天”。[79] 这一场景与赖兴瑙画家所描绘的几乎完全吻合。两位王侯的头“上达于天”，也就是说

---

[77] 公元 961 年前后的加冕典礼没有膏手的做法；参见 Schramm，“Die Krönung in Deutschland bis zum Beginn des Salischen Hauses”，*ZfRG*，kan. Abt.，XXIV（1935），254f，and 315，§12；手部膏油是后来被引入的（Schramm，255，and 328，§12a），而且只用在亚琛的加冕礼上；无论如何，手部膏油在罗马皇帝加冕仪式中是没有的，14 世纪之前在法国也未入惯例；参见 Schramm，*Der König von Frankreich*（Weimar，1939），157，nos.5－6。

[78] 《圣保罗圣经》中也同此；科勒（W. Köhler），*Die karolingischen Miniature*（Berlin，1930－1933），I，141 有对此作的解释，在他看来，活物是在撕扯幔子，这难以让人接受。

[79] *Gospel of Peter*，36－40，ed. Vaganay，294ff；见上面注 62。

向上触及代表天穹的幔子;而中间那位王者的头"高过诸天"。

令人遗憾的是,《亚琛福音书》的画家不太可能研读过次经《彼得福音书》,因为没有证据表明在西欧可接触到这部次经。[80] 但即使我们要排除《彼得福音书》作为其灵感源泉的可能性,[81]它对于我们理解这位艺术家的意图还是有帮助的。与
76 奥古斯丁对于《诗篇》第九十章的诠释相符,这位艺术家也需表现出皇帝的头"远在诸天之上"(*longe super coelos*)。然而,让天穹触及那些依附皇帝的君主们的王冠,艺术家能够便利地表现出皇帝之头在诸天之上:君主们的头,上达于天,但是,皇帝的头,却高过诸天。这是一种纯正的艺术技法,看起来无须作进一步文本解释而能自圆其说。

基于此,图像的另一个细节也就能得到解释了:图像下方的四个形象分别是圣俗两界的君主们。如果最上面的画面代表"诸天之上"的领域,中间的画面代表处于天国之下而又触及了天穹的领域。那么最下方的三分之一画面则明显地代表天界之下的"人地"。事实上,三分画面的这些特殊含义,在加洛林王朝时代的一些抄本中得到了印证。比如,《特里尔启示录》(*Trier Apocalypse*)与《圣保罗圣经》(图 15a－b)以类

[80] 有关《彼得福音书》的影响,可参见 Vaganay, 163ff,不过他没有把艺术作品考虑进来。

[81] Gutberlet, *Himmelfahrt*, 226,不排除《彼得福音书》的影响有可能持续到了 12 世纪初。尽管《彼得启示录》或许比《彼得福音书》更具影响,但《彼得福音书》的影响在较早时期还是有可能的(参见 Dölger, *Sol Salutis*, 212ff; Kantorowicz, "The King's Advent", *Art Bulletin*, XXVI [1944], 226)。然而,若无有力的新证据支持,我们不能推断《彼得福音书》在后来的影响,起码不能推断它的直接影响。

a.《圣保罗圣经》,9 世纪

b.《特里尔启示录》,9 世纪

图 15　二十四位长老陪伴的庄严基督

似的方式描述了“庄严基督”(*Maiestas Domini*)。在它们画面最上方的三分之一,我们可以看到基督和四个活物象征;画面中间的三分之一是二十四名长者,他们的身体与救世主的膝和脚处于同一水平高度,头上的光环触及天穹;最下方的三分之一描述的是,头上不带光环的众人各自跟随右下角的约翰或以赛亚行进,而在《亚琛福音书》中,是圣职者处于右下角的位置。[82]

加洛林时代的模式对我们而言是重要的。因为在这位赖兴瑙艺术家承袭它们的地方,它们便汇成了一种注释体系;当赖兴瑙艺术家选择另辟蹊径时,它们仍是非常有启发性的。比较一下亚琛插画与著名的加洛林时代的御座图像,比如《维维安圣经》(图 16a)和《黄金抄本》(*codex aureus* [或《圣埃梅拉姆福音书》])(图 16b)[83]中的“秃头查理”形象,我们就能看得很清楚。加洛林时代的插画中的确也有幔子,挂在承托御座华盖的柱子上。不过,幔子并未分隔开皇帝的身体,它只是将他的头与上帝之手分开。而在赖兴瑙的插画中,奥托皇帝的头越过幔子或“天穹”,上帝的右手(*dextera Dei*)可与奥托
77 的头直接接触。而且,在赖兴瑙的插画中,天际本身将皇帝的身体分为了两个部分:一部分在天界之上(supra-celestial),另一部分在天界之下(sub-celestial)。这一对比也解释了四个手持幔子的活物象征所具有的功能:加洛林时代的插画

---

[82] 这种构图布局非常明显,例如在《圣保罗圣经》中, f.115;van der Meer, *Maiestas Domini*, 336f, fig.78;有关《特里尔启示录》,则可参见 147ff (fig.34), 287f (fig.67)。

[83] Schramm, *Die deutschen Kaiser*, figs26,29a-b,以及 fig.28。

a.《维维安圣经》,9 世纪

b.《圣埃梅拉姆福音书》(《黄金抄本》)

图 16　御座上的秃头查理

中挂在御座华盖柱子上的帘子，既没有“帐幔”的意义，也不能传达“天穹”或“远在诸天之上”的含义，但这两种含义显然是赖兴瑙画家想要表达出来的东西。此外，四活物和皇帝周围光环的出现，表明皇帝处于基督的位置，“在帐幕中为我们战斗”。最后，幔子分开身体这一点，强调了尘世的皇帝与耶稣基督同样具有二性——自然的人性和借恩典、依祝圣礼而来的神性。

所有这些差异都源于与查理大帝时代御座形象背后的政治哲学的不同。毋庸置疑，天父上帝之手也将福佑和恩典施与了加洛林时代的君王们。御座上的统治者与遥远天国中的天父之间存在某种联系，但这些场景中却没有基督的身影。加洛林时代所认同的那种类似大卫之王权的王权概念无疑是以上帝为中心的：“您（我的国王）是上帝（即您的王）的代理人，主教因为只是基督的代理人，位列第二。”英国学者卡司伍夫（Cathwulf）在给查理大帝的信中这样写道。[84]

以上所述加洛林时代特征算是与赖兴瑙画家最大相异之处了。赖兴瑙画家描绘的皇帝处于耶稣基督的位置，从天国伸下的手被十字架光环所环绕：那或许并不是天父的手，而

---

[84] *MGH*, *Epp.*, IV.503, 3ff：“… tu [rex mi] es in vice illius [Dei regis tui] … et episcopus est in secundo loco, in vice Christi tantum est.” 毕希纳（M. Buchner）, in *Hist.Jhb.*, LV(1935), 604 中毫无证据便声称卡司伍夫的这封书信是虚构的。这种猜测没有什么道理，但即便是正确的，对这里的讨论也不会有什么影响：另一个未知的卡司伍夫将被另一个未知的同时代“学校练习问题”的作者代替而已，后者身上可以看到“误作安布罗斯的注经者”的影响（这一点有重要意义）；参见 Williams, *Norman Anoymous*, 175ff。有关教会法中的伪托安布罗斯，参见第四章注 12。

是圣子的手。[85] 总而言之，由赖兴瑙艺术家所展现的奥托时期 78
的统治权概念，不是以上帝为中心的，而肯定是以基督为中心的。延续一百多年以基督为中心的修士敬虔精神（monastic piety），[86]影响到了统治权形象。实际上，独特的赖兴瑙插画是对所谓“礼仪王权”最有力的图证，此王权是以圣子基督而非圣父上帝为中心的。[87] 因此，这位赖兴瑙艺术家才会想到将基督的“一位二性”转赋于奥托王朝的皇帝身上。《亚琛福音书》的艺术家对统治者“双生人格”的图解，与诺曼佚名著者在

---

[85] 要辨识出从天国伸下的手是上帝之手（Beissel, *Evangelienbücher*, 211）还是圣子之手，当然是不可能的。环绕手的十字架光环是引人注意的特征，因为尽管中世纪后期它比较普遍，但在那个时期还是非常少见的。较早时期的例子应该不会超过3个：10世纪的一块象牙雕版（Goldschmidt, *Elfenbeine*, II, pl.IX, 24b：使徒圣托马斯之疑）；同一世纪来自普罗姆（Prüm）的圣歌诗集（Paris, Bibl. Nat., MS. lat. 9448, fol.10^{v}：犹太教会堂中的圣司提反）；以及1000—1010年的《班贝格启示录》（Bamberg, Staatsbibl., MS 140, fol. 24^{v}, ed. H. Wölfflin, 1921, pl.24：Rev. 9∶13）。这里可能还要增加一个，它肯定是这几个当中最早的图像——秃头查理的圣经里（Bibl. Nat., MS. lat.1, fol. 317ro，参见W. Köhler, *Die Schule von Tours* [1930], pl.89, fig.n.——垂下之手的两侧是两位天使）对十字架之上的手的描绘。这些例子中的手是上帝的还是基督的都不能确定。不过重要之处在于，基督的象征开始传到上帝圣父那里，这一特征在同时期拜占庭的圣像中是不可能有的，尤其是在加冕礼的场合。这样一来，基督作为加冕者倒变得普遍了；可参见亨利二世皇帝的圣事仪式书，收在Schramm, *Die deutschen Kaiser*, fig.85a；拜占庭方面的情况可参见Graber, *L'Empereur*, pl. XIX, 1-2，以及（下面图12；参见上面注61）巴西尔二世的凯旋。在《亚琛福音书》中，基督完整的形象不太可能被表现出来，十字架光环中的手似乎意指那位执行加冕的基督的简略表现形式。

[86] 尽管Georg Schreiber, *Gemeinschaften des Mittelalters* (Münster, 1948)再三谈及它，这一问题还是值得深入探究；另见Hallinger, *DA*, X, 430f。当然，Jungmann, *Die Stellung Christi im liturgischen Gebet* (Liturgiegeschichtliche Forschungen, 7-8; Münster, 1925)充分意识到了整个问题，但他似乎并没有特别讨论修士敬虔精神。

[87] 参见第四章及其后。

短论中的阐释同样昭然明晰。

永恒的光环

用语言难以描述或描述时难免挂一漏万的事物，有时用图像的形式反而能更简洁明了地表现出来。上面我们已经谈到，在诺曼佚名著者的短论中，作为“凯撒”的提比略是在光环的围绕中，反之，作为个体之人的“邪恶的提比略”，则肯定没有光环围绕。这并非随意择取的隐喻，实际上可能有助于我们去澄清，中世纪统治者的“双生人格”概念还有另外一层意义。

在古代末期的艺术中，我们会经常看到，光环被赋予那些
79 代表一种超个体理念或普遍观念的拟人化形象。这一特殊的区分标志表明，此形象注定是要周身尽显一种连续体(continuum)的，这种连续体不再经历沧海桑田和生老病死，是那种永久恒常者。像埃及、高卢、西班牙这样的罗马行省，有时会伴以光环出现(例如古代末期的《百官志》[*Notitia dignitatum*]中就有)。[88] 在此情况下，我们通常用阴性词汇称

---

[88] 这里并不打算详述光环的作用或来源；可参见这一领域的代表作：A. Krücke, *Der Nimbus und verwandte Attribute in der frühchristlichen Kunst* (Strassburg, 1905)以及 K. Keyssner, “Nimbus”, *RE*, XXXIII (1936), 591ff, esp. §§18, 24. cols. 611, 622。参见 Seeck ed., *Notitia Dignitatum* (Berlin, 1876), e.g., 108 (*Italia Illyricum*, *Africa*), 101 (幸福[*Felicitas*]、德性[*Virtus*]、兵术[*Scientia militaris*]), 102 (四季，及带十字架光环的“秋”[*Autumnus*][!])；有关光环相伴的四季，参见 George M. A. Hanfmann, *The Season Sacrophagus in Dumbarton Oaks* (Dumbarton Oaks Studies, II, Cambridge, Mass, 1951), I, 266; II, 115, n.29, 3；以及 45,46,48,52，文中还有多处。

这些禀受光环的城市为“抽象概念”或“化身”，这就其直接意义来说是正确的；但我们必须看到，所有抽象概念和化身的最重要特征是它们的超时间性，即它们在时间中的连续性。实际上，与其说光环要彰显的是化身，倒不如说是要彰显个体行省的“守护神”(*Genius*)，彰显它永续不绝的创造力和生殖力，因为“*genius*”一词就源自“生育”(*gignere*)。今天，我们倾向于使用“罗马万岁”(*Roma aeterna*)、“法兰西万岁”(*La France éternelle*)[89]这样的口号，实际上它们与光环相伴下的埃及(*Aegyptus*)、高卢(*Gallia*)、西班牙(*Hispania*)所要表达的意义并无二致。对行省光环的分析，同样适用于一些概念或德性：正义(*Justitia*)或审慎(*Prudentia*)，她们是异教时代的女神，当她们以光环的形式出现在基督教艺术中时，所代表的正是永恒有效的力量或存在形式。[90] 换句话说，每当我们在英文中大写一个概念首字母，或把它的性从中性改为阴性时，我们实际上是在把这个词或概念“光环化”，彰显它作为一种理念或力量的永恒性。

就此而言，就从诺曼佚名著者这位短论作者的观点来看，拜占庭皇帝在君士坦丁堡陷落之前，是一直禀受光环出现的。皇帝光环的起源，以及它从异教神明象征到基督教神圣象征 80

---

[89] “永恒的法兰西”这一表述应该不会早于16世纪，我们可能会想知道它是否来自“永恒的罗马”，就好像13世纪“*Roma communis patria*”(共同的祖国罗马)这一概念被传到了法国一样：“(法兰西)王国的王冠是共同的祖国”(“corona regni [Franciae] est communis patria”)。参见 Gaines Post, “Two Notes”, *Traditio*, IX, 288ff (n 44), 301。

[90] 对相关主题的一些论述，参见我的评注“*Σύνθρονος Δίκη*”(“正义天使”), *American Journal of Archaeology*, LVII (1953), 65–67。

的整个传统，我们在此不做讨论。[91] 拜占庭皇帝的光环，在基督教时代还指涉“τήχη”即“皇帝的守护神”（*genius imperatoris*），但到了后来，它主要指涉那被认为与基督一样是永恒的、受尊崇的和神圣的帝权本身，不管头戴王冠的个体是否具有受人尊崇或神圣的特质。应当承认，皇帝单独作为个体，也可能受到圣人般的崇拜，比如君士坦丁大帝；[92]不过，他的光环并不在于皇帝是否已进入神权统治者的名册。这表明，永恒权力的持有者和执行者是来自上帝的，这种身份使皇帝成为某种“原型”的化身，这一“原型”是神圣而不朽的，因此其化身的个人特性或性别如何并不重要。例如，艾琳女皇（Empress Irene）代其子君士坦丁六世统治帝国期间（790—802），在官方文件中就被称作“皇帝”而非“女皇”——*Εἰρήνη πιστὸς βασιλεύς*（和平使皇帝得以信赖）。[93]

---

[91] 有关皇帝的光环，特别要参见 Alföldi，“Insignien und Tracht der römischen Kaiser”，*RM*，L（1935），139ff。另见 H. U. Instinsky，“Kaiser und Ewigkeit”，*Hermes*，LXXVII（1942），313 - 355；Treitinger，*Oström Reichsidee*，122，n.372。拜占庭的艺术作品都无一例外地描绘出带着光环的皇帝形象，甚至当他伏拜于一群带光环的天使面前时也是如此；参较 Paul Buberl，*Die Miniaturhandschriften der Nationalbibliothek*（Denkschriften der Wiener Akademie，LX，2 Vienna，1917），6，pl. IV，fig.7。

[92] 他受尊崇通常是和其母圣海伦（St. Helen）的名望相关联的；他们的形象和名字甚至出现在圣餐饼上；参见 Carl Maria Kaufmann，“Konstantin und Helena auf einem griechischen Hostienstempel”，*Oriens Chirsitianus*，N. S. IV（1915），85 - 87。

[93] 参见 J. B. Bury，*The Constitution of the Later Roman Empire*（Combridge，1910），24；也可参见 F. Dölger，in *Byz. Zs.*，XXXVI（1936），129ff。相似的考虑在匈牙利肯定也是成立的，当时，路易一世（1342—1382 年）的女儿玛丽亚承袭了“国王”称号（“quae quidem Maria appellabatur *Rex Hungariae*”[“玛丽亚的确被称为匈牙利王”]）并被加冕为“国王”（转下页）

此外,中世纪也许比我们更清楚时间的多种范畴或度量。81
比如梅斯的阿马拉(Amalar of Metz)在致虔敬者路易皇帝的欢呼中,对皇帝本人和永恒原型作了明确的区分。他祝愿"神圣的路易"长寿,而祝愿加洛林王朝皇帝这位"新大卫"的化身万岁:

> 神圣的路易长寿!(*Divo Hludovico vita*!)
> 新大卫万岁!(*Novo David perennitas*!)

也就是说,路易"禀受光环",并非"神圣"称号使然,而是由于大卫这位虔敬的以色列王身上所具有的永恒性(*perennitas*),加洛林帝国的理念"大卫的帝国"(*Regnum Davidicum*),也是

(接上页)(*coronata fuit in regem*);只是在她嫁给西吉斯蒙德(Sigismund),她才接受了女王(*regina*)的称号;参见 Du Cange, *Glossarium*, s.v. "rex"。逮及 18 世纪,狂热的匈牙利人还对他们的女王欢呼"愿为吾王玛丽亚·特雷莎而死"(*Moriamur pro rege nostro Maria Theresia*)。"匈牙利王冠"这一特别抽象的概念可能也导致了称号的抽象化。有关匈牙利"神圣王冠"(*Sacra Corona*)最丰富的现代文献,可参见 Patrick J. Kelleher, *The Holy Crown of Hungary* (Papers and Monographs of the American Academy in Rome, XIII [Rome, 1951]),总体情况可参见 Fritz Hartung, *Die Krone als Symbol der monarchischen Herrschaft im ausgehenden Mittelalter* (Abh. Berl. Akad., 1940, No. 13 [1941]), 35ff。圣哲罗姆的表述"神性上不分性别"(*In divinitate nullus est sexus*)也可改写为"政治身体上不分性别"(*In corpore politico nullus est sexus*):加利努斯(Gallienus),这位将谷物女神(Ceres)标志授予自己超人格身体的罗马皇帝,让钱币上刻印下了铭文"*Galliena Augusta*"(两个词为阴性,是为了与谷物女神保持一致性,但同时也说明皇帝在对待神性与帝权上不分性别。——译者);参见 A. Alföldi, "Zur Kenntnis der Zeit der römischen Soldatenkaiser", *Zeitschrift für Numismatik*, XXXVIII (1928), 174ff。

以他为巅峰并彪炳于世的。[94] 因为狄奥多里克大帝的宫廷诗人帕维亚的恩诺狄乌斯(Ennodius of Pavia)曾说过:“谁会怀疑拥有如此至高尊位的人尚不神圣呢!”或许是为了同拜占庭皇帝分庭抗礼,教皇格里高七世宣称,历代教皇的“光环”一直“来自神圣职位”(*ex dignitate officii*)。[95] 彼得·达米安(Peter Damiani)直截了当地把神圣出于职位的确切含义描述为:“因在世的功德而成圣(be holy)是一回事,因职务的地位而称圣(be called holy)是另一回事。”[96]我们或许可以这样想:

---

[94] 参见 *PL*, CV, 988; Kantorowicz, *Laudes*, 69, n.15。有关带有光环的虔敬者路易,参见 Schramm, *Die deutschen Kaiser*, pls.15a-b,光环有铭文:“基督,给路易加冕”(*Christe, corona tu Hludovvicum*)(Schramm, 171)。从加洛林时代所描绘的统治者形象来看,其中伴有身光的情况并不乏见。查理大帝时代罗马的拉特兰宫(Lateran)和苏珊娜教堂(S. Susanna)的镶嵌画中出现了方形后光;参见 G. B. Ladner, *I ritratti dei papi nell'antichità e nel medioevo* (Vatican, 1941), I, 114f,127。法国国家图书馆的 MS lat.1141 的圣礼残片中带有后光的国王给人十分深刻的印象,A. M. Friend, “Two manuscripts of the School of St. Danis”, *Speculum*, I(1926), 59-70, esp.64f,作者认为这位国王是秃头查理,而 J. Croquison, “Le ‘Sacramentaire Charlemagne’”, *Cahiers archéologiques*, VI(1952), 55-71 则认为这幅画像中在圣杰拉修(Saints Gelasius)和格里高利(Gregory)之间的是年轻时的查理大帝;参见拙论“The Carolingian King in the Bible of San Paolo fuori le Mura”, *Late Classical and Mediaeval Studies in Honor of Albert Mathias Friend, Jr.* (Princeton, 1955), 298ff。还可参见 Schramm, *op. cit.*, fig. 67 and p. 86, p. 192; Hermann Beenken, *Romanische Skulptur in Deutschland* (Leipzig, 1924), 76f, pl.38a。

[95] Gregory VII, *Regist.*, II, 55a, § 23, ed. Caspar, 207, cf. 560, n. 1; Hinschius, *Decret. Ps. Isid.*, 666. Julia Gauss, “Die Dictatus-Thesen Gregors VII. als Unionsforderungen”, *ZfRG*, kan.Abt., XXIX(1940), 1-115,对她自己的主题虽着墨过重,但她关于教皇和拜占庭之间对立的几个有趣问题却是引人关注的,值得专门探讨。

[96] Petrus Damiani, *Liber gratissimus*, c. 10, *MGH*, *LdL*, I, 31, 29: “Aliud namque est ex vitae meritis sanctum esse, aliud ex ministerio conditionis dici”;这一点和诺曼佚名著者非常相似,佚名著者似乎在其他一些方面借鉴了达米安的观点,ibid., 31, 9ff:“licet persona ... indigna, officium tamen ... bonum;”(“尽管人……是卑微的,但职位是……善好的”)见上面注 25。

中世纪时常出现在无名无姓的主教、神父或助祭身上，作为教 82
会品级象征的方形头光或“完德头光”（*nimbus perfectionis*），是不是指涉的正是那神圣职位本身或威严的完善性和永恒性，而可以不考虑头光的禀受者是谁。[97]

此外，这位诺曼的册子作者在将“坎特伯雷的砖石”同“坎特伯雷的主教职位”两相对照时，并没有看上去那么有原创性。在他之前很久，拜占庭人就曾说过，位于台伯河畔的古罗马，她那所谓“带着光环”的本质，或她永恒的“守护神”，其实已经转到了博斯普鲁斯的新罗马。意大利河岸所残存的只是砖石瓦砾，“守护神”（*genius loci*）和永生早已从建筑物中消失得无影无踪。[98] 据称作于 9 世纪末的一首反罗马诗《罗马之殇》（*Versus Romae*），极为鲜明地反映了这些思想。

> 罗马，你的皇帝们早已撇弃你，
> 希腊人眼里，你的荣誉和名声也已荡然无存……
> 郁起的君士坦丁堡，现在堪称是新生罗马，
> 而古罗马，你道德和墙宇的崩毁，成了宿命。

诗人用一个古老的回文结束了对句（distichs）的第一部分：

---

[97] G.B. Ladner, “The so-called Square Nimbus”, *Mediaeval Studies*, III (1941), 15－45，特别是第 38 页及其后的一览表，它们表明方形身光往往仅指职务，而非个体之人。

[98] Franz Dölger, “Rom in der Gedankenwelt der Byzantiner”, *Zeitschrift für Kirchengeschichte*, LVI (1937), 1－42, esp. 24ff; *Byzanz und die europäische Staatenwelt* (Ettal, 1953), 93ff。

“罗马，爱神将撇你而去”(*Roma tibi subito motibus ibit* 83 *amor*)。[99] 罗马禀受光环的身体，将离开她物质的身体，或者按照后期的一位法学家的表述，它将“从现在死亡的自然身体上迁转到另外一个自然身体”。因此，罗马就这样从一个化身变迁到另一个化身，首先漫游到君士坦丁堡，接着抵达第三罗马莫斯科，而且她还到过亚琛，查理大帝在该地建了一座拉特兰(Lateran)教堂，显然意在建立未来罗马(*Roma Futura*)。[100] 不过我们不要误以为，上述罗马理念会与“日内瓦，新教的罗马”用语主旨之间存在什么相类似或可比附的关系。[101] 君士坦丁堡、亚琛及其他城市，都宣称它们自己是新罗马(*nova Roma*)，就好像希腊国王或罗马皇帝可能会称自己新狄奥尼

---

[99] William Hammmer, “The Concept of the New or Second Rome in the Middle Ages”, *Speculum*, XIX (1944), 50 - 62; ibid., 53, n.6，涉及了《罗马之殇》，笔者引用了其中第四行以下、第九行以下：

Deseruere tui tanto te tempore reges,
Cessit et ad Graecos nomen honosque tuus ...
Constantinopolis florens nova Roma vocatur
Moribus et muris, Roma vetusta, cadis, ...

那句回文(二十四行诗的第十二行)是这首诗的中轴。*Roma-Amor* 这种用法很古老。“EPΩΣ”(“爱神”)的铭文，事实上可见于君士坦丁时期的钱币上；参见 H. Dressel, “Numismatische Analekten”, *Zeitschrift für Numismatik*, XXIII (1900), 36ff。

[100] 有关亚琛，参见 Hammer, *op.cit.*, 56; R. Krautheimer, “The Carolingian Revival of Early Christian Architecture”, *Art Bulletin*, XXIV (1942), 30ff, 34ff; Kantorowicz, *Laudes*, 63，文中，亚琛观念被解释成是既反罗马也反拜占庭的。埃德曼(C. Erdmann)也独立地提出了与笔者类似的看法，见他的“Das ottonische Reich als Imperium Romanum”, *DA*, VI(1943), 418f；还有在更广泛基础上进行讨论的 *Ideenwelt*, 22f (“Die nicht-römische Kaiseridee”[“非罗马人的皇帝观念”])。

[101] 有关这一表述和许多类似表述，参见 Hammer, *op.cit.*, 62。

索斯（*νέος Διόνυσος*）或新赫利俄斯（*νέος Ἥλιος*），查理曼帝国的统治者或许会称自己是新大卫（*Novus David*）或新君士坦丁（*Novus Constantinus*）——神或英雄形象的尘世化身，其永恒实体和生命力的尘世化身。他们拥有神圣的或英雄化原型的"光环"，而且是有时限的拥有者。[102]

所有这些说法似乎更适于耶路撒冷，纵使超验的耶路撒冷意味着无时间的永恒，而非时间之内的延续。基督最初的城，耶路撒冷的物质存在，已经被提多摧毁；哈德良在大卫城遗址上新建的埃利亚山城（Aelia Capitolina），缺少了形而上学的因素（metaphysis）。不过，只要是在新圣堂的祝圣庆日，"禀受光环的耶路撒冷"是可以随时降临尘世的，那时永恒的光辉便沐洒在任一无足轻重的城镇甚或乡村的教会之上。[103]

---

[102] 有关"新"（*novus*）称号，参见 A. D. Nock，"Notes on Rulercult"，*Journal of Hellenic Studies*，XLVIII（1928），35ff。原型在某一时刻的再化身，没有理由只能是一个；比如，赫拉克利乌斯（Heraclius）父子两位皇帝被称作"新君士坦丁们"（Κωνσταντίνων τῶν νέων ... πολλὰ τὰ ἔτη [新君士坦丁们的……伟大时代]）；参见 Henri Grégoire，*Recueil des inscriptions grecques chréitiennes d'Asie Mineure*（Paris，1922），Fasc.I，21f，Nos.79，80。有关加洛林时代和其他时代的例子，参见 Kantorowicz，*Laudes*，57，n.148 and 69，n.15。

[103] 有关天国耶路撒冷在教会奉献之际的降临，参见赞美诗 *Urbs beata Hierusalem dicta pacis visio*（被赐福的圣城啊，一派和平的景象）的原初形式，包含这行诗句：*Nova veniens e caelo* ...（自天国新来的……）；参见 C. Blume，*Analecta hymnica medii aevi*，LI（1908），110。有关特伦托主教会议后教会对于这一赞美诗的曲意"改良"，参见 A. L. Mayer，"Renaissance，Humanismus und Liturgie"，*JLW*，XIV（1938），166f；以及施密德（X. Schmid）的批评，"De Breviario Romano reformando commentatio"，*Ephemerides Liturgicae*，XLIII（1929），308ff。要提一下，这首赞美诗也有它的政治意义；"奥托"皇帝的勋章，嵌在圣礼盘上，上书铭文 *Jerusalem visio pacis*（和平景象的圣城）；参见 Schramm，"Die Magdeburger Patene mit dem Bilde Ottos de Grossen"，*Thüringisch-Sächsische Zeitschrift für Geschichte und Kunst*，XVII（1928）；以及 Gerd Tellenbach，*Die Entstehund des Deutschen Reiches*（Munich，1946），pl.IX（正对第 128 页）。有关永恒的耶路撒冷在地上的显现，另见 Kantorowicz，"The King's Advent，" 209f。

84 因此,"光环"总是以这样那样的方式表达了时间本性的变化。这意味着,禀受光环的个体,不管是个体之人还是个体地点,都分有了一个"时间"范畴,它不同于中世纪心志所理解的那个支配尘世自然生活的时间范畴。诚然,光环没有让它的禀受者进入无连续性的上帝之永恒(*aeternitas Dei*)中,因为,在这种永恒中,没有过去、未来而只有永恒的现在。然而,光环还是改变了它的禀受者:从经院哲学的角度看,光环把人从"时间"(*tempus*)推向了"永世"(*aevum*),至少我们可以说,它把人推向了某种没有终点的时间连续体。禀受光环之人,他的位阶(*ordo*)"决不会死"。此外,"光环"还揭示出,它的个体禀受者代表的是更为一般性的"原型",代表了尘世变幻无常的时间中的某种永恒性。而且,与个体禀受者联为一体的某种意象或力量,它们真正的归宿是中世纪后来称作"永世"的无尽连续体。既然"永世"是理念(*logoi*)或原型的栖居地,是亚历山大派所解释的基督教哲学当中"天使们"的栖居地,我们就不难理解,都铎王朝法学家所谈的国王的"政治身体",最后何以会与"神圣的精灵和天使们"如此相似;我们也就不难理解,诺曼佚名著者笔下的王者基督,何以被赋予了中保这样的高等级特质,成为依自然为人、借恩典为神的王者。[104]

在被误认为是约翰·克里索斯顿(金口约翰)的布道中,穿插过这样一则小故事,如果我们想要说明早期中世纪背景下国王两个身体这个一般性问题,恐怕很难找到比这个小故事要更贴切生动的了。它便是棕枝主日布道,那位佚名布道

---

[104] 有关这一主题更多的讨论,参见本书第六章。

者恰如其分地讨论了当日把救世主领入耶路撒冷城的小驴驹，在拯救摄理中扮演的重要角色。[105] 教父们的著述对这一忠诚的造物并未少提，他们一般认为，这弥赛亚动物（*animal* 85 *messianum*）最后被归还了它从前的主人；棕枝主日布道者在谈及小驴驹时，也并未标新立异。

---

[105] 这篇布道仅以拉丁文留存于世，可见于被认为是约翰·克里索斯顿所作的 *Opus imperfectum in Matthaeum*（《〈马太福音〉注解》）（*PGr*，LVI，836），据说，托马斯·阿奎那曾说过，相比于整个巴黎市，他更愿意拥有克里索斯顿对《马太福音》的注解。参较 Oldradus de Ponte，*Consilia*，LXXXIV，n. 1（Venice，1571），fol.31^{v}："Et narratur quod beatus Thomas dixit，quod magis vellet habere Chrysostomum super Matteaum，quam civitatem Parisii. Expedit enim cuilibet studioso habere multos libros"（"据称，有福者托马斯曾说过，相比于巴黎市，他更愿意拥有克里索斯顿对《马太福音》的注解。凡喜好学识者都渴慕拥有众多书籍"）。有关作品本身，可参见 G. Morrin，"Quelques aperçus nouveaux sur l'Opus imperfectum in Mattaeum"，*Rev.bénéd.*，XXXVII（1925），239－262（以及 ibid.，LIV［1942］，9ff），作者认为这部作品是在拉文纳写就的，或至少可以肯定是出自意大利北部的某个地方；参较 K. Jordan，"Der Kaisergedanke in Ravenna zur Zeit Heinrichs IV."，*DA*，II（1938），111ff。埃尔弗里克（Aelfric）的棕枝主日布道，则是对上述《〈马太福音〉注解》的诠释，并不包含此处引述内容；参见本杰明·思罗普（Benjamin Thrope）主编的埃尔弗里克（Aelfric）作品集（London，1844），I，206ff。驴子在教父们的著述中常被提及。例如，圣遏拂林（Ephrem）就曾让驴和她的驹子欢呼着颂美天国之王；参见 *In festum Epiphaniae hymnus*，II，27，ed. T. J. Lamy（Mecheln，1882），I，23；还有 *Hymni de miraculis*，XIII，6，ed. Lamy，II，720，此处驴有双重意义："小驴驹有力的项背驮载着主的身形，而其受造的心志则承负着主的真理"（"Pullus durae cervicis portavit Dominum in figura，cor genitum portavit eum in veritate"）。据后来传言，这头神圣动物年岁很高，长途迁徙之后死了，在维罗纳这个地方有对它的祭仪；参见 E. Staedler，"Uber das Eselsrelief am Dome zu Como：Ein Beitrag zur Überlieferung des *caput asininum*"，*Theologische Quartalschrift*，CXXIII（1942），177－188，其中有翔实的文献资料；另见 Leclercq，"Âne，" *DACL*，I，2063f；古代罗马末期钱币上的驴和驹子，则可参见 A. Alföldi，"Asina：Eine dritte Gruppe heidnischer Neujahrsmünzen im spätantiken Rom"，*Schweizerische Münzblätter*，II（1951），57－66。

> 的确(他说),这头动物在进入犹太人的耶路撒冷后,又被归还给了它的主人;但关于这动物的预言仍在犹太人中间流传。因为基督需要的,并非这头动物的可见的性质,而是其可理解的性质,并非它的肉身,而是它的理念。因此,肉身返还,但理念留下了:*caro remissa est, ratio autem retenta est*。[106]

换言之,小驴驹的"自然身体",在完成实现《以赛亚书》(62:10)和《撒迦利亚书》(9:9)* 字面意义的预言任务后,便被送还了它原来的主人。因为,主已不再需要它可见的物质性身体。然而,驴子的弥赛亚永恒身体,它的理性(*ratio*)、理念或原型,以及它所表征的并助力去实现的预言景象——这些在
86 救赎的过程中都是不可或缺的,不能同弥赛亚的形象割裂开来。因此,这个动物不朽的"政治身体"同弥赛亚一起留在了圣城。它禀受光环,由揽辔者的神圣之光所环绕。

肉身返还,但理念留下了(*Caro remissa, ratio retenta*)!就此而言,查理一世的肉身可以被驱至牛津,但他那"禀受光环"的理念却以印玺像的形式留在了议会,不过,这并不意味着,未禀受光环的尘世之驴就总得在"牛津"找寻,也不意味着,禀受光环的永恒之驴就总得在"议会"中找寻。

---

[106] *PGr*, LVI, 836:"Animal quidem postquam ingressum est in Jerusalem Judaeae, ad dominum suum remissum est, animalis autem prophetia in Judaea remansit. Nam de animali illo non hoc, quod videbatur, necessarium erat Christo, sed illud, quod intelligebatur, id est, non caro, sed ratio: ideoque caro remissa est, ratio autem retenta est."

* 谦谦和和地骑着驴,就是骑着驴的驹子。——译者

第四章　以法律为中心的王权

从礼仪到法学

“双生人格”(*gemina persona*)的国王,依自然本性为人,
借恩典而成圣——这便是国王两个身体观念在中世纪盛期的 87
对应观念,也是时间更晚的国王两个身体观念的先声。中世纪那段时期的政治神学,仍限定在礼仪语言和神学思想的总体框架内,独立于教会的世俗“政治神学”尚未发展起来。国王(king)经祝圣礼,将以王者(King)身份走上祭坛,而不仅仅像我们后来几个世纪所想的那样是一位个体之人。他“在礼仪上”成为国王,就此而言,他代表并“模仿”了永生的基督形象。拥护王权的历史学家威泊(Wipo)说过:“您是基督的代理,只有基督的模仿者才是真正的统治者。”[①]枢机主教彼得·

① Wipo, *Gesta Chuonradi*, c. 3, ed. Bresslau (*MGH*, *SS. rer. germ.*, 1915), 23:“Ad summam dignitatem pervenisti,/vicarius es Christi./Nemo nisi illius imitator/verus est dominator”(“您是至上的权威,是基督的代理,只有基督的模仿者才是真正的统治者”)。参较 c.5, p.26,18;还有他的 *Tetralogus*, (转下页)

达米安(Peter Damiani)回应道,“的确,在自己的国王身上,看到的是基督在统治”。[②]比这位主教年岁略小的枢机主教多斯德第(Deusdedit),在其教会法汇编中,收录了教皇约翰八世在一次主教会议上对加洛林皇帝查理二世的赞辞:“尘世的拯救者”(*salvator mundi*),“上帝立下的尘世拯救者”,“上帝立其为民众的君主,模仿真正的王者基督即圣子,……因此,他(基督)依自然本性而拥有的权力,国王通过恩典一样可以获得”。[③]

88 模仿基督的国王,自然就被描绘成了天国与尘世之间的“中保”,这一概念在这里之所以重要,是因为每一种中保关系都意味着有某种双重本质的存在。诺曼佚名著者以其一贯的风格写到,国王和主教“被祝圣和被神化,是为了……他们可以成圣;也就是说,在地面之上和尘世之外,他们被拣选出来作为上帝和民众之

(接上页) line 19, p.76, 21,以及 lines 121f, p.79, 15f,此处皇帝被称为“次于基督的另一基督者”(*alter post Christum*)和“次于天上之主的第二个主”(*secundus post dominum caeli*)。有关把君主称作“第二上帝”(*Deo secundus*),参见第三章注 11。

② Petrus Damiani, *Ep.*, VII, 2, *PL*, CXLIV, 436: “in rege suo vere Christus regnare cognoscitur.”

③ Deusdedit, *Collectio canonum*, IV, 92, ed. Victor Wolf von Glanvell, *Die Kanonessammlung des Kardinals Deusdedit* (Paderborn, 1905), I, 439;这一内容也被他同时代人卢卡的安瑟伦(Anselm of Lucca)(约 1083 年)引述, *Coll. can.*, I, 79, ed. M. Thaner (Innsbruck, 1906 - 1915), 52f (*PL*, CXLIX, 489, numbered I, 78)。教皇 877 年在拉文纳的演说可参见 Mansi, *Concilia*, XVII, App.172;另见 Bouquet, *Recueil*, VII, 695C: “... unxit eum Dominus Deus ... principem populi sui constituens ad imitationem scilicet ... veri Regis Christi filii sui ..., ita ut, quod ipse [Christus] possidet per naturam, iste [imperator] consequeretur per gratiam”(“……主上帝为他施膏油……上帝立其为民众的君主,模仿……真正的王者基督即圣子……,因此,他[基督]依自然本性而拥有的权力,[皇帝]通过恩典一样可以获得”)。另见 Schramm, *König von Frankreich*, I, 40 and 45, II, 36, n.3;Eichmann, *Kaiserkrönung*, I, 88。这段话的内容诺曼佚名著者应该是容易了解到的;参见 Williams, *Norman Anonymous*, 57f, n.169;Kantorowicz, “Deus per naturam,” 258。

间的中保。在天国他们交流融通;在地上他们调化万民”。[④] 与王权中保地位相关的观念,尽管在内容上有了重要变化,但在那个时期还是由国王加冕仪式来表现的:“与上帝和人之间的中保一样,国王应作为圣职者和民众之间的中保来行事”,因为,国王在某种意义上也是属于圣职者阶层的,“作为主的受膏者(Christus Domini),因自己的名字而具有了(基督的)型像(type)”。[⑤]

---

④ *MGH*, *LdL*, III, 669,8ff:“Ideo igitur consecrantur sacerdotes et reges et sanctificantur, ut ... sancti sint, id est extra terram et extra mundum segregati, inter Deum et populum mediatores effecti, et in celis conversentur [Philippians 3 : 20] et in terris subditos moderentur.” 参见 Williams, *op.cit.*, 第158页及其后,特别是第225页及其后,*Magna digressio de voce ‘sanctus’*(“‘神圣者’用语长篇漫谈”),该文解释了这段内容(譬如,“in Greca lingua quod dicitur *hagios* quasi extra terram esse significat”[“在希腊语中,说‘神圣’就像是说存在于地上之外”])。也可参见 Peter of Blois:“... sanctus et christus Domini rex est nec in vacuum accepit unctionis regiae sacramentum”(“……国王是主的神圣受膏者,不徒受国王的膏油圣事[《哥林多后书》6 : 1]”); *PL*, CCVII, 440;参较 Eichmann, *Kaiserkrönung*, I, 208, n.74。相关内容可参见 Philipp Oppenheim, “Die sakralen Momente in der deutschen Herrscherweihe bis zum Investiturstreit”, *Ephemerides Liturgicae*, lviii (1944), 46f;以及 Leonid Arbusow, *Liturgie und Geschichtsschreibung im Mittelalter* (Bonn, 1951), 95, n.60。

⑤ Schramm, “Krönung in Deutschland,” 320, §19:“... quatenus mediator Dei et hominum te mediatorem cleri et plebis in hoc regni solio confirmet.” 另见 317, §14:“.... cum mundi Salvatore, cuius typum geris in nomine”(“……与救世主一起……因自己的名字而具有他的型像”)[此句原文为 quatenus haec in agendo virtutum triumpho gloriosus, iustitiaeque cultor egregius, cum mundi Salvatore, cuius typum geris in nomine, sine fine merearis regnare(为了做到这一点,你这位因正义的胜利而显赫的、卓越的美德培育者,配享与救世主一起永久统治,因自己的名字而具有他的型像)。参见 https://cyber/eninka.ru/article/n/etos-i-funktsii-korolya-v-ottnovsko-rannesalievskoe-vremya。——译者];以及 319, §17:“... cum redemptore ac salvatore Iesu Christo, cuius nomen vicemque gestare crederis”(“……与救赎者和拯救者耶稣基督一起……你被认为具有他的名字和占据他代理人的位置”)。有关国王作为 *sacerdotalis ministerii particeps*(圣职的分享者),也可参见 Schramm, “Austausch,” 425ff, 450。*personam Christi gerere*(具有基督的位格)以及类似的表述是“impersonate, represent”(“化身、象征”)在神学领域的专门用语,“具有基督的位格”正是在上述意义上被用在教皇庇护七世的教皇通谕《上帝的中保》(*Mediator Dei*)中,以界定圣职者在礼仪中的作用;参见 Joseph Pascher, “Die Hierarchie in (转下页)

在基督论的典范说里，国王一直被称为“基督的型像”
89 (*typus Christi*)。⑥这种典范说实际上隐含着国王职位有两个方面，一个是本体性的，另一个是功能性的，二者都反映在中世纪统治者经常被擢升的荣衔中：“基督的形象”(Image of Christ)和“基督的代理人”(Vicar of Christ)。前一称号更多地指称国王的存在本质，而后一称号从法理上强调了国王的治理职能，并主要是指涉他的作为。这两个称号本身都没有特指国王的两个身体，或断言统治者和神-人基督之间有任何“性体论上的”相似。但是，只要这些把统治者和基督关联起来的称号传开来，那么，国王就会以“双生人格”出现(至少潜在如此)，它类似于神人二性之原型所具有的两种本性，也是所有尘世王权的原型。然而，当中世纪盛期的称号“国王即基督的形象”和“国王即基督的代理人”，成为过眼烟云，让位于“国王即上帝的形象”和“国王即上帝的代理人”，国王两种性质与基督两种性质之间那种不过是潜在的关系也会最终丧失掉。

可以确定的是，拿君主比作上帝或上帝代理人的观念，是

(接上页) sakramentaler Symbolik," *Episcopus*, 278ff。当然，主教被视作国王与民众之间的中保并不少见；例如，可参见 Hugh of Fleury, *Tractatus de regia potestate et sacerdotali dignitate*, I, c.10, *MGH*, *LdL*, II, 477, 43ff。

⑥ 弗莱辛的奥托(Otto of Freising)给出了一个令人印象深刻的例子，*Gesta Friderici*, II, c,3, ed. G. Waitz (*MGH*, *SS. rer. germ.*, 1912), 105,7ff，文中他介绍了一位国王(腓特烈一世)与一位主教(明斯特的腓特烈)在亚琛的二重祝圣礼(1152 年 3 月 9 日)：同一天，同一个教堂，同一个典礼执事，两位“主的受膏者”(*chrisiti Domini*)被涂油，两位拥有同样的名字，至高的国王兼大祭司(*summus rex et sacerdos*)本身即基督莅临了典礼。参较 Arbusow, *Liturgie und Geschichtsschreibung*, 26ff，作者正确地指出，弗莱辛的奥托(Otto of Freising)仍在执着于往昔的理念。

受古代统治者崇拜仪式以及圣经的支持的。[7] 因此,种种神的称号和隐喻,在整个中世纪都可以找到。最终在9世纪后期,随着国王职位圣职化的开始,在加冕典礼语言及相关王权礼仪理念的影响下,"国王基督"称号开始占据主流。"上帝的代理人"和"基督的代理人"之间的差异,可能并不总是那么明显,甚或根本就感觉不到。[8] 然而,在"上帝的代理人"称号似乎为惯例的加洛林时代之后,对"基督的圣职者"这一称号的 90
偏爱,在以基督为中心的奥托时代以及早期萨利安时代变得日益明显,变化着的虔敬模式和宗教的总体情绪在这一时期

⑦ "人即上帝的形像(代理人)"(*homo imago* [*vicarius*] *Dei*)与"国王即上帝的形像(代理人)"(*rex imago* [*vicarius*] *Dei*)两个观念的融合,已经由所谓的伪托安布罗斯完成了,这是一段历时较长而又错综复杂的历史;参见 Kantorowicz, "Deus per naturam," 264ff,文中多次提及。伪托安布罗斯对于后世观念发展的重要意义,伯格斯(Berges), *Furstenspiegel*, 26f 有所强调。另见 G. B. Ladner, "The Concept of the Image in the Greek Fathers and the Byzantine Iconoclastic Controversy", *Dumbarton Oaks Papers*, VII (1953), 1-34。

⑧ 有关加冕"典礼仪式"(*Ordines*)对语言和思想的影响,诺曼佚名著者的相关论述是最重要的例证;参见 *MGH*, *LdL*, III, 677ff。要说米歇尔·马卡罗内(Michele Maccarrone, *Vicarius Christi: Storia del titolo papale* [Lateranum, N.S., XVIII, Rome, 1952])没有注意到这两种名衔的区别是不对的,但他忽视了历史的蕴意和一个荣格曼(Jungmann)曾敏锐讨论过的相关问题(上面第三章注86)。这一基督论问题被伯格斯(Berges)明确提出来,尽管他并无意详加讨论,参见他的 *Fürstenspiegel*, 26ff。关于 *vicarius Dei* (*Christi*)(上帝[基督]代理人)的文本,由J.里维埃(J. Rivere)辑录于 *Le problème de l'éiglise et de l'état au temps de Philippe le Bel* (Louvain, 1926), 435ff,在马卡罗内的系统性研究中被讨论,这一研究也填补了A.哈纳克(A. von Harnack)的有名研究(*Christus praesens—Vicarius Christi* [S. B. Berlin, 1927, No. XXXIV],415-446)在讨论此问题时留下的缺漏。有关基督论和统治权的相互关联,参见 G. H. Williams, "Christology and Church-State Relations in the Fourth Century", *Church History*, XX (1951), No. 3,3-33, and No.4,3-26。

值得注意。[9] 当基督的代牧者职务被认为是教阶制中的特权地位，当人们问道“皇帝们到底在何处获得了基督的地位”，[10] 最后当“基督的代理人”称号成为罗马教皇的专用名，“上帝的代理人”和“基督的代理人”这两个称号之间的区别最终变得显著起来，并由此具有了历史意义。

一如常例，政治的、宗教的和理智的生活中的多股力量，共同促成了这一总体转变，消解了以基督为中心的王权的形象。在叙任权之争的影响下，加冕典礼圣职按立仪式的魅力日渐式微。一方面在瓦解属灵权威、教会权限和入教仪式的世俗影响力上，另一方面在使属灵力量成为类似帝权者上，叙任权之争明确发挥了它的作用。然而，12 世纪的教义-神学朝着确立基督在圣事上真正在场的方向发展，也就重新突出了古代的一个观念，即基督的在场是以圣职者的身份在场的，圣职者是要作为他代理人来主持弥撒的。[11] 此外，教会法研究这股新兴推动力也崭露头角。格兰西《教会法汇要》(*Decretum*
91 *Gratiani*)引述了两处地方，将主教和圣职者视同于“基督的代

---

[9] 在 Maccarrone, *op.cit.*, 79f 收集的加洛林时代的诸例子中，只有一个提到统治者是基督代理人(Smaragdus, *Via regia*, c.18, *PL*, CII, 958)，当然，我们事实上也可以找到更多的例子(参见上面注 3)。从“上帝代理人”(*vicarius Dei*)到“基督代理人”(*vicarius Christi*)的变化可以在 9 世纪晚期看到，它是伴随着国王职位的圣职化(根据 Schramm, “Austausch,” 404f 中提到的“圣职的模仿”[*imitatio sacerdotii*])，伴随着典礼仪式用语和修士敬虔精神而来的。

[10] *De ordinando pontifice*, *MGH*, *LdL*, I, 14, 4: “Ubi enim inveniuntur imperatores locum Christi obtinere?”

[11] Pascher, “Die Hierarchie in sakramentaler Symbolik,” 285f; J. Geiselmann, *Die Eucharistielehre der Vorscholastik*, Forschungen zur christlichen Literatur-und Dogmengeschichte, XV, 1-3 (Münster, 1926).

理人”，一处出自耶路撒冷的赫西克（Hesych of Jerusalem），另一处出自伪托安布罗斯；[12]这一事实推动了教令法研究者们敷陈“基督的圣职者”这一指称，尽管并非一定是从教皇意义出发的。

> 说只有教皇是基督的代理人的那些人，现今在哪里呢？就权力完满性而言，确实只有教皇是基督的代理人；但除此之外，每一位圣职者都可以是基督和彼得的代理人……[13]

---

[12] 参较 c.35，D.3，*De penitencia*（C.33，q.3），ed. Friedberg，I，1222：“... quos [sacerdotes] Christus vicarios suos in ecclesia constituit”（“他们[圣职者]是基督在教会立下的他的代理人”）（赫西克[Hesych]），《标准注释》对此的解释：“甚至身份低的圣职者”（“sacerdotes etiam simplices”）。还有伪托安布罗斯 c.19，c.33，q.5，ed. Friedberg，I，1255f：“Quasi ergo ante iudicem Christum，ita ante episcopum sit，quia vicarius Domini est ...”（“因此，在主教面前犹在大法官基督面前，因为主教是基督的代理人……”）引述了这两处内容的马卡罗内（Maccarrone，*op.cit.*，106），还增引了一处 c.13，C.33，q.5，Friedberg，1254，它出自伪托安布罗斯 CVI，17（cf. Kantorowicz，“Deus per naturam，” 265，n.40），这段内容提到，人总的来说拥有“类似上帝代理人身上的上帝统治权”（“imperium Dei quasi vicarius eius”），但格兰西《教会法汇要》删除了下面这句：“因为所有的国王都拥有上帝形像”（“quia omnis rex Dei habet imaginem”）。这句话有伪托安布罗斯学说的特征，把国王看作是上帝的代理人和基督的圣职者。伪托安布罗斯在教会法文献中值得特别探究。在《教会法汇要》中，伪托安布罗斯被多次参引（参见 Friedberg，p. xxxiv，s，v. Augustinus，*Questiones veteris et novi testamenti*；Friedberg，p.xxxii，s.v. Ambrosius，*In S. Pauli epistolas* 的引述内容其实还可以加上去，因为它们也是伪托安布罗斯写的。参见第三章注 24），而且弗里德伯格（Friedberg）对那些内容的注释表明夏特尔的伊沃、卢卡的安瑟伦、伦巴第人彼得，以及 *Collectio Caesaraugustana* 和 *Collectio trium partium*，都直接或间接地引述过伪托安布罗斯。因此，诺曼佚名著者可以很容易了解到那些著作，通过法律的文献而不是文学的文献；cf. Williams，*Norman Anonymous*，175ff。

[13] Maccarrone，*op.cit.*，106，n.87；cf. 107，n.89.

1187—1191年间，比萨的胡古奇奥（Huguccio）在《教令大全》中评注伪托安布罗斯时如是写到。从字里行间可以看出，到胡古齐奥的时代，几乎完全把“基督的代理人”称号用于教皇身上，已经是不争的事实了。大约10年后，教皇英诺森三世对“权力完满性”观念作了更加严格的限定，在这一观念上，甚至胡古奇奥也不否认，只有教皇才有权力称自己为基督的代理人。随着英诺森三世教令的颁布，教皇“基督的代理人”称号首次出现，不是在公共语言中，而是在教会法的汇编之中。[14] 从那以后，教令法注释家、神学家和经院哲学家，完全从教皇的意义出发着力诠释这个称号，直到今天这个称号基本还在沿用。[15] 相反，罗马法学者们则依赖罗马法和罗
92 马作家如塞涅卡和韦格蒂乌斯（Vegetius）的术语，几乎无一例外地称皇帝为“人间的上帝”（*deus in terris*）、“地上的上帝”（*deus terrenus*），或者现世的上帝（*deus praesens*）。显然，他们基于自己的视野推定，君主首先是上帝的代理人。用“基督的代理人”来指称君主的这种表述，就根本不会出现在他们的用语范围内。[16] 因此，以基督为中心的王权理念，便在罗马法的

---

⑭ Maccarrone, 119ff.

⑮ Maccarrone, 118ff, 129ff.

⑯ 通常，典引出处是 *D*. 35，2，1，5（*lex Falcidia*：“... quae Deo relinquuntur”[“……为上帝所赐的”]），《标准注释》是这样评述的：“天上的，等同于地上的”（“celesti，idem in terreno”），*D*.14，2，9（《罗得法》[*lex Rhodia de iactu*]中皇帝这样称呼自己：“朕乃尘世之主”[“Ego quidem mundi dominus”]），或者 *C*.7，37，3，5（*de quadriennii praescriptione*：“... nutu divino imperiales suscepimus infulas”[“藉由神圣意志，我们领受了皇帝权标”]），当然还有别的与此相关的内容。例如巴尔都斯，他也采信了这些内容，经常引入他的 *Deus in terra*（*terris*）*Nov*.105，24，说皇帝是活的法律（*lex animata*）；譬如可 （转下页）

影响下消解了。自此，教皇的“尘世的基督”[17]称号与皇帝的“尘世的上帝”称号并显于世。作为“臣民之父”（*pater subjectorum*），君主确实禀受了与天国中那不可见之父的几分相似；[18]不过，道

（接上页）参见 *Consilia*，I，333，n.1，fol.105，另外还有 Gierke，*Gen.R*，III，563，n.122 所引用的一些内容。其他经常被提到的引文出自 Seneca，*De clementia*，I，1，2："[Ego，Nero，]... qui in terris deorum vice fungerer"（[朕，尼禄，]……担当神在地上的代理人），这席话经常被腓特烈二世引用（尽管不是逐字逐句），*Lib. aug.*，prooem.，ed. Cervone，4，Marinus de Caramanico 的注释本，v. *Velut executores*；参较 A. Marongiu，"Concezione della sovranità ed assolutismo di Giustiniano e di Federico II"，*Atti del Convegno Internationale di Studi Federiciani*（Palermo，1952），43，n. 70，以及"Note federiciane，" *Studi Medievali*，XVIII（1952），298。被引用的还有 Vegetius，*De re milit.*，2，5："... nam imperator cum Augusti nomen accepit，tamquam praesenti et corporali deo est praestanda devotio"（"因皇帝接受了奥古斯都名号，他便以肉身之神在场，被奉作神明"）；例如可参见 Andreas of Isernia，on *Authentica* '*Habita*'（参较 *MGH*，*Const.*，I，249，No. 178），n. 3，in *In usus feudorum commentaria*（Naples，1571），fol. 318 以及 Gierke，*loc. cit.* 引述的地方，还有 John of Salisbury，*Policraticus*，IV，c.1，and VI，c.7，ed. Webb，I，235f and II，20。许多法律史料中的相关内容可见于 M. A. Peregrino，*De privilegiis et iuribus fisci*，I，2，n.46，and I，3，n.2（Venice，1587），pp.26 and 52（Venice，1611），fols.7 and 14^v，多数情况用于不承认有上位者的诸国王；另见 Andreas of Isernia，on *Feud.* II，56（'Quae sunt Regalia'），n. 63，fol. 301："et dicitur 'nostri numinis，' quia Imperator vel Rex in Regno dicitur habere numen divinum，quia est in terris sicut Deus in coelo，inde dicitur rescriptum suum coeleste oraculum ..."（"并被说成'我们的神的'，因为，掌权的皇帝或国王据称拥有神性，因为他在地上就如同天上的主，他的典章敕令即是天上神谕……"）

⑰ 参见出自威兰诺瓦的阿那德（Arnald of Villanova）的这段内容，收录于 Carl Mirbt，*Quellen zur Geschichte des Papsttums und des römischen Katholizismus*，4th ed.（Tübingen，1924），211，no.373。

⑱ 常被引用的这一内容出自 *Nov.* 98，2，2："hoc post deum communis omnibus pater（dicimus autem qui imperium habet）per legem ... servet"（"这位仅次于神的全体臣民之父[我们还称之为拥有帝权者]……是依法律要捍卫的"）。参见 *Glos.ord.*，v. *Dicimus autem*；以及 Marinus de Caramanico，on *Lib. aug.*，I，74，v. *Post Deum*，ed. Cervone，134；还有 Andreas of Isernia，on *Lib. Aug.*，prooem.，ed，Cervone，6："Rex est pater subiectorum in regno suo"　（转下页）

93 成肉身的基督或神-人（God-*man*）的代理人就是教皇这位司祭——教阶制中的至高者。

这些中世纪后期的称谓变化，隐微难察却很能说明问题，它们是西方宗教情感深层演变的表征。在圣方济各时代之后，官方的和大众的宗教虔敬变得既更为属灵化也更为世俗化。与之相应，基督论诸概念发生了一种难以捉摸但又显而易见的转变。人和上帝的关系从以客体为中心的神秘性的“实在论”，退到了中世纪后期以主体为中心的带有神秘主义特征的内在朦胧状态。这些变化在图像学领域极为明显，神-人基督只要不是纯粹以肉身来表现，就几乎和圣父无法区别，越到中世纪后期越是如此。[19] 在政治领域内，偏重基督论—礼仪的王权概念让位给了偏重神政论—法学的施政观念；与此同时，后期统治者标榜自己所效仿的神圣模式里，神的“人性面”逐渐隐退，王权的类圣职性和礼仪式的本质也随之消解。也就是说，与早期“礼仪”王权相反，中世纪后期从“神圣权利”而来的王权，仿照的是天国的圣父而非祭坛上的圣子，重心在

（接上页）（“国王在自己王国是臣民之父”）。安德烈亚斯在他注疏 *Lib. aug.*, III, 26, Cervone, 355 时写道：“君主即立法者，是地上活的法律……是臣民之父”（“Princeps legislator, qui est lex animata in terris ... est pater subiectorum”），并提到了 *C.*3, 28, 34, 1：“Sed nos qui omnes subiectos nostros et filios et nepotes habere existimamus adfectione paterna et imitatione ...”（“但是，凭借父的爱和对他的模仿，自认为拥有所有臣民及子孙后代的我们……”）。有关“臣民之父”这一观念的起源，可参见 A. Alföldi, “Die Geburt der kaiserlichen Bildsymbolik: 3. Parens patriae”, *Museum Helveticum*, IX (1952), 204－243，以及 X (1953), 103－124。

⑲ 尽管这一事实本身是为人悉知的——例如，可参见 V. Leroquais, *Les sacramentaires et les missels manuscrits* (Paris, 1924), I, p. xxxvii, and pl.87，这些地方“荣耀之王”看上去就像圣父上帝——但是这一发展过程本身以及它与基督论演变之间的关联似乎没有得到探究。

于法律哲学而非(停留于古代的)二性基督的性体论。

这一变化并不唐突。事实上,它就像历史上多数嬗变一样隐微难察。然而,从早期礼仪的王权过渡到中世纪后期神圣权利的王权,又确实经历了一段发展轮廓清晰的时期。在这一过渡时期,国王的中保身份尽管已经异乎寻常地世俗化了,但依然留存了下来,而国王即圣职者的观念在这一时期也披上了法律的外衣。内在于国王双重人格观念中的国王"模 94
仿基督(*christomimēsis*)"这一早先的本体论,可能变得苍白无力了,但王者基督那种犹如孪生的双体观念从功能上来看依然活跃,它现身于国王与法律、正义的关系中,这种双体观念取代了王者早先在礼仪和祭坛上的地位。

当诺曼佚名著者撰写那些挑战性的文章时,法学作为一门学问还刚刚问世,影响力显然有限。半个世纪后的1159年前后,当索尔兹伯里的约翰写作《论政府原理》时,尽管中世纪思想的模式尚未倾覆,但法律用语已然浸透进了学术语言,法律概念亦被频繁使用。[20] 虽然索尔兹伯里的约翰不是一位专

---

[20] 对《论政府原理》及其本体论特质简练而深刻的分析,参见 Berges, *Fürstenspiegel*, 131－143, 而反观 W. Kleineke, *Englische Fürstenspiegel vom Policraticus Johanns von Salisbury bis zum Basilikon Doron König Jacobs I.* (Studien zur Englischen Philologie, Heft xc, Halle,1937), 23－46,则研究得不够深入。汉斯·利伯施茨(Hans Liebeschütz), *Mediaeval Humanism in the Life and Writings of John of Salisbury* (Studies of the Warburg Institute, XVII, London, 1950),是最新的研究,但基本上没有涉及这里谈的问题。有关参考文献,参见 Berges, *op.cit.*, 291－293,下面几项研究也可列入:Fritz Schulz, "Bracton on Kingship", *EHR*, lx (1945), 164ff,以及 W. Ullmann, "The Influence of John of Salisbury on Mediaeval Italian Jurists", *EHR*, LIX (1944), 384－393,还有 Ullmann, *Lucas de Penna*, Index, s.v. John of (转下页)

业法学家，不过他在运用查士丁尼法典和格兰西教令时的游刃有余，丝毫不亚于他运用卷帙浩繁的古典著述和教父著作。

在《论政府原理》第四卷开篇常为人征引的几章里，索尔兹伯里的约翰阐述了"国王即正义的形象"（*rex imago aequitatis*）的学说。把国王比作"公正的形象"或"正义的形象"并非什么新鲜事；[21]它既不会使"国王是基督的形象"这一
95 观念失效，也不会使其弱化，毕竟"基督本人就是正义"。[22]索尔兹伯里的约翰的说法只是对古老论题稍加变动，是统治者所代表的基督身上发生的看似并不重要的一个转变，即从偏重基督的礼仪方面转向了偏重基督的法律方面。变化在索尔兹伯里的约翰那里之所以如此醒目，就在于他将罗马法的准则融入了他独特的思想体系，圣职统治的特征和人文主义的特征在这个体系中共存。

（接上页）Salisbury；通过彭纳的卢卡斯和艾弗利多的马泰奥（Matthaeus de Afflictis），《论政府原理》一书，尤其是伪托普鲁塔克（Pseudo-Plutarc）章节，对后来法国法学家产生了很大的影响；对普鲁塔克问题的讨论，参较 H. Liebeschütz, "John of Salisbury and Pseudo-Plutarch", *Warburg Journal*, VI (1943), 33 - 39，他认为伪托普鲁塔克就是索尔兹伯里的约翰本人，令笔者信服；还可参见 A. Momigliano, "Notes on Petrarch, John of Salisbury and the *Institutio Traiani*", ibid., XII (1949), 189f。有关新旧观念如何在《论政府原理》中融汇，可参见 John Dickinson, " The Mediaeval Conception of Kingship as Developed in the Policraticus of John of Salisbury", *Speculum*, I (1926), 307 - 337。

㉑ 这些比喻最简明的表述形式无疑是"活的法律"（*lex animata*）和"活的正义"（*iustitia animata*）；参见下文。路易斯·罗伯特（Louis Robert），*Hellenica* (Paris, 1948), esp. vol.IV 中还有一些相关表述，他给出了许多古代后期官员题词的例子，它们对于理解中世纪政治思想也是极为有益的史料；参见前面第三章注 90 引用过的拙文。

㉒ Honorius Augustod., *Elucidarium*, III, 19, *PL*, clxxii, 1150A.

索尔兹伯里的约翰试图解决对我们来说自相矛盾的情形,或者说他在努力削足适履。他笔下的君主既有绝对的权力,又受到法律的绝对限制。这种所谓自相矛盾的本质,反映在了一个章节的标题中:

> 君主尽管不受法律的约制,但却是法律和公正的仆人。他禀受公共人格,生杀予夺而不遭谴罚。[23]

罗马法格言宣称君主"不受法律约制"(*legibus solutus*),索尔兹伯里的约翰没有否认它的内在有效性,因为,他眼中的君主确实不受法律约制。然而,这并不意味着君主可以肆意妄为。君主不受法律的约束和限制,那么他也应免于罪罚的桎梏。君主是自由而不受法律约制的,因为他"被寄予希望去基于天生的正义感而行事",[24]也因为他出于义务(*ex officio*)必定要尊重法律和公正,这种尊重是出于他对正义本身的热爱,而不是因为他害怕受到惩罚。[25] 作为法官他有生杀之权而不遭谴罚,因为他所作所为皆出于"公共效用的治理者"身份,是为了谋公共之福祉。他是"公共人格"(*persona publica*),

---

[23] IV, c.2, ed. Webb, I, 237:"Quid lex; et quod princeps, licet sit legis nexibus absolutus, legis tamen servus est et aequitatis, geritque personam publicam, et innocenter sanguinem fundit."

[24] Ullmann, "Influence of John of Salisbury," 389.

[25] *Policraticus*, IV, c.2, ed. Webb, I, 238,2ff:"... dicitur absolutus, non quia ei iniqua liceant, sed quia is esse debet, qui non timore penae sed amore iustitiae aequitatem colat ..."("说他免了[罪罚],不是因为不公正之事于他是允许的,而是因为他理应成为这样一位君主:他崇敬公正不是因他害怕惩罚而是因他热爱正义……")

并以公共人格行事。拥有权能的他被寄予希望，能从公共事务（*res publica*）而非他私人意志（*privata voluntas*）的角度考虑所有问题。因此，当罗马法主张君主的意志具有法律效力
96 时，并不是针对君主私人的武断意志，而是针对他作为公共人格的意志。[26] 君主作为公共人格服务于公共效用，于是这位“公正的形象”（*imago aequitatis*）的禀受者，同时也就成了“公正的仆人”——“君主是公正的仆人”（*aequitas servus est princeps*）。[27]

索尔兹伯里的约翰将“公共人格”和“私人意志”两相对照，似乎暗含了君主有作为公共人格和作为私人人格的分别。有的理论也许会认为，作为私人人格的君主位处法律之下，“受法律约制”（*legibus alligatus*）；而作为公共人格的他高于法律，不受法律约制。不过，这不会是索尔兹伯里的约翰的结论。与诺曼佚名著者一样，索尔兹伯里的约翰对作为私人人格的君主并不感兴趣，至少对与之相关的论题不感兴趣，因为每一个私人人格无论如何都处于法律之下。他感兴趣的是君主的公共人格这一从罗马法借鉴过来的奇特观念，中世纪后

---

[26] 整段内容（p.238）都在讨论“意志”（*voluntas*）的不同形态，以及私人意志与公共意志的区别。

[27] “Eius namque voluntas in his vim debet habere iudicii; et rectissime quod ei placet in talibus legis habet vigorem, eo quod ab aequitatis mente eius sententia non discordet ... Judex etenim incorruptus est cuius sententia ex contemplatione assidua imago est aequitatis. Publicae ergo utilitatis minister et aequitatis servus est princeps, et in eo personam publicam gerit”（“事实上，他的意志在这些事务上应该拥有判决效力；因为他的判决不会偏离公正精神，他想要在这些事务上拥有法律效力是极为正当的……的确，不会腐化的法官，是出于深思熟虑来下判决并作为公正形象的那种法官。因此，君主是公共利益的仆人，是公正的仆人，以自己的公共人格在担当”）。

期以降的政治理论都围绕着它展开。从《论政府原理》的这些章节里，我们可以在君主的公共人格身上看到一股内在张力：作为公共人格的君主，既受法律约制，又不受法律约制；既是“公正的形象”，又是“公正的仆人”；既是法律的主人，又是法律的仆役。这种二重性是在君主的职位本身上，这是索尔兹伯里的约翰依据罗马法典中两部相互矛盾的法律——“君王法”（*lex regia*）和“价值法”（*lex digna*）几乎必然会得出的一个结论。[28][*] 稍后，我们会对其作出解释。

可以说，索尔兹伯里的约翰描述的君主并不是普通意义上的人。只要他是君主而不是一位暴君，他便是“完美”。按中世纪的标准说法，再加上新的法学意义，君主就是那受限于法律的正义理念本身，正义理念因为是一切法律的旨归而又高于法律。不是君主在统治，而是正义通过君主在统 97
治，君主只是正义的工具，同时君主也是“活的法律”，只不过索尔兹伯里的约翰并没有引用查士丁尼的话这样表述过。

今天，所有这一切或许显得晦暗模糊了，但即使在模糊之中我们也应认清由法律映射出的国王“双生人格”，以及从礼仪领域过渡到法学领域的国王中保观念。

㉘ “价值法”被引用的地方是 IV, C, 1, Webb, 237, 1ff。有关“君王法”和“价值法”，参见下文。

* 一般认为，lex regia 起源于罗马王政时期，经共和时期而延续至帝制时期，据称是由国王或皇帝颁布的制定法，强调罗马人民将立法权等权力自愿让渡给了国王或皇帝，也被译作“王权法”；lex digna 是查士丁尼《法学阶梯》中的一条敕法，因该法首个短语是 Digna vox（有价值的话语）而被称作 lex digna。出于行文方便考虑，我们将其译为“价值法”。——译者

腓特烈二世

正义的父和子(PATER ET FILIUS IUSTITIAE)

索尔兹伯里的约翰之后的两代,法律思想无疑已经占优于礼仪的精神:法学现在感到有必要创造出它自己的世俗精神。

从法律当中出现的"混成人格"(*persona mixta*)新形态,它的"权威出处"(*locus classicus*)是西西里法律的宏大汇编《奥古斯都宪法》(*Liber augustalis*)。该汇编是腓特烈二世于1231年在梅尔菲(Melfi)作为罗马皇帝颁布的,其实,颁布该法也处于"西西里之王"的权限内,因为这样的王是真正能够作为"自己王国里的皇帝"(*imperator in regno suo*)来行使权能的。[29] 宪

---

[29] 腓特烈二世在他的王国作为皇帝出版了他的法律,事实上他也是13世纪唯一严格遵循新格言"国王是自己王国里的皇帝"(*Rex est imperator in regno suo*)的统治者。有关西西里王国这一新格言的发展,参见Francesco Calasso, *I glossatori e la teoria della sovranita* (2nd ed., Milan, 1951),作者(在第26页及其后)回顾了早期文献,并(在第179页及其后)还转载了卡拉马尼科的马里努斯(Marinus de Caramanico)注疏《奥古斯都宪法》的序言;另见*Liber aug.*, ed. Cervone, pp. xxxiii-xl;当然,同样的观念也在伊塞尼亚的安德烈亚斯为*Liber aug*, ed. Cervone, pp. xvii-xxxii所作"集注"(*lectura*)的序言中得到阐发。该表述和类似表述的起源问题,塞尔吉奥·莫基·奥诺里(Sergio Mochi Onory),在他的*Fonti canonistiche dell'idea moderna dello stato* (Pubblicazioni dell' Università del Sacro Cuore, XXXVIII, Milan, 1951)中阐释得很清楚;还可参见盖恩斯·珀斯特(Gaines Post)极为重要的文稿(基于莫基·奥诺里[Mochi Onory]没有用过的法律史料)和订正,"Two Notes on Nationalism in the Middle Ages: II. Rex Imperator", *Traditio*, IX (1953), 296-320;还可参见他的研究,"Blessed Lady Spain—Vincentius Hispanus and Spanish National Imperialism in the Thirteenth Century", *Speculum*, XXIX (1954), 198-209。

法第一卷第三十一章题为“论遵循正义”，[30]从法学和哲学的角度不仅探讨了皇帝立法权的来源，而且阐述了皇帝保护和遵守法律的责任。当然，这些话题是那个时代的法学家们频繁论述的，没有人会质疑被视作“正义之源”的君主所享有的特权和所负有的义务。[31] 不过，《奥古斯都宪法》却能简明扼要地融会当时的各种理念和说法，腓特烈的表述措辞给人印象深刻，以至于注释法学者伊塞尼亚的安德烈亚斯（Andreas of Isernia）感叹道：这部法律表述精妙（*Pulchre dictata est haec lex*）。[32] 后来的注释法学者艾弗利多的马泰奥（Matthaeus de Afflictis）建议，由 98

[30] *Lib. aug.*, I, 31, ed. Cervone, 81（这个版本收录了各种注释，通览这些注释时都会使用这个版本）；参见 Huillard-Bréholles, IV, 33；以及 Theseider, *L'Idea imperiale*（参较下面注 44），179。

[31] 有关“正义之主”（*magister iustitiarius*）的职责和“大议庭”（*Magna Curia*）的法官，参见 *Lib. aug.*, I, 38, Cervone, 85f。该法的开场白模仿了 *C*.1, 17,2,18；最后一句（“a qua [sc. Curia], velut a fonte rivuli, per regnum undique norma iustitiae derivetur”）（“从那里[即大议庭]，犹如从溪水的源泉，正义的规范流向王国的各处”）重复了法学家们所运用的比喻（参见 *Erg. Bd.*, 84f），例如普拉岑提诺（Placentinus）和卡普阿的托马斯（Thomas of Capua）就运用过，还有布拉克顿也运用过，他引述自 Azo, *Summa Institutionum*, on *Inst*. I, 1, rubr. (Lyon, 1530), fol.268v, ed. Maitland, *Bracton and Azo*（参见下面注 175），18。不过，这些法学家们所说的“所有法律源出于正义”（“Ex iustitia omnia iura emanant”），就隐含着大议庭或皇帝本人（下面注 133）就是人格化的 *Iustitia*（正义）。“*fons iustitiae*”（正义之源）的比喻在后来法国绝对主义下被何其频繁地引用，这一点值得思考。参见 William Farr Church, *Constitutional Thought in Sixteenth-Century France* (Harvard Historical Studies, xlvii; Cambridge, 1941), 38, n.50，以及 53, n..30，文中还有多处。

[32] 注释出自 *Lib. aug.*, I, 31, Cervone, 81，另见（ibid.）卡拉马尼科的马里努斯的注释：“这部宪法精妙，包含了普通法”（“et pulchra est haec constitutio, et continet ius commune”）。

于其措辞典雅，年轻人应该背下宪法全文。[33] 腓特烈在这部法律中回顾了古罗马公民所拥有的古代立法权，并声言：[34]

> 若无开诚之议和明智之辨，罗马公民就不会依“君王法”，将立法权和统治权赋予罗马皇帝。正是从罗马皇帝（依凭其权力对万民……统治）那里，正义之源才得以流
> 99 长；端赖于他，正义才得以维系。[35] 因此，未雨绸缪因效用之由而必需，可见，这位皇帝应既是正义之源，又是正义之盾，以免让法律强制力丧失了正义或正义丧失了法律

㉝ Matthaeus de Afflictis, *In Utriusque Siciliae Neapolisque sanctiones et constitututiones novissima praelectio* (Venice, 1562), I, fol.147^{r}, on *Lib. aug.*, I, 31, rubr.: “Ista constitutio est multum elegans, et tota esset memoriae commendanda a iuvenibus, et continet ius commune”（“这部宪法很典雅，推荐年轻人背下宪法全文，它还包含了普通法”）。参较上面注 32。

㉞ “Non sine grandi consilio et deliberatione perpensa condendae legis ius et imperium in Romanum Principem lege regia transtulere Quirites, ut ab eodem, qui commisso sibi Caesareae fortunae fastigio per potentiam populis imperabat, prodiret origo iustitiae, a quo eiusdem defensio procedebat. Ideoque convinci potest non tam utiliter quam necessario fuisse provisum, ut in eiusdem persona concurrentibus his duobus, iuris origine scilicet et tutela, ut a iustitia vigor et a vigore iustitia non abesset. Oportet igitur Caesarem fore iustitiae patrem et filium, dominum et ministrum: Patrem et dominum in edendo iustitiam et editam conservando, sic et in venerando iustitiam sit filius, et in ipsius copiam ministrando minister.”

㉟ 参较 *Quaestiones de iuris subtilitatibus*, I, 16, ed. H. Fitting (Berlin, 1894), 56: “Qui enim nomen gerit inperii, gerere debet auctoritate quoque eiusdem, qua tuenda sunt eadem iura, que sunt ab ea profecta.”（“享有帝权之名者，也应享有同样的权威之实，靠着这权威，其法律得以颁行和被看护。”）有关 12 世纪这篇短论的作者身份（可能是普拉岑提诺），参见下面注 57。这段内容也刊载于 Sergio Mochi Onory and Gianluigi Barni, *La crisi del Sacro Romano Impero: Documenti* (Milan, 1951), 150，文中似乎认为短论是佚名作品。

> 强制力。[36] 因此，皇帝必须同时是正义的父和子、主和仆。他在创造正义并保护已经创造之物时是父和主；同样地，皇帝作为正义之子，须敬重她，尽职尽心侍奉她。

词义对用(antiphrasis)“正义的父和子”(*pater et filius Iustitiae*)似乎成了新的惯用法，这种理智化家长的比喻，通行于那个时代法学家们当中。皇帝是“法律之父”(*pater legis*)，正义是“法律之母”(*mater iuris*)，法律本身是“正义的臣或子”(*minister vel filius Iustitiae*)，所有这些都可以在同时代的法律文献中看到。[37] 给《奥古斯都宪法》的语言增添魅力的，

---

[36] 罗马法的影响力不仅仅表现在“君王法”和“奎里蒂法”(Quirites)上。有关 *vigor*(强制力)和 *iustitia*(正义)这两个词，可参见 *C*.10，1，5，2，包括《标准注释》对“强制力”词条(v. *vigorem*)的解释：“有正义之强制力的人便是君主，因此被说成是活的法律”(“id est principem, qui est vigor iustitiae, unde dicitur lex animata [= *Nov*.105]”)。这仍然是标准解释；例如，可参见 Andreas de Barulo, on *C*.10, 1, 5, n.5 (*Commentaria super tribus libris Codicis*, Venice, 1601), p. 6：“Imperator est vigor iustitiae ..., ubi dicitur lex animata. Et iura dicuntur ab eo oriri ... et in pectore suo esse ... Et pater est legum ...”(“皇帝是正义的强制力……[引用了 *Nov*.105]，被称作活的法律。法律可说是从他而来……并且在他的胸中……他是法律之父……”)《奥古斯都宪法》参引的正是这条法律，而不是另一句名言——君主的“意志有法律的效力”(*voluntas legis habet vigorem*)。

[37] 有关 *pater legis*(法律之父)，参见 *Nov*.12, 4：“... aestimavimus recte se habere nos tamquam legis patres”(“……我们正当地视自己恰如法律之父”)(复数是表现威严的一种形式)，包括了 *Glos.ord.*, v. *Patres*：“Nota imperatorem vocari patrem legis, unde et leges sunt ei subiectae”(“可以看到，皇帝被称作法律之父，因此，法律是服属于他的”)，后面再次(参见上面注 36)跟着 *Nov*.105(皇帝是活的法律)的表述。注释法学者们反复提到“法律之父”这一称谓；可参见 *Glos. ord.* on *Nov*.99,2, v. *Dicimus autem*，以及下面注 38。有关作为“法律之母”(*mater iuris*)的“正义”(*Iustitia*)，可参见 *Glos.ord.* on *D*.1,1,1，也可参见下面注 60 和 69；但正义的这种形象被一再重复；参见 Ullmann, “Baldus,” 389, n. 9。有关 *minister et filius*(臣和子)，还可参见 *Glos.ord.* on *D*.1, 1, 1, v. *Et iure*：“ius iustitiam prosequitur ut minister vel filius”(“法律如同臣或子一般与正义随行”)。

除了这些明显的悖反，主要还是这些比喻用在了在世皇帝身上。此外，在腓特烈庄重的法令中，两条“轨道”似乎重叠了，一条是法律的，一条是神学的。毕竟，这些文献来自那段“法学效仿神学”之思潮如日中天的时候。因此，帝国法律中那股准神学的潜流，并不会显得那么突兀难料，它自然也躲不过后来西西里法典注释者们的眼睛：马泰奥写道，皇帝行事“以既为父又为子的上帝为典范”（*exemplo Dei Patris et filii*），在此他也重提了罗马法的理念：皇帝是“法律之父”，同时也是“活的法律”。[38]

100 所有这些仍不能阐明《奥古斯都宪法》所创设的词义对用这一表述形式本身，而皇帝正是通过它被明确表现为“既大于又小于自身”（*et maior et minor se ipso*），这种身份是一种“中保”，是作为正义的父和子，由此，正义本身也同样被赋予了一个中保的地位：从寓意来看，她同时是皇帝的母和女。这种独特的措辞用语不是据典于罗马法的。毋宁说，独特用语让我们想到的是某些适用于君主的赞辞，这些赞辞或许也适用那些高位圣职者，他们有时就被称作“教会的子和父”（*filius et*

---

[38] Matthaeus de Afflictis, on *Lib. aug.*, I, 31, n. 8, fol. 147^{v}: "…exemplo Dei patris et filii, ut patet in psal. LXXI: 'Deus iudicium tuum regi da et iustitiam tuam filio regis.' Et ideo dicitur [imperator] *lex animata in terris*, ut in Auth. de consulibus. §.fin. [= *Nov.*105,2,4], et *pater legum*, ut in Authen. de fide instrum. in princ. [*Nov.*73, praef.]"（“……以既为父又为子的上帝为典范，如《诗篇》第73章[圣经和合本为《诗篇》72：1。——译者]所言：‘神啊，求你将判断的权柄赐给王，将公义赐给王的儿子’。因此，[皇帝]可像*Nov.*105,2,4中那样被称为‘地上的活的法律’，也可像*Nov.*73, praef.中那样被称为‘法律之父’[后一处实际上引用有误，参见*Nov.* 12,4以及上面注37]。”）

pater Ecclasiae)。[39] 不过，君主和正义之间关系的这种貌似悖反的表述形式，在腓特烈同时代人看来可能很容易引发别的联想：他们习惯于不仅听到将神圣贞女称颂为“童贞的母亲，你儿子的女儿”(*Vergine madre, figlia del tuo figlio*)，也习惯听到把基督本人称颂为圣母的父与子，韦斯(Wace)唱到，“我是你的父，我是你的子”，他只用了一个主旋律，由唱诗班的各种修饰变奏反复合唱。[40]

尽管不可否认，任何一种“对置互用”(*quid pro quo*)的表

---

[39] A. L. Mayer(其著作见下一个注)，p. 65，引用了泰根塞的弗洛蒙德(Froumund of Tegernsee)对皇帝亨利二世的“致敬语”(*susceptaculum*)：*filius ęcclesię ... pater aecclesię*(教会的子……教会的父)；参较 *Die Tegernseer Briefsammlung*, ed. Karl Strecker (*MGH*, *Epistsel.*, in; Berlin, 1925), No. XX, p.57；还可参见西奥博尔德(Theobald)伯爵的墓志铭，出自一份 Zürich ms(苏黎世手稿)(C.58/875, fol.8^{v})：*Ecclesiae matris filius*, *immo pater*(教会母亲的子，也是她的父)。看来很有可能，高位圣职者也被尊称为 *filius Ecclesiae*(教会的子)和 *pater ecclesiae*(教会的父)，即是他们自身职位和教堂之父。

[40] 词义对用的丰富史料已由安东·L.迈尔(Anton L. Mayer)整理和研究，可参见他的“Mater et filia”, *Jahrbuch für Liturgiewissenschaft*, VII (1927), 60–82 (*Toletanum*, XI: *ipse et pater matris et filius*，也可以加上；A. Hahn, *Bibliothek der Symbole und Glaubensregeln der alten Kirche* [2nd ed., Breslau, 1877], 176)，他在第81—82页指出，这种说话方式早期很少见，尤其是在拜占庭帝国，至12世纪由于对圣母玛利亚的虔信而变得普遍(因此圣伯尔纳用上面的话向圣母祷告，此话出自但丁《神曲·天国篇》第三十三章第一行)，并在“哥特时代”高度普及。Wace, *Je suis ton fil*, *je suis ton père*，参见第78页。另见 Helmut Hatzfeld, “Liturgie und Volksfrömmigkeit in den südromanischen Dichtersprachen”, *Jahrbuch für Liturgiewissenschaft*, XII (1935), 72。Jungmann, “Arianismus,” 81, n.31，引用了 L. E. Wels, *Theologische Streifzüge durch die altfranzösische Literatur* (Vechta, 1937), I, 33–51(该文本笔者未能找到)，他认为这种词义对用接近于一种撒伯流主义的教义(Sabellianism)。不过，如果我们还记得，圣母玛利亚同时象征教会，词义对用就表明了基督也是“教会母亲的子，也是她的父”(“*Ecclesiae matris filius*, *immo pater*”)(参见上面注39)。

101 达形式在比喻解释中都是有可能的，但就此认为帝国的立法者借助“正义的父和子”这一表述形式，是想把自己放在基督的位置上，或自认是贞洁的正义（维吉尔的憧憬之作《牧歌》中的“正义女神阿斯特莱亚”[*Virgo Astraea*]，她也出现在法学家经常提及的其他古典作品中）而占据童贞女玛利亚的地位，那就有失偏颇了。[41] 表述皇帝的词义对用形式属于不同的思想世界。它恰巧碰上了堪称“法学家世纪”的整体理智氛围，

㊶ 有关正义女神阿斯特莱亚（*Astraea*），可参见 Baldus，on c.34 X 1，6（*Venerabilem*），n.13，*In Decretales*（Venice，1580），fol.78^{v}，引用了胡古齐奥的话：“胡古齐奥说过，阿斯特莱亚即降自天国的正义，据称是来自群星，即星辰，她的光芒自然而然会普照被造物的世界”（“dicit Ugutio quod Astraea，id est，iustitia que de coelo descendit，dicta est ab astris，id est，a stellis，quia lumen suum naturaliter communicat universae creaturae”）。比喻手法带来的讹传并不少见。在 *Gesta Romanorum*，c.54，ed. Oesterley（Berlin，1872），349f 中，腓特烈二世的卡普阿凯旋门——戴王冠的腓特烈二世形象似乎两侧有一男性和女性（德性女神？）人物——被解释如下：“亲爱的人们啊，这位皇帝是我们的主耶稣基督，大理石的门是神圣的教会……门上雕刻着像……（即皇帝的）侧边有两人，耶稣的母亲玛利亚和福音传道者约翰，他们向我们传示基督的慈爱与正义。”（“Carissimi，imperator iste est dominus noster Jhesus Christus，porta marmorea est sancta ecclesia ... In qua porta sculpta est imago ... [scil. imperatoris] cum duobus collateralibus，i. e. cum Maria matre Jhesu et Johanne evangelista，qui designant nobis eius misericordiam et iustitiam”）。这位采用比喻方法的圣职者是根据“祈祷”（*Deésis*）这幅画来解释三个人物的。（*Deésis* 是拜占庭艺术中的圣像画，作于 12 世纪圣凯瑟琳修道院，该词希腊文的意思是“祈祷”。——译者）参见 Carl A. Willemsen，*Kaiser Friedrichs II. Triumphtor zu Capua*（Wiesbaden，1953），68f，103，n.222，作者也没有解决这个问题，但在一个重要观点上纠正了笔者；参见 *Kaiser Friedrich II.*，486 以及 *Erg. Bd.*，210f。之后的情况可参见 Frances A. Yates，“Queen Elizabeth as Astraea”，*Warburg Journal*，X（1947），27－82，他收集了这一组三个人物（*Virgo Astraea*[正义女神阿斯特莱亚]，*Virgo Maria*[圣母玛利亚]和 *Virgo Regina*[贞洁女王]）一些有意思的资料。特别要参见 p.75 和 p.62 以及 pl.20a，“正义”（*Iustitia*）在这些地方被描述为是三位圣女中间那位，穿着与伊丽莎白相似。12 世纪来自斯塔弗洛（Stablo）的一件珐琅器上，本应是玛利亚或教会的地方绘有“正义”，参见下面注 73。

尤其是还有腓特烈的“大议庭”(*Magna Curia*)这样的地方，在这里，人们期望法官和法学者能像圣职者一样执掌正义；在这里，与教会仪式之繁缛不相上下的高等法院开庭，不愧是“最为神圣的正义之职分(神秘仪式)”(*Iustitiae sacratissimum ministerium* [*mysterium*])；在这里，法学家和朝臣们根据“神圣法律”(*religio iuris*)或根据代表教会秩序之补充和原型的“皇帝的教会”(*ecclesia imperialis*)，来解释“正义的祭仪”；在这里，可以说，法律书记员的长袍与圣职者的长袍是相对应的；同样是在这里，“伟大造物主之手于人中所造的”皇帝本身，被称作“正义的太阳”(*Sol Iustitiae*)，而这正是基督的先知荣衔。[42]《奥古斯都宪法》由受训于博洛尼亚的法学家兼文 102

---

[42] 有关这方面概览的史料，参见 *Erg. Bd.*，88ff。有关将法学家们称作 *sacerdotes iustitiae*(正义的圣职者)，参见下面注 94 及其后；有关 *Christus iurisconsultus*(法学家基督)，则可参见 Hermann Kantorowicz, *Studies in the Glossators of the Roman Law* (Cambridge, 1938), 21。有关 *mysterium iustitiae* (*Erg. Bd.*, 88)，以及 *ministerium* 和 *mysterium* 二者可互换使用的情况，参见 F. Blatt, “Ministerium-Mysterium,” *Archivum latinitatis medii aevi*, IV (1928), 80f，以及拙文“The Absolutist Concept *Mysteries of State*, and its Late Mediaeval Origins”, *Harvard Theological Review*, xlviii (1955), 71, n.82。关于“神圣法律”(*religio iuris*)，参见下面注 159，“帝国教会”(*ecclesia imperialis*)可参见 *Erg. Bd.*, 208。有关威尼亚的彼得尊称皇帝为“pacator iustissimus, quem supremi manus opificis formavit in hominem”(“伟大造物主之手于人中所造的最正义的调停者”)，参见 Petrus de Vinea, *Epistolae*, III, 44, ed. Simon Schard (Basel, 1566), 469, ed. Huillard-Bréholles, *Vie et correspondance de Pierre de la Vigne* (Paris, 1865), 426, no.107，有关对这种表述历史情况的分析，可参见拙文“Kaiser Friedrich II. und das Königsbild des Hellenismus”, *Varia Variorum: Festgabe für Karl Reinhardt* (Münster and Cologne, 1952), 171-174。有关将腓特烈二世称作 *Sol Iustitiae*(正义的太阳)，可参见 Huillard-Bréholles, VI, 811，以及拙文“Dante's Two Suns”, *Semitic and Oriental Studies Presented to William Popper*, ed. W. J. Fischel (Berkeley and Los Angeles, 1950), 221f, 227ff；有关将这一称号用于法国国王的情况，参见 Berges，(转下页)

体家威尼亚的彼得(Petrus de Vinea)撰写[43],它的措辞用语,在这一政治神学或政治—宗教的混合学说中有着独特的地位。

教会思想在腓特烈时代不仅熏染了教会法的措辞,而且在表达政府的奥秘时还融入了准基督论的语言。腓特烈的帝国"统治权神学",尽管仍弥漫着这种教会思想,不过,这种"统治权神学"不再依赖以基督为中心的王权观。腓特烈及其法律顾问们的主要论据,来源于或决定于法律,准确点说,来源于或决定于罗马法。实际上,皇帝有"正义的主和臣"双重职分,源出于"君王法",或者说与之相关。这一点在引自《奥古斯都宪法》的那一段中表现得相当清楚。也就是说,双重职分源出于那条著名的法律,凭借着它,旧时的罗马公民往往在把帝权(*imperium*)授予罗马元首时,也把有限的法律创制权和法律特免权赋予他。[44] 由此,严格意义上的以法律为中心的观

(接上页) *Fürstenspiegel*, 263; Johannes Haller, *Papsttum und Kitchenreform* (Berlin, 1903), I, 470, n.1。还可参见巴里的尼古拉斯(Nicholas of Bari)新近发现的对腓特烈二世的颂词, ed. Rudolf M. Kloos, "Nikolaus von Bari, eine neue Quelle zur Entwicklung der Kaiseridee unter Friedrich II", *DA*, XI (1954), 166-190, esp.169ff。

㊸ Hans Niese, "Zur Geschichte des geistigen Lebens am Hofe Kaiser Friedrichs II", *Hist. Ztschr.*, CVIII (1912), 535,作者强调威尼亚的彼得那里"已经形成了体现在《奥古斯都宪法》中的所有法律",现在笔者可以说比以前更加认同他的观点。修辞学上的"混种语法"(hybridism)想要构建起所有种类的"神学"(既有政治神学,还有科学的或修辞学的神学),事实上博洛尼亚传授过这种修辞学;可参见拙文"An 'Autobiography' of Guido Faba," *Mediaeval and Renaissance Studies*, I (1941-43), 253-280。

㊹ 有关"君王法"有用的摘述汇编,参见 Eugenio Dupré Theseider, *L'Idea imperiale di Roma nella tradizione del medioevo* (Milan, 1942), 255ff。更早的文献参见 *Erg.Bd.*, 85ff;另见 Karl Jordan, "Der Kaisergedanke in Ravenna", *DA*, II (1938), 110ff;F. Schulz, "Bracton on Kingship," *EHR*, LX (1945), 153ff; Ullmann, *Lucas de Penna*, 48ff。

念形态，开始取代前几个世纪占主导地位的神话般的“模仿基督(*christomimēsis*)”理念形态。

把“君王法”解释成既是人民主权又是王权绝对论的基础 103
这一双重可能性，已为人悉知，兹不赘述。“君王法”在查士丁尼的《法学阶梯》及其他地方被引用，是为了强化这样一种主张：在众多别的立法方式外，“还有(et!)，凡君主喜好的，便拥有法律的效力”。[45]* 不过，查士丁尼的法典中有不一致和模棱

㊺ 参照了“君王法”的这些表述(*D*. 14,1,1, and *C*.1,17,1,7)，近来由Schulz, “Kingship,” 154ff 联系中世纪作了讨论；“*et*”这个词的重要性(见 *Inst*.1,2,5；由于盖乌斯的《法学阶梯》[*institutions*][cf. 1,1,3,5] 在中世纪还不为人知，用语只能通过查士丁尼的法典了解到)经常被忽视，Max Radin, “Fortescue's *De Laudibus*: A Review,” *Michigan Law Review*, XLIV (1944), 182 强调了它的重要性。关于 *lex de imperio Vespasiani*，参见 S. Riccobono, *Fontes iuris Romani antejustiniani* (Florence, 1941), I, 154ff, No.15 (参照文献目录)；也可参见 Theseider, *op.cit.*, 256；法律限制这位皇帝在奥古斯都或其继任者时期已成惯例的案件上享有豁免权。这句铭文由科拉·迪·里恩佐(Cola di Rienzo)发现之前，在中世纪并不为人所知；参见 Burdach, *Rienzo und die geistige Wandlung seiner Zeit* (Berlin, 1913), 304ff，文中有多处提及。

* 乌尔比安的这句格言(Quod principi placuit, legis habet vigorem)，历史上存在大致两种不同的理解：一种倾向于将 placuit 直译为“喜好”，代表人物有阿佐和布莱克斯通，这种理解通常是要论证君主权力的至上性；另一种倾向于对 placuit 作出限定，代表人物有布拉克顿和巴托鲁斯，他们往往有意识地通过自己的注释来弱化有较强君主个人感情色彩的 placuit，使君主个人的“乐意”更多转变成他与顾问会议或咨议会的“合意”，以此来强化约束王权的宪制主义立场或人民主权学说。我们从本章(原页码第 151 页)内容可以看出，坎托洛维奇明显是支持第一种倾向的。他指出，布拉克顿为了宪制主义之需而对乌尔比安的话作了“改动”(twist)，换句话说，乌尔比安的本意在坎托洛维奇看来就是要表达“喜好”之意。在这一点上，坎托洛维奇与他所欣赏的并一再援引的《宪政古今》的作者麦基尔韦恩是一致的，可参见本章原页码第 148—149 页。目前国内有学者认为，placuit 一词本身具有“决定”的意思，主张将此格言译为“凡君主决定的就有法律的效力”，而完全否定“喜好”的译法。不过，对 placuit 一词继续深入辨析，同我们遵照坎托洛维奇原意进行翻译，是并行无碍的。——译者

两可之处，因为它没有明白道出，“君王法”所表达的是权力向皇帝群体（*in genere*）永恒转移（*translatio*），还是仅仅是有保留、可撤销地让渡（*concessio*）给个体的皇帝本人（*in persona*）。[46] 中世纪后期的种种解决办法中，能构建出一种二元主权即人民的“实在大权”（*maiestas realis*）和君主的“人格大权”（*maiestas personalis*）的，正是这种模棱两可。[47] 腓特烈二世没有得出那种二元性，有生之年他都没有把统治者的地位说成既出于人民又源于上帝。[48] 他也没有在帝国和皇帝之间作出区分，这一区分是他同时代人阿库修斯构想的并由皮斯托亚的奇诺（Cynus of Pistoia）后来指出的：“皇帝根系于万民，但帝国源出于上帝，上帝既掌权帝国，皇帝可享神圣之
104 名。”[49]腓特烈可能已经预见到了这样一些表述的核心要素和主要观念，不过他既没有将它们表达出来也没有运用它们，它们也就不应归在他的名下了。而且，在立法权方面，他倚重的乃是他那个时代的罗马法专家；这些专家并没有给人民独立

---

[46] *Inst*.1,2,5：*potestatem concessit*（让渡权力）；*C*.1,17,1,7：*translata sunt*（被转移给）。有关这一问题，参见 E. Schoenian, *Die Idee der Volkssouveränität im mittelalterlichen Rom* (Leipzig 1919), esp.17 and 58ff；还可参见 A.-J. Carlyle, “The Theory of the Source of Political Authority in the Mediaeval Civilians to the Time of Accursius”, *Mélanges Fitting* (Montpellier, 1907), I, 181－194，作者将法学家们的争论正确地同习惯法和制定法之间的冲突联系了起来。

[47] Gierke, *Gen. R.*, IV, 215ff, 315ff, and passim.

[48] John of Paris, *De potestate regia et papali*, C. XIX, ed. Dom Jean Leclercq, *Jean de Paris et l'eccléisiologie du XIII*^{e} *siècle* (Paris, 1942), 235, 11；参见下面第六章注 51 及其后。

[49] *Glos.ord.*, on *Nov*.73, rubr.1, v. *De caelo*（见下面第四章注 53）。有关奇诺，参见 Theseider, *L'Idea imperiale*, 262; Ullmann, *Lucas de Penna*, 175。奇诺严格区分了“来自人民的”（*a populo*）皇帝和“因上帝而神圣的”（*divinum a Deo*）帝国，后者是通行的定义。

的立法权，因为，他们把君主视为唯一合法的立法者和法律的最终解释者。不过，腓特烈二世还是从“君王法”中推导出了双重义务，他与索尔兹伯里的约翰一样，以一个精炼的句子对此作了表述：凯撒同时是“正义的父和子”。

从查士丁尼法典来看，腓特烈对统治者与法律之间关系的解释，不仅奠定在他频繁引用并在法律著述和书信中突出强调的“君王法”的基础上，[50]而且也建立在“价值法”的基础上。“价值法”，注释法学者们通常将它与“君王法”联系起来用（在这点上，索尔兹伯里的约翰也不例外），因此“价值法”不会消除上述意义不明确之处，甚至也不会减弱它们。颁布“价值法”的皇帝西奥多（Theodosius）和瓦伦廷（Valentinian），表达了这样一个观念：从道德上说，君主有责任遵守那些哪怕从法律上说他并不受约制的法律；但他们并不想毫无保留地让自己处于法律的约制之下，或否认皇帝“不受法律约制”条款的有效性。6 世纪查士丁尼法典的编撰者，在重录下面的敕法时，扼要地表达了法律对皇帝的一种更有实质意味的约制关系：

> 君王承认自己受制于法律——朕的权威如此仰赖于法律权威，这是对统治者的威严有价值的话语。统治者对法律的遵从，肯定要比他的帝权更重要。[51]

---

[50] 有关出处，参见 *Erg*，*Bd.*，86 and 183。

[51] *C.*1，14，4：“Digna vox maiestate regnantis *legibus alligatum se principem profiteri*：adeo de auctoritate iuris nostra pendet auctoritas. Et re vera maius imperio est submittere legibus principatum.”参见舒尔茨（Schulz）简明扼要的评述，“Kingship，”160f，在他看来，斜体字是后来编纂者加进来的。笔者对最后一句的翻译不同于舒尔茨教授（p.161），他将 *maius imperio* 译为“对（转下页）

105 中世纪的法学者不可能没有注意到“君主不受法律约制”（*princeps legibus solutus*）和“君主受法律约制”（*princeps legibus alligatus*）两种论调下的自相矛盾情形。受此自相矛盾和其他考虑的促动，索尔兹伯里的约翰把君主同时解释为“公平的形象”（*imago aequitatis*）和“公平的仆人”（*servus aequitatis*）；这种解释现在对他而言像是对圣经模式或者说对基督的沉思，尽管基督是万王之王，却“生于法律之下，履行所有法律的正义，他遵从法律‘并非出于必然，而是出于自愿’。因为他的意志就在法律之中”。[52]

（接上页）皇帝而言更高贵”（It is nobler for the emperor），将 *imperium* 等同于 *imperator*。笔者偏向于字面意义来理解（*imperio* 是跟着 *maius* 的夺格[拉丁文中的夺格可单独用于比较句型。——译者]），因为它运用了词义对用 *imperium-principatus*，这在我看来是整个句子的枢轴。也可参见 W. Ensslin, “Der Kaiser in der Spätantike”, *Hist.Ztschr.*, clxxvii (1954), 465，“价值法”在腓特烈二世之子亨利七世 1228 年的一次会议上也得到过阐发；参见 J. F. Böhmer, *Acta imperii selecta* (Innsbruck, 1870), I, 283, No.326，这里出现的 *vice* 应理解为 *digna voce*（有价值的话语）。

[52] 将“价值法”与“不受法律约制”（*legibus solutus*）原则联系起来，并借此来解决上述困境，是法学家和政治哲学家的共同做法，可参见 Azo, *Summa Instit.*, prooem. (“Quasimodo geniti”，作者是彭冈巴诺[Boncompagno]), fol. 267v：“Licet romanus princeps sit legibus solutus, tamen digna vox ex maiestate regnantis legibus alligatum se principem profiteri”（“尽管罗马皇帝不受法律约制，但君主若承认自己受法律约制，乃是出自执掌大权者的有价值的话语”）。也可参见 Carlyle, *Political Theory*, v, 97, and 475f; A. Esmein, “La maxime *Princeps legibus solutus est* dans l'ancien droit public français”, *Essays in Legal History* (Oxford 1913), 203, n.1; 208, n.4; 209, n.1。也可参见下面注 54 对腓特烈二世的讨论。这一困难的克服有时候要靠指明基督的模式，基督尽管是万王之王，却仍在法律之下；可参见 John of Salisbury, *Policraticus*, 523bc, ed. Webb, I, 252, 6ff：“... sicut Rex regum, factus ex muliere, factus sub lege, omnem implevit iustitiam legis, ei non necessitate sed voluntate subiectus; quia in lege voluntas eius”（“……如同诞于人母的万王之王，生于法律之下，履行所有法律的正义，他服从法律并非出于必然，而是出于自愿。因为他的意志就在法律之中”）。

许多中世纪法学者为了协调“君王法”和“价值法”中看似不可调和的原则，大体上都采用了这种权变之策。他们指出，尽管皇帝依法不受法律约制，不过他会让自己受制于法律，自愿守法而行：他对法律的遵从，可被视作一种“意愿性”（*velle*），而不是“既成事实”（*esse*）。[53] 腓特烈二世遵循了这一约定俗成的法律注疏。他也曾提到过“价值法”，自愿承认上位者的裁断，对他自认为应遵从的那种法律作了官方阐释。他对罗马的元老院议员和市民写道：

> 指令万王的全能理性和自然，责成我们在当权时期提升城市的荣耀……依罗马法，朕承认朕对（于统治者威严）极有价值的话语负有责任……因为，尽管朕的帝权不受制于任何法律，然而，它亦不能高踞于作为所有法律之母的理性裁断之上。[54] 106

---

[53] Schulz, “Kingship,” 168（包括注 6）以及 163, n.1；参较上面注 52 对索尔兹伯里的约翰的讨论。另见 Esmein, *op.cit.*, 203, n.1。

[54] “Ad extollendum imperii nostri temporibus decus Urbis ... et ratio prepotens, que regibus imperat, et natura nos obligat, et civiliter obligatos voce dignissima profitemur ... Sed quamquam soluta imperialis a quibuscumque legibus sit maiestas, sic tamen in totum non est exempta iudicio rationis, que iuris est mater.” Huillard-Bréholles, V,162; Theseider, *L'Idea imperiale*, 187。早期注释法学派强调过，每种权威都应遵从理性，可参见 12 世纪的 *Quaestiones de iuris subtilitatibus*, IV, 4, ed. Fitting, 58：“Dicat ipsa Ratio, qua et ipse nituntur auctoritates ...”（“要说的话，权威所仰赖的除它们自己，便是理性本身……”）。参见下面的注。“*Civiliter*”一词，可能看上去意义不明确，显然参照了 *D*.1,1,8：“viva vox est iuris civilis”（“其乃市民法的活的声音”），因此我们需考虑 *digna vox*（有价值的话语）与 *viva vox*（活的声音）之间的交互影响；有关 *viva vox* 的相关法律，参见 Steinwenter, “Nomos,” 266f, *ius civile*（市民法）与 *lex digna* （转下页）

该论述想表达的是，皇帝的“意志受理性指引”（*voluntas ratione regulata*）。[55]皇帝在他的声明中重点强调了他“不受法律约制”，但同时又承认他受制于指令万王的理性。这段话的总体立场，跟他用自己的法典来阐释“君王法”并声言自己

(接上页)(价值法)之间的联系，参见 Boncompagno，*Rhetorica novissima*，IX，5，ed. Gaudenzi，*Bibliotheca juridica medii aevi*（Bologna，1892），II，289。我们有幸看到腓特烈大议庭法官其中一位的注释，Guillelmus de Vinea，on *Lib. aug.*，III，5，v. *iure proprio*："... quod princeps sit absolutus legibus，tamen iure privato(?) vivere debet，ut C.de leg.et cons.l.digna vox."（"……君主不受法律约制，不过，按照《法典》'论法律'一章，以及敕令第一条'有价值的话语'，他仍应活在私法[?]之下。"）参较 B. Capasso，"Sulla storia esterna delle costituzioni di Federico II"，*Atti della Accademia Pontaniana*，IX（1871），439，n.2。另一位西西里人的观点，可参见 Andreas de Barulo，on *C.*10，8，3.n.1，pp.24f："Nota quod licet Princeps sit legibus solutus，vivit tamen secundum leges，ut ... de legib. digna"（"要看到，虽说君王不受法律约制，但依照价值法……君王是遵从法律而活的"）。

[55] 参见 A.P.D'Entrèves，*The Mediaeval Contribution to Political Thought*（Oxford，1939），39，讨论了托马斯学说意义上的 *voluntas ratione regulata*（意志受理性指引），而 Ullmann，*Lucas de Penna*，54f 谈到了中世纪罗马法学者们的原则："因为，偏离公平、正义和理性的君主意志，算不上法律"（"cum voluntas principis ab aequitate，iustitia et ratione deviet，non est lex"）。有关皇帝遵从理性这一立论，巴尔都斯某种程度上称得上是后来的权威；参见 Baldus，on *D*，4，4，39，n.45，fol.234^{v}："magnus est Caesar，sed maior est ratio"（"凯撒伟大，但理性更伟大"）；以及 *Cons.*，I，36，n. 6，fol. 100^{v}："Praeterea princeps potest se subiicere rationi"（"再者，君主能让自己遵从理性"）（参照 *D.*2，1，14）；以及 *Cons.*，I，333，n.1，fol.105^{v}："Item princeps iura utilia potest con(ce)dere sine causa ... nam ipse [princeps] et ratio idem sunt"（"同时，君主能毫无理由地服从有效用的法律……因为[君主]自身与理性是同一的"）。另见 Matthaeus de Afflictis，on *Lib. aug.*，I，7，n.37，fol.57^{v}，他不断提及巴尔都斯："……皇帝虽不受法律约制，但不免受制于神圣规范与神圣教会母亲……同样，皇帝也不免受制于理性指令，因为皇帝是理性的动物……因此，君主也就受制于自然理性。"（"... Imperator licet sit solutus legibus，tamen non est solutus a praeceptis divinis et sanctae matris ecclesiae ... Item non est solutus a dictamine rationis，quia est animal rationale ... Ideo princeps etiam ligatur naturali ratione ..."）

是正义的父与子时的立场是相近的。它再次揭示出，皇帝从理论上来说是作为中保的部分：他不受制于任何法律，他在实定法之上，理性根据公共利益和情势之需，可能会随时改变实定法，理性是实定法之母，而皇帝则是实定法之父。但因为 107
理性高于万王，她也就高于皇帝，在她面前皇帝是受到限制的。皇帝不受法律约制，但受制于理性（*ratione alligatus*）。

这一教义并非没有危险。因为对理性的这种解释，可能很容易出现唯皇帝马首是瞻的情形。实际上，不出一个世纪，这种半神化的"理性"（*Ratio*）就变成了"君王和祖国的理性"（*ratio regis et patriae*），与"国家理性"不分轩轾了。之前仅作为目标的东西后来变成了手段，变成了治国术赤裸裸的工具。在许多方面，理性是全然处于腓特烈二世之下的；不过，在法哲学中，理性仍然显示出了女神的诸特征，这可视为等同于上帝的自然（Nature）在显现。[56]

身为中保的正义（IUSTITIA MEDIATRIX）

腓特烈二世和他的法律顾问们，在崇拜法律理性的绝对权力这一点上，并没有什么独特之处。法学家，尤其是罗马法学家

---

[56] "因事物的变化和时间的变化"（*per rerum mutationes et temporum*），引出了新法制定的必要性，对此参见 *Lib. aug.*, I, 38, ed. Cervone, 85，其序言仿照的是 *C.* 1,17,2,18；这一主要观念可见于 *Dictatus papae*（§7），当然是被一再重复。有关神圣"万民法"（*ius gentium*）与自然理性的相似性，也可参见 *Lib. aug.*, I, 16 的前言（Cervone, 35）："万民法的权威采纳了，而自然理性对此也并不嫌恶：每个人被允许保护自己的身体"（"Iuris gentium induxit auctoritas et naturalis haec ratio non abhorret, ut tutela cuilibet sui corporis permittatur"）；还可参见 *Lib. aug.*, I, 31，此处皇帝声称他的行为是由理性建言促动的（"Hac igitur consulta ratione commoniti ..."［"因此，为这种理性带来的建言所促动……"］）。

（他们是非教会的斯多亚主义［non-ecclesiastical Stoicism］真正的重新发现者，也是后世彼特拉克派人文主义的新斯多亚主义［Neo-Stoicism of Petrachan pattern］的创始人），一般来说，喜好发挥理性概念，或像古代有神论者一样，把理性和正义视为神。比腓特烈二世早一代的重要法学家普拉岑提诺（卒于1192年），想必是那场法律对话《有关法律之精当的问答集》（*Quaestiones de iuris subtilitatibus*）的作者，其诗体序言与这里的讨论有某种关联。[57] 在序言里，作者臆想自己在山顶一片令人心怡的树林中邂逅"正义神殿"（*Templum Iustitiae*），并以庄重而焕绮的色彩描绘了正义神殿的富丽堂皇，他这样做
108 的同时其实已经树立了法律女神的文学典范。[58] 在那座想象的神殿中，他见到理性、正义、公平与六大公民德性同处一殿，在他看来这是一次"天国宴飨"，而非凡俗之聚。理性位居最高，被安置在正义之上，从最高处"以其明眸和睿智"洞察最远之物，甚至是远在神殿之外的事。正义（*Iustitia*）"以其难以言表

---

[57] 《有关法律之精当的问答集》的编者H.菲廷（H. Fitting）（参见上面注35）认为该书作者是伊尔纳留斯（Irnerius），近来的观点认为它出自普拉岑提诺，理由也确实比较充分；参见Hermann Kantorowicz, *Glossators*, 181－205，以及他的研究，"The Poetical Sermon of a Mediaeval Jurist: Placentinus and his 'Sermo de Legibus'", *Warburg Journal*, II (1938－39), 22ff；"法律对话"流露出一种类似于《问答集》序言的精神，这在伊尔纳留斯那里肯定是看不到的。当然，作者身份目前还是不能断定。

[58] 《问答集》的序言（ed. Fitting, 53f），参见赫尔曼·坎托洛维奇（Hermann Kantorowicz）ed., *Glossators*, 183f。此处关心的不是要从流行于12世纪文献中的诗学角度来看总体文学风格，而是要关心这种诗学视角在法学专题论著中的运用。"正义神殿"在哲学上为数不多的其他形态，已由奥尔托的安瑟伦（Anselmus de Orto）描述，见他的 *Iuris civilis instrumentum*, prol., ed. Scialoja, in: *Bibliotheca iuridica medii aevi*, II, 87；参较Fitting, *op.cit.*, 7f。

的威严气度”，[59]处于中心位置，“洞察神人之事而感慨万千”。[60] 她怀抱着最后降生的女儿“公平”(*aequitas*)，“公平”的特征就是谦和善意，尽力平衡其母设下的诸多等差。其他的女儿，六大公民德性，[61]像卫士一般围在正义身边。神殿内还有一处地方，是为那不可接近的“神圣中之神圣”(Holy of

---

[59] “……在我看来，正义有着难以言表的威严气度”(“... michi visa est ineffabili dignitatis habitu Iustitia”)。作者间接提到了正义的传统定义：“正义是善好心志的状态/气度，或禀赋善好的状态/气度”(“Iustitia est *habitus* mentis bonus vel bene constitutae”)(譬如，Azo, *Summa Institutionum*, on *Inst*. 1, 1, fol. 269)；参较 Fitting, *Schriften*, 160 (以及 34)；H. Kantorowicz, *Glossators*, 60ff, 240，以及 272, 16。还可参见 *Glos. ord*. on *Inst*. 1, 1, v. *Iustitia*：“... quasi habitus mentis bonus. Sed Tullius sic definit：‘Iustitia est habitus animi ... suam cuilibet tribuens dignitatem’”(“……类似于善好的心志状态/气度。但图利乌斯[西塞罗]是这样定义的：‘正义是为了公共善而给各人分配各自价值的灵魂状态/气度’”)。所有注释者参引的都是西塞罗的《论创设力》(*De invent*., II, 159)。参见下面注 61。

[60] “... causas enim et Dei et hominum crebris advertebat suspiriis.” 正义女神多愁善感是一种传统观点；参见下面注 64 对盖里乌斯(Gellius)的讨论。尽管公平(*Aequitas*)与正义(*Iustitia*)有些地方一致，但公平是属于实践性法律；参较 *Glos. ord*. on *D*. 1, 1, 1, v. *Iustitia*：“Ius est ars boni et aequi, ut subiicit; et iustitia nihil aliud est quam ipsa aequitas et bonitas: ergo iustitiam habet matrem”(“法律是善与公平的技艺，是位列二者之后的；而且，只有正义是公平和善本身：因此法律以正义为母”)。

[61] 作者所说的六德性是 *Religio*, *Pietas*, *Gratia*, *Vindicatio*, *Observantia*, *Veritas*(信神、守责、感恩、惩恶、崇敬、求真)，也与西塞罗《论创设力》(*De invent*., II, 159ff)的观点相一致(见上面注 59)。她们都是正义的女儿这一点已成公知(最后可溯及亚里士多德)，据此看来，所有德性都可还原到正义；参见《尼各马可伦理学》(*Nicom. Ethics*, 1129b，穆尔贝克的威廉[William of Moerbeke]的拉丁文本)：“所有德性都同在正义之中，正义是最完善的德性”(“In iustitia autem simul omnis virtus est, et perfecta maxime virtus”)；参较 Thomas Aquinas, *In decem libros Ethicorum Aristotelis ad Nicomachum expositio*, ed. R. M. Spiazzi (Turin and Rome, 1949), 246f(注 642 有对亚里士多德文本的讨论，注 907 有对托马斯注释的评论：“所有德性都同时包含在正义之中”[“in ipsa iustitia simul comprehenditur omnis virtus”])。另见下面注 156。

Holies)即“神堂”(*adytum*)而留下的,由一道玻璃墙隔离开,其上用金字镌刻着查士丁尼法典的全文。只有透过这道玻璃墙,观者才能“如在镜中”一般看到诸神。神堂之内,有“不少
109 可敬之人”,他们显然是正义的圣职者,值守于玻璃墙侧,只要有哪段金字条文可能干扰那权衡法律之“公平”的检视之眼,他们就准备去修订。[62] 最后,神堂之外,一位令人尊敬的法律教师与他的听众在讨论法律问题,这正是法律解释者与其听众之间的那场讨论,是《问答集》的作者声称他在这部博学作品中再现出来的那场讨论。

作者在这种形成自己叙事的故事中所描绘的,实际上正是在正义神堂内运行的法学观念构想。查士丁尼皇帝致特里波尼安(Tribonian)和稍晚致元老的信激发了这一构想。在前一封信中,皇帝透露他正着手“在增进法律事务上干一番成就,因此需要一座得体而神圣的殿堂为正义献祭”;后一封信中他宣称,他要昭告世人“罗马正义神殿建于”书山学海之上。[63] 描绘

[62] Hermann Kantorowicz, *Glossators*, 185,当作者指出“不少可敬之人”(*honorabiles viri, non quidem pauci*)就是“法律的圣职者”时,无疑是正确的。显然他们相当于“群星”(即高贵者群体[*galaxia*]),12 世纪《法学阶梯要义》(*Materia Institutionum*, ed. Fitting, *Schriften*, 148, 10)的作者,将“群星”看作是神殿中的居住者:“正如某位哲学家说过:‘看护、尊重、弘扬正义者,他们住的地方你可在神殿中央看见’,并且,他还指明他们为‘群星’”(“Sicut quidam philosophus ait: ‘Qui iusticiam tenuerint, coluerint, auxerint, illum incolunt locum, quem in templo hoc medium vides,’ et ostendit galaxiam”)。这段确实提到了正义神殿,尽管还不清楚某位哲学家(*philosophus quidam*)是指谁。

[63] *C*.1,17,1,5, and 1,17,2,20a;也可参见早于《学说汇纂》的“编纂令”(*Deo auctore*)(§5)。中世纪法学家频繁提及和解释正义神殿;可参见 Marinus de Caramanico, on *Lib. aug.*, I, prooem., v. *Et iura condendo*, ed. Cervone, 6, 而 Andreas of Isernia, *In usus feudorum commentaria*, praeludia, n.16 (Naples, 1571) fol.2^{v},将他自己的著作奉为“特别的和最神圣的正义之殿” (转下页)

女神的添附之笔，可能取自2世纪的法学家兼修辞学家阿乌鲁斯·盖里乌斯(Aulus Gellius)。在《阿提卡之夜》中，盖里乌斯在斯多亚派原典的基础上重塑了“正义”的文学形象：“一位能激起敬畏的童贞女，有着深邃的眼神，高贵中透出某种可敬的悲悯”，而且还有盖里乌斯称作“正义的圣职者”(*Iustitiae antistes*)的完美法官侍奉左右。[64]《问答集》的作者普拉岑提

(接上页)(*proprium et sacratissimum templum iustitiae*)。有趣的是，后来的法学家将“正义的圣职者”(*sacerdotes iustitiae*)(即法学者[*iurisconsulti*])与神殿联系起来，譬如，Cujas, on *D*.1,1,1, *Opera* (Prato, 1839), VII, col.11f，或者François Hotman, on *Inst*.1,1 (Venice, 1569), p.7；而Louis d'Orléans, *Les Ouvertures des Parlements faictes par les Roys de France* (Lyon, 1620), 399-446，将他冗长的“第二谏言”(Second Remonstrance)(1590年)献给正义神殿成员，尤其是献给“法兰西正义的永恒神殿”(*Temple eternal de la justice Françoise*)(参见下面第七章注334)。也可参见拙评，刊于*American Journal of Archaeology*, LVII (1953), 67，文中评述了诸如此类正义神殿的非建筑特征。

[64] Gellius, *Noctes Att.*, XIV,4，主要表达的是克律西波(Chrysippus)对正义的描述：“有着童贞女般的优雅形象，令人畏惧的神情，犀利的眼神，不卑不亢，但又有着某种崇高而悲悯的威严”(“Forma atque filo virginali, aspectu vehementi et formidabili, luminibus oculorum acribus, neque humilis neque atrocis, sed reverendae cuiusdam tristitiae dignitate”)。参见上面注60，提到过“悲悯”(*tristitia*)。盖里乌斯对理想法官的描绘是“配作正义圣职者的人”(*qui Iustitiae antistes est*)，他要求这样的人“应该是具有威严而不乏虔诚、刚正不阿又廉洁自律……，通过公平和真理的力量和威严令人畏惧”(“oportere esse gravem, sanctum, severum, incorruptum ..., vi et maiestate aequitatis veritatisque terrificum”)，这对中世纪法学家产生了相当大的影响；可参见阿雷佐的伯纳圭达(Bonaguida of Arezzo)(1255年前后), *Summa introductoria super officio advocationis*, I, c.1, ed. Agathon Wunderlich, *Anecdota quae processum civilem spectant* (Göttingen, 1841), 136f，作者像其他人一样强调了法官应展现出来的“方正持重”(*gravitas*)。盖里乌斯的表述无疑影响了16世纪像屈雅斯(Cujas)和奥特芒(Hotman)这样的法学家(上面注63)，肯定也影响了Guillaume Budé, *Annotationes in XXIIII Pandectarum libros* (Lyon, 1551), 70 (on *D*.1,1,1)。

110 诺，可能还受到了其他一些作品的影响，[65]此后，对“正义神殿”的思考不绝于史。[66] 不过我们在此要关心的还是，普拉岑提诺不仅使用了正义神殿的比喻，还在法哲学的传统位阶体系中融入了拟人化的方法。在他的作品中，理性最终表明自身与自然法是等同的，而自然法实际上又与神法庶几无差。[67] “公平”毫无疑问是属于实定法的范围，即为城邦的治理而颁布的人法或人定之法。而接下来要说的“正义”，她是神堂献祭中最重要的形象，处在中保的位置。[68] 唯独她与在上的自然法和在下的实定法有交集，尽管与它们彼此又有不同。正义无疑是任何一个判决、任何一个城邦和任何一个人类建制的目的和最终准则。尽管正义存于所有法律之中，先于任何法律颁布之前，但严格说来，正义毕竟不是法律。[69] 正义是一种理

---

[65] 所谓的“拉丁神话三篇”(*Mythographus III*)(12世纪)似乎要求“正义”(*Iustitia*)应表现为“天界的高贵女子”(*puella erecta in coelum*)，拥有“童贞女般的，或金色玻璃的容颜”(*vultum virgineum, aureum vel vitreum*)；参较 Hans Liebeschütz, *Fulgentius Metaforalis* (Studien der Bibliothek Warburg, IV, Berlin and Leipzig, 1926), 53。“玻璃的”(glassy)的容颜不免让我们想到《问答集》里的玻璃墙；不过，这种“玻璃神堂”(*cubicula holovitrea*)在视觉文学中很流行；可参见 *Acta S. Sebastiani*, in *Patr. Lat.*, XVII, 1045A-B，为莱斯特纳(Laistner)所引用，见 *Harvard Theological Review*, XXXIV (1941), 260。

[66] 参见上面注58，以及注62－64。

[67] *Quaestiones*, IV, 6, ed. Fitting, 594; H. Kantorowicz, *Glossators*, 185.

[68] *Quaestiones*, IV, 6:“... Iustitia quam pro officii dignitate potiori gradu collocavi”(“……正义，因职务威严之故，我将其置于更重要的位置”)。

[69] 这句话“正义先于法律”(*Prius fuit iustitia quam ius*)(*Glos.ord.* on *D.* 1,1,1, v. *Iustitia*)一再被重申；可参见 Bartolus, on *Inst*, 1,1, n.1 (Venice, 1567), fol. 68^{v}:“Iustitia est prius quam ius sicut abstractio vel abstractum ante concretum ...”(“……正义先于法律，正如抽象或抽象物先于具体一样……”)巴尔都斯也有类似表述：“造物主的正义出自永恒而存在，先于世界的被造和形成”(“Iustitia creatoris fuit ab aeterno antequam orbis crearetur et formaretur”)以及 (转下页)

念，或一位女神。[70] 事实上，她是法律思想中“外在于法律的前 111
提”。[71] 像每种理念一样，正义也有中保的功能，身为中保的正义（Iustitia mediatrix），介于神法与人法之间，或者说，介于理性和公平之间。

有人试图探究中世纪艺术来揭明，中世纪法学者关于正义及其神殿的视觉形象，有没有可能是由某一雕刻或绘画触发的。诚然，“凯撒的正义”（*Iustitia Caesaris*）据说已经出现在了腓特烈二世建在卡普阿的凯旋门上，她大于真人的半身像矗立在一个重要位置：在皇帝御座下方，大门入口的正上

（接上页）“（抽象的正义）是法律之母和法律之因”（“[Iustitia in abstracto] est mater et causa iuris”）；参较 Ullmann，“Baldus，” 389，n.9，以及 390，n.16。*Glos. ord*. on *Inst*.1，1，v. *Iustitia* 有对“抽象的正义”（*Iustitia in abstracto*）的提及：“正义既被认为是处于抽象的形态，那么此种情形下正义便是恒常的和永久的”（“Aliquando consideratur iustitia prout est in abstracto，ut tunc iustitia est constans et perpetua”）。

[70] 正义作为抽象观念，见上面注 69。正义作为一种德性（*Virtus*）是最古老的定义之一；例如，Placentinus，*Summa Institutionum*，24，ed. Fitting，*Schriften*，221："ius est preceptum vel scientia，set iusticia virtus est"（“法律是规范或技艺，而正义是德性”）；还可见于 *Glos.ord*. on *Inst*.1，1。正义在《法学阶梯》（*Institutes*）中被定义为“恒常的和永久的意志”（*constans et perpetua voluntas*），这使得一方面把正义解释为一种“状态”（*habitus*）（见上面注 59），另一方面把正义解释为等同于上帝或神圣意志之物；可参见 *Glos.ord*. on *Inst*，1，1："Haec iustitiae definitio potest intelligi de divina iustitia，quasi dicendum：Divina iustitia est voluntas constans et perpetua"（“对正义的这一定义是从神圣的正义来理解的，正所谓：神圣的正义是恒常的和永久的意志”）。16 世纪法学家在仍仰赖《标准注释》的同时，会追问正义是德性还是“女神”（*dea*），并因为法学家们被称为“圣职者”（*sacerdotes*），且不存在“属人德性的圣职者”（*sacerdotes virtutum humanarum*），而（基于 *D*. 1，1，1）判定正义为女神；因此，查士丁尼肯定会如此界定：“正义女神，丘比特的女儿”（*Iustitiam deam*，*Iovis filiam*）（Hotman，*loc.cit*. [上面注 63]）；屈雅斯（ibid.，col. 12）说得更直接：“确实，我们将正义奉如至圣女神”（“*Iustitiam namque colimus*，quasi Deam sanctissimam”）。

[71] Ullmann，*Lucas de Penna*，35ff；以及他的论文“Baldus，”388ff。

方，左右两侧被说成是法官们的半身像（图 17）。[72] 然而，卡普阿大门雕像的整体构思不甚明朗，我们很难下一个定论，但不管怎么说，它的布局与《问答集》作者的描绘还是迥然有别的。[73]

112 14 世纪早期的一幅画像更为意味深长，它就是锡耶纳市

---

[72] Willemsen, *Triumphtor*, 65ff，接受的是笔者在《皇帝腓特烈二世传》（*Kaiser Friedrich II.*, 485f）中的解释，但笔者在 *Erg.Bd.*, 211 有意没有重述这一观点；有关威伦森（Willemsen）的猜想，可参较 Baethgen, in *DA*, XI (1955), 624。把两侧半身像解释为法官（"这里的雕像是两位法官"["hinc et hinc imagines erant duorum iudicum"]），可回溯到彭纳的卢卡斯（Lucas de Penna, on C.11,41 [40],4 [Lyon, 1582], 446)，他是这样注释"被奉献的像"（*imagines consecrari*）的："也就是说，（像）被奉献安放旁侧，或被置于门上，如同在卡普阿城门上那样"（"id est, consecratas apponi, vel in porta collocari, ut in porta civitatis Capuae"）。特别值得关注的是，联系到"像的奉献"，卢卡斯想到了"腓特烈皇帝雕像的摆放"（apposita statua Frederici Imperatoris），腓特烈是统治者，但另一方面他作为教会的敌人又为卢卡斯所嫌恶。卢卡斯得出了他对卡普阿大门描述的结论："由于这些功绩，国王雕像可以说是圣化了；与此不同，若国王身上的正义停止了，与其说它们圣化了不如说是在遭诅咒"（"Ex his operibus possent dici regales statuae consecrari; alias cessante in regibus iustitia, dicendi sunt potius execrari quam consecrari"）。他辩护了伊塞尼亚的安德烈亚斯的观点（Andreas of Isernia, *In usus feudorum*, on *De statutis et consuetudinibus*[《论雕像与习俗》], n.28, fol.315ᵛ），后者提到了国王的像与圣徒或基督的像之间的相似性。

[73] 有关复原的情况，参见 Willemsen, *Triumphtor*, pl.106，有关大尺寸的女性头部，现在只有在石膏"涂饰物"被清除后才能评判，参见 pls.44-49。"正义"实际上可能取代了通常为童贞女或"教会"所占据的位置，这种情形出现在 12 世纪斯塔弗洛的一件珐琅器上（阿利斯泰尔·布拉德利·马丁[Alistair Bradley Martin]夫妇的收藏），它的相关情况由伊冯娜·哈肯布洛克（Yvonne Hackenbroch）出版于"A Triptych in the Style of Godfroi de Clair", *Connoisseur*, CXXXIV (1954), 185-188。圣像学的问题牵涉进来了，笔者会在另一个相关场合讨论；有关"十字架以基督身体的天平形式出现，因为基督身体就是教会"（*Crux statera corporis Christi, quod est Ecclesia*）的观念，可参见 Francis Wormald, "The Crucifix and the Balance", *Warburg Journal*, I (1937-38), 276-280。当然，在那个位置上表现出正义形象的，正是天平。参见图 19，经 R.H. 兰德尔（R. H. Randall, Jr）博士的中间介绍，藏主惠允笔者自由使用这件复制品。

图 17　皇帝腓特烈二世的卡普阿大门(复原图)

政厅内由安布罗焦·洛伦泽蒂(Ambrogio Lorenzetti)所作的壁画“良政”(*Buon Governo*)。[74] 该画的寓意复杂,甚至可以说是隐晦,在此我们不必详论,只需指出两个主要雕像就够了,即“正义”和“良政”(图 18a–b)。正义雕像比真人要大,可谓“立于天界的女子”(*puella erecta in coelum*),“相貌庄严肃穆,令人敬畏”(*aspectu vehementi et formidabili*)。[75] 她受加冕而登高台之上,举目注视头顶之上的“智慧”(*Sapientia*),“智慧”此处等同于或者说替代了正义神殿中的“理性”。至少我们现在理解了《问答集》作者说“理性栖于正义的头顶之上”所谓何意。[76]

---

[74] 对此描述,参见 Ernst von Meyenburg, *Ambrogio Lorenzetti* (Heidelberg diss., 1903), 51ff;相关文献,参见 Giulia Sinibaldi, *I Lorenzetti* (Siena, 1953), 209ff。另见 L. Zdekauer, “IUSTITIA: Immagine e Idea”, *Bullettino Senese di storia patria*, XX (1913), 384–425, esp. 400ff,作者将“正义新观念”(*ideale nuovo della Giustizia*)与 13 世纪前后意大利市镇新精神联系起来,并从这个角度讨论了洛伦泽蒂的绘画,但遗憾的是,文中没有细究新法学。十分感谢 T.E.蒙森(T. E. Mommsen)教授启发笔者研讨洛伦泽蒂的“作为女性中保的正义”。

[75] 参见上面注 65。正义有时似乎以戴王冠的男性形象出现,例如在 *Paris, Bibl.Nat. MS.lat.541*,(13 世纪后期或 14 世纪早期)我们找到这样的评论:“正义女神被描绘成了戴金冠的男子”(“Iustitia pingitur ut vir habens coronam auream”);参见 *Catalogue général des MSS latins de la Bibl. Nat.*, ed. Ph. Lauer (Paris, 1939), I, 190。

[76] 文本原话:“cuius in vertice recumbebat”。H. Kantorowicz, *Glossators*, 185 解释道:“理性,最后光荣坐于正义头顶之上,似乎有点令人不自在。”不过,“*in vertice*”是否只有“之上”的含义笔者还不能肯定。赫尔曼·坎托洛维奇(H. Kantorowicz)在同一本书第 186 页,将“神殿”诸形象与“荣光的童贞女”诸表象联系起来的尝试(例如杜乔[Duccio]的镶嵌板画“鲁切拉的圣母玛利亚”[Madonna Rucellai]),算不上神来之笔,在一份温切斯特新大教堂(New Minster)的手稿中,童贞女形象的头上就栖着鸽子,这份手稿可能属于《乌特勒支诗篇集》(Utrecht Psalter)的体系,本完全不应在与《问答集》的关联下提及;参见拙文“The Quinity of Winchester”, *Art Bulletin*, XXIX (1947), 73ff。(“五位一体”[Quinity],指圣父、圣子、圣灵、圣母以及圣母怀抱的圣婴。——译者)

正义女神脚下是“最后降生的”一位女儿——“和谐”
(*Concordia*)。法官们在相关场合经常提到她。[77] 同样是在高 113
台之上，我们还可以看到一位被加冕的“良政”，他身形伟岸，有王者风范，身边围着六大公民德性。良政头顶上方是“仁爱”(*Caritas*)，两侧是“信仰”(*Fides*)和“希望”(*Spes*)。显然，这里要反映的是基督教的三枢德，但也应指出，依据通行于 1300 年左右的定义，仁爱也可能是指“对祖国之爱”(*Amor Patriae*)：“对祖国之爱奠基于仁爱之上”(*Amor Patriae in radice Charitis fundatur*)。[78] 爱国含义可能表现在良政身着黑白两色，它们正是锡耶纳的颜色；在良政的脚下，我们看到与母狼在一起的罗马孪生兄弟，作为锡耶纳的盾徽，它们象征了锡耶纳是由古罗马建立的。

应当承认，洛伦泽蒂画作的年代较晚，已沾染了文艺复兴时期寓言流派的艺术朦胧性，没有 12 世纪法学家的观念那么明晰。不过，画作大体上还是传达出了中世纪法学家心中的

---

[77] 可参见 Bartolus, on *Inst*.1,1, n,1, fol.68:“[Iustitia] tribuens ... Deo religionem, parentibus obedientiam, paribus concordiam ...”(“[正义]指派……敬上帝以信仰，孝父母以服从，致平等以和谐……”)也可参见 Baldus, on *D*.1,1,5, n.4, fol.10v，文中还有大量这样的内容。

[78] 引文可见于卢卡的托勒密对阿奎那《论君主政治》(*De regimine principum*)的续笔，*De regimine principum*, III, c.4, ed. J. Mathis (Rome and Turin, 1948), 41；参见第五章注 151。洛伦泽蒂的“仁爱”(*Caritas*)自然让迈恩博格(Meyenburg)想到了 *Amor*；参见 R. Freyhan, “The Evolution of the Caritas Figure in the Thirteenth and Fourteenth Centuries”, *Warburg Journal*, XI (1948), 68ff，不过作者没有把“仁爱”视为“对祖国之爱”。兹杰考耶尔(Zdekauer)将“良政”与“对祖国之爱”联系了起来(见上面注 74)。Millard Meiss, *Painting in Florence and Siena After the Black Death* (Princeton, 1951), 51，书中将洛伦泽蒂笔下的仁爱既解释为“对神的爱”(*amor dei*)也解释为“对邻人的爱”(*amor proximi*)。

a. 正义

图 18　安布罗焦·洛伦泽蒂

b. 良政

所作壁画(锡耶纳市政厅)

图 19　描绘了正义女神的最后审判

（来自斯塔弗洛的珐琅三联画，12 世纪）

理念。整个壁画显示了正义女神扮演着“女性中保的正义”角色,以及“皇帝”或“良政”是作为正义女神的对应形象。

与普拉岑提诺想象中的正义神殿联系起来的话,我们可能就会注意到一幅时间更早的插画,它表现出皇帝是法律问题的仲裁者。这幅插画是在一部精美的福音书中找到的,亨利二世在1022或1023年间将此福音书赠给了蒙特卡西诺修道院(图20)。[79] 第四福音书之前的一页,本来应该是圣约翰 114
的一幅肖像,而实际满页呈现的却是皇帝的形象以及大量拟人化的形象。这幅画充满了政治和法哲学的色彩。图画中间的大圆圈里,皇帝头戴王冠,身着盛装。画的左上角和右上角是“正义”(*Iustitia*)和“虔敬”(*Pietas*);左右两侧,位于小圆圈里面的分别是“智慧”(*Sapientia*)和“审慎”(*Prudentia*),它们自古以来一直是王权的侍者陪伴。皇帝的左下角和右下角是象征实定法的“法律”(*Lex*)和“法权”(*Ius*)。[80] 它们仰赖皇

---

[79] 参见Schramm, *Deutsche Kaiser*, pl.86 and pp.112ff,198,以及赫伯特·布洛赫(Herbert Bloch)的透彻分析,“Monte Cassino, Byzantium, and the West in the Earlier Middle Ages”,*Dumbarton Oaks Papers*, III (1946), 177ff(完整的文献目录见第181页注53)。A. Gaudenzi, “Il tempio della Giustizia a Ravenna e a Bologna e il luogo in esso tenuto dal diritto longobardo”, *Mélanges Fitting* (Montpellier, 1908), II, 699ff,作者把插画与普拉岑提诺的想象(当时仍认为是伊尔纳留斯所作)联系起来,已误导出了很不合理的结论。顺便(*obiter*)要提及,皇帝亨利三世有一别名“正义之绳”(*Linea Iustitia*);参见Wipo, *Gesta Chuonradi*, prol., ed. Bresslau, p.8,5。

[80] 有关拟人化的总体情况,参见Adolf Katzenellenbogen, *Allegories of the Virtues and Vices in Mediaeval Art* (Studies of the Warburg Institute, X; London, 1939——参较第36页对《蒙特卡西诺福音书的》的讨论),有关古代后期重要的那几百年,参见Glanville Downey, “Personifications of Abstract Ideas in Antioch Mosaits”, *Transactions of the American Philological Association*, LXIX(1938), 349ff;以及笔者发表在《美国考古学杂志》(*American Journal of Archaeology*, LVII [1953], 65ff)上有关德性作为王座陪伴者的拙论。(转下页)

图 20　作为法官的皇帝亨利二世

(蒙特卡西诺修道院藏福音书插画，公元 1022—1023 年)

帝，贯彻他的意志。皇帝脚下方的圆圈，环绕这样一段铭文："法律与法权，遵帝命，谴暴君"，也就是说，皇帝要暴君死，暴君就会身首异处。[81] 皇帝的意志乃是由来自上界的启示所指引。为君主出谋献策的，绝不是"理性"这位目光晶莹的法学家们的女神，这一点确凿无疑；不过，理性女神并非与图像毫无瓜葛。我们可以在皇帝头顶的圆圈中看到，圣灵以鸽子的形象从天而降，其实就象征着神圣智慧和理性。[82] 鸽子将公正的审判注入皇帝的心志，皇帝又把他受到的启示传达给法律和正义的执行者。

在这幅审判的画面里，亨利二世显然充当了神圣理性和人法之间的中保。但既然是奥托王朝的君主，皇帝的中保地位就应是通过"礼仪方面"，即通过呼求圣灵降临（*epiklesis*）
来表达的。这幅画使用的仍是神学语言，而不是法学语言。 115
皇帝成为神圣意志的中保和执行者，是借着圣灵的力量，而非法律科学的世俗精神。

这幅奥托王朝时代的插画，与 12 世纪法学者们偶尔呈现出来的正义神殿视觉形象可能没有什么关系，然而，它仍具有启发意义。因为，它极好地展示了从插画所处年代到霍亨斯陶芬王朝时期，统治权的概念与礼仪的语境已经相去几何。

(接上页)中世纪讨论德性依据的最权威作品可能要数西塞罗《论善与恶的界限》(*De finibus*，2,21)(参较奥古斯丁《上帝之城》第 5 卷 20 节)，特别要提到的还有西塞罗的《论创设力》(*De invent.*，2,159ff)，此处内容经常被中世纪法学家阐述；参见 H. Kantorowicz, *Glossators*, Index s.v. "Cicero"。因为正义集所有德性之大成，法学家有兴趣去体系化这些德性，并不惮其烦地阐述这些德性，他们的阐述可能给了艺术家新的灵感。

[81] "Caesaris ad nutum dampnunt Lex Iusque tyrannum." 有关铭文的政治语境和暴君的情况，可参见 Bloch, "Monte Cassino," 185f。

[82] H. Kantorowicz, *Glossators*, 186.

然而，我们不能就此认为，礼仪时代统治权所具有的那种超验价值，会随着政治理论围绕博奥法学结出硕果而被简单摒弃掉。情况恰好与此相反，不仅就统治者的中保地位是如此，政治理论的总体情形也不例外。不管是腓特烈二世还是其他人物，都没有摒除中世纪王权的形态和概念：所有以前的价值观念实际上都保留了下来，只不过它们现在转换成了世俗的、以法学为主的思维模式，在世俗背景下递嬗而存。种种形态和价值观念得以合理化，不是通过神学，而毋宁说是通过科学的法学。

皇帝亨利二世在画中是借着圣灵之鸽接受谏言的法官。要想象鸽子飞落在腓特烈二世头顶的情形着实有些困难，因为，从卡普阿大门的雕像或他有名的奥古斯塔尔金币（*augustales*）来看，腓特烈二世的这些形象所透露出的观念和理想，与礼仪、祭坛和膏油已相去甚远。然而，倘若这位君主要想主张，正如他反复强调的，他在所有国事行为、立法司法中是直接受神圣灵感的启示，那么，他这种主张的辩护依据只能倚重于他奉为圭臬的查士丁尼法典。[83] 腓特烈二世不仅声称自己受上天启示，他还和中世纪其他统治者一样，声称自己是神（Deity）的代理人。他在《奥古斯都宪法》序言这一极为显著的位置指出，人类堕落以后，君王出于自然之需和神
116 意而被创造出来，他们肩负这样的使命：

---

[83] 参较 *Erg. Bd.*, 84；*C*.1,1,1，也可参较 *C*.5.4,28,1，以及其他一些地方。可以肯定，圣灵也会出现在对腓特烈二世的颂歌中；可参见 Kloos, "Nikolaus von Bari," 171, §8："... super quem almus spiritus quasi apis super florem oderiferum requiescit"（"……滋养的圣灵安享于他的上方，如蜜蜂安享于鲜花之上"）。

> 他们是臣民生杀予夺的裁决者，裁断世人的立身立命、起落沉浮，所行之政犹出于神意之执行者。[84]

不过，有一点极为重要，作为“神意之执行者”(*executor divinae Providentiae*)的传统国王职位，不是根据可信手拈来的圣经或教父著作来表达的，而是参引了尼禄皇帝可能说过的那番出自塞涅卡的话：

> 难道我不是被选为神在人间的代理者？我是臣民生杀予夺的裁决者。世人立身立命、起落沉浮，皆操于我手。命运女神要指点凡人，都借着我的口发出。[85]

的确，腓特烈的大法官法庭已经减弱了那些听起来也许显得傲慢专横的语气；但事实上，他的法律顾问们仍是依循塞涅卡的皇帝模式，来解释作为上帝代理人的王位，仍在用尼禄很可

---

[84] *Lib. aug.*, prooem., Cervone, 4: “Qui [principes gentium] *vitae necisque arbitri gentibus qualem quisque fortunam, sortem, statumque haberet*, velut executores quodammodo divinae providentiae stabilirent ...” 斜体部分引自塞涅卡。参见下一个注。

[85] Senaca, *De clementia*, I, 1, 2: “Egone ex omnibus mortalibus placui electusque sum, qui in terris deorum vice fungerer? Ego *vitae necisque gentibus arbiter*; *qualem quisque sortem statumque habeat*, in mea manu positum est; quid cuique mortalium *fortuna* datum velit, meo ore pronuntiat.” 皇帝身边的法学家们对这段内容的借鉴可谓一目了然；参见 Marinus da Caramanico, on the Prooemium, v. *Statumque haberet*。最近，安东尼奥·马龙如(Antonio Marongiu)指出了这些出处的相似性，见他的文章“Concezione della sovranità,” 42f，以及“Note federiciane,” 296ff(见上面注 16)。塞涅卡的《论怜悯》(*De clementia*)被法学家们反复援引；可参见第七章注 405。

能早已说过的话来表述，纵然这位皇帝在中世纪传说中并非统治者的典范。

同样重要的是，注释法学派喜欢参照《学说汇纂》、《法典》、《新律》和《法学阶梯》，来注释那些完全是出自圣经的引语。例子很多，比如卡拉马尼科的马里努斯（Marinus de Caramanico），在对《奥古斯都宪法》序言的注释中指出，“君王出自上帝”，他不是去参引《罗马书》第13章，而是参引了查士丁尼的《法典》；为了注释名句“帝王藉我坐国位”（*Per me reges regnant*），他不是把读者领向《箴言》8：15，而是领向同样引用过这句话的
117 《法典》1，1，8，1，以及提到过相关观念的《新律》73的标题。[86] 马里努斯只是遵循了罗马法学家的惯例。换言之，在法学家们看来，罗马法律典籍在世俗权威上相比于神圣典籍，要更有价值、更为重要，也更为可信，哪怕是可以直接引自圣经的，他们也愿意舍近求远，到罗马法卷帙里去引用。当然，为了达到

---

[86] 参见 v. *Divinae provisionis*, ed. Cervone, 4: “Nota quod reges et principes sint a Deo, ut ... [*C*.7,37,3,5] et ... [*C*.1,17,1,1] et ... [*C*.1,1,8,1]; ibi, per me reges regnant etc. et in ... [*Nov*.73, rubr.]”（“要知道国王和君主是来自上帝的，犹如……[*C*.7,37,3,5]以及……[*C*.1,17,1,1]以及……[*C*.1,1,8,1]；此处[*C*.1,1,8,1]，帝王藉我坐国位，等等说法，而且……[*Nov*.73, rubr.]”）。就算伊塞尼亚的安德烈亚斯在 *Usus feudorum*, prael., n.46, fol.8 中说过：“同样要注意，这篇短论中圣经上的众多权威被引用；因为，在讼案中它们是与制定法一样被援用的”（“Item attendendum, quod in hoc opusculo producuntur plerunque authoritates sacrae Scripturae: nam illae allegantur in causis sicut leges scriptae”），情况也一样，他的这一主张又一次是通过引用罗马法的相关内容来佐证的。参较 McIlwain, *The High Court of Parliament* (New Haven, 1910), 99, n.2，其中谈到了17世纪英国的相关主张，尽管出于大不相同的理由：“被赋予我们国王的权力，我们必须依据制定法而非圣经来判断……”（Tis from the Statute Book, not the Bible, that we must judg of the Power our Kings are invested withal ...）

某种目的，注释者们很多时候也会直接引用圣经；但是，他们的至高权威仍是罗马法。

取代并重塑王权的宗教价值这一任务，现在落到了查士丁尼法律著述的肩上，王权的宗教价值作为礼仪观念和圣事观念的衍生物曾得到普遍承认，这在叙任权之争前一直如此。我们还记得，在叙任权之争最激烈的时候，诺曼佚名著者不遗余力地捍卫国王的圣职者身份，将国王解释为“借恩典而成的”真正的“国王兼司祭”(*rex et sacerdos*)，认为国王是因着祝圣礼的效力而成为真正的“国王兼司祭”。[87] 他甚至承认，至尊的主基督(*christus Domini*)是重要献祭行为的司祭。佚名著者称，《旧约》中的以色列国王，“将身体献上，当作活祭，是圣洁的，是神所喜悦的”；只有他这位国王被认为在灵性上完成了献祭，因为，伴随着赞美的和受苦灵性的献祭仪式，国王带来了真正的“正义的祭品”(*sacrificium iustitiae*)。反之(佚名著者说)，当娶寡嫂制在祭坛上奉献非灵性的、可见的“有形祭品”(*sacrificium carnale*)时，它只是以象征行为重演了国王的灵性献祭。[88]

---

[87] 参见第三章注13，以及注21。

[88] *MGH*, *LdL*, III, 665, 38:“... et regis est sacrificare et immolare in spiritu. Ipsius etenim est exhibere se ipsum hostiam vivam, hostiam sanctam, hostiam Deo placentem (Rom. 12 : 1), et immolare Deo sacrificium laudis, sacrificium iusticie (Ps. 4: 6), sacrificium spiritus contribulati, quod totum significatum est per carnale sacrificium, quod sacerdos offerebat iuxta ritum visibilem sacramenti”(“……灵性上的献策和供奉是国王当做的。也就是说，国王要自己将身体献上，当作活祭，是圣洁的，是神所喜悦的[《罗马书》12 : 1]，献上对上帝的赞美，献上公义[《诗篇》4 : 6]，献上受苦灵性；所有这些都通过肉身的献祭被表现出来，献祭按照司祭做圣事的可见仪式”)。作者可能摘自《交唱之书》(*Liber responsalis*，被认为是大格里高利所作)，或摘自《迎王交唱》(转下页)

由国王作为“正义的祭品”以及由古代“国王兼司祭”理念
118 改造而来的新观念，相较于偏重情感表达的诺曼佚名著者对祭坛的倾心，已经有了很大的不同。君主虽没有停止过是“国王兼圣职者”，不过，叙任权之争后，君主早先的圣职者特征曾一度散乱或式微，仰仗将法学家与圣职者两相比照的罗马法哲学的非凡抱负，君主才又重新获得了这些特征。当西西里国王罗杰二世在其1140年法令释义的序言中称，他的法律汇编是奉给仁慈和公正的，是献给上帝的供奉时，礼仪语言的古老庄重性与罗马法学者及其术语的新庄重性奇妙地交织在了一起，罗杰二世接着又说：

> 藉此供奉，王权职位为自身谋得了某种司祭的特权；据此，某位睿智和精通法学之士把法律的注释者称为“法律

（接上页）（*Antiphonae de suceptione regum*）（*PL*，LXXVIII，828B）；参较Williams，*Norman Anonymous*，168，n.566。在那篇交唱诗中，“国王兼司祭”（*rex et sacerdos*）的典范被着力强调：“℟ Elegit te Dominus sacerdotem sibi，ad sacrificandum ei hostiam laudis. ℣. Tunc acceptabis sacrificium iustitiae，oblationes et holocausta. ＊Ad sacrificandum (ei hostiam laudis). ℣. Immola Deo sacrificium laudis et redde Altissimo vota tua”（“℟ 主为他自己选择你作为司祭，对他献上赞美的祭品。℣. 此时，你纳受了正义祭品、供奉和全燔祭。为了献上[对他赞美的祭品]。℣. 对上帝献上赞美的祭品，返还你的供物给那至高者”）。在这种“迎王诗”（*susceptaculum*）标题下的复数的“*regum*”表明了一个重要的时代，因为它可能代表了东部帝国皇帝的复数；有关政治祈祷者用的这种复数，可参见G. B. Ladner，“The Portraits of Emperors in Southern Italian *Exultet* Rolls and the Liturgical Commemoration of the Emperor”（“意大利南部《圣咏》羊皮卷上的皇帝画像与皇帝的礼仪庆典”），*Speculum*，XVII (1942)，189ff。（娶寡嫂制是指寡妇与亡夫兄弟结婚的风俗，犹太人以此来维系兄弟的家系。这一风俗也需要通过献祭来获得一种正义。——译者）

的司祭”。[89]

序言中的一些说法，让人想起了弥撒中的祭礼典文。[90] 不过序

---

[89] F. Brandileone, *Il diritto Romano nelle leggi Normanne e Sveve del regno di Sicilia* (Turin, 1884), 94："In qua oblatione regni officium quoddam sibi sacerdotii vendicat privilegium: unde quidam sapiens legisque peritus iuris interpretes iuris saerdotes appellat"。另见 Hans Niese, *Die Gesetzgebung der normannischen Dynastie im Regnum Siciliae* (Halle, 1910), 46，作者正确强调了“王权职位”(*regni officium*)这一表述，即王权作为职位的特征。另见 Gierke, *Gen.R.*, III, 563, n.123; Maitland, *Political Theories*, 34 and 141f。

[90] 可将罗杰二世的序言开场白“乃尊贵而必要的”(*Dignum et necessarium est*)对照弥撒的开场白：“实乃尊贵和公义的”(*Vere dignum et iustum est*)，并看到“藉此供物”(*In qua oblatione*)与祝圣之前的“因着供奉”(*Quam oblationem*)的关联点。相似性和细微变化都不是偶然的；人们欲求与弥撒表述的类似性，但又要抑制弥撒表述的凡俗性。这些顾虑在腓特烈二世时期并不明显；可参见有关战胜伦巴第人时的书信(Vinea, *Epp.*, II, 1)：“*Exultet iam* Romani Imperii culmen, *et pro tanti victoria* principis *mundus gaudeat universus*”(“如今，人们在颂扬罗马帝国的权威，整个世界都为皇帝的伟大胜利而欢欣”)；也可参见 Vinea, *EPP.*, II, 45：“*Exultet iam* universa turba fidelium ... *et pro tanta victoria* principis precipue *gaudeatis*”(“如今，全世界的信众在颂扬……，并且你们特别欢欣于皇帝的伟大胜利”)；并比较“逾越颂”(*Praeconium paschale*)：“*Exultet iam* Angelica *turba* caelorum ... *et pro tanti* Regis *victoria* tuba insonet salutaris. Gaudeat et tellus ...”(“如今，天上的天使群体在颂扬……吹奏洪亮的小号致敬皇帝的伟大胜利。地上的也欢欣于……”)。Hans-Martin Schaller, *Die Kanzlei Kaiser Friedrichs II.: Ihr Personal und ihr Sprachstil* (Göttingen diss., typescript, 1951), 84ff，该著作已经从腓特烈二世的书信和诏令中收集了大量相似的礼仪上所用的表述，并且指出，尽管礼仪化语言的倾向也会不时出现在腓特烈一世和亨利六世的“演说”(*arengae*)里，不过只有在腓特烈二世治下，帝国大法官法庭的裁判官才会为了“帝权的神圣化”(*Sakralisierung des Kaisertums*)而系统地使用礼仪性语言，教皇派的人也的确有理由抱怨帝国文书处沉湎于“早朝的祈祷颂歌，变成了对凯撒的赞美”(*matutinas et laudes in preconia Cesaris ... commutando*)(*Vita Gregorii* IX, c. 31, in *Liber censuum*(《贡赋簿》), ed. P. Fabre and L. Duchesne [Paris, 1889ff], II, 30)。有关廷臣使用的“救世主文体”(*Salvatorstil*)也可参见 *Erg. Bd.*, 206f，古代后期当罗马王室文风“礼仪化”时，有些与该词明显类似的表述可以见到。当沙勒(Schaller)(p.96) 指出：(转下页)

119 言的主要来源还是查士丁尼，他所颁布过的一条法律是作为“我们奉献给上帝极虔敬或神圣的祭品”（*piisima sive sacrosancta oblatio quam Deo dedicamus*）。⑨¹ 查士丁尼在自己法律著述的其他地方也表达过类似观念，并且，腓特烈二世及其他人重申过这些观念。⑨² 这就意味着，引据来源和参照内容不再限于《列王纪》和《诗篇》了，也可以是查士丁尼的法律。正是对这位皇帝模式的效法，新编纂的法典代表了“正义的祭

（接上页）“腓特烈二世不是让圣职的东西世俗化了，而是让自己世俗的统治圣职化和教会化了”（“Friedrich II hat nicht Geistliches verweltlicht, sondern sein profanes Herrschertum vergeistlicht und verkirchlicht”），他是完全正确的。不过要注意的是，这一趋势在法学者中占主流，博洛尼亚的“作文教师”（*dictatores*）大量运用了礼仪化语言；参见拙文“An ‘Autobiography’ of Guido Faba”, *Mediaeval and Renaissance Studies*, I (1943), 253ff, esp.260ff, 265；也可参见 Hermann Kantorowicz, “The Poetical Sermon of a Mediaeval Jurist”, *Warburg Journal*, II (1938－9), 22ff。

⑨¹ *Nov*.9, epil；也可参见这部法律的序言：“为了上帝的荣耀而被奉献上的特别之法”（“lex propria ad honorem Dei consecrata”）；还有查士丁尼的 *De confirmatione Digestorum*, § 12：“omnipotenti Deo et hanc operam ad hominum sustentationem piis optulimus animis”（“为了人类的维系，我们以虔敬之心将此著作奉献给全能上帝”）。

⑨² *Lib. aug.*, prooemium：“... colendo iustitiam et iura condendo mactare disponimus vitulum labiorum”（“……为崇敬正义和制定法律，我们准备了牛犊来献祭”）。随后卡拉马尼科的马里努斯引用了一种类似说法：*Nov*. 8, 11（“valeamus domino deo vovere nosmet ipsos”[我们有志于向主上帝献上自己为祭]），并补充了 *Mactare* 的语义：“拿宪法之书作为某种甜美馨香，为上帝献祭……犹如这位皇帝藉着法律中的正义，将自己献给上帝为祭一般”（“Et sic ipsi Deo pro quodam odore suavitatis praesentem librum constitutionum offerre ... ut sic per iustitiam, quae est in lege, Imperator iste domino Deo voverat seipsum ...”）。也可参见 *Erg. Bd.*, 85。可进一步参见 Chrimes, *Const. Ideas*, 69，英国国王在议会所作保护教会和遵守法律的承诺，在这位议长看来“如同弥撒献祭”。“国王应将法律献祭上帝”（*Rex debet offerre legem Deo*）对 16 世纪法国法学家的著述仍有影响力；可参见 Church, *Constitutional Thought*, 60, n.51。

品”：法律著述本身成了统治者的祭品和供奉物。[93]

《学说汇纂》第一段，成为“法学者和法官乃‘正义的圣职者’”这一观念的源头： 120

> 从事我们这一行业的应该可称作圣职者：因为我们崇奉正义，宣扬何为善，何为公正……[94]

《学说汇纂》引用乌尔比安（Ulpian），乌尔比安引用塞尔苏（Celsus），塞尔苏则是哈德良时代的作者。早期的法律语言由此得以保存下来。我们还记得，在阿乌鲁斯·盖里乌斯（Aulus Gellius）那里，“正义的神官”（*antistes iustitiae*）的道德伦理品性是法官的道德伦理品性的典范。[95] 在他之前一个世纪，昆体良就将古典时期一位伟大的法学家称作“法律的神

---

[93] 当然，最终的来源还是圣经；参见《诗篇》50：21："你行了这事，我还闭口不言，你想我恰和你一样；其实我要责备你，将这些事摆在你眼前"（"Tunc acceptabis sacrificium iustitiae, oblationes et holocausta; tunc imponent super altare tuum vitulos"），有必要与《列王纪下》14：17 联系起来："我主我王的话必安慰我，因为我主我王能辨别是非，如同神的使者一样"（"fiat verbum domini mei regis sicut sacrificium; sicut enim angelus Dei, sic est dominus meus rex"）（圣经和合本为《撒母耳下》14：17；值得注意的是，两处"sacrificium"的意义在翻译中已丧失了原来献祭的含义。——译者）。还有几处地方也可参考。因此，叙利亚的圣遏拂林（Ephrem the Syrian）在 *Hymni de Resurrectione*, XIX, ed. Lamy, II, 754 中可能说过："Offerant Domino nostro ... pontifex suas homilias, presbyteri sua encomia ..., principes sua acta"（"向我们主献祭……主教是以他自己的布道，长老是以他自己的颂词……君主则是以他自己的法令"）。

[94] *D*.1,1,1 *De iustitia et iure*.有关这一称号的精彩论述，参见 Ulrich von Lübtow, "De iustitia et iure"（"论正义和法律"），*ZfRG*, rom. Abt., LXVI (1948), 458－565，参见下面注 99。

[95] 参见上面注 64。

官"(*iuris antistes*)。[96] 在古希腊地区,人们常用别的比喻来表达类似观念,例如,"正义王座的共享者"(Thronesharer of Dike)或"正义王座的驭手"(Coachman of the throne of Dike)——尽管到了14世纪,这里的统治者也会被誉为"正义的神殿"。[97] 拉丁语较庄重,但缺乏形象性。迄至4世纪末,辛马库(Symmachus)或者说整个罗马,都称皇帝为"正义的司祭"(*Iustitiae sacerdotes*)。[98] 从"神官"(*antistes*)到"司祭"(*sacerdotes*)的用语变化是否如实反映出了教父的影响,仍值得商榷。[99] 但不管怎么说,当《学说汇纂》的编纂者受乌尔比安影响而赋予法律权威"司祭"称号时,他们也让这个为人悉知的比喻万古长存了。

中世纪的注释家不可能会漏掉对这一内容进行注释。阿佐写道:"法律无愧于神圣称谓,故掌法之人可称为司祭。"[100]在

---

[96] Quintilian, *Inst.orat.*, XI, 1, 69.

[97] Louis Robert, *Hellenica* (Paris, 1948), IV,24 and 103:"好法律[正义]的船"(νηὸς Εὐδικάτης)用来形容一位克里特岛的掌权者;也可参见拙文,录在 *AJA*, LVII (1953), 65ff,文中还讨论了其他提到了的称号。

[98] Symmachus, *Epist.*, x,3,13,公元384年辛马库在致拜占庭皇帝西奥多一世一封著名的书信中,谈到了"胜利"的祭坛, ed. Otto Seeck (*MGH*, *Auct. ant.*, VI), 282,28。实际上,"正义的圣职者"(*sacerdos iustitiae*)也可在出现于 *CIL*, VI, 2250 中的铭文中看到。

[99] G. Beseler, *Beiträge zur Kritik der römischen Rechtsquellen*, (Tübingen, 1920), IV, 232f, 作者认为这部分内容是后来加进来的:"它从概念上来自道德教诲,但(主要是借助那种[圣职者]比喻的)教父的道德教诲,而不是古典的和法律的道德教诲"("Gedanklich ist esvon schönem Ethos, aber [vor allem durch das Gleichnis 〈*sacerdotes*〉] kirchenväterlich, nicht klassisch-juristisch")。对G.贝泽勒(Beseler)理论的反对意见,参见 Félix Senn, *De la Justice et du Droit* (Paris, 1927), 38, n.3,以及 Lübtow, "*De iustitia et iure*," 461, n.12。

[100] *Glos.ordin.* on *D.*1,1.1, v. *Cuius*:"Meruit enim ius appellari sacrum, et ideo iura reddentes sacerdotes vocantur." 这一注释被认为出自阿佐,不过他在自己《〈法学阶梯〉注释集成》(*Summa Institutionum*)的序言中只是从《学说汇纂》中引述了这一内容。

《标准注释》中，阿库修斯显然是将教会的司祭和法律的司祭相提并论的。

> 司祭管理和协调神圣事务，我们亦如是，因为法律是极为 121
> 神圣的……司祭在主持忏悔时向每个人指明什么是他正当可为的，我们在判案时亦如是。[101]

三个世纪后的纪尧姆·比代(Guillaume Budé)仍因该比喻而赞誉阿库修斯的睿智。[102] 不过，早在《标准注释》出现之前，属灵的

---

[101] *Glos.ordin.* on *D.* 1, 1. 1, v. *Sacerdotes*："quia ut sacerdotes sacra ministrant et conficiunt, ita et nos, cum leges sint sacratissimae, ut C. de legi. et consti.l. leges (*C.* 1, 14, 9); et ut ius suum cuique tribuit sacerdos in danda poenitentia, sic et nos in iudicando." 在戈托福雷杜斯(Gothofredus)版本的《学说汇纂》中，可以看到另外几条注释："司掌正义的，可称得上是在从事上帝的圣务"("Qui iustitiam colit, sacris Dei vacare dici potest")，以及"从乌尔比安的另一汇编"(*ex altera Ulpiani collectione*)中他引述了"所有法律家都是正义的司祭，确实是真实的而非模仿的司祭：他司掌正义……这真正是司掌正义，服侍她神圣的圣殿"("Omnis iurisconsultus est iustitiae sacerdos, et quidem verus et non simulatus: Iustitiam enim colit ... Hoc vere est iustitiam colere et sacris temploque eius ministrare")。

[102] Budé, *Annotationes in Pandectarum libros*, on D.1,1,1 (Lyon, 1551), P.29："Accursius peracute sane (ut solet plerunque) sacerdotes hoc in loco absolute intelligit ..., ut ipse inquit, poenitentiam dantes"("睿智的阿库修斯[很多人也如此]从绝对意义上来理解这个地方的司祭……，如他所说，自己在主持忏悔")。有关法官在判决时的文句，参见 Durandus, *Speculum iuris*, II, part.iii, §5, n.13 (Venice, 1602), II, 787："... talem condemno vel *absolvo*. Vel aliter proferat, sicut viderit proferendum ..."("……我判罪或赦罪的诸多人等。或者用你认为适当的其他宣判方式来判决")。诸如此类的表述还可参见，ibid., §6, n. 8, p.790。当然，法官也会听取犯人的"忏悔"；参较 ibid., §6, n.2, p.788："Ego tails iudex, *audita confessione tua*, praecipio tibi ..."("我是这样 位法官，听完你的忏悔，对你……下令")。有关这之前的"以上帝之名呼召"(*invocatio nominis Dei*)，参见§6, nos.6－7, pp.789f；这也是今天教会法庭的惯例(参较 (转下页)

司祭和世俗的司祭之间的类比就不是什么新鲜事了。我们可能还记得罗杰二世法令释义的前言,可能也会想到 12 世纪一位法学词义汇编的作者,这位作者以“论圣物和圣别之物”(*De sacris et sacratis*)为题,阐发了下面这种新的(也可以说是老的)二元论:

> 既有属人的圣物,比如法律;也有属灵的圣物,比如那些关涉教会之物。在圣职者中间,有些是属灵的圣职者,比如长老;有些则是属人的圣职者,比如地方法官,他们之所以被称作圣职者,是因为他们执掌圣物——法律。[103]

(接上页)*Codex iuris Canonici*, ca. 1874, §1:“Sententia ferri debet divino Nomine ab initio semper invocato”[“宣判一开始总要以神之名呼召”]),但这也是 13 世纪及其后的世俗法庭的惯例,可参见 F. Schneider,“Toscanische Studien”, *QF*, XII (1909), 287,文中讨论了 1243 年托斯卡纳一位皇帝的钦差大臣作出的宣判。判决“以上帝之名”来宣布,以使国王(或皇帝)取代上帝成为最高法律权威,这种情形尽管在 1500 年前后也能偶尔看到,但更多是发生在之后的时期。可参见 *Decisiones Sacri Regii Consilii Neapolitani* (Lyon, 1581), p.3, Matthaeus de Afflictis, *Decisio* I, n.1:“utrum praesidens in consilio possit ferre sententiam sub nomine Regiae maiestatis ...”(“议长是否能够以君王名义作出宣判……”),或同上书第 457 页, Antonius Capycius, *Decisio* CXI, n. 1:“... quod facerem iustitiam nomine regio, etiam nomine Caes. maiest. protuli sententiam ...”(“……既然司法是以君王名义运行的,那么,我们就要以凯撒大权的名义来宣判……”)。当然,在现代共和国里,判决是“以……人民的名义”宣布的。

[103] *Petri Exceptionum appendices*, I, 95, ed. Fitting, *Jurist. Schriften*, 164:“Sacrum aliud humanum, ut leges, aliud divinum, ut res ecclesie. Sacerdotes alii sacerdotes divini, ut presbyteri, alii humani, ut magistratus, qui dicuntur sacerdotes, quia dant sacra, id est leges.” 这些观念起源于在神圣事物与公共事物、司祭与地方法官之间流行的类比,这种类比依据的是罗马法(*D*.1,1.1,2),这些观念被反复提及,还经常参引 *Nov*.7,2,1 (“... nec multo differant ab alterutro sacerdotium et imperium, et sacrae res a communibus et publicis”[“……圣职和官职并没有什么大的区别,神圣事物与公共事物也一样”]),并经常浓缩成这一表述:“因为,公法与神法亦步亦趋”(“nam ius divinum et publicum ambulant pari passu”);参见 Post,“Two Notes,” 313, n.81,引用了莱维尼的雅克(Jacques de Révigny)(约 1270 - 1880);也可见 Post,“Statute of York,” 421, n.18。还可参见 *Glos. ord.*, on *D*. 1, 1, 1, 2, v. *in sacris*。此外还有但丁的《帝制论》(*Monarchia*, III, 10, 47ff);以及第八章注 35。

在“作为法官的尘世圣职者”(*sacerdos temporalis*, *qui est iudex*)与“被称作长老的属灵圣职者”(*sacerdos spiritualis*, *qui dicitur presbyter*)之间作区分,是好几个世纪以来的传统了。[104] 122

---

[104] *Lib. aug.*, I, 72, ed. Cervone, 131,禁止圣职者和法官像地方市政官那样行事。卡拉马尼科的马里努斯在他的注释中解释说,法官被当作圣职者对待,“基于这一有力的理由,人们也正当地称他们(法官)为司祭”(“forte illa ratione, qua quis [iudices] merito sacerdotes appellat”)。因此,这种类比就传到了实际治理当中,至少这些注释法学者是这样看的。艾弗利多的马泰奥在注释这一法律(所编页码为 I, 69, vol.I, 228)时走得更远;他提到了马里努斯,并补充说:“(世俗法官)在正当判决的时候,可称之为尘世的圣职者。正如圣职者有两重身份:作为法官的尘世圣职者与被称作长老的属灵圣职者;或者说,圣职者在受君主之命起草神圣法律时就是法官……并且理由(罗斯齐亚特的艾伯利库斯给出的;见本注下文)还在于,正当判决的法官不仅称作圣职者,还可称作神的使者,比修士更有价值”(“[iudices laici] quando iuste iudica[n]t, possunt dici sacerdotes temporales. Et sic duplex est sacerdos: temporalis, qui est iudex, et spiritualis, qui dicitur presbyter; vel ibi iudex est sacerdos, quando componit iussu principis sacras leges ... Et subdit [Albericus de Rosate] quod iudices, qui iuste iudicant, non solum appellantur sacerdotes, sed etiam angeli Dei, et plus merentur quam religiosi”)。参见 Albericus de Rosate, on *D.*1,1,1, n.11 (Venice, 1585), fol. 10:“ibi, ‘iustitiam namque colimus’ etc., quia labia sacerdotis custodiunt iustitiam et leges requiruntur ex ore eius. Malachiae. c.2 [Mal. 2: 7:‘... quia angelus Domini exercituum (sacerdos) est’], ubi dicit Hieronymus [?] quod sunt angeli Dei”(“此处所言‘我们崇奉正义’等,是因为《玛拉基书》第二章里说,祭司的嘴里当存知识,人也当由他口中寻求律法[《玛拉基书》2:7:“……因为他是万军之耶和华的使者”],如教父哲罗姆所注释[是否有此注释,存疑],因为他们是神的使者”)。有关圣职者的“使者特征”(*character angelicus*),艾伯利库斯只是引述了古典出处并转用于法官身上;参较 Friedrich Baethgen, *Der Engelpapst* (Schriften der Königsberger Gelehrten Gesellschaft, X: 2, Halle, 1933),作者就此论题搜集了丰富的资料;还可参见 Henri Grégoire, “‘Ton Ange’ et les anges de Théra”, *Byzantinische Zeitschrift*, XXX (1929 - 1930), 641 - 645。接着,艾伯利库斯引述了奥斯蒂恩西斯(Hostiensis)的话,“正当履行自己职务的代诉人和法官,比修士更有价值”(“quod advocati et iudices exercentes recte eorum officia plus merentur quam religiosi”)。参较 Hostiensis, *Summa aurea*, prooem., n. 8 (Venice, 1586), col.6:“... iusti iudices vitam activam sine plica ducentes, quae si bene duceretur, magis fructifera esset, quam contemplativa”(“……正义的法官直接引导实践的生活,如果实践的生活被引导得当,比玄思的生活要更有裨益”)。

其他作者也有过类似的区分，他们基本上与阿库修斯的看法一致，例如，帝国法官维泰博的约翰(John of Viterbo)，约于1238年撰写了《波德斯塔玄鉴》(*Mirror of the Podestà*)。从罗马法中，他不仅摘录了法官是准圣职者这一观点通常所依据的章节，而且还摘录了推论上述观点的章节——“法官因上帝在场而神化”或“法官在所有法律事情上对人而言都被认作，准确点说是被信作上帝”，由此，法官主持宣誓(*sacramentum*)时在案台放置圣经这一事实，就是为了在虔诚方面抬升这位“法官兼圣职者”。[105]

123 区分、对照、类比、适配(adaptions)，诸如此类的做法一再出现，它们对于创造世俗国家崭新的神圣性及其“神秘性”是有贡献的，[106]它们的重要性远超过了仅仅致力于使法律职业神圣化，把法学和神学置于同等地位，或仅仅是将法律程序比作宗教仪式。法学家们的职业自豪感无疑发挥了重要作用。“想成为法学家或法律顾问的人是不是必须要学习神学呢”，阿库修斯对自己的这个设问回答得很干脆，“不必；因为法律

---

[105] John of Viterbo, *De regimine civitatum*, c.25, ed. Gaetano Salvemini, in: *Bibl. jurid. med. aevi*, III, 226:“... nam iudex alias sacerdos dicitur quia sacra dat(法官因为供奉祭品而被说成是另一种圣职者)(参较上面注103)...; et alias dicitur: Iudex dei presentia consecratur([之所以]被认作另一种[圣职者]：法官因上帝在场而圣化)(C.3,1,14,2)...; dicitur etiam, immo creditur, esse deus in omnibus pro hominibus([法官]在所有[法律]事情上都被认作，准确点说是被信作人中上帝)(C.2,58[59],2,8)”。参较C.2,58(59),1,1,当中讨论了法官对圣经的使用。

[106] 有关这一问题的总体情况，参见拙文“Mysteries of State,” *Harvard Theological Review*, XLVIII (1955)，特别是第72页及其后。

之典无所不包”。[107] 巴尔都斯在设问法律博士是否属于达官显贵之列时回答道:“当然属于,因为他们行使着圣职者的职权”;[108]他本人作为博洛尼亚的法学教授,表述言简意赅:“法学教授被称作圣职者。”[109]法学教授当然也想被称为“伯爵”,因为“同位并列”(equiparations)中“对置互用”的法学方法在阶层分化的社会中会带来功爵名禄:迄至 13 世纪末,法学家们真

---

[107] *Glos.ord*. on *D*.1,1,10, v. *Notitia*:“Sed numquid secundum hoc oportet quod quicumque vult iurisprudens vel iurisconsultus esse, debeat theologiam legere? Respondeo, non; nam omnia in corpore iuris inveniuntur”(“想成为法学者或法律家的人是不是必须要学习神学呢? 我认为不必;因为,法律之典无所不包”)。

[108] Baldus, on c.15 X 1,3, n.9, *In Decretales*, fol. 37v:“Sed numquid includantur legum Doctores [inter majores et digniores]? Dic quia non, quia funguntur sacerdotio”(“法律博士是否属于[达官显贵之列]? 当然属于,因为他们行使着圣职者的职权”)。

[109] Baldus, on *D*.1,1,1, n.5, fol. 7:“Item nota quod legum professores dicuntur sacerdotes”(“要看到,法学教授被称作圣职者”)。甚至法学博士的圣职者等级也可得到辩护;ibid., n.17, fol. 7v:“Quarto opponitur et videtur quod Doctores non sint sacerdotes quia non habent ordines sacros. Solutio: sacerdotium aliud spirituale, et sic loquitur contra; aliud temporale, et sic loquitur hic”(“第四种反对意见指出,法学博士不是圣职者,因为他们没有神圣等级,我的回答是:圣职者有的是属灵的,如反对意见所言;有的则是尘世的,如这里所讲”)。巴尔都斯还补充说,博士头衔(*doctoratus*)是公法的(*publici iuris*),并且是“借公共权威而来的显职”(*dignitas auctoritate publica*),而且作为“这一点的标志,被赋予了如同君主或立法者一样的头饰”(in signum huius datur infula tanquam Principi seu praeceptori legum),如此,博士可获取与法学教授类似的“圣职者”等级。另见 Paulus Castrensis, on *D*.1,1,1, n.3 (Venice, 1582), fol.2:“propter quod iuris professores dici possunt sacerdotes, quia administrant leges sacratissimas ...; quia professores iuris colunt iustitiam”(“法学教授之所以可称作圣职者,因为他们司掌至圣的法律……;因为法学教授崇奉正义”)。这样的考虑最终激发托马斯·迪普洛瓦塔修斯(Thomas Diplovatatius)撰写了一份纲要,概述了那些伟大的法学家以及他们在仪式当中居优先的权利;参见 Diplovatatius, *De claris iuris consultis*, ed. H. Kantorowicz and F. Schulz (Berlin and Leipzig, 1919), 145, cf. 28ff。参见下一个注。

正获得了准骑士的爵位，即使这是在误解查士丁尼《法典》基
124 础上得来的，他们仍声称是他们的应得。从此，擢升为博士就与授封为骑士相对等了，因为，它们享有同等的社会尊严。现在，与"天国军团"（*militia coelestis*）的圣职者和"武装军团"（*militia armata*）的名望相联，一个新的贵族等级产生了，即所谓的"法律军团"（*militia legum*）或"博学军团"（*militia litterata*），巴尔都斯有时也称之为"博士军团"（*militia doctoralis*）。[110] 毋庸置言，法学家具有圣职者身份这一虚构，对他们来说是无比巨大的胜利。他们甚至从来没有想过要通过获取"法律骑士"的称号，来实现获得"法律圣职者"的称号。有关他们圣职身份的聚讼纷纭，反映出了神学和法学之间的长期论战，这场论战最后以凡俗精神的事实上的（*de facto*）胜利而告终。其实，关于法律圣职身份的这场论辩只在一个方面，触及了圣职地位的现实问题，即关于统治者的圣职地位。

适用于法官的同样适用于皇帝，皇帝毕竟高居法律位阶

---

[110] 对这一史料的概述可见于 Fitting, *Das Castrense peculium in seiner geschichtlichen Entwicklung und heutigen gemeinrechtlichen Geltung*（Halle, 1871），菲廷在第 543 页注 1 中提到，普拉岑提诺已经把法学家看作是"非武装的军团，也就是，文职军团"（*milites inermi militia, id est, literatoria militantes*）；有关"博士军团"（*militia doctoralis*），参见巴尔都斯，on *C*.7,38,1, n.1, fol.28，他认为在这种"军团"（*militia*）中可能不包括犹太人和非基督徒。普拉岑提诺的同时代人拉尔夫·奈吉尔（Ralph Niger），也是索尔兹伯里的约翰的一位朋友，强调了法学家被称作"大人"（*domini*），但不屑于"博士"或"修士"的头衔，斯蒂芬·朗顿（Stephen Langton）的下述评论支持了这样一种抱怨："相比于被称作司祭或圣堂参事会员而言，圣职者们更愿意自己被称为大人"（Sacerdotes etiam magis volunt vocari *domini* quam sacerdotea vel capellani）。参见 H. Kantorowicz, "An English Theologian's View of Roman Law: Pepo, Irnerius, Ralph Niger", *Mediaeval and Renaissance Studies*, I（1943），247（n.2），以及 250,32f。

制之首。在《学说汇纂》中尽管只有法学家才被称作圣职者，不过，将准圣职者的特征从法官转用到国王身上是没有问题的。罗杰二世在为国王职位谋取“某种圣职者特权”时，就曾采用乌尔比安的言论。⑪ 非常奇怪的是，国王的法律圣职身份最后却被用来证明统治者在教会内部的圣职地位，这也就有力支持了下面这个一般性论断：国王从教会论上看“绝不是凡人”(*non omnino laicus*)，如埃利的皮耶尔(Pierre d'Ailly)所言，就膏油礼来看，国王是“属灵与尘世之间的中保”(*une personne moyenne entre spirituelle et temporelle*)。⑫ 另一方
面，“所有正义的国王都会有圣职的品级”。⑬ 这种说法其实并 125
不新奇，它显然可从爱任纽(Irenaeus)算起。不过，在 13 世纪末，一套新的说法开始流行起来。威廉·杜兰铎(William Durand)，一位大法学家和礼仪专家，虽然他个人并未直抒己见，但引述过很可能是注释法学者们的观点，主张“依据‘我们(法学家)当称为圣职者’的章节，皇帝应跻身长老之列”。⑭ 这

⑪ Andreas of Isernia, on *Feud*. II, 56 (“Quae sunt regalia”), n.64, fol. 301:“Princeps est iudex iudicum ...”(“君主是法官的法官……”)。参见上面注 89 对罗杰二世的讨论。

⑫ Dom Jean Leclercq, “L'idée de la royauté du Christ pendant le grand schisme”, *Archives d'histoire doctrinale et littéraire*, XXIV (1949), 259f。

⑬ 爱任纽的话至少被安东尼·梅丽莎(Antonius Melissa)的 *Loci communes*, II, 1 (=CIII), *PGr*, CXXXVI, 1004B 引用过，如其所言：*πᾶs βασιλεὺs δίκαιοs ἱερατικὴν ἔχει τάξιν* (“rex omnis iustus sacerdotalem obtinet ordinem”[所有正义的国王都会有圣职的品级])。这一观念不难寻迹，例如，可参见诺曼佚名著者论“正义的国王”(*rex iustitiae*)(Melchizedek)；*MGH*, *LdL*, III, 663,7ff。

⑭ Durand, *Rationale divinorum officiorum*, II, 8,6 (Lyon, 1565), fol. 55ᵛ:“Quidam etiam dicunt ut not.ff.de rerum divis.l.sancta (*D*.1,8,9) quod fit presbyter, iuxta iliud, ‘Cuius merito quis nos sacerdotes appellat’ (*D*.1,1,1).” 参较 Marc Bloch, *Rois thaumaturges*, 188, n.3；也可参见 Eichmann, (转下页)

里有一点确实值得注意,杜兰铎竭力要证明,国王在教会内部的非凡俗特征不是源于他接受了膏油礼,而是由于乌尔比安曾郑重地将法官与圣职者相提并论。因此,杜兰铎提到皇帝应该具有主教的地位,就不那么令人费解了。[115] 他的这种说法要么来自参引了伊西多尔的格兰西《教会法汇要》,[116]要么来自对查士丁尼《学说汇纂》进行注释的众多注释法学者中的一

(接上页) *Kaiserkrönung*, I, 283(不过此处在括号中添加的词应理解成"法律专家"[*iurisperitos*]而不是"皇帝"[*imperatorem*])。注释法学派在那一场合提到"法官圣职者"(*iudices sacerdotes*)并不常见,尽管这一称谓确实出现在了那里;可参见约翰·布兰查佐鲁斯(John Branchazolus)的一份笔记,他是帕维亚的法学博士和保皇派成员,他于 1312 年写道:"……这样的国王可称作主教和司祭,如此……("... et tails rex appellabatur pontifex et sacerdos, ut ...")(接下来参引了 *D*.1, 1, 1; D.1, 8, 9; 以及 *Inst*.2, 1, 8)";参见 Edmund E. Stengel, *Nova Alemanniae* (Berlin, 1921), I, No.90, 1, § 2, p46。杜兰铎的其他称谓没有什么特别之处;参见下一个注。

⑮ Durand, *loc.cit.*; "Imperator etiam pontifex dictus est"("皇帝还被称为主教");也可见 *Rationale*, II, 11,文中还提到了古罗马:"由此,罗马皇帝们被称为大祭司"("Unde et Romani imperatores pontifices dicebantur");这句话引自格兰西的《教会法汇要》(参见下一个注)。罗马法专家一般来说会结合 *D*.1,8,9(参见 *Glos.ord.*, v. *Dedicavit*)以及 *Inst*.2,1,8(*Glos.ord.*, v. *Pontifices*)中所提到的神圣场所的供奉仪式,来讨论皇帝作为司祭(*sacerdos*)和主教(*pontifex*)的特征;也可参见下一个注。

⑯ *Decretum*, c.1, D.XXI, ed, Friedberg, I, 68:"Nam maiorum haec erat consuetudo, ut rex esset etiam sacerdos et pontifex. Unde et Romani Imperatores pontifices dicebantur"("因为这是主要的传统,所以国王是司祭和主教,由此,罗马皇帝们被称为大祭司")。《教会法汇要》所引用的,是经伊西多尔的中介,实际上可追溯到塞尔维乌斯(Servius)对维吉尔《埃涅阿斯纪》的注释(Servius, on *Aeneis*, III, 268),这部分内容法学家们应该是清楚的。罗马法专家在讨论古代皇帝的圣职者特征很少会不提到《教会法汇要》;参见 Azo, *Summa Inst.*, on *Inst*.2,1, n.6, fol. 273^{v}:"Imperatores enim antiquitus erant sacerdotes, ut fertur in canonibus, et ideo poterant dedicare"("古代的皇帝们是圣职者,如教令集里所述,因此他们是可以奉祀的")。还可参见 *Glos. ord.* on *Inst*. 2, 1, 8, v. *pontifices*:"ut in canonibus dicitur"("如教令集里所言")。

位，这些注释法学者在讨论大主教们（*pontifices*）司掌圣殿和 126
其他圣物（*res sacrae*）的祭献时，往往都会提起之前“大祭司长”（*pontifex maximus*）所享有的帝国职务。[117]

纪尧姆·比代这位16世纪人文主义历史法学派的开创者，有理有据地嘲讽了阿库修斯和那些注释法学者们的错误，因为他们总是将古罗马时期的“祭司”（*sacerdotes*）和“大祭司”（*pontifices*）混同于自己时代的“长老”和“主教”。[118] 然而，正是借助这种充斥中世纪法学家著作且从客观上讲当属错误的含糊其词，全新的洞见和结论产生了，在许多方面造就了我们这个时代，至今影响深远。古代罗马法的刻板严肃，中世纪的法学家们自然是感受到了，总的来说，它当然是与古罗马的宗教和圣物分不开的。现在，法学家们急于要将查士丁尼法学汇编中的宗教精神，应用到他们自己的思想世界中。正是在他们的努力下，王权原先的特征和一些宝贵的比喻，比如受神圣启示的国王、献祭的国王、圣职者身份的国王，就被有选择性地从礼仪的、以基督为中心的王权时代保存了下来，去适应以法律学问为中心的新王权理念。可以肯定的是，王权早

---

[117] 这些内容见于 *Inst*.2,1,8；*D*.1,8,9；偶尔也见于 *D*.1,1,1（参见上面注114－115）。它们也经常被教会法学家引用；还可参见 Baldus, on *Rex pacificus*, n.5, *In Decretales*, p.5（格里高利七世教令集的序言）。

[118] Budé, *Annotationes*, p.30："Similis est ignorantia Accursii vel saeculi potius Accursiani, quae hac aetate ridicula est ... Ubi pontificum Ulpianus meminit, de collegio pontificum loquens, a quo ius pontificium apud antiquos dictum, quod Accursius ad nostros pontifices retulit"（“阿库修斯的无知，或毋宁说阿库修斯那个时代类似的这种无知，在这个时代是可笑的……这里他谈到乌尔比安教皇时，谈到了祭司团，在古代人当中祭司法正是从祭司们那里颁布的，如此阿库修斯将祭司与我们的教皇联系了起来”）。

先礼仪方面的价值，并未就此消失，它们多多少少留存于原来的背景当中，纵使其价值随着国王祝圣礼的法律和宗教意义的消退，已经变得苍白无力。我们仍然可以说，将王权某些独特的宗教道具移到法律的舞台场地，法学家们挽救了很多中世纪遗产，为新兴的民族国家和（或造福或为害的）绝对君主制准备了崭新的光环。

不过，中世纪的王权理论还存在一种情况，由于它引入了
127 源出自罗马法并强化了国王中保观念的一种世俗概念，实际上它就被导向了更大胆的解放之途。中世纪早期赋予了立法者罗马皇帝一种媒介地位，它可以与领受启示的先知的地位相媲美，“借虔诚的、受上帝启示的罗马皇帝之口，神圣庄严的罗马法得以颁行”，教皇约翰八世如是写道，他的言词后来被收录了教会法汇编。[119] 蒙特卡西诺福音书中亨利二世的插画明显反映了相关观念；纵横驰辩的诺曼佚名著者，自然也出于自己的目的使用了中世纪王权中保的观念。然而，当罗马法的影响发挥效力之时，皇帝不只是显得像神圣权力的传谕者（*oraculum*），他本人就是“活的法律”（*lex animata*），最终成了正义的化身。

皇帝作为“活的法律”这一概念，相对于罗马法律思想而言是一个外来概念。概念本身“νόμος ἔμψυχος”，来自希腊哲学，它与罗马皇帝作为所有美德和在世者之其他价值的体现

---

[119] 参见 *MGH*，*Epp.*，VII，281，11，对约翰八世的讨论：“venerande Romane leges divinitus per ora piorum principum promulgate”。经由（*Gratian's Decretum*，c.17，C.XVI. q.3，ed. Friedberg，I，796），这句话得以广为人知；参较 Ullmann，*Lucas de Penna*，78，n.2。

者这一观念混合了起来；这或许是受到了基督教的影响，至少，查士丁尼最终将这个比喻用在自己身上就是这种影响的表现形式之一。在《新律》的结束部分，这位皇帝声称：

> 皇帝的“运势”（*Tychē*）不受制于任何（既往敕令中）已颁布之法，因为上帝遣其来到人间作为“活的法律”，让法律本身受其支配。[120]

近年来常受关注和强调的一个观点是，查士丁尼《新律》的措辞，极有可能依据于哲学家兼演说家德米修斯（Themistius）在384年致西奥多一世的一次演说。[121] 正如古希腊政治哲学无疑影响了罗马帝国后期的这位演说家，德米修斯对于拜占庭思想的影响也没有什么可怀疑的。[122] 但显然这一点受到了 128

---

[120] *Nov.* 105，2，4。对整个主题分析最透彻的专论是 Steinwenter，“Nomos,” 250ff，这里也可以看到现代的文献；人们可能还会加上 Pietro de Francisci，*Arcana Imperii*（Milan，1948），III：2，114ff，还有德拉特（Delatte），*Traités de la Royauté*，245ff，这是作者新近的研究；以及 Schulz，“Kingship,” 157ff。参较拙文“Kaiser Friedrich II. und das Königsbild des Hellenismus”，171ff。

[121] Steinwenter，“Nomos,” 260；Themistius，*Orat.*，XIX，ed. Dindorf，277. De Francisci，*Arcana Imperii*，III：2，208.

[122] Delatte，*Traités*，152ff，讨论了德米修斯对拜占庭影响的情况；也可见 Vladimir Valdenberg，“Le idee politiche di Procopio di Gaza e di Menandro Protettore”，*Studi Bisantini e Neoellenici*，IV（1935），67ff（特别是73f），以及“*Discours politiques de Thémistius dans leurs rapport avec l'antiquité*”，*Byzantion*，I（1924），557－580，esp.572f；Johannes Straub，*Vom Herrscherideal in der Spätantike*（Stuttgart，1939）160ff。Themistius，*Oratio*，XV，Dindorf，228f，可能影响了查士丁尼《法学阶梯》的序言；参较 Kantorowicz，“On Transformations of Apolline Ethics”，*Festschrift für Ernst Langlotz*（Bonn，1957）。

普遍忽视,原因可能还在于,拉克坦修在他的《神圣原理》(*Divine Institutes*)中已经阐述了一个相似的观点,该著作作为罗马法法学提要的基督教立场的增补,献给了君士坦丁大帝。拉克坦修写道:

> 因此,上帝派遣信使,携其正义戒律训导世人……俗世既无正义,一位导师便由他差遣而来,俨如活的法律,立起新的名号和圣殿……[123]

拉克坦修当然不是在谈论皇帝,他说的是道成肉身的圣子,那位作为神圣正义(Justice)与尘世正义(justice)之间的中保。尽管在希腊哲学中"活的法律"或与之类似的话题比较常见,但是并没有与上天"派遣的"中保的观念明确联系起来。这两个观念的融合似乎应该回溯到拉克坦修:在道成肉身的解释中,他把作为上帝"派遣的"圣殿导师基督的传道形像(《约翰福音》7:17),与希腊有关"活的法律"的政治哲学联结在一起。事实上,德米修斯和查士丁尼后来的提法,似乎把拉克坦

[123] Lactantius, *Divinae Institutiones*, IV,25,1ff:"... quare Deus summus, cum legatum ac nuntium suum mitteret, ad erudiendam praeceptis iustitiae suae mortalitatem, mortali voluerit eum carne indui ... Nam cum iustitia nulla esset in terra, doctorem misit, *quasi vivam legem*, ut nomen ac templum novum conderet ..."笔者能关注到这一重要内容是因为阿诺德·埃尔哈特(Arnold Ehrhardt)的研究,参见 Arnold Ehrhardt,("Das Corpus Christi und die Korporationen im spät-römischen Recht", *ZfRG*, rom.Abt., LXXI[1954], 29, n.9),也十分感谢他让笔者阅读了他出版前的研究手稿。

修曾关切辩护的道成肉身理论已当作预设观念了。[124]

不管怎么说，中世纪早期的西欧人实际上并不知道皇 129
帝作为“活的法律”这一学说，[125]只是通过法学的复兴和博洛尼亚的文体，它才得以复兴。如果维泰博的戈弗雷（Godfrey of Viterbo）所言不虚，那么，1158 年博洛尼亚著名的四博士曾在隆卡利亚的帝国会议上，向皇帝巴巴罗萨致辞如下：

> 陛下作为**活的法律**，可制定、废除和颁布法律；公爵们的盛衰沉浮，诸王的统治，皆由陛下作为法官；您身为**活的法律**，可实现任何您意愿之事。[126]

这些话是否真的说过并不那么重要，因为至 12 世纪末期，国王作为“活的法律”（*lex animata* 或 *lex viva*）的信条一定已经非常普遍，以至于卒于 1191 年的维泰博的戈弗雷不会不知

---

[124] 拉克坦修的“基督导师”（*Christus doctor*）无疑是受《约翰福音》7：14 及其后提到的“教导的基督”（*Christus docens*）的启发，在这些地方，“差我来的”（*qui me misit*）那位被提到了五次；7：24 谈到了正义：*iustum iudicium iudicate*（要作出正义的审判）；（合本此处译为“按公平断定是非”，为符合上下文语境，有改动；要注意的是，“iudicate”此处是命令式。——译者）文本的场景是在“神殿”，使人想起拉克坦修的“新神殿”（*novum templum*）。问题本身将单作讨论。

[125] 阿尔巴的本佐（Benzo of Alba）下面的话或可作为对“活的法律”的间接提及，见他的 *Ad Heinricum*，VI，7，*MGH*，*SS*，XI，669，1：*De coelo missus*，*non homo carnis*（从天上差下的，不是人的肉身）（参较 *Nov*. 105：*eum mittens hominibus*［差他到人当中］）。但这种相似性并不明朗。

[126] *MGH*，*SS*，XXII，316，line 388：

Tu *lex viva* potes dare，solvere，condere，leges，
Stantque caduntque duces，regnant te iudice reges；
Rem，quocumque velis，*lex animata* geris.

Cf. Steinwenter，“Nomos，” 255.

道它。再者，英国的教会法学家阿拉努斯（Alanus）早在1201—1210之间的著作中就将这一观念转用到了教皇身上。谈到婚姻有时候会被法官禁止，有时候会被法律禁止，阿拉努斯指出，“如果你作为活的法律或活的教会法的至高教皇不对禁令提什么异议的话”，那法官的决断就立得住脚。[127] 13世纪后期以来，把教皇称为“地上活的法律”并不乏见；[128]但是这样
130 的用语更多情况下是指称皇帝的。《标准注释》反复将皇帝引

---

[127] “... nisi quid speciale dicere volueris circa prohibitionem summi pontificis, qui est *lex vel canon vivus*.” 参较 Franz Gillmann, “Magister Albertus, Glossator der Compilatio II”, *AKKR*, CV (1925), 153，莫基·奥诺里(Mochi Onory), *Fonti*, 76，让笔者注意到了这句话。

[128] 参较 Joannes Andreae, on c.11 VI 1,14, v. *Iuris*：“[arbitri electi] ad ipsum ius a quo potestatem habent, oportet appellari: et sic ad Papam qui est *lex animata in terris*”(“[被选出的裁决者]他们要正当被控诉的话，应到他们权力之所由出的法律本身那里；同时也就是到身为地上活的法律的教皇那里”)。[此处俄译本和日译本在动词被动不定式“appellari”的翻译上有分歧，前者将其译作“被称为”，后者译作“被控诉”。——译者]参见 Steinwenter, “Nomos,” 251，文中提到了这一内容以及后来的一些例子，或许还可以加上 Oldradus, *Consilia*, 328, n, 6 (Venice, 1570), fol.164，作者只是参引了 *Nov.*105。也可参见 F. Gillmann, “Dominus Deus noster papa?”, *AKKR*, XCV (1915), 270, n.3。就此来看，下面这一点就可能会被提到：关于教皇的政治理论一般是比照皇帝理论建立起来的。教皇尽管是“地上法庭之法”(*ius fori*)的主人，但作为“天上之法”(*ius poli*)的臣子是被约制的。(参较 Rudolph Sohm, *Das altkatholische Kirchenrecht und das Dekret Gratians* [Munich and Leipzig, 1918], 611f)；谈到教皇时都希望他自愿服从法律；例如，可参见 Hostiensis, *Summa aurea*, on X 1, 30 (*De officio legati*), n.3 (Venice, 1586), 324，为了上述目的作者引述了“价值法”，以及“皇帝免受法律约制”(*princes legibus solutus*)的格言，该格言是罗马法学者和教会法学者都遵循的一种传统；也可参见 Johannes Teutonicus, on c.20, C.XII, q.2, v. *papae*：“sed certe licet sit solutus legibus, tamen secundum leges vivere debet”(“的确，他就算免于法律约制，也仍应依循法律而活”)。Aegidius Romanus, *De eccles, pot.*, III, 8, ed. Scholz, 190，概述了该理论：“虽说至高的司祭是无所束缚的生灵和实定法之上的人，他本人仍应置身于辕轭之下，依循所制定的法律而活”(“Nam licet summus sacerdos sit animal sine (转下页)

述为“地上活的法律”，有时候甚至把它与展现不同理念的“价值法”联系在一起。[129] 1238 年左右，维泰博的约翰在《波德斯塔玄鉴》一书中，几乎逐字引述了查士丁尼的《新律》：

> 皇帝得到上帝的许可，颁布法律；上帝将法律授予皇帝，差他作为活的法律到世间。[130]

南意大利的法学家们，包括《奥古斯都宪法》的注释者在内，也 131

（接上页）capistro et freno et sit homo supra positivas leges, ipse tamen debet sibi imponere capistrum et frenum et vivere secundum conditas leges”）（参较 III, c.7, Scholz, 181）。有关对教皇相关权利的抵制，可参见布莱恩·蒂尔尼（Brian Tierney）在这方面的重要研究：“Grosseteste and the Theory of Papal Sovereignty”, *Journal of Ecclesiastical History*, VI (1955), 1-17。

[129] *Glos.ord.*, on *D.*1,3,22, v. *cum lex*：“lex, id est imperator qui est *lex animata in tetris*”（“法律，皇帝即身为地上活的法律”）；on *D.*2,1,5, v. *alieno beneficio*；on *C.*10,1,5,2, v. *vigorem*（参见上面注 36）；on *Nov.* 12,4, v. *Patres*（见上面注 37）；on *Nov.*105,2,4, v. *legem animatam*，此处引述了“价值法”。奇诺（Cynus, on *D.*2, 1,5, n.7, fol.26v）反驳（对同一法律，v. *alieno beneficio* 的）《标准注释》时理据并不充分，反驳过程中，他结合“向下位者的委任”（subdelegation）的情况（最初裁判权如果直接来源于法律，这种情况是可能的；来源于他人的情况则不可能），并指出：“标准注释说，（裁判权）受惠于他者，即他人，他人不可能委任（“demandare”此处是“委任”的意义）……君主并不是人，而是地上活的法律……那种回答是荒谬的，因为君主虽说是活的法律，却仍是人”（“dicit glossa qui habet [iurisdictionem] beneficio alieno, scilicet hominis, non potest demandare [in the sense of ‘delegare’] ... Sed qui habet [iurisdictionem] beneficio legis, bene potest delegare ..., *et princeps non est homo, sed est lex animata in terris* ... Ista responsio est derisibilis, quia licet princeps sit lex animata: tamen est homo”）。这一点上注释妥切的当属 Albericus de Rosate, on *D.*1,3,31, n.10, fol.31：“propter quod princeps non debet dici proprie sub lege, sed in lege positus, et ideo dicitur lex animata in terris”（“因为，恰当说来，君主不应被说成在法律之下，而应说是置身于法律之中，如此当可称为地上活的法律”）。

[130] John of Viterbo, *De reg. civit.*, c.128, ed. Salvemini, 266；参较 *Erg. Bd.*, 86；Steinwenter, “Nomos,” 254。

同样地把皇帝定义为“活的法律”。[131] 腓特烈二世本人在论

---

[131] Karolus de Tocco, *Apparatus in Lombardam*, on I, 3, 1 (*Leges Longobardorum cum glosis Karoli de Tocco*, Venice, 1537, fol. 8v), v. *non possibile*:“nam et si legibus sit princeps solutus, legibus tamen vivere debet ... (*C.*6,23,3), cum omnis imperialis maiestas et eius auctoritas a lege pendeat et ab ea sit inducta. l. digna vox etc. (*C.*1,14,4); nam cum ipse sit *lex animata* ... (*Nov.*105, 2, 4), non debet in legem committere ... quia frustra legis invocat auxilium qui contra legem committit”(“就算君主不受法律约制,他仍应依循法律而活……[*C.*6,23,3],皇帝所有的大权都端赖于法律,通过法律而存在,见《查士丁尼法典》导言‘有价值的话语’等处[*C.*1,14,4];因为他自身是*活的法律*……[*Nov.*105,2,4],不应以身试法……因为,向违反法律者呼求法律帮助,是无用的”)。F. Calasso, “Origini italiane della formola ‘Rex in regno suo etc.’”, *Rivista di storia del diritto italiano*, III (1930), 241, n.91;也可参见 Heydte, 324, n.23。可进一步参见 Andreas of Isernia, on *Lib. aug.*, III, 26, ed. Cervone, 355b:“Princeps legislator, qui est *lex animata in terris* ... est pater subiectorum”(“作为立法者的君主,是*地上活的法律*……是所有臣民的父”)。还可参见 Matthaeus de Afflictis,上面注 38。不过,Marinus de Caramanico, *Prooem.* in *Const.*, ed. Cervone, xxxiii, ed. Calasso, *Glossatori*, 182,10ff 中有言:“法律不就是国王吗?”(“Quid enim aliud est lex quam rex?”),卡拉马尼科的马里努斯想到的不是查士丁尼的 *Novel* 105,而是把读者引向了 *D.*1,3,2,克律西波(Chrysippus)的残篇中有这样一个概念:“法律乃是国王”(*νόμος βασιλεύς*),它(出自品达[Pindar], fr.169)与“活的法律”相关但并不一样;参见 Steinwenter, “Nomos,” 261ff,该问题总体情况参见 Hans Erich Stier, “ΝΟΜΟΣ ΒΑΣΙΛΕΥΣ,” *Philologus*, LXXXIII (1928), 225–258;也可参见下面注 148,其中讨论了罗马的吉尔斯(Aegidius Romanus)著作中这两种理论的融合。克律西波残篇(*ὁ νόμος πάντων ἐστὶ βασιλεὺς θείων τε καὶ ἀνθρωπίνων πραγμάτων* ... [法律是关乎神人所有事情上的王……])几乎对中世纪政治理论没有什么影响,可能是由于翻译导致的;因为在卡拉马尼科的马里努斯正确翻译了“法律乃是国王”(*lex est rex*)这一重要表述之时,官方译本呈现出来的却是“法律乃是女王”(*lex est regina*),使该表述成了寓言式的比喻,表现不出法律与君王的同一性。诚然,巴尔都斯(on *D.*1,3,2, n.2, fol.17v)从字面意义上提到了这一表述:“要看到,法律即是君主、首领和统治者”(“Nota quod lex est Princeps, Dux et regula”),但马上就回到了 *Nov.* 105,2,4 中耳熟能详的措辞,说“国王是活的法律;……如此,臣民可以说:我睡下了,我的心志即我的国王,却是清醒的(《雅歌》5:2)”(“Rex est lex animata: et ... subditi possunt tunc dicere: Ego dormio et cor meum, id est, Rex meus, vigilat [Cant.5,2]”),昭示了统治者的无所不在(参见下面注 167)。有关 *vigilans iustitia*(清醒的正义),参见下面注 146;笔者会在另外相关地方探讨“不眠的国王”(*rex exsomnis*)这一新理念。

及自己立法权时就采用了这个定义。1230年，“皇帝陛下”在南意大利一份文件中被称为“活的法律”。[132] 两年后，皇帝以他自己的名义宣布一项决定无效，因为这项决定反对“作为地上活的法律及世俗法律之源头的至上权威”。[133] 这句话的措辞如同说皇帝将所有法律揽入“胸中文库”(*scrinio pectoris*)的法律格言，该格言同样来自罗马法，有着同样广泛使用着的观念复合。[134] 此后，一位博洛尼亚有名的作文教师(*dictamen*)、著名的执政官邦孔帕诺(Boncompagno)认为(约在1235年)，应称誉皇帝为“罗马人的至尊之王，自然法和市民法皆蕴藏您胸中”。[135] “活的法律”这一原则，还出现在了一些完全出人意料的地方。1245年前后，德乌斯的约翰(Johannes de Deo)在《听忏悔司铎之书》(*Liber Poenitentiarius*)中声称，皇帝可以向任何一位自己选择的听忏悔司铎忏悔，“因为皇帝不受制于法律，他自己就是地上活的法律”。[136] 这或许是由于，在德意志行使其父腓特烈二世代理权的亨利七世，于1231年已强调 132

[132] Wolfram von den Steinen, *Das Kaisertum Friedrichs des Zweiten* (Berlin and Leipzig, 1922), 63，引用了相关出处；也可参见 Steinwenter, “Nomos,” 255, n.28。

[133] Böhmer, *Acta imperii*, I, 264, No.299：“(maiestas nostra) que est *lex animata in terris* et a qua iura civilia oriuntur.” 参较 *MGH*, *Const.*, II, 184, n. 1; *Erg.Bd.*, 86f。

[134] 参见第二章注15。(观念复合指的是“胸”与“文库”、“活的”与“法律”等进行复合从而产生出新观念。——译者)

[135] *Erg. Bd.*, 85.

[136] 参见 Gaines Post, “Blessed Lady Spain”, *Speculum*, XXIX (1954), 200, n.10；这一说法可能也被珀斯特(Post)引用在了另一篇文章中，“Two Notes on Nationalism in the Middle Ages”, *Traditio*, IX (1953), 299, n.11，其中有着同样的观念复合。

"王权浩荡，朕身即是地上活的法律，凌驾于诸法之上"。[137] 这本来似乎应该发生在稍后一段时期，随着习俗的发展，一国之君才会被称为或自称为"地上活的法律"。可以看到，这一称号在后来王权绝对主义的政治理论中发挥了重要作用。[138] 我们也就不难理解"活的法律"理论何以被运用到统合体（*universitas*）即立法团体上了。[139]

很明显，在所有这些例子中，查士丁尼《新律》是罗马法学者和教会法学者的共同来源。然而，13 世纪后半叶，查士丁尼本人的最终参引对象之一——亚里士多德，也变得同样重要了。在《尼各马可伦理学》中，亚里士多德称完美的法官为"*δίκαιον ἔμψυχον*"（*iustum animatum*），它在英语中通常被译为"活的正义"。法官拥有了活的正义，就在只为寻求正义的诉讼双方之间充当起了中间人（intermediate）。亚里士多德

---

[137] 参较 *MGH*, *Const.*, II, 184, n.1；Huillard-Brénolles, III, 469。

[138] 参见 Church, *Const. Thought*, 58,70,193，文中还有多处（参见索引，s. v. "King"）；还可参见 Esmein, "Princeps legibus solutus", 206, n. 1。参较 Matthaeus de Afflictis, on *Lib. aug.*, 1,6, n.32, fol.52^{v}："et rex in regno dicitur lex animata"（"国王在自己王国里可称为活的法律"）。有关早期的例子（那不勒斯的查理二世，1295 年），可参见 Romualdo Trifone, *La legislazione angioina* (Naples, 1921), 119, No.LXII。

[139] Lucas de Penna, on *C.*11,69,1, n.4 (Lyon, 1582), 613："nam si potest hoc [sc. aedificare in publico permittere] lex municipalis, fortius ipsa universitas quae legem municipalem constituit ..., quia potentior est lex viva quam mortua sicut excessive animatum potentius est [in]animato"（"的确，倘若城市法律可以做到这一点[即允许在公共场所营造建筑]，制定城市法律的统合体本身就更可以了……因为活的法律比死的法律更加有力，正如充满生气比了无生气要更加有力一样"）。彭纳的卢卡斯在此处表明，统合体（*universitas*）是活物或活的"人格"，这一概念正预示了后来的"拟制人格"（*persona ficta*）理论。有关"活的法律"（*lex viva*）与"死的法律"（*lex mortua*）之间的区分，他提到了自己对查士丁尼《法典》的注释（on *C.*11,41, n.20）；参见下面注 150。

总结道："公正也就是某种中间，因为法官就是一个中间人"，他是活的正义。[140]

对我们来说，重要的不是亚里士多德本人的观点，而是13世纪他的那些注释者们的观点。阿奎那在评注《尼各马可伦理学》时认可了法官就是"某种活的正义"(*quoddam iustum animatum*)，但他在法官作为"中间人"(*medios*)的定义之外补充说："或中保"(*vel mediatores*)，两个词的意义并不完全一样。[141] 在《神学大全》中，阿奎那给国王加上中保形象时说 133
道："法官是活的正义，国王则是正义的保护者。"[142]《政治学》评

---

⑭ *Eth.Nicom.*, v, 1132a, 20ff：*τὸ δ'ἐπὶ τὸν δικαστὴν ἰέναι, ἰέναι ἐστὶν ἐπὶ τὸ δίκαιον • ὁ γὰρ δικαστὴς βούλεται εἶ ναι οἷ ον δίκαιον ἔμψυχον*(去找法官就是去找公正。因为人们认为，法官就是公正的化身)。(文中亚里士多德 *Eth. Nicom* 的中译如无特殊说明，均引自《尼各马可伦理学》，廖申白译注，商务印书馆2003年版。此处"公正的化身"是一种意译，在本文语境中，可直解为"活的正义"，对此可参较大卫·罗斯[David Ross]的英译："and to go to the judge is to go to justice; for the nature of the judge is be a sort of animate justice", *Eth. Nicom.*, [Oxford University Press, 1990], 115。——译者)。参较 Delatte, *Traités*, 246; Goodenough, "Hellenistic Kingship," 63; Steinwenter, "Nomos," 260。正义本身当然像所有德性一样是居中者，尽管她是比较独特、十分威严的那种德性，因为她并不处于均为恶德的两端之间的平衡位置(例如，勇敢是怯懦和鲁莽的中道)；参见 *Eth.Nicom.*, v, 1129a, 1ff; 1133b, 30ff。

⑭ Aquinas, *In Ethicorum Aristotelis ad Nicomachum Expositio*, §955, ed. R. M. Spiazzi (Turin and Rome, 1949), 261f："... nam iudex debet esse quasi quoddam iustum animatum, ut scilicet mens eius totaliter a iustitia possideatur. Illi autem qui refugiunt ad iudicem, videntur quaerere medium inter partes quae litigant; et inde est quod iudices vocant medios vel mediatores"("……确实，法官应该就像是某种活的正义，这样，他的心志就完全受正义主导。求助于法官的人，是想要找到诉讼当事者之间的中间人；由此，法官们就被称作中间人或中保")。仍可参见 Arist., *Nic.Eth*, 1132a, 22–23：*καὶ ζητοῦσι δικαστὴν μέσον, καὶ καλοῦσιν ἔνιοι μεσιδίους*(人们的确有时把法官叫作中间人，因为找到了中间也就找到了公正)。

⑭ Aquinas, *Summa theol.*, II-IIae, q.LVIII, a.1, ad 5："iudex est iustum animatum et princeps est custos iusti." 有关国王作为"保护者"(guardian)，参见下一个注。

注的后面部分，由阿奎那的一位继任者奥维涅的彼得（Peter of Auvergne）撰写，其中，法官已经隐没了，只有国王仍保留下来，其职责是作为“正义的保护者……因此，求助于国王就是求助于活的正义”。[143] 如同在乌尔比安“正义的司祭”（*sacerdotes Iustitiae*）那里的情形，从法官到国王的过渡也是平滑顺畅的。亚里士多德的“活的正义”的比喻，意指法官或君主是臣民之间的中间人，查士丁尼“君主即活的法律”这一著名定义，意指君主是天地之间的中保，因此，把前者仅视为后者的变体，也是情有可原的。总之，君主很快就等同于“活的正义”了。巴黎的约翰于1300年左右直截了当地称君主为“活的正义”（*Iustitia animata*）和正义的保护者。[144] 最终，巴尔都斯将亚里士多德和查士丁尼二者的观念混为一谈，称国王为“活的正义”（*iustum animatum*），他没有援引亚里士多德，而是引用了查士丁尼的《新律》。[145] 无

---

[143] Aquinas, *In Politicorum Aristotelis Expositio*, §849, ed. Spiazzi (Turin and Rome, 1951), 284:“Et dicit [Aristoteles] quod officium regis est esse custodem iustitiae. Et vult custos esse iusti. Et ideo recurrere ad regem est recurrere ad iustum animatum”（“亚里士多德说，国王的职责就是作为正义的保护者。而且，国王也想要作为正义的保护者。因此，求助于国王就是求助于活的正义”）。参见 *Arist.*, *Pol.*, v,1311a, l, 亚里士多德并没有使用“正义的保护者”这一表述，而只是说：*βούλεται δὲ ὁ βασιλεὺς εἶ ναι φύλαξ*（“Vult enim rex esse custos”[国王是想要作为保护者的]）；§706, ed. Spiazzi, p.282)，不过背后的意义就是“正义的保护者”（*custos iusti*）。

[144] John of Paris, *De potestate*, C. XVII, ed. Leclercq, 225, 6:“... ad principem pertinet qui est *iustitia animata* et custos iusti”（“……属于作为活的正义和正义保护者的君主”）。有关国王作为臣民之间的中间人以及作为上帝与人之间的中间人两方面情况，参见 Valdenberg, in *Byzantion*, I, 572f。

[145] 参见 Baldus, on c.33 X 2,24, n.1, *In Decretales*, fol.261:“Item debet esse iustum animatum, ut in Auth. de consulibus (=*Nov.*105,2,4)”（“同样，他也应当作为活的正义，正如 *Nov.*105,2,4 中所言”）。

论如何，君主不仅是活的法律的现身，也是活的正义的现身。大阿尔伯特已经指明，国王不应无精打采、昏昏欲睡，而应是“活的和清醒的正义”，并认为国王高于法律，因为他是“法律之活的形式”。[146] 但丁思虑缜密地让查士丁尼本人使用“活的正义”（*viva Giustizia*）的用语来指称给他启迪的上帝。[147] 134

可以说，统治者即活的法律或活的正义的理论，在阿奎那的弟子和追随者罗马的吉尔斯（Aegidius Romanus）那里得到了一定的总结。他在1277年至1279年间，将所著的政治短论《论君主政治》（*De regimine principum*）献给当时法兰西国王的儿子，即后来的国王腓力四世。这部“君主之鉴”是中世纪晚期人们广为传阅和争相引用的政论著述之一，作者罗马的吉尔斯为接踵而至的几个世纪解决了很多重要问题。他充分吸收了亚里士多德的理论，也将君主称为“正义的保护

---

[146] Albertus Magnus, *In Matthaeum*, VI, 10, ed. A. Borgnet (Paris, 1893), XX,266f:“Haec autem potestas animata debet esse iustitia, quia rex non tantum debet esse iustus ..., non torpens vel dormiens, sed *viva* et vigilans *iustitia* ... Et licet rex supra legem sit, tamen non est contrarius legi: et est supra legem, eo quod ipse est *viva forma legis*, potius formans et regulans legem quam formatus et regulatus a lege ...”（“不过，这种权力应该就是正义，因为国王就相当于正义……，他并非无精打采或昏昏欲睡，而是*活的*和清醒的*正义*……可以说，国王是高于法律的，但他不触犯法律：他在法律之上，本身是*法律之活的形式*：与其说被法律形成和辖制的，不如说是形成和辖制法律的……”）有关“‘不眠的’或‘清醒的’国王”（*rex exsomnis* or *vigilans*），参见上面注131，以及下面注167。

[147] Dante, *Parad.*, VI, 88:“Chè la viva Giustizia che mi spira”（“给我启迪的活的正义”）。（参照《神曲・天堂篇》，黄国彬译注本，外语教学与研究出版社2009年版，第70页，译者将意大利语“viva Giustizia”转译为“永生公理”，鉴于目前语境，我们仍将这一表述还原为“活的正义”。——译者）但丁通过让查士丁尼在适当之处引用这句重要的话，来表达只有查士丁尼才能让帝国、教会、罗马法、亚里士多德交融在一起，来表达他这位皇帝是接受神圣启示的上帝之对型，以及许多其他相关的问题和观念。

者”，界定为“正义之法的器官和工具”。此外，他还直接参照《尼各马可伦理学》，引述了其中有关法官代表“活的正义”的内容，自己还有所增益：“国王本人更是如此”（*et multum magis ipse rex*）。吉尔斯解释道，

> 国王或君主是一种法律，法律是一种国王或君主。法律是一种无生气的君主，而君主却是一种活的法律。既然活的胜于无生气的，那么，国王或君主就必定胜于法律。[148]

在对法律和君主之间相互关系的描述中，“活的”国王和“无生气的”法律之间的对立，可以一直追溯到柏拉图的《政治篇》
135 （*Politicus*）；活生生的国王凌驾于了无生气的法律之上，也是

---

[148] “Si lex est regula agendorum: ut haberi potest ex 5 Ethic., ipse iudex, et multum magis ipse rex cuius est leges ferre, debet esse quedam regula in agendis. Est enim rex sive princeps quaedam lex; et lex est quaedam rex sive princeps. Nam lex est quidam inanimatus princeps. Princeps vero est quaedam animata lex. Quantam ergo animatum inanimatum superat, tantum rex sive princeps debet superare legem ... Rex quia est quaedam animata lex, est quaedam animata regula agendorum ...”（“可从《尼各马可伦理学》第5卷来理解，如果法律是行为的规范，法官自身，以及比法官更为显要的、作为制定法律的国王自身，应当成为某种行为上的规范。国王或君主是一种法律，法律是一种国王或君主。法律是一种无生气的君主，而君主却是一种活的法律。既然活的胜于无生气的，那么，国王或君主就必定胜于法律……既然国王是一种活的法律，他也就是一种活的行为准则……”）有关罗马的吉尔斯，参见 Carlyle, *Political Theory*, v, 70ff，特别是 75f，该处的文本都照引了；Steinwenter, “Nomos,” 253f；Berges, *Fürstenspiegel*, 211ff, esp. 218f，作者简要分析了这篇短论；参较该书第320页及其后，作者有对参考文献的讨论，认为很难想象它在中世纪有不下十种不同语言的译本。（罗马的吉尔斯[Giles of Rome]的拉丁名是 Aegidius Romanus，其意大利名是 Egidio Colonna[吉尔斯·科洛纳]。——译者）

有先例的。[149] 吉尔斯的定义被再三重复，[150]而且他所追加的论点“王治胜于法治”，最终浓缩成法学家们的格言：“法律好不如国王好”(*Melius est bonus rex quam bona lex*)，这就完全颠倒了亚里士多德的原话意指。[151] 再者，关于国王-法律中保的这些思考，促使吉尔斯对统治者相对于自然法和实定法究竟处于何种地位的那场大讨论作出总结。实际上他只得出了这样一个结论：“实定法低于统治者，恰如自然法高于统治者。”同一个地方他又说：“统治者是自然法和实定法之间的中间人。”[152]

---

[149] Plato, *Politicus*, 294 - 296; Steinwenter, “Nomos,” 262ff.

[150] 有关阿德蒙特的恩格尔伯特(Engelbert of Admont)，参见 Steinwenter, “Nomos,” 253；也可参见 George B. Fowler, *Intellectual Interest of Engelbert of Admont* (New York, 1947), 170f。参较 Lucas de Penna, on *C*.11, 41, n.20 (Lyon, 1582), 453, “Et sicut animatum excessive potentius est inanimato, sic princeps excessive potentior est ipsa lege, dicit [frater Aegidius] ibidem lib.1, parte 2. Et periculosius est contemnere legem vivam, maiusque crimen, quam legem mortuam”(“既然活的比无生气的要更强有力，那么君主就比法律本身更有强力，[修士吉尔斯]在该书第二部分第1卷如是说。藐视活的法律比触犯僵死的法律更危险、更严重”)。

[151] Carlyle, *Political Theory*, v, 75, n.2: “... quod melius est regi rege quam lege.” 参较 Baldus, on *D*.1, 1,5, n.5, fol.10^{v}；以及 Matthaeus de Afflictis, on *Lib. aug.*, I.30.n.8 fol.147^{v}。Aquinas, Summa theol., I-IIae, q.xcv, art.1, ad 2，他追随亚里士多德，更持怀疑态度，至少对法官是如此：他认为让法律安排诸事要更好，“因为法官的活的正义并不能在多数法官身上都找得到”(“quia *iustitia animata iudicis* non invenitur in multis”)。

[152] Carlyle, *loc.cit.*: “Sciendum est regem et quemlibet principantem esse medium inter legem naturalem et positivam ... Quare positiva lex est infra principantem sicut lex naturalis est supra ...”(“要知道，国王以及可称作统治者的，是自然法和实定法之间的中间人……因此，实定法低于统治者，恰如自然法高于统治者。”)参较 Gierke, *Gen.R.*, III, 614, n.264。因为吉尔斯在前一句中提到了《尼各马可伦理学》第5卷，促使他也把统治者解释为“中间人”的，肯定是亚里士多德“法官是中间者”的形象。阿奎那(见下一个注)以相似的方法解释了统治者的地位，在对亚里士多德《政治学》的注释(§15 ed. Spiazzi, p.7)中，他把政治权力解释为“可说是部分进行统治……，部分作出服从”(“quasi secundum partem principetur ..., et secundum partem sit subiectus”)。

如此一来，中保关系和法律二重性的原则就混合在了一起。

国王作为两种法律之间的中间人，是由上帝差到人间的“活的法律”，既“不受法律约制”（*legibus solutus*），又“受法律约制”（*legibus alligatus*），这样的国王概念在当时并不少见，原因很明显：中世纪所有的法哲学都不可避免地建立在一个假设之上，那就是，存在着不依赖于王国和国家的“作为法律之源的自然法”，它不假外求（*per se*）而自足存在，与任何实定
136 法无关。对于法律的这种基本二重性，法学家和神学家之间并没有大的分歧。实际上，托马斯·阿奎那至少透彻地论证了关键的一点，一方面，他声称就实定法的“强制力”（*vis coactiva*）来看，君主不受法律约制，因为实定法是从君主那里获得权力的；另一方面，阿奎那又主张（完全符合他为此目的而引用的价值法），君主受自然法的“指示力”（*vis directiva*）的约制，应自愿服从于它。[153] 这种措辞巧妙的定义，显然为难题的解决提供了可接受的解决办法（后来的君主专制的拥护者们和反对者们都能接受它，它还得到了波舒埃［Bossuet］的引用），[154]它不仅基本符合索尔兹伯里的约翰的观点，而且也与

---

[153] Aquinas, Summa theol, I-IIae, q. XCVI, a. 5, ad 3；参见卡莱尔（Carlyle），*Political Theory*, v, 475f. 对此的讨论；也可参见 Jean-Marie Aubert, *Le droit romain dans l'oeuvre de Saint Thomas* (Bibliothèque thomiste, XXX [Paris, 1955]), 85f。

[154] *De iure magistratuum*（为 Esmein, “Princeps legibus Solutus,” 209, n.1 所引述）：君主“只是不受市民法约制……并非不受公法及与其地位相当之法的约制（!），因此通常说来，君主或多或少适当地受自然法和神法的约制”（“solutus nonnisi de legibus civilibus ..., non autem de iure publico et ad statum[!], ut dici solet, pertinente, multoque minus de iure naturali et divino”）。对托马斯所作区分的参引一再出现；参引它们既不是始于 Andreas of Isernia, on *Feud*. II, 51 （转下页）

那位宣称皇帝虽高于法律却受理性指示力约制的腓特烈二世不谋而合了。

至此，很清楚，自然法和人法的二重性与法律领域的中保观念联结到了何种程度，这种二重性与内在于正义本身同时也内在于君主的那种二重性，又联结到了何种程度。正是在这一点上，腓特烈自命为"正义的父和子"，才具有了哲学上的意味，因为，他这种自认是法律诸事务之中保的态度，既源自
也符合他那个世纪的政治思想。如果说正义是"上帝和现世 137
的中保"力量，[155]那么君主作为活的正义必然获得相似的地位。

（接上页）（'De capit. qui'），n.29，fol.231（"nam quantum ad vim directivam legis，Princeps est subditus legi，sicut quilibet ..."［"既然从法律指示力方面来看，君主服从法律，和所有人一样……"］），也不可能是止于 Bossuet，*Politique tirée des propres paroles de l'ecriture sainte*，IV，proposition 4（ed. H. Brémond，*Bossuet: Textes choisis et commentés*，Paris，1913，II，115），波舒埃在引述"价值法"（"cette belle loi d'un empereur romain"［"罗马皇帝的这条良法"］）后说道："因此国王像其他人一样服从法律之公正……；但可不服从法律的惩罚：或如神学（即阿奎那的）所言，他所服从的法律，不是'强制力'的法律，而是'指示力'的法律"（"Les rois sons donc soumis comme les autres à l'équité des lois ...；mais ils ne sons pas soumis aux peines des lois：ou，comme parle la théologie [sc. Aquinas]，ils sonst soumis aux lois，non quant à la *puissance coactive*，mais quant à la *puissance directive*"）。也可参见罗斯齐亚特的艾伯利库斯所作的区分，on *D*，1，3，31，n.10，fol.31：君主作为"活的法律"实际上不是在法律之下，而是在法律之中（见上面注 129）；接下来他引用了《诗篇》1∶2（"In lege Domini voluntas eius"［"惟喜爱耶和华的律法"］），他解释说："（君主）可说是有的在法律之中，有的在法律之下。在法律之中者，是出于自愿守法而依从法律行事；在法律之下者，是出于对强制的畏惧而不得不依从法律行事"（"dicit aliud est esse in lege，aliud sub lege. Qui enim in lege est，secundum legem agit voluntarie obediendo legi；qui autem sub lege est，secundum legem agit necessitatis timore coactus"）。最后他参引了"价值法"。另见上面注 25（索尔兹伯里的约翰），第 52 页及其后，有关后来的理论，可参见 Church，*Constitutional Thought*，197，232，passim。

[155] *Siete Partidas*，II，9，28，ed. Real Academia de la Historia（Madrid，1807），II，84："la justicia que es medianera entre Dios e el mundo"。

把罗马法和亚里士多德哲学结合起来，以及把法哲学和政治哲学结合起来的努力，已得到传统神学箴言的支持，正义和君主连同二者之间的相互关系，都由此展露了新的面貌。

诚然，正义形象在中世纪早期所具有的那些传统特征，完整地保留了下来，甚至倚重哲学的法学家们一度对正义纵情讴歌，也并没有对那些传统特征产生什么影响。即便法学家们把正义凸显为“胜于所有其他德性”的德性，使正义几乎等同于上帝，也没有增附什么新鲜内容，无非是有所强调和更细节化而已。[156] 对正义二重性（一面神性，一面人性）不厌其烦地强调，本身也不是什么新鲜事；因为这种区分仍不外乎是在天国的正义和尘世的正义之间作出的。前者是绝对的、无可变易的，它统治宇宙并在时间上先于所有人为之法；后者不完美地体现于人法之中，随着尘世变动不居的环境而改变，“洞察神人之事而感慨万千”。[157] 再者，当法学家在抽象的正义和具体的正义之间作出区分的时候，我们很容易就能在前者那里看出“理念”或“普遍性”，而在后者那里看到“理念”在人法中的实际应用。可以肯定，新的区分是来自亚里士多德及其德性范畴，不过，对正义的定义，例如界定为一种“常态”（*habitus*），

---

[156] Baldus, on c.36 X 1, 6, n.4, *In Decretales*, fol.79:“Nota quod iustitia triumphat super omnem aliam virtutem, vitam, famam et scientiam”（“要看到，正义胜于所有其他的德性、生活方式、名誉和知识”）。另见他注释《教会法汇要》的表述，on *D.* 1, 1, by Ullmann, “Baldus,” 388ff；还可见 Ullmann, *Lucas de Penna*, 35ff，其中有同样相关内容的汇编。有关正义作为所有德性的集合，还可参见那不勒斯的国王罗伯特一封书信，内容是关于那不勒斯大学的法律博士晋升的，书信的叙事疏阔寡要，G. M. Monti, “Da Carlo I a Roberto di Angiò”, *Archivio storico per le province napoletane*, LIX (1934), 146。另见上面注 70。

[157] 见上面注 60 及 64。

早在亚里士多德哲学复兴之前，就通过西塞罗的著述为人所知了。[158]

所有这一切并不是最重要的。法学家时代真正发生变化的不是正义本身，而是正义的新诠释者们的思想倾向。他们 138
关于正义的著述，不是为了神学或属灵的利益，而是为了职业的目的，所使用的方法是学术性的。重要的是，当时学科性的、职业化的法学已经诞生，正义因此成为学术型诠释者们的专门的学问研究对象。他们探究"正义"、"法"的本性时的那股职业精神和内在动力，绝不亚于神学家在解释上帝三位一体或神意造化时的无比虔敬。查士丁尼的《学说汇纂》开篇之题富含哲学蕴味，《法学阶梯》各卷的序言亦是如此，一代又一代的法学家们有感于它们的精义坚深和神圣光环，不断沉思自己行止的真正本质，反思和品评自己职业的尊严。正义，最后证实了以正义为业者的终极"存在理由"（*raison d'etre*），而以正义为业者反过来不仅强调了他们学术职业的道德伦理价值，而且让正义成了主要的崇奉对象，成了他们"法律礼拜"（*iuris religio*）活的内核。[159]

---

[158] 见上面注 59、80 及其后。

[159] 注释法学者们一般用"*iuris religio*"一词来解释查士丁尼《法学阶梯》的序言，皇帝在此被称为"最虔敬的法律礼拜者"（*iuris religiosissimus*）（以及 *D*.31，1，67，10）；可参见 Placentinus，*Summa Inst.*，ed. Fitting，*Schriften*，222，21；也可见 Azo，*Summa Inst.*，fol.268；ed. Maitland，*Bracton and Azo*，p.6；还可参见 *Glos.ord.*，v. *religiosissimus*："Nota quem fieri religiosum per leges; nam ipsae sunt sacrae."（"要看到，由法律所行之事是神圣的，因为法律本身就是神圣的。"）因为查士丁尼提到了"武器"（*arma*）和"法律"（*leges*）的二元性，注释法学者们便拓展了这一主题；可参见 *Glos. ord.*："Item nota hic quatuor proportionalia: scilicet arma, usus armorum, victoria, triumphus; item leges, usus （转下页）

139 根据罗马法，法学是"关于神和人的事务的知识"。[160] 法学不仅被定义为一门"学问"（*scientia*），也被视为一门技艺（art）。而且，早在文艺复兴时期艺术家之前，法学家们就将技

（接上页）legum, calumniae, repulsio, et iuris religio."（"同样，这里要注意四个比例关系，即武器、武器的运用、胜利、凯旋；[法律方面]与之对等的是，法律、法律的运用、指控和反驳、法律虔敬。"）军事上的胜利与法律上的虔敬有了一种类比关系。既然"*religio*"在西塞罗《论创设力》（*De invent.* II, 161）中被界定为"关切，执行仪式的德性"（*virtus curare ceremoniamque afferens*）（参见 H. Kantorowicz, *Glossatotors*, 19），在世俗意义上将这一概念运用到对正义的关切和法庭开庭仪式，就并不难（参见 *Lib. aug.* I, 32, Cervone, 82: *Cultus iustitiae silentium reputatur* [正义的祭仪要沉默]；参较 *Erg. Bd.*, 89）或者再后来，运用到绝对主义王权的半宗教性宫廷仪式，这也不难。此外，在西塞罗看来，正义的女儿们即六大公民德性的第一位，便是"*Religio*"（参见上面注 61）。因此，很容易得出"灌注于臣民或被习取的正义，造就出了虔敬、爱悯，等等"（"Iustitia in subiecto infusa vel acquisita informat ad religionem, pietatem, etc."）。参见 Baldus, on *D.*1,1,10, n.2, fol.15ᵛ；以及 Ullmann, "Baldus," 390f。最后要提到的是 *Inst.*4,16, rubr., *iurisiurandi religio*（誓约的虔敬）。可参见 Andreas of Isernia, on *Lib. aug.*, I, 99, Cervone, 168:"Iustitia habet multas partes, inter quas est religio et sacramentum secundum Tullium in Rhetorica sua. Ponitur ergo totum pro parte: nam sacramentum est religio: unde dicitur iurisiurandi religio"（"正义有许多部分，按西塞罗《修辞学》的说法，虔敬和宣誓就在其中。因此，是整体的也被认为是部分的：既然宣誓是虔敬的，誓约便可说是虔敬的。[参照了 *C.*2,58,1－2；参见上面注 105]"）。值得提及的还有 Cuias, on *Inst.*, prooem. (*Scholia*)，其中谈道："最为虔敬者与至圣的法律祭司实乃同一的"（"Religiosissimus fere idem est, quod sanctissimus iuris sacerdos"）。参见 Cuias, *Opera* (Prato, 1836), II, 607。福蒂斯丘（参见下面第五章注 89）也谈到了"法律宣誓"（*legis sacramenta*）以及"英格兰的法律神秘仪式"（*mysteria legis Angliae*），他也因此与意大利法学家的用语保持了一致；可参见 Baldus, on *Liber Extra*, prooem., rubr., n.7, fol.3："某些[名字]被引入法律神秘仪式"（"Quaedam [nomina] misterio iuris sunt introducta"），别的名字则"没有被法律赋予一定的神秘仪式"（"quibus non est datum certum mysterium a iure"）而存在着。

[160] *D.*1,1,10,2："Iuris prudentia est divinarum atque humanarum rerum notitia, iusti atque iniusti scientia"（"法学是关于神人之事的知识，是关于正义与不正义的学问"）；在 *Inst.*1,1,1,1 中被逐字照搬。

艺视为“对自然的模仿”。[161] 乌尔比安认为，就法学这门技艺而言，法学家们也许可以被称为司祭，“因为我们崇奉正义”（*Iustitiarn narnque colimus*），后来的注释又补充说：正义就“如同一位女神”。[162] 无论作为德性、普遍性、理念，还是作为女神，法学家们对正义的崇拜都具有半宗教的色彩，巴尔都斯这样的大法学家后来几乎将正义神化了，称正义为“一种不死的（*non moritur*）常态”，像灵魂一样永恒不朽，趋向宗教礼拜和上帝。不过，《奥古斯都宪法》其实就已经具有了这样的半宗教色彩，它语言的格调与后来所有法律语言的格调一样，有着高简峻拔的意味。法官在判决重要案件时可能用于开场的那些话，正是这样的语言，比如，他会说“法官的心志中理性的命令在主导着”，“正义端坐审判席上检视真理”，或“判决的正义犹如国王端坐于宝座上”，或者，他会把地上的法官与永恒法

---

[161] “Ius est ars boni et aequi”；*D.*1，1，1。伊尔纳留斯以来的注释法学者们一再诠释这些话语；有关早期注释，可参见 H. Kantorowicz，*Glossators*，63f。早期对技艺的界定，习惯采用据称是出自波菲利（Porphyrius）的表述；参见 Azo，*Summa Inst.*，on *Inst.*1，2，n.2，fol.269；ed. Maitland，p.24；以及 *Glos.ord.* on *D.*1，1，1，v. *ius est ars*：“id est scientia finita，quae arctat infinita；nam ars est de infinitis finita doctrina，secundum Porphyrium”（“也就是说，对无限者作出限定的，是有限的学问；因为，按波菲利的说法，技艺是关于无限者的有限学说”）。之后亚里士多德在《物理学》（*Physics*，II，2194a，21）中的定义“技艺模仿自然”开始流行起来；参见下面第六章注 81；也可参见 Berges，*Fürstenspiegel*，218，n.1 对罗马的吉尔斯的讨论。

[162] *D.*1，1，1 的边注。后来，这成为惯例；可参见 Cujas，*Opera*，VII，12 对此处的注释：“犹如至圣女神”（“quasi Deam sanctissimam”）；以及 Budé，*Annotationes*，28f，比代（Budé）将正义与希腊狄刻（Dikē）女神作对比后接着说：“这位女神的助祭和侍从们……被称作法官”（“eiusque Deae diaconi et ministri ... Iudices dicuntur”）。把正义理解为古希腊或古罗马宗教的女神，这当然是历史学派的做法，中世纪法学家则把正义理解为“上帝的化工”（*Dei motus*）或“上帝的灵”（*Dei spiritus*）；Ullmann，*Lucas de Penna*，36。

官作类比，正当判决是从后者面貌生发而来的。[163] 法庭的运
140 用，使这种语言获得了一种出人意外的现实性，原来似乎只是一个虚张声势的隐喻现在进入了真实的生活，借助法官的宣判而成为现实。

我们要想理解腓特烈二世的词义对用“正义的父与子，她的主与仆”，是不能放在这些观念及许多相关观念的背景之下的。“正义的国王”(*rex iustus*)这一古老理念，在中世纪早期就取得了支配地位，要否认它在13世纪持续不断的影响是不足信的，对腓特烈二世来说，只要圣经的、弥赛亚式的“正义国王”这一古代理念能带来好处，他就会毫不犹豫地激活它。然而，“正义的国王”的末世论形象与许多别的观念一样，在中世纪晚期的政治舞台上黯然无光了。它在政治上的腾跃，不再穿着原先奥古斯都的华服，而是换上了法学家们的行头。这一观念得以存活下来的代价，是从圣坛移到法庭，从恩典畛域转到法学领地；同时，“禀赋耶稣基督形象”(*gerens typum Jesu Christi*)的国王，也逐渐被“禀赋正义形象”(*gerens*

---

[163] 上面注160；Ullmann，“Baldus，” 388f，认为正义是一种“常态”(*habitus*)。参见 Durandus *Speculum iuris*，II，part. iii，§6，n. 19 (Venice，1602)，II，791f 所引用的宣判，作者劝道，“如果问题困难的话，可从下面的前言开始”(“si autem arduum sit negotium，incipias cum praefatione sic”)，并给出了下面的形式：“法官心志中理性的命令在主导着，正义端坐审判席上检视真理，判决的正义犹如国王端坐于宝座上……正义法官们在地上被选出，是由于正义永恒之法官的神意，正当判决正是从这位永恒法官的面貌生发而来……”(“Presidente rationis imperio in animo iudicantis，sedet in examine veritatis pro tribunali iustitia et quasi Rex in solio iudicii rectitudo ... Haec enim recti fuit eterni providentia iudicis，de cuius vultu recta iudicia procedent，ut recti iudices eligentur in orbe ...”)

typum Iustitiae)的君主取代。法学家时代的君主不再是从麦基洗德(Melchizedek,其名字意思是“法律之王”)的意义来代表正义,而是从阿库修斯,或者(引用梅特兰的话)“一位永远听乌尔比安之命的司祭”的意义来代表正义。[164] 此种新形象的力量,不是来自祝圣礼的效验,而是来自作为学问的法学。君主之为“中保”,在于其作为“正义中间人”的化身或对型,而非作为耶稣基督的化身和对型。然而我们不能过分强调,原先的价值观在与新价值观相互并存时还能毫发无损;不能过分强调,基督和正义之间的相互联系会清晰到令人难以察觉新旧间的过渡;[165]也不能过分强调,早先那些有效特征,在“法学家的世纪” 141

---

[164] Pollock and Maitland, *English Law*, I, 208 (= p.187), n.3,参引了布拉克顿,布拉克顿在提到“我们崇奉正义”(“iustitiam namque colimus”)时还补充说:“我们还侍服神法”(“et sacra iura ministramus”),这正是追随了阿佐;cf. Maitland, *Bracton and Azo*, 23f。

[165] 参见上面注 22。另见 c.84, C.XI, q.3, ed. Friedberg, I, 666(“Christus sapientia est, iustitia ...”[“基督是明辨的,正义……”]),这一内容可参见 Lucas de Penna, on *C*.12,45,1, n.61 (ed. 1582), p.915,他在解释鬻卖正义等同于买卖圣职禄时提到:“鬻卖正义比买卖圣职禄是更严重的罪行。因为我们把基督写成正义……而不写成(基督)是圣职禄……鬻卖基督所是的正义,定罪尤重”(“gravius crimen est vendere iustitiam quam praebendam. Legimus enim Christum esse iustitiam ... Non legitur autem esse praebendam ... Vendere iustitiam quae Christus est, gravissimum est censendum”)(有关深层次的问题,可参见 Gaines Post, “The Legal Theory of Knowledge as a Gift of God”, *Traditio*, XI [1955], 197－210);也可参见 Lucas de Penna, on *C*.10,70,4.n.8, p.345,以及同一本书注 4:“正义(正如三重伟大[的赫尔墨斯派]实际上所定义的)不是别的,正是上帝的化工”(“Iustitia quidem [sicut verissime Trimegistus diffinit] nihil aliud est quam Dei motus”)。(三重伟大的赫尔墨斯派[Hermes Trimegistus],是中世纪重视炼金术的神秘派别,“Hermes Trimegistus”表征的是埃及、希腊、罗马神话中与智慧之源相关的同类神祇之间的融合,他们分别是埃及的托特[Thoth]、希腊的赫尔墨斯[Hermes]、罗马的墨丘利[Mercury],三位合一的“赫尔墨斯神”被认为拥有世界三部分的智慧,将炼金术的知识浓缩为 13 句话刻于祖母绿宝石板上,(转下页)

仍有助于将君主塑造为弥赛亚式的或启示录式的形象。

这里重要的是，王权中保地位由新法学带来的明显世俗化，其进程与"国王兼司祭"(*rex et sacerdos*)理念及众多其他观念的世俗化相当。腓特烈二世把皇帝(Caesar)界定为"正义的父与子"(*pater et filius Iustitiae*)的表述，的确有近乎"基督性体论"的内容，该内容似乎将腓特烈和早期的诠释者们联系了起来，也将他和"双生人格"(*gemina persona*)的统治者联系了起来。不可否认，在以基督为中心的统治权观念和以法律为中心的统治权观念之间演化出了表面上的趋同性。但即使是这些相似性也无法蒙蔽我们。恩典——所有礼仪王权的本质，与法学家们建构的形而上的超世界并无瓜葛，在超世界中法学家们把君主作为"活的正义"置于其中，而礼仪王权则不然。对于诺曼佚名著者来说，受膏的国王显现出"双生人格"，因为这位借恩典(*per gratiam*)而成的国王身上反映出基督的二性，"依自然为人，经祝圣礼，借恩典而成圣"。这就是说，国王身份的矛盾性，从神学上看是建立在"人类自然本性和神圣恩典"的张力之上的。使受膏的国王显身为上帝活的形象的超身体(super-body)，是恩典授给国王个体之人的。

(接上页)这段文字即为"翠玉录"[Emerald Tablet]，最后两句提到"我是三重伟大的赫尔墨斯……这就是我所说的神的化工"。——译者)还可见同一本书注5，在这个地方作者提到了伪托克里索斯顿的 *Opus imperfectum super Matthaeum*："凡行正义并在自己心中思考正义的，都见到上帝，因为正义是上帝的形象。上帝即是正义……"("qui omne iustitia facit et cogitat mente sua, Deum videt, quoniam iustitia figura Dei est. Deus enim iustitia est ...")。当他在注7中说："真正追随正义的人，不会死亡"("Qui vero iustitiam sectatur, non moritur")，他参引的是《箴言》11∶4。

然而，在以法律为中心的时代，在法学家们的语言中，君主不再“借恩典而成圣”，也不再是恩典的活的形象，而是正义的活的形象，从其职位来看(*ex officio*)，他成为同样兼具神人二性的理念的化身。君主的新二重性，建立在仍弥漫着神学思想的法哲学之上，建立在“法律礼拜”(*religio iuris*)的女神之上。不过，张力不再由“人类自然本性和神圣恩典”这两极来决定，而是转向了法学上形成的两极“自然法和人法”或“自然和人”，以及更晚些时候的“理性和社会”，至此恩典的地位已经很难察觉了。 142

巴尔都斯从伦理角度提出了不少独具慧眼的法学观点，其中谈到，君主让自己服从于正义，“也就是服从于善与正义的实体；因为，裁决之人有可能犯错，但正义决不会出错”。不过(巴尔都斯指出)：“没有人的话，理性和正义将无所作为。”倘若理性和正义没有执行人，那么它们将形同虚设。因此，如果纷争出现而又“没有司职正义的官长，正义就会被葬送”。[166]因此，国王充任“活的正义”，必须让女神显现。作为女神的委

---

[166] Baldus, *Consilia*, III, 218, fol.64 (col.b, in fine)：“Et certum est quod submittit se iustitiae, id est, substantiae boni et aequi [‘realitati iustitiae’ in the preceding sentence]. Ius enim reddens quandoque errat, sed iustitia nunquam errat ... Item certum est quod ratio et iustitia sine persona nihil agit ... Unde sine magistratu iustitia in controversiam posita sepulta est”(“无疑，君主是让自己服从正义的，即服从善与公正的实体[之前一句用的是“正义的实在”]。因为，裁决之人有可能犯错，但正义决不会出错……同样无疑的是，没有人的话，理性和正义将无所作为……纷争出现，若没有司职正义的官长，正义就会被葬送”)。参见下面第七章注420。这里的基本观念是，正义作为“潜能”必须由一个人或显职来“实现”；参较 Petrus de Vinea, *Epp.*, III, 88, ed. Schard, 507：“quod in potentia gerimus per eos [judges and officials] velut ministros iusticiae deduceretur ad actum”(“我们[皇帝]处于潜能，借着有如正义之侍从的他们[法官和官员][上面注162]，而被引到现实”)。我们在这里看到了亚里士多德的范畴(“从潜能到现实”[“de potentia ad actum”])。

托人，他才能依某种内在逻辑，使自己在诸法庭上成为名副其实的无所不在。如腓特烈二世所言，即使他个人的身体不能莅临四方，借助他的官员，他拥有了“潜能上的无处不在”。[167]

---

[167] *Lib. aug.*, I, 17, Cervone, 41:“Et sic nos etiam, qui prohibente individuitate personae ubique praesentialiter esse non possumus, ubique potentialiter adesse credamur”(“如此说来，我们作为受阻限的个体不能莅临四方，但我们被视为在潜能上是无处不在的”)。另见 Vinea, *Ep.* II, 8, ed. Schard, 271;*MGH*, *Const.*, II, 306,37f, No.223;参较 *Erg. Bd.*, 94。可进一步参见 Nicholas of Bari, ed. Kloos, *DA*, XI, 175, §16,其中有对腓特烈二世的赞辞：作者要求所有臣民为皇帝效力，“因为皇帝无所不晓，他不可能犯错[参见上面注 166，巴尔都斯对正义的讨论]……因为他是以潜能上无处不在而现身的，没有什么能逃过他的眼睛”(“quia omnia novit et falli non potest [see above, n.166, for Baldus on *Iustitia*] ..., quia ubique eius potentia invenitur et ideo fuge aditus denegatur”)。Baldus, *Consilia*, I, 333, n.1, fol.105v，用了非常相似的话来解释委托的本性（“Ipse [Imperator] personaliter ubique esse non possit ...”)(“[皇帝]本身作为个人不能无处不在”)。也可参见注 131，讨论了皇帝的无处不在是因为他是活的法律：“我睡下了，我的心志即我的国王，却是清醒的”。这种形象是比较常见的；参见 Philip of Leyden, *De cura reipublicae*, VI, 1, p.36:“... princeps, qui ad quietem subditorum praeparandam noctes transire consuevit insomnes ...”(“……君主，往往不眠过夜，为臣民的休眠作准备……”)。艾弗利多的马泰奥对所有这些观念(君主的无处不在，他“活的法律”的特征，他的无误性[国王不会犯错]，以及他持久的清醒)进行了概述，on *Lib. aug*, I, 6, n.32, fol.52v:“(reference to Baldus, *Consilia*, I, 141, n.4, fol.42v) ubi dicit quod rex quoad suos subditos in regno suo est tanquam quidam corporalis Deus ..., quod lex non exequitur aliquod iniustum, vel iniquum: quia oculus legis sicut oculus Dei omnia videt, omnia intuetur ... et rex in regno dicitur lex animata ... Et ideo antiquitus dicebatur quod corona imperialis invisibilis imponebatur a Deo ipsi principi ... quia ius divinum concessit principibus supremam potestatem, ut patet in evangelio ....”(“此处，巴尔都斯说，国王之于自己王国中的臣民，就像某种有肉身的上帝……法律不会行不义或不公之事：因为法律之眼如上帝之眼一样观照万事万物……王国之王被称作活的法律……因此古语有云，上帝安放于君王头上一顶无形的帝冠……因为，如福音书中所示，神法赋予君王们至高的权力……”)有关皇帝和国王的无处不在，也可参见拙文“Invocatio nominis imperatoris”(“以皇帝之名祷告”)，*Bollettino del Centro di Studi Filologici e Linguistici Siciliani*, III (1955), 35－50,其他更多情况可参见，“Zu den Rechtsgrundlagen der Kaisersage”, *DA*, XIII (1957),注 61 及其后。

总而言之，君主作为活的法律或活的正义，分有了正义 143
（*Iustitia*）的二重性，这是任何普遍性或“理念”所固有的。正义的神人二性，由她在尘世的王权代理人反映，反过来代理人主要是借助正义（*Iustitia*），成为上帝的代理人。至少在博练的法学语言中，正义本身尽管和上帝圣父仍然不可分离，但已不再等同于祭坛的上帝。同时，她也不服从于某个绝对的或被神化的国家。在那个短暂的过渡期，她端赖自身成为活的德性（*Virtus*），成为法学占主导地位之时代的女神，从理智上来看，法学无愧为这一时代所有知识门类的伟大激活者。照此类推，君主不再是“基督模仿者”（*christomimētēs*）——基督永恒之王的显身；他也不是不朽的国家的代表者；作为一个不朽理念的人格化身，他拥有了不朽。一种“混成人格”（*persona mixta*）的新类型从法律中出现，它以正义为典范之神，以君主为正义女神的化身和她的“大祭司”（*Pontifex maximus*）。

布拉克顿

既低于又高于法律的国王(REX INFRA ET SUPRA LEGEM)

既高于又低于法律的王权概念，看似自相矛盾，常被指摘
为“玄虚”。[168] 姑且不论批评所指为何，也不管这一论见取自何 144

---

[168] 有关索尔兹伯里的约翰的理论，参见 Schulz, “Bracton on Kingship,” *EHR*, LX (1945), 165。首先，舒尔茨(Schulz)低估了索尔兹伯里的约翰的影响，他的影响并不限于弗鲁瓦蒙的埃利南(Helinand of Froidmont)和图尔奈的吉尔伯特(Gilbert of Tournai)二者身上(可参见 Post, “Two Notes,” 293, (转下页)

种视角，我们关心的只是，这些自相矛盾的概念在其初现之时以及后来被接受的几个世纪中，是否真属玄虚。像索尔兹伯里的约翰、腓特烈二世和托马斯·阿奎那这样的大人物，并非不谙此理，如果他们确实认为他们的概念不像现代批评所指摘的那样是故作玄虚，那么我们可以推定，是思想的某些特定条件或“思想的局限性”，使他们以那样的方式形成了自己的观点。毕竟，独立自存的国家理念与那个时代是无甚关联的。[169] 当时所有的思想家都坚信与实定法相对的神圣自然法，正是这一信念，使得统治者既高于又低于法律的地位成为必要。最后，我们可能想知道，这些自相矛盾的概念，是否直接

（接上页）n. 53），而是可以在法律文献上延及于 16 世纪；参见 Ullmann, “Influence of John of Salisbury”, *EHR*, LIX (1944), 384ff，他引人关注的研究主要是针对意大利的，而并没有打算作全面性的分析。索尔兹伯里的约翰的拟制主要是对“正义国王”（*rex iustus*）的拟制，这个表述在 13 世纪法国政治神秘体的代表人物图尔奈的吉尔伯特的论文中，演变成了对国王的拟制，国王被想象成以“天使方式”（*angelico more*）来统治（参见 Gilbert's Erudito, *Erudito regum et principum*, Berges, *Fürstenspiegel*, 150ff, esp. 156f）。“正义国王”或“天使国王”比“基督形像的国王”（*rex imago Christi*）或作为“活的法律”的国王更有效果还是更少效果，当然并不是什么要紧之事，因为，对于近代“政治纲领”而言这些观念都是无用的。真正重要的是，“完善性”（Perfection）这一隐喻的变化，它在 13 世纪有了新的表述：完善性形象要么是属灵化的（“天使国王、天使教皇、弥赛亚皇帝”[*rex angelicus*, *papa angelicus*, messianic emperor]），要么是世俗化的（“活的法律、活的正义、王冠、威严等”[*lex animata*, *Iustitia animata*, Crown, Dignity, etc.]），不排除它们相互之间会夺彩蔽翳。笔者认为，任何中世纪理论若不带上某种拟制或“完善性隐喻”就不会行之有效，近代的理论要想如此则会大受质疑。

[169] 有关这一问题的全貌，参见 Gierke, *Gen.R.*, III, 610：“国家和法律相互依存、互为目的和彼此相属的思想，对中世纪来说是陌生难解的。通过让自然法观念与实定法观念相互对立，这一个问题得到了解决。”这是梅特兰的翻译（*Political Theories*, 74），他在空白之处对这句话作了说明：“法律高于国家，国家也高于法律。”

或间接地还受到中世纪国王那种神圣模式的影响，处于该模式下的中世纪国王既作为超越法律的上帝同时也作为人，同样是既高于又低于法律的；或者我们会问，频繁被教会法参引来解释法律条文的童贞女玛利亚，作为“处女和母亲，自己儿子的女儿”——“儿子的女儿，父亲的母亲”（*Nata nati*, *mater patris*）——是否同样隐含着某种自相矛盾，难与任何传统的继承法定义相容呢。[170]

不管怎样，在中世纪晚期的政治思想家和法律哲学家看来，那些矛盾的概念并非玄虚无用；相反，这些概念似乎是解决自然法和实在法领域内神人二性问题的唯一办法。就此背景来看，腓特烈二世把皇帝在中世纪法律体系中的地位界定为“正义的父和子”，就显得是臻于成熟的说法。如果我们记住这一点，结果就会证明，它对于理解那个时期其他法学家、特别是布拉克顿政治学说中的“我们自己得出的矛盾”[171]是大有裨益的。因为它表明，当前对“布拉克顿论王权”的活跃讨 145

[170] 有关“母亲和女儿”（*mater et filia*），参见上面注 40，有关教会法中对这些用语的法学评判，参见 Gierke, *Gen.R.*, III, 278f, n.96，也可参见 332, n.272 (Goffredus of Trani)。约翰·福蒂斯丘在讨论王位继任的问题时，用下面的话来进行辩论：既然“父亲的王位不能由女儿继承，那么她就不能成为她儿子继承的中保”，因为她不能将她自己没有的东西传给她的儿子（Chrimes, *Const. Ideas*, 10ff）。福蒂斯丘是受了罗马法的指引；倘若他受神学启发的法学指引，他的论证就没有这样的说服力，因为神学并不难于去主张，尽管圣母玛利亚（Theotokos[诞神女]）自己没有神性，但这不会有损她儿子的神性。

[171] Charles H. McIlwain, *Constitutionalism Ancient and Modern* (Ithaca, N.Y., 2nd ed., 1947), 83，作者对布拉克顿的精彩讨论（第 67 页及其后）本身就是描述这种所谓的“矛盾”而迈出的重要一步，也是在 13 世纪背景下理解他们而迈出的重要一步。

论有时会忽视一个不应忽视的关键点。[172]

腓特烈二世和布拉克顿的亨利为同时代人。这位伟大的皇帝驾崩之际，布拉克顿正开始撰写《论英格兰的法律和习惯》(*De legibus et consuetudinibus Angliae*)。[173] 没有证据向
146 我们显示这位英国法学家熟悉《奥古斯都宪法》，尽管 13 世纪 50 年代是英格兰和西西里王国之间外交和政治关系融洽的高峰时期。[174] 皇帝与布拉克顿的言论之间的相似性并不乏见，不过，这一点可能比较容易作出解释，英国和西西里王国的法学

---

[172] 当前对布拉克顿的广泛关注可能是由 Hermann Kantorowicz, *Bractonian Problems* (Glasgow, 1941)这本有争议的著作激发的，弗里茨·舒尔茨(Fritz Schulz)的大量研究工作也使得这一富有成果的讨论保持着活力："Critical Studies On Bracton's Treatise", *LQR*, LIX (1943),172 - 180;"A New Approach to Bracton", *Seminar*, II (1944), 42 - 50;"Bracton and Raymond of Penafort", *LQR*, LXI (1945), 286 - 292;"Bracton as Computist", *Traditio*, III (1945), 264 - 305;他的研究"布拉克顿论王权"(上面注 168)直接提到了当前研究中的问题;参见第 136 页注 2，对早期文献的讨论。另外还有 H.G.理查德森(H. G. Richardson)撰写的两篇论文("Azo, Drogheda, and Bracton"以及"Tancred, Raymond, and Bracton," *EHR*, LIX [1944], 22 - 47, 376 - 384)，盖拉德·拉普斯利(Gaillard Lapsley)在其研究"Bracton and the Authorship of the 'Addicio de Cartis'", *EHR*, LXII (1947), 1 - 19 中，讨论了布拉克顿的王权观念。可进一步参见盖恩斯·珀斯特(Gaines Post)极富启发和创见的研究，特别是文章"A Romano-Canonical Maxim, *Quod omnes tangit*, in Bracton", *Traditio*, IV (1946), 197 - 251。有关麦基尔韦恩(McIlwain)的贡献参见上面注 171，可能还要加上他解读文本的评论文章"The Present Status of the Problem of the Bracton Text", *Harvard Law Review*, LVII (1943), 220 - 240。

[173] 过去一般认为(目前可能仍然如此)，布拉克顿在 1259 年前后完成了他的著作;H. Kantorowicz, *Bractonian Problems*, 29ff，认为时间可能还要早;还可参见 Post, *op.cit.*, 217, n.104，以及 Stephan Kuttner and Beryl Smalley, "The 'Glossa ordinaria' to the Gregorian Decretals", *EHR*, LX(1945), 97 - 105。

[174] 有关这些关系，参见拙文"Petrus de Vinea in England", *Mitteilungen des Österreichischen Instituts für Geschichtsforschung*, LI, 74ff, 81ff。参见下面注 209。

家们经常依托相同的(尤其是罗马法方面的)资源来支持他们的统治权观念。例如,阿佐的著作在南意大利和英格兰都被援用。[175]"君王法"、"凡君主喜好的"(*quod principi placuit*)格言、"价值法"以及查士丁尼法典中的一些著名章节,在两个国家都被征引和评注;那个时代重要的理智问题以这样或那样的方式,毫无例外地在所有同时代法学家们的著作中留下了印记。

虽说有这些显著的一致,腓特烈二世与这位英国法学家在统治权和法律概念上的差异仍然很大。这位霍亨斯陶芬家族的皇帝在许多方面不像布拉克顿那么神秘费解。在描述其既高于又低于正义时,腓特烈二世措辞坚决,坦率直言皇帝在某些方面受法律约制,但又毫不含糊地表明,皇帝凭借神启和"君王法"而独享立法权。他理所当然地认为他本人就是"法律",是活的法律及正义观念的化身。正义观念有着多层含义,从显明之处可见其在法律和政治事务方面的价值;从隐晦之处看,只要对它作出灵性的或弥赛亚式的解释,亦可使其用于政治的和反教皇宣传的目的。

我们在布拉克顿的著作中几乎看不到这种雄心勃勃的观念形态和形而上学。诚然,正义的理念也弥漫于他的著作之 147
中,不过,正义不再是黄金时代的贞洁女神,也不再是亨利三世或任何一位英国国王的化身。13世纪的英格兰,不像意大

---

[175] 参见 Maitland, *Select Passages from the Works of Bracton and Azo* (Selden Society, VIII, London, 1894),他同时提供了阿佐《〈法学阶梯〉注释大全》(*Summa institutionum*)大篇幅节选的有用版本。有关阿佐与皇帝议庭(*curia*),可参见 Niese, in *HZ*, CVIII (1912), 521, n.2,以及 Capasso, "Storia esterna," 442(威尼亚的威廉[William of Vinea]是阿佐的学生)。

利和其他欧洲大陆国家那样具有弥赛亚式的思想；在新的正义女神（Astrae）女王伊丽莎白时代之前，把统治者视为上帝从天国差到人间的“活的法律”这一学说的种子，似乎已经落在了英国这块特别贫瘠的土地上。[176] 虽说有用的拟制可能更容易为英国人接受，但接受抽象观念的主导从来就没有成为英国人的弱点。因此，在布拉克顿的著作中，法律的具体性使正义的理念黯然褪色。问题不再是国王是否同时为“正义的父和子”，而是国王到底“高于还是低于法律”。

尽管布拉克顿非常不愿意降低王权至上性，不愿意让国王无条件地受比他要低的实在法约制，从而损害国王的特权，但他还是重点强调了国王“低于法律”，这在腓特烈那里只是有所保留地被承认。换言之，腓特烈在从罗马法典推定其个人特权时，同时也在某种程度上承认了他对自然法和理性的屈从，布拉克顿也从罗马法典的这些段落推演出国王低于本国之法律，但他同时承认国王对于法律的独特地位，法律不能合法地提出不利于国王的动议。这样一来，布拉克顿的国王就在某些方面凌驾于法律之上了。我们无须提及腓特烈和布拉克顿之间的诸多差异，只须指出一点，他们在对君主和法律的强调侧重点上是迥然有别的。不过这一差异仍处在同一种政治法律思想体系之内，法律本身，在这一体系内不论是否化

---

[176] 这并不排除对正义的哲学化思考。中世纪所理解的“和平与正义”（*pax et iustitia*）乃是国家真正的“存在理由”（*raison d'être*），布拉克顿的著述中有不少是关于它们的；有关正义的政治演说或议会演讲可见于各个时期（值得关注的一个例子，可参见 Chrimes, *Const.Ideas*, 121f,197）；伊丽莎白时代的情况，可参见 Yates, “Queen Elizabeth as Astraea,” *Warburg Journal*, X (1947), 27－82。

身为统治者，都展现出了真正主权者的姿态。

“法律”（*lex*）一词的含糊用法，是布拉克顿以及那个时期许多其他政治理论家碰到的一个难题。“法律”既可以涵盖神 148
法或自然法，又包括了成文或未成文的实定法。13 世纪的英格兰有一个强烈的倾向，（用阿奎那的语言来讲）国王不但服从自然法的“指示力”（*vis directiva*），也服从实定法的“强制力”（*vis coactiva*），由此建立起了“法律的独裁”。这种提法在布拉克顿生活的时代以及往后的时代不断被强化，有使良序的施政运作变瘫痪的危险。当然，我们不能就此认定，布拉克顿倾力于无差别、无限制地让国王接受实定法的约制。麦基尔韦恩（McIlwain）教授清楚意识到这一点，明智地从布拉克顿的著作中萃取出“治理权”（*gubernaculum*）和“裁判权”（*iurisdictio*）的分别，前者是国王有“绝对”权限的施政（Government）领域，后者是国王无控制权的法权（Right）领域。我们欣慰地发现，其他人也强调过这一事实：即便“法律”看起来像是囊括了“人法”（*leges humanae*），它通常也仅是指“符合神法的且经前几代人同意而渐获认可的”的那部分实定法。[177] 罗马的吉

---

[177] 麦基尔韦恩一直强调布拉克顿笔下的国王既在法律之上又在法律之下；参见 *Growth of Political Thought*，361ff，367（国王“绝对但有限”），对此强调更多的还有 *Constitutionalism*，75ff。麦基尔韦恩在“治理权”和“裁判权”之间所作的区分，与这页和下一页所勾勒的问题密切相关。我之所以不用这些观念，是因为“王冠”（“Crown”）和“王”（“King”）并非真正与“治理权”和“裁判权”相一致。“王冠”高于法律和时间，并不对等于“治理权”，统治者乃“绝对的”是就其“治理权”而言的；“裁判权”也不对等于国王的自然身体，这两种对等性也不可能轻易地互换位置。如果此处将“治理权”和“裁判权”两个概念掺和进来，会使得本来就复杂的问题更加复杂，因为掺和后的概念交叉会让问题变得难以理解。有关其他引文，参见 Lapsley，*op.cit.*（上面注 172），第 8—9 页。

尔斯后来所作的阐释非常到位：

> 如果有人说某种实定法高于君主，这个说法并非指实定法本身，而是指这样一个事实：此种实定法中保存了自然法的某种力量。[178]

这就是说，国王只受神法或自然法的约制。然而，国王受自然
149 法约制，不仅是在超越的和超法律的抽象层面上，也在具体的尘世形态上，这些尘世形态包括教士、大贵族、民众的诸权利，国王受它们的约制，这一点对英国而言是非常重要的，其实现端赖于未成文法和习惯。

布拉克顿那里约制国王的法律，实际上要比腓特烈宣誓效忠的法律广泛得多，情况大体如是。尽管如此，布拉克顿对“低于法律”的国王地位的阐述，并没有攘除国王“高于法律”的地位。我们并不能从布拉克顿的政治理论中得出，他想要剥夺甚至降低与“王冠”相连的“准神圣物”（*res quasi sacrae*），这种准神圣物将形成不久之后被称作“特权”的东西，也就是说，其内容多多少少无法界定的权利，是与可清晰确定的而又不受习惯性实定法约束的诸权利连在一起的。看来，不仅是现代人而且中世纪人也过于强调布拉克顿的“法律高于国王”这句格言，致使与布拉克顿学说相对立的“国王高于

---

[178] “Si dicitur legem aliquam positivam esse supra principantem, hoc non est ut positiva, sed ut in ea reservatur virtus iuris naturalis.” Aegidius Romanus, *De regimine principum*, III, 2, c.25 以及 c.29，为 Gierke, *Gen.R.*, III, 612, n.259 所引用；Maitland, *Pol.Theories*, 175。

法律”，被不公平地淡忘了。[179]

毋庸置言，国王“高于法律”的地位本身是完全合法的，而且得到了法律的保证。他的度越法律的诸权利，即服务和捍卫“同司法与和平相关之事”的诸权利，是由法律本身赋给国王的。

> 它们只属于王冠和国王威严，与王冠不可分离，因为它们使得王冠成其所是。[180]

布拉克顿有一句著名的格言——“法律成就国王”（*lex facit regem*），博洛尼亚法学家的韵体诗中也有“法律使王成其所是”（*Facit enim lex, quod ipse sit rex*），它们可从正面意义

---

[179] 譬如，“特许状补正”可能就是在英国诸侯战争时期中增补的；（13世纪的英格兰虽有大宪章在前，诸侯们仍希望建立一个司法政治体，在君主背离法律时能对其进行纠偏；在君主是否受臣民约制这一问题上，君主与诸侯之间的矛盾在亨利三世时期进一步激化，最终导致13世纪60年代的英国诸侯战争。“特许状补正”在这个背景下增补，认为国王不仅仅是低于上帝和法律，还有与之地位相当的同侪或同位并列者，即议庭[*curia*]上的贵族们，他们在君主背离法律时会对其进行约制。参见 Edward Powell, *Kingship, Law, and Society: Criminal Justice in the Reign of Henry V*, [Oxford, 1989], 31f。——译者）参见 Schulz, “Kingship,” 173ff; Lapsley, “Addicio de Cartis,” *EHR*, LXII (1947), 1-19。

[180] “Ea vero quae iurisdictionis sunt et pacis, et ea quae sunt iustitiae et paci annexa, ad nullum pertinent nisi tantum ad coronam et dignitatem regiam, nec a corona separari poterunt, cum faciant ipsam coronam.”（“属司法与和平之事，以及作为同正义与和平相关之事，只属于王冠和王者威严，与王冠不可分离，因为它们使得王冠成其所是。”）Bracton, *De Legibus*, f.55b, ed. G. E. Woodbine (New Haven, 1922), II, 167。要注意的是，这里强调的是王冠，而不是“在位的国王”(*rex regnans*)。

来理解，不能完全从约制的意思来解读。[181] 相似的论述在中世
150 纪并不少见。“成就国王的是法律而非人”（*Regem iura faciunt*, *non persona*），表达出了教会法学家所熟知的观点；[182] 依据“价值法”（*lex digna*），皇帝们承认：“吾等权威端赖法律权威。”[183]我们也不应忘记，对国王“人格”（*Person*）的约制，通常会反比例地抬高和颂扬国王的“权力”。国王受制于成就他为国王的法律，而成就他为国王的法律同时也提升了他的王

---

[181] Bracton, f.5b (Schulz, C,2), Woodbine, II, 33, and f. 107 (Schulz, A, 31), Woodbine, II, 306。在 Schulz, “Kingship,” 137 - 145 中，有对这些文本内容的讨论，它们是后来以附注形式增补的。有关博洛尼亚法学家的短篇韵体诗，比如普拉岑提诺的，可参见 Hermann Kantorowicz, “Poetical Sermon,” 22ff, 36ff；还有如罗弗莱多（Roffred）的，可参见 Ferretti, “Roffredo Epifanio da Benevento”, *Studi medievali*, III (1908), 236f。

[182] 参见第八次托莱多公会议法令，收录在 *PL*, LXXXIV, 431A；Hinschius, *Decretales Pseudo-Isidorianae*, 392；Schulz, “Kingship,” 169, n.4。这一西哥特人的观念并未削弱王权，相反通过约束肉身之人而抬升了王权。著名的格言“没有谁可自立为王”（*Nemo potest facere se ipsum regem*）极大地提升了国王的权力，尽管理由各有不同：“国王一旦创生，驱逐他出王国便不在人民的权力范围内，之后人民的自由意志也就受强制了”（“Facto enim rege de regno eum repellere non est in potestate populi, et sic voluntas populi postea in necessitatem convertitur”）。这一理论首先出现在伪托克里索斯顿的《〈马太福音〉注解》中（参见第三章注 105），有关这一理论的历史可参见 Jordan, “Der Kaisergedanke in Ravenna,” 111 - 126，它传到英国（埃尔弗里克[Aelfric]，收录于 *Homilies of the Anglo-Saxon Church*, ed. B. Thorpe [1844], I, 212）是经由《备忘录汇编》（*Collectio monumentorum*），有关于此参见 Walter Holtzmann, “Zur Geschichte des Investiturstreites: Englische Analekten, 2”, *Neues Archiv*, L (1934), 282ff。

[183] 有关“价值法”，参见上面注 51ff，以及注 128, 131, 153；Schulz, “Kingship,”141 (A,31), 168f，在这些地方，作者强调了法律和权力之间的相互作用。但丁也思索了“价值法”的观念，参见他的 *Monarchia*, III, 10：“Imperator ipsam [iurisdictionem] permutare non potest, in quantum Imperator, quum ab ea recipiat quod est”（“皇帝就其为皇帝，是不能改变[裁判权]的，因为皇帝本身正是藉由裁判权才成其所是”）。

权，并赋予他一些特权，在许多方面将他合法地置于诸多法律之上。

在阿佐和大多数罗马法学家看来，以卓越之名（*par excellence*）成就了国王的法律，顺理成章地成为“君王法”，据此法，罗马民众把自己所有的权力和统治权赋予了皇帝。布拉克顿自然是没有摒弃其师阿佐的这一观点。

> 除了从法律中来的之外，国王没有别的权力，即使他是上帝的代理人及其在地上的仆臣。这并不与“凡君主喜好的便拥有法律的力量”这一条相抵牾。因这条法律（*D*.1，4，1）的末尾写道：“因为，依照‘君王法’——此法是就帝权而定制的，（人民让渡和赋予君主所有自己的权力和统治权）”。[184]

即使我们不考虑括号中那句被布拉克顿省略的话所带来的麻烦，这段话也并不好懂。[185] 显然布拉克顿希望表达的是：国王 151

---

[184] Bracton, fol.107 (Schulz, A,16f), ed. Woodbine, II, 305:“Nihil enim aliud potest rex, cum sit Dei minister et vicarius in terris, nisi id solum, quod de iure potest. Nec obstat quod dicitur:‘Quod principi placet, legis habet vigorem,’ quia sequitur in fine legis:‘cum lege regia, quae de imperio eius lata est [, populus ei et in eum omne suum imperium et potestatem conferat].’” 有关阿佐，参见 Maitland, *Bracton and Azo*, p.2；以及 Schulz, 141 (A,31)。方括号中的内容添自 *D*.1,4,1，参见下一个注。

[185] 舒尔茨（Schulz）为布拉克顿“无解之题”（*insolubile*）提供了一个巧妙的解决方法，参见他的《布拉克顿论王权》第 153—156 页，他清除了可回溯到约翰·塞尔登（John Selden）的晦涩注释，在塞尔登那里“cum lege regis”意思是“同‘君王法’一道”（“together with the *lex regis*”），舒尔茨（Schulz）则用介词（by）替换了连词（*cum*）；参见 Ioannis Seldeni, *Ad Fletam Dissertatio*, III, 2, ed. （转下页）

的权力只延伸到他从法律中获得了什么(顺便说,获得的并不算少)。不过,这种限制并不违背这句名言:“凡君主喜好的便拥有法律的效力”;因为,“君主所意愿的就是法律”这一事实本身,是源出于法律的,所以是合法的;也因为它建基于“君王法”之上,人民依据此法授予君主众多法权之中就有“凭其喜好”制定法律。因此,布拉克顿像腓特烈二世及其生活时代前后的人一样,从“君王法”中不仅推导出国王应效忠并倚靠那成就国王的“君王法”,而且还推导出国王有合法权力和合法权威代表人民立法,凭其喜好来解释法律。

确实,上述所言,诚如乌尔比安的“凡君主喜好的”(*Quod principi placuit*)原则屡屡表现的那样,可能会导致彻头彻尾的绝对主义。我们知道,法学家以及政治哲学家通常会引述皇帝宣誓效忠法律的“价值法”来规避这种危险,布拉克顿也不例外。他在同一段落中也引用了“价值法”,而且解释得更为详尽。[186] 但是在引证这一法律之前,他给“凡君主喜好的”原则中的“喜好”(*placuit*)一词作了限定。与腓特烈二世不同,布拉克顿对乌尔比安的话作了一个影响重大的改动,来让其适应立宪主义之需。从“喜好”一词,他推演出的并不是一个

(接上页)David Ogg (Cambridge, 1925), 24f。(“Fleta”是一篇撰于爱德华一世时期[13 世纪 90 年代]讨论英国普通法的论文,作者佚名,可能是一位法官,因于弗利特[Fleet]监狱期间所作,故有此名。1647 年,约翰·塞尔登出版了“Fleta”的第一个版本,并为其撰写了一篇文章,即 *Joannis Seldeni Ad Fletam Dissertatio*。——译者)McIlwain, *Constitutionalism*, 158f 无意接受舒尔茨(Schulz)教授的解决方法。

[186] Bracton, *loc.cit.*,讨论了“价值法”;参较 Schulz, 141 (A,28-31);见上面注 183。

不受羁控、由上帝启示、出于个人的王政，而是一个由咨议会控制、受咨议会启示、几乎是非个人的或超个人的王政。凡“君主喜好的”就是法律，但是他所喜好的首先必须是贵族组成的咨议会所喜好的，布拉克顿进一步表述了他的这个论证： 152

> [凡君主喜好的就是法律]——这并不是说国王凭[个人]意愿草率想出的东西，而是由贵族的咨议会所正当规定的，经由国王授权，并通过斟酌和商议后的……[187]

布拉克顿对“喜好”(*placuit*)这个危险性单词的立宪主义界定，其重要性不可小觑，尤其是就当时以及后来中世纪英国的立宪斗争来看，斗争焦点总离不开国王的咨议会及其构成的问题。实际上，13 世纪的国王当然很少能够不经商议而立法的；不经商议的立法也得不到罗马法和罗马法学家的支持，甚至更得不到教会法和教会法学家的支持。教士、主教，甚至教皇不经商议也不能着手立法，尽管他们不是非得遵从商议内容。[188] 布拉克顿遵循了这一普遍做法，在引用乌尔比安的话语

---

[187] Bracton, *loc.cit.* (Schulz, A, 18)："id est, non quidquid de voluntate regis temere presumptum est, sed quod magnatum suorum consilio, rege auctoritatem praestante et habita super hoc deliberatione at tractatu, recte fuerit definitum." “咨议会”(*consilium*)一词，既有法律顾问的意义也有议会的意义，在此可不译出。还可参见“特许状补正”，其中谈到了咨议会权力和诸职能的不同观念，此处暂时将之忽略不论；参见上面注 79。

[188] 有关罗马法的情况，参见 *C.*1,14,8，为舒尔茨(Schulz)所引用，139 (A. 18)，总体情况参见 John Crook, *Consilium Principis* (Cambridge, 1955)。也可参见下面注 194f。赖歇尔斯贝格的格霍(Gerhoh of Reichersberg)对此有很好的评论，*De edificio Dei*, c.21, *MGH*, *LdL*, III, 152,17，作者主张，君士坦丁大帝所赐的著名赠礼不可能“不与地方法官和其他帝国显要商议”　(转下页)

时，他实际上追随了12世纪伟大的英国法学家格兰维尔（Glanvil）的引导，不过，通过让国王的喜好与国王的立法顾问的喜好相投契，布拉克顿对乌尔比安话语的主旨作了限定。[189]

尽管如此，布拉克顿与意大利的法学家们，在咨议会问题
153 上仍存在分歧。一条最终被教会法接受的罗马法格言如是写道："君主（或教皇）在他的胸中文库拥有所有法律。"这条格言意味着，君主在立法时，人们就假定和期望他的心志当中拥有所有相关法律，也就是说，法在君主内心的话他便可行事自如而不逾矩。[190] 这未免要求太过，因为（艾弗利多的马泰奥说过）"很难找到职业法学家的君主"（*raro princeps iurista invenitur*）。[191]

（接上页）（*nisi consultis consulibus ceterisque regni maioribus*），因为"公有物"（*publica*）只能"征询君主咨议会"（*communicato principum consilio*）才能赠送。当然，教会法有对建言方面的明确规定；譬如，可参见教令集中那些统一在标题"在没有圣堂参事会同意情况下高位圣职者所能做的"（*De his quae fiunt a praelato sine consensu capituli*[X 3,10], ed. Friedberg, II, 501ff）之下的，包括对它们的注释。这个问题错综复杂，不适合在此讨论；但对不同欧洲国家所遵循的实践进行比较研究，以及对罗马法理论和教会法理论进行比较研究，是会有所收获的；参较 Brian Tierney, "A Conciliar Theory of the Thirteenth Century", *Catholic Historical Review*, XXXVI (1950 - 51), 424f。更早的著作（例如，V. Samanek, *Kronrat und Reichsherrschaft im 13. und 14. Jahrhundert*, Freiburg, 1910），就完全过时了。

[189] 有关格兰维尔和布拉克顿，参见 Schulz, 171。

[190] 有关这条格言，参见 Steinwenter, "Nomos," 256f，有关它的意义，则参见 F. Gillmann, "Romanus pontifex iura omnia etc.", *AKKR*, XCII (1912), 3 - 17, and CVI (1926), 156 - 174（参见上面第二章注15）；Post, "Two Notes," *Traditio*, IX,311，以及"Statute of York," *Speculum*, XIX,425, n.35。

[191] 见下面注195。参较 Andreas of Isernia, on *Feud*. I, 3, n.16 ("Qui succes. ten."), fol. 21^v："Potest dici, quod quia princeps multos habet in suo consilio peritos ... et ideo dicitur Philosophiae plenus ... : raro enim invenitur princeps Iurista"（"可以说，因为君主在他的咨议会上有众多有识者……由此，君主也可以称为充分爱智者……；事实上，很难找到职业法学家的君主"）。整大段都在讨论咨议会。

当布拉克顿说国王“手中握有一切法律，它们既有属于王冠和凡俗权力的，也有属于关乎王国治理的有形之剑”时，我们不能确定他是否想到了那句格言；此处，“他手中握有一切法律”(*habet omnia iura in manu sua*)这句重要的话是礼仪性的。[192] 一位法国的法学家曾说过，法国国王就像罗马皇帝，“让所有的法律，特别是属于他的王国的法律封藏于自己胸中”。[193] 意 154

[192] 布拉克顿谈论国王时就像谈到普通的法官，他(fol.556, ed. Woodbine, II, 166)说道：“他手中握有一切法律，它们既有属于王冠和凡俗权力的，也有属于关乎王国治理的有形之剑的”(“habet enim omnia iura in manu sua, quae ad coronam et laicalem pertinent potestatem et materialem gladium, qui pertinet ad regni gubernaculum”)。如盖恩斯·珀斯特(Gaines Post)(见上面注 190)所谨慎表达的，布拉克顿可能是“转述或依稀记得”那句著名格言。不过，他的这种表述是礼仪性的；参见耶稣受难日“庄严典礼仪式”(*Orationes solemnes*)中为皇帝代祷之后的祷文：“……主啊，所有王国的法律……是在您的手中”(“... Deus, *in cuius menu* sunt ... *omnia iura regnorum*.”)这些话在《杰拉圣事书》(Gelasian Sacramentary)中没有，是《格里高利圣事书》加进去的；参较 H. A. Wilson, *The Gelasian Sacramentary* (Oxford, 1894), 78, n. 28，以及 *The Gregorian Sacramentary under Charles the Great* (Henry Bradshaw Society, 49; London, 1915), 52；还可见 *PL.*, LXXXVIII, 80A。它们在公元 900 年前后法兰克加冕礼上也可见到，它们出现在弥撒结束之际的“代国王祷告”(*Oratio super regem*)中：“全能的主啊，国王们依凭您而统治，所有王国的法律都在您的手中存在。”(“Deus omnipotens, per quem reges regnant et *in cuius manu omnia iura regnorum* consistunt.”)参较 Schramm, “Die Krönung bei den Westfranken und Angelsachsen”, *ZfRG*, kan. Abt. XXIII (1934), 206, § 18; *Sacramentarium ad usum aecclesiae Nivernensis*, ed. A.-J. Crosnier (Nevers, 1873), 112。这个表述也可见于腓特烈二世就一篇特许状的议事中；参较 Huillard-Bréholles, I, 261; Schaller, *Kanzlei Friedrichs II.*, 83, n.123。

[193] 参见 1296—1297 年法国法学家(可能是普伊的托马斯[Thomas of Pouilly?])的备忘录，ed. F. Kern, *Acta Imperii Angliae et Franciae* (Tübingen, 1911), 200,13f, No.271, § 5：“Cum rex Francie omne imperium habet in regno suo, quod imperator habet in imperio ... et de eo potest dici, sicut de imperatore dicitur, videlicet quod omnia iura, precipue iura competentia regno suo, in eius pectore sunt inclusa ...”(“法兰西国王在他的王国拥有完全的统治权，(转下页)

大利法学家们在谈到这一格言时，却总喜欢提到那些法律顾问们。例如，皮斯托亚的奇诺（1270—1336 年）就提醒我们不要从字面意义来解释，因为，“他的胸中文库”应被理解为“君主的议庭，有许多杰出的法律博士，最虔敬尊法的君主本人是通过他们之口来发声的”。[194]艾弗利多的马泰奥解释道：“法律顾问是君主身体的一部分，有了他们，我们才能说君主在他的胸中文库拥有所有的法律。”[195]换言之，由诸多法律专家和王座

（接上页）与皇帝在帝国拥有的帝权一样……以此看来，正如在皇帝那里一样，法兰西国王，让所有的法律，特别是属于他的王国的法律封藏于自己胸中……”）这位法学家转给法兰西国王的无疑是皇帝特权，但是他对国王胸中的法律作了限定：“他自己王国的法律”（*iura competentia regno suo*），这一表述与布拉克顿“‘属于王冠的……’又‘属于王国治理权的……’法律”（*iura quae ad coronam ... pertinent and ad regni gubernaculum*）这一说法的关联性并不大。

[194] Cynus, on *C*.6, 23, 19 (Frankfurt, 1578), fol. 367r: “Quod [princeps debet habere omnia iura in scrinio sui pectoris] non intelligas ad litteram ..., sed intelligi debet in scrinio sui pectoris, id est, in curia sua, quae debet egregiis abundare Doctoribus, per quorum ora loquatur iuris religiosissimus princeps” （“[君主在自己的胸中文库应拥有所有法律]不要从字面意义来解释……而应将他的胸中文库理解成君主的议庭，有许多杰出的法律博士，最虔敬尊法的君主本人是通过他们之口来发声”）。（英国“国王法庭”[Curis Regis]，有定期召开的御前会议和常设的国王小议庭（*curia*），后者也通常直译为国王库里亚，在约翰王之前经常伴随国王巡游，又称作巡回法庭，是后来王座法庭的前身。——译者）有关最虔敬尊法的君主，参见上面注 159。君主通过博士之口发声正如之前上帝通过罗马皇帝之口发声；参见上面注 119。奇诺的学生彭纳的卢卡斯（Lucas de Penna, on *C*.12, 16, n.1, p.706 [“De silentiariis”]），把使徒们解释为基督的咨议会；参见第七章注 341。

[195] Matthaeus de Afflictis, on *Lib. aug.*, I, 37, n.12, fol.157: “quia isti [the councillors of the *consilium regis*] tales consiliarii sunt pars corporis ipsius regis: ut in 1. quisquis. C. ad. l. iul. maiest. [*C*. 9, 8, 5 rubr.]: et propter istos consiliarios dicitur rex habere omnia iura in scrinio pectoris sui ... quia raro princeps iurista invenitur”（“因[国王咨议会上的]所有这些法律顾问是国王自己身体的一部分：正如 *C*.9,8,5 rubr.中所言：正是有了这些法律顾问，国王才被说成在他的胸中文库拥有所有的法律……因为很难找到职业法学家的君主”）。还有 Matthaeus de Afflictis, on *Lib. aug.*, II, 30, n.1, vol.II, fol.65v，此处他复述了伊塞尼亚的安德烈亚斯的话（所引内容见上面注 191）。

法学家组成的咨议会是“国王的胸中文库”，因为他们确实在心志中拥有了所有的相关法律，成为“君主之口”，君主通过他的法律顾问发声，这正是腓特烈二世的通行做法。[196] 相反，对于布拉克顿来说，法律顾问并不是“君主之口”；君主或国王反而是“法律顾问之口”，他只是在和贵族商讨并在他们建议的基础上，才“凭自己喜好”颁布法律。也就是说，国王的“喜好”要想成为法律，只有在“贵族们认定它不违背古老习惯且经国王授权公示”。[197]

然而，甚至这样一个事实，即立法本身源出由贵族提议和商议的咨议会，也不能只从限制国王的意义来诠释，因为，法案毕竟要“经国王授权”（*rege auctoritatem praestante*）后才生效成为法律。而且，承担责任的也是国王，因为他是“法律 155
创立者”（*auctor iuris*），布拉克顿在下面这句话中强调了这一点：

> 国王的权力在于制定法律，而不是损害法律。既然他是法律的创立者，那么，法律降生之地就不应有不法之事滋生的机会。[198]

布拉克顿着重指出，法律的解释权属于国王，因为立法权也属

---

[196] 参见 *Erg.Bd.*，89f，其中讨论了皇帝代言者威尼亚的彼得的地位。

[197] 参见 McIlwain，*Constitutionalism*，71。

[198] Bracton，f.107，Schulz，140（A，20）："Potestas itaque sua iuris est et non iniuriae，et cum ipse sit auctor iuris，non debet inde iniuriarum nasci occasio，unde iura nascuntur."

于国王。[199] 与腓特烈一样，布拉克顿强调，法律的源头和守护应集于一人，那就是国王。[200] 简言之，国王的立法权来自法律本身，准确地说，来自使国王成其所是的"君王法"。因此，成就国王的法律和制定法律的国王是彼此依存的。国王和法律之间为人悉知的关系，在布拉克顿的著作中得以重现。作为法律之子的国王，现在成了法律之父。法律和君主之间的这种互惠共存，在那个时期绝大多数的政治法律理论中都能看到。

这种精神渗透在布拉克顿的所有讨论王权的论文中。当一位法官致力于均衡分配限制国王和抬高国王的各要素，我们也许会仰慕他的公正无私。事实上，只是因为对国王的限制和抬高是相互依存的，各要素才看上去像是均衡分配的。对国王的限制，产生并辩护了对国王的抬高，也就是说，只有当国王"像上帝般"服膺既是他的同时又是上帝的法律而行事，国王才被认为是"上帝的代理人"。

> 既然国王是上帝的代理人及上帝在地上的使臣，那他除了拥有他得自法律的这一权力之外，别无其他权力。[201]

---

[199] Bracton, f. 34, ed. Woodbine, II, 109："... cum eius sit interpretari, cuius est condere"（"对法律的解释，属于法律制定者"）。国王是法律的制定者（*conditor legis*）和创立者（*auctor*），而且是法律的解释者（*legis interpres*）和保护者（*protector*）（见下一个注）。

[200] Bracton, f. 107 (Schulz, A, 7), Woodbine, II, 305："et supervacuum esset, leges condere et iustitiam facere, nisi esset, qui leges tueretur"（"制定法律和成就正义的，若不是法律守护者，就是徒有虚名"）。参较 *Lib. aug.*, I, 31（见上面注 34）："... in eiusdem persona concurrentibus his duobus, iuris origine scilicet et tutela"（"同一个人格上会集了这种二重性，即法律的源头和守护"）。

[201] Bracton, f. 107 (Schulz, A, 16)："Nihil enim aliud potest rex, cum sit Dei minister et vicarius in terris, nisi id solum, quod de iure potest." 参较 Schulz, 147ff。

另一段更有说服力、更为明确。布拉克顿先是指出，在王国里 156
没有谁可与国王同位并列，更不会有超出其上者，然后接着说道：

> 国王肯定不低于万民，但一定低于上帝和法律，因为法律成就国王……专断意志主宰的地方，既没有国王，也不存在法律。国王应该低于法律，因为他是上帝的代理人，他与耶稣基督的相似可澄明这一点。国王代基督治理尘世。尽管神意当中有众多无法言说的手段来挽救人类，但上帝的真正悲悯，让他在众多谋策中独选一个来摧毁魔鬼的伎俩。它靠的不是权力的力量，而是正义的准则。因此国王愿意低于法律，以拯救低于法律的万民。他不愿诉诸武力，而是诉诸理性和裁断。[202]

---

[202] Bracton, f.5b, ed. Woodbine, II, 33。Schulz, 173 谈到了这一段话，他在括号内写到(第四章第 144 页)，“可能是添笔(interpolation)”，因为“这么长的神学类比似乎不应出现在这个地方”。笔者不认同这个推断。布拉克顿的导言有大量的神学观点和类比，以致梅特兰发出这样的评论：“他飞翔得更高”(*Bracton and Azo*, 15)。(“他飞翔得更高”意指布拉克顿要求法官对自己的定位要更高，*Bracton and Azo* 中的这一页紧接下去就说，“对布拉克顿来说，法官坐在国王的法庭上[在阿佐那里是王室议庭]是不够的，法官所坐之处乃是上帝的宝座，因为国王是上帝的代理人”。另外这里提到的问题，可参较本章注 185 对“Fleta”一文的说明，很多文章和注释的作者身份，是研读中世纪注释法学派和众多法律文献的难题，在不确定身份的情况下通常会对地名或人名加上引号，或‘Britton’或‘Fleta’，或‘Glanvill’或‘Bracton’；何时由何人添笔或补正等诸多问题则更加复杂，“添笔”主要是指后人添加增补的注释说明；而“补正”则经常写作“Ad-dicio”，不仅有补充还有移动的含义，即有可能将注释移动到正文中，二者的区别可参见 *Bracton's Note Book: A Collection of cases Decided in the Kings Courts during the Reign of Henry the Third*(《布拉克顿的案例摘选：亨利三世治下王座法庭所断案件汇编》), Vol. 1 ed., F. W. Maitland, [Cambridge, 2010], pp.27 -28。一代一代的添笔或补正会使原作原貌变得更加扑朔迷离，可参较 *Bracton and Azo*，导言，xiii。——译者)神学类比在布拉克顿那里并不少见，单 (转下页)

"低于法律的基督"无疑是频繁被征引,在艺术中也频繁得以再现的用语。例如,诺曼佚名著者提到基督服从于法律,是要证明作为凯撒的提比略高于作为人的耶稣。[203] 索尔兹伯里的约翰强调,万王之王(*Rex regum*)服从于法律是因为"他的意志就在他的法律中"。[204] 从奥罗修斯(Orosius)到但丁,中世纪的作者们在思忖这样一个被信以为真的事实:基督选择在那种独特的人类户籍册上登记为罗马公民(*civis Romanus*),因此他也和任何罗马公民一样,屈从于罗马法官的审判。[205] 然
157 而,早期以基督为中心的王权概念,很少会因为受膏国王与基

(接上页)凭这一点,所谓添笔的假设似乎并不成立。参见下面注 212,其中讨论了布拉克顿对阿佐文本的"神学"补正说明。

[203] 参见第三章注 25;另见 Pollock and Maitland, I, 182, n.3。

[204] *Policraticus*, 523bc, Webb, I, 252, 6ff;上面注 52。

[205] 参见 Orosius, *Adversus paganos*, VI, c.20, ed. Zangemeister (*CSEL*, v),418f,讨论了作为罗马公民的基督。这一论证在整个中世纪被频繁运用;可参见 *Liber de unitate Ecclesiae*, I, c. 3, *MGH*, *LdL*, II, 188, 7; Dante, *De Monarchia*, II, c,12;*Purg.*, XXXII, 102。有关使基督"罗马化"和使奥古斯都"基督教化",参见埃里克·彼得森(Erik Peterson)的精彩论述,见他的"Kaiser Augustus im Urteil des antiken Christentums: Ein Beitrag zur Geschichte der politischen Theologie", *Hochland*, XXX (1933), 289ff。基督的报名上册是著名的论题,在艺术领域如此(C. Diehl, *Manuel d'art byzantin* [2nd ed., Paris, 1925], II, 797 [fig.394], 832 [fig.415]),在文学领域也是如此:罗马使者奎里努斯(Quirinus)的书记员,问玛利亚孩子的父亲是谁,得到的答案是"上帝是他的父亲";因此书记员为这孩子登记的名是"上帝的儿子"。可参见 John of Euboea, *Sermo in conceptionem Deiparae*, c.18, *PGr*, XCVI, 1489。布拉克顿提到了童贞女玛利亚"高于法律"(*supra legem*)的"独特特权"(*singulare privilegium*),尽管她以谦卑之心自愿服从"法律建制"(*legalibus institutis*)。这一特权的历史笔者不了解,但它是在特伦多大公会议法令中提到的,*Sessio* VI, *canon* 23,其中说到无人能一辈子不犯轻微之罪,"除非有来自上帝的特权,就像教会从万福玛利亚所接受的那样"("nisi ex speciali Dei privilegio, quemadmodum de beata Virgine tenet Ecclesia")。参见 H. Denzinger, *Enchiridion symbolorum* (Freiburg, 1937), 298, No.833。

督都服从于法律，而得出受膏国王是类基督的；相反，类似的证明能在教皇身上找到，人们认为教皇和基督一样都须交纳税金。[206] 布拉克顿的比较（的确处于最纯正的中世纪传统）意味着，只有“法律的臣仆”（*servus legis*）才可能是或成为“法律的主人”（*dominus legis*）。它还意味着，国王作为上帝的代理人，超出所有其他人，但是国王必须像上帝的独生子那样服从于法律，并且所有国王的特权都取决于，国王承认自己受赋予他特权的法律的约制。在此情形下才有下述可能：

> 没有与国王同位并列者，更不会有超出其上者，特别是在行使正义时，他真配得上“我们的主为大，最有能力”（《诗篇》147：5），尽管（作为原告）接受司法审判时，他不过是一介布衣。[207]

国王尽管作为上帝的代理人，没有与之同位并列者，但仍然受法律约制，也得像最普通的臣民一样，置身法官面前，只不过

---

[206] 格兰西《教会法汇要》中的两处地方通常在这些场合都会被引述：c.10，C.XXV，q.1，以及 c.22，C.XXIII，q.8，ed. Friedberg，I，1009 和 961。可参见 Marinus de Caramanico，*Prooem. in Const.*，ed. Cervone，p.xxxiv，ed. Calasso，*Glossatori*，186，47ff："Papa etiam regi obsequitur et ei se subesse fatetur ... Et ipse Christus Dei filius terreno regi subditum se ostendit qui cum pro se solvi tributum faceret ..."（“教皇从属于国王并承认自己低于国王……圣子基督为自己交纳税金就表明了，他自己是服从于地上的王的……”）教会法学者们共持这个见解；可参见 Gloss on c.10，C.XXV，q.1，v. *subditos*（Johannes de Fantutiis[?]的注释）。

[207] Bracton，f.107（Schulz，A，11 - 13），Woodbine，II，305；参见 fol.5b，Woodbine，II，33："minimus，vel quasi，in iudicio suscipiendo"（“在接受司法审判时，[他不过是]一介布衣”）。

是以原告的身份出现，因为国王具有不受控诉的特权。[208]

布拉克顿的方法总是如出一辙：通过限制来抬高，而限制本身又源于对国王的抬高，源于他作为上帝代理人，倘若他
158 不接受法律的约制，王位将岌岌可危。这种方法也可以称为辩证法的。它依托这样一个逻辑：一方面，不屈从法律就不可能有真正的“特权”；另一方面，高于法律的法定地位，只有当低于法律的法定地位存在时，才可能合法存在。因此，虔敬守法的国王“据事实本身”（*ipso facto*）就成了“上帝的代理人”。他成为高于法律又依法而行的“法律创立者”（*auctor iuris*），成为现存法律和国王自身行为的负责任的阐发者，任何官员和个人是不能对这些法律和行为横加非议的。[209] 如果

---

[208] 有关国王作为原告方，参较 Schulz, 149; Pollock and Maitland, I, 515ff。有关英格兰的国家作为原告方和王冠不可控诉的历史，参见 Robert D. Watkins, *The State as a Party Litigant* (Johns Hopkins diss., Baltimore, 1927)。

[209] 有关国王作为“法律创立者”，参见上面注 198 及其后。对法律作出解释（上面注 199）当然也是国王职责所在；Bracton, f.34, Woodbine, II, 109:“De cartis vero regiis *et factis regum* non debent nec possunt iustitiarii nec privatae personae disputare, nec etiam, si in *illis* dubitatio oriatur, possunt *eam* interpretari. Etiam in dubiis et obscuris ... domini regis erit expectanda interpretatio et voluntas, cum eius sit interpretari cuius est condere”（“对于特许状和国王们的行为，司法人员和个体之人不应也不能进行非议，即使是有那些可疑之处出现，他们也不能解释它们。而且，在晦暗不明之处……要等待一国之君的解释和意志，因为，解释是属于制定者的事”）。Schulz, 173, 把“和国王们的行为”（*et factis regum*）放进括号中，理由是它们“一定是添笔”。而且，他认定接下来的 *illa*（上面是：*illis*）以及 *eam* 二词“表明最初只有 *cartae* 被提到。”这样的论证是难以接受的。*eam* 一词显然指的是 *dubitatio*，但 *dubitatio* 前面的词不是 *illa*，而是 *illis*（可以说，至少根据伍德拜因［Woodbine］的标准文本，他确实未在参考资料中提到他对 *illa* 的理解是来自特拉弗斯・特维斯爵士（Sir Travers Twyss）版本［Roll Series, London, 1878］I, 268）。此处没有必要出于语法方面的原因而假设它们是添笔。况且“*et factis regum*”并无不妥。（坎托洛 （转下页）

国王不守法，那么他就不再是国王，而是暴君。[210]

（接上页）维奇批评伍德拜因[Woodbine]对这句引文的解读，认为后者出于语法原因误把 *et factis regum* 当作添笔。伍德拜因的理由是：*illa* 和 *eam* 都是阴性，应修饰阴性的 cartae，既然都是阴性，最初的句子就不包含中性复数——"和国王们的行为"[*et factis regum*]；坎托洛维奇的反对意见有二：第一，文中是 *illis* 而不是 *illa*，虽然 *illis* 是 *illa* 的复数夺格，但有可能也是阳性 *ille* 或中性 *illud* 的复数夺格；第二，*eam* 是指代阴性单数的 *dubitatio*，而非 *cartae*。——译者）参较 *Lib. aug.*，I，4，ed. Cervone，15："Est enim pars sacrilegii disputare de eius iudiciis，*factis* et constitutionibus atque consiliis ..."（"非议他的裁决和行为以及非议宪法、咨议会，均构成渎神罪的一部分……"）腓特烈二世几乎逐字逐句重申了"梵蒂冈巡回审判"第十七条法令（Assize XVII of the "Vatican Assizes"）以及西西里罗杰二世"卡西诺汇编"第十一条法令（Assize XI of the "Cassino Collection"）；参见 Brandileone，*Diritto Romano*，103 and 122；Niese，*Gesetzgebung*，66。这是比较普遍的解释；可参见 Rudolf M. Kloos，"Ein Brief des Petrus de Prece zum Tode Friedrichs II"，*DA*，XIII（1957），皇帝的书记员写道："非议君主的行为就视同于渎神"（"... eo quod sacrilegii quodammodo censetur ad instar *de factis principum* disputare"）。所有这些法律的来源是 *C*.9，29，2，3 位皇帝格拉泰、瓦伦廷和西奥多，在 385 年颁布给城市大法官（*praefectus Urbi*）辛马库的敕令："不应非议君主的裁决；怀疑皇帝所选择的是否值得，也当视同于渎神"（"Disputari de principali iudicio non oportet；sacrilegii enim instar est dubitare，an is dignus sit，quem imperator elegerit"）。"*facta*"一词没有出现在这里，没有出现在相关敕令 *C*.12，17，1 处，也没有出现在 *Cod. Theod.*，I，6，9 处。然而它出现在了西西里和英格兰对皇帝敕令的改编中，西西里的改编要早一个世纪（它在 1231 年只是重新颁布）。最后，舒尔茨（Schulz）评论道："'国王们的'（*Regum*）而不是'国王的'（*regis*），这很奇怪"，并且再次认定是一处添笔。笔者不这么认为。*Lib. aug.*，I，4 的标题是："是否无人可干涉咨议会或国王们的行为"（"Ut nullus se intromittat *de factis* seu consiliis *regum*"）复数可能是无意出现的，因为 *C*.9，29，2 处有这样的标题："3 位皇帝致城市大法官辛马库"（*Idem AAA.*［= *Augusti*］*ad Symmachum pu.*［= *praefectum Urbi*］）；拜占庭对皇帝复数使用一定程度上影响了南意大利修道院誊抄间（scriptoria）和大法官庭（chanceries）；参见 Ladner，"Portraits of Emperors"，*Speculum*，XVII，189ff。不过，复数形式是有意义的，因为它使得这种陈述普遍化，可把之前的国王们也囊括进来；它意味着："国王们的行为是不可非议的"，这也是布拉克顿要说的："王室特许状和国王们的行为是不可非议的。"如何解释布拉克顿与西西里法典之间的相似性是不同的问题；然而当布拉克顿撰写他的论文时，英格兰住着大批西西里人；参见拙文"Petrus de Vinea in England"，74ff，81ff，还可参见笔者即将刊印的论文"The Prologue to *Fleta* and the School of Petrus de Vinea"，*Speculum*，XXXII（1957）。

[210] 有关"国王与暴君"，参见 Schulz，151ff，他顺手整理了相关重要史料。

159 布拉克顿的政治理论围绕着这些看似自相矛盾的观点展开。就中世纪法律体系来看，想要在索尔兹伯里的约翰、腓特烈二世或布拉克顿推演出的理论之外，另觅一个兼具神法和实定法二元论的有理有据的政治理论，几乎不可能。其余的理论总难免会得出统治者同时"低于和高于法律"的观念，或统治者同时是"正义的父和子"、"公平的形象与仆人"的观念。就连在布拉克顿的论文中，英国国王看上去也"既大于又小于自身"(*et maior et minor se ipso*)。

布拉克顿将国王与罗马法官面前谦卑的基督相比，也许会把我们引向他王权观念的另一个问题，一个政治"基督论"的问题。布拉克顿写道：

> 他被创造和选立为国王，是为了他能为所有人带去正义，让主居于他心中[《诗篇》9：5 和 88：15]，凭借着他，主审度自己的判决[《列王纪三书》3：11]。[211]

从布拉克顿引用的圣经章节可以看到，莅身于国王并通过国王裁决正义的"主"，是圣父而非圣子，但也得承认，想在三位一体中区分出第一位格和第二位格，在中世纪晚期变得越来越困难。不过，在布拉克顿的论文中，国王似乎一直被称为

---

[211] Bracton, f.107 (Schulz, A, 3-4), Woodbine, II, 305:"Ad hoc autem creatus est rex et electus, ut iustitiam faciat universis, et ut in eo Dominus sedeat et per ipsum sua iudicia discernat."(作者使用的是拉丁文圣经武加大译本，和合本中的《列王纪上》和《列王纪下》，在武加大译本中分别是《列王纪三书》和《列王纪四书》。——译者)

“上帝的代理人”，而不是“基督的代理人”，只在一种情况下是一个例外，即当他与臣服于罗马法官的人子基督相比较时。事实上，我们发现，布拉克顿保留圣子的代理人之职，还有其他用意。布拉克顿在自己《导论》（*Introduction*）中讨论他论文的“效用”时，完全遵循着法律修辞和“作文技艺”（*ars dictandi*）的规则。总体来看，他要求自己尽可能一字不差地 160
复述阿佐的观点。尽管如此，他在下述文字中还是添加了一些重要的话（楷体字）：

> [本文]效用，欲显新王之尊贵，彰益其名利；国王借此可治理王国，身居王庭，端坐王座，犹如端坐上帝宝座，率治各部众民族，裁判诸原告被告；国王之位，好比耶稣基督之位，因国王即为上帝的代理人。[212]

布拉克顿在阿佐基础上，添加了几个关于国王坐于上帝宝座的用语，似有启发意义。[213] 段落结尾处的第二处添加和第一处

---

[212] “Utilitas autem est, quia nobilitat addiscentes et honores conduplicat et profectus, et facit eos principari in regno et sedere in aula regia et in sede ipsius regis quasi throno Dei, tribus et nationes, actores et reos ordine dominabili iudicantes, vice regis quasi vice Ihesu Christi, cum rex sit vicarius Dei. Iudicia enim non sunt hominis sed Dei ...” Bracton, f.1b, Woodbine, II, 20。有关与阿佐的比较，参见 Maitland, *Bracton and Azo*, 3 and 7，另见第 15 页的注释。

[213] 布拉克顿在比喻的意义上将王座称为上帝宝座，这仍属于传统做法。可参见诺曼佚名著者的 *MGH*, *LdL*, III, 669,45，以及 670,1f。布拉克顿显然钟情这一比喻，反复提到了几次；参见 f.1b, Woodbine, II, 21:“Sedem quidem iudicandi, quae est quasi thronus Dei, non praesumat quis ascendere insipiens et indoctus ..., ne ex alto corruat quasi a throno dei, qui volare inceperit antequam pennas assumat”（“法官的座位，就如同上帝的宝座，它不是为愚昧无 （转下页）

是相关的，尽管看起来有些费解，其实并没有什么难解之处。整个段落，国王就好像是上帝的副职，代替上帝并端坐上帝宝座。相反，奥托皇帝的插画（图 5）要表达的是，皇帝代替基督并坐在基督的宝座上。布拉克顿在阿佐基础上的第二处添加，非常明确地区分了圣父和圣子。他说那些充当国王代理（*vice regis*）的人即王座法官们，如耶稣基督的代理（*quasi vice Jesu Christi*）一般行事，而作为上帝代理人的国王则应如上帝代理（*quasi vice Dei*）行事。换言之，法官处于圣子的位置上，而国王则处于圣父的位置上。[214]

这一区分比初看上去要更加引人关注，因为它基本反
161 映了中世纪英国一个特别重要的学说。大概就在 4 世纪，那位所谓的"伪托安布罗斯"（Ambrosiaster）提出了下面这条格言：国王有上帝的形象，如同主教有基督的形象（*Dei*

（接上页）知之人去坐上而预备的……以免他羽翼未丰却振翅欲飞，从高处坠落而下，如同从神的宝座坠落而下"）。布拉克顿又添加了"如同来自上帝宝座"（*quasi a throno Dei*）到一个比喻上（羽翼未丰却振翅欲飞的他，坠落而下），这一比喻借自阿佐，是很典型的博洛尼亚作文技艺（*ars dictandi*）教授们的措辞；有关卡普阿的托马斯（Thomas of Capua）、圭多・法巴（Guido Faba）以及普罗赞的阿诺德（Arnold of Protzan）的《公文集》（*Formularium*），可参见拙文"Guido Faba，"280，n.1。要注意的是，布拉克顿在他更多文学性而更少法律专业性的著述中，用了大量的比喻，它们源自博洛尼亚人的"作文法"（*dictamen*），不过布拉克顿所引用的这些材料多数是借用于法学家们。

[214] 在其他地方（上面注 213），布拉克顿称法官的座位是"上帝的宝座"，没有特别提到国王。John Fortescue，*De laudibus*，cc. III and VIII，ed. Chrimes，pp.8，22，也以相似的态度引述了《历代志下》19：6，此处犹大王约沙法"对法官说，'你们办事应当谨慎，因为你们判断不是为人，乃是为耶和华'"（"praecipiens iudicibus，'Videte，ait，quid faciatis；non enim hominis exercetis iudicium sed Domini'"）。（此处参照和合本圣经，根据语境需要略有改动。另可参见思高本："对这些判官说：'你们所作所为，必须慎重，因为你们处理诉讼的事不是为人，而是为上主。'"——译者）另见上面注 102。

imaginem habet rex, sicut et episcopus Christi)。[215] 国王是圣父对型而主教则代表圣子这一信条,在英国的发展轨迹中保持了极大的连贯性,其他地方似乎没有出现这种情况。英国学者卡司伍夫(Cathwulf)在致查理大帝的信中引用了这句话。[216] 这句话也确实出现在了诺曼佚名著者的论文中,只不过更偏向以基督为中心的论调:"圣职者揭示了基督的一种本质,即人性;国王则揭示了基督的另一种本质,即神性。"[217]公元1100年左右,整个学说最后又出现在了弗罗莱的休(Hugh of Fleury)的《论国王的权力和圣职者的尊荣》(*De regia potestate et sacerdotali dignitate*)中,这篇论文是为英格兰的亨利一世而撰写并呈献给他的,其中学说后来为约翰·威克利夫所重申,[218]弗罗莱的这位修士写道:

---

[215] *Quaestiones Veteris et Novi Testamenti*, C. XXXV, ed. A. Souter, *CSEL*, 50 (1908), 63.

[216] 参见第三章注 84。

[217] *MGH*, *LdL*, III, 667, 8ff(上面第三章注 30);另见 p.663, 11f,此处谈到,完全的永恒只在国王基督身上,不在祭司职的基督那里:"国王基督本身就是正义,自永恒中来统治,将统治到永恒并超越永恒。被说成祭司的基督是统治到永恒,但没有超越永恒。祭司职也就必然不会在永恒中或超越永恒"("Ipse Christus rex est iusticie, qui ab eterno regnat, et regnabit in eternum *et ultra*. Qui sacerdos dicitur in eternum, *non ultra*. Neque enim in eterno vel ultra eternum sacerdotium erit necessarium")。(拉丁语 in 可以接宾格 eternum 也可以接夺格 eterno,当接宾格意指"到……里面",当接夺格意指"在……里面"。——译者)将人子基督与祭司职位相等同是旧传统的做法,圣父作为国王的观念也一样;可参见 Augustine, *In Psalmos*, CIX,4, *PL*, XXXVII, 1459;有关英国的发展轨迹,也可参见 Beda, *Retractatio*, II, 36,比德追随的是伊西多尔的《词源》(*Etym.*, VII, 2, 2);参较 M. L. W. Laistner, *Bedae Venerabilis Expositio Actuum Apostolorum et Retractatio* (Cambridge, Mass., 1939), 105。

[218] Wycliffe, *Tractatus de officio regis*, ed. A. W. Pollard and C. Sayle (London, 1887),13 and 137;也可参见 *De fide catholica*, c.1, in (转下页)

> 的确，国王在自己的王国里似乎居于圣父的地位，而主教则居于基督的地位。因此，所有主教看来都应当服从于国王，就好比圣子应服从圣父，这并不是依据国王的本质，而是依据他的品级。[219]

由此看来，主教是作为耶稣基督的代理人管事，而国王则是作为上帝的代理人统治。

162 布拉克顿很可能没有读过诺曼佚名著者撰写的论文，但他也许看过休的册子。[220] 不管怎么说，布拉克顿著作中的信条“国王乃上帝的形象，而圣职者乃基督的形象”（*rex imago Dei*, *sacerdos Christi*），变成了“国王乃上帝的形象，而法官乃基督的形象”（*rex imago Dei*, *judex Christi*）。这经历了从神学到法学，从圣职者阶层到法律之职，或从“教会圣职者”（*sacerdotes Ecclesiae*）到“正义圣职者”（*sacerdotes Iustitiae*）的转变。[221] 现在，以审判者基督的形象和类似身份来行事的是“正义的圣职者”，它成为圣父的“宝座共享者”，作为上帝的王权代理人显身尘世。

（接上页）Wycliffe, *Opera minora*, ed. J. Loserth (London, 1913), 102。参较W. Kleinecke, *Englische Fürstenspiegel* (Halle, 1937), 82, n. 5; F. Kern, *Gottesgnadentum und Widerstandsrecht* (Leipzig, 1915), 112, n.198, and 119: “Die Gedanken des Anonymus von York, in ihrer Zeit fast ketzerisch, triumphierten an der Schwelle der Neuzeit.”（“约克佚名著者的思想，在他那个时代差不多是异端，在新时代的开端赢得胜利。”）

[219] *MGH*, *LdL*, II, 第 468 页，以及第 472 页 33 行和第 490 页 6 行。

[220] Schulz，第 137 页和第 148 页。

[221] Bracton, f.3, Woodbine, II, 24，布拉克顿追随阿佐，引述了 *D*.1,1,1,1 中的名句；参见 Maitland, *Bracton and Azo*, 24。另见 Fortescue, *De laudibus*, c.III, ed. Chrimes, 8。

因此，在布拉克顿的著作中，国王首先是上帝的代理人。然而，我们应该记得，作为上帝的代理人，国王也被称作谦卑基督的对型，即那位其人性面是服从于法律及罗马法官的谦卑基督的对型。也就是说，国王及其法官，代表了天国宝座中的上帝及神性基督；但国王也是人性基督的对型，这时他就不是法官，而是服从于法律的人。国王在审判、立法和解释法律时，如上帝一般高于法律，同时也像圣子和任何普通人一样低于法律，因为他们要服从于法律。可以看到，基督论的根底在奥托的插画和诺曼佚名著者的论文中发挥着重要的影响，在腓特烈二世的《奥古斯都宪法》中也能体察到，在布拉克顿的著作中它依然存在。甚至在阿伦德尔伯爵夫人(Countess of Arundel)申斥亨利三世的震怒中也体现了出来："国王陛下，为什么你转过身背对正义？……你身处上帝和我们之间(*medius inter deum et nos constitueris*)，但你并没有管好你自己，也没有管好我们。"[222]

总之，布拉克顿的国王具有高于和低于法律的双重地位，在这个方面，他和腓特烈二世的观点似乎比较接近。但即使

---

[222] Matthew Paris, *Chronica maiora* (*ad a*.1252), ed. Luard, v,336.结尾之处，伯爵夫人的震怒之言与"特许状补正"有某种相似性。这一部分内容笔者要感谢布朗大学的B.C.基尼(B. C. Keeney)教授。(伯爵夫人一事发生在1252年。阿伦德尔伯爵夫人伊莎贝拉，到国王亨利三世那里抗议国王占有一项她本占主导的监护权，伯爵夫人质问了这番话。接着她还说道："还有，您既不知害怕也不知羞耻，用各种方式压迫王国的贵族。"国王反诘："您说什么呢，伯爵夫人？英格兰的贵族授权您作为他们的发言人和律师了吗？是因为您那么善辩？"伯爵夫人答道："绝对不是，陛下，是您给了我们许可状，您的父亲[约翰王]授予我们大宪章，而您同意并起誓要忠实地遵守并且不侵犯……"伯爵夫人在没有得到国王允许的情况下，甚至根本就没有向国王请求许可便离开了。参见http://www.doc88.com/p-7354261035169.html。——译者)

存在相似性，那也是表面如此。腓特烈即便在理论上服从于
163 理性(在某种程度上预示了后来的国家理性)的指令力，事实上仍无可争议地高于法律。然而，在布拉克顿的英格兰，国王低于法律(*sub lege*)却想落实到非常实在和确切的含义上，尽管很多时候界定仍不清晰。把国王地位界定为"低于法律"的一番苦心，反过来引致了另一种努力，即去界定国王在什么方面是且必须是"高于法律"的。13 世纪末，在伯恩的汉弗雷诉克莱尔的吉尔伯特(*Humphrey of Bohun* v. *Gilbert of Clare*, 1292)这一时常被征引的案件里，王座法官们辩论道：

> 为了公共效用，在许多情况下他[国王]依凭特权，高于其王国普遍接受的法律和习惯……但在其王国全体臣民看来，国王陛下同时也是正义的债务人。[223]

---

[223] *Rotuli Parlamentorum*, I, 71："[rex] qui pro communi utilitate per prerogativam suam in multis casibus est supra leges et consuetudines in regno suo usitatas"；以及第 74 页："dominus rex qui est omnibus et singulis de regno suo iusticie debitor." 参较 E. C. Lodge and G. A. Thornton, *English Constitutional Documents*, 1307 - 1485 (Cambridge, 1935), 9。"正义的债务人"(*debitor iustitiae*)一语，可能来源于英诺森三世的教令(c.11 X 2,2, ed. Friedberg, II, 251)并常被提及；可参见 Andreas of Isernia, *Usus feudorum*, fol.235^{v}, (*De prohibita feudi alien.*, § *Quoniam inter dominum*, n.5："Princeps quidem est debitor iustitiae"["君主确为正义的债务人"])，以及 fol.301(*Quae sunt regalia*, § *Ad Iustitiam*, n.64："Quia sunt debitores iustitiae Principes et praelati"["因为君主和高位圣职者乃是正义的债务人"])。社会各个阶层都可以找到"国王高于法律"的拥趸；可参见 G. O. Sayles, *Select Cases in the Court of King's Bench under Edward I* (Selden Society, LVIII; London, 1939), III, xli; cf. xlviii。沃尔特·伯利(Walter Burley)在他的《亚里士多德〈政治学〉评注》(*Commentary on Aristotle's Politics*)(撰于 1338 年前后)中有完全不同的视角，他认为："国王高于法律并且高于自己"("Est enim rex supra legem et supra se ipsum")；参见 Cranz, *Aristotelianism*, 166f。

国王法庭本身似乎得出了一个悖论,说特权有时候让国王高于法律,有时候又让国王成为正义的债务人(*debitor iustitiae*)即低于法律。这使我们又一次想到皇帝(Caesar)的职分同时是"正义的父和子"。然而,我们应该往完全不同的方向去寻找这句碑铭式箴言最纯正的英语表述,到那有名的令状《英王亨利令状》(*Praecipe Henrico Regi Angliae*)中去寻找,其中的碑铭式箴言在表述的纯正性上毫不逊色。在令状中,所谓王者(*King*)的亨利三世通过其官员,责成作为个人(*king*)的亨利三世矫正某些行为,否则就需要说明拒不矫正的理由。[224] 14世纪一位法学家称曾见过这条令状,如果它确实存在过,要么是诸侯战争期间的一个笑谈,要么就是那一时期学校的一次 164
模拟实践,因为任何诉讼都不能针对国王本人,而且国王也不能被传唤。尽管如此,这一笑谈极为清楚地表明了国王既高于又低于法律、既大于又小于他自身的观念。作为王者的国王给作为个体的国王下的诏令,在13世纪中叶的英格兰至少是还在人们想象范围之内。如果马修·帕里斯(Matthew Paris)说得没错的话,诺曼人西蒙法官(Master Simon)这位政府高官的免职,就是因为拒绝为"有违国王陛下之王冠"

---

[224] Pollock and Maitland, I, 516ff;由《国王詹姆士的令状》(*Praecipe Jacobo Regi*)所美化的令状,被弗朗西斯·培根嘲讽,见他的"Argument on the Writ *De non procedendo rege inconsulto*"("针对'固执己见的国王也不被起诉'令状的辩论"),*Works*, ed. Spedding (London, 1870), VII, 694。有关该问题整体情况,参见 L. Ehrlich, *Proceedings against the Crown, 1216 - 1377*, (Oxford, 1921);也可参见 R. D. Watkins, *The State as a Party Litigant* (Baltimore, 1927), 5ff;有关这一令状本身的历史,参见 Fritz Schulz, "The Writ *Precipe quod reddat* and its Continental Models", *Juridical Review*, LIV (1952), 1ff。

(*contra coronam domini regis*)的特许状盖印,国王本人当时是希望颁布这个特许状的,但这位法官认为它有违王冠及其利益,因此也有违官员的就职誓言。[225] 类似事件是不可能会发生在西西里腓特烈的君主国的。要探寻国王非个人的“他我”(*alter ego*),我们应进入治理领域和法律实践领域,而非停留于法律理论。

基督—国库(CHRISTUS-FISCUS)

在布拉克顿的著作中,关于基督论的思考并不是主要议题。他的思考和真正的兴趣都围绕着法律的、行政的和宪制的问题,而非形而上学观念和神学辨析。尽管如此,不可否认的是,布拉克顿生活的时代已经出现了某种国家的神学教义,我们在以布拉克顿为典型代表的冷静的宪制和法律轨道上与之不期而遇。看似非理智性的格言仍萦绕其中,部分原因在于,神学语言和思想要适应世俗国家新气候;部分原因在于,非人格的公共领域出于王国共同体自身之需而开始建立起来。

“时间从不制约国王”(*Nullum tempus currit contra regem*)* 这条格言有特别的意义,因为它涵摄了永恒性或超
165 个人的连续性的观念。格言本身是以至少两种观念的概念实存为前提的,它们是“时效”(prescription)和“不可让渡”。时效的关联概念“时效取得”(usucaption)通常意味占有,而时效

---

[225] Sir Maurice Powicke, *King Henry III and the Lord Edward* (Oxford, 1947), II, 780ff.

* 该短语有时也简写为“nullum tempus”,通常也译作“国王的权利不受时间流逝的影响”或“时间从不针对国王”。——译者

则通常意味着对财产权的丧失，是指原财产所有权在法律所界定的一段可长可短的时期内，由不间断、无可争议、善意和平占有之后而引致的权利丧失。12 世纪的英国王座法官，肯定熟悉时效这一在教会法中头等重要的概念，格兰西在《教会法汇要》中用了整整一章的篇幅来阐释这一概念，后来的教令集注释者自然也对此反复加以评注。但英国法官显然觉得自己没有必要思考时效的概念，因为他们似乎根本就没提到过它。[226] 对时效的漠不关心态度，在 13 世纪发生了变化。布拉克顿反复以学院派的方式谈及“长期占有孕育权利”(*Longa possessio parit ius*)的原则。布拉克顿对罗马法的依赖，表现在他以专业术语“时效取得”(*Usucapio*)为题讨论时效问题的

---

[226] 由格兰西汇编的有关时效方面的内容(C.XVI, q.3, ed. Friedberg, I, 788ff)，除少数例外，可参见夏特尔的伊沃及其他人的著作。有关英国教会法学者，参见 Stephan Kuttner and Eleanor Rathbone, “Anglo-Norman Canonists of the Twelfth Century”, *Traditio*, VII (1949－51), 279－358，有关时效，参见该文章第 345、354 和 355 页。“时效在一直到格兰维尔之前的古代英国法中都未有提及”，看来是一个共识，卡尔·圭特博克(Carl Güterbock), *Bracton and his Relations to the Roman Law*, trans. by Brinton Coxe (Philadelphia, 1866), 118ff 中，已指出这一点；参较 Pollock and Maitland, II, 140ff(“我们中世纪的法律不了解在土地上的取得时效”)。笔者不能确证“时间从不制约国王[或，不针对国王]”(*Nullum tempus currit contra regem* [or *occurrit regi*])这句格言的出处，尽管类似表述可见于格兰西的《教会法汇要》(c.14, C.XVI, q.3)；罗马法学者和封建法学者通常说得更具体：“百年时效制约国库”(“centenaria praescriptio currit contra fiscum”)(Andreas of Isernia, *Usus feudorum*, on *Prohibita feudi alienatio per Fredericum*, n.51, fol.271[v])，或“时间不过百年，时效便不制约王的国库”(“nulla praescriptio currit contra fiscum regium nisi centenaria”)(Matthaeus de Afllictis, on *Lib. aug.*, III, 31, n.4, fol.186)；但我没有看到过布拉克顿有与此贴近的表述。(“时效”[prescription]指因时间的推移而导致某项权利的取得和丧失。其取得权利的可称作“取得时效”[positive prescription; acquisitive]，丧失权利的可称作“消灭时效”[negative prescription; extinctive prescription]，或如文中直接简称为“时效”。——译者)

章节，但这与此处的讨论关系不大。[227] 此处重要的是，在他的时代，反思时效带来的占有，对王座法官们至关重要。事实上，一旦国王土地和国王权利的某种复合体被划定为“不可让渡的”，时效在公共领域就可派上现实用场。此时，时效和时间的时效作用，就变得极为重要，因为它们和不可让渡的观念
166 发生冲突，或可能发生冲突。也就是说，王座法官经常要面对这样的情形：他不仅要裁决，个体之人是否能合法地借时效来提出占有诉求，还要裁决，这样的诉求在多大程度上会影响被贴上了“不可让渡”的国王权利和土地。如此一来，国王权利和土地的不可让渡概念，与时效概念一起构成了“时间从不制约国王”格言的前提，依据这一格言，个体对不可让渡的国王财产的时效诉求就成为无效的了。

可以看到，不可让渡原则意味着国王拥有某些不因时效而消灭的权利，这些权利在欧洲大陆发展缓慢，且极为受限。[228]

---

[227] 重点参见 Bracton，fol.52，Woodbine，II，157；“Longa enim possessio sicut mater ius parit possidendi”（“长期占有像母亲一样孕育出占有的权利”）；也可参见 fols.40，43a，45b，Woodbine，II，126，134，140，文中还有多处提及；Güterbock，*Bracton*，118；W. S. Holdsworth，*A History of English Law*（3rd ed.，London，1923），II，284；Pollock and Maitland，II，141ff。

[228] Georges de Lagarde，*La naissance de l'esprit laïque au declin du moyen âge，I: Bilan du XIIIe siècle*（Vienna，1934），158，n.23，评析了国家权利不可让渡的观念“是最缓慢渗入人心的［观念］之一”（“a été une des plus lentes à pénétrer”）。有关欧洲大陆发展情况的一些评述，参见 Schramm，*English Coronation*，198f，以及“Das kastilische Königtum in der Zeit Alfonsos des Weisen”，*Festschrift Edmund E. Stengel*（Münster and Cologne，1952），406；有关西班牙的情况，还可参见 Gifford Davis，“The Incipient Sentiment of Nationality in Mediaeval Castile：The Patrimonio real”，*Speculum*，XII（1937），351－358。不可让渡条款只是在 1365 年加到了法国加冕礼宣誓中（Schramm，*König von Frankreich*，I，237f，nos.1 and 7），但这一原则十分古老。（转下页）

在英国，第一份简明扼要陈述国王领土不可让渡的官方文件，也出现得比较晚。1257年的咨议员誓词中有一条是这样写的，“我同意，凡属国王‘古来直领地’(ancient demesne)的都不可让渡”，这一时期正是布拉克顿身处的时代。[229] 然而，这并不意味在此之前不可让渡的原则就不存在。实际上，这一原则在英国的出现还要早于欧洲大陆。不过，12世纪上半叶，英国政府的实践中尚未出现不可让渡的观念，这一点是确然无疑的。亨利二世继位之后情况发生了改变，他在加强对国 167
王领地控制的同时施行了一些行政和法律改革，发展出某些领地权利和土地不可让渡的观念。[230] 罗马法和教会法这两种法律，对于清晰表达国家财产不可让渡的观念，都肯定是有所助益的，[231]但根本的原因还在于，亨利二世创造了一个权利和土地“在事实上”(*de facto*)不可让渡的复合体，即后来在13

(接上页)总体情况参见拙文“Inalienability”, *Speculum*, XXIX(1954), 488－502,以及关于这一主题的新近研究：Peter N. Riesenberg, *Inalienability of Sovereignty in Medieval Political Thought* (New York, 1956)。

[229] J. F. Baldwin, *The King's Council in England during the Middle Ages* (Oxford, 1913), 346, §3;Powicke, *King Henry III*, I, 336f; Robert S. Hoyt, *The Royal Demesne in English Constitutional History: 1066－1272* (Ithaca, N. Y., 1950), 162,这是对上述问题一次最重要也最集思广益的讨论。

[230] Hoyt, *Demesne*, 84ff,123f.

[231] 有关教会法的影响，参见拙文“Inalienability,” 498ff。罗马法确实阐明了“世袭财产”(*patrimonium*)和“国库”(*fiscus*)的区别；但最先对不可让渡的反思，似乎来源于不太属于法律专业层面的问题，即来源于“*augustus*”一词的意义，传统上看，该词是伴随查士丁尼其他称号(永恒的、最神圣的等[*perpetuus*, *sacratissimus* etc.])一起被讨论的；可参见 Fitting, *Jurist. Schriften*, 148。“*Augustus*”(源自“增益”[augere]，一般是这样认为的)，意指帝国的“增益者”；因此，皇帝不可能是“减损者”(diminisher)，也就是说，他不可让渡帝国的财产；参较 Gerhard Laehr, *Die Konstantinische Schenkung in der abendlandischen Literatur des Mittelalters bis zur Mitte des 14. Jahrhunderts* (Berlin, 1926), 64, n.44, cf.99。

世纪为人所知的“古来直领地”的概念，复合体采用罗马法的语言，便形成了王国的公共财产（*bona publica*）或国库财产。[232]“古来直领地”的超然存在，是超个人的权利与土地的复合体，它与国王个人无关，自然不属于国王的私人财产，因此，这种超然存在，把实体性赋予了同时发展起来的非个体的国王观念。[233] 亨利二世的官员们不得不在行政上区分，“君主依封建权利得到的土地与更严格意义上属于国王或王冠的直领地”。[234] 这种发展的结果，可以从13世纪早期一份非官方的提案中看到。一部法学备忘录的佚名编者，简略记录了他对于国王加冕誓词中应该包含什么看法，他要让国王宣誓“保住王国内所有属于王冠的领地的完整性（*in integrum cum omni integritate*），不让它们减损”，还要恢复所有被让渡或失去了的土地。[235]

---

[232] 参见 Hoyt, *Demesne*, 134ff，作者清楚地阐明了“古来直领地”及相关主题的意义；另见他的“The Nature and Origins of the Ancient Demesne”, *Engl. Hist.Rev.*, LXV (1950), 145 - 174。（直领地[demesne]是领主私人自用的土地，与供分封的土地[tenemental lands]相对；据此，国王直领地是指国王通过王权获得且未作分封的土地，区别于以他自己私人名义获得的土地。霍伊特指出，“可以看到，国王直领地在12世纪下半叶如何开始被作为一种实体对待了，治理实践和佃户税的发展如何带来了国王直领地的持续巩固。迄至13世纪中叶，这一过程得以完成”，参见 R. S. Hoyt, *The Royal Demesne in English Constitutional History: 1066 - 1272*, Cornell University Press, 1950, p.135。——译者）

[233] 参见第七章。

[234] Hoyt, *Demesne*, 124.

[235] 参见备忘录 *De iure et de appendiciis corone regni Britannie*，构成了 *Leges Anglorum saeculi XIII ineunte Londiniis collectae* 的组成部分，F. Liebermann ed., *Die Gesetze der Angelsachsen* (Halle, 1903 - 1916), I, 635f。参较 Schramm, *English Coronation*, 197; Hoyt, *Demesne*, 146, n.47。另见上面注225。

人们可能会说，布拉克顿是"时间从不制约国王"这条格言的热情拥护者。有些封建领主的典型权力和特许权，实际上是从针对国王的时效中产生的，但这基本不会让布拉克顿的立场有所改变，[236]因为，"在事实上"的情况(*de facto*)并不会削弱一项原则"在法理上"(*de iure*)的有效性。可以说，布拉克顿的论证完全是从法理学上作出的。他阐释并反复重申，关乎国王安全和司法权的事物是"准神圣物"(*res quasi sacrae*)，就像属于教会的圣物一样是不可让渡的。[237] 那些准神圣物是"公有物"，是备作王国公共效用(例如维持正义与安全)之需的。布拉克顿主张，那些事物是作为国王特权而属于王冠的，而国王特权来自万民法，因此也就有了与自然法相 168

---

[236] Bracton, fols.14, 56, 103, Woodbine, II, 58,167,293，文中还有多处提及。参较 Pollock and Maitland, I, 572ff,584, II, 140-144；梅特兰认为"时间从不制约国王"的原则是"非常有益的格言"，但对它在实践当中的有效性持怀疑态度。奥格(Ogg)在他为塞尔登的 *Ad Fletam*, p.xliv 所作序言中，引述了"时间从不制约国王"这条格言，认为它是"他(布拉克顿)自己的或至少是英格兰本土的"。不过，布拉克顿其实只是重复或诠释了一条为人悉知的学说而已。

[237] 最重要的出处是 Bracton, fol.14, Woodbine, II, 57f；一个自由人也是一种准神圣物，因为他与国库财产或教会财产一样是不可买卖的。布拉克顿（fol. 407, Woodbine, III, 266)也将所有不"经主教们而被奉献给上帝"(*per pontifices Deo dedicata*)的但与属灵相关(*spiritualitati annexa*)之物，称为"准神圣物"。布拉克顿始终从查士丁尼的《法学阶梯》(*Inst*.2,1)和阿佐那里引据，某种程度上模糊了神圣物(*res sacrae*) 与"神息物"(*res religiosae*)的界限，正如圭特博克(Güterbock), *Bracton*, 85 中所指出的那样；另见下面注 302。(有关神圣物与"神息物"的区别，可参见《罗马法词典》，黄风编著，法律出版社 2002 年版，第 219 页；以及《元照英美法词典》，薛波主编，北京大学出版社 2013 年版，第 1191 页。"神圣物"通常指用于宗教祭祀活动的物品，例如，宗教场所里经规定程序向神献祭或供奉的物品；"神息物"通常特指与宗教保护有关的物品或供神安息之物，例如，墓地和陪葬物品。神息物是神圣而不可买卖流转的。——译者)

似的半神圣的，甚至神圣的特征。[238]

就“准神圣物”来看，国王无疑是高于法律的。例如，国王在质疑一项特许权时不需要提供证据，因为他所拥有的国王权利，并非“出于时间之长”(*ex longe tempore*)，可以这样说，是“出于王冠的本质”(*ex essentia coronae*)。因此，国王的质疑不是为求个人满足，而是为了王国的公共利益。[239] 从公有物
169 或准神圣物看，国王实际上会成为“自己讼案中的法官”(*iudex in causa propria*)，这在真正算得上大逆罪或严重叛国罪的讼案中的确如此，因为他自己的讼案就如同“公共讼案”(*causa publica*)或“王国讼案”(*causa regni*)。[240] 最后，对

---

[238] “De iure gentium pertinent ad coronam propter privilegium regis;”([它们]是作为国王特权而属于王冠的，而国王特权来自万民法；)Bracton, fol.103, Woodbine, II, 293；参较 fol.55b, p.167, and *Inst*.2,1,4f。另见 Gierke, *Gen.R.*, III, 211, n.72, and 611f，对万民法的讨论。要进一步了解“公共效用”的整个问题，可参见盖恩斯·珀斯特，“Public Law,” 42ff, and “Two Laws,” 421ff。

[239] Bracton, fol, 103, Woodbine, II, 293f：“et in quibus casibus nullum tempus currit contra ipsum si petat, cum probare non habeat necesse, et sine probatione obtinebit ... quia se ex longo tempore non defendet”(“在这种情况下，如果[国王]起诉，时间是不会制约国王的；因为国王没有必要去证明，没有证明的情况下他的主张也站得住脚……既然他不能出于时间之长来为自己辩护。”)参较 Maitland, *Bracton and Azo*, 175。(参见 *Bracton and Azo*, 175，原句是“all *regalia* belong to the king and to no one else”[“所有王权的都专属于国王”]。意思是，国王权利依本质便属于国王；因此，坎托洛维奇在这里插入了一句“我们可以这样说”，将上述内容转述为“出于王冠的本质”[“*ex essentia coronae*”]。对此还可参见，Pollock and Maitland, II, 406，文中指出，“特许权”[franchise]本身就是王权的一部分，用“国王的”[of king]来限定该词是语义重复。——译者)

[240] 叛国罪是由“法庭和贵族”来裁决的，但也有充当法官的国王在场；Bracton, fol.119b, Woodbine, II, 337 (*De crimine laesae maiestatis*)：“debent pares associari, ne ipse rex per seipsum vel iustitiarios suos sine paribus actor sit et iudex”(“贵族们应该加入进来，只有国王本人和自己的司法官而没有贵族，国王便成不了原告和法官”)。参较 Lapsley, “Bracton,” *Engl.Hist.Rev.*, (转下页)

准神圣物犯下的过错，并不受辖于在其他问题上原本具有效力的时效法——正如意大利一位法学家所阐释的，“领地不会被时间加上时效”（*Demanium nullo tempore praescribitur*）[241]——

（接上页）LXII（1947），10。与国库（*fisc* 或*fiscus*）本身相关联的国王，可以在自己的讼案中当法官，这一点一直以来都被强调；可参见 Cynus，on *C.*7，37，3（Lyon，1547），fol.306v：“Imperator causas suas non ipse cognoscit：sed iudices alios facit. Licet quando velit et ipse possit in re sua iudex esse”（“皇帝本身并不审理与自己关联的讼案，而是交由其他法官办。尽管当他想要在自己的讼案中作为法官他也能这么做”）。这大体上也是伊塞尼亚的安德烈亚斯的观点，见他的 *Usus feudorum*（on *De prohib. feudi alien.*，nos.84ff），fol.281。进一步可参见 Lucas de Penna，on *C.*11，58，7，n.16（Lyon，1582），564，卢卡斯主张，在与国库相关的诉讼中，以及凡君主收回“以有害威严和王冠的方式”（“in praeiudicium dignitatis et coronae”）被让渡之物时，“君主是自己讼案中的法官”（“princeps est iudex in cause sua”）。之后的时代可参见 Gierke，*Gen.R.*，IV，247，n.149。英格兰国王在“有关古时英格兰王冠领地”（*de antiquo dominico corone Anglie*）的讼案中作为法官，基本上也属于这一观念；国王在他自己作为个体的私人讼案中不是法官，他作为法官是要在“准神圣物的讼案”（*causa rerum quasi sacrarum*）中，这就好比主教要“在（决不会死的）教会的讼案”（*in causa ecclesiae* [*quae nunquam moritur*]）中作为法官，这一点又与主教个人的讼案（*causa propria*）有所不同；参见 Gierke，*Gen.R.*，III，257，n.41。

[241] 可参见 Marinus de Caramanico，*gl.* on *Liber aug.* III，39，Cervone，399。伊塞尼亚的安德烈亚斯在注释这一法律时更为谨慎（Andreas of Isernia，*gl.* on *Liber aug.*，III，8，p.400），以及 p.312，此处他说道：“直领地是公有的，因为国库财产是公有的。国库、罗马人民和罗马国都是等同的”（“Demania sunt publica quia fiscalia sunt publica. Fiscus，Populus Romanus et Respublica Romana idem sunt”）。另见 Andreas of Isernia，*Usus feudorum*，*loc.cit.*，n.51，fol.272：“Demania sunt principis sicut publica populi Romani，quia fiscus et respublica idem sunt”（“直领地如同罗马人民的公有物，是属于君主的，因为国库和公有物是等同的”）。国库的就是公有的；参见 *Glos.ord.*，on *D.*1，1，2，v. *in sacris*；参较 Post，“Two Laws，” 421，n.18。还可参见 Cynus，on *D.*1，1，rubr.，n.17（Lyon，1547），fol.2：“... lex dicit quod fiscale dicitur ius publicum”（“……法律规定，国库法也称作公法”）。布拉克顿并没有沉浸于国库、人民、国家、王冠、国王之间的等同，而是隐含了本质上与此同一的见解，因为对他来说，“准神圣物”（*res quasi sacrae*）同样是公有物，而古来直领地就属于这种公有物；参见 Hoyt，*Demesne*，232ff，and 188。

因为布拉克顿曾说过,“此种情形下,时间之长并不会消减过错,反而加重它”。[242]

170 总之,“时间从不制约国王”的格言,将国王及其拥有的不因时效而消灭的权利,置于可约制其他人的法律之上。其他人在一段有限的时间内,会有因时效而带来丧失权利的风险。国王则可免于此,他是受保护的,甚至他有权作出赠予的那些不太重要的权利上也是受保护的。某些国王权利对象,例如船舶残骸、发掘的珍宝或者大鱼(金枪鱼、鲟和其他一些鱼类),确实属于王权,但对公共利益又没什么影响的,只要国王愿意,他可以将这些权利或其中一部分让渡给私人。因为,布拉克顿说过,“这样的财产转让除了对国王或君主自身之外,

---

[242] Bracton, fol.14, Woodbine, II, 58:“Diuturnitas enim temporis in hoc casu iniuriam non minuit, sed auget.” 布拉克顿提到的这条原则是教会法的;参见 c. 11 X 1, 4 (*De consuetudine*), ed. Friedberg, II, 41:“Quum tanto sint graviora peccata, quanto diutius infelicem animam detinent alligatam ...”(“因为,保持不幸灵魂受囚困愈长久,罪愈重……”)。这条教令讨论的是作为与自然法和实定法相对立的“长期习惯”(*longaeva consuetudo*)的问题,也讨论了习惯的规范性效力,它往往在与时效相关的地方被提及;可参见 Andreas of Isernia, *Usus feudorum*, praeludia, n. 30, fol. 4^{v}:“Ea quidem quae nullo titulo, sed sola usurpatione tenuntur, nullo tempore praescribuntur ..., maxime iure poli, ubi tanto gravius peccatur, quanto diutius”(“占有财物若没有权限,而只是非法使用,是不会因时间的经过而取得时效的……特别是,按天上的法律,保持时间愈长久,罪愈重”)。对 c.11 X 1,4 的注释中有说到(*rubr.*[红字法]):“Contra ius naturale nulla consuetudo valet. Item contra ius positivum praevalet consuetudo rationabilis et praescripta”(“与自然法相悖的习惯是不会有效的。而合乎理性和取得时效的习惯则是优越于实定法的”),以及(v. *naturali iuri* [词条:自然法]):“et naturalia quidem iura immutabilia sunt, civilia vero mutabilia”(“的确,自然法是不变的,而市民法是可变的”)。布拉克顿通过运用以上一整套观念到直领地或国库上,便将“准神圣物”等同于自然法了。

不会对其他任何人造成损失”。[243] 这里,布拉克顿把“使国王成其所是的”本质要素方面,与属于国王个人的偶然要素明确区分开来,或者说,把为王国公共利益而赋予国王的权利,与服务于国王私人利益的其他权利明确区分开来。然而,这些不太重要的国王权利,由于它们也被主张来自“万民法”,便只能通过国王特别的许可才能获取,而不能通过时效来获取。[244]

这种通过时间效力来避免让渡的一般性保护措施,不能阻止国王本人在“不太神圣之物”上(*res non ita sacrae*)对时效法律的服从,比如,通行税和采邑司法权这类“不太神圣之物”,[245]它们皆不属于古来直领地或不归入国王权利范围,罗马法学者称之为“世袭财产”(*patrimonialia*),以与“国库财产”(*fiscalia*)相区别。[246] 这就是说,对于某些权利、土地和自由, 171

---

[243] “Sunt etiam aliae res quae pertinent ad coronam propter privilegium regis, et ita communem non respiciunt utilitatem, quin dari possunt et ad alium transferri, quia, si transferatur, translatio nulli erit damnosa nisi ipsi regi sive principi”(“此外,其他作为国王个人特权而属于王冠,并因此不被认作是关乎公共利益之物,是可以赠予和让渡他人的,因为,这样的财产转让除了对国王或君主自身之外,不会对其他任何人造成损失”)。Bracton, fol.14, Woodbine, II, 58;也可参见 fol.56, p.167。这大体是所有法学家的见解。

[244] Bracton, fol.14, p.58:“... quia si warantum non habuerit specialem in hac libertate se defendere non poterit, quamvis pro se praetenderit longi temporis praescriptionem ... huiusmodi de iure gentium pertineant ad coronam”(“……因为如果在这种自由上没有得到特别的许可,他就不能为自己辩护,就算他以长时间的经过来为自己主张时效取得……这种东西在万民法上是属于王冠的”)。参见上面注 238。

[245] “不太神圣之物”(*res non ita sacrae*)在 fol.14, p.58 中被提到;参较 fol. 55b, Woodbine, II, 166f。

[246] 国库(*fiscus*)、皇帝世袭财产(*patrimonium*)和皇帝私有物(*res privatae*)的区分,在古代是缺乏清晰度的(参见 Vassalli, “Fisco” [见下面注 272], 97ff),罗马法学者并不总会意识到这些术语在不同时期有不同的(转下页)

国王有权凭自己的喜好赠予他人，它们仅仅是用于强化国王地位（*per quae corona regis roboratur*［为了王冠得以强化］），而与国王职能的本质无关，因此不会“涉及所有人”，[247]从这些权利、土地和自由来看，国王本人是受制于时效法律的：“就此类事而言，时间制约国王，犹如制约任何个体之人一样。”[248]

总而言之，国王在某些方面是低于时效法律的。他是“尘

（接上页）意义。伯利格林诺（Peregrinus）在《论国库法》（*De iure fisci*，I，1，n.8，fol.1[v]）中的下面一番话，正确地概括了注释法学家们的看法：“国库是那种以世袭财产形式属于君主职之物（而不在‘君主的世袭财产’之中），这种财产的管理，其使用和用益被交给了君主，像是他劳动的回报，以保护帝国和人民的良善政制”（“Fisci autem res sunt，quae in Principatus sunt patrimonio ［not in the *patrimonium Principis*］，quorum administratio，quasi stipendia laboris，in usum et usufructum Principi concessa est，pro tuitione imperii et populorum bono regimine”）。正是从这一观点出发，阿库修斯在对 *C*.7,37,3，v. *omnia principis*（词条：君主的全部所有）的注释中解释道：“或者更准确的说法是，他的全部所有实际上就是国库财产和世袭财产”（“Vel verius omnia sua sunt，scilicet fiscalia et patrimonialia”）。这一观点也可见于 Andreas of Isernia，on *Lib. aug.*，III，4，Cervone，293：“Item，licet postquam bona sunt incorporata，omnino sunt Principis”（“同样，财产若融进［君主的财产］之后，便完全属君主的了”）；不过，他坚持：“直领地与其他宫廷财产之间仍是有区别的……就像在国库财产和世袭财产之间的区别一样”（“Differentia tamen est inter res Demanii et alia bona Curiae ...，sic inter fiscalia et patrimonialia”）。笔者不打算推进对这一复杂问题的讨论，特别是在布拉克顿这里，封建概念对罗马法学者用语的介入已是无所不在。（世袭财产或可继承财产是指完全属个人所有并由个人支配、可通过父亲或从父亲继承的财产；与之相对，不能构成个人财产和个人所有物的称为非财产物，例如公有物、无主物等。参见《元照英美法词典》“patrimonium”词条。——译者）

[247] 这肯定是这一问题的精髓所在：“凡涉及所有人的”，就属于公有物，不被时间影响；参见 Gaines Post，“Quod omnes tangit”，*Traditio*，IV（1946），197ff。

[248] Bracton，fol.14：“et in quibus currit tempus contra regem sicut contra quamlibet privatam personam.” 参较 fol.56：“In aliis enim，ubi probatio necessaria fuerit，currit tempus contra ipsum sicut contra quoscumque alios”（“在其他尚需证明的事物上，时间会像制约其他人一样也制约国王”）。毋庸赘言，国王的私人财产同样是受时效影响的。

世存在”，完全“在时间之内”，因此像所有普通人一样得屈从于时效的影响。不过，在其他方面，就准神圣物或公有物来看，国王并不受时间及其时效力量的影响。他像“精灵和天使一样”超然于时间之外，永恒不朽。现在至少在时间方面，国王显然具有了“二重性”：一个是尘世性，国王以此来适应他人所处的境遇；另一个是永恒性，国王因之在时间上超越并在力量上胜过所有其他存在。[249]

也就是说，国王在时间方面是“双重身份”。在某些方面 172
他受时间约束，在其他方面又超越时间。然而，有一点我们需要注意，布拉克顿似乎并没有在永恒且超越时间的王者(King)与身处尘世时间之内的国王个人(king)之间作出区分。国王纯粹作为私人的观念，在布拉克顿的政治思想中，似乎与在索尔兹伯里的约翰或腓特烈二世的政治思想中一样，几无可查。[250] 二重区分也不是以国王“自然身体”为条件的：

---

[249] 我们可以回想一下诺曼佚名著者，他置“神圣国王”(*rex sanctus*)于时空之外(参较 Williams, *Norman Anonymous*, 160 and 225ff, *Magna digressio de voce* “*sanctus*”)，不过，他不是出于国库的理由；参见上面注 4。布拉克顿似乎已经开始意识到时间的问题。他在一处地方(fol.102b－103, Woodbine, II, 293)追随查士丁尼的《法学阶梯》(*Inst.*, 4, 12)，区分了永恒的法案和时间的法案；即区分了永恒有效的法案(法律、元老院法令或帝国宪法)和受时间限制的法案。尤为出人意料的是，他插入了一段对“时间从不制约国王”(*nullum tempus*)的解说，显然出于是想要说明永恒性和时间有限性的观念，尽管《法学阶梯》并没有为这一题外之论打下什么基础；参较 Maitland, *Bracton and Azo*, 175。

[250] 参见上面第 96 页。但这并不是说，公共权能与私人权能之间的区分在之前的时期尚付阙如。譬如，1130 年前后，Gerhoh of Reichersberg, *De edificio Dei*, c.21, *MGH*, *LdL*, III, 152, 12，在讨论君士坦丁赠礼时(上面注 231)论述道：“就作为公有物的王国权能而言，私人赠礼不应该是由国王来完成的。如此，或者将来继位国王也应保持无损，或者赠与是经与王侯们的咨议会商议而作出。在私有物上，国王与其他王侯们一样是能够作出赠与的”(“De regni (转下页)

区分是出于统治权概念本身的二元性。国王的这种新的“双生性”(*geminatio*),源于王国内所谓超领土或超封地领域的确立,* 因为该“优越支配权”的连续性和完整性是“涉及所有人”的事务,其连续性也就超出了个体国王的生命,成为公共事务和公众利益。[251] 因此,分界线应划在下面两类事务之间:一类是只涉及与个体臣民相联系的他本人的事务,另一类涉及所有臣民,也就是说涉及王国政治体和共同体的事务。如果我们用“封建的”一词主要意指涉及领主与封臣之间个人关系的事务,用“国库的”一词意指“涉及所有人”的事务,那么,在封建的国王与作为国库的国王之间作出区分,就要好过在作为私人的国王与作为非私人的国王之间作出区分。

布拉克顿本人在解释“准神圣物”一词的段落中似乎支持

(接上页) autem facultate, quae est res publica, non debet a rege fieri donatio privata. Est enim aut regibus in posterum successuris integre conservanda aut communicato principum consilio donanda. De re autem private tam a regibus quam a ceteris principibus potest fieri donatio privata ")。Irene Ott, " Der Regalienbegriff im 12. Jahrhundert", *ZfRG*. kan. Abt., XXXV (1948), 262f,当她从这一内容推论其中隐含了国家作为“法人”(“juristic person”)的观点时,无疑有点发挥过度了。之后的时期,罗马法学者和教会法学者一再提到,国王的私人所有物“不是作为国王的,而是作为人和理性动物的”(“non tanquam rex, sed tanquam homo et animal rationale”),正如 Baldus, *Consilia*, I, 271, n.6, fol.82 中所说的。不过,布拉克顿极少讨论那些私有物(*res privatae*)。

* 优越支配权(“eminent domain”,拉丁语为“*dominium eminens*”),最初来自格老秀斯《战争与和平的法权》。格老秀斯认为,法权从严格意义来看可分为两种,即私人的(private)、下位的(inferior)法权和优越的(eminent)、上位的(superior)法权,优越的、上位的法权是“共同体为了公共利益而对其全体成员个人和财产所拥有的法权,因此它优先于私人的、下位的法权。”参见 Hugo Grotius, *The Rights of War and Peace*, Book I, Liberty Fund, 2005, p.140;另可参见《元照英美法辞典》,第 468 页。——译者

[251] Post, “Public Law,” 46ff, 49; also “Two Laws,” 421ff.

这样的区分，在这段中他还界定了可真正赋予永恒性和不变性 173
的事务。他构思缜密，仔细地区分了“在位国王”（*rex regnans*）和“王冠”，同时将准神圣物等同为“国库之物”（*res fisci*）。

> **准神圣物**就是**国库之物**，君主或**在位国王**不得将其赠与、变卖或转让他人，这些事物使**王冠**成其所是，关系到诸如安全和正义之类的公共利益。[252]

在谈论王权和国库的时候，布拉克顿明确把这些公有领域称为“公共利益”。他首先将永恒不变性不仅赋予了教会财产，亦即“神圣物”或（有人所称的）“基督之物”（*res Christi*），而且赋予了准神圣物或“国库之物”。这里出现了基督和国库这样看似怪异的对比或对应关系，一直以来很少有人注意到这种关系，但是它极为准确地反映出了中世纪向近代过渡时期政治思想中的一个中心问题。

1441 年，托钵僧奥斯丁（Austin Friars）的一座修道院在财政署内室法庭受审，因为，修道院院长和修士们主张，在某

---

[252] Bracton, fol. 14, Woodbine, II, 58："Est etiam *res quasi sacra res fiscalis*, quae dari non potest neque vendi neque ad alium transferri a principe vel a *rege regnante*, et quae faciunt ipsam *coronam* et communem respiciunt utilitatem, sicut est pax et iustitia quae multas habent species." 遗憾的是，布拉克顿并未条分缕析地展开论述“和平与正义”的观念，它们与诸如公有效用（*usus publicus*）或公共利益（*communis utilitas*）的观念其实是一致的，珀斯特（在“Public Law”一文第 50 页及其后）已经讨论过了。布拉克顿论著中的“王冠”当然不是“人格化的国家”，也还不是一个“拟制人格”（*persona ficta*），尽管隐秘团体的（crypto-corporative）概念开始出现在布拉克顿那里，Post，“Quod omnes tangit”已指出这一点。

种公共紧急事态下，根据爱德华三世所批准的王室特许状，他们可以要求免税。这是一起禁反悔(estoppel)* 的案件，因为法官认为，国王个人给予修士的特许状，侵害了国王为公共福利而征税的正常权利。在审理过程中，普通民事诉讼法庭(the Court of Common Pleas)的法官约翰·帕斯顿(John Paston)，即后来作为帕斯顿家族书信的汇编者而闻名的他，为此辩论提供了一个范例。此处我们感兴趣的不是这个范例的始末细节，而是帕斯顿设想出的那个案例，一个人将他的土地交给了死手**——教会之后，死于重罪。在这个案例中，帕
174 斯顿提出了不同寻常的诉讼论证：重罪犯的财产要没收给国王，“因为，基督未取之物，可攫入国库”(*quia quod non capit Christus, capit fiscus*)。该案宗的博学解释者显然是把此话看作是帕斯顿的妙语(*bon mot*)，并在脚注中加以引用，因为他认为此言“甚好，不可遗落”。[253] 帕斯顿的言论自然是不会遗

---

* 禁反悔[estoppel]可参见柯克爵士扼要的解释，“能被称作禁反悔或不容否认的，是当事人的行为或声明阻止他再次进行争讼”，即是说，当法院认定原告或被告有过禁反悔的担保，那么原告或被告就被禁止进行与担保内容相关的诉讼论证，或提出与之相关的权利诉求。此处意指法院将这一案件判为禁反悔案件，德译本未翻译“禁反悔”一词，用“den Freibrief in diesem Fall zu suspendieren”表明了“禁反悔”在这里就是法院在此案件上判定中止特许状，即判事项禁止再诉。有关译者所参考的德译本及其他语种译本的情况，参见译后记。——译者

** “*manus mortua*”(dead hand)，指不能变卖或让渡的财产。此处根据文中词义对比的需要而直译为“死手”，通常也被译为“永久管业”。——译者

[253] T. F. T. Plucknett, “The Lancastrian Constitution”, *Tudor Studies Presented to A. F. Pollard* (London, 1924), 168, n.10。有关这里涉及的原则(国王与个体的私人性契约因为紧急事态[*casus necessitatis*]而失效)，参见 Post, “Two Laws,” 424，以及 “Public Law,” 53；也可参见莱顿的菲利普(Philip of Leyden)的清晰表述(下面注 259)，*Tabula*, rubr. I, n. 9, p. 370：“In rebus reipublicae consuetudo vel statutum non praeiudicant”(“对于国家的事 (转下页)

落的。在1531年的寓意画集中，意大利著名的法学家和人文主义者安德里亚·阿恰蒂(Andrea Alciati)呈示了一幅寓意画，其中展现了一位国王(国库)将海绵中的水挤到最后一滴，上书箴言："基督未取之物，可攫入国库"(图21)。[254]阿恰蒂的书影响特别大。受其影响，1300年共出版了3 000多本类似的寓意画书籍，而阿恰蒂的原创性作品被译成了欧洲各国的语言。[255] 基督和国库的箴言也因此进入大量的寓意画、格言和谚语的汇编中，这些汇编在文艺复兴时期备受青睐。[256]

(接上页)务，习惯或制度法不应有害它们")，这也可运用到特许状和特权上。非常感谢伦敦的伊丽莎白·韦格尔沃斯(Elizabeth Weigelwas)女士为笔者从*Black Letter Vulgate* (London, 1679), II, parts 7-8, p.63中复印了帕斯顿论证的完整内容。关于重罪犯赠与的案件，一直是法律上引人关注的；例如可参见Selden, *Ad Fletam*, III, 1, ed. Ogg, p.22。帕斯顿设想，"自杀者"(*felo de se*)死亡时是没有遗嘱的，这就让国库在没有临终遗愿的情况下也从法律上成为继承人，这一引人关注的特征也出现在莱顿的菲利普那里(见下面注259)，他同样提到了与无遗嘱死亡相关联的同基督—国库(*Christus-fiscus*)的类比关系，可以说，帕斯顿的上述做法实际上让他所设想的案件复杂化了。总体情况参见笔者较简略的笔记"Christus-Fiscus", *Synopsis: Festgabe für Alfred Weber* (Heidelberg, 1948), 225ff，当时撰文的时候笔者对这种比较的起源和后期历史都不甚了了。

[254] Andrea Alciati, *Emblemata* (Lyon, 1551), No. CXLVII, p.158。这句箴言在1522年预备刊行的版本中还找不到，它首次出现在1531年的初版(*editio princeps*)中；参见Henry Green, *Andrea Alciati and the Books of Emblems* (London, 1872), 324。

[255] Green, *Alciati*, p.viii.

[256] 例如，可参见Johannes Georgius Seyboldus, *Selectiora Adagia latino-germanica* (Nürnberg, 1683), 306; K. F. W. Wander, *Deutsches Sprichwörterlexikon* (Leipzig, 1867), I, 538, Nos.54,56,57; V,1102, No.95, cf. Nos. 103f；另见Gustavo Strafforello, *La sapienza del mondo ovvero dizionario universale dei proverbi di tutti popoli* (Turin, 1883), II, 86, s.v. "Fisco"。

图 21　安德里亚·阿恰蒂:《寓意画集》(1531 年)

帕斯顿法官首创了那句表述？抑或，他只是记起或偶然得知盎格鲁-撒克逊诸王判决（Dooms）中一再重申的态度，欲使某些罚金在“国王和基督”之间进行分配（“基督”指国教会的金库）？[257] 答案很简单，箴言既非帕斯顿的神来之笔，也非阿恰蒂从英国法官那里舶来之品。他们二人只是套用了法官们的一句行话。1510 年前后搦管为文的艾弗利多的马泰奥，反复引用了这句话来讨论什一税制度。[258] 在帕斯顿之前一个世纪的 1355 年前后，弗莱芒人莱顿的菲利普（Philip of Leyden）撰写过一篇论政府的法学文章，讨论过国库对于无遗嘱遗产的权利。他在论述中也发出了有点出人意料的言论：“基督的世袭财产与国库的世袭财产是可以比较的。”（*Bona patrimonialia Christi et fisci comparantur.*）[259]这位荷兰的法 175

---

[257] 参见 Edward and Guthrum, *Prol.*, cc.2 and 12; VIII Aethelred, cc.2, 15.36, 38; I Canute, cc. 2 and 4; ed. Felix Liebermann, *Die Gesetze der Angelsachsen* (Hallle, 1903), I, 128f, 34f,263,265,267,280f。

[258] Matthaeus de Afflictis, on *Lib. aug.*, 1,7 (*De decimis*), fol.53v；也可参见 *praeludiia*, q.XV, n.3, fol.14v。

[259] Philippus de Leyden, *De cura rei publicae et sorte principantis*, I, n.9, ed. R. Fruin and P. C. Molhuysen (The Hague, 1915), 13,唤起笔者关注到这一文本的是 Berges, *Fürstenspiegel*, 265；有关菲利普的情况也可参见 F. W. N. Hugenholtz, “Enkele Opmerkingen over Filips van Leydens *De cura rei publicae et sorte principantis* als historische bron”, *Bijdragen voor de Geschiedenis der Nederlanden*, Nos. 3-4, 1953。在 *C.*10,10,1 的基础上，作者讨论了国库对无遗嘱者的继承权利，反驳了城市和其他地方团体的诉求（有关国库和城市的争执，参见 Cecil N. Sidney Woollf, *Bartolus of Sassoferrato* [Cambridge, 1913], 120ff，有关团体方面“对无遗嘱者的继承”[*successio ab intestato*]，参见 Gierke, *Gen.R.*, III, 291, n.139)；城市所获遗产必须由君主宣告无效：“基督的世袭财产和国库的世袭财产某种程度上是可以比较的。基督财产的管理者不会随意处分穷人的生计物……国库财产也是要为了保护和维持国家才派上用场”（“Et quasi bona patrimonialia Christi et fisci comparantur. Ut administratores （转下页）

学家显然是要将他的这一比较塑造成法律语言的通常用法，他这样做是对的。所有这些法学家们的最终来源是格兰西《教会法汇要》："基督未收之物，可纳入国库"(*Hoc tollit fiscus, quod non accipit Christus*)。[260]格兰西以这句话结束了关于应上缴上帝和凯撒什一税的简短讨论，在此他借用了一段伪托奥古斯丁的布道文，原作者是一位不知名的圣职者，
176 认为上缴上帝的什一税越少，上缴国库的税就越重。[261] 然而，奥古斯丁关于基督之国库的言论是查有实据的，他在《诗篇》注释中说过："如果基督没有自己的国家[或共同体]，他就不会有国库。"(*Si non habet rem suam publicam Christus, non habet fiscum suum.*)[262]此处，"国家"(*res publica*)和国库等政治概念是在比喻和精神化的意义上使用的：互爱慈善的共同体有赖于属灵财富，践行慈善和施予救济之人是在为基督的"国库"奉献，无须害怕尘世中"国库的凶龙"(即帝国"国库的

(接上页) rerum Christi pauperum cibos ad libitum non disponant ..., sic bona fisci in protectionem et conservationem reipublicae servanda sunt")。Philip of Leyden, I, n.15, p.14 其实是从《教会法汇要》中援引了相关内容(见下一个注)。这一非常普遍的法律观念根据的是穷人乃教会财产的所有者，有关这一观念可参见 Gierke, *Gen.R.*, III, 293.n.143。

[260] 参见 c.8, C.XVI, q.7, ed. Friedberg, I, 802。当然，这种说法是广为人知的，在 14 世纪 40 年代就被罗斯齐亚特的艾伯利库斯援引入 *Dictionarium Iuris tam Civilis quam Canonici* (Venice, 1601), fol.120, s.v. *Fiscus*："Quod non accipiet Christus, ubi aufert fiscus"("基督未纳之物，国库可得")。

[261] [Pseudo-]Augustine, *Sermones suppositiii*, LXXXVI.3, *PL*, XXXIX, 1912.

[262] Augustine, *Enarrationes in Psalmos*, CXLVI, 17, *PL*, XXXVII, col. 1911.

征缴者”)。[263] 法学家们也接受了这句话,例如彭纳的卢卡斯在讨论教会财产时就一字不差地引述过它。[264] 实际上,这些言论对于教会还是很重要的,因为在教皇约翰二十二世时期的清贫论争中,它们与其他材料一同证明了,基督既然拥有国库,也就一定拥有自己的财产。[265]

在现代人看来不可等量齐观的“基督”和“国库”概念,在中世纪法学家那里却可两相比较,其原委不难探明。这一比较是围绕教会财产和国库财产皆有不可让渡性而展开的。[266]

---

[263] “Ne putetis quia aliquis draco est fiscus, quia cum timore auditur exactor fisci; fiscus saccus est publicus. Ipsum habebat Dominus hic in terra, quando loculos habebat; et ipsi loculi Judae erant commissi (John 12∶6) ....”(“你不要认为国库是某种凶龙,听到国库征缴者就心怀恐惧;国库乃是公共的金库。主曾拥有钱囊,也就在地上拥有自己的金库;钱囊被委托放在犹大那里[《约翰福音》12∶6]……”)

[264] Lucas de Penna, on *C*.10,1,1, n.7 (Lyon, 1582), p.5; (Lyon, 1597), fol.11ᵛ.

[265] 重要内容在 c.12 and c.17, C.XII, q.1, ed. Friedberg, I, 681,683: “Quare habuit [Christus] loculos cui angeli ministrabant, nisi quia ecclesia ipsius loculos habitura erat?”(“如果教会不拥有自己的钱囊,何以他[基督]拥有由天使们管理的钱囊?”)以及“主拥有钱囊,由信徒奉献而圣化了的……”(“Habebat Dominus loculos, a fidelibus oblata consecrans ...”)两处内容均摘自 Augustine, *In Johannem*, 12,6(上面注 263)。它们都被教皇约翰二十二世在他的教令中参引,用以反对属灵派(the Spirituals)[属灵派是方济各会中强调清贫、教会不应持有土地及财产的派别,后被定为异端。——译者];参较 *Extravagantes Ioannis XXII*, tit.XIV, c.5, ed. Friedberg, II, 1230ff, esp.1233。“*loculus*”一词,意指“钱囊”(“purse”),也可用来指“国库”(“fisc”),奥古斯丁在后一种意义上使用过(上面注 263)。法学家们详细论述了基督是否是在“fisc”一词的本来意义上拥有国库;可参见 Matthaeus de Afflictis, *Praeludia*, q.xv, nos.7-9, fol.14ᵛ。

[266] 用“基督”(*Christus*)来指称教会的财产,在于这样一个事实:基督被认作是所有者(Gierke, *Gen.R.*, III, 250, n.18),或上帝(见下面注 298),或穷人(上面注 259)。有关教会财产不可让渡的中世纪早期历史,参见 Arnold Pöschl, “Kirchengutsveräusserungen und das kirchliche Veräusserungsverbot im früheren Mittelalter”, *AKKR*, CV (1925), 3-96,349-448。

沿循教会的属灵"死手",法律观念中出现了国家的世俗"死手",即国库。依照彭纳的卢卡斯的建议,我们或许应该将"死
177 手"(*manus mortua*)一词换为"永恒之手"(*manus perpetua*),因为永恒性确实是教会和国库的共同特点:它们"永不会死"。[267] 诚如中世纪法学家们所言,"教会和国库同位并列",[268] 因为,"没有针对帝国和罗马教会的时效"。[269] 在此基础上,法学家们开始质疑君士坦丁赠礼的有效性,而不是它的真实性,在他们看来,君主没有权限让渡帝国的财产,更不要说是整个行省;教会也不能宣称君士坦丁赠与的土地过了时效而当下

[267] "Unde fiscales regni dicunt quod feudum pervenit ad manus mortuas; sed verius et proprius diceretur manus perpetuas; nam ecclesia nunquam moritur ... sicut nec sedes apostolica ... sic nec imperium quod semper est"("因此,王国国库的管理者们说,封地进了死手;但是严格意义上来说应称之为永恒之手;因为教会决不会死……正如宗座决不会死……如此,永恒的帝国也决不会死")。参见 Lucas de Penna, on *C*.11,69,5, n.2 (Lyon, 1582), p.515,卢卡斯参照了 Andreas of Isernia, on *Feud*., I, 13, n.3, v. *Ecclesiae*, fol.49v。参见 Gierke, *Gen.R.*, III, 365, n.43。有关"国库决不会死"(*fiscus nunquam moritur*)的表述,见下面注 292。

[268] Bartolus, on *C*.11,62 (61),4, n.1, fol.45v:"... cum ecclesia et fiscus paribus passibus ambulent",援用了 *C*.1,2,23 中的主张,我们在那里可以看到与"私人利益"(*privata commoda*)形成对照的"神法与公法"(*divinum publicumque ius*)。因此法学家们当中有一个共识,强调"神法与公法同位并列"("ius divinum et publicum ambulant pari passu");参较 Post, "Two Notes," 313, n.81,文中参引了莱维尼的雅克(Jacques de Révigny)(约 1270—1280 年)。参见注 267,以及下面注 283 和 285。

[269] 可参见 Baldus, on *C*.7,38,1, fol.29:"... nullo tempore praescribitur res Caesaris ... Contra Imperium et Romanam Ecclesiam non praescribitur"("凯撒之物不会因时间流逝而过时效……时效不针对帝国和罗马教会")(下面注 280);也可参见 Balclus, on *C*. prooem., n.38, fol.3:"quod non potest prescribi, non potest alienari"("不受时效制约的,也不可被让渡")。

已为教会所有，因为，时效是不针对帝国财产的。[270] 不管怎样，下述观念至 13 世纪时获得了普遍认可：在帝国或王国内，国库代表了某种超个人连续性和永久性的领域，它不用依靠个体统治者的生命，正像教会不用依靠个体主教或教皇的生命一样。

罗马法及其中复杂的国库法(*ius fisci*)，自然要求以新的方式来阐释"不朽国库"何以存在，这里说的国库显然是与统 178
治者个人相分离的。同时，教会法中关于教会财产不可让渡的观念，为建立起独立的、非个人的国库提供了一种模式。[271]

---

[270] 有关法学家们的态度和这一问题的总体情况，参见 Laehr，*Konstantinische Schenkung*，98ff，129ff，184f；也可参见 B. Nardi，"La *Donatio Constantini* e Dante"，*Studi Danteschi*，XXVI（1942），81ff；Ullmann，*Mediaeval Papalism*，107ff，163ff；Woolf，*Bartolus*，94ff，以及 343ff。Baldus on c.33 X 2,24，fol.261 支持君士坦丁赠礼的有效性，只是因为它是一个"奇迹"，但承认它不合法；另见 *Consilia*，III，159，n.3，fo145^{v}，此处巴尔都斯直言不讳："因为，君士坦丁赠礼可以说成是一个奇迹，如果类似的赠礼出自国王，就并不会约束继任者们，继任者们被委托的是对王国的守护，而不是虚耗"("nam quicquid dicatur de donatione Constantini，quae fuit miraculosa，si similes donationes fierent a regibus，non ligarent successores，quibus regni tutela，non dilapidatio est commissa")。有关英国的情况，参见 Schramm，*English Coronation*，197ff；Hoyt，*Demesne*，146。

[271] 参见上面注 226。教会财产的永久性在叙任权之争期间被一再强调(可参见 Placidus of Nonantula，*De honore ecclesia*，c.7，*MGH*，*LdL*，II，577,30："Quod semel aecclesiae datum est，in perpetuum Christi est，nec aliquo modo alienari a possessione aecclesiae potest"["一旦赠与教会之物，便永久属于基督，不能以任何方式再让渡出去"])，帝国事业的捍卫者们，否认教会世俗财产的永久性，同时也否认了世俗权力本身的永久性；他们坚持要求一再重申的叙任权，即在每一位新王和新主教就职上对教会的授予进行确认；可参见 Wido of Ferrara，*De scismate Hildebrandi*，II，*MGH*，*LdL*，I，564,42："Sicut enim imperium et regnum non est successorium，sic iura quoque regnorum et imperatorum successoria non sunt，nec regibus et imperatoribus perpetim manere possunt. Si vero perpetim non manent illis，qualiter his [sc. episcopis]，quibus (转下页)

从12世纪起，法学家们力图解释“国库”这一奇特事物的含义。[272]在加洛林王朝时期，这个词的运用已是十分普遍，意指国王的私人财产。[273] 12世纪的法学家们，倾向于以一种类似方式把国库解释为“国王的钱囊”(*sacculus regis*)，“国王的钱所收入的那个钱囊”，这一解释被重复了几个世纪。[274] 但是从
179 国库更为个人和私有的意义上来看，法学家们很快进到了对

(接上页) traduntur, perpetim manere possunt?”(“正如帝国和王国不是连续的，王国的权利和皇帝们的权利不是连续的，它们也不能永久地保持于国王和皇帝之下。如果它们真的不能永久地保持于他们之下，被让渡的那些，何以能永久地保持于那些人[即主教]之下？”)。的确，维多(Wido)竭力在建构永久的“皇帝权利”(*imperialia iura*)，但他并没有让这一概念强化到足以克服理论一致性的缺口，为了保持主教新施以的叙任必然掌握在每位新皇帝手中，他势必会造成这种一致性的缺口。

[272] 有关下面的叙述，参见 Gierke, Gen.R, III, 209ff；有关国库的历史，参见 Filippo E. Vassalli, “Concetto e natura del fisco”, *Studi Senesi*, xxv (1908), 68-121, 177-231。一位威尼斯教会法学家的著作很有帮助，Marcus Antonius Peregrinus, *De privilegiis et iuribus fisci libri octo* (Venice, 1611)，他在他的参引材料中很容易就能综述中世纪注释家们的观点。

[273] “国库”一词在法兰克王国官方文献、法律和编年史中出现频繁，并非仅意味着古代行政语言存留它们当中；国库早先所具有的非人格的特征，在图尔的格里高利(Gregory of Tours)的著述中已经让位给了纯粹人格化的观念。参见瓦萨里(Vassalli)，“Fisco,” 181ff 的评述。值得指出的是，像在詹姆士·韦斯特福尔·汤普森(James Westfall Thompson), *The Dissolution of the Carolingian Fisc in the Ninth Century* (Berkeley, 1935)这样的著作中，已经努力在界定国库所指为何。

[274] 可参见 Fitting, *Juristische Schriften*, 200：“Fiscus dicitur regius sacculus, quo recipiebatur pecunia regis. Per translationem vero dicitur omne dominium regie maiestatis”(“国库被称为国王的钱囊，国王的钱财收纳其中。换言之，一切属于王权的所有物也可称为国库”)。当然，这一定义已经有前人述及，不属原创。有关国库的人格的概念，参见1111年颁给斯拜耳(Speier)的特许状，皇帝亨利五世谈到了他“对于国库，即那为了皇帝的利益而属于他个人之物”(“in locis fiscalibus, id est ad utilitatem *imperatoris* singulariter pertinentibus”)的权利；参较 Vassalli, “Fisco,” 186, n.2，他也记录了1182年特许状批复中从“皇帝的”(*imperatoris*)到“帝国的”(*imperii*)的变化。有关“国王的钱囊” (转下页)

国库的财产更为非个人的、公共的说明。他们想要探明国库的实质以及国库的所有者。国库会等同于“国家”（*respublica*）吗？抑或如普拉岑提诺所言，国家只是国库的用益权方，抑或如阿佐所言，国家是国库的拥有者，对后者有完全的支配权（*dominium*）？君主和国库的关系又如何呢？根据“君王法”，国库是不是和统治权一同被赋予了君主？即便如此，国库就真成了君主的财产吗，抑或，君主仅仅是国库的管理者和代理人，虽拥有从中而来的特权，但也要为继任者利益起见而保证国库财富不减？与其他君主有权让渡和自由处置的附属财物（appurtenanaces）相比，与这些真正屈从于时效的附属财物相比，国库又如何呢？最后，倘若人们认为国库既不等同于国家，也不等同于君主，它是否可能就是一个拟制人格本身（*per se*），拥有自己的古来直领地、经验、议会以及“所有它胸中的法律”，也就是说，国库会有一个作为团体的独立存在吗？[275]

（接上页）（*sacculus regis*）这一定义存留下来的情况，可参见 Bartolus, on C.10, 1, rubr., n.11 (Venice, 1567), fol. 2^{v}：“Fiscus est saccus cesaris vel regis vel reipublicae”（“国库是钱囊，或属凯撒，或属国王，或属国家”）；但（注 13）他也称之为“帝国的金库”（*camera imperii*），并且（注 17）他在私有与公有之间做了区分：“我们理解皇帝的金库，或者仅就他皇帝身份而言……，或者仅就他私人身份而言，如此，帝国的金库与他的金库是不同的”（“... aut accipimus cameram imperatoris prout est imperator ..., aut prout est privatus, et tunc differt camera imperii a camera sua”）。参见下面注 276，重点探讨早期的此类区分；也可参见 Peregrinus, *De iure fisci*, I, 1, n.6。

[275] 有关普拉岑提诺和阿佐，参见 Gierke, *Gen.R.*, III, 211；也可参见 Post, “Public Law,” 49，总体情况则可参见 Vassalli, “Fisco,” 189ff。例如，奇诺引述过“君王法”, on C.2,54,4 (Lyon, 1547), fol.81, and (Frankfurt, 1678), （转下页）

180 没有任何一个答案可以消除所有这些疑惑和解决所有相关问题，法学家们无法在“国库”的解释上达成一致。显然，他们试图要比以往更为有效地区分“私人的”和“公共的”，根据他们的定义，他们着手创造一个属公法之物的新领域，它仿似王国中的新王国，可与属教会法下教会之物的领域相互对照，教会之物很早以来就是国中之国了。《标准注释》已经解释了公共国库：国库当视作是帝国的金库（*aerarium*），而不是人民的或君主的。法学家们在下面这一点上达成了一致：

（接上页）fol.114^{v}："Praeterea negari non potest, quin Respublica fisci successerit in locum Reipublicae Romanorum per legem regiam, quae omne ius populi transtulit in principem .... Ergo eius privilegia et conditionem assumpsit"（“此外，不可否认，国库的国家依照‘君王法’继承了罗马人民的国家，所有人民的权利转移到了君主……因此上述理由奠定了他的特权和地位”）。国库与君主的一致性可找到佐证，譬如可见于 *D*.43,8,2,4："res enim fiscales quasi propriae et privatae principis sunt"（“国库财产算是属于君主自身私有财产”）。Baldus, on *C*.10,1, nos.11－13, fol.232^{v}中几乎讨论了每种可能的解释，有赞成的也有反对的；他也考虑了“君王法”的后果（注 12），并得出结论，罗马人民在此基础上最终拥有了国库，“因为君主代表了那一人民，而那一人民代表了帝国，即使通过的是有朽的君主”（“quia princeps repraesentat illum populum, et ille populus Imperium, etiam mortuo principe”）。当然，巴尔都斯看到了将君主等同于国库的困难（注 18）：“问：有朽的皇帝，乃国库之所在，皇帝会死的话国库岂不也会死？答：不会死，其间会有别的皇帝产生，只是另外的人格来行使职责而已”（“Quaero, mortuo imperatore, ubi est iste fiscus, cum sit mortuus ille qui erat fiscus? Responsum: fingitur non mortuus, donec alius creetur imperator, sed vice personae fungetur”）。当然，国库的空位期在世袭君主国和意大利共和国那里是不存在的。巴尔都斯像许多法学家一样，把国库界定为“帝国的金库”（参见下一个注）。另一方面，Bartolus, on *D*.49,14, 2, n.2 fol.254^{v}以及其他地方，依照他熟稔于心的“主权”观念，而主张“自由之人民就在于他们自身的国库”（“populus liber est sibi ipsemet fiscus”）。参较 Vassalli, "Fisco," 191.n.3。有关人民（*populus*）和国库的关系，也可参见 P. W. Duff, *Personality in Roman Private Law* (Cambridge, 1938), 52－61。有关国库的人格化，参见 Gierke, *Gen.R.*, III, 359, n.17；总体情况可参见 Vassalli, "Fisco," 211ff。

国库的财产在正常情况下是不可让渡的，国库是永久的或不朽的。[276]

当然，实践问题与上述理论分析还是大有出入的，既然在相当长的时间后“人的记忆无法追索反证”，[277]那么，问题是，在

---

[276] 参见 *Glos. ord.* on *D.* 1, 1, 1, 2, v. *in sacris*, and on *C.* 10, 1, rubr.: “Fiscus dicitur ipsa imperialis vel imperii camera, non dico patrimonii Imperatoris”（“国库被称为皇帝或帝国的金库，而不说是皇帝的世袭财产”）。最后几个词一再被重点强调，可参见 Odofredus, on *C.* 10, 9, 1, n. 10 (Vassalli, “Fisco,” 189)，他把“帝国的金库”(*camera imperii*)加到其评注“不是君主的世袭(金库)”(“non patrimonialis [camera] principis”)。巴托鲁斯注释“皇帝的世袭财产”(*patrimonii Imperatoris*)时作了明确的区分：“因为，皇帝在此被理解为私人，这位(世袭财产)的管理者是不同于国库的管理者的”(“Quia tunc Imperator capitur ut privatus, et tunc eius [patrimonii] procurator differt a procuratore fisci”)。Baldus, on *C.* 10, 1, n. 13, fol. 232，进行了概括说明：“国库是帝国的金库：因此国库所在之处便是帝国所在”(“Fiscus est camera imperii: ubi ergo est fiscus, ibi est Imperium”)。总体情况参见 Peregrinus, I, 1, nos. 2, 4, 8, and passim, fol. 1v; Post, “Public Law,” 48ff，以及“Two Laws,” 421f, nn. 18f；有关国库的永久性，参见 Vassalli, “Fisco,” 215，有关国库(*fiscus*)来自“永久的”意义上的“*fixus*”这种传统词源论，则可参较 Peregrinus, I, 1, n. 37, fol. 3v：“fiscus est fixus et stabilis, quia perpetuus et nunquam moritur, ... et quamvis mutetur domini persona, semper tamen idem est fiscus”(“国库是恒常不变的，因其永恒而决不会死，……尽管所有者的人格会变化，但国库始终同一”)。

[277] 有关“记忆的时间”(*tempus memoratum*)，可参见 *C.* 7, 39, 4, 2。Bracton, fol. 230, Woodbine, III, 186，针对国库时效的有效性，布拉克顿给出了非常明确的理由：“同样，应该要有一段超出人的记忆的较长期间和长久使用。这样的期间足以替代法律，不是因为法律失效了，而是因为诉讼权已失效或证据已模糊不清”(“Item docere oportet longum tempus et longum usum qui excedit memoriam hominum. Tale enim tempus sufficit pro iure, non quia ius deficiat sed quia actio deficit vel probatio”)。Andreas of Isernia, on *Feud.*, II, 55 (*De prohib. alien.*), n. 50, fol. 271v，讨论了针对国库的时效是否可能：“同样，问到王国或帝国的直领地是否可能有时效：西西里王国的有识者们认为没有，如注释法学家(卡拉马尼科的马里努斯)对宪法‘Si dubitatio’条款(*Lib. aug.*, III, 8, Cervone, 307ff)所讲的……因此，可以说，不存在于记忆中的这种期间时效，可见诸直领地……”(“Item quaeritur an demania regni vel imperii　(转下页)

实践中该如何恢复那些相当长时间落入私人领主等手里的国库损失和国库权利或财产。涉及罗马教会的“记忆时间”
181 (*tempus memoratum*)被查士丁尼定为100年：[278]凡是针对罗马教会和一般教会财产的时效主张，只在100年这一期间之后才开始有效，这一时间超出了所有人的记忆。[279] 在西方，100年的时效仅仅是罗马教会的一项特权，用于保护教会财产，使其实际上成为不可让渡的。然而，巴尔都斯像其他法学家一样再三言明：“罗马教会在时效上所享有的特权，帝国同样享有”，“罗马帝国像教会一样，享有(100年时效的)同等特权”。

(接上页) possint praescribi：periti regni Siciliae dicunt，quod non，sicut glossator [Marinus de Caramanico] in constitutione ‘Si dubitatio’ [*Lib. aug.*，III，8，Cervone，307ff] .... Videtur ergo dicendum quod praescriptio temporis cuius non extat memoria，procedat et in demaniis ...”)同样的观点，安德烈亚斯在*Lib. aug.*，III，8的注释中也表述过了。参见下面注283。

[278] 参见*Nov*.9(对罗马教会的讨论)以及*C*.1,2,23,3－4(对某些案件中一般意义上的教会的讨论)。尽管时效期间有了变化，减少到了40年(参较*Nov*.111，以及*Nov*.131,6)，百年时效(*praescriptio centum annorum*)在罗马和在教会法中仍然有效；参见格兰西的《教会法汇要》(*Decretum*，c.17，C.XVI，q.3，ed. Friedberg，I，796)。

[279] *Glos.ord*. on c.14 X 2,26，v. *centum annorum*，强调了百年时效等于就没有了时效：“看来，百年时效肯定是不可能显证的。如教皇所言：我不希望时效来制约罗马教会。”(“Sed videtur certe impossibile probari praescriptionem centum annorum. Idem est ac si diceret Papa：Nolo quod currat praescriptio contra Romanam ecclesiam”)。这位注释家补充说，要证实百年时效，见证者就必须活到114岁。这仍然是英诺森教令的传统解释；可参见Baldus，on c.14 X，2,26，n.2，fol.273^{v}；以及Matthaeus de Affllictis，on *Lib. aug*.，III，7，n.6，fol.122，作者从直领地的角度讨论了这一问题——“百年时效，与起始时的记忆已不存在的长期间时效，这二者之间是否存在一定区别”(“an autem sit aliqua differentia inter praescriptionem centum annorum，et praescriptionem tanti temporis，cuius initii memoria non existit”)。这些辩论是由西西里宪法的早期注释家们发起的；参见Marinus de Garamanico，on *Lib. aug*.，III，39，Cervone，399，以及Andreas of Isernia (ibid.，p.400)。

他甚至更为明确地宣称:“今天人们似乎不再承认少于 100 年(制约帝国)的时效了,这表明帝国和教会是被同等对待了”。在强调针对教会的百年时效时,他又补充说:“同等特权今天似乎也为帝国所享有了。”[280]

诚然,“今天”(*hodie*)一词,通常指罗马法学家提到的查 182
士丁尼时代。[281] 然而,在上述引言中“今天”并不是就这个意义而言,因为,罗马法虽然承认了针对国库的时效法权,却并不

---

[280] Baldus, on *C*.7,39,3, n.17, fol.31:“... ecclesia sancta Romana, contra quam non praescribitur nisi spatio centum annorum; contra vero alias ecclesias praescribitur spatio 40 [annorum]”(“……神圣罗马教会,要说有时效制约的话一定是 100 年;针对其他教会的时效期间则为 40[年]”)。Ibid., 17b:“Item ecclesiae Romanae et Imperio non praescribitur super his quae reservata sunt in signum universalis dominii”(“同样,在那些确保普遍统治权的象征的事物上,罗马教会和帝国是不受时效制约的”)。Ibid., 17d:“Qua enim praerogativa gaudet Romana ecclesia contra praescribentem eadem gaudet Imperium”(“罗马教会在时效上享受的特权,帝国同样享受”)。Ibid., 18:“sed *hodie* non videntur praescribi minore tempore centum annorum ex quo imperium aequiparatur ecclesiae”(“今天人们似乎看不到不满百年[制约帝国]的时效了,这表明帝国和教会是被同等对待了”)。另见 Baldus, on *C*. 7, 30, 2, n. 2, fol. 19v:“*Hodie* vero de iure authenticorum non sufficit minus tempus centum annorum, quia sicut Romanum imperium gaudet [ecclesia Romana] eadem praerogativa .... Attende tamen quod nec centum annorum sufficit praescriptio contra imperium vel Romanam ecclesiam in his quae etiam sibi reservavit imperium in signum praeeminentiae et superioritatis ....”(“今天,根据敕法,不满百年的时效是不充分的,因为罗马帝国享受[罗马教会]同样的特权……还要注意的是,在统治权保留给自己作为卓越性和优越性的象征的事情上,针对帝国和罗马教会的百年时效也是不充分的……”)以及 on *C*. 7, 40, 1, n. 7, fol. 34:“non enim praescribitur [contra Romanum ecclesiam] nisi spatio centum annorum .... Et eadem praerogativa videtur *hodie* gaudere imperium”(“要说有[制约罗马教会的]时效,除非是 100 年。……看来,同等特权今天也为帝国所享有了”)。另见 Peregrinus, VI, 8, n.6, fol.145v,他提到了巴尔都斯和其他人,作为一名威尼斯人,他把威尼斯执政团(Signoria of Venice)也忝列其中,执政团像帝国和罗马教会一样可享受百年时效。

[281] Hermann Kantorowicz, *Glossators*, 135.

知悉百年时效，国库一般只有 40 年或（根据伦巴第法[Lombard Law]）60 年的保护期限。因此，巴尔都斯对于“今天”一词的反复强调就值得注意了，因为它似乎意味着，只是在不久前，教会和帝国—王国的国库在百年时效方面才开始“同位并列”。事实上，教会与国库的平起平坐看来不会早于腓特烈二世，因为是他将教会特权转移到了世俗国家。在《奥古斯都宪法》中，他表述得很明确：

> 我们现将一直以来适用于公共事务中针对[制约]国库的 40 年或 60 年的时效，延长至 100 年。[282]

西西里的注释家们极为清晰地表明，国库 100 年的时效是由腓特烈的法律立下的，是这位皇帝将教会的特权转移至国库。[283]

---

[282] *Lib. aug.*, III, 39, Cervone, 398:“Quadragenalem praescriptionem et sexagenariam, quae contra fiscum in publicis hactenus competebat, usque ad centum annorum spatium prorogamus.”

[283] Marinus de Caramanico, v. *Quadragenalem*:“Sed haec constitutio prorogat quadragenalem in centum annos, et sic redit ad ius antiquum. C. de sacrosan.eccles. l.fin”（“但这条敕令把 40 年延长到了 100 年，如此便回归到了古代法”）。（*C*.1,2,23；见前面注 279）也就是说，腓特烈重新提到了对教会和城市同样有效的条件，根据的是一部法律的序言视神法和公法（*divinum publicumque ius*）同位并列；参见《标准注释》对该法律的阐释。腓特烈的法律能成为新生事物，看来也是受教于 Andreas de Isernia, on *Feud*., II, 55, n.51, fol.271v，文中伊塞尼亚的安德烈亚斯概述如下：“根据敕令‘40 年’，百年时效不制约国库”（“Centenaria praescriptio currit contra fiscum per constitutionem ‘Quadragenalem’”）。另一方面，Azo, on *C*.7,38, n.7, fol.216v，似乎尚不知道国库的百年时效；显然阿佐赞成查士丁尼缩短有效制约罗马教会的百年时效（*Nov*.111，上面注 278）并主张：“罗马城市的特权大过君主的，这是不合理的”（“Absurdum enim esset civitatem [Romam] maioris esse privilegii quam principem”）。参见 *Glos.ord*. on *Nov*.7.2,1, v. *nec multum*（参见下面注 *285* 和 *296*），其中讨论了神圣物（*res sacrae*）（转下页）

因此，教会和国库的“平等地位”(*aequiparatio*)较早时候就在西西里得到了落实，在此地与腓特烈二世及其诺曼先辈的其 183
他相关措施交融一处。不过，相似的观念在英国肯定也存在过，“人的记忆无法追索反证”的时间节点，大体上也被确定为 100 年。1237 年之前，被确定的起始年份是亨利一世驾崩的 1135 年，此后又移至亨利二世继位的 1154 年。最后在 1275 年，理查一世的加冕年(1189 年)成为人的记忆的起点，以后一直延续了下来。[284]

由此，基督和国库在不可让渡和时效方面不相伯仲了。在罗马法的许多地方都可以找到这一“平等地位”的法学基础，例如，在查士丁尼的《法典》中，属于教会的财产与属于皇

(接上页)与公有物(*res publicae*)，文中这样写道：“它们[二者]有相似性；因为法律上这两种物在时效期限上都有一百年”(“similitudinem autem habent; nam utriusque res iure isto adhuc centum annis praescribuntur”)。腓特烈本人在他的法律中称国库就是公有物的一种；参见卡拉马尼科的马里努斯的注释(on *Lib. aug*, III, 39, Cervone, 398, v. *in publicis*)：“这便是被说成公有的国库物(见上面注 241)”(“Id est, fiscalibus rebus, quae dicuntur publicae”)。他在第 399 页又补充说：“敕令开篇有同样的理解，如前所述，百年时效针对国库的，不仅是在封地方面还有其他财产方面……因为，所有封地都是公有的”(“Item intellige principium constitutionis, quod praescriptio centum annorum, sicut dictum est, locum habeat contra fiscum, tam in feudis, quam in aliis bonis .... Omnia enim feuda publica sunt”)。Andreas of Isernia, ibid., p.400，反复提到同样的话；另见 on *Lib. aug.*, III, 8, Cervone, 308：“Feuda quidem de publico sunt”(“封地确为公有。”)这应该与英国的“公有物”(“things public”)概念还是不一样的。针对帝国的百年时效，到 13 世纪末肯定已经成为周知了，因为当时的法国运用它去证明法兰西凭借时效是独立于帝国的；参见 Lagarde, *Bilan du XIIIe siècle*, 248, n. 56；Ullmann, “Sovereignty,” 14。

[284] Pollock and Maitland, II, 81, aslo 141; W. Holdsworth, *A History of English Law* (3rd ed., London, 1923), III, 8, also 166ff.

帝“神圣领地”的财产是被同等对待的。[285] 相应地，法学家们会
184 谈论“最神圣的国库”（*sacratissimus fiscus* 或 *fiscus sanctissimus*），这个短语在现代人听来有点奇异，却解释了基督与国库的类比是多么自然。[286] 尽管巴尔都斯认为国库是“某种无灵魂的身体”（*quoddam corpus inanimatum*），[287]但要是他也

---

[285] “Loca ad sacrum dominium pertinentia”（“属于神圣所有权的地方”）。参见 *C*.7，38，3，它的标题指明了这一可比性：“属于帝国之物或索求圣殿所有物的诉讼权，不得以时效抗辩驳回”（“Ne *rei dominicae* vel *templorum* vindicatio temporis exceptione submoveatur”）。另一处常被引述来证明神圣领域和公有领域具有同等地位（*aequiparatio*）的是 *C*.1，2，23（上面注 283）；以及 *Nov*.7，2，1：“Nec multo differant ab alterutro sacerdotium et imperium，et sacrae res a communibus et publicis”（“教权与王权并没有太大差异，神圣物与公共物和公有物也没有太大差别”）。来自 *Glos. ord.*，v. *nec multum*（上面注 283）；参较 Bartolus，on *Nov*.7，2，v. *sinimus*，n.4，fol.13v：“dicitur enim hic quod imperium et sacerdotium aequiparantur”（“这就是说，王权与教权同位并列”）。另见 Baldus，on *C*.10，1，3，n.3，fol.236：“aequiparantur enim ecclesia et fiscus”（“教会与国库是同位并列的”）。当然教会和国库也等同于未成年者和疯癫者，因为它们均属未成年；（“未成年者”的拉丁文主格阴性形式“pupilla”，本身就有“未成年者”和“被监护者”等含义，因此，“疯癫者”作为受监护对象，同样也可纳入“未成年者”。对此，还可参见第七章注 204。——译者）可参见 Baldus on *C*.4，5，1，n.6，fol.12：“... nisi talis sententia esset lata contra fiscum，ecclesiam，vel pupillum，vel furiosum，quia aequiparantur pupillo”（“……除非这种判决是针对国库、教会或者未成年者、疯癫者作出的，因为它们或他们都等同于未成年者”）。有关这一对比，参较 Gierke，*Gen.R.*，III，483。布拉克顿的一节内容（fol.12，Woodbine，II，51f），表明他对这些概念是了然于胸的。

[286] “最神圣的国库”（*sacratissimus fiscus*）和“最神圣的公有财产”（*sacratissimum aerarium*）在 *C*.7，37，2 中被提到，形容词“最神圣的”意思就是“帝国的”。例如，Lucas de Penna，on *C*. 10，1，n.8 (Lyon，1582)，p.5 就参引了这条法律：“国库被称为最神圣的。”（“Fiscus dicitur sanctissimus”）。

[287] Baldus，*Consilia*，I，363，n.2，fol.118：“... fiscus per se est quoddam corpus inanimatum consensum per se non habens，sed simpliciter repraesentans”（“国库本身是某种无灵魂的身体，不是通过自己表达同意，而仅仅是表现出同意”）。参见 Gierke，*Gen.R.*，III.281（以及注 110），讨论了这一学说的起源。

说过国库为“国家的灵魂”，[288]这听起来倒也许会令我们觉得更信服。

然而，神圣物与国库物间的类似关系不仅限于时间上，也可以是在空间上。法学家们赋予国库无所不在的性质。阿库修斯给时效法律的一条注释中说“国库无所不在”（*Fiscus ubique praesens*），指出“所有者缺席”的论证对于国库毫无意义，因为国库“无所不在、无时不在”。[289] 不久，卡拉马尼科的马里努斯在《奥古斯都宪法》的注释中重复了同样的话。[290] 巴尔都斯也指出国库不可能被说成“不在”王国，他得出了最后的逻辑结论：“国库无处不在，以此之故，国库与上帝相当。”[291]

---

[288] Baldus, *Consilia*, I, 271, n.2, fol.81^{v}:“et, ut ita loquar, est [fiscus] ipsius Reipublicae anima et sustentamentum”(“要我说，[国库]就是国家自身的灵魂，是其支撑”)。把国库与胃相比较，与墨涅尼乌斯·阿格里帕(Menenius Agrippa)的说法相似，更早可见于 Corippus, *In laudem Iustini*, II, 249ff, *MGH*, *Auct.ant.*, III, 2, p.133; Lucas de Penna, on *C.*11,58.7, n.10 (Lyon, 1582), 564 重申了这一比较：国库是“可比作胃的东西”(*instar stomachi*)。

[289] *Glos.ord.* on *C.*7,37,1, v. *continuum*；以及页边话：“国库无所不在”(“Fiscus ubique praesens est”)。

[290] Marinus, on *Lib. aug.*, III, 39, v. *in publicis*, Cervone, 399:“et specialiter ubi dicit ‘praesente in regno adversario suo’ etc.; sic non loquitur de fisco, qui semper est praesens”(“这里特别说到‘出现在他敌对王国’之类的话；这里不是在指国库，因为国库是无时不在的”)，这里援用了《标准注释》的表述（见上一个注）。另见艾弗利多的马泰奥(Matthaens de Afflictis)对同一条敕令(III, 39)的注释(n.3, fol.186)：“证明国库的在场并无必要，因为国库无时不在”(“... nec requiritur probare de praesentia fisci, quia fiscus semper est praesens”)。参较 Peregrinus, I, 2, n.42, fol.7。

[291] Baldus, on *C.*7.37,1, n.2, fol.37:“... quod fiscus est ubique, et sic in hoc Deo est similis. Et ideo fiscus non potest allegare absentiam”(“……国库无处不在，在这点上国库与上帝是相当的。因此不能以国库不在来申辩”)。可参见 Baldus on *C.*4,27,1, n.27, fol.74^{v}:“quia fiscus est ubicunque”(“因为国库是无处不在的”)。同样的无处不在性也被赋予了罗马教会及其国库。参见 （转下页）

185 对于这套语言表述我们是熟悉的，它纯粹表现的是基督—国库主题的一个变体。当然，这并不意味着我们要从字面意义死抠上述比喻：神圣的国库（*sanctus Fiscus*）从未被纳入官方的神圣者的名录中。这些比喻并未（或者说尚未）表露出法学家们在“神化”国库，而是要去解释国库的永久性和普遍性。为此目的，法学家们利用了一些神学的词汇，“上帝”或“基督”由此取代了虚拟的象征或符号，这些象征或符号本是用作阐明国库无处不在、无时不在的拟制本性的：“国库就本质而言是永久和恒常之物……因为国库决不会死。”[292]我们应该不会忘记，王权的一套术语也曾反过来用在教皇的国库财产上。大概从 11 世纪起，教皇的国库财产就被称为“有福者

（接上页）Peregrinus，I，2，n.22，fol.6：“In spiritualibus et inde dependentibus Papa，qui est caput Romanae Ecclesiae，fiscum generalem ubique habet，ut pro delicto in his commisso ... bona delinquentis sint confiscenda；in fiscum Romanae Ecclesiae bona illius，ubilibet sint，cogantur，quia sicut Romana Ecclesia ubique est，sic fiscum Ecclesiae Romanae ubique existere oportet”（“针对属灵事务及其从属事务，罗马教会之首教皇拥有无处不在的普遍性国库，因此，对在这些事务上犯下罪行的……这些犯罪者的财产要被没收；这些财产不管在哪里，都会进罗马教会的国库，因为，罗马教会是无处不在的，罗马教会的国库也应当是无处不在的”）。Baldus，on c.9 X 2,14，n.38，fol.190^{v}，将国库与教会“同位并列”：“国库是无形体的人格，因此无处不在……有时，[占有]是无形体之物对无形体之物的……就像处于抽象状态中的国库或教会”（“Fiscus est persona incorporalis et ideo ubique ... Quandoque est [possessio] de non corpore in non corpus，ut fiscus vel ecclesia in abstracto ...”）是可以拥有某种无形体之物的，例如，地役权，便是以这种方式“被神秘地占有”（*possidetur mistice*）。

[292] Baldus，*Consilia*，I，271，n.3，fol.81^{v}：“... cum respublica et fiscus sint quid eternum，et perpetuum quantum ad essentiam，licet dispositiones saepe mutentur：fiscus enim nunquam moritur”（“……国家和国库尽管具体配置不断变化，但就本质而言是永久和恒常之物：因为国库决不会死”）。有关“变化着的具体配置”和“虽变化却保持同一性”，参见 Gierke，*Gen.R.*，III，365，n.43；参见第六章。

彼得的王权”(*regalia beati Petri*),受皇帝们和教皇封臣们宣誓捍卫,[293]这一专门术语偶尔也被用来支持圣职制度中“国王兼圣职者”的学说:主教即是国王,因为他享有“王权”(*regalia*)。[294] 教皇职的帝权化与世俗国家及其建制的神圣化是并行不悖的。[295]

这里我们必须谈到查士丁尼皇帝的《新律》,它经常被 186
引用来证明教会财产和国家财产的类似性。在《新律》中,立法者以清晰的语言表述了帝权(*imperium*)与教权(*sacerdotium*)之间没有多大差别,神圣物(*res sacrae*)与公有

---

[293] 有关这一问题的简短讨论及相关材料,可参见拙论“Inalienability,” 492. n.26。这些观念极有可能是在教皇改革时期引入的,时值诺曼人赐予封地的时代。Irene Ott, “Der Regalienbegriff im 12. Jahrhundert”, *ZfRG*, kan. Abt., XXXV (1948), 234－304,正确区分了主教的世俗权利(*temporalia*)意义上的“*regalia*”(这主要是德国人的看法),与国王特权或国库意义上的“*regalia*”(这主要是国库意义上的法学看法);遗憾的是,她没有讨论无疑属于后一种看法的圣彼得的王权(*regalia S. Petri*)。Arnold Pöschl, “Die Regalien der mittelalterlichen Kirchen”, *Festschrift der Grazer Universität für 1927* (Graz, 1928),笔者未能获取该文。一些相关评论可参见 Niese, *Gesetzgebung*, 54, n.1。

[294] 政治短论的著者们抓住这一观念并进行详细阐述。可参见 Gerhoh, *De investigatione*, I, 69, *MGH*, *LdL*, III, 388,45:主教不仅有课以什一税和享供奉的圣职权利(*sacerdotalia*),还有国王方面的王权(*regalia*);因此,他们可以声称他们是“某种意义上主的王侯兼圣职者”(*quodammodo et reges et sacerdotes Domini*),并有权要求人民不仅要服从他们,而且还要宣誓效忠“去捍卫有福者圣彼得的王权和教权”(“ad defensionem videlicet regalium simul et pontificalium beati Petri”)。另见 Gerhoh. ibid., 389, 10; *Dialogus de pontificatu*, ibid., 538,30。

[295] Schramm, “Sacerdotium und Regnum”,文中很好地论述了中世纪早期的这一问题(secular *imitatio sacerdotii*, spiritual *imitatio imperii* [世俗统治者“对教权的模仿”,以及圣职者“对帝权的模仿”]),但中世纪后期少有如是表述;相关一些评述,可参见拙论“Mysteries of State”, *Harvard Theological Review*, XLVIII(1955), 65－91。

物(*res communes et publicae*)之间也没有多大差别。[296] 在这点上,布拉克顿认可了他那个时代萌生的国库"神学"。可以确定,布拉克顿远没有像博洛尼亚人那样,在论证国库是等同于人民、统治者还是等同于自身的问题上作出那么精致的区分。他也没有把国库构想为"拟制人格"(*persona ficta*),尽管当时这个概念已经出现。[297] 但是,当他使用"无主"(*nullius*)这一术语,认为神圣物和准神圣物都是"无主物"(*bona nullius*)时,他与拟制人格的概念便非常接近了。"就是说,它们不是任何人的私有财产,而只属于上帝或国库。"[298]我们发现——基于对法律思想后来发展情况的长篇插叙——布拉克顿同样提出了神圣者与国库的奇特结合体。在他那里,上帝和国库的共通点是"无主物"(*res nullius*),这个概念,在有效地表现出教会财产与国库财产之间的同义关系上,不逊于后来那些在基督和国库之间作对比的法学家们所开列的各种

---

[296] *Nov*.7,2,1;参见上面注 285。

[297] 关于拟制人格(*persona ficta*)的概念,参见 Gierke, *Gen.R.*, III, 279ff,对英诺森四世的讨论,有关对先驱者的讨论,则参见 ibid., 204;还可参见 Maitland, *Political Theories*, xviii f;参见第六章。

[298] Bracton, fol. 14, Woodbine, II, 57f: "Huiusmodi vero res sacrae [including *res quasi sacrae*] a nullo dari possunt nec possideri, quia in nullius bonis sunt, id est, in bonis alicuius singularis personae, sed tanquam in bonis *Dei vel* bonis *fisci*"("这种神圣物[包括准神圣物]既不能由人让与,也不能为人占有,因为它们是无主物,就是说,它们不是任何人的私有财产,而只是属于上帝或国库的财产")。参较 fol.12, Woodbine, II, 52f,此处布拉克顿强调,"赠与首先是对上帝和教会的,其次才是对圣职者的"("primo et principaliter fit donatio Deo et ecclesiae, et secundario canonicis"),也就是说,上帝或教会是真正的所有者,而圣职者们"除非以其教会的名义,否则便无所拥有"("nihil habent nisi nomine ecclesiae suae")。

"等同项"。在这一点上，布拉克顿也明智地区分了"在位国王"与"王冠"[299]，因为，在许多方面显得与"无主物"有内在关系，亦即与非人格的、超个人的国库有内在关系的，乃是王冠本身，而非有朽的国王。总之，"王冠"这一抽象观念的发展——此处预示了后面章节的某些结论——最终伴随亨利二世的国库或"国王直领地"的发展而登台上场。正如布拉克顿 187
将上帝和国库等视齐观，他那个时代的法官同僚们，每当要把国家的公共领域和教会的公共领域同位并置时，总会倾向于使用抽象的王冠概念，而非国王。[300]

布拉克顿的思想来源问题，无须费太多笔墨来说明。就算我们无从知晓他在多大程度上依赖阿佐的《〈法学阶梯〉注释大全》(*Summa Institutionum*)，"无主物"这一与"神圣物"相关的法律观念也能清晰表明，这位英国的法学家实际上是

---

[299] 参见上面注 252。

[300] 看来，当国王的法院与基督教的法院两相对置的时候，比如在布拉克顿题名为 *De exceptionibus* (fols.399b-444b)的章节中，"王冠"和"威严"会有规律地出场。可参见，fol.400b，Woodbine，IV，248："Est etiam iurisdictio quaedam ordinaria，quaedam delegata，quae pertinet ad sacerdotium et forum ecclesiasticum .... Est et alia iurisdictio，ordinaria vel delegata，quae pertinet *ad coronam* et *dignitatem* regis et ad *regnum* ... in foro saeculari"("因此，属于教权和教会法庭的裁判权，是一种正规的和被委任了的裁判权……在世俗法庭上，属于王冠、国王威严和王国的……则是另一种正规的或被委任了的裁判权。")参较 fol.401，p.249；fol.401b，p.251："Vice versa non est laicus conveniendus coram iudice ecclesiastico de aliquo quod pertineat *ad coronam*，*ad dignitatem regiam* et ad *regnum*"("反之，在一些属于王冠、国王威严和王国的事情上，平信徒不是被带到教会的法官面前")。同样的表述也出现在令状中，例如，fol.402，p.252(有 3 次)；fol.403b，and 404，p.257f；fol.404b，p.259；fol.406b，p.264，and passim。布拉克顿肯定也在别的地方使用过"国王的威严与王冠"(*dignitas regis et corona*)，例如，fol.103，Woodbine，II，293。这一问题需要进一步分析。参见第七章注 107 及后注。

效仿或诠释了查士丁尼《学说汇纂》和《法学阶梯》中物法的内容。[301] 布拉克顿把"无主"拥有的非教会财产称为"准神圣物"(*res quasi sacrae*),而罗马法称它们为"公有物"(*res publicae*)。[302] 布拉克顿定义公有物或国库物(准神圣物)的专门术语,在博洛尼亚法学家中间并不流行,也许我们在这方面
188 对布拉克顿有些误解。[303] 不过,布拉克顿选择的名称便于在法

---

[301] *D*.1,8,1:"Quod autem divini iuris est, id nullius in bonis est .... Quae publicae sunt, nullius in bonis esse creduntur"("然而,属于神法的,即是属于无主物……属于公法的,被认作是无主物")。参较 *Inst*.2,1,7:"Nullius autem sunt res sacrae et religiosae et sanctae"("而且,神圣物、神息物和庄严圣物均为无主物")。

[302] 布拉克顿(fol.14)混同了(上面注 237)神圣物(*res sacra*)、神息物(*res religiosa*)和庄严圣物(*res sanctae*),因为他用"准神圣"(*quasi sacrae*)一语既指称公有物(*res publicae*)又指称不可亵渎之圣物(*res sanctae*):"不能占有之物是不可让与的,譬如,神圣物或神息物,或那种准国库物[=公物],或者城墙和城门这样的准神圣物[=庄严圣物]"("Donari autem non poterit res quae possideri non potest, sicut res sacra vel religiosa vel quasi, qualis est res fisci [= res publicae], vel quae sunt quasi sacrae sicut sunt muri et portae civitatis [= res sanctae]")。此处引言典出 *Inst*.2,1,10 或 *D*.1,8,11,文中,城墙和城门被反复称作"庄严圣物"(*res sanctae*),而不是"准神圣物"(*res quasi sacrae*)。城墙的"神圣性"在布拉克顿眼里并没有那么重要,跳过城墙是亵渎行为这一事实对他来说也没有那么重要,尽管勒慕斯(Remus)之死在 *D*.1,8,11 中已被提到而且注释家偏爱评注此处。(勒慕斯与罗慕路斯为双胞胎弟兄,同为罗马建城者,因新城的定名权和统治权而发生争执冲突,勒穆斯为哥哥罗慕路斯所杀;传说勒慕斯为嘲弄罗慕路斯而跳过了分隔新旧城的新城墙,愤怒的罗慕路斯将其杀死,并诅詈:"今后任何其他跳过我城墙的人亦如此!"事见李维:《建城以来史》前言·卷一,穆启乐等译,上海人民出版社 2005 年版,第 37 页。——译者)

[303] *Inst*.2,1,8,解释说,只有已经"在仪式中和通过祭司"(*rite et per pontifices*)祝圣的东西才是神圣物(*res sacrae*),并补充说:"……如果准神圣之物是要以自己权威来建立,就不是神圣之物,而是世俗之物"("... si quis vero auctoritate sua *quasi sacrum* sibi constituerit, sacrum non est, sed profanum")。"*quasi sacrum*"一词含有某种贬义,布拉克顿极有可能故意将它这种含义用于公有物上;但该词在他心目中可能还有某种别的意义。在注释法学者们的著述中,笔者未发现替换"公有物"(*res publicae*)的"准神圣物"(*res quasi sacrae*)概念。

学意义上来对照教会财产和国库财产，即使布拉克顿总体上并不倾向于抬升世俗国家，也不倾向于把世俗国家抗御时间的不变本质提升到准神圣的层面，而这一层面却是腓特烈二世及其顾问们在许多方面都热切向往的。

“神圣物”和“准神圣物”可以还原为相同的公约项，因为，它们作为“无主物”，都不是自然人的财产，而是一个法律意义上的拟制人格（“基督”或“国库”）的财产，不受时间偶然性的影响。分析到最后，基督与国库之间貌似怪异的类似，又回到了罗马法思想的最初层面。对罗马人来说，诸神的财产和国家的财产依据法律定义是处于同一层次的。因为“神物”（*res divinae*）和“公有物”（*res publicae*）是“无主物”，它们超出了任何个人之所能及。[304] 后来，“属神之物”的异教观念自然就传到了基督教教会里，故此，圣安布罗斯提醒年轻的皇帝瓦伦廷二世：“神物不服属于皇帝的权力”，[305]这就意味着，既然神物是“无主物”，它甚至是超出君主之所能及。在封建时代，受社会有机体的家长制概念影响的那些观念，尤其是公有物的观念，

---

[304] 参见上面注301，还可参见拙论“Christus-Fiscus，” 234f。

[305] Ambrose，*Ep.*，XX，8，*PL*，XVI，1039A：“quae divina sunt，imperatoriae potestati non esse subiecta”（“神圣之物不服属于皇帝的权力”）。这一内容是后来在教会法汇编中发现的；可参见 Deusdedit，III，C.211，ed. Victor Wolf von Glanvell，*Die Kanonessammlung des Kardinals Deusdedit*（Paderborn，1905），I，511，19；Gratian，c.21，C.XXIII，q.8，ed. Friedberg，I，959。有关这一解释，参见 H. Lietzmann，“Das Problem Staat und Kirche im weströmischen Reich”，*Abh. preuss. Akad.*（Berlin，1940），Abh.11，p.8；以及 Kenneth M. Setton，*Christian Attitude towards the Emperor in the Fourth Century*（New York，1941），110。

丧失了原先的意义，尽管偶被提及，实际上已无足轻重。[306] 只
189 是在博洛尼亚法学思潮的影响下，作为恢复法学研究的结果，12、13 世纪时，“神圣物”和“公有物”这两个由古代而来的补充概念，在新条件下重拾先前的意义。它们不但依循古代末期和中世纪传统被用于教会财产上，而且也被用于新兴的世俗国家主权所拥有的财产上。像古罗马时期一样，“无主物”这一专门术语再次表达了下述观念：公有物和国库物是“神圣的”(*sacer*)，它们与神物一样是“不可侵犯的”，是永久且“超越时间”的，“神物”在中世纪后期不过是以“基督”这样的法律暗语来表示了而已。

因此，基督—国库的说法，看上去不过是漫长而复杂的进程的一个缩影，在此进程中，国库，这一从基督教或其他视角来看确为世俗性、貌似“非神圣性”的东西，变成了“准神圣”之

---

[306] 这让人想起一段有名的评述，根据 Wipo，*Gesta Chuonradi*，c7，ed. H. Bresslau，29f，这段评述被认为出自皇帝康拉德二世；康拉德的先帝死后，帕维亚人民破坏了该城市的宫殿要塞，因为他们声称宫殿的所有者已死，宫殿当下不属于任何人。于是，康拉德区分了“国王的居所”(*domus regis*)和“王位的居所”(*domus regalis*)，承认并不是国王的居所遭到了破坏，因为那个时候里面没有国王，他强调是“王位的建筑物”遭到破坏，接着又说：“若国王死了，王国还在；就如同舵手虽亡但船仍在。宫殿是公有的，而非私人的”(“Si rex periit，regnum remansit，sicut navis remaneat，cuius guberuator cadit. Aedes *publicae* fuerant，non *privatae*”)。这便是法律措辞了；有关这一问题，参见 A. Solmi，“La distruzzione del palazzo regio in Pavia nell'anno 1024”，*Rendiconti dell'Istituto Lombardo di Scienze e Lettere*，LVII (1924)，97ff。也可参见上面注 250，赖歇尔斯贝格的格霍著作中对“公有的”和“私人的”所做的区分，或可见 *Annales Disibodenbergensens*，ad a.1125，*MGH*，*SS*，XVII，23 中的评述，其中提到，洛塔尔三世(Lothar III)就没收的财产命令道，“与其说[它们]是隶属于国王的财产，不如说是隶属于统治权的”(“potius regiminis subiacere ditioni，quam regis proprietati”)。参较 Vassalli，“Fisco，” 187。

物。国库最终成为其自身的目的，被当作主权的标志，通过对原有秩序的大逆转，可以说，“国库代表了国家和君主。”[307]巴尔都斯也已经指出，不仅国库和国家处于同一层次，国库和祖国（*patria*）也处于同一层次。[308] 罗马人庄严的诸神崇拜和公共职能，竟是近代国家机构被神圣化和偶像化的根源之一，我们不免要问，这是历史的逻辑还是历史的反讽呢。

在布拉克顿的政治理论中，“无主物”的观念并不是解决 190
公法问题的主要手段。然而，借力于源自罗马法—教会法实践当中的众多其他因素，上帝和国库的类似关系，有助于阐明王国中永恒的公共领域这一观念。“在位国王”与财政的“神圣区域”在王国内的分裂，尽管仍未昭显，却已渐露端倪。就在13世纪的英国国王力图忽略他们自身与公有物的已有分裂时，许多贵族反对集团却准备扩大这一分裂，让“公有物”与“在位国王”分庭抗礼。在13、14世纪的宪制斗争中，贵族的反对总是集中在国库—领地的领域，包括附于该领域的特权，但严格意义上的封建领域总体上并没有受到挑战，包括领地贡金以及国王作为个体领主所行使的其他权利。不过，在公

---

[307] Vassalli, “Fisco,” 213, n.4，参引了 Pierre Grégoire (Tholosanus), *De re publica*, VII, 20, 31，原文如下：“国库代表了君主和国家”（“Fiscus repraesentat principem et rempublicam”）。这就是索引（s.v. *Fiscus*）中被引用的标题；这一文本（Lyon, 1609, p.237）表明了这样一种理解：“国库意味着公有物和君主”（“Fiscus publicam rem et principis refert”）。

[308] *Glos*, *ord*., on *D*.3,1,10 里面有一个页边注提到，巴尔都斯认为这一法律是独特的，“因为，就都要展现出对它们的敬畏这一点上，国库，国家，甚至还有祖国是同位并列的”（“quia *fiscus*, *respublica* et etiam *patria* aequiparantur quoad reverentiam eis exhibendam”）。笔者未能找到这个出处，很有可能，巴尔都斯作此评述是因为那条法律中提到了“祖国”。

共事务上，尤其是公共财政方面，贵族们可以设法控制国王，使他受制于他们自己选出的议会，这也就表明，公共事务不再只涉及国王一人，而“涉及所有人”，包括国王和整个王国共同体。[309] 事实上，博洛尼亚的法学家们在许多方面也把在位君主仅看作国库的管理者和代理人，[310] 英国的贵族肯定也没有把他们的国王视为公有财物的个人所有者，而是尊其为公有财物的守护者；这样的守护者是服务于整个政治身体的利益
191 和安全的，并被认作永远服务于那远超出个体国王生命的政体(polity)。

想要考察英国政治思想的发展，无论我们选取什么角度，也无论我们选出哪种思潮来研究，布拉克顿的时代总会作为

---

[309] Post, “Quod omnes tangit,” 235f, 250, and passim；以及“Two Laws,”特别是第 425 页及其后(还包括注 35)，讨论的事项有(1) 主要涉及头[即君主]方面的事项，(2) 主要涉及四肢[即人民]方面的事项，以及(3) 同等涉及头与四肢的事项。这些区分并不与私有物与公有物之间的区分相一致，因为国王的私人财产任何时候都是或可能成为公共关注的对象。

[310] 君主作为国库管理者这一主张是基于 *D.*41,4,7,3：“nam tutor in re pupilli tunc domini loco habetur, cum tutelam administrat, non cum pupillum spoliat”(“因为，监护人在未成年者财产上可视作处于占有者的位置，这种情况下他是管理被监护人的财产，而不是去掠取未成年者”)。有关国库作为未成年者，参见上面注 285；总体情况则可见 Gierke, *Gen.R.*, III, 226f,332,482。君主并不是所有者，而是国库的“合法管理者”(*legitimus administrator*)，这是一条被反复引述的格言；可参见 Baldus, *Consilia*, I, 271, nos.2-3, fol.81ᵛ; Peregrinus, 1, 2, n.47, fol.7ᵛ。这条格言也有助于反驳君士坦丁赠礼的合法性(见上面注 270)；可参见 John of Paris, *De potestate*, c.21, ed. Leclercq, 244f：私人的赠礼本是有效的，但“当赠与的是应当持留的国库世袭财产，情况就不同了”(“non quando donat de patrimonio fisci quod semper debet manere”)，因为君主是“帝国和公物(国家)的管理者。……但如果他是帝国的管理者，赠与就是无效的”(“administrator imperii et reipublicae .... Sed si imperii administrator est, donatio non valet”)(参见“君王法”以及 *D.*41,4,7,3)。

最重要的时期凸显出来。当时,“王国共同体”日渐意识到,国王作为个人封建领主,与国王作为公共领域的超个体管理者是有所不同的,这一公共领域便包括“决不会死”的国库,它因不受时间制约而属永恒。深深影响甚至决定了早期政府观念的宗教思想,后来以一种看似怪诞的方式,即通过将国库的永恒性与上帝或基督的永恒性相比较,而被转用到了公共事务的新领域。诺曼佚名著者通过赋予国王神圣的和借由恩典而来的上帝般的本质,表达出国王超时间的性质。但是,诺曼佚名著者因国王是“基督的形象”甚至也有基督的二性,而声言国王是双重人格的那些观念,是属于过去时代的。腓特烈二世作为活的法律,在不朽的正义理念中找到了其统治的永恒本质,也就是说,他从“基督的代理人”变成了仍具半宗教内涵的职使——“正义的代理人”。皇帝宫廷的形而上学概念和末世论理念,也许适应了意大利的状况以及反对教皇权的斗争,但它们并不适应布拉克顿时代的英国。布拉克顿本人更冷静,某种程度上要比腓特烈二世宫廷中的法学家们更世俗些。可以肯定,布拉克顿时代的英国国王也变了;如果我们想以小见大,以“国库”来管窥整个公共领域,我们或许可以说,英国国王从“基督的代理人”变成了“国库的代理人”。也就是说,超个人王权的永久性也开始依赖于非个人公共领域(国库就在其中)的永久性了。不管怎么说,13 世纪的统治者们最后趋于一致的是,他们所理解的永恒性,与其说来自教会,还不 192
如说是来自由博识的法学家们所阐明的正义和公法——以“正义”(*Iustitia*)或“国库”(*Fiscus*)为名。

古老的礼仪式王权观念逐渐消解了,让位于一种新型的以法律领域为中心的王权，这种新型王权并不缺少自身的神秘性。当新生的世俗民族国家开始为自己的统治机构和公共建制求索永恒不朽——这种永恒不朽一直以来只被赋予教会，只被罗马法和罗马法学家赋予罗马帝国（帝国永在［*Imperium semper est*］）——时，新的神圣"光环"开始降临在以新的"祖国之父"（*pater patriae*）为首的世俗国家之上。[311]显然，中世纪在圣职者和国王之间的二分法被国王和法律的新二分法所取代。在法学的时代，主权国家虽说是效仿教会，但也获得了独立于教会的神圣本质，当其国王成为"自己王国里的皇帝"，主权国家便也获得了罗马帝国的永恒性。但倘若新生的国家本身作为世俗的"神秘体"（*corpus mysticum*）尚未在团体形态上与教会平起平坐，"国王和王国的状态"（*status regis et regni*）、国家的诸建制和利益以及必备物和应急之需的神圣性就仍是不完整的。

---

[311] 可参见 *Nov.*6，epil.，还有其他不少地方（参见下面第443页及其后）。

第五章 以政体为中心的王权：神秘体

活跃于中世纪各时期的教会与国家间的无限交错关系，在教会和国家两大阵营中都产生了许多混合物。它们借用和交换彼此的标章、政治象征、特权及声望，一直以来，这在基督 193
教社会的属灵领袖和世俗领袖中间成了通行做法。[①] 教皇以金顶装饰他的三重冠，身着皇家特有的紫红长袍，当他在庄严马队的簇拥下通过罗马街头时，前方会有皇家旗帜开道。皇帝的王冠下方有一主教法冠，脚穿主教华贵的鞋子，身着主教衣饰，加冕时也像主教一样会获取一枚指环。[②] 这些相互借用，在中世纪早期主要影响的是圣俗两界统治者个体，但最后，教皇权（*sacerdotium*）拥有了帝王的排场，而王权（*regnum*）则烙上了圣职的印记。

---

① 有关早期的总体情况，参见 Schramm，“Austausch”；也可参见拙作 *Laudes regiae*，129ff。

② 有关皇帝的法冠和其他象征，参见 Schramm，*Herrschaftszeichen und Staatssymbolik* (Schriften der MGH，XIII [Stuttgart，1954])，特别是第 68 页及其后。

迄至13世纪早期，属灵的和世俗的显贵们都已坐享他们职位的所有本质属性，此时相互借用可以说达到了无以复加的地步。然而，两大畛域之间的相互借用并未停止；只是借用的宗旨在中世纪晚期随着重心的转移而发生了变化，重心可以说从统治者个人转向了被统治的集团，转向了新兴的君主国以及人类社会的其他政治群体。换句话说，教会和国家之间的相互影响延续了下来，但是，相互影响的领域从个体的权贵扩展到了紧密结合的团体，从那之后，关注政体结构、如何解释政体的法律和宪制问题，开始规定这一相互影响着的领域。教皇同时被称作“君王”和“真正的皇帝”，[3]在他的“教皇大权”（*pontificalis maiestas*）之下，罗马教廷的圣阶制度，容
194 易成为立足神秘基础之上、绝对而又理性的君主国的完美原型，与此同时，国家则日益倾向于成为理性基础之上的准教会或神秘团体。

尽管人们时常感到，新生君主国在许多方面都可看作改头换面的“教会”，但却很少有人详细阐明，中世纪晚期和近代的国家到底在多大程度上受到教会模式的影响，尤其是诸多团体概念背后那无所不包的属灵原型——教会的“神秘体”（*corpus mysticum*）的影响。

教会的神秘体（*Corpus Ecclesiae mysticum*）

1302年，教皇卜尼法斯八世在《一圣通谕》（*Unam Sanctam*）

---

③ 有关“教皇大权”（*pontificalis maiestas*）这一称号，参见 Mochi Onory, *Fonti*, 113；参较 *Laudes regiae*, 140, nos 94, 95。

中，对罗马教会的团体学说进行了概述，使其成为教义：

> 信仰要求我们必须信唯一神圣的教会，即大公教会和使徒的教会……，教会之外，既没有救赎，也没有罪的赦免……，该教会代表了一个神秘体，其头是基督，而基督的头则是上帝。

从通谕的总体历史背景出发，我们不难看出引言的含义。它表明属灵力量在竭尽全力回击，乃至要去战胜新生世俗政体为要求自足性而发出的挑战。教皇卜尼法斯竭力将诸政治存在形态置于各自特定的位置。因此，他极度强调等级制的观念，认为诸政治身体所拥有的是内在于"基督神秘体"(*corpus mysticum Christi*)之世界共同体的纯粹功能性特征，这里说的神秘体正是教会，教会的头是基督，而其可见的头是基督的代理人，即罗马教皇。④

---

④ Ladner, "Aspects," 特别是第 409 页及其后，以及他新近的研究，"The Concepts: Ecclesia, Christianitas, Plenitudo Potestatis", *Sacerdozio e regno da Gregorio VII a Bonifacio VIII* (Miscellanea Historiae Pontificiae, XVIII; Rome, 1954); 49–77，特别是第 53 页及其后。关于神秘体(*corpus mysticum*)的文献颇丰，尤其是在 1943 年教皇通谕《基督奥体》(*Mystici corporis*)颁布之后；有关晚近的综述性研究，可参见 Émile Mersch, *Le corps mystique du Christ, études de théologie historique* (2 vols., Louvain, 1933)。有关观念史方面的优秀评述当推 Henri de Lubac, *Corpus mysticum* (2nd ed., Paris, 1949)，它也已收在 *Recherches de science religieuse*, XXIX (1939), 257–302, 429–480，以及 XXX (1940), 40–80, 191–226 中；在接下来的论述当中，笔者只是在借用他丰富的资料(其中有不少笔者还无法获得)和他的思想。有关早期经院哲学，也可参见 Ferdinand Holböck, *Der Eucharistische und der Mystische Leib Christi in ihren Beziehungen zueinander nach der Lehre der Frühscholastik* (Rome, 1941)。布莱恩·蒂尔尼，*Foundations* (转下页)

195 作为基督神秘体的教会，也就是说，由所有信众（不论信众是逝者、来者或生者，不论他们是现实的还是潜在的）组成的基督教社会，[5]对历史学家来说或许就是一个如此有中世纪代表性、如此传统的概念，当教皇卜尼法斯八世把这一概念作为武器，在与法王美男子腓力的殊死斗争中来验证它的威力和功效时，历史学家可能很容易忘记这一概念其实是比较新颖的。不错，教会作为"基督身体"（*corpus Christi*）的概念可以追溯到圣保罗，[6]但"神秘体"（*corpus mysticum*）的说法并非来自圣经传统，也不像人们期许的那般古老。它在加洛林时代才崭露头角，并在帕斯卡西乌斯·拉德培尔图斯（Paschasius Radpertus）和拉特拉姆诺（Ratramnus）之间经年不息的圣餐礼之争中获得重要地位，这两人都是科尔比（Corbie）修道院的成员。拉特拉姆诺曾言明，基督受难的身

（接上页）*of the Conciliar Theory: The Contribution of the Medieval Canonists from Gratian to the Great Schism*（Cambridge Studies in Mediaeval Life and Thought, N.S., IV; Cambridge, 1955），是非常重要的著作，最近才出版，在此不作详述；特别要参见第二部分，第 87 页及其后，第 106 页及其后，第 132 页及其后。

⑤ Aquinas, *Summa theol.*, III, q. VIII, a.3.

⑥ 有关圣保罗的比喻，参见《哥林多前书》12：12 和 27，以及 6：15；《以弗所书》4：4，16，25 以及 5：30；《歌罗西书》2：19。苏瓦龙（T. Soiron）的研究 *Die Kirche als der Leib Christi nach der Lehre des hl. Paulus*（Düsseldorf, 1951），笔者尚未看到。有关圣保罗有机体观念在古代哲学传统中的地位，参见 Wilhelm Nestle, "Die Fabel des Menenius Agrippa", *Klio*, XXI（1926－1927），358f，文章也收在他的 *Griechische Studien*（1948），502ff 中；也可参见 A. Ehrhardt, "Das *Corpus Christi* und die Korporationen im spät-römischen Recht", *ZfRG*, rom., Abt., LXX（1953），299－347，以及 LXXI（1954），25－40，其与现在讨论的问题相关，另外还有 M. Roberti, "Il corpus mysticum di S. Paolo nella storia della persona giuridica", *Studi in Onore di Enrico Besta*（Milan, 1939），IV, 37－82。

体是“自身的和真实的身体”（*proprium et verum corpus*），而圣餐是他的“神秘体”。或许拉特拉姆诺采信了拉巴努·毛鲁斯（Hrabanus Maurus）的权威观点，后者在此前不久还宣称，“神秘体”意即圣餐，在教会内由司祭职管理。[7]

基督神秘体这一概念产生于教义和礼仪的领域内，对它的普遍意义和最终影响我们不能轻易夸大。在加洛林时代 196
神学家的语言中，“神秘体”并不是完全指教会的身体，也不是指基督教社会的唯一性和统一性，而是指祝圣过的圣体。除了为数不多的几个例外，这种理解数个世纪以来一直是“神秘体”的官方意义，而教会或基督教社会则沿循圣保罗的说法一直被视为“基督身体”。只是经历“一个奇谲的发展过程”（*un curieux chassé-croisé*）之后，[8]最终，大约在 12 世纪中期，那些称谓的意义才发生了变化。这一变化或许同 11 世纪有关“变体”（transubstantiation）的大争论有某种隐微的联系。为了回应图尔的贝伦加（Berengar of Tours）的教义，也为了回应倾向于将祭坛圣事属灵化和神秘化的异端邪说，教会不得不极力渲染，在圣餐礼上的基督并非属灵的或神秘的，而是人性和神性两方面真实的存在。祝圣饼现在意味深长地被称作了“真体”（*corpus verum*）或“自然身体”（*corpus naturale*），或被直呼为“基督圣体”（*corpus Christi*）。以圣体

---

⑦　有关加洛林时代的这一争论，参见 Lubac, *Corpus mysticum*, 39ff；参较 41f，其中谈到了 Hrabanus Maurus, *De clericorum institutione*, I, C. 33, *PL*, CVII, 324A。

⑧　Lubac, 88.（法语 *chassé-croisé*，字面意义为“交叉移位、位置对调”。——译者）

之名，西方教会于1264年设立了圣体节。[9] 也就是说，保罗最初指称基督教教会的"*corpus Christi*"概念，现在开始指称祝圣过的圣体。与此相反，此前一直用于描述圣体的"神秘体"(*corpus mysticum*)概念，在1150年之后却逐渐转用于祭坛圣事中使基督教社会有机体统合起来的教会上。简言之，最初具有礼仪或圣事意义的"神秘体"这一表述，呈现出了社会学的内涵。最终，在此相对新生的社会学意义上，教皇卜尼法斯八世将教会定义为"一个神秘体，其头是基督"。

伴随着对圣事中基督真实存在的凸显，1215年圣餐变体
197 论最终尘埃落定，圣餐被正式定为"真体"，"神秘体"这一术语则发展为指称教会的建制及其教会论方面。它在教会历史上的重要时刻都被采用了。叙任权之争后，诸多原因酿成了作为政治身体的"教会，其建制与团体方面有被过分强调的危险"。[10] 这正是所谓中世纪教会世俗化的开始，与之此消彼长的是更加有的放矢的"神秘"解释，解释日标甚至指向了教阶制的管理体系和专门机构。"神秘体"这一新术语，不仅神圣

---

⑨ 有关对贝伦加的反应，参见 Lubac，*Corpus mysticum*，104ff，162ff，"转化"("inversion")的总体情况，参见第19页。有关圣体节的制定，参见 P. Browe，"Die Ausbreitung des Fronleichnamsfestes"，*Jahrbuch für Liturgiewissenschaft*，VIII (1928)，107－143，作者在他的 *Textus antique de festo Corporis Christi* (Münster，1934)中还搜集了早期资料；有关最近的研究，参见 Anselm Strittmatter，in *Traditio*，V (1947)，396ff 中的讨论。

⑩ Ladner，"Aspects，" 415，作者注意到并着力强调了对神秘体的新解释与13世纪教会政治及宪制发展之间的关系；相关论述可参见 G. Le Bras，"Le droit romain au service de la domination pontificale"，*Revue de historique de droit français et étranger*，XXVII (1949)，349。

化了“基督法律体”（*corpus Christi iuridicum*），[11]即“战斗的教会”（*Ecclesia militans*）所依赖的规模宏大的法律和经济统治机构，而且将可见的教会有机体的构造与先前的礼仪领域联系了起来；与此同时，“神秘体”还把作为政治身体或作为政治法律有机体的教会，与当时开始自命为自足之体的世俗政体置于了同一层面。就此来看，“神秘体”这一新生的教会论称谓，是认可了当时盛极一时的抱负，即想将世俗政体连同它的管理建制神圣化。12 世纪时，当内含圣职官僚制的教会把自己立为“基督神秘体”时，世俗世界却称自己是“神圣帝国”。这并不是说此中有什么因果关系，而只是表明，通过确实相互关联的驱动力和抱负的协动，属灵的“神秘体”和世俗的“神圣帝国”（*sacrum imperium*）恰好同时出现，时间在 12 世纪中叶。[12]

用“神秘体”来指教会论上的团体，在当时确实并不多见。然而，正是在这个时候，神学家和教会法学者们都开始区分 198
“主的两个身体”——一个是祭坛上个体性的“真体”即圣体（host），另一个是集体性的“神秘体”即教会。[13] 1165 年开始在巴黎授课的图尔奈的西蒙（Simon of Tournai），于 1200 年

---

⑪ Ladner，“The Concepts of Ecclesia, etc.,” 53，n.2 中引述的这一有用概念是由阿尔方斯·斯蒂克勒（Alfons Stickler）提出的，见他的“Der Schwerterbegriff bei Huguccio”，*Ephemerides Iuris Canonici*，III（1947），216，文中阿尔方斯·斯蒂克勒把它同“基督神秘体”相对照。

⑫ 神圣帝国（*sacrum imperium*）这一术语似乎在腓特烈一世治下的 1157 年首次正式使用；*MGH*，*Const.*，I，224，No.161；参较 Kern，*Gottesgnadentum*，134，n.245。

⑬ Lubac，*Corpus mysticum*，116ff.

左右如是写道：

> 基督有两个身体：一个是受之圣母的肉身之体，另一个是属灵团体，即教会团体。[14]

当图尔奈的西蒙将基督的超人类之体描述为“属灵团体”（*spirituale collegium*）或“教会团体”（*collegium ecclesiasticum*）时，团体的用语是否或者说在何种程度上有所帮助，在此姑且不论。此处关键在于，基督两个身体的区分并非简单等同于古代基督论在基督二性（神性和人性）上的区分。图尔奈的西蒙所提出的，毋宁说是个体的身体与团体的身体在社会学上的区分。与西蒙同时代的贝加莫的格里高利（Gregory of Bergamo）清晰地表述了这一区分，他指出：

> 一个是自身即为圣体的身体，另一个是上述身体为圣体之部分的身体……一个是基督本身的身体，另一个是基督为其头的身体。[15]

---

⑭ “Duo sunt corpora Christi. Unum materiale, quod sumpsit de virgine, et spirituale collegium, collegium ecclesiasticum,” 为 Lubac, *Corpus mysticum*, 122 所引述。

⑮ Gregory of Bergamo, *De veritate corporis Christi*, c.18, ed. H. Hurter, *Sanctorum patrum opuscula selecta* (Innsbruck, 1879), vol. XXXIX, 75f:“Aliud est corpus, quod sacramentum est, aliud corpus, cuius sacramentum est .... : Christi corpus, quod videlicet ipse est, aliud autem corpus, cuius ipse caput est.” Cf. Lubac, *Corpus mysticum*, 185.

在这一时期的其他著述中我们会看到类似的二分法。比如，诺根的圭贝尔(Guilbert of Nogent)就曾论及“主的两重身体”(*corpus dominicum bepertitum*)，区分了“原初的身体”(*corpus principale*)即作为原型的个体，与被称作“比喻的身体”(*corpus figuratum*)的“神秘体”。他宣称基督想要将人类从他个体的“原初的身体”领往他超个体的“神秘体”。⑯ 1200年前后的学者，比如，克雷莫纳的西卡德(Sicard of Cremona)或塞尼的洛塔尔(即后来的英诺森三世)，在他们关于祭坛圣 199
事的讨论中，几乎约定俗成地将个体的身体(原初的身体)与团体的身体(神秘体)区分了开来。13 世纪 20 年代，奥塞尔的威廉(William of Auxerre)对基督的两个身体(*duplex corpus Christi*)也有考察，并对“自然身体”(*corpus naturale*)与“神秘体”进行了对比。⑰

最终，在“主的两个身体”的新主张中，也就是说，在基督的自然身体与神秘身体、人格身体与团体身体、个体身体与集体身体中，我们似乎已经找到了“国王的两个身体”的明确先例。教会论与政治学领域之间的相互关系是否有效的问题，仍有待检视。

---

⑯ Guibert of Nogent, *De pignoribus sanctorum*, II, *PL*, CLVI, 629, 634C (*corpus figuratum*)，以及 650A：“... a principali corpore ad mysticum Dominum noster nos voluit traducere”(“……我们的主想要将我们从原初的身体领向神秘的身体”)。参较 Lubac, *Corpus mysticum*, 46，他解释说(第 93 页)，“*principalis*”(原初的)一词是希腊语“*πρωτότυπον*”的同义词。

⑰ Lubac, ibid., 123f，以及 185(n.155)，另外还附带了一些“基督两重身体”(*duplex corpus Christi*)的例子。

应当记起的是，以上引述的定义都或多或少地同圣餐礼及普遍的礼仪领域相关。不过，祝圣过的圣体变成“自然身体”以及教会的社会性身体变成“神秘体”这些术语变化，适值西方思想史上一个特定时期，社会的团体和有机构造学说此时开始为西方政治理论更新气象，并决定性地造就了中世纪盛期和晚期的政治思想。[18] 也是在这一时期——我们只需提一个经典范例——索尔兹伯里的约翰写就了他《论政府原理》的那些著名篇章，他假借普鲁塔克之名，把国家与人体的有机构造作对比，这在法学家们当中也是流行的一个比喻。[19] 圣保
200 罗所提出的教会与人体的对照(《哥林多前书》12：14 及其后)，散见于中世纪各个时期，只为适应新术语的发展，索尔兹伯里的约翰同时代的斯特拉的以撒(Isaac of Stella)，将人体的比喻极为精确地应用于“神秘体”：基督为头，大主教、主教以及教会的其他人员构成四肢。[20] 也就是说，神人同形的比喻，理

---

⑱ 有关此后的情况，参见 Gierke，*Gen. R.*，III，546ff；以及 Nestle，“Menenius Agrippa”(见上面注 6)，对古代范例的讨论。

⑲ John of Salisbury，*Policraticus*，v，2ff，540a，Webb，I，282ff，索尔兹伯里的约翰自称从普鲁塔克的 *Institutio Traiani*(《图拉真的教育》)借用了比喻；参见 H. Liebeschütz，“John of Salisbury and Pseudo-Plutarch”，*Warburg Journal*，VI (1943)，33－39，作者暗示伪托普鲁塔克就是索尔兹伯里的约翰本人；还可参见 A. Momigliano，ibid.，XII (1949)，189ff；有关同时代法学家的情况，可参见 Fitting，*Jurist. Schriften*，148，23ff，对“*Princeps*”(君主)的注释(见下面注 42)。

⑳ Isaac de Stella，*Serm.* XXXIV，*PL*，CXCIV，1801C；Lubac，*Corpus mysticum*，120。以撒把基督比作树之根(“in hoc mystico corpore *sub* uno capite Christo et *una radice* ... membra multa sunt”[“在此神秘体中，在一个为头为根的基督下方……存在很多分枝”])，一棵根在上而分枝入土的树；路巴克(Lubac)非常准确地称此神秘体“像是一颗倒立的树”(“semblable à un arbre renversé”)。这一奇特的倒立之树可谓历史悠久，可以追溯到柏拉图的《蒂迈欧篇》，90a，与古代把植物的根称作其“头”的植物生理学相一致，此处人的(转下页)

所当然地被转用到了在属灵意义上作为“基督神秘体”的教会，以及作为统治有机体同时也被形容为“神秘体”的教会。

13 世纪时，尤其是自托马斯·阿奎那开始将“神秘体”频频用于作为社会现象的教会之后，有机体模式为“神秘体”提供了标准解释。阿奎那在许多方面仍处于传统之内。像斯特拉的以撒和其他人一样，他把神秘体与人的自然身体进行比较：

> 因教会与人类的自然身体相似，其行动的多样性也与人类四肢的多样性相呼应，所以整个教会被称作一个神秘体，与此相似，基督也就被称作了教会的“头”……㉑

阿奎那肯定清楚神秘体事实上是属于圣事领域的，也很清楚“神秘体”和祝圣饼所代表的“真体”是两相对照的。然而，他在谈及二体（真体和神秘体）时，甚至没有提到圣餐面包。在他的学说中，一再出现的“真体”，所指涉的根本不是祭坛上的圣体基督，而是作为物理性、肉身性个体存在的基督，其
个体性的“自然身体”在社会学意义上成了教会的超个体性 201
和集体性神秘体的原型：“基督神秘体……照着基督真体的样式……”(*corpus Christi mysticum ... ad similitudinem corporis*

（接上页）头被称作“根”（ῥίζα），它悬于空中并“指导全身”（ὀρθοῖ πᾶν τὸ σῶμα）。这一比喻有着非常复杂的历史；参见奥托·曼森-黑尔芬（Otto J. Maenchen-Helfen）即将出版的研究，*The Inverted Tree*，特别要提出的是，作者搜集了考古学方面的资料。

㉑　Aquinas, *Summa theol.*, III, q. VIII, 1；Gierke, *Gen.R.*, III, 518, n.7；Lubac, *Corpus mysticum*, 127ff, nos.60 - 64，作者对相关出处作了汇编。

Christi veri)。[22] 换句话说,把教会及其成员比作人体的传统神人同形比喻,有一个更为具体的比较模式相伴而行了:把作为"神秘体"的教会同基督的个人身体即他的"真体"或"自然身体"作对比。此外,"真体"渐渐地不再仅表明基督在圣事中的"真实在场",也不再固守严格的圣事意义和功能。基督个体性的自然身体,被理解成了一种取得社会功能和团体功能的有机体,亦即,具有头和四肢的基督自然身体,充当了超个人集体(即作为"神秘体"的教会)的原型和个体化原理。

发展并未就此止步。阿奎那屡屡使用了"教会的神秘体"(*corpus Ecclesiae mysticum*)一词。自此,单从圣事的意义上把教会称作"基督的神秘体"(*corpus Christi mysticum*)便成了约定俗成之事。一直以来被称作基督神秘体的教会,现在凭教会自身成了神秘体。[23] 也就是说,教会有机体几乎在法律意义上成了一个"神秘体",一个"神秘的法人"。用语上的变化不是偶然提出的。这一变化表明,"教会法律之体"(*corpus ecclesiae iuridicum*)的圣职者团体建制在与"教会神秘体"(*corpus ecclesiae mysticum*)趋于一致的方向上又迈进了一步,并由此进一步推进了"神秘体"概念的世俗化。在此进程中,阿奎那的作用是举足轻重的。这位天使博士多次表明可以用法律用语直接代替礼仪用语,这对于他来说并不缺乏某

㉒ Lubac, *Corpus mysticum*, 129, n.71.(此处原句为:"其中,基督神秘体乃是照着基督真体的样式通过属灵完善而得以成全的"["In qua perficitur etiam corpus Christi mysticum spirituali perfectione ad similitudinem corporis Christi veri"],该句是对《以弗所书》4:13 的阐释。——译者)

㉓ Lubac, *Corpus mysticum*, 128, n.63,着重强调了这些变化。

种内在逻辑。

“神秘体”这一术语，尽管接纳了社会学和有机体论的内涵，却仍保留着它明确的圣事意义，只因为“身体”一词总不免让人想起祝圣献祭。但是，当阿奎那写道，“可以说，头与四肢在一起就仿似一个神秘人格”时，[24]“神秘体”同圣坛的最后联系就被切断了。没有什么比“神秘人格”(*persona mystica*)对 202
“神秘体”的善意(*bona fide*)置换要更使人印象深刻了。“神秘体”这一术语(无论它的内涵会是什么)一直含有的神秘物质性，现在被抛弃了，“基督的身体(*corpus Christi*)已变成了基督的团体”。[25]“神秘人格”经由法学抽象而变化了，它容易让人想起，应该说它就等同于“表象人格”(*persona repraesentata*)或“拟制人格”(*persona ficta*)，法学家们将这些概念引入法律思想，使它们成了中世纪后期政治理论建构的基石。[26]

无可否认，原先神秘体的礼仪概念逐渐隐退，转变成了没那么光鲜的社会学、有机体论或法学的概念。有人注意到(看上去是有道理的)，这种“蜕化”在教皇卜尼法斯八世周围的神

㉔ Aquinas, *Summa theol.*, III. q. XLVIII, a. 2:“Dicendum quod caput et membra sunt quasi una *persona mystica*.” 参见 Lubac, *Corpus mysticum*, 127, n.60 中许多类似出处。

㉕ Rudolph Sohm, *Das altkatholische Kirchenrecht und das Dekret Gratians* (Munich and Leipzig, 1908), 582:“Aus dem Körper Christi hat sich die Kirche in eine Körperschaft Christi verwandelt”(“教会从基督的身体已变成了基督的团体”)。

㉖ 有关其总体发展进程，参见 Gierke, *Gen.R.*, III, 246ff; G. de Lagarde, *Ockham et son temps* (Paris, 1942)，文中讨论了表象人格(*persona representata*)的概念。另见 Le Bras, “Le droit romain”(上面注 10), 349 中的论述，对于“*corpus mysticum*”概念，他称之为“可归入法律人格一类……的概念”(“un concept ... que l'on en venait à classer dans l'album des personnes juridiques”)。

学家圈子里能强烈地感受到。[27] 拿14世纪早期教皇至上主义的政治短论作者们来说，情况就的确如此。在他们的作品中，教会是以“基督教政体”的面目出现的(越到后期的作品越是如此看待)，是以“教会的王国”(*regnum ecclesiasticum*)或“教会、使徒和教皇的君主国”(*principatus ecclesiasticus*，*apostolicus*，*papalis*)[28]的面目出现的，因此，甚至像彭纳的卢

㉗ Lubac, *Corpus mysticum*, 130ff，总结了有关“神秘体”观念蜕化过程的饶有趣味的资料。对这一观念的法律解释，出现在下面这个问题被频繁提出的时代是决不会令人惊讶的：基督徒的灵魂是由法学家还是由身为教皇的神学家来照管会更好；参见 M. Grabmann, “Die Erörterung der Frage, ob die Kirche besser durch einen guten Juristen order durch einen Theologen regiert werde”, *Eichmann Festschrift* (Paderborn, 1941)，作者讨论了方丹的戈弗雷(Godfrey of Fontaines)和安科纳的奥古斯丁(Augustinus Triumphus)；米歇尔·马卡罗内(Michele Maccarone)作了一些(关于弗朗切斯科·卡拉乔洛[Francesco Caracciolo]的)补充，“Teologia e diritto canonico nella *Monarchia*, III, 3”, *Rivista di storia della Chiesa in Italia*, v(1951), 20，这篇文章很好地揭示了但丁对法学家在教会掌权极为不满。

㉘ “教会的王国”(*regnum ecclesiasticum*)这一表述在13世纪很常见；可参见 Alexander of Roes, *Memoriale*, cc.14，24，37，38，以及 *Notitia saeculi*, c.8, ed. H. Grundmann and H. Heimpel, *Die Schriften des Alexander von Roes* (Deutsches Mittelalter: Kritische Studientexte der MGH, IV, Weimar, 1949), pp.32，46，66，78；另见 Lubac, *Corpus mysticum*, 129，对维泰博的詹姆士的讨论；以及 Scholz, *Publizistik*, 140f。可进一步参见 Scholz, *Streitschriften*, I, 252，有关 *principatus christianus*(作者不明)的评述；II，第34页和第42页对 *principatus ecclesiasticus*(卢特拉的彼得[Petrus de Lutra])的评述；II，第456页及其后，第468页，第479页对 *principatus papalis* 和 *apostolicus*(奥康的威廉)的评述；还可见 Scholz, *Wilhelm von Ockham als politischer Denker und sein ‘Breviloquium de principatu tyrannico’* (Leipzig, 1944)，第59页及其后，文中还有多处；有关“基督教政体”(*politia christiana*)，参见 Scholz, *Streitschriften*, I, 252ff, II, 142f，文中还有多处；Ladner, “Aspects,” 412, n.34。另见 Lubac, *Corpus mysticum*, 126, n.55，其中引述了罗马教理(Roman Catechism)，据此，圣职者的司牧权(*potestas ordinis*)关联的是真体(圣体)，而圣职者的政治权力(*iurisdictionis potestas*[司法权])关联的是基督神秘体；因此，自然身体和(转下页)

卡斯这位罗马法学家在引述阿奎那时也说："由此教会可与人的政治集合体相比；教皇因为权力的完满性，在自己王国就俨如国王。"[29]然而，就教会像其他世俗团体一样被视为政体这一意义来讲，"神秘体"概念本身承载了世俗的政治内容。最重要的是，"神秘体"这一礼仪概念，原本用作抬高统合在圣餐中的教会，现在开始被用于位阶制的教会内部，用来提升如皇帝般的教皇的地位，"第一君主推动并管理整个基督教政体"（*primus princeps movens et regulans totam politiam Christianam*）。[30]至此我们看到，所有为人熟知的明喻、隐喻和类比，都集中在了作为基督代理人的教皇即新的"第一推动者"（*primum mobile*）身上。 203

> 正如自然身体的四肢皆归属于头，教会神秘体中的所有信徒都归属于教会之头，即罗马教皇。[31]

用语变化中的含义显而易见：相比于成为"基督神秘体"的

（接上页）神秘体都成了圣职权力的源泉，而神秘体是司法权的源泉。有关这一学说，参见 James of Viterbo, *De regimine christiano*, cc. 4 – 5, ed. H.-X. Arquillière (Paris, 1926), 199f, 201。

[29] Lucas de Penna, on *C.* 11, 58, 7, n. 8 (Lyon, 1582), p. 563："Unde et ecclesia comparatur congregationi hominum politicae et papa est quasi rex in regno propter plenitudinem potestatis"（参引了 Aquinas, *Summa theol.*, Suppl. III, q. XXVI, a. 3）；有关教皇权力的完满性（*plenitudo potestatis*），参见 Ladner, "Concepts," 60ff, 67, n. 64。

[30] 参见 Scholz, *Streitschriften*, I, 253，其中讨论了《论教会权力》（*De potestate ecclesiae*）（14 世纪）这篇佚名短论。

[31] Hermann of Schilditz, *Contra hereticos*, II, c. 3, ed. Scholz, *Streitschriften*, II, 143f.

头，教皇更容易成为作为团体、政体或王国的“教会神秘体”的头。然而，教皇要成为“基督神秘体”的头也并非完全不可能。既然教皇即为教会，[32]为了证明无论教皇身居罗马还是亚维农
204 其权力都一样，阿尔瓦卢斯·佩拉纠（Alvarus Pelagius）宣称：

> 教会是基督的神秘体……以及天主教徒的共同体……它不为[罗马的]城墙所限。其头教皇在哪，基督的神秘体就在哪（*Corpus Christi mysticum ibi est, ubi est caput, scilicet papa*）。[33]

“国库在哪，帝国就在哪”（*Ubi est fiscus, ibi est imperium*）是巴尔都斯对“皇帝在哪，罗马就在哪”这一古老格言的改用。[34]

---

[32] 有关“教皇乃拥有教会王冠并能被称作教会”（“summus pontifex qui tenet apicem ecclesie et qui potest dici ecclesia”）的著名表述，参见 Aegidius Romanus, *De ecclesiastica potestate*, III, c.12, ed. Scholz (Weimar, 1929), 209；也可参见 Scholz, *Publizistik*, 60。1300 年之后很快出现对这种等同的抵制，教令注释者帕诺米塔鲁斯（Panormitanus，卒于 1453 年）极为明确地表达了自己的观点：“（基督）大主教本身就是头和新郎；教皇是基督大主教的代理人，不是真正意义上教会的头。”（“Caput et sponsus est ipse Episcopus [Christus]; papa autem est vicarius Episcopi, et non vere caput Ecclesiae.”）参见 Lubac, *Corpus mysticum*, 131, n.85。

[33] N. Jung, *Alvaro Pelayo* (L'Église et l'état au moyen âge, III; Paris, 1931), 150, n.2 引述了这段话，但省略了关键的第二句。参见 Scholz, *Streitschriften*, II, 506ff。人们可能会想到 Ignatius, *Ad Smyrn.*, VIII, 2 中的说法，这种说法通常被表述成“主教在哪，教会就在哪”（可参见 H. Lietzmann, *Geschichte der alten Kirche* [Berlin, 1936], II, 49）。不过，伊格纳修（Ignatius）的原文是说“基督在哪，天主教教会就在哪”，说主教时的原文是“他要出现的地方，就让群众聚集在那”——就是说，群众应聚集于主教所在之处。

[34] Baldus, on C.10,1, n.13，第 232 页以下（参见第四章注 276）。有关这一格言的来源，参见 Herodian, I, 6, 5 (ἐκεῖ τε ἡ Ῥώμη ποτ' ἄν, ὁ βασιλεὺς ἦ （转下页）

教皇在哪，罗马就在哪，“哪怕他避居于农舍”，是被教会法学者一再重复的话，他们还把耶路撒冷、锡安山、使徒之墓的门槛（*limina Apostolorum*）以及“共同的祖国”同教皇个人联系起来。[35]在圣事的意义上，“基督此刻在哪，约旦河便在哪”的 205

（接上页）[皇帝在哪，罗马就在哪]），在伊尔米施（T. G. Irmisch）所编的赫罗狄安（Herodian）旧版史书（*Herodiani Historiarum Libri Octo* [1789]，I，209）中，引述了值得关注的类似表达。另见 *Paneg. lat.*，XI，12（Mamertinus，*Genethl. Maxim.*），ed. W. Baehrens（1911），285，2，以及 *Cambridge Ancient History*，XII，374，386。进一步可参见，Claudian，*In Rufinum*，II，246f，ed. Birt，*MGH*，*Auct.ant.*，x，43："quocumque loco Stilicho tentoria figat，haec patria est"（“[统帅]斯提里克的帐篷所搭之处，便是祖国”），这使得军营成为士兵的祖国；参见 Reinhard Höhn，“Der Soldat und das Vaterland während und nach dem SiebenJährigen Krieg”，*Festschrift Ernst Heymann*（Weimar，1940），255，引述了只知是 S.B.N.的佚名短论 *Die wahren Pflichten des Soldaten und insonderheit eines Edelmanns*（译自法文本，1753 年），第 12 页：“统帅营地所在，必是你们的祖国”（“Der Ort wo der Feldherr sein Lager hat，muss Euer Vaterland seyn”）。另见 Modoinus，*Ecloga*，40f，*MGH*，*Poetae*，I，386，提到查理曼和亚琛：“世界首领所在之处，即可称作罗马/权势场所……”（“Quo caput orbis erit，Roma vocitare licebit/Forte locum ...”）腓特烈二世也曾使用这一格言；参见 Huillard-Bréholles，II，630（1226 年 6 月）：“... ibi sit Alemanie curia，ubi persona nostra et principes imperii nostri consistunt”（“我们人身和我们帝国诸侯所在之处，便是德意志宫廷”）。参见 *Erg.Bd.*，41。

[35] 参见 Oldradus de Ponte，*Consilia*，LXII，n. 3，fol. 22v："... ista intelligantur de ecclesia Romana universali，quae est ubicunque est papa"（“……这要从普世的罗马教会来理解，教皇在哪这个教会就在哪”）。Hostiensis，*Summa aurea*，on X 1，8，n.3，col.155："quia non ubi Roma est ibi Papa，sed econverso；locus enim non sanctificat hominem，sed homo locum"（“因为不是罗马在哪教皇就在哪，而是相反；实际上不是场所神化人，而是人神化场所”）。有关“不是场所神化人”（*non locus sanctificat hominem*）等格言，参见 Hermann Kantorowicz，*Glossators*，22。Johannes Andreae，*Novella Commentaria*，on c. 4 X 2，24（Venice，1612），185v："limina enim apostolorum esse intelliguntur，ubi est papa"（“教皇所在之处，就被理解为使徒之墓的门槛”）。（拉丁语词 *limina* 是“门槛”之意，*limina Apostolorum* 意即使徒圣彼得和圣保罗之墓的门槛；文后也视语境简译为“使徒之墓”，参见第七章注 126。*ad limina Apostolorum* 还可引 （转下页）

说法是极为常见的，它的意思当然是说，就基督而言，就基督临在而言，每个洗礼盘都是“约旦河”。㊱然而，阿尔瓦卢斯·佩拉纠的改用，极大地掘进了这一观念的深度：并非祝圣过

(接上页)伸为主教对教宗的述职。——译者)参较 Jung, *Alvaro Pelayo*, 148, n.1:“Et quod ubicumque est papa, ibi est Ecclesia romana ...”(“教皇所在之处，便是罗马教会所在之处……”)Baldus, on *D*.1,18,1, n.26, fol.44:“... puta ubi est palatium regis vel episcopi, sicut in regno regia civitas dicitur caput regni ... Et in mensa, ubicumque est dominus, ibi caput; sicut ubi Papa, ibi Roma, etiam si esset in quodam tugurio rusticano reclusus”(“……就是说，正如在王国中国王所在城市被称作王国的首都……王宫或主教宫殿所在之处可认作是……在餐桌上，主人所在之处便是中心所在；正如教皇在哪罗马就在哪，就算他避居某处乡间农舍”)。Baldus, on *D*.3,2,2,3, n.2, fol.164,带来了一个新的注释(对“国王和祖国”[*rex et patria*]的表述是重要的；参见下文)：“要看到，罗马和皇帝同等并列。故此，在英诺森四世看来，皇帝在哪罗马就在哪，这是可以理解的，因为，出自皇帝的法与出自罗马的法是相同的……”(“nota quod Roma et Imperator aequiparantur. Unde verum quod notat Inn[ocentius IV] ubi est Imperator, ibi est Roma, scilicet intellectualiter, quia idem iuris est de Imperatore et de urbe ...”)随后巴尔都斯得出结论(on *D*.5,1,2,3, n.1, fol.258ᵛ)：“... Roma sit communis patria, et intelligo ubicunque est Papa vel Imperator.”(“……罗马是共同的祖国，对此我的理解是，它是教皇或皇帝的所在之处。”)也可参见 Baldus, on c.4 X 2, 24, n.11, fol.249,引述了英诺森四世的话：“英诺森说过，教皇在哪，罗马、耶路撒冷、锡安山就在哪，并且共同的祖国就在哪”(“Dicit Innocentius quod ubi est Papa, ibi est Roma, Hierusalem et mons Sion, ibi et est communis patria”)。有关罗马作为“共同的祖国”(*communis patria*)，参见第三章注 89；有关罗马与耶路撒冷的关联，参见 Tierney, *Cath. Hist. Rev.*, XXXVI, 428, n.57,文中引述了奥斯蒂恩西斯(Hostiensis)的话——“(罗马)这座城市被理解为另一个耶路撒冷”(“Urbs ista [Roma] altera Ierusalem intelligatur”)，并参引了诺曼佚名著者。当然罗马—耶路撒冷的理论是古代基督教的；它在基督教艺术中占据重要地位(有关在“圣母玛利亚的奉献”[Santa Maria Maggiore]中的呈现，可参见 A. Grabar, *L'empereur dans l'art byzantin* [Paris, 1936], 216ff)，后来在法律文献中也扮演了一定作用；可参见 Oldradus de Ponte, *Consilia*, LXXXV, n.1, fol.32。它肯定有益于系统研究耶路撒冷理念转用于罗马的过程。相关一些评论参见 Williams, *Norman Anoymous*, 137ff。

㊱ Ambrose, *Sermones*, XXXVIII, c.2, *PL*, XVII, 702B:“Ubique enim nunc Christus, ibi quoque Jordanis est”(“基督此刻在那，约旦河便在那”)。

的圣体(host)在哪，神秘体就会在哪，而是教皇在哪，神秘体就在哪。从礼仪和圣事的神秘体到以教皇为首的神秘政体，有一段很长的路要走。

这里应该提到另一个术语变化，它足以同阿尔瓦卢斯·佩拉纠的奇怪界定相匹敌。当奥康的威廉否认教皇有让渡教会财产的权力时，他只是重复了众多法学家之前已经提出的观点，虽说如此，在奥康的诸论证当中，有一个却是我们眼下讨论感兴趣的。奥康指出，教皇不能让渡这些财产，因为它们不属于他个人，而属于"上帝及其神秘体教会"(*Dei et corporis eius mystici quod est ecclesia*)。[37] 教会是作为上帝的神秘体，而非基督的神秘体。这一观念表明，神秘体的概念迅速远离了其原初的献祭领域，远离了祭坛和圣餐礼的意义，以致后来一位法学家会很自然地把教会定义为团体，"代表着 206
一个不能说其曾活过的位格，因为这一位格既不是肉体的也非有朽的，而是上帝"。[38] 诚然，奥康可能已经为自己的论点进行了辩护，因三位一体中的第一、第二位格在他的时代已不再像中世纪早期那样泾渭分明了。[39] 然而，"上帝的神秘体"

---

[37] Scholz, *Streitschriften*, II, 428，此处这一表述出现了两次。

[38] Gierke, *Gen.R.*, III, 277, n.91，引述的是卡斯特洛的保罗(Paulus de Castro，卒于 1439 年)："[ecclesia] universitas repraesentans personam quae nunquam potest dici vixisse, quia non est corporalis nec mortalis, ut est Deus"("[教会]统合体代表着一个不能说其曾活过的位格，因为这一位格既不是肉体的也非有朽的，而是上帝")。如果这位法学家认为教会是基督神秘体的话，他就不会发表这番言论，因为不能说基督未曾活过。

[39] 譬如，在《一圣通谕》中，教皇卜尼法斯八世基于《哥林多前书》11∶3 提到了教会的神秘体，"其(教会的)头为基督，而基督的头是上帝"("cuius caput est Christus, Christi vero Deus")。也可参见 Aquinas, *Summa Theol.*, (转下页)

(*corpus mysticum Dei*)这一说法可能会让人误读年代性;这样一种表述指示出一种新的方向,使奥康在许多方面成了倡导者。

括言之,早先指称祭坛圣事的"神秘体"概念,在12世纪之后被用来描述教会的政体或"法律之体"(*corpus iuridicum*),这并不会剪断早期某些内涵的延续。此外,基督二性在古典基督论上的区分,仍顽强地存续于1100年左右诺曼佚名著者的政治神学思想中,并没有在政治讨论和政治理论的语境中销声匿迹。它已被有关团体的、非基督论的基督两个身体观念所取代:一个是"自然的、本真的和属人的身体"(*corpus naturale*, *verum*, *personale*);另一个是政治的和集体的超个体性身体,即"神秘体",它也被解释成"神秘人格"(*persona mystica*)。而"真体"(*corpus verum*)经过变体说和圣体节制度化的推动,发展出了自身的生命力和神秘性,随着时间的推移,"基督的神秘体"本身的神秘性渐趋销熄,仅意指作为政治体的教会,或经转用意指世俗世界的政治体。

207 国家的神秘体(*Corpus Reipublicae mysticum*)

一方面,教会乃"以基督为头的神秘体"(*corpus mysticum cuius caput Christus*)这一崇高观念,充溢着团体的和法律的

(接上页)III, q.VIII, art.1, ad 2。有关此前几个世纪一直极为不愿将上帝圣父称作"教会之头"(*caput ecclesiae*)的倾向,可参见Peter of Poitiers, *Sententiae*, IV, c. 20, *PL*, CCXI, 1215C,以及依据于他的*Quaestiones Varsavienses trinitariae et christologicae*, ed. F. Stegmüller, in *Miscellanea Giovanni Mercati* (Studi e Testi, 122, Rome, 1946), II, 303f, §§4 and 6。

世俗内容，而另一方面，世俗国家自身——本来是从相反目的出发的——却在谋求获得自己的擢升和准宗教的荣光。“神秘体”这一高贵概念，一旦丧失它的那些超验意义、被政治化，并在许多方面被教会世俗化，就很容易落入政客、法学家及学者们的思想掌控中，因为，此时的他们正在为新兴地区性世俗国家谋求新的意识形态。我们还记得，巴巴罗萨曾使用“神圣帝国”(*sacrum imperium*)这一荣衔来神化他的帝国，这一术语是他从罗马法而非教会语汇中借用的一个完全正当的类比教会用语。然而，想要给国家建制加上某种宗教光环，并给它加上教会思想及教会论语言的那种适应力和通用性的努力，很快就让世俗国家的理论家们去借用罗马法的语汇，以及教会法和一般性神学语汇，这种借用不仅仅是表面意义上的。新兴地区性和准民族性的国家，称自己是自足的并独立于教会和教皇权力之外，它们在驾轻就熟的关于教会的丰富观念中探寻自己所需，想最终将自身的尘世性同战斗教会的永恒性置于同一层面，来确立自己的存在。在此过程中，教会所发展起来的“神秘体”观念以及其他团体学说，有着极为重要的意义。[40]

将作为“身体”的国家与作为“身体”的教会两相对照的早期实例，源于叙任权之争时期的小册子文献。当时，有一位帝权派的作家倡导用“国家的一个身体”(*unum corpus reipublicae*)来补充“教会的一个身体”(*unum corpus ecclesiae*)。[41] 国家与

---

[40] 有关神秘体概念对于团体法发展所产生影响的一些论述，参见 Pollock and Maitland, *History*, I, 495。参较 Tierney, *Conciliar Theory*, 134ff。

[41] *De unitate ecclesiae*, in *MGH*, *LdL*, II, 228,16, Ladner, “Aspects,” 413, n.36 中有所引述。也可参见 Hugh of Fleury, *De regia potestate*, I, 3, ibid, II, 468,28ff:“rex in regni sui corpore”(“在他的身体即王国中的国王”)。

教会的两相对照，只是反映出了国家和教会两方面的传统有机体观念；索尔兹伯里的约翰的名句“国家即是某种身体”
208 (*res publica corpus quoddam*)也并未表明他背离了传统思想。[42] 然而，在13世纪中期，当博韦的樊尚(Vincent of Beauvais)为了指称国家的政体而使用“国家的神秘体”(*corpus reipublicae mysticum*)时，情形已大有不同，国家是从另一个不同角度作为有机体的。[43] 此个例清楚说明了这一时期对关于教会的丰富观念的借用，以及通常教会才有的超自然和超验的价值标准向世俗国家的转用。想让国家超然于其纯粹自

---

[42] *Policraticus*, v, c.2, ed. Webb, I, 282ff。当然，有机体诸理论并非始于索尔兹伯里的约翰；它们在那个时代法学家们的著作中获得了充分发展，但不能说是当时的原创。可参见 Fitting, *Jur. Schr.*, 148,20 (见上面注 19)，对“*princeps*”的注释：“类似首位之头，法官们是其他人的头，其他人受法官们支配就像四肢受头支配一样；而君主又是其他法官的头，他们受君主支配”(“Quasi primum caput, iudices enim capita sunt aliorum hominum, qui ab eis reguntur, ut membra a suis capitibus; sed princeps est caput aliorum iudicum et ab eo reguntur”)。其后紧接着是各种显贵(卓越之人[*illustres*]、显赫之人[*spectabilis*]等)同眼、手、胸、足等的明确比较，另外还有教会显贵和人体四肢的比较。有机体的比喻其实也可见于罗马法；可参见 *C.*9,8,5 (*Cod.Theod.*, 9,14,3)：“virorum illustrium qui consiliis et consistorio nostro intersunt, senatorum etiam, nam ipsi pars corporis nostri sunt”(“参加我们咨议会和议事会的显赫之人，还包括元老院的议员们的……因为他们就是我们自身身体的一部分”)[日译本似乎认为该句拉丁文引文有遗漏，而作了相应补充。——译者]。这段话屡被引述(参见下面第七章注 341f)，并且也适用于教皇；可参见 Johannes Andreae, *Novella*, on c.4 X 2, 24 (Venice, 1612), fol. 184：“cum ipsi [cardinales] cum papa constituant ecclesiam Romanam, et sint pars corporis papae, ar.C. ad l.Jul.ma.l.quisquis”(“由于[枢机主教]自身同教皇构成了罗马教会，并且是教皇身体的一部分，[*C.*9, 8,5]”)。总体情况参见 Nestle, “Menenius Agrippa” (见上面注 6)。

[43] *Speculum doctrinale*, VII, c.8,为 Gierke, *Gen.R.*, III, 548, n.75 所引述；参较 Maitland, *Political Theories*, 131。笔者未能找到出处，但这一表述无疑在樊尚的时代和环境下已非常普遍；可参见 Berges, *Fürstenspiegel*, 195, n.1, and 306, §15。(吉尔克此处有误：阅读 *Spec.Doctr.* VII, c.15)。

然存在并使国家超验化的意图，或许可从樊尚同时代的圣方济各会修士图尔奈的吉尔伯特（Gilbert of Tournai）的作品《君主之鉴》（*Mirror of Princes*）中找寻到。[44] 吉尔伯特想象了一个完美王国，这一王国由作为基督代理人的国王统治，并由教会的圣职者引导，他在此语境中也使用了“神秘体”一语。但吉尔伯特希望他的理想王国是处于传统神秘体内部的独特实体，这一神秘体仍意味着基督教社会的统一性，而在樊尚那里，世俗实体本身就是一个“神秘体”。[45]

神秘体的概念首先表明基督教社会在有机体论方面的整体性：一个由头和四肢组成的身体。这一解释从中世纪后期一直到近代早期都一直是有效的，甚至在这一概念被转用于社会中的更小团体之后仍适用。然而，神秘体还是获得了某种法律内涵，获得了某种表示“拟制的”人格或“法的”人格的团体特征。我们还记得，阿奎那曾使用“神秘人格”（*persona mystica*）来代替“神秘体”，“神秘人格”同法学家的拟制人格几乎没有什么区别。实际上，有机体论解释与团体内容的并置或与团体内容的融合，主要流行于法学家们中间（虽然不单是法学家们），相应地，“神秘体”的概念与“拟制的身体、想象的 209

㊹ Gilbert of Tournai, *Eruditio regum et principum*, II, c.2, ed. A. de Poorter (Philosophes Belges, IX, Louvain, 1914), 45; Berges, *Fürstenspiegel*, 156.

㊺ 拉德纳（Lander）为方便起见，将“教会内部的国家”概念称作“加洛林时代的传统”，见他的“Plenitudo potestatis,”50f，作者（在第73页）有理有据地指出，这一传统在13世纪开始消失，并指出，阿奎那的思想中似乎也已见不到任何加洛林时代传统的踪迹了，“王国”（*regna*）对阿奎那而言在起源和特征上都是自然而然的。

身体和表象的身体”(*corpus fictum*, *corpus imaginatum*, *corpus repraesentatum*)之类的概念,是在相同的意义上来使用的,都是作为对法的人格或团体的描述。这样一来,法学家能像神学家一样区分“真的身体”(个体之人的有形身体)与“拟制的身体”,后者是集体的团体,是无形的且只作为法学拟制而存在。[46] 因此,通过与神学用法的类比以及同自然人格的对照,法学家们常常把他们的拟制人格定义为“神秘体”。这一术语适用于团体共同体层级制内各种规模级别的“统合体”(*universitas*),中世纪的社会哲学混合了奥古斯丁和亚里士多德的定义,在层级制内划分了 5 个层级:家庭、邻里、城市、王国、宇宙。[47] 在此基础上,中世纪晚期的一个法学家罗瑟的安东尼(Antonius de Rosellis,生于 1386 年)列出了人类社会
210 的 5 个“神秘体”,即村庄、城市、行省、王国、世界,与前述 5 个层

---

[46] 对于“神秘体”向法律意义上的“统合体”(*universitas*)的过渡,庞特的奥德拉都斯(Oldradus de Ponte)作了很好的阐述,见他的 *Consilia*, 204, n.1 (Lyon, 1550), 78^{v}。是否克吕尼修道院院长为整个克吕尼修道会的首长的问题被提了出来。奥德拉都斯通过指出与神秘体的类比回答了这一问题:“说他是唯一的首长,首先要证明真体与神秘体的类似性。正如在自然身体中头是唯一的,与此不同的则被说成是变异之怪物……在神秘体中也如此。……一般认为,统合体和修道会也表现出一个身体……”(“Et quod unum tantum sit caput, prout probatur primo ex corporis mystici ad corporis veri similitudinem. Sicut enim in corpore naturali unum est caput, alias diceretur declinare ad monstrum ..., sic et in corpore mystico .... Constat autem quod universitas et religio unum corpus repraesentat”)(沿循了 *lex mortuo* 的看法;见下面第六章注 73)。参见 Gierke, *Gen.R.*, III, 428 讨论了描述法人有别于自然人的多种方式。也可参见上面注 16,讨论了“比喻的身体”(*corpus figuratum*)这一表述与“神秘体”同义。有关“统合体”和“神秘体”,参见 Tierney, *Conciliar Theories*, 134ff。

[47] 有关这一问题,参见 Fritz Kern, *Humana Civilitas* (Leipzig, 1913), 11, n.1; Dante, *Monarchia*, I, c.3。

级几无差异。[48] 这无疑是对原初复杂的礼仪用语的降格和俗尘化。不过，神秘体的概念也同样可轻而易举地转用到其他世俗单元上。比如，巴尔都斯就曾把人民（*populus*）定义为一个神秘体。他认为"人民"不只是共同体个体的总和，而是"结合成一个神秘体的人群"（*hominum collectio in unum corpus mysticum*），组成了"某种理智之体"（*quoddam corpus intellectuale*）的人群，这一身体或团体只能从理智上来把握，因为它并非实在的或物质性的身体。[49] 从专业术语角度看，巴尔都斯的"人民的神秘体"显得就与"政体"或"统合体"（*universitas*）是同义的，或者与阿奎那和亚里士多德的语言中的"有序群体"（*multitudo ordinate*）是同义的。[50] 不过，神秘体的称谓可以说为世俗政体带来了一阵来自彼岸世界的馨香。

"政治的身体"（body politic），也是一个在13世纪流行起

---

[48] Antonius de Rosellis, *Monarchia sive Tractatus de potestate imperatoris et papae*, II, c.6, ed. Goldast, *Monarchia* (Frankfurt, 1668), I, 312："Nam sicut est in uno corpore naturali, ita est in pluribus mysticis corporibus ... Et idem est in aliis mysticis corporibus universitatum, quia melius se habent cum per unum reguntur. Sunt enim secundum Philosophum quinque communitates ... [参较 Gierke, *Gen.R.*, III, 545, n.64]"（"的确，如同在自然身体中一样，在众多神秘体中也是如此[君主制是最佳的统治形式]……在其他统合起来的神秘体中也同样，因为由一人统治会让统合体自身更善。根据亚里士多德的看法，共同体有五种……"）有关这位作者，参见 Karla Eckermann, *Studien zur Geschichte des monarchischen Gedankens im 15. Jahrhundert* (Abh. zur mittleren und neueren Geschichte, LXXIII [Berlin-Grunewald, 1933])。

[49] 关于巴尔都斯，参见 Gierke, *Gen.R.*, III，第428页注37和第431页及后页；以及第433页注61；参见第八章注70。

[50] Aquinas, *Summa theol.*, III, q. VIII, a. 1, ad 2："corpus ... aliqua multitudo ordinata"（"身体是……某种有序群体"）。

来的概念，它同早期团体学说的时代和亚里士多德学说复兴的时代是不可分离的。之后不久，神秘体这一术语便可用于亚里士多德意义上的任何“道德的和政治的身体”(*corpus morale et politicum*)。此处要评述亚里士多德对于中世纪晚期政治语言的影响，甚或去探询亚里士多德之后国家不仅被解释成“政治的身体”而且还被视为“道德的身体”或“伦理的身体”到底意味着什么，都可能流于臆测。国家(其实也包括其他政治集合体)，被看作是自然理性的结果。它是有其自身
211 道德目的和伦理准则的建制。法学家和政论家才有可能将国家比作“道德的和政治的身体”(*corpus morale et politicum*)，或者将国家与教会的“神秘的和属灵的身体”(*corpus mysticum et spirituale*)两相对照。[51]

阿奎那使亚里士多德教会化之后，将亚里士多德的概念同教会的思想和语汇结合起来便没有什么困难了。13 世纪后期一位比利时哲学家方丹的戈弗雷(Godfrey of Fontaines)，就成

---

[51] Aristotle, *Polit.*, III, 9ff (1280a - 1282b)，以及 Aquinas, *In libros Politicorum Aristotelis*, III, *lect.*VII and VIII, ed. Raymundus M. Spiazzi (Turin and Rome, 1951), 141ff。有关亚里士多德笔下国家的道德特征，也可参见 Max Hamburger, *Morals and Law: The Growth of Aristotle's Legal Theory* (New Haven, 1951)，特别是第 177 页及其后。当然，国家作为“道德的身体”(*corpus morale*)的本质在于，其目的指向某种善，称得上是“最大的善和广受追求的善；因为政治领域之中的善乃为正义”。阿奎那在其亚里士多德的《政治学》导言(第 6 卷，斯皮亚齐[Spiazzi]主编，第 2 页)中强调，“政治学问”(*scientia politica*)依据传统分类是一门“道德学问”(*scientia moralis*)。亚里士多德虽然不是后来意义上的“团体主义者”(corporationalist)，但他的下述学说支持了对团体的解释：城市——也可以说，每个整体——优先于它的部分，如果没有整体的话脚和手都不会存在；这一学说是有机体论的产物，也得到了阿奎那的极力强调(*In Polit. Arist.*, I, 1, § 38f, ed. Spiazzi, 11f)。

功将神秘体的概念巧妙地融入了亚里士多德体系。[52]"神秘体"在戈弗雷看来并非有一种超自然基础，而是一种自然的赠礼。他的大前提是，"每个人[依本性]就是社会群体的一部分，因此也是某种神秘体的成员"。也就是说，人"依本性"是社会动物；而作为"社会动物"(*animal sociale*)，人"依本性"(而非"凭借恩典")也是神秘体的一部分，是社会集体或集合体的一部分，之后不久，但丁毫不费力地把这种集合体定义为"人类世俗国家"(*humana civilitas*)，而其他人视情形有时也会从人民(*populus*)、城邦(*civitas*)、王国(*regnum*)、祖国(*patria*)，或从其他社会共同体和团体的意义来定义集合体，这些社会共同体和团体的宗旨本质上是道德层面的。一个新光环从亚里士多德著作而来，落在了人类社会的团体有机体之上，这是一个道德和伦理的光环，不同于教会神秘体的光环，但也决非与之格格不入；实际上，"神秘体"(*corpus mysticum*)同"道德的和政治的身体"(*corpus morale et politicum*)成了几乎可以 212
互换的概念，把它们合置并列可谓轻而易举，其轻松程度堪比但丁以共通名称来统指作为人类两大目标的地上乐园和天上乐园。

这一论断将由那些法学家们证实，他们尤其是在讨论国库财产不可让渡的时候，会诉诸统治者与其领地的婚姻这一

---

[52] Godfrey of Fontaines, *Quaestiones ordinariae*, I, 2,5, ed. Odon Lottin (Philosophes Belges, XIV, Louvain, 1937), 89；参较 G. de Lagarde, "La philosophie sociale d'Henri de Gand et de Godefroid de Fontaines", *L'Organisation corporative du moyen âge à la fin de l'ancien régime*, VII (Receuil de travaux d'histoire et de philologie [历史和哲学研究文集], 3me série, XVIII; Louvain, 1943), 64。

比喻。这一比喻尽管在古代已为人所知,[53]但在中世纪早期并不容易看到。的确,自加洛林时代始,中世纪的君主在加冕时除其他标志和徽章外,还会接受一枚指环。不过,教会学者谨慎地指出这枚指环只是作为"信仰的小象征"(*signaculum fidei*)被授予的,还把它同主教的指环进行了区分。主教凭借这枚指环在圣职按立典礼上成为他教会的新郎和丈夫,教会法学者有时会对这一比喻长篇大论地加以发挥。[54] 世俗性的结婚比喻,在中世纪晚期变得极为流行,此时,在法学上的类比解释和团体学说的影响下,君主与其"神秘体"的婚姻,即君主与国家"神秘体"的婚姻这一比喻,显得就有了宪制上的意义。

教会法的比喻在何时何地和由谁首先转用到了世俗的法律政治思想上,难以遽断。[55] 这种比喻或许在1300年前后已

---

[53] 见下面注59。

[54] 有关与皇帝加冕礼相关的指环的历史概览,参见 Eichmann, *Kaiserkrönung*, II, 94ff(也可见索引"Ring"词条)。主教指环的重要性在"叙任权之争"期间被广泛讨论;参见 *De anulo et baculo*, *MGH*, *LdL*, II, 508ff;III, 720ff,723ff,726ff 中众多短论和诗歌。主教祝圣礼上的"指环授予仪式"有时和加冕礼上的对应仪式没什么区别:主教指环同样被称作"信仰的小象征"(*fidei signaculum*),但婚姻的常用语"新娘……是你要保护的"(*quatenus sponsam ... custodies*)并不总是出现在圣职按立典礼上;可参见 Andrieu, *Pontifical romain*, I, 48 and 149。有关教会法中的婚姻比喻,见下面注55和61。

[55] 参见 Mochi Onory, *Fonti canonistiche*, 151, n.1,摘录了胡古齐奥对 c. 10, D.63, v. '*subscripta relatio*'的注释,这一(出自 Clm.10247, fol.69rb-va的)完整文本以及后来教会法学者对它的参引内容,能为笔者所用,承惠于罗伯特·L.本森(Robert L. Benson)博士。胡古齐奥没有明确提到 *D.*50,17,30("Nuptias non concubitus, sed consensus facit"["婚姻的形成不在于同床,而在于同意"]),把主教的选任和婚姻中的同意相比较:"选任之被称为结合,是出于相互同意,即选任者与被选任者之间的相互同意,由他们属灵上的婚姻而结成,如此,被选任者现在可称作那个教会或那些圣职者的新郎,而教会则被称作他的新娘。"("Item electio dicitur vinculum, quod ex mutuo consensu, scilicet eligentium et electi, (转下页)

相当普遍，譬如，皮斯托亚的奇诺在对查士丁尼《法典》的注释中就曾偶尔使用过这一比喻。在讨论被选皇帝的权限时，他 213
把君王的选举看作"国家"(*respublica*)之举，视这种选任为一种类似于婚姻基础的契约或相互同意，接下来奇诺扼要阐述了显然使他印象深刻的那种类比，因为他认为那种类比会让人过目难忘。

> 肉体上的婚姻与理智上的婚姻之间的类比是恰当的：正如丈夫被称作妻子的保护者……皇帝也被称作国家

（接上页）contrahitur inter eos matrimonium spirituale, ut ille iam dicatur sponsus istius ecclesie vel istorum clericorum et hec ecclesia sponsa ipsius.")同样的观念反复出现在约翰·条顿对 c.10, D.63, v. '*relatio*'的标准注释中，并出现在 *Apparatus* '*Ius naturale*' (Kuttner, *Repertorium*, 67ff)，后者是对同一条教会法的注释 v. '*subscripta*' (Paris, Bibl.nat.MS.lat.15393, fol.49)，其中参引了胡古齐奥："按胡古齐奥的看法……出于选任和被选任者的合法同意"("et secundum Ug[uccionem] ex electione et electi consensu legitimo")。也可参见英诺森三世的一条教令(c.2 X 1,7; Friedberg, II, 97)："... non debeat in dubium revocari, quin post electionem et confirmationem canonicam inter personas eligentium et electi coniugium sit spirituale contractum"("……选任完成并获教会法承认之后，选任者和被选任者之间的结合就是属灵的婚姻，不应再受质疑")。最后还有 Bernard of Pavia, *Summa decretalium*, 1,4,5, ed. E. A. T. Laspeyres, *Bernardi Papiensis Faventini episcopi Summa Decretalium* (Regensburg, 1860), p. 8："... dum approbat [electus] de se factam electionem, ecclesiae sponsus efficitur propter mutuum consensum"("……认可了[被选任者]出自选任本身，相互之间的同意便使他成为教会的新郎")。胡古齐奥和《"自然法"讲解录》(*Apparatus* '*Ius naturale*')，都把主教的选任和皇帝的选举作了类比；有关胡古齐奥方面，参见 Mochi Onory, *loc.cit.*;《讲解录》中的表述则相当简洁："如同说是选帝侯造就了皇帝，高位圣职者则是由圣职者们选出的"("et sicut principes imperatorem dicuntur facere, et ita clerici prelatum electione")，在此之前的从句提到"婚姻在主教与教会之间结成"("matrimonium inter episcopum et ecclesiam contractum")。因此可以说，婚姻的概念迟早会被转用于君主和国家。见下一个注。

的保护者。[56]

奇诺在1312—1314年间撰写了对查士丁尼《法典》的注释，罗萨特的阿伯利库斯（Albericus de Rosate）差不多是逐字照转了奇诺的论证。[57] 当时，其他人也使用过那一类比。比如，在1312年，亨利七世皇帝身边的一个意大利法学家发现，把皇
214 帝的加冕礼比作婚礼仪式是恰当的。[58] 不过，没有人像那不勒

[56] Cynus, on *C.* 7, 37, 3, n. 5 (Frankfurt, 1578), fol. 446rb: "quia ex electione Imperatoris et acceptione electionis Reipublicae iam praepositus negari non potest et eum ius consecutum esse, sicut consensu mutuo fit matrimonium ... Et bona est comparatio illius corporalis matrimonii ad istud intellectuale: quia sicut maritus defensor uxoris dicitur ..., ita et Imperator Reipublicae ..."（"既然出自皇帝选举和国家对选举的接受，他的支配地位连同所获得的权限，现在便不能被否定了，这正如相互同意成就婚姻……肉体上的婚姻与理智上的婚姻之间的类比是恰当的：因为，正如丈夫被称作妻子的保护者……皇帝也被称作国家的保护者……"）奇诺的说法参引的完全是罗马法；但很显然，他的论证沿袭了教会法学者，不过值得注意的是，教会法学者的"*matrimonium spirituale*"（属灵上的婚姻）已转换成了"*matrimonium intellectuale*"（理智上的婚姻）。笔者不能确定奇诺的老师们当中的莱维尼的雅克（Jacobus de Ravanis [Révigny]）或贝勒贝尔谢的彼得（Petrus de Bellapertica [Belleperche]）此前是否使用过婚姻比喻。

[57] Albericus de Rosate, on *C.* 7, 37, 3, n. 12 (*Venice*, 1585), fol. 107va: "quia sicut matrimonium consensu perficitur ... [*D.* 50, 17, 30], sic ex mutuo consensu eligentium et electi ius plenum consequitur Imperator ... Nota ergo quod ex quo res administrat, et est bona argumentatio matrimonii carnalis ad istud intellectuale, quia sicut maritus est defensor uxoris ... [*Inst.* 4, 4, 2], ita Imperator Reipublicae ..."（"因为，正如婚姻完成于同意……[*D.*50,17,30]，选举者和被选举者的相互同意带来了皇帝的完满法权……要看到，皇帝治理国事正基于此，它是很好的一个论证，从肉体上的婚姻类推到了理智上的婚姻，正如丈夫是妻子的保护者……[*Inst.* 4,4,2]，皇帝乃是国家的保护者……"）

[58] 参见帕维亚的"法学博士"（*legum doctor*）约翰·布兰查佐鲁斯（John Branchazolus）的备忘录，Edmund E. Stengel ed., *Nova Alemanniae* (Berlin, 1921), I, No.90, ii, § 6, p.50。有关另一个此种含糊的比较，参见 Ullmann, *Lucas de Penna*, 176, n.1，不过，他似乎对下一个注释中所引有趣章节的意义未予置评。

斯法学家彭纳的卢卡斯那样，把这一类比表达得那么明确、发挥得那么淋漓尽致，他在约14世纪中期撰写了关于《法典》最后3卷（*Tres Libri*）的注释。

卢卡斯评注了一项关于"弃荒地占有"的法律（*C*. II，58，7），不过，弃荒地并不包括属于国库和君主继承的土地。论证伊始，卢卡斯便引述了卢坎的《内战记》（*Pharsalia*），该书把加图形容为"既是［罗马］城市之父又是城市之夫"。[59] 以此为开端，卢卡斯把笔锋转向使徒关于婚礼弥撒的训导，这使他得以在《以弗所书》第五章的基础上来讨论国家的基本法。对卢卡斯来说，君主显然就是"国家之夫"（*maritus reipublicae*），他与国家的结合表现为"道德的和政治的婚姻"（*matrimonium morale et politicum*）。基于这一前提，卢卡斯进而通过类比作了下面的论证。

> 君主和国家之间缔结了道德的和政治的婚姻。正如教会和高位圣职者之间缔结了属灵的和神圣的婚姻……君主

---

[59] Lucas de Penna，on *C*.11，58，7，n.8，p.563："Item princeps si verum dicere vel agnoscere volumus ...，est maritus reipublicae iuxta illud Lucani ..."（"如果我们要从真正意义上来说或来认知的话，君主……按卢坎所言，实为国家之夫"）接下来引述了Lucan，*Pharsalia*，II，388：*urbi pater urbique maritus*（既是城市之父又是城市之夫）。有关罗马"父"（*pater*）之称号的历史，参见阿佛第（Alföldi）值得称道的论文，"Die Geburt der kaiserlichen Bildsymbolik"，*Museum Helveticum*，IX（1952），204－243；X（1953），103－124；XI（1954），133－169。"*urbi maritus*"（城市之夫）这一称号也并不少见；可参见Servius，XI，472，作者像普里西安（Priscian）一样引述了卢坎。还可见Aristophanes，*Aves*，1706ff，此处"*βασίλεια*"（王国）被称作Alcibiades（亚西比德）的新娘。彭纳的卢卡斯实际上已经详细论述了奇诺，并大量运用了奇诺的著述。有关以下的段落，也可参见拙文"Mysteries of State"，*Harvard Theological Review*，XLVIII（1955），76ff。

与国家之间也缔结了世俗的和现世的婚姻。正如教会在高位圣职者里面,高位圣职者也在教会里面……同样,君主在国家里面,国家也在君主里面。[60]

215 我们注意到,卢卡斯运用了主教和主教座之间缔结神秘婚姻这一古老比喻,以解释君主与国家之间的新关系。[61] 事实上,卢卡斯只是逐字照转了格兰西《教会法汇要》的一段话:“主教

---

[60] Lucas de Penna, *loc.cit*:“Inter principem et rempublicam matrimonium morale contrahitur et politicum. Item, sicut inter ecclesiam et praelatum matrimonium spirituale contrahitur et divinum ..., ita inter principem et rempublicam matrimonium temporale contrahitur et terrenum; et sicut ecclesia est in praelato et praelatus in ecclesia ..., ita princeps in republica et respublica in principe.” 接下来是上面注 29 引述的内容。君主与国家婚姻的比喻,彭纳的卢卡斯已然讨论得相当细致了,此处似不必赘述。在这方面,他之前的胡古齐奥(上面注 55)不仅把选任同结婚的同意做比较,而且认为,教会上位者一方对选任的同意与婚姻中的圆房是同义的,或者说圣职按立典礼和“同床”(*concubitus*)是同义的(“Sicut enim in matrimonio carnali precedit matrimonium in desponsatione per verba de presenti, et postea sequitur carnalis commixtio, sic et hic in mutuo consensu precedit matrimonium spirituale et postea sequitur quasi carnalis commixtio, cum iam ecclesiam disponit et ordinat”[“正如在肉体的婚姻中,以出席者话语立婚约的婚姻在先,而后才是肉体的结合,属灵的婚姻也是如此,相互同意之上的婚姻在先,而后是类似的肉体结合,因为他在管理和司执教会了”])。即使是主教应被暂时禁止行使他的职务或停职的情况下,胡古齐奥也找到了婚姻上的比喻:“同样,夫妻之间也有这样的时间,月经、分娩或四旬节……”(“Idem est in marito et uxore tempore menstrui vel partus vel dierum quadragesimalium ...”)(四旬节是为纪念耶稣基督在旷野中的 40 天而设,始于圣灰星期三,终于望复活的圣周六,在此期间有禁食、禁欲等禁忌。——译者)

[61] 当然这一比喻可以回溯到《以弗所书》5:25(“sicut et Christus dilexit ecclesiam”[“正如基督爱教会”]),它对于婚礼弥撒也有着根本性的意义。因此,早期的基督教婚戒在嵌宝石的底座上描绘的是基督同教会的结合;参见 O. M. Dalton, *Catalogue of Early Christian Antiquities and Objects from the Christian East ... of the British Museum* (London, 1901),第 130 页和第 131 页;里面有许多标本,尤为精美的一个藏于华盛顿哥伦比亚特区的敦巴顿橡树园研 (转下页)

在教会里面，教会在主教里面。”[62]这一表述的历史背后隐含什么还有待发掘；[63]但不难看出，都铎的法学家们正是从中得出了他们自己的格言，“国王在他的政治身体上与臣民合为一体，臣民也与他合为一体”。[64]

为阐明他的论证，卢卡斯引述了塞涅卡致尼禄的一段话：“你是国家的灵魂，国家是你的身体。”[65]通过继续《以弗所书》第五章的政治解读，以及将“丈夫是妻子的头，妻子是丈夫的身体”这一短句用于君主身上，卢卡斯取得了与引言同样的效果。通过逻辑推论和类比，他得出结论：“以同样的方式，君主是王国的头，而王国是君主的身体。”[66] 而团体学说在接下去 216

（接上页）究用图书馆和收藏馆（Dumbarton Oaks Research Library and Collection）。主教同其教座的婚姻在主教圣职按立典礼中有所提及；见上面注54。还可进一步参见英诺森三世教令（c.2 X 1,7, ed. Frieburg, II, 97）。教皇克莱蒙二世（Clement II）拒绝与他的主教区班贝格（Bamberg）离异，他以极为生动的言辞提到了这种婚姻（Clement II, *Ep.*, VIII, *PL*, CXLII, 588B）；与之不同，教皇西莱斯廷五世（Pope Celestine V）的退位被（尤其是其继任者和对手教皇卜尼法斯八世）解释成，同教皇所娶的普世教会“离婚”是不合教会法的“离婚”；可参见 P. Dupuy, *Histoire du différend d'entre Pape Boniface VIII et Philippe le Bel* (Paris, 1655), 455ff, and passim; Burdach, *Rienzo*, 52f。

[62] 参见 c.7, C.VII, qu.1, ed. Friedberg, I, 568f。

[63] 参见第七章注 399 - 409。

[64] 参见第一章注 13；Bracon, *Post-nati*, 667。

[65] Seneca, *De clementia*, I, 5,1：“... tu animus rei publicae tuae es, illa corpus tuum”（“……你是国家的灵魂，国家是你的身体”）。Lucas de Penna, *loc. cit.*, n.8, p.564。在同样的问题上，这段话也被伊塞尼亚的安德烈亚斯（Andreas of Isernia）引述，见他的 *Prooemium in Lib. aug.*, ed. Cervone, p.xxvi。

[66] Lucas de Penna, *loc.cit.*：“... item, sicut vir est caput uxoris, uxor vero corpus viri [Eph. 5：23] ..., ita princeps caput reipublicae, et res publica eius corpus”（“……正如丈夫是妻子的头，妻子是丈夫的身体[《以弗所书》5：23]……以同样的方式，君主是王国的头，而王国是君主的身体”）。彭纳的卢卡斯（转下页）

的阐述中更为简明：

> 正如四肢在人的身体中是从肉身意义上结合在一起的，人们在基督为头的属灵身体中是从属灵意义上结合在一起的……，人们在国家中则是从道德和政治的意义上结合在一起的，此国家是一个君主为头的身体。[67]

我们可以再次听到亚里士多德的余响。不过，我们这里还是先来设想一下那个大胆的等式，借助它，“作为国家神秘体之头的君主”（像庇护二世后来所表述的那样[68]），与作为教会神秘体之头的基督形成了对照。由此，卢卡斯用他“对置互用”（*quid pro quo*）的方法不仅让作为王国新郎的君主和教区新郎的主教同位并列，而且也将君主和基督同位并列。事实上，这位法学家接下去的一番话让这种与基督的相似关系变得清晰透彻：

（接上页）补充说：*secundum Plutarchumo*（“根据普鲁塔克”），这里是指“伪托普鲁塔克”（Pseudo-Plutarch），为索尔兹伯里的约翰（*Policraticus*, v,1ff）所引用（参见第四章注 20），而索尔兹伯里的约翰是中世纪法学家们经常援引的对象；参见 Ullmann，“The Influence of John of Salisbury on Medieval Italian Jurists”, *EHR*, LIX (1944), 387, n.4。

[67] Lucas de Penna, *loc.cit.*:“Item, sicut membra coniunguntur in humano corpore carnaliter, et homines spirituali corpori spiritualiter coniunguntur, cui corpori Christus est caput ..., sic moraliter et politice homines coniunguntur reipublicae quae corpus est: cuius caput est princeps ...”

[68] Enea Silvio Piccolomini, *De ortu et auctoritate imperii Romani*, ed. Gerhard Kallen, *Aeneas Silvius Piccolomini als Publizist* (Stuttgart, 1939)，第 82 页第 418 行及其后；见下面注 212。

> 如同基督把外邦降生者即异教徒的教会娶作自己的妻……君主在获得统治权时，把所有权上不属于他的国家娶作自己的妻……。[69]

于是，丈夫与妻子、基督与他的教会的可敬形象，就从属灵领域转用到了世俗领域，并且迎合了法学家定义君主与国家之间关系的需要——国家作为神秘体或政体，依其自身就是一个实体。卢卡斯详述君主的“道德的和政治的婚姻”，目的是 217
要阐明一项基本法：国库财产的不可让渡性。[70] 因而，他贴切地把国库解释成作为新娘的国家的嫁资，并说明丈夫只有权使用妻子的财产，而无权将其让渡。他还把新郎和新娘在婚礼上交换的誓约同国王和主教在祝圣礼上所作的宣誓相比较，国王和主教这两大显职都借宣誓许诺，决不让渡分属于国库和教会的财产。[71]

---

[69] Lucas de Penna, *loc.cit.*:“Amplius sicut Christus alienigenam, id est, gentilem ecclesiam sibi copulavit uxorem ..., sic et princeps rempublicam quae, quantum ad dominium, sua non est, cum ad principatum assumitur, sponsam sibi coniungit ...” 彭纳的卢卡斯此处参引的是 c.un., C.XXXV, qu.I, ed. Friedberg, I, 1263(格兰西对奥古斯丁《上帝之城》第 15 卷 16 节的评注)。

[70] 参见第七章有关“不可让渡性”的阐述。

[71] Lucas de Penna, *loc.cit.*: n.9, p.564:“Nam aequiparantur quantum ad hoc etiam iuramentum super his praestitum de alienatione facta non revocando episcopus et rex. Ita et principi alienatio rerum fiscalium, quae in patrimonio imperii et reipublicae sunt et separate consistunt a privato patrimonio suo, iuste noscitur interdicta. Ita et fortius non potest princeps fiscalem rem alienare quae plus est in bonis reipublicae quam actio iniuriarum in bonis ecclesiae .... Nam et fiscus est pars reipublicae ...”(“可见，在关于被让渡的那些事物上所立下的誓约，一旦立下便不能取消，国王和主教在这方面都是同样的。如此一来，皇帝让渡属帝国和国家的财产以及跟他私有财产有别的国库财产，可理解为是被合法 （转下页）

在这里追述亚里士多德曾将婚姻同“民主的”(political)统治作过比较,或许意义不大,但亚里士多德还说过,父亲对自己孩子所拥有的权力有类似于“君王的”(regal)*统治的内容。卢卡斯可能想到,也许未想到亚里士多德的这特定的一节。[72] 但无论如何,他受亚里士多德的影响是不容小觑的。卢卡斯法学类比和同位并列的真实意义应该从其他方面去寻找。他关于君主和国家关系的模式,以格兰西《教会法汇要》

(接上页)禁止的。皇帝不能对教会的财产作出损害,更不能对属于国家财产的国库物强行让渡。……因为国库是国家的一部分……")基于此,彭纳的卢卡斯将古罗马的国库(*fisc*)视同于国家的嫁资(*dos*)。自然,“彼得的财产”(*patrimonium Petri*)便表现为是教皇的新娘即罗马教会的嫁资;可参见 Oldradus de Ponte, *Consilia*, LXXXV, n.1 (Lyon, 1550), fol.28[v],作者告诫在亚维农的教皇:“这让你的神圣性被返还给了新娘……她恢复了自己屡屡受到损害的财产和嫁资”(“ut sanctitas vestra revertatur ad sponsam ... et reparet suum patrimonium et suam dotem, quae multipliciter est collapsa”)。有关基督同教会属灵婚姻中的嫁资问题,参见 Aquinas, *Summa theol.*, Suppl.III, qu.xcv, art.1 and 3;评断嫁资的问题尤为棘手,因为正如阿奎那所指出的(art.1, ad 2),“pater sponsi (scilicet Christi) est sola persona Patris; pater autem sponsae est tota Trinitas”(“新郎[即基督]的父亲只是圣父这一位格;新娘的父亲则是整个三位一体”);原因还在于,基督由于与“神秘体”是同一的,“他也自称是新娘,而不仅仅是新郎”(“nominat se etiam sponsam, et non solum sponsum”)(art.3, ad 3)。

* 此处对“political”和“regal”的理解,可参见 Aristotle, *The Politics*, translated by T. A. Sinclair, Penguin Books, 1981, p.92,对于与“君王的统治”意义相对的“民主的统治”(politikē archē),该英文译本在脚注中是这样解释的:“politikē archē”特指公民对同胞公民的统治。这与后文“politically”(“通过全体人民”),以及“politicum”(“[由全体人民组成的]政体”)是紧密关联的,对此,可分别参照本书(原页码)第 223 页和第 226 页。——译者

[72] Aristotle, *Polit.*, 1259a; Aquinas, *In Polit. Arist.*, I, *lect*.x, §152, ed. Spiazzi, 47f:“Vir principatur mulieri politico principatu, id est sicut aliquis, qui eligitur in rectorem, civitati praeest”(“丈夫通过依民主带来的支配地位对妻子进行统治,就如同被选举为统治者的人执掌国家那样”)。此外,亚里士多德还探讨了专制统治和父权统治。当彭纳的卢卡斯(*loc.cit.*)接下去说:“圣职者和丈夫,与君主一样,只有通过选举才能获取地位”(“Praelatus quoque et vir non nisi per electionem assumitur, sicut et princeps”),可能脑海中浮现的是亚里士多德的这一节内容。

中主教与教会的关系为典范，效仿了基督与普世教会关系的 218
模式。教会，作为基督的超个人的集合身体，基督既是她的头也是她的丈夫，国家与教会几乎完全对等，是作为君主的超个人的集合身体，君主既是她的头也是她的丈夫，“君主是王国的头，而王国是君主的身体”。换言之，卢卡斯这位法学家把最重要的社会的、有机体的和团体的诸要素转用到了君主和国家身上，这些要素通常是用来解释基督和教会的关系——即基督是作为教会的新郎、神秘体的头以及神秘体本身的。

尽管这种政治神学对我们来说显得比较陌生，但它并非卢卡斯个人突发奇想的结果。“神秘体”的类比是用来澄清政治身体诸等级（estates）与他们国王之间的关系的，而婚姻的比喻是用来描述国库的独特性质的。因此，这种比较的使用并不只限于卢卡斯，尽管必须承认他的论证在后世产生了极为重要的影响，尤其是在 16 世纪的法兰西，神秘体的类比以及国王同其王国结婚的比喻，与法兰西王国的基本法联系在了一起。

国家与神秘体的比较在法兰西扎根很深。它同法兰西王权的神秘主义合流，在查理五世统治期间及之后的时期迎来了首次大发展，与此同时，它以诸等级的神秘性对抗国王的神秘性。巴黎大学校长让·热尔松（Jean Gerson，1363—1429）只要讨论以三大等级出现的王国有机体结构，一般来说就会谈到法兰西的“神秘体”。他回到一个传统论证并宣称，正如在自然身体中四肢会竭尽所能来保护头，在神秘体中也一样，所有臣民都有义务保卫他们的君主；[73]他告诫民众，人人都应

[73] Carl Schäfer, *Die Staatslehre des Johannes Gerson* (Cologne, diss., 1935), 55, n.86，参引了 *Vivat rex*, in Gerson, *Opera omnia*, ed. （转下页）

219 满足于自己的地位，不然的话，“国家的神秘体秩序就完全会被颠覆”（*l'ordre du corps mystique de la chose publique seroit tout subverti*）；[74]另一方面他要求，用作保护国王和王国的税收应根据“整个神秘体”（*totum corpus mysticum*）来平等分配；[75]这同样与三大等级相关，在一封关于皇太子教育的信中，他让年轻的王子思考：“您拥有第一等级［骑士］作为强有力的臂膀来保卫自己的神秘体，即君王政体”，这就将君主与政体或神秘体等而视之了，这虽不是通则，却让热尔松迅速赋予了国王某种两重性，虽然还不是两个身体，但至少可以说是两个生命，一个是“自然的”，另一个是“国家的或政治的”。[76]

（接上页）Ellies du Pin（Antwerp，1706），IV，597B/C：“Secundum quod per naturalem instinctum omnia membra in uno solo corpore sese exponunt pro capitis salute，pariformiter esse debent in corpore mystico verorum subditorum ad suum dominum”（“依自然本能，单一身体中的四肢会奋不顾身来保护头，在由真正的臣民构成的神秘体中也一样，臣民应该保卫他们的君主”）。

[74] Schäfer，58，n.101，引述了 1413 年的演说，*Rex in sempiternum vive*，in *Opera*，IV，676。

[75] Schäfer，53，n.77，引述了 *Vivat rex*，in *Opera*，IV，616C/D：“Postquam necessarium est ad protectionem et vitae civilis，regis et regni nutritionem et conservationem accipere et levare subsidia，id in bona aequalitate aut aequitate per totum corpus mysticum fieri debet”（“为了保护国家生命、国王和王国，有必要备有食物和留存物资，并征收保障金，这是应该以平等或公平的方式对整个神秘体施行的”）。

[76] *Opusculum de meditacionibus quas princeps debet habere*，c. 2，ed. Antoine Thomas，*Jean de Gerson et l'éducation des Dauphins de France*（Paris，1930），37：“Habes illos de primo statu tanquam brachia fortissima ad corpus tuum misticum，quod est regalis policia，defendendum.”可以说热尔松在这里转述了法国皇太子的一段独白。有关国王的“两个生命”，参见 Gerson，*Vivat rex*，II，prol.，in *Opera*，IV，592：“De secunda Regis vita verba faciemus，civili videlicet et politica，que status regalis dicitur aut dignitas. Estque eo melior sola vita corporali，quo ipsa est diuturnior per legitimam successionem”（“至于国王的第二个生命，我们显然可表达为国家的或政治的生命，它被称作国王的（转下页）

法国法学家让·德·特尔-鲁热(Jean de Terre Rouge 或 Jean de Terrevermeille[让·德·特尔-维梅耶]),是皇太子(查理七世)享法兰西王位继承权的热心拥护者,也是一个狂热的立宪主义者,他在谈及各大等级时同样提到了法兰西神秘体的概念。他认为,皇太子对王位的继承是由古代习惯确立的,是经三大等级和"王国整个的国家身体或神秘体"的同意而订立的。在他看来,王国里属于王位的显职或世俗显职,并非私有而是公共的,因为它们属于"王国整个的国家身体或神秘体",就如同属于教会的教会显职一样。因此,国王不能就皇太子的王位继承作出专断的决定。[77]路易十二治下任行 220

(接上页)地位或威严。相比把它说成只是肉体的生命,更好的说法是,它本身通过合法继承而永续不绝。")也可参见 *Vivat rex*, I, consid.iv, in: *Opera*, IV, 591:"Pater post naturalem, aut civilem, mortem in filii sui adhuc vivit persona"("父亲在自然的或政治的死亡后依然能以他儿子的人格存活下去")(国王的"政治死亡",例如在退位或精神失常的情况下是会发生的,这在1405年是真事,当时查理六世疯了,正值热尔松撰写他的短论)。事实上,热尔松似乎增加了第三种生命或者说属灵的生命;因为在短论的"致礼"(*salutatio*)中他三呼:"[国王]御体永生,政治上和国家上永生,属灵上和承续上永生"("Vivat [rex] corporaliter, vivat politice et civiliter, vivat spiritualiter et indesinenter")。

[77] Jean de Terre Rouge, *Tractatus de iure futuri successoris legitimi in regiis hereditatibus*(《论世袭王国里未来合法继承人的法权》), I, art.1, conclusio 24,以附录形式刊布于 François Hotman, *Consilia*, (Arras, 1586), p. 34: "Consuetudo ... fuit et est introducta, ex consensu trium statuum et totius corporis civilis sive mystici regni, [follow allegations from the *Decretum*, including c. 24, D. XCIII: "exercitus imperatorem faciat," rendered by Terre Rouge: "exercitus populi facit *regem*, sive imperatorem"] ... Praeterea dignitates regiae sunt totius corporis civilis sive mystici regni: sicut dignitates ecclesiasticae sunt ecclesiarum"("……是习惯做法,是经三大等级和王国整个的国家身体或神秘体同意而引入的[之后引用了格兰西《教会法汇要》的主张,包括 c.24, D. XCIII:"军团造就了皇帝",特尔-鲁热将其表述为:"人民的军团造就了*君王*,或皇帝"]……此外,属于王位的显职是属于王国整个的国家身体或神秘体的,(转下页)

政职务的法学家塞瑟尔的克劳德(Claude de Seyssel),采用类似热尔松的说法告诫道,除非每个等级的臣民都满意他们的命途,否则结果可能是“君主制的毁灭和这一神秘体的解体”。[78] 16世纪末期,秉持己见的法学家盖伊·可奇耶(Guy Coquille),不吝笔墨表达了这样一种观点:国王作为头、三大等级作为四肢,“一同构成(王国的)政体和神秘体。”[79]

我们在这里又看到,宪制力量在“政治的和神秘的身体”的有机体论概念中依然活跃,它限制着国王的专制主义。1489年,当法兰西最高法院巴黎高等法院抗议查理八世的国王顾问会议的跋扈时,这一点表现得很明显。以国王为头,由12名贵族、首席法官、高等法院的4名院长、几名官员和顾问以及百余名其他成员(据称是按罗马元老院的模式)组成的最高法院,反对顾问会议的干涉并称自己“是由圣职者和平信徒

(接上页)正如教会中的显职是属于教会的一样”)。有关特尔-鲁热,参见A. Lemaire, *Les lois fondamentales de la monarchie française d'après des théoriciens de l'ancien régime* (Paris thesis, 1907), 58; J. M. Potter, "The Development and Significance of the Salic Law of the French"(“法国萨利克法典的生成和意义”), *EHR*, LII (1937), 244; Church, *Constitutional Thought*, 29, n.20;以及 Hartung, "Krone," 29, n. 3; Jean Comte de Pange, *Le roi très chrétien* (Paris, 1949), 427f。

[78] Church, *Constitutional Thought*, 34, n.36.

[79] Guy Coquille, *Les oeuvres* (Paris, 1666), I, 323,为丘奇(Church)所引用,同上书第278页注16:“因为国王是头,三级人民是四肢,他们的整体即是政治的和神秘的身体”(“Car le Roy est le Chef, et le peuple des Trois Ordres sont les membres, et tous ensemble sont le corps politique et mystique…”),可奇耶所坚持的是传统的有机体论解释:“政治身体的这种三级区分,同构成人体的三个主要部位是相对应的……它们是脑(圣职者),心脏(贵族)和肝脏(第三等级)”(“Cette distinction des Trois Ordres au corps politique a correspondance à ce qui est du corps humain qui est composé de trois principales parties ... qui sont le cerveau [Clergy], le coeur [Nobility] et le foye [Third Estate]”)。

构成的神秘体……代表了国王的人格”（“un *corps mystique* meslé de gens ecclésiastiques et lais ... representans la personne du roy”），因为王国的这一最高法院是“法兰西王国至高无上的正义，是国王陛下真正的王座、权威、荣光和大权”。[80] 这就 221
是说，国王和他的顾问会议不能违逆高等法院，因为这个“神秘体”代表了国王的人格，甚至可以说等同于国王的人格。

在限制王权的问题上，法国的法学家们同样使用了国王与其王国婚姻的比喻。这一比喻隐含国家的另一项基本法，即国库的不可让渡性。这些法国著述家们很大程度上直接或间接地受到卢卡斯的影响。卢卡斯这方面的学说被弗朗索瓦一世时期从事著述的格拉赛的查理（Charles de Grassaille）照搬照转，格拉赛把国王称作“国家之夫”（*maritus reipublicae*），并谈到了国王效仿高位圣职者与教会结婚的模式缔结了“道德的和政治的婚姻”（*matrimonium morale et politicum*）。[81] 他和其他著述家（包括热奈·肖邦[René Choppin]、弗朗索

[80] R.E.吉赛（R. E. Giesey）博士善意提醒笔者关注 1489 年谏书，参见 Édouard Maugis, *Histoire du Parlement de Paris* (Paris, 1915), I, 374f。

[81] Charles de Grassaille, *Regalium Franciae libri duo*, I, ius xx (Paris, 1545), 217：“Rex dicitur maritus reipublicae .... Et dicitur esse matrimonium morale et politicum：sicut inter ecclesiam et Praelatum matrimonium spirituale contrahitur .... Et sicut vir est caput uxoris, uxor vero corpus viri ..., ita Rex est caput reipublicae et respublica eius corpus”（“国王被称作国家之夫。……如同教会与高位圣职者之间缔结的属灵婚姻，它被称作道德的和政治的婚姻。……如同丈夫是妻子的头，妻子是丈夫的身体……国王是国家的头，国家是他的身体”）。整段话出自彭纳的卢卡斯；见上面注 59 和 66。有关格拉赛，参见 Church, *Constitutional Thought*, 47ff, 57ff。要注意的是，“道德的和政治的”这种结合自 13 世纪始一再出现于文献中；可参见 Pierre Dubois, *De recuperatione Terrae Sanctae*, c.109, ed. Langlois (Paris, 1891), 96：“moraliter et politice loquendo”（在亚里士多德引文之前和之后）。

瓦·奥特芒[François Hotman]、皮埃尔·格雷古瓦[Pierre Grégoire]以及博丹)一样认为,国王与法兰西王国结成良缘时,就从国家那里获得了国库财产作为嫁资,而且该嫁资是不可让渡的。[82] 这些法学家或许正是造成法国国王加冕仪式发生变化的真正原因。格拉赛于1538年写成了他的大作《论法兰西君主权利》。[83] 1547年,法王亨利二世即位,我们在这次

---

[82] René Choppin, *De Domanio Franciae*, II, tit.1, n.2 (Paris, 1605), 203:"Sicuti enim Lege Julia dos est a marito inalienabilis: ita Regium Coronae patrimonium individua Reipublicae dos"("根据朱利亚法,嫁资是丈夫不可让渡的:属于国王王冠的财产也是不可割离的国家的嫁资")(另见下面注83)François Hotman, *Francogallia*(《法兰克-高卢》), c.IX, n.5 (Frankfurt, 1586), 66ff:"Est enim Domanium regium quasi dos regni"("国王的直领地就类似于王国的嫁资"),以及"Par idemque esse ius Regium in suum Domanium quod est viri in dotem suae uxoris"("丈夫对自己妻子的嫁资享有的权利,国王对自己直领地同样享有"),引述的是彭纳的卢卡斯(奥特芒[Hotman]的《法兰克-高卢》于1576年首次出版,当时并没有第九章)。有关婚姻的比喻,参见 Lemaire, *Lois fondamentales*, 100,有关版次情况,参见该书第93页注2(以及第99页注2)。Pierre Grégoire, *De Republica*, IX,1,11(Lyon, 1609;1578年初版), 267A:君主是"国家的新郎",国库是"为所负之责而被给予的嫁资"(*dos pro oneribus danda*)。博丹的情况参见 *De republica*, VI, 2, n.641,其他著述家的情况参见 Vassalli, "Fisco," 198, nos.3-4 and 201。

[83] 见上面注81。格拉赛不太可能是第一位重提彭纳的卢卡斯表述形式的人,彭纳的卢卡斯的著作从1509年巴黎版本算起,16世纪在法国重印了不下6次;参见 Ullmann, *Lucas de Penna*, 14, n.2。实际上,巴黎高等法院中国王的支持者、法学大师雅克·卡帕尔(Jacques Cappel)在1536年的一份《辩护书》(*plaidoyé*)中可能运用了卢卡斯的比喻,皮埃尔·迪皮伊(Pierre Dupuy)的著作 *Traitez touchants les droits du Roy* (Paris, 1655)引用了它,第275页:"……根据普通法、神法和实定法,王冠的神圣财产以及君主的古来直领地不是任人买卖的对象,它们只属于作为国家政治上的丈夫和配偶者的君主;国家在君主的祝圣加冕礼上,将上述领地作为王冠的嫁资给予他;君主们在他们的祝圣加冕礼上庄严宣誓,绝不会以任何理由让渡这份嫁资,因为这份嫁资是不可让渡的"("... par les droits commun, divin et positif le sacré patrimoine de la Couronne et ancien domaine du Prince ne tombe au commerce des hommes, et n'est convenable à autre qu'au (转下页)

加冕仪式规程中首次看到，在授予指环之前有近乎法学意义的仪式指要，称凭这枚指环“国王庄严地与他的王国结婚了”（*le roy espouse solemnellement le royaume*），[84]1594年加冕仪式规程的指要更为直接，称国王自加冕之日起就娶了他的王国，同他的臣民不相分离，他们会像夫妻一样彼此恩爱，夏特尔主教将指环授予国王“以表征这种相互结合”（*pour marque de ceste reciproque conjonction*）。[85] 这是以被修正过 222

（接上页）Roy qui est mari et époux politique de la chose publique, laquelle luy apporte à son Sacre et Couronnement ledit domaine en dot de sa Couronne, lequel dot les Rois à leur Sacre et Couronnement iurent solennellement ne iamais aliener pour quelque cause que ce soit, comme aussi il est inalienable”）。参较 *Plaidoyez de feu maistre Jacques Cappel*（Paris, 1561），p.11。很容易看出这是卢卡斯的论证，认为这段话不可能撰于法国加冕仪式“授予指环”的规则修订之前，是没有必要的（见注84－85）。

[84] Th. Godefroy, *Le Cérémonial de France*（Paris, 1619），348。借自主教圣职按立典礼的“指环祝祷”，确实为查理五世的加冕仪式所采用；参见 *The Coronation Book of Charles V of France*, ed. E. S. Dewick（Bradshaw Society, XVI, London, 1899），第33页（参较第83页）。Schramm, *König von Frankreich*, I, 238f（参较II, 117），认为借用主教圣职按立典礼本身暗含着国王与其王国的婚姻。然而，主教“指环祝祷”中的关键性字句（*sponsam Dei … illibate custodias*［上帝的新娘……要完好无损地保护］）并没有出现；此外，法学家们很早以前就运用了这一比喻，它在法国加冕仪式中的首次出现是在1547年。主教圣职按立典礼上的“指环授予”祈祷文也有其历史，但与此处讨论关系不大。见上面注54。

[85] Godefroy, *Cérémonial*, 661：“ANNEAU ROYAL: Parce qu'au jour du Sacre le Roy espouse solemnellement son Royaume, et fut comme par le doux, gracieux, et amiable lien de mariage inseparablement uny avec ses subjects, pour mutuellement s'entraimer ainsi que sont les epoux, luy fut par le dit Evesque de Chartres presenté un anneau, pour marque de ceste reciproque conjonction”（“国王的指环：祝圣日当天，国王庄严地与他的王国结婚了，像婚姻中的甜蜜、亲密、友爱的关系，他与他的臣民不相分离，像夫妻一样彼此恩爱，国王被上面所说的夏特尔主教授予指环，以表征这种相互结合”）。祷告后的规程说，这位主教“用国王与他的王国结婚的指环，戴在国王右手第四指上，这里有条连着心脏的（转下页）

的形式出现的居普良的精神和格兰西《教会法汇要》的精神：
223 王国在国王里面，国王在王国里面；臣民合于国王之体，国王合于臣民之体。[86]上述法学家们当中的热奈·肖邦甚至说过“国王是国家的神秘配偶”，如此一来，教会的神秘体嫁与神圣新郎这一学说，绕了一个圈子又回来了，这在当时是平常无奇的。[87]

在中世纪的英格兰，结婚的比喻似乎了无踪迹，尽管詹姆

(接上页)血管流过”(“mit le dit anneau, duquel le Roy espousoit son Royaume, au quatriesme doigt de sa main dextre, dont procede certaine veine attouchant au coeur”)。对无名指(戴指环之指)的最后的评述，参见格兰西的《教会法汇要》, c. 7, C.XXX, qu.5, ed. Friedberg, I, 1106。对此婚礼仪式的提及，往后的时代屡见不鲜；可参见 *Recueil des anciens lois française*s, ed. Isambert, Taillandier, and Decrusy (Paris, 1829), XV, 328, No.191，此处，亨利四世在有关自己纳瓦尔的私有地与王冠再统合的敕令(1607 年)中，是这样谈及他的前任国王的，“他与他的王冠(!)缔结了一般称之为神圣的和政治的一种婚姻”(“ils ont contracté avec leur couronne [!] une espèce de *mariage* communément appellé *saint et politique*”)。(参见 Addenda，下面第 568 页。)(为方便阅读，现将附录内容移回该注，如下。——译者)法兰西国王“神圣的和政治的婚姻”(*mariage saint et politique*)或许反映于路易十四下面一段奇怪表述，路得·M.切尼斯(Ruth M. Cherniss)友善地提醒笔者注意这一内容。Saint-Simon, *Mémoires*, ed. Gonzague Truc (Pléiade edtion, Paris, 1953), IV, 1069, Ch. 58，记述了路易十四在王嫡子与王庶子之间所作的区分：“他视前者[王嫡子]为国家的和王冠的孩子……其他的孩子他则抚其为爱之结晶”(“Il considéra les premiers [les princes du sang] comme les *enfants de l'État et de la couronne* ..., tandis qu'il chérit les autres comme les enfants sortis de ses amours”)。

[86] 见上面注 60，64－66。

[87] Choppin, *De Domanio Franciae* (见上面注 82), III, tit.5, n.6, p.449: “Rex, curator *Reipublicae* ac *mysticus* ... ipsius *coniunx*”(“国王，是国家的神秘保护者……是其配偶”)。当法学家们承认教皇拥有对教会国里的国库的权利和其他权利时，这一学说绕了一圈又回来了，因为他们认为他是“世俗国家之夫”(*huius reipublicae temporalis maritum*)，尽管在其他方面，从属灵上看他仍是教会之夫；参较 Vassalli, “Fisco,” 209，文中引述了卢卡的卡迪那(Cardinal de Luca)。

斯一世在他的第一次议会演讲(1603 年)中曾说过：

> “上帝所结合的，谁也不能分开”。我是丈夫，整个岛国都是我的合法妻子；我是头，它是我的身体；我是牧者，它是我的羊群。[88]

英格兰对“神秘体”学说的确可谓熟稔。毕竟，兰开斯特王朝最伟大的法学家约翰·福蒂斯丘爵士谈起王国的“神秘体”时毫不含糊。在阐明其政治学说本质的《英格兰法律颂》的重要一章中，福蒂斯丘探讨了“通过全体人民”(politically)来统治的诸王国的起源，“通过全体人民”来统治的诸王国用亚里士多德的话来说即指由王国整个政体来统治的诸王国，它们对立于像法兰西那样“君临天下”(regally)即由国王一人来统治的王国。[89] 他写道，如果一个民族希望把自己建成王国或任何 224
其他政体，它就必须为整个政体的统治机构定立一个人，即国王。福蒂斯丘力图回溯到传统对策即在社会身体和人体之间进行类比的方法，来证实这种必要性：

---

[88] *Parliamentary History of England* (London, 1806), I, 930.

[89] Fortescue, *De laudibus*, C. XIII, ed. Chrimes, 30, 17；另见柯瑞斯(Chrimes)的评论(第 156 页)：“这一章是福蒂斯丘所有著述中最重要的一章。”的确，福蒂斯丘娴熟于运用法学家的方法来“同位并列”(“equiparating”)世俗的建制与教会的建制；可参见 *op.cit.*, C.VIII, ed. Chrimes, 22，此处，福蒂斯丘将“教会秘仪”(*misteria ecclesie*) 与“英格兰法律的秘仪”(*misteria legis Anglie*)进行对照，告诫君主不要试图去“探究法律的圣事”(*legis sacramenta scrutare*)，因为它是唯有受过法学训练之人的专门学问(参较 cc.III and VII, pp.6ff, 18f)。当柯克 1608 年参引此处时，正是这一告诫让詹姆士一世大为不悦；参见 Coke, *Reports*, XII, 63ff(禁止令状的案件)。

正如自然体从胚胎长成,由头来管控,王国源出于人民,以"神秘体"形式存在,由为头的那一位来统治。

另一处地方,福蒂斯丘把自然身体的心脏和神经的功能同政治身体的构造体系进行比较。在把身体的神经等同于国家的法律时,他解释道:

将"群众"(*cetus hominum*)造就成"人民"(*populus*)的法律,好比是自然身体的神经系统;因为,正如身体由神经系统结合在一起,[人民]的"神秘体"是由法律联结成一体的。[90]

显然,福蒂斯丘把"神秘体"想象成人类社会完善化过程的最后一个阶段,人类社会开始于简单的群众,进而获得"人民"样态,最后发展出王国的"神秘体"而达到顶点,神秘体倘若无头即没有国王的话则不完整。

福蒂斯丘在政治领域使用"神秘体"这一术语,并非独树一帜。在1430年议会开幕期间,牛津大学法学博士和神学院教授、后来的圣大卫教区主教,因其坎特伯雷的《教区教令集》(*Pronvinciale*)而闻名的林德伍德的威廉(William of Lyndwood)大法官,于布道之后发表了惯例性的主题演讲。他阐释了王国的有机统一性,并把它同人的身体四肢的统一

[90] *De laudibus*, C.XII, ed. Chrimes, 28。有关源出于亚里士多德的"群众、人民、[神秘]体"(*cerus*, *populus*, *corpus*)三阶段划分,参见 Vincent of Beauvais, *Speculum doctrinale*, VII, c.7 (Venice, 1494), fol.91^{r}。

性进行了比较；他也从意志、互爱的全体一致性方面将它同“神秘体”进行了比较。[91] 林德伍德和福蒂斯丘两位法学家对“政治身体”（*corpus politicum*）和“神秘体”（*corpus mysticum*）两个术语是混杂使用的，并未作明确区分。身为林肯主教和英格兰大法官的约翰·罗素（John Russel），作为那个世纪另一位议会政治的倡导者，也持有相同观点。他在1483年议会开幕期间的布道中，讨论了英格兰的政治身体是由三大等级构成的，“至高无上的国王陛下”是政治身体的头。他参引了《哥林多前书》12：12的经典名句（*locus classicus*），[92]把每部分肢体都各司其职的自然身体，同王国的政治身体作了比较：“在人民集合体这一神秘的或政治的身体中也是如此。”（So ys hyt yn the mistik or politike body of the 225

---

[91] *Rot. Parl.*, IV, 367：议长“以卓越的方式……宣布了同样的议会召集之理由”（“causam summonitionis eiusdem Parliamenti ... egregie declaravit”）。这是普通程序：“布道之后应是英格兰大法官……或其他称职的、有威望的、擅辩论的法官或圣职者……宣布议会之议题，首先需从一般入手，然后进到特殊”（“Post praedicationem debet cancellarius Angliae ... vel alius idoneus, honestus, et facundus justiciarius vel clericus ... pronuntiare causas parliamenti, primo in genere, et postea in specie”）。参见 *Modus Tenendi Parliamentum*, In Stubbs, *Select Charters*, 503。林德伍德注意到了这一程序，他在评注《哥林多前书》22：10时说，“他的御座坚固”（“Firmabitur solium regni eius”）。随后他讨论了王国的“三重统一性”（*triplex unio*）：“第一重……在可动事物上得以集群的集合的统一性；第二重……在人的身体中不同器官得以结合起来的构造的统一性；第三重，在所有神秘体中意志和爱得以一致的同意的统一性”（“unam ... collectivam, ut in rerum mobilium congerie et congregatione; alteram ... constitutivam, ut in corpore humano diversorum membrorum annexione; et tertiam consentaneam, ut in cuiuslibet *corporis mistici* unanima voluntate et dilectione”）。有关林德伍德的威廉，参见 Maitland, *Roman Canon Law in the Church of England* (London, 1898); Arthur Ogle, *The Canon Law in Mediaeval England* (London, 1912)。

[92] 见上面注6。

congregation of the peuple.)[93]在布道的另一份草稿中，他重复了“神秘的或政治的身体”的用语，[94]并不时提到，“英格兰这个巨大的公共身体，仅存在于国王本人及他的法庭和顾问委员会所在之处”(grete publick body of Englonde [ys] but that and there where the Kyng ys hym self, hys court and hys counselle)。[95]

我们注意到它与皇帝和教皇用语的类似性：皇帝在哪，帝国就在哪；教皇在哪，神秘体就在哪。这也让我们想起了法国的立宪主义者、1489年的谏书(*Remonstrance*)或盖伊·可奇耶(Guy Coquille)的论断。约翰·罗素主教通过添加“他的法庭和顾问委员会”一语更加明确了“国王”一词的含义。[96] 也就是说，英格兰的政治的、神秘的或公共的身体，不只是按照国王或头来定义的，而是按照国王与顾问委员会和议会一同来定义的。这一“复合”身体的观念，以及随之而来的“复合”权威的观念，当时并不算新颖。[97] 早在1365年，爱德华三世的一位王座法官就曾指出，“议会代表整

---

[93] Chrimes, *Ideas*, 180，重新修订了这篇布道，首次公刊于 John Cough Nichols, *Grants from the Crown during the Reign of Edward the Fifth* (Camden Society, LX, London, 1854), p.li。

[94] Chrimes, *Ideas*, 185; Nichols, *Grants*, p.lviii.

[95] Chrimes, *Ideas*, 175, also 332, n.6; Nichols, *Grants*, p.xlvi.

[96] 见上面注 34f，有关法国的学说见注 79f。

[97] B. Wilkinson, "The 'Political Revolution' of the Thirteenth and Fourteenth Centuries in England", *Speculum*, XXIV (1949), 502–509，在宪制上不折不扣的“黑暗世纪”里认真求索。实际上，他称之为“复合”主权的，看来与“国家的有机统一”(第504页注8)是不可分离的，而对后者的坚持避免了英国要被动地去接受欧洲大陆上发展起来的“抽象国家”诸观念。

个王国的身体。”[98]虽然这种观念回过头来看不应被视为英国立宪主义中根深蒂固的法则，不过，的确在许多地方可以看到 226 这一观念的征象。[99] 比如，相关观念可能就指引过沃尔特·伯利(Walter Burley)这样的大哲，伯利在关于亚里士多德《政治学》的注释(1338 年前后)中偏离了阿奎那和奥弗涅的彼得(Peter of Auvergne)的正统解释，他的这种偏离只是插入了有关“集团”(multitude)的一番话，即“由国王、显贵和智者所构成的集团”(也可以说是由国王和上院、下院所构成)被召集到议会“解决棘手事务”，话中还强调了一个事实：他们“在国王里面并同国王一起统治”，“就如同当今在英格兰人的王[爱德华三世]那里所看到的”(*sicut hodie patet de rege Anglorum*)。[100]

---

[98] *Year Books*, 39 Edward III, f.7a，为梅特兰所引述，参见他的 *Sel.Ess.*, 107；另见 McIlwain, *Constitutionalism*, 89, n.32；Wilkinson, *op.cit.*, 504, nos. 14－15。据 *Modus*, ed. Stubbs, *Select Charters*, 503，国王是“议会的头、起始和终末”(caput, principium, et finis parliamenti)，并据此单独构成了议会的第一等级(*primus gradus*)(*Modus* 中区分了六大等级)。

[99] 人们或许会想到 *Fleta*, II, c.2：“habet enim rex curiam suam in consilio suo in parliamentis suis”(“国王在他的咨议会和他的议会中有自己的王庭”)。与 Wilkinson(*op.cit.*, 504, n.13)一样，笔者对这番话意指“国王和贵族们在国家中行使主权”也有疑虑。盖恩斯·珀斯特(Gaines Post)提出了重要的新观点，参见他的“The Two Laws and the Statute of York”, *Speculum*, XXIX(1954), 417－432。

[100] S. Harrison Thomson, “Walter Burley's Commentary on the *Politics* of Aristotle”, *Mélanges Auguste Pelzer* (Louvain, 1947), 577：“et adhuc in regno multitudo constituta ex rege et proceribus et sapientibus regni quodammodo principatur. Itaque tantum vel magis principatur huiusmodi multitudo quam rex solus, et propter hoc rex convocat parliamentum pro arduis negociis expediendis”(“一直以来，王国是由国王、王国中的显贵和智者构成的集团以一定方式进行统治的。这样构成的集团进行统治，不亚于国王单独统治，甚或比国王单独统治要更有力，因此国王召集议会来解决棘手事务”)。后来，在阐发传统亚里士多德式论证时，伯利提到了爱德华三世：“最好的政体中……每个人都尊重自己(转下页)

这最终形成了福蒂斯丘对英格兰的著名定义,“君民共治”(*dominium regale et politicum*),这一定义中的王政并非国王独自承担治理国家的责任,而是由国王和政体(polity)共同担负。福蒂斯丘的著名定义,借鉴了阿奎那未竟之作《论君主政治》(*De regimine principum*)的续篇,定义本身也可算是亚里士多德政治思想的延伸。续写者卢卡的托勒密(Tolomeo of Lucca)在罗马帝国中找到了那种政府形式的原型(居于政体统治和君主统治之间[*medium tenet inter*
227 *politicum et regale*]),也在以色列人的士师政体中找到了该原型,士师统治是得到作为以色列人之王的上帝本身支持的。福蒂斯丘在其著作(尤其是在他的早期著作)中力图证明,“君民共治”理念已第三次被实现了,即在英格兰的实现。因此,英格兰承袭了以色列和罗马的神圣典范。与只靠“君临天下”而治的法国国王相比,英国国王在福蒂斯丘看来是明确以政体为中心的存在者。不过,反之亦然,政体本身或王国的神秘体若没有国工这样的头便不会存在。[101]

(接上页)的地位并满足于它,每个人都欲求卓越的名望,人人在统治,对他们而言,自己是在国王里面并同国王一起统治,臣民对国王的亲密的爱本身也是臣民之间的亲密融洽,是王国最强有力的东西,就如同当今在英格兰人的王那里所看到的……”(“In optima enim policia ... quilibet diligit gradum suum et contentus est, et quilibet vult singularem honorem, regit, et videtur *sibi quod in rege et cum rege conregnat*, et propter intimam dileccionem civium ad regem est intima concordia inter cives, et est regnum fortissimum sicut hodie patet de rege Anglorum ...”)有关汤姆森(Thomson)的引述内容,可比较 Aquinas, *In Polit. Arist.*, §473, ed.Spiazzi, p.167。

[101] 有关福蒂斯丘和阿奎那的问题,除 A. Passerin d'Entrèves, “San Tommaso d'Aquino e la costituzione inglese nell' opera di Sir John Fortescue”, *Atti della R. Accademia di Torino*, LXII (1927), 261-285 之外,还 (转下页)

由整个政治身体来统治的英国政制，导致了将世俗建制与教会建制相类比的鲜明独特的模式。我们在对君主和对其职责进行解释的问题上习惯了半神学的神秘主义，一看到英国议会有类似特点时便会感到迷惑不解。在1401年议会闭幕前，下院议长觉得把王国的政治身体与三位一体作比较是贴切的：国王、圣俗领主所在的上院(the Lords)、下院(the Commons)，共同组成了一个统一的三位一体，形成了三位一体中的统一性。该议长同时也把议会程序比作弥撒庆典：议会开幕时宣讲使徒书信和解释圣经，就好比圣礼之前的先行祷告和诸仪式；国王承诺保护教会并遵守法律的誓约，就好比弥撒中的献祭；[102]最后，议会的休会就好比"去吧，弥撒礼成"(*Ite*, *missa est*)，而议会解散就好比圣礼结束时所说的"感谢上帝"(*Deo gratias*)。[103] 尽管这些比较关系本身并不能说明太多问题，但它们反映了当时的理智氛围，并表明"哥特盛期"的政治思想是何等倾向于将王国的政治身体神秘化。此外， 228
国王、上院(lords)、下院(commons)与三位一体的类比，可以说是再一次证明了，关于权威的"复合"本质一种较为明晰的观念曾经存在过，它也再次证明，在英国构成王国"神秘体"的，并非

(接上页)可参见费利克斯·吉尔伯特(Felix Gilbert)的重要研究，"Sir John Fortescue's 'Dominium regale et politicum'", *Mediaevalia et Humanistica*, II (1943), 88-97，特别是91ff，其中讨论了关于这一主题的文献。

[102] 有关法律和献祭的联系，参见第四章注91-92。

[103] *Rot.Parl.*, III, 459, §32(与三位一体的比较)，以及466, §47(与弥撒的比较)；Chrimes, *Ideas*, 68f。关于议会的比较有时很生动。譬如，温彻斯特的亨利主教于1425年在他的议会布道中把国王的顾问们比作大象，因为他们应该"不愠怒、忠实，还有强大的记忆力"("sine felle, inflexibilis, et immensae memoriae")。*Rot.Parl.*, IV,261。

国王一人，而是国王与上院（lords）、下院（commons）一起。[104]

说国王一人就代表了“神秘体”，在中世纪的英国看来似乎不太可能，尽管爱德华·柯克爵士在1608年作过给人此种印象的旁注：他提到了爱德华四世的年鉴，在年鉴中（他说），国王的政治身体被称为神秘体。这一论点不尽确然，因为年鉴中所指的不是国王而是一位修道院院长。[105] 不过这段话表明迄至15世纪末期英国的团体概念已得到充分的发展。然而，尽管有了一些严格意义上的团体解释——“国王、上院和下院组成的议会是一个团体”，大法官菲诺克斯（Fineux）在1522年如是宣称[106]——把头与四肢相区分的古老有机体论观念依旧盛行，国王只不过是王国神秘体或政治身体的顶端“头”而已。在此意义上，1542年亨利八世向他的顾问委员会致辞：

> 朕自法官处得悉，朕之王位未曾如议会期间如此高升，此间朕为头，汝等为四肢，联成一政治身体。[107]

---

[104] 关于这一点，参见 Chrimes, *Ideas*, 116，以及 332, n.6。（此处德、日译本有所不同，日译本将“lords”译作“国王的领主”，将“commons”译作“平民”；德译本将本段之前的“the Lords”和“the Commons”分别译作“Herren”［领主］和“die Commons”［平民］，后面的“lords”和“commons”分别译作“Lords”［上院］和“Unterhaus”［下院］。——译者）

[105] 参见 Coke, *Rep.*, VII, 10a（加尔文一案），提到了爱德华四世21年，f.38b。参见第七章注312。

[106] 为 Maitland, *Sel.Ess.*, 107所引述。

[107] 有关这段著名的话，参见 *Letters and Papers of Henry VIII*, vol. XII, p.iv, n.3，以及 p.107, No.221；参较 A. F. Pollard, *The Evolution of Parliament* (London, 1926), 231。

早在1533年,《限制上诉法案》的导言中就表达过同样的意旨。亨利八世当时宣称,依据最古老的典章,英格兰王国是一个帝国:

> 由一至高之头即国王来统治;国王拥有与前述同样的帝王之冠所赋予的威严和王位,一个由各种类各等级人民聚合而成,依照称谓和圣俗之名来划分的政治身体,当结合在此国王身上……[108]

我们依然能看到那种古老的有机体论学说,早在它被法国的 229
腓力四世用于同教皇卜尼法斯八世抗争,以把整个“高卢派教会”(“Gallican Church”)都纳入以国王为头的法兰西人“祖国”(*patria*)之前,就已证明了自己的有用性。它现在被亨利八世用来把英格兰国教会(*Anglicana Ecclesia*)即他“帝国”的真正神秘体吸纳进英国的政治身体,亨利八世本人作为国王是这一政治身体的头。[109] 政治身体和属灵身体的融合是绝

---

[108] *Statutes of the Realm*, III, 427f; Stephenson and Marcham, *Sources of English Constitutional History*, 304, No.74B; Maitland, *Sel .Ess.*, 107f. Coke, *The 4th Part of the Institutes of the Laws of England*, c.74 (London, 1809), 341,引用这一法案来证明英国曾是且长期以来一直是一个“帝国”。有关这一问题,参见 A. O. Meyer, “Der Kaisertitel der Stuarts”, *QF*, x(1907), 231ff,作者从亨利八世的皇帝称号开始讨论(有关一些相关内容的补充,参见 E. E. Stengel, “Kaisertitel und Souveränitätsidee”, *DA*, III [1939], 46),但终究不能对此极有研究价值的论题统览无遗,这一论题仍有待细致的体系性研究。

[109] 有关腓力四世的情况,见下面第250页及其后。对王国“政治身体”的讨论(参见 Chrimes, *Ideas*, 304, 332f, nos.6－8)在亨利八世统治时期如火如荼;可参见 Richard Sampson, *Oratio qua docet, hortatur, admonet omnes etc.* (London, 1533), fol. B^{v}(页码依照加州大学伯克利分校图书馆所藏该珍贵小册子的缩微胶卷):“Quis nescit totum regnum unum esse politicum (转下页)

对的和完全的，枢机主教玻尔（Pole）深深地感受到了随之而来的混淆，在一篇献给亨利八世的短论中，他说道：

> 陛下的整个推理可得出这样的结论：您认为教会是政治身体……天与地迥然有别，世俗权力同教会权力同样有着霄壤之别；作为基督身体的教会身体同作为政治身体及纯粹人体的教会身体也有着霄壤之别。[110]

在此，立场出现了奇特的逆转。亨利不是把教会看作“神秘体”，而是视其为简单的“政治身体”，因此是作为英格兰王国的一部分。与亨利相反，枢机主教玻尔在徒劳于恢复教会的
230 超政治性，徒劳于抵制“教会神秘体”自 13 世纪以来所屈从的世俗化进程。

团体学说可能会导致把整个政治身体和独一之头相等

（接上页）corpus，singulos homines eiusdem corporis membra esse? Ubi nam est huius corporis caput? Estne aliud quam rex?”（“谁不知道王国整体是一个政治身体，单个人是这同一身体的一部分呢？这一身体的头又在哪？除了国王还能是别的吗？”）参较 A. Passerin d'Entrèves，“La teoria del diritto e della politica in Inghilterra all' inizio dell' età moderna”，*R. Università di Torino: Memorie dell' Istituto Giuridico*（Ser.II，No.IV，1929），27，n.15。

[110] “Tota tua ratio concludit te Ecclesiam existimare corpus politicum esse .... Quantum enim distat caelum a terra，tantum inter civilem potestatem et ecclesiasticam interest：tantum hoc corpus Ecclesiae quod est corpus Christi，ab illo，quod est politicum et mere humanum，differt.” Cardinal Pole，*Ad Enricum VIII ... pro ecclesiasticae unitatis defensione*，载于 Juan T. Rocaberti，*Bibliotheca maxima pontificia*（Rome，1698），XVIII，204，引自 d'Entreves，*op. cit.*，27，n.15。（胡安·T.罗卡贝蒂[Juan T. Rocaberti，1624—1699]因大力为教皇制辩护而出名，反对主张限制教皇权力的“高卢派教会”和新教；他编纂的《论教皇文库》共 21 卷，主要从正统观点论述了教皇在宗座上的权力。——译者）

同，这一点已经由教皇派的著述家指明了，他们称，教皇在哪，教会的神秘体就在哪。[111] 后来法国人将政体与君主相等同的做法（曾遭到过让·特尔-鲁热和其他立宪主义者反对），[112]同样表明了头可涵纳身体，尽管"君主即帝国，即国库"（*Princeps est imperium, est fiscus*）[113]这句巴尔都斯所表述过的法学观念，在法国或许要更重要。《教会法汇要》和意大利法学家们那里表现出的居普良*定见（Cyprianic formula），其影响力很有可能也是在亨利八世治下的英国开始日益扩大，并于此时对它出现了一个新的曲解：所有英国人融于国王一身，国王个人的举动，是属于为君主之头所涵纳的政治身体的。但即使是在诉诸这些既定表述或定见之时，英国法学家们依然把头与四肢区别对待（比如，在威利翁诉伯克利[*Willion* v. *Berkley*]一案中），他们指出：

---

[111] 参见上面注 33。另参见 Gierke, *Gen.R.*, III, 596, n.214。

[112] 有关特尔-鲁热，见上面注 77。Church, *Constitutional Thought*，已极好呈现出 16 世纪法国立宪主义观念和绝对主义观念之间的斗争，人们有时会去追问，福蒂斯丘那些有说服力的对立观念在他那个时代令人信服的程度。

[113] Baldus, on *Cod*. 10.1, rubr., nos.12,13,18; Gierke, *Gen.R.*, III, 596, n.216；以及 Gierke, *Johannes Althusius*, 137, n.47。"朕即国家"（*l'état c'est moi*）的本质（参较 Fritz Hartung, "L'État c'est moi," *Historische Zeitschrift*, CLXIX [1949], 1ff）可以追溯到遥远的时代，正如近来 Victor Ehrenberg, "Origins of Democracy", *Historia*, I (1950), 519 所指出的那样，（"您是国家，您是人民"，见埃斯库罗斯的《乞援女》[*Suppliants*]，第 370 页及其后），尽管二者风土人情上的深刻差异比二者用语的相似性可能要更值得强调。

* 居普良（约 200—258 年），为北非迦太基主教和拉丁教会的教父，著有《论教会的合一》，认为基督徒之间特别是主教之间的可见合一，与真理和救恩完全不可分割。正当教会在逼迫、不和与纷争下，面临存亡绝续之际，居普良大力主张，若没有可见的合一，教会就不存在，人类就不可能得到救恩。——译者

另一个[身体]是政治身体，四肢是国王的臣民，国王和他的臣民一起构成团体，他与他的臣民合为一体，他的臣民与他合为一体，他是头而他的臣民是四肢，他拥有对他们的唯一统治权……[114]

不过，团体学说本身，只要它主要是有机体论的，就不会必然导致将四肢和头完全等同，在中世纪的英国实际情况也确未如此。林肯主教说过，国王、顾问委员会和议会在哪，英国的政体或神秘体就在哪，人们也许会接受他这种精确表述；
231 但他们会小心谨慎不让身体被头吞没，比如在理查二世的情形中，别的场合下也有与此相应的情况，他们抗议将四肢从头分离出去的做法。[115] 福蒂斯丘将英国定义为真正的“君民共治”，或许，这依然是最精确的描述，即使曾一度为人淡忘，但它的价值还是保存了下来。这一具有神奇吸引力的表述，在英国政治思想领域远比孕育出它的经院哲学家当中更为重要，它表明了，头与身体是相互依赖的，国王在某些方面至高无上，政体在其他某些方面亦是如此。这里应该提到福蒂斯丘同时代的库萨的尼古拉，他在《论天主教的和谐》

---

[114] Maitland, *Sel.Ess.*, 108; Plowden, *Reports*, 233a;参见第一章注 13。

[115] 参见上面注 95。参见布里德林顿(Bridlington)圣堂参事会会员在 *Gesta Edwardi*(*Chronicles of the reigns of Edward I and II*, ed. Stubbs, II, 70)中的慨叹:“真不可思议啊！贵族们在议会中议事时，完全无视国王的同意，看哪，肢体在将自己与头分割开来”(“Mira res! ecce qualiter membra a capite se disjungunt quando fit consideratio per magnates in parliamento, regis assensu minime requisito”)(所议之事指的是 1321 年对抗德斯潘塞父子[the Despensers]的行动)。参见 Wilkinson, “The Coronation Oath of Edward II and the Statute of York”, *Speculum*, XIX (1944), 460, n.4。

(*Concordantia catholica*)中谈到，只有当君主意识到他是“所有臣民集体的创造物时，他才成为个体公民之父”，[116]这一概念后被简化为更明了的表述：“君主比个体公民伟大，但比公民整体低微。”(*Princeps maior singulis*，*minor universis*)[117]福蒂斯丘在推进他关于英国既由国王统治又由政体统治的学说时，似乎持有相似观念。他的国王是既高于又低于王国的政治身体，就如同13世纪的国王既高于又低于法律一样。[118]

中世纪后期的王权，无论从何种角度来看，在经历了13世纪的危机之后已成为以政体为中心了。先由基督后由法律来保障的连续性，现在由王国的神秘体来保障，这一神秘体可以说是永远不死的，如同教会神秘体一样是“永恒的”。一旦
教会表达出了禀受神秘特性的政治团体观念，世俗国家便不 232
得不遵循这一指导，通过建立一种对型来回应它。这一观点并未减弱其他或许更有效的要因的复杂性，这些要因包括亚里士多德的学说、罗马法和教会法的理论以及中世纪晚期政治、社会和经济的总体发展情势。但这些要因似乎都朝着同一个方向起作用：要使政体和教会一同不朽，把政体(不论其中有无国王)带到政治讨论的中心。

无论如何，中世纪晚期的团体问题，开始让此前的法律问

---

[116] Gierke, *Gen.R.*, III, 590; *Johannes Althusius*, 126.

[117] Gierke, *Johannes Althusius*, 144, 为 d'Entrèves, “La teoria,” 36, n.27所引述；另参见 Holdsworth, *History of English Law*, IV, 213, 以及他所参引的胡克(Hooker)的《教会政体》(*Ecclesiastical Polity*, I, §2,7)。

[118] 如果笔者没弄错的话，麦基尔韦恩教授在 *Constitutionalism*, 89f 中对比福蒂斯丘和布拉克顿时，明确指出了这一变化。

题和"法律专制"的优势黯然失色。这并不是说国王同法律的关系已成为无足轻重的问题,而是指它被吸纳进了国王与政体的关系这一远为广泛的问题,政体本身即可主张自己为法律,它通过内在动力迅速发展出了自身的伦理的和半宗教的规范体系,而与教会有别。

为祖国而死(*Pro patria mori*)

宗教的和法律的祖国(PATRIA RELIGIOUS AND LEGAL)

还有一个观念,不能轻易与以政体为中心的王权或作为"道德的、政治的、神秘的身体"(*corpus morale*, *politicum*, *mysticum*)的国家的观念相分离,它尽管与有机体论的和团体的学说相伴而生,但又是独立而存的,这个观念就是:作为"祖国"(*patria*)的"王国"(*regnum*),也是作为政治献身和半宗教情感的对象。[119]

"祖国"在古代经常是所有政治、宗教、伦理和道德价值观的集合体,人们会为这些价值观出生入死,但到了中世纪早

---

[119] 有关总体问题,参见 Halvdan Koht,"The Dawn of Nationalism in Europe", *AHR*, LII (1947), 265 - 280,以及拙文"*Pro patria mori*," *AHR*, LVI (1951), 472 - 492,文章尽管不时会参引丰富的文献资料,却是从某种不同的角度和在更狭义的基础上探讨了这一主题。与本书刊行几乎同时,盖恩斯·珀斯特(Gaines Post)发表了一篇出色的研究成果,参见他的"Two Notes on Nationalism in the Middle Ages: 1. *Pugna pro patria*", *Traditio*, IX (1953), 281ff,他令人满意地通过检视关于祖国的法律史料,弥补了拙文,这些史料是笔者没有注意到的,是被不当忽视了的。笔者在本书杀青之后才收到他的研究成果,只能在最后修订中整合了一些他所引用的丰富史料和具有启发意义的结论。

期，祖国差不多成了一个被遗忘的政治存在。[120] 整个封建时代，当领主和封臣间的个人关系决定政治生活并宰制多数其 233
他政治纽带时，祖国的古老观念几乎完全隐遁消解了，这并不意味着“祖国”一词从中古拉丁语汇中销声匿迹了。尽管这一术语几乎不能用于实际生活状况，也极不适合政治现实，但它在中古诗人和学者的作品中却屡见不鲜，他们从维吉尔、贺拉斯及其他古典作家中汲取灵感。[121]

“祖国”一词在日常语言中也是存在的。在狭义和纯粹地点的含义上，它指的是出生的村落、乡村、市镇或省，就像法语中的“*pays*”或德语中的“*Heimat*”一样，指的是一个人的故乡

---

[120] 参见“*Pro patria mori*，”474，n.8；再有 Louis Krattinger，*Der Begriff des Vaterlandes im republikanischen Rom* (Diss. Zürich，1944)，书中对这一问题的有益讨论，表明意大利只是在西塞罗和凯撒时期才成为“祖国”(第 59 页)，“帝国”(*imperium*)在古典时期不称作“祖国”(第 69 页)，而“共和国”(*res publica*)和罗马城不加限定地被称作“祖国”。这一点也被中世纪的法学家们证实，他们对作为“较小祖国”(*minor patria*)的故乡和作为“共同祖国”(*communis patria*)的罗马进行了区分，如珀斯特，他在“Two Notes”，286，n.22 中就是这样做的。见下面注 165 及其后。

[121] 参见“*Pro patria mori*，”477，n.16 中的一些评论。诗人和有学识者(*literati*)在描述古典时期的英雄时一再使用“祖国”一词；可参见 Walter of Châtillon，*Alexandreis*，III，313 (ed. F. A. W. Mueldner，Leipzig，1863)，他对伊苏斯(Issus)战役的描述有这样的话：“为主君与祖国而死可谓高尚……”(“Pro domino patriaque mori dum posset honeste ....”)以及 ibid.，II，355：“Pro patria stare et patriae titulis et honore/Invigilare decet ...”(“为了祖国的屹立，并且为了祖国的声誉和荣耀而忧心，是天经地义的……”)更值得关注的是威泊(Wipo)，他一贯是在古典传统意义上使用“祖国”一词，而不加界定；参见他的 *Gesta Chuonradi*，prol.，ed. Bresslau (*MGH*，*SS.r.germ.*)，p.7，20，此处他提到自己“著述的原因”(*causa scribendi*)在于著述“让祖国受益”(*quod proderit patriae*)这一事实；另参见第 9 和 14 页，及文中多处(cf. Index123，s. v. *patria*)。

或出生地。[122] 在英国的法律语言中,*patria* 就是在那种意义上被使用的:“以故土来自我辩护”(*per patriam se defendere*)是一种被告自我辩护的方式,依此方式,被告屈从于他所在地域共同体的判决。[123] 可以肯定,有学识者还会继续称颂为祖国之死。不过,为那种狭义的地方性社会单位(“祖国”一词所实际表述的)而死,没有超出对家室的自然性捍卫,
234 故而没有政治意义。也就是说,如果缺乏更广泛的政治和哲学背景,它将几无例外地表现为私人的而非公共的牺牲。[124] 毕竟,战争一般不是由平民来进行的,而是由封臣和骑士组成的军队进行的,他们被征召来就是为了捍卫他们的领主以及领主的政治目的或个人利益的。当然,臣下为其所属领主而死,被讴歌为一种尽忠献身,中世纪的传奇广为传颂为“忠诚”

---

[122] Du Cange, *Glossarium* (s.v. *patria*)中,专门提到了地域的意义。也可参见 Ernest Perrot, *Les institutions publiques et privées de l'ancienne France jusqu'en 1789* (Paris, 1935), 400f: “Le mot même de *patria* ... n'avait jusqu'alors qu'une valeur géographique avec le sens restreint de ‘region’”(“祖国一词本身……在那之前还没有带着‘地域’限制意义的地理性含义”)。也可参见 Koht, “Dawn of Nationalism,” 266f, n.6; Post, “Two Notes,” 谈到了 *patria* 一词的用法通常极不明确。

[123] 有关英国以祖国名义进行的审判,是约瑟夫·R.斯特拉耶(Joseph R. Strayer)教授友善提醒笔者注意到的,参见 Pollock and Maitland, *English Law*, II, 620f,624,627。

[124] 比如,我们可能会想到诺曼征服时期发生在盎格鲁-撒克逊英格兰的事件,以及类似情形下的事件。当然意大利城市的情况迥然不同,他们从未完全失去古代城市—国家的特性;“意大利”(*Italia*)和“祖国”(*patria*)的同一是后来的事情;参见上面注 120,以及一个好的提法可参见 Post, “Two Notes,” 292。另参见汉斯·海马尔·雅各布(Hans Haimar Jacobs)的概述,可惜很不完整,参见“Studien zur Geschichte des Vaterlandsgedankens in Renaissance und Reformation”, *Die Welt als Geschichte*, XII (1952), 85-105。

(*fidelitas*)和“信仰”(*fides*)而献身者。但那些武士是“为领主”(*pro domino*)而非“为祖国”(*pro patria*)牺牲的，当13世纪早期的法学家指出，“保卫祖国的责任要高于封臣对领主的封建义务”，[125]这只是表明政治生活的中心有了一个总体的转变。

然而，有一个领域中，“祖国”一词仍完整保留了它的原初意义和早先的情感价值，只不过是通过移用和以超验的形式，这一领域便是教会用语。根据早期教会和教父的教义，基督徒已成为另一个世界的城民。他真正的祖国是天国，是天城耶路撒冷。据使徒书信，最终转向这一精神和永恒的“祖国”，是旅居尘世的基督徒灵魂的自然愿望。葬礼上，祭司恳求上帝让圣天使来接纳死者的灵魂，并把它引领“到乐园的祖国”(*ad patriam Paradisi*)，这不仅仅是一个诗的比喻，而是秉承《希伯来书》(11∶13－14)的精神而表达出来的。毕竟，有福者和圣徒的共同体，是灵魂渴望加入的天上祖国的公民集会。为了天上的那个“共同祖国”(*communis patria*)，殉教者曾抛洒热血。因此，曾把自己献给无形的政体，并为上帝、信仰而牺牲的基督徒殉教者，及至20世纪一直都是公民自我牺牲的典范。[126]

---

[125] 参见 Post, “Two Notes,” 288, n.13，文中引述了约翰·条顿(Johannes Teutonicus, on c.18, C.XXII, q.5)和其他人的注释。

[126] 有关天界作为祖国的“政治”方面，首先可参见 Augustine, *De civ. Dei*, v, c.16。总体情况参见 Karl Ludwig Schmidt, *Die Polis in Kirche und Welt* (Rektoratsprogramm der Universität Basel, 1939); Hans Bietenhard, *Die himmlische Welt im Urchristentum und Spätjudentum* (Tübingen, 1951), 192－204。天城耶路撒冷的准政治概念是埃里克·彼得森(Erik Peterson)著述中的研究焦点，这些著述现辑入他的 *Theologische Traktate* (Munich, 1951)，特别是 165ff:“Zeuge der Wahrheit”; 323ff:“Von den Engeln,” and passim。天国作为基督徒的“共同祖国”(*communis patria*)，与古时指称冥府的 *κοινὴ πατρίς*(common patria)形成对比；参见 Plutarch, *Moralia*, 113C；以及“*Pro patria mori*,” (转下页)

235 基督教教义通过把“城邦”(*polis*)这一政治概念移用到来世,与此同时将其扩展至“天上王国”(*regnum coelorum*),不仅忠实记录和保存了古代的政治思想(的确也经常是如此做的),而且为世俗世界开始恢复它早先独特价值的时代准备好了新观念。

因而,从一开始我们就应该考虑,在法律学说和人文主义学说的影响力完全发挥效力之前,“祖国”这一新的地域概念,有没有可能发展成基督教传统再度世俗化的支脉,新的对祖国之爱,有没有可能在从天上之国传回至地上政体的伦理价值基础上葳蕤繁盛。实际上,一些与此问题相关的变化是随着十字军东征而产生的。效仿十字军“为了圣地的保卫(或紧急事态)”(*pro defensione* [*necessitate*] *Terrae Sanctae*)而征税的模式,西欧诸王国“为了王国的保卫(或紧急事态)”(*pro defensione* [*necessitate*] *regni*)而进行征税。凡对“王者基督的王国”(*regnum Christi regis*)、耶路撒冷和圣地有益之举,对西西里、英格兰或法兰西诸王的王国(*regnum regis Siciliae*, *Angliae*, or *Francorum*)皆有益。如果耶路撒冷的紧急状况有理由征收特殊税,那么各王国的紧急状况似乎也有理由以同样方式征收特殊税,尤其是在 13 世纪纯政治性和世俗性的十字军时代。[127] 然而,到 13 世纪中叶,特别是在法

(接上页) 475f 和 ibid., 472f,文中讨论了 20 世纪两位枢机主教梅奇(Mercier)和比洛(Billot)之间的争论。

[127] 有关这一问题的总体情况,参见 Joseph R. Strayer, “Defense of the Realm and Royal Power in France”, *Studi in Onore di Gino Luzzatto* (Milan, 1949), 289ff; Helene Wieruszowski, *Vom Imperium zum nationalen Königtum* (Historische Zeitschrift, Beiheft 30, Munich and Berlin, 1933), 168ff and passim;另参见“*Pro patria mori*,” 478f,以及下面注 129。

国，我们看到一种情感因素融入了征税这种了无生气的事情当中：当时征税经常是"为了对国家的保卫（守护）"（*ad defensionem* [*tuitionem*] *patriae*），或如法国的腓力四世所言，是"为了对故国的保卫"（*ad defensionem natalis patriae*）。[128] 236

这一新的表述，并非法国国家主义者的某种机巧发明，而是法律语言用在了国家目的上而已。"祖国"一词在教会法中可以找到，实际上也频现于罗马法中。这便使得注释法学者们可对它自由地评注和运用。在讨论"正义战争"（*bellum iustum*）的观念时，教会法学者自12世纪晚期以来就指出，在"不可避免和紧急必要"的情况下，为保卫祖国以及为捍卫信仰、教会而进行的战争是正当的。他们反复以东方的基督徒针对圣地异教徒发动的战争，来例证

---

[128] Strayer, "Defense," 291, n.7，引述了1265年"为了对卡卡颂管家所管地这一祖国的守护"（*ad tuitionem patrie senescallie Carcassonensis*）一案，此处无疑是要求一次为保卫卡卡颂管家的限定性军事服役。（"seneschal"是对王室领地进行管理的王室管家，是中世纪后期和近代早期法国行政体系的一部分。——译者）然而，卡卡颂管家与博凯尔管家所管地从1229年起已直属法兰西国王（参见F. Kern, *Die Anfänge der französischen Ausdehnungspolitik* [Tübingen, 1910], 319），以致该案件中地方性的"祖国"也直接与法兰西王冠相关联了。1302年（8月29日），腓力四世致信布尔日（Bourges）管家所管地内的圣职者商议补助金，此补助金是"为了对故国的保卫，为了她，可敬的父祖们下命征战沙场，对她的保卫要优先于对孩子们的爱"（"ad defensionem natalis patrie pro qua reverenda patrum antiquitas pugnare precepit, eius curam liberorum preferens caritati"）。参见"*Pro patria mori*," 479, n.26；另可见Wieruszowski, *Vom lmperium*, 173, n.107。腓力四世的书信效仿了*D.*49,15,19,7（"disciplina castrorum antiquior fuit parentibus Romanis quam caritas liberorum"["对罗马父母而言，军营的条规要比对孩子的爱更重要"]），这句话经常被法学家们援引；可参见Petrus de Ancharano, *Consilia*, CCCIII, n.4 (Venice, 1574), fol.162。参较Post, "Two Notes," 287, n.28, and 290, n.42。

这种“必要性”(*necessitas*)。[129] 他们的观点与罗马法学家的观点不谋而合,后者也认为,在紧急状况下皇帝有权征收新税以保卫祖国,他们在谈及“醇美的”或“最醇美的祖国”时沿循了《学说汇纂》的模式。[130] 这些法学家最初只是笼统提到祖国的概念,没有明确它到底所指为何,不久我们就会看到他们是如何逐步达到了更为精确的表述。然而毫无疑义的是,在美男子腓力治下的法国,“祖国”一词实际上已经意味着整
237 个王国,此时,地域性的(或许我们甚至可以说国家性的)法兰西君主政体已足够强大、完备,可自称为所有臣民的“共同祖国”(*communis patria*),并可借祖国名义来要求特殊的效劳。[131]

在英格兰,这套术语大约于同一时期在文学和法律的语言中发展起来。[132] 布拉克顿从这个世纪上半叶的法律文献中撷取所需,对“祖国”一词的使用表现得顺乎其然。譬如,他区分了对封建领主的效劳和对“去保卫祖国和击溃敌人”(*ad patriae defensionem et hostium depressionem*)的国王的效劳,

---

[129] Post, “Two Notes,” 282ff。有关同异教徒的战斗乃作为正义之战的原型,另见下面注 155ff 中根特的亨利的观点。

[130] Post, “Two Notes,” 285ff。参较 *D*. 32,1,101,此处希腊文“*τῇ γλυκυτάτῃ μου πατρίδι*”可译成“我最优美的祖国”(*patriae meae suavissimae*)或者(如《标准注释》里所言)“最醇美的”(*dulcissimae*);参较 Post, 286, n.22, and passim。

[131] 见下面注 165 及其后,讨论了 *communis patria* 这一概念。

[132] 关于“祖国”的英国史料还未被收集和甄选过,但有足够理由认定这一词汇在 12 世纪时被用作指称整个岛上的君主国(见下面注 145 及其后,对蒙茅斯的杰佛里[Geoffrey of Monmouth]的讨论)。

这一区分也反映了封建职责与公共职责之间时常发生的两难。[133] 再一次与"*Essoign*"即"不出庭的正当事由"相关，布拉克顿指出，正当事由就是"为了祖国的保卫"（*ad defensionem patriae*）而效力国王的军队，而且他还承认，正常"对国王的效劳"（*servitium regis*）的另一种选择，是去海外"对国王的永久效劳"（*servitium regis aeternis*）。这一事实再次说明，保卫"圣地"（*Terra Sancta*）与保卫"祖国"，在法学语言里和在法庭上是处于同等地位的。[134]

或许这里应该再提起，在法国，海外"圣地"的"神圣土地"（holy soil）与"醇美法兰西"（*la dulce France*）的"神圣土地"，并非是完全不相容和不可比较的概念，二者都充满了情感价值。法兰西王国（*Francia*），这一名字本身就向其子民暗示她

---

[133] Bracton，fol.35b，ed. Woodbine，II，113 and 114。有关祖国对封建领主的优先性，参见 Post，"Two Notes，" 283，n.13；288，nos.34ff；另见 Andreas of Isernia，on *Feud*. II，6 (*De forma fidelitatis*)，n.l，fol.90ᵛ：臣下有义务支持他的领主"而反对儿子或父亲（见下面注 161）……但没有义务反对自己或反对祖国……因为臣下对祖国比对自己的儿子负有更多的义务"（"etiam contra filium vel patrem ... non tamen erit [obligatus] contra seipsum vel *contra patriam* ...，quia plus tenetur patriae quam filiis"）（对 *patriae* 词条的注释中有更多相关说明）。

[134] Bracton，fol.336b，Woodbine，IV，71："Si autem ex causa necessaria et utili ut rei publicae causa，ita quod profectus sit in exercitum cum domino rege *ad defensionem patriae* per praeceptum domini regis，cum ad hoc obligatus sit，excusatur ..."（"如果出于紧急必要性和关系国家利益的理由，根据主君国王的命令为了祖国的保卫而效力国王的军队，履行这样的义务的人，就有不出庭的辩护事由……"）另参见 fol.339，Woodbine，IV，76："Item de ultra mare excusatur quis per essonium de servitio regis aeterni sicut de Terra Sancta ...."（"以对国王永久效劳来作为不出庭的正当事由的人，是把在海外为国王永久效劳与在圣地为国王效劳同样作为辩护事由……"）

是自由人的国度(Land of the Free [*franci*]),是一个新选民
238 的家园。[135] 普林尼也曾赞颂过意大利是"一块献给诸神的土地"(*Haec est Italia dis sacra* [这是由诸神所圣化的富饶的意大利])。[136] 现在,法国就像是"由上帝所圣化的法兰西,一个受上帝赐福的王国"(*Francia Deo sacra, regnum benedictum a Deo*),[137]她被上帝特别的圣爱所环抱,基督以极为显赫的特权荣耀她,圣灵栖居其中,为她圣化的土地作出最大牺牲是值得的甚至可以说是甜美的。因此,保卫和守护法国的领土就具有了半宗教性的内涵,可与对圣地本身这片神圣土地的保卫和守护相提并论。[138]

---

[135] 有关 *Franci* 起源于 *liberi*,可参见 Alexander of Roes, *Memoriale*, c.17, ed. H. Grundmann and H. Heimpel (Deutsches Mittelalter: Kritische Studientexte der *MGH*, IV; Weimar, 1949), p.38, 13, and passim;还有索克维尔的威廉(William of Sauqueville)的布道文, ed. Hellmut Kämpf, *Pierre Dubois*, 112f;再有就是,由勒克莱尔(Leclercq)公刊的佚名布道文,(下面注 176), p.170f, lines 103ff;以及 Schramm, Frankreich, I, 138,对伪托蒂尔潘(Pseudo-Turpin)的讨论;Berges, *Fürstenspiegel*, 76f。有关法国人是新选民,参见首位亚维农的教皇克莱蒙五世的一封书信:"法兰西王国是上帝特别的选民,要执行天上的命令,禀受了特殊的荣耀和恩典的尊严"("regnum Francie in peculiarem populum electum a Domino in executione mandatorum celestium specialis honoris et gratie titulis insignitur")。*Registrum Clementis V Papae*, No. 7501, Kämpf, *Pierre Dubois*, 99 作了引述。

[136] Pliny, *Naturalis historia*, III, XX, 138.

[137] 参见英诺森三世的教令 *Novit*: c.13 X 2,1, ed. Friedberg, II, 242;参较 Post, "Blessed Lady Spain", *Speculum*, XXIX (1954), 203, n.28。

[138] 参见 Richier, *La vie de Saint-Remi*, ed. W. N. Bolderston (London, 1912),第 61 行:"诸神明白地展现出对法兰西的特别之爱"("Molt fait dieus aperte monstrance/D'especial amour a France");或第 114 行:"仁善之神让圣灵的恩典泽被法兰西"("A bien Dieus [en] France eslargie/La grace dou Saint Esperite")。Kämpf, *Pierre Dubois*, 91, 99, and passim 收集了一些材料;Wieruszowski, *Vom Imperium*, 147f, n.26; Schramm, *Frankreich*, (转下页)

给献身于效劳教会和献身于上帝伟业的骑士赋予某种宗教荣耀，甚至在十字军之前就已经成为习俗。[139]而通过十字军东征，获取那种荣耀的可能性，从骑士阶层扩展到了大众；成为一位士兵—殉教者的这种特权，则延伸到了那些一般情况下不可能参与战斗的诸阶层。一个为基督信仰而与异教徒 239
战斗的十字军战士，一个效力王者基督并为圣地事业而死的十字军战士，根据共同信仰，有权期许直接进入天国乐园，殉教之冠将作为他自我牺牲的酬赏伴其永生。

开赴圣地的他
于此役殉难的他
将得天上福佑之酬赏

（接上页）I，228f。法学家们——弗洛特、普莱西昂、诺加雷、杜布瓦——不断重复着法国受拣选的主题，国王派的多明我会士索克维尔的威廉则反复强调 *Franci* 起源于 *liberi* 这一说法，声称"严格说来，除了基督和至福者的王国之外，没有哪个王国可被称作法兰西王国"（"proprie loquendo nullum regnum debet vocari regnum Francie nisi solum regnum Christi et beatorum"）。多明我会士的布道，以及同一位作者的其他布道，已由笔者之前的学生希尔德加德·克斯特尔（Hildegard Coester）女士从巴黎国立图书馆（Paris，Bibl. Nat. MS lat. 16495，fols. 98－100v）转抄并作了讨论，参见 *Der Königskult in Frankreich um 1300 im Spiegel der Dominikanerpredigten*（Thesis ［Staatsexamens-Arbeit］ Frankfurt，1935－1936，typescript），p. VIII；相似内容可见于坎普夫（Kämpf）所编布道文，*op.cit.*，113。我们此处也可回想那些赞颂巴黎的美名，参见 Jean de Jandun，*Tractatus de laudibus Parisius*，*in: Paris et ses historiens aux XIVe et XVe siècles*，ed. Le Roux de Lincy and L. M. Tisserand（Paris，1857），32－79（*instar triumphantis Jerusalem*，*locus sanctus*，*etc.*［让耶路撒冷这这类神圣土地得胜］）。上述所有情形并不限于法国，如珀斯特（上面注 137）描述西班牙情形时所指明的；但这种情形在那一时期的法国实践当中要更为连续一贯。

[139] 这是 Erdmann，*Kreuzzugsgedanke* 出色研究中的主要论题之一。

与圣徒同住。[140]

十字军战士之歌中所反映出对来世酬赏的信念，在教义上是否站得住脚，抑或它只是对教皇敕令的误解(教令并未赋予十字军战士免罪之权，而是赦免了教会教规可能已施与的惩罚)，这一问题在当时并不重要，我们在此也不加细究。当时人人都相信十字军战士会升入天国，但丁也这样认为。在住着上帝的殉教者和捍卫者的火星天，但丁遇见了第二次十字军东征中阵亡的先祖卡查圭达(Cacciaguida)。诗中卡查圭达说："殉教之后，我直趋这里的安恬。"(*Venni dal martiro a questa pace*)[141]

当然，臣下为封建领主的牺牲，或许被同样赋予了荣光，尤其是在为基督信仰的战斗中。1031 年，在里摩日(Limoges)一次商讨"上帝的和平"的会议上，一个公爵的封臣被告知："为你的领主，你须接受死亡……因这份忠诚，你将成为上帝的殉教者。"[142]也就是说，向捍卫神圣事业的领主效命的

---

[140] "Illuc quicumque tenderit, /Mortuus ibi fuerit, /Caeli bona receperit, /Et cum sanctis permanserit." 参见 Dreves, *Analecta Hymnica*, XLVb, 78, No. 96; Erdmann, *Kreuzzugsgedanke*, 248。

[141] 有关"罪之赦免"("remission of sins")，参见 Erdmann, *op.cit.*, 316f, also 294, and passim。这种混淆是普遍情况，教会法学者中间甚至也不可避免；参较 *Summa Parisiensis*, on c.14, C.XVI, q.3, ed. Terence P. McLaughlin, Toronto, 1952, 184："... ad resistendum Saracenis Christianos hortatur ecclesia eosque quae profecti defensione moriuntur a peccatis absolvit"("……教会激励基督徒抵抗撒拉逊人，免除为尽保卫职责而死之人的罪行")。有关卡查圭达，参见 *Paradiso*, XV, 148。

[142] *PL*, CXLII, 1400B："Debueras pro seniore tuo mortem suscipere ... et martyr Dei pro tali fide fieres." Cf. Bloch, *Rois thaumaturges*, 244, n.3.

封臣，可与为圣主、为基督效命的基督徒殉教者相媲美。《罗兰之歌》中大主教兰斯的图尔潘（Turpin of Reims）对法兰克的士兵们说：

> 为了我们国王我们抱必死之心。 240
> 襄助维系基督教信仰……
> 我将免除你们的罪，医治你们的灵魂。
> 倘若你们这样死去，你们将成为神圣的殉教者
> 占享天国之高位。[143]

查理曼时代传奇中的这些士兵正在西班牙同撒拉逊人作战，他们列属十字军战士，并享有诗人那个时代十字军战士通常享有的显赫特权。[144] 然而，那些与撒拉逊人开战的“法国”十字军战士的死亡，同时也是为最高领主查理曼，为“醇美法兰西的查理皇帝”（*li empereres Carles de France dulce*）而付出的牺牲。对12世纪的法国读者来说，这一事实赋予了阵亡的殉教者绵恒的民族之情。

---

[143] *La Chanson de Roland*, lines 1128－1135, ed. J. Bédier (Paris, 1951), 96; Leonardo Olschki, *Der ideale Mittelpunkt Frankreichs* (Heidelberg, 1915), 14ff;另参见 Franz Cumont, *Lux perpetua* (Paris, 1949), 445。

[144] 关于查理曼本人，约昆德（Jocundus）在《通厄伦主教圣塞尔瓦蒂的生平神迹》（*Translatio S. Servati*, *MGH*, *SS.*, XII, 93[写于1088年前后]）中说道：“查理曼不怕为祖国而死，为教会而死。同样，他巡弋世界与反抗上帝的人战斗”（“Karolus mori pro patria, mori pro ecclesia non timuit. Ideo terram circuit universam et quos Deo repugnare invenit, impugnabat”）（笔者要感谢M.切尼亚夫斯基[M. Cherniavsky]教授让笔者注意到了这个地方）。总体情况参见 Robert Folz, *Le Souvenir et la Légende de Charlemagne dans l'Empire germanique médiéval* (Paris, 1950), 137f。

《罗兰之歌》对法国人的意义，好比蒙茅斯的杰佛里(Geoffrey of Monmouth)的《不列颠诸王史》对英国人的意义，这样说并不为过。对蒙茅斯的杰佛里来说，“祖国”明显指的是“全岛的君主国”(*totius insulae monarchia*)，在凭借继承权获得这一君主国之后，[145]亚瑟王不得不与异教徒(撒克逊人、苏格兰人以及皮克特人)作战来捍卫它。当撒克逊人袭击不列颠“祖国”时，亚瑟王曾召集他的军队，并在对士兵的演说中简略称颂了自己的忠诚，反衬了撒克逊人无视停战协议的背信弃义。卡利恩的圣杜布里修斯(Saint Dubrick of Caerleon)主教重述了这篇重要的慷慨之辞，他告诫士兵，要为了同胞们而做“虔敬和祖国”(*pietas et patria*)[146]的英勇捍卫者。

241 > 为你的祖国而战，哪怕死亡要降临于身，也甘愿为她赴死。死亡本身就是一种胜利，是拯救灵魂的途径。因为无论谁为他的同胞遭受死亡，都是把自己作为活的牺牲

[145] Geoffrey of Monmouth, *Historia Regum Britanniae*, IX, c.1, ed. Jacob Hammer (Mediaeval Academy of America Publications, No. 57 [Cambridge, 1951]), 152, 7: “Dubricius ergo, calamitatem patriae dolens, associatis sibi episcopis, Arthurum regni diademate insignivit”(“因此，杜布里修斯为祖国的不幸感到悲伤，召集其他主教一起，将王国的王冠戴在亚瑟头上”)。Ibid., line 17: “... cum [Arthurus] totius insulae monarchiam debuerat hereditario iure obtinere”(“……因为，[亚瑟]凭借继承权名正言顺获得了全岛的君主国”)。

[146] *Hist.Reg.Brit.*, IX, c.2, Hammer, 154,80: “[Saxones] patriam usque ad Sabrinum mare depopulant”(“[撒克逊人]洗劫了祖国，一直打到塞文海”)。有关亚瑟的演说，出处同上，第 88 行及其后；参见第 95—96 行对“虔敬和祖国”(*pietas et patria*)的讨论，这两个概念在古罗马思想中是不可分割的，阿奎那在《神学大全》(*Summa theol.*, II-II, qu.101, art.1 and 3)再次巧妙地将它们结合在一起。

献给上帝，为其同胞俯身放弃自己生命的人，是坚定地追随了基督[《约翰一书》3：26]。因而，若此战你们中有人阵亡，愿那死亡成为他所有罪的救赎和赦免……[147]

卡利恩主教的这番讲话和兰斯的图尔潘大主教在《罗兰之歌》中的讲话一样，可能都效仿了十字军布道者的布道，只不过，许诺圣战牺牲者的精神奖赏——灵魂的赦免和救赎，在这里被赋予了为祖国而死的殉教者。亚瑟王的威尔士战士，因为一直同撒克逊异教徒作战，也算是为基督教信仰而殒命沙场的，他们为君主和国王的效命则是确然无疑的。然而，为信仰(*pro fide*)或忠诚而死，隐没于或并入了"为祖国而死"即"为全岛的君主国"而死的理念中。他们的死亡被解释成了"为同胞"(*pro fratribus*)的自我牺牲，卡利恩把它同基督为同胞的自我牺牲相提并论。[148] 为祖国而死，表现为"仁爱"(*caritas*)之举而非"信仰"(*fides*)之举，尽管不应完全排除"信仰"之举。

"同胞之爱"的基调时常在与十字军相关的场合出现。比如，教皇乌尔班二世在写给为保卫塔拉贡(Tarragona)而与撒

---

[147] *Hist.Reg.Brit.*, IX, c.2, Hammer, 154, 97－104："Pugnate pro patria(参见下面注 159), et mortem, si supervenerit, ultro pro eadem patimini. Ipsa enim victoria est et animae remedium. Quicumque enim pro confratribus suis mortem inierit, vivam hostiam se praestat Deo Christumque insequi non ambigitur, qui pro fratribus suis animam suam dignatus est ponere. Si aliquis igitur vestrum in hoc bello mortem subierit, sit mors illa sibi omnium delictorum suorum paenitentia et absolutio ...." 特别感谢已故雅各布·哈默(Jacob Hammer)教授让笔者注意到这一值得关注的内容。

[148] 圣经章节《约翰一书》3：16，被频繁援用于"为祖国(同胞)"(*pro patria* [*fratribus*])而牺牲者与基督之间的比较；可参见下面注 157。

拉逊人作战的西班牙人的信中称，

> 为爱上帝和他的同胞而在此战中殒命之人，都无须怀疑他的罪将得到赦免，凭借着上帝仁慈他将获得永福。[149]

242 其后不久，夏特尔的伊沃在他的主要作品《教令集》(*Decretum*)和《大全》(*Panormia*)中，搜集了教父和教皇书信中的相关表述，天国酬赏被许给了那些“为信仰的真理、祖国的拯救和基督徒的保卫而牺牲的人”。这些表述很快被纳入了格兰西的《教会法汇要》，并产生了深远的影响。[150]

只是在13世纪，基督徒的仁爱德性才明白无误成为政治性的，此后这种用法一直未有中断，从伦理道德上使得为政治性“祖国”赴死变得神圣而正当。

> 对祖国之爱植根于仁爱(*Amor patriae in radice charitatis fundatur*)，它不是把私人之事置于公共之事之前，而是把公共之事置于私人之事之前……仁爱德性应当高于所有其他德性，因为任何德性的价值都依存于

---

[149] Paul Kehr, *Papsturkunden in Spanien*, *I: Katalanien* (Abh. Göttingen, N. F., XVIII: 2, Berlin, 1926) 287f, No. 23: “In qua videlicet expeditione si quis pro Dei et fratrum suorum dilectione occuberit, peccatorum profecto suorum indulgentiam et eterne vite consortium in venturum se ex clementissima Dei nostri miseratione non dubitet.” Cf. Erdmann, *Kreuzzugsgedanke*, 294.

[150] 参较“*Pro patria mori*,” 481f, nos. 34 - 36; Erdmann, *op. cit.*, 248; Post, “Two Notes,” 282，谈到了格兰西《教会法汇要》中的出处。

仁爱的价值。因此，对祖国之爱应荣居所有其他德性之上。

于是，对祖国之爱的神学标准就正式确立了。尽管这些话是阿奎那著作《论君主政治》的续写者卢卡的托勒密所写，但仍被认为是沿袭了阿奎那的主张。[151] 在有关祖国的讨论中，托勒密大体上遵循了圣奥古斯丁关于天上之城优越于地上之城的观点；不过他同时也引述了西塞罗的话：父母子女、亲人家族为我们所珍视，但“祖国以其仁爱（*caritate*）涵摄了所有这些关系”。托勒密和西塞罗一样高亢陈词：“如果对祖国有益，哪个优秀的公民会不愿欣然赴死呢？”[152]这些都是法学者们习惯运用的论证和引述，[153]而托勒密本人至少对教会法可说是娴熟 243
于心的。

有关祖国的整个问题，它不仅是由圣俗两大法律引发的，也是因对亚里士多德的深入研究和实践政治化解释而引发的，在阿奎那之后，对它的讨论比此前中世纪的任何时期都要活跃。阿奎那自己就时常论及这一问题。他要求有德性的公民为了保卫国家应将生死置之度外，他认为，通常与“仁爱”不

---

[151] Thomas Aquinas, *De regimine principum*, III, c.4, ed. Joseph Mathis (Rome and Turin, 1948), 41。托勒密引述了古罗马的例子，同样提到了奥古斯丁（*De civ. Dei*, V, C.12－19），另见他的 *Determinatio compendiosa*, c.21, ed. Mario Krammer, 1909 (*MGH*, *Fontes iuris Germanici antiqui*), 42f。参见 Theodore Silverstein, “On the Genesis of *De Monnarchia*, II, v”, *Speculum*, XIII (1938), 326ff，总体情况可参见 Hélène Pétré, *Caritas* (Louvain, 1948), 35ff。

[152] Cicero, *De off.*, I, 57，这是一段常被引述的话。

[153] Post, “Two Notes,” 287, n.28, and passim.

辨彼此的"虔诚"德性，能激发出对父母和祖国献身和崇敬的力量。[154] 13世纪后期，在巴黎执教的"庄严博士"(*Doctor solemnis*)根特的亨利(Henry of Ghent)开始讨论相关问题。[155]他把基督徒撤离阿克(Acre)和1291年这座城市的陷落作为起点，讨论了在何种情况下士兵应该牺牲生命或是可以扭身逃走。亨利强烈反对任何为自私的理由(虚荣、轻率、不义等)而自我牺牲的行为，并指明，逃跑和自我保全在这类场合可能往往是更有价值和更值得称赞的，除非这个人是一个圣职者，他不能逃离是因为城市需要他来拯救灵魂或照料病人。[156]

---

[154] *Summa theol.*, I, qu.60, art.5, resp.:"Est enim virtuosi civis ut se exponat mortis periculo pro totius reipublicae conservatione"("为了维护国家整体，有德性的公民甚至可将自己置于死境")。参见上面注147，其中谈到了有关"祖国"的另一段话，以及对阿奎那所理解的"祖国"观念的有价值注释，收在 *Die Deutsche Thomas-Ausgabe* (Heidelberg, 1943), XX, 343ff。不过，阿奎那谈到"祖国"的地方通常意指"天国"或"天堂"；可参见 *Summa theol.*, II-II, qu.83, art. 11; qu.8, art.3, etc.。

[155] Henry of Ghent, *Quodlibeta*(《神学论争》), xv, qu.16 (Paris, 1518 [*Quodlibeta Magistri Henrici Goethals a Gandavo*]), fols.594ff(谢弗·威廉姆斯[Schafer Williams]博士友善给笔者提供了影印本)，这一论证，究其根源始于西塞罗，他在《论义务》(*De off.*, I, 83)中有言："先行突入敌军中的兵士行事并不高洁"("Quod miles praevolans in exercitum hostium non facit opus magnanimitatis")。参见 Paul de Lagarde, "La philosophie sociale d'Henri de Gand et de Godefroid de Fontaines" (上面注52), 80ff，这篇论文让笔者注意到了根特的亨利的《神学论争》)。

[156] 亨利在 fol.596 中讨论了其他人逃跑时那些不动摇的人："这对他们来说是正当之举；此时，其他人应与他们一道迎敌，要准备与他们一起打败敌人，或与他们一同赴难；或者，如果当中有对他们负有属灵义务的人，则是不能逃跑的"("Hoc licitum est eis, et tunc alii tenentur cum eis contra hostes stare et esse parati aut cum aliis hostes devincere aut simul mori cum illis; aut si sint aliqui inter illos qui tenentur eis ministrare spiritualia, fugere non possunt")。之前的段落(fol.595^{v})"就圣职者的逃跑"(*de fuga praelatorum*)有过讨论。亨利 (转下页)

然而，从另一方面，亨利颂扬了士兵牺牲的高洁，如果这种牺牲出于爱的要求的话。他引用了《雅歌》(8∶6)中的“因为爱情如死之坚强”，以证明士兵为同胞而牺牲是仁爱和信仰的行为。他为正义战争(*bellum iustum*)辩护，为保卫祖国和属灵事业(*spiritualia*)的正义战争辩护。为增强他的论点，亨利引用了古典作家的格言。他引用过维吉提乌斯(Vegetius)；他引用西塞罗，指明任何人都不应爱自身和自己的生命超过爱国家。他认同(由西塞罗的《论义务》所承转的)柏拉图的观点，人并非只为自己而活。他坚信西塞罗的信条：“祖国比我的生命更珍贵。”(*Patria mihi vita mea carior est*)尽管这些不过是来自对古典作家格言的摘录，但根特的亨利的注意力主要集中在传统的基督教论证上。对他来说，为保 244

(接上页)发现很难决断，“基督教律法和信仰的敌对者挑起对祖国和祖国法律的战争时，从这场战争中逃跑是否是正当的。我认为，在这个问题上，高位和低位的圣职者逃跑，与上位和下位的王侯逃跑是一样的……因为圣职者负有民众属灵事务上的义务，要保护和维持他们灵性的生命，而王侯负有民众俗世事务上的义务，要保护和维持他们俗世的生命”(“si licitum sit fugere bellum, quod contra patriam aut patrias leges attentatum est ab hostibus legis et fidei christianae. Et censeo in hac materia idem de fuga praelatorum maiorum et minorum, et principum superiorum et inferiorum ... quia sicut praelati tenentur ministrare populo in spiritualibus ad fomentum et conservationem vitae eorum spiritualis, sic principes ministrare tenentur eidem in temporalibus ad fomentum et conservationem vitae eorum temporalis”)。根特的亨利在对待圣职者义务方面肯定是与经院哲学的教义相吻合的；参较 Aquinas, *Summa theol.*, II-II, qu.185, art.4 and 5；以及珀斯特在“Public Law,” 48 中所作评述。总体来看，他也与教会法学说保持了一致；参较 Stephan Kuttner, *Kanonistische Schuldlehre von Gratian bis auf die Dekretalen Gregors IX*. (Studi e Testi, 64; Vatican City, 1935), 254f；另见 A. M. Stickler, “Sacerdotium et Regnum nei decretisti e primi decretalisti”, *Salesianum*, XV (1953), 591, on c.19, C.XXIII, q.8(有关拥有 *regalia* 的圣职者的斗争)。

卫祖国而死主要表现为一种仁爱之举；像蒙茅斯的杰佛里一样，通过把公民为其同胞和共同体的牺牲比作基督为人类获拯救的牺牲，亨利把决定性的赐福授给了"为祖国而死"。[157] 于是，殉教者之冠在13世纪开始加戴于为世俗国家而战殁沙场者的头上。

245 我们在根特的亨利的论证中可以听到人文主义的语调。但丁那里则表现得更强，对他来说，那些为拯救祖国而献出生命的人，像罗马的德西乌斯家族（Roman Decii）一样，表现为"最神圣的殉难"，带来了"无以言表的伟大牺牲"（*illud inenarrabile sacrificium*），[158]加图被誉为这种殉难者中的典范。"为祖国而战"（*Pugna pro patria*），据说最早是加图使

---

[157] 亨利在Fol.596中谈及那些可以逃跑但仍选择坚守至最后（或同生，或同死[*aut pariter vivant aut pariter moriantur*]）的人时，引述了《约翰一书》3：16的内容（见上面注148）："使徒约翰所称赞的，'就像基督为我们放下他的生命，我们也应为我们的同胞放下我们的生命'，被认为是最大的仁爱"（"Hinc maxime probatur illa charitas quam Johannes apostolus commendat dicens: 'Sicut pro nobis Christus animam suam posuit, sic et nos debemus animas nostras pro fratribus ponere'"）。这一内容也出现在西塞罗和其他作者那里，对此参见fols. 595v and 596。14世纪一位教会法学家安迦乐的彼得（Petrus de Ancharano）在*Consilia*, CCLXXI, n.9 (Venice, 1574), fol.148中也引述了《约翰一书》3：16中的这段话，并对"*militia armata*"（武装的军队[骑士阶层]）与"*militia coelestis*"（天上的军队[圣职者]）进行了对比。这位法学家说，对圣职者而言适当之举是"作为基督的军队，为了他的羊群而献上自己的生命，不逃避死亡。因为武装军队的兵士有义务履行为国家不回避死亡的誓约，[*C*.2,53(54),5? 这里引用出处有误]，为教会集结而来的天上军队的兵士更有这样的义务"（"et mortem etiam non fugere tanquam miles Christi, qui animam suam posuit pro ovibus suis. nam et miles armatae militiae obligatur iuramento mortem non vitare pro Republica, ut l.fi.ff. ex qui. cau.ma. [*C*.2,53(54),5?], quanto magis ad hoc adstringitur miles coelestis militiae pro Ecclesiae unitate"）。

[158] *De monarchia*, II, 5,15，另可参见西尔弗斯坦（Silverstein）对这一章的重要研究（上面注151）。

用的，理由是这种用法可见于他的《二行诗》(*Distichs*)(实际上并非加图所写)。[159] 人文学者(*literati*)和法学者都偏爱这一格言，运用它并将其阐发，由此来效仿异教徒自杀殉难的模式，使祖国的理念伦理化。

当然，罗马法中是充斥着爱国主义的伦理的。法学者不可能不会看到《法学阶梯》中的这一节："[在战斗中]为共和国倒下的人因荣耀(*per gloriam*)而永生"，也不可能不对这一节进行评注：永恒的声誉或荣耀明显取代了永恒之福，或与它并驾齐驱。他们同样也不可能不注意到哈德良时代的罗马法学者系统阐述的《学说汇纂》中的那条法律：为了祖国，儿子可以弑父，父亲可以杀死儿子。[160] 中世纪的法学家在阐释这一法律时指出，通常认为是弑父罪的行为当它以祖国之名所犯，即使只是在自卫时所犯也是可嘉许的行为。[161] 他们没有像人文主义者有时所做的那样陶醉于爱国主义杀戮的概念——比如科卢乔·萨卢塔蒂(Coluccio Salutati)，他言辞激昂：

> 你不知爱国是多么甜美之事。如果为了祖国的保卫和扩张[原文如此!]的利益，将斧头砍入父亲的头颅，践踏自

---

[159] W. J. Chase, *The Distichs of Cato* (Madison, 1922), 12；有关整个问题，则参见珀斯特对"为祖国而战"(*Pugna pro patria*)的注释("Two Notes," 281 ff)。

[160] *Inst*.1,25, prol.; *D*.11,7,85; cf. Post, *op.cit.*, 287.

[161] 有关阿库修斯对该法的注释，参见 Post, 287, n.25，有关教会法学者的，参见 283, n.10。另见下面注 163 和 178 对彭纳的卢卡斯和诺加雷(Nogaret)的讨论。这一论证被 再重复。可参见 Durandus, *Speculum iuris*, IV, part. iii, §2, n.32 (Venice, 1602), III, 321："Nam pro defensione patriae licitum est patrem interficere"("为保卫祖国，杀死父亲也是正当的")。

己的兄弟，用剑从妻子的腹中挑出胎儿，看来就既非不堪忍受、难以下手，也非犯罪行为。[162]

246 这种学者的嗜血和过热的书桌式爱国主义，总的来看是不符合更为冷静思考的法学家的品味的，他们肯定会逐一反驳萨卢塔蒂的论点。[163] 然而，借上帝或祖国之名来行恐怖之实，可以说只是旧瓶装了新酒。巴尔都斯可能主张过，为祖国杀死敌人的士兵，他的所作所为不亚于把祭品奉献给造物主这样的"圣行"（*opus divinum*）。这是以仁爱的名义所行的，确切地讲，仁爱的福音德性不再表现为积极的兄弟之爱，而是表现为它世俗化的对等物，即巴尔都斯所说的为保护"养育自己的祖国"（*naturalis patria*）的那种"公共仁爱"（*publica caritas*）。[164]

---

[162] Salutati, *Ep.*, I, 10, ed. F. Novati, *Epistolario di Coluccio Salutati* (Rome, 1891), I, 28,22ff:"... ignoras quam sit dulcis amor patriae: si pro illa tutanda augendave expediret, non videretur molestum nec grave vel facinus paterno capiti securim iniicere, fratres obterere, per uxoris uterum ferro abortum educere." 参较 A. von Martin, *Coluccio Salutati und das humanistische Lebensideal* (Leipzig and Berlin, 1916), 126，作者指出，晚年的萨卢塔蒂对这些异教徒的观点作了更正。

[163] 战争不可"为了祖国的扩张"（*pro patria augenda*）而发动，这一点法学家当中没有分歧；参见 Kuttner, *Schuldlehre*, 255；另见上面第 243 页，对根特的亨利的讨论；Post, 282, n.9。Lucas de Penna, on *C.*10,31[32],35, n.2 (Lyon, 1582), p.162，有关于士兵妻子的说法："为了祖国，儿子应起而反对父亲，父亲应起而反对儿子，丈夫应起而反对妻子"（"Et pro patria filius in patrem, et pater in filium, ac vir in uxorem insurgere debent"）。他援引的是 *D.* 11,7,35，以及西莱斯廷三世（Celestine III）的一条教令（c.1 X 3,33, ed. Friedberg, II, 587），其中的表述当然是极为冷静的，与萨卢塔蒂的理论没有什么相似之处。

[164] Baldus, *Consilia*, III, 264, n.1, fol.74v:"Qui fervore *publicae charitati*[*s*] pro tutela naturalis patriae accensus cruentissimum eiusdem patriae hostem occidit, non dicitur fratricida, sed pugnans pro patria nuncupatur opus （转下页）

世俗化还有其他层面。确实，为圣地而战的十字军战士与为祖国而战的士兵是地位相当的。但圣地的标准只在一定限度内可转移到世俗王国。其他标准则由罗马提供；因为，对世界之都罗马有益之事，对萌芽中的民族性君主国也同样有益。罗马的帝国意识形态被转用于法兰西、西西里、英格兰以及西班牙各王国，适用于这些王国。

《学说汇纂》区分了两种“祖国”：个人所在的个别城市（“其本人的”[*sua*]或“自己的”[*propria*]祖国）和作为“共同祖国”（*communis patria*）的罗马城。也就是说每个人都有他自己本地的祖国，但帝国的所有臣民都认可罗马是他们的“共同祖国”。[165]
然而，罗马作为“共同祖国”的观念很快改变了意义。13 世纪早 247
期有位教会法学者在反驳《学说汇纂》时说到：“今日有所不同，因为不是所有人都处于皇帝之下，而是所有人都处于教会之下。”或许他是把使徒所生活的罗马看作了共同祖国，或许是把教会看作了罗马帝国的真正化身，或者，两种情形都不是。[166] 法

（接上页）divinum faciens plenum laudis, si quidem convenit hostiles beluas mactare, et fit sacrificium creatori ...”（“如果杀死敌对的野兽并给造物主献祭是正当的，那么，为保护养育自己的祖国而燃起炽热的公共仁爱之情，出于此情杀死祖国嗜血之敌的人，就不被说成杀害兄弟者，相反，为祖国战斗，当称作是备受称颂的圣行……”）Andreas of Isernia, on *Feud*. II, 24, n.7（“Quae sit prima causa”），fol.126^{rv}，有对“公共仁爱”的充分论述（篇幅太长此处不做引述），其中有一些地方援引的是斯多亚派人物，尤其是塞涅卡。

⑯⑤ *D*.48,22,7,15；参较 Post, *op.cit.*, 286, n.22。参见 *D*.50,1,33, and Post, 291, n.45，对罗马作为“我们共同祖国”（*communis nostra patria*）的讨论（参见上面注 126，对普鲁塔克相关表述的讨论）。有关此一概念（Cicero, *De lege agraria*, 2, 86）的起源，参见 Tierney, *Conciliar Theory*, 140, n.1。

⑯⑥ 参见这位撰写了 *Apparatus* “Ecce vicit leo”（执笔于 1202—1210 年间）的教令集注释者，原文为 Post, 301, n.22 所引用：“Odie tamen non fit, quia non sunt omnes sub imperatore, sed ecclesia ....”

学家们把罗马作为共同祖国的比喻用作其他目的：他们把它转用于个体的君主国。比如，首府巴黎可以和共同祖国相提并论，因为巴黎（可以说是法国的罗马，正如亚维农成了教会的罗马）是“法兰西王国中更属共有和更为卓越的城市”，这只是上述发展进程所呈现出的一个面向而已。[167] “祖国”的城市概念现在让位给了“祖国”的王国或君主国的概念，这是更具重要影响的。法兰西王国本身这一由国王或王冠所代表的领土性君主国，在与个人的地方性祖国比较时，取代了罗马的位置：现在法兰西成了所有法国人的共同祖国。大约在1270年，一位法国法学家在总结“法学博士们”(*doctares legum*)的观点时写道：“正如罗马是共同祖国一样，王国的王冠也是共同祖国。”罗马统治权的概念传到了民族—国家的君主国，对罗马和普世帝国的效忠也随其而至。[168] 换句话说，效忠于新生限定性领土的祖国，效忠于这一王冠下所有臣民的共同祖国，

---

[167] 参见 Post, 291, nos.45,46, and 293, n.54,文中引述了伯里帕奇的皮埃尔(Pierre de Belleperche)。这里同样适用于亚维农。参见 Baldus, on *D*.5,1,2,3, n.1, fol.258v(罗马是教皇或皇帝居住之处;见上面注 35):“……然而,使者不能在那里(罗马)会面……既然圣职者们去亚维农,是否能在那里会面,就会被通报于圣职者们,因为除了教皇之外他们没有别的裁定者……”(“... tamen ibi [Rome] non possunt conveniri legati ... et hoc est notandum pro clericis, quia vadunt Avinionem, an possint ibi conveniri, quia non habent alium iudicem quam Papam ...”)。[对于“et hoc est notandum pro clericis, quia vadunt Avinionem……”(对这句话的理解,日译本和俄译本相差较大,前者理解为“因为圣职者们要去亚维农,……会被提前通报于圣职者们……”,后者理解为“对于去亚维农的圣职者们,应当注意的是……”,因译者暂时无法获得巴尔都斯此句话较完整的上下文语境,故将两种译法列于此处,以供参考。——译者)

[168] Post, 290,引述了莱维尼的雅克(Jacques de Révigny)(n.44):“... quia Roma est communis patria, sic corona regni est communis patria, quia caput.”参见上面注 35。

取代了效忠于拟制性普世帝国这种超民族—国家的纽带。根据法律，人们认可了只有君主可以宣布和发动正义战争，但要加上“在祖国没有上位者的情况下是如此”，[169]从“今天帝国四 248
分五裂”这一前提或事实，人们可以推断出：每个君主“在他自己的祖国是皇帝”(*est in patria sua imperator*)。[170] 显而易见，把作为共同祖国的罗马与作为共同祖国的民族—国家君主国相等同，这一做法迎合了那个时代的大潮流，迎合了这样的新理论：国王不承认还有上位者，国王在本国就是皇帝。[171]当时兴起直到今天仍是惯例的爱国主义伦理准则，拥有一系列的观念：“保卫祖国和同胞都是正义的”，[172]因为祖国的事业总是正义的事业；“德性要求我们为祖国而活，为这一祖国而养育子女”；[173]或者“我们必须热爱君主和国家胜于爱我们的父亲”，[174]以及诸如此类的格言。

---

[169] 参见 Heydte, *Geburtsstunde des souveränen Staates*, 73，作者引述了“Ulrich von Strassburg, *Summa theologiae*, VI, 3, Cod.Vat.lat”。

[170] 参见 Philip of Leyden, *De cura reipublicae*, Tabula tract., rubr. VII, 105, ed. Fruin and Molhuysen, p.421：“Quomodo intellegitur ‘scissum est imperium hodie’ et ‘quilibet est in patria sua imperator’?”(“‘今天帝国四分五裂’和‘君主在他自己的祖国是皇帝’当作何解?”）这种概括性说法参考了 *Casus* IX，28(p.54)，不过，此处“祖国”一词并未重复。

[171] Post, 292f 中自然也未忽视这一点，他的第二个研究(296ff)就特别讨论了“国王即皇帝”(“Rex imperator”) 的理论。

[172] Lucas de Penna, on *C*.10,70,4, n.7, p.345：“Idem iustitia est patriam et socios defendere.”

[173] Lucas de Penna, on *C*.10,31[32],35, n.2, p.162：“Pertinet autem ad virtutis officium, et vivere patriae et propter patriam filios procreare.”

[174] Andreas of Isernia, on *Feud*.II, 24 (“Quae sit prima causa”), n.21, fol. 131：“Ante omnia, principem et rempublicam plus quam patrem diligere debemus.”

在这一神学、经院哲学以及法学的交响乐中，人们不应忽略人文主义的声音，或是低估古典文学对于西方祖国观念的影响。从彼特拉克、薄伽丘、萨卢塔蒂、布鲁尼以及其他作者的著述中摘录相关章节，以表明世俗化的基督教“殉教者”和“仁爱”的观念后来是如何与古典的“英雄”和“（对祖国之）爱”的概念相伴随行，是再容易不过的事情。但在这里铺陈更多的材料只为证明下述自明观念则可谓画蛇添足：人文主义在对祖国的膜拜和对国民的自我颂扬上有着显而易见的影响；把为祖国牺牲的战士最终英雄化是人文主义者的成就。无
249 疑，由人文主义者所热衷于复兴、培育和讴歌的罗马“对祖国之爱”（*amor patriae*）理念，塑造了近代的世俗思想。[175]

然而，人文主义的影响只是在祖国观念已然成形并被神学和法学伦理化之后，才真正发挥了作用。为国死难作为一种“殉教”，它的原初准宗教层面明显起源于教会的教义，起源于教会观念形态对世俗政体的适应。这一源泉频繁被汲取，尤其是在法国，重要政治家们开始有体系地利用宗教情感的力量，让它们服务于“新生神秘体”即民族性领土君主国赤裸裸的政治目的。在坚定的爱国主义第一次大爆发期间——这次大爆发的直接导火索是法国国王腓力四世反对教皇卜尼法斯八世和圣殿骑士团而发起“十字军”，人文主义的影响（如果不算罗马法和亚里士多德的影响）真可谓微不足道，甚至可以说几乎不存在，注意到这一点非常重要。

---

[175] 参见 Jacobs，“Vaterlandsgedanken”（上面注 124）；有关彼特拉克，参见 H. W. Eppelsheimer，*Petrarca*，（Bonn，1926），137ff，203ff；有关萨卢塔蒂，参见上面注 162。

这一斗争表明新生爱国主义首次发挥了效力。所有神学家和法学家先前在宗教和法律基础上提出来辩护为祖国效忠和赴死（多少有些偶然性）的那些论证，此时可以说被集束起来，总括成融为一体的体系和首尾一贯的意识形态，服务于一个界定分明的"祖国"，即民族—国家的法兰西君主国。此处目的并非是要重述周知进程当中那些周知细节。然而，最近几年刚刚面世的一份引人关注的文件，或许可以揭示来自众多源泉之流何以汇集一处，同时也可阐明与目前研究相关的一些新要素。

爱祖国的宣传（PATRIOTIC PROPAGANDA）

1302 年，在《一圣通谕》向整个世俗统治体系尤其是法国的世俗统治者发起攻击之后，在腓力四世召集法国首届三级议会，借整个王国的公共抗议来加强他反对教皇的立场之后，在国王于古尔泰（Courtrai）（1302 年 7 月 11 日）镇压弗兰德斯 250
手工业者和农民的灾难性一役而遭受重挫之后，一位名不见经传的法国圣职者向即将出征的国王军队宣讲了一篇布道。这篇布道或许旨在强化国王当时正在鼓噪的政治宣传。腓力命令全国各地举行祈祷，他以多少有点现代的方式呼吁他所有臣民的"对祖国之爱"；他为继续战争募集新的资金，要求所有人"为保卫养育自己的祖国"伸出援手，其中也包括圣职者。[176]"祖

[176] Dom Jean Leclercq, "Un sermon prononcé pendant la guerre de Flandre sous Philippe le Bel", *Revue du moyen âge latin*, I (1945), 165 - 172。勒克莱尔（Leclercq, 165. n.2, also 176, n.8）注意到，这篇布道与索克维尔的威廉的布道密切相关（参见坎普夫和克斯特尔女士；参见上面注 135 和 138）。不过，（转下页）

国”一词当时的意思不是故乡小镇、村庄或行省，而是指整个法兰西王国，这一点并不只是从蕴义上来说的，它还由国王的重要法律顾问之一诺加雷的威廉(William of Nogaret)作了明文(*expressis verbis*)表述。他一再宣称，他诺加雷像所有其他人一样，愿意保卫“他的国王和祖国，法兰西王国”，连同天主教信仰和教会的统一，他本人作为骑士，愿意誓死捍卫“祖国，我的法兰西王国”(*patriam meam regnum*)，[177]他曾像其他法学家一样说过，某人如果在保卫祖国时杀死了自己的父亲，应是一种功绩而不是罪行。[178] 遵循教会法学说的法国主教们，

(接上页)它还应该与诺加雷的威廉和其他法学家所发表演讲中的官方宣传进行比较。有关法国的宣传活动，参见 Leclercq, 166, n.6；以及上面注 128。

[177] 在诺加雷就卜尼法斯八世阿南尼遇袭问题上的“自我辩护”中，以及对这位教皇的抗议中，这种说法一再登场，可参见 Robert Holtzmann, *Wilhelm von Nogaret* (Freiburg, 1898), 268 (Beilage IX,3)：“... uror et estuor in immensum etenim pro fidei catholice defensione, pro sancte matris ecclesie unitate servanda scismatisque vitando periculo ..., nihilominus pro defensione domini mei regis ac patrie, regni Francorum”(“……全力以赴保卫天主教信仰，为了维护慈母圣教会的统一和避免分裂的危险……同样，我也要如此去保卫我的主君国王和祖国，法兰西王国”)。另参见诺加雷于 1303 年向本笃十一世所作的申辩(见下一个注)；此外还有，Dupuy, *Histoire du différend*, 310, § 25 (“为了保卫以上所述我的主君和我的祖国法兰西王国的安全”[“pro defensione quoque salutis dicti domini mei patriaeque meae, regni Franciae”])；与之相似，p.312, § 37, and 585，教皇克莱蒙五世在此引述了这些话(“如诺加雷的纪尧姆[法语人名“Guillelmus”即是英语人名“William”]——译者)所说的，忠诚的义务是有责任保卫他的主君即上述国王……还有责任保卫他的祖国法兰西王国。”[“... dictus Guillelmus de debito fidelitatis erat astrictus dominum suum Regem praedictum defendere ... nec non et patriam suam regni Franciae”])。另见 Strayer, “Defense,” 294, n.6(斯特拉耶教授还提供了另外一些知识，笔者对此表示感谢)。

[178] Dupuy, *Histoire du différend*, 309, § 20(诺加雷对本笃十一世的申辩)：“Item cum quisque teneatur patriam suam defendere, pro qua defensione si patrem occidat, meritum habet nec poenam mereretur, nedum mihi licebat, sed necessitas incumbebat patriam meam, regnum Franciae ... defendere (转下页)

并没有这么极端，不过，他们在写给教廷的一封信中认同，在法国的所有军事力量被动员来保卫君主和祖国（*ad defensionem* 251
regni et patriae）之际，教会特权和豁免权必须暂时中止。[179]实际上，大约 20 年前，另一位法国大法学家兼门德（Mende）主教威廉·杜兰铎（William Durandus），在他的《法鉴》（*Speculum iuris*）中讨论过国王“为了祖国与王冠的保卫”（*pro defensione patriae et coronae*）有权采取的特殊措施。“祖国”与“王冠”在此处的并列没有什么不同寻常，它自然就使得“祖国”同义于“王冠”或其加戴者所统治的整个王国或政治身体。[180]

（接上页）et pro ipsa defensione exponere vitam meam”（“同样，那些有义务保卫自己祖国的人，为了守护她，即便杀害自己的父亲，也是有功绩的，不当受惩罚[参见上面注 160 及其后]。保卫……我的祖国法兰西王国，为了这一保卫而献上我的生命，对我来说不是可以如此这么简单，而是要强加上这样做的必要性”）。

[179] Dupuy, *Histoire du différend*, 26，兰斯的大主教给卜尼法斯八世的信（1297 年）中，开头便写道：“在地上祖国建成战斗的教会，乃出于创造主的神意……”（“In hac terrestri patria Ecclesiam militantem constituens providentia conditoris ...”）。接下来他转而谈到狭义的世俗“祖国”即法兰西王国，在这一王国里，国王和贵族们“呼召……前述王国上上下下的每一位居民，要来保卫王国和祖国”（“cum omnes tum singulos incolas dicti regni ad defensionem regni et patriae ... vocare praetendunt”）。参较 Wieruszowski, *Vom Imperium*, 173；有关教会法学者论紧急事态下对圣职者的征税，参见 Post, 284f, nos.16-18。

[180] 参见 Durandus, *Speculum iuris*, IV, part.iii, §2, n.31（参见上面注 161）：在与外国势力争战的情况下，对自己国王的忠诚优先于对领主的忠诚，“要知道，他们[臣属]被传唤到了更上位的法庭……这是有正当理由的，国王拥有王国的统治权，为公共善而传唤他们，即为了祖国与王冠的保卫而传唤他们，因此，按照万民法他们有义务服从国王……”（“nam vocati sunt [tenentes] ad maius tribunal ... Et hoc verum est. nam Rex, qui habet administrationem regni, vocat eos pro communi bono, scilicet pro defensione patriae et coronae, unde sibi iure gentium obedire tenentur ...”）Hartung “Die Krone,” 21, n.2，对接受这一引述持犹疑态度，而 Perrot, *Institutions publiques*, 400f，引述了但没有标明（转下页）

把国王、法学家以及半推半就的主教们联合在一起的大宣传中，法国佚名教士 1302 年的这篇布道占有一席之地。[181]他就《马加比一书》3：19－22 展开布道：

> 他们来攻打我们，蛮横之极，无法无天……而我们则是为我们的灵魂和律法而战，天主必会在我们面前击溃他们。

这对于爱祖国宣言来说是可取的经文，此前也曾为人所用，它或许在任何时代都可作为理想箴言，以自视正义的方式来辩护战争的正当性。[182]

252 为了证明法国人以及他们为之而奋斗的正义事业的正当性，这位佚名教士以颂扬"高贵与神圣的法兰西国王"(*nobiles et sancti reges Francorum*)圣徒般的特征开场。他说，法兰西国王是圣徒，因为(1) 其王室血统的纯正是神圣性的，因为"纯洁本身就是一种神圣"(*puritas quae est sanctitas quaedam*)；(2) 他们保护教会的神圣性；(3) 通过生育新圣徒即神圣的国王们，神圣性在他们手中薪火相承；(4) 他们所行

(接上页)出处。像"为了保卫王国的王冠"("*pro corona regni defendenda*")这样的表述在这一时期并不少见；有关 1197 年的一个事例，可参见 Strayer, "Defense," 292, n.4；另见拙文"*Pro patria mori*," 483, n.40；以及上面注 168。

[181] 参见 Leclercq, "Sermon," 166。

[182] Leclercq, "Sermon," 169,12－26。Henry of Ghent(参见上面注 155), *Quodlibeta*, xv, qu.16, fol.595(最后一行)，对阿克人(Acconites)没有将信仰立于《马加比一书》3：19f 来抵抗异教徒感到遗憾，他又说，如果他们信奉了那些话，他们可能就也会想到《诗篇》116：15："在耶和华眼中，看圣民之死极为宝贵"("Pretiosa in conspectu domini mors sanctorum eius")。换句话说，阿克人若被杀死，将成为殉教者和圣民。

的奇迹。这些论点在法国王朝体制（dynasticism）新生时期通行一时并屡见不鲜，当时的国王像霍亨斯陶芬王朝皇帝纪念“神性的前任”（*divi praedecessores*）一样，毫不费力地祈求“神圣的前任”（*sancti praedecessores*）庇护。[183] 法国“最正统的基督教国王”（*reges christianissimi*）是教会的特殊世袭庇护人，可谓是一项古老声明，该声明在标榜为保卫教会和真信仰而反对教皇斗争中有必要被一再重申，个中原因很明显。治

[183] 有关巴黎大学神学教授的答复（1308 年 3 月 25 日），参见 Georges Lizerand, *Le dossier de l'affaire des Templiers* (Paris, 1923), 62：“... vos sanctorum predecessorum vestrorum mores laudabiles imitantes”（“……你们要模仿你们神圣前任们值得称赞的习俗”）。参较 Jean de Paris, *De potestate regis et papali*, C.XXI, ed. Leclercq, 246, 22：“Tenuerunt ... regnum Franciae reges sancti”（“法兰西王国神圣国王们，掌控着……”）。索克维尔的威廉的布道（上面注 138）有很多这种观念。另见 Schramm, *Frankreich*, I, 228; Bloch, *Rois thaumaturges*, 244, n. 1, and passim; Kämpf, *Pierre Dubois*, 59; Wieruszowski, *Vom Imperium*, 145ff。当这位布道者说下面一番话时，他浮现的显然是王朝念头（Leclercq, 169, 15）：“相比于因私生而受玷污了的其他血脉，法兰西国王们的血脉保留得最为纯正，因为，他们出自那延至现时代的第一位王普利阿摩司，是在他的第四十八代诸王当中，决非出身于私生子”（“aliis enim sanguinibus foedatis per spurios et spurias, sanguis regum Franciae purissimus remanet, cum a Priamo primo eorum rege usque ad istum, reges scilicet XLVIII, nunquam spurius est exortus”）。有关霍亨斯陶芬王朝的“神性的”（*divus*）称号，参见 *Erg.Bd.*, 222f。可以肯定，“神圣的”（*sanctus*）称号，包括“神圣的腓特烈”（*sanctus Fridericus*），在霍亨斯陶芬王朝背景下并不是没有；参较 *Erg.Bd.*, 209；以及 Nicholas of Bari, ed. Kloos, in DA, XI (1954), 169ff，在他对腓特烈二世的赞辞中，使用了几乎完全是对圣者的比喻（“这是长自以撒之根的枝，是开自先祖的花”[“Hec est virga de radice Iesse, id est de avo flos”]）和称呼语（“啊，皇帝陛下，沐浴上帝恩典，与主同在”[“Ave, domine imperator, gracia Dei plene, dominus tecum”]）。相反，“神圣的法兰西王室”（divina et regis domus Franciae）也可见到，至少可见于意大利；可参见 Luigi Colini-Baldeschi, “Rolandino Passagerii e Niccolò III”, *Studi e memorie per la storia dell'Università di Bologna*, VIII (1924), 181f，其中有涉及公元 1277 年。

愈瘰疬这一国王奇迹*是布道者们和演说家们喜用的话题，用以证明法国国王总体上优越于其他国王，以及他在王国内具有属灵统治权。[184] 只有“法兰西的神圣国王”（*sancti reges*
253 *Francorum*）也“生育神圣国王”这一说法，似乎比当时基本上为人悉知的一些观念要略微过激些；或许是受了维吉尔的启示，他把埃涅阿斯之子即特洛亚人阿斯卡纽斯（Ascanius）称作“诸神之子和未来神之父祖”，这一在古典时代有影响力的诗句现在（并非不合时宜）可适用于法国王朝之君，根据民间传说，他们自称源自特洛亚血统，把世系追溯到了普利阿摩司王（King Priam）。[185]

---

* “king's evil”即瘰疬，当时人们迷信此病经国王一触即可痊愈。——译者

[184] Leclercq, “Sermon,” 169,24：“Quarto sanctitatem declarant, cum hi soli reges vivi miracula operentur et ab illa infirmitate curent”（“第四，当这些国王生前行奇迹，治愈了那病，他们便宣示出了自己的神圣性”）。有关治愈瘰疬和腓力四世治下的法国政治宣传，参见 Bloch, *Rois thaumaturges*, 110, n.1，其中有谈到诺加雷和普莱西昂（Plaisians）；116, n.3，讨论了宫廷外科医生蒙德维尔的亨利（Henry of Mondeville）（将“外科医生”基督与法国国王作比较）；129f, n.1，讨论了《双方的问题》（*Quaestio in utramque partem*）（其中也有与基督的比较）。普莱西昂被认为是这篇短论的作者；事实上，《双方的问题》中的表述“隐藏的奇迹”（*aperta miracula*）也可在普莱西昂的 *Memorandum* 中找到；p.130，谈到了这位历史学家；p.131，谈到了索克维尔的威廉。另见 Kämpf, *Pierre Dubois*, 34, 38, 98。

[185] Leclercq, “Sermon,” 169,21：“... sanctitatem generant, cum generent sanctos reges”（“……[法兰西国王们]生育神圣诸王时，便是在繁衍神圣”）。参见 Vergil, *Aeneis*, IX, 642：“dis genite et geniture deos”（“从诸神所生，所生便是诸神”）。另见 Seneca, *Consolatio ad Marcum*, xv, 1：“Caesares qui dis geniti deosque genituri dicuntur”（“从诸神所生的凯撒，据称也生育诸神”）；以及铭文 *CIL*, III, 710 (Diocletian and Maximian)：“diis geniti et deorum creatores”（“从诸神所生的，也是诸神的创造者”）。参见 Alföldi, “Insignien,” 84, n.2，其中有对另外一些相关地方的讨论。这位布道者本人以前提到过法国国王源出普利阿摩司（参见上面注 183），也就有可能运用维吉尔的诗句；有关法国流传的特洛 （转下页）

从王朝的神圣性出发，佚名教士能轻而易举地推出一个有力结论："神圣国王"的事业就是正义的事业。既然法国人在为正义事业而战，那么弗兰德斯人自然就是在为不义事业而战了，"当我们在为正义而战时，他们则在为不义而战"(*cum autem nos bellemus pro iustitia, illi pro iniustitia*)。然而邪恶的弗兰德斯人看来也有可庆可贺之处，因为，身为圣徒的国王向他们发动战争，他们就大有希望从他们的不义中被"解放"出来。被法国的神圣国王征服，要比被某些邪恶的生活哲学或邪恶本身征服好得多，这一理念反映出了经院哲学的相关教义，它们轻易就把弗兰德斯人置于政治和道德的"异教徒"境地，并把战争变成了为正义而发起的圣战。[186]

佚名教士声称，国王的和平(国王正义的必然结果)，不仅是法兰西王国的和平，也是教会的和平，学识、德性、正义的和平，他还声称，王国的和平会让诸多军队为圣地事业而集结。强调法国的文教使命，已然成为一时风尚，既有挑衅意义又有 254
政治上的重要性，当时法国被公认为(甚至连外国人也如此认

(接上页)亚传奇，参见 Leclercq, "Sermon," 167, n.12；以及 170，91－102。(有关特洛亚的故事及人物译名参见维吉尔，《埃涅阿斯纪》，杨周翰译，人民文学出版社 1984 年版。——译者)

⑱⑥ Leclercq, "Sermon," 170, 78ff, and 172, 163ff："Summa enim victoria est ut, vitiis debellatis, secundum rationem homo vivat, quia si ipsi [Flamengi] volunt ab injustitia vinci, orabimus ut a potestate et exercitu regio devincantur. Melius est enim eis a rege vinci quam a malo et in injustitia perdurare"("克服恶德，遵从人的理性而生活，乃是伟大的胜利。因为，如果他们[弗兰德斯]自己想要被不义征服，那我们祈祷他们会被国王的权力和军队击溃；被[法兰西]国王征服，要比苟活于邪恶和不义当中更好")。有关背后的经院哲学教义，参见 Harry Gmür, *Thomas von Aquino und der Krieg* (Leipzig and Berlin, 1933), 7f and 46。

为)在学问(*studium*)方面独占鳌头,就好像意大利在富有教皇权(*sacerdotium*)、德国在富有帝权(*imperium*)方面一样独占鳌头。[187] 另外,把圣地安危充作对内对外政策的杠杆,在13世纪下半叶一直是法国及其他国家采用的策略。[188] 最后,大力宣扬法国问题与教会问题的同一化,成为法国美男子腓力治

---

[187] Leclercq, "Sermon," 170, 63ff:"Pax regis est pax regni; pax regni est pax ecclesiae, scientiae, virtutis et iustitiae, et est acquisitio Terrae Sanctae"("国王的和平是王国的和平;王国的和平是教会的和平,是学识、德性、正义的和平,也是夺回圣地[的条件]")。有关从雅典和罗马向巴黎的"学问的转移"(*translatio studii*),参见赫伯特·格隆德曼(Herbert Grundmann), "Sacerdotium-Regnum Studium," *Archiv für Kulturgeschichte*, XXXIV (1951), 5-22,在这饶有兴趣的研究中,作者虽不可能尽搜这一主题的讨论,但分析了罗斯的亚历山大(Alexander of Roes)的短文所依托的三分法;尤其要参见 *Notitia seculi*, c.12("sacerdotium, regnum et studium una esset ecclesia"["教皇权、王权和学问,是属于一个教会的"]), ed. Grundmann and Heimpel, 84;另见 *Memoriale*, c.25, p.48:"... ut sicut Romani tamquam seniores sacerdotio, sic Germani vel Franci tamquam iuniores imperio, et ita Francigene vel Gallici tamquam perspicatiores scientiarum studio ditarentur",("……这就像是罗马人富有老人般的教权,德意志或法兰克人富有年轻人般的帝权,法兰西或高卢人则富有有学识者般的学问"),由此三分体"老人—年轻人—有学识者"(*seniores-iuniores-perspicatiores*)表现的不是作者的独创表述,而是可以回溯到普里西安的表述,参见他的 *Institutiones grammaticae*, I, 1("grammatica ars ... cuius auctores, quanto sunt iuniores, tanto perspicaciores"["文法学……的那些著者,像年轻人一样富有洞察力"])。罗斯的亚历山大的见解也就与12、13世纪表达进步观念的论调合上拍了。有关法国政治宣传中的"学问"(*studium*),也可参见 Scholz, *Publizistik*, 427ff; Kern, *Ausdehnungspolitik*, 51ff; Kämpf, *Pierre Dubois*, 97ff。

[188] 此处,提到十字军理念与为保卫法兰西王朝帝冠所作奋争之间的诸关联就足够了;可参见1273年安茹的查理的 *Memorandum*,其中插入了法国驻教廷大使的报告,收在 *MGH*, *Const.*, III, No.618, pp.587f;或皮埃尔·杜布瓦(Pierre Dubois)的 *Memoriale*(1308年), ibid., IV, No.245, pp.208ff,此处与他在 *De recuperatione terre sancte* (ed. Ch.-V. Langlois [Collection des textes, IX], Paris, 1891)中的提法很相近,十字军只是个幌子,推进法国世界征服的全盘计划才是目的。

下极为有效的一种政治宣传手段："国王平安，即为汝等平安；国王健康，即为汝等健康"（*Pax regis*，*pax vestra*；*salus regis*，*salus vestra*），[189]成为圣职者民族—国家化和法国教会国家化的主基调。佚名教士由此直截了当地得出了他的结论：

> 对［法国］国王发动战争者，即是反对整个教会，反对天主教教义，反对神圣和正义，反对圣地。[190]

下面任何说法彼此间都可同等互换：为国王的战争、为法国的战争、为正义的战争、为文化和教育的战争、为教会的战争、为基督教信仰的战争——所有这些都是相互联系的，是共同分母基础之上相互依存的变量。当时另一位教士也宣称，"严格说来，除了基督和被赐福者的国之外，其他任何王国都不应称作法兰西王国（*regnum Franciae*）"，并因此把地上的这一神圣王国作为天上之国（*regnum coelorum*）的典范引入了彼岸世界，当我们看到这个说法时，我们并不会觉得有什么奇怪之处。[191] 我们似乎听到多雷米（Domremy）披坚执 255

---

[189] *Disputatio inter clericum et militem*，in Melchior Goldast，*Monarchia Romani imperii*（Hannover，1611－13），I，16，由贝特根（Baethgen）引述，收在 *ZfRG*，*kan.Abt.*，XXIV（1935），380（威露士佐夫斯基［Wieruszowski］的评论，*Vom Imperium*）。参见上面注 187，Leclercq，"Sermon，" 170，63ff 中有相似评述。

[190] Leclercq，"Sermon，" 170，65ff："Igitur qui contra regem invehitur，laborat contra totam ecclesiam，contra doctrinam catholicam，contra sanctitatem et iustitiam et Terram Sanctam."

[191] 参见索克维尔的威廉就文本"日月星辰要显出异兆"（*Et erunt signa in sole et luna*）（《路加福音》21：25）所作布道，其中他将法兰西国王的两面旗帜——百合旗和红色王旗，与基督的两次来临即道成肉身和再次来临 （转下页）

锐的女子的声音:“对法兰西神圣王国宣战之人,是在向王者耶稣宣战。”[192]

夹杂宗教价值的道德政治理念,虽近满荷但并非无法增益,佚名教士还整合进了另一个论据。可以想见,他要求同胞们在紧急事态下随时为法兰西神圣国王折戟沉沙。他并非基于领主和封臣间的古老封建关系要求这种自愿,而是基于“自

(接上页)作了比较:“严格说来,除了基督和有福者的国之外,其他任何王国都不应称作法兰西王国:但那在上的耶路撒冷是自主的(《加拉太书》4:26)。地上的所有王国是奴隶的王国。地上王国的至高罗马教皇应当称自己为上帝仆从的仆从。现在法兰西人的王基督,在过去和未来的两次来临中,使用过的和将使用的是不同的两面旗帜。描绘基督来临的旗是用百合花。的确,基督第一次来临的象征是用花或纯洁的百合。……但当要迎击敌人、制服罪人而再次来临时,就是血染之色。……第一面旗不是表示愤怒,而是表示[法兰西]国王的平和与温良。……但第二面旗的血色则表示国王的愤怒,没有哪位勇敢之人会对它没有一点畏惧的”(“Proprie loquendo nullum regnum debet vocari regnum Francie nisi solum regnum Christi et beatorum: *Sola illa que sursum est, Jerusalem libera est* (Gal. 4:26). Omne regnum mundanum est regnum servorum. Merito summus pontifex maior in regno mundo vocat se servum servorum Dei. Modo rex Francorum Christus in duplo adventu suo usus est et utetur duplici vexillo. Vexillum enim adventus Christi fuit depictum cum floribus liliorum. Signum enim adventus sui primi fuit flos vel lilium virginitatis .... Set vexillum adventus secundi, quando veniet contra adversarios ad peccatores debellandum, erit totum coloris sanguinei .... Primum vexillum non indicabit furorem sed pacem et mansuetudinem regis [Francie] .... Sed secundum vexillum sanguineum ab eo indicabit furorem regium, quod non erit ita audax, qui non tremat totus”)。(引文第四句是依照《新约》终末论来理解神权在“过去”和“未来”以及“现在”的施展。——译者)参见 Coester, *Königskult in Frankreich* (上面注 138), p.viii; Bibl.Nat.MS lat.16495, fol.99^{v}。

[192] “Tous ceulx qui guerroient au dit saint royaume de France guerroient contre le roy Jhesus ....”参较 Jules Quicherat, *Procès de condamnation et de réhabilitation de Jeanne d'Arc* (Paris, 1841-49), v,126。(此处披坚执锐的女子即圣女贞德。——译者)

然理性”和国家的有机体概念。[193] 在佚名教士看来，自然理性要求身体的四肢不仅由头指引、为头服务，而且还愿意为头披 256
肝沥胆。王国的头便是国王。因此王国任何一部分若攻击国王，就是在攻击头并妄图毁灭整个身体，最终毁灭自己。[194] 为法国的政治身体而战，同时也就意味着为神圣国王所代表的正义事业而战。因此，曾被授予十字军战士的精神酬赏，也被许给了为那一正义事业而殒命沙场者。

---

⑬ “自然理性”（*ratio naturalis*）浸透于那一时期的文献之中；可参见 Wieruszowski，*Vom Imperium*，175，n.107，186，n.146；198，n.183，其中就有引述腓力禁止货币、武器、马匹等流向海外的敕令（1296 年），此处国王采取这项措施因为“自然理性如是建言，公平如是劝谏”（*naturalis ratio suggerit et aequitas persuadet*）（Dupuy，*Histoire du différend*，13）；或如诺加雷在 1304 年的自我辩护中所宣称的（ibid.，243f），每一位基督徒，甚至每一位个体，都应根据神法和人法的权威去抵制属灵和世俗权力的舛误：法律对此明文规定，自然理性对此也充分显明（*et si nulla lex hoc exprimeret，satis hoc ratio naturalis ostendit*）。这一类的句子不胜枚举。这一自然理性是与腓特烈二世的“支配理性”/“全能理性”（*ratio prepotens*）（上面第四章注 54）相关的，但不完全一致，后者源自罗马法，几乎是一种拟人化的表达，而前者则流露出了经院哲学和亚里士多德思想的影响。

⑭ Leclercq，“Sermon，” 169，52ff：“Hoc dictat ratio naturalis，cum dictat quod omnia membra dirigantur a capite，subserviant capiti et pro capite se exponant，et ideo membrum quod contra caput inveheretur，niteretur totum corpus destruere et per consequens seipsum. Caput autem regni rex est，et ideo quaecumque pars regni contra regem invehitur，merito est punienda”（“自然理性这样命令，它指明四肢由头指引，为头服务，为头披肝沥胆，因此，攻击头的肢体，就是在破坏整个身体并最终毁灭自己。王国的头便是国王，因此王国任何一个部分攻击国王的话，则当受惩罚”）。自我毁灭的论证可在此相关背景中频繁见到；参见 Dupuy，*Histoire du différend*，21f（下面注 200）；Dubois，*Summa*，ed. Kämpf，53，29（Kämpf，*Pierre Dubois*，72，n. 16）：“Qui contra rempublicam vadit，se ipsum impugnat”（“与国家为敌者，便是自己攻击自己的人”）。反过来也可说，“自己攻击自己的人，乃是与国家为敌者”（“qui se ipsum impugnat，contra rempublicam vadit”），即是说，自杀是叛国罪。

> 既然最高尚的死亡是为正义受苦难，毫无疑问，只有那些为国王和（法兰西）王国的正义事业献身之人才会被上帝加冠为殉教者。[195]

换句话说，在沙场为政治神秘体战死，而这一神秘体的头又是身为圣徒和正义捍卫者的国王的话，这种死亡就正式成了“殉教”。它堪比被封圣的殉教者为基督乃是头的教会神秘体而作出的自我牺牲。以基督为典范的“为正义受苦难”，是获得
257 民族—国家烈士之冠和棕榈枝所需付出的代价，哪怕“正义”指的纯粹就是据自然理性对法国政治身体及其头神圣国王便利之事。“国家理性”这一概念在正义的装扮下崭露头角了。[196]

---

[195] Leclercq, “Sermon,” 170, 87ff:“Cum enim nobilissimum moriendi genus sit agonizare pro iustitia (Ecclus. 4: 33), non dubium quin isti qui pro iustitia regis et regni moriuntur, a Deo ut martyres coronentur.” 参见1304年诺加雷的自我辩护（Dupuy, *Histoire du difiérend*, 250, §60: “... concludit dictus Guillielmus se in praemissis bono zelo Dei et fidei ac defensionis Ecclesiae sanctae Dei, et specialiter sui domini Regis et regni Franciae ,,, ac legitime processisse, agonizando pro iustitia, pro Romana Ecclesia, pro Republica ... ac pro sua patria dicti regni ac pro suo domino Rege Franciae ...”（“……这位叫纪尧姆[即诺加雷]的人下结论说：对上帝和信仰，对保卫上帝的神圣教会，特别是对他的主君国王和法兰西王国怀有真正的热忱……是在正当行动，为正义、为罗马教会、为国家而受苦难……为他的祖国即王国，为他的主君法兰西国王而受苦难……”）。对信仰、教会、正义、王国、祖国、国王的列举，是上述布道书和诺加雷自我辩护所共有的。“为正义而受苦难”（*agonizare pro iustitia*）尽管可溯及至《西拉书》4∶33（Ecclus. 4∶33），此处仍表现出特别意义。动词（*agonizare*）本身主要意指“斗争”或“战斗”，不过，（据杜·孔日[Du Cange], *Glossarium*, s.v. *agonizare*）此处是宗教意义上的，即遭受苦难，尤与基督和殉教者相关。该概念意义此处转用到了“祖国”上。

[196] *ratio status* 这样的表述，根特的亨利用过一次，可理解为“‘国家理性’的崭露头角”，Post, “Statute of York,” 421, n.16 已指出这一点，不过他又补充说，国家此处意指共同福祉，并不是人格化的国家。

所有贯穿于布道中的这些，佚名教士只不过是重复了其他人已经表达过的思想，这些人中既有国王也有国王的顾问。诺加雷的威廉就说过："每个人都有保卫他祖国的义务"（*Quisque teneatur patriam suam defendere*），[197]这一表述无疑是同法国1300年前后的法律观和习俗相吻合的。自1214年波维恩之役（Battle of Bouvines）后，公民武装分遣队成了皇家军队的一部分。除第三等级外，圣职者也纳入了法国国家政治身体的"四肢"部分，像普通公民一样，他们至少得从财政上资助法兰西"祖国"，同时担负高卢教会"神秘体"的守卫义务。[198] 1302年，腓力四世威胁要没收那些拒绝遵守国王输出禁令和拒绝保卫王国之人的财产，因为那些"怠慢保卫祖国的人"，不配享受众人之力和他人肩负之责所产生的获利与回报。[199] 隐现于腓力王法令中的有机体—团体概念，实际上在

---

[197] 参见上面注178。

[198] 参见上面注179。

[199] 参见1302年国王的输出禁令（Dupuy, *Histoire du différend*, 87）："... dignum est enim et competens, ut defensionis patriae desertores bonorum habitatione, priventur et excludantur a fructu, qui onera recusant debita supportare, et nihilominus transgressor huius extra gratiam nostram positus, et indignationem illa prorsus se nostrum et regni noverit inimicum"（"……本该担当却拒绝负担的怠慢保卫祖国之人，要被没收财产，剥夺享受收益，这是应当的和恰当的；不唯如此，违反履行此义务的人还要置于我们恩惠之外，他会切身感受到我们和王国带有敌意的愤怒"）。那些向国外输出货币、武器、马匹等的人便丧失了财产，并被威胁是在激起"国王的愤怒"和有损"国王的颜面"。11世纪时帝权化的教皇制引入了"教皇的愤怒"（*indignatio papae*）观念，不过，在那个时代，"国王的愤怒"的世俗制裁已完全让属灵制裁湮没无闻，有关这些制裁的那段有趣历史，参见Rudolf Köstler, *Huldentzug als Strafe* (Kirchenrechtliche Abhandlungen, LXII; Stuttgart, 1910)；以及Joachim Studtmann, "Die Pönformel der mittelalterlichen Urkunden", *AUF*, XII (1932), 302, 320f, 324ff, and passim。

1296 年的一份政治短论中表述得很清楚，这份短论自称是回
258 应教皇关于向神职人员征税问题的一封信。它显然是由王室法学家撰写的，或许是出于彼得·弗洛特(Peter Flotte)之手，他毫不隐讳地写道：

> 不遵从整体的部分是颓废的，拒绝支持身体的四肢是无用的和几近瘫痪的；不论是平信徒还是圣职者，是贵族还是寒士，只要他拒绝为他的头和身体效力，也就是说拒绝为国王和(法兰西)王国效力，最终拒绝为自己效力，他就被证明是不顺从的部分和无用的、几近瘫痪的四肢。[200]

王座法学家由此把“不遵从法兰西政治身体”之举扣上了“大逆罪”(*laesa maiestas*)的罪名，罗马教皇曾试图据此解释来使高卢派教会圣职者获罪。为化解教皇的这个如意算盘，这位法国法学家极费思量从法兰西王国的有机体本质中寻求帮助。同法国平信徒一起构成“高卢派教会”的高卢派圣职者，不管他们在普遍教会的神秘体内部其他方面处于何等位置，

---

[200] 参见短论 *Antequam essent clerici* (Dupuy, *Histoire du différend*, 21f)：“Et quia turpis est pars, quae suo non congruit universo, et membrum inutile et quasi paralyticum, quod corpori suo subsidium ferre recusat, quicumque, sive clerici sive laici sive nobiles sive ignobiles, qui capiti suo vel corpori, hoc est domino regi et regno, imo etiam sibimet auxilium ferre recusant, semetipsos partes incongruas et membra inutilia et quasi paralytica esse demonstrant. Unde si a talibus pro rata sua subventionum auxilia requiruntur, non exactiones vel extorsiones vel gravamina dici debent, sed potius capiti et corpori et membris debita subsidia”(“[前一部分翻译内容见正文。]因此，如果援助金对这样的人有要求配额，它就不应说是被征收、敛取或负担，而更应说是对头、身体和四肢负有义务的援助金”)。参见上面注 194。

他们是祖国身体中不可或缺的部分，是作为法国政治身体的四肢。通过把高卢派教会圣职者列于法国国民的地位，这位法国法学家至少从政治上成功超越了圣职者和平信徒的二元论，这仰赖的不是教会的"神秘体"，而是法兰西祖国的神秘"政治身体"（*corpus politicum*）。[201] "祖国的神秘体"（*corpus mysticum patriae*）与"教会的神秘体"（*corpus mysticum ecclesiae*）处在了对立的关系上。[202]

国王与祖国（REX ET PATRIA） 259

诺加雷的威廉不止一次说过，他愿"为国王和祖国"（*pro rege et patria*）献身。有一次他说得更为明确，"他定会遵照

---

[201] 有关无标题短论 *Antequam essent clerici*（《在有圣职者之前》），参见 Scholz, *Pubtizistik*, 359ff；以及 Wieruszowski, *Vom Imperium*, 183f, 他正确地强调，短论的作者激烈排斥教皇派想要将基督身体视同于圣职位阶秩序的教义（"［教会］不仅由圣职者，而且也由平信徒［构成］"［"non solum est ex clericis, sed etiam ex laicis"］）。另见 Kurt Schleyer, *Anfänge des Gallikanismus im 13. Jahrhundert*（《13 世纪高卢派教会的肇始》）(Historische Studien, 314; Berlin, 1937), 91f。

[202] 教会神秘体的教义常为法国法学家援引，用以证明高卢派教会是法国政治身体最重要部分之一；可参见 Dupuy, *Histoire du différend*, 243f, 585f, and passim。另一方面，教皇卜尼法斯八世的攻击经常受到有机体论论证的反驳（"触摸人的耳朵者，被视为触摸了这人的全体"［"qui tangit aurem hominis, totum hominem tetigisse videtur"］）；参较 Dupuy, *Histoire du différend*, 309, § 19，其中谈到了诺加雷对教皇本笃十一世的申辩以及变换说辞的反复重申。腓力四世在 1308 年图尔（Tours）议会上说道："我们——与他（即救世主）一个身体，受他支配……"（"... qui sumus unum corpus regnaturi cum eo ［sc. Domino Salvatore］ pariter"）(Lizerand, *Dossier*, 第 104 页；以及第 184 页对普莱西昂［Plaisians］类似表述的讨论）；不过这些内容没有像 Wieruszowski, *Vom Imperium*, 47 中那样，提到国王与基督身体的同一性，其他人似乎能接受的只是所有基督徒与基督在将来的同一性。

效忠誓言保卫国王陛下……以及他的祖国法兰西王国。”[203]诺加雷的意思很明显：作为一名“士兵”(*miles*)、一名骑士，他一定会保卫自己的封建领主，而作为法兰西政治身体的一部分，他像每个法国人一样，有责任保卫“祖国”之体本身。诺加雷再三重申，作为基督徒他有责任保卫教会；但这点与此处关系似乎不大。“为国王和祖国”(*pro rege et patria*)的表达，一直传承到了现代。实际上，封建层面与公共层面相互重叠，而封建义务与公共义务也彼此难分，通常情况下二者差异隐微难察，在20世纪和在13世纪都一样。毕竟封建领主同时也是政治身体的头，一个人单为“头”或“四肢”献身，与他为“头和四肢”一同献身，二者有何分别呢？既然很难分辨分界线该从何处划起，义务冲突的可能性肯定就无法消除。[204]

从国王的观点来看，事情会略有不同。国王可以“为祖国”(*pro patria*)，但不能“为国王”(*pro rege*)、为他自己而征战殒命。此种情形下，他或可为王朝、为王位继任者而殉难，或可为“王冠”和“国王威严”而战殁，只要他选择了战争这条路。中世纪国王戎马倥偬、御驾亲征是理所当然之事，至少在
260 西欧是如此。国王亲赴战场的理念，总的来说在13世纪是未受质疑的。1283年，那不勒斯和西西里国王安茹的查理(Charles of Anjou)和阿拉贡的彼得(Peter of Aragon)愿通过

---

[203] 参见上面注177。

[204] “为国王和祖国”(*pro rege et patria*)的表述，直到不久之前普鲁士的军队中(*Für König und Vaterland*［“为国王和祖国”］)还存在，它造成了1918年诸义务间的冲突，只是到了威廉二世逃亡荷兰之后官员们才感到服务“国家”(*res publica*)的自由，此时，他们的“封建”效忠誓言成为过去。相似的情况出现在1945年，当时个人誓言约束着他们对抗“祖国”(*patria*)。

决斗来解决政治分歧。[205] 法学家们主张，为王国公共利益而战的人也是配享王冠之人。[206] 1308 年，法国人民理所当然地认为国王会带领军队参战，"置自己生命于险境"(*sus le peril de votre vie*)。[207] 在人文主义者作品中，诸如此类的表述可信手拈来。[208] 中世纪晚期和文艺复兴时期的编年史里也不乏作战的国王武士。有关国王有义务为祖国献身的最具哲学意义的讨论之一，出自中世纪后期作者皮科洛米尼的埃涅阿·西维奥(Enea Silvio de Piccolomini)即后来的教皇庇护二世(Pius II)之手，它融贯了 13、14 世纪的传统论证和人文主义的理想。

这位博学的人文主义者在 1446 年呈献给哈布斯堡王朝皇帝腓特烈三世一篇短论，题为《论罗马帝国的兴起及威望》(*De ortu et auctoritate imperii Romani*)，题名表明短论属于前一个世纪的政治著作系列。[209] 在这篇短论中，皮科洛米尼除

---

[205] 有关这次国王决斗的史料，Johannes Haller, *Das Papsttum: Idee und Wirklichkeit* (Stuttgart, 1953), V, 341f 作了概述。参较 A. Nitschke, in *DA*, XII (1956), 184。

[206] Post, *op.cit.*, 284, n.15.

[207] Lizerand, *Dossier*, 88.

[208] 早期的一个例子，参见 Gerbert of Reims, *Ep.183*, ed. J. Havet, *Lettres de Gerbert* (Paris, 1889), 168:"Et quaenam certe maior in principe gloria ... quam ... seipsum pro patria, pro religione, pro suorum reique publicae salute maximis periculis opponere"("君主……为了祖国、宗教，为了自己国家的安全置自身于极度险境……这不正是他身上的伟大荣誉吗")。

[209] Aeneas Silvius Piccolomini, *De ortu et auctoritate imperii Romani*, ed. R. Wolkan, *Der Briefwechsel des Eneas Silvius Piccolomini* (Fontes rerum Austriacarum, LXVII [Vienna, 1912]), 8ff; ed. Gerhard Kallen, *Aeneas Silvius Piccolomini als Publizist* (Stuttgart, 1939), 52ff.

其他主题外还讨论了国家的战争和紧急事态的问题。他依传统方式主张，在国家需要的情况下，君主有权收征公民的私有财产，对象甚至包括那些有懿德的公民。他指出，君主"为了公共利益"(*ad usum publicum*)，甚至可以要求公民献出生
261 命，"因为我们不单是为自己而生。"[210]他提醒皇帝，为了共同体、同胞、民族，多少须眉巾帼献出了生命，在此语境中他还提到了约拿斯(Jonas)和阿利翁(Arion)，提到了罗马的库尔提乌斯(Curtius)和希腊的伊菲格尼亚(Iphegeneia)："一个人为人民而牺牲是理所应当的"(*Expedit enim unum hominem mori pro populo*)。[211] 文艺复兴的影响可以从古代经典和圣经的众多人物身上看到。皮科洛米尼继而返回到更为传统的路径，他认为：

> 下述情形似乎就不难理解了：在整个身体的利益需要之时，某只脚或手——国家中则是某部分公民——必须被截除，因为，作为国家神秘体的头，君主本人，在国家需要

---

[210] *De ortu*, ed. Wolkan, 18; ed. Kallen, 80,383ff:"... nempe liberum est imperatori, non solum homini nequam sed etiam viro bono ac de re publica bene merito, proprium agrum, proprias domos propriasque possessiones auferre, si rei publicae necessitas id expostulat"("……诚然，如果国家的紧急事态有所要求，皇帝不仅有权收征坏人的财物，也可收征国内有懿德的好人的财物，对他自己的土地、家产和财物均可收征自如")。有关"紧急事态时无法律"(*Necessitas non habet legem*)的原则，参见 C. 11, *De consecr.*, D.1, ed. Friedberg, I, 1297;Post, "Public Law," 56。有关"我们不单是为自己而生"(*non nobis solum nati sumus*)的格言，参见 Cicero, *De off.*, I, 22(引述自柏拉图)。

[211] *De ortu*, ed. Wolkan, 18f; Kallen, 82,403ff.

之时也有义务献出生命。[212]

我们注意到，“头为基督的教会神秘体”在法学家们的作品中，已经被“头为君主的国家神秘体”所替代。埃涅阿·西维奥（像他之前的卢卡斯一样）没有为他头脑中的类比关系留下什么悬念：他补充说，即使基督像皇帝一样是“君主”，是统领着教会的“君主和指导者”（*princeps et rector*），他仍要牺牲自己。[213] 埃涅阿·西维奥既提到了四肢（脚或手）的牺牲，也提到了头的牺牲。为国家献身的普通公民无疑是殉教者，他们的仁爱仿效了基督的仁爱。然而，君主为他的神秘体即世俗国家的牺牲，可与基督作更直接的、在不同层次上的对比：君主和基督不是仅作为身体部分献出生命的，也是作为他们神秘体的头而献出生命的。

无论如何，属灵神秘体和世俗神秘体的平行关系，神秘体的神圣之头和君主之头的平行关系，以及为天国超验共同体的自我牺牲与为地上道德政治社会的自我牺牲之间的平行关

---

[212] *De ortu*, ed. Wolkan, 19; Kallen, 82, 418ff.: “Turpis enim est omnis pars, que suo toto non convenit et semper minus malum tolerandum est, ut evitetur maius; nec grave videri debet, si pro salute corporis pedem vel manum, ut sunt in re publica cives, dicimus resecandam, cum princeps, qui caput est mystici rei publicae corporis, cum salus communis expostulat, vitam ponere teneatur ....”（“与其整体不相合的部分皆是堕落的，并且，更小的恶常被容忍，以避免更大的恶；[以下翻译内容见正文]”）。

[213] Ibid.: “Imitandus est enim Christus Jesus, qui ... ipse quoque, cum esset caput ecclesiae, princeps et rector, ut nobis mortem demeret, voluntariam mortem subivit”（“耶稣基督可被模仿，他……尽管是教会的头、君主和指导者，为将死亡从我们这里带离，自愿赴死”）。有关类似的比较，参见上面注 147（蒙茅斯的杰佛里）和注 157（根特的亨利）。

262 系，已是有了定论。封建习俗所规定的领主和封臣之间的相互忠诚，并不是此处要关注的主题——君主的自我牺牲与基督的自我牺牲一样，都是以政体为中心的。

在有关公民为祖国牺牲的政治法律讨论中，以及1300年前后法国国王腓力四世发动的爱国宣传运动中，被要求为保卫国王和国家而披肝沥胆的，自然当属政治身体的四肢。关于王国之首以及他为政治身体献身的义务问题，法学家们并没有着墨太多。显然，在他们看来，国王与他的臣民承担同样的责任和危险，是理所当然之事。因此，当法国一位法学家皮埃尔·杜布瓦(Pierre Dubois)颇为明确地表达了相反观点时，倒显得不合常态了。他声称，战时国王不应置身险境，更不应入伍参战。杜布瓦写到，国王要“留在本国，专心于培育幼小、教诲他们，整备军队，这些都是‘为了上帝的荣誉’(*ad honorem Dei*)”。[214] 也就是说，虽然可以指望甚至强迫普通公民为祖国献出财产和生命，但不应指望政治身体的头作出同样的牺牲，而应想象他们(如杜布瓦补充的那样)是在依照某些罗马皇帝和鞑靼可汗的模式，从事另一种爱国之业：“稳坐王国中央”，派将帅迎战于外。[215] 显然，在杜布瓦看来，王国的

---

[214] Dubois, *Summaria brevis*, ed. Kämpf, 19, 21ff: “... remanentes in terra vestra natali liberorum procreacioni, eorum educacioni, instruccioni, exercituum preparacioni vacando-ad honorem Dei ....” 另见 Dubois, *De recuperatione*, cc. 119ff, ed. Langlois, 111ff，该学说在这里得到了详细阐述。参较 Kämpf, *Pierre Dubois*, 70。

[215] Ibid.: “Si quis arguat iste modus regendi est alias inauditus ..., respondeo: ymmo legitur nonnullos Romanos imperatores sic quamplura mundi regna et climata gubernasse. Audivi quendam qui cum Tartaris conversatus fuerat, recitare quod rex terre eorum quiescens circa medium regni sui (转下页)

利害高于神圣典范。

杜布瓦的表述或许还粗成待琢；他所表述的这一概念本身也并非独创。实际上，新的王权理念散见于中世纪后期：君主自身不参战，而是待在国内，仗由统帅来打。（可以说在 263
法学家时代占统治地位的）查士丁尼模式，在这方面也是权威性的，[216]查士丁尼会不会是杜布瓦心目中的“罗马皇帝”之一呢？在 13 世纪两次被译成拉丁文的伪托亚里士多德作品《论世界》（*De Mundo*），或许对这一新王权观产生了影响，这并非没有可能。在这部作品中，波斯大帝被描绘成了上帝的对型：他居处苏萨（Susa）或埃克巴塔纳（Ekbatana）的宫殿中，“不向任何人露面”；他凭借巧妙的情报系统能迅速获悉他辽阔帝国的信息，与世隔绝中“他能洞察一切”；他通过官员们来行事，因为，国王亲临各处是不妥之举，更高贵和更可敬的做法是应像上帝那样高高在上、遥不可及，却“通过从国王伸至全世界的权柄”成为万物健善之因。[217] 可以说，对这个“天上的凡尔

（接上页）sic mittit ad singulas partes eius pugnans per alios, cum necessitas hoc exposcit”（“如果谁认为这种统治方式闻所未闻……我答复如下：相反，确可读到，有些罗马皇帝是以这种方式来统治世界上众多王国和地域的。我从曾与鞑靼人一起生活过的人那里听闻，在有必要的时候，他的国中之王稳坐王国中央，派遣[将帅]去王国各个部分，通过其他人来战斗”）。

[216] 我们也可以从其他拜占庭皇帝那里想到很多；西奥多一世和希拉克略之间的皇帝都没有御驾亲征过；参见 G. Ostrogorsky, *Geschichte des byzantinischen Staates* (Munich, 1940), 60。

[217] Ps.-Aristotle, *De mundo*, 398a－b, ed. W. L. Lorimer (Paris, 1933), 83ff；有关这两个拉丁文版本，参见 Lorimer, *The Text Tradition of Pseudo-Aristotle ‘De mundo’* (St. Andrews University Publications, XVIII, 1924), 76ff；以及他的最终版，收在 *Aristoteles latinus* (Rome, 1951), XI: 1－2, pp.42 and 70；也可参见笔者的略述，“Invocatio nominis imperatoris,” 46f, nos.41ff。

赛”和统治权的理性模式的反映，或许可见诸于13世纪广为传阅的哲学故事《西拉书》(*Sidrach*)。睿智的西拉，在被他的对话者列文岛(Levant)上一个传说的国王问及是否国王应该参战时，给出的建议是，国王本人不应参战，而应坐镇军队后方；因为“如果军队覆没但国王走脱，那么国王可重整旗鼓；但如果国王丧生，那么一切完结”。[218] 我们不能辨明杜布瓦是否受了《西拉书》的影响。但“国王不战”这一观念还是渐渐站稳了
264 脚跟，尽管伏瓦萨(Froissart)仍视下述事实有悖常理：法国国王查理五世“在他的房间和消遣中”(*estans en ses cambres et en ses deduis*)便重新获取了他前任——“武装到头，利剑在手”(*la teste armée et l'espée en la main*)——在战场上失去的所有东西。[219]

---

[218] *Roman de Sidrach*, c. 333, ed. Adolfo Bartoli, *Il Libro di Sidrach* (Bologna, 1868), 355f(这是14世纪的意大利语版)；有关优秀导论发表之前的一份摘要，参见 Ch.-V. Langlois, *La connaissance de la nature et du monde au moyen âge* (Paris, 1911), 180ff and 251。西拉并非“英雄式的人物”。不过，当他说“可取的逃跑比不可取的留守要更有价值”(“Mieux vaut un bon fuir que mauvaise demorée”)时，他不是玩世不恭，而只是跟随了经院派学者既为逃跑也为抵抗作辩护(参见上面注155及其后，对根特的亨利的讨论)。西拉说国王不出现在战场上，而只坐镇军队后方。“如果军队覆没但国王走脱，那么国王可重整旗鼓；但如果国王丧生，那么一切完结”(“Si l'ost est perdu et le seignor eschape, il recoverra . i. autre ost; et se il est perdu, tout est perdu”)。Heydte, *Geburtsstunde des souveränen Staates*, 329f, n.31 显然都提到了这些地方(作者引述了“巴黎国立图书馆的 Cod. franc. 24395”，没有说明这一大部头作品的页码或章节)。相似的立场也可参见“Mirror of Princes”，该文由普雷切的彼得(Peter of Prece)为康拉丁(Konradin)国王撰写(约1266—1267年)，ed. Kloos, “Petrus de Prece und Konradin,” *QFIAB*, XXXIV (1954), 107, § 14, and 108。

[219] Froissart, *Chroniques*, II, c. 87, ed. Gaston Raynaud (Paris, 1894), IX, 127；另参见 Christine de Pisan, *Le livre des fais et bonnes meurs du sage roy Charles V*, ed. S. Solente (Paris, 1936), 131，作者提到这一事实： (转下页)

不亲历战争危乱之虞的国王是在间接要求他的臣民作出单方的牺牲。由政治身体的四肢为头作出单方牺牲的观念，被支持经院哲学的这一方引向了极端。安科纳的奥古斯丁(Augustinus Triumphus，卒于 1328 年)，算得上是激进的教皇支持派，在他的著作《论教会的至上权力》(*On the Supreme Ecclesiastical Power*)中也讨论了不服教皇而上诉带来的种种法律层面的问题：一个人可以不服教皇而向上帝上诉吗？不服教皇而向上帝上诉难道不是违逆上帝的吗？是否有向主教枢机团的上诉？有向大公会议的上诉吗？上帝主要从事物等级角度，以及从整个教会秩序(首领和头为教皇)的角度，视一切创造物皆“甚善”(《创世记》1∶31)，基于这一点，安科纳的奥古斯丁反驳了向大公会议的上诉。接着他指出：

> 正如这一秩序将会被[向大公会议的]上诉所颠覆，因此这样的善也就会被破坏，因为，如果不是为了统帅的善，军队的善就不存在；如果不是为了教皇的善，教会的善就不存在。统帅的善高于整个军队的善，教皇的善高于整个教会的善。[220]

(接上页)查理五世在历次战役中取得巨大成功，“没有亲身赴战并无影响”(*non obstant n'y alast en personne*)。参较 Heydte, *op.cit.*, 334, n.42。顺便一提，查理五世有几册《西拉书》的抄本；参见 Langlois, *op .cit.*, 180, n.1。

[220] Augustinus de Ancona, *De summa potestate ecclesiastica*, I, qu.vi, ad 6 (Augsburg, Johannes Schüssler, 1483), fol. 66$^{r\text{-}v}$,(标题通常是 *Summa de potestate ecclesiastica*；谢弗·威廉姆斯[Schafer Williams]博士友善地提醒笔者注意，议会图书馆早期版本有着不同的名字)。作者讨论了不服教皇而向其他存在者上诉的可能(“第一，是否可以不服教皇而向上帝上诉。第二，不服 (转下页)

265 可以说，此处的头吞没了整个神秘体。重要的不是“教会之体”（*corpus Ecclesiae*）而是“教会之头”（*caput Ecclesiae*），似乎生命本身或生命的延续只仰赖头，而不是结合在一起的头与四肢。

杜布瓦和安科纳的奥古斯丁两人不寻常的表述背后，隐含着“头”被赋予了某种连续性的问题，这种想法是合乎情理的。就杜布瓦而言，为了整个政治身体之故，王朝的连续性比国王置身战场变局更为重要，这是显而易见的。连续性的问题在安科纳的奥古斯丁那里则更难厘清。他的奇怪表述源于对《形而上学》一段话的误读和误用，亚里士多德在那段话中探讨了“善”的本质：善到底是内在地存在于构成整体之部分的有序排列中，还是作为超然于整体之外者而先验存在呢？亚里士多德认为善或许在这两种意义上都存在，比如，军队的

（接上页）教皇而向上帝上诉是否是违逆上帝上诉”，等等[“Primo: Utrum a papa possit appellari ad Deum. Secundo: Utrum a papa appellare ad Deum sit appellare contra Deum,” etc.]）。第六个问题是“是否可以不服教皇而向大公会议上诉”（“Utrum a papa possit appellari ad concilium generale”），他评述如下：“……神看着一切所造的都甚善。从神所造的自身都是善的；但这种甚善是要相互维持自身秩序的，因此，教皇是整个教会秩序的首领和头；[以下翻译内容见正文]”（“... Vidit deus cuncta que fecerat, et erant valde bona. Omnia a deo producta bona quidem erant in se; sed valde bona propter ordinem quem ad invicem retinent, cum ergo totius ecclesiastici ordinis dux et caput sit ipse papa; sicut per appellationem tolleretur talis ordo, ita tolleretur tale bonum, quia cum bonum exercitus non sit nisi propter bonum ducis, et bonum ecclesie non nisi propter bonum pape. Maius bonum est bonum ducis quam totius exercitus; et bonum pape maius quam totius ecclesie”）。参较 G. de Lagarde, “Individualisme et corporatisme au moyen âge”, *L'Organisation corporative du moyen âge à la fin de l'ancien régime* (Recueil de travaux d'histoire et de philologie, 2me sér., XLIV; Louvain, 1937), II, 42, n.3。另见 Gierke, *Gen.R.*, III, 596, n.214。

情况就能说明这一点。

> 任何一支军队的战斗力部分在于其本身的秩序，部分在于统帅；但主要在于后者，因为统帅不依赖于秩序，但秩序却依赖于他。[221]

当然，亚里士多德绝没有说过，为了统帅的善整个军队可以"走向毁灭"。但很明显，他的比喻可以在等级秩序和目的论的意义上加以解读。这已经是阿奎那的倾向了，不过，阿奎那明确表示"统帅"本人并不是目的：军队的秩序只有在服务于"达成统帅胜利之意愿"的前提下才"服务于统帅的善"。[222] 在 266

---

[221] Aristotle, *Metaph.*, 1075a, 12 - 17 (XII, 10, 1 - 2)；拉丁文版本参见 Thomas Aquinas, *In Metaph.*, ed. Cathala and Spiazzi (Turin, 1950), 611, § 1102f。

[222] Aquinas, *In Metaph.*, § § 2627ff, ed. Cathala and Spiazzi, p.612；特别参见 § 2630："Sicut videmus in exercitu: nam bonum exercitus est et in ipso ordine exercitus et in duce qui exercitui praesidet: sed magis est bonum exercitus in duce quam in ordine: quia finis potior est in bonitate his quae sunt ad finem: ordo autem exercitus est propter bonum ducis adimplendum, scilicet ducis voluntatem in victoriae consecutionem; non autem, e converso, bonum ducis est propter bonum ordinis"（"如我们在军队中所见：军队的善在于军队的秩序本身，在于指挥军队的统帅：不过，相比于秩序，军队的善更多在于统帅；因为，目的比为了目的而存在的那些善要更卓越；军队的秩序是为了统帅的善的实现，即是说，为了达成统帅胜利的意愿；反过来，统帅的善并不是为了秩序的善"）。在下一段中 (2631)，阿奎那把宇宙的秩序归于第一推动者（*primum movens*）："Ita etiam bonum separatum, quod est primum movens, est melius bonum bono ordinis, quod est in universo. Totus enim ordo universi est propter primum moventem ..."（"如此，第一推动者即分离之善，是比内在于宇宙的秩序之善更卓越的善。因为，宇宙所有的秩序都是为了第一推动者……"）因此，安科纳的奥古斯丁简单地将第一推动者（*primum movens*）视同于教皇（*papa*）；此外，他未对"善"（*bonum*）作明确界定（例如，将"统帅内在之善"与"统帅的善"相对置，却未区分其中的"善"）。但丁在《帝制论》（*Monarchia*, I, 6, 2）中引用了这段文字，追随了阿奎那的观点（参照 *Convivio*, IV, 4, 5）。参见下一注释。

另一处地方他再次澄明，“统帅”本人与中保天使一样，本身不足以成为目标，因为终极的善只有上帝。[223]

[223] 阿奎那多次提到这段话；可参见 *Summa theol.*，I，qu.103，art.2，ad 3："... finis quidem universi est aliquod bonum in ipso existens，scilicet ordo ipsius universi；hoc autem bonum non est ultimus finis，sed ordinatur ad ducem，ut dicitur in XII. Metaphys"（“……宇宙的目的是在自身里存在的某种善，即宇宙自身的秩序；这种善不是最终目的，而是如亚里士多德《形而上学》第十二卷所言，相对于统帅而安排的秩序”）。阿奎那只是转述了亚里士多德的表达，但既然他声称军队的秩序是“相对于统帅”而安排的秩序，那他不会认为整个军队同统帅相比微不足道。他在回复将亚里士多德的统帅与天使相对照的一个主张时直言（*Summa theol.*，I-II，qu.5，art.6）："Videtur quod homo possit fieri beatus per actionem alicuius superioris creaturae，scilicet Angeli. Cum enim duplex ordo inveniatur in rebus—unus partium universi ad invicem，alius totius universi ad bonum quod est extra universum—primus ordo ordinatur ad secundum sicut ad finem [!]，ut dicitur XII. Metaphys.：sicut ordo partium exercitus ad invicem est propter ordinem totius exercitus ad ducem ...."（“看起来，人们可以通过某种更上位的创造物即天使来获得幸福。因为我们在事物当中看到两种秩序——一种是宇宙诸部分相互间的秩序，另一种是宇宙整体相对于宇宙外部之善的秩序；前一个秩序是依第二个秩序为目的来安排的，如《形而上学》第十二卷所言：正如一支军队诸部分相互间的秩序是为了整支军队相对于统帅的秩序而安排的……”）于是，像安科纳的奥古斯丁一样，这一主张把统帅或天使看作了目的。阿奎那条理清晰地回复了这一主张，船本身建造是为了船的使用，而这又关乎到掌控船的舵手的技艺，正如他在对《形而上学》的注释中所说，军队秩序的最终目的是通过统帅技艺获取的胜利。因此阿奎那得出这样的结论并不难：“因此，在宇宙秩序中，人为了达到最终目的是要通过天使帮助的；……然而最终目的自身的达到是靠着第一推动者自身即上帝”（“Sic igitur in ordine universi homo quidem adiuvatur ab angelis ad consequendum ultimum finem ...；sed ipsum ultimum finem consequitur per ipsum primum agentem qui est Deus”）。阿奎那的比喻充分显明了，“舵手的善比整艘船的善更上位”之类的说法多么没有实际意义。而另一方面，像安科纳的奥古斯丁这样的教皇权至上主义者，可能很容易从“为了统帅的善”（*propter bonum ducis*）推导出“教皇的善高于整个教会的善”这种影响深远的主张；怎么说这一推论都是容易招致误解的，看上去既像亚里士多德派又像非基督教的主张——无须说，它在不服教皇而向大公会议上诉的复杂问题上并不能有所推进。这一问题被考虑进来，在此不过是要澄明安科纳的奥古斯丁是如何可能得出了他那惊人之论的。

恰在这一点上安科纳的奥古斯丁似乎有些犹疑含糊：他没有兼听阿奎那的告诫，显然是误把“基督的代理人”(*vicarius Christi*)视作教皇为其代理人的上帝(the One)了，因此传递给人们这样一种印象——教皇(或阿奎那的“天使”)是可见教会终极的(也便是永恒的)善。在安科纳的奥古斯丁 267
看来，连续性要在“至善”(*supremum bonum*)中寻求，“至善”或对或错地被认为要在教皇身上现实化，如此，四肢为头作出单方面的牺牲通过这一“至善”被正当化了，而不管此头是天使、教皇还是统帅。换句话说，只要“神秘体的头”(*caput corporis mystici*)是基督，是不仅为有朽之人而且也是上帝宝座不朽和永恒分享者的基督，单单为头的殉难，确实就被正当化了；但阿奎那所说的是，[224]基督“在所有时间”(*secundum omne tempus*)为教会的头，而教皇作为有朽凡人，只“在特定时间”(*secundum determinatum tempus*)为(可见)教会的头，无权享有永恒“神秘体”那永恒之头所特有的永恒性或连续性。

有机体学说中无疑存在某种死局：学说中可能指明了政治身体或神秘体的连续性，但并没有指明头的连续性；然而另一方面，学说也沿循通例而主张，如在自然身体中一样，各肢体部分必须保护头部。[225]我们应记住这一死局，因为正是这一学说的缺陷，我们才进入了问题的核心，一旦取得研究结果，问题实质将昭晰明朗。

本章的开篇就提出了这样一个问题：教会“神秘体”和新

---

[224] *Summa theol.*, III, qu.8, art. 6 (resp.).

[225] 参见上面注 194。

生世俗政体之间的相互关系是否实际存在。此问题现在或许可以得到一个肯定的回答:“神秘体”的概念确实被转用于政治实体上了,无论是使用教会论用语本身,还是偏选更明确的对等概念,如亚里士多德的“道德的和政治的身体”(*corpus morale et politicum*)或更富感情色彩的“祖国”(*patria*)。众多源流汇成了这一新模式之潮,这些源流有神学的、法律的、哲学的和人文主义的。罗马或帝国的意识形态转用于领地性君主国,可以说与宗教思想的具体运用一样有着重要意义。而且,早期阶段祖国崇拜的主要内容就来自广义上属宗教的
268 思想世界;献身祖国的主要原因正在于,国家在历史上的某一时期表现为可与教会相比拟的“神秘体”。因此,“为祖国而死”,为那一神秘政治身体作出牺牲,便有了意义;它之所以有意义,因为它在价值和重要性上与为基督教信仰、为教会或圣地而死是轩轾相当的。如果每个基督徒都确实是“生活在教会身体之中,对保卫教会身体义不容辞”,那么,我们自然可以得出这样一个结论:每个生活在法兰西身体内的法国人,对保卫法国都义不容辞。[226] 通过类比,为政治身体或祖国而献身,就是地道的宗教视角了,也可说是从宗教出发的理解,没有古典的英雄化做法,也没有后来人文主义的极度渲染态度。这是完完全全值得付出的一种牺牲,因为它是为道德的和政治的身体作出的,这一道德的和政治的身体怀有自身的永恒价值,并获得了与教会“神秘体”比肩而立的道德伦理上的自主性。

---

[226] Dupuy, *Histoire du différend*, 243f, §§26, 27, 29;参较 586, and passim。不仅国王和骑士,每个基督徒作为教会体的一部分都要为教会的防卫和守持挺身而出。

要回答同时提出来的另一个问题是更加困难的，这个问题便是："基督的两个身体"（*duplex corpus Christi*）和"国王的两个身体"是否有关联。基督的两个身体（而不是"二性"）的信条，即他的自然身体和神秘体或个体和集合体的信条，当然是以有机体—团体论的教会观念为基础的。尽管教会作为"基督身体"（*corpus Christi*）的观念可追溯至圣保罗，但教会作为"基督神秘体"（*corpus Christi mysticum*）则是较为晚近的观念，在13世纪才获得法律内涵。这一双重身体的观念——"一个是基督自身之体，另一个是基督为头的身体"，[227]是当"国家神秘体"（*corpus reipublicae mysticum*）形成之际才在世俗领域找到它的对等物的吗？

乍看之下，我们可能会试着在这里寻找国王两个身体整个问题的答案。法学家和哲学家们所建构的可类比项确实很多：身为国家神秘体的头，有时甚至是神秘体本身的君主，与既是教会神秘体的头又是神秘体本身的基督相类似；同时，正如基督为他的集合体献出生命，君主也应为国家献出生命。 269
这些类比谈不上新见，对我们似曾相识的还有：自杀犯下重罪，因为它不仅违背了自然本性和上帝，而且（如都铎王朝的法学家们所指出的那样）违背了国王，"因为他[国王]为此失去了一位臣民，作为头的他失去了神秘四肢的一部分"。[228]或可顺便一提，根据《尼各马可伦理学》，自杀者并非侵害了他本人或他人，而是侵害了城邦（*polis*）、共同体，用基督教的语言

[227] Gregory of Bergamo, *De veritate*, c.18, ed. Hurter, 75f；见上面注5。

[228] 参见第一章注21。

来说，侵害了“神秘体”或“神秘体”的头。[229] 搜集更多史料来使“神秘体”的属灵之头和“政治身体”的世俗之头这二者的比照更加凸显，或许并不费力。那么我们为什么不从“基督的两个身体”（*duplex corpus Christi*）中推出“国王的两个身体”（*duplex corpus regis*），让整个问题就此了结呢？

然而，进一步思考后我们发现，影响甚大的有关国家的有机体观念，本身不太可能导向“国王的两个身体”的理论，或就此导向基督“两个身体”的世俗对等物。首先，我们的文献资料就不支持这一提法：仅基于国家的有机体观念，我们是决看不出这一观念表达出了作为政治身体之头的国王有两个身体。[230]

---

[229] *Eth. Nicom.*, 1138a, 9ff (v, 15)；有关拉丁文版本的情况，参见 Aquinas, *In Ethic. ad Nicom.*, ed. Spiazzi (Turin, 1949), 300, § § 781ff，以及阿奎那的注释，301, § 1094："Sed considerandum est cui iniustum facit. Facit enim iniustum civitati quam privat uno cive, sive non facit iniustum sibiipsi"（“但是，要将对谁行了不正义考虑进来。[自杀者]是对城邦行了不正义，而不是夺走了一个公民的东西，抑或，不是对自己行了不正义”）。参较 R. Hirzel, "Der Selbstmord," *Archiv für Religionswissenschaft*, XI (1908), 271; Hamburger, *Morals and Law*, 80f。根据罗马法（*D.*48,21,3），倘若自杀这一行为是因某种罪行逃避惩罚，则自杀者的财产要被没收，继承人的继承权要被剥夺；若情形并非如此，则自杀行为不予惩罚。在英格兰，尽管布拉克顿倾向于接受罗马法的实践，但自杀仍被认为是一项重罪（“对自己的重罪”[*felo de se*]）且当受惩罚；参见 Güterbock, 170; Pollock and Maitland, II, 488。视国家为“政治身体”的看法与视自杀为一项重罪行为的理解，这二者之间有一种关联，虽然还有待进一步澄明；参见上面注 194（反抗君主和政治身体的人是在犯自杀）；另见“*Pro patria mori*,” 491, n.62。

[230] 诚然，巴尔都斯区分了“个人人格”（*persona personalis*）和“理念人格”（*persona idealis*），其他法学家赋予了法官“双重人格”（*duplex persona*）（参见下面第七章，注 275、397、422）；但在这些情形下，有机体概念都被团体理论掩蔽。Seneca, *Ep.*85,35 谈到了舵手的两种人格（“舵手有两种人格”[*Duas personas habet gubernator*]），因为它既是船上的乘客又是船上的主人；不过，这段内容尽管为人所知，但似乎只是在后来的法学家那里才被援引；参见 Vassalli, "Fisco," 205ff。

也没有任何他应该具有两个身体的理由。法国国王腓力四世作为一个自然人是法兰西政治身体的头，像每个法国国民一 270
样，他只是那政治身体的一部分，尽管是最重要的部分。教会法确实把主教和主教座堂参事会作了明确区分：尽管在其他方面主教和参事会构成了一个主教为头的身体，二者分别被认为代表着一个“分离身体”（*corpus separatum*）。[231] 但这一原则预设前提并非是有机体论，世俗国家的理论家们似乎并没有把国家的头认作“分离身体”；相反，他们是极不情愿让四肢与头分离的，也不愿让头与四肢分离，头和四肢的有机整体观念根深蒂固，不会让二者彼此分离。[232] 国王可以两种身份出现，即作为封建君主和作为整个政治身体的头，这之前已经指出过。“为国王和祖国”献身或可表明国王权威的这种双重形态。但这一双重性与基督的自然身体和神秘体的双重性并无可类比性。就算有人杜撰出一个可类比性说法：“国王的一个身体是他自己，另一个身体是他为头的身体”，这又有何意义呢，或者说又能增益什么呢？它只是一个毫无意义和没有必要的解释，一无所指。

另一个可能的论证也可以很快被击破，这个论证把国家作为“拟制人格”（*persona ficta*），作为一个超越其组成部分的抽象化身。教会确实曾被阿奎那定义为“神秘人格”（*persona mystica*）。[233] 此一尚存疑问的术语可以让我们相应地把国家理解成“政治的和道德的人格”（*persona politica et moralis*）

---

[231] Gierke, *Gen.R.*, III, 266ff；另见 Post, “Two Laws,” 425, n.35。

[232] Wilkinson, in *Speculum*, XIX (1944), 460, n 4；参见上面注 115。

[233] 参见上面注 24。

吗？“政治的和道德的人格”这一用语似乎并未出现过。因为1300年前后的国家并非拟制人格，而是有机的或有机体论上的整体。“国家”离开其组成部分就不存在，“国家”也不是某种超越其头和四肢，或超越道德价值和法律的更上位之独立存在。[234] 括言之，王国或祖国并没有“人格化”，而是被“身体化”了。主要原因在于，国家被设想为一个“身体”之后，才可
271 以同教会的神秘身体构设出某种类比。可以说，这种类比关系决定于“身体”（*corpus*）一词，而非“人格”（*persona*）一词，正如神学家们思忖的是“基督的双重性身体”（*duplex corpus Christi*），而不是“基督的双重性位格”（*duplex persona Christi*）——后者某种程度上会有聂斯脱利主义的倾向。同样，都铎王朝的法学者们辩论的是“国王的两个身体”的问题，而不是“国王的两个人格”的问题——尽管他们或许偶尔会疏忽。这种考辨词义的术语学本身，应该可以阻止我们轻易地放弃政治身体中头和四肢的自古有机整体合一，也可阻止我们轻率地用人格化的国家这一抽象概念去替代它。[235]

---

[234] Cf. Post, “Public Law,” 45f;“Two Laws,” 422.

[235] 有关“国家”（State）概念，参见 Post, “Two Laws,” 420ff, n.8。阿奎那对亚里士多德《政治学》的评注，应放在与这一问题的关联中来考虑。他以描述性方式来使用“*status*”（状态）概念，没有任何抽象化的意涵，可见于§§393－398, ed. Spiazzi, 139f, 文中多次提及“人民支配的状态”（*status popularis*），“少数人支配的状态”（*status paucorum*），“贵族支配的状态”（*status optimatum*）（三种统治“状态”即民主政治、寡头政治和贵族政治——译者）。另见§414, 147，此处奥维涅的彼得（阿奎那著述的续写者）把这些不同的状态（*status*）和王国（*regnum*）并列，不过他所说的始终是关乎统治形式的。换句话说，“*status*”并没有“善的状态”（*bonus status regni*, *ecclesiae*, *etc*.[王国、教会等的善的状态]）的意思，当然也没有“诸社会等级”（“estates”）的意思（尽管这一概念当时也通用起来了），也（转下页）

一旦转换我们的问题，我们对于教会神秘体和国家神秘体之间相互关系的深究，就不会是枉费心力了。我们在此不是要去探究属灵领域转用于世俗领域的诸特征，而应该问："基督两个身体"的概念在什么方面是不能被转用于，甚或，不能被间接运用到国家神秘体的头？在这一类比中纰漏出在哪？

当我们意识到主要问题可能只是出在时间问题上，答案就简单了。教会神秘体的头是永恒的，因为基督既是上帝也是人子。因此，他自身的永恒，就把永恒性或非时间性的价值也赋予了他的神秘体。与之不同，作为政治身体之头的国王是有朽之人：他终有一死，无缘永恒。也就是说，在国王可以呈现出（如都铎王朝的法学家所说的）像天使般不朽、无形、无处不在、没有生老病死的那种奇特存在之前，他要么不再作为 272
凡夫俗子，要么获得某种不朽性价值：用神学的语言来说，基督"依本性"具备的永恒性，须从另一源头加于国王身上。没有这种"永恒性"（*character aeternitatis*），他就不能具备"天使性"（*character angelicus*），没有某种内在的永恒价值，他就不能拥有"两个身体"，不能拥有有别于他自然身体的一种超越的身体（super-body）。

可以说，恩典及正义、法律让永恒性价值不会轻易被摒弃，它们在建立新君主国的连续性当中共同起作用；"借上帝恩典"的统治权观念，在王朝的意识形态中获得了新生，"决不

（接上页）没有抽象意义上国家的意思。它意指"统治"，意指共同体的"公共状态"（*status publicus*），当然后来它具有了"国家"（"State"）的意义。

会死”之正义的连续性，在王冠的连续性中扮演了重要角色。但是，对新生的以政体为中心的统治权而言，它赖以勃兴的不朽性或连续性的价值，则当归属于“决不会死”的“统合体”（*universitas*），归属于不朽的民族、政体或“祖国”的恒久性，个体的国王很容易与它们相分离，但王朝、王冠以及国王威严却与它们不相分离。

第六章　论连续性和诸团体

连续性

无疑，“国王两个身体”这一概念背后潜藏着一个连续性
的问题。在中世纪早期，这一问题不太明显，或可说只是更为 273
隐匿而已。但是，随着亚里士多德“世界永恒性”学说被接受，以及阿维洛伊主义对此学说更为激进的解释被接受，永恒连续性问题本身成了首要的哲学问题，这时，何为真正本质性的观点便愈显明确了。

世界永恒性的学说在13世纪中叶之后再次兴起，[①]占据了西方人的心志，这一复兴恰逢宪制和法律—政治领域中出现了可与之类比的（应算是独立的）种种“连续性”趋势。然而，我们不可误以为是这种新哲学理论酝酿或创造了政治身体的永恒连续性。编年史中的事实肯定也会排除这样的假

① 腓特烈二世曾向伊本·萨宾（Ibn Sabin）求教世界永恒性的证据；参见*Erg. Bd.*，102，152。

想，因为，在新哲学的影响发挥效力之前，法律和政治领域朝向连续性的进程已经辕辙齐备。实践通常先于理论；当下的实践则可使人们的心志更容易接受新理论。时间相近并不意味着就存在因果关系，我们只能说，拥护时间乃无限连续体的哲学理论，像是其他领域相关趋势的共生物；进而言之，准备接受一种学说的基础已经奠定妥当，这种学说确证和正当化人们的所思所为，并由此强化和推进当下的境况；最后，哲学—经院理论和政治—法律实践这两大潮流，一同决定性地影响了西方的社会和政治思想在成形期的总体格局。

274 尽管有此种种限定，但若由此而忽略哲学新趋势的影响，那也是不在理的，它会削弱我们对其他(宪制的、法律的或政治的)思想领域相应现象作更深刻理解的能力。哲学家和神学家就无限连续性的意义和后果所展开的激烈争论，至少可以说，有助于阐明之前那些难以表述的现象，这些现象或是因为没有渗透人心而从未被表述过。现在，接踵亚里士多德思想的复兴，阿维洛伊主义激进派、温和的亚里士多德主义者以及反亚里士多德主义者们，都各自提出了支持或反对世界永恒性的理由。有关连续性(continuity)、持存性(duration)、恒常性(perpetuity)、持久性(sempiternity)、永恒性(eternity)以及相关概念，不断形成可资论辩的问题，这一事实本身似乎就很有说服力：它向历史学家表明，原先恒定有常的东西，已变得无定无常了；甚至更成问题的是，在时间之域以及人与时间的关系中正孕生某种重大变化。

这种变化的哲学层面经常为人研究，已是学界常识，但对新时间观的历史推论，却因难以证实而几乎无人涉足。② 可以说，对时间的新的探究路径以及有关时间本质的新观念，不仅有必要作为重要的哲学因素来考察，也有必要作为重要的历史因素来考察。当时破茧而出的对时间的新评价，实际上成为西方思想在中世纪末期变革腾涌最强有力的动因之一，而且在左右现代思想时势头似乎仍未减弱。至少我们可以指出一点，两次大战之前的几代人，他们所怀有的无限进步的乐观主义哲学，其根源和前提正在于激荡13世纪的那些理智变革，其激荡程度之深，不亚于帝国与教廷、属灵权力与世俗权 275
力之间的争斗。

永世(AEVUM)

世界非创造和无限连续性的观点随亚里士多德哲学而复活了，原先潜伏在人类时间观中的巨大危机，现在终于浮现出来。这一观点对传统的奥古斯丁的时间概念和永恒概念来说，不啻致命一击。在圣奥古斯丁教义的影响下，时间可谓是声名狼藉。时间不仅是短暂易逝性的始作俑者；它也表明此在世界和尘世万物的脆弱，背负着毁逝者的污名。与永恒格格不入的时间，地位卑微。上帝的永恒性，是由无时间的"永恒的现在"(Now-and-Ever)构成的，易逝无常的时间显示了所

② 不过，参见 Hans Baron, "A Sociological Interpretation of the Early Renaissance in Florence", *South Atlantic Quarterly*, XXXVIII (1939), 436ff，巴伦提醒人们注意对时间重新评价上的相反趋势，即支持时间宝贵性的观点。也许还有另外一些历史学家偶尔发表过这一主题的观点；但总体来看，在对现代国家和现代经济起源的无数研究中，能把时间要素看作决定性历史因素的是少之又少，这有点令人费解。

有短暂时刻的弱点。奥古斯丁在《忏悔录》最著名的章节之一中指出,[3]时间像日月、动植物和人类一样皆为被造。时间并不是在尘世创造之前创造的,而是与尘世一同作为有生有灭者被创造的,它好比一个死胡同,注定要在某一特定时刻戛然而止,像整个被造世界一样终要接受最后审判的降临。时间是有限的,它只是涵盖了从创世到末日的时光。"一时的"(*temporalis*)和"俗世的"(*saecularis*)这类词语,可以说是显明了时间的道德堕落,担负着去表现此世仅为相对重要之生命的短暂,以及此生命之中死亡的临近。

奥古斯丁关于时间和永恒的教义的有效性,以及基督教
276 信仰的基本前提,广受阿维洛伊主义者的攻击,他们将亚里士多德学说推成以偏概全的定论;甚至像阿奎那这样温和的亚里士多德主义者,也不得不至少承认无开端之世界的可能性。[4] 教会当局开列了一长串"遭谴责的谬误"(*errores condemnati*)的清单来遏制阿维洛伊主义疫病的蔓延,而"世

---

③ Augustine, *Confessions*, XI。关于基督教和时间的文献不可胜数,近年来还在不断增长;可参见 J. Baudry, *Le problème de l'Origine et de l'Eternité du Monde* (Paris, 1931); Jean Guitton, *Le temps et l'éternité selon Plotin et saint Augustin* (Paris, 1933); Oscar Cullman, *Christus und die Zeit* (Zollikon-Zürich, 1948); Henri Marrou, *L'Ambivalence du temps de l'histoire chez saint Augustin* (Montreal, 1950);有关近年出版物的简要文献目录综述,参见 Paul Henry, "The Christian Philosophy of History", *Theological Studies*, XIII (1952), 419ff。总体情况,参见弗兰克·赫伯特·布拉班(Frank Herbert Brabant, *Time and Eternity in Christian Thought* [Bampton Lectures, 1936; London, 1937])的有益研究。

④ 参见《神学大全》(*Summa theol.*, I, qu.46, art.2)中有名的一句话:"我的答复是,世界并不总是存在,这只有通过信仰来支持,不可能有理论论证来证明"("Respondeo dicendum, quod mundum non semper fuisse, sola fide tenetur, et demonstrative probari non potest")。

界永恒性”的信条在清单中扮演着重要的角色。教会宣称持下列立场都是错误的：运动没有开端；时间是永恒的；天国不是创造出来的；没有死而复生；生生灭灭是前后接续的，无始无终；没有所谓初人，也没有所谓末人；人类过去存在，将来也会存在，代代相传；以及诸如此类或与此相关的主张。⑤ 所有这些“遭谴责的谬误”有共同的指向：它们都认为没有创世日也没有末日；世界诸要素配置会通过生生灭灭而变化，但是此在世界本身依自然法则是永存的；时间是无限的，是无穷无尽、永远绵延向前之时刻的连续体。⑥ 时间（*Tempus*），尘世时

---

⑤ 最著名的是巴黎主教斯提芬·坦皮尔（Stephen Tempier）制成的一个包括 219 项所谓谬误的长篇清单（1277 年），参见德尼夫勒（H. Denifle），*Chartularium Universitatis Parisiensis*（Paris，1889），I，544ff；此外还有许多其他刊布的清单；参见 J. Koch，“Philosophische und theologische Irrtumslisten von 1270 - 1329”，*Mélanges Mandonnet*（Paris，1930），II，305 - 329。实际上，这些清单是阿维洛伊主义最好的宣传，因为它们将艰深的问题浓缩为了易懂的口号。阿维洛伊主义的参考文献不需要在这里提供；但列出下列书目是必要的，它们称得上过去数十年间有关中世纪阿维洛伊主义研究的重量级著作：马丁·格拉布曼（Martin Grabmann），*Der lateinische Averroismus des 13. Jahrhunderts und seine Stellung zur christlichen Weltanschauung*（Sitz.Ber.，Munich，1931，No. 2），还有他的 *Studien über den Einfluss der aristotelischen Philosophie auf die mittelalterlichen Theorien über das Verhältnis von Kirche und Staat*（Sitz.Ber.，Munich，1934，No.2），以及收录在他 *Mittelalterliches Geistesleben*（esp. vol. II [Munich，1936]）中的诸研究；还有必要关注新近现世的达西亚的波埃修（Boethius of Dacia）的专论，ed. Géza Sajó，*Un traité recemment découvert de Boèce de Dacie “De mundi aeternitate，” texte inédit avec une introduction critique*（Budapest，1954）。

⑥ 由于否定亚里士多德关于时间无限性和真空空间不存在的观点，坦皮尔（Tempier）主教不得不去维护多个世界的可能性；参见 Alexander Koyré，“La vide et l'espace infini au XIVe siècle”，*Archives d'histoire doctrinale et littéraire du moyen âge*，XXIV(1949)，45 - 91。有关最初物质的问题在 12 世纪得以学术性的方式展开讨论，参见 Heinrich Flatten，“Die *primordialis materia* in der Schule von Chartres”，*Archiv für Geschichte der Philosophie*，XL (1931)，58 - 65。

277 间的有限跨度，由此摆脱了短暂易逝的脆弱性和局限性，其道德性质也随之改变：时间不再完全是易逝性和死亡的象征；时间对于阿维洛伊主义者来说成了更新万象的力量，成了无限延续和生命的象征。

诚然，个体生命并非不朽；但是，有朽个体所代表的种属生命却是不朽的。现在，时间成了人类这一伟大集合体、人种、创生力和成长力的永恒连续性和不朽性的象征。时间，通过与宗教的和科学的进步观相联，[7]在人们认同"时间的女儿是真理"时，获得了伦理价值。[8] 最后，人类无限连续性观点本身为许多事情赋予了新的意义，比如，它使得对世间名声的欲求变得有意义，"对永久之名声的欲求"（*perpetuandi nominis*

---

⑦ 我们将在另一个场合，在更广泛的背景下来讨论13世纪的进步问题。该问题中的宗教内容与费奥里的约阿希姆（Joachim of Foire）及属灵派的教义不可分离，参见 Ernst Benz, *Ecclesia spiritualis* (Stuttgart, 1934), 265ff, and passim；以及对约阿希姆日益增多的研究（参见 Herbert Grundmann, *Neue Forschungen über Joachim von Fiore* [Marburg, 1950]），这些研究基本上都把进步的观念看作圣灵派教义的内涵所在。普里西安的 *Institutiones grammaticae*, I, 1（参见上面第五章，注187）对进步的科学观给了有力的推动，这一点已由克里班斯基（R. Klibansky），"Standing on the Shoulders of Giants," *Isis*, XXVI (1936), 147f 作了简述；参较 G. Sarton, "Query n.53," *Isis*, XXIV (1935－1936), 107ff; J. de Ghellinck, "Nani et gigantes," *Bulletin Du Cange*, XVIII (1945), 25－29。然而，有关这个话题的最佳史料——法学家们的哲学思考，却几乎没有人注意。

⑧ 这种说法出自 Gellius, *Noctes Atticae*, XII, 11,7。这条格言经常出现在文艺复兴时期的艺术中，也可在伊拉斯谟的《格言集》(*Adagia*)中看到，有关其早期历史可参见 F. Saxl, "Veritas filia Temporis", *Philosophy and History: Essays Presented to Ernst Cassirer* (Oxford, 1936), 200, n.1。文艺复兴以前的相关史料尚未得到研究；但将时间等同于真理的可能还是法学家们；对此可参见 Baldus, *D*.1,3,32, n.88, fol.23，文中讨论了未成文习惯法的有效性，即"人类记忆不与之相背的"习惯的有效性，作者对此的评价是："时间乃真理的相类者"(*tempus loco veritatis est*)。

desiderium)，日益成为人们行为的决定性动机。也许法学家们首先在这方面做了解释。一条阿库修斯的注释如是写道："要看到，死者是靠荣誉活着的。"在另一处地方，这位注释法学家指出，那些为国家战死沙场之人与那些在马上比武中殒命之人，将在名声和荣耀中永生。[9] 其他法学家们记下了这些人，而他们的学生腓特烈二世则树立起了这些人名的永久声 278
誉。[10] 时间连续性的新观念不是创造了人们对于永恒名声的

⑨ 参见 Post，"Two Notes，" 286，n.24。这里重要的参考出处是 *Inst*.1，25，pr.(上面第五章注 160)，对于 v. *per glorium vivere*(靠荣誉活着)，《标准注释》写道："要看到，死者是靠荣誉活着的"(Nota，mortuum vivere per gloriam)；就 *D*.9,2,7,4 的说法：不受惩罚的情形是"在公共比试场合杀死他人……因为所施与的侵害可视作是为了荣誉和勇毅，而不视作是为了不正义之故"("in publico certamine alius alium occiderit ...，quia gloriae causa et virtutis，non iniuriae gratia videtur damnum datum")，《标准注释》对其中 v. *gloriae causa*(为了荣誉)的解释是："此处所言(那位在公共比试场合被杀死的人，该场合被阿库修斯释作骑士比武大会)，是因荣誉之故而被杀死的人：为荣誉而死之后，即使被称作了死者，他也能靠荣誉活着"("Per gloriam quis occiditur，ut hic [the one killed *in publico certamine*，interpreted as tournament]：et ideo post per gloriam vivere potest，licet sic mortuus dicatur")。另见《标准注释》对 *D*.3,2,25，v. *ceciderit*(拼杀)的解释："这样的人被理解为靠荣誉活着"("Qui per gloriam vivere intelligitur")，此处援引了 *inst*.1,25，pr.。

⑩ Placentinus，*Summa in Tres Libros*，prooem.，ed. Savigny，*Geschichte des Römischen Rechts im Mittelalter* (2nd ed.，Heidelberg，1850)，IV，245："Secundo，credidi multum expedire mihi ad memoriam meique nominis famam in perpetuum conservandam ..."("第二，为了永远保持对我的记忆和我的名声，我相信许多事情于我有益……")另见杜里乌斯·甘巴里尼(Dulius Gambarini)的 *Margarita super Feudis*(《封土律典》，13 世纪后期)的序文："……举凡爱学问之人，能孜孜不倦去钻研，是会有助于他们的记忆永世存留下来的"("... cunctos literatoriae scientiae amatores expedit dare operam studio indefesso ut sua in evum memoria relinquatur")；参较 Jean Acher，"Notes sur le droit savant au moyen âge"，*Nouvelle revue historique de droit français et étranger*，XXX (1906)，125。另见 Angelo de Ubaldis，on *D*.1,1,1，n.2 (Venice，1630)，fol.3^r (v. *perpetui*)："Vel dic quarto quod Justinianus est perpetuus perpetuitate memoriae ... (转下页)

渴望，而是强化了它。而且，只有人们相信此在世界和人类是以某种方式永恒不朽，只有时间是生命而不是死亡，名声才具有意义。或许我们可以把此世的"不朽名声"理解为彼世不朽福祉的等价物或世俗替代物，如此，《神曲·地狱篇》里的失落灵魂才恳求但丁保存他们的记忆及他们在世间的名声，以补偿他们被剥夺的、甚至经常是遭鄙视的灵魂的永恒福祉。⑪

对于亚里士多德理论中非创造的、"没有终点的世界"的无限延续性，我们同样容易根据某种世俗化的永恒来理解。

(接上页)[C.1,3,23]"("或者说，第四，查士丁尼得以恒久是因为记忆的恒久性")。这位法学家(*loc.cit.*, v. *Itaque procul dubio*, n.7, fol.2^v)还做了一个与圣人的有趣类比："有关记忆要注意的是：人在死后会活在对他的记忆中。同样要注意的是，因此之故，每年有对诸圣人的节庆"("Memoria no[ta]: post mortem quis salvatur in sua memoria. Item no[ta] quare omni anno celebrantur festa Sanctorum")。有关腓特烈二世的情况，参见 Huillard-Bréholles, v, 907，对水道的重建"为的是我们名字的称誉和荣光"(*ad laudem et gloriam nostri nominis*)；另见 *Erg. Bd.*, 181 所引之处。另见 Dante, *Monarchia*, I, 1："ut palmam ... in meam gloriam adipiscar"("以使我会是第一位因我的荣誉而赢得棕榈枝荣誉的")。或见 Andreas of Isernia, *In usus feudorum*, prooem., n.11, fol.1^v，对塞涅卡的引述："对天才的记忆是不朽的"(*immortalis est ingenii memoria*)。

⑪ *Inferno*, XIII, 53 (Petrus de Vinea)："... tua fama rinfreschi/Nel mondo su ..."(……好让他抵达凡界时，把你的名声再度传颂……)以及 *Inferno*, VI, 88f; XVI, 85; XXXI, 127；参较 Burckhardt, *The Civilization of the Renaissance in Italy*(《意大利文艺复兴时期的文化》), trans, by S. G. C. Middlemore (Vienna, n.d.), 307, nos.285-287。当然，可以完全合乎逻辑地说，"在永恒的荣誉中活着"一定是《神曲·地狱篇》中的人们所欲求的，因为只有地狱是永恒存续的(炼狱有尽头，而天国无时间)。此观念表现在刻在地狱之门的铭文(*Inf.*, III, 7f)：

在我之前，除了永恒存在的之外，
没有别的造物，而我是永恒存续的。
(Dinanzi a me non fur cose create
Se non eterne, ed io eterno duro)

参见下面注 15。(此处参照黄国彬译本，考虑到行文统一，有改动。——译者)

但是如果我们要推进这种假设，一个难题旋即出现：世俗化 279
了的、在此世无所不在的永恒，会是何种永恒？它肯定不会是神圣存在的永恒，奥古斯丁笔下的那种永恒，与被创造出来安排给此世和人类的短促时间，两相对立。上帝的“永恒”（*aeternitas*）是无时间的，是无运动的永恒静止，没有过去和将来，奥古斯丁称之为“永远静止的现在”（*nunc semper stans*），或如但丁所言：“一切时间都是现在那一点。”[12]这肯定与阿维洛伊主义者所坚守的时间有所不同，在他们那里，不停流淌的可变时间是由永恒接续的时刻构成的。

答案可在经院哲学中找到。早在12世纪，神学家和经院哲学家们就修改了奥古斯丁关于时间和永恒的二元论，阐述了既非时间亦非永恒的无限连续性问题。伪狄奥尼修斯学说的复兴，约翰·司各脱和波埃修的神学著作，以及普瓦捷的吉尔伯特(Gilbert de la Porrée)学派对阿维森那著作的接受，据称造成了“一股强有力的推动力”。[13] 它导致在许多方面出现了“永世”（*aevum* [“eon”]）观念的复苏，这样一个没有终末的无限时间范畴，圣奥古斯丁过于简化的二元论是无法真正解释的。一场称得上宏大理智清算的事情开始了，现在，分辨时

---

⑫ *Paradiso*, XVII, 18.

⑬ 参见 M. H. Vicaire, “Les Porrétains et l'Avicennisme avant 1215”, *Revue des sciences philosophiques et théologiques*, XXVI (1937) 449 - 482 (p.455:“un souffle dynamique puissant”[“一股强有力的推动力”])；R. de Vaux, *Notes et textes sur l'Avicennisme latin aux confins des XIIe et XIIIe siècles* (Bibliothèque Thomiste, XX [Paris, 1934])；以及 J. M. Parent, *La doctrine de la création dans l'école de Chartres* (Publications de l'Institut d'études médiévales d'Ottawa, VIII [Paris and Ottawa, 1938])。

间的不同范畴成了经院哲学家的任务。解释“永恒”(*aeternitas*)和“永世”(*aevum*)的区别并不难。“永恒”自然就是上帝那无时间、无运动的“永远的现在”,既无过去也无将来。而“永世”却是一种有着运动的无限和延续,因而有过去
280 和将来,所有权威经典都认为它是没有终末的恒久性。不过,在这种永恒是创造于时间之前还是与时间一同创造的问题上,仍存异议。也就是说问题在于:“永世”是只就未来而言是无限,还是在过去方向上也为无限。无论正确答案是什么,实情是,原先永恒和时间的二元论中多出了第三个范畴,它既分有了永恒又分有了时间,后来阿奎那准确地称之为“介于永恒(*aeternitas*)与时间(*tempus*)中间”者。[14]

自此,经院哲学家不得不区分三种范畴:永恒、永世和时间。但是它们之间的归属关系如何呢?永恒和时间的分属是不言自明的。只有无时间的永恒的现在是与上帝相等同的;

---

⑭ 有关“永世”(*aevum*),参见 A. Michel,“Eternité,” *Dictionnaire de théologie catholique*, v: 1, col. 919 所作综述。总体情况,参见 Brabant, *Time and Eternity*, 74ff。当然,这些哲学家们并不总是以同样的方式来解释“*aevum*”;参见 F. Beemelmans, *Zeit und Ewigkeit nach Thomas von Aquino* (Beiträge zur Geschichte der Philosophie im Mittelalter, XVII, 1; Münster, 1914), 52ff; E. Gilson, *The Philosophy of St. Bonaventura* (New York, 1938), 260ff; C. R. S. Harris, *Duns Scotus* (Oxford, 1927), II, 141ff; Gilson, *Jean Duns Scot* (Études de philosophie médiévale, XLII[Paris, 1952]), 401ff。在中世纪早期,“永世”的观念肯定已经为人所知;799 年阿尔昆(Alcuin)大体上正确地界定了这一概念(*MGH*, *Epp.* IV, 263ff, No. 163)。然而,“永世”概念由于融入经院哲学中的天使论,而在哲学和神学上获得了新的活力。有关时间在过去和未来的无限性,或者仅在未来的无限性,参见 Ambrose, *Hexaemeron*, I, 1, 3, *PL*, XIV, 135,作者将那些有差异的概念分别与亚里士多德和柏拉图联系了起来;参较 Richard McKeon,“Aristotelianism in Western Christianity”,收在 *Environmental Factors in Christian History* (Chicago, 1939), 224, n. 68。

此在世界从创世到末日的被造时间，是属于人类的。那么永世呢？对于一个开始从天使论研究中找到理智快乐和刺激的时代来说，答案一定也是不言自明的：永世当然属于天使和天国无形智慧体的，属于上帝和人之间的“永在”（“eviternal”）者的。与人一样，天使也是被造的，但是人的短促时间却与他们无涉，因为天使是永恒的存在，没有形体，不会死亡，超然于世界末日之外。另一方面，因为是被造者，天使不能和创造者共存。可以说，天使像受赐福的灵魂一样，凭借其所参与的神圣恩典的永在视野，分有了上帝无时间的永恒性。但是这些不朽的智慧体也参与了尘世的时间，不仅因为他们可在时间中显于人前，而且因为他们是被造的，会以天使的特有方式具 281
有“以前”和“以后”。事实上，永世概念（实际上十分复杂，很难在此展开论证），弥补了无时间的永恒性和有限时间之间的鸿沟。如果永恒之中的上帝是超越时间和无时间的，如果时间中的人类在流变的有限时间内是可变者，那么天使就是在无限但变化着的永世中的不变者。[15]

把上述简单的旁论归约为一种元史学（meta-history），我们可以看到，阿维洛伊主义者为此世所主张的可变且无限的

---

[15] 参见 Brabant, *Time and Eternity*, 77。笔者很清楚，“永世”还有许多其他方面，天使们的时间连续性问题也是极为复杂的，经院哲学家们在他们《自由论辩》（*Quodlibet*）的文献中以及其他地方反复讨论这一问题。地狱属于“永世”的提法出现在 Aquinas, *Quodlibet*, v, 7, ed. P. Glorieux, *La littérature quodlibétique de 1260 à 1320* (Bibliotheque Thomiste, v. [Kain, 1925]), I, 281: *Utrum Lucifer sit subiectum aevi?*。见上面注 11 对但丁的讨论，在但丁的体系中这三种范畴再次出现：天国属于永恒，炼狱属于时间，地狱属于永世。当然，要说让罪人在无时间中受苦，这是没有意义的，因为在此情形下惩罚和痛苦的无限延续便不会存在了。

时间，确实有一个彼世的对等物，即天使们在天国的“永世”。一旦我们意识到无形体的天国智慧体是上帝创造的理念或原型，上述对等物的事实就并不出人意料。这些天国智慧体是超验化基督教的后裔，不是具有独立存在地位的柏拉图的“理念”，而是亚里士多德的“形式”（εἴδη），是独立种型的内在现实化。亚里士多德的“世界永恒性”观念假定并导致了种属的不朽性，这一观念的复兴，实际上也就是天使之“永世”的“世俗化”：时间的无限连续体从天国移至地上，为人类重新获得。阿维洛伊主义者同样也支持基督教连续性概念的世俗化，程度甚至可能超过了他们对无限时间循环运动这一古典信念的支持，不过，此种世俗化是阿维洛伊主义者最不为人接受的论题之一。这项法则意味着事件的周期性重现，循环连续性很快为民意所摒弃，取而代之的是基督教思想的一般特征——或许也是天使“永世”的特征——即传统的直线连续性。[16]

282 依据阿奎那的学说，每个天使代表一个种：天使的非质料性不允许该种在质料上个体化，或以多数质料性个体来个体化。[17] 最终，法学家们的人格化诸集合体——它们在法律领

[16] 有关周期性永恒重现的信条见坦皮尔（Tempier）开列的谬误清单，No.6（Denifle, *Chartularium*, 544）。天使的“永世”是否总是直线式连续性，抑或也有共时性（没有时刻上的接续而发生的诸变化，参见 Beemelmans, *Zeit und Ewigkeit nach Thomas von Aquino*, 44f），是另外一个问题，并且肯定与阿维洛伊主义者所主张的36 000年周期毫无关系。

[17] 邓·司各脱所诘难的观点是种和个体在天使之中的统一，而这正是阿奎那所维护的观点；参见 Gilson, *Jean Duns Scot*, 399ff，总体情况参见 F. Ueberweg and M. Baumgartner, *Grundriss der Geschichte der Philosophie der patristischen und scholastischen Zeit* (10th ed., Berlin, 1915), 498 and 580。

域是不死的种——展现了天使身上的所有特征，这在当时并没有什么奇怪之处；因为，法律上的“拟制人格”实际上就是纯粹的现实化，像是天使拟制的直系亲属。法学家们团体学说的核心是集合体的抽象，或不朽不变的种，相比之下，有朽的、可被代替的个体成员显得无足轻重，在许多方面可以忽略。因此，法学者们“去个体化”的拟制人格必然会类似天使。法学家们自己也承认，他们的抽象体和天使存在之间有某种相似性。[18] 就

---

[18] 阿库修斯的注释显示了注释法学派熟谙经院哲学所做的区分；参见 *Glos.ord.*, on *D.*8,2,33（“ut in perpetuum idem paries aeternus esset”[“同一面永恒墙壁会永久地存在那里”]——为维持建筑物的永恒墙壁而设的永久地役权），v. ‘*aeternus*’：“id est sempiternus. nam aeternum dicitur, quod semper fuit et est: ut Deus. sempiternum dicitur, quod incepit et non desinet: ut anima et angelus et haec servitus”（“它指的是恒久。因为，说永恒，就是说现在存在将来也永远存在：比如上帝。说恒久，是说有始端但无终末：像灵魂、天使以及这里所说的地役权”）。之后不久，奥多弗雷都斯（Odofredus）在对 *Digesta* 8,2,33（Lyon, 1550），fol.263[r]）的注释中认为，“此世之中没有什么可以永恒存在，除了通过代替方式”（“nihil in hoc seculo potest esse perpetuum nisi per surrogationem”），后来的注释法学者们像巴托鲁斯（fol.222）或巴尔都斯（fol.311），对此法的注释比较简明，“通过接续或代替可具永恒性”（*perpetuatio fit per successionem sive subrogationem*）。更有说服力的是乌巴蒂斯的安格鲁斯（Angelus de Ubaldis），on *D.*8,2,33, rubr.（Venice, 1580），fol.185[v]的注释。他指出：“要知道，太阳底下没有什么是永恒存在的，通过接续或代替才能达此永恒，这一案例便是如此”（“Nota sub sole nihil possibile est [esse] aeternum, fit tantum aeternitas per successionem seu subrogationem, et ita est casus hic”）。他参照阿库修斯的《标准注释》，区分了“永恒”（eternal）和“恒久”（sempiternal），但对于将地役权与灵魂和天使“同位并列”，以及对于自己与亚里士多德世界永恒学说存在相似性又觉不妥；他反驳阿库修斯时写道：“但（阿库修斯）在注释‘此一地役权’所言，没有恰当说明与之前例子的关系，因为太阳底下没有终末的存在是不可能的，因此，根据信仰，世界是有终末的，即便哲学家之王（即亚里士多德）受自然理性引导得出了相反观点”（“Sed quod dicit glossa ‘et haec servitus,’ non dicit bene referendo ad extra predicta, quia impossibile est aliquid esse sub sole sine fine, et ideo mundus habebit finem *secundum fidem*, licet princeps philosophorum fuerit in opinione contraria motus rationibus naturalibus”）。然而，“永恒”和“恒久”的概 （转下页）

此我们可以说，中世纪后期的政治和法律的思想世界，开始流
283 行大大小小非质料的天使体，这些天使体不可见、无所谓老幼、永远不死，有时甚至是无所不在；而且它们所禀受的“智慧体”（*corpus intellectuale*）或“神秘体”（*corpus mysticum*），可与天国存在者中的“属灵身体”相媲美。

时间问题和连续性问题，无可否认地接近于经院和世俗两派哲学家们讨论的核心位置。说时间问题引致中世纪后期和文艺复兴时期理智伏流的涌动，并没有充分陈述出实情。人类看待时间的崭新态度几乎影响了生活的方方面面。世界当然不会由于布拉班的西格（Siger of Brabant）、达西亚的波埃修或巴黎大学人文学院其他教授的学说，而皈依为“阿维洛伊主义者”：世界仍然是基督教的世界。然而，13 世纪以来广为接受的问题或现象，到 14、15 世纪变成了局部立场有变化的问题或现象：人们不接受“无终末的世界”的无限连续性，但会接受准无限的（quasi-infinite）连续性；虽不相信世界的非创造性和无终末性，但行动时似乎把世界当作无终末的；在以前没人看到或设想连续性的地方人们构设出了诸多连续性；人们尽管还不准备抛弃对时间限度的传统情感以及对人类建制和行动之短暂性的传统情感，但准备修正、变更和

（接上页）念经常容易混淆。譬如，英诺森四世 1245 年在里昂对腓特烈二世的判决公布于《第六书》（*Liber Sextus*，c.2 VI 2,14；ed. Friedberg，II，1008），标题公刊时如下：“为留下恒久的记忆”（*Ad memoriam sempiternem*）。然而，杜兰铎在为这个判决过程确立一般规则时，却引述错误（*Speculum iuris*，II，part.iii，§ 6，n.7，vol. II，790）：“Sententia enim fertur *ad aeternam rei memoriam*，ut legitur ... ［c.2 VI 2,14］ in superscriptione”（“给出判决是为留下对事例的永恒的记忆，……［c.2 VI 2,14］从标题上便可看出”）。参见第七章注 6。

抑制它们。[19]

可以说,这表现出社会知识阶层对生活和时间的新的理解。人们并没有发明新的时间观,而是接受了时间的其他面向。仅就时间的另一面向(它的连续性和实践中的无限性)来看,之前强调时间倏忽而逝的地方,现在出现了人们在时间本性观上的变化。一处锡耶纳人的铭文,在提到古典和基督教之英雄和德性的形象时写道:“倘若想要统治万世,正统治着 284
的你们,就请凝视这些(过往形象)。”[20]这一变化暗含的并非彻底变革,而是对时间的重新评价,是从时间的脆弱性向其永远流淌、生生不息之动态性的一种辩证演替。

恒久的紧急性(PERPETUA NECESSITAS)

无论亚里士多德或阿维洛伊主义者的信条“无终末世界”是否被接受、反驳或修正,争论本身在后来几代人的思想中留下了确然无疑、有稽可查的印迹。然而,王国和社会的实际需要则在这场争论之外,独立发展出了公共建制准无限连续性的拟制,这一连续性的确远非哲学类型。国王领地不可让渡的准则,以及“决不会死”的非个人的国库观念,[21]显现为建制连续性新观念的标识,这种建制连续性似乎主要是由罗马法、

---

⑲ G. de Lagarde, *La naissance etc.*, *II: Marsile de Padoue* (Paris, 1948), 79 and 85ff,正确评述道:“阿维洛伊主义与其说是一种学说,不如说是一种态度”(“L'Averroïsme est moins une doctrine qu'une attitude”)。另见 Leclercq, *Jean de Paris*, 75。

⑳ Theodor E. Mommsen, “Petrarch and the Decoration of the Sala Virorum Illustrium in Padua”, *Art Bulletin*, XXXIV (1952), 114.

㉑ 参见第四章注 267、292。

教会法催生的。不过,时间的因素也开始渗透到其他方面,渗透到了公共、财政和法律治理的日常技艺中,这是一个值得于此处举陈实例来速绘其貌的现象。

中世纪早期,公共课税总是例外性(extraordinary)和专项性(*ad hoc*)的,因为赋税并非定期收取,而是因特定事件的到来而收取的。封建献金是用作封建主的赎身金、长子的封骑士礼、长女的嫁资,自 12 世纪以来,还屡屡在公共紧急事态(*casus necessitatis*)下用作保卫王国。这四种情形都各对应着一个事件的发生:前三种关乎封建主的私人生活,第四种则是公共的和超个人的(主要关乎王国和祖国)。[22] 赎身金、封骑士礼和嫁资是不可重复的情况,而"王国的紧急事态"从实
285 际层面看是可以每年都被通告的,直到君主遭到破落臣民的抵抗。众所周知,第四种情况"国王与王国的紧急事态"(*necessitas regis et regni*),最终打开了常年课税的大门,赋税从此不再因事而征,而是因时而征。例如,腓特烈二世在对抗罗马教皇的最后阶段,几乎规律性地在每年伊始炮制一篇措辞优美的诏文,语气近乎罪己,通告帝国处于"临深履薄的紧急事态"(*dira et dura necessitas*),旨在向西西里民众(包括圣职者)课以新的"征赋"(*collecta*)。[23] 后来,安茹的查理、法国国

---

[22] 参见 Post, "Two Laws," 420ff。另见上面第五章注 127,其中讨论了与十字军课税的关系;总体情况,参见 A. Gottlob, *Die päpstlichen Kreuzzugssteuern des dreizehnten Jahrhunderts* (Heiligenstadt, 1892)。

[23] 有关西西里的情况,参见 *Erg. Bd.*, 193, 243。教皇马丁四世在西西里晚祷事件(1282 年 3 月 30 日晚祷的时候,当地居民与法兰西驻军发生了冲突,导致西西里岛上当地居民大肆屠杀法方驻军,此后阿拉贡军队乘虚而入,确立了其在西西里岛上的统治。——译者)后写给安茹的查理的一封信,虽不为 (转下页)

王美男子腓力和其他人也是这样做的。的确，对一件不可重

(接上页)人注意但极有启发性，教皇把“征赋”(*collecta*)看作是一种日常定期税收；参较 *Les registres du Pape Martin IV*, ed. Olivier-Martin (Paris, 1913), 225, No.488；另见 *Les registres du Pape Honorius IV*, ed. M. Prou (Paris, 1886), 75, No.96, § § 3－7。关于前安茹王朝(pre-Angevin)的征赋历史，教皇马丁四世声称：“按在西西里国王威廉(即威廉二世)历历在望的治世下，西西里王国内上缴援助金和征赋的形式，……除了古人的叙述外，别无其他了解方法；(照古人的叙述来看)罗马人民的皇帝腓特烈，一当他从海外地区返回，便首次在上述王国内课以日常定期的援助金和征赋，而在这之前，课以这样的征赋和援助金，会发生在西西里国王为保卫自己王国进行作战之时，或发生在国王自己加冕之际，还有他儿子受封骑士或女儿出嫁之日”(“de modo subventionum et collectarum, que in regno Sicilie tempore clare memorie Guillelmi regis Sicilie solvebantur, ... nichil aliud potuit inveniri, nisi quod antiquorum habet relatio, quod quondam Fridericus Romanorum imperator *tempore quo de ultramarinis partibus rediit, primo subventiones et collectas ordinarias in regno imposuit supradicto*, et quod ante predictum tempus collecte et subventiones tantum fiebant, cum rex Sicilie pro defensione ipsius regni defensionem faciebat, ac in coronatione regis ipsius, necnon et quando filius eius suscipiebat cingulum militare, ac ipsius filia nuptui tradebatur”)。这已经成为常识看法；这个对腓特烈二世不利的裁断经常被提及，甚至在后来也如此；对此，可参见 Paris de Puteo (卒于 1493 年), *De Syndicatu*, I, 2, n.59 (Lyon, 1548), fol.8：“nam Federicus fuit depositus ab imperio, quia collectas in regno imposuit ...”(“因为在王国内课以征赋，腓特烈便放弃了帝权”)。有关征赋的压迫性，参见 E. Sthamer, *Bruchstücke mittelalterlicher Enqueten aus Unteritalien* (Abh. preuss. Akad., 1933, No.2; Berlin, 1933), 13, 当中的引文出自 Saba Malaspina, III, c.16, in Muratori, *Scriptores*, VIII, 831f。我们应该在下述事实中寻求教皇声明的价值：圣座准确地注意到一种专项性课税变成了“日常定期课税”。不过，这种变化发生的日期肯定是不对的，因为腓特烈二世在 1230 年的时候还没有引进每年定期课税的制度；而且我们也不应臆测“岁赋”(annual *collectae*)的引进是端赖于“东方的”影响。我们被告知，对其产生影响的是罗马法(见下面注 34)，罗马法促使巴巴罗萨 1158 年在隆卡利亚试图向意大利诸城市征收每年给帝国的赋税；参较 Rahewin, *Gesta*, IV, c.7, ed. Hofmeister, *MGH*, *SS.r. Germ.* (3rd ed., 1912), 240：皇帝要求，“每年支付税额不仅关乎土地，而且还要关乎自己臣民每个人”(“nec de terra tantum, verum etiam de suis propriis capitibus *census annui redditionem*”)。另见 *Ligurinus*, VIII, V.574, ed. C. G, Dümge, Heidelberg, 1812：“capitolium *certo sub tempore* censum”(“一定期间内要支付的人头税”)。不过巴巴罗萨的意图从未实现过。也可参见 P. W. Finsterwalder, “Die Gesetze des Reichstages von Roncalia vom 11. November 1158”, *ZfRG*, germ.Abt., LI (1931), 59ff。

复事件、单个紧急事态以及课税例外性的拟制仍保留着，并且还将继续保留一段时间，但是旧拟制终归要让位于新拟制，最终形成惯例：财政需求每年不假事由的重现。

286 诚然，有关赋税的经院教义，明确否认了王国有在任何年份或每年定期课税的权利。[24] 然而，教会也承认了"紧急事态"，一项新原则根据紧急事态而确立起来。[25] 这种原则的确立，是为了让永久行使每年课税的权利最后被认可为主权国家的正当权利，以满足政体的需要。到了 14 世纪（甚至在 13 世纪），专项性课税的借口开始经常性地弃置不用，拟制的例外性变成了惯例性：至少在欧洲大陆许多地方，公共课税成了岁赋的同义词。换言之，原先与不可重复事件相关联的课税，现在与日历、与永恒转动的时间之轮相关联了。国家成为永久的，它的紧急事态或不时之需，即它的紧急性（*necessitas*）成为永久的。

因此，"*necessitas*"的观念实际上获得了另外一个全新的

---

[24] 关于赋税的经院哲学和神学的观点，参见 Paul Kehl, *Die Steuer in der Lehre der Theologen des Mittelalters* (Volkswirtschaftliche Studien, 17, Berlin, 1927), 74ff and passim。的确，1314 年以后，法国的三级会议有权许可一种特别的租税（tallage）；但是，有关此租税获得了恒久许可的那种看法，是之后才开始形成的。参较 Holtzmann, *Französische Verfassungsgeschichte*, 408。在英国，给国王的每笔一般援助金都必须经议会认可。

[25] Langlois, "Philippe III," in: Lavisse, *Histoire de France* (Paris, 1901), III: 2, 250f:"Le principe était posé"（"原则确立"）。有关法国的情况，参见卡尔·斯蒂芬森（Carl Stephenson）的众多研究，其中最重要的是"Les 'aides' des villes françaises au XIIe et XIIIe siècle", *Moyen âge*, 2e sér., XXIV (1922), 274 - 328，以及"La taille dans les villes d'Allemagne", ibid., XXV (1925), 1 - 43；再有 Joseph R. Strayer and G. H. Taylor, *Studies in Early French Taxation* (Cambridge, Mass., 1939)。

意义。作为课税的条件,紧急事态(*casus necessitatis*)最初是指主要来自外部发生的紧急事态:保卫祖国以反抗敌对势力的入侵,以及为打击政治的或宗教的敌人、镇压叛乱、铲除异端,甚至是对付属灵权力而发起的战争。然而1300年左右,"紧急性"的观念也开始集中用于行政上日常的(也可以说)预算的需要。为满足这些行政之需,政府采用了"恒久的紧急性"(*perpetua necessitas*)的新拟制;这种新拟制(相似于现代"恒久革命"的说法)意味着将某种事情恒久化,依据定义,某种事情在此是指一种例外,指某种异常情况或对规则的一时偏离。

当时的人们已然注意到"紧急性"的恒久化,14世纪早期 287
的法学家庞特的奥德拉都斯(Oldradus de Ponte,卒于1335年),提供给了我们所有想要的相关线索。他有一个法律观点是讨论特定的贵族是否该缴纳每年的租税,为此,他区分了古代单个紧急事态和新的恒久的必要性。摆在这位法学家面前的问题,被表述为如下标题:

> 为[公共]的利益或紧急事态有义务缴纳赋税之人,还有义务为常态的必要性——虽说[这]不是现实的紧急事态——缴纳赋税吗?㉖

㉖ Oldradus de Ponte, *Consilia*, 98 (Venice, 1621), fol.39:"Contribuere si unus tenetur ad munera, quae fiunt causa utilitatis vel necessitatis, tenetur praestare munera, quae fiunt causa necessitatis in habitu, licet non in actu."这一问题归结到底是作者本人得出的还是后来的编者所添加的,确实难以判定。然而,"现实的紧急事态"(*necessitas in actu*)和"常态的必要性"(*necessitas in habitu*)之间的区分,完全适用于奥德拉都斯在《建言》(*Consilium*)中所讨论的内容。

此处在常态的即“恒久的必要性”(*necessitas in habitu*)与“现实的紧急事态”(*necessitas in actu*)之间所作的区分,本身已经很能说明问题。奥德拉都斯当然很清楚,原先为了“公共普遍利益和紧急事态”而征收的直接税被理解为例外的、“特别的课税”(*indictio extraordinaria*)。他也知道,以紧急事态为由征收租税的理由以及国王征收紧急事态贡金所仰赖的王权,都是符合古老封建习俗的,他坦率直言:“征收每年的租税是新举措:从这点看它被称为‘日常税’(*indictio ordinaria*)。”[27]然而日常税与特别税都服务于同一个理念:满足“必要性”。只是,“必要性”本身在每一境况下都有不同的含义;这一点奥德拉都斯也阐释了。

奥德拉都斯这位法学家所面对的问题是,如果法国国王
288 “为了公共普遍利益和紧急事态”要求每年缴纳租税,是否某些贵族可主张豁免权。这位法学家声称,租税毫无疑问是服务于公共利益和紧急事态的,法兰西国王毫无疑问有权征收租税,因为“他有帝权,而且根据帝权的特权,他拥有全部属于帝

---

[27] Oldradus de Ponte, *Consilia*, 98 (Venice, 1621), n. 4:“... quod, si contingat aliquam talliam indici quae fiet gratia publicae et communis utilitatis et necessitatis et cetera, quasi de futuris et extraordinariis indictionibus intellexerit. Sed huic respondetur .... Licet enim talliam indicendi causa et regalia sint antiqui actus: tamen indictionis omni anno est novus: et hoc respectu ordinariae praestationis indictiones appella[n]tur. Extraordinariae vero superindicta ...”(“……如果为满足公共普遍利益和紧急事态等而征收某种直接税,这被理解成是将来的、特别的课税。但对此会有下面的回应……尽管这样的课税理由和国王的课税权都是古已有之的,每年征收租税仍是新举措,从这点看,它被称为日常税。而上面的所说的课税事实上是特别税……”)有关日常税和特别税的区别,也可参见上面注 23f。

国役务的东西”。[28] 接着,这位法学家诉诸于证明了下述事实的证据:在其他方面,贵族实际上支付了确实用于某种“常态的必要性”的年缴租税。由此,他讨论了两项古代封建义务,“居所赋役”(*alberga*)和“骑兵军役”(*cavalcata*),尽管这些赋役原先特征是专项性的,现在同样转变成了年度性的,“国王或他的代理人每年通告赋税时”,[29]贵族们毫不迟疑就会支付。首先他讨论了“居所赋役”或“居所税”(*droit de gîte*),即每当封建领主或国王莅临某个地区或村落,裁判纠纷、听取人民对他们主人的诉苦时,便出现了为封建领主或国王提供居所的义务。[30]

---

[28] Oldradus de Ponte, *Consilia*, 98 (Venice, 1621), rubr. 2:“Quaeritur modo, si talliae, quas indicet rex seu eius curia, reputentur fieri gratia publicae utilitatis et necessitatis. Et est sciendum quod rex habet in dictis communitatibus et provincia iura imperialia et quae pertinent ad imperiale servitium ex privilegio imperiali”(“这是在问,国王或王座法院所课之租税,是否被认为是为了公共利益和紧急事态而课的。可以看到,国王拥有对上述共同体和领域的帝权,而且根据帝权的特权,他拥有全部属于帝国役务的东西”)。当然,这种“特权”并不是指皇帝的特许状(即被皇帝认可的特权),而指的是国王作为“自己王国里的皇帝”(*imperator in regno suo*)而拥有的帝王特权。奥德拉都斯虽没有“明文”(*expressis verbis*)道出他所指的是法国国王;但因为他住在亚维农,称统治者为“我们的主君国王”(*dominus rex noster*),所指的就不应该是其他国王。再者,贵族被设想要支付赋税的事实,似乎也表明《建言》讨论的是法国南部;参见 Holtzmann, *Französische Verfassungsgeschichte*, 263f。

[29] Ibid.:“Item rex, seu eius procurator, bis in anno annuatim indicit in dicto castro duo munera: unum quod vocatur alberga, aliud cavalcata”(“同样,国王或他的代理人每年在上述村落通告一年两次的两种赋税:一次被称为居所赋役,一次被称为骑兵军役”)。

[30] Ibid.:“Alberga praestatur ista ratione: quia solebant communes provinciae ire ad castra et audiebant querelas hominum de dominis suis: tunc homines solvebant expensas et illud vocatur alberga”(“履行居所赋役的理由在于:领主们依惯例前往地方村落,听取地方的人们对他们自己主人的诉苦;这时,人们支付费用,而这就被称作居所赋役”)。

奥德拉都斯解释说，在以前只有当封建领主亲身到场时，该项义务才成立。

> 今天这项（义务）是每年以金钱来支付。……因为，没有谁再巡回各地，为臣民在封建领主前主持正义：因为，各地都有法官可以做同样的事情（主持正义），并公开地（*de publico*）从国王那里领取薪俸。……因此，既然如此执行正义本身便是为了公共利益和必要性，看来，贵族们也……同样有责任担负此费用，因为（这项赋税）确实出于地方的利益和必要性。㉛

289 除了从专项性义务到恒久性日常租税这一变化——这一点奥德拉都斯已清晰地描述了——之外，"必要性"的含义显然已经从外来非常事态转向了国内行政上的必要性，而且，此国内必要性显然已被永久化了；同样显见的是，永续的正义运行，需要每年处置非常事态的赋税，就像保卫祖国需要特别的紧急事态课税一样。甚至，保卫祖国现在也被恒久化了。14 世纪时，作为个体的政府尚没有常备军，当时只有一些雇佣骑士

㉛ Oldradus de Ponte, *Consilia*, 98 (Venice, 1621), n.1:"Quae [alberga] hodie solvitur in pecunia annuatim ... licet hodie nullus circumeat provinciam inferioribus de dominis suis iustiam ministrando: quia tamen sunt iudices in singulis locis, qui hoc ipsum faciunt et de publico salarium a rege recipiunt .... Unde cum exhibitio talis iustitiae habeat in se publicam utilitatem et necessitatem, ... videtur quod huiusmodi expensas nobiles, de quibus quaeritur, contribuere teneantur: quia verum est propter provinciae utilitatem et necessitatem."有关 13 世纪居所税每年缴付的情况，参见 Holtzmann, *Französische Verfassungsgeschichte*, 257。

队游弋于意大利境内，算是常驻的独立军队。不过，那时还是有出于军事目的永久课税的。“骑兵军役”（*cavalcata* or *chevauchée*e）最初是指服兵役的封建义务，之后这种兵役逐渐变换成了按年缴纳贡金或“免服兵役税”（scutage）。奥德拉都斯又一次看到了问题的本质。

> 尽管并不是每年都要集结军队，但明智之策还是未雨绸缪，一旦要集结军队，国库中应有支付给士兵的钱。……因为，军队的目的就在于公共善。[32]

奥德拉都斯在传达给我们他对重商主义精神有某种预见的同时，再次展示了，为满足未来潜在之需要，“现实的紧急事态”（*necessitas in actu*）已被置换为“常态的必要性”（*necessitas in habitu*）。[33] 不管怎么说，每年课税变得合理化，是因为公共需

---

[32] Oldradus de Ponte, *Consilia*, 98 (Venice, 1621), n.1:“Cavalcata est pro exercitu regis: quae quamvis non fiat, solvitur in pecunia annuatim”(“骑兵军役是为了国王军队的役务：倘若无法履行，则要每年支付金钱”)。Ibid., n.3:“Et idem videtur de secunda [ie. calvalcata] dicendum: licet enim non semper fiat exercitus, expedit uti provisione, ut cum locus fuerit, in aerario sit pecunia, ex qua militibus satisfiat .... Finis autem exercitus est ad bonum publicum ....”(“第二项[即骑兵军役]看来也一样，尽管并不是每年都要集结军队，但明智之策还是未雨绸缪，一旦要集结军队，国库中应有支付给士兵的钱。……因为，军队的目的就在于公共善”)。参见上面第五章注 222。

[33] 奥德拉都斯(ibid., nos.3－4)指出，在罗马帝国，这些军事上的一般性课税已经变成常规的了，甚至基督本人也主张交纳税金：“基督告诫要向凯撒交纳税金，因为有必要提供军费给战争中的士兵 [c.4, C.XXIII, q.1, ed. Friedberg, I, 893]，这样的话，这种税金便不可蠲免。如果上帝之子都要支付税金，那你们谁可被认为不用支付税金呢[c.28, C.XI, q.1, ed. Friedberg, I, 634]?”(“Christus tributa Caesari monet reddi, quia per bella necessario militi stipendia （转下页）

求的恒久化和“恒常的必要性”，这种“恒常的必要性”要么在
290 司法活动的情况下属于现在，要么在军事筹备的情况下属于将来。*

例外的必要性和常规的必要性的区分，同样适用于外交往来。中世纪的使臣一般是要满足一时的必要性。他们受遣出访是专门为了某个特定目的：传信或赠礼，结好或断交，抑或其他目的。谈判结束后，使臣们会回禀他们的领主。这些使臣总是“特殊的”代表团，受命一项特别任务，服务于某个特定目的。使节们在其他宫廷长时间滞留在中世纪是闻所未闻的，更别说是常驻了，人们通常把现代外交的起源归功于15世纪的威尼斯。但是这并不很确切。从格里高利九世(1227—1241)起，国王们开始在教皇法庭设立近乎永久的代理人(*procuratores*)，他们都是有法学素养的使臣，负责料理罗马的法律事务，法律诉讼在这里经常会持续数年之久。一项原则为此设立下来。1300年左右，正如“阿拉贡法令”(*Acta Aragonensia*)所阐明的那样，国王们也开始指派常驻代表到重要的世俗法庭，这些法庭关注的是政治事务而不是法律事务。这些使节接受的委任状原先也许注明了外交事务的特定性质，但现在更多是注明了特定时间，而没有限定某个明确目的。我们再次看到把一种建制(即使节职责)与时间联

(接上页) praebentur [c.4, C.XXIII, q.1, ed. Friedberg, I, 893], et ab huiusmodi contributione nullus excipitur. Si enim censum filius Dei solvit, quis tu tantus es qui non putas esse solvendum [c.28, C.XI, q.1, ed. Friedberg, I, 634]?")

* 此处司法活动和军事筹备可分别对应前居所赋役和骑兵军役来理解。司法活动是现实即行的，所以是属于现在的；而军事筹备是未雨绸缪之举，所以属于将来。——译者

系起来的倾向。[34]

我们也可能会想到在常置记录簿上记载行政法令的习惯，这些记录簿经分门别类形成年鉴或公文书，事实上与日历 291 和时间联系在了一起。[35] 我们不难增补其他事例，来例证新兴君主国和统治机构的常设行政机关所具有的独特连续性。不过归根结底，实践需要产生了建制变迁，这一变迁预示人们会拟制出政治身体的无限连续性。我们不能断言是何种特定哲学导致了新兴政府的实践，同时，我们也不能轻易否定这样一种可能：哲学思想和法律理论会从多方面渗入政治实践，从而支持并加速现行政府治理技艺的发展。

---

[34] R. von Heckel, "Das Aufkommen der ständigen Prokuratoren an der päpstlichen Kurie", *Miscellanea Fr. Ehrle* (Rome, 1924), II, 315ff; Hermann Grauert, "Magister Heinrich der Poet", *Abh. bayer. Akad.*, XXVII (1912), 230ff; H. Finks, *Acta Aragonensia* (Berlin and Leipzig, 1908), I, pp. cxxiiiff; Gaines Post, "Plena potestas and Consent in Medieval Assemblies", *Traditio*, I (1943), 364ff。至少，腓特烈二世有派遣到英格兰的"惯例的使者"(*nuntius consuetus*)；参见拙论"Petrus de Vines in England," 65, n.81；有关一般来说会提及连续性或时间的其他任命，参见 *Calendar of Patent Rolls 1232 – 3247*, pp.11, 32, 147 (Simon de Steland); Finke, *op. cit.*, cxxxviiif and cxxxii; Luis Weckmann, "Les origines des missions diplomatiques permanentes", *Revue générale de Droit International Public*(《国际公法综合杂志》)(1952, No.2), pp.17ff。另见 Garrett Mattingly, "The First Resident Embassies: Mediaeval Italian Origins of Modern Diplomacy", *Speculum*, XII (1937), 423 – 439，作者(第427页)提到了曼图亚的卢多维科·贡扎加(Ludovico Gonzaga of Mantua)的使者是米兰宫廷最早的常驻代表(1375年)，但是未能将《阿拉贡法令》的史料考虑进来。

[35] 有关记录簿及它们在世俗国家中的采用，参见 R. von Heckel, "Das päpstliche und sizilische Registerwesen", *ArchUF*, I (1908), 445ff, and passim; H. Bresslau, *Handbuch der Urkundenlehre* (2nd ed., Leipzig, 1912), I, 103ff; 以及 F. Kern, "Recht und Verfassung im Mittelalter", *HZ*, CXX (1919), 34ff, and ibid., CXV (1916), 496ff，由 S. B. 柯瑞斯(S. B. Chrimes)翻译，收在 *Kingship and Law in the Middle Ages* (Oxford, 1948), 149ff。

作为真理形象的拟制(*Fictio Figura Veritatis*)

帝国永在(IMPERIUM SEMPER EST)

"战斗的教会"(*Ecclesia militans*)在末世论中的最高使命是自身在审判日的消失,在那一天,它将与"凯旋的教会"(*Ecclesia triumphans*)融为一体。因此,相信战斗的教会将一直延续到时间的终末,乃是关乎于教义和信仰的事情。对教会直到世界末日的连续性的信仰,不仅在属灵事务中发挥效力,而且也影响了教会管理和教会法律中那些纯粹世俗性的问题。在这方面,第四次托莱多公会议(633 年)颁布的一条教会法令(第 70 条)具有重要意义。这次公会议宣布,教会的自由民及他们的后代与教会之间的受庇护关系是决不会解除的,因为他们的庇护者即教会"决不会死"(*nunquam moritur*)。[36] 在经过种种教会法编纂之后,这句话最终收录在
292 格兰西的《教会法汇要》中,格兰西引用了奥古斯丁的一段话来佐证这句话,教皇佩拉吉(Pelagius)在一封书信中也作了引

---

[36] 参见 c.65, C.XII, q.2, ed. Friedberg, I, 708:"Liberti ecclesiae, quia numquam eorum moritur patrona, a patrocinio ecclesiae numquam discedant ..."("教会的自由民,与庇护者教会的关系是不会解除的,因为他们的庇护者绝不会死……")参见 Friedberg, *loc.cit.*, n.734,对第四次托莱多公会议第七十条教会法在汇编中的连续编纂问题的讨论。《标准注释》在解释"*moritur*"词条时只是提到了其与奥古斯丁的类似之处(参见下一个注);但这段内容却被不断引述;可参见 *Glos.ord.* on c.24, D.LIV (Friedberg, I, 214), v. *fuerint*:"quia eorum [libertorum] domina, scilicet ecclesia, nunquam moritur, ut 12.q.2.1iberti"("因为他们[自由民]的女主人,即教会,决不会死")。参较 Gierke, *Gen.R.*, III, 277, n.93。

述:“教会不可能不存在”(*ecclesia nulla esse non potest*)。[37] 由此,战斗教会在教义上的永恒性,便在“教会决不会死”(*Ecclesia nunquam moritur*)的格言中找到了它法律上的等价物。

永恒性也被赋予了罗马帝国。中世纪对这一帝国“进到此世的终末”(*in finem saeculi*)的连续性的信仰,与古典时代后期人们对罗马城“永恒性”的信仰一样,流布四方、深乎民意。针对敌基督者的斗争被寄希望发生于世界末日之前夜,这使得基督教帝国被赋予了一项与战斗教会相关联的末世论功能。[38] 当然,对罗马帝国永恒性的这种信仰并不是一个教理的问题。首先,它依据于哲罗姆对先知但以理四个世界帝国想象的认同,相信最后一个世界帝国就是罗马,罗马帝国将会延续到世界终末;中世纪后期的法学家们时常体认到,回想起

---

[37] 参见 c.33, C.XXIV, q.1, ed. Friedberg, I, 978f。

[38] Baldus, *Consilia*, I, 328, n.8, fol.103:“[imperium] quod debet durare usque in finem huius saeculi”(“[帝国],必会存续进到此世的终末”)。从罗马的陷落意味着世界的终末这一角度来理解的罗马的永恒性,被奥古斯丁否定了,但罗马的永恒性这一古老的信仰留存了下来;参见 Theodor E. Mommsen, “St. Augustine and the Christian Idea of Progress”, *Journal of the History of Ideas*, XII (1951), 351;另见 J. Straub, “Christliche Geschichtsapologetik in der Krisis des römischen Reiches”, *Historia*, I (1950), 52ff,有关这一观念的总体情况,尤其是中世纪的总体情况,参见 F. Kampers, *Die deutsche Kaiseridee in Prophetie und Sage* (Munich, 1896)。整个这一想法的基础是《帖撒罗尼迦后书》2:1-8,已由德尔图良(Tertullian, *Apol.*, XXXII, 1)引述,它与为皇帝和罗马帝国的祈祷相关;参见 Ladner, “Aspects,” 419, n.55,其中谈到了后来对保罗书信的解释。当然,帝国永续的信仰在拜占庭一样存在;可参见 Endre von Ivanka, “Der Fall Konstantinopels und das byzantinische Geschichtsdenken”, *Jahrbuch der Österreichischen Byzantinischen Gesellschaft*(《奥地利拜占庭文化年鉴》), III (1954), 19ff。

这一广为人知的见解是有益的。[39] 卢卡的托勒密这位阿奎那
293 君主政体短论的续写者主张，第四个君主国后面跟随第五个君主国即“世界真正的君王”基督的君主国，他的第一位代理人好像自然而然就是皇帝奥古斯都了，不过，托勒密的这一论点并没有驳倒前述见解。[40] 这种新说法偶尔也会在法律思想中起作用。巴托鲁斯写道：“随着基督的降临，罗马人的帝国

---

[39] 有关四个帝国的教义，参见 C. Trieber, “Die Idee der vier Weltreiche”, *Hermes*, XXVII (1892), 321–342；F. Kampers, “Die Idee von der Ablösung der Weltreiche”, *Hist.Jhb.*, XIX (1898), 423ff；有关最新的文献，参见 Mommsen, “St. Augustine,” 350, nos.5–6；以及 Schramm, *Kaiser*, *Rom und Renovatio*, I, 244f。饶有趣味的是 Otto of Freising, *Chronica*, v, prol., ed. Hofmeister, 226f, 作者把四个帝国的观念与普里西安在 *Inst.gram.*, I, 1 (见上面第五章注 187)中提出的“进步”观念结合了起来；另见 Joseph Schmidlin, *Die geschichtsphilosophische und kirchenpolitische Weltanschauung Ottos von Freising* (Freiburg, 1906), 28ff。关于法学家，可参见 Bartolus, on *Ad reprimenda* (皇帝亨利七世的敕令，收在 *MGH*, *Const.*, IV,965, No.929), n.8, v. *totius orbis*, in Bartolus, *Consilia*, *quaestiones et tractatus* (Venice, 1567), fol.115^{v}, also in *Corp.Iur. Civ.*, IV,124，亨利的敕令录于中世纪皇帝们的《编外法令集成》(*Extravagantes*)，而此集被追加到了《封土之律》(*Libri feudorum*)当中。巴托鲁斯引述《但以理书》(2:39–40)，谈到“尼布甲尼撒王，他当时是全世界的皇帝”(“Nabuchodonosor rex qui tunc erat universalis imperator”)，最终发展了 4 个(或 5 个)帝国的完备教义(见注 41)。另见 Baldus, *Consilia*, I, 328, n.8, fol.103:“... et hoc apparet in mutatione quatuor principalium regnorum”(“……并且这显现在四个主要王国的变迁中”)。

[40] Aquinas, *De regimine principum*, III, 12–13, ed. Mathis, 53ff:“... sed nos quintam [monarchiam] possumus addere (c.12)”(“……但是我们能追加第五个[君主国][第 12 章])；基督的“君王统治”(*principatus*)从他降生之日起就开始了(第 14 章)，并且，天下人民向奥古斯都的报名上册(《路加福音》2:1)“便不无神秘之处，因为所诞生的真正是世界的支配者和君王，奥古斯都是作为他的代理人，就算奥古斯都没有认识到，这仍是根据上帝的意志……(第 13 章)”(“non sine mysterio, quia ille natus erat, qui verus erat mundi Dominus et Monacha cuius vices gerebat Augustus, licet non intelligens, sed nutu Dei ...[c.13]”)。参较 Woolf, *Bartolus*, 318ff; Ladner, “Aspects,” 419, n.55。

开始成为基督的帝国”,因此“如果我们主张,所有东西属于现在乃是基督的帝国的罗马帝国,若我们是从基督的人格意义上来谈,这种主张就是对的”。[41] 尽管巴托鲁斯只是希望证明

㊶ Bartolus, on *Ad reprimenda*, n.8, v. *totius orbis* (上面注 39):“Quarto fuit imperium Romanorum. Ultimo adveniente Christo istud Romanorum imperium incepit esse Christi imperium, et ideo apud Christi vicarium est uterque gladius, scilicet spiritualis et temporalis .... Dic ergo quod ante Christum imperium Romanorum dependebat ab eo [principe] solo et imperator recte dicebatur quod dominus mundi esset et quod omnia sua sunt. Post Christum vero imperium est apud Christum et eius vicarium et transfertur per papam in principem saecularem [reference to the Decretal *Venerabilem*: c.34 X 1,6]. Unde sic dicimus omnia sunt imperii Romani, quod nunc est Christi, verum est, si referamus ad personam Christi ...”(“第四个是罗马人的帝国。最后,随着基督的来临,罗马人的帝国开始成为基督的帝国,于是,基督的代理人身上有两把剑,即属灵的权力和世俗的权力。……可以说,基督之前,罗马人的帝国只依赖他[君主],准确说来是皇帝,他是世界的支配者,所有东西都属于他。基督来临之后,帝权就在基督和他的代理人身上了,并通过教皇移让给了世俗君主[引用了教令 *Venerabilem*: c.34 X 1,6]。因此如果我们主张,所有东西属于现在乃是基督的帝国的罗马帝国,若我们是从基督的人格意义上来谈,这种主张就是对的……”)双剑学说的讨论通常与对教令 *Venerabilem* 的讨论是关联在一起的;参见 Post, “Unpublished Glosses on the *translatio imperii* and the Two Swords”, *AKKR*, CXVII (1937), 408,410f,以及 A. M.斯蒂克勒(A. M. Stickler)关于双剑大量的优秀研究,列述于他的文章“Sacerdozio e Regno nelle nuove ricerche”, in *Sacerdozio e Regno da Gregorio VII a Bonifacio VIII* (Miscellanea Historiae Pontificiae, XVIII; Rome, 1954), 3, n.3;以及威廉·利维森(Wilhelm Levison)身后刊行的研究“Die mittelalterliche Lehre von den beiden Schwertern”, *DA*, IX [1951], 14 - 42,文中没有考察巴托鲁斯的那段话,而 Joseph Lecler, “L'Argument des deux glaives”, *Recherches de science religieuse*, XXII (1932), 171,虽引证了那段话,却未予置评。有关双剑的场合,习惯的做法是要指出,在历史上帝权是先于教皇权的:“皇帝先于教皇,帝权先于教皇权”(“Ante enim fuit imperator quam papa, ante imperium quam papatus”)(可参见 Stickler, “Der Schwerterbegriff bei Huguccio”, *Ephemerides Juris Canonici*, III [1947], 211, n.3;这样的论证被多次重复,参较 Friedrich Kempf, *Papsttum und Kaisertum bei Innocenz III*. [Miscellanea Historiae Pontificiae, XIX; Rome, 1954], 212f, nos. 48ff),因此所有的权力起初在皇帝的手里,但基督降临之后,帝权和教 (转下页)

基督的普遍性法权，或“整个世界的规则性倚赖于王者”的事
294 实，[42]但随之而来显而易见的结论是：基督所在的地上罗马帝国将存续到世界末日。[43] 诸如此类的说法和查士丁尼法典相互印证，法典本身就主张罗马帝国是由上帝直接建造的，[44]它

（接上页）权分离了，只有基督自己才同时拥有两种权力。巴托鲁斯自然承认这个教义，但是他更愿意将它和卢卡的托勒密的教义联系在一起来考察。

[42] Bartolus, *loc.cit.*，继续写道：“……如果我们是从基督的人格意义上来谈，这种说法就是对的。但如果我们要是从世俗皇帝的人格来谈，主张所有的东西都是皇帝的或在他的裁判权之下，这就不正确了。……在这条敕令（即皇帝亨利七世的敕令）中，皇帝遣词造句谨慎，以表明他是在谈论帝权还是在谈论他的人格。（皇帝）并不是说整个世界的裁判权都是他的，而是说整个世界的规则性倚赖于他”（“... verum est si referamus ad personam Christi. Si vero referamus ad personam imperatoris saecularis, non proprie dicitur, quod omnia sunt sua vel sub sua iurisdictione .... In hac ergo constitutione [sc. imperatoris Henrici VII], si se retulit ad imperium vel si se retulit ad personam suam: locutus est caute. Non enim dicit [imperator] quod totius orbis iurisdictio sit sua, sed quod totius orbis regularitas in eo requiescit”）。巴托鲁斯从亨利七世的敕令当中借用了“规则性”（*regularitas*）一词：“……罗马帝国，整个世界的规则性倚赖于其安宁”（“... Romanum imperium, in cuius tranquillitate totius orbis regularitas requiescit”）（*MGH*, *Const.*, IV,965,25）。该观点与但丁（*Monarchia*, I, 14,7）的表述相似：“……根据所有人都具有的共性，人类被他（皇帝）统治，并被共同规则引向和平。各君主应当从皇帝那里接受这种规则或法律……”（“... humanum genus secundum sua communia, que omnibus competunt, ab eo [imperatore] regatur et communi regula gubernetur ad pacem: quam quidem regulam sive legem particulares principes ab eo recipere debent ...”）

[43] Bartolus, *loc.cit.*：“... cuius [Christi] regnum non dissipabitur, de quo prophetavit Daniel in dicto c.9 [in fact, c.7], ubi haec omnia imperia describuntur expresse”（“……他的[基督的]王国不会败坏，但以理在《但以理书》第 9 章[实际是第 7 章]中对此作了预言，该处，整个这一帝国被明确地描述出来”）。

[44] *Nov.* 73, pr. 1：“Quia igitur imperium propterea deus de coelo constituit ...”（“因此，既然神自天上创建了帝权……”）在格兰西的《教会法汇要》（c.11, D.XCVI, ed. Friedberg, I, 341）中，表述了类似观念，教令集注释者（v. *divinitus*）有时会引述 *Nov.*73；参见 Kempf, *Innocenz III.*, 212, n.49。

将会永在；[45]因此，正如伊塞尼亚的安德烈亚斯所言："教会不死，且会像帝国一样永在。"[46]

这种立基于超验之上的罗马帝国的连续性，得到了一个有利于内在连续性论证的有力支持。以"君王法"（*lex regia*）为例，这一法律——至少在人民主权的拥护者看来——确立了罗马人民拥有把帝权及其他所有权力交付皇帝这样一项不可侵犯的权利。然而，如果罗马城和帝国"永在"，那么，不用说，罗马的人民同样也"永在"，而不管是谁替代了早先罗马人民（*populus Romanus*）或在某一特定时间充任了他们的角色：总会有生活在罗马城和帝国里能代表罗马人民的男男女女及他们的后代。罗马法的注释者们特别认同"虽变化却保持同一性"或"处于变化之中的同一性"的原则。[47] 阿库修斯在他的《标准注释》中就已接受了这项原则，他辩护道，即使单个法官被他人更替，但法庭仍具有同一性和连续性： 295

> 博洛尼亚（现在）的人民和 100 年前的一样，仍然存在，即便当时所有的人现在都已故去；同此情形，如果有两三个法官去世，被人代替，法庭也仍为同一个法庭。同样，（对

---

[45] *Nov*.6, epil.："（Licentiam vero universis damus ... nuntiare nobis et ad imperium quod semper est ..."（"我们给予所有人许可去通示……我们以及永在的帝权……"）

[46] Andreas de Isernia, on *Feud*. I, 13 (*De alienatione feudi*), n.3, fol. 49^{v}："nam ecclesia non moritur et semper est, sicut imperium"（"的确，教会如同帝国一样，不死且永在"）。

[47] 有关这一原则，参见 Gierke, *Gen.R.*, III, 277, n.92; cf. 364, nos.41－43, and 430, n.46；关于罗马人，还可参见 571f。

> 于军团来说）即使所有的士兵都死去了，为他人取代，军团仍是这个军团。船也同理，即使部分重建，即使每一块甲板都已更换，船仍是同一艘船。[48]

事实上，阿库修斯这位注释法学家辩护的是“形式”的连续性和不变性。[49] 巴尔都斯在对这一注释进行评注时，阐明了这一

---

[48] *Glos.ord.*, on *D.* 5, 1, 76, v. *proponebatur*: “Primum est, quia sicut idem dicitur populus Bononiensis qui erat ante-C-annos retro, licet omnes mortui sint qui tunc erant, ita debet etiam esse [idem iudicium] tribus vel duobus iudicibus mortuis, et aliis subrogatis. Secundum est, quod licet omnes milites moriantur et alii sint subrogati, eadem est legio. Tertium est in navi, quia licet particularatim fuit refecta, licet omnis tabula nova fuerit, nihilominus est eadem navis.” 法学注释者博洛尼亚的维维安·图斯库斯（Vivianus Tuscus），一位阿库修斯的同时代人（参较 Savigny, V, 339f），扼要地作了补充：“因为……今天的人们并不同于一年前的人们”（“quia ... non idem esset homo hodie qui fuit ante annum”）（参见下面注 50。）有关这种形象性描述的反复出现，参见 Gierke, *Gen. R.*, III, 365, n.42；此外这样的史料还要加上布拉克顿的（Bracton, fol.374b, ed. Woodbine, IV, 175）：“In collegiis et capitulis semper idem corpus manet, quamvis successive omnes moriantur et alii loco ipsorum substituantur, sicut dici poterit de gregibus ovium, ubi semper idem grex, quamvis omnes oves sive capita successive decedant”（“圣职者团体和圣堂参事会尽管所有成员相继死去，成员自身的位置被其他人替换，但团体和参事会总是保持同一个身体，这就像说羊群的情形，尽管羊一头一头相继死亡，但群总是同一的”）。所有这些例子（人民、军团、船、羊群）的出处是 *Digesta* 41, 3, 30, rubr.，借助亚历山大·塞维鲁皇帝治下从事著述的罗马法学家代表蓬波尼乌斯（Pomponius）的中间承启，这些史料出处最终可追溯到希腊哲学。有关这一法律，参见亚历山大·菲利普斯伯恩（Alexander Philipsborn）的研究，“Der Begriff der juristischen Person im römischen Recht”, *ZfRG*, rom.Abt., LXXI (1954), 41－70。

[49] “形式”自身保持同一，尽管只是与质料复合在一起才现实存在，但它却独立于构成要素质料的可变性。可参见 Aquinas, *Summa theol.*, I, q.9, a.2, ad 3: “Ad tertium dicendum, quod formae dicuntur invariabiles, quia non possunt esse subiectum variationis; subiiciuntur tamen variationi, in quantum subiectum *secundum eas* variatur”（“回复反对意见三，形式被说成是不变的，因为 （转下页）

点："要注意，如果事物的形式没有变化，就不能说事物本身变化了。"在附加的举例说明中，巴尔都斯解释道，就一项教会加于某一共同体的教会仪式禁止令而言，即便产生这一禁止令之原因的所有个体都已死亡，禁止令仍能有效保持逾百年，"因为人民不死"(*quia populus non moritur*)。[50]

连续性的超验正当化，并不一定因"不死的人民"(*populus qui non moritur*)的内在连续性之故就被忽视了。结合这两种"连续性"——来自上方的和来自下方的——人们会得到这样一个结论：君主所禀受的统治权，是永恒的上帝和恒久的人民的共同事功。关于上帝和人民的协作，最简洁的描述来自巴黎的约翰，他多次重复道，"人民行动，上帝赋予 296

(接上页)它们不可能是变化的主体；但它们又是服属于变化的，因为它们的主体发生变化是通过它们。")(该出处引用似有误，原注 q.9，a.1，ad 3 应是 q.9，a.2，ad 3；为方便理解，补充该段落后半部分如下："Unde patet quod secundum quod sunt，sic variantur，non enim dictuntur entia quasi sint subiectum essendi，sed quia eis aliquid est"["显然，要说它们变化，根据的是它们现在存在着，它们被称作存在不是因为好像它们会是存在的主体，而是因为通过它们某物才有了存在"]。——译者)。参见 *Summa Theologiae*，*Prima Pars*，*1-49*，translated by Fr. Laurence Shapcote，O. P.，The Aquinas Institute for the Study of Sacred Doctrine，2012。

[50] Baldus，on *D*.5，1，76，n.4，fol.270："Quarto，nota quod ubi non mutatur forma rei，non dicitur mutari res"("第四，要注意，如果事物的形式没有变化，就不能说事物变化了")。随后，他引用了可持续逾百年的教会仪式禁止令的例子，"因为人民不死，即便产生禁止令的原因已死"("quia *populus non moritur*，licet sint mortui illi qui praestiterunt causam interdicto")。下述原则由同样对 *D*.5，1，76 发表过看法的卡斯特洛的保罗(Paulus de Castro，卒于 1441 年)制定："如果形式保持同一，即便实体发生了变化，事物仍被理解成同一"("quod stante identitate formae，licet in substantia contingat mutatio，intelligitur eadem res")，这一点在人体的新陈代谢方面也是适用的(参见上面注 48)；为 Gierke，*Gen.R.*，III，430，n.46 所引述。

灵感”(*populo faciente et Deo inspirante*)。1303年他写了一篇短论，引用阿维洛伊对亚里士多德《尼各马可伦理学》的注释来支持他的论证，注释说，如果国王或王朝是由人民的自由意志成就的，那么国王的统治便“符合自然”。[51] 换言之，国王经人民选举，是“依自然”而统治；特定个体或王室的遴选本身，则受作为“远因”(*causa remota*)的上帝影响，“凭藉恩典”而受引导。[52] 早在巴黎的约翰之前，上帝与人民协作的观念就

---

[51] John of Paris, *De potestate regia et papali*, c.19, ed. Leclercq, 235: “populo seu exercitu faciente et Deo inspirante quia a Deo est [imperator](人民或军队行动，上帝赋予灵感，因为他[皇帝]是出自上帝的)[有关“军队”，参见 Leclercq, 95, n.1 引用的文献；另见 Mochi Onory, *Fonti canonistiche*, 68, 87 (n. 1), 238, 253; Kempf, *Innocenz III.*, 214, n.55]”。这里也引用了阿维洛伊对《尼各马可伦理学》内容的转述，“国王是来自人民的意志，但是，国王存在是为了统治人民，这是合乎自然的”(“quod rex est a populi voluntate, sed cum est rex, ut dominetur, est *naturale*”)。有关这一内容，也可参见 F. v. Bezold, *Aus Mittelalter und Renaissance* (Munich and Berlin, 1918), 22; Scholz, *Publizistik*, 331f；巴黎的约翰在 c.10, Leclercq, 199,23 中也表达了同样的观念：“国王的权力(不是)……来自教皇，他作为个人或王室一员是来自上帝和王国人民选举”(“Potestas regia [non] ... est a papa sed a Deo et a populo regem eligente in persona *vel in domo*”)，这段话因为考虑进了王朝的因素而具有重要意义。再者，不仅国王的权力不经教皇的中介直接来自上帝，而且圣职者的权力也一样(199,35)：“但是，圣职者的权力不是经教皇中介而来自上帝的，而是直接来自上帝，并且来自作出选举和同意的人民”(“Sed potestas prelatorum non est a Deo mediante papa, sed immediate, et a populo eligente vel consentiente”)。另见 22, 5：“的确，人民成就了国王，军队成就了皇帝”(“nam populus facit regem et exercitus imperatorem”)；或者 226, 15：“[国王的权力]来自上帝，来自作出同意和选举的人民”(“[potestas regia] cum sit a Deo et a populo consentiente et eligente”)。勒克莱尔(Leclercq, 73-76)不无正确地称巴黎的约翰的阿维洛伊主义为“神权论上的阿维洛伊主义”(*averroisme théocratique*)，因为阿维洛伊学说确实在许多方面对他有影响。

[52] 巴黎的约翰的见解决不是一个例外(见下面注 53-54)，但他确实是他那个时代思想潮流的倡言者。然而具有启发意义的是，14世纪的法学家们频繁引用约翰的言论，有时候也引用“佛罗伦萨的但丁……他有关君主国的必 (转下页)

已确立。在注释“上帝自天上建起帝权”时,阿库修斯恰如其分补充道:“或者可以说,罗马人民从地上(*immo populus romanus de terra*)(建起帝权)”。他接着解释说:“上帝钦准建立帝权,人民受遣建立;或者你也可以说,上帝建立帝权出于他的权威,人民出于使命。”[53]由此,阿库修斯承认了帝国的超验基础,并通过让人民成为神圣意志的使命执行者,而保持了这一基础。皮斯托亚的塞努斯提供了另一个解决办法,他 297

(接上页)要性……优秀短论”(“Dantes de Florentia ... [qui] pulchre tractat ... de necessitate monarchiae”)。参较 Nardi, “Nota alla ‘Monarchia’” *Studi Danteschi*, XXVI (1942), 100–107;此外,有关约翰在 *Songe du Vergier*(《果园之梦》)中所阐述学说的复兴,参较 Lemaire, *Lois fondamentales*, 46ff; Schramm, *König von Frankreich*, I, 244, II, 120。

[53] *Glos.ord.* on *Nov.*73, pr.1, v. *De caelo*:“Immo populus Rom. de terra, ut Inst. de iure naturali. §.sed et quod principi [*Inst.*I, 2,6: *lex regia*], que est contra. Sed Deus constituit permittendo, et populus, Dei dispositione. Vel dic, Deus constituit auctoritate, populus ministerio.”教会法学者的学说遵循着相似的路线前行,因为他们也有必要将 c.11, D.XCVI(见上面注 44)中的词条“出自神的”(v. *divinitus*)与“君王法”(*lex regia*)结合起来。参见 Post, “Unpublished Glosses,” 414 对西尔维斯特·希斯帕尼斯(Silvester Hispanus)[?]的讨论,西尔维斯特·希斯帕尼斯声称“帝国出自上帝”(*imperium a Deo*),但是他(和许多其他人一样)区分了裁判权(*iurisdictio*)和执行权(*executio*),区分了帝权(*imperium*)和皇帝(*imperator*),也引述“君王法”主张:“应该说,此处考察的出自上帝的裁判权本身,与通过人民获得的那种对裁判权本身的行使,是有所不同的;……要知道,人民通过选举成就的是皇帝,而不是帝权,这就像枢机主教们通过选举让某人出面行使上帝所赋予的裁判权一样”(“Sed dic, quod aliud est ipsa iurisdictio per se inspecta, que a deo processit, et aliud quod ipsius iurisdictionis executionem consequatur aliquis per populum ...; nam populus per electionem facit imperatorem, sed non imperium, sicut cardinales per electionem preferunt aliquem sibi ad iurisdictionem, que a deo data est, exercendam”)。为 McIlwain, *Constitutionalism*, 75ff(第四章注 177)所如此强调的裁判权(*iurisdictio*)和治理权(*gubernaculum*)之间的区分,也属于上述诸问题的总类别。相关内容的讨论,参见 Kempf, *Innocenz III.*, 213f, nos.52ff, 244f, nos.32ff;参较 210, n.42。另参见第七章注 25。

像教会法学者那样区分了皇帝与帝权:“帝权应出自上帝和人民的观念并非不合理,皇帝出自人民,而帝权被称作出自上帝的神圣物。”[54]这种情况下,帝权超个人的政治身体就出自上帝,而作为个体的君主本人则由自身恒久的人民任命。但无论是什么样的解释,由于有了永恒的上帝与恒久的人民的共同作用,公元4、5世纪的教会的协力就变得可有可无了:教会
298 实际上被排除在外了,因为连续性是在教会之外,靠上帝和人民或“自然”的力量而获得的。[55]

“君王法”反映了人民拥有不可让渡的权利,并由此宣示了“罗马人民之大权”(*maiestas populi Romani*)的恒久性;尽管罗马人民是人民恒久性的原型,但“君王法”不单限用于罗

---

[54] “Nec est absurdum quod sit a Deo et a populo. Imperator est a populo, sed imperium dicitur divinum a Deo.” 参较 Theseider, *L'Idea imperiale*, 262。另见 Ullmann, *Lucas de Penna*, 175, n.1,文中讨论了塞努斯在另一个场合的类似主张。此外还有 Andreas of Isernia, on *Feud*. II, 52 (*De prohib. feudi alien*.), rubr., fol.231^{v}:“Imperium quidem a Deo est: ideo dicitur divina gratia”(“帝权是出自上帝的,因此可称作神圣的恩典”)。另见 Otto of Freising, *Chronica*, IV, prol., ed. Hofmeister, 182,15,作者问道,统治者行使权力“出自谁的权限”(*quo iure*),并回答道,“出自上帝的任命和人民的选举”(“ex ordinatione Dei et electione populi”)。有关教会法学者的一些观念,参见上面注53和第七章注25;其他相关表述,参见 Gierke, *Gen.R.*, III, 570, n.140。

[55] 帝国像每个王国一样,已被置于“一个独立于教皇的基础之上”(“auf eine vom Papst an sich unabhängige Grundlage”),这一点 Kempf, *Innocenz III.*, 226f 已经注意到了。另一方面,教皇英诺森四世的经典表述“教皇拥有出自上帝的帝权,皇帝拥有出自人民的帝权”(“papa habet imperium a Deo, imperator a populo”)(Gierke, *Gen.R.*, III, 570, n.142),使得皇帝成为与上帝分离的完全世俗性的力量,除非被教会祝圣情况才会改变。然而,对皇帝和国王的祝圣礼的价值贬抑,源于众多且往往是异质的思想发展和动向(见下面第七章第一节),这种贬抑与人民地位的重要性有紧密的关联。参见 Innocent IV, *Apparatus*, on c.1 X 1,7, n.2 (Lyon, 1578), fol.57^{v}。

马。这一基础性法律可通用于所有“王国”(*regnum*)和人民,实际上它也出现在了所有欧洲国家的法律著作中。对于人民恒久之大权的观念从罗马向欧洲各个国家和地区的传布——我们也许会想到帕多瓦的马西利奥的《和平的保卫者》——巴尔都斯作过非常明确的界定:

> 倘若一个国家是自由的(即没有上位者),并有权利推选国王,那么,这个国家(也可以说任何国家)依照罗马人民的榜样,享有它的那种大权。[56]

这句话的引申含义便是,任何王国或人民都从法律上禀受了罗马人民的连续性和大权的恒久性。我们看到,从帝国到王国(*regna*)和城市(*civitates*)的著名“层次递降”(cascading),准确而又生动地反映在“国王在自己王国里是皇帝”(*Rex imperator in regno suo*)和“城市有自己的君主”(*Civitas sibi princeps*)等口号中。

然而,就“没有上位者”的诸王国和诸共同体而言,它们的恒久性,不单单是依赖于帝国观念的转换和世俗化。虽变化却保持形式永久同一的信条,在未得到亚里士多德诸概念支持前就被前期注释法学派使用过,受亚里士多德诸原则影响的后期注释法学派也在著述中不断强化了这一信条。譬如,巴尔都斯在讨论作为“诸行省”(如今成为独立王国)之主的昔

---

[56] Baldus, *Consilia*, III, 159, n. 6, fol. 46: “... nam ipsa respublica maiestatem habet ad instar populi Romani, cum libera sit et ius habeat creandi regem.”

日皇帝时，就曾指出：

299 尽管如今世界的配置已然有变，亚里士多德在《论天地》中就有此言，但这并不意谓世界将生成和朽毁，生成和朽毁的只是世界的配置：其实太阳底下无物不朽。朽毁之因究其实乃是时间……；尽管帝国永在……然而它绝不会保持同一状态，因为它陷于连续的运动和混乱的处境之中，这显现于四个主要王国的变迁中。……[57]

至少可以说，巴尔都斯假设了“永远”持存之世界的相对恒久的持续性，尽管它的配置会变化，容易朽毁和生成。如此一来，巴尔都斯便将恒久持存的信条应用在了“永在的帝国”(*imperium quod semper est*)上；在一般意义上谈及国家和国

---

[57] Baldus, *Consilia*, I, 328, n. 8, fol. 103: “Nunc autem dispositiones mundi mutatae sunt, ut ait Aristotles in *coeli et mundi*, non utique mundus generabitur et corrumpetur, sed dispositiones ipsius: et nihil perpetuum sub sole. Corruptionis enim causa per se est tempus, IV. *Physicorum*. Licet imperium semper sit, in Auth. quomodo oportet episc. §.fi. [*Nov.* 6, epil.; super, n.45], tamen non in eodem statu permanet, quia in continuo motu et perplexa tribulatione insistit, et hoc apparet in mutatione quatuor principalium regnorum ....” 此处参引的亚里士多德著作是 *De caelo et mundo*, I, 280a, 19–23: *οὐκἄνὁ κόσμος γίγνοιτο καὶ φθείροιτο, ἀλλ' αἱ διαθέσεις αὐτοῦ*(“宇宙决不会生成消灭，生成消灭的是它的配置”)。有关于此处拉丁文文本(巴尔都斯逐字加以引用)和阿奎那的解释，参见 Thomas Aquinas, *In Aristotelis libros de Caelo et Mundo*, I, lect.23, ed. Spiazzi (Turin and Rome, 1952), 110 and 112。另见 Aristotle, *Physics*, IV, 12,221b,1: *φθορᾶς γὰρ αἴτιος καθ' αὑτὸν μᾶλλον ὁ χρόνος*(“因为时间本身便是消灭的原因”)；另见 221a, 30ff: *καὶ γηράσκει πάνθ' ὑπὸ τοῦ χρόνου*(“一切事物俱因时间的迁移变老了”)。(两处译文参见亚里士多德：《物理学》，张竹明译，商务印书馆 1982 年版。因行文需要，略有改动。——译者)

库并说"它们决不会死"时，巴尔都斯也运用了同样的论证：二者"就本质而言都是永恒持存的，即使它们的配置会变化频仍"。[58] 在谈到王国和人民的恒久性时，他的观点更为大胆。

> 王国不仅包括质料性的疆土，而且包括王国内的人民，因为人民自身从共同体上说就是王国。……王国这一统合体或国家，是不死的，即使国王被废黜，国家也会持续存在。因为国家是不会死的（*non enim potest respublica mori*），缘此之故，国家被说成在自身之中永远存活（*D.* 2,3,4），所以"国家没有继承人"，如亚里士多德所言："世界不会朽毁，但世界的配置会朽毁、变化、更改，无法保持同一质性。"[59]

我们现在面临"双重真理"问题的一个新版本。毋庸置疑，在信仰告白时，巴尔都斯打心底里会承认世界的被创造性而否认它的永恒性。然而从法学的观点看，他需要某种无限永久 300

---

[58] Baldus, *Consilia*, I, 271, n.3, fol.81^{v}（参见第四章注 292）："respublica et fiscus sint quid eternum et perpetuum quantum ad essentiam, licet dispositiones saepe mutentur."

[59] Baldus, *Consilia*, III, 159, nos.3,5, fol.45^{v}："Nam regnum continet in se non solum terriorium materiale, sed etiam ipsas gentes regni, quia ipsi populi collective regnum sunt .... Et etiam [non moritur] universitas seu respublica ipsius regni, quae etiam exactis regibus perseverat. Non enim potest respublica mori, et hac ratione dicitur, quod respublica non habet heredem, quia semper vivit in semetipsa ..., sicut dicit Aristoles: mundus non moritur, sed dispotiones mundi moriuntur, et mutantur, et alternantur, et non perseverant in eadem qualitate." 见上面注 57，另见 Aristotle, *Meteorologica*, I, 14,352b（带阿奎那的注释）, ed. Spiazzi, 459f；也参见该书的拉丁文文本。

性的有启发作用的假说。显而易见，亚里士多德的观点对于他、对于法学家群体是多么有用，虽然，法学家群体在维护政治身体的永久性和拟制人格的不朽性时，在理论基础上是迥然有别于哲学家们的。同理，种属的不朽性和连续性的学说几乎是不可或缺的，因为这一学说有助于法学家们将团体和其他集合体的不朽身体等同于种。《学说汇纂》中的一条法律清楚认识到，使自治城市（*municipium*）成为财产用益权人所具有的危险，因为任何集体的用益权人都有“永久”行使用益权的倾向。在注释这条法律时，奥多弗雷都斯（Odofredus）指出，“自治城市不会轻易消失，直到最后审判日”，因为“属不可能会消失”（*genera perire non possunt*）。[60] 卒于1265年的奥多弗雷都斯，很难说是引述了亚里士多德的理论。巴尔都斯在注释1183年康士坦茨和约时，使用更为老练的哲学语言写道：“那些普遍之物不会因死亡而消灭，正如人在种上是不死的一样。”[61]简言之，迄至14世纪，亚里士多德关于永久性的理

---

[60] 参见 *D.*7,1,56，关于奥多弗雷都斯则可参见 Gierke，*Gen.R.*，III，365，n.43。罗马法将城市的用益权限制在100年之内以避免它的永久化，可以说预见到了亨利八世的焦虑；因为，亨利八世发现了令人不安的情况：有利于诸多团体——行会、宗教团体、各共同体及其他——的土地托管，形成了巨大的危险和永久让渡的威胁，由此这种土地托管“会带给国王……同样的损失和不利……就像在土地被让渡为永久管业（*mortmain*）的情形一样”。参较 Maitland，*Sel.Ess.*，214。

[61] Baldus，*Liber de pace Constantiae*（接续在《封土之律》以及皇帝的《编外法令集成》之后，均录于《国法大全》[Venice，1584] IV，App.159ff），v. *Nos Romanorum*，p.161C：皇帝（腓特烈一世）“想让这一协议永久化，即信仰尽可能久地被保持下去……或者贯穿当下世界的时代，及至要到来的和无法确指时间的时代，因为皇帝签这份协议是以皇帝之位的名义，而不是用他自己的名字；帝位是不死的……”（“vult istam pacem esse perpetuam，id est，quamdiu fides servetur ... vel per praesentem mundi aetatem，et futuram et sine praefinitione （转下页）

论在法律思想中已深深扎下了根。帕多瓦的马西利奥和大多 301
数法学家们由于持有“阿维洛伊主义”而声名败坏，这在当时看来是不难理解的，多数情况下似乎是由于普遍误解所致。[62]

括言之，人民和国家的连续性观念有众多来源，一般情况下，理论可说是来源于既有实践的。国家的行政技术发展出

（接上页）temporis, quia Imperator facit hanc pacem nomine sedis, non nomine proprio tantum: et imperium non moritur ...”)（有关基于 c.14 X 1,29 而来的 *nomine proprio*，参见第七章注 232ff）。接下来，在这条冗长的注解的结尾处(162D)，巴尔都斯主张：“同样，那些普遍之物不会因死亡而消灭，正如人在种上是不死的一样”(“Item quia quod universale est non potest morte perire, sicut homo in genere non moritur”)。

[62] Grabmann, *Mittelalterliches Geistesleben* (Munich, 1936), II, 239ff, and 261ff，事实上，作者揭明了 14 世纪早期博洛尼亚两位阿维洛伊主义者教师帕尔马的塔代奥(Taddeo da Parma)和阿雷佐的安吉洛(Angelo d'Arezzo)，他们是博洛尼亚艺科教授会的哲学教授；作者推论(270f)，意大利的阿维洛伊主义发祥地一定要到古代法学研究重镇博洛尼亚(之后转到了帕多瓦)去寻找(另见 p. 240f)。有关这个问题及有关这一主题的最新刊行物，参见 Charles J. Ermatinger, “Averroism in Early Fourteenth Century Bologna”, *Mediaeval Studies*, XVI (1954), 35－56。彼特拉克在他与阿维洛伊主义者的论战中(cf. Grabmann, 240, n.4; Eppelsheimer, *Petrarca*, 194, n.6; P. O. Kristeller, “Petrarch's Averroists,” *Bibl. d'Humanisme et Renaissance*, XIV [1952], 59－65)，也抨击了帕多瓦的法学家。不过，彼特拉克对经院哲学家、神学家、法学家、医生以及非人本主义学者所抱持的极端抵触态度，已是周知的事实；他喜欢将任何不赞成他观点的人都称为“阿维洛伊主义者”，这种做法在现代也是有的。因此，彼特拉克证言的价值是存疑的。笔者不否认阿维洛伊主义者在法学家当中也有支持者，但似乎并不能说，那些建立发展起了团体学说的法学家，可被误认作或可被错误地贴上“阿维洛伊主义者”的标签。此种立场同样适用于世界永恒性和种的永恒性，法学家们对此相当清楚(见上面注 18，对乌巴蒂斯的安格鲁斯的讨论)；此种立场也适用于理智的统一性(见下面第八章，注 71)；从他们的著作中，我们也很容易提取出双重真理的教条：在哲学上正确的，在法学上未必正确(见上面第 282 页；另见 Bartolus, on *D.*, 48,19,16,10 [下面注 64 和 89]；Gierke, *Gen.R.*, III, 365f)。因此，对待“阿维洛伊主义法学家们”的笼统说法，我们应当谨慎。那些使用了“潜意识”或者“情结”(complex)等术语的人，在哲学上并不一定是弗洛伊德派或者荣格派。

自己的连续性模式，就没有依赖什么广博的哲学见解。不过，理论从其他方面看还是有影响力的。“君王法”宣称了罗马人民的永久性，[63]通过将这一观念从罗马转用于其他地方，可以说，各处人民的永久性皆获得了法律的确认。最终，亚里士多德学派和阿维洛伊主义者的学说，带来了有哲学意味的、对
302 “自然的”永久性的意识，此种意识下，种属永恒性的原则对那些出于纯属法学上的理由来为连续性和不朽性作辩护的法学家尤为有用，他们所辩护的连续性是集合体的连续性，不朽性是法学的普遍之物的不朽性和法学的种的不朽性。

统合体不死(UNIVERSITAS NON MORITUR)

试图确立起经院思想和法律思想的协调性，或试图冒险决断那些哲学观念——法学家为了界定他们的法律抽象概念(形式、种、属、共相及诸如此类的概念)而不加甄别地使用的哲学观念——是否反映出了什么清晰可辨的学院观念(如人们时常提及的唯名论概念或别的什么概念)，这两种努力尽管可能会有所收获，但确实是件复杂费力的工作。[64] 不过，确然无疑的是，法学家们大量借取了经院哲学的词汇，而且他们在神学、哲学、法学的边缘地带自由穿梭，带着或多或少的折中性运用经院哲学的模式来表达他们自己的观念。例如，就语言和内容两

---

[63] 参见上面注 53 - 54。

[64] Gierke, *Gen.R.*, III, 281,365f,425f, and passim，吉尔克此处确实显露了对唯名论信条的认同；但是吉尔克本人指出(365f)，法学与学院派的观点并不完全一致，巴托鲁斯(on *D.*, 48,19,16,10, n.3, fol.228^{v})在谈到“哲学者和教会法学者”(*philosophi et cononistae*)时也澄清说，法学上的“拟制”不等同于哲学上的“概念”。

方面看，法学家的“拟制的”或“理智的”人格，很难与唯名论者喜欢称作“理智拟制”（*fictiones intellectuales*）的共相截然分开。[65] 共同体（譬如博洛尼亚）“虽变化却保持同一性”的这一学说，可能被认为是参照了博洛尼亚的“形式”（eidos），形式之城可独立于任何时刻的质料之城，超然于目前生活在博洛尼亚城墙内的市民，也超然于此时构成城墙本身的砖块。我们也可以设想，追随邓·司各脱的那些哲学家们，在形成类似“苏格拉底性”（*Socratitas*）的抽象概念去指明个体化原则，据此原则将“人”的属概念转化成个体的苏格拉底时，是何等轻松。然而，法学家们很少依赖司各脱派的学说，他们创造了与之类似的观念。因为，
一方是属的共同体或统合体，另一方是由生灭变化的市民和可 303
朽毁的建筑物构成的个体性、质料性的博洛尼亚，二者之间形成了第三个不同的实体，它是一个非质料性的、不会变化的实体，但并不缺少个体性；它生存于某种持续的“永世”之中；倘若法学者们不愿说这个法人是“统合体”（*universitas*）即法学上的人格化共同体，那么也可合适地称它为“博洛尼亚性”（*Bolonitas* 或“Bolognity”）。不过，那个法人的（算是非物质性的）“博洛尼亚性”，会像诸天使一样同时表现为种和个体性。[66]

---

[65] Überweg-Baumgartner, 579, 601; also 322.

[66] 有关“苏格拉底性”（*Socratitas*），参见 Harris, *Duns Scotus*, II, 20, n.3: “Et sicut Socratitas quae formaliter constituit Socratem, nusquam est extra Socratem, sic ilia hominis essentia quae Socratitatem sustinet in Socrate, nunquam est nisi in Socrate, vel quae est in aliqui alio individuorum”（“正如形式上构成苏格拉底的苏格拉底性，并不存在于苏格拉底之外，苏格拉底身上支撑苏格拉底性的人的本质，并非不在苏格拉底身上，或者说，并非在别的个体身上”）。司各脱所指的（见 Harris, *loc.cit.*）似乎是，在“表象”或“理智的种”当中的具体的、质料对象的“集合”与普遍的“集合”。可参见 Baldus, on c.3 X 1,31, n.14 （转下页）

需要说明的是，由法学思辨所创设的共同体、城市和王国的人格化，并不仅仅是古典时期将地名人格化的复活，古典时期的地名人格化在加洛林王朝、奥托王朝及更晚时期的抄本插画中均有保存。[67] 事实上，城市和地域在法学上的人格化，并不完全等同于古代崇拜仪式中它们令人敬畏的前身。饰以壁形头冠或光环的古代城市女神，从广义上说仍属于古代神人同形论的思想岩层：她们是城市的守护神，只因其为女神便可不朽和永存。法学家的人格化却是思辨领域中的哲学拟
304 制，不像古代城市女神在神显节上可收到有形身体，他们的城市实际上被剥夺了有形身体，只被法律思想赋予了一个无形身体。这个无形身体的确是永久不朽的，不过，它的不朽性不是由于它是女神的身体，而仅仅因为它是无形的，是某种非质料存在的身体。所以，法学者们所复兴的并非是古代的“神人

(接上页)(*In Decretalia*，fol.126)，以及他对“统合体”的定义：“所有的统合体被称作构造而成和聚合起来的身体，此处，身体仿似质料性的；然而，统合体也被称作形式，亦即样态(见上面注 49)。……因此，团体就是相比于感觉更多为理智所捕捉的某种表象……”(“Omnis universitas dicitur corpus，quia compositum et aggregatum，ubi corpora sunt tanquam materia；dicitur autem forma，id est，formalis status [see above，n.49] .... Est igitur collegium imago quaedam quae magis intellectu quam sensu percipitur [D.41，3，30；4，2，9，1；c.53 X 5，39]”)。有关属和具体个体之间的中间存在领域，或可参见 Baldus，on c.3 X 2，12，n.15 (*In Decretalia*，fol.178)：“Est autem universale quod non distinguitur in species dialectico modo assumptas，sed in res. Generale autem est id，quod habet species sub se ...”(“从逻辑方法上看，普遍[或共相]不可被区分为诸种，它只被区分为诸个别事物。这在自身之下有诸种的属那里也同样……”)换言之，“普遍”和“统合体”在法哲学中本身就是种，处在它个体化的诸事物之上，但又在自身被划分成诸“种”的“属”(*generale*)之下。要分析法学上的专门用语，以及将它们与经院哲学的相关用语作比较，这种研究工作还应留给相关领域专家。

[67] 参见第三章注 88。

同形论的"人格化;相反,他们创造的是与中世纪思维方式相契合、可称作"天使形态论的"(angelomorphic)那种人格化。换言之,法律团体在结构上与基督教的天使有可比性,而非与异教的女神。

巴尔都斯在注释康士坦茨和约时把一个城市称作"不会消亡的普遍者",并且把那种"普遍"与不会消亡的人的种或属相比较。[68] "普遍者"(*quoddam universale*)的用词或许会令人想起哲学话语中同样不朽的"共相"(Universals);但是"*universale*"一词在法律语言中含义明确:它和来自罗马法的专门术语"统合体"(*universitas*)即团体的集合体同义,前期注释法学者将其界定为"众人在一个身体中的结合或集合"。[69] 在此基础上,巴托鲁斯声称"世界是某种统合体",王国或城市自不待言。[70] 巴尔都斯则将"人民"(*populus*)定义为"众人在一个神秘体中的集合",[71]称王国(*regnum*)为"在人和

---

[68] Baldus, *De pace Const.*, p.162D(参见上面注 61)。

[69] Gierke, *Gen.R.*, III, 193f.

[70] Bartolus, on *D.*6,1,1,3, fol.204:"Nec obstat quod alii sunt domini particulariter, quia mundus est universitas quaedam; unde potest quis habere dictam universitatem, licet singulae res non sint suae"("[皇帝是世界之主。]但这并不妨碍其他人以特殊方式成为支配者,因为世界是某种统合体;这样的话,即使单个事物不是他的,他还是可以保有上述统合体的")。参较 Woolf, *Bartolus*, 22, n.3;有关 3 种"统合体"(*universitates*),参见 123f。

[71] Baldus, on *C.*7,53,5, n.11, fol. 73v:"[populus] debet intelligi de hominibus collective assumptis .... Unde populus proprie non dicitur homines, sed hominum collectio in unum corpus mysticum, et abstractive assumptum, cuius significatio est inventa per intellectum"("[人民]应从集合意义上的人来理解。……如此,人民确切来说不被称作众人,而是众人在一个神秘体中的集合,并且是从抽象意义来说的;人民的这一含义是由理智所创造出来的")。参较 Gierke, *Gen.R.*, III, 432。

事两方面统合性地将其部分包含在内的某种全体”。[72] 他还扼要谈及“某种普遍人格”。[73] 罗马法本身也会将某个团体笼统
305 称作“人格”，经常为人征引的“死亡法”（*lex mortuo*）就把城市、法庭或行会——某些情况下甚至是继承财产——称作“人格”。[74]

当伊塞尼亚的安德烈亚斯把“祖国”比作教会“团体”（*collegium*）时，他所基于的一般性观念并没有什么不同。[75]

---

[72] Baldus, *Consilia*, I, 333, n.1, fol.105:“regnum quoddam totum suas partes integraliter continens tam in personis quam in rebus, sicut omne nomen collectivum populorum et territorii”（“王国是在人和事两方面统合性地将其部分包含在内的某种全体，所有在人民和地域上的集合体之名也一样”）。

[73] Baldus, on C.6,26,2, n.2, fol.80^{v}:“Est et quaedam persona universalis ... ut populus [*lex mortuo*: D.46,1,22; cf. next note], et haec persona similiter loco unius habetur, et individuum corpus reputatur”（“人民……是某种普遍人格[*lex mortuo*: D.46,1,22;参较下一个注]，这种人格相似地被理解成单一之物，被认为是单个的身体”）。

[74] D.46,1,22:“... quia hereditas personae vice fungitur, sicuti municipium et decuria et societas”（“……因为，继承财产与自治城市、十人组、社团一样，发挥着人格的作用”）。

[75] Andreas of Isernia, on *Feud*. II, 52 (*De prohib. feudi alien. Loth.*), n. 1, fol.232:“Princeps est pater patriae, dicit Seneca primo *de clementia* [1,14,2]. ergo illorum, qui sunt in patria, idest subditorum. sicut arguit ipse [Seneca] secundo *de ira* [2,31,7]: ‘nefas est nocere patriae, ergo civi quoque.’ non enim est patria, nisi homines agentes in ea: sicut Ecclesia possidet et collegium, idest clerici et illi qui sunt in collegio ...”（“君主是祖国的父，如塞涅卡在《论仁慈》第一卷[1,14,2]所言，因此[君主]是生在祖国之中的人们即臣民们的父，如塞涅卡在《论愤怒》第二卷[2,31,7]中所言：‘伤害祖国是犯罪，因此，伤害同胞也是犯罪’。没有祖国之中的行动之人，便没有祖国；正如教会也拥有[行动之人]，即圣职者们，团体也拥有[行动之人]，即那些在团体中的人……”）尽管伊塞尼亚的安德烈亚斯认为祖国无非是在祖国之内的行动之人，他还是拥护祖国与臣民的团体特征，反对将这一团体再作分化。参见他对 *Feud*. II, 27 (*De pace tenenda*), n.9, fol.162^{r-v}的评述，其中他反驳了塞涅卡的观点（*De ira*, *loc.cit.*）“quod unus homo de patria est pars patriae”（“祖国的一个人即是祖国的一部分”），并宣称：“法学家们不会接受，除非统合体还原为一[D.3,4,7,2;参见下面注 96]…… （转下页）

因为，在罗马法学家进行推论并将“统合体”人格化之前，教会法学者就已将“统合体”的法律观念应用于各种教会团体（圣堂参事会、修道会众等），乃至于整个教会。据最古老的定义，作为“信徒的统合体”（*universitas fidelium*），普遍教会在法律上也是没有限定的“统合体”。通过一方面与神秘体的有机论观念进行融合，另一方面将教会拟人化而指称其为“母”（*mater*）或“新娘”（*sponsa*），从法学上将教会团体人格化的跃跃欲试可能也早就出现了。[76] 无论如何，人们将各种教会团体视如可惩罚、可驱逐的现实之人这一总体倾向，在英诺森四世觉察有必要精确界定这些集合体之“人格”的特征前，必已为时甚久。1245年，在里昂会议上，英诺森禁止对“团体”和“集合体”作出绝罚。后来他解释自己行为时是这样辩护的：诸如圣堂参事会、人民、部族之类的团体，都只是“法律之名”而非人格之名，“法律之名”是不可能服属于绝罚的。他指出，团体是没有身体的人格，是纯粹的理智之名（*nomen intellectuale*）、无 306
形之物，后来的教会法学者跟进指出，团体不应遭受责罚，因为它没有灵魂；它也不应罪至枭首，因为它没有身体。[77] 因此人格

（接上页）因此，以祖国所拥有的人数把祖国划分为同样数量的部分，是拆分，不是划分”（“Hoc iuristae non recipiunt, nisi quando universitas redigitur ad unum [*D*.3,4,7,2] ... Dividere ergo patriam in tot partes quot homines habet, concisio est, non divisio”）。安德烈亚斯也许是照搬了他的同胞贝内文托的罗弗莱多（Roffred of Benevento）的学说，后者认为：“统合体是某种个体，因此它是没有部分的”（“universitas est quoddam individuum, unde partes non habet”），因为根据亚里士多德，个体是不可分的；参见 Gierke, *Gen. R.*, III, 204；另参见下面注 89。

⑯ Gierke, *Gen.R.*, III, 248,253,278, and passim.

⑰ Ibid., 280ff。参见 Innocent, *Apparatus*, on c.57 X 2,20（相同表述还有后面的 c.2 VI 2,19），n.5, fol.176v（“cum collegium in causa universitatis fingatur una persona”[“团体因统合体之故而被设想为一个人格”]）； （转下页）

化的团体只是一个想象的"代表人格"(*persona repraesentata*)或"拟制人格"(*persona ficta*)。

尽管英诺森关于团体作为拟制人格的划时代论述⑱是从否定意义上作出的,定义本身却创造出了或者说表述出了非常积极的内容:定义有可能将各种团体(即集合于一个身体的各种人的集群)当作法人,有可能将法人与禀赋身体和灵魂的自然人作出截然区分,还有可能从法学上将诸个体之集群当作一个人。这种法人虽为拟制,但其价值并未减损,尤其是它的启发性价值。拟制一词本身也并非就是贬义。我们可能会回想起,唯名论者曾在描述意义上称诸共相为"理智拟制"。⑲ 阿奎那实际上追随奥古斯丁也从尤为积极的意义上,将"拟制"界定为"真理的形象"(*figura veritatis*)。⑳ 巴尔都斯详尽阐述了阿库修斯和巴托鲁斯的注释,将亚里士多德—

(接上页) c.53[52] X 5,39, nos.1-3, fol.364;以及(相同标题下) c.64, n.3(英诺森四世自己发布的教令 *Romana Ecclesia*,相同表述还有后面的 c.5 VI, 5,11), fol.367v。英诺森四世那极难得见的 *Apparatus*,能得见要归功于 I. Th. Eschmann, O.P., "Studies on the Notion of Society in St. Thomas Aquinas, 1. St. Thomas and the Decretal of Innocent IV *Romana Ecclesia: Ceterum*", *Mediaeval Studies*, VIII (1946), 1-42, esp.8ff,29ff。

⑱ 吉尔克注意到英诺森的定义是有某些先例的;可参见 *Gen.R.*, III, 204。

⑲ 参见上面注 65。

⑳ *Summa theol.*, III, q.55, a.4, ad 1,参引了 Augustine, *De quaestionibus Evangelistarum*, II, c. 51, *PL.*, XXXV, 1362:"non omne quod fingimus, mendacium est; ... cum autem fictio nostra refertur in aliquam significationem, non est mendacium, sed aliqua *figura veritatis*. Alioquin omnia quae a sapientibus et sanctis viris, vel etiam ab ipso Domino, figurate dicta sunt, mendacia deputabuntur"("不是所有我们拟制的都是虚假;……当我们的拟制指涉某种意义,它就不是虚假,而是某种真理的拟制。不然的话,智者和圣人或上帝自身从比喻意义上所说的话,将会被视作虚假了")。

个原则稍作变动后说道:“拟制模仿自然。因此,真理有一席之地,拟制才有一席之地。”[81]

---

[81] Baldus, on *D*.17,2,3, n.2, fol.120v:“Nam ex hoc dicto glossae [sc. glos. ord.] nota quod ibi demum habet locum fictio, ubi est possibile quod habeat locum veritas”(“从这条所说到的注释[指的是标准注释]可注意到,真理有一席之地的情况下,拟制才会有一席之地”)。巴尔都斯提到了收养法中的内容 (*D*.1,7,16;另见 *Inst*.1,11,4) “ubi textus dicit quod fictio imitatur naturam”(“此处文本说拟制模仿自然”),并总结道:“由是,拟制模仿自然。因此,真理有一席之地,拟制才会有一席之地”(“Fictio ergo imitatur naturam. Ergo fictio habet locum, ubi potest habere locum veritas”)。他所参引的“收养法”是这样说的:“养子在这种人格上占有一席之地,是因为这一席之地是自然也有的(父与子的自然关系)”(“Adoptio enim in his personis locum habet in quibus etiam natura potest habere”)。巴尔都斯在自己对 *D*.1,7,16, fol.38v的注释中提出(实际上引用的是 Aristotle, *Physics*, II, 2, 194a21):“技艺模仿自然”(“*Ars naturam imitatur* inquantum potest”),对此他补充说,“要看到,拟制模仿自然的理性和样式”(“Nota quod fictio naturae rationem atque stylum imitatur”)。另见 Bartolus, on *D*.17,2,3, fol.139,以及《标准注释》对该法 v. *nominibus* 的表述。Oldradus de Ponte, *Consilia*, LXXIV, n.1 (Lyon, 1550), fol.27ra中的见解饶有趣味,奥德拉都斯证明炼金术是可允许的:“技艺是模仿自然的,不能认为炼金术士在犯罪……”(“Cum ergo ars imitetur naturam [*D*. 1, 7, 16], non videntur isti alchimistae peccare ...”)。另见 *Consilia*, XCIV, n.8, fol.33r:“sic in natura videmus quod ars imitatur (*Inst*.1,11,4)”(“我们在自然中看到技艺所模仿的”)。也可参见 Cynus, on *C*.7,37,3, n.5, fol.446ra,他要求“市民的行为要模仿自然”(“civiles actus naturam habeant imitari”)。

显然,法学家们的“拟制模仿自然”这一信条必须和观念群整体联系起来考虑,观念群里包括像“技艺是自然的模仿者(猿)”(*ars simia naturae*)、“技艺是真理的模仿者(猿)”(*ars simia veri*)以及亚里士多德的“技艺模仿自然”这样的流行语,它们对文艺复兴艺术和文化的整体格局有着重要意义。(拉丁语“猿”[simus]的词源是“模仿”,西欧中世纪的人们认为猴或猿擅长模仿人类。——译者)有关这一问题,参见 Ernst Robert Curtius, *Europäische Literatur und lateinisches Mittelalter* (Bern, 1948), 524f; H. W. Janson, *Apes and Ape Lore in the Middle Ages and the Renaissance* (Studies of the Warburg Institute, XX, London, 1952), 287ff。在但丁那里,“模仿”(“Aping”)不仅仅是贬义的,*Inf*., XXIX,139(伪造者卡波乔[Capoccio]忏悔道:我是自然的巧猴儿[*fui di natura buona scimia*]);但丁本人还称呼艺术(*Inf*., XI, 105)“可以说是上帝 (转下页)

307 不过此处我们只关心连续性的问题。正是这一问题,促
使英诺森四世论定团体为不死的理智人格而非真实人格,指
出这一点很重要。如此一来,可延用于整个团体而不只是犯
罪个体的绝罚,最终祸及那些日后作为“替代成员”
308 (*subrogati*)加入团体的无辜之人。[82] 这只是更多针对逝者的
传统教义“虽变化却保持同一性”在来者身上的简单套用。后
来的法学家据此争论道:

> 团体百年之后也一如现今。……因此如果我们要说团体

(接上页)的孙子”。因为根据亚里士多德“技艺模仿自然”,扬登的约翰(John of Jandun)标榜自己是“亚里士多德和阿维洛伊的模仿者”(Grabmann, *Mittelalterliches Geistesleben*, II, 239)。关于“拟制”,我们也许会想到彼特拉克对“诗人的义务”(*officium poetae*)的定义:揭示和赞美那被编织进拟制之华丽中的事物真理;另见 Attilio Hortis, *Scritti inediti di Francesco Petrarca* (Trieste, 1874), 33, n. 1; Burdach, *Rienzo*, 509f;有关马克罗比乌斯(Macrobius)所依托的文献(*Saturnalia* [《农神节》], 5,17,5;另见对 Horace, *Ad Pisones*, 119 的注解),参见 E. H. Wilkins, “The Coronation of Petrarch,” *Speculum*, XVIII (1943), 175。法学家们不仅赞同文学和艺术领域的模仿理论,甚至可能还充当着这种理论的先驱,因为他们借用罗马的收养法,比其他人更早地涉猎了这种理论。无论如何,迄今这一显然未受关注的发展脉络不应遭到忽视。

[82] 在里昂公会议上颁布的教令中(c.5 VI 5,11, ed. Friedberg, II, 1095),英诺森四世宣布,他的目的在于使对灵魂的危害成为不可能,“以后就不再会发生无辜之人陷入这种判决”(“quod exinde sequi posset, quum nonnunquam contingeret innoxios huiusmodi sententia irretiri”)。在此,教令的注释者就是英诺森四世本人,对他的观点的讨论可参见 Gierke, *Gen.R.*, III, 280ff。约翰·安德里阿撰写的对《第六书》(*Liber Sextus*)的《标准注释》,事实上强调(on c.5 VI 5, 11, rubr.),在绝罚“团体”(*collegium*)的情形下,“那些日后的替代成员,应视自己是被绝罚的”(“illi qui erunt postea subrogati, debent se tenere pro excommunicatis”)。不过,“替代成员”的问题似乎是事后提出的想法;因为法令本身只考虑了当时“团体”的构成成员,当中可能会有无辜之人。参见注 84。

> 会犯错，那么就把稚幼妇婴这样的人也包括进来了，而这是荒谬的；据此为由，英诺森推定，不能对团体作出绝罚。[83]

蕴意很明显：团体代代相继；它由其成员的接续性来界定；而且由于其代代相继的自我再生，团体永存不死，如巴托鲁斯所言："此世之中无物永存……除非通过代代交替。"[84]

从更广阔的层面上，在一个完全不同的语境中，托马斯·阿奎那力图在神秘体观念中来阐释接续性问题。他首先区分了基督的神秘体和人的自然身体。在人的身体中，诸部分是"同时"存在的；而对于神秘体来说，诸部分是以永恒接续的方式逐步增益的，"从世界之初(亚当自然是属于教会神秘体的)到世界末日"。既然基督的神秘体(即教会)不仅依自然生长而且借恩典生长，那么，神秘体就不仅包括那些现实已加入教会之人，还潜在地包括现在或将来可能加入的人，也就是说，神秘体既包含尚未降生的未来基督徒，也包含未受洗礼的异

---

[83] 可参见 Petrus de Ancharano (c.1330－1416), on c.53 X 5,39, n.8 (*In quinque Decretalium libros facundissima Commentaria*, Bologna, 1631), p.231: "Item, eadem est universitas hodie, quae erit usque ad centum annos, ut l. proponebatur. ff. de iud. [*D*. 5, 1, 76]. Si ergo diceremus universitatem posse delinquere, includerentur isti [pueri, infantes, mulieres, et similes], quod esset absurdum. et ex his rationibus concludit In [nocentius] quod universitas non possit excommunicari." 当然，这些讨论已反复出现过。

[84] 参见上面注 18 对 Bartolus, on *D*.8,2,33, n.1, fol.222 的讨论。

309 教徒、犹太教徒或伊斯兰教徒。[85] 阿奎那这番话并非孤明先发,但他的简洁表述澄清了,神秘体不仅包括同时生活在各教会"场所"(*oikumene*)和普遍空间中的此世成员,而且还囊括所有过去的和将来的、现实的和潜在的成员,他们在整体时间中彼此交替相续。换言之,不仅一起生活在共同体中的人群可形成"神秘体",而且团体性的人群因其成员代代相续亦可造就"神秘体"。

阿奎那对普遍教会神秘体的定义中所表述的原则,只要稍加变动便可用于任何神秘体上,可用于大大小小的所有团体上,不论其是教会的还是世俗的。教会法学者再三强调,各地教会即使成员皆已故去并为他人所代换,它仍是同一教会;圣职者团体或主教座堂参事会,"现在与100年前一样,尽管旧时成员皆已故去"。[86] 布拉克顿对此有唱和之言:"尽管大小修道院院长、圣职者、僧侣或教士团成员相继作古,教堂却永

---

[85] *Summa theol.*, III, q.8, a.3, concl.:"... haec est differentia inter corpus hominis naturale et corpus Ecclesiae mysticum, quod membra corporis naturalis sunt omnia simul, membra autem corporis mystici non sunt omnia simul, neque quantum ad *esse naturae*, quia corpus Ecclesiae constituitur ex hominibus qui fuerunt a principio mundi usque ad finem ipsius, neque etiam quantum ad *esse gratiae* .... Sic igitur membra corporis mystici accipiuntur non solum secundum quod sunt in actu, sed etiam secundum quod in potentia ..."("……人的自然身体与教会的神秘体是有所不同的,自然身体的诸部分是同时存在的,而神秘体的诸部分不是同时存在的,因为教会的身体是由从世界开端到世界终末的人构成的,不仅遵循自然的存在,而且也遵循恩典的存在。……因此,神秘体的诸部分不仅要根据现实的存在来理解,也要根据可能状态来理解……")这个定义经常被重复;可参见 James of Viterbo, *De regimine Christiano*, c. 3, ed. H.-X. Arquillière, *Le plus ancient traité de l'Église* (Paris, 1926), 110。

[86] 可参见 Gierke, *Gen.R.*, III, 277, n.92。

远存续。”[87]《标准注释》中我们也可看到对博洛尼亚作出的类似表述，百年前的博洛尼亚与当今的博洛尼亚、（也隐指）未来的博洛尼亚保持着同一性。[88] 巴托鲁斯认为，“学者的统合体”（*universitas scholarium*）（即大学）的情况亦是如此。[89] 其他
一些罗马法学家则认为，所有人民和统合体“与 1 000 年前一 310
样，因为接续者体现的是同一个统合体”。[90] 诚然，较小的共同体无法像普世教会的神秘体那样主张他们自世界创造以来的同一性，但他们可以主张自他们共同体创生之后在时间中的

---

[87] Bracton, fol.374b, ed. Woodbine, IV, 175："Et ideo si abbas vel prior, monachi vel canonici successive obierint, domus in aeternum permanebit."

[88] 参见上面注 48。

[89] Bartolus, on *D*.48,19,16,10 v. *nonnunquam*, fol.228^{v}，巴托鲁斯以此作为主要论点，反对唯名论的下述主张：“整体与它的部分实际上并没有区别”（“quod totum non differt realiter a suis partibus”），因此他也反对，“学者的统合体除了学者之外别无其他”（“nil aliud est universitas scholarium quam scholares”）。相反，他（与他之前的伊塞尼亚的安德烈亚斯相似，见上面注 75）主张，“统合体（大学）表现的是一个人格，它是与学者或人的大学有所不同的（参照 *lex mortuo D*.46,1,22），可见：大学中的学者相继离开而由其他人补进，大学仍是同一的。人民中所有人故去而由其他人替换，人民仍保持同一”（“universitas representat unam personam, quae est aliud a scholaribus seu ab hominibus universitatis [reference to *lex mortuo D*.46,1,22], quod apparet: quia recedentibus omnibus istis scholaribus et aliis redeuntibus, eadem tamen universitas est. Item mortuis omnibus de populo et aliis subrogatis, idem est populus”）。想必团体的“整体”（*totum*）方面是会被“哲学者和教会法学者”（*philosophi et canonistae*）接受的，巴托鲁斯虽对他们有所驳难，却也承认他们的“哲学真理”；不过，巴托鲁斯是将接续性和同一性这两个要素作为自己论证的枢轴，也就是说，他让时间成为“法学上的真理”的本质，成为他所捍卫的“法律拟制”（*fictio iuris*）的本质。

[90] Gierke, *Gen.R.*, III, 365, n.41，参引了罗斯齐亚特的艾伯利库斯（殁于1354 年）：“人民，即是这种城市和地域的统合体，……与 1 000 年前是同一的，因为接继者体现的是同一个统合体”（“populus, id est universitas cuiusque civitatis et loci, ... idem qui fuit retro mille annis, quia successores representant eandem universitatem”）。

同一性，由此推进到世界末日或其他实际上未作限定的时间。譬如，巴尔都斯就称罗马帝国为“伟大的统合体，自身便囊括帝国所有忠良，既有现世者也有后继者”，自然也就涵盖了过往者。[91] 帝国或许也能像教会一样要求空间上的普遍性：“……每一个灵魂都服属于罗马皇帝”，亨利七世如是宣称。[92] 然而，较小团体的普遍性在关于时间的普遍性上是受到限制的，其普遍性程度取决于各个具体团体能回溯到多久远。

换言之，所有团体的本质特征，并不在于它们是当前“集合于一个身体的多数人集群”，而在于他们是在时间之中由时间支撑、经时间的媒介而代代相继的“集群”（plurality）。因此将团体的统合体只看作是“同时共居者”（*simul cohabitanes*）是错误的，[93]因为在阿奎那的语言中，“同时共居者”只是相似于诸部分“同时”存在的人之肉身，但并不能形成他所界定的

---

[91] Baldus, *De pace Const.*, p.161A, v. *universitas*，巴尔都斯谈道：“这一伟大的统合体（见上面注 70），自身便囊括帝国所有忠良，既有现世者也有后继者……”（“de ista magna universitate, quae omnes fideles imperii in se complectitur tam praesentis aetatis quam successivae posteritatis ...”）见上面注 84。

[92] 亨利七世在敕令 *Ad reprimenda* 中所言（见上面注 41），也可见于 *MGH*, *Const.*, IV, 965. No.929：“……每一个灵魂都服属于罗马皇帝，这是神圣规范的指令”（“... divina praecepta quibus iubetur quod omnis anima Romano principi sit subiecta”）。参较教令 *Unam Sanctam*：“Subesse Romano pontifici omni humanae creaturae declaramus ... omnino esse de necessitate salutis”（“我们向所有人声明，服从罗马教皇……完全是出于救赎之需”）。Mirbt, *Quellen*, 211, No.372。

[93] 这是早期注释法学者的观点，他们通过区分“同时共居者”（*simul cohabitantes*）和“非共居者”（*non cohabitantes*）来试图为“团体”（*collegium*）下定义，他们想要找寻的是空间中的团体的本质，而不是时间中的团体的本质，因此他们错过了核心要点。参见 Gierke, *Gen.R.*, III, 193。

真正的"神秘体"。因此,代代相继的集群或时间中的集群,是让团体禀赋连续性并使之不朽的重要因素。

现在,我们可以看出国家的单纯有机论观念中的缺陷,即 311
认为"头和四肢"主要是在既定时刻被表现,而没有跃出现在,进入过去和未来。单纯有机论的国家成了"只为特定目的"(*ad hoc*)的团体,是"出于司法、税收和行政之类目的而设的准团体",[94]或是出现于国家危难和爱国主义精神高扬之际,但它并不具有团体的恒久连续性特征。也就是说,有机论概念自身——索尔茨伯里的约翰将国家与人体所作的类比——尚未有意识地融合无限时间的因素,只是当国家有机体成为法学意义上的"身体"即"决不会死"的"统合体"时,无限性时间因素才被吸收进来。因此,毫不奇怪,有机论的类比虽然在过渡阶段是开创性的一步,但在哲学上却日益变成了可有可无的观念,因为,它已经被以接续性方式拥有"头和四肢"的"统合体"这样的团体概念所取代。

然而,不应否认的是,"祖国"或"道德的和政治的身体"这类观念中也隐含着时间连续性的因素。只不过,14 世纪之前这个结论尚未被推导出来,而且,法兰西"祖国"这样的神秘体也尚未得到合理化,还不能既包括现时活着的所有法国人,还包括那些过去活着以及将要活着的法国人。法学家的发现——团体在接续上的同一性以及在法律上的不死性——开始被接受,开始与作为永存有机体的国家观念和充满感情色

[94] Post, "Quod omnes tangit," 223,作者关于英国的评述同样适用于当时的欧洲大陆。

彩的“祖国”概念相结合之前，自然需要一段时日。那些诸如“永远的法兰西”（“*La France éternelle*”）之类带有国家主义馨香的表述方式，显然也要到更晚时候才会出现。

重申一下，人格化的集合体和团体的最重要特征在于：它们投射到过去和未来，虽历经变化却仍保持着同一性，故而在法律意义上是不朽的。[95] 团体的“统合体”与它个体成员的
312 分离，导致在任何既定时刻构成集合体的有朽成员相对不重要了。他们的不重要是相对于不朽的政治身体本身来说的，后者要比构成部分存活得长，甚至能从自己的物理毁灭中继续存活下来。[96] 但是，假定“统合体”与这个团体不断变化的四肢构成了不朽的实体，那么，政治身体的“头”——毕竟是有朽个体之人——情况会如何呢？

如果“时间”、“永久性”或无视变化的“同一性”这些因素构成了团体的决定性特征，如果进一步说，团体的当前构成部分与不朽“统合体”本身相比不甚重要的话，那么，我们或许就不难把这些决定性特色分离出来以完成一个新的构造，即完全存在于时间之中并代代相继的团体。一般来说，形成集合体所需的“多数人集群”有两种构成方式：由在世共存之人

---

[95] Ke Chin Wang, “The Corporate Entity Concept (or Fiction Theory) in the Year Book Period”, *LQR*, LVIII (1942), 500, n.13, and 504, n.37，作者在其富有新意的研究中，强调“连续性不是拟制理论的本质性特征”。虽然笔者承认有些拟制理论不涉及“连续性”，但还是要说，作为拟制人格的“统合体”本质上是具有连续性的身体。

[96] 这一问题往往是以 *Digesta* 3，4，7，2（参见上面注 75）为基础，广受人们关注和讨论；参见 Gierke, *Gen.R.*, III, 236f，350 (nos.337ff), 411f (nos.240ff), 497f。

“水平”构成，以及由代代相继之人“垂直”构成。一旦人们发现“集群”或“整体”（*totum quoddam*）——与单纯的有机论概念相异甚至截然相对——在空间上不受限，而且也在时间内接续展开，他们就会从概念上完全无视空间上的集群。也就是说，人们建构起了团体人格，一种在集合体上仅仅是相对于时间而言的“神秘人格”（*persona mystica*），它的成员的集群性完全是代代相继构成的；那么，他们就会得出单人团体和拟制人格，在它们身上，稠叠绵延的先人、来者与今人一起，体现了通常由大量共在之人组成的“多数人集群”。也就是说，他们会建构起成员呈纵向经度排列的团体，以致它在任何既定时刻的横断面都呈示的是单人而不是多数成员，这个团体是 313
任职者纵向永久转移的神秘人格，其有朽和一时的任职者，与任职者所代表的接续性的不朽团体相比，不那么重要。[97]

这一神奇观念解决了政治身体之“头”的永久性如何可能的难题。在此基础上，加上有了代代相继的团体集群性这样的观念，我们现在有必要去探讨“决不会死”之王者（King）的问题。

---

[97] 这与“通过法定转移”（by devolution）——即除了一位成员之外其余所有成员皆消隐逝去——而实现的单人团体并不相同；见上面注 75，以及注 96 对吉尔克的参引出处。另见 Baldus，on c.36 X 1，6，n.8（*In Decretales*，fol.79），他谈到了被缩减至一个人的“团体”或“统合体”：“……确实，（统合体）并不是原初就集于一人之身的……而是通过法定转移才如此的，因为继承多数人的权利的人或代表多数人的人，被认为是取代了多数人”（“... verum est quod in uno non residet [universitas] primitive ...，sed devolutive sic，quia pro pluribus habetur qui in plurium ius succedit，vel plures representat”）。

第七章　王者不死

314 法学通过将人民解释为“决不会死”的统合体，推演出了整个政治身体（头和四肢一起）的永久性，以及构成这个身体的四肢本身的永久性。然而，“头”本身的永久性同样具有重要意义，因为头通常为枢机部分，没有它，团体就不完整或丧失行动能力。因此，头的永久存续引发了一系列新问题，导致了许多新的拟制。

至于教会的圣职者团体，解决方法——至少从理论上看——较为古老，也较为简单：主教或其他教会显要死后，个体教会的财产连同高位圣职者或修道院院长的地位，被认为要么转归位阶更高者，要么转归普世教会，要么转归教会的头即基督，或基督的代理人。[1] 从此分析可见，基督在过渡的空位期作为“摄政王”（*interrex*）行使职能。英诺森四世就是这样看待这个问题的：“（教会的）财产所有……保留给了永恒的基

① Gierke, *Gen.R.*, III, 250, n.18, also 293 and passim.

督，或保留给了决不会死、决不会不存在的（普世的或个体的）教会。”[②]换言之，教会的财产转归了某个永久性实体，它要么是教会的永恒之头，要么是不朽的、“决不会不存在的”教会本身。

然而，在法律实践和法律程序领域，事情要远比理论领域棘手得多：要传唤、追究或惩罚某个空缺显职上的神的当值者（或他在地上的代理人），是不切实际的。由此，在团体之头的连续性问题上产生了诸多实际困难。不仅法学家和教会法学者陷入困境，提出像“分离的诸身体”（*corpora separata*）这样的概念，如此便让头、四肢、头加四肢三者各自形成独立身 315
体和团体单位，[③]而且，英国普通法的法学家们也发现头的连续性问题难以解决，经常受其困扰。英国《年鉴》（特别是 15 世纪的）非常清晰地反映出了王室法官们的两难处境：对于合成一体的肢体，他们十分愿意接受团体的学说和用语，但是却极不情愿同时去构设“单单是头”的团体特征。1482 年，首席大法官布莱恩（Brian）在诺维奇市（Norwich）听证一个案件时提出这样的论证：“如果市长死去，团体就不完整了；直到委员会任命另一位市长，团体才能发挥作用。”[④]因此市长之死造成了空位期，致使诺维奇市的政治身体不完整，不适于进行团体的法律诉讼。另一方面，像利特尔顿（Littleton）这样的大法学家以及他的一些同僚们强烈感受到，在团体和团体之头

② Gierke, *Gen.R.*, III, 351, n.340。参较 Innocent, *Apparatus*, on c.4 X 2,12, n.4, fol. 145^{v}。基督或者圣徒的所有权在 *C*.1,2,25 中有法律基础。

③ Ibid., 267f;参见第五章注 231。

④ Wang, “Corporate Entity,” *LQR*, LIX (1943), 73, n.8 (21 Edw. IV).

这二者之间有着根本的结构性差异。有一次，当一位原告谈到圣堂参事会或市民团体“及其继任者们”时，利特尔顿所支持的大法官乔克(Choke)不无正确地指出：

> 圣堂参事会可以没有先任者或继任者，因为它们是永久性的，它们每一个都存续着，与修道院或市民团体一样是不死的。因此过去的圣堂参事会和现在的圣堂参事会是同一个，并无二致：如此，同一个圣堂参事会不可能是自身的先任者，因为一样事物不可能是其自身的先任者或继任者。[5]

相反，法官们自然都会赞同，仅仅作为个体的圣堂参事会会长或市长，可能且的确有先任者和继任者。他们根本就不承认先任者和继任者的同一，也绝不会将罗马法赋予君主的那种“永恒性”(*aeternitas*)用于那些官员，巴托鲁斯对“永恒性”作了恰当的纠正，解释说“皇帝的永恒性是从他那不应有终点的
316 职位来看的”。[6] 换言之，当人们甘心情愿、毫不迟疑地接纳罗

---

⑤ Wang, 76, n.16 (39 Hen. VI).

⑥ Bartolus, on *C.* 11, 9, 2, n. 1 (Lyon, 1555), fol. 37^{v}: “Opinio quod Princeps non sit aeternus, quia omne elementum est corruptibile: ut l.eum debere. ff.de ser.urb. predi. Solutio: improprie dicitur aeternus: tamen imperator respectu officii, quod non debet habere finem, potest dici sempiternus”(“因为所有的要素都是有朽灭的，才有了君主不是永恒的这一看法[= *D.*8,2,33;参较第六章注18]。解决方法：[皇帝]被说成永恒的是不恰当的，不过，从皇帝那不应有终点的职位来看，他可以说成是永恒的”)。

马法—教会法学说关于“决不会死的”统合体的内容和用语时，[7]他们深切意识到头可能且的确会死，但同时也意识到“完整”的团体有赖于头的连续性，一种在各单个人格身上相继禀赋的连续性。

显然，如果类似的不完整性导致王国（*regnum*）政治身体丧失行为能力，这肯定让人难以接受。空位期无论长短，总会是非常危险的，即使在古代亦是如此；到了国家治理机制相对

---

⑦ 应当强调，布拉克顿对于团体及其头和四肢的本质有着更为合理的认识；参见 fol. 374b, Woodbine, IV, 175："Et unde talis abbas praedecessor fuit seisitus in dominico suo et cetera, non fiat narratio de abbate in abbatem vel priore in priorem, nec de abbatibus vel prioribus mediis fiat mentio, quia in collegiis et capitulis semper idem corpus manet quamvis omnes successive moriantur et alii loco ipsorum substituantur, sicut dici poterit de gregibus ovium, ubi semper idem grex quamvis omnes oves sive capita successive discedant [Bracton evidently reproduces the metaphors of *D.*41, 3, 30, and of the *Glos.ord.* on that law, v. *singulae res*; see above, Ch. VI, n. 48] nec succedit aliquis eorum alteri iure successionis ita quod ius descendat hereditarie ab uno usque ad alium, quia semper ius pertinet ad ecclesiam et cum ecclesia remanet, secundum quod videri poterit in cartis religiosorum de feoffamento, ubi manifeste videri poterit quod donatio facta est primo et principaliter deo et ecclesiae tali, et secundario monachis vel canonicis ibidem deo servientibus. Et ideo si abbas vel prior, monachi vel canonici successive obierint, domus in aeternum permanebit"（“而且，既然这样的大修道院院长是以先任者的资格拥有了教会财产和其他所有物，那就没有必要去叙说每位大修道院院长或每位修道院院长，也没有必要去提及中间[过往]的大修道院院长们或修道院院长们。因为，在圣职者团体和圣堂参事会里，尽管所有成员相继死去，成员自身的位置被其他人替换，但团体和参事会总是保持同一个身体，这就像说羊群的情形，尽管羊一头一头相继死亡，但群总是同一的[布拉克顿显然是在重提 *D.*41, 3,30 和《标准注释》评注 *singulae res* 这条法律时所用的比喻，见上面第六章注48]，也不像一个人继承他人的继承权那样，继承的权利可从一人转移至另一人，因为，权利总是属于教会，因为教会永续存在，这通过圣职薪禄授与书状可以看出，其中明白显示，赠与首先、第一位是对上帝和特定教会作出的，第二位的才是在同一场所侍奉上帝的修士或圣堂参事会成员，因此，就算大修道院院长或修道院院长、修士或圣堂参事会成员相继死去，[教会]居所也会永久存续”）。

复杂的时代,譬如后来的中世纪后期,空位期更显棘手。值得注意的是,很早的时候人们就已开始在实践中而非理论上采取一些补救办法,来消除空位期的危险,确保国王作为头的连续性。例如,关于国王的王朝连续性的理论,更多是为了阐明现有惯例而不是创造新的惯例,尽管我们很难确定流变的实践会在什么阶段受到法学家学说的影响。

王国之头的永久性和“决不会死的国王”(*rex qui nunquam moritur*)的概念主要取决于 3 个因素的相互作用:王朝的永久性、王冠的团体特征以及国王威严的不朽性。这 3 个因素大致相符于国王自然身体的不间断谱系、由头和四肢
317 一同代表的政治身体的永续性以及职位(即头本身)的不朽性。然而我们须强调,这 3 种因素并非总是泾渭分明;它们被征引时经常是可以互用的,在中世纪后期的英国,征引标准不再明晰可辨,法学家们最终得出了普洛登式的奇特解决方案。

王朝的连续性

1609 年,爱德华·柯克爵士在“卡尔文案”(*Calvin's Case*)的报告中,讨论了英国王冠传位新国王的方式。他指出,国王是“通过与生俱来的权利”拥有英国王权的,此权限得自王室血统的承继性,“不需要任何重要的仪式或行为来‘溯及既往’(*ex post facto*):因为加冕礼不过是王位相续的王权装饰和庆典而已,并非权限的一个本质条件”。柯克甚至对两位“罗马天主教渡英宣教士”(Seminary Priests)大加攻讦,因为他们胆敢辩称加冕之前的国王“不是完整的和绝对的国王”

并由此得出大逆之论：（“看看他们可咒的、遭天谴的后果”）人们可以施暴于这样一个未加冕的国王，而不会被指控为叛国罪。“但是，这显然被所有英格兰的法官们解决了……加冕礼不过是王位相续的王权装饰和外在仪式。”⑧

两位渡英宣教士对于叛国罪本质，对于主教、教皇或国王在祝圣仪式之前的权力的成问题看法，⑨以及他们关于国王在其继位和加冕礼之间有空位期的理论，无论如何在詹姆斯一世时期的英国都已经过时了。他们的观点当时肯定看起来像是远古的奇特遗留物，而他们在我们眼里则像是1135年或1272年英国人的晚近后裔；据说那个年代的英国人借国王驾崩之际或国王的承平时期不复存在之际，就大肆抢劫和制造骚乱；帕维亚人在亨利二世驾崩之日，洗劫了皇家城堡，因为他们声称，拥有该城堡的皇帝已经不复存在了。⑩ 不过，这两 318
位宣教士所考虑的，也许不过是想追忆早先圣职者对于国王祝圣仪式在法律上的重要性，因为那种仪式行为的法律或宪

---

⑧　Coke, *Reports*, 7th Part, vol. IV, fol.10a, 11.

⑨　在一篇尚未发表的文章“Notes on a Canonistic Theory of the Episcopal, Papal and Imperial Offices”（“对有关主教、教皇和皇帝职位的教会法理论的注释”）中，作者罗伯特·L.本森（Robert L. Benson）研究了在选举和祝圣礼之间所行使权力的实质内容和限度。

⑩　有关那些著名的事件，参见 Stubbs, *Select Charters*, 115 and 439；波威克（Powicke），*Henry III*, II, 588ff 将1272年的暴动定性为“骚动的伦敦人”的“啸聚”时，认为它们与市长选举有关，但似乎不承认它在宪制方面的意义。另一方面，Pollock and Maitland, *History*, I, 521f 极为强调空位期，以证明国王“会死亡”。关于在帕维亚的类似事件，参见 Wipo, *Gesta Chuonradi*, c.7, ed. Bresslau, 30。“继位和加冕礼之间的这一时期，并不是侵犯国王权利而可不受追责的时期”，有关爱德华二世继位时期的这一问题已经由 H. G.理查德森（H. G. Richardson）指出，参见他的“The English Coronation Oath”, *Speculum*, XXIV (1949), 63, n.92。

制价值的确已经销蚀了数世纪之久。

这两位渡英宣教士的观点，当时肯定不能为英国神职人员所普遍接受。柯克很容易就搜集到了许多反驳他们那些危险信条的先例。1547 年，大主教克兰默在爱德华四世加冕仪式上说的话，也是可以为柯克援用的，克兰默称国王们

> 作为上帝的膏油祝圣者，不是就主教所使用的油而言的，而是鉴于他们所禀受的权力……并鉴于他们的人格，他们的人格乃是为了更好地统治和引导人民，而由上帝所遴选，且禀受了圣灵馈赠的人格。要说的话，膏油只是某种仪式。即便没有这一仪式，国王也是完美的君主，也仍似受过膏油的上帝祝圣者。[11]

大主教克兰默的话，不仅透露了英国宗教改革对形形色色“膏油”礼仪的厌恶之情，也总括了 12、13 世纪以来的诸多观念，这些观念既反映了教会加冕仪式在法律意义上的贬值，也反映了王朝连续继承的胜利。

中世纪后期国王膏油礼的价值降低——尽管与仪式行为本身相关的神秘主义实际上是增长了——主要有两个原因：一个是教阶制方面的，一个是法学方面的。

319 原先与洗礼、圣职授予仪式这样的圣事轩轾相当的国王

---

⑪ Schramm, *English Coronation*, 139。有关相似评述，也可参见 Figgis, *Divine Right*, 122f。

祝圣仪式，被属灵力量自身削减到了一个相当低的层级，以更为有效地提升圣职授予仪式对于牧职的崇高性和独特性意义。[12] 教皇英诺森三世的"论神圣膏油礼"教令，对这一长期发展进程有过集中论述；在这部教令中教皇谨慎地将原先相互关联、彼此缠绕的王权和教权之关系（诺曼佚名作者曾略述过）分离了开来。[13] 英诺森三世授权在主教们的膏油礼上使用圣油并抹于头上，但他严词否认君主享有同样的特权。他的论证引人关注，不仅因为它揭明了君主膏油仪式的降格，也由于它揭明了对先前类基督的、以基督为中心的王权观的一种颠覆。当英诺森因为教会之首基督已从圣灵那里接受过抹头膏油礼，而拒绝给予君主圣油抹头的膏油礼时，王权类基督的本质便处于燃眉之危中。也就是说，为凸显与基督膏油礼之分别，君主的膏油礼从头部移到了手臂和肩膀，仪式上使用的

---

⑫ 让·德庞热(Jean de Pange)近来已强调加冕膏油礼和洗礼膏油礼之间一直存在的最初关联，见他的"Doutes sur la certitude de cette opinion que le sacre de Pépin est la première époque du sacre des rois de France"("对法兰西国王神圣性的最早时代是丕平时代这一观点可靠性的质疑")，*Mélanges d'histoire du moyen âge Louis Halphen*(《路易·哈尔芬中世纪史文集》)(Paris, 1951), 557-564；另见他的 *Le roi très Chrétien* (Paris, 1949)以及 Schramm, *ZfRG*, kan. Abt, XXXVII (1951), 395f 中的书评。不过，德庞热的发现并不像他的评论者所认为的那么新颖；可参见 Thomas Michels, "Die Akklamation in der Taufliturgie", *Jahrbuch für Liturgiewissenschaft*, VIII (1928), 76-85; Williams, *Norman Anonymous*, 79, 144, passim；另见 Erdmann, *Ideenwelt*, 71f，他正确地告诫人们，不要把实际上往往只是一套不同的仪式看作是一种降格。Philipp Hofmeister, *Die heiligen Öle in der morgen-und abendländischen Kirche*, (Das östliche Christentum, N.F., VI-VII [Würzburg, 1948])，没有得出什么有益当下讨论的观点。此外还可参见 Eichmann, *Die Kaiserkrönung*, I, 145ff (with n. 26), and 20。笔者会在即将发表的论文"Coronation and Epiphany"中探讨这一主题；参见笔者在 *Laudes regiae*, 142 中的简短评论。

⑬ 参见第三章注 30，以及文中多处。

也不是圣油，而是较低等的油。

> 然而，主教接受的膏油圣事仍是在头部，因为他的（主教）职位代表着“头”的位格（即基督的位格）。在主教和君主的膏油礼之间是有区别的：主教头上膏抹圣油是在被祝
> 320 圣，而君主手臂膏抹一般的油则是在被抚慰。可见，主教的权威和君主的权力之间有多么大的差别。[14]

显然，世俗统治者的膏油礼在礼仪上是处于较低层级的：它

⑭ 参见 c.un. X 1,15，ed. Friedberg，II，131ff：“Sed ubi Iesus Nazarenus ... unctus est oleo pietatis prae consortibus suis，qui secundum Apostolum est caput Ecclesiae，quae est corpus ipsius，principis unctio a capite ad brachium est translata：ut princeps extunc non ungatur in capite，sed in brachio .... In capite vero pontificis sacramentalis est delibutio conservata，quia personam capitis in pontificali officio repraesentat. Refert autem inter pontificis et principis unctionem；quia caput pontificis chrismate consecratur，brachium vero principis oleo delinitur，ut ostendatur quanta sit differentia inter auctoritatem pontificis et principis potestatem”（“根据使徒，拿撒勒的耶稣是教会的头，教会是他自己的身体，当这位拿撒勒的耶稣……在他的兄弟们面前是被虔敬的圣油所膏抹时，君主的膏油便从头移到了手臂，从这时起，君主就不是在头部膏抹，而是在手臂上。……［以下为文中所引部分］”）。有关该节内容的分析，参见 Eichmann，*Kaiserkrönung*，I，147f。讨论国王膏油礼的这一教令尽管并非没有实际影响，但却少有人评注。譬如，当奥斯蒂恩西斯（Hostiensis）解释说（*Summa aurea*，on X 1,15，n.11，col.214）：“Effectus unctionis regalis est，ut augeatur ei gratia ad officium，quod ei committitur exercendum ... et honorabilior habeatur”（“国王膏油的实效在于，就他所践履的职位而言，恩典在他身上得以扩增……他被认为是更有荣耀了”），他遵循的就是这一教令。他在另一个场合又指出，“祝圣”（*consecrare*）一词从专门意义上来说甚至不能用于皇帝的加冕；参见 K. G. Hugelmann，“Die Wirkungen der Kaiserweihe nach dem Sachsenspiegel”，*ZfRG*，kan.Abt.，IX (1919)，34，他的研究汇集了后来的教会史料。

的作用局限于略显高蹈的驱魔和对邪灵的封挡。⑮ 根据教阶制的教义，国王膏油礼不再授自圣灵，纵使圣职至上论者仍然保持了国王膏油礼的观念，教会法学者依然在思忖皇帝是不是“教会上的人格”(*persona ecclesiatica*)。⑯ 总之，国王被明确拒绝了类基督的代表形象或“主基督”(*christus Domini*)的特征。⑰ 如此看来，罗马教皇倒成了“世俗化”的主要推动者，而在其他方面这种“世俗化”本是教廷予以打击的对象。英王爱 321
德华二世真想再行膏油礼的话，教皇约翰二十二世是不会反对

---

⑮ 早期，用油的差别或许并不表明有意降格(Erdmann, *Ideenwelt*, 71f)；有些仪式可能更紧密地遵循了洗礼的程序(赐福之油)，其他的则是坚振礼的程序(圣油)。各种油的意义能从教会回答查理大帝对洗礼的质询中恰当地归纳出来；简洁的解释可参见 Leidrad, *De sacram. bapt.*, c.VII, *PL*, XCIX,863f：油用来驱除恶魔，水用来清洗罪恶，圣油用来借着圣灵的恩典得到照明。另见威尔玛(Wilmart)在“Une catéchèse baptismale du IXe siècle”, *Rev. bénéd.*, LVII (1947), 199, § 11 中刊行的回复，文中，次等油的效用被描述成“是为了完全被保护起来”(*ut undique muniatur*)。同样的表述还出现于 Alcuin, *Ep.*, CXXXVII, *MGH*, *Epp.*, IV,214f (cf. *Ep.* CXXXIV, 202f)：“Pectus quoque eodem perungitur oleo, ut signo sanctae crucis diabolo claudatur ingressus; signantur et scapulae ut undique muniatur”(“胸被膏抹同样的油，是为了以神圣十字架的象征封挡住恶魔的侵入；背部也膏油，是为了完全被保护起来”)。相反，以圣油膏抹的膏油礼则是这样被解释的：“此时，以圣油膏抹头，以神秘纱衣覆体，是为了体认到自己拥有王国之王冠和圣职之威严”(“Tunc sacro chrismate caput perungitur et mystico tegitur velamine, ut intelligat se diadema regni et sacerdotii dignitatem portare”)(根据《彼得前书》2：9;《罗马书》12：1)。另见 F. Wiegand, *Erzbischof Odilbert von Mailand über die Taufe* (Leipzig, 1899), 33f, § § 13 and 17。

⑯ 参见 Kempf, *Innocenz III.*, 127, n. 52；另见 Mochi Onory, *Fonti canonistiche*, 90, n.1, 112, n.1, 117, n.1。

⑰ 参见上面注 14，英诺森三世的意思显然是支持主教是“基督的模仿者”，而否认皇帝是“基督的模仿者”；Tolomeo of Lucca, *Determinatio*, c.25, ed. Krammer, 47,29 也据此宣称：“然而，基督代理人的行列里，不能把任何皇帝考虑进去”(“Hoc autem non invenitur de imperatore aliquo, quod sit vicarius Christi”)。

的,只不过他对此事有些轻蔑之情,因为,不管怎么说"它并不会在灵魂上留下烙印",也就是说,国王的膏油礼不具圣事价值。⑱

这一教令(关于君主的部分)之所以重要,主要在于它反映出了一种思想上的总体转变,英诺森三世虽不是发起者,但的确是最重要的发言人。在罗马之外,这位教皇的教令并没有产生什么影响。⑲ 可以说,它丝毫没有影响英国和法国所遵行的加冕仪式:奥斯蒂恩西斯(Hostiensis)不得不承认,国王头部膏油礼在这些国家依自己的传统和习俗得以沿循,⑳英诺森时代远逝之后,法国对膏油礼仪式的神秘化—礼仪性解释才达到了巅峰。㉑ 若不是教会法学者和罗马法学者几乎同时

---

⑱ J. W. Legg, *English Coronation Records* (Westminster, 1901), No.X, p.72:"... regalis [unctio] in anima quicquid non imprimit ..."("……国王[膏油礼]并不会在灵魂上留下烙印……")另见 Kern, *Gottesgnadentum*, 114; Bloch, *Rois thaumaturges*, 238ff; Schramm, *English Coronation*, 131f。

⑲ 英诺森的加冕规制——最初可能在 1209 年皇帝奥托四世的加冕礼上得到应用——显然是受到了新事态的影响;参见 Eichmann, *Kaiserkrönung*, I, 253ff, esp.266ff;以及拙著 *Laudes regiae*, 144ff 中的评述。

⑳ Hostiensis, *Summa aurea*, on X 1,15, n.8, col.213:"Sed et consuetudo antiqua circa hoc observatur: nam supradictorum regum Franciae et Angliae capita inunguntur"("但是,关于这方面的古代习惯得到了遵守:因为上述法兰西和英格兰的国王是头部被油膏抹的")。那不勒斯的情况显然也是如此,安茹的查理二世得到膏油礼的特权,"如同法兰西国王受抹膏油"(sicut inunguntur reges Francie);参见 L. H. Labande, "Le cérémonial romain de Jacques Cajétain," *Biblioth. de l' école des chartes*, LIV (1893), 72。

㉑ 总体情况参见 Kern, *Gottesgnadentum*, 114ff; Schramm, *Frankreich*, I, 148ff, 157,当中讨论了法国的情形,以及国王膏油礼因圣油中加入了"天上的香膏"而得到提升;再有 Schramm, *English Coronation*, 126ff,文中认为,尽管头部膏油的做法还没有废止,但圣油在英国暂时被价值更低的油所代替;不过,我们有理由相信,使用"*oleum sanctum*"(神圣之油)来代称"*chrisma*"(圣油)的那些史料,它们在礼仪上——专门意义上表现出的用词精确性,被过度强调了,Schramm, "Kröinung in Deutschland," 253 就是从"*chrisma*"的意义来解释施拉姆(转下页)

开始在法律—宪制领域削减加冕仪式的价值，国王祝圣仪式在礼仪上的价值减损，对于罗马加冕仪式辐射范围之外的地方就几乎不会有什么影响。

英诺森的教令是自教皇制改革以来盛行于教廷的极端圣职至上主义思想的流露。然而，逐渐把加冕仪式看作无足轻 322
重的教会法学者们，并非圣职至上主义阵营的代表，也就是说，他们并不会去辩护这样一种理论：所有权力源起于或最终归结于一人——教皇以及宗座全权代表。相反，持圣职至上主义的教会法学者们支持皇帝的祝圣礼，因为他们认为皇帝只有在膏油礼上才能从教皇那里接受有形之剑的权力。[22]另一派教会法学者即“二元论者”，则支持这两大普遍权力之间的平衡性，认为皇帝权力（被错误等同为“有形之剑”）[23]只需

（接上页）德（Widukind）所提到的“*oleum sanctum*”。可以说，对加冕仪式中圣事之效力的信仰仍然延续着；譬如，皮斯托亚的奇诺就认为，祝圣礼赋予了国王“属灵的礼物”（*spiritualia dona*）、“圣灵的恩典”（*gratiam spiritus sancti*）（Hugelmann，“Kaiserweihe,” 30，n.2），其他一些人也是这么认为的。

[22] A. M.斯蒂克勒（A. M. Stickler）在许多论文中探讨了“双剑”的问题（“国王的剑是否属于教皇？”）；这些论文并不总是容易获取（感谢 G. B.拉德勒[G. B. Ladner]教授让笔者参阅他手中这些论文的选印本）；A. M.斯蒂克勒在他的文章“Sacerdozio e regno nelle nuove ricerche attorno ai secoli XII e XIII nei decretisti e decretalisti fino alle decretali di Gregorio IX”，*Miscellanea Historiae Pontificiae*（《教皇史杂录》），XVIII (1954)，3，n.3 中列举了他的这些论文；另见他最近的论文“Imperator vicarius Papae”，*MIÖG*，LXII (1954)，165－212。对这些论文的精彩评述有待作者从他的角度作一综述，有关这些精彩评述参见 Brian Tierney，“Some Recent Works on the Political Theories of the Mediaeval Canonists”，*Traditio*，X (1954)，609ff。整个问题被 Kempf，*Innocenz III.*，204ff（关于“教权论者”）以及 212ff（关于“二元论者”）的讨论推到了一个学术焦点的位置。

[23] Stickler，“De ecclesiae potestate coactiva materiali apud magistrum Gratianum”，*Salesianum*，IV (1942)，2－23，97－119，文中认为，格兰西考虑到的是属于教会的属灵和物理上的强制力，而不是属灵和世俗的权力；参见 Tierney，*op.cit.*，610；Kempf，*op.cit.*，187ff。

通过选举便是来自上帝的。12 世纪和 13 世纪早期这些“持二元论的”教会法学者通常是这样展开论证的：有教皇存在之前皇帝便已存在，早先的皇帝即使没有祝圣礼也拥有完整的权力，因为所有权力本是来自上帝的。㉔ 他们参引“君王法”并指出，通过选帝侯或人民的选举，或通过选帝侯与人民的共同选举，被选皇帝获得了有形之剑和统治的完整权力，因为，在选举行为中选帝侯和人民已把所有权力让渡给了这位新君
323 主。㉕ 由此他们顺理成章地得出结论，皇帝权力并非来自教皇。皇帝甚至在被教皇承认(这里指祝圣礼)之前就已经是

㉔ “Ante enim erant imperatores quam summi pontifices et tunc habebant potestatem, quia omnis potestas a Deo est”(“皇帝在教皇存在之前便存在，并拥有当下权力，因为所有权力是来自上帝的”)。这个观点(或主旨相近的观点)已被多次重复；参见 Stickler, “Sacerdotium et Regnum nei decretisti e primi decretalisti”, *Salesianum*, XV (1953), 605 (*Quaestiones Orielenses*, S.XII ex.), 610 (*Quaestiones* of Bazianus, S.XII ex.), 611 (Richard of Mores, S.XII ex.)；有关另外一些出处(比西尼亚诺的西蒙[Simon of Bisignano]、胡古奇奥，以及几篇综合性评注[*Summae*])，参见 Kempf, *op. cit.*, 212ff, nos. 48, 50, 51；以及 Hugelmann, “Kaiserweihe,” 23。

㉕ *Quaestiones Orielenses* (Stickler, *op.cit.*, 605)：“Nos vero dicimus quod a Deo hanc potestatem habet imperator ... Nam ante potest uti gladio quam ab apostolico inungatur. Ex electione enim populi (Bazianus: ‘principum’ [Stickler, 610]) hoc sibi licet, qui ei et in eum omne ius transfert. Tamen confirmatur ei ab apostolico tempore inunctionis”(“确实，我们主张皇帝是从上帝那里拥有这些权力的……因为在被教皇膏油之前皇帝就能够挥剑。事实上，这种权限是人民自己从[巴奇阿努斯那里是‘选帝侯’，见 Stickler, 610]选举中让渡了他们所有的权利给皇帝而带来的。不过，它被教皇膏油这一时刻所确认”)。另见胡古奇奥的表述(由 Kempf, 213, n.50 所引用)：“因此，我相信，皇帝的挥剑权力和作为皇帝的威严不是来自教皇，而是来自选帝侯和人民的选举……”(“Ego autem credo quod imperator potestatem gladii et dignitatem imperialem habet non ab apostolico, sed a principibus et populo per electionem ...”)参较 Stickler, “Der Schwerterbegriff bei Huguccio,” *Ephemerides iuris canonici*, III (1947), 201-242。

“真正的皇帝”(*verus imperator*)了,他在罗马的膏油礼上仅仅是接受了教皇的肯定及皇帝称号而已。[26]

诚然,“圣职至上主义者”与“二元论者”的观点经常交叠在一起,而且各自都有过许多对于总体方案的修改。此外,对于祝圣礼之前选举所能行使的现实权力的范围,教会法学者也做过许多精细而极为重要的界定,自然而然,他们把“当选的主教”与“当选的皇帝”(*imperator electus*)看作了一类,“当选的主教”在膏油礼之前的权力是受限制的,而“当选的教皇”则从获选之日起就可行使完整的权力,当他是作为被祝圣的主教登陟教皇之位时,情况就更是如此了。[27] 虽然理论和类比仍在相当长的时期流动不居,但还是可沉积出这样一个学说:皇帝能行使帝权和统治职能,实际上并不依赖于罗马教会的加冕仪式。既然这个观点最终是因约翰·条顿对《教会法汇

---

[26] 法学家们没有考虑进教皇的“确认”(*confirmatio*),它发生在选举之后,在被免除义务(直属教皇而不服属于上位圣职者的裁判权)的主教们和其他教会显要们的祝圣礼之前;参见 Kempf, *Innocenz III.*, 106ff。“确认”(*confirmare*)和“膏油”(*inungere*)这两个词几乎可以互换使用;可参见 Oldradus de Ponte, *Consilia*, CLXXX, n. 19, fol. 75v: “quid est enim approbare, inungere, et consecrare nisi confirmare?”(“许可、膏油、祝圣这些事情不是确认是什么呢?”)另见 Kempf, 123ff, 215 (n.58), 245ff。有关“真正的皇帝”(“*verus imperator*”),见注 28。

[27] (皇帝从上帝那里即时而直接获得的)“统治权”(*administratio*)与(教皇在祝圣礼上赋予皇帝的)“权威”(*auctoritas*)之间的区别是诸多重要区别之一,对此介绍参见 Rufinus, on c.1, D. XXII, v. *terreni simul*, ed. H. Singer, *Die Summa Decretorum des Magister Rufinus* (Paderborn, 1902), 47;参较 Kempf, *op.cit.*, 208ff。本森(参见上面注 9)研究了教皇和主教在祝圣礼之前的诸权利与皇帝在加冕礼之前的诸权利之间的关系。参见下面注 32 和 40。

要》的标准注释而广为人知，[28]这种新理论也就势必会让大多数法学家意识到问题所在。

324 这种意识在阿库修斯以下一条著名注释中还看不到。在较为古老的传统里，君王的统治和纪年始于任职仪式之日，阿库修斯完全赞同这一点，“君主的特权在加冕礼之前没有效力”(*quod non valet privilegium principis ante coronationem*)。[29]嵌于这一注释中的观念很顽固，不仅因为阿库修斯本人的权

---

[28] *Glos.ord.*, on c.24, D.XCIII, v. *imperatorem*:“ex sola enim electione principum dico eum verum imperatorem antequam a papa confirmetur. Arg[umentum] hic, licet non appelletur”(“在被教皇确认之前，只要他是出于选帝侯的选举，我也称其为真正的皇帝。在这一点上论证甚至都不用给出”)。约翰·条顿(有关他的著述活动，参见 Hugelmann,“Kaiserweihe,” 18ff)逐字复述了《巴拉汀注释》(*Glossa palatina*)(约 1210—1215 年)；参较 Stickler,“Sacerdotium et regnum,” 589 以及 Kuttner, *Repertorium*, 81f，后者首次认识到《巴拉汀注释》和《标准注释》之间的相互关系(参见 *ZfRG*, kan.Abt., XXI [1932], 141-189)。

[29] *Glos.ord.*, on *C*.7,37,3, v. *Infulas*。阿库修斯另一个注释起码是不会引人误解的；on *C*. 3, 12, 6, 5 v. *vel ortus*，他评论说，“即要被加冕”(*idest coronatus*)。由皇帝瓦伦廷、西奥多和阿卡狄乌斯(Arcadius)命令举行庆典的“帝权日”(*dies imperii*)或“帝权起始之日”(*ortus imperii*)，是在他们的选举和即位之日；教会加冕当时还不为人知。然而阿库修斯反思了这一中世纪的传统，按此传统，国王纪年是从加冕之日算起，而不是从选举或即位之日。奥德拉都斯(Oldradus de Ponte, *Consilia*, CLXXX, n.7, fol.74^{v})下面的话就是从这个意义上来理解阿库修斯注释的，“但是，皇帝在加冕礼中被称作是新生伊始[以下是对阿库修斯注释的引述]：因此，在这以前，属于皇帝的权限是不能行使的”(“sed imperator in coronatione dicitur oriri et sic incipere esse: ergo ante hoc non operatur, quae ad imperationem pertinent”)。持相同立场的还有 Durandus, *Speculum iuris*, II, partic.I, De rescripti praesentatione, §9, n.18 (Venice, 1602), 424:“Et dies coronationis dicitur ortus Imperii ...”(“加冕之日被称作帝权起始之日……”)。艾伯利库斯(Albericus de Rosate, on *C*.7,37,3, n.12, fol. 107^{v}[也可见注 3 和 13])逐字逐句重复了奥德拉都斯的观点，但艾伯利库斯的引述是为了反驳奥德拉都斯，因此(在注释这同一条法律上)他支持的是奇诺的观点。

威，也因为这一注释迎合了某些政治集团的意图。在腓特烈二世死后的帝国大空位期间（1250—1312），当时罗马加冕礼被悬置了长达60多年，帝国非德意志部分（勃艮第和意大利）的一些城市和选帝侯提出了这样一种理论：当选皇帝，“罗马人的王”（*rex Romanorum*）在罗马加冕为皇帝之前，在德意志之外是没有统治权和裁判权的。当然，这不过是回避皇帝最高统治权的不足信的托词；但是，自从该理论被在空位期那些重要年份掌控意大利的安茹的查理从政治上加以利用以来，一派强有力的权力集团形成了，这一集团倾向于支持阿库修斯对书信的注释，与此同时，也倾向于预先阻止皇帝加冕礼。[30]

在这个关口，大多数法学家们开始思考国王加冕之前的权利这一艰深问题。“世俗法律并不蔑视对神圣经文的模仿”，一位早期的教令集注释者如是说道。[31] 事实上，不仅是教会法学者，罗马法学者和封建法学者也都认同约翰·条顿对 325
《教令法汇要》的注释。主要出于实践原因，杜兰铎认为，国王在祝圣礼之前拥有完整的权力，否则，哈布斯堡的鲁道夫（Rudolf of Hansburg）给宗座的赠与就无效，[32]庞特的奥德拉

---

[30] F. Kern, “Die Reichsgewalt des deutschen Königs nach dem Interregnum”, *HZ*, CVI (1911), 39 - 95。关于加冕礼之前法兰西国王的权力，安茹的查理肯定有着不同的观点；参见下面注47。

[31] “Seculi leges non dedignantur sacros canones imitari”，是 *Nov.* 83,1 (cf. *Nov.* 131,1)中的一个转换说法，可见于 *Glossa palatina*, on c.7 (add.), C.II, q. 3, v. *cum leges seculi*，为 Stickler, “Sacerdotium et regnum,” 589 所引述，后来经常被重复；例如，可参见 Hostiensis, *Summa aurea*, prooem., n.11, col.7。

[32] Durandus, *loc.cit.* (参见上面注29)，他饶有趣味地比较了皇帝和教皇：“单单出于选帝侯选举而来的皇帝，在确认之前就是真正的皇帝并获得了统治权……正如单单出于选举而来的教皇获得完整的统治权力和对世俗之 （转下页）

都斯也详细讨论了支持和反对皇帝拥有加冕前之权力的所有论证。[33]当这一问题在大空位期间成为现实之时，在罗马法学者当中，掀起对相关原则作更为一般性讨论的潮流的人，有可能就是奥德拉都斯的老师阿瑞纳的雅各布（Jacobus de Arena，卒于 1296 年或更早）。他支持国王拥有加冕前之权力的观点，受到皮斯托亚的奇诺的引证和支持，奇诺得出的结论是"由人民依'君王法'选举的国王"即使没有行加冕礼，也享有完整的属于主权者的权利和权力。[34] 最终，持"二元论的"教会法学者的学说，为那些捍卫"国王是自己王国里的皇帝"格言的人以及那些反教皇主义者的人集纳了声势。伊塞尼亚的安德烈亚斯在那不勒斯的法庭上宣称："皇帝们在罗马加冕之前已是国王。作为国王，他们拥有'大权'（*maiestas*）和'国库'（*fiscus*），有许多德意志王或罗马人的王完全就是没有接受过
326 加冕礼的皇帝。"[35]很显然，这位那不勒斯的法学家是要证明，

（接上页）事的治理权……"（"Imperator enim ex sola Principum electione etiam ante confirmationem aliquam verus est Imperator et consequitur ius administrandi ... sicut et Papa ex sola electione consequitur plenam potestatem regendi et temporalia administrandi ..."）然后文中列举了一些行为，教皇只有"在接受圣品和权标之后"（postquam ordines et insignia recepit）才能作出的行为。参较 Hugelmann, "Kaiserweihe," 29, n.1；另见下面注 46，该注中的相同论证也适用于君士坦丁及其赠礼，以及注 41 对皇帝敕令 *Licet iuris* 的讨论。

[33] Oldradus de Ponte, *Consilia*, CLXXX, fol.74^{v}-75^{v}.

[34] 参较 Hugelmann, "Kaiserweihe," 29, n.2，既讨论了阿瑞纳的雅各布，也讨论了皮斯托亚的奇诺；另见 Ullmann, *Lucas de Penna*, 177, n.1。

[35] 伊塞尼亚的安德烈亚斯对《奥古斯都宪法》所作注释的序言（*prooemium*），ed. Cervone, p.xxvi, § *Sed certe*："Sed certe antequam coronentur Romae Imperatores sunt Reges, et habent majestatem, et fiscum, et multi fuerunt Reges Alemanniae, et Romanorum, qui non fuerunt incoronati Imperatores."

“皇帝和国王是平起平坐的”。皇帝实际上也只是“自己帝国里的国王”，与“那不勒斯王”没有什么本质不同，与那些权力来自‘君王法’和单单来自称号本身的统治者也无本质区别。㊱同样是那不勒斯人的彭纳的卢卡斯，当他提到“一些法学家”时可能已经想到了他所倚重的伊塞尼亚的安德烈亚斯，卢卡斯笔下的这些法学家声称，统治者拥有“仅凭（王朝世袭或选举传让的）称号而来的完整权力，只是来自上帝的完整权力，以及处于上帝在尘世的位置而拥有的完整权力；不经（教会）审验、赐福或加冕他便可做任何事情”。㊲ 另一方面，当巴黎的约翰直言不讳地指出没有施行膏油礼的国王也是国王，指出许多基督教国家中根本就没有施行国王膏油礼时，其倾向是

㊱ Andreas of Isernia, *loc. cit.*（上一个注所引内容的前一句话）：“quod Imperator et Rex pari passu sunt”（“因为皇帝和国王是平起平坐的”）。另见 Andreas, on *Feud.* I, 1, n. 8, fol. 9ᵛ：“... postquam est Rex Romanorum, consecratur per Papam ... Ex sola electione habet administrationem sine consecratione ... Inde Imperator dicitur Rex ... Et lex regia fuit quae transtulit in principem omne ius ... Idem de Rege Siciliae et aliis, qui cum Imperio nihil habent facere: quorum quilibet est Monarcha in suo regno ...”（“……在他是罗马人的王之后，要被教皇祝圣……但是，单单出于选举他就拥有统治权，无须祝圣礼……由此，皇帝也被称为国王……根据‘君王法’，所有的权利被移让给君主……西西里和其他地方的国王也是如此，这些国王与帝国没有什么关系，他们可以说是自己王国里的君主”）。

㊲ Lucas de Penna, on *C.*10,74, n.12（为 Ullmann, *Lucas de Penna*, 176, n.3 所引述），文中提到一些法学者，他们认为统治者“拥有仅凭（王朝世袭或选举传让的）称号而来的完整权力，单单来自上帝的完整权力，处于上帝在尘世的位置；不经（教会）审验、赐福或加冕他便可做任何事情”（“ex solo nomine a solo Deo et vice Dei in terris plenitudinem potestatis habere ac sine ulla examinatione, benedictione et coronatione omnia posse”）。彭纳的卢卡斯本人并不持这种观点。

反教权主义的。[38] 腓特烈三世的那些西西里法学家们肯定是反罗马教廷的，1312 年他们辩称，国王仅凭选举便获得了完整的权力；[39]还有给亨利七世和巴伐利亚的路易两位皇帝提供建言的意大利法学家们，他们的论证方式与西西里法学家很
327 接近，同样是反罗马教廷的。[40] 1338 年这些反教权主义的理

㊳ John of Paris, *De potestate*, c.18, ed. Leclercq, 229,11f。为了证明教会加冕的可有可无性，巴黎的约翰援引了西班牙的例子："正如在西班牙国王们那里是明显的"(*ut patet in regibus Hispanorum*)。就葡萄牙从来没有引进过加冕仪式而言，这个判断是正确的；纳瓦拉王国只是 1257 年之后才引进了加冕和膏油礼(Schramm, "Der König von Navarra", *ZfRG*, germ. Abt., LXVIII[1951], 147f)；卡斯蒂利亚王国于 1157 年放弃了加冕仪式，尽管后来 13 世纪的时候又恢复了这个传统(Schramm, "Das kastilische Königtum und Kaisertum während der Reconquista", *Festschrift für Gerhard Ritter* [《格哈德·里特尔祝贺文集》][Tübingen, 1950], 115ff)；阿拉贡王国 1204 年引进了这个仪式，但遵循的是特殊礼仪——至少 1276 年佩德罗二世(Pedro II)即位之后是如此——国王不仅授予自己所有的王朝权标，而且亲手为自己加冕，"不管是大主教或是孩子，也不管是其他任何拥有地位的人，除了国王没有人"("ninguna persona ni larcebispe, ni infant, ni ninguna persona otra de cualquiere condicion que sea")被允许触摸王冠(Schramm, "Die Krönung im katalanisch-aragonesischen Königreich", *Homenatge a Antoni Rubió i Lluch* [《致敬安东尼·卢比奥-勒赫》][Barcelona, 1936], III, 8f)。

㊴ *MGH*, *Const.*, IV, No.1248, p.1311,40："Romano principi sola electio eius omnem tribuit potestatem."("单单罗马皇帝的选举就赋予了他完整的权力。")有关法学者为佩德罗三世所著备忘录的后来影响，参较 Rudolf Most, "Der Reichsgedanke des Lupold von Bebenburg", *DA*, IV (1941), 467, n.2。

㊵ 有关法律博士约翰·布兰查佐鲁斯(Johannes Branchazolus)和塞勒的乌戈利诺(Ugolino da Celle)，参见 E. E. Stengel, *Nova Alemanniae* (Berlin, 1921), 50, No. 90, §6; 73, No.123, §5；参较 Most, "Lupold," 468, n.1; 470, n.3。后来的论断则表现出更为强烈的倾向(Stengel, 402)，作者声称"这样的王冠是被教会创造出的某种仪式道具，它们是名称，而不是独立自存的事物"("iste corone sunt quedam sollempnitates adinvente per ecclesiam, nomina non res impendentes")(这同时也是唯名论对法学思想影响的一个很好的例证)。关于加冕礼仪为仪式的讨论，参见下面注 42、46；也可参见上面注 8。

论在莱茵斯取得最后胜利，德意志选帝侯通过决议——稍后巴伐利亚的路易在敕令“选举法权”(*Licet iuris*)中宣称——皇帝的权力和尊严只是直接来自上帝，由选帝侯依法选举的君主，仅凭对他的选举便拥有所有皇帝的权力、权利和特权，完全不需要教皇的首肯或确认。[41] 一些哲学家也随声附和，如奥康的威廉、帕多瓦的马西利奥等，他们认为，罗马教皇主张的权利，会攘除选举行为的重要性，并认为，加冕礼这样的仪式不管怎么说都不会授出权威，而只是显明这样的权威已经被拥有和被授予过了。[42]

1338 年的帝国官方立法，完全是出于现实目的来解决这一问题。法学者们当中的情况也是如此。确实，巴托鲁斯对这一问题没有明确表态过。[43] 陈述时自相矛盾的巴尔都斯，巧妙地运用古老的“一般统治权”和“完满权力”的区分(早在 12

---

[41] 这段内容参见 Mirbt, *Quellen*, 223, Nos.383,384(约翰·条顿的注释措辞清晰明了)；总体情况，参见 E. E. Stengel, *Avignon und Rhens*(《亚维农与伦斯》)(Weimar, 1930); Most, “Lupold,” 466ff; Heinrich Mitteis, *Die deutsche Königswahl: Ihre Rechtsgrundlagen bis zur Goldenen Bulle* (2nd ed., Brünn, Munich, and Vienna, 1944), 216ff。加冕礼之前当选皇帝所行使的权力，被拿来与加冕礼之前当选教皇的权力作比较，因为教皇“从选举中获得了所有教权”(“omnia iura pontificis ex electione)——至少在奇诺看来是如此；参见 Hugelmann, “Kaiserweihe,” 30 (note)；有关皇帝敕令在教皇法庭的效力，参见 Ullmann, *Lucas de Penna*, 177f, also (n.3)。参较 Durandus，上面注 32。

[42] 有关马西利奥的情况，参见 *Defensor pacis*, II, c.26, §§4-5, ed. R. Scholz (*MGH*, *Fontes iuris germanici antiqui*, 1932), 490f: “Non enim conferunt huiusmodi solempnitates auctoritatem, sed habitam vel collatam significant”(“这种仪式不授予权威，而只是显明它已经被拥有或被授予过了”)。有关奥康的情况，参见 Most, “Lupold,” 470, n. 5, 471, n. 3; Schramm, *Frankreich*, I, 243, and 227 讨论了扬登的约翰(John of Jandun)的情况。

[43] Woolf, *Bartolus*, 31f.

世纪卢菲努斯[Rufinus]就已提出)，声称皇帝在加冕礼之前只拥有“一般统治权”，它是一种权力的复合体，很久以前德意志诸侯们常称之为“治权”(*imperatura*)。[44] 不过，约翰·条顿
328 的注释对这些后来的法学家们也是施加了影响的。巴尔都斯尽管时常参引“总执事”(Archidiaconus)贝西奥的圭多(Guido de Baysio)，[45]但当强调罗马加冕礼的纯粹“装饰”特征时，它实际上是依赖于约翰·条顿的注释并将其阐发。巴尔都斯认为，罗马加冕礼仅仅是增添了某种“光辉和增益了荣誉”，而皇帝权威的真正本质则只来自选举中所达成的一致。[46] 正是采

㊹ Baldus, on *C.*7, 37, 3, additio, fol.28^{v}:“ante coronationem non habet plenitudinem potestatis, licet habeat generalem administrationem”(“在加冕礼之前他尽管有一般统治权，但没有完满权力”)。有关这些类似区分，参见上面注27；另见 Ullmann, *op. cit.*, 178。参较 Mitteis, *Königswahl*, 120ff，对 *imperatura* 的讨论。这种造词现象当时一定很普遍；奇诺(为 Hugelmann, “Kaiserweihe,” 第30页脚注所引述)提到了 *Imperatoriam* (*iurisdictionem*)；庞特的奥德拉都斯(见上面注29)使用了 *imperatio*，尽管它并非德意志诸侯所指涉的含义，而是但丁所说的 *imperiatus* (*De monarchia*, III, 12)。这些所造之词的使用，显示了人们希望避免 *imperium* 一词所具有的多义性。

㊺ Baldus, on prooem. (“Rex pacificus”) X 1, n.5, *In Decretales*, fol.5:“Rex Romanorum statim, cum electus est, habet imperium plene formatum authoritate potestatis, licet coronam expectet, ut not. Archidia. xciii, distin. capit. legimus (c.24, D.XCIII)”(“罗马人民的王一选举上，就拥有被完满权威形成的帝权，不过他仍期望着加冕礼，这正像那位总执事在对 c.24, D.XCIII 的注释中所言”)。

㊻ Baldus, on c.33 X 2, 24, n.6, *In Decretales*, fol.261^{v}:“Coronatio in imperatore non addit nisi coruscationem et honoris augmentum (above nos.40, 42), sed veram essentiam ex sola electione concordi. Hoc patet in Constantino, qui coronavit papam, non autem fuit coronatus a papa, tamen ei donavit maxima et meliora, et ecclesia in parte utitur illa donatione, ergo valuit. Ex hoc sequitur quod administratio potest praecedere coronationem et sequi”(“给皇帝的加冕礼除了熠熠光辉和荣誉增益之外并不添加别的什么[参见上面注40、42]， (转下页)

摭了这些法学家其中一位的观点，英国的法律专家们（克兰默、柯克等）最终提出了这样的观念：加冕礼“只是王权的装饰和王位承袭的外在庆典而已”，即使没有被“涂抹膏油”，国王同样拥有圣灵的所有恩典。

教会法学者和罗马法学者们在大空位期就皇帝加冕前的权利有过热烈讨论，这是否影响了欧洲各个王国的政治决策，若有的话影响程度几何，要精确回答这一问题确实有些困难。然而我们可以设想，当英国和法国这两大欧洲君主国，敢于将后世法学者们眼里不辩自明的理论——将国王统治的开始和完整权力的行使与教会的授职仪式分离开来——付诸实施，法学理论在其中至少是起到了推波助澜的作用。1270 年当圣路易死于非洲时，腓力三世还驻留突尼斯海岸，在安茹的查理的操控下他旋即攫取了所有权力。加冕仪式本应推延至腓力三世回国后再举行，但还没等到那一天，腓力三世就已经成了法兰西国王，集所有权利和特权于一身。因此，与惯例相反，他是从即位之日而非加冕之日开始记录他的在位纪年。[47]
1272 年的英格兰国王继位程序与之相似。亨利三世死时其 329
子爱德华一世并不在圣地，但爱德华一世自即位之日（即他父亲的安葬日）起，便开始以集完整权威和权力于一身的国王身份进行统治。爱德华无须等到 1274 年加冕仪式后才承袭所

（接上页）[皇帝权威]真正的本质仅出于选举中所达成的一致。这表现在君士坦丁那里，他给教皇加冕，而不是被教皇加冕，他赠与了对教皇来说最大和善好的东西，教会部分地享用了赠物，因此这种赠与是有效的。从这可以得出，统治权在加冕礼之前是可以存在的，之后也是会存续下去的”）。另参见上面注 32。

[47] Schramm，*Frankreich*，I，226f；总体情况参见 Kern，*Gottesgnadentum*，308f。

有的权力；他的纪年排算也是与历来的公认做法（即从加冕之日算起）相抵牾的。[48] 因此，出于实践原因，而且几乎是一种巧合，腓力三世和爱德华一世都把法学家们的学说付诸了实践，正是那些法学家坚持，完整的统治权是从统治者即位之日开始的："帝国统治纪年便开始了。"（*et incipiunt anni imperii*）[49]

如此，英国和法国都成功抹去了国王即位和他加冕之间的"短暂空位期"，正如伦斯决议[*]和敕法"选举法权"（*Licet iuris*）最终攘除了罗马帝国里的过渡期。当然，加冕仪式并没有就此被取缔。尽管仍有中世纪后期的热烈场面，仍有盛典所应有的庄严虔诚和满满当当的象征主义，礼仪式王权的鲜活本质最终还是消失殆尽，并且，无所不在的（政治和法律方面的）世俗考虑，也剥夺了仪式中原有的宪制价值。新王统治只是通过上帝和人民才合法化的，"人民行动而上帝启示"（*populo faciente et Deo inspirante*）。正如帕多瓦的马西利奥所言，教会的作用仅仅是去"彰显"。教会不得不证明新国王具有合法性和正统性。然而，教会仍有责任确保加冕仪式

---

[48] Pollock and Maitland, *History*, I, 521f; Stubbs, *Select Charters*, 438ff; also Schramm, *English Coronation*, 166f.

[49] Oldradus de Ponte, *Consilia*, CLXXX, n.6, fol.74^{v}，讨论了其他人的观点，根据他们的看法，当选皇帝单单从选举之中就得到了"真正的皇帝"的权利："正如（罗马人民的王）这一名称所示，（当选皇帝）从这时起开始支配罗马人民的事务。倘若如此，从这时起他就是真正的皇帝，帝国统治纪年便开始了"（"Et ut nomen [rex Romanorum] indicat, ex tunc videtur romanorum praepositus rebus. Si sic, ex tunc est verus imperator, et incipiunt anni imperii"）。参较 Theseider, *L'Idea imperiale*, 264（此处，没有什么意义的 *utitur* [vr̂]就应替换为 *videtur*）。

* 伦斯决议（Declaration of Rhense）于 1338 年通过，主张德意志选帝侯选举皇帝时不用取得教皇的同意。——译者

上的重要誓约的庄严性。[50] 作为展现宫廷雍容华贵的场合，新设立的王朝爵位制提供给了这一场合仪式细节，加冕礼由此获得了一些新的意义。[51] 最后，如柯克爵士所言，加冕礼旨在“表现出王族世袭之庄严”，亦即，充当提升王朝类宗教性方面 330
的媒介，并充当展示王朝建立所凭借之神权的媒介。

1270年的法兰西和1272年的英格兰，都承认继承王位是长子与生俱来的权利，但两国并未就此颁布过什么特别法案或敕令，而是视其为一种既定事实（*de facto*）：自在位君主驾崩或安葬之日起，[52]他的儿子或合法继承人便自动成为国王。继承并没有中断过：法律上的立嘱人和继承人是一个人格，这一观点得到哲学原则的支持，从私法移入了公法。[53] 因此国王“自然身体”的连续性得到了确保，两个西方君主国家不仅攘除了即位和加冕之间的“短暂空位期”，而且也一劳永逸地消除了国王驾崩和其继任者选举之间可能发生的“大空位

---

[50] 国王只在一个场合宣读誓约，这便是加冕仪式上；参见 Richardson, “Coronation Oath,” 62f, n.91；另见 Schramm, *English Coronation*, 204ff，文中讨论了相关变化，还可参见拙文“Inalienability,” *Speculum*, XXIV (1954), 488-502，其中讨论了不可让渡条款的引入，这一条款的引入增加了加冕誓约的宪制意义。

[51] 参见 Schramm, *English Coronation*, 90ff 中的准确阐述。

[52] 葬礼在亨利三世死后第四天举行；然而1308年之后间隔期仅为一天，一直到16世纪最终取消了已故君主这一荣誉死期的规则；参见 Schramm, *op. cit.*, 166f。Baldus, on c.36 X 1,6, n.3, *In Decretales*, fol. 79，建议故王死后至少经过3天新王才可以加冕：“当国王死去，其子若不经过3天之后加冕则属不正当，因为，基督死后是经过3天才复活的”（“Quod rege mortuo filius eius non debet de honestate coronari nisi post triduum, quia post tres dies Christus resurrexit a mortuis”）。

[53] 参见下面注60ff，以及注78ff。

期”。“时间从不制约国王”——时间也不会制约王朝。

自此，国王的真正合法性就在于王朝自身了，独立于教会方面的首肯或加冕礼，也独立于人民的选举。巴黎的约翰写道：“王权来自上帝和人民，上帝和人民选举国王时‘依凭他的身世’(*in persona vel in domo*)。”[54]一旦王朝的选择已由人民作出，选举就中止了：王室出身本身就显示了王子要当选继位，他的选举是出自上帝和神意。一个人依世袭权利继承家系的王位，这种权利“除了上帝没有谁能定立”。这是11世纪一位作者的观点，它集中反映在布拉克顿经常为人引用的格言中：
331 “只有上帝才能定立继承人”，[55]这意味着继承人的出世就好似一次“上帝的明断”。[56] 因此，大主教克兰默在阐明“膏油礼”可有可无后仍坚持，上帝膏立者“是上帝所选之人，禀受了圣灵的恩典”。[57] 原先由选举者投票来显明的圣灵，在其恩典转由膏油礼赋予之后，如今流淌于国王血脉之中，既出于自然又借由恩典(*natura et gratia*)。因此，王族血液现在就仿似一股神秘之流。

---

[54] John of Paris, *De potestate*, c.10, ed. Leclercq, 119,23；参见第六章注51，以及 Kern, *Gottesgnadentura*, 47ff。

[55] 参见短论《论教会的合一》(*De unitate Ecclesiae*)(约1090年) c.13, *MGH*, *LDL*, II, 204, 32：“... qui pro patribus suis successit in regnum iure hereditario, quod fieri non posset nisi a Deo”(“……此人取代自己家长依据世袭权利继承王国，这一继承权利除了上帝没有谁能定立”)。参较 Kern, *Gottesgnadentum*, 245, n.449，对除此之外的地方进行讨论。Bracton, fol.62b, ed. Woodbine, II, 184：“Nec potest aliquis sibi facere heredem, quia solus deus heredem facit”(“其他人自己是不能定立继承人的，因为只有上帝能定立继承人”)。参较 Figgis, *Divine Right*, 36；Kern, *op.cit.*, 48, n.90。

[56] 参见 Figgis, *Divine Right*, 36。

[57] 参见上面注11。

> “从天上来的是在万有之上”(《约翰福音》3：31)，也就是说，降生于帝室血脉的比所有人都尊贵。[58]

腓特烈二世的颂扬者们只是在重复宫廷中曾经流行的观点，腓特烈自己也称颂帝室以及整个王族的高贵。[59] 此外，他的身边有人开始把王朝观念与一些哲学学说联系起来，这些学说相信有某种王者秉性和潜能寓于国王们的血液之中，并且可以说它们是在创造出一种王者人种。在致腓特烈小儿子康拉德四世的一封信中，这位作者写道：

> [王族]血液之高贵能与众不同，乃因其贯注一精微高贵之灵魂，此灵魂使王侯先于他人领受教诲；由是之故，无知之王侯亦比常人更易败坏和受玷污。[60]

---

[58] Nicholas of Bari, ed. Kloos, in *DA*, XI (1954), 170,4:“qui de celo venit, super omnes est, id est, qui de imperiali semine descendit, cunctis nobilior est.”

[59] 参见 *Erg.Bd.* 221ff,特别是,1265 年国王曼弗雷德对罗马人民发表的宣言;*MGH*, *Const.*, II, No.424, pp.559ff。

[60] Huillard-Bréholles, *Hist. dipl.*, v, 274f:“Immo tanto se maiori nota notabiles faciunt principes inscii quam privati, quanto *nobilitas sanguinis per infusionem subtilis et nobilis anime* facit ipsos esse pre ceteris susceptibiles discipline.”整封信非常有意义,尽管也许只是一次学校的练习问题,但它反映了,王族血液的观念,在一个受到亚里士多德—斯多亚派人类学理论强烈影响的时期,显然是普遍被接受的。杜布瓦(见下面注 64)使用了类似的表述,之后的绝对论也采纳了同样的论证;“[王族血液]相比于其他常人的,有着更为高贵和更具尊严的材质和品性”(“[Le sang Royal] est d'estoffe et qualité trop plus noble et auguste, que celui des autres hommes”)。参较 Church, *Constitutional Thought*, 317, n. 36,该书参引的是 Charles Loyseau, *Traité des ordres et simples dignitez*, VII, n.92,收于查尔斯·卢瓦索(Charles Loyseau)的著作集(*Oeuvres* [Lyon, 1701], 47)中。

332 我们不清楚作者说出这番话时想到的是什么学说，不知道他的想法所依据的原典出处。它并不单纯是亚里士多德人类学中有关生殖和遗传的学说——认为男性精子里有一种源于生殖者灵魂并渗入其子的能动力；[61]这也不是斯多亚学派的一般意义上"人类"（*genus humanum*）的"种子原理"学说；[62]这一特别洗练的灵魂，"精微高贵"且已融入王侯血液之中，它更让

---

[61] 这些内容关涉亚里士多德有关生育和精子的理论，尽管在《论动物生殖》（*De generatione animalium*）中多有论及，但非常分散；参见 Harold Cherniss, *Aristotle's Criticism of Plato and the Academy* (Baltimore, 1944), 470f。对整个问题的新近讨论见诸 Erna Lesky, *Die Zeugungs- und vererbungslehren der Antike und ihr Nachwirken* (Akademie d. Wissenschaften und der Literatur: Abh. d. Geistes-und Sozialwiss. K1., 1950, No.19, Mainz, 1951)；参见 125ff (1349ff)，对亚里士多德的讨论，特别是 146ff (1370ff)对亚里士多德遗传学说的讨论。另见 A. Mitterer, *Die Zeugung der Organismen, insbesondere des Menschen, nach dem Weltbild des hl. Thomas von Aquin und dem der Gegenwart* (Vienna, 1947)。阿奎那的学说主张，"在精子中的能动力是源出于生殖者灵魂的某种压渗性之物"（"virtus activa quae est in semine, est quaedam impressio derivata ab anima generantis"）(*Summa theol.*, I, q.119, art.1, resp.2，以及 I, q. 118, art.1, ad 3；参较 Lesky, 135 和 137，对亚里士多德观点的讨论)，这一学说对法学思想也产生了影响；可参见 Jean de Terre Rouge, *De iure futuri successoris*, Tract. I, art.2, concl.1, p.35："... nam secundum Philosophum in semine hominis est quaedam vis impressiva, activa, derivata ab anima generantis et a suis remotis parentibus. Et sic est identitas particularis naturae patris et filii ..."（"……按亚里士多德的看法，人的精子中有某种压渗力和能动力，它们源出于生殖者灵魂和他的先祖。而这正是父与子在自然上的特殊同一性……"）有关父与子同一性学说参见下面注 258 及其后。

[62] 亚里士多德—斯多亚派关于"种子原理"的学说，中世纪由奥古斯丁和马克罗比乌斯（Macrobius）所传承，对此可参见 Hans Meyer, *Geschichte der Lehre von den Keimkräften von der Stoa bis zum Ausgang der Patristik* (Bonn, 1914), esp.184ff；参较 Lesky, *op.cit.* 164ff (1388ff)；以及 172f (1396f)，其中谈到了 Philo, *Legatio ad Gaium*, c.8, 55，文中"种子理性"（"seminal logoi"）据称已经预定下了卡利古拉（Caligula）的统治权；参较 Harry A. Wolfson, *Philo* (Cambridge, Mass., 1948), I, 342f。

人想到赫耳墨斯主义的国王灵魂创造论，但是这种信条当时是否已为人所知，尚可存疑。[63]

然而，也可能是一种特别的（属非理性的同时也属物质性 333
的）科学的神秘性主义，利用了王朝合法性这一萌芽状态的观念。皮埃尔·杜布瓦（Pierre Dubois）汇集了星象学和风土学的许多论点，来证明法兰西王族在自然和身体上不仅优胜于常人，也优胜于其他王族。[64] 同一时期，替王朝原则辩护的法

---

[63] *Kore kosmou*, frg.XXIV, ed. W. Scott, *Hermetica* (Oxford, 1924), I, 494ff; ed. A. D. Nock and A.-J. Festugière, *Corpus Hermeticum* (Paris, 1954), IV, 52ff；另见 Delatte, *Traités de la royauté*, 154ff，其中谈到了与“毕达哥拉斯派”有关王权方面理论的关联性。关于 *Corpus Hermeticum*，已知至少有一篇是夏特尔学派的论文“埃斯克勒庇俄斯”（*Asclepius*）；参见 Theodore Silverstein, “The Fabulous Cosmogony of Bernardus Silvestris”, *Modern Philology*, XLVI (1948), 109ff; Robert B. Woolsey, “Bernard Silvester and the Hermetic Asclepius”, *Traditio*, VI (1948), 340 - 344；以及 Manitius, *Lateinische Literatur*, III, 199 and 262。然而，*Kore kosmou*（《世界之元贞》）或者斯托比雅斯[Stobaeus]的 *Florilegium*（《选集》）在 13 世纪几乎很难得到。Loyseau, *loc. cit.*（上面注 60）在相关主题上提到了柏拉图和亚里士多德：“柏拉图在《理想国》第三卷中谈到，那些为支配而生者，有着异于他人的构成体质。亚里士多德说得则更贴切，国王是神和人民中间的一个属”（veu que Platon au 3. De sa *Republ.* a dit, que ceux, qui sont nays pour commander, sont composez d'autre metail, que les autres. Et Aristote à dit encor plus a propos, que les Roys sont d'un genre moyen entre Dieu et le peuple”）。参见 Plato, *Rep.*, III, 415Aff；但不知该作者所引亚里士多德的话出自何处；相似之处还可参见 Goodenough, *Politics of Philo*, 98。

[64] Scholz, *Publizistik*, 411, n.137; Kämpf, *Pierre Dubois*, 95, n.7；另见第 70 页。绝对主义的标准做法仍是高扬王室血液的“卓越性，不应想象它们有任何污点和腐坏，相反，这种王室血液使得与自己相混的所有其他血液纯洁和高贵。”（“en l'excellence duquel on ne doit imaginer aucune souilleure ni corruption, ains au contraire ce sang Royal purifie ennoblit tout autre sang avec lequel il se mesle.”）Charles Loyseau, *loc.cit.* (above, n.60)这一节内容，应与 Leclercq, “Sermon,” 169, 15（上面第五章注 183）相对照。有关英格兰的情况，可参见培根（Bacon, *Post-nati*, 667）的表述：“……他的[国王的]血液决不会腐坏……”

国诸理论,产出了王朝经院主义这样真正奇特的构造物:法兰西王朝是一个可回溯到查理大帝血统的王朝,圣王生下新的圣王;法兰西王族是一个从基督教信仰之始初就由基督提携的王族,是上帝施授圣油为其族内国王膏油的极为神圣的王室;它无疑禀受了神奇馈赠,是甚至教会都不会主张有类似物的神奇馈赠。[65] 虽然在那个时期的英国,很难找到类似高扬王室借恩典、依自然所获神秘禀赋的表现,然而长子继位权的观念已深入人心,成为一项"颠扑不破的法权"和一条无可辩驳的(即使是未成文的)王国之法。[66]

334 此处我们关心的是连续性原则。中世纪早期,显然是在教会的领导下,空位期的王国连续性有时被保存于一种拟制

[65] 见第五章注 183 - 185。有关向加洛林王族回归的讨论,参见 Karl Ferdinand Werner, "Die Legitimät der Kapetinger und die Entstehung des 'Reditus regni Francorum ad stirpem Karoli'", *Die Welt als Geschichte*, XII (1952), 203 - 225,作者揭示,这一口号尽管已经由马尔谢讷的斯提芬(Stephen of Marchiennes)(1196 年前后)引入,只是经由博韦的樊尚(1244 年之后)才通行起来;参较 Kern, *Ausdehnungspolitik*, 23。那不勒斯安茹家族(Anjous of Naples)采纳了法国人的这一主张。可参见安茹的查理二世的加冕声明:"王室中人都带有基督教神圣特征,圣子基督自其基督教信仰之始初便引领名高望重的法兰西王室的王族后裔,并且,基督一直在光荣与荣誉之中指挥着被引领者(法兰西王室)"("Inter regales autem prosapias, Christianitatis caractere insignitas, ab ipsis fidei Christiane primordiis idem altissimi filius stirpem regiam inclite domus Francie altis provexit radicibus et provectam gubernare non desinit in gloria et honore") (Paris, Bibl. Nat., MS lat. 8567, fol. 20^{v})。这类论证屡见不鲜。譬如,参见 Werre Rouge, *De iure futuri successoris*, Tract. I, art. 1, concl. 15, p. 31: "Nam legimus domum regiam Franciae sanctissimam Deum de oleo suo ... prae aliis regibus ... decorasse"("确实,我们读到,至圣上帝用他的圣油让法兰西王室……优先于其他诸王……沐浴荣光")。

[66] 参见 Chrimes, *Ideas*, 22ff,作者指明该问题在中世纪后期的英格兰尚未定型;另见 Figgis, *Divine Right*, 81ff;有关普遍性的看法及其法律背景,参见 Keeton, *Shakespeare and his Legal Problems*, 109ff。

中：基督作为“摄政王”（*interrex*）填补了缺隙，以他自己的永恒性确保了王权的连续性。按“由基督统治时”（*regnante Christo*）来推算文书日期的古代做法，[67]是从迫害时期开始的，它往往是作为宗教皈依的纯正表现形式，[68]教皇哈得良一

---

[67] Arnold Ehrhardt, “Das *corpus Christi* und die Korporationen im spätrömischen Recht”, *ZfRG*, rom. Abt., LXXI (1954), 34, n.27（另见他的 *The Apostolic Succession* [London, 1953], 41f），强调“殉教者行传”中的日期推算在政治上具有革命性的特征，并给出了 *Martyrium Irenaei Syrmiensis* 一例：“在皇帝戴克里先治下，长官普洛波代治，由吾主耶稣基督统治时”（“sub Diocletiano imperatore, agente Probo praeside, regnante Domino nostro Jesu Christo”）。这里“戴克里先为帝——由主统治”（“Diocletiano imperatore—regnante Domino”）是一对反关系，而在 *Acta Cypriani* 中通过附加“*vero*”（然而）一词，对反关系就更强了：“瓦勒良和加列努斯为帝，然而是由主统治时……”（“Valeriano et Gallieno imperatoribus, regnante vero Domino ...”）或者通过加上“然而在我们看来，是吾主统治时”（*κατὰ δὲ ἡμᾶς βασιλεύοντος τοῦ κυρίου ἡμῶν*）（*Pionius*, c.23），或者“然而是在天上来统治时，等等”（*ἐν οὐρανοῖς δὲ βασιλεύοντος κτλ.*）（*Dasius*, c.12），或者“永久的统治”（*βασιλεύοντος εἰς αἰῶνας*）（殉教者阿戈培[*Agape*]、艾琳[*Irene*]以及其他人，c. 7）ed. Rudolf Knopf, *Ausgewählte Märtyrer-Akten* (2nd ed., Tübingen, 1929)，71, 86, 92，以及文中多处。埃尔哈特（Ehrhardt）博士似乎认为这种做法起源于殉教者行传，是怀有对国王日期推算的一种对立情绪，这种看法是有道理的。这种日期推算也比较早地就被用于了政治目的（见下面注 69）；可参见 641 年来自阿拉伯人占领下的叙利亚豪兰地区（Hauran）的一处铭文，君士坦丁堡无意义的帝国纪年被“主耶稣基督统治时”（*κυρίου Ἰησοῦ Χριστοῦ βασιλεύοντος*）取代；Philippe Le Bas and W. H. Waddington, *Voyage archéologique: Explication des inscriptions grecques et latines recueillies en Grèce et en Asie Mineure* (Paris, 1888ff), Partie 6, *Syrie*, p.552, No.2413a，引述于 Milton V. Anastos, “Political Theory in the Lives of the Slavic Saints Constantine and Methodius”, *Harvard Slavic Studies*, II (1954), 31f。

[68] 这种表述很常见，频繁出现于盎格鲁-撒克逊史料的祈祷词（*invocatio*）中；可参见 W. de Gray Birch, *Cartularium Saxonicum* (London, 1885–93), I, 7, No.3; 45, No.25; 47, No.27; III, 623, No.1303, and passim，讨论了像“由吾主永久统治时……”（“Regnante imperpetuum domino nostro ...”）之类的祈祷词，有时被有着同样意义的“拉布兰符号”（*labarum*［这一符号由“基督”希腊语（*Χριστός*）前两个字母的人写“X”和“P”构成。——译者］）替代或补充；有关这类文书，参见 Richard Drögereit, “Gab es eine angelsächsische Königskanzlei?”, *ArchUF*, XIII (1935), 370, 391, 397。

世借用此做法以示其今后拒绝承认破坏圣像的拜占庭皇帝;[69]此做法时常在国王纪年无法得悉的空位期用来推算文书日期。有时一些非常明确的表述内容自己就说明问题了:

> 勃艮第无王,我主耶稣基督便统治此处并各地……
> 335 鲁道夫王驾崩初年,基督统治,盼望新王……
> 基督统治,盼望新王……[70]

这就是说,在无王统治之时,由基督统治。真正的统治是由上帝所移交的,无王之国重归至高无上的神圣之主,直至新王即位。

---

[69] 哈德良一世的情况参见 Schramm, *Die Anerkennung Karls des Grossen als Kaiser* (Munich, 1952), 11f (以及 *HZ*, CLXXII, 1952);参较 A. Menzer, "Die Jahresmerkmale in den Datierungen der Papsturkunden bis zum Ausgang des 11. Jahrhunderts", *Römische Quartalschrift*, XL (1932), 62f。施拉姆(Schramm)不无正确地将这一冗长表述(其中包括了圣父和圣灵)称作"礼仪式的"。不过,这种模式应当到殉教者行传的日期推算中,应当到像豪兰地区的铭文这样的有利表现形式中去找寻;参见上面注 67。

[70] 空位期表述形式的特征,在哈德良一世那里是模糊不清的,但在教皇约翰八世那里却毫不含糊;在 875 年路易二世死后和光头查理加冕之前的这段帝国空位期,约翰八世采用了下面的表述:由皇帝即主耶稣基督统治时(*regnante imperatore domno Iesu Christo*);参见 Bresslau, *Urkundenlehre*, I, 837; Menzer, *op.cit.*, 63。总体情况参见 Kern, *Gottesgnadentum*, 7, n.12, and 30, n.59。有关此处正文提到的诸表述形式("Burgundia rege carente, Domino nostro J.Ch. hic et ubique regnante ...; Anno primo quod obiit Radulfus rex, Christo regnante, regem sperante ...; Christo regnante regem expectante ..."),参见 U. Chevalier, *Cartulaire de Saint-André-le-Bas de Vienne* (Lyon, 1869), 268ff; Ph. Lauer, *Le règne de Louis VII d'Outre-mer* (Paris, 1900), 15, n.l. "由吾主统治时"(*Regnante domino nostro*)之类的表述也用于宗座的空位期;参较 Gregory VII, *Reg.*, I, 1, ed. Casper, p.l, n.2;另参见上面注 2。

佛罗伦萨共和国在 1528 年最后一次诉诸这一貌似奇特的观念,[71]是一次铤而走险之举。因为,此时教皇正开始为自己谋求超验性"摄政王"及"基督代理人"(*vicarius Christi*)的诸多权利,而"基督代理人"的身份意味着教皇在空位期是凌驾于世俗统治者之上的最高统治者,所以,将无王之国在这个时候重归于基督,就会形成政治上危机四伏的现实。与往常一样,这种做法是肇始于帝国的。还在教皇格里高利七世时期,在亨利四世被教会绝罚之后,我们找到了当时标有日期的文件:吾主教皇格里高利执掌罗马帝国(*Domino nostro papa Gregorio Romanum imperium tenente*)。[72] 英诺森三世在一次空位期曾谋求过帝权;英诺森四世则推导出圣统制的结论:帝国应重归于地上的真正君主即基督的代理人,同时他闪烁其辞想将对"空位期之王权"(*regnis vacantibus*)的要求扩大到其他王国;最后奥斯蒂恩西斯一统模棱分散的见解,牢固地确立了教皇作为空位期王权代理人的理论。[73] 14 世纪,出于

---

[71] Cecil Roth, *The Last Florentine Republic* (London, 1925), 76f,82f 概述了多种史料,但未对它们不同的表述形式作出清晰区分。

[72] *Cartulaire de l'abbaye de Saint Bernard de Romans* (Romans, 1898), I, 203ff, Nos. 168,188;参较 *Laudes regiae*, 140, n.93。这一观念虽参照了罗马帝国终结于最后审判日的见解,但也可见于卢卡的托勒密的 *Determinatio*, c.25, ed. Krammer, 49:"Deinde redit [imperium] ad verum dominum, qui contulerat, scilicet Christum, cuius vices summus pontifex gerit"("此后,[帝权]重归真正的统治者那里行使,亦即基督那里,教皇担任他的代理人")。

[73] 有关整个问题的情况,参见 F. Baethgen, "Der Anspruch des Papsttums auf das Reichsvikariat", *ZfRG*, kan.Abt., x (1920), 172 – 268;有关英诺森四世和奥斯蒂恩西斯,特别参见 178ff, 182f;另见 Carlyle, *Political Theory*, V,322, n.1;Ullmann, *Lucas de Penna*, 172, n.9,其中讨论了彭纳的卢卡斯对此理论的反对意见;还有 Ullmann, *Medieval Papalism*, 188, n.5,其中谈到了奇诺对教皇声索帝国代理职权的反驳。

政治权宜，该理论甚至一度用于那些只是教廷认作空位但实
336 际上却有在位君主的领地。由此之故，巴伐利亚的路易赐与英王爱德华三世的帝国代理权，遭到了教皇本笃十二世(Benedict XII)的反对，理由是它僭越了教皇的权力。[74]

由于王朝代代相继的连续性使得空位期已不复存在，教皇诸如此类的权力诉求，自然在那些王国丧失了真正的基础。国王的统治始于先王驾崩之日，或如1308年之后的英国，始于先王驾崩的第二天。[75] 自此，世袭继位从理论上看就不会有中断了，基于王朝的连续性，我们便可以说国王的自然身体“决不会死”：王朝和“王室”仿似超个人的实体，与“决不会死”的统合体轩轾相当。无论如何，在以基督为中心的时代，为确保空位期政制的连续性而从神圣“摄政王”方面作出的这种虔诚拟制，由于受压于王朝代代相继的连续性观念，已成明日黄花。至少对于政治身体之头的自然身体来说是如此。然而，整个政治身体(头和四肢一起)的连续性，则是由另一个拟制来保持的，这一拟制便是王冠的永恒性。

作为拟制的王冠

可见的和不可见的王冠(CORONA VISIBILIS ET INVISIBILIS)

巴尔都斯写到，古时当罗马帝国处于繁盛时期，人们常说

---

[74] Baethgen, “Reichsvikariat,” 262, n.2，谈到了爱德华三世。在巴伐利亚的路易统治的整个时期，罗马教皇认为帝国一直处于空位期，因而自己想要来行使代理权。

[75] Schramm, *English Coronation*, 166f; *König von Frankreich*, I, 226f.

皇帝有一个由冠冕构成的“物质性的、可见的”王冠（crown），还有一个由上帝赐赠的“不可见的”王冠（Crown）。[76] 对罗马皇帝选举之威严有效的，对国王世袭之威严也有效。巴尔都斯在儿子（根据王国之法而不是罗马法）生来具有继承父亲权利的君主国里，同样区分了两种王冠。 337

> 儿子（的承继），我不认为有间隔期；因为，**王冠**是以连续性方式传递给他的，尽管“**外在的王冠**”需要手来加戴于

---

[76] Baldus, *Consilia*, III, 159, n. 2, fol. 45ᵛ: “Et tale Regnum [sc. the elective Regnum Romanorum] a Deo hominibus mittitur (*C.*, 1, 17, 1; *Nov.*, 6, in pr.; Nov., 73, in pr. 1; *Nov.*, 113, 1; *Nov.*, 105). Et dicebatur antiquitus, dum Romanum Imperium erat in flore, quod corona Imperialis invisibilis imponebatur a Deo, materialis vero et visibilis erat ipsa Imperialis infula (*C.*, 7, 37, 3, 5)”（“这样的王权[即，经选举产生的罗马王权]是由上帝派送到人们中间的。在罗马帝国的繁盛往昔，人们常说，皇帝不可见的王冠由上帝加戴，而物质性的、可见的王冠则是皇帝的头饰本身”）。Matthaeus de Afflictis, on *Lib. aug.*, I, 7, n. 32, fol. 52ᵛ 逐字逐句地引用了这一内容，以确证格言“王国之王被称作活的法律”（“quod rex in regno dicitur lex animata”）。巴尔都斯用“*dicebatur*”一词时心中是否想到了某位特定古代作者，这不好断言，因为他的法学立场并未真正地证实两个王冠的理论。巴里的尼古拉斯（Nicholas of Bari）在对腓特烈二世的称颂中参考了《出埃及记》（25∶25），他说：“腓特烈的帐幕中有两顶金冠，一顶被称作金质的，另一顶被称作金光的，在上的金光之冠比金质之冠更卓越，正如此人的（皇帝的）威严比所有其他人的威严更卓越”（“In tabernaculo federis erant due corone auree, una quarum dicebatur aurea, altera aureola, sed aureola superposita auree preminebat, sic dignitas istius [imperatoris] omni preminet dignitati”）。当然，皇帝可见的、物质性的王冠与上帝之手加戴其头的“不可见的”王冠之间的区别，在拜占庭艺术中是非常生动形象的；可参见 André Grabar, “Un médaillon en or provenant de Mersine en Cilicie”, *Dumbarton Oaks Papers*, VI (1951), 34ff，作者讨论了一枚币章（铸于 6 世纪，但是图案设计可以追溯到后君士坦丁时代），上面除了皇帝真实戴着的王冠之外，还有“上帝的右手”（*dextera Dei*）从天国传下来的“不可见的”王冠，此外当然还包括拟人化的太阳授赠给他的“项圈”（*torques*）这种权标。我们也许会想到，帝国钱币上反复出现的光芒四射的王冠，实际上并不是皇帝现实所戴的顶饰。

头上，需要就职的庄严仪式。[77]

巴尔都斯想表达的思想十分清楚。国王在加冕时要被赐予、加戴一个可见的、物质性的、外在的金环或王冠；另外还有一个不可见的、非物质的王冠——包括对于政治身体的统治不可或缺的国王所有权利和特权，它是永恒的，要么直接来自上帝，要么是通过王朝的继承权利。对于这个不可见的王冠，我们可以说它是“不死的王冠”（*Corona non moritur*）。

为确证那不可见的王冠的永恒性和没有王朝承继缺口的连续性，巴尔都斯的做法与法学家们的惯常做法相一致，都将私法的一项论证应用到了公法领域。他援用了查士丁尼《法
338 学阶梯》中继承法的一句话——“父亲一死，所有权即延续下去”。阿库修斯对此句的标准注释是：“根据法律拟制，父亲和儿子是一体的。”[78]父亲和儿子为“一体”，以及先任者和继任者

---

⑦ Baldus, on c.36 X 1,6, n.3, *In Decretales*, fol.79:“Quod rege mortuo filius eius non debet de honestate coronari nisi post triduum ...; ego in filio non facio temporis distinctionem, quia *corona* continuitive descendit in ipsum ... licet *corona exterior* requirat manus impositionem et officiorum celebritatem”(“当国王死去，其子若不经过3天之后加冕则属不正当……［以下翻译内容见正文］”)。“儿子在王国内继承父亲是根据王国之法而不是罗马法”(“Filius succedit patri in regno iure regni, non iure Romano”)这一见解是一种通行说法；可参见 Baldus on c.24 X 1,6, n.2, fol.78。

⑱ *Inst.*,3, 1,3:“Et statim morte parentis quasi continuatur dominium.”参见 *Glos.ord.*, v. *quasi*:“Hoc ideo, quia in corporalibus dicitur proprie continuatio, sed dominium est incorporale .... Dic ergo improprie fieri continuationem: quia inter diversa, non inter eadem fieri debet: *sed pater et filius unum fictione iuris sunt*”(“这是因为，连续性确切说来是用在有形物上的，而所有权是无形物。……因此说发生连续性是不恰当的，因为发生连续性应该是在不同事物之间，而不是在相同事物之间，但根据法律拟制，父亲和儿子是一体的”)。另一个相关的地方是 *D.* 28,2,11。有关这一理论参见上面注61，以及下面注258ff 和注265ff。

相同一这种极为复杂的观念，由此也扎根于继承法之中了：甫逝之王与新王在不可见的、永久的王冠上成为一体，那永久王冠正是继承的实质内容。当然，这个概念几近于要将王朝从专门术语上等同于“代代相继的法人”，即先任者和继任者在人格化的职位或尊严上如同一人。[79] 然而另一方面，将继承物人格化，把从立嘱人转让给继承人的财产当作人格来看待，是法学思想中一种古老的概念特性。[80] 因此，非物质性的、不可见的王冠的人格化，在法学上存在几种可能性，尤其是当这一王冠的永久性与世袭君主国的永久性相联系时，与从不间断、没有缺口、亦无人格变动（尽管不排除有朽统治者的变动）的王朝连续性相联系时。

尽管有这些中世纪后期法学的提炼，但非物质性王冠的概念绝不是在这个领域中产生的，要说的话，也只是朦胧地与法律思想相关联。要决断某位作者提到的是可见的王冠还是不可见的王冠，对我们而言并非易事。13 世纪的法国诗人里希耶（Richier），有一首颂扬兰斯（Reims）及该城第一位主教圣雷米（St. Rémi）的长诗，诗中自然是提及了教堂珍藏的一件宝器（*cimelia*）——装有圣油的玻璃瓶，法兰西国王们在膏油礼上受此圣油而优越于其他受膏者，因为后者只能“在药铺里”

---

[79] 参见第六章注 97。

[80] *D.*46，1，22（著名的 *lex mortuo*）：“... quia hereditas personae vice fungitur, sicuti municipium et decuria et societas”（“……因为继承财产就像自治城市、地方议会和社团一样，充当着人格的作用”）。参较 Gierke，*Gen.R.*，III，362，and passim；见第六章注 74。

339 购买加冕之油。[81] 里希耶称，此圣油是"为保卫王冠"（*por la corone deffendre*）而从天国赐下的。上帝亲自圣化了"国王、王冠和王国"；法国人须将王冠当作最宝贵的圣物来珍爱，因为那些为守护王冠而死的人会在彼岸得到拯救。[82]

---

[81] Richier，*La vie de Saint Remi*，vv. 8140ff，ed. W. N. Bolderston，London，1912，335：

他应该清楚地知道
无论在任何别的地方
国王们加冕礼的油膏
要在商人店中购买。……
（Et molt li doit bien sovenir
Qu'en toutes autres regions
Covient les rois • lor ontions
Acheter en la mercerie ....）

参较 Bloch，*Rois thaumaturges*，229；Schramm，*Frankreich*，150，239。

[82] 参见 Richier，117ff：

上帝赐送给圣雷米
圣油，他借此圣油来圣化
国王、王冠和王国……
（Saint Remi • cui Dieus envoia
l'oile • dont il saintefia
le roi • la corone • le regne ...）

73ff： 为保卫王冠
上帝从天上赐下圣油……
（C'est por la corone deffendre
Dont Dieus fist l'oncïon descendre
Dou ciel ...）

45ff： 我们应该记住
法兰西人敬爱王冠……
凡谁为保卫王冠诸事
而仗节死义，
便直接于上帝前说话，得见上帝，
我相信，他应当会被拯救，
只要他不为错误信仰所囿。……

（转下页）

我们显然无法确知，诗人到底是在谈论法兰西国王的物质性王冠，还是在思忖法兰西的非物质性王冠、抽象的政治性王冠。实际上，物质性王冠上有一根来自荆冠（Crowns of Thorns）的荆棘，确实也算是一件圣物。[83] 在此情况下，物质的和非物质的王冠是相互融合的，可见的圣髑和不可见的观念之间的边界线也模糊不清了。拿匈牙利的王冠来说，它曾是匈牙利第一任基督教国王圣斯提芬的可见的圣髑，但这位国王同时又是匈牙利君主国的不可见象征和至高无上的统治者。[84] 既然法国诗人是将“王冠”与膏油礼一并提及的，我们也许可以把这一王冠视同于受膏的国王头顶上戴的金冠；不过， 340
“王冠的保卫”，以及为“王冠的殉教者”准备的天国酬赏之

（接上页）

(Et ce doit donner remenbrance
As François d'anmer la coronne ...
Et qui por si juste occoison
Morroit comme por li garder,
Au droit Dieu dire et esgarder
Croi je qu'il devroit estre saus,
S'il n'estoit en creance faus ....)

参较 Bolderston, 43, 40f；参较 Bloch, *Rois thaumaturges*, 244。

[83] Schramm, *Frankreich*, 209.

[84] 有关匈牙利的情况，参见 Hartung, “Die Krone,” 35ff；另见 Josef Karpat, “Die Lehre von der hlg. Krone Ungarns im Lichte des Schrifttums”, *Jahrbuch für Geschichte Osteuropas*, VI (1941), 1 - 54；以及 Joseph Holub, “Quod omnes tangit...,” *Revue historique de droit français et éstranger*, XXIX (1951), 97 - 102；考古学史料参见 P. J. Kelleher, *The Holy Crown of Hungary* (Papers and Monographs of the American Academy in Rome, XIII; Rome, 1951)。匈牙利的史料值得给予比上述考察更多的关注；见下面注 144。一本由多位作者（主要来自东欧国家）讨论王冠的论文集即将出版：*Corona Regni — Die Krone als Symbol*, ed. Manfred Hellmann (Darmstadt, Wissenschaftliche Buchgesellschaft)。

类的表述，又会把王冠这样的权标理解成法兰西“祖国”。既然有形圣髑和无形象征同为一体，那么，一个人为信仰神秘体的有形圣髑而决然殉难，与一个人为王国神秘体的无形象征而凛然赴死，二者真的有迥然之别吗？象征的不确定性本身也许就是它的最大价值，而模糊性也许就是抽象象征的真正力量。[85]

1197年，兰斯教堂这一法兰西国王加冕教堂的大圣堂参事会曾收到一封腓力二世的书信，腓力二世要求不对他承担役务的教士们给予他军事支持，“以保卫我们的头以及王国的王冠”（*tam pro capite nostro, tam pro corona regni defendenda*）。[86] “我们的头”和“王国的王冠”这样的词义对用让我们很难猜测出，信中所指到底是无形王冠还是国王头上的有形王冠：两种情况下王冠都可以是整个王国的象征。后面我们回到兰斯参事会员的答案时，我们才能对此问题有所明断。当时参事会成员承认，他们对国王有服兵役的义务，“以保卫王冠和王国”。[87] 若是这样的话，参事会成员就只是简单套用了一个标准表述形式，其起源至少可追溯至圣丹尼斯的絮热(Suger of St. Denis)，他在1150年曾向国王路易七世

---

[85] 参见 William H. Dunham, Jr., “The Grown Imperial,” *Parliamentary Affairs*, VI (1953), 201f:“……意义的模糊性使得这一用语[王冠]可以发挥多重作用”。感谢耶鲁大学的邓纳姆(Dunham)教授为笔者提供了有价值的信息。

[86] Strayer, “Defense of the Realm,” 292, n.4，引述了 H. F. Delaborde, *Recueil des actes de Philippe Auguste* (Paris, 1916 - 1943), II, 47。

[87] Strayer, *op.cit.*, 292, n.5.

保证王公贵族们对"王国和王冠"的效忠之心。[88] 从此处以及在国库意义上使用"王冠"的那些文书中，[89]我们可以看出不容 341
置疑的一点："王冠"所指示的，是比国王头上加戴的金环有更多普遍意义的东西。

我们也不应过分夸大界定的困难。絮热以及兰斯参事会成员所使用的"王冠"意义，明显是与"王国"意义不完全一致的，至多只能说二者紧密关联。另一方面，"王冠"也不完全等同于"国王"，腓力二世就明确区分了他的头颅和他头顶上的"王国的王冠"。换言之，"王冠"与"国王"和"王国"都不同。尽管"王冠"与国王和王国不可分离，但又与它们有所不同；尽管它不完全等同于二者，但又与二者有共同之处。我们大可不必为此赘言相辩，其实，在两种情形下（"头和王冠"与"王国和王冠"），我们都已经看到有种东西显然是不能为国王或王国二者中单独一个概念所涵盖的。答案也许正离我们越来越近。在"头和王冠"中，王冠一词是用来给国王纯粹物质性身体增益某种东西的，以强调话语中不仅仅指涉国王的"自然身体"；在"王国和王冠"中，王冠一词是用来消解"王国"（*regnum*）的纯粹地理—领土意义的，[90]毫不含糊地指明了王

---

[88] Hartung, "Die Krone," 20, n.3; Bouquet, *Recueil des historiens*, XV, 522.

[89] Hartung, 20, n.4.

[90] 参较 H. G. Richardson, "The English Coronation Oath," *Speculum*, XXIV (1949), 50:"拉丁词语'*regnum*'和英语词汇'kingdom'一样，既指国王的主权也指国王治下的地域国家(country)，这种语义模糊性使它成为应避免使用的词语；'*corona*'就没有这种模糊性。"尽管笔者认同理查德森先生关于"地域国家"与国家"主权"之间的区分，但并不认为"*regnum*"和"*corona*"是"实质上为同义的"；两个词之间有同义之处，但也有不一致的地方。

国的政治性特征，这一特征中囊括了“祖国”所带有的情感价值。“王国的王冠就是共同的祖国”，这句话是莱维尼的雅克(Jacques de Révigny)所援引的法学家们的观点，他的同时代人威廉·杜兰铎，也辩护过国王“为保卫祖国和王冠”[91]有采取非常举措之权。简言之，“王冠”一词既与国王的纯粹“物理体”(*physis*)形成对照，也与领土的纯粹“物理体”形成对照，它意指国王和王国共有的政治性“超物理体”(*metaphysis*)，或者说，意指拥有自身主权(国王和王国皆归属它)的政治身
342 体。回顾一下可能起过决定性作用的因素或许对我们会有所助益，这一因素便是王冠内在的永久性价值。因为正是凭借这种永久性，王冠才高于肉身意义上的国王，高于地理意义上的王国，同时它才可与王朝的连续性和政治身体的恒久性比肩而立。

国库的王冠(THE FISCAL CROWN)

“不可见的”王冠观念如果真的是在1150年左右或更早些时候絮热当修道院院长的年代被引进法国政治术语中，法国和英国的发展可谓是齐头并进的。英国相关的史料将我们带回到了亨利一世的时代。不过，要指出的是，起初英国的“王冠”几乎没有“爱祖国的”意蕴(至少在官方文件中是没有的)，这一意蕴实则是法国圣丹尼斯的絮热的言行举止所特有的。英国的“王冠”首先属于行政和法律的领域。1130或1133年，在亨利一世颁给伦敦市的敕许状中，该词出现于短

---

[91] 见第五章注168、180。

语“王冠的诉讼”(*placita coronae*)中。[92] 这种用法似乎在当时很普遍,而且如财政署卷档(Pipe Roll)所示,它不仅限于伦敦敕许状,有段时间还被表述为“国王的诉讼”(*placita regis*)。[93] 亨利的财政署卷档甚至提到了王冠诉讼中的某位司法官。[94] 尽管我们通常认为“王冠司法官”职位(掌管王冠诉讼的司法官[*custos placitorum coronae*, *coronator*])是从1194年随所谓“*Iter*”*(更明确点说,“王冠诉讼裁判程式”[*Forma procedendi in placitis Coronae Regis*])正式开始的,[95]但这个职位本身无疑可回溯到更早的时代。[96]

同时我们发现,“王冠”更多是在国库意义上被使用,意思 343
是国王的直领地。亨利二世在继位后的第二年即1155年,撤销了对“统属于王冠”(*quae ad coronam pertinebant*)的市镇、

---

[92] 到目前为止,关于王冠观念最有意思也最全面的研究是 Hartung, “Die Krone”一文,文中讨论这一问题的基础是宪制比较史;有关丰富的英国史料汇编(作者有意统览相关史料,但总还是会有所遗漏的),参见第6—19页;关于之后的时期,参见 Dunham, “Crown Imperial”(参见上面注85)。当然这一问题之前已经被注意到了;参见 Pollock and Maitland, *History*, I, 511ff; McIlwain, *Political Thought*, 379ff。有关亨利一世的敕许状,参见 Stubbs, *Select Charters*, 129; Liebermann, *Gesetze*, I, 525, also II, 560, s.v. “Kronprozess,” I, b, *kinehelme*。

[93] *Leges Henrici*(与它们的日期没什么关系), 7,3;52;60,3; Liebermann, I, 553. 573,581。

[94] Charles Gross, *Select Cases from the Coroners' Rolls* (Selden Society, IX. London, 1896), xvff, esp. xvii.

* iter 是拉丁词,原意为“行程”、“路途”,和 eyre 一样,指的是中世纪英格兰巡回法官的巡查司法活动,或由巡回法官主持的巡回法庭。1194年,时任最高司法官沃尔特(Hubert Walter)组织了一次“总巡回审”,它对法官下达的巡回条目具有重要历史意义。参见 Sir Frederick Pollock and F. W. Maitland, *The History of English Law Before the Time of Edward I*, 2vols., (Liberty Fund, 2010), 179。

[95] Stubbs, *Select Charters*, 252ff.

[96] Gross, *Coroners' Rolls*, xvff; Pollock and Maitland, *History*, I, 534, n.2.

城堡和庄园的转让；[97]1176年，他在北安普顿建议他的巡回法官们看护所有“属于主君国王及其王冠的”（*spectantes ad dominum regem et coronam eius*）权利和财物。[98] 这一用语不应仅仅被视为冗赘之辞。诚然，对于亨利二世本人来说，财产是因为国王的权利属于他还是因为“王冠”的权利属于他，要说有什么区别也是微乎其微。有时候是前者对他有利，有时候却是后者。然而，通过把国王的直领地构建为某种行政上的实体存在，以区分于被纳入封建主从关系的土地，亨利二世确实为“国库”（*fiscus*）奠定了基础，到了13世纪，国库显然“已作为某种为公共福祉之物，与国王的人格相分离了”。[99] 再者，通过把国王直领地从概念上变为属于王冠的实体存在，无论是有意还是无意，亨利二世都促使官员们从他们自己的角度比先前更加仔细去区分王冠的权利和国王的权利。[100] 我们在一份写于1177年的半官方论文《财政署对话》（*Dialogue of the Exchequer*）中发现，拥有“属王冠之物”的国王直属受封者，与“从国王那里依某种爵位而非凭王冠权利拥有骑士领地”的那些人之间是有区别的。[101] 属王冠之物与从国王那里

---

[97] Stubbs, *Const.Hist.*, I, 488, n.1; Hartung, “Die Krone,” 6, n.2.

[98] Stubbs, *Select Charters*, 180, §7.

[99] Post, “Public Law,” 49f, 以及“Two Laws,” 423。有关国库的一般情况，参见第四章。词语本身可见于12世纪；参见 Stubbs, *Select Charters*, 152, 232, passim; *Dialogus de Scaccario*, II, c.10, ed. Charles Johnson (London and New York, 1950), 97。

[100] Hoyt, *Demesne*, 124, 强调了“国王的直领地”和“非人格的王冠”的同时发展，这种区分在威廉征服时代及其之后的时代是看不到的；ibid., 50f。

[101] *Dialogus de Scaccario*, II, c.10, ed. Johnson, 96, cf.14; Stubbs, *Select Charters*, 231f; Hartung, “Die Krone,” 7.

(*de rege*)得到并被保有之物,这二者之间的区分,本身并非什么新创之举。实质上,“王国领土”(*terra regni*)和“国王领土”(*terra regis*)的差别可追溯至盎格鲁-撒克逊时期,当时,国王甚至时常会把土地特许保留或“预留”给自己,他可能完全没有意识到这一处置背后隐含着极为复杂的宪制和法律前提。[102] 现在,王国领土已成为属王冠之物了,王冠也就超越于 344
国王之上了。

至 12 世纪末期,王冠和国王的区分在法律思想的影响下开始变得合理化了。以国王为原告的诉讼案件在更早时期的法律卷宗中便已经有了记载。[103] 然而,格兰维尔在其论考《论英格兰王国的法律和习惯》是这样开场的:这些是属于国王的王冠的(*Ad coronam domini regis pertinent ista*),而后——尽管格兰维尔在刑法的章节有所欠缺,后来是由布拉克顿细加阐述的[104]——他为了讨论“大逆罪”(*laesa maiestas*)又参引了查士丁尼法典。[105] 他还提到,对侵占国王领地这种属于王冠之物的行为的罚金(purprestures)是属于王冠的,因为公共物(诸如公共道路、公共水域、公共广场之类的公共设施)牵涉其中了,这就好比一旦公共安全受到影响,担保物(pledges)同样也是属于王冠的。[106] 格兰维尔论文中的“王冠”

---

[102] Maitland, *Domesday Book and Beyond* (Cambridge, 1897), 254, n.1; F. M. Stenton, *Anglo-Saxon England* (Oxford, 1943), 304.

[103] Liebermann, *Gesetze*, 556 (*Leges Henrici*, § § 10 - 11).

[104] Bracton, fols. 115b - 155b, ed. Woodbine, II, 327ff.

[105] Glanvill, *De legibus et consuetudinibus regni Angliae*, I, 1 - 2, ed. Woodbine (New Haven, 1932), 42.

[106] Glanvill, IX, 11, and X, 5, Woodbine, 132, 136.

不只是国王的同义词，王冠还指涉了公共领域和公众利益。从格兰维尔引用的给教会法庭的令状来看，尽管之后它们显出了不可胜数的矛盾之处，但它们措辞的选用是尤为谨慎的。这些令状一概被视为属于王冠和国王威严的诉讼，“属于朕之王冠和威严”(*ad coronam et dignitatem meam pertinent*)，而不单单是属于王冠的诉讼。[107] 这并非偶然可见的表达形式，而且，这一表述在13世纪会越来越频繁和普遍地被使用，以布拉克顿为例，他在谈到教会法庭时，也总是将王冠和国王威严一并提及。在涉及教会问题的案件中，共同引用王冠和国王威严显然是一种“必须”，而其他场合此种做法则只是某种“可
345 能”。[108] 不过，我们决不能认为签发令状的大法官法庭在修辞上犯了同义反复的错误。因为所有关于基督徒法庭或世俗法庭之裁判权限的诉讼，无疑“先天”(*a prior*)就是王冠的诉讼，因为这些诉讼都影响着公共领域。大法官法庭显然认为，这些案件也影响到国王的职位或国王的威严，影响到他的主权或“土位”，这里的区分就好似教皇文秘署对“宗座”(*sancta sedes*)与“教皇职”(*papatus*)的区分。

在其他方面，王冠和国王的应用范围并不总像我们期望的那样能一清二楚、首尾一贯地辨识出来。在一些“混合特征”(像[王冠与国王相混合的]“*Iter*”)的文书中，我们发现封

---

[107] Glanvill, IV,13 (圣职推举权[advowson]), X,1 (平信徒的负债[debts of laymen]), XIII, 21 (俗界封地[lay fees]), Woodbine 82f,133,156。

[108] 参见第四章注300。当然，“王冠和威严”(*corona et dignitas*)，有时是“王冠、威严和王国”(*corona, dignitas, et regnum*)，也的确会在许多其他场合频繁出现；但是，关涉到教会法庭的令状，似乎总是会加上“威严”这个词。

建权利用国王权利装点自己，而在其他地方，“一时”属于国王的东西和“永久”属于王冠的东西是被等而视之的。[109] 思想鲜明地以政体为中心且熟谙团体概念的布拉克顿，[110]令人称道地澄清了如下重要问题：什么对国王有用，什么是为了公共利益和整个政体之故而以不可让渡的方式属于王冠。[111] 我们可能还记得，亨利二世在继位后旋即否决了王冠财产和权利的可让渡性。在国王斯提芬上陵下替的统治局面后，亨利对“让渡”的意义究竟所指为何理解得也很不充分，他之后情况就不同了。但法律用语仍是蹒跚落于治理实践之后，“时效”或“不可让渡性”等术语在亨利治下还处于草创阶段，这些术语还不能像之后那样被运用自如。

1200 年前后，不可让渡原则才在英格兰明确形成，被立为政府的一项基本法律。13 世纪伊始，一位姓名不详的伦敦人撰写了一篇法律论文《英格兰人的法律》(*Leges Anglorum*)，部分内容收录于所谓《忏悔者爱德华的法律》的第三版中。[112] 该论文展现了一定程度的法律知识，但它首先反 346
映的是亚瑟王传说中的瑰丽理想，蒙茅斯的杰佛里时常构想的“全岛的君主国”观念也与之有关，这一君主国是通过继承

[109] Hoyt, *Demesne*, 188，讨论了直领地的暂时性权利和永久性权利。

[110] Bracton, fol.374b, Woodbine, IV, 175；参见上面注 7。

[111] 参见第四章注 252、298。

[112] Liebermann, *Gesetze*, I, 635；关于这篇论文的总体问题和篡改部分，参见利伯曼(Liebermann)，*Über die Leges Anglorum* (Halle, 1894)以及他的 *Über die Leges Edwardi Confessoris* (Halle, 1896)。另见 H. G. Richardson, "The English Coronation Oath," *Speculum*, XXIV (1949), 44 – 75，特别是 61ff，另见他的 "Studies in Bracton," *Traditio*, VI (1948), 75ff; Schramm, *English Coronation*, 196ff。

权获得的，是被认为依凭君士坦丁的王冠而将全岛与所有海外附属财物统合保有的。[113] 这位姓名不详的作者乐道于其想象的“不列颠王冠”，称“藉王冠之卓然，（不列颠）应被称作帝国而不是王国”，而且这一王冠拥有众多且不可让渡的权利：“整个本土和诸岛屿皆属于王冠”，甚至还包括挪威，因为据亚瑟王传奇，“挪威永久属于不列颠王冠，是被确认了的”。[114] 王冠在这里开始与王国和民族—国家的观念相一致了，它们同时预示了如皇帝般至上之权和帝国目标的那些观念，开始与“国王即皇帝”(*rex-imperator*)的理论相一致了。[115] 然而，这

---

[113] Geoffrey, *Historia* 中这样的用语比比皆是；可参见 IX,1 (“继承权利”[“iure hereditario”]以及“全岛的君主国”[“totius insulae monarchia”])；IX,7 (挪威的征服；王冠[diadem][还有 V,17])；XI，4－5(海外帝国)，ed. Hammer, 152,159,103,190，passim。参见 Liebermann，*Gesetze*，I，659，以及 *Über die Leges Anglorum*，5，有关亚瑟王，见 22，§15：光荣者艾塞斯坦(Aethelstan)对英格兰的统治，“可延及亚瑟通过不列颠王国王冠所筑建和确立的疆界”(“usque ad metas Arthuri quas corone regni Britannie constituit et imposuit”)。爱德华一世多大程度上处于亚瑟王传奇的魅力影响之下，已为 Roger S. Loomis，“Edward I, Arthurian Enthusiast,” *Speculum*，XXVIII (1953)，114－127 所指出。

[114] Liebermann，*Gesetze*，I，635：“Universa vero terra et tota，et insule omnes usque Norwegiam et usque Daciam pertinent ad coronam regni eius et sunt de appendiciis et dignitate regis”(“的确，整个本土及诸岛屿，一直到挪威和丹麦的领土，属于他的王国的王冠，拥有国王的附属物和威严”)。参较 660：对亚瑟王而言，“挪威永久属于不列颠王冠，是被[教皇和罗马教庭]确认了的”(“confirmata fuit [a papa et a curia Romana] Norwegia imperpetuum corone Britannie”)。参较 Liebermann，*Leges Anglorum*，6：“De iure potius appellari debet excellentia corone [Britannie] imperium quam regnum”(“藉王冠之卓然，在法律上[不列颠]应被称作帝国而不是王国”)。

[115] 有关亚瑟王传奇对现实政治(譬如，英格兰对苏格兰的权力主张)的影响，参见 Loomis，*op.cit.*，122(一封 1301 年致卜尼法斯八世的书信)；总体情况也可参见 Laura Keeler，*Geoffrey of Monmouth and the Late Latin Chroniclers* (Univ. of California Publications in History，XVII，1[Berkeley and Los Angeles，1946])。

位作者的真正重要性要到他有关忏悔者爱德华宣誓的章节中去寻找，他将上述观念嬗变归结于忏悔者爱德华，认为正是爱德华宣誓要恢复其先任们“已从王国王冠让渡出去的”所有权力、威严和土地，并视“捍卫王国之王冠的所有威严、权利和自由之完整性”为己任。[116]

不可让渡性(INALIENABILITY)　347

由此，代表着国家基本权利和主张的非人格化王冠概念，已开始影响和形塑宪制事务，这些宪制事务的重要性，使神话、法律或国库的重要性变得黯淡。《英格兰人的法律》的作者提出过一种包括某项特别条款的誓约(可能是在加冕礼上的誓约)，国王在特别条款中承诺既不让渡王冠的权利和所有物，又要恢复业已丧失的东西，但这一誓约在1200年前后的英国国王加冕仪式上并不为人所知。不过，当时人们是否对这样一种誓约全然无知，确实难以断定。事实上，我们有理由相信，传统由三部分构成的誓约——从盎格鲁-撒克逊时期略作变动而传承下来，在布拉克顿那里仍引为有效——可能的

---

[116] 有关誓约的情况，参见 Liebermann, *Gesetze*, I, 635(11,1A,2)；以及 I, 640 (13, 1A)，这里谈到，忏悔者爱德华自己“尽可能遵守誓言；不希望成为自己誓言的违背者”(“servavit sacramentum in quantum potuit; noluit sacramenti sui fieri transgressor”)。有关忏悔者爱德华的传统对爱德华二世的影响，参见 Richardson, in: *Bulletin of the Institute of Historical Research*, XVI (1938), 7 and 10; and in: *Transactions of the Royal Historical Society*, 4th Ser., XXIII (1941), 149f; 理查德森(Richardson)的发现颠覆了 Schramm, *English Coronation*, 206 (also *ArchUF*, XV [1938], 350)中的看法，施拉姆(Schramm)认为爱德华二世誓约中的“国王爱德华”(*rex Edwardus*)是指爱德华一世，理查德森(Richardson)则指明是忏悔者爱德华。

确由关于不可让渡的第四条款扩展了;我们也有理由相信,即使这附加的第四条款尚未编入成文法,但它被加进了1216年亨利三世加冕礼中。[117] 不管怎么说,教皇格里高利四世两次提到一句誓约,他说该誓约亨利三世曾在加冕仪式上"作为惯例"(*ut moris est*)用过,誓约中,亨利国王宣誓要维护他王国的权利,收回已被让渡的财产。[118] 爱德华一世治下,这一附加
348 誓约的存在已是确然之事,这位国王至少曾经8次提到,因他的加冕誓约他"责无旁贷"要去守护王冠的权利,但这一附加条款仍未记录在案。[119]

英国史料只是提供了关于不可让渡之附加承诺的间接证据,教会法实践则为我们提供了一条线索,或至少能让我们更好地理解教皇和国王的书信内容。此处没有必要详尽论之,

---

[117] McIlwain, *Political Thought*, 379:"在保留下来的当时的誓言形式中……找不到任何涉及王冠权利(regalian rights)不可让渡性的规定,这是一个令人费解而需要进一步探究的事实"。一直以来,众多努力付诸解决"第四条款"的问题上。Richardson, "Coronation Oath," *Speculum*, XXIV [上面注112],带来了一项切近解决方案的成果(为简便之故笔者将在后面几页完全参考他的研究)。还可参见B. Wilkinson, "The Coronation Oath of Edward II and the Statute of York", *Speculum*, XIX (1944), 445-469,作者倾向于(448ff)对涉及附加条款的众多出处略而不谈;Schramm, *English Coronation*, 203不认为1274年爱德华一世加冕仪式上有什么变化(即附加了一个条款),也没有去考虑在此之前有没有附加情况发生。Peter N. Riesenberg, *Inalienability of Sovereignty in Medieval Political Thought* (Columbia Studies in the Social Sciences 591; New York, 1956),是有益的研究,新近才出版,此处不作引用。

[118] 有关格里高利九世的书信,参见W. Shirley, *Royal and other Historical Letters of the Reign of Henry III* (London, 1862, Rolls Series), I, 551; Rymer, *Foedera*, I: 1, 229,并且,其中谈到正确日期(7月1日)的是Potthast, 9952;Richardson, "Coronation Oath," 51, nos.43,44;以及下面注144和145。

[119] Richardson, 49f, nos.31-39.

只需摘叙刊印于别处的一次有专门性而又有实证性的讨论便足矣。[120]

封建法在11世纪开始传布于诸教会国家，[121]而教会统治在为众所知的帝制化倾向的影响下，转变成了以教皇为中心的君主制；受二者的影响，由《教皇厅公文集》(*Liber Diurnus*)规定的古时主教就职宣誓，被一种新的形式取代了。[122] 我们注意到，11世纪的教会改革之后，古老的"信仰宣示"(*professio fidei*)转变成了"忠诚誓约"(*iuramentum fidelitatis*)，而这一转变也对世俗领域产生了影响：国王的加冕"承诺"(*promissio*)逐渐转变成了加冕"誓约"(*iuramentum*)。[123]《教皇厅公文集》的以往做法，主要是要求主教在信仰和奉献问题上对教会之头教皇守约，而新的誓约更多是一种对职位和对 349

---

[120] Kantorowicz, "Inalienability," *Speculum*, XXIV (1954), 488－502.

[121] Karl Jordan, "Das Eindringen des Lehenswesens in das Rechtsleben der römischen Kurie", *ArchUF*, XII (1931), 13－110, esp.44ff。

[122] 主教誓约的历史，在 Th. Gottlob, *Der kirchliche Amtseid der Bischöfe* (Kanonistische Studien und Texte, IX, Bonn, 1936)中有详细阐述，以下相关问题即使脚注没有提及可能也是参考了本书。有关早期的誓约，参见《教皇厅公文集》(*Liber Diurnus*, ed. Th. vonSickel [Vienna, 1889], 69ff)公文第73,74,75,76条；*PL*, CV,67ff；Gottlob, Append., 170ff 重印了这些公文；参较11ff所做的分析。

[123] Marcel David, *Le serment du sacre du IXe au XVe siècle* (Strasbourg, 1951)阐述了这种关联性；首次收录出版于 *Revue du moyen-âge latin*, VI (1950)(此处引用就是来自这一出处)；特别参见168ff，讨论了总体变化，以及一直到12世纪人们只知道加冕"承诺"还不知道加冕"誓约"这一事实。在大多数国家，这种变化发生在12世纪。然而在英国，自亨利一世继位起就施行了至少对加冕宣言书的宣誓；自1189年起，又施行了对加冕"承诺"的宣誓。有关罗马的加冕誓约的变化，参见 Eduard Eichmann, "Die römischen Eide der deutschen Könige", *ZfRG*, kan.Abt., VI (1918), 154－196，该研究展示了皇帝誓约形式与主教誓约形式的相似发展历程，给人印象深刻。

教皇忠诚立下的统治上的誓约，“信仰”一词已不再可见。[124]

已知新誓约的最古老形式可追溯至1073年。这便是拉文纳的维伯特（Wibert of Ravenna）大主教在祝圣礼上向教皇亚历山大二世宣誓的誓约，因为3位北意大利（拉文纳、米兰和阿奎莱亚［Aquileia］）的大主教都是由教皇本人亲自按立圣职的。[125] 誓约包括7项条款，最后3项专门提到主教特定的职责：接待教皇使节、出席教会会议、每年参谒使徒之墓（*limina Apostolorum*）。[126] 前4项脱胎于封建的忠诚誓约，最先是1020年由夏特尔的富尔伯特（Fulbert of Chartres）在一封信中阐发，后收录于格兰西的《教会法汇要》和《封土之律》（*Libri feudorum*）。现存最早的封建誓约形式，似乎要数1059年罗伯特·圭斯卡德（Robert Guiscard）向教皇尼古拉二世宣誓忠诚的形式。[127] 依据这份新誓约，主教向圣彼得、教会和教皇（包括后继教皇）宣誓忠诚；他保证绝不反叛，承诺保守秘密，并宣誓捍卫“罗马教皇职”（*papatus Romanus*）和“圣彼得的王权”（*regalia sancti Petri*）。尽管新的主教誓约既不意

---

[124] Cf. Kantorowicz, “Inalienability,” 491, n.22.

[125] Gottlob, 20ff, 44f.

[126] 有关维伯特的誓言的形式，参见 Deusdedit, *Collectio canonum*, V, 423, ed. Wolf von Glanvell (Paderborn, 1905), I, 599; *Liber censuum*, No.148, ed. Fabre-Duchesne, I, 417; Gottlob, Append., 176f; also Gregory VII, *Reg.*, I, 3, ed. Gaspar, 6, n.3。另见“Inalienability,” 492, n.25。

[127] 参见 Fulbert, *Epistolae*, 58, *PL*, CLXI, 229CD；有关格兰西，参见 c. 18, C.XXII, q.5, ed. Friedberg, I, 887（也参见注157）；*Libri feudorum*, n, 6；有关圭斯卡德的誓约，见 Deusdedit, *Coll. can.*, III, c.285, ed. Glanvell, 393f; *Liber censuum*, No.163, ed. Fabre-Duchesne, I, 422；有关1080年誓约的重复出现，见 Gregory VII, *Reg.*, VIII, 1a, ed. Caspar, 514。另见拙论“Inalienability,” 492f 中的注。

味着主教是教皇的臣属，也不意味着主教被授予了封土（从“属灵事务”[*spiritualia*]来看这要算圣职买卖），[128]但封建思想的总体影响还是很明显的。然而宗座所要求的誓约从一个方面显示出它对封建规范的显著偏离：对个人主君、教皇的捍卫，由对非人格化的“罗马教皇职”的捍卫作了补充，“罗马教皇职”这个新词的出现应该不会早于“圣彼得的王权”。[129]

拉文纳的维伯特的誓约成了“标准形式”，只需适当改动 350
便可作他用。[130] 1234 年，经过一些细微变动，它被收录于教皇格里高利九世的《教令集外编》（*Liber Extra*），由此成为正式的教会法规，[131]其中仍只包含不超过 7 项条款。令我们感到惊讶的是，散见几处的证据显示 1200 年前后有一项附加条款。例如，在教皇塞莱斯廷三世（Celestine III，1191—1198 在位）

---

[128] 参见“Inalienability,” 493，n.29。

[129] 参见第四章注 293；另见“Inalienability,” 492，n.26。

[130] 这种誓约稍加变动后便为各类教皇下属人员所采用：教皇的文秘代理和公证人（M. Tangl, *Die päpstlichen Kanzleiordnungen von 1200 - 1500* [Innsbruck, 1894], 33ff, Nos.1 and 3），以及罗马的元老院议员、提维里（Tibur）的市民、教皇的封臣（*Liber censuum*, Nos.59，144，67, ed. Fabre-Duchesne, 313，415，341；参见 F. Baethgen, “Die Promissio Albrechts I. für Bonifaz VIII.”, *Aus Politik und Geschichte: Gedächtnisschrift für Georg von Below* [《政治和历史的视角：格奥尔格·冯·贝洛纪念文集》] [Berlin, 1928], 81ff）。圣萨尔瓦多的修道院院长奥诺弗里乌斯（Onofrius）对自己所在的大主教辖区的墨西拿（Messina）大主教的宣誓，基本上反映出来的也是同样的形式；参见 Hugo Buchthal, “A School of Miniature Painting in Norman Sicily”, *Late Classical and Mediaeval Studies in Honor of Albert Mathias Friend, Jr.*（《古代后期和中世纪研究：致敬小阿尔伯特·马西亚斯·弗兰德》）(Princeton, 1955), 338。此种形式（至少第 1—4 项条款）也被约翰王的封建誓约所采用；参见下面注 142。

[131] Cf. c.4 X 2，24, ed. Friedberg, II, 360.

的一条教令(该教令原本是教皇致大主教拉文纳的威廉的一封书信)中,教皇提醒威廉铭记他的"忠诚誓约",依据誓约"他有义务不从宗座让渡任何东西"。[132] 与此相似,教皇英诺森三世即塞莱斯廷教皇的继任者,写了同样一封后来成为教令的书信来提醒米兰大主教,大主教"若未经与教皇商议,便受誓约'约束'不得重新授封"。[133]

这与英格兰的相似性显而易见:在英格兰正式誓约只有3项,不过其中有一项是不可让渡的条款;在罗马正式誓约有7项,但同样追加了一项不可让渡的条款。不过,相比于英格兰的情形,获悉罗马的情形于我们更加便利,这对我们是幸事,因为包含"第八条款"的誓约形式实际上已为我们所知。在教皇格里高利九世时代这些形式已经出现,已知的最早形式恰好提到了1234年接受圣职的坎特伯雷大主教埃德蒙·阿宾顿(Edmund Abingdon)。[134] 第八条款只是追加在标准誓约的第七条款之后,大主教对第八条款宣誓:"未经
351 与罗马教皇商议",大主教不会出售、赠与、抵押、重新授封或以别种方式让渡属于大主教的餐桌财产(*ad mensam archiepiscopatus*),这些财产只用作保障大主教生计和其他某

[132] 参较 c.8 X 3,13, ed. Friedberg, II, 514 (Jaffé-Löwenfeld, 17049):"... cum ex sacramento fidelitatis tenearis Apostolicae Sedi nihil alienare"("……依据忠诚誓约,你有义务不从宗座让渡任何东西")。

[133] Cf. c.2 X 3,20, ed. Friedberg, II, 525 (Potthast, 3525):"... iuramento tenearis astrictus non infeudare de novo, Romano pontifice inconsulto"("……你若未经与教皇商议,便受誓约约束不得重新授封")。

[134] *Liber censuum*, No.198, Fabre-Duchesne, p.449 (cf. ibid., Nos. 198a-c), and Gottlob, 56f.

些目的。[135] 不可让渡条款在多大程度上让人感觉是“附加的”，我们只消看看誓约的另外一种形式就会一目了然。这一形式关涉的是 1263 年被按立圣职的奥赫（Auch）大主教阿马尼亚克的阿玛纽（Amanieu of Armagnac）。就像传播誓约的手抄本一样，誓约的形式也有点古老，反映了 12 世纪塞莱斯廷三世发布教令那个时代的习惯。这里我们看到标准誓约的传统 7 项，结束语（如《教令集外编》所规定）是“因此上帝给予我帮助”（*Sic me dues adiuvet*）。跟在最终表坚信的誓约之后但又与誓约没有什么有机联系的地方，出现了那条不可让渡的承诺，此处该承诺不是仅仅指涉宗座的餐桌财产，而是包括了所有的财产、所有物以及“属于我们教会权利的”（*que iuris sunt N. ecclesiae*）有价值物。而且大主教还承诺，要收回从其职位上已被让渡出去的所有权利和财产。[136]

---

[135] “Possessiones vero ad mensam mei archiepiscopatus pertinentes non vendam neque donabo neque inpingnorabo neque de novo infeudabo vel aliquo modo alienabo inconsulto Romano pontifice. Sic me Deus adiuvet et hec sancta evangelia”（“当然，未经与罗马教皇商议，属于我的大主教的餐桌财产不会出售、赠与、抵押、重新授封或以别种方式让渡。愿上帝和这些神圣福音给予我帮助”）。“未经与罗马教皇商议”这种表述英诺森三世已使用过；见上面注 133。有关“主教的餐桌”（*mensa episcopalis*），参见 A. Pöschl, *Bischofsgut und mensa episcopalis*（Bonn, 1908 - 1911）；另见他的“Bischöfliche Tafelgüter oder Urbare”, *Zeitschrift des histor. Vereins für Steiermark*（《施蒂利亚历史协会杂志》）, XXVI（1931）, 141 - 153。

[136] 以下我所引用的是从第七条款开始的誓约（《大主教向主君教皇所发表的宣言》[*Professio quam facit archiepiscopus domino pape*]）：

Apostolorum limina singulis annis aut per me aut per meum nuntium visitabo, nisi eorum absolvar licentia:

Sic me Deus adiuvet et hec sancta evangelia.

Predia, possessiones, ornamenta ecclesiastica, que iuris sunt N. （转下页）

352 教会法看起来规定了七条款的标准主教誓约，但在一些情形中第八条款还是被附加进去了，即禁止自己让渡财产并承诺收回属于宗座的财产。这方面的注释值得关注，因为它们揭示出了誓约的程序。帕尔马的伯纳德(Bernard of Parma)在1245年撰写了《教令集外编》的标准注释，[137]他对塞莱斯廷三世的教令是这样评注的："每位直属教皇的主教，向教皇宣誓，他不会让渡教会的财产，也不会对教会财产重新授封。"[138]

(接上页) ecclesie, nunquam alienabo, nec vendam, nec in pignora ponam, neque alicui sine communi consensu capituli vel potioris partis et sanioris consilii in beneficio vel feudo dabo. Que distracta sunt, vel in pignore posita, ut ad ius et proprietatem eiusdem N. revocentur ecclesie, fideliter laborabo.

(每年，我自己或通过我的使者去参谒使徒们的墓所[罗马]，除非他们的许可，我才可被免除此义务：

愿上帝和这些神圣福音给予我帮助。

对于属于教会权利的土地、财产以及教会的必需品，没有主教圣堂参事会的普遍同意，或没有身居高位之人、贤明之人的建言，我决不会让渡、出售、抵押，也不会将其赐封。与教会分离之物或列入担保之物，要回复到我们同一的教会权利和财产中来，我将竭诚于此孜孜不倦。)

这种誓约形式，还不为戈特洛布(Gottlob)所知，后来是由 Michel Andrieu, *Le pontifical romain au moyen-âge* (Studi e testi, 86 [Vatican, 1940]), I, 290f, also 51 中刊印出来的(谈到了年代和其他一些情况)。手抄本(Vat.lat.7114)尽管出自13世纪，但也反映了之前一个世纪的惯例，以此之故，米歇尔·安德里厄(Michel Andrieu)能用它来重构"12世纪的罗马主教仪典书"。另外，"西部教会授皇帝圣职"(*Ad ordinandum imperatorem secundum Occidentales*)加冕仪式以及其中的颂词(*laudes*)都已废弃不用；参见 Erdmann, *Ideenwelt*, 72ff; Kantorowicz, *Laudes regiae*, 237f，有关更多细节，可参见"Inalienability," 495, n.43。

[137] 参较 A. van Hove, *Prolegomena* (2nd ed., Mechlin and Rome, 1945), 473f，但这个年代是推测的。

[138] 参较 c.8 X 3,13, v. *sacramento*："Nam quilibet episcopus qui immediate domino pape subest, iurat ei fidelitatem quod non alienabit bona ecclesie, nec in feudum dabit de novo, et idem iuramentum prestent alii episcopi suis metropolitanis"("每位直属教皇的主教，向教皇宣誓，他不会让渡教会 (转下页)

一个世纪后，巴尔都斯在注释教令集的七条款标准誓约时，于评注的结尾处附加了一则简短评论：

> 《教令集外编》指出，免受上位圣职者裁判的主教(*exempti*)也须(同上面一样[*etiam*])宣誓，他们未经与教皇商议(参照英诺森三世的教令)，不得让渡教会财产。[139]

这就是说，注释者们指明，某些主教必须宣示不可让渡方面的附加誓约，尽管这样一种誓约在教会法典中未有成文表述。由第八条款所约束的主教群体，被指定为“免受上位圣职者裁判的主教”或“直属教皇者”(*immediate sub papa*)。这些“不经中介”(*nullo medio*)而直属教皇者，首先当数教皇自己教区的副主教；其次是统领北意大利教会辖区拉文纳、米兰和阿奎莱亚的大主教，他们也在教皇权的“圣界”(*pomerium*)内；第三是某些拥有豁免权的主教区，如班贝格(Bamberg)和普伊(Puy)的，以及科西嘉诸主教区等其他主教区，它们由于这

(接上页)的财产，也不会对教会财产重新授封，他的大主教区的其他主教也宣示同样的誓约”)。Gottlob，65，n.108 认为，这位注释者在一般意义上来谈“教会财产”(*bona ecclesiae*)并不准确，没有特别谈到“餐桌财产”(*possessiones mensae*)；不过，戈特洛布(Gottlob)并不熟悉上面注 136 中提到的誓约形式。有关副主教对他们主教的誓约，此处可略过，参见 Gottlob，138－169；以及第 183 页对此种誓约后来形式的讨论。

[139] Baldus，on c.4 X 2，24，n.14，*In Decretales*，fol.249：“Extra no. quod exempti debent iurare quod non alienabunt proprietates ecclesiae Romano Pontifice inconsulto，de feu.c.2.de reb.ecc，non ali.ut super [c.2 X 3，20].” 有关巴尔都斯的引文参见上面注 133。

样或那样的原因“不经中介”而直属宗座。迄至13世纪，这些
353 主教群体又加入了多数大都市主教和接受了“大主教披风”(*pallium*)的圣职者，他们都同样不经中介而直属教皇，尽管他们并不是都得向第八条款宣誓。[140] 换言之，这些人可说是教皇的“直属受封者”(tenants-in-chief)，负有不让渡他们“主教职”(*episcopatus*)财产的义务。

1200年前后罗马所依循的教会法程序，或许能说明在英格兰频繁被提及的习惯做法。传统三条款的标准誓约之上，明显附加了一项在法律上尚未明文规定的不可让渡条款。我们不必为此条款的未成文感到惊讶，因为相关条款在教令集的标准誓约中也是看不到的。再者，把不可让渡的条款添入英格兰国王加冕程序，可找到一种合情合理的解释。枢机主教瓜拉·比齐里(Guala Bicchieri)于1216年作为教皇特使主

---

[140] 在1078年罗马的教区会议上，教皇格里高利七世颁布关于他的副主教的教令："如果他是由教皇亲自按立圣职的，无论哪位主教，在没有征得教皇同意下不能将教会的土地作为封禄来授赠"("Ut nulli episcopi predia ecclesie in beneficium tribuant sine consensu pape, si de sua sunt consecratione")。Cf. Reg., VI, 5b, § 30, ed. Caspar, 402,16; cf. Gottlob, 57。当然，这是一般意义上的教令，还与誓约没有什么关联；因此，11世纪阿奎莱亚誓约中还看不到这种不可让渡条款；参较Gregory VII, *Reg.*, VI, 17a,4, ed. Caspar, 428f; Gottlob, 44。关于不受上位圣职者裁判的主教区，参见*Liber censuum*, I, 243, § XIX，包括注247及其后；另见Gottlob, 64ff。有关主教班贝格的爱克伯特(Ekbert of Bamberg)的誓约形式，参见Raynald, *Annales ecclesiastici*, *ad a*.1206, § 13。戈特洛布(Gottlob)在其著作第57页中揣测，不可让渡条款总体来看是在格里高利九世时期开始应用于大主教职位的，但此前该条款已经用于与宗座有特殊密切关系的那些主教区。并非所有的都主教都会宣誓财产不可让渡这一条款；例如，保加利亚首座大主教(Innocent III, *Reg.*, VII, 11, *PL*, CCXV,295A)的誓约中就没有，该条款是否存在于东罗马(Gottlob, 55f)的拉丁宗主教的誓约中，也是存疑的。

持亨利三世的加冕仪式，[141]只是遵从了当时为罗马人所知的做法：不经中介直属教皇的免受上位圣职者裁判的主教们，不但要宣读标准誓约，而且还要附带承诺他们不会让渡他们“主教职”的财产。非人格化的“主教职”自然也就很容易为非人格化的“王冠”所取代；但另一方面，英格兰国王和宗座的“直属受封者”——至少在附加的不可让渡誓约方面——也像主教“直属受封者”即免受上位圣职者裁判的主教一样被看待。

这些派生出来的问题，尽管在其他地方会是重要问题，但在此处不作讨论。当然，我们有理由追问，附加条款到底是添 354
附于加冕誓约本身上，还是添附于向教皇宣示忠诚的誓约中；或者我们也可以问，1213 年约翰王是否采纳了不可让渡的誓约。[142] 但这些问题与这里的讨论没有什么关系。不管怎么说，1216 年之前，承诺不去让渡王冠财产的教会法誓约是不会与加冕仪式联系在一起的。我们关心的是另外一点，它涉及可能被称为“宪制语义论”的东西，在揭示宪制的总体发展情况上非常有启发性。教会所采用的是一种封建誓约。在教皇君

---

[141] Cf. Richardson, “Coronation Oath,” 55 and 74.

[142] 有关约翰王的封建誓约，参见 Stubbs，*Select Charters*，280f(不过，在这里，“依据天主教”[*catholice*]应该是被“依据教会法”[*canonice*]取代了)。该誓约前 4 条与标准主教誓约相同，但是还插入了一条，这便是国王承诺不危害教皇并且要通报那些想要加害教皇的行为：“对他们(即教皇及其继任者)的加害行为，我如果预先知道，会尽可能阻止和清除；否则，我会尽快报告此事，或者，吩咐我所信赖之人去如实传达”(“Eorum damnum，si scivero，impediam et removere faciam si potero：alioquin quam citius potero，intimabo vel tali personae dicam quam eis credam pro certo dicturam.”)这句话出自《教皇厅公文集》的古时“主教誓约要式”(*Indiculum episcopi*)，公文 75(*PL*，CV，72f)。英诺森三世本人在其他场合也引用过这句话，例如，在保加利亚首座大主教的誓约中(参见上面注 140)。另参见“Inalienability,” 498，n.52，以及下面注 159。

主制处于形成阶段时，封建誓约就已被转化为了主教誓约。由于教会的这种借用，封建属臣誓约成了约束主教的职位誓约，此职位誓约不是将主教作为属臣来约束，而是将其作为“有司”（“officer”）来约束，使主教不仅受限于教皇治下，也受限于抽象建制即“教皇职”（*papatus*）以及主教自身职位即“主教职”。最后，这种教会化了的、现在是仿拟封建的誓约，改头换面作为职位誓约而返归世俗国家，以激励国王及其官员去保护那“决不会死”的非人格建制——王冠。

教会法对王冠概念的这种影响在英国得以延续。亨利三世加冕四年之后的 1220 年，教皇洪诺留三世（Honorius III）致信匈牙利南部城市考洛乔（Kalocsa）的大主教，回应了匈牙利国王安德鲁二世（Andrew II）授意的一些财产让渡行为。洪诺留写道，安德鲁二世行事时有损于自己的王国，有违自己的荣誉，应被要求撤回这些让渡，因为“他（匈牙利国王）在加
355 冕时，宣誓要保持自己王国的权利与王冠的荣誉无损”。[143] 这封信也收录于《教令集外编》中，其基本观念也就成了具有约束性的教会法律。匈牙利国王安德鲁二世（1205—1235 年）在加冕礼上或许确实宣读过不可让渡的誓约。在与贵族和主

---

[143] 参较 c.33 X 2,24, ed. Friedberg, II, 373 (Potthast, 6318)："... studeat revocare, quia quum teneatur et in sua coronatione iuraverit regni sui et honorem corone illibata servare, illicitum profecto fuit ..."（“……他要竭力撤回[上述让渡]，因为他在加冕时，宣誓要保持自己王国和王冠的荣誉无损，并要守此义务，……肯定是不正当的……”）参见 Richardson, “Coronation Oath,” 48，作者很清楚这项法令对爱德华一世一封书信的影响（见下面注 147）。洪诺留三世的信早在 1226 年便已收录于教会法中；可见于 *Compilatio Quinta* (*Comp*. V,15, 3), ed. Friedberg, *Quinque compilationes antiquae* (Leipzig, 1882), 165。

教斗争多年后，安德鲁二世于1222年颁布的“金玺诏书”的确独辟了一项特殊的不可让渡承诺；接下来的几年，教廷屡次提到安德鲁的加冕誓约。[144] 但这位匈牙利国王是否真的这样做过，与下述事实相比便无足轻重了：教廷当时显然继续认定，某种不可让渡的誓约惯例性地在国王加冕礼上被采用，就好像教会的高位圣职者群体在他们祝圣礼上所采用的誓约一样。换言之，国王对非人格的王冠负有某些义务——它们与主教对于主教座的义务类似——在罗马是被视为理所当然之事，此时，这一观念尚未浸染世俗政治思想。1235年，格里高利九世致亨利三世的信中如是写道，“作为惯例”（*ut moris est*）。[145] 根据宗座的推想，此惯例可能不仅限于英国和匈牙利， 356

---

[144] 伯尔尼（Bern）的约瑟夫·迪尔（Josef Deér）教授善意提醒笔者，1205年安德鲁二世的誓约很可能与匈牙利第一位安茹国王查理一世于1310年所发誓约相似。洪诺留三世的教令的背景错综复杂，但可期的是，迪尔教授本人可能希望去讨论匈牙利的不可让渡问题。有关匈牙利的“金玺诏书”，参见 Werner Näf, *Herrschaftsverträge des Spätmittelalters*（Quellen zur Neueren Geschichte herausgegeben vom Historischen Seminar der Universität Bern, XVII; Bern, 1951），9，§16：“Integros comitatus vel dignitates quascunque in praedia seu possessiones non conferemus perpetuo”（“朕永不会让渡廷臣或显职在任何土地、财产上的既有权利”）（感谢迪尔教授让笔者注意到了这一内容）。洪诺留教皇1220年的教令内容，他本人于1225年几乎作了逐字复述，教皇格里高利九世在1233年也一样；参见 Potthast, 7443（7月15日）以及9080（1月31日）。另参见下一个注。

[145] 格里高利九世在1235年7月1日的书信（参见 Rymer, *Foedera*, I: 1, 229）重复了洪诺留教令的部分内容（例如，“有害于王国和有悖于您的荣誉”[“in praeiudicium regni et contra honorem tuum”]或“肯定是不正当的”[“illicitum profecto extitit”]），这些内容或许解释了教皇何以认为不可让渡誓约是通常惯例：“因此，在你的加冕礼上，作为惯例，你要宣誓去保持国王的权利、自由和威严”（“Cum igitur in coronatione tua iuraveris, *ut moris est*, iura, libertates et dignitates conservare regales”）。很奇怪的是，同样的表述（如 Richardson, “Coronation Oath,” 51 and 54 所指出的）出现在了1215年法兰西王 （转下页）

范围可能还要更大。即使这种推想是完全经不起推敲的(例如法国就不在此范围),[146]但教皇特使瓜拉在英格兰会注意到诸多事实符合教皇推想以及教廷的普遍做法,这一点无可置疑。因此,作为约翰王向教廷妥协的结果,以及作为教廷得出了客观上并不正确的推想的结果,"不可让渡"的教会法信条便正式形成,并实际上成为规范,这种情况在英格兰比在大多数其他国家出现得都要更早。

如果说教会法对亨利三世的影响不甚明显,它对爱德华一世的影响则是毫无疑义的。洪诺留三世那不吝笔墨提及王冠拥有不可让渡之权利的教令,在爱德华一世时代也开始产生影响。在加冕 10 个月之后,爱德华首次提到他的加冕誓约。他的书记官一字不落地引证了洪诺留教令,称国王有义务"保持王国的权利无损"。[147] 诚然,爱德华一世发现提及加冕誓约的不可让渡条款于己极为有利,既可用来回绝教皇一般

(接上页)太子路易的宣言中,这位王太子宣称,约翰王"在他的加冕礼上,依照惯例,他庄严宣誓自己会保持教会和英格兰王国的法律和习惯"("in coronatione sua solempniter, *prout moris est*, iurasset se iura et consuetudines ecclesie et regni Anglie consevaturum")。当然,路易王太子很清楚,这样的誓约并非当时法兰西的惯例(*mos*);参见下一个注。

[146] 法兰西的情况是直到 1365 年才附加了不可让渡条款;参见 Schramm, *Frankreich*, I, 237f (以及注 1 和注 7)。

[147] *Parliamentary Writs*, I, 381f:"... et iureiurando in coronacione nostra prestito sumus astricti quod iura regni nostri servabimus illibata."("……根据我们加冕礼上所作宣誓,我们有义务保持我们王国的权利无损。")有关遣词用句可参见洪诺留的教令,见上面注 145;Richardson, "Coronation Oath," 49。笔者认为,威尔金森(Wilkinson)在"Coronation Oath," *Speculum*, XIX [1944], 448ff 中的看法令人难以接受,因为在笔者看来,仅在加冕 10 个月后,此时所有与此相关之人都知晓国王实际上所承诺的,爱德华一世会去竭力杜撰一个他根本没有许过的加冕承诺的故事,这几乎不可能。

情况下的要求，也可用来寻求教皇支持以对抗贵族，因此，他一再声称他是受自己誓约"约束"去维护王冠权利和王冠不受损以及守持"王冠的状态"（*status coronae*）的。[148] 一直到1307年即他去世那一年，爱德华一世仍提到他的加冕誓约以及维护王冠权利之义务。[149] 一年之后，的确有些出人意料，洪诺留的教令再次被引用，这次它是与爱德华二世的加冕誓约直接 357
相关。一本也许在1308年加冕礼中就使用过的圣礼书《国王书》（*Liber Regalis*）中，有这样一则附注："人所共知，国王在加冕礼上必须宣誓维护王冠权利无损。"我们很容易看出其中有洪诺留教令的措辞；事实上，这位经院派注释者态度鲜明、法学上也形式正确地引述了《教令集外编》。[150] 至于爱德华二世是否采用了同样的不可让渡誓约，我们无从得知。当时加冕誓约增附第四条，是另有意趣的，不可让渡的承诺需从对忏悔者爱德华的法律参引中提取出来，这一法律参引包含在被改动过的第一条款中。[151] 然而，爱德华二世本人似乎曾有一次

---

[148] 有关英诺森法令中的"受誓约约束"（*iuramento astrictus*），见上面注133；然而这也可能一直是或已成为一个相当普通的术语，它的出现说明不了什么问题。有关爱德华在其他地方对誓约的引述，参见 Richardson, *op.cit.*, 49f。

[149] *Foedera*, I, 2, 1011; Richardson, 50, n.39.

[150] Richardson, in *Bulletin of the Institute of Historical Research*, XIV (1938), 11，作者知道这条注释的重要性："Sciendum quod rex in coronacione sua iurare debet iura regni sui illibata servare, Extra de iureiurando, intellecto etc. [c. 33 X 2, 24]"。Wilkinson, "Coronation Oath," *Speculum*, XIX [1944], 450, n.1 对这个地方有误解；不过，Schramm, in *ArchUF*, XVI [1939], 284 已清楚意识到它引自《教令集外编》。

[151] Lodge and Thornton, *Documents*, 10f, n.3. Richardson, "Coronation Oath," 60ff 已敏锐指出，不可让渡的承诺实际上已经被包含进了爱德华二世誓约的第一条中；也就是说，它被包含进了对忏悔者爱德华的法律的参引中，参引内容就包括来自《英格兰人的法律》（*Leges Anglorum*）中的改动部分；参见上面注116。

参引过“一条誓约，他借之宣誓要维护国法和王冠状态”，[152]而且《国王书》的那则附注也表明，国王对不可让渡作出承诺的观念是多么深植于圣职者们心中（绝不亚于它在14世纪法学家们心目中的位置）。巴尔都斯写道，“要看到，世上万王均需在加冕礼上宣誓维护其王国权利和王冠荣誉”，这一主张在巴尔都斯写作的14世纪后半叶，无疑是真实的。[153] 但法学家们也注意到了国王誓约和主教誓约的可类比关系。对洪诺留教
358 令的标准注释是这样说的，不仅国王，主教也要承诺不得让渡。[154] 彭纳的卢卡斯于14世纪50年代写到，在关于不可让渡的誓约上主教与国王是“对等的”。[155] 卢卡斯的同时代人安迦乐的彼得（Petrus de Ancharano）说得直截了当：“国王在加冕时宣誓不让渡自己王国之物，与此相似，主教宣誓（不让渡）主教区的权利。”[156]

至14世纪末或15世纪初，不可让渡条款最终在英格兰

---

[152] Johannes de Trokelow, *Annales*, ed. H. T. Riley (Rolls Series; London, 1866), 109: “... iuramentum quod de legibus terrae et statu coronae manutenendis fecerat ...”罗伯特·S.霍伊特(Robert S. Hoyt)教授友善地让笔者注意到了这处地方。

[153] Baldus, on c.33 X 2,24, n.3, *In Decretales*, fol.261^{v}: “Nota quod omnes reges mundi in sua coronatione debent iurare iura regni sua conservare ct honorem coronae.”

[154] 参较 c. 33 X 2, 24, V. *Regni sui*: “Sic et episcopi iurant in sua coronatione, quod iura sui episcopatus non alienabunt ...”(“主教在自己的加冕礼上宣誓，不会让渡自己主教职的诸权利……”)

[155] 参见第五章注71。

[156] Petrus de Ancharano, on c.33 X 2,24, n.1, *In quinque Decretalium libros commentaria* (Bologna, 1581), fol. 291: “Rex iurat tempore suae coronationis non alienare res regni sui. Similiter episcopi iurant sui episcopatus iura.”

被记录了下来，尽管是以伪笔的形式：它基于爱德华二世的加冕誓约而正式登场，附加了为《英格兰人的法律》所要求的不可让渡承诺。这条新奇的誓约以印刷在15世纪的制定法集成(Book of Statues)的形式公之于世，最终获得了官方的认可。[157] 不过，这种情况或许就是教会法(在英格兰或在别处)对不可让渡这一观念的演化和明朗化所施与的影响，由此，"王冠"作为与国王本人相区别的概念，它的演化和明朗化成为确证了的和难以辩驳的事实。[158]

王冠和统合体(CROWN AND UNIVERSITAS)

教会法的影响并不限于国王的(*of*)誓约，它也影响了臣属们对(*to*)国王的誓约。在与约翰王交涉过程中，教皇英诺森三世保证，大主教朗顿(Archbishop Langton)和他所辖教区的主教们会以誓约或书面形式承诺，不允许任何人图谋"反

---

[157] Schramm, "Ordines-Studien III," *ArchUF*, XV (1938), 363f; *English Coronation*, 196ff; Liebermann, *Gesetze*, I, 365, n.c.

[158] 对洪诺留教令 *Intellecto* 的引用，可谓难以计数；譬如，可见于 Oldradus de Ponte, *Consilia*, XCV, n. 1, fol. 37^{v}: "... cum per tales donationes et alienationes diminuantur iura regni quod esset contra iuramentum quod praestitit in principio sui regiminis. argumentum Extra de iureiurando intellecto"("……因为根据这种赠与和让渡，王国的权利被缩小了，这便违反了他在统治伊始所宣示的誓约[如教令 *Intellecto*, c.33 X 2,24 所示]")。还有 Andreas of Isernia, on *Feud*. I, 1, n.10, fol.10: "... dummodo infeudationes suae non diminuant honorem et Regis et Coronae, extra de iureiurando intellecto. nisi donet Ecclesiae, ut fecit Constantinus ..."("……国王授予封土要想不减少国王和王冠的荣誉[如教令 *Intellecto*, c.33 X 2,24 所示]，除非像君士坦丁所做的那样，赠与教会……")这就是说，1300年前后的法学家们普遍认为，国王们一般要遵照洪诺留三世的教令，宣示不让渡财产的誓约。

359 对他(国王)的人格或反对王冠”。[159]“国王和王冠”这一短语确实在更早的时代就被反复使用。但是教皇“反对人格或王冠”(*contra personam vel coronam*)的说法区分了人格与建制,有更多的特殊意义:它揭示出教皇是如何理解和解释“国王与王冠”的,并且抹杀了任何将两个词语等量齐观的可能性。教皇明确无误地区分了人格和王冠。我们可以设想一下,在英

---

[159] *PL*, CCXVI, 774D; Rymer, *Foedera*, I: 1,109; Potthast, 4392。这一内容(罗伯特·本森[Robert L. Beson]先生友善地让笔者注意到了它)引人关注。教皇通告约翰王,主教们“宣示……通过誓约的和书面形式的保证,他们自己不会,也不会通过他人来企图反对你的人格或王冠,而是帮助你维护前述安全与和平无损”(“praestabunt ... *iuratoriam et litteratoriam cautionem* quod ipsi ne per se nec per alios contra personam vel coronam tuam aliquid attentabunt, te illis praedictam securitatem et pacem illibatam servante”)。“誓约的保证”(*Cautio iuratoria*)是一个专门用语,是通过誓约来强化既存义务;在此情形中,“保证”(*cautio*)也是“书面形式的”(*litteratoria*),即义务被宣誓出来并形诸书面。这是主教誓约的惯例;可参见 *Liber diurnus* 的 *Cautio episcopi*, 公文第 74(*PL*, CV, 68-72; Gottlob, 8f, nos.31f,以及 21f)。有关这种誓约的程序,参见 Andrieu, *Pontifical romain*, I, 47f;关于在罗马祝圣的主教,见 III, 392, n.33。显然,在这个意义上,年轻的亨利国王在 1170 年的誓约已经是一种“保证”的形式;参较 Rymer, *Foedera*, I: 1,26; Richardson, “Coronation Oath,” 47, n.17。主教承诺不图谋反对国王和王冠的“保证”,英诺森三世有提到,与之相同的承诺见于约翰王对宗座的誓约(上面注 142),出自 *Liber diurnus*, 公文 75(*PL*, CV,72f),此处主教承诺:“凡我所知道的任何企图,我都不会同意而且会竭力阻止……我会用可能的办法来通告,等等”(“quodlibet agi cognovero, minime consentire, sed in quantum virtus suffragaverit, obviare et ... modis quibus potuero, nuntiabo etc.”)。目前看来,在可追溯至 7 世纪或更早至 5 世纪(Gottlob, 12,以及注 44)的 *Liber diurnus* 的公文中,这种承诺是对 *respublica*(共和国)和 *princeps*(元首)作出的;这些区分后来被取消,结果被 *papa*(教皇)和 *papatus*(教皇职)所取代;最终,原初的版本可以说通过转用,通过应用于 *persona regis*(国王人格)和 *corona*(王冠)又复活了(其中 *corona* 可能还是比 *respublica* 有更多“人格的”特点)。

国主教继续向“国王和王冠”宣誓的13世纪,[160]国王个人与非人格建制之间的差异,与教皇英诺森三世所作出的区分一样清晰。可以看到,12世纪在英国国库和法律领域引进的王冠概念,在教会法概念的影响下开始获得新的动力,并呈现出了以前未曾有的宪制含意。

对于哪些人需要宣誓保护王冠,教皇英诺森当时所要求的只有主教。然而代表政治身体统治部分的其他成员(即国王的官僚和封建主们)很快效仿了此种做法。马修·帕里斯(Matthew Paris)在他的著作中时常提及王冠,帕里斯告诉我们,1240年,诺曼人西蒙(Simon)这位为国王保管印玺的书记官,由于其本人也是一位教皇委派的司铎,会经常出使罗马,他拒绝给一份赦许状盖印,因为他发现其内容“有违王冠利益”(*contra coronam*),这表明他可能曾宣誓不仅要向王冠谏良言,还要阻止任何有损王冠的行为。[161] 一份出现时间稍晚但有同样旨趣的职位誓约的正式措辞保存了下来;在1307年咨议员誓约中,国王咨议会成员被要求宣誓“保持、维系、捍卫、恢复国王和王冠的权利”;而且,他们要“竭尽全力、忠贞不渝地支持王冠”,还要宣誓不会加入“国王本人在属王冠之事上 360

---

[160] 在1294年国王咨议会听审的“瓦伦斯的威廉对主教伍斯特的戈弗雷(*William of Valence* v. Bishop *Godfrey of Worcester*)”一案中,原告声称,主教行事“违反了他对国王和王冠所宣示的誓约”(*contra sacramentum suum regi et corone sue prestitum*);参较 *Cases before the King's Council*, *1243-1482*, ed. I. S. Leadam and J. F. Baldwin (Selden Society, XXXV; Cambridge, 1918), 6。不过,刊布于 *Statutes of the Realm*, I, 249 中的誓约形式并没有提到王冠。

[161] Matthew Paris, *Historia Anglorum*, ed. Madden (Rolls Series), II, 440;有关西蒙的职务和整个事件,参见 Powicke, *King Henry III and the Lord Edward* (Oxford, 1947), II, 772ff,特别是781f。

被传唤”(*ou le Roy se decreste de chose qe a la Corone appent*)的法庭或咨议会。[162] 和诺曼人西蒙的情况相同,这里显然存在着这样的假定:国王有可能会被剥夺王冠,以及议员们有义务保卫王冠,即使可能为此要反抗国王。由此可见,国王和王冠不再是相同之物。

此外,爱德华一世和高位贵族们写给教廷的信透露,贵族们也宣誓“捍卫国王威严和王冠”;如果我们可以相信这些书信中有关誓约的措辞,当贵族们声称“他们受誓约约束去保持和捍卫王冠权利”时,[163]他们甚至可能利用了教会法的楷式。1258年,革命性的“英格兰的共同团体”在牛津宣誓彼此相互支持,不过,仍“保留对国王和王冠的忠诚”,要说的话,这并没有什么实践意义。[164] 但进一步审视此处提到的为数不多的这些史料,我们看到,哪怕是没有牛津誓约或不考虑这种誓约,
361 向王冠宣誓的通常就是“王国的共同体”,因为国王、咨议员、官长、圣俗两界的领主们都一致采用同样的誓约来维护王冠权利。他们合在一起加上作为头的国王,就表现为并且就是“王国的共同体”、统合体。他们同声相应、措辞相近,都表达自身有义务要将王冠作为优于他们众人的东西和作为他们共有的东西来守护。因此,在王冠里,通过对王冠的誓约,“英格兰的共同团体”——至少是王国里肩负责任的那部分人——联合起来了。

---

[162] Lodge and Thornton, *Documents*, 53, No. 1。参见下面注174。

[163] 参见 Richardson, “Coronation Oath,” 50f,作者增加了大量有关领主们誓约的出处。

[164] Stubbs, *Select Charters*, 379:“salve la fei le rei e de la corune.”

这也许可以为我们提供一些背景，去理解1275年爱德华一世致教皇格里高利十世的一封极富启发性的书信，书信内容是关于英格兰向罗马纳封建税的问题。这封信确实不同寻常，它是由当时爱德华国王身边作为顾问或书记官的博学意大利人之一口授写下的，有可能是弗朗西斯·阿库修斯或圣乔治的斯提芬（Stephen of San Giorgio），这从对散文韵律（*cursus*）的严格遵守以及其他方面都可以看出。[165] 而且，文书的法学论调也可揭示其出自训练有素的法学家。洪诺留三世的教令被逐字照转用来支持王冠权利；王冠本身被庄严地称为王冕（Diadem）；一般被称作 *iuramentum* 或 *sacramentum* 的国王誓约，在这里也被庄严地称作 *iusiurandum*，明显暗合于法律标题 *De iureiurando*（“论誓约”），而洪诺留的教令正是被纳入了《教令集外编》的这一标题之下。爱德华后来频繁宣称，自己受誓约“约束”要去维护王冠权利“无损”。然而这番话后面紧接着是对罗马法—教会法格言“凡涉及所有人的”（*Quod omnes tangit*）意味深长的曲解，我们知道，共同体

[165] 有关圣乔治的斯提芬，参见 G. L. Haskins and E. H. Kantorowicz, “A Diplomatic Mission of Francis Accursius and His Oration before Pope Nicholas III”, *EHR*, LVIII (1943), 424ff and 424, n.4。关于这位南意大利的书记官，另见 Robert Weiss, “Cinque lettere inedite del Card. Benedetto Caetani (Bonifacio VIII)”, *Rivista di storia della Chiesa in Italia*, III (1949), 157 - 164，特别是162ff；进一步可参见 A. J. Taylor, “The Death of Llywelyn ap Gruffydd,”, *The Bulletin of the Board of Celtic Studies*, XV (1953), 207 - 209。有关圣乔治的斯提芬的丰富史料，以及有关爱德华一世与南意大利的智识联系的丰富史料，尚未有人详作梳理。目前可参见拙文“The Prologue to *Fleta* and the School of Petrus de Vinea,” *Speculum*, XXXII (1957), n.29。

代表的观念正是以此为中心的。[166] 爱德华宣称,他也受自己誓
362 约约束,“倘若未听取圣职者和高位贵族的咨议,便不可行涉及王国王冕之事”。[167] 如果教区主教一再承诺未经圣堂参事会的会商便不会去让渡,那我们现在看到了爱德华的类似声明:未听取圣职者和高位贵族的意见,他不会将所纳税金让渡给罗马。这就是说,有关“主教职”或“王冠”的事务是牵涉到整个团体或政治体的;主教或国王都不能独断这些事务。那些对所有人都重要的行动,必须由主教和参事会所代表的,或由国王为头和圣俗领主为四肢所代表的整个身体来认可。由此,“凡涉及王冠的,须经所有相关者的考虑和认可”,须经政治体最高代表的认可。这里,爱德华一世的陈述明确而有权威:王冠不是国王,或者至少不单单是国王。王冠是涉及所

---

[166] 有关这一原则(参较 *C*.5,59,5,2),参见 Gaines Post,“Quod omnes tangit,” *Traditio*, IV,197-252。Antonio Marongiu, *L'Istituto parlamentare in Italia dalle origini al 1500* (Rome, 1949), 65-78,花了整整一章的篇幅解释这条格言,在他看来,爱德华一世召集议会的形式,或许是受到了1274年哈布斯堡的鲁道夫召集纽伦堡议会的启发,但之后他撤回了他的这种看法(*MGH*, *Const*., III, 50, No.56)。参见 Marongiu,“Note federiciane,” *Studi Medievali*, XVIII (1952), 306ff,此处作者提醒人们注意腓特烈二世召集的1244年维罗纳议会;参较 *MGH*, *Const*., II, 333, No. 244:“Porro cum imperii principes nobilia membra sint corporis nostri, in quibus imperialis sedis iungitur potestas ..., presenciam omnium tenemur instantius evocare, ut quod tangit omnes ab omnibus approbetur”(“再者,既然帝国的诸侯是我们身体的高贵四肢,帝座的权力是与此四肢相接合的……我们有必要尽速召集所有出席之人,是为了让凡涉及所有人的要被所有人认可”)。有关“作为皇帝身体的四肢”(*membra corporis imperatoris*)的诸侯,参见 *C*.9,8,5,以及第五章注42;另参见下面注342。

[167] “... nec aliquid quod diadema tangat regni eiusdem adsque ipsorum [prelatorum et procerum] requisito consilio faciemus.” *Parliamentary Writs*, I, 381f; Richardson, *op.cit*., 49.

有人的，因此是“公共的”，就像水域、公路或国库是公共的一样。王冠服务于公共利益，所以既高于国王也高于圣俗的领主（稍往后也包括了庶民）。

维护“王冠的状态”（*status coronae*）等同于“维护王国的状态”（*status regni*）。因此，王冠并不独立于政治身体之外，也不独立于该身体那些会各自变化的构成要素之外。两代人之后的 1337 年，埃克塞特的主教格兰迪逊的约翰（John of Grandisson）宣布：“王冠之实质，主要在于作为头的国王本人，和依忠诚誓约获国王授封领地的作为四肢的贵族。”[168]王冠的复合特征和团体方面，可能只有与用头、四肢来描绘王国政治体或神秘体的古老比喻结合起来，才能被淋漓尽致地表达出来。一个世纪之后的 1436 年，巴思（Bath）和韦尔斯（Wells）的主教在一次议会布道中，更含蓄隐讳地重复了类似观念。对他而言，王冠既是政体也是主权的象征： 363

> 王冠的形象中有王国的章法和政体，因为，黄金中显出共同体的章法，而由宝石镶嵌的王冠之花，则表明了国王或君主的荣誉和职务。[169]

---

[168] “La substance de la nature de la corone est principaument en la persone le roi, come teste, et en les piers de la terre, come membres, qi tenent de lui par certeyn homage.” 这一内容可见于 *Register of John de Grandisson*, ed. F. C. Hingeston-Randolph (London, 1894 - 1899), II, 840，为 Richardson, “The English Coronation Oath,” *Transactions of the Royal Historical Society*, 4th Ser., XXIII (1941), 148, n.2 所引述。

[169] Chrimes, *Const. Ideas*, 14, n. 1，援引的是 *Rot. Parl.*, IV, 495; cf. Dunham, “Crown Imperial,” 201。

这个时代，有位诗人对王冠构成要素给出了更为详尽的解释：

国王王冠何所指，
花环宝石何时弯折嵌入？
贵族、平民、教士，
需同声应许……
最卑下之仆臣，有其身体与地租，
亦为王冠之构成单体。[170]

无疑，整个政治身体都存现于王冠中（从国王到领主、庶民，直至最卑下的仆臣）这一观念，在中世纪后期很普遍。但这并不排除其他情形下的不同解释：统合体（*universitas*）可以由议会甚或由作为王者（King）的国王本人（king）来代表。[171] 不过这里的问题在于，是否有可能赋予王冠一种团体特征。在这一点上，王冠和"王国神秘体"的确是可以两相比较的实体。二者中的任何一个都不可独立"抽象地"存在，不可与其构成要素相分离。差别主要在于，"王冠"更多强调的是为整个社会劳心者的特权和主权权利，而"神秘体"似乎更多强调的是全体人民的团体性质和连续性。但这两个彼此相关的概念不可能被断然分离，我们还记得，英国的法学者们是极不愿
364 意去承认尚不完整、法律上无能力的团体的。1552 年，法官菲

[170] *Political and Other Poems*, ed. J. Kail (Early English Text Society, Orig. Series, CXXIV; London, 1904), 51，为 Chrimes, *loc.cit.*所引述；参较 Dunham, *loc.cit*。

[171] Dunham, *op.cit.*, 203f.

诺(Fineux)曾说过,"团体是头和身体的集合,既不是单独的头,也不是单独的身体",这番话在较早些时候也是基本有效的,甚至对"涉及所有人"的王冕亦复如是。[172] 若非国王为头、贵族为四肢,王冠就不完整,因为二者只有合在一起,经议会中的有爵位者和庶民的补充,王冠的团体才能形成,这种团体用现代语言来说就是主权。就此而言,国王可以说成是"议会的头、起始和终末"。[173]

1275 年爱德华一世尚未界定王冠;但从他赋予王冠性质和功能的描述中,我们可直通这样一个完全英国式的主权概念,即议会内部咨议会里的王者(King)。

国王和王冠(THE KING AND THE CROWN)

看来,没有哪种试图将王冠与其构成要素相分离的理论能有机会在英格兰成势,但仍不乏这样的理论尝试。想要将王冠视为可与国王相分离之物的诱惑,肯定曾一度炽盛,彼时,指出国王与王冠之间不可简单划等号已是惯例。但不可划等号并不意味着二者就会分裂或彼此争斗。然而,分裂争斗的危险还是不期而至,英国贵族们力图清除爱德华二世的宠臣,约束国王的统治,为此他们发表了 1308 年的著名宣言,声称:

---

[172] 参见 Maitland, *Sel. Ess.*, 79,对菲诺法官的讨论。

[173] *Modus Tenendi Parliamentum*:"Rex est caput, principium, et finis parliamenti, et ita non habet parem in suo gradu, et ita ex rege solus est primus gradus ..."("国王是议会的头、起始和终末,因此不会有与他地位同等的人,如此,最高地位只是由国王构成的")。参较 Stubbs, *Select Charters*, 503, § "De Gradibus Parium."

> 臣从宣誓和效忠誓约是因王冠而不是因国王人格之故而发的，是对王冠而不是对国王人格负有义务。这一点从下述事实来看是明显的：在王冠占持状态(estate)承袭相续之前，效忠便与个人是无关的。如果国王在王冠占
> 365 持状态上不受理性引导，向王冠宣誓过的臣民们就有正当义务促使国王重归理性，修复王冠状态，否则他们的誓约就被违背了……

从这个前提出发，贵族们得出结论，“既然誓约要被遵守，当国王无意于纠正偏失，也无意于撤销有损王冠、有害人民之事时，错误便可用强制手段来去除。国王，根据已有誓约，有义务去治理人民，他的臣下在国王帮助下有义务依法保护人民”。[174]

显然，诸侯们(barons)准备好了去直面王冠和国王之间

---

[174] “Homagium et sacramentum ligiantiae potius sunt et vehementius ligant ratione coronae quam personae regis, quod inde liquet quia, antequam status coronae descendatur, nulla ligiancia respicit personam nec debetur; unde, si rex aliquo casu erga statum coronae rationabiliter non se gerit, ligii sui per sacramentum factum coronae regem reducere et coronae statum emendare juste obligantur, alioquin sacramentum praestitum violatur .... Quocirca propter sacramentum observandum, quando rex errorem corrigere vel amovere non curat, quod coronae dampnosum et populo nocivum est, iudicatum est quod error per asperitatem amoveatur, eo quod per sacramentum praestitum se obligavit regere populum, et ligii sui populum protegere secundum legem cum regis auxilio sunt astricti.” *Gesta Edwardi de Carnarvan* (Rolls Series, London, 1883), 33f; Lodge and Thornton, *Documents*, 11, No. 4; J. C. Davies, *The Baronial opposition to Edward II* (Cambridge, 1918), 24ff; Richardson, “Coronation Oath,” 66f,作者怀疑该宣言的真实性，但是承认人们对它的广泛认可。关于宣言中提到的誓约，参见上面注162。

作非此即彼的抉择。然而从一开始这就是一种虚假抉择，因为没有国王的王冠是不完整的、无能力的。弗朗西斯·培根爵士后来谈到这则宣言时说，“因为，区别是一回事，分离则是另外一回事”(*aliud est distinctio*, *aliud separatio*)；他补充强调，国王人格与王冠“虽可区别，但不可分离”。[175] 倘若王冠与国王干脆就同一了，倘若王冠(甚至到了那个时代)如诸侯们隐含表达的那样并非是一个由国王和贵族们合成的团体实体，诸侯们心中所谋之事似乎本有实行之可能。诸侯们可能是想表达作为王者(King)的国王与作为私人的国王的区分，但是他们实际上是将作为王者的国王(而不仅仅是国王私人)与团体王冠对立了，因此，为王冠之故，他们甚至准备舍弃作为王者的国王。由此一来，他们原本意味深长的政治哲学变 366
得前途黯淡，真可谓是降临在了“特别贫瘠的土壤上”。出于实践目的，这种理论很快就被人遗忘了，尤其是在诸侯们自身否弃它之后；但是在大法庭上，至少柯克和培根还没有忘记此种他们曾疾呼抨击的毒流。[176]

然而，在那个时代，人们并非完全不知道作为王者的国王和作为私人的国王之间的区别。为表明职位与任职者的区

[175] 有关对该理论的反驳，参见 Lodge and Thornton, *Documents*, 18f, No. 7。培根在 *Post-nati*, 669f 中多次恰切地评断了“斯宾塞之意见和主张的毒性”，但当培根说“听到臣民们服从的是王冠而不是国王人格这样的观点，他们[贵族们]就会热血沸腾”，他可能高估了贵族们的反应。

[176] 培根有关国王和王冠相互依赖、不可分离的理论与柯克是一致的；柯克在凯尔文一案(Coke, *Reports*, Part VII, vol.IV, 11f)中不加限定地将王冠和国王的“政治权能”相等同；他也认为 1308 年的贵族们的理论“推导出了可憎可恶的结论”。

别，取巧的办法是再次参照教会法实践。[177] 不过，既然被认为专司贵族之政治理论的小休·德斯潘塞(Hugh Despenser of Younger)发起了一种新"哲学"，那么，诉诸这些哲学证据就是情理之中的事了。我们还不知道小德斯潘塞到底是从哪些史料中获得了灵感。克里斯托弗·马洛(Christopher Marlowe)让他笔下的爱德华二世向老德斯潘塞所说的话，大概只是内容的梗概：

> 现在，来尝试那种哲学，
> 在我们著名的艺术苗圃里
> 你从柏拉图和亚里士多德那里汲取来的哲学。[178]

然而，亚里士多德的《政治学》连同阿奎那的注释，也有可能通过某种渠道直接或间接施加了某种影响，而且还遭到了误解。[179]

---

[177] Gierke, *Gen.R.*, III, 331f；有关德罗赫达(Drogheda)提出的相关问题，参见 Post, "Quod omnes tangit," 217f；另见 *Year Books*, *5 Edward II*, Y.B. Ser., XI (Selden Society, XXXI; London, 1915), 66，大法官布拉班松(Brabanzon)评述道："这就是说，主教有两种身份，作为圣职推举权者的身份和作为普通人的身份。一般认为，主教授予主教代理圣职俸禄，是因圣职推举权者的身份，而不是普通人的身份"。关于爱德华一世时期一个相似的声明(约克大主教对杜伦[Durham]主教一案)，参见 Davies, *Baronial Opposition*, 22, n.6。

[178] Christopher Marlowe, *The troublesome raigne and lamentable death of Edward the second, King of England*, lines 1884ff.

[179] 1300 年前后，奥维涅的彼得续写了阿奎那对《政治学》的注释；说这部著作在 1308 年的英格兰还不为人知，是讲不过去的。沃尔特·波利(Walter Burley)的注释尽管不是写于 1338 年之前，但基本原文复述了彼得的注释；参较 S. Harrison Thomson, "Walter Burley's Commentary on the *Politics* of Aristotle", *Mélanges Auguste Pelzer* (Louvain, 1947), 558f，有关存疑的内容，还可见 571f。

阿奎那注释的续写者奥维涅的彼得(Peter of Auvergne)(不过整个注释归在了阿奎那名下),详尽讨论了《政治学》第三卷 367 中的一节;这一节里亚里士多德指出,国王在他的官员和朋友中有众多的眼目和手足,而且这些人实际上具有共同统治者的角色。[180] 这位注释者对这一节的评论非常重要,值得全文引述:

> 君主使那些(人)成为共同统治者,他们既是君主的朋友,也是君主权位的朋友。因为如果他们(这些共同统治者)不是二者的朋友,而只是一方的朋友(例如只是君主权位的朋友),他们就不会关心君主的利益,而只关心君主权位。反之,如果他们不拥戴君主权位,而只拥戴君主,他们就不会关心君主权位。因此,共同统治者必须既关心君主利益,也关心君主权位的利益……

这位注释者接着详论了这一观点。他证明,被接受为代表君主的共同统治者,实际上同时也就被接受为了代表君主权位的共同统治者,藉此,他避免了去割裂君主权位和君主,因为,君主的利益也指向了君主权位的利益。然而,这位注释者认为这一主张需要限定才能有效,他写道:

---

[180] *Politics*, III, 16,13,1287b,在“他的(君主的)朋友和统治权的朋友”(*φίλοι κἀκείνου* [*του μονάρχου*] *καὶ τῆς ἀρχῆς*)之间作了区分;W. L. Newman, *The Politics* (Oxford, 1887), III, 301f,从古代引述了大量与之类似的值得关注的内容。

> 因此，出于君主身份而对君主敬爱的人，才会敬爱君主权位。统治着的人可从两面来看：要么根据的是他的君主身份，要么根据的是他作为个体之人。若你因他的君主身份而拥戴他，你就会拥戴君主权位；为一方谋利，就是为另一方谋利。然而，倘若你拥戴的君主身份只是这位或那位个体国王，你便不会必然地爱君主权位，那么，你在为这位或那位个体之王谋利之时便并没有为君主权位谋利。[181]

368 上述诸侯的理论与这位《政治学》注释者的理论之间的不同，是能轻易判别的。这位注释者区分了统治者的两种能力，作为君主身份的君主和作为个体之人的君主这两种能力，君主能力和君主权位仍然是同心的。然而，诸侯们只是摆弄君主权位和君主身份的两相对立，造出了两个实体，看上去是离

---

[181] See Aquinas, *In Polit.Arist.*, §520, ed. Spiazzi, 182:"Faciunt autem comprincipes illos, qui sunt amici sui et principatus; quia si non essent amici utriusque, sed alterius, sicut principatus, non curarent de bono principis, sed pricipatus. Iterum, si non deligerent principatum, sed principem, non curarent de bono principatus. Oportet autem comprincipantes curare de bono principis et principatus ... Et est intelligendum circa id quod dictum est, quod assumit princeps sibi comprincipantes amicos sui et principatus, quod ratio principis sumitur a ratione principatus; et ideo bonum principis est in ordine ad principatus bonum: et ideo qui diligit principem secundum quod princeps est, diligit principatum. Sed ille qui principatur, duobus modis potest considerari: vel secundum quod princeps, vel secundum quod talis homo. Si diligat ipsum secundum quod princeps, diligit principatum; et procurando bona unius, procurat bona alterius. Si diligat ipsum secundum quod talis vel talis, non oportet quod diligat principatum: et tunc procurat secundum quod talis vel talis, non procurando de bono principatus."

心的。他们学说的不足之处正在于，把作为君主身份的君主与君主权位分离了，或者说把王者与王冠分离了，而不单是把国王个体之人与他的职位即“国王的状态”（*status regis*）相分离。[182] 他们想要做的不是把国王个人与“国王的状态”相分离，而是想要把“国王的状态”与“王冠的状态”相分离。他们交替着让“国王本人”、“国王身份”与“王冠”相对立，在这一方面他们是失败的，主要缺点应该说是缺少明晰性。他们的区分尽管也许在其他方面有用，但全然不适用于忠诚誓约，因为，他们的论调减损了个人效忠的重要性，差不多侵犯到了国王作为国王身份的权威。诸侯们自己后来把这视为叛国，编年史官惊呼：“咄咄怪事！看看四肢如何让自己与头相分离。”[183] 1322 年爱德华二世在取消贵族们所定条令（ordinances）时组建了一个主动配合的议会，由此他正当地支持了“王国的状态”和“王冠的状态”的区分（不过，他将两个实体连同“王权”回归至一个共通项之下），并且把它们都当作整个“统合体”即著名的“王国的共同团体”所关切之物。[184]

国王和王冠的区别一直都是存在的；国王很容易被指控“玷污了王冠”。理查二世之事以及对他的指控中，充斥着“侵犯王冠之罪”。理查在其倒台的前一年即 1398 年，于叛国法 369

---

[182] 当然，*status regis* 和 *status coronae* 这样的用语，意义上等同于 *bonus status regis*（国王的善的状态）和 *bonus status coronae*（王冠的善的状态），或者等同于亚里士多德用语中的 *bonum regis*（国王的善）和 *bonum coronae*（王冠的善）。这些用语的意思大体上既与公共领域的福利又与公共领域的利益相一致；参见 Post, “Public Law,” 47f，更为明确的是“Two Laws,” 特别是 425ff。

[183] 参见第五章注 115。

[184] Lodge and Thornton, *Documents*, 128f, No.4.

的附补条款中声称，任何针对国王自然身体的图谋不轨都是“侵犯王冠的严重叛国”罪行。[185] 而一年之后，情况逆转了，理查本人被指控威胁了“英格兰王冠的自由”，挥霍王冠的财产，已经无资格承继王冠应享的特权，他还被控所有这些罪行皆出于“他个人的浮夸虚荣和妄自尊大”(*ad sui nominis ostentaionem et pompam et vanam gloriam*)，指控方自然是力图让国王个体之人与他的职位和他在职位上的权能相分离。[186] 但是，1388 年上诉贵族们(lords appellant)非常谨慎地避免了 1308 年授令贵族们(lords ordainer)的错误，因为，上诉贵族们一致团结，在“对我们主君国王以及他王冠特权的效忠”方面作了明显的保留处理。[187]

从此国王的身份与王冠的身份之间的区分一再出现。但是，这种为效忠非人格化的王冠而排斥对国王个人效忠的尝

---

[185] Lodge and Thornton, *Documents*, 26, No.18.

[186] Ibid., 25, No.16, 讨论了国王对保护“自己王冠的自由”(“les Libertees de sa dite Corone”)的要求；有关王冠固有的自由，参见 ibid., 312, No.23:“et ensy la Corone Dengleterre qad este si frank de tout temps ... serroit submuys a Pape”(“因此，各个时代一直自由的英格兰王冠……将会服从教皇了”)。不过，1399 年国王本人被指控(用了在 *Praemunire*[优尊教皇罪]法令中几乎相同的话)让王冠屈从于教皇——“英格兰王国的王冠以及该王冠的权利……甚至在过去任何时代，都有教皇……也不应介入其中的自由”(“quamvis Corona regni Angliae et Iura eiusdem Coronae ... fuerint ab omni tempore retroacto adeo libera quo Dominus Summus Pontifex ... [non] se intromittere debeat de eisdem”), *Rot. Parl.*, III, 419, §27；有关对王冠的其他指控，ibid., 417, §18; 419, §32; 420, §41。总体情况，参见 Hartung, “Die Krone,” 16ff。

[187] *Rot.Parl.*, III, 244, §13:“Sauvant toute foitz vostre ligeance envers nostre Seigneur le Roy et la Prerogative de sa Corone”(“你们对我们主君国王以及他王冠特权的忠诚，任何时候都要坚守”)；参较 Hartung, “Die Krone,” 17, n.2。

试再没有出现。相反,有关权能的学说逐渐站稳脚跟,尽管过程缓慢。这方面的一次早期努力是以失败告终的,当时,国王一位顾问官指出,作为国王的爱德华一世"与(作为王太子)作出让渡时的他相比,是另一种身份状态"。一位受让渡的伯爵立刻反驳道:"他现在与他作出让渡时为同一个人格。"[188]在兰开斯特公爵领地一案中,权能学说得到了更为明确的发展,亨 370
利四世拒绝把兰开斯特公爵领地与王冠财产相混,而是把领地保有为他自己的私人财产。这一成为"著名案件"(*cause célèbre*)的诉讼案,促使普洛登时代的法官们就国王的两个身体作出细致区分,正是它让王室法官们早在 1405 年就明确地规定了"属于王冠"(*que appertaine al Corone*)的财物与属于"如其他人格一样"(*come auter person*)之国王个人的财物的区别,[189]后者很好地预示了都铎王朝时期国王的"自然身体"。亨利五世在位时,议会决议,国王可以留下遗言安排他自己的财产,但是不能遗赠他的王国,[190]这的确是一项古老的原则,实际上可说是古老的不可让渡条款的改头换面而已。13—14世纪,法学家们把这一问题与君士坦丁赠礼,以及与将半壁江山让渡给教皇的可容许性问题结合起来,进行了广泛讨论。英国的法学者们也把这一问题与约翰王让王国屈从于教廷的

---

[188] Pollock and Maitland, *History*, I, 524; Davies, *Baronial Opposition*, 23, n.4.

[189] Chrimes, *Ideas*, 35, n.2, and 352, No.11.

[190] K. Pickthorn, *Early Tudor Government: Henry VII* (Cambridge, 1934), 140, n.1.

做法和此举的可容许性问题进行讨论。[191] 法庭上,此类案件常有发生,其中,要么是国王的个人行为,要么是国王特权带来的行为,与王冠的利益发生冲突,因此也就与王国共同体的利益发生冲突。[192] 到亨利七世治下,法学家们认可了国王本人可以依王冠的权利占有土地。[193]

1495 年,亨利七世治下的《事实上的法案》(*De facto Act*)在区别国王诸权能方向上带来了一个有重要价值的变化。在约克和兰开斯特家族之间爆发的玫瑰战争中,亨利六世成功
371 "夺回"王权后的时间虽仅有 6 个月,爱德华四世仍被认为是篡位者,在法庭和别处都一直被称作"近来事实上的英格兰国王"(*nuper de facto rex Angliae*)。反过来,爱德华重掌王权后,与他这位"据法权"(*de jure*)统治的约克系国王相比,兰开斯特的亨利六世成了篡位者和"事实上的"(*de facto*)国王。[194]

---

[191] Laehr, *Konstantinische Schenkung*, 98ff, 128ff, and passim,不过,作者所用史料,其范围可能相当大的程度上被扩展了;可参见 Nardi, "La *Donatio Constantini* e Dante", *Studi Danteschi*, XXVI (1942), 47 - 95; Ullmann, *Mediaeval Papalism*, 107ff, 163ff; Schramm, *English Coronation*, 197ff;有关威克利夫与英格兰,另见 Laehr, "Die Konstantinische Schenkung in der abendländischen Literatur des ausgehenden Mittelalters", *QF*, XXIII (1931 - 1932), 140ff, 146。

[192] Plucknett, "Lancastrian Constitution," 175ff,讨论了沃尔瑟姆(Waltham)大修道院院长的案件;Pickthorn, *Henry VII*, 159;参见第四章注 253。

[193] Pickthorn, *Henry VII*, 157f.

[194] *Year Books of Edward IV: 10 Edward IV and 49 Henry VI, A.D. 1470*, ed. N. Neilson (Selden Society, XLVII, London, 1931), 115, 117, 118, 126, and passim;另见 Introduction, xiif, xiv, xxix。有关另一区分(昔时之王[*le Roy que fuit*]和现今之王[*Le Roy que ore est*]),参见 1465 年《年鉴》的案件(对约翰·帕斯顿[John Paston]法律权益的剥夺),收录于 Lodge and Thornton, *Documents*, 37, No.29。

重要的是，那时法庭谈论“国王的传位”，不是意指国王的死亡而是指他的失权，因此就像普洛登后来准确报道的那样，是指“二重身体的分离，政治身体从现已死去或已脱离王者威严的自然身体，转到了另一个自然身体之上”。[195]《事实上的法案》旨在拭去内战后所有潜在的、令人不快的后果。法案认为，没有臣民会因为他们曾站在哪位国王一边或反对其中一边，“行如此恪尽职守、忠心效力之事，而丧失或被罚没任何东西。”换言之，人们只要是真诚效忠“政治身体”或“作为国王身份的国王”，其财产权和公民权利就不会丧失，即使臣民一度效忠的“时任国王和主君”后来被打败或丧失了王冠。[196] 法案因此在追溯过往时承认了之前两位对立国王的共存，或者我们也可 372

---

[195] *Year Books of Edward IV*（上面注194），114：在其他国王治下时（*en temps lautre roy*）开始的诉讼，因这位国王的传位而被无限期推延（*fuit mys saunz iour par demys le roy*）；另见115，119，135f，146，168；另见 Lodge and Thornton，*Documents*，37，以及第一章注13。国王的“死亡”被国王的“传位”这样的表述取代，似乎发生在15世纪；14世纪早期的国王明显仍是“死去”；可参见 *Year Books*，*I and 2 Edward II*，Y.B. Ser. I（Selden Society，XVII，London，1903），5，10，17，98：*le Roy morust*（国王死了）。然而1388年，据说“因国王（爱德华三世）传位”（*par demys le Roy*）就有诉讼被无限期推延了；参较 *Year Books of Richard II*，*12 Rich.II*，*A.D. 1388 - 1389*（Ames Foundation，Cambridge，Mass.，1914），VI，98。

[196] *Statutes of the Realm*，II，568，“在战争中追随至高主君或在其他地方执行主君命令的上述臣民”，要说他们的财产权和公民权利应被剥夺，这部法令集认为这是不合理的。此法令有其先例，就在亨利·都铎刚继位时自己还是被剥夺了财产权和公民权利的人，法庭决定，“出于事实”（*eo facto*）即亨利“接受了成为国王的王位威严，所有都无效了”（“prist sur luy le Roial dignite estre roy，tout ce fuit void”），而且决定，没有必要有特别法案来恢复他的财产权和公民权利；参见 Chrimes，*Ideas*，51 and 378f；参见第一章注9，讨论了这样一个观念：“政治身体”可以攘除国王所有的缺陷。参较 Pickthorn，*Henry VII*，151ff；Holdsworth，*History of English Law*，III，468，n.5，and IV，500。

以说，两个自然身体可以共存，但是只存在一个王冠、一个政治身体，以任何形式对它效忠都不应遭受惩罚，即便是臣民选择了失败国王这一“错误肉身”。这个原则相比于大肆屠杀失败方追随者的通常做法要明智得多，后者的先例可在一个世纪前的教皇权力历史中看到，当时，两位甚或三位对立教皇相互绝罚，以及绝罚彼此的追随者。[197]

作为未成年者的王冠(THE CROWN A MINOR)

王冠确实难以与作为王者的国王分离。然而尽管有这种不可分离性，王冠并不完全等同于王者，例如王冠有拟人化的可能，代表着涉及所有人的东西，在许多方面代表了整个政治身体；如此，把明确的职能赋予作为王者的国王，以及赋予王冠适度确然的角色，便成为可能。

在频频反对理查二世的众多指控中，有一条是指控他“极大地伤害了人民，剥夺了英格兰王冠的继承权”。[198] 当然，剥夺

---

[197] 根据 Johannes Andreae, *Glos.ord.*, on c.un., *Clement.*, II, 9, v. *reges*, (关于 1198 年在帝权上的争议)教皇英诺森三世被认为作出了决定，“考察一直以来帝国的习俗……可以看到，当(选帝侯之间)对立产生出两位被选举者时，二者都作为国王来统治，行使帝国所有的司法权。但是，在这点上教皇宣称，这种状态会维持下去，直到选举一方被教皇赞成或反对”(“quod inconcussa consuetudo imperii ... hoc habet, quod duobus electis in discordia, *uterque administrat ut rex* et omnem imperii iurisdictionem exercet: quod, declarat ibi Papa, locum habere donec per Papam alterius electio fuerit approbata; aut reprobata”)。参较 Hugelmann, “Kaiserweihe,” 27; Kempf, *Innocenz III.*, 125, n.49。这里公开承认了两位“事实上的”国王共存的状况，判定谁是“合法的”国王成了教皇的事情。

[198] 1386 年议会指责国王让渡“剥夺王冠继承权”(en desheritison de la Corone)(*Rot.Parl.*, III, 216)；1388 年再次对此指责(III, 230, Art.V)。1393 年有关“优尊教皇罪”的制定法，控诉教皇的声索是在“公开剥夺王冠的继承权，破坏我们主君即国王的王权”(“en overte desheritance de la dite corone et (转下页)

继承权的概念只适用于自然人或法人。这种指控并非新造。亨利三世在谴责其子爱德华让渡奥雷宏岛(Isle of Oléron)是在剥夺王冠继承权,就已经使用过这一指控。爱德华一世本 373
人只要为了达到个人目的就会使用这一术语。爱德华二世统治时期,在围绕王冠的争斗中,贵族们多次因国王行事时“剥夺了王冠继承权”而谴责他们的国王。[199]

本身不过意味着“剥夺”(deprivation)的这个比喻手法,值得我们注意。它显然来自继承法,意思是某人因为这样或那样的原因,丧失了继承财产的法律权利。[200] 我们也可能会想

(接上页)destrucccion de regalie nostre dit seigneur le Roi”)(Lodge and Thornton, *Documents*, 312);1399年国王被指控“极大地伤害了人民,剥夺了王国的王冠继承权”(“in magnum preiudicium Populi et exheredacionem Corone Regni”)(*Rot.Parl.*, III, 420, § 41); Hartung, “Die Krone,” 16ff。

[199] 有关奥雷宏岛的情况,参见 Rymer, *Foedera*, I, 1,374:“... posset ... exhereditationis periculum imminere”(“……剥夺继承权的危险……可能迫在眉睫”)。参较 Hartung, “Die Krone,” 10。关于爱德华一世,可以参见他写给教皇尼古拉四世的书信(Rymer, I, 2,740),在信中他宣称要避免“剥夺朕的继承权,它是对朕王冠状态的伤害”(“exheredationem nostram quae statum coronae nostrae contingit”)[需注意的是,中文的“朕”字无法体现此处拉丁语“我们”的复数含义,另可参见本章注315,以及文中其他多处地方。——译者]。关于爱德华二世,可参见1308年的宣言(Lodge and Thornton, 11),宣言中贵族们控诉加维斯顿(Gaveston)“剥夺了王冠继承权”(*coronam exheredavit*);在1311年(§ 23)的条令(Ordinances)中,他们声称,维西的拉迪(Lady de Vescy)施加的影响已经“损害玷污了国王,并且剥夺了王冠的继承权”(a damage et deshonour du roi et apert desheriteson de la corone)(§ 20 也提到了加维斯顿;*Statutes of the Realm*, I, 162),贵族们在1310年罪状列举中已经控告国王“剥夺并玷污了你和你的王权,剥夺了你的王冠的继承权”(desheritaunce et deshonour de vous et de vostre roial poer, et desheritaunce et vostre corone);*Annales Londinienses* (*Chronicles of the Reigns of Edward I and Edward II*, vol.I), 168。参较 Hartung, “Die Krone,” 12ff,作者实际上引述了此处提到的所有内容。

[200] 当然,布拉克顿对“剥夺继承权”(*exhereditatio*)的法律方面是作过讨论的;可参见 fols. 80f, Woodbine, II, 233f。有关英国继承法相比于罗马法和教会法所具有的某些独特之处,参见 Güterbock, *Bracton*, 125ff; Holdsworth, *History of English Law*, III, 74f。不过这一问题不是此处的论题。

到，继承法紧密关联着王冠的永久性和代代相继：就像“家主权”(*dominium*)从父亲传到儿子手中，未经任何时间隔断，王冠也是不经任何间断传给了新国王。[201] 诚然，涉及所有人的王冠，不是私人的而是公共的继承财产：“国王不是那些个体国王的继承人，而是王国的继承人”，都铎王朝的一位作者如是说。法国的立宪主义者如让·特尔-鲁热煞费苦心地指出：确切地说，王冠的继承人并不是先任者的继承人，因为他只是
374 继承了对非属乎他之物的治理权，这些物是公共的。[202] 因此剥夺王冠继承权的罪行不只是普通的剥夺继承权问题；在法律语言中，它意味着对未成年者的继承权的剥夺。

罗马共治皇帝戴克里先和马克西米安的法律宣称，国家(*respublica*)通常可将未成年者权利运用到自己身上，因此可以请求“原状恢复”(*restitutio in intergrum*)的补救途径；注释法学者解释说，在这方面国家和教会是处于同等地位的。[203]

---

[201] 参见上面注 53 及其后。

[202] McIlwain, *Political Thought*, 382, n.4，参引了亚当·布莱克伍德(Adam Blackwood)的观念。福蒂斯丘表述过相同的观念(即认为，继承而来的王权的本性是公共的而非私人的)；参较 Chrimes, *Ideas*, 10ff。有关法国的情况，参见 Church, *Constitutional Thought*, 28f；另见 Lemaire, *Lois fondamentales*, 55ff；J. M. Potter, “The Development and Significance of the Salic Law of the French”, *EHR*, LII (1937), 235－253。

[203] *C.* 2, 54, 4：“Res publica minorum iure uti solet ideoque auxilium restitutionis implorare potest”(“国家通常享受未成年者的权利，因此可以请求原状恢复的补救”)。参见这条法律的标准注释(*Glos.ord.*, on C.2,54,4, v. *solet*)：“正如未成年者在监护人照管下，国家也在管理者照管下……在教会的情况也一样，它与国家处于同等地位。”(“Sicut enim minores sunt sub curatoribus, sic et respublica sub administratoribus ... sic et in ecclesia cum reipublicae parificetur”)。对此可参见 Hostiensis, *Summa aurea*, on X 1,41, n.4, col. 414 (引述了一位早期的教令注释者威廉·纳索(Guilelmus Naso)，内容大约撰写于 1234 (转下页)

然而，在奥古斯都时代撰述的罗马法官拉贝奥（Labeo）还声言过，某个告示是适用于“疯子、孩子和城市”的。[204]这貌似奇异拼凑的“并列三者”（*tertium comparationis*），都无法处理自己的事务，而只能通过须是健全的、成年的、自然之人的监护人来处理。13 世纪在团体学说得到发展之际，对“城市”（*civitas*）的这种理解被合乎逻辑地转用于任意统合体或团体了。因团体需要一监护人而说它总是婴幼未成年，成了一种习惯表述。在此意义上，教会法学者们创出一套详尽的教义，认为主教是其教会的监护人或保护者，由此，作为“地位等同于”国家的教会也被视为了未成年者。[205] 总是未成年的团体，于是便可享受所有未成年人的特权：未成年人不受时效制约；监护人或在此事上的其他任何人，不能让渡或缩减其所有物和财富；监护人负责让被监护人“不可让渡的”财产完整无损，尤其是要通过“让财产原状恢复或让所有失去财物复归原 375
态”（*in integrum restitutio*），保护这一财产免遭种种恶意欺

（接上页）年）：“教会享受未成年者的权利，因为教会在这方面与国家处于同等地位”（“ecclesia fungitur iure minoris, nam comparatur reipublicae”）。当然，这也是 1483 年林肯郡的主教约翰·拉塞尔（John Russel）议会布道的据典之处，这位主教在描述英格兰的“神秘的或政治的身体”（“mistik or politike body）时，反复强调“国家享受未成年者的权利”（*res publica fungitur iure minoris*）。参见 Chrimes, *Const.Ideas*, 180 (n.1) and 187；参较上面第五章注 93 及后注。团体论的话题一定非常流行，因为在下一届议会（1485 年亨利七世治下召开的头一届），布道者于布道中讨论了墨涅尼乌斯·阿格里帕（Menenius Agrippa）的故事；参较 *Rot. Parl.*, VI, 267。

[204] *D.*4, 6, 22, 2：“Quod edictum etiam ad furiosos et infantes et civitates pertinere Labeo ait”（“拉贝奥声言这份告示实际上是适用于疯子、孩子和城市的”）。参较 Gierke, *Gen.R.*, III, 99, n.223，以及 157, no.102。

[205] Gierke, *Gen.R.*, III, 332, n.274，以及上面注 203。

诈。从该教义中产生了一些困难，例如有些法学家揶揄道，教会既然是“新娘”(*sponsa*)就不可能是未成年人，不过这种问难并没有多大意义。[206] 主教与教会的关系在某些方面不同于监护人与被监护人的关系，这一点是被接受了的，因为主教(或主教显职)是永久的监护人，永久享受被监护人财产的用益权，而普通监护人的职位却受时间所限(在被监护人成年后中止)，也没有用益权。[207] 然而，所有这些都不能阻止下面一条规则被普遍接受：法人或团体是拥有特权的，被当作未成年人来对待。

这些信条在英国如在其他地方一样成为共识。布拉克顿曾专门讨论过这个问题：

> 因为教会处于未成年者的地位，它通过教区教牧获得并持有财产，就像未成年者通过监护人获得并持有财产一样。尽管教区教牧会死，但教会不会丧失教区教牧死亡时以教会名义已获得的所有财产的权利，正如监护人死后未成年者转入其他监护人之下也不会丧失对已有财产的权利一样：因为这种未成年者的状态并没

---

[206] Gierke，*Gen.R.*，III，n.272；以及 Hostiensis，*Summa aurea*，col.414(见上面注 203)。

[207] Gierke，ibid.，256，n.40，首先引用的是 *Glos.ord.*，on c.3，C.5，q.3，v. *quia episcopus*：“Nulla est enim comparatio inter tutores et praelatos，quia tutor est temporalis，praelatus est perpetuus；tutor non utitur bonis pupilli，sicut praelatus bonis ecclesiae；tutela est onus，sed praelatura est honor etc.”(“监护人和圣职者之间没有可比性，因为监护人是一时的，圣职者是永久的；监护人不能像圣职者使用教会财物那样使用被监护人的财产；监护是一种负担，但圣职是一种荣誉，等等”)。

有发生改变。[208]

梅特兰说,“这里我们看到一位法人即教会,有位自然人是其监护人,还有一位圣职推举权者(patron)和教区主教(ordinary)监督监护人的管理行为,某些事情,监护人未经圣职推举权者和教区主教的同意是不能做的”。[209] 1294年爱德华执政元年岁末的一桩案件值得注意,因为此案与剥夺继承权的联系十分明显。法院认为:

> 总是未成年的教会,享有了未成年者的身份;这与下面的法律是不相协调的:未成年人因其监护人的疏忽应被剥夺继承权,或者说,倘若未成年人想要为他们监护人已犯 376
> 下并剥夺了未成年人继承权的事情而辩护,他们应该被阻止诉讼。[210]

---

[208] Bracton, fol.226b, Woodbine, III, 177:“Et cum ecclesia fungatur vice minoris, acquiritur per rectorem et retinet per eundem, sicut minor per tutorem. Et quamvis moriatur rector, non tamen cadit ecclesia a seisina sua de aliquo, de quo rector seisitus moritur, nomine ecclesiae suae, non magis quam minor si custos suus moriatur et pervenerit in alteirus custodiam: et per hoc non mutatur status minoris.”

[209] Pollock and Maitland, *History*, I, 504;参较 503, n.2.

[210] *Placitorum abbreviatio*, 304 (Norfolk), 1 Edward II:“Set quia ecclesia que semper est infra etatem, fungitur vice minoris, nec est iuri consonum quod infra etatem existentes per negligentiam custodum suorum exhereditacionem paciantur, seu ab accione repellantur, si loqui voluerint de hiis que per custodes suos ad ipsorum infra etatem exhereditacionem minus rite facta fuerunt, quin potius ad ipsam revocandam audiantur in curia Regis et ad hoc admittantur ex consilio curiae, dictum est predicto Adam etc.”(“总是未成年的教会,享(转下页)

换言之,监护人的疏忽不会导致未成年人继承权的丧失,主教的疏忽也不会导致教会丧失其继承权。相反,未成年者(即教会)是有机会向王室法院申诉取消对继承权的剥夺的。

然而,到那个时候,有关教会和国家的永久未成年状态的学说,已转用于王冠上了,与王冠权利或王冠财产不可让渡的复杂观念,以及"时间从不制约国王"(*Nullum tempus currit contra regem*)的原则融合在了一起。13 世纪的最后 10 年间,法庭中出现多起案件事关"王冠继承权的剥夺"。[211] 之后不久我们看到,罗马法—教会法诉讼程序中惯常使用的诸团体未成年语汇,被用于了国王和王冠。"圣职推举权妨害排除令状"(*Quare impedit*)一案尤为如此,此案中,王冠声称对教会拥有圣职推举权。在国王诉拉蒂默(*King* v. *Latimer*)案(爱德华二世第十年)中,案件的官方记录如是记载:

(接上页)有了未成年者的身份;这与下面的法律是不相协调的:未成年人因其监护人的疏忽应被剥夺继承权,或者说,倘若未成年人想要为他们监护人已犯下并剥夺了未成年人继承权的事情而辩护,他们应该被阻止诉讼。相反,未成年者可以请求在王室法院审理,来取消这种继承权剥夺,通过法院的庭议让其得到承认;在前述亚当那里谈到了这些,等等")。参较 *Year Books*, *22 Edward I* (London, 1873, Rolls Series), 33:"le Eglise est deinz age"("教会是未成年的");参见 Pollock and Maitland, *History*, I, 503, n.2。另见 *Year Books*, *10 Edward II*, *1316 -1317*, Y.B. Ser., XXI (Selden Society, LIV, 1935), 197:(高级律师图德比[Toudeby]) "... kar ele [seint Eglise] doit de resoun estre deinz age tout jurs en mayn de gardeyne"("既然[神圣教会]是未成年,自然总是处于监护人的手中")。普世教会的监护人当然是教皇。也可参见 Baldus, on *D.*,4,4,39, n.45, fol.234v:"Ecclesia sine papa nihil agit, ideo oportet [quod] per alium regatur, sicut et regitur minor"("没有教皇教会便无法行动,因此,就像未成年者要被引导,教会也有必要由他者来引导")。

[211] *Select Cases in the King's Council*, pp.lixf.

> (国王约翰)基于其王冠权利,向前述教会推举前述圣职者罗伯特,这项王冠权利可谓总是处于未成年,时间在此案中不会制约它……[212]

同一年在国王诉沃克索伯的修道院院长(*King* v. *Prior of Worksop*)一案中,普通诉讼法院的法官斯克罗普(Scrope)认为,加于教堂的称谓来自约翰王,现任国王的曾祖父, 377

> 我们已说过,他是如何因自己的王冠权利而拥有了圣职推举权,没有任何权利能胜过我们主君国王的王冠权利,因为王冠权利总是处于未成年状态,不可能会在法庭上败诉……[213]

然而法官斯克罗普在论辩中并非总是首尾一贯,如在拉蒂默案中,官方记录无疑是在谈论王冠的未成年,斯克罗普则说:

> 国王也说到了自己王冠的权利,但是,在这一权利上,时间是不会制约国王的,因为他(国王)总是未成年的,故

---

[212] *Year Books*, *to Edward II*, *1316 - 1317*, 46 (诉讼的记录):"J(ohannes) Rex ad predictam ecclesiam presentavit predictum Robertum clericum suum ut de iure corone sue que semper est quasi minoris etatis et cui in casu nullum tempus currit etc." 这也是可在 *Placitorum abbreviatio*, 339 (爱德华二世第十五年)中找到的案件,Pollock and Maitland, *History*, I, 525, n.2 参引了它。有关圣职推举权妨害排除令状,参见 Holdsworth, *History of English Law*, III, 661, No.ii。

[213] Ibid., 74:"… et avoms dit coment y fut seisi de cel avouson cum du dreit de sa Coroune. ou nul dreit sur dreit de sa Coroune ne pust a nostre seignur le Roi qe touz jurs est deinz age et ne put perdre en curt."

此,我们要求法官有利于我们国王作出判决……[214]

此处以及其他一些场合,王冠和国王之间的区别变模糊了:法官们也许是受了"时间从不制约国王"这一有关国库方面的格言的误导,错误地将显然本要赋予王冠的未成年状态赋予了国王。法官们自己也意识到了措辞上的不准确。在沃克索伯修道院院长(*Prior of Worksop*)一案中,斯克罗普法官说漏了嘴,谈到国王的未成年,高级律师图德比(Toudeby)插进了一句言简意赅的话值得注意:"国王只是王冠的监护人。"[215]然而在后来同一案件的听证会上,这种洞见并没有防止图德比掉入同样的陷阱,他还是称国王"总是未成年,因此时间不会制约他"。对此,普通诉讼法院的大法官贝瑞福德(Bereford)打断他反驳道:"如果国王总是未成年,按你所说的那样的话,那他
378 所做的任何行为都不会约束他;实际情况却相反……"[216]

---

[214] *Year Books*, *to Edward II*, 45:"... et le Roy ad parlé du dreit et de sa Coroune. ou nul temps de teu dreit encurt au Roi pur ceo q'il est toz jurs deynz age." 另见斯克罗普法官(ibid., 75):"... et le Roy est touz jours deinz age issint qe encountre ly nul temps ne court quaunt a maintener l'estat de sa Couroune ..."("……国王总是未成年,因此,在维持他王冠的状态方面,时间不会制约他……")

[215] Ibid., 74:"le Roy n'est qe gardein de la Coroune." 下面这句话几乎成了法学家们的格言:"国王应是王国的监护人,而不是王国的劫掠者和挥霍者"("Rex debet esse *tutor regni*, non depopulator nec dilapidator")。可参见巴尔都斯对洪诺留三世这条教令(c.33 X 2,24)的注释(*Decretales*, fol.261)。换言之,国王是自己王国内所有教会的"至上保护者"(*Soverein Patroun*);*Year Books*, *17 Edward III* (Rolls Series, 1901), pp.l-lii, and 538, No.396。

[216] 有关贝瑞福德的反驳,参见 Ibid., 198:"Si le Roi fut tut tenps deinz age, nul fet q'il fet li liereit a vostre dit. *cuius contrarium est verum etc*." 另见 *Year Books*, *5 Edward II*, *1311*, Y.B. Ser. X (Selden Society, LXIII, 1944), 167,此处,图德比也说道,"国王总是未成年,等等,在不同的场合,他可以变更 (转下页)

法官们的含糊其辞曝出了许多细节问题。我们知道，王冠像教会一样是被当作团体看待的，在这方面，王冠和教会可相提并论，因为永久的未成年状态明确地表现出了团体特征。[217] 我们还发现，在法官们宣称国王总是未成年时，他们无意中暗示了国王同样具有团体特征。对此，法官贝瑞福德的诘责是有道理的：未成年者的行为即使有效，效力也是有限的。实际上，国王在未成年时所行的让渡，还需成年以后的确认。亨利三世的情况是如此，亨利六世的情况也是如此，尽管当时爱德华三世未成年，一些“王国的贵族和贤士”宣称，国王的赐赠并不因其未成年而归于无效。[218] 这种观点当然是朝着后来都铎王朝的法学家们更简洁、更合理化的法律学说迈出的一步，他们认为作为国王身份和作为政治身体的国王决不会未成年，也决不会生病衰老。由此，相同的团体论前提引出了两个截然对立的观点：国王总是(*ever*)未成年与国王决不会(*never*)未成年。当然，两种情况都是想要强调国王及其权利的特殊地位，即他与王冠共享的永久性。都铎王朝的法学家们或多或少认可了国王的政治身体与王冠的完全性之间的融合——培根谈论过“王冠的政治身体”，但他接着又说，“国

(接上页)自己对同一财产的权利头衔。”贝瑞福德有时又会认为“国王高于法律”(le roy est sur la ley)，在这一点上图德比是赞成他的(“因此他[国王]无人可比，制定所有的法律”[“et pur ceo est il sanz piere et passe tote la ley”])。参较 *Year Books*, *8 Edward II*, *1314 - 1315*, Y.B. Ser. XVII (Selden Society, XLI, 1924), 74 - 75；要在国王诸权能之间作区别对英格兰法学家们来说是何其困难，这一点，G. O. Sayles, *Select Cases in the Court of King's Bench under Edward I* (Selden Society, LVIII, 1939), III, xliiif 中有谈到。

[217] Maitland, *Sel.Ess.*, 106.

[218] Holdsworth, *History of English Law*, III, 464.

王在法律上决不应被说成未成年”[219]——然而，他们中世纪的
379 前辈得出的却是，国王尚未被分割的诸权能与作为团体的王冠之间的融合。当我们再想到高级律师图德比的观点，他完全沿循教会法学者和罗马法学者的学说而主张“国王只是王冠的监护人”时，1300 年前后法官们的论证就显得异常不合逻辑了。[220] 永久的未成年者王冠，属于作为监护人的永久的成年人即国王，这位国王像王冠一样不会死亡，不会未成年，也不会生病衰老。在这个方面，贝瑞福德的判断是完全正确的。他指出，如果国王永久未成年，他就不会为其行为负责，而这肯定是与事实相悖的。不过最重要的还在于，未成年理论被国王拥有“王冠监护人”义务这一点驳倒了，因为监护人根据定义就必须是成年人。

很明显，1300 年前后的法官们发现，他们很难将国王的职位、个人与探讨团体永久未成年的新理论相协调，把团体未成年的新理论从国家和教会那里转用到王冠上，是他们不经意的做法。这一时期的法官们一般也不会贸然主张某位主教“总是未成年”，因为，主教和主教职位是容易区分的，但晦暗不明的“王冠”概念由于在许多方面与国王的权力、威严相合一，会使法官们陷入迷局。爱德华二世治下的法官因此得出了一个类似于 1308 年诸侯们所得出的混淆性结论——将未成年的王冠和其成年监护人分离开来，事实上他们的真实意图是想将个体和其监护权分离开来。当法官们将团体未成年

[219] Bacon，*Post-nati*，668；参见第一章注 9。

[220] 参见上面注 215；此外，有关国王作为国库的管理者，参见第四章注 310。

的观念应用于本身就是一个复合体(国王为头,圣俗领主为四肢)的王冠时,他们肯定是错了。然而,通过混淆国王与王冠,现在又把永久未成年的团体特征赋予国王(即使此中有误),这些法官们正在创造一个真正的独体法人:未成年者国王。如果继续这种不合逻辑的推演方式,他们本会推导创造出某种别的国王来作为拟制的未成年国王的监护人,如此后推以 380
致无穷。然而理性占了上风:法庭指出,现任国王"是唯一的王冠监护人",关于王冠未成年的整个论证很快就从法律讨论中消失了。可以看到,人们多么偏向于得出国王完全凭自身便是团体的结论;当然,"王冠这一团体完全不同于王国内所有其他团体"。[221]

至此,我们也许应该回忆一下王朝连续性的观念,它隐含着王冠的世袭传承,因此也隐含了王冠的王朝世袭监护权。爱德华二世在即位之初但尚未加冕之时,曾偶尔提及这一王朝观,他写给某位主教的信中说道:

> 既然朕是在世袭的英格兰王国统治,有一事便首先须深谋远虑,朕之王冠和王者威严……的诸权利……如何得以不受减损地维持下去。[222]

换言之,在代表王朝的个体统治者那里,王朝本身就是永久王冠的永久监护人,或者说得更恰当些,是监护人身体的永久之头,

---

[221] Bacon, *Post-nati*, 667.

[222] Rymer, *Foedera*, II, 2,21f; Richardson, "Coronation Oath," 62, n.91.

其四肢是当时的贵族们。王朝因其连续性，不同于那些职位并非世袭的普通诸团体之头，这一点人们不会没有注意到。只有国王才有资格谈论自己的王权、王者身份或“自己之后的继承人(heirs)”。[223] 然而就通常的团体而言，人们开始更多思考“继承人”这个词是否贴切；到14世纪时法官们会正确地用“继任者”(successors)来取代“继承人”，[224] 这个区分后来给了培根一个契机去彻底否认教会—团体的类比对王冠的可适用性。

381 就英格兰的所有团体，没有人可向我指明它们的本性如何，到底是由一人还是多人构成，它们是属世的还是属灵的——不是所有人都关心他或他的继承人，但所有人都关心他和他的继任者。……因为，国王谈及他自己和他的继承人都是在自然身体的意义上，“继任者”一词就并非多余了：它被使用的地方，是恰当地放在“继承人”之后：国王、继承人和继任者。[225]

的确，只有自然身体之王朝连续性与王冠之永久性两相融和，

---

[223] 可参见约克法令；Lodge and Thornton, *Documents*, 129, No.4。相反，国王的先任们被称作他的“祖先”。可参见 Sayles, *Select Cases* (Selden Society, LVII, 1938), II, p.lxi, n.1：“国王或其祖先的行为，若未听取国王的意见，则不可被妄加评断。”另见 *Year Books, 17 Edward III* (ed. Pike; Rolls Series, 1901), Introd., pp.l-li，文中讨论了“由国王的祖先”定下的对教会的圣职推举权。

[224] L.O.派克(L. O. Pike)在他刊行的 *Year Books, 16 Edward III* (Rolls Series, 1896)的导言(I, xlivf，以及 lxxxivf)中谈到了这些；参较 Holdsworth, III, 483。

[225] Bacon, *Post-nati*, 668.

才能解释中世纪后期英国政治理论中的许多含糊其辞和前后不一。

总之,我们发现我们置身于各种政治思潮交错叠合的矛盾状态中,所有这些在某种程度上看都集中于王冠观念上。王冠是不可让渡之国库财产的所有者,它保护着“涉及所有人”的不可让渡之权利;由此产生的法律论辩,以及涉及教会法庭的刑事案件和诉讼,都无一例外地被当作了王冠诉讼。作为整个政治身体(在王国内外)所有主权权利的化身,王冠超越了它所有的个体成员,包括国王,纵然又与他们不可分离。在许多方面,王冠与作为政治身体之头的国王是一致的,在王朝特征上二者肯定也是一致的,因为王冠是通过世袭权利传与国王的。然而与此同时,王冠也表现出是一种复合身体,是国王和那些有责任维护王冠、王国不可让渡权利之人的聚合体。作为永久未成年者,王冠本身就有团体特征,国王是它的监护人,不过监护人不再仅仅是国王,而是国王与贵族构成的复合体,他们可以说是一同代表了王冠。王冠概念确实有难以胜数的层面,人们当时往往不加思索轻易对它应用各种类型的权能;法官、贵族或国王若未明确界定王冠,我们并不能因此责怪他们。毕竟,王冠是一个活的概念,由于其真真切切 382
的复杂性,它抗拒任何试图以确切措辞来把握其本质的努力:某个角度显得正确的观点,换个角度就会变成错误的观点。

究而论之,如培根爵士所言,国王和王冠“尽管有别,但不可分离”。[226] 还有一点也很明确:王冠很少被“人格化”,但经

---

[226] Bacon, *Post-nati*, 670.

常被“身体化”。与“神秘体”相比，王冠一直是一种复合体、一种政治身体，既不与作为头的构成成员国王相分离，也不与对“王冠状态”尽职尽责的那些四肢相分离。四肢是谁，取决于具体情境：有时是国王咨议员，有时是贵族，有时是议会中的上院及下院。中世纪政府有机体概念能在英国存在如此之久，得益于议会那种代表性身体的存在，王国的“道德的和政治的身体”就实实在在存活于其中，并可见于其中。确实，王冠一直个体性地存在国王身上，但是王冠也可出于课税、司法或行政目的而成为特定的准团体。[227] 当国王穿戴上王权的表征物，王冠作为团体的性质就显现出来了，如亨利八世所言：“议会期间，朕为头汝等为四肢，联成一政治身体。”

不管怎么说，中世纪后期英格兰的王冠，还不是 16 世纪以降欧洲大陆“国家”所成为的那种拟制人格，不是依其自身就不仅高于其四肢而且与四肢相分离而存在的那种人格。这一步的迈出显然不是在中世纪的英格兰。尽管如此，在都铎王朝的法学者们开始区分国王的自然身体和政治身体之日起，在他们开始把承载了“天使”或其他超自然存在所有特征的国王政治身体，看成与“王冠的政治身体”相一致时（可能不
383 完全如此，但大体如是），拟制或拟制性特征便显现出来了。那些有着高度抽象本质的特征，完全孕生于这些法学者们用以描述独体法人的教会法和罗马法，这两种法律当时已将独体法人建构出来并称其为“威严”（*Dignitas*）。英格兰的法官们采纳了这个观念的实质内容，但很少在拟制人格的意义上

[227] 参较 Post，“Quod omnes tangit，” 223，nos.125f。

运用这一观念本身，他们巧妙地改造了这一观念的所有特征来适应英格兰现状，将这一观念的所有组成部分转用于最为显要的职位——国王职位，以及这一职位的象征——王冠。

威严不死（*Dignitas non moritur*）

国王自然身体的连续性——或个体国王凭世袭继承充任"王冠监护人"的连续性——是由王朝观念来保证的。以国王为头的整个政治身体，其至高权利的永久性被认为是依赖于王冠的，纵使王冠这一概念也许有些模糊不清。两种原则，即个体的连续继承原则与集合体的团体永久性原则，似乎在第三个观念中共在，这第三个观念便是"威严"，没有它，国王两个身体的种种推论便无法得到理解。

这里我们会回想起，12 世纪以来出现的一种习俗，会在有些令状（特别是关系到基督教法庭的那些，也包括其他一些）中去强调，某些法律案件是属于"王冠和国王威严"的。[228]国王（如亨利二世或理查二世）屡屡被指控"玷污并危害了英格兰的王冠、国王威严和后继国王们"。[229] 不过，仅从道德或伦理角度来理解"威严"一词，认为它只是"不体面"行为的对立面（尽管这层内涵确实存在），则是不对的。同样，我们也不应认为王冠与威严的意义相等同、可互换使用，即便它们更多时

---

[228] 参见上面注 107f。

[229] 可参见 *Rot.Parl.*, III, 360，对德斯潘塞父子判决的取消，被说成是"玷污并危害了王冠、国王威严和后继国王们"。参见 Hartung, "Krone," 17f；以及 18, n.4。

384 候经常是语义不明、被误用滥用，我们也不应简单视其为同义反复之辞。正如我们致力去解释的，王冠主要是指涉整个王国集合体所具有的至高权威，如此，维护王冠的完整性就成了“涉及所有人”的问题。然而，威严与王冠不同。威严主要是指涉国王职位的独特性，是指人民赋予了国王的至高权威，这一权威以个体性方式单独存在于国王身上。当然，这并不意味着国王威严只涉及国王而不涉及所有人。既然国王的威严及其特权必须因整个王国之故才能得以维系和得到尊崇，威严也就具有了公共属性，而不仅仅是私人属性的。它与国王职位（*officium regis*）大体一致，很少是私人之事。

然而“职位”和“威严”并不完全等同，有时二者之间的差别还会带来麻烦。法学家们（例如，巴托鲁斯或巴尔都斯）都精辟地指出过，人们可以有元老院议员或地方总督的威严，可以有“至上的（*superillustris*）、卓越的（*illustris*）、尊贵的（*spectabilis*）或显赫的（*clarissimus*）”威严，但却不一定能据有职位。因此，巴托鲁斯认为，严格说来我们必须得这般表述，“职位本身并不是威严，而只是‘有威严附着其上’（*habet dignitatem annexam*）”。[230] 尽管有这些正确的区分，大多数法

---

[230] Bartolus, on *C*.12, 1, rubr., n.38, fol.53^v:“proprie enim loquendo aliud est officium, aliud dignitas”（“严格说来，职位是 回事，威严是另一回事”），以及 ibid., n.44:“vere enim officium ipsum non est dignitas, sed habet dignitatem annexam”（“确实，职位并不是威严，但威严附着其上”）。Baldus, on c.8 X 1,2, n.9, *In Decretales*, fol.19:“Dignitas est in habendo officium et in illud exequendo. Et nota quod de iure civili sunt quatuor dignitates tantum proprie loquendo, scilicet superillustris, illustris”（“威严是有职位的，在职位上行动而存在着。应该注意，严格说来在市民法中只存在四个威严，即至上的、卓越的”），等等。

学家们还是屈就教会和教会法自13世纪以来发展出来的一套语汇。在这两个概念完全得以区分的情形下,若依照教会 385
法的用语,[231]成为那些法律思辨的主题的,就不会是“职位”而是“威严”,威严最终会以团体存在的面目出现在上述主题中。

不死鸟(PHOENIX)

一如常例,教会法理论也是在单个具体事例的基础上获致全面发展的。在教皇亚历山大三世在位时,莱斯特(Leicester)和温彻斯特(Wenchester)的修道院院长们是担任代表法官的。温彻斯特修道院院长死后,莱斯特修道院院长等候温彻斯特修道院新院长的选举,而后与这位继任者再开始一道工作。教皇承认了这次交替,因为他解释道,代表法官的权力原先被授予了“温彻斯特修道院院长”,这里仅提到了地名,而并未提到个体人名;因此,职权自动地转移到了新院长即温彻斯特修道院的继任者身上。[232] 尽管这种做法可能很久以前就曾有过,但只是到了教皇亚历山大三世(他本人是出

---

[231] 教会法学者似乎乐意于将“职位”和“威严”等同起来;可参见 Johannes Andreae, on c.28 X 3,5, n.13, *Novella*, fol.35:“Sciendum est quod dignitas et personatus et officium videntur synonima”(“可见,威严、身份与职位看上去是同义词”)。约翰·安德里阿引述的是英诺森四世在 *Apparatus* 中对同一教令的注释(nos.6-7 [Lyon, 1578], fol.237),英诺森四世在这里对“身份”(*personatus*)的含义作了一定限制,“因为,英格兰所说的教会的身份,是管理教会的”(“quia *personae* ecclesiarum dicuntur in Anglia, quae praesunt ecclesiis”)(即堂区长[*parsons*])。有关“parson-person”与独体法人之间的关系,参见 Maitland, *Sel. Essays*, 87。

[232] 参见 c.14 X 1,29, ed. Friedberg, II, 162:“... quia sub expressis nominibus locorum et non personarum commissio literarum a nobis emanavit”(“因为,由我们所发布的书面委任,用的表述是地名,而不是人名”)。

色的法学家），才开始将已有做法进行理性表述并将其定为法律原则，法学家们也旋即跟进阐发了该法律原则的内涵。13世纪初一本关于教会法程序之书《法律程序体系》（*Ordo iudiciarius*）的作者，强调了提及本名的委任与省略本名的委任之间的区别；用法律的专门术语来说，这就是“对人格作出的”（*facta personae*）委任与“对威严作出的”（*facta dignitatis*）委任之间的区别。[233] 同时，一位教会法学者达马苏斯（Damasus，约1215年）在注释教皇亚历山大的教令时，提出了下述重要观点：“尽管个体之人每天都有死去，但威严是不死的（*Dignitas nunquam perit*）。”[234]后来当这一教令——以“*Quoniam abbas*”* 而闻名——被收进格里高利九世的《教令集外编》时，获得了一个简明扼要的标题：“给予威严但未提及
386 本名的委任，可传给继任者。”[235]最后帕尔马的伯纳德（Bernard of Parma）在1245年撰写的《标准注释》解释了这一标题，为现有实践给出了明确的理由：“……先任者与继任者被视为同

[233] [Damasus], *De ordine judiciario*, c.42, ed. Agathon Wunderlich, *Anecdota quae processum civilem spectant* (Göttingen, 1841), 84："Item de persona ad personam, puta, si scribatur abbati Sancti Proculi, nomine proprio non expresso, extenditur ad eius successorem"（“同样，[委任]被认为是由人格向人格作出的，如果传给圣普罗克勒斯修道院长的书面[委任状]不是用本名表述的，[委任]便可传给他的继任者”）（另见c.43）。Gierke, *Gen.R.*, III, 271, n.73；以及Kuttner, *Repertoriurn*, 428, n.3，作者（与赫尔曼·坎托洛维奇一样）对《法律程序体系》出自达马苏斯笔下这一看法提出了质疑，尽管这部著作是写于1215年前后。

[234] Damasus, on c.14 X 1,29（为Gierke, *loc.cit.*所引述）：“... quia dignitas nunquam perit, individua vero quotidie pereunt.”

* 此教令名称采用的是该教令前两个单词，无实在意义，故不作翻译。——译者

[235] Friedberg, II, 162："Delegatio facta dignitati non expresso nomine proprio transit ad successorem."

一人格,因为威严不死。”[236] 同一时期,教皇英诺森四世在他的“附注”(*Apparatus*)中,也拟制了先任者和继任者身份的一致,这一拟制成为之后几代前后期注释法学者们的惯用语。[237]

“威严不死”(*Dignitas non moritur*)这个原则不仅可用于被任命者,而且也可用于作出任命的高位显职者。因为,行使委任的至高者教皇同样可通过两种方式来委任:他既可让委任出自他本人,在此情况下,委任将随教皇之死而终结;委任亦可出自宗座的威严,在此情况下,权力的委任对继任教皇也是有约束力的,“因为宗座本身不死”。这一格言尽管之前十分流行,但经由教皇卜尼法斯八世而变得有权威性了,因为卜尼法斯将它安插进《第六书》(*Liber sextus*)的一个教令中,教令这样写道:以宗座名义给予圣职者的圣职薪俸,只要之后未被取消,“会永久存续,因为宗座不死。”[238]这个例子中,宗座威严的永久性,使重续赐俸变得没有必要,《第六书》的注释者说得很清楚:“教皇职位或威严的担任者也许会死,但是教

---

[236] *Glos.ord.*, on c.14 X 1,29, v. *substitutum*:“... quia [praedecessor et successor] pro una persona intelliguntur: quia dignitas non moritur.”

[237] Innocent, *Apparatus*, on c.28 X 1,6, n.5, fol.39,英诺森说下面一句话时参引了教令 *Quoniam abbas*:“他们(即修道院院长)与先任者形成同一人格(finguntur enim eaedem personae cum praedecessoribus)(但先任者中不包括被替代的圣堂参事会员,因为圣堂参事会员是不继承威严的)”。参较 Gierke, *Gen. R.*, III, 272, n.77;参见上面第四章注 97。

[238] 参见 c.5 VI 1,3, Friedberg, II, 939:“Tunc enim, quia sedes ipsa non moritur, durabit [beneplacitum] perpetuo, nisi a successore fuerit revocata [sc. gratia]”(“在这种情况下,只要[恩赐]未被继任者取消,[圣职薪俸]会永久存续,因为宗座本身不死”)。

皇职、威严或统治权却是永在的。”[239]

387 一旦“威严不死”的原则得以确立,法学家们就肯定会注意到,不死的威严(*Dignitas quae non moritur*)与团体、不死的统合体(*universitas quae non moritur*)之间有着某些相似之处。通过维持先任者和潜在继任者们的拟制同一性,让他们都临在并且合入威严的实际现任,法学家们构建出了一种拟制人格,一种“代代相继的团体”,由所有相继禀受那一特定威严的人构成,这个拟制不禁让我们想起了莎士比亚戏剧《麦克白》(IV, i, 112ff)中的那几个巫师,他们用魔法唤出麦克白先任国王们诡异幽灵的队列,队列最后一位拿着“镜子”映出了一长串的继任者。无论如何,通过这个拟制,对构成一个团体乃必需的众人群体形成了,这一群体并不是在既定空间中展开的,而完全是由时间来决定的。[240] 这无疑是一个直到近代

---

[239] Johannes Andreae, *Novella*, on c.5 VI 1,3, n.5(为 Gierke, *Gen.R.*, III, 271, n.73 所引述):“tenens paptum vel dignitatem est corruptibilis, papatus tamen, dignitas vel imperium semper est.”另见约翰·安德里阿对该教令 *Apostolice sedis*(宗座)和 *non moritur*(决不会死)这两个用语的标准注释。当然,整个学说加深了职位和职位担任者之间的分裂,帝国大法官法庭很快意识到教令 *Quoniam abbas* 在反教皇宣传上所占据的有利位置。(有可能是)威尼亚的彼得在写下面这番话时(*MGH*, *Const.*, II, 297,23ff)显然参引了这条教令:“我们并不轻视教皇的职位或教皇的威严……但我们责难教皇在个人事务上逾越绳墨”(“non in contemptu papalis officii vel apostolice dignitatis ... set persone prevaricationem arguimus”)。参见 Brian Tierney, *Foundations of Conciliar Theory* (Cambridge, 1955), 87, n.4。

[240] 参见下面注 241。有关代代相继的团体,参见 Gierke, *Gen.R.*, III, 271f。在牛津,R.沃尔泽(R. Walzer)博士善意地提醒笔者注意阿尔法拉比在《理想国公民见解书》中的一段内容,其中表述了大体相似的观念:“优秀国家的国王们在不同时间点上彼此更替、前后接续,就像是一个灵魂(!)就仿佛他们是一位国王,始终保持同一。”参见 Al-Fārābi, *Idées des habitants de la cité vertueuse*, (转下页)

早期都占据着重要地位的理论。[241]

对于代代相继之团体的本性，哲学反思也许揭示了它一个同样深刻的层面。在注释"*Quoniam abbas*"教令时，标准注释的著者帕尔马的伯纳德，非常巧妙地引入（也可能只是借用）了一个奇妙深刻的比喻。他说，"威严"（譬如温彻斯特修 388
道院院长的）并不是一个属乎个人的本名，而只是抽选出了一个人格而已；它所指示的"像不死鸟一样既是个体名词，同时也是种类名词"。[242] 威严与这种古典和基督教时代神话传说之鸟的类比，或许令我们感到玄妙，然而，后来的一些注释者们，如约翰·安德里阿和巴尔都斯，不仅接受了这个比喻，而且还从中得出了一些极有启发性的结论。

我们还能想起，这种神秘的鸟确非凡物：某一时刻总会

（接上页）trans. by R. P. Jaussen, Youssef Karam, and J. Chlala (Publications de l'Institut français d'archéologie orientale: Textes et traductions d'auteurs orientaux, IX [Cairo, 1949]), 87。这位阿拉伯作者的观念可以看作是一种质性上的灵魂单一论：如果所有的国王都同样优秀，个体化就没有任何意义，因为他们所有人等同于一位国王；那么（正如作者在同一章中指出的那样），不但在时间方面情况如此——即从继任国王们生活在不同的时代来看——而且就空间而言，就同一时间生活在不同地方的所有优秀国王而言，情况也如此。然而，就"威严"而论，同一的质性要素在于威严本身，而不在于个体担任者，个体担任者只是"有威严的显职者"，不论他们个人品性如何。另一方面，不考虑质性的话，我们很难将威严和灵魂等同起来。不管怎么说，二者之间的相似性饶有趣味，值得记录于此。

[241] Gierke, *Gen.R.*, IV, 30，这一定义可在其中（注 32）看到："至少基于将来的复数性……统合体"（"universitas ... ratione plurium de futuro saltem"）。

[242] 参见 *Glos.ord.*, on c.14 X 1, 29, v. *substitutum*："[hoc nomen: abbas talis loci] non est proprium nomen, sed singulare, ut phonix, et appellativum similiter"（"[这里大修道院院长这一名词]不是专有名词，而像不死鸟一样既是个体名词，同时也是种类名词"）。当然，帕尔马的伯纳德可能是从另外一个作者那里借用了这个比喻；但毕竟是他将这个比喻引入了标准注释，使其广为人知的。

有一只活着的不死鸟,历500年或更多年的生命轮回之后,点燃自己的巢,双翅扇动火焰,在烈焰中焚毁,炽热的余烬中,新的不死鸟升腾而起。[243] 有关这种鸟的传说虽有许多矛盾之处,但在此并不重要。在异教和基督教艺术中,不死鸟通常象征不朽、永恒(*perpetuitas*)和永世(*aevum* [αἰών])的观念。[244] 不过,这只"自我化生的鸟"也可例证贞洁,[245]可进一步作为基督和基督徒普遍复活的象征。[246]
389 约翰·安德里阿在对不死鸟的

---

[243] 有关不死鸟的现代文献数量相当丰富,勒克莱尔(H. Leclercq),"Phénix," *DACL*, XIV: 1 [1939], 682–691 中的引用并不充分。参见 Mary Cletus Fitzpatrick, *Lactantii De Ave Phoenice* (University of Pennsylvania thesis, Philadelphia, 1933),该书附有很好的文献目录;另见 E. Rapisarda, *L'Ave Fenice di L. Cecilio Firmiano Lattanzio* (Raccolta di studi di letteratura cristiana antica, 4, 1946), 10, n.1。最重要的研究是 Jean Hubaux and Maxime Leroy, *Le mythe du Phénix* (Bibl. de la faculté de philosophie et lettres de l'université de Liège, LXXXII [Liège and Paris, 1939]),作者重新收录了大量相关文本;有关对此研究的重要评述,参见 A.-J. Festugière, "Le symbole du Phénix et le mysticism hermétique", *Monuments Piot*, XXXVIII (1941), 147–151;再有就是 Paul Perdrizet, "La tunique liturgique historiée de Saqqara", *Mon. Piot*, XXXIV (1934), 110ff,文中描述了祭礼服上不死鸟的出现;此外还有 Jean Lassus, "La mosaïque du Phénix provenant des fouilles d'Antioche", *Mon. Piot*, XXXVI (1936), 81–122;还可参见 Carl-Martin Edsman, *Ignis divinus* (Lund, 1949), 178–203,以及 Henri Stern, *Le calendrier de 354* (Institut français d'archéologie de Beyrouth, LV [Paris, 1953]), 146f。有关中世纪后期的情况,参见 Burdach, *Rienzo*, 83ff, and passim。

[244] Hubaux-Leroy, 38f; Stern, 145f; Festugière, 149f.

[245] 参见下面注 251 及其后。这种贞洁之鸟适切地成为童贞女王伊丽莎白的纹章;参见 Yates, "Queen Elizabeth as Astraea," 37,55f,62,74,79,以及 pls. 17g,18b。当然,贞洁并非不死鸟在伊丽莎白时代国家象征中所有的含义;这种鸟因其唯一性或独特性还是王权的典范,到了 16 世纪,出于多种原因它成为王权的纹章;可参见 Henry Green, *Shakespeare and the Emblem Writers*, 380ff。

[246] 当然,这是基督教著述家们的标准解释;参见 Fitzpatrick, 24ff, n.67; Lassus, 108ff,以及其他相关著述。如我们所预期,其中有重要影响的是 *Physiologus*(《自然史》或《基督教动物寓言集》), C.IX:"Est aliud volatile (转下页)

长篇注释中,实际上言及的是复活的主题。[247]然而这只是一个枝节问题;因为,在法学上不死鸟的单个性和唯一性显得意义要更为重大。不管怎么说,巴尔都斯在归纳对"*Quoniam abbas*"教令的讨论时,借用了这一象征的含义,得出了下面这个准确的哲学结论:"不死鸟是独特异常的鸟,它的整个种类

(接上页) quod dicitur phoenix; huius figuram gerit dominus noster Iesus Christus, qui dicit in evangelio suo: Potestatem habeo ponendi animam meam et iterum sumendi eam."("还有一种鸟叫不死鸟;它具有吾主耶稣基督的形象,基督在他的福音里说:'没有人夺我的命去,是我自己舍的,我有权柄舍了,也有权柄取回来[《约翰福音》10:18]。'")另见 *Physiologus latinus*, ed. F. J. Carmody (Paris, 1939), 20f;以及 Hubaux-Leroy, pp.xxxiiff, esp. xxxv: *Φοίνιξ ... τὴν τοῦ Κυρίου τριήμερον ταφὴν καὶἀνάστασιν ὑπογράφων*(不死鸟……成为主3日内下葬并复活的典范)。也可参见下一个注。

[247] Johannes Andreae, on c.14 X 1,29, nos.30f, *Novella*, fols.206v-207: "[et ibi, Phenix] fertur esse avis ex qua mortua nascitur alia, et non invenitur nisi una ..."("[此处,不死鸟]被认为是这样一种鸟:这只死亡另一只诞生,并且能看到的只有一只。")接下来文中重复的是圣安布罗斯在 *Hexaemeron*, v,23, *PL*, XIV,253 中的叙述,内容如下:"此处,安布罗斯基于这一事实驳斥了那些不相信复活的人"("et ex hoc invehit ibi Ambrosius contra illos, qui non credunt resurrectionem")。接下来的是圣则济利亚(St. Cecilia)的故事,她"以不死鸟为范例让有福者马克西姆皈依信仰,其后马克西姆为信仰被枭首,他的墓上刻上了不死鸟,他成为有勇气的基督徒的典范,被奉为基督的殉教者。"("ad exemplum phenicis convertit beatum Maximum et eo postmodum decollato pro fide, in eius tumulo fecit sculpi phenicem, cuius exemplo animatus Christianus fieri et Christi martyr esse promeruit")。参较 *Vita et martyrium S. Caeciliae*, c.21, ed. L. Surius, *Historiae seu vitae Sanctorum* (Turin, 1879), XI (Nov.22), 651;以及 Paolo Aringhi, *Roma subterranea novissima* (Rome, 1651), II, 451。他接着引述了伊西多尔的《词源》(Isidore of Seville, *Ethymol.*, XII, 7,22),最后以不死鸟现身的故事结束了冗长的注释,这一故事出现在克劳狄(Claudius)皇帝治下的圣彼得时期,最终可回溯至塔西佗的《编年史》(Tacitus, *Ann.*, VI, 28)。在这些权威典籍的目录上,巴尔都斯又加上了塞涅卡的《书信集》(Seneca, *Epist.*, XLII, 1),以及大阿尔伯特的《论物性》(Albertus Magnus, *De proprietatibus rerum*, XII, 15)。

都保存于个体之中。”[248]显然，巴尔都斯心目中有一个明确的类比。对于他来说，不死鸟代表了某个稀有的品类，其个体同时也是整个现存之种，如此，种与个体实际上是重合了。种当然是不朽的，而个体是会死的。因此这种想象中的鸟[249]显示出了二重性：它既是个体的不死鸟，也是作为种的不死鸟；作为个
390 体它是有朽的，但因为它是整个种，所以也是不朽的。它同时是个体与集体，因为整个种在一定时刻只能再生一个个体。

这种鸟类学的奇异二重性，逃不开异教和基督教神话作者的注意。相反，他们一直都在讲述这种二重性。他们因不死鸟的自生而将其解释为雌雄同体（ἀρρετόθηλυς），一种具有两性的生物。[250] 拉克坦修称不死鸟“或雌或雄，或两性都是，或两性都不是”，因为不死鸟没有和异性交配，而是通过死亡产生后嗣的。

---

[248] Baldus, on c.14 X 1,29, n.3, *In Decretales*, fol.107，引用了标准注释中的一节（见上面注 242），并补充说：“Est autem phoenix avis unica singularissima, in qua totum genus servatur in individo”。

[249] 巴尔都斯是否相信有这种鸟的存在并不重要，因为他与其他一些法学家们只是在比喻的意义上使用它。腓特烈二世事实上从心底里不相信普林尼所记载的不死鸟的故事（参较他的 *De arte venandi*, II, c.2, trans. C. A. Wood and F. M. Fyfe, *The Art of Falconry* [Stanford University, California, 1943], 109），不过，他是最早被比作独特不死鸟的中世纪君主之一；参见 Nicholas of Bari, ed. Kloos, in *DA*, XI, 170, § 5：“Magnus est dignitate honoris ... Ipse est sol in firmamento mundi ... Ipse est cui flectitur omne genu ... Unus est et secundum non habet, fenix pulcherrima pennis aureis decorata”（“他在荣誉的威严中乃伟大者……他就是世间天空中的太阳……他就是令所有人对其屈膝的人……他是唯一，没有第二，是金色羽翼妆饰下绝美的不死鸟”）。

[250] Festugière, in *Mon. Piot*, XXXVIII, 148f; Hubaux-Leroy, 7, 12f。另参见第一章注 8。

它对自己而言是儿子，它自己的父亲，自己的继承人。
它是自己的乳母，对自己而言又曾是养子。
它是它自己，又不是自己，同一又不同一。[251]

克劳迪安(Claudian)对不死鸟的描述与此相似：不死鸟从灰烬中新生，既非妊娠也非受精，他是自己的父亲、自己的儿子，不为他者所生，“曾为父的他，现在原样不动一跃而为子，作为新生者来承继……”克劳迪安强调，不死鸟的“双重生命”(*germina vita*)只隔着薪火，但是他也认为这双重生命之间的分界线很难辨识，“啊，有幸者，你自己的继承者”(*O felix heresque tui*)。[252]

---

[251] Lactantius, *Carmen de ave Phoenice*, 163ff:

Femina seu mas sit seu neutrum seu sit utrumque,
　Felix quae Veneris foedera nulla colit ...
Ipsa sibi proles, suus est pater et suus heres,
　Nutrix ipsa sui, semper alumna sibi.
Est eadem sed non eadem, quae est ipsa nec ipsa est ....

该文本内容在 Hubaux-Leroy, p. xv 中有所改动，与塞缪尔·勃兰特(Samuel Brandt)的版本有些出入，后者录于 *CSEL*, XXVII (1893), 146f 中。

[252] Claudian, *Phoenix*, 23f,69ff,101, ed. Hubaux-Leroy, xxiff:

Hic neque concepto fetu nec semine surgit,
Sed pater est prolesque sui nulloque creante ...
Qui fuerat genitor, natus nunc prosilit idem
Succeditque novus: geminae confinia vitae
Exiguo medius discrimine separat ignis ...
O felix heresque tui ....
(它既非妊娠孕产，也非受精而生，
而是它自己的父亲，它自己的儿子，不为他者所创造……
身为父亲的他，现在与儿子作为同一者飞翔
作为新生者自我继承；双重生命的界限，
隔开二者的间隙，是一堆薪火……
啊，有幸者，你自己的继承者。)

第三个强调这一观念的是安布罗斯：不死鸟总是同一的，是“自己身体的继承者”。[253] 另一方面，德尔图良说过，不死鸟的
391 死亡日正是他的诞生日，“是别一个但却是同一的”。[254] 最后，维罗纳的芝诺(Zeno of Verona)也强调了死期和生辰的吻合，不过他补充说，不死鸟是“自己的属、自己的终末和自己的初始”。[255] 奥维德已经说过，“其他鸟是生于同种类的别的鸟”，有一种鸟不死鸟，却自生自衍。[256]

因此，古代的神话学者和护教论者都清楚地看到，某种二重性是不死鸟的本质属性；但是在阐述这种二重性时，他们主要想到的是不死鸟的雌雄同体特征，而这个观念又有奥菲斯(Orphic)教义和赫耳墨斯神话的支撑，这种联系虽与此处关

---

[253] Ambrose, *Expositio* in *Ps. CXVIII*, c. 13, ed. Petschenig (*CSEL*, LXII), 428,19:“... et sui heres corporis et cineris sui factus”(“……他自己身体的继承者，自己灰烬中被创生者”)。

[254] Tertullian, *De resurrectione carnis*, 13, *PL*, II, 857B: “semetipsum lubenter funerans renovat, natali fine decedens atque succedens; iterum phoenix, ut iam nemo; iterum ipse, qui non iam, alius idem”(“他喜欢在安葬自己中再生，诞辰日与死亡日同一，在自己死亡的同时来继承；既是不死鸟，又同时不存在了；既本身没有不存在，又是别一个但却是同一的”)。

[255] Zeno of Verona, *Tract.*, I, 16,9, *PL*, XI, 381AB:“... ipsa [avis] est sibi uterque sexus, ... ipsa genus, ipsa finis, ipsa principium, ... mors natalicius dies, ... non alia, sed quamvis melior alia, tamen prior ipsa”(“……[这种鸟]本身是两性的，……自己的属、自己的终末和自己的初始，……死亡与诞生日，……无异，但叫诞生比死亡更好，毕竟死亡发生在先”)。我们应该记得，圣徒和殉教者的诞生日是他们的死亡日，而不是他们通常意义上的生日。

[256] Ovid., *Metam.*, XV, 391f:

> Haec tamen ex aliis generis primordia ducunt:
> Una est, quae reparet seque ipsa reseminet, ales ...
> (然而，这些[其他鸟]是生于同种类的别的鸟；
> 有一种鸟，是自生自衍的……)

系不大，本身却是很有意思的。[257] 此处所关心的，是要理解中世纪的法学家们如何用思辨性拟制理论复苏古老神话的信条，以及他们是如何发掘各式各样神奇的不死鸟传说并运用于法律思想的。

如果据拉克坦修、克劳迪安和安布罗斯的说法不死鸟是“自己的继承者”，我们自然会回想起继承法对于整个团体学说所具有的重要性。首先我们有必要回想起对《法学阶梯》一处内容的注释：“依据法律拟制，父与子为同一。”[258]还有其他的章节也表明了父与子的同一性。腓特烈二世在对儿子康拉德 392
的敕许中说“借着内在恩典，（儿子和父亲）可视为同一人格”。[259] 他（或他的执笔文书）也许是想到了查士丁尼《法典》，法典中是这样表述的：“父与子依自然便可视为同一人格。”[260]

---

[257] 参见 Festugière, *op.cit.*, 149f，对“自生”（αὐτόγονος）、“自衍”（αὐτοπάτωρ）以及其他称谓的讨论；另外也讨论了不死鸟所表现的“永世”。

[258] *Glos.ord.*, on *Inst*. 3，1，3, v. *quasi*；参见上面注 78。参较 Giovanni Bortolucci, “*La Hereditas* come *Universitas*：Il dogma della successione nella personalità giuridica del defunto”, *Atti del Congresso internazionale di Diritto Romano*（《罗马法国际会议论文集》）, Section Rome, I (Pavia, 1934), 431 - 448，这篇论文总结了法律材料，并有力地证明了：归根到底，该理论来自柏拉图和一般意义上的希腊哲学。

[259] Böhmer, *Acta imperii selecta*, I, 265, No. 301 (*a*. 1233)：“... [pure dilectionis obtentu] qua pater filium, sicut innate beneficio gratie una persona censetur ...”（“……父亲与儿子[通过纯粹之爱的传介]，借着内在恩典，可视为同一人格。”）有关腓特烈二世治下对该理论更详尽的讨论及运用，特别是与皇帝传说相关联的内容，参见拙文“Zu den Rechtsgrundlagen der Kaisersage,” *DA*, XIII (1957) 115 - 150。

[260] *C*. 6, 26, 11：“Natura pater et filius eadem esse persona pene intelliguntur.” 法学家们还参引了 *Glos.ord.*, on *D*.50，16，220, v. *Quam filii*：“... plus diligit filium pater, quam filius patrem. Sed quare hoc est? ... nam cum quaelibet res conservationem sui desideret, et videat pater suam （转下页）

此外，格兰西《教会法汇要》中也有一条相似的评述。[261]在这些例子中，法律的拟制实际上得到了哲学家们（如亚里士多德和受其影响的阿奎那）的支持，据他们的动物发生理论，生育者和受生者的“形式”（εἶδος）之所以一样，是由于精子的能动力，此种能动力源出于父亲的灵魂，并印刻于儿子的灵魂上。[262]当时这些法律和哲学学说与其他论证是结合在一起的，那些论证被认为证明了国王的长子比其他儿子更近乎与他平等，因为在父亲仍在位之时，长子和父亲在国王威严上就是同一的。这一点上，法学家们可以再次参照《教会法汇要》，《教会法汇要》里国王长子就被称为“年轻之王”（*rex iuvenis*）[263]，其

（接上页） naturam in filio conservari ...”（“……父亲对儿子的爱，超过儿子对父亲的爱。何以如此？……因为父亲希望儿子保存他的任何东西，看到自己的本性保存在儿子身上。”）另见 *D.*28，2，11：“[heredes] etiam vivo patre quodammodo domini existimantur”（“[继承者们]甚至被视为是在活着的父亲的意义上作为所有权者”）（譬如，Petrus de Ancharano，*Consilia*，LXXXII，n.2，fol.40 中就对此有过引述）。

[261] 参见 c.8，C.I，q4，ed. Friedberg，I.419：“... unus erat cum illo”（“……与他是一个”），后来的教会学者经常重复这个观点；可参见 *Glos. ord.*，on *Extravag. Joannis XXII*，III（‘Execrabilis’），v. *sublimitatem eorum*：“... cum eadem persona fingatur esse [pater et filius]”（“……[父与子]形成了同一个人格”）。

[262] 参较 Lesky，*Zeugungs-und Vererbungslehren*（见上面注 61），139，参较 134ff，143ff，also 148ff；A. Mitterer，“Mann und Weib nach dem biologischen Weltbild des hl. Thomas und dem der Gegenwart”，*ZfKT*，LVII（1933），491-556，esp.515（“omne agens agit simile sibi”[“所有能动者都作用于类似自己者”]）。另见上面注 258。

[263] 参见 c.42，C.XXIV，q.1，ed. Friedberg，I，983；以及 Andreas of Isernia，*Usus feud.*，praelud.，n.33，fol.4^{v}：“Filius talium regum dicitur rex etiam vivo patre”（“这些国王们的儿子即使在父亲活着时也被称作国王”）（引用了《教会法汇要》）。另见 Albericus de Rosate，on *D.*28，2，11，n.2，fol.11^{v}，艾伯利库斯引用了《教会法汇要》（“propter ... spem succedendi filius Regis dicitur Rex，（转下页）

中还列举了长子的许多特权，例如他可坐在父王的右手边。[264] 让·特尔-鲁热这样的长子继承权的热情拥护者，也就可以去 393
论证，长子（*primogenitus*）和独生子（*unigenitus*）之间有时几乎没有区别，而且，坐在父王右手边的长子与其父“在种性上是同一的”。[265] 换言之，通过运用亚里士多德和阿奎那的论证以及《法典》、《法学阶梯》和《教会法汇要》的论证，通过参引亚

（接上页）et sic de aliis dignitatibus”［“继承可期……之故，国王之子被称作国王。这对其他显职也是一样”］），但他也强调下述事实：尽管儿子们是“父亲财产的所有权者……但不能让渡它们，也不能做任何违背父亲意愿的事情”（“domini rerum patris，... non tamen possunt alienare nec de eis aliquid facere invito patre”）。

[264] *Glos.ord.*，on c.8，C.VII，q.1，v. *primatus*：“ius ergo primogeniturae (ut dicunt［cf. Deuteronomy 21：17］) est dignitas talis：quia primogeniti prae aliis in festis sacrificia offerebant，et quod sedebant ad dexteram patris et quia cibos duplicatos recipiebant”（“因此，长子的权利［如《申命记》21：17 所说］就有此种威严：因为长子们在祭仪上优先于他者献上牺牲，并坐在父的右边，也接受双倍的食物”）。

[265] Terre Rouge，Tract.I，art.2，concl.10，p.40，文中指出，基督被《路加福音》（2：7）称为“头胎的儿子”（*primogenitus*）“且之后没有再降生的”（“et tamen nullus fuit inde genitus”），所罗门在《箴言》（4：3）则称自己为“独一的娇儿”（*unigenitus*），纵然先前他有一个死去的哥哥（《列王记下》［12：15－24］）。可进一步参见 ibid.，concl. 1，p. 35：“... quod pater et filius，licet distinguantur，supposito tamen unum idem sunt specie et natura nedum communi (quia uterque homo est)，sed etiam in natura particulari patris ...”（“父亲与儿子尽管可作区分，但他们还是被等同视之，二者在共通的种和自然上是同一的［因二者都是人］，即使在父亲的特殊自然上……也是同一的”）。参较 concl. 2：“Filiatio enim nihil aliud est，quam illa identitas particularis naturae praesens penetrans in filium［reference to *D.*50，16，220，v. *Quam filii*；see above，n.260］... Et pro hac consuetudine facit dictum Apostoli：‘Si filius，ergo heres’［Rom. 8：17；Gal. 4：7］”（“亲子关系不外乎就是将特殊自然的同一性渗入儿子身上［参照 *D.*50，16，220，v. *Quam filii*；参见上面注 260］……按此惯例，使徒说道：‘既是儿女，便是后嗣’［《罗马书》8：17；《加拉太书》4：7］”）。参较 concl.3：“... quod filius vivente patre est secundum naturam dominus cum patre rerum patris. Probatur conclusio：nam ex quo ... est eiusdem naturae cum patre，et idem cum patre vivente：ergo dominus cum patre ... Pro hac conclusione facit etiam quod scribitur （转下页）

历山大三世的教令“*Quoniam abbas*”(该教令已成为那种在威严上视先任者、继任者为同一的学说的基石),让·特尔-鲁热得以建构出称得上是长子继承权的神学。[266]

知道了这一切,不死鸟的传说就圆融了,因为它毫无例外地强调,死去的不死鸟与它活着的继任者的人格是同一的;其他一些流行的法律格言也强化了这种比较。“死者张开了生者的眼睛”(*Mortuus aperit oculos viventis*),巴尔都斯引用的这则谚语意在表明,生而不自由的人在其主人死去之时可成为自由人;[267]后来的一位法国法学家安德列·提拉居奥(André Tiraqueau),为了阐明法国继承法中的著名原则
394 “死者(就继承财产而言)攫住生者”(*Le mort saisit le vif*)*,

(接上页) in Evangelio: ‘Omnia quaecunque habet Pater, mea sunt’ [Joh. 16 : 15] ... Et Luc. 15 [: 31]: ‘Fili tu semper mecum es: scilicet per identitatem paternae naturae. Et omnia mea tua sunt ...’”(“……儿子就是活着的父亲,依照自然,他与父亲同为父亲财产的所有权者。结论可证:因为……[儿子]与父亲有相同自然,与父亲一同活着;那么,便与父亲同时为所有权者……照此结论,福音书中写道:‘凡父所有的,都是我的’[《约翰福音》16 : 15]……还有《路加福音》15 [: 31]:‘儿啊,你常和我同在,我一切所有的都是你的’”)。参较 p.39 (concl.4): “... sedere autem a dextris patris, nihil aliud est, secundum Augustinum, quam conregnare patri: sicut ille qui considet regi ad dexteram, assidet ei in regnando et iudicando ...”(“……坐在父的右边,按奥古斯丁的说法,不外乎是指与父亲共同统治:正如坐在国王右边的人,坐在他旁边是要治理和裁判的。”)此处所引奥古斯丁出处,一定是他对《诗篇》第 109 篇的注解,但在奥古斯丁《〈诗篇〉释义(第 109 篇)》(*Enarratio in Ps. CIX*)中见不到。

[266] 有关让·特尔-鲁热对“*Quoniam abbas*”教令的引用,参见 concl.2, p.35;有关他对亚里士多德和阿奎那的引用,参见 concl.1 以及上面注 61;当然,这些法律内容其后都是一再被引述。

[267] Baldus, on C.7,15,3, n.2, fol.12.

* 该句通常也译作“死者抓着活人不放”,意指死者的可继承财产在死后立即归属继承人。——译者

参引巴尔都斯也援用了这则谚语。[268] 因此法国王位的继任者有时候也不无恰当地被称作了"小不死鸟"(*Le petit Phénix*)。[269]

不管怎么说,不死鸟的比喻还是比较恰当地证明了"威严不死"的本性:院长、主教、教皇或国王的威严,就像不死鸟的种那般与个体相吻合,因为它一次只再生一个个体即现任者。可以说,不死鸟是"自然的"单个个体的团体。因此,不死鸟比喻中的灰烬,产生了所谓"独体法人"之幽灵的原型,这种"独体法人"既是不朽的种也是有朽的个体,既是集体性"政治身体"也是个体性"自然身体"。梅特兰关于英国法律拟制来源的见解(它与教区牧师、圣职推举权者、私有教会[*Eigenkirche*]的联系),时至今日仍是成立的。[270] 然而我们注

---

[268] André Tiraqueau (Tiraquella), *Le mort saisit le vif*, declar. 3 (in Tiraquella, *Tractatus varii*, Frankfurt, 1574), IV,70。提拉居奥也提到了父与子的同一性;可参见 *De iure primogenitorum*, q.40, n.31, vol.I, p.453:"patre et filium censeri unam et eandem personam etc."("父与子被认为是同一人格,等等")。不过他否认,"死者攫住生者"(*Le mort saisit le vif*)这句格言可应用于"在威严之名下……继承"(successio ... nomine dignitatis);ibid., declar, v,73。

[269] 参较 A. Valladier, *Parennes royales* (Paris, 1611), 15,此处谈到了亨利四世的儿子路易十三,拉尔夫·E.吉赛(Ralph E. Giesey)博士友善地向笔者提到这个地方。

[270] 参见 Maitland, *Sel.Essays*, 73ff,文中讨论了教区牧师作为独体法人的原型;另参见下面注 308。实际上,约翰·安德里阿指出下面的事实为英国的一个特点:把牧师称为"persons";参较 *Novella*, on c.28 X 3,5, n.13, fol.35(参较上面,注 231),此处他讨论了"威严"(*dignitas*)与"人格身份"(*personatus*)的同义性:"通常是可以这样说的,因为在英格兰,教区牧师被称作 *personatus*"("*fere* ideo dictum est, quia in Anglia rectores parochialium dicuntur personae")(参引了 c.6 X 3,7, ed. Friedberg, II, 485)。这里并非像"parson-person"那样是语义双关,因为"parson"事实上就是源自 *persona*;有关英诺森四世的情况,参见上面注 231。

意到，其他一些更多是哲学性而非实践性的因素也是值得考虑的。意大利法学家们的不死鸟比喻因为在一个不同的参照系下，可以让我们更充分地理解那种奇怪而不死的“团体”的本性：不会未成年，不会衰老生病，也不分性别，[271]并由此类似于“神圣诸精灵与天使”。[272] 那些包含雌雄同体和自我繁殖概念的心智架构，可能也会把相似的特征赋予不死鸟；例如，犹
395 太拉比传统就认为此鸟是不朽的，因为它拒绝分享夏娃品尝禁果的原罪，因此保持了无罪的天上乐园状态——诚然，“对永久的身体而言性别消失了”。[273] 另一方面，受过经院哲学训练的心智构造也许会认为，对天使们来说，既为种又为个体就是他们的特权或准特权，或至少是独特性，因为这些永恒的存在者（虽不缺个体性，但没有质料）并不会再生它们同种类存在者，而是各自作为一个种保持在一个个体中，个体在时间上并不是前后相继的。[274] 这也许可以解释天使、不死鸟以及团体所共有的某些特征。

---

[271] 参见第三章注 93，其中谈到了女王担当“国王”的称号。在禁止女性继承王位的国家，譬如法国，或者后来所谓“萨利克继承法”(Salic Law)统治的国家，国王的“团体的身体”可能也不会对性别没有要求。

[272] 参见第一章注 3。

[273] 参见 Fitzpatrick, *Lactantii De ave Phoenice*, 16, n.5。“对永久的身体而言性别消失了”(“Sexus perpetuis corporibus perit”)（相似表述见上面第三章注 93），这句诗可见于 *Obitus Baebiani*, v. 60, cd. W. Brandes, “Studien zur christlich-lateinischen Poesie”, *Wiener Studien*, XII (1890), 283。这首 4 世纪的诗与不死鸟没有直接关系，因为它叙述的是巴埃比乌斯(Baebianus)有关从死亡中复活升天的故事；但故事受到了拉克坦修《不死鸟》的启发；参见勃兰特(Brandt)编辑的拉克坦修著作及编者对第 2 行和第 164 行的注解(*CSEL*, XXVII, 135 和 146)以及 Rapisarda, *Fenice*, 40 and 86。

[274] 参见第六章注 17、18。

种和个体相一致的威严概念，自然是凸显了威严任职者本身两个不同的面向，他的“双重人格”。教皇或主教自身并不是团体：他们只是在被赋予了超个人性和永久性即“决不会死的威严”（*Dignitas quae non moritur*），才成为他们种的独体代表。然而，我们仍应看看法学家们是如何解释这一赋予的。有必要提到，法学家们实际上在威严任职者身上得出了双重人格的区分。皮斯托亚的奇诺下面一番话简洁明了：“主教有双重人格，一个是就他为主教而言，另一个是就他为（个体）彼得或马丁而言。”[275]奇诺所提出的观点事实上是传统观念：它只是教会法有关“对个人所作的”（*facta personae*）委任与“对威严（显职）所作的”（*facta dignitati*）委任之间所 396
作区分的一种转用（也可以说是这一区分的反向说法），该区分在讨论“*Quoniam abbas*”教令时已多次被阐述。不过奇诺的评述仍有价值，因为它表明，讨论重心可轻易从权力委任的二重形态，转到作为委任者的显职担当者与作为受任者的显职担当者的双重人格，最后可转到每一位圣俗的任职者。由

---

[275] Gierke, *Gen.R.*, III, 363, n.34，引用了奇诺的几段话；奇诺也区分了法官身上的双重人格（*duplex persona*），一个是公共的，另一个是私人的。这一区分是重要的，12世纪的法学家们在关联到法庭上的良知问题时，已经看到这种区分的重要性，也就是说，法官在审理案件中，是完全依据法庭中出示的证据，还是也依据他可能会偶然获取的私人知识：“某人作为法官所行之事与他作为一个人所行之事是有区别的”（“aliud facit aliquis in eo quod iudex est, aliud in eo quod homo est”），对《教会法汇要》（c.4.C.III, qu.7）的标准注释（v. *Audit*）如是写道，有句格言被认为是基督说的：“法官对证据范围之外的事情不下判决”（“non nisi per allegata iudex iudicet”）。有关这一问题，参见 Max Radin, “The Conscience of the Court,” *Law Quarterly Review*, XLVIII (1932), 506 – 520, Hermann Kantorowicz, *Glossators*, 21；Ullmann, *Lucas de Penna*, 126ff, also 130，卢卡斯谴责彼拉多只是基于证据来判决，而不诉诸他自己的知识和良知。

此，新政治理论开始从教会法中生发出来，世俗显职同样被解释成了团体和不朽的实体。

宗座作为“不死的威严”所拥有的不朽性，建基于理性的法律拟制之上。然而这并未阻止教会法学家们陷入非理性的思考，也没有阻止他们依循传统以超验方式来解释宗座的永久性。约翰·安德里阿在注释教皇卜尼法斯教令中的“宗座自身不死”(*Sedes ipsa non moritur*)一句时称：“没有宗座是不可能的，因为主已为之祈福。”[276]这就是说，宗座的永恒性看起来是神圣力量和教会永恒性的显露，教会的统治“因基督不死”(*quia Christus non moritur*)而没有空位期。[277] 与之对照，我们还记得，这个帝国由于相似的形而上学原因而被理解为是永恒的：这一帝国是第四个世界君主国，它将持存到世界末日；它是由上帝亲身自高天之上打造而成；查士丁尼法典赋

---

[276] 参见 *Glos.ord.*, on c.5 VI 1,3, v. *moritur*：“non enim potest esse nulla [sedes] ... quia dominus pro ea oravit.” 参较 c.33, C.XXIV, q.1；参见第六章注36、37。

[277] “Licet moriatur praelatus et omnes clerici in ecclesia, dominium illorum non vacat, quia Christus non moritur, nec potest ecclesia deficere”(“就算高位圣职者和教会中所有圣职者都死了，他们的统治权也不会有空位期，因为基督不死，教会不可能中止”)。Johannes Andreae, *Novella*, on c.4 X 2,12, n.5，引述于 Pierre Gillet, *La personnalité juridique en droit ecclésiastique* (Malines, 1927), 178。安德里阿依据的是英诺森四世的注释(Innocent IV, on c.4 X 2,12, n.4 [Lyon, 1578], fol.145^{v})：“不管多少高位圣职者会死去，即使所有圣职者都死了，教会的财产所有物仍然执掌于活在永恒之中的基督，或者说，仍然执掌于决不会死的普遍教会或决不会死的单个教会”(“... quantumcunque moriatur praelatus et omnes clerici, ecclesiae tamen proprietas et possessio remanet penes Christum, qui vivit in aeternum, vel penes universalem, vel singularem ecclesiam, quae nunquam moritur”)。

予了它永久性(帝国是永久的[*imperium semper est*])。[278] 不过,值得注意的是,关于威严不朽的新法律理论现在补充或者 397
取代了以上论述。因此,特拉尼的戈弗雷(Godfrey of Trani)在注释教令“*Quoniam abbas*”时(约 1241—1243 年)会反转以上论证,他说:“既然(现任者)个人死亡之时威严并不消逝,那么,帝国(*imperium*)就是永久的。”[279]后来的著述家们直言,“帝国是永久的”这一表述指涉的就是威严(*Dignitas*)。[280] 这是古老观念的世俗化:帝国的永久性不再源出于上帝和神意安排,而是源出于被称为“威严”的拟制而不朽的人格,源出于人为政策所创制的威严,此威严被同样不朽的政体、被“决不会死的统合体”(*universitas quae nunquam moritur*)赋予国

---

[278] 参见第六章注 38ff,以及注 41ff。

[279] Godfrey of Trani, *Summa super decretalibus*, on c.14 X 1,29, n.29,引述于 Gierke, *Gen.R.*, III, 271, n.73:“Quia dignitas non perit decedente persona, unde imperium in perpetuum est.”

[280] 有关 16、17 世纪从威严的意义上对国王作出的解释,参见 Gierke, *Gen. R.*, IV,240, n.124。永久性的观念由罗斯齐亚特的艾伯利库斯对 *D*.5,1,76, n.1 (Venice, 1584), fol.304[v]的注释作出了强有力的表达:“宗座不会死,总会在继任者的人格中存续下去……皇帝的威严也总会存续下去……这在任何威严中都一样,因为它会在继任者的人格中永久存续……[引用了教令‘*Quoniam abbas*’,]国库就是永久存续的……”(“Sedes apostolica non moritur, sed semper durat in persona successoris ..., et dignitas imperialis semper durat ... et idem in qualibet dignitate, quia perpetuatur in persona successorum ... [allegation of *Quoniam abbas*], fiscus etiam perpetuo durat locuplex ...”) Angelus de Ubaldis, on *D*.5,1,76, n.2 (Venice, 1580), fol. 136,文中认为社团(*societas*)的标帜,譬如杖(*baculus*)或者旗(*vexillum*),实质上体现了永久性:“尽管社团的多数成员会被取代改变,作为惯例,杖被交给了一个人而旗被交给了另一个人,但仍然是同一个社团在存续”(“quod licet mutentur caporales magnae societatis, et uni detur baculus et alteri vexillum, ut est moris, tamen adhuc durat eadem societas”)。

王或在位者。[281] 显而易见，永久性的价值不再主要以神为中心，也不再以正义这一不朽观念或以法律为中心，而是以不朽的统合体和不朽的威严为中心。

正如教会法学者们在解释威严本性的时候，首先想到的会是教皇职和主教职，罗马法学家们在阐述他们理论的时候首先提到的自然会是“帝权”(*imperium*)。不过在那个时代，所有适用于帝国的理论同样适用于王国。譬如，巴尔都斯在依循“*Quoniam abbas*”教令和卜尼法斯教令[282]讨论契约和义务
398 的约束力时，首先选取了有关皇帝和教皇的传统例证：“皇帝作为个人可能会死，但威严本身或帝权是不朽的；正如至高的教皇会死，而至高的教皇职却不会消亡。”但是巴尔都斯同时又指出，个人所行之事是个人的事情，借威严所行之事则是“恒久的”；巴尔都斯的论述当然是从帝权切换到了王权，从皇帝切换到了皇帝般的国王，皇帝般的国王“在自己王国拥有至高君权，因为他不会承认还有上位者”。[283] 国王“在威严

---

[281] 参见下面注284ff，以及注295。

[282] 巴尔都斯多次引述这两条教令，特别是“*Quoniam abbas*”；可参见*Consilia*，III，121，n.6，fol.34；III，159，n.4，fol.45^{v}；III，217，n.3，fol.63^{v}，etc.。

[283] Baldus，*Consilia*，III，159，n.3，fol.45^{v}：“Imperator in persona mori potest：sed ipsa dignitas，seu Imperium，immortalis est，sicut et summus Pontifex moritur，sed summus Pontificatus non moritur，et ideo quae procedunt a persona，et non a sede，personalia sunt，si a successiva voluntate dependent … Quaedam vero procedunt a sede：et ista sunt perennia et aeterna，donec superveniat casus extinctivus，seu terminus vitae ipsius concessionis. Huiusmodi sunt contractus Regum，qui contrahunt nomine suo et Regni，seu gentis suae”（“皇帝作为个人是会死的，但威严本身或帝国却是不朽的，正如教皇会死但教皇职不会死一样，因此，起自个人而不是职位的，只要是依存于相续的意志，就（转下页）

之名下”(*sub nomine Dignitatis*)签订的契约,对继任者有约束力:

> 国王所签订的契约里表达了他们是(代表)谁(个人或是威严)的立场。倘若这些契约是以威严的名义订立的,它们便被传给王国的继任者……这并不奇怪,因为在王国里,必须要考虑进来的(不仅)有不死的威严,还有王国的统合体或国家,即使国王被废黜了,王国的统合体或国家也将存续下去,原因在于国家是不死的;由此,有人说国家没有继任者,因为她总是活在自身之中。[284]

关于威严的整个教会法学说已经转用于国王们(当然这并非首次),不过,注意到这种情况并非重点所在。我们的主要兴

(接上页)是个人的事情……但真正起自职位的,便是恒久的,直到消灭原因或自身效力期限来临。以他们自己和王国名义,或以他们人民名义签订契约的国王们,所签订契约就属于这种情形”)。Ibid., n.4:“Rex, qui in Regno suo tenet principalissimum principatum: quia non cognoscit superiorem, est totum continens, et potest contrahere nomine suo, et totius terrae, et populorum suorum. Habet enim plenissimam potestatem ... Unde is qui contraxit sub nomine dignitatis, obligat successores”(“在自己王国拥有至高君权的国王,因为他不会承认还有上位者,故而据有全体,并能够以他的名义,以全部领土和他人民的名义签订契约。他拥有完整的权力……因此在威严之名下签订契约之人,对继任者们有约束力”)。这段话饶有趣味。参见下一个注。

[284] Ibid., nos. 4 - 5:“Et in contractibus regnum est expressum, quod partium sunt, et transeunt ad successores in Regno, si celebrati sunt nomine dignitatis ... Nec mirum, quia in Regno considerari debet dignitas, quae non moritur, et etiam universitas, seu respublica ipsius Regni, quae etiam exactis Regibus perseverat. Non enim potest respublica mori. Et hac ratione dicitur, quod respublica non habet haeredem: quia semper vivit in semetipsa.”参见第六章注59。

趣点在于看到巴尔都斯的思想中决定国王职责的两个独特因素：威严的不朽性以及统合体的不朽性；并且看到，君主相应
399 地被说成是依凭威严和国家来行事的，[285]即是说，是依凭被认定为永恒的两个实体来行事的。在此我们几乎不可避免会回想起早期法学家们的政治概念，例如其中杰出代表巴黎的约翰就曾主张，国王依赖于上帝和人民，"人民行动，上帝赋予灵感"(*populo faciente et Deo inspirante*)。[286] 然而在巴尔都斯的政治架构中，人民的概念变成了"不可能死的统合体"("*universitas quae non potest mori*")这样的法学概念；与此同时，上帝被恰当地由同样是法学中的"不可能死的威严"("*Dignitas quae non potest mori*")所取代。上帝与威严实际上有多么紧密的联系，我们可从巴尔都斯对国王和皇帝加冕誓约的注释中看出，国王、皇帝借加冕誓约承诺不让渡王冠财产："因此，皇帝……不对人负有义务，但对上帝和他自己永久性威严负有义务。"[287]我们可回到"上帝"和"国库"的并列位置来理解，威严由于它的永久性，像国库一样可与上帝相类似或"同位"。为了理解以法律为中心的王权向以政体和团体为中心的王权的转移，我们也可以用到布拉克顿的名言："国

---

[285] 参见下面注 295。

[286] 参见第六章注 51－54；第七章注 25 及其后。

[287] "Unde imperator rei suae potest dare legem quam vult et non obligatur homini, sed Deo et dignitati suae, quae perpetua est"("因此，皇帝能够对自己的事情如其所愿地制定法律，并且不对人负有义务，但对上帝和他自己永久性威严负有义务")。Baldus, on c.33 X 2,24, n.5 (洪诺留三世的教令，见上面注 143－44,147,150), *In Decretales*, fol. 261v。

王必不低于人，但低于上帝和法律。”[288]

上帝与威严的并列位置需得到进一步关注。[289] 此处需加留意的是一句不断被重复的流行语，其内容是国王的威严不死，或如巴尔都斯时常表述的“……威严是属于国王之物……即使个体（国王）会死，国王之质性却不死”。[290] 后来艾弗利多的马泰奥（Matthaeus de Afflictis）引用了巴尔都斯的观点，在注释 400
西西里宪法时宣称：“国王威严决不会死。”[291]当然，论点有一些细微变化。巴尔都斯本人经常说起：“国王所掌大权不会死”（*Regia maiestas non moritur*）。[292] 并且他也由此推导出了国

---

[288] Bracton, fol.5b, ed. Woodbine, II, 33:“Ipse autem rex non debet esse sub homine, sed sub Deo et sub lege, quia lex facit regem”（“国王自身必不低于人，但低于上帝和法律，因为法律造就了国王”）。另见上面第四章注 298。

[289] 参见下面注 423。

[290] Baldus, on *C*.6,51,1,6a, n.4, fol.180v:“Vel ibi non est novum feudum, quia dignitas est quid regale, cum feudum regni sit concessum omnibus regibus, et qualitas regia non moritur, licet individuum moriatur”（“此处实际上是不存在新的封土的，因为威严是属于王权之物，王国的封土被授予了每位国王，即使个体[国王]会死，国王之质性却不死”）。再者，实际权力的减损并不影响威严自身的不朽性。可参见 Albericus of Rosate, on *D*.const. *Omnem* (= *prima const*. or *prooemium*), rubr., n.8 (Venice, 1585), fol.3v。尽管艾伯利库斯不赞成君士坦丁的赠与（他实际上引述了但丁在《地狱篇》[*Inf*., XIX,115ff]中的看法），但他也不接受反对赠与合理性的所有理由：“（赠与的有效性）并不有碍皇帝威严是永恒的和不会死的；因为威严不会因为这种赠与而死亡，他的权力也不会因为在其他领域没有教会的赠与而灭失”（“Non obstat quod dignitas imperialis sit perpetua et non moriatur: quia per talem donationem non est mortua nec eius potestas in aliis locis non donatis ecclesiae”）。

[291] Mattheus de Afflictis, on *Lib. aug*., II, 35, n.23, vol.II, fol.77:“Quae dignitas regia nunquam moritur.”

[292] Baldus, on c. 7 X 1, 2, n. 78, *In Decretales*, fol. 18:“... quia ibi iuramentum fuit praestitum a dignitate dignitati. Nam regia maiestas non moritur”（“……既然此处宣誓是从威严向威严作出的。因为，国王所掌大权不会死”）。

王双重人格的区分：一重是个人人格（*persona personalis*），“人之实体中的灵魂”即个体的国王；一重是“实为威严的”理念人格（*persona idealis*）。[293] 这里，威严（理念人格）显然是被拟人化了。威严像正义一样，即使在国王空位的情况下仍是拥有独立存在的“理念”人格，不过，只要个体统治者活着或在位，威严就不可分割地附着于他，作为他的永久伴侣——这与钱币上作为“奥古斯都的同伴”（*comes Augusti*）的古代神祇相类似。[294]

这种寓于国王的二重性还是巴尔都斯另一篇论著的主题。当讨论到国王在遵守以威严和国家名义订立契约的义务时，他解释道，“从理智上讲”，订立契约义务的先任国王未死，因为他的威严和国家这些他依之行事的名义都未死。

> 虽说国家自身不作为，但掌国者却是依据国家以及由国家本身赋予他的威严来行事的。而且，有两种东西汇合于国土身上：个人与意义（即威严）。意义本身是某种理智的东西，虽不以物质样态持存，却可以神秘方式存续：

---

[293] Baldus, *Consilia*, III, 217, n.3, fol.63ᵛ:“[persona] personalis, quae est anima in substantia hominis, et non persona idealis, quae est dignitas”（“人之实体中的灵魂，乃是个人[的人格]，而不是那实为威严的理念人格”）。

[294] 参见 A. D. Nock, “The Emperor's Divine *Comes*”, *Journal of Roman Studies*, XXXVII (1947), 102ff。无论是从“正义”（*Iustitia*）来说，还是从“奥古斯都的女神”（*Fortuna Augusti*）来说，“同伴”（*comes*）的观念对于腓特烈二世都不陌生；参较 Franz Kampers, “Die *Fortuna Caesarea* Kaiser Friedrichs II”, *Hist. Jahrb.*, XLVIII (1928), 208ff。（*Fortuna Augusti* 或 *Fortuna Regia*，是罗马皇帝统治权的人格化身；女神的金色雕像始终陪伴皇帝们，承续至他们的继任者。参见网络资源：www.psychicsophia.com v. Fortuna，点击日期 2017 年 7 月 27 日。——译者）

因为，即使国王在肉体上有缺陷，他仍可据双重人格的地位来行使职权。[295]

换言之，王者(King)超越国王(king)而生存着。在此意义上 401
巴尔都斯宣称，虽然尸身无意志，死去的国王“在死后似乎仍表达出意志”——而这当然说的就是威严。[296]

不管怎样，我们现在容易看出，关于“温切斯特修道院院长”及其威严的纯正教会法学说在多大程度上影响了总体的法律思想，特别是在14世纪这种理论转用于世俗领域，转用于皇帝们和国王们身上之后。巴尔都斯的论证令人钦佩，[297]其经院哲学特征显而易见，但我们相信我们已然聆听到了都铎

---

[295] Baldus, *Cons.*, III, 159, n.5, fol.45ᵛ:“Unde cum intellectu loquendo, non est mortua hic persona concedens ... Nam verum est dicere, quod respublica nihil per se agit, tamen qui regit rem publicam, agit in virtute reipublicae et dignitatis sibi collatae ab ipsa republica. Porro duo concurrunt in rege: persona et significatio. Et ipsa significatio, quae est quoddam intellectuale, semper est perseverans enigmatice: licet non corporaliter: nam licet Rex deficiat, quid ad rumbum nempe loco duarum personarum Rex fungitur, ut ff. de his, qui. ut ind. l. tutorum [*D.* 34, 9, 22: ‘Discreta sunt enim iura, quamvis plura in eandem personam devenerint, aliud tutoris, aliud legatarii’](‘即使多种权利出现在同一人格，权利也是有分别的，有的是监护权，有的是遗产继承权’)”。

[296] Baldus, on *C.* 10, 1, rubr., n. 16, fol. 232ᵛ: “... et velle videtur [imperator] etiam post mortem, quia etiam post mortem suam verba contulisse videtur ...” (“……甚至他[皇帝]在死后似乎还表达出意志，因为即便在他死后，他似乎还能传来话语……”)参见下面注349。

[297] *Repertorium in Consilia*, p.82(构成了巴尔都斯《建言集》[Baldus, *Cons.*]的第六卷), s.v. “rex”，引用了 *Cons.*, III, 159 并写道：“此处见到许多有关国王威严的精彩解释”(“Hic vide multa pulchra de dignitate regali”)。另见 Gierke, *Gen.R.*, IV, 239，吉尔克在引述《建言集》时，称赞巴尔都斯“无比敏锐”(*unübertreffiiche Schärfe*)。

王朝法学家们就国王“两个身体”展开的论争。

团体学说在英格兰的征候(CORPORATIONAL SYMPTOMS IN ENGLAND)

通过普洛登传给后世的生动表达中,差不多每一个语句或比喻都能追溯到13、14世纪法律著述的先例,即便我们难以证明个中细节到底是怎样渗入英国法律语言中的。“威严”这个词与“王冠”这个词连用的大多数情况下,威严并不是在有意图地表现团体特征上来使用的,这一点肯定是没有问题的。我们也很难在文本中读出有任何这样的意图。尽管如此,意大利教会法学者们的理论还是在英格兰留下了一些影响痕迹,甚至可溯至较早的时期。德罗赫达的威廉(William of Drogheda)于1239年前后论述教会法庭程序时,充分意识到修道院院长使用自己印章签约与使用修道院印章签约之间
402 存在区别。[298] 爱德华二世统治时期的《年鉴》里,许多关于国王威严的讨论根本就没有表现出团体的方面,但是我们在《年鉴》中会相当明晰地读到深受教会法影响的威严理论。在1313年审理诉柯克汉修道院院长(Prior of Kirkham)一案时,法官英格(Inge)多次在教会法学者的意义上提到“威严”:

> 大修道院院长(Abbot)和修道院院长(Prior)都是威严的名称;据此威严,先任者的权利在继任者产生之后将整个地归于继任者,如此一来,也只有继任者才可以捍卫其教

---

[298] Post, “Quod omnes tangit,” 217ff.

会的权利。

英格法官按惯例引用了“*Quoniam abbas*”教令，强调“现在的（柯克汉）修道院院长是以院长身份出现的”事实，是以“他的威严之名”受传唤的事实。英格最后着重指出：“这让人们学会（谨慎对待如何）去提交以院长威严的名义起诉院长的令状。”[299]

这些引语表明，1300 年前后的英国法学家们非常熟悉法律意义上的威严观念，以及视先任者和继任者实为同一的观念（至少就教会中人来说是如此）。法官英格确曾指出，院长或“其他具有威严之人”的人格“与世俗之人的人格”不一样，[300] 这似乎指明，连续人格的观念还没有普遍转用于世俗职位上来，而是或多或少局限于属灵显职。要将世俗显职引入团体学说的神奇圈子尚需时日。不过，到了 15 世纪，那一学说中的主要区分也进入了世俗领域，譬如，在爱德华四世治下的一 403
桩诉讼案中，法官们指出，市长签订的契约不是出于市长职位的名义，而是“出于他个人的名义”（*par son proper nosme*）。[301]

---

[299] *Year Books*, *6-7 Edward II* (*1313*), Y.B. Ser., XV (Selden Society, XXXVI), 175, 177, 178, 182；参较 Holdsworth, III, 472, n.4。在本案中，团体学说的基底作用是明显的，但是有关国王威严的阐述中没有任何团体学说的含义；可参见 *Year Books*, *5 Edward II* (1311), Y.B. Ser., X (Selden Society, LXIII, 1944), 122f。布拉克顿对“威严”的运用也没有表现出团体的意义。“国王的身份”（*status regis*）或“王权的身份”（*status regalis*）的概念，要么单独使用要么与“威严”结合使用，似乎已取代了教会法学说以及意大利法学家们学说中赋给抽象威严的职权。至少，让·热尔松（上面第五章注 76）在谈到国王的“第二生命”即“国家的和政治的生命，或被称作王权的身份或被称作威严”（“vita civilis et politica, que *status regalis* dicitur aut *dignitas*”）时，陈述出了这一点。尽管珀斯特，“Two Laws,” 432ff 开了一个好头，所有这些观念仍应得到比目前情形更为深入的研究。

[300] *Year Books*, *6-7 Edward II*, 181.

[301] Maitland, *Sel. Essays*, 226, n.1.

毋庸讳言，在爱德华四世治下，团体论的思维模式在英国已是深入人心，这种思维模式耐人寻味地由这位国王自身展示在兰开斯特公爵领地一案中。[302] 众所悉知，该领地为兰开斯特家族的私有财产，由一代代兰开斯特家族的国王们依世袭权利而拥有。1399 年亨利四世即位伊始，便在议会的同意下颁布谕令，所有兰开斯特的公爵领地将由国王来管理和处置，"就仿佛朕决不会够着国王威严的高度那般"（领地仍由自己管理和处置），因为，这些土地"在上帝授命给朕国王身份和威严之前"，就已通过世袭权利以个人方式归于兰开斯特的亨利。[303] 作为一份与王冠分离的财产，兰开斯特公爵领地传给了亨利五世和亨利六世；如普洛登后来所指出的，该领地是兰开斯特家族以自然身体拥有的。[304] 1461 年，约克家族的爱德华四世掌权后，这块领地的归属状态改变了。他在继位后不久，便指控他的兰开斯特先任者犯下严重叛国罪，这一判决罚没了所有先前君主的财产和权限，包括兰开斯特公爵领地的私有财产。除非以王冠的权力，爱德华四世个人是没有这块领地的权限的，因为该领地已经由于对王冠的叛国罪而被罚没了。[305] 然而爱德华显然不打算放弃"家族势力"（*Hausmacht*）

---

[302] Robert Somerville, *History of the Duchy of Lancaster* (London, 1953), 231ff，几乎没有涉及法人赋予法案（Act of Incorporation）的内容。总的来看，爱德华四世所采取的奇特行动，在现代似乎没有受到理应给予的关注。

[303] William Hardy, *The Charters of the Duchy of Lancaster* (London, 1845), 99f, 102.

[304] 参见 Plowden, *Reports*, 200b, and passim；以及 Chrimes, *Const. Ideas*, 352f (*App.* n.11)，对亨利五世治下法官们见解的讨论。

[305] 对该案最翔实的讨论，仍可见于普洛登的《报告》(*Reports*, 212b - 223)；有关爱德华四世的情况，参见 219a。

给国王的权力和财力带来的所有好处。为了克服这些困难，国王或他的法律顾问们谋划了一个出人意料的招数：它们将这块被罚没的公爵领地“法人化”。1461 年 3 月 4 日的议会法案规定：兰开斯特公爵领地的庄园、城堡、领主权、城镇及其 404
他财产，连同它们的附属物，自此之后，

> 从 3 月 4 日起，形成法人兰开斯特公爵领地，它也称作兰开斯特公国（THE DUCHIE OF LANCASTRE）。

此外，议会许可爱德华四世保有这些土地的权利，

> 使用 Duchie 这同一名称，（让这些土地）有别于所有其他继承财产……永久属于英格兰国王及其继任者们。[306]

现已具备法人资格的兰开斯特公爵领地，将在不与其他王冠财产融合的情况下，作为法人成为王冠的一部分。也就是说，为维持公爵领地原先的界畴连同其权利和附属物不受侵害，同时也为了保持该领地独立于其他王冠财产的整全性（*en bloc*），置其于特殊管理之下，议会法案将该领地转变成了法人。“兰开斯特公爵领地”（人们倾向于在后边加上“LTD.”或“INC.”），具有了独立于中央统治机构之外的地位，以法人形

---

[306] 有关这一特许状，参见 W. Hardy, *op.cit.*, 282（英语文本），323f（拉丁文文本）。引言中以大写字母拼写的词句在拉丁文文本中是以大写字母拼写的：“... dictus ducatus Lancastriae corporatus, et DUCATUS LANCASTRIAE nominentur [sc. Castra, maneria, et cet.]”

式归属于王冠，由此，国王不再是以私人身份而是以王者身份，以世袭方式成为那个法人的头（或可说是“理事长”）；出于这一法人的收益将会自然加诸该法人，仿佛该法人为私有者——当然这只是依据王冠的权利。[307]

由此，团体论的思想进入了最高层次的宪制实践。在比喻意义上根据一个团体（统合体）或法律人格来构设一个王国、郡、领地甚或一项收费，对于法学家来说算不上不同寻常的事情。但是，借议会法案来真正使整个领地法人化，在中世纪实践中还是新奇事。我们可以认为，在那些由于国家与教会的分离使得教会形成了私有法人的国家里，这一步骤可能是后来整个教会领地或修道会管区被法人化的一个先声。首
405 先，美国的情况就是如此。那里的大主教和主教以前和现在都被视为“独体法人”，例如，本笃修道会士用的注册名称就是“圣本笃会法团”（*The Order of St. Benedict, Inc.*），而耶稣会诸管区则在各州法人化，譬如“新英格兰的耶稣会”（*The Society of Jesus of New England*），等等。[308] 此处，世俗的团

---

[307] 普洛登的《报告》(220b)简明扼要地阐述了这种区分：“三位国王［即兰开斯特国王们］是以他们与王冠有别的自然身体拥有它的；第四位［即亨利四世］是依据王冠的权利，但也是以独立于王冠的秩序和统治之外的政治身体拥有它的，否则便不可能。”

[308] 美国承认罗马天主教主教和大主教为“独体法人”，与之相关的案例列举于 *Corpus Juris* (New York, 1919), XIV, 71, nos. 73 and 78 (= 14 C. J. Corporations § 38)。该书的新版本(*Corpus Juris Secundum*, XI, 350 [Bishop])谈到，“主教被认为是独体法人；但是随着这种观念从美国法律中消失，主教不再被看成是独体法人”。然而，一种名为 *Orate Fratres*（《各位教友，请你们祈祷》）有关礼仪的杂志，是由“明尼苏达州考利吉维尔的圣约翰大修道院的修道会（圣本笃会法团）”编辑的，并且，美国的耶稣会在各州法人化了；可参见 *Catalogus Provinciae Novae Angliae Societatis Jesu* (ineunte anno 1955), p.143。

体法就有了自己对教会之法律地位溯及既往的效力：事实上，教会法学说绕了整整一圈又回来了。

然而到了15世纪后半叶，团体论的理念形态总算在英格兰站稳了脚跟。法学家们显然很清楚，团体理论在世俗事务上同样会带来好处。兰开斯特领地的法人化，在其他方面也许没有什么显见效果，[309]但对法律思想却留下了不可磨灭的印记，因为它关联于1561年开庭辩论的“兰开斯特公爵领地案”，都铎王朝的法官们于此案中构设出了十分引人注目的国王“两个身体”的正式用语。这些用语最终进入了像克朗普顿(Crompton)、奇钦(Kitchin)、考威尔(Cowell)以及1600年前后其他一些学者的法学教科书和辞典中；也因为这些用语被柯克、培根这样的权威人物引述过，还被后来包括布莱克斯通在内的众多人物引述过，它们自然便迅速进入了政治性和大众化语汇中，并不断被反复运用。[310] 普洛登在《报告》中指明，兰开斯特一案所涉及的原则问题引发了多么浓厚而广泛的兴 406
趣，“两个身体”的区分被提出来的过程中引发了多么热烈的辩论。虽然这些观念起源于意大利的法学家，但英国法官们的构思并不缺乏原创性，他们指出国王的政治身体“包含了国

---

[309] Somerville, *Lancaster*, 232.

[310] Richard Crompton, *L'Authoritie et Jurisdiction* (London, 1594), fols. 134f; Joseph Kitchin, *Le Court Leete et Court Baron* (London, 1598), 1^v; John Cowell, *The Interpreter* (Cambridge, 1607), s. vv. “King (Rex)” and “Prerogative”。有关考威尔(Cowell)博士，他的绝对主义见解甚至令詹姆士一世不悦(参较Godfrey Davies, *The Early Stuarts* [Oxford, 1952], 12)，也可参见Chrimes, “Dr. John Cowell,” *EHR*, LXIV (1949), 472ff。有关柯克、培根和布莱克斯通，参见第一章。

王的身份和威严”,或“装饰着和禀受了国王的身份和威严”。都铎王朝法学者们的原创性主要在于,他们用“政治身体”概念取代了“威严”概念,由此推导出某些理论细节和结论,它们在罗马法学家和教会法学者看来可能并无必要大费笔墨。

所幸的是,以“身体”取代“威严”的早期例证并不乏见。梅特兰记述了1487年亨利七世治下所审理的一起案件,该案中,法官瓦瓦索(Vavasor)主张,“每位修道院院长都是一个政治身体,因为除了使用修道院院落外他不能取用任何东西”。[311]这个论证本身是无力的,但是它揭示出当时肯定是非常普遍的看法。事实上,我们在1482年爱德华四世治下的一起案件中也找到了类似表述。其中也涉及了一位修道院院长;法官费尔法克斯(Fairfax)支持修道院院长时给出了这样的意见:“院长的神秘体不死”,因为职位和修道院院落在院长的继任者那里会延续下去。[312]这位法官的意见饶有趣味:修道院院长不被看作是教会或王国的普遍神秘体的成员,而被视为神秘体本身,理由是他“决不会死”并且具有“延续性”。显然,“威严”这一团体论观念与同样是团体论观念的“神秘体”被混

---

[311] Maitland, *Sel.Essays*, 83, n.2(引述了《年鉴:亨利七世第3年》[*Y.B.*, *3 Henry VII*]):“... chescun abbe est corps politike, car il ne poet rien prender forsque al use del meason.”

[312] *Year Books*, *21 Edward VI* (printed by Tottell, London, 1556-1572), fol.38b:“... pur ceo que cest misticall corps d'l abbe ne unque morust et le office et le meason continua a les successours en fee ...”(“……因为,修道院院长这一神秘体是决不会死的,职位和修道院院落作为继承财产由继任者们延续下去……”)该案为柯克所引用(Coke, *Rep.*, VII, 10a, *Calvin's case*)(不过引用有误,不是f. 39b,而应是f.38b),笔者要感谢H. G.理查德森(H. G. Richardson)先生帮忙确证这一引用。

淆了，或者说，“神秘体”与被称作“威严”的东西融合在了一起。不管是混淆还是融合，这两种情形在意大利的法律语言中肯定是不常见的。然而，当我们思考“修道院院长”作为一种范例对法律和政治所产生的总体影响时，我们会发现，“神秘体”和“威严”这两个概念，在英国的世俗实践中几乎是在同一意义上被用于国王，这一点并不令人意外。

国王“威严”转向国王“政治身体”如何落实到了法律论争 407
当中，我们从希尔诉格兰奇（*Hill* v. *Grange*）一案容易看出。该案于1556—1557年在普通诉讼法庭被审理，早于兰开斯特案5年左右。[313] 希尔诉格兰奇案是一起侵权案，案件本身并不是我们讨论的重点；但是被侵占的土地碰巧原先是属于亨利八世遣散的修道院之一，所以国王便牵涉其中了。在某些方面，这次审判称得上是重演了有关“*Quoniam abbas*”教令以及有关此教令之注释的全体问题。法官们试图辨明亨利八世是作为个人在行动还是作为威严在行动，因为如果是后一种情况，他的行为就对继任者具有约束力。大法官布鲁克（Brook）认为，议会制定法一般而言“会被解释为延伸到国王继承人和继任者，使他们受益或约束他们”，哪怕法令使用的是国王个人名义；他引证了《大宪章》第十七条“普通诉讼不应仿效朕之（*our*）宫廷”，[314]以证明“our”一词并非指作为个体的约翰王，而是指作为王者的国王。最后他总结道：

---

[313] Plowden, *Reports*, 164ff.

[314] 大法官布鲁克（Plowden, *Reports*, 175b）引用了《大宪章》“第十一条”；不过事实上他引用的是《大宪章》第十七条（约翰王时期），或第十二条（1216年重新颁布）。

> 原因在于，国王是一个政治身体；当法案说到“国王”或“朕”时，总是以他作为王者的人格和以他的国王威严来说话的，因此“国王”或“朕”便包括了所有那些享有国王职权的人。[315]

此后，其他法官，如斯道恩福德（Staunford）、桑德斯（Saunders）和布朗（Brown），谈到这一问题时也指出，尽管亨利八世的名字被提及，但真正所指涉的却是他的王者身份：

> 王者是一种连续体的名字，作为人民的头和治理者应长久存续下去，因法律推定，……在这一点上王者决不会死。

有鉴于此，法官们认为，国王的死亡在法律上不能称作死亡，而应称作传位（demise），

> 因为他将王国传位他人，让他人享有职权，以使威严长久存续……那么，当……此种关系说的是作为王者的国王，
> 408 那么作为王者的他决不会死，尽管他的自然身体会死；王者，作为与国王个人相关的法令所使用的名，确实会存续下去，因此……王者一词会[从亨利八世]延续到爱德华六世（即延续到继任者）……从这里我们可以看到，在事

---

[315] Plowden, *Reports*, 175b－176.［要注意的是，中文的“朕”字无法体现英文中“我们”（our）的复数或群体含义；日语中的“余”在指“朕”的同时是带有这种复数或群体含义的。——译者］

> 情是以王者之名涉及个别国王的地方，法令于此情形中可延伸至他的继承人和继任者……[316]

没有必要加注释去说明，此处为强调而以楷体表示的内容，在多大程度上是出于前后期注释法学派很久以前就提出过的论证：我们看到了常用语“威严不死”，即威严的连续性无视担任者的死亡；先任者与继任者的同一性；以威严之名形成的职责约束力；提及或省略该“名”的重要性；已与“*Quoniam abbas*”教令相关联或在类似场合运用了3个多世纪的所有其他含义。英国的法律行话确实只在一个方面明显偏离了注释法学派的语言，这便是：威严概念尽管在其适当法律语境中被英国法官数次提及，但它通常还是被“政治身体”概念取代了。不管怎么说，政治身体与修道院院长那“决不会死的神秘体”有着惊人的相似。

柯克在凯尔文案里答辩时说得很好：“诚然，作为种（*in genere*）王者是不死的，但毫无疑问，作为个体（*in individuo*）他是会死的。”[317]我们知道来自意大利法学家论证中的那些区分，他们都小心地指出，当他们说到显职担任者“决不会死”时，所指的是作为种的君王，是国王威严（*regia Dignitas*）或国王大权（*regia Maiestas*），他们逻辑清晰地避免提及“王（King）决不会死”。可能巴尔都斯比其他人走得更远一些，他将威严人格化，并提出“理念人格”决不会死；但此时威严毕竟

---

[316] Plowden, *Reports*, 177。参见上面注195。

[317] Coke, *Calvin's Case*, fol.10b.

还只是理念人格而已。英国的法学者们也极为明确地指出，单纯的、个别的国王并非是不死的，只有作为王者（*King*）——作为“威严”或“政治身体”——的国王才决不会死。然而，“王者决不会死”（“the King never dies”）这一说法
409 的首次出现似乎是在英国法学者们的诉答文书中；由于国王不朽的政治身体与其有朽的自然身体已经泾渭分明，实践中误解它们是不可能的，哪怕一个人不加留意也不致出现误解。可以预见：在大谈特谈不朽的国王威严和大权的地方，在有如此强的倾向从活着的个体国王身上认出活着的“理念人格”诸特征的地方（尤其是在法国），[318]迟早有一天，“王者决不会死”（*Le roi ne meurt jamais*）的说法也会出现。

国王死了（LE ROY EST MORT ...）

16世纪以降，“王者决不会死”（*Le roi ne meurt jamais*）这句有名的短语就流行于法国，不过这一无可争辩的事实却很少有人关注，[319]它直接源自“威严不死”这条法谚，因此说到

---

[318] Church, *Constitutional Thought*, 94, n.41, 197, 247ff. and passim.

[319] 这一短语在法国首次出现的确切时间难以判明。参较 Jean Bodin, *Les six livres de la république*, I, c.8 (Paris, 1583；初版1576年), 160:“Car il est certain que le Roy ne meurt jamais, comme l'on dit, ains si tost que l'un est decedé, le plus proche masle de son estoc est saisi du Royaume et en possession d'iceluy au paravant qu'il soit couronné”（“因为，王者决不会死乃确然之事，如人们常说的，一人死去之际，他家系中最近的男性亲属便被王国攫住，并在加冕之前便拥有了它”）。这表明，迄至博丹写作之时（1576年前后），这条格言已为人熟知（*comme l'on dit*）。同样值得关注的是，博丹提出了“死者攫住生者”（*le mort saisit le vif*）（参见上面注268），用“王国”（*le Royaume*）取代了“死者”（*le mort*），将法谚从私法的继承权领域转用到了公法领域：王国本身攫住王冠继承人。“王者决不会死”（*le Roi ne meurt jamais*）与“死者攫住生者”之间同样的结 （转下页）

底也是源自教皇亚历山大的“*Quoniam abbas*”教令。换言之，它只是表现出了中世纪教会法学者和罗马法学家们过去常用的团体学说的另一种变体。这种确凿明了的谱系关系却少有人问津，可能是由下面的事实所致（至少在某种程度上如此）：出于明显是误解的原因，该句法谚经常与圣丹尼斯修道院法 410
国国王葬礼上的呼声——“国王死了！国王万岁！”（*Le roi est mort! Vive le roi!*）——联系在了一起。[320]表示法律上连续性的口号与表示王朝连续性的口号，被并合一处最后导致了混淆，这种做法是不恰当的——因为两句口号各自有着独特的

（接上页）合也可见于 Charles Loyseau，*Cinq livres du droit des offices*，I，c.10，n.58（Lyon，1701；首次出版于 1610 年），66，为 Church，*Const. Thought*，319，n.44 所引述。当然，“王者决不会死”那时已经成为法国国家的宗教信条，例如在波舒埃那里，尽管他仍然依赖于法学理论，但也大胆以一种新方式来解释这条格言：国王身上那可见的上帝形象，只可能是不朽的；参较 Bossuet，*Oeuvres oratoires*，ed. J. Lebarq（Lille and Paris，1892），IV，256ff（“论国王的义务”[“Sur les devoirs des rois”]，1662 年 4 月 2 日棕枝主日国王面前的布道），他（第 262 页）给出了对《诗篇》81：6“我曾说，你们是神”（*Ego dixi: dii estis*）的解释（参见拙文“Deus per naturam，” 274，n.72）：“你是神……但是是肉和血的神，是大地和尘土的神，‘你作为人是会死的’。不管怎样，你都是神，尽管你会死，你的权威是不会死的；王权的精神会完整地传给你的继任者……的确，人是会死的，但王者可以说是决不会死的，因上帝的形像是不朽的”（“Vous êtes des dieux ... Mais ô dieux de chair et de sang，ô dieux de terre et de poussière，‘vous mourrez commes des hommes.’ N'importe，vous êtes des dieux，encore que vos mouriez，et votre autorité ne meurt pas：cet esprit de royauté passe tout entier à vos successeurs ... L'homme meurt，il est vrai，mais le roi，disnos-nous，ne meurt jamais：l'image de Dieu est immortelle”）。

[320] 可参见 Robert Holtzmann，*Französische Verfassungsgeschichte*（Munich and Berlin，1910），311；Schramm，*English Coronation*，1，and *König von Frankreich*，I，260。Bloch，*Rois thaumaturges*，218f 强调了圣丹尼斯呼声的王朝方面，这一方面虽重要但并非决定性的。法国的著述家们在 1600 年前后已然混淆了这两个观念。

历史。“王者决不会死”很少涉及王朝的含义；“教皇、主教和女修道院院长决不会死”（*le pape, l'évêque, l'abbesse ne meurt jamais*），这句话中的几种情形虽不涉及王朝的威严，但不影响它一直是有效的法谚。这一广为人知的、每日挂在当时英国法学家们嘴边的法国口号，并没有出现在法国国王的葬礼上，因为圣丹尼斯的葬礼呼声来源于一个截然不同的背景。[321]

在1420年的特鲁瓦协议（Treaty of Troyes）上，病中的法国国王查理六世和王后伊莎贝拉承认，英国国王亨利五世为法国王位的合法推定继承人；英国对法国北部领土（包括巴黎市）的诉求得到承认。两年后，1422年8月31日，亨利五世死于温森（Vincennes），将其对法国的领土诉求传给了儿子亨利六世。国王遗体首先被运到圣丹尼斯，而后经鲁昂再到伦敦。法国国王查理六世于同年的10月21日也死了。贝德福德公爵以幼王亨利六世的法国摄政王身份于11月5日返回巴黎，国王顾问会议（*Conseil*）似乎正等候他来安排葬礼和主持葬仪。[322]

然而一些别的事件阻止了英国国王对法国王位的继承。在巴黎以南谢尔省维耶尔宗区默恩县（Méhun-sur-Yèvre），臣

---

[321] 以下段落中的许多内容，有时甚至大部分内容，节自 Ralph E. Giesey, *The Royal Funeral Ceremony in Renaissance France*，该书即将付梓，是一项全面且透彻的研究（基于他加利福尼亚大学博士论文，加利福尼亚，伯克利1954年），以下笔者将根据它的章节和脚注序号来引用。非常感谢吉赛（Giesey）博士不仅让笔者随意使用其手稿，而且还提供笔者另外一些相关内容；对从国外搜集而来、迄今未刊行的史料，他自己做了摘录，也一并供笔者利用，对此笔者也深表感谢。

[322] Giesey, *Royal Funeral*，参见第六章注87及其后。

僚们升起法国国旗，向皇太子查理七世欢呼："国王万岁！"[323]因 411
此贝德福德公爵不得不迅速有效地采取行动，保卫并宣布其主君英国国王亨利六世的权利。亨利五世在威斯敏斯特修道院下葬4天之后，11月11日查理六世在圣丹尼斯盖棺入椁，葬礼在为已故国王的传统短祷中结束："为法兰西国王查理六世的卓越灵魂祈祷。"（"*Priez pour l'ame de tres-excellent prince Charles VI, roy de France*"）稍事歇停，高级纹章官宣布了幼王亨利六世的权力，并高声道："借上帝恩典，法兰西和英格兰国王亨利万岁！"（"*Vive Henry par la grace de Dieu roy de France et d'Angleterre!*"），其他纹章官们应声呼喊："亨利王万岁！"（"*Vive le roy Henry!*"），英国人还加上"圣诞！"（*Noël!*）——"仿佛主从天而降"，法国史官如是记载。[324]

这里，显然是出于要对敌手皇太子及其党羽的诉求先发制人，为故王的祈祷中加入了对新王的欢呼，此种欢呼一般在国王加冕仪式及其他场合才能听到。自此，这种程序在法国成了习惯：致故王的祷文说完之后，经一番短暂"但足够默诵

[323] Monstrelet, *Chroniques*, ed. Douët d'Arcq (Soc. de l'hist, de France, Paris, 1857－62), IV,310中有对此次葬礼的详细描述："教会内法兰西旗被高高举起，然后，上述臣僚们开始高声呼喊数次'国王万岁！'"（"Sy fu lors levée une banière de France dedans la chapelle, et donc lesditz officiers commencèrent a cryer hault et cler par plusieurs fois Vive le Roy!"）有关此事日期（是10月30日而不是10月24日），参见Giesey, *op.cit.*, Ch.VIII, n.20f。

[324] 此处报告的关于查理六世和亨利六世的呼声来自*Cérémonial de l'inhumation de Charles VI*的"原初"版本，其最早的手抄本（Paris, BN., fr. 18674, fols.119f）被复印刊于Giesey, *Royal Funeral*, Appendix II中。对"Noël"呼声的报告，可见于*Chronique du Religieux de Saint-Denis*, ed. M. L. Bellaguet (Coll. des documents inédits, Paris, 1852), VI, 496。

'主祷文'(*Pater noster*)"的沉默,[325]对新王的欢呼旋即响起。然而,为故王的祈祷和对新王的欢呼都逐渐缩减了长度,到最后只剩下无人名的呼声:"国王死了!……国王万岁!"(*Le roi est mort! ... Vive le roi!*)这种简短的、去国王人名的呼声似乎最先出现于1515年路易十二世的葬礼,而1515年以前还
412 有某种过渡的形式:简短连续的呼声中会有故王和新王的名号。[326] 这是完全可能的,因为1505年英王亨利七世死时,英国举行的葬仪就是遵从了这种过渡形式。仪令官折断仪仗,地下墓室被闭合,

> 随即所有纹章官脱下他们附有纹章的短外罩大衣,挂在葬仪马车车辕上,用法语哀呼:"高贵的国王亨利七世死了。"之后每位纹章官重新穿上短外罩大衣,再次高声呼喊:"Vive Le noble Roy Henry le VIIIme",用英语来说就是,"上帝赐福高贵的国王亨利八世永生"。[327]

在所有方面尽可能遵照法国仪式的英国国王葬礼程序表明,

---

[325] Mathieu d'Escouchy, *Chroniques*, ed. G. du Fresne de Beaucourt (Soc. de l'hist. de France, Paris, 1863-64), II, 443f,谈到了1461年查理七世的葬礼。

[326] 一般认为,这些呼声首次以最简短的形式出现在1547年弗朗索瓦一世的葬礼上;可参见Bloch, *Rois thaumaturges*, 218f; Schramm, *Frankreich*, II, 125 (= I, 260, n.4)。然而,实际上去国王人名的呼声可见诸1515年时人对路易十二世葬礼的报告:*L'obsèque et enterrement du Roy* (Paris, 1515),报告重印于L. Cimber and F. Anjou, *Archives curieuses sur l'histoire de France* (Paris, 1835), Ier sér., II, 69f。有关进一步细节,参较Giesey, *Royal Funeral*, Ch.VIII, nos.50f。

[327] 有关于此的记述保存在大英博物馆的 *Harley MS 3504*, fol. 259^{rv} (ancient 271)中,吉赛(Giesey)博士慷慨将复印件供笔者使用。

前后几无停顿的两句呼声，尽管中间主祷文中仍有新旧国王的名字，但事实上却是法国 1509 年以前的习俗，为此我们可以追溯到 1498 年查理八世的葬礼。[328] 后来对国王个人名字的省略，显然是凸显了威严本身与其人格体现者相分离的永久性；但是我们不可能判定这背后是否有意图。此处重要的在于，有力展示了王权永久性的口号“国王死了！国王万岁！”——无论有没有带上国王本人的名字——一度被引入英格兰，其时，“作为王者的国王决不会死”的格言在伦敦法学院正呼之欲出。

通过葬仪上言简意赅的语言和戏剧化的场面，人们表达了一种宽泛的政治观念。不过，国王葬礼情境下对不朽王权 413
观念的表达中，这几句著名的呼声既不是最初的，也不是唯一的。

16、17 世纪，在钱币和类似钱币的制品上呈现不死鸟形象并不罕见。这种神秘鸟就曾是伊丽莎白女王的徽标，象征着她的童贞和独特：“独一的不死鸟(SOLA PHOENIX)”铭刻于一些女王钱币上；女王传位之年(1603 年)印制的圆形币章(图 22)尊称她为“独一无二的不死鸟”(UNICA PHEONIX)。[329]

---

[328] 当然，法语作为纹章学所使用的语言，并不能证明该仪式就起源于法国。不过，1483 年爱德华四世的下葬仪式上并未出现这种呼声(cf. Brit. Mus., *Egerton MS 2642*, fols.186^{v}-188^{v})，而 1498 年法国国王查理八世的葬礼上出现的呼声，几乎一字一句都与此处引用的呼声对得上；参较 Jean de Saint-Gelais, *Chronique*, in Th. Godefroy, *Histoire de Louys XII* (Paris, 1622), 108；参较 Giesey, *op.cit.*, Ch.VIII, n.45。

[329] Hawkins, *Medallic Illustrations*, Pl. VI, 7, 8, 9；有关这枚币章，参较 Hawkins, VIII, 17 以及 J. D. Köhler, *Munz Belustigung* (Nürnberg, 1729ff), XXI, 225ff。参较上面注 245。

1649年处决查理一世之后，英国保皇党印制了另一种不死鸟币章，表达了不同的观念。币章正面显示了查理的侧面头像和以下铭文：CAROLVS·I·D：G：MAG：BR：FR：ET·HI：REX（蒙上帝恩典之大不列颠、法兰西、爱尔兰国王查理一世）。背面的铭文是：CAROLVS·II·D：G：MAG：BRIT：FRAN：ET·HIBER：REX（蒙上帝恩典之大不列颠、法兰西、爱尔兰国王查理二世），但是没有人像，取而代之的是不死鸟从燃烧的巢飞升的图像，铭文是：EX·CINERIBVS（自余烬中）（图23）。纪念币章的含义明确无疑；它的铸造显然是反对"护国主"和"英吉利共和国"，而主张世

图22　伊丽莎白女王："独一无二的不死鸟"（1603年的币章）

图23　查理一世与作为不死鸟的查理二世（1649年的币章）

袭王权和国王威严的普遍永久性：正如不死鸟“自余烬中”升起，国王的儿子从父王的遗灰中升起——或者说是从君主制的废墟上升起（虽然这种说法的可能性不大）。[330] 几年前的1643年，为法国国王而设计的代币（jetton）样式，更为生动地宣告了路易十三的死亡和路易十四的即位（图24）。代币上描

图24　代币设计图（1643年）

---

[330] Hawkins, *op.cit.*, Pl.XXX, 19。笔者的复制图（图23）来自格拉斯哥亨特博物馆（Hunterian Museum）的复印件，石膏模型由大英博物馆G. K.詹金斯（G. K. Jenkins）热心提供。有人认为国王的不死鸟形象使英格兰成为另一个阿拉伯，至少本·琼生在“A Speach presented unto King James on the Birth of the Prince”, in *The Poems*, ed. B. H. Newdigate (Oxford, 1936), 281 中是这样认为的：

第一只不死鸟死了，但还有另一只，
从不朽的床上再次飞升，
让我们的阿拉伯［此处提及阿拉伯是
　因为希腊传说中的这种不死鸟生活在阿拉伯地区。
　——译者］成为
子嗣绵恒的巢。

绘了不死鸟栖于阳光映照的山巢上。铭文取自维吉尔的《牧歌》第四歌（Fourth Eclogue）："他降自高天"（*Caelo demittitur alto*）——13世纪以后的王朝君主据说都是自上天降临。[331] 一则附注道出了图案设计的寓意：

414 不死鸟凭借着上天和太阳赐赠的灵性，从父亲的余烬中诞生升腾。同此方式，上天为我们奇迹般地带来了新王：从其父王的死亡之床（*lit funèbre*）飞升到自己的正义之床（*lit de justice*）。[332]

---

[331] 参见上面注58。

[332] Paris, *Bibl. Mazarine MS 4395*, fol.1^{v}（感谢吉赛[Giesey]博士为笔者提供此张照片[图24]），其中包含了一系列设计图稿，被提议用于1644年元旦为国王庆祝的代币。有关不死鸟设计图的注记如是写道：

> Le Phoenix naist et s'eleve des Cendres de son pere par l'Influnce qui luy est envoyeé du Ciel et du Soleil. Ainsy le Roy nous a esté miraculeusement donné d'en haut: Et du lict funebre de son pere in s'eleve à son lict de Justice.

不死鸟象征在16世纪法国宫廷中使用得较为频繁，譬如，1579年亨利三世设立的圣灵骑士团，最初就被称为"不死鸟骑士团"，因为廷臣们认为不死鸟是"这一种之下唯一的被造物，是无可匹敌的"，这方面类似于法国国王，"世上万王的不死鸟"。参见André Favin, *The Theater of Honour and Knighthood*（初版于1620年；英语版本，London, 1623), 416。再者，1600年，美第奇家族的玛利亚作为嫁给亨利四世的新娘进入阿维贡时，搭建起的凯旋门拱肩上画了一只不死鸟以及致玛利亚的铭文：噢，幸运的人啊，以及你的继承者（*O felix haeresque tui*）（引自克劳迪安，参见上面注252），暗含对婚姻带来王位继承者的希望，最终，这位继承者便是"小不死鸟"（*Le petit phénix*）（上面注269）；参较André Valladier, *Labyrinthe de l'Hercule Gaulois*（Avignon, 1601), 187 (cf. 200)；参较Giesey, *Royal Funeral*, Ch.X。（亨利四世被形容为"*l'Hercule Gaulois*"[高卢的赫拉克勒斯]，这种巨人、大力士或海怪的统治者形象是15—17世纪西欧流行的"政治神话"传统，往往以插画或扉页画的形式出现，霍布斯的"利维坦"形象也在此传统中。——译者）

这一比喻选取得还是比较恰当的，因为我们应想到，法国国王在继位后随即（有时甚至在先王安葬之前）以立法者和最高法官的庄严身份在最高法院首次亮相。[333] 华盖之下国王的御榻镶金砌玉，被认为是“人们得见安卧于华盖下的法律和王者……得见二者共处正义之床”的地方。[334] 据此，一枚呈现正义之床的勋章（图 25）上写道：“最高法律源出于此处”（*Hinc* 415
suprema lex）。[335] 倘若没有国王人格化身的法律、正义的连续

---

[333] 路易十四和路易十五继位时都尚年幼，在他们先任者安葬之前被抱上正义之床。参较 Holtzmann, *Französische Verfassungsgeschichte*, 315。有关正义之床，参见 Church, *Constitutional Thought*, 150ff; F. Funck-Brentano, *L'ancienne France: Le roi* (Paris, 1913), 158ff;参见下一个注。

[334] Bernard de la Roche Flavin, *Treize livres des Parlemens de France*, IV, c.1 (Geneva, 1621), 353ff,对正义之床给出了翔实的描述;参较 § 9, p.355: “... on void que *Rex et Lex* se reposent soubs the couvert [= ciel ou daix; cf. § 3, p.353] de ceste sale ..., on les void ensemblement en ce lict de Iustice ...” 毋庸置言，作者认为正义几为法国所独占；参较 § 15, p.356（谈到了“正义之手”[*main de Justice*]，宣称它完全是法国特有的），“因为正义是随法兰西而生的，拥有对法兰西领土的世袭权利；就像有一些国家，它们所禀有的稀奇之物，是不能去往他处的”（“pource que la Iustice est nee avec la France, et a son droit hereditaire en la terre de France, comme il y a des pays qui sont doüés de choses rares, et qui ne peuvent venir ailleurs”）。印度有香树；波斯有珍珠；但只有北方之地有琥珀。“同样，只有一个法兰西，正义的真正机能在那里才可发挥出来”（“Aussi il n'y a qu'une France, ou s'exercent les vrayes functions de la Iustice”）。

[335] Claude-François Menestrier, *Histoire de Louis le Grand* (Paris, 1691), pl.28。图案模仿了早期基督教和异教的 *Etimasia*，即诸神和统治者的御座，后来是基督的御座，无人坐于其上。此处，它被改用于立法者国王的御座：上有华盖，座上放置着权杖和“正义之手”，座背有太阳纹章，两侧是“正义”和“信仰”。还有一种表现形式是 1458 年温多姆（Vendôme）的“正义之床”，对此可参见 Le Comte Paul Durrieu, *Le Boccace de Munich* (Munich, 1909), 51ff, and pl. I。与路易十四世勋章紧密相关的一个观念，表现在詹姆士一世的说法中：国王来自上帝，法律来自国王（*A Deo rex, a rege lex*）；参较 Schliermann, “Sakralrecht des protestantischen Herrschers,” 344。

图 25 路易十四的“正义之床”(币章设计图)

性，王国便无法存续片刻，因此，新的不死鸟必须迅速飞升，不能稍有停歇，“从其父王的死亡之床飞升到自己的正义之床”。正义的观念注定具有永恒性象征的作用。

国王的葬礼上，手扶灵柩四角的特权落到了 4 位“高等法院院长”即王国最高法院的 4 位最高法官的身上。这个传统可以追溯到 14 世纪，[336]后来的学者对此殊荣给出了一致的理由，

> 他们(院长们)代表了他的(国王的)人格或(高等法院中的)正义之举，二者都是国王王冠的主要构成，国王借着它们统治并享有主权……[337]

---

[336] 参见下一个注，其中提到了 1364 年的情况。Giesey, *Royal Funeral*, Ch.V, nos.3ff，文中倾向于认为，这一特权可追溯到 1350 年(腓力六世的葬礼)或 1328 年(查理四世的葬礼)。

[337] “Et portèrent le corps dudit Roy les gens de son Parlement ... pour ce que ilz representent sa personne ou fait de justice, qui est le principal membre de sa coronne, et par lequel il regne et a seigneurie.” *Chroniques des règnes de Jean II et de Charles V*, ed. R. Delachenal (Société de l'histoire de France, 1910), I, 343.

> 他们在高等法院中代表了国王的人格,执掌王国至高的正义,应是最接近于国王身体的……[338]

4 位院长不但在比喻意义上是“法兰西国王的真正形象”(*un vray pourtraict de Sa Majesté*),他们的华服也是“国王陛下 416
真正身着的服装”(*le vray habit dont estoient vestues Leurs Majestez*)。[339] 院长们的着装为饰有白色毛皮的大红袍,就像主教的红袍映衬出教皇红氅(*cappa rubea*)上所带有的权威,大红袍可能映衬了国王紫衣所带有的权威;这种讲究同样可追溯到 14 世纪。[340] 作为殊勋的特别标志,法官们也有资格在肩上佩戴 3 条金缎带或丝绸的垂饰——有时被称作“金带扣”(*le bouton d'or*)。我们有理由认为这种装饰来自国王肩章(*fibula*)上的 3 个垂饰,中世纪的法学家们经常称之为帝王威严的四权标之一,另外 3 个是紫袍、权杖和帝冠。[341] 院长们

---

[338] “... ilz qui en parlement representent la personne du roy et qui gouvernent la justice souveraine du royaume, soient au plus près du corps du roy.” 参较 *Cérémonial de l'inhumation de Charles VI*, ed. Giesey, *Royal Funeral*, Appendix II;同一节中对 4 位院长有如下描述:“身着附有松鼠毛皮的大红袍”(“vestus de leurs manteaulx vermeils fourrez de menu vair”)。

[339] Funck-Brentano, *Le roi*, 151f,搜集了许多关于国王和院长所着长袍有同一性的看法,它们主要出自 La Roche Flavin, *Parlemens*, x. cc.24 - 25, pp.792ff。

[340] 参见 Giesey, *Royal Funeral*, Ch.V, nos.9,15,其中谈到了女王波旁的让娜(Jeanne de Bourbon,卒于 1378 年)葬礼行列的手稿插画。

[341] 有关“金肩扣”(*bouton d'or*),参见 La Roche Flavin, *Parlemens*, x, c. 25, § 12, p. 796;另见 Funck-Brentano, *Le roi*, 152, n.5。有关罗马帝国的肩章(*fibula*),可参见 Richard Delbrück, *Consulardiptychen und verwandte Denkmäler* (Berlin, 1926 - 1929), 40(可清晰见于拉文纳圣维塔莱教堂的查士丁尼镶嵌画)。还可参较 Lucas de Penna, on C.11,8,4, n.5 (Venice, 1582), 393: “quatuor sunt insignia regalia, scil. purpura, fibula aurea, sceptrum et (转下页)

417 的红袍和“金带扣”无疑被认为是在缩小的级别上反映了国王权标。这些被称作“君主身体之部分”(*pars corporis principis*)的高位法官,并非徒有虚名。[342]

(接上页)diadema”(“国王的权标有4个:紫袍、金肩章、权杖和帝冠”);也可参见Lucas de Penna, on *C*.11,11,1, n.2, p.401; Matthaeus de Afflictis, on *Lib. aug.*, I, 20 (21), n.1, fol.104ᵛ。还可参见伊西多尔《词源》中的一节(*Ethymol.*, XIX,24,2),被引述于*Graphia libellus*, c.5, ed. Schramm, *Kaiser*, *Rom und Renovatio*, II, 95。De la Roche Flavin, *loc.cit.*,也提到了古希腊和圣经中的范例,《马加比一书》10:89有言:“他(国王)送给他(约拿单)一副金质肩章,此物仅仅是颁发给那些荣获亲王爵位的人”(“Et misit [rex] ei [Jonathae] fibulam auream, sicut consuetudo est dari cognatis regum”)(另见《马加比一书》11:58和14:44)。也就是说,约拿单以“国王之友”(*amicus regis* [*συγγενὴς τοῦ βασιλέως*])的身份接受了“金质肩章”,这是一个属于顾问会高位成员的官衔;参见John Crook, *Consilium Principis* (Cambridge, 1955), 21f。现在,国王或皇帝的顾问官(*consiliarii*)的正式意义就是“国王之友”(*amica regis*)或“皇帝之友”(*amici imperatoris*),这是为中世纪法学家们所周知的一个事实;可参见Lucas de Penna, on *C*.12,16, rubr., n.1, p.706,与上面说法相反,作者以近乎宪制的意义解释了《约翰福音》15:14f(基督致使徒的话:“我乃称你们为朋友”[*Vos autem dixi amicos*]):基督的朋友(*amici Christi*)就是基督的枢密顾问官。因为法兰西院长们——就像总理大臣及另外两三位其他高位官员一样——当然也是国王的顾问官(*conciliarii regis*),他们显然以“国王之友”的权能接受了标章。这一假设可在《地图文献集》(*Graphia libellus*, c.21, ed. Schramm, II, 104)中得到佐证:在法官的授职仪式上,皇帝“将[外套]肩章转放到右侧”(“convertat fibulam [manti] ad dextram partem”),意味着在外套无遮挡的右侧“法律对他应是显明可见的”(“lex ei debeat esse aperta”)。参较La Roche Flavin, *Parlemens*, x, c. 25, §12, p.796,文中讨论了金带扣放在右肩的限制;有关此权标的历史的一些言论(不总是正确),可另见J. Quicherat, *Histoire du costume en France* (Paris, 1877), 324。肩章的垂饰如何与因何变成了3条金色或红色的丝带,可在加洛林时代的抄本插画中一探究竟;参见Schramm, *Kaiser und Könige in Bildern*, II, pl.17, also pls.9b,18a,28;参较Deér, “Ein Doppelbildnis Karls des Grossen”, *Forschungen zur Kunstgeschichte und christlichen Archäologie*, II (1953), 111。

[342] Charles de Grassaille, *Regalium Franciae libri duo*, I, jus XII (Paris, 1545), 116: “Item illud magnum consilium dicitur proprie consistorium principis ... et in corpore unde sumitur”(“同样,大咨议会被恰当说成是君主的枢密院……并且此处是作为身体来理解的”)。参较Church, *Constitutional Thought*, 54。这些称谓显然来自*C*.9,8,5,国王称自己的咨议会(*consilium*)为枢密院(*consistorium*),认为议院是“朕体之部分”(*pars corporis nostri*);参见第五章注42;另见第四章注188及195。

偏离主题来研究服饰，对于理解这些法官们所享有的另一项特权是有必要的。在国王葬礼上，所有送葬者和随从都身着黑衣或佩戴哀悼标志，只有巴黎高等法院的 4 位棺侧扶柩院长身穿大红袍。他们可以免穿丧服（*exempts de porter le dueil*），弗朗索瓦一世葬礼行列（1547 年）的一位见证者解释道，“这是因为王冠和正义决不会死”。[343] 高位法官免穿丧服，在 1422 年关涉查理六世葬仪的史料中被首次提及，如那些抄本插画所揭示，它可追溯到 14 世纪。[344] 然而，对这一传统的解释却总是相同的。

---

[343] Vieilleville, *Mémoires*, ed. J. Michaud, and P. Poujoulat, *Nouvelle collection des mémoires sur l'histoire de France* (Paris, 1836 - 1839), IX, 63："... car les presidents et conseilleurs de la cour de Parlement l'environnoient de toures partes, en leurs robbes rouges, exempts de porter le dueil, avec cette raison, que la couronne et la justice ne meurent jamais; de laquelle justice ils sont, soubs l'autorité des roys, premiers et souverains administrateurs"（“……因为高等法院的院长们和顾问们环绕其[即国王的肖像，见下面]四周，身着红袍，免穿丧服，原因在于，王冠和正义决不会死；他们所拥有的正义归秉于第一位的、至高的统治者国王的权威之下”）。有关维勒维耶伊尔（Vieilleville）作为亨利二世随从是葬仪的见证者，参见下面注 376。另见 De la Roche Flavin, *Parlemens*, XIII, c.88, 10, p.1181："La Iustice, et mesmes l'authorité des Parlements est estimee tousiours durer en ce Royaume, soit le Roy mort, prins, ou absent. Et en signe de ce, les officiers des Parlements és obseques des Roys ne sont vestus de dueil, comme tous les autres, ains d'escarlate ..."（“正义与高等法院的权威，即使在国王死亡、被俘或缺席之际，仍永久存续于该王国。作为这一点的表征，高等法院的官员们在国王们的葬仪上与他人不同，不穿丧服，而着鲜红色上衣……”）参较 ibid., 29, p.1186f，此处的题目是：“高等法院全体不穿丧服”（“Le Parlement en corps ne porter iamais dueil”），文本再次强调：“然而，高等法院全体身穿红袍，加入（葬礼行列），与放在正义之床上的国王肖像随行，如同陪着正义之床上的国王在行进”（“Mais la Cour y assiste [aux obseques] en corps en robe rouge, et marche avec l'effige du Roy, qui est dans un lict, comme accompagnant le Roy en son lict de iustice”）。

[344] 参见上面注 338 和 340。

各人皆着赤袍，
身作典范，以昭显：
正义决不会因国王之死而动摇，
也不会因国王之死而迭变……
(Aucuns avoient leur manteau rouge,
En exemple et signifiance
Que Justice jamais ne bouge
Pour trespas du Roy, ne muance ....)

巴黎的马夏尔(Martial de Paris)如是描述1461年查理七世
418 的葬礼。[345] 一个世纪后的让·迪·梯莱特(Jean du Tillet)指出，4位院长的责任在于以鲜艳之长袍展示"正义不因国王的死而终止"。[346]

这里的基本观念是明了的，在同时代的人看来也是明了的。反映出国王本人着装的法官着装，之所以没有展现丧葬的表征，在于"王冠和正义决不会死"。他们代表了作为王者而决不会死的国王，是国王身体的一部分；他们是同样决不会死的正义的执掌者，执掌者的职命决不会有所中断。《智慧书》(1：15)说，"正义永久而不朽"(*Iustitia enim perpetua est*

---

[345] Martial de Paris, dit d'Auvergne, *Les Vigilles de Charles VII*，载于他的诗集 *Les poésies* (Paris, 1724), II, 170。

[346] Jean du Tillet, *Recueil des Roys de France*(《法兰西诸王集传》)(撰于1560年前后，1578年首次出版；Paris, 1618) I, 341："Le principal office desquels [membres du Parlement] est bien administrer la justice ... et faire cognoistre que par la mort desdits Rois elle ne cesse"("他们[高等法院的成员]的主要职责是恰当地司管正义……并让人们知道，正义不因上述国王的死而终止")。

et immortalis)。巴尔都斯依据这句诗,援引亚里士多德的定义,颂扬正义乃"决不会死的常态"(*habitus qui non moritur*),是有如灵魂那样的神圣不朽之物。[347] 个体的国王也许会死,但是,代表了至上正义而又由最高法官们所代表的王者,却是不死的;即使自然身体已经消逝,国王仍可通过他的官员代理不间断地保有裁判权。一条以罗马法为基础的法国法谚如是表述:"法兰西的高等法院不守祝祭日"(*Parlamentum Franciae non servat ferias*)。[348] 由此,高等法院的院长们以身

---

[347] Baldus, on *D*.1,1,1, n.2, fol.7[r], and *D*.1,1,10, n.1, fol.15[r];参较 Ullmann, "Baldus' Conception of Law," 390;以及上面第四章注 70 和 159。正义乃为"常态"这一定义,源出于"正义是恒常和持久的意志"("Iustitia est constans et perpetua voluntas")这句话(实际上是《法学阶梯》的开篇之语),经由西塞罗的著述 *De inventione rhetorica*, 11,53 而为注释法学家所知悉,而且可以追溯到亚里士多德。

[348] Grassaille, *Regalia Franciae*, I, ius XII, ad quartum (Paris, 1545), 120:"... quod parlamentum Franciae non servat ferias: imo ex consuetudine, omnibus diebus etiam feriatis (aliquibus exceptis) reddit ius ... Ideo, de curia Franciae potest dici, quod de Romana dicit[ur] ..., quod solennibus diebus solennes processus facit"("法兰西高等法院不守祝祭日;的确,习俗上法律在每个祝祭日[除少数几天例外]都下判决……因此,就罗马法庭而言的,也可就法兰西法庭而言……即在祝祭日执行诉讼仪式。")有关休庭的例外日(包括"高等法院全体参加"[*les Cours de Parlement assitent en corps*]的国王葬礼日子),参见 De la Roche Flavin, *Parlemens*, XIII, c.87, pp.1174ff,大体上与 *C*.3,12,6 以及 *C*.3,12,9 所列举的日子差不多。在上面的基础上,腓特烈二世已经下令——*Lib. aug.*, I, 50 (52):"iustitiarii ... continue curias ... regere debeant, causas audiant et decidant"("法官们……应一直坐镇法庭……听审和裁断讼案")。参见 Andreas of Isernia, ed. Cervone, 108f 以及 Matthaeus de Afflictis, I, fol.195, n.3 对这条法律的注释,他们有关法庭活动不中断的理想是引用了 *C*.3,12,9。在法兰西,这条原则自 13 世纪以来就一直有效;参见 Durandus, *Speculum iuris*, II, partic.I, "De Feriis," § 1, n.10, p.506:"... quia nulla lex potest curiam Principis coarctare, quin possit quolibet tempore ius reddere, etiam diebus feriatis ... Nam ipse est lex animata in terris ... Et pro hoc potest excusari consuetudo (转下页)

419 穿红袍来表明，国王之死并不影响“决不会死”的正义。这些观念很早以前就由中世纪的法学家们提出来了，法国高等法院的院长们在充当抬棺手时实际上可能就像一种“活人场景画”（*tableau vivant*），图解了巴尔都斯的评注：“即使在皇帝死去之时，普通裁判权的效力依然存续。”巴尔都斯补充说，尸体的确是没有意志的，但是已故皇帝的威严“在他死后似乎仍表达意志，因为……君主就算在他死后通过自己法官们所做的一切，只要没有违背法律，都是令君主喜悦的”。[349] 既然他们的王者不死，法官们怎能穿丧服呢？

与葬礼相关联的另一个特征也值得注意。1498 年，查理八世按习俗在圣丹尼斯下葬。主马官皮埃尔・德费（Pierre d'Urfé）在葬礼上配持王国之剑，侍从长手执法兰西旗。德费记录了葬礼的最后一幕：伴着“国王死了！”的哀呼，灵柩滑进墓室，仪令官折断手中的仪杖，将其投入墓室，纹章官和守卫官脱下短外罩大衣并放下钉锤。法兰西旗与王国之剑一样，

（接上页）curiae regis Franciae quo[d] tempore parlamentorum omni die ius reddit ...”（“……因为没有法律可以限制君主的法庭，让它会在某个时间不去下判决，甚至是在祝祭日……君主自己在领土上就是活的法律……因为这一点可以解释法兰西国王法庭上的习惯：高等法院每天都在下判决”）。

[349] Baldus, on *C.*, 10, 1, rubr., n. 16, fol. 232v: “... quia non ex vi talis mandati fuit facta delegatio, sed ex vi ordinariae iurisdictionis, quae viget licet moriatur interim imperator ... Et velle videtur [imperator] etiam post mortem, quia etiam post mortem suam verba contulisse videtur: omnia enim placent principi quae per suos iudices etiam post mortem suam fiunt, nisi contra legem sint”（“……因委任不是来自这种指令的效力，而是来自普通裁判权的效力，即使在皇帝死去之时，普通裁判权的效力依然存续……[皇帝]在他死后似乎仍表达意志，因为皇帝甚至在死后似乎还在传达自己的话语；君主就算在他死后通过自己法官们所做的一切，只要没有违背法律，都是令君主喜悦的”）。参见上面注 296。

只低垂了一小会儿，随着一声“国王万岁！”旗又迅疾升起，原因如德费所解释的那样，“因为它（此旗）决不会死”（*car elle* [*la bannière*] *ne meurt jamais*）。[350] 那句著名的表述于是又转用到了法兰西旗上了。换言之，就作为王者的国王可等同于“至上的正义”或“法兰西旗”而言，葬仪确实是在表明“王者不死”。

人像(EFFIGIES)

个体国王虽死而王者不死，对这种观念的象征表现，邂逅了近代所构设出的国王二重化中最令人讶异的特征之一，这一特征便是：诸仪式在法兰西是与国王的人像联系在一 420
起的。[351]

幸运的是我们相当准确地知晓这种人像使用的来源：它

---

[350] 参见 Th. Godefroy, *Le cérémonial de France* (Paris, 1619), 39f，其中谈到了皮埃尔·德费的 *Ordonnance*（“1498 年国王查理八世埋葬时所行仪式之程序，由法兰西主马官皮埃尔·德费撰述”[“L'Order tenu à l'enterrement du Roy Charles VIII, l'an 1498, par Messire Pierre d'Urfé, grand escuyer de France”]）。

[351] 有关人像与死亡面具的关联以及人像的一般情况，参见 Ernst Benkard, *Das ewige Antlitz* (Berlin, 1927)；其英译本为 Margaret M. Green, *Undying Faces* (New York, 1929)；W. H. Hope, “On the Funeral Effigies of the Kings and Queens of England”, *Archaeologia*, LX: 2 (1907), 518 – 565; E. Bickermann, “Die römische Kaiserapotheose”, *Archiv für Religionswissenschaft*, XXVII (1929), Excursus, pp.32f; J. Schlosser, “Geschichte der Porträtbildnerei in Wachs”, *Jahrbuch der kunsthistorischen Sammlungen des allerhöchsten Kaiserhauses* (Vienna), XXIX (1910), 195f; Giesey, *Royal Funeral*, Ch. VI。Andreas Pigler, “Portraying the Dead”, *Acta historiae artium Academiae scientiarum Hungariae*, IV (1956), 1 – 75，引述于 Harald Keller, “Effigie,” in *Reallexikon zur Deutschen Kunstgeschichte*（《德国艺术史专科辞典》，该辞典为德国艺术史研究中心[Zentralinstitut für *Kunstgeschichte*]编撰），IV (1956), 743 – 749，笔者手边还没有。

借取自英格兰，1327年起就有记载说英格兰国王葬仪上展示过人像。[352] 在那一年的9月21日，爱德华二世在贝克莱堡死了，可能是被谋杀的（我们不得而知）；几个月后的12月20日，他那被取出内脏并做过防腐处理的遗体，在一件人像的伴随下被运送到格洛斯特郡（Gloucester），葬于圣彼得修道院。让使用人像成为可取之举，是国王的遗体当时已经面目全非了吗？难道西方的葬礼习俗发生了深刻变化吗？当然我们可设想出某些纯粹实践性的理由，因为爱德华二世的安葬延迟了3个月（从9月21日拖到12月20日）；然而葬礼延迟并不会是以可见人像代替遗体的唯一原因：爱德华一世在索尔韦湾（Solway）布鲁夫（Burgh-upon-the-Sands）死后近4个月（1307年7月7日到10月28日）才在威斯敏斯特大教堂安葬，但也没有使用人像。

不管我们打算如何解释1327年人像的出现，可以确定的是，在棺椁顶上放置"国王的肖像"或"人物像"（形似国王的[*ad similitudinem regis*]人像或塑像）这一习俗，是始自爱德华二世的葬礼，人像或塑像由木料或皮革制成，内有填充物，外面覆裹石膏，它们身穿加冕服，再后来是高等法院的袍服。人像上出现了主权标志：人像之头（亨利七世以来明显是按遗容面模打制的）戴着王冠，人工制成的手里握着宝球或节杖。[353] 只

---

[352] 除Hope，"Funeral Effigies，"530f之外，也可参见S. Moore，"Documents relating to the Death and Burial of King Edward II"，*Archaeologia*，L：1（1886），215－226。

[353] Hope，"Funeral Effigies，"531.

要没有意外情况，[354]国王葬礼上自此之后总会使用人像：被置入大木箱内的铅制棺椁里安躺着国王的遗体，他那有朽且一般来说是可见的——尽管现在是不可见的——自然身体；而他那不可见的政治身体，在这个场合却显现于被饰以华美王权权标的人像上：一个拟制人格，即“人像”，使“威严”这一拟制人格具象化了。 421

有关人像的这种观念，虽然也并不完全缺席于英国国王的葬礼上，但是，人像使用一旦于国运攸关的1422年被引入法国之后，这样的观念就在法国变得明白易解了。我们记得，就在1422年英格兰国王亨利五世于温森死去。与英格兰习俗一样，人像备好了，展示于灵柩之上（圣丹尼斯也许备好了，鲁昂则也极有可能已备好）。[355] 亨利六世传位几周之后，法兰西国王查理六世也死了。如前所述，贝德福德公爵直接或间接负责安排了法兰西国王的葬礼。贝德福德11月5日回到巴黎那天，或就在他返回之前，下令为11月11日查理葬礼准备好人像。葬礼开销账目显示，人像制作的命令执行得很仓促。[356] 即是说，由于1422年发生了英法两国国王和法兰西本土国王几乎同时死亡下葬的特殊情况，英国人展示国王人像的习俗传到了法国。

---

[354] 可以理查二世、亨利六世、爱德华五世和理查三世的葬礼为例。

[355] 有关鲁昂的人像展示，参见Monstrelet，IV，112f；对于圣丹尼斯大教堂的葬礼，法国编年史没有特别提到人像；详细内容可参见*Vita Henrici Quinti*（ed. T. Hearne，Oxford，1727），336f，该书反映出人像从一开始就在使用；参见Giesey，*Royal Funeral*，Ch.VI，nos. 100f。

[356] 详情可参见Giesey，Ch.VI，nos.96f。

自此，国王人像开始在法国国王葬仪上切实"发挥作用"了。实际上，它发挥着自身与故王遗体相分离的独立作用。1538年，法国一位著名法官格拉塞的查理（Charles de Grassaille）宣称，"法兰西王有两位善天使为守护者：一位依
422 据的是他的私人人格，另一位依据的是他的国王威严"。[357] 如果像让·热尔松所说，国王确有"二重生命"，他就至少会有两位天使来保护它们；我们也可以顺势推想，在国王的葬礼上第二位天使应会在人像周围盘旋。无论如何我们看到，统治者个人与他的威严的区分由意大利法学家们传播了几个世纪，在法国政治思想中也同样存在。[358] 威严的本质虽一般只在法庭和国王咨议会中得到阐释，不过法国人的一个独特之举在于，让威严也有形可见，以行列和仪式的形式将其映诸世人眼前。国王"本人并不是威严，而是扮演着威严的角色"，16世纪后期一位法国法学家皮埃尔·格雷古瓦（Pierre Grégoire）

[357] Grassaille, *Regalia Franciae*, I, ius XX, p.210："Item, Rex Franciae duos habet bonos angelos custodes：unum ratione suae privatae personae, alterum ratione dignitatis regalis."

[358] 有关让·热尔松，参见上面第五章注76。还可参见 Church, *Constitutional Thought*, 253, n.1，作者援引了弗朗索瓦·格里莫（François Grimaudet）对作为君王的君主和作为个人的凯撒的区分；或参见 René Choppin, *De domanio Franciae*, III, tit.5, n.6 (Basel, 1605), p.449："... dignitati magis quam personae concessa"（"……被赋予威严而不是个人"）。另见 Pierre Gregoire, *De republica*, IX, c.1, n.11 (Lyon, 1609；首次出版于1578年), p.266C：紧急事态下一切皆属于君主，"这里所说的是作为君王的君主，而不是作为个人的君主"（"in qua principis dicuntur ut principis ..., non principis privati"）。不过，Church, *op.cit.*, 309 强调，迄至16世纪末期，"对于……国王和王冠之间的区分，极端的绝对主义者们大大削弱了它的传统意义……"

如是说道;[359]他以一种值得关注的方式考察了这个观念。他指出,王冠和王冕是有朽之人的头的外在装饰物,紫袍是会受到疾病和命运无常侵袭的有朽人体的外在装饰物。国王的权标确实"带有威严的神圣性",但是并不能祛除人身上的人性。[360]在此语境下,格雷古瓦推演出了一个出人意料的观点:"上帝的大权为臣民之利益而外在地显身于国王;但国王仍内在地作为人而存续。"[361]当格雷古瓦将"上帝的大权"与国王权标的外在展现相关联时,在寻求悖论性方面他毫不逊色于他同时代海峡对岸的英国人柯克,柯克提出了一个引人瞩目的论点: 423
有朽的国王是上帝造的,不朽的王者是人造的。[362] 然而,上帝"为臣民之利益"而显身于国王的权标,让我们想到了萨克雷的讽刺画(图 26),这位伟大的小说家,通过将临终前一脸自负的国王肖像画与该画两个构成部分并列在一起,嘲讽了里高(Rigaud)为路易十四作的著名肖像画,这两个构成部分一个是

---

[359] Grégoire, *op.cit.*, VI, c.3, n.7:"Docendus est itaque princeps separatim prius se ipsum cognoscere, postea dignitatem quam gerit. Nam ipse non est dignitas: sed agit personam dignitatis"("因此,君主需分步受教导,首先去认识自己,然后是他所担当的威严。因为,他自己并不是威严,而是扮演着威严的角色")。整个一章(pp.137ff)都在致力于探讨威严。

[360] Grégoire, *loc.cit.*, n.7(为 Church, *op.cit.*, 248, n.12 所引用), also n. 3:"Principum insignia ..., quae habent dignitatis numen, non adimunt hominis naturam et quod humanum est ..."("君主的权标……带有威严的神圣性,但并不能祛除人之本性和人之所以为人者……")

[361] Grégoire, *loc.cit.*, n.1:"Maiestas Dei in principibus extra apparet in utilitatem subditorum, sed intus remanet quod humanum est."

[362] Coke, *Calvin's Case*, fol.10:"……一个是自然身体……这一身体是全能上帝的创造物,是有死的;……另一个是政治身体,出于人的机略而形成……在此权能下,王者被认为是不朽的、不可见的,是不会遭受死亡的。"

图 26　萨克雷针对里高的路易十四肖像画而作的讽刺画

国王可怜的自然身体，另一个便是饰满了国王权标的假人模型。[363] 事实上，为了臣民之利益，上帝大权最好还是外在地赋予葬仪人像上，借此，国王的人格看起来就一分为二了：国王的两个身体，在国王活着时，毫无疑问统一在一起，国王一死，它们显而易见地被分离开来。

实际上，国王人像在 16 世纪葬仪上的重要性，很快就赶上甚至掩盖了遗体本身的重要性。人像展示与那个时代的新政治思想成功地联系在一起，这一点早在 1498 年查理八世的葬礼上就很明显，到了 1547 年弗朗索瓦一世的葬礼上获得了充分发展。譬如，人像表现了国王的威严决不会死，已故国王的裁判权会在人像中一直延续到他安葬之日。在这些观念的作用下（又受来自中世纪“活人场景画”[*tableaux vivants*]、意大利人的“祝祭行列”[*trionfi*]以及古典文本研究应用之影响的强化），与人像关联的仪式开始加入新内容，从根本上影响了葬礼本身的气氛：一种原先没有的凯旋式的元素融入了仪式之中。

除葬仪上出现的其他变化之外，这种新气氛还带来了一个值得关注的新变化：之前摆放遗体的简朴棺台，被人像驾乘的凯旋“战车”取代——起初人像在棺椁顶部，后来与遗体

---

[363] Marianna Jenkins, *The State Portrait* (Monographs on Archaeology and Fine Arts, III [New York, 1947]), fig.63, cf. p.46。参见 Thackeray, *Paris Sketch Book*（《巴黎小品集》），收在查特豪斯（Charterhouse）版萨克雷著作集（*Works of Thackeray* [London, 1901], XVI），第 313 页对面页的图。

分开而单独存在。[364] 自此，原先笼罩在葬仪上的悲凉氛围，加
424 入了一种新的凯旋因素，这或许不是由于人像的引入而直接导致的，但肯定是从葬仪肖像的引入当中接受了经由这种引入而产生的新的、未曾预料的推动力。不过，应强调指出，新的凯旋观念截然不同于之前也当然给予过中世纪葬仪某种特定之物的凯旋本质。因为，新的凯旋观念并不是要预见国王将在天国与基督“共同统治”（*conregnatio*）的未来，而是要庆祝并展现已故国王与不朽国王威严在尘世的共同统治，国王威严的实体已经传与了继任者，但仍由已故国王的人像来具现。[365] 这是已故国王最后一次“扮演威严的角色”。而且，他现在已经身着异装，趋赴天国的永恒审判：在中世纪，国王是与他的王冠、国王权标或其复制品一同入殓的；现在，他却是赤

---

[364] 在查理七世的葬礼（1461 年）和查理八世的葬礼（1498 年）上，人像位于棺椁顶部，而在路易十二的葬礼上，人像与棺椁分离了。在弗朗索瓦一世的葬礼（1547 年）上，棺椁置于黑布覆裹的战车上，行进在葬礼行列的前部；而人像身着国王的凯旋盛装，在行列后方这一荣耀位置。有关复杂演进的细节，参见 Giesey, Ch.VII, n.42ff。

[365] 早在 1560 年，这种对照就可在 Du Tillet, *Recueil des Roys de France* [ed. 1617], I, 341 中明显感受到，作者指出，自弗朗索瓦一世和亨利二世以来，“遗体就开始和人像分离了，被放置在布面装饰的双轮战车或仪式用马车上，这可能是为了让（像真的一样的）人像更显要。以此方法，置于后方属于身体的荣耀自此就只给了人像，虽说遗体通过将来的复活也会成为不朽”（“a commencé estre divisé le corps de l'effigie, et mis dedans le chariot d'armes, ou de parement, pour faire [comme est vray-semblable] l'effigie plus eminente: par ce moyen a l'effigie seule ont depuis esté rendues les honneurs appartenans au corps mis en arrière: combien que par la future resurrection il sera immortel”）。即是说，接受了世间所有荣耀的肖像之显要，与现今腐朽之遗体形成了对照，纵然此遗体在复活日之后将成为真正不朽的身体。有关在未来与基督的“共同统治”（这一般是被救赎者而且尤其是国王们的特权），参见 Schramm, “Herrscherbild,” 222 - 224；另见 O. Treitinger, *Die oströmische Kaiser- und Reichsidee* (Jena, 1938), 155f。

身裸体或缠绕薄褥，可怜巴巴地进入天国，而国王权标则被留给了人像，这一国王荣耀的真正承载者和“决不会死”之威严的象征。[366] 拜占庭在礼仪方面通常被认为是双轨并进的 425
(bifocal)：“宫廷典礼”与教会常规礼仪并行发展。法国国王的葬仪上发展出了另一种双轨并进：一个是教会仪式，这是圣职者因全裸或半裸入殓者（“仍内在地作为人而存续”）之悲凉处境而举行的仪式；另一个是国家礼仪，它通过棺椁之上的人像来庆祝不朽的国王威严（“外在地显出了上帝的大权”），死亡的胜利和对死亡的胜利一同展示了出来。

这里我们需提及的只是与人像相关的几个礼仪特征，来阐明已故国王的地上遗体和他不死威严的连续并置情况，以及二者是如何被交替突显的。弗朗索瓦一世的葬礼上，入殓的遗体要在宫廷大殿上停柩 10 天。后来日程改变了：装入遗体的棺椁摆放在一间小屋内，大殿上取而代之的是弗朗索瓦·克鲁埃(Francois Clouet)制作的真人一般大小的人像，头戴所谓的“皇帝”冠，双手合拢，节杖和“正义之手”分别放在枕头两侧上

[366] 法国国王的墓在大革命时期被挖开时，迄至查理七世的所有国王的遗骸都是身着王袍的，置入棺内的还有王冠、权杖、正义之手和指环（虽不总是件件齐全，但总有其中几件）。然而，从查理八世开始，国王的遗体不再有任何国王的盛装或权标随葬。参较 A. Lenoir, *Musée des Monumens Français* (Paris, 1801), II, xcixff：“Notice historique sur les inhumations facites en 1793 dans l'abbaye de Saint-Denis”。同样的叙述可见于戴利(G. d'Heilly)（托名潘索[E. A. Poinsot]），*Extraction des cercueils royaux à Saint-Denis en 1793* (Paris, 1868)。参见 Giesey, *Royal Funeral*, Ch.VII, nos.14,15,34。参较 Lucas de Penna, on C.10, 74[76], fol. 115r (Lyon, 1544)：“... videtur quod rex sine corona sepeliri non debeat”（“……看来国王不应没有王冠就下葬”）。

(图 27)。[367] 房间里装饰华丽,蓝色地面上饰满金丝、金百合,四壁
426 还有其他纹章象征,看不出哀悼的迹象。"荣誉之床"(*lit d'honneur*)的两侧是祭坛,圣职者可在那里昼夜不停做弥撒,床脚下是一只装圣水的容器,是为洒圣水的来访者们备好的,圣水要让魔鬼远离的,不是升天路途上的亡灵,也不是注定归于尘埃的肉体,而是无论如何拥有自己守护天使的人像中的威严。[368]

---

[367] 这张图片所描绘的在自己"荣誉之床"上的国王,不是弗朗索瓦一世,而是亨利四世(参较 Benkard, *Undying Faces*, pl.I, 第 18 页对面页,以及第 59 页的注),因为克鲁埃所作的弗朗索瓦人像没有传下来;不过,依据 L. Delaborde, *La renaissance des arts à la cour de France* [Paris, 1850]), I, 85 - 90)中刊布的释说集要,这一弗朗索瓦一世人像外观完全可以再造出来;参见 Giesey, *Royal Funeral*, Ch.I, n.17f。有关法国国王的"皇帝"冠,参见两项重要研究:Josef Deér, "Die abendländische Kaiserkrone des Hochmittelalters"以及"Der Ursprung der Kaiserkrone", *Schweizerische Beiträge zur allgemeinen Geschichte*, VII (1949), 53 - 86, and VIII (1950), 51 - 87;但这个象征被转用于法兰西诸王与英格兰诸王的过程(参较 Schramm, *König von Frankreich*, I, 210),还有待详细研究,其中有意思的方面可从法国法学家们的著作中撷取。有关弗朗索瓦一世的"荣誉之床",参见吉赛(Giesey)的研究,他强调了凯旋式的特征。值得去注意下面一种关联性论点——普鲁士国王们(腓特烈·威廉一世和腓特烈大帝)所谓的"丧屋"(*Castrum doloris*)(礼仪上也被称作"墓室"[*tumba*]),也特别展示了凯旋的观念,如 Benkard, *Undying Faces*, pl.VI, and pp.34ff 出版的图所清楚显示的:被展示的棺椁内,金缎华盖以拱形挂于人像上;华盖后面是已故国王的"国家的肖像"(见下面注 371);吹号的胜利女神或有翼守护神(取代了罗马圣鹰或基督教天使)从华盖顶上飞升,以持盾的形象(*imago clipeata*)(在那时候已经加到了纹章官的象征中),把已故国王的花押字装饰带向天国——不可思议地融合了众多象征(基督教的象征除外,因它们显然不适合这种神化的格调)。

[368] 关于守护天使,参见上面注 357。有关向死者洒圣水的意义,参见 Ludwig Eisenhofer, *Handbuch der katholischen Liturgik* (Freiburg, 1932), I, 308。在奉献圣画像之时向它们洒圣水,是惯常做法,就像给某些像每年所做的清洗一样;有关圣容(*Volto santo*)的清洗,可参见 W. F. Volbach, "Il Cristo di Sutri e la venerazione del SS. Salvatore del Lazio", *Rendiconti della Pont. Accademia Romana di Archeologia*(《梵蒂冈教皇科学院考古学会论文集》), XVII (1940 - 41), 97 - 126。也可参见下面注 370。

图 27　荣誉之床上的法兰西国王亨利四世(版画,MS Clarembault,1127 年)

那个时候，人们对肖像的服侍（据皮埃尔·迪·查思特尔[Pierre du Chastel]的描述和让·迪·梯莱特的复述），就如同那个肖像是活着的国王本人：

> 御粮官们摆好餐桌，由贵族侍从、面包侍者、酒水侍者、分切食物者侍宴，侍从长走在他们前面，后边跟着厨房主事，他们恭敬有礼地展布餐桌，依循传统试毒品尝。面包切开备好后，肉食和其他菜肴端了上来。……膳务总管为列席者中最高贵的人递上餐巾，擦拭主人（即人像形态的国王）的双手。餐桌由主教祝福，洗手用的水盘放置在主人的椅边，仿佛他还活着，坐在椅子上。三道菜出场的形式、礼仪和试尝，都与主人在世时的惯例保持了一致，甚至连葡萄酒的惯例也没有遗漏，酒杯依主人习惯饮酒的场所和时间来摆放，在每顿餐中间提供两次。……[369]

这里，为肖像所提供的那些服侍，与主教、圣职者的积极参与，都同样令人吃惊。为圣像所行的礼仪服侍，譬如膏油、熏香、洒圣水、洗净，确实是存在的。[370] 将准宗教的荣耀从圣像转到
427 王侯人像上的做法，对这样一个世纪来说并不陌生：在这个

---

[369] Pierre du Chastel, *Le Trespas, Obseques et Enterrement de très hault, très puissant et très magnanime Francoys, par la grace de Dieu, Roy de France* (Paris, 1547)，重印于 Godefroy, *Cérémonial de France* (Paris, 1619), 280f；Jean du Tillet, *Recueil des roys de France* (Paris, 1618, 首次出版于 1578 年)，非常接近于迪·查思特尔的看法。Cf. Giesey, *Royal Funeral*, Ch.I, n.20。

[370] 有关圣画像的膏油，参见 Hofmeister, *Heilige Öle*, 212f；有关一些像的洗净，参见上面注 368。对圣画像洒水和熏香当然都是常见之事。

世纪里,“国家的肖像”稍显端倪,美化神圣祭仪的人像与“属于国家规制”的人像,已平起平坐或“同位并列”了;于法庭和会议厅展示统治者人像,并借此表达统治者在法庭上的无处不在性,这一古老习俗后来的复兴,也是在这个世纪奠定了基础。[371]

对法国国王葬仪人像的崇拜,虽被饰以某种教会之貌,但并非起源于教会。赫罗提安(Herodian)在《罗马史》一书描写皇帝塞普蒂米乌斯·塞维鲁(Septimius Severus)的神格化时,也描绘了一系列呈奉给已故统治者人像的仪式:已故统

---

[371] 有关16世纪在统治者像和圣画像之间的来回摇摆,参见Jenkins, *State Portrait*, esp. p.6(以及注39),其中谈到了洛马佐(Lomazzo)出版于1598年的《论艺术》(*Trattato dell'arte*)英译本,该译本直接将*culto divino*(神圣祭仪)译为“国家的规制”(Civile discipline),由此改变了肖像的表现对象。也可参见Jacques de la Guesle and Joys Buysson, *Remonstrances faictes à Nantes en l'an MDXCIV en la presence du deffunct Henry IV* (Paris, 1610), 42,法国王室法学家比伊松(Buysson)在1594年他的《谏言》(*Remonstrance*)中明白道出,“他们的[国王们的]雕像被视作是圣画像”(“que leurs statues estoient tenues comme sainctes”),它们禀受了保护所(asylum)的权利。事实上他所提到的是收录在*C*.1,24,95以及*C*.8,11,13中的法律。通过对这些法律的注释,法学家们再一次为通向对统治者肖像的现代评价铺平了道路;参见上面第四章注72。损坏皇帝雕像或画像,则是犯了大逆罪,有关于此,可参见Lucas de Penna, on *C*.12,20,5, n.28, p.624b, and 11,40,4, n.3, p.446,相似看法可见于多处。另见Nicolas Sanders, *A Treatise of the Images of Christ and His Saints* (Louvain, 1567), 109,为Yates, “Elizabeth as Astraea,” 77, n.3所援引,桑德斯反对约翰·朱尔(John Jewel),并捍卫基督和圣徒的像:他问到,如果基督的像被破坏了的话,统治者的像还会被尊重?但是“破坏吧……如果你们敢破坏女王的像或王国纹章的图像”。有关“王国纹章”的“神圣性”,有一句诗可上溯至法兰西的“国王的护卫”(*garda regis*),它从13世纪之后由国王的纹章来象征;参较Kern, *Ausdehnungspolitik*, 40f, passim。当然,将圣画像与统治者像两相比照的问题,在拜占庭破坏圣像运动时期曾聚讼纷纭;参看拉德纳(Ladner)的研究,可见于*Mediaeval Studies*, II (1940), 127-149, esp.137ff,也可见于*Dumbarton Oaks Papers*, VII (1953), 1-34。笔者将在其他场合讨论这一极为复杂的问题。

治者人像被当作病人，躺卧床上；元老院议员和夫人们分立两旁；医生们假装为人像把脉诊疗，直到 7 天后，人像“死亡”。[372] 1500 年前后的法国人已经知道赫罗提安的《罗马史》，特别是该书的安杰罗·波里奇亚诺(Angelo Poliziano)拉丁译本中关
428 于塞维鲁的章节。1541 年，由热安·考兰(Jehan Collin)完成的赫罗提安著作第一个法文全译本在巴黎出版，紧接着，1546 年又出了第二版，这正是弗朗索瓦一世死亡下葬的前一年。[373] 时为法国法官助理和历史学家的梯莱特本人参加了弗朗索瓦一世的葬礼，在描述自己那个时代的人像葬仪之前，他详细叙述了赫罗提安对塞维鲁的报告，还添加了优西比乌(Eusebius)对君士坦丁大帝死后统治的记述，以及来自其他古代作者的一些章节。[374] 或是直接地，或是间接通过梯莱特，古典著述家们开始对法国人的想象力产生巨大影响，以至于让法国人把自己的传统想象成是承接自古罗马的。[375] 但是古典著述家在多大程度上影响了法国国王葬仪本身，却是另外

[372] Herodian, *Hist.Rom.*, IV,2; cf. Bickermann, “Kaiserapotheose,” 5f.

[373] 有关波里奇亚诺对赫罗提安那一章的翻译，参见 F. Saxl, “The Classical Inscription in Renaissance Art and Politics”, *Warburg Journal*, IV (1940-1941) 26 and 45；有关它的法译本，参见 Giesey, *Royal Funeral*, Ch.IX。

[374] Du Tillet, *Recueil*, I, 336f，在 Herodian, IV,2 之外还提到了 Cassius Dio, LVI, 34，以及 Eusebius, *Vita Const.*, IV,72。有关君士坦丁的葬礼及其独特之处，参见 A. Kaniuth, *Die Beisetzung Konstantins d.Gr.: Untersuchungen zur religiösen Haltung des Kaisers* (Breslauer historische Forschungen, 19 [Breslau, 1941]); P. Franchi de' Cavalieri, “I funerali ed il sepolcro di Constantino Magno”, *Mélanges d'archéologie et d'histoire*, XXXV (1915), 205-261；另见 Hubaux and Leroy, *Le mythe du Phénix*, 192ff。参较 Giesey, *Royal Funeral*, Ch.IX。

[375] 这显然是梯莱特自己的看法，并且，它成为那些相信罗马习俗存续下来的法国人文主义者的普遍误解。

一回事。来自古代研究的刺激效应，虽然在文艺复兴时期的法国不容置疑，但也不应过分夸大，因为，法国已极为独立地发展出了国王葬礼的形式和礼仪：人像的使用承袭了英国模式，而不是罗马模式，只是到了后来，人像仪式可能也效法了古罗马模式，在庄严性上被进一步夸饰了。

人像与"决不会死的"法律威严之间的关系，导致了对某些特征的强调，这些特征在当时法学家们和政治思想家们的视阈内，但不在罗马史学家的视阈内。譬如，当弗朗索瓦一世的继任者法王亨利二世，为父王遗体洒圣水时，对象并不是人像之体而是真实遗体，此真实遗体最终再次取代葬前供公众瞻仰的人像，而成为亨利二世洒圣水的对象。看来，这位新王是不可能访视人像的，因为人像被看作了带有自己威严的在位之王。显然， 429
两位国王中的一个，要么是故王要么是新王（只能其一），得表现那种不朽的威严。15 世纪以降，国王的葬仪是这样的：当国王的遗体和人像以盛大行列行进时，继任国王不能在场，他需将丧主的位子让给王室血脉中的某位王侯。因为，新王不能在服丧场合不穿丧服，也不能既"扮演威严的角色"又将这一特权让与故王的人像。因此新王只能选择不参加葬礼行列。[376]

---

[376] 参较 Giesey, Ch. IV, passim，特别是 47f。Jacques de la Guesle, *Remonstrances*（参见上面注 371），第 52 页，当中写道："……国王本人的出现，应伴随着喜悦和满足，这便解释了国王们何以往往不参加先任者的葬礼，儿子何以连父亲的葬礼也不参加，何以参加葬礼对国王的神圣人格是不适宜的"（"... mesme la presence des Roys, doit estre accompagnee de joye, et de contentement; raison pour laquelle ils n'ont accoustumé se trouver aux obseques de leurs predecesseurs, ny encore le fils à celles du pere, n'estant convenable à leurs sacrees personnes s'entremettre des mortuaires"）。另见 Du Tillet, I, 337f。国王不但不宜表露哀悼之情，而且，在其先任者的人像之前现身，对于新王 （转下页）

葬礼行列本身非常清晰地展示了两种异质观念的共存：死亡的胜利和对死亡的胜利。一种是教会的葬仪，它总体上关注于故王的身体和灵魂；还有一种是凯旋式的国家仪式，它总体上关注于人像所象征的永恒荣耀。早在1498年查理八世的葬礼上，这种二重区分就很明显了。送葬行列用两轮马车，只将查理的遗体而不包括他的人像，从其死亡之地昂布瓦斯(Amboise)运到巴黎，如人们所预料的，送葬行列笼罩在悲
430 伤氛围中：每样东西都覆罩黑布，旗帜不展、国剑入鞘，其他的王国纹章皆被隐藏。然而一进入巴黎，人像放在棺椁顶上，气氛骤然改变：出鞘之剑引领着饰有国王权标和象征的人像；人像后飘扬着"决不会死的"法兰西旗，棺椁两边的军旗也沿途招展；高等法院的4位院长(他们的葬仪服侍对象最终从遗体转到人像)身穿与国王一样的深红袍，手执金缎的四角，金缎上方人像端坐其上——简言之，代表着"决不会死的"威

(接上页)来说也会是十分尴尬的事，因国王的尊荣仍附着于先任国王的人像上；可参见 Vieilleville, *Mémoires* (上面注343), 62，作者描述了新王(亨利二世)与自己以及圣安德烈的典仪官一起观看了弗朗索瓦一世的葬礼——秘密而不为人知地，还乔装打扮了(*y estant comme travesti*)。在1498年查理八世的葬礼上，路易十二确立了这一回避习俗。与此相关，我们或许会想到，拜占庭皇帝也回避去穿通常意义上的丧服：其他人都身着黑衣，唯独他身着白衣，后来是黄衣，最后穿回了紫袍；教皇似乎也是不穿丧服的；参较 Treitinger, *Oströmische Kaiseridee*, 156, n.57。此一基础性观念在圣礼历史上可溯至久远："他[国王]必须让自己免于人的感情用事，让自己靠近神"(*χωρἀζοντα μὲν ἑαυτὸν ἀπὸ τῶν ἀνθρωπίνων παθέων, συνεγγίζοντα δὲ τοῖς θεοῖς*)，古希腊一篇论考《论王权》的作者狄奥图根尼斯(Diotogenes)如是写道；参较 Goodenough, "Hellenistic Kingship," 72; Delatte, *Traits de la royauté*, 42f, 269f；有关这一问题的总体情况，参见 M. P. Charlesworth, "Imperial Deportment", *Journal of Roman Studies*, XXVII (1947), 34－38。古希腊论考《论王权》在16世纪时被用于了解释法国国王的"绝对主义"，这一点其他场合会作论述；也可参见本书结语部分注12及其后。

严的人像在巴黎“入城”(*Entrée*):这是一次凯旋式的“降临”(*Adventus*),而不是哀悼的行列。[377] 后来,在人像和遗体分开运送时,此习俗仍未改变,棺椁中的赤身遗体尽显悲凉,而华盖下的人像则尽享凯旋之华丽(图 29)。[378] 显然,此种理智氛围催生了承载死者的凯旋式两轮战车,以及西欧各国实际上一直使用到机动车时代开始的近代葬礼用车——抑或,这种传统是从文艺复兴激赏下的古典范式中被重新引入的。[379] 1559 年,查理五世的葬礼上,凯旋式观念大行其道,一辆缅怀这位皇帝文治武功的彩车在葬礼行列中行进——可谓是文艺复兴时期“祝祭行列”与中世纪“活人场景画”的一种混合 431
物了。[380]

---

[377] 参较 Giesey, Ch.V, n.90ff,文中再现了 15、16 世纪一系列法国国王的葬礼行列,表明它们日益华美炫丽。骑士风尚的要素也许是受到了 15 世纪勃艮第华丽葬礼行列的影响,但其中的凯旋式要素肯定是意大利的新古典风格,只是在 1494 年法国远征意大利之后才出现的。有关法国文艺复兴时期“入城式”(entrées)的总体情形,参见 J. Chartrou, *Les entrées solennelles et triomphales à la renaissance* (Paris, 1928)。

[378] 参见上面注 365;有关皮埃尔·格雷古瓦对君主和王权权标的区分,参见注 359 及后注;有关与运遗体马车相分离的人像上有华盖覆罩的例证,参见 *Pompe funerali fatte in Pariggi nella morte dell' invitissimo Henrico IIII Re di Francia et Navarra* (Francesco Vallegio et Catarin Doino D. D. D.),再录于 Giesey, *Royal Funeral*, pls. XIV-XV。图 29 这幅木版画是一本关于路易十二葬礼小册子 *L'obsèque et enterrement du roy* [Paris, 1515]的卷首插画。

[379] 有关这一主题的几个优秀评述,参见 Leopold Ettlinger, "The Duke of Wellington's Funeral Car", *Warburg Journal*, III (1939 - 1940), 254ff;以及 A. Alföldi, "Chars funéraires bacchiques dans les provinces occidentales de l'empire romain", *Antiquité classique*, VIII (1939), 347 - 359,再有就是 A. L. Abaecherli, "Fercula, Carpenta and Tensae in the Roman Procession", *Bolletino dell' associazione internazionale di studi mediterranei*, VI (1935 - 1936), 1 - 11。

[380] Ettlinger, *op.cit.*, 255, n.1.

图 28　阿伦德尔伯爵十七世约翰·菲查伦之墓(约 1435 年)

图 29　华盖下的人像

哀容者与凯旋者、对故王之哀悼与对人像之颂赞的两相并置，一定是回应了中世纪后期和文艺复兴早期某种非常普遍、尤为深刻的情感，因为那个时代的墓庙对类似观念有所反映。从路易十二(卒于1515年)起，法国国王在圣丹尼斯的墓庙上开始出现国王或国王夫妇二人栩栩如生的人像，他们身着象征王位的服饰跪在祈祷台前(*prie-Dieu*)，祈祷台在墓庙那宫殿般的柱廊玄关之上；柱廊玄关内横躺着故王的遗体，全身赤裸(只搭着一条黑布)，双目闭合。[381] 随着文艺复兴思想的传播，这种赤裸之态逐渐成为"英雄的裸体"(*nudité heroique*)，而不是人的赤裸惨境的象征，不过这是题外话。卡特琳娜·德·美第奇(Caterina de' Medici)生前曾对自己可怖的自然式死亡人像感到厌惧，要求制作第二幅更迎合她趣味的墓庙人像，把她表现成卧躺着的维纳斯。[382] 然而，15世纪初，墓庙的二重化或至少是某种对死者的二重表现的形态，才初露端倪，支配这个世纪的"盛期哥特式"情感的，并不是上述那些观念。

虽没有必要详论西方墓庙艺术的复杂发展，但至少应提到，12世纪下半叶，死者横卧像(*gisant*)开始取代原先传统用石板雕刻或刻画的死者直立像，不管石板本身是挂在教会的

---

[381] 参见由 Jean-Francois Noël and Pierre Jahen, *Les gisants* (Paris, 1949) 对圣丹尼斯墓的宏阔复原。

[382] 卡特琳娜第一尊死亡人像是由吉洛拉莫·德拉·罗比亚(Girolamo della Robbia)制作的(参较 A. Michel, *Histoire de l'art* [Paris, 1905 – 1928], IV: 2, 670f, also P. Richer, *L'art et la médecine* [Paris, 1902], 514f and fig. 322)，现藏于卢浮宫，因此，有讽刺意义的是，它今天比第二尊墓碑肖似维纳斯的人像本身远为出名，第二尊人像收在圣丹尼斯大修道院内，只可远瞻。

壁上还是嵌于地板上。[383] 二重墓庙在13世纪后期至14世纪
432 也零星可见，当中的逝者既作为死去之人（尽管仍不算“尸体”），又穿着与他生前社会地位相符的衣服。[384] 最后，一种新的特征添加了进来。迄至14世纪末，骸骨或尸身开始出现在中世纪艺术中，这肯定是中世纪后期的特征。例如，我们可以回想起，巴黎圣英诺森修道院墓地回廊里最初的“死亡舞蹈”（*Danse macabre*），便是1425年或1426年在查理七世治下制作的。[385] 不过，当时这种盛期哥特式艺术的恐怖题材是与墓庙表现相结合的，表现的既有横卧像，也有（尽管很少）对死者的二重描绘。其结果是出现了一种墓庙，一方面把横卧死者显现为如骸骨般腐坏的尸体，而在高一点的地方或墓石上方，死

---

[383] 感谢潘诺夫斯基（Erwin Panofsky）教授向笔者指出，另一种可被称为“拟似横卧像”（*pseudo-gisant*）的墓碑雕像应当与真正的横卧像区别开来。“拟似横卧像”实际上是一尊直立像（早先是作为被雕刻的或被刻画的墓地石板而为人所知）水平摆放着：衣纹与直立像上的一样，直直地垂到脚面，头上经常有一雕刻的壁龛，双目睁开。然而，真正的横卧像实为卧姿；双目闭合，长袍的衣裾自然下垂于横卧之体其中一侧。或许，真正横卧像形态的最早墓碑人像，是亨利二世和理查一世及王后们在金雀花王朝的丰特夫罗修道院（Abbey of Fontevrault）的那些像，以及狮子王亨利及王后英国国王亨利二世的女儿在不伦瑞克（Brunswick）墓中的像。尽管在14世纪初真正的横卧像已越来越流行，拟似横卧像在某些地方还是一直盛行到了16世纪（可参见英国主教们的墓，图30、31）。

[384] 有关最早的例子之一——考特尼的菲利普（Philip de Courtenay）之墓，这位拉丁帝国的王位觊觎者（卒于1283年），其墓位于阿西西的圣方济各教堂——参见 W. R. Valentiner, “The Master of the Tomb of Philippe de Courtenay in Assisi”, *The Art Quarterly*, XIV (1951), 3-18。

[385] 有关这一主题的最新专著，参见 James M. Clark, *The Dance of Death in the Middle Ages and the Renaissance* (Glasgow, 1950)，作者可能还没有受惠于 Robert Eisler, “Danse Macabre,” *Traditio*, VI(1948), 187-225；而罗伯特·艾斯勒（Robert Eisler）的相关研究则可能是在赫伊津哈（J. Huizinga）下述研究的基础上作了修正：J. Huizinga, *Herbst des Mittelalters*（《中世纪的秋天》）(3rd ed., Stuttgart, 1938), 193-213 以“死亡幻象”为题的精彩一章中的几处叙述。

者生前的风采被描绘出来。自此之后，死者横卧像通常转变成了跪姿或坐姿像。[386]

通常而言，第一位以骸骨形象出现的是查理六世的医生
阿尔西尼的纪尧姆（Guillaume de Harcigny），他死于 1393
年，葬在拉昂（Laon）的主教教堂；事实上，如果我们略过稍早
些时候拉萨拉的方济各一世（Francis I de La Sarraz）在拉萨 433
拉（沃州［Canton of Vaud］）的墓地也并不会错失什么，该墓地
的惊恐状，甚至连瘾癖甚深的食尸鬼也会倒胃口。[387] 阿尔西尼
墓建成不过 10 年的 1402 年，又有了枢机主教拉格朗热
（Lagrange）在亚维农的墓（如今已毁）。这个墓的布局和建造
细节颇有些复杂。但其构造有一个重要特征却不容置疑：拉
格朗热既被表现为赤裸的如骸骨般的尸体，又被表现为身着
与其威严相称的盛装和权标的主教。[388] 一类稍有不同的墓庙
建筑类型，或者说拉格朗热之墓更为凝缩和更有辩证意味的
型式，通过萨沃依的菲利贝尔二世（Philibert II of Savoy）与其
王妃奥地利的玛格丽特在布鲁（Brou）的墓葬，在 16 世纪早期

---

[386] 有关横卧死者的上部的跪姿像，参见上面注 381；在石棺横卧像上添加的沉默者威廉的坐像（制作于 1614 - 1621 年间），可见于德尔福特的新教会（Nieuwe Kerk at Delft）。

[387] 有关阿尔西尼，参见 C. R. Morey, *Mediaeval Art* (New York, 1942), 390。有关拉萨拉之墓，参见 H. Reiners, *Burgundisch-alemannische Plastik* (Strasbourg, 1943)，第 70 页（以及第 319 页的注 99 和 100），还有第 370 页的图 86；这座墓从令人嫌恶这一点上看远非是"写实的"，其建造年代或为 1370 年左右，潘诺夫斯基教授友善地向笔者提示了这一点。

[388] Eugène Müntz, "A travers le comtat Venaissin: Le mausolée du Cardinal de Lagrange à Avignon", *L'Ami des monuments et des arts*, IV (1890), 91 - 95, 131 - 135, esp. 132；另见 Mâle, *L'art religieux de la fin du moyen âge*, 431, fig. 194。

声名远扬，其中死亡的恐怖状已有所减弱。[389] 不过，这些王公的墓地像模式可能首先是在英格兰得到发展的。

从1414年到1443年，大主教亨利·齐契利（Henry Chichele）居英国首座大主教之位达29年，之后其遗体按制葬于坎特伯雷大教堂。1424年，继任10年之后的齐契利开始为自己建造坟墓。墓室之内仅以哥特式的格子架来切分，齐契利的遗体曝于人前：皮骨赤露，双眼干瞪着，凄凉地躺在没有枕头的麻席上（图30）。[390] 然而在墓顶上，死者横卧像盛装安躺：首座大主教亨利·坎特伯雷（Henricus Cantuariensis）身
434 着法衣，周肩披大主教披肩，头戴珍贵的主教冠，足履主教靴，睁着双眼，双手合十在祈祷，丝毫没有下方枯槁之体的孤苦伶仃相：戴冠之头所倚靠的枕头有天使环绕，脚边跪着的侍者在一同祈祷。

我们也需考察一番他去世时的葬仪。齐契利死于坎特伯雷大主教官邸兰伯斯宫（Lambeth），从此地遗体伴以庄严行列被转送至坎特伯雷，由数十位火炬手和200名骑在马背上、扈从簇拥下的绅士护送。尽管后来在棺椁的四角插上四面圣徒之旗成为习俗，但主教个人的纹章旗以及主教职的纹章旗是由一名骑着战马的绅士擎着，这一做法在15世纪仍占主

---

[389] 有关布鲁的墓葬，参见 Victor de Mestral Combremont, *La sculpture à l'église de Brou* (Paris [191?]), pls.23, 24, 26, 27。

[390] 特别感谢劳伦斯学院的威廉·A.钱尼（William A. Chaney）教授最先让笔者注意到这座墓，提供给笔者一些照片和其他有价值的信息。有关齐契利，参见E. F.雅各布（E. F. Jacob）的著述，"Chichele and Canterbury", *Studies in Mediaeval History Presented to Frederick Maurice Powicke* (Oxford, 1948), 386-404与当下研究尤为相关。

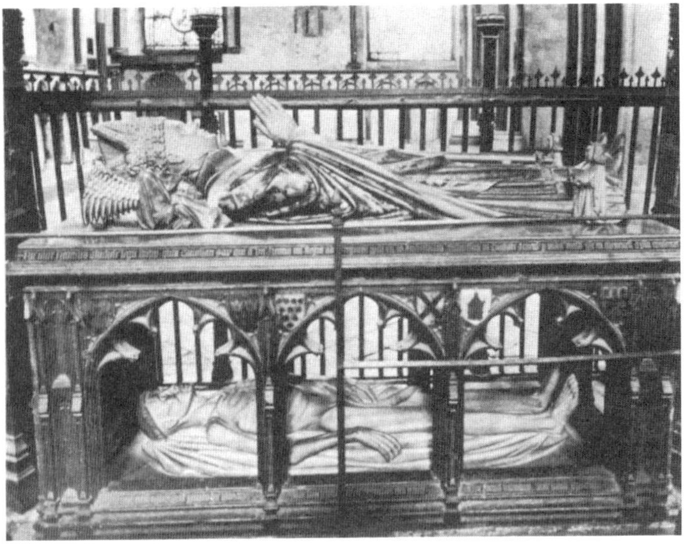

图 30　大主教亨利·齐契利之墓，坎特伯雷大教堂(约 1424 年)

流。有一个特征特别引起了我们的注意：被抬上棺台的灵柩的上方端放着齐契利的人像，他身着主教服，佩戴着所有自己职位的权标。[391] 的确，16 世纪时主教葬礼上已经不再展示人像，但在 15 世纪，在一名教会显职担任者的葬礼上，行进中展示他的遗体和人像仍是普遍习俗。[392] 因此，大主教齐契利的

[391] Jacob，"Chichele and Canterbury，" 388。关于旗帜的展现，参见下一个注。

[392] Brit. Mus.，*Egerton MS 2642*，fol.194（笔者手边可用的是吉赛[Giesey]博士手稿的复印件），其中收录了 *Note of the manner of the Burieng of a Bysshop in old Tyme used*（约撰于 1560 年），该实录描述了不再施行的 15 世纪习俗：

> 遗体安躺于前述双轮马车上，遗体之上放置一人像，此人像身着主教服饰，头戴主教冠，手持十字架，双手戴红手套，双脚履赤靴，手套上还有指环。人像现已不用。过去，一名绅士胯下骑着骏马，于擎主教和主教职的纹章旗，行进在送葬行列中。但现在的习惯是，双轮马车四角的四面圣徒之旗，由身着丧服、裹着头巾的四位绅士举着。

墓，仍是人像展现于墓顶而尸体在墓中，这是对现实的自然主义再现，直接反映了送葬行列的景象：饰以大主教权标的人像在灵柩顶上，而灵柩里面则是几近赤裸的尸体。

既然人像游行在 15 世纪英国的主教葬礼上被普遍使用，
435 我们便有望找到那个时期更多依循坎特伯雷模式建成的主教墓葬。譬如，除了位于林肯大教堂的主教理查德·弗莱明（Richard Fleming，卒于 1431 年）的墓，还有巴斯和威尔士的主教贝金顿（Beckington，卒于 1465 年）的墓，后者在主教死前 14 年的 1451 年便已建成（图 31）。[393] 贝金顿的墓虽没有齐契利的墓那么气派，但是我们一样看到了那种强烈对照：墓中是赤裸的遗体，墓顶上躺着身着主教华服的人像。这种样式并不局限于教会的王侯。阿伦德尔伯爵第十七世（17th Earl of Arundel，卒于 1435 年）约翰·菲查伦（John Fitzalan）被安葬之墓，下面是腐朽的尸体，而上面是荣光熠熠的人像。国王爱德华四世在遗嘱（1475 年 6 月 20 日）中详尽定下了自己在温莎圣乔治教堂安葬的细节：遗体要深埋于地下，“其上立一块石头并雕刻成逝者肖像”，在墓的穹顶上是“朕的像，要由金

---

[393] 有关主教理查德·弗莱明的墓，参见 G. H. Cook, *Portrait of Lincoln Cathedral* (London, 1950), fig. 62，潘诺夫斯基教授友善唤起笔者注意到此墓；对于这座墓的建造年代，E. S. Prior and A. Gradner, *An Account of Mediaeval Figure-Sculpture in England* (Cambridge, 1912), 717, fig. 816，误以为是 1370 年前后；但潘诺夫斯基教授和伦敦的弗朗西斯·沃玛尔德（Francis Wormald）先生告诉笔者说这座墓建于 1430 年前后。有关贝金顿的墓，参见 Lawrence Stone, *Sculpture in Britain: The Middle Ages* (Penguin Books: 1955), 213f。W. A.钱尼慷慨给予了笔者此墓的照片，以及建造年代、墓内细节方面的额外信息。有关贝金顿，参见 *Official Correspondence of Thomas Bekynton*, ed. George Williams (Rolls Series, 56: 1; London, 1872)的导言；另见 W. F. Schirmer, *Der englische Frühhumanismus* (Leipzig, 1931), 66ff，以及注 35 中引用的文献。

银制成”,铜制亦可。[394] 所有这些情境,让人不禁想起一句诗:“墓石可经沧桑,死身却不堪年岁。”[395]

图 31 主教托马斯·贝金顿之墓,威尔士大教堂(约 1451 年)

想到圣俗两界显要的王侯们就这样躺在墓室中,我们也许还会想到别的话。墓室中凋败腐朽的自然身体,如今与它上面充满威严的政治身体相分离,这仿佛是对下面中世纪法学家们一再阐述的学说的例证:“威严的任职者是有朽的,但威严本身是永久的,是决不会死的”(*Tenens dignitatem est* 436

---

[394] 若不是弗朗西斯·沃玛尔德(Francis Wormald)先生友善告知阿伦德尔墓的信息,而且还提供了照片,笔者对该墓就不得而知了。有关爱德华四世的遗嘱,参见 W. H. St. John Hope, *Windsor Castle* (London, 1913), II, 376;另见 L. Stone, *Sculpture* (参见上面注 393), 213f。

[395] Hope, “Funeral Effigies,” 529,该处援引了伯恩的罗伯特(Robert of Bourn)对布里德林顿(Bridlington)所撰编年史的翻译。

corruptibilis, DIGNITAS *tamen semper est*, *non moritur*)。

以上我们稍稍偏离主题浏览了葬仪、人像和墓庙。尽管这些与英国国王所奉行的礼仪并不直接相关,至少向我们揭示了"两个身体"问题的一个新面向——人的背景。也许只有在"哥特式后期"几个世纪,西欧人才清醒地意识到,有种张力存在于肉身的无常与此肉身企望代表的威严的不朽荣耀这二者之间。由此我们理解了,法学上所作区分尽管是在一个全然不同的思想领域中充分独立地发展的,但它最终是如何契合了人类的某种普遍情感;我们也理解了,法学家们的想象性拟制邂逅了某种情感,在所有威严与死亡共舞——"死亡舞蹈"——的时代,这些情感肯定特别接近实践层面。正是法学家们发现了威严的不朽性,通过这一发现,他们将有朽任职者的旋生旋灭性彰显了出来。我们不会忘记,腐朽死尸与墓庙所展现的不朽威严之间的诡异并置,抑或,环绕尸体的哀悼葬列与用显职象征来裹饰人像的凯旋花车之间的云泥之别,毕竟二者都孕生于同一土壤,来自同样的思想和情感世界,衍生于同为"国王两个身体"的法律主张最终定型的那个理智环境中。两种情况下,各有一个上帝造的有朽身体对照于一个人造的不朽身体,前者"免不了有因自然和偶性带来的孱弱",后者则"完全没有黄发垂髫之期,以及其他自然缺陷和低能"。

总而言之,人们陶醉于拟制的不朽与人的真正有朽之间的强烈对照,文艺复兴那股永不餍足使尽解数(*tour de force*)来让个体不朽的欲望,不仅没有减弱这些对照,反倒强化了它们:自负于对地上"永世"的再征服,是有其反面效应的。不

过与此同时，不朽性——威严的决定性标志，但被无数拟制庸俗化了——正在丧失它的绝对价值，甚至是它的想象价值： 437
不朽性如果不能通过新的有朽化身不断地显明自身，那么，它实际上就会终止成为不朽。王者（*K* ing）不能也不被允许死亡，以免众多不朽性的拟制随之崩毁。尽管作为个体的国王们（*k* ings）终有一死，然而他们也承认在至少“作为王者”他们“决不会死”的说法中所获得的慰藉。为建构这些拟制人格和不朽人格的神话而煞费苦心的法学家们，把他们创造物的弱点说得合情合理；在阐释不朽威严与其有朽任职者之间的云泥之别，以及讨论两个不同的身体时，这些法学家们不得不承认，倘若没有那禀受威严、归于尘土的有朽之人的孱弱，他们人格化的威严就无法行动、作为、意愿和决断。[396]

然而，生与死只有相互映衬才能澄明彼此，中世纪后期那股精进向上的活力，看来并不缺乏某种深刻的智慧。中世纪后期的人们要建构出这样一种哲学：依据它，拟制的不朽通过现实有朽之人作为其尘世的化身，可变明晰；可朽之人通过新的拟制的不朽，也可变明晰，此种人造的不朽，既不是来世

---

[396] 例如，可参见 Baldus，on *C*.7，61，3，n.1，fol.91^{v}：“... sine quo dignitas nihil facit”（“……没有的话，威严便无法行事”）。另见 Baldus，*Cons*.，III，121，n.6，fol.34：“quia dignitas sine persona nihil agit”（“因为，没有个人，威严便无法行动”），并补充说明“因为个人是产生现实性的场所”（“quia persona facit locum actui”），即是说，人使得威严当中的潜能得以实现。进一步可参见 *Cons*.，III，159，n.5，fol.45^{v}：“nam verum est dicere quod respublica nihil per se agit，tamen qui regit rem publicam agit in virtute reipublicae et dignitatis sibi collatae ab ipsa republica”（“因为，确切说来，国家靠其自身是无法行动的，而统治国家的人则是依国家之力，并依自己国家赋予自身的威严来行动的”）。关于拟制人格在行动或意愿上的能力和无能力的不同观念，参见 Gierke，*Gen.R.*，III，461ff。政治身体只有通过自然身体才能有所作为，英国法学家们对此当然是有过类似阐述的。

永恒生命的不朽，也不是神明的不朽，而始终是纯属地上的政治建制的不朽。

国王乃威严的工具(REX INSTRUMENTUM DIGNITATIS)

人与其威严，不但难以区分，也难以分开；同样困难的是，再将分开的它们聚合起来，或是，引入一种理论来澄清“一个人格承担两个角色，一个是现实的，另一个是拟制的”，[397]或是
438 澄清国王何以虽“只有一个人格”却有“两个身体”。[398] 创生出这种比喻的又是神学和教会法，法学家们借这种比喻得以试着去解释两个身体的合一——不朽的身体在有朽里面，有朽的身体在不朽里面。

作为王者的国王“与他的臣民们合体，臣民们与他合体”，[399]这一说法，法学家本可无视有争议的“合体”一词，在有机论观念或世俗化神秘体学说这些相对安全的基础上轻易推导出来；它意味着，作为头的国王与作为四肢的臣民，一同构成了王国的政治身体。然而，当复合身体的这种“一同性”——在比喻的限制意义内合乎情理——从“头和四肢”转

---

[397] Baldus, on c.3 X 2,19, n.5, *In Decret.*, fol.201^{v}:“nota hic quod una persona sustinet vicem duarum, unam vere, alteram ficte, et quandoque utramque personam vere propter concursum officiorum”(“此处要注意，一个人格承担两个角色，一个是现实的，另一个是拟制的，有些情形下，因与职务结成一体，一个人格会现实地扮演两个角色”)。参较 Gierke, *Gen.R.*, III.435, n.74，作者提到了其他类似的地方。

[398] Maitland, *Sel.Essays*, 110, n.4；也可参见 Bacon, *Post-nati*, 667 (参见 Plowden, 285)：“……并不单是自然身体，也不单是政治身体，而是由自然身体和政治身体一同合成的身体。”另见下面注 400：“两个身体在一个人格中合体。”

[399] 参见第一章注 13 以及注 5。

用于头单方面时，当那种复合本性退缩到国王单方面即退到他的“两个身体”时，问题就有所不同了。在兰开斯特公爵领地一案中，法官们指出，国王的自然身体“既不会自身分裂，也不会与他的职位或王权分开”，相反，它们是

> 一体不分的自然身体和政治身体；这两个身体在一个人格中合体，形成单一性的身体而不是差异化的身体，即是说，团体身体在自然身体里面，反过来，自然身体在团体身体里面。[400]

这种一元论见解要表达的就是国王与其自身一体化，与其威严或政治身体一体化，这一见解一经形成自然也会为其他学者援引，培根就曾说过：

> 国王并不单是自然身体，也不单是政治身体，而是由自然身体和政治身体一同合成的身体：团体身体在自然身体里面，自然身体在团体身体里面（*corpus corporatum in corpore naturali*，*et corpus naturale in corpore corporato*）。[401]

人们如何得出了这个新见解是很容易理解的：互为一体且一同构成王国政治身体的“臣民与王者”，被如今与“国王的自然 439

[400] Plowden，*Reports*，213；参见第一章注 5。

[401] Bacon，*Post-nati*，667.

身体”合体的“国王的政治身体”所取代。

事实上，一句古老神学用语那岁纪绵邈的历史，很可能在英国法学家们这条超幻想的格言中就会走到终点。在叙任权之争伊始的1062年，彼得·达米安，这位变革年代里最清醒头脑的代表，构想了一种要让教皇国和帝国之间以相互支持、相互理解为大局大势的纲领，他在总结自己的主张时声称，从此“国王在罗马教皇里面，罗马教皇在国王里面”。[402] 这种几乎处于最高层次的政治表述，揭示了两大普遍权力彼此合为一体，犹如王权和教权在两种权力的神圣典范即基督那里合而为一，且仿似在相互“融合”一样。当然，达米安并不是伊丽莎白时代法学家们典引出处，因为达米安的著述几乎不在该时代法律思想的视阈内。我们还是得回到法学家们那里。16世纪初，被法国法学家们屡屡征引的艾弗利多的马泰奥写道：“君主在国家里面，国家在君主里面”；[403]不过他所说的，仅仅是重复了14世纪彭纳的卢卡斯和1300年前后伊塞尼亚的安德

---

[402] Petrus Damiani, *Disceptatio synodalis*, in *MGH*, *LdL*, I, 93,34ff:“... quatinus, sicut in uno mediatore Dei et hominum haec duo, regnum scilicet et sacerdotium, divino sunt conflata mysterio, ita sublimes istae duae personae tanta sibimet invicem unanimitate iungantur, et quodam mutuae caritatis glutino *et rex in Romano pontifice et Romanus pontifex inveniatur in rege* ...”(“……这二者，即王权与教权，在上帝和人之间的中介者那里以神圣秘仪相融合，因此，这两个至高的人格，就如此紧密地被某种相互之爱的黏合物结合在了一起，国王在罗马教皇里面，罗马教皇在国王里面……”)，笔者对这一出处的注意，是西奥多·蒙森(Theodor E. Mommsen)教授友善唤起的。参见 Fridolin Dressler, *Petrus Damiani: Leben und Werk* (Studia Anselmiana, XXXIV; Rome, 1954), 97, n.66。

[403] Matthaeus de Afflictis, on *Lib. aug.*, II, 3, n. 62, fol. 11v:“quod princeps est in republica et respublica in principe”(援引于彭纳的卢卡斯)。

烈亚斯表达过的观点："正如教会在高位圣职者里面，高位圣职者在教会里面……同样，君主在国家里面，而国家在君主里面。"[404]对于让圣职者与君主"同位并列"的思想，彭纳的卢卡斯指明，他的典引出处是伊塞尼亚的安德烈亚斯所参引过的，[405]亦即，格兰西的《教会法汇要》，其中有名的一节中这样说过，
"主教在教会里面，教会在主教里面"。[406] 当然，格兰西的以及 440
此前其他的教会法汇编——例如夏特尔的伊沃的[407]——只是复述了3世纪时迦太基主教圣居普良一封信的内容。这封信经常被视作"君主的主教职"信条的基石，信中居普良说："主教在教会里面，教会在主教里面"（"The bishop is in the Church, and the Church in the bishop"）。[408] 这种回文法的形

---

[404] 参见第五章注60。

[405] Andreas of Isernia, on *Feud.*, I, 3, n.16 (*Qui success.ten.*), fol.21^{v}: "Princeps et Respublica idem sint ... Est princeps in Republica sicut caput, et Respublica in eo sicut in capite, ut dicitur de praelato in Ecclesia, et Ecclesia in praelato"（"君主和国家是同一的……君主在国家里面如同头，国家在君主里面如同在头里面，就好比说高位圣职者在教会里面，教会在高位圣职者里面"）。伊塞尼亚的安德烈亚斯在 *Prooem. ad Lib. aug.*, ed. Cervone, p.xxvi 中重复了这种措辞，并且在他对 *Feud.*, II, 56, n.81(*Quae sunt regalia*), fol.306 的注释中甚至进一步将君主和圣职者"同位并列"。这一段话值得注意，因为安德烈亚斯实际上混同并曲解了第四福音书(《约翰福音》10：30 和 14：10)中的两段话——正如在他很久之前的亚他那修所做的一样(见下面注409)。不过，这位法学家并没有引述福音书而是引述了《教会法汇要》(c.7, C.VII, q.1;见下一个注)和英诺森三世的一条教令(c.19 X 5,40，当中只有对 *casus* 以及 v. *et si capitulum* 的标准注释说明了引文出处)。此外，安德烈亚斯在这3处地方中都引用了 Seneca, *De clementia*, I, 5,1——彭纳的卢卡斯(Lucas de Penna, on *C.*11,58,7, n.8, p.564)忠实地复述了这些内容(参见第五章注65)。

[406] 参见 c.7, C.VII, q.1, ed. Friedberg, I, 568f。

[407] 有关早期的汇编，参见 Friedberg, I, 568, n.106。

[408] Cyprian, *ep.*66, c.8, ed. Hartel (*CSEL*, III), II, 733.

式，可追溯到第四福音书(《约翰福音 》14 ∶ 10)："我在父里面，父在我里面"，这段话不只是安德烈亚斯引述过，在他很久之前就有人以一种意味深长的方式引述过——阿里乌主义的坚决反对者亚历山大的亚他那修(Athanasius of Alexandria)。在捍卫保罗视基督为上帝形象这一教义，由此也捍卫圣子的神性、圣子与圣父同等地位之际，亚他那修诉诸皇帝形象的比喻，称皇帝形象为"帝王的理念(*εἶδος*)和形式(*μορφή*)"，并指出"这种形象完全可以说：'我与皇帝同一，我在他里面，他在我里面。'"⑩409

441 经过上述分析，现在我们可以理解法学家用语的基督论伏流源出何处。16 世纪英国的法官们在力图重新连接他们已分开的概念，并声称政治身体与自然身体合并一处时，他们显然是把神学语言、基督论语言以及教会法思想运用到了他们的诸拟制上。和通常情况下一样，主教与其教会的关系，被

---

409 Athanasius, *Oratio III contra Arianos*, c.5, PGr, XXVI, 332A，为 Ladner, "The Concept of the Image," 8 and 24, n.31 所引用：*εἴποι ἂν ἡ εἰκών· Ἐγὼ καὶ ὁ βασιλεὺς ἕν ἐσμεν. Ἐγὼ γὰρ ἐν ἐκείνῳ εἰμὶ κἀκεῖνος ἐν ἐμοί.* 关于后来大马士革的约翰和尼西亚第二次大公会议(787 年)对这段话所作的复述，参见拉德纳的上述论文。我们可将这段话与 London Magical Papyrus, ed. K. Preisendanz, *Die griechischen Zauberpapyri* (Leipzig and Berlin, 1928－31), II, 47 (P.VIII, 37ff)中的话作比较："你就是我，我就是你。你的名是我的名，我的名是你的名。我就是你的形象"(*σὺ γὰρ ἐγὼ καὶ ἐγὼ σύ· τὸ σὸν ὄνομα ἐμὸν καὶ ἐμὸν σόν· ἐγὼ γάρ εἰμι τὸ εἴδωλόν σου*)。相似表述另见 Preisendanz, II, 123 (P.XIII, 795ff)。Wilfred L. Knox, *Some Hellenistic Elements in Primitive Christianity* (Schweich Lectures of the British Academy, 1942; London, 1944), 78, n.3，文中认为这些内容"最接近约翰的语言"(即《约翰福音》10 ∶ 30 和 14 ∶ 10)；有关对约翰的语言的讨论，也可参见 E. Norden, *Agnostos Theos* (Berlin, 1923), 305。不过，所有类似表述中都没有"ἐν"(*in*)一词，而这个词对于从《约翰福音》14 ∶ 10 发展至居普良的书信(*ep.* 66, c.8)再至中世纪后期的团体学说有着重要意义。

充作一种范型来阐述国王与其王国和政治身体的关系。无疑，人们改变了圣居普良的新造语词，但是原来那个造词的模子以及制模者，却依然可辨。再者，他有关君主的主教职的信条作为一个模式，用于逐步成熟的绝对君主制倒也差强人意，此种绝对君主制下国王在诸多方面是与主教相类似的。[410]

英国法学家们的言说方式还表明了神学思想的另一个层面。当法官们在法庭上讨论两个身体的合一，并使用诸如“一体不分”或“一个人格两个身体”的说法时，他们借取了一套教义语言中的定义，而且一般来说是用作基督论上的定义。可以肯定，这些法官们并不是在谈论国王的“二性”，而是在谈论他的“两个身体”。不过我们会回想起，12 世纪以来的神学家们就解释过，基督尽管实际上是一个位格，却有两个身体（一个是个体的自然肉身，另一个是以基督自己为头的神秘集合体）。[411] 尽管“两个身体”与“二性”这两个观念并不完全吻合，但对前者的论证同样适用于后者，反之亦然。如今这些论证被转用来解释国王的“两个身体”；在这种做法上，英国法学者可在 14 世纪找到他们的先行者。

巴尔都斯曾在《建言集》(*Consilia*)其中一条区分了“大权”和“大权的任职者”；在详尽讨论大权或威严有别于个体国王之人格时，他指出：

此处可以看到，威严是主体，而个人只是工具。因此，（国 442

[410] 有关绝对君主们的“主教化”，参见拙论“Mysteries of State”，67ff。

[411] 参见第五章注 14 及其后。

王)行为的基础在于永久的威严本身。[412]

巴尔都斯一定认为"主体"(*principalis*,即永久威严)与"工具"(*instrumentalis*,即有朽国王)之间的区别特别有用,因为他在其他地方也运用了这些观念。但是,这些观念到底意味着什么?巴尔都斯又是从何处借鉴来的?

问题很有意思,值得简要插叙托马斯·阿奎那的基督人性说。阿奎那从亚里士多德那里了解到"工具"(*organon* 或 *instrumentum*)的各种含义,学会了如何区分"结合的工具"(例如手)和"分离的工具"(例如锤子或斧头)。此外,阿奎那还采用了"有生命的工具"(*instrumentum animatum*,例如舵手)和"无生命的工具"(*instrumentum inanimatum*,例如舵)的区分。[413] 主要通过大马士革的约翰,阿奎那还了解到希腊教父们的信条,据教父们所说:基督就其人性而言,或者说,道成肉身的基督,是上帝(即三位一体的上帝及其自身神性)的

---

[412] Baldus, *Consilia*, III, 121, n.6, fol.34:"Ibi attendimus dignitatem tanquam principalem et personam tanquam instrumentalem. Unde fundamentum actus est ipsa dignitas quae est perpetua."在同一段中,巴尔都斯还作了区分:"个人是直接原因,威严则是远因"("quod persona sit causa immediata, dignitas autem sit causa remota"),由此我们应该会想到,上帝常被说成是"远因"。

[413] 最有名的段落是《政治学》中的(从1253b,27到1254a,1);参见阿奎那的 *Expositio in Polit.Arist.*, §§52-55, ed. Spiazzi, 15f: also 1255b,11-12, and §88, p.25。另见 *De anima*, 432a,1-2 and *De partibus animalium*, 687a,19-21;还有 *Nicom.Ethics*, 1161b,4-5; *Endemian Ethics*, 1241b, 22-24;以及伪托亚里士多德的 *Problemata*, 955b,23ff。笔者非常感谢哈罗德·切尼斯(Harold Cherniss)教授在此问题上给予的帮助和建议。齐普克(Tschipke)(见下一个注)的著作第143页,似乎低估了在这个特定论点上亚里士多德对阿奎那的影响。

工具——人性是神性的工具(*humanitas instrumentum divinitatis*)。[414] 将这两种观念融合起来的阿奎那(他似乎是坚持这么做的第一人),自然会得到关于拯救摄理的新视角。譬 443
如,他曾指出,

> 基督的人性是上帝的工具,不过,它并不是作为自身不能行动而只能受动的无生命的工具,而是作为(禀)有理智灵魂的有生命的工具,因此是既受动也自我行动。[415]

即是说,道成肉身的基督作出行为时是充当上帝(基督自己的神性包含于其中)的有生命的工具。另外,阿奎那可能区分了3个不同的等级:上帝是主要原因,基督作为有朽之人是结合工具,而教会的圣事则是分离工具:

> 恩典的主要动力因是上帝自己,基督的人性与上帝相比

---

[414] 对这一主题全体所作的论述和详尽考察,可参见 Theophil Tschipke, O. P., *Die Menschheit Christi als Heilsorgan der Gottheit unter besonderer Berücksichtigung der Lehre des Heiligen Thomas von Aquin* (Freiburger Theologische Studien, LV [Freiburg, 1940]);另见 M. Grabmann, "Die Lehre des Erzbischofs und Augustinertheologen Jakob von Viterbo vom Episkopat und Primat und ihre Beziehung zum Heiligen Thomas von Aquino", *Episcopus: Studien über das Bischofsamt ... Kardinal von Faulhaber ... dargebracht* (Regensburg, 1949), 190, n.10,其中讨论了有关这一主题的更多文献;有关大马士革的约翰,参见 Tschipke, 115ff。

[415] Aquinas, *Summa theol.*, III, q.7, a.1, ad 3:"quod humanitas Christi est instrumentum divinitatis, non quidem sicut instrumentum inanimatum, quod nullo modo agit, sed solum agitur, sed tanquam instrumentum animatum anima rationali, quod ita agitur quod etiam agit."

像是结合的工具，而圣事则是分离的工具。[416]

以类似方式，阿奎那接下来把主教或高位圣职者解释为基督神秘体的结合工具；但是主教还可凭代理人身份作为上帝的有生命工具，而他施行的圣事就成了分离工具。[417] 阿奎那本人还将这个比喻转用于自己的哲学人类学，说“就灵魂是身体的推动者而言，身体充当着灵魂的工具”。[418] 看来，这里关注的主要问题，不仅有基督之人性的功能特征，还有主教作为上帝之有生命工具同时也作为神秘体之结合工具来行事的观念。

阿奎那不会预见到，他的学说对后来法学家们阐述关于威严的政治学说，发挥了多大的作用。不过，巴尔都斯在描
444 述作为“主体”的不朽威严和作为“工具”的个体有朽统治者时，在同时宣称永久权威是国王行为的根据（“推动者”）时，心中所想一目了然。也许他不是第一位——当然也不是最后一位——将“工具性”概念应用于国王和威严之间的

---

[416] Aquinas, *Summa theol.*, III, q. 62, a. 5: “Principalis autem causa efficiens gratiae est ipse Deus, ad quem comparatur humanitas Christi sicut instrumentum coniunctum, sacramentum autem sicut instrumentum seperatum.” 阿奎那是通过区分不同的工具来为这段话开场的：“然而有两种工具：一种像杖一样是分离的工具，另一种则像手一样是结合的工具……”（“Est autem duplex instrumentum: unum quidem separatum ut baculus, aliud autem coniunctum ut manus ...”）

[417] *Summa theol.*, III, q.64, a.8, ad 1:“instrumentum animatum sicut est minister”（“有生命的工具，以圣事施行人为例”）。

[418] *Summa theol.*, III, q. 8, a. 2: “in quantum vero anima est motor corporis, corpus instrumentaliter servit animae”（关于基督的灵魂和身体）。

关系的人,[419]但他肯定是频繁而又始终如一地运用这一观点的人。一个问题产生了:如果地方官员向皇帝请命,却发现皇帝此时已死,他是否可以期待皇帝继任者的答复。巴尔都斯表述了自己的看法:

> 我的回答是"可以",因为[官员]的请命主要面向不死的威严……而国王个人是该威严的工具,没有此工具威严也无从行事。[420]

---

[419] Oldradus de Ponte, *Consilia*, CLXXX, n.15, fol. 67ᵛ (cf. Ullmann, *Lucas de Penna*, 174, n.7)认为,尽管帝国"来自作为第一因的上帝",但作为上帝代理人推国王登陟帝位,因此是"作为第二因和类似[第一因的]工具的某种行为者"("tanquam causa secunda et quasi quoddam agens instrumentale")来行事的,依然是教皇。不过,人们或许会怀疑奥德拉都斯(Oldradus)是不是想到了阿奎那或亚里士多德。上帝的代理人在通常意义上就是上帝的圣事执行者和工具,如同国王被形容为"上帝的手指"时(参照《路加福音》11:20,还有,比如法国1223年腓力二世的加冕赞美歌[*conductus*]),并不是在专门的经院哲学的意义上被视作"结合的工具";有关加冕赞美歌 *Beata nobis gaudia*(蒙福的我们充满喜悦),参见 Leo Schrade, "Political Compositions in French Music of the 12th and 13th Centuries", *Annales musicologiques*, I (1953), 28 and 56。另一方面,巴尔都斯肯定意识到自己使用了专门用语;可参见他对 c.34 X 1,6, n.8, *In Decretales*, fol.78ʳ的评注:"此处,对于'手',亚里士多德说,手是诸工具的工具"("Ibi, 'manus,' dicit Aristoteles quod manus est organum organorum")(*De anima*, 432a,1-2)。然而,若没有阿奎那,他恐怕不会认为肉身的国王是威严的工具。有关巴尔都斯见解在后来被复述的情况,参见 Gierke, *Gen.R.*, IV,239, n.122;以及 III, 694, n.19。

[420] Baldus, on *C.* 7, 61, 3, n.1, fol. 91ᵛ: "Quaero si Praeses consuluit Principem et Princeps moritur, an debeat expectari responsum successoris? Respondeo sic, quia consultatio concernit principaliter dignitatem quae non moritur ... licet persona sit organum ipsius dignitatis sine quo dignitas nil facit"("接下来问题是,如果地方官员向皇帝请命,而此时皇帝已死,他是否可以期待皇帝继任者的答复?[接下去的翻译见正文]")。

巴尔都斯对托马斯关于道成肉身之基督的工具性这一学说的运用，在另外一个场合更为明了直接。在讨论国王身上并存的两样东西——个体人格和威严（“某种虽非物质的却永久存续的理智存在”）时，[421]巴尔都斯简要评注了国王及其两个人
445 格：“国王个体人格是另一个理智且公共的人格的器具和工具。”他接着写道：

> 主要引发行为的是理智且公共的人格（即威严）；因为，注意力更多是落在行为，或行为主体的力量上，而不是工具的力量上。[422]

我们应该还记得，上帝和威严在巴尔都斯的思想体系中是相互关联的，[423]没有理由对它们之间可彼此替换感到惊讶。引导巴尔都斯进行论证的神学上的对等范畴，是容易辨识出来的：阿奎那笔下的“神性”为同样“不朽”的威严所替换，而基督的

---

[421] 参见上面注 295。

[422] Baldus, *Consilia*, III, 159, n.6, fol.45v: “... loco duarum personarum Rex fungitur ... Et persona regis est organum et instrumentum illius personae intellectualis et publicae. Et illa persona intellectualis et publica est illa, quae principaliter fundat actus: quia magis attenditur actus, seu virtus principalis, quam virtus organica”（“……国王充当着两个人格……［接下去的翻译见正文］”）（引文最后的形容词 *organicus* 与 *instrumentalis* 是同义的，正如 *organum*［器具］与 *instrumentum*［工具］同义）。Baldus, on c.9 X 2,14, n.3, fol.189，在对某事物的占有方面，将同样的学说运用于作为灵魂之工具的手和足上：“灵魂本身若没有肉体的器具（即，若没有手作为诸器具的器具［*organum organorum*］，也没有足作为占有的器具［*organum possidendi*］），自己便无法着手去占有”（“et anima per se sine organo corporali non potest incipere possidere per se”）。

[423] 参见上面注 287。

人性则为有朽的国王所替换。原先经常被称作“上帝的手指”(*digitus Dei*)的国王,[424]在法学上被称为了“威严的手指”(*digitus Dignitatis*),而主教则被说成是上帝的“有生命的工具”,国王现身成为拟制的、故而不朽的人格即威严的有生命工具。换言之,人性是神性的工具(*Humanitas instrumentum Dignitatis*)——道化人身的国王是威严或王者的工具。“国王两个身体”的分离和统一,都产生出政治上道成肉身的信条,亦即威严或政治身体的纯理性化身的信条,并由此产生了第一和第二人格即“威严”和“国王”实体上相统一的世俗化新形态,这些过程都不乏某种内在逻辑和内在必然性。

毫无疑问,英国的法学者们在讨论自然身体和政治身体“一体不分”或“一个人格两个身体”时的丰富用语,正是从上述历史积淀中借取的。[425] 为了使他们的理智创造物对自己和他人都是可理解的,英国法学者们所使用的神学或基督论模 446
式,迥然有别于意大利先驱们的思想世界,也截然不同于那个领域的执牛耳者所发展的法学推理方法。因此梅特兰说得没错,16 世纪的这些英国王座法学家们正在建构“一种王权的信条,与亚他那修信经并置一处也不会逊色”。法学家们所建构的确实就是“国王的基督论”,一旦他们着手通过“两个身体”的比喻来不懈地解释个体国王与不朽威严之间的关系,他

---

[424] 有关“上帝的手指即国王”(*rex digitus Dei*),见上面注 419。

[425] 参见上面注 398 和 400。Bacon, *Post-nati*, 657 有言,“一般来说,自然身体在团体中只是‘团体的身体支撑’(*suffulcimentum corporis corporati*),只是撑持和承负团体的支架”。不过,既然培根试图通过国王自然身体来证明英格兰王冠和苏格兰王冠的统一性,他就得赋予肉身的国王更大的重要性,因为“他单一的自然人格对两个(王冠)都起作用”。

们终将会建构起“国王的基督论”。

即使我们现在掌握了“两个身体”表述的历史背景，它本身还是会使人愕然。从历史上出现在所有欧洲国家的共通的理论要素来看，只有英国在“国王两个身体”方面发展出了前后一贯的政治或法律理论，这就好比“独体法人”这个相关概念也只是英国的独创一样。当然，其他欧洲国家在宪制思想中也有类似的观念；不过，表现形态却有所不同。譬如，法国人尽管熟谙个体国王和不朽威严之间的不同表征，但他们最终在解释绝对主义统治权的时候，模糊甚至抹杀了个人和超个人形态之间的差别；匈牙利人将神秘王冠与肉身国王之间的区分推到了极为精致的地步，但是圣斯蒂芬王冠的物质性圣髑似乎阻碍了国王生发出自己的超身体；在宪制状况极为复杂难缠的德国，最终吞噬罗马法—教会法之威严观念的正
447 是人格化的国家，德皇本人也不得不去适应这样的抽象国家。无论如何，纷繁芜杂、有时沉湎于首尾一贯性的“国王两个身体”理论，事实上在欧洲大陆是不存在的；甚至最先发展出国王双重人格法学理论的意大利人，也没有将这一概念沿用下去或推而广之。没有哪个地方的“国王两个身体”观念会像英国那样，如此广泛而持久地弥漫于和支配着法学思想；别的不论，这一观念在中世纪政治思想向近代政治思想过渡的时期，对于找到诸多问题的解决方法，还是发挥了重要功能的。

任何“解释”历史现象的努力，即便是只想理解历史现象背后那些限定性或关联性因素的努力，似乎都会无功而返，因为，实际生活中有多个层面同时在起作用且相辅相成，对历史现象的解释也就不可单线直入了。为何某些可能性在一个方

面能获实现而在另一方面却无果而终，回答这样的问题，必然是一件价值有限且易受质疑的事情。看来，“国王两个身体”的观念不能脱离英国宪制思想和实践中议会的初期发展和持久影响力。通过代表，议会成了王国的活的“政治身体”。这就是说，英国议会从来不是“拟制人格”（*persona ficta*）或“被代表的人格”（*persona repraesentata*），而总是非常真实的“被代表的身体”（*corpus repraesentata*）。因此“王国的政治身体”，在英国比在任何其他欧洲王国都多一个独特具象的意义，没有必要为了便于人们理解而将其进行人为抽象，将议会的具体政治身体转变为拟制人格，或如阿奎那时常把教会共同体的头和四肢称为“神秘人格”那样，将王国称为“政治人格”（*persona politica*）。[426] 换言之，由于英国“政治身体”在尘世的绝对实在性、具象性以及直接可见性，也由于其自身的有形存在以及它不停地自我显现，国王为头而贵族、骑士和议员为四肢的形象“在议会中”一经形成，“头和四肢”的古老有机论比喻便在英国延续了下来，时间之长令人称奇。结果，当 448
“王国政治体”观念在其他国家中已不再通行时，这一观念在英国却依然行之有效，保存着它的具体含义。

另一方面，神秘身体的古老理念及其所有后果和含义，继续决定着——尤其是《至尊法案》（1534 年）颁布之后——英国“政治身体”观念的某些方面。特别是在议会羸弱之际，国王和国王咨议会成了执政的中坚力量，“政治身体”观念也会单独指涉国王，指涉“代表全体的部分”（*pars pro toto*），这一

---

[426] 参见第五章注 24。

点是可以理解的。某种术语混乱肯定存在于教会领域中，“基督神秘体”和“教会神秘体”在这里被互换使用；培根笔下与术语混乱同义的“言谈混乱”，存在于世俗领域中，在这里，像王冠、王国、王国的政治身体或作为王者之国王的政治体这样的观念被互换使用，时常混杂难辨。[427] 国王成为英国国教会(Ecclesia Anglicana)神秘体之头这一事实，使得上述含混不清愈加严重，在这些含混不清中，强调国王的两个“身体”（而非像意大利法学家习惯运用的两个“人格”）这样的术语偏好，或许有其语源上的根由。

从更专业细致的意义上来看，王冠与威严的融合以及它们之间的确是情有可原的混淆，好似处在“作为团体的王者”或“独体法人”之类的法律拟制的底层。我们知道，在中世纪的英格兰，王冠往往被解释为由议会诸层级与作为头的国王构成的复合体。[428] 在其他方面，同样的议会诸层级与国王，也可以构成王国的“政治的和神秘的身体”，或如法国人所说，“国家的和神秘的身体”。[429] 由此，王冠和王国的政治身体经常

---

[427] 参见 Bacon, *Post-nati*, 651：“有些人说的……是法律，有些人说的是王冠，有些人说的是王国，有些人则说的是国王的政治身体：他们相互之间言谈混乱，就如同在人们意见中通常出现的那样，意见的基础是建立在人们机巧所营构的细微分别和想象力之上，而非建立在自然基础之上。”

[428] 参见上面注 168 及其后。有关诸层级，参见 Chrimes, *Constitutional Ideas*, 116ff，特别是第 123 页拉塞尔(Russel)主教在 1483 年的议会布道，主教反复将“英格兰的政治身体”等同于“一个头之下、作为起主要作用的四肢的三种层级”(“iii estates as principalle membres undir oone hede”)。

[429] 诸层级和国王总是等同于“国家的和神秘的身体”(*corpus civile et mysticum*)，一再作为法国立宪主义的表达形式而被看到；例如，可参见 Jean de Gerson, *De meditacionibus*, 37：“Habes illos de primo statu tanquam brachia fortissima ad corpus tuum misticum, quod est regalis policia, defendendum”(“您拥有属于第一层级身份的人，如同拥有极为强大的臂膀，来捍卫您那国 （转下页）

共享一些基本的构成要素。然而这种王冠和政治身体的有机 449
团体概念，又掺和进了威严概念，即“通过继承的团体”概念。王冠可以显现为是“团体的”，因为它囊括了同时在世的政治身体所有成员；而威严更像不死鸟那样是单个人的团体，在现今王冠拥有者身上囊括了过去和未来国王担任者的整个属类（*genus*）。显而易见，英国法学家们并未截然区分王冠的团体身体和威严的超个体之人格性，而是将二者等同于政治身体，这也许是受到了当时“王冠与国王威严”这一流行表述的影响。也就是说，他们将流行的团体学说中两个不同的观念融合了起来：有机体的观念和继位群体的观念。看来，“国王的政治身体”和作为“独体法人”的国王本人，正是从大量相关团体观念的融合中孕育而生的。

上述推论并不与梅特兰那极有见地的观点相左，梅特兰推导的英国“独体法人”，是从 *persona*（教区牧师[parson]）的范例出发的，他笔下的教区牧师在自己乡村教堂是唯一的圣职者，而就其圣职俸禄的土地财产来看，他取代了团体性的主教座堂圣堂参事会员或修士共同体与教会财产的关系。教区牧师的模型对把国王构想为独体法人起到了辅助作用，这种看法自然是正确的；当梅特兰戏谑已“教区牧师（人格）化”(parsonified)的国王时，他一语切中了问题的核心所在。然

（接上页）王政体的神秘体”）（接下去是对另外两个层级的叙述）。特尔-鲁热、可奇耶(Coquille)等人也对此种同一性作过表述；Church, *Constitutional Thought*, 29, n.20; 278, n.16, and passim。“政治身体”的表述在法国并非全然阙如（可参见 Church, 278, n.16），只不过“国家身体”(*corpus civile*)的说法似乎更通行，而“国家身体”的说法在英国是几乎看不到的。

而，牧师和国王的共同基础或许正是威严，就国王方面来说，此威严与国王为头的有机政治身体融合在了一起，国王是相当于修道院院长和主教的，既是威严又是团体身体的头。由此也可以说，每一位修道院院长都是一个“政治身体”，柯克在
450 为解释国王“政治身体”的意义而引用修道院院长的“神秘体”时，他只是触到了另一个早在15世纪就流行的对“神秘体”和“威严”（尽管二者相似）的混淆。[430] 看来，布莱克斯通下面一番夸示之辞并不为过——他从罗马法中推导出的团体观念，已经“由天资聪慧的英格兰民族”极大地提炼和改进，尤其是在“仅有一人构成的独体法人方面，罗马法学家们那里是没有这个观念的”。[431]

13、14世纪时的法律思辨，出于解释“威严”的本性而引入了不死鸟这种神鸟的比喻：它既是个体同时又是种，预示了后来出现的独体法人。这些特征在神学思想中有效性如何，不是此处要关注的问题。不过，应该留意的是，一位真正的独体法人有现实性的存在，甚至可以说是“在历史上”存在过。它存在于初人亚当那里，亚当作为当时存在的唯一之人，既是个体同时也是当时存在的“人类”（*genus humanum*）的全体。他是人同时也是人类。为了理解与亚当神话相关联的含义，我们最好还是追随但丁的引导。

---

[430] 参见上面注311、312。

[431] Blackstone, *Commentaries*, I, c.18, p.469；参见序言注7。

第八章　以人为中心的王权：但丁

神学家、法学家和政治哲学家们频繁相互参证，使得他们观念的稠叠之处愈增，王权观念有时以上帝一人为中心，有时以正义观和法律观为中心，有时又以政治共同体或建制性威 451
严这样的团体为中心，它们彼此交相演递。要建构出单纯属人的王权形象，以及建构出纯粹以“人”为中心和典范的王权形象——这里的“人”的确与上帝和宇宙息息相关，与法律、社会和城市息息相关，与自然、知识和信仰息息相关——这项工作落到了但丁这位诗人的身上。倘若我们能澄清“人性”(*humanitas*)这一模糊不清的概念，那么，“人是人性的工具”(*Homo instrumentum humanitatis*)这句对神学和法律格言的变通说法，便可作为一箴言帮助我们深入理解但丁的伦理政治观。

作为政治哲学家和诗人的但丁，吸纳了推动他那个世纪前行的整个政治学说，这一点从未被否认过。在1300年前后政治和智识层面的讨论中，但丁占有相当重要的地位。人们容易将他贴上逆潮流而动者的标签，只是因为他的著作中弥漫着帝国思想，尽管这种思想已与前几个世纪有所不同，但这一点还是遮掩了他非比寻常的道德政治见解。[①] 我们并不能把但丁简单贴上标签归入某个门派。他经常引用阿奎那的著作，但他绝非托马斯主义者；他引用过亚里士多德的注释者阿
452 维洛伊的观点，并在天国中让布拉班的西格（Siger of Brabant）与圣托马斯同处一地，但他并不属于阿维洛伊学派。[②] 但丁严词责难过教令集注释者，但对内含于教会法注释的政治思想的最新研究清楚地表明，但丁很大程度上也因循了教会法思想的传统路径。[③] 他对自己熟谙的查士丁尼法典和罗马法的总体态度肯定是亲和的；然而，对于罗马法学家们，甚至当时罗马法学家中的翘楚、巴托鲁斯的老师、他的朋友皮斯托亚的奇诺，他却言辞刻薄。不过有谁会真的给但丁这位

---

① 参见 Michele Barbi，"Nuovi problemi della critica dantesca：VI. L'ideale politico-religioso di Dante"，*Studi danteschi*，XXIII（1938），51。此处要指出，笔者受惠于以下有关但丁政治思想为数不多的研究，它们对于笔者著述的影响往往超出脚注所明示的。Fritz Kern，*Humana Civilitas*（Leipzig，1913）；Francesco Ercole，*Il pensiero politico di Dante*（Milan，1927－1928）；Bruno Nardi，*Saggi di filosofia dantesca*（Milan，1930）；Étienne Gilson，*Dante et la philosophie*（Paris，1939；英译本是 David Moore，*Dante the Philosopher*，New York，1949 [为本书所引用]）；A. P. d'Entrèves，*Dante as a Political Thinker*（Oxford，1952）。古斯塔沃·维奈（Gustavo Vinay）版的《帝制论》（*Monarchia* [Florence，1950]）中的评注于本文非常有益。不过，为行文便利之故，笔者引用的是穆尔（E. Moore）、汤因比（Paget Toynbee）的版本 *Le opere di Dante Alighieri*（4th ed.，Oxford，1924），但丁著述的用语索引均基于此著作集。

② 有关这一点，Gilson，*Dante*，153ff，166ff，211ff，and passim 已作过清晰阐释。

③ 但丁对于教令集注释者的驳难，参见 M. Maccarone，"Teologia e diritto canonico nella Monarchia，III，3"，*Rivista di storia della Chiesa in Italia*，V（1951），7－42；有关但丁对教会法学者中的温和派的支持，参见下面注 15－17。

临跨阴阳两界的审判者贴上法学家的标签呢？④ 但丁的身份立场着实难以厘定，原因在于：但丁的著述重塑了他那个时

---

④ 有关那些法学家，可参见 *Monarchia*，II，11，71。但丁是否钻研过法律这一点还不得而知；但正如 Chiappelli，“Dante in rapporto etc.”，40（参见本注末尾）所正确指出的那样，但丁肯定学过“作文术”（*arts dictandi*），凡学这门学问的人是需要具备一些法律知识的。不管怎么说，但丁准确引用过罗马法和教会法，（直接或间接地）也运用过阿库修斯的《标准注释》。Nardi，*Dante e la cultura medievale*（2nd ed.，Bari，1949），218－223，已指明但丁参引《标准注释》的一个例子。这种情况在 *Monarchia*，I，10，12 中也真实存在；“同位者对同位者没有统治权”（“par in parem non habet imperium”）。这条法律格言基于 *D*.4，8，4 和 *D*.36，1，134，早期的注释者们表达该格言要旨时的形式，没有但丁引用时来得那么简明扼要；可参见 Fitting，*Jurist*，*Schr*.，149，7：“par non potest inperare pari legitime”（“同位者是不能对同位者正当下命令的”）或阿佐（此句和其他几处为 Schulz，“Kingship，” 138f 所引述，并参较第 149 页）：“同位者是不可能对同位者进行统治的”（“cum par pari imperare non posset”）。但丁引用的格言形式可见于英诺森三世的一条教令中；参见 c.20 X 1，6，ed. Friedberg，n，62：“quum non habet imperium par in parem”（“而且，同位者对同位者是没有统治权的”）。但丁直接引用教令（如 Chiappelli，18f 所设想的那样）的可能并不是完全没有，但他的引用来源更可能是阿库修斯的《标准注释》，《标准注释》这句格言不仅是在与 *D*.36，1，13，4，v. *imperium* 关联中引用的，而且是在与 *C*.1，14，4，v. *indicamus* 关联中引用的（“quia par in parem non habet imperium”[“因为，同位者对同位者是没有统治权的”]），后者 *C*.1，14，4 是有名的 *lex digna*（价值法），阿奎那就曾引用过（见上面第四章注 153；另见 Jean-Marie Aubert，*Le droit romain dans l'oeuvre de Saint Thomas* [Paris，1955]，84，n.2），但丁是不可能不知道的。以《标准注释》形式出现的这条格言一再被引述；可参见 Andreas of Isernia，on *Lib. aug*.，prooem.，ed. Cervone，p.2（§ *Econtra quod non*）；更为重要的可能还要属奇诺对 *lex digna* 即 *C*.1，14，4，n.7 的注释（[Frankfurt，1578]，fol.26）。但丁对两种法律的引用，Luigi Chiappelli，“Dante in rapporto alle fonti del diritto”，*Archivio storico Italiano*，Ser.5，XLI（1908），3－44 作了概述，路易吉·基亚佩利（Luigi Chiappelli）的论述或许越出了自己设定的目标，但他对 Marlo Chiaudano，“Dante e il diritto romano”，*Giornale Dantesco*，XX（1912），37－56，94－119 的批驳是站得住脚的；参见路易吉·基亚佩利论文的补遗（ibid.，202－206）（“Ancora su Dante e il diritto romano”）。另见 Francesco Ercole，*Il pensiero politico di Dante*（Milan，1928），I，7－37（Ch. 1：“La cultura giuridica di Dante”），以及 D'Entrèves，27f，104f。

代的总体知识，给所有他再现的教理赋予了自己的个人倾向，
453 这种倾向如此新潮、如此恺切动人，以至于但丁端赖其他著作的明证，反倒彰显了他自己方法和解答的新颖。[5] 但丁的策略显而易见，他搜集材料、安排材料以及删裁它们时所采用的标准，很少是基于制度现象本身，而总是制度背后的人。从这个意义上看，但丁的君主或皇帝形象——尽管是由借取自当时传统的神学、哲学以及历史、政治和法律论争中不可胜数的马赛克镶嵌片构成——实际上反映出了以人为中心的王权观念和纯粹属人之威严的观念，可以说，没有但丁就不会有这些观念，至少在那个时代是肯定不会有的。

研究但丁的另一个重大难点在于：但丁本人就身份复杂，对他的种种解释必然是零散片断的。诗人但丁的想象不断干扰政治哲学家但丁的逻辑论证，尽管在其他方面，这两种通往人类心灵领域的方法必定会相互支持。但丁严密的逻辑，虽极为明朗，甚至可以说贯穿于他的全部著作中，却并非是线性的，因为在他思路上的每一节点和无数条其他思路上的无数节点交织在一起。因此如果有人企图直线式地再现哲学家但丁，那么结果只可能是索然寡味、事与愿违，这便可归咎于忽略了诗人的复杂性。此外，还有一些只有解释者本人才会碰到的陷阱。只要绕开文艺批评家们所偏好的论证直线，解释者就立刻进入但丁思想的广阔海洋，他会像但丁笔下的尤利西斯一样，在最后一次扬帆驶向未知海域时迷失自己。

---

⑤ 有关于此的例证，参见拙文“An ‘Autobiography’ of Guido Faba”, *Mediaeval and Renaissance Studies*, I (1941–43), 261f。

最后，但丁的注释者时常受到某种诱惑，将一些但丁本人并没有说过的话、也没有想说的话强加于他。格言“超出诗人所思的东西不要灌输给我们”（*Che è fuori della coscienza del poeta a noi non può importare*）说得很好，解释者应常记于心。[6]

试图在但丁的复杂思想中抽出单独的一条线索，或试图 454
从其著作中读出一些他未曾表露过的观念（纵然观念本身也许无可挑剔），都是不太切合实际的想法；尽管我们承认这一点，但我们仍可找出某个主题，来证明但丁将神学思想安置于世俗世界的模式，这个主题里难分难解地交织着但丁在一些基本概念上的二重性分析，比如，人类和人，又如，人在现世的和在来世的终极目的。

但丁著作中，人与职位的区别可谓判若云泥；实际上，这种区分时常可见。我们也许会想到《神曲》中出现的教皇卜尼法斯八世。对于但丁来说，这位加塔尼家族出身的教皇简直就是“新法利赛人之王”，他不顾“自身至高无上的地位和圣职”，竟大言不惭道，“你知道，我是能锁、能开天国之门的”。[7]愤怒的圣彼得是这样描写他的：

那个在世间篡夺了我的座位的人——我的座位

---

⑥ Michele Barbi, “Nuovi problemi,” （参见上面注 1，收在他论“但丁的政治宗教理想”[“L'ideale politico-religioso di Dante”]的重要论文中，第 48 页）（被吉尔松引作自己论但丁著作的序引箴言）。

⑦ *Inf.*, XXVII, 85ff.

在上帝的儿子面前仍旧空着。[8]

这位教皇身处买卖圣职者的壕沟里，受罚姿势滑稽可笑，头朝下倒栽在洞里，腿脚悬空乱摆。[9] 贝雅特丽齐在对但丁说的最后几句话中再次提到了他。她预言教皇克莱蒙五世也会被打入大西门(Simon Magus)的受苦之处地洞，并使那个来自阿南尼(Anagni)的人陷入更深的地方。[10] 就是在阿南尼这个村子，在腓力四世的手下和诺加雷的威廉(William of Norgaret)大着胆子抓捕卜尼法斯的时候，同一位身居教皇圣职的卜尼法斯教皇出现在但丁面前，他是作为基督真正的代理人，甚至就是基督本人：

我看到，百合花徽进入阿南尼，
基督在他的代理人身上遭到逮捕。
我看到，他又一次被戏弄；
我看到，他又尝到醋和苦胆，
在活的强盗中间被杀。[11]

但丁不属于多纳徒派信徒*，但他并不否认或者无视教皇职
455 位的效力，哪怕是该职位落在不称职者身上。但丁对贝内代

⑧ *Par.*, XXVII, 22f.
⑨ *Inf.*, XIX, 52ff.
⑩ *Par.*, XXX, 147f,
⑪ *Purg.*, XX, 86ff.
* 可参见原书页码第18页有关“多纳徒主义”的译按，此处指但丁不认为圣事的有效与圣事施行者的个人道德有关。——译者

托·加塔尼(Benedetto Gaetani)极为反感，但却毫不犹豫地承认，在面对诺加雷和侵犯者时，身穿教皇袍的卜尼法斯毋庸置疑就是基督的代理人。他明确区分了个体教皇贝内代托·加塔尼和教皇权威卜尼法斯八世，不使二者相混同。

但丁在《筵席》中以类似方式继续讨论。他力图解决的问题，关系到高贵的真正本质及其定义。行吟诗人们和皇帝宫廷上都曾广泛讨论过这个问题，据说，腓特烈二世也曾就此发表过意见。⑫ 这位皇帝的定义（“古时富宜而优良的品性”[*antica ricchezza e be' costumi*]）虽然是受亚里士多德启发，却令诗人但丁感到不满；为了驳斥这个定义，但丁在腓特烈作为皇帝的权威和作为哲学家的权威之间作了鲜明区分。根据法学家们的观点，作为王者的这位皇帝，的确是“最爱智的[或最哲学的]”(*philosophissimus*)，也是“充分爱智者[或满腹哲学者]”(*philosophiae plenus*)。⑬ 在但丁对人类最终目标的

---

⑫ *Convivio*，IV，3ff。有关皇帝宫廷上的问题，参见 *Erg. Bd.*，129f，152。

⑬ 参较 *C.*6，35，11；*Nov.*22，19，and 60，1。尽管这些修饰词说的是皇帝马可·奥勒留，习惯上它们也可通用于皇帝；可参见 Bartholomeus of Capua，on *C.* 5，4，23，5，v. *invictissimo* (ed. Meyers，*Iuris interpretes saeculi XIII.*，196)，文中 *philosophissimus* 是作为皇帝名衔之一而出现的；另见 Marinus de Caramanico，on *Lib. aug.*，II，31，ed. Cervone，256；罗斯齐亚特的艾伯利库斯(Albericus de Rosate)在他的 *Dictionarium iuris tam civilis quam canonici*，v. *Imperator* (Venice，1601)，fol. 152v 中有这样的称谓。Andreas of Isernia，on *Feud.* I，3，n.16，fol.21v 将这些修饰词用于君主的咨议会（“可以说，因为君主在自己的咨议会中有很多有识者……因而他也可说成是充分爱智的”[“Potest dici quod quia princeps multos habet in suo consilio peritos ... et ideo dicitur Philosophiae plenus”])，Lucas de Penna，on *C.*10.35，n.24，p.214 同样将其用于咨议会，并且界定了爱智(哲学)的观念：“皇帝可以说是爱智的，是法学方面的充分爱智者……所有法律都藏于他的胸中文库”(“Dicitur enim princeps Philosophiae，id est legalis scientiae，plenus ... Omnia iura in scriniis （转下页）

总体观念中,皇帝权威和哲学家权威应当两相契合,并最终汇合一处,将人类引入现世生活的福祉。然而,但丁否认作为皇帝的皇帝本人拥有任何作为哲学家才有的约束性权威——即便但丁视腓特烈是如此博雅的一个人,承认他的私人见解值得引述。⑭

456 从但丁的著作中,我们不难找到许多段落,来阐明他对威严与任职者本人的区分;在《神曲》中,他多次赋予某个人物的职位,也可显露出这样的区分。立此区别的原则本身在但丁时代已是习常之事,至于但丁自己是否采用了这一原则,并非我们旨趣所在。但丁不只曾将职位和个体任职者(某某"提修斯"[Titius]或"彼得")相对照,而且将之与"人"对照——人既是个体也是人种(或"人"这个词最为凸显的含义)的代表,这一做法奏出了一篇全新的乐章。

在《帝制论》第三卷中,但丁想要证明,皇帝是直接从上帝那里获得自己权力的,而不是经由教皇中介,更不会是从教皇那里获得自己的权力,从而认教皇为帝权的最终来源。12 世纪以来,教会法学者们就广泛讨论过这个问题。一个强有力的教皇权至上主义者(近来被称为"一元论者")群体,实际上是在拥护这样的主张:皇帝,在受限定的意义上常被称作"教皇代理人",仅享有代理权力,因为归根结底,所有权力都端赖于圣职位阶秩序中的属灵之首,只有这位属灵之首才可以挥

(接上页)sui pectoris censetur habere")。当然,法律或者法学是属于哲学的,从更特殊意义上看,是属于伦理学的。

⑭ 有关《筵席》中的政治信条,参见 Gilson, *Dante*, 142ff。事实上,但丁在《帝制论》(*Monarchia*, II, 3,15)中是接受了腓特烈定义的。

舞圣俗两界的宝剑。[15] 但丁力挺不断扩大的温和派反对群体（即所谓的“二元论者”）一方，反对教会法学者和政论家们组成的那个激进群体。温和派反对群体在12世纪的著名代言者是比萨的胡古齐奥，他所支持的观念其实是格兰西早已主张过的——教皇和皇帝相互依赖：两种权力都直接来自上帝，因此，皇帝行使权力是“仅依凭对他的选举”，这甚至发生在罗马加冕礼之前。不过，当时普遍的看法还是：作为教会一员的皇帝，在宗教事务上依赖于教皇的圣事权力，某些情况 457
下，皇帝在世俗事务上也要依赖教皇。[16] 但丁总的来说接受了“二元论者”的学说，[17]并将这些学说推向了其创始者想都未曾

---

⑮ 参见第七章注22及其后。斯蒂克勒在其文章（Stickler, “Imperator vicarius Papae”, *MIÖG*, LXII [1954], 165–212）中，将皇帝乃“教皇代理人”这句短语的意义，限定于帝权只是代为履行强制性机能，这算说到了点上，至少适用于较早时候的教会法学说。同样，斯蒂克勒不无正确地强调了法律要素和政治要素在中世纪后期著述家们论证中持久性的、不可避免的混同；他也不无正确地强调了饰言冗辞和对理性解题的抵制所导致的大量误解。不管怎么说，1300年前后的教皇权至上主义者们并不是遭人误解了的教会法学者，而是真正的教皇权至上主义者，他们必然会将早期教会法那种更为谨慎的平衡体系带入声名狼藉的境地。

⑯ 参见第七章注24及其后，注28，以及Kempf, *Innocenz III.*, 212ff。

⑰ 参见*Monarchia*, III, 16,102ff,但丁明显是复述了“二元论者”的见解。他们“君主仅依凭选举”（*Ex sola electione principum*）的主张（见上面第七章注28和32）几乎成了党派宣言；重要的是，罗斯齐亚特的艾伯利库斯（卒于1354年）在谈及这句口号时，一再把但丁（特别是他的《帝制论》第三卷）引作法学的权威；可参见罗斯齐亚特的艾伯利库斯对*Codex* 1,1的注释（n.20, fol.8），以及对*Codex* 7,37,3的注释（n.16, fol.108）；参较B. Nardi, “Note alla *Monarchia* (1. La *Monarchia* e Alberico da Rosciate)”, *Studi Danteschi*, XXVI (1942), 99f,102, 纳尔迪（Nardi）在第100页中断了他的大篇引用，让艾伯利库斯的原话接上：“（君主）行使自己的统治权仅依凭选举”（“Quod ex sola electione competat sibi administratio ...”）。但丁在《帝制论》第三卷（*Monarchia*, III, 13,17ff）中引用了另一句口号（“Ante enim erant imperatores quam summi pontifices” （转下页）

想过的目标。为了证明他的世界君主可免于教皇的裁判权，但丁必须创造一块全新之地，它不但独立于教皇而且独立于教会，甚至独立于基督教。这是在“地上乐园”的象征里实现的一片乐土，同时也可作为永恒福祉的入口。比之于天上乐园，但丁的“地上乐园”有着自己自主独立的功能。⑱人在但丁看来是由可朽坏的身体和不可朽坏的灵魂构成的，在所有的生物中独享居中地位，“就像是处于两个半球之间的地平线”。作为这种二重性的结果，所有生物中也只有人才会趋向双重目的。

> 人思所无法言喻的神意，为人类安排了双重目的：一重是尘世的幸福，它存在于人类对自身权力的行使，并且体
> 458 现于地上乐园；另一重是永生的幸福，它存在于人类对神圣恩典的享受，只有借助神圣之光人力才可上升趋往。而且，后一种幸福要通过天上乐园来理解。⑲

(接上页)[“皇帝是先于教皇而存在的”][上面第七章注 24])，尽管是隐于三段论的形式当中。当然，胡古齐奥的观点(Kempf, *op.cit.*, 221f)——“因此，就制度而言……二者任何一方都不依赖对方”(“Ergo neutrum pendet ex altero ... quoad institutionem”)是但丁见解的主旨；即便胡古奇奥赞成君主是依赖教皇的，“在属灵事务上如此，某种意义上，在世俗事务上亦如此”(“in spiritualibus et quodammodo in temporalibus”)，也并不会与《帝制论》第三卷的相关内容(*Monarchia*, III, 16,126ff)彼此不容。不过，《帝制论》中还有更多的地方反映出了二元论者们的见解，在但丁时代这些见解大量出现于罗马法学者的著作中，最终这类主张在 1338 年成为帝国的官方法律。

⑱ 对于但丁的“分离主义”，不存在什么疑义；可参见 M. Barbi, “Nuovi problemi della critica dantesca (VIII. Impero e Chiesa),” *Studi Danteschi*, XXVII (1942), 9 - 46，以及 XXIII (1938), 46ff；另见 Nardi, “Dante e la filosofia,” ibid., XXV (1940), 25ff，以及 Gilson, *Dante*, 191ff, and *passim*。

⑲ *Monarchia*, III, 16,14ff, and 43ff.

在但丁看来，这是人类的两种完全不同的目标。因此他总结道，教皇和皇帝的职位，这两种应引导人类朝向其预定目标的职位，由神意设置了两个完全不同但又彼此依赖的使命和功能。这两种最高职位，但丁有时抽象地称之为“教皇职”（*papatus*）和“皇帝职”（*imperiatus*），[20]实际上它们是如此有别，以至于拿它们自身来说，几无可比之处。但若真要比较，我们只能先追溯它们共同的起源。如果人类一直保持纯真状态，那么，这两种指导者之职就是多余的；但人类堕落之后，他们便需要这两种职位作为补救。[21] 因此，上帝建立了“教皇职”和“皇帝职”，它们是上帝为指引人类而确立的建制；二者都源自上帝，最终又都以上帝为旨归。因此只有回溯到上帝那里，二者才可进行比较，“在（上帝）那里所有的安排才得以普遍统合”；或者说，只有将二者还原到某种低于上帝的实体，还原到职位的某种天上原型——“上帝以更为特殊化的形态显身其中”，二者才可进行比较。[22] 换言之，但丁排除了人可在两种职位上作居间者的可能，因为它们都直接依靠上帝。或者，如果有位居间者，他一定是“天使”，是“教皇职”和“皇帝职”各自在天上的原型——“某种低于上帝存在的实体”，特殊化形态的普遍性正是从它而来。[23]

---

[20] 参见第七章注 44。

[21] *Monarchia*, III, 4,107ff.

[22] *Monarchia*, III, 12,85ff.

[23] Ibid., 93ff: “Et hoc erit vel ipse Deus, in quo respectus omnis universaliter unitur; vel aliqua substantia Deo inferior, in qua respectus superpositionis, per differentiam superpositionis, a simplici respectu descendens, particuletur”（“这要么是上帝本身，所有原理统合于其中；要么是某种低（转下页）

教皇和皇帝，不仅可以用天国的——上帝或天使的——标准来衡量，而且，如果将他们还原到一个在世间也行得通的标准——人的标准，二者也可进行比较。

459 要知道，作为人是一回事，作为教皇是另外一回事；同样，作为人是一回事，作为皇帝是另外一回事。㉔

乍一看，这似乎是威严和个体任职者之间的传统区分。然而但丁突然转了一个向，将常规问题置入一个新的哲学视角中。他希望"人"不仅要从属类的意义来看，还要从质性的意义来看：教皇和皇帝之所以可比较了，不仅因为二者都属于有朽

（接上页）于上帝的实体，在该实体中，权威的原理是降自那纯正原理的，通过附着上权威的差异而特殊化了"）。有关其中作为基底的新柏拉图主义思想，参见 Wolfram von den Steinen, *Dante: Die Monarchie*, Breslau, 1926, 118。但丁所推导出的教皇职和皇帝职是天使的人格化或"原型"的人格化，它们在许多方面类似于法学家们的"威严"。

㉔ *Monarchia*, III, 12,31ff："... sciendum quod aliud est esse hominem, et aliud est esse Papam. Et eodem modo, aliud est esse hominem, aliud est esse Imperatorem." 职位，对但丁而言与对法学家们而言都一样，是独立的存在，或者是某种独立于任职者之物（*res*）。可参见 *Monarchia*, III, 7,41："Auctoritas principalis non est principis nisi ad usum, quia nullus princeps seipsum auctorizare potest"（"君主的权威只有为了使用才是归属于君主的，因为，任何君主都是不能授予自己权威的"）（有关伪托克里索斯顿《〈马太福音〉注解》[Pseudo-Chrisostomus, *In Matteum*]的相关表述——"没有人可使自己成王"["nemo potest facere se ipsum regem"]，参见上面第四章注 182）；还有 III, 10, 34："officium deputatum Imperatori"（"被委派给皇帝的职位"）；以及 ibid., 73ff："Praeterea omnis iurisdictio prior est suo iudice; iudex enim ad iurisdictionem ordinatur, et non e converso"（"此外，所有裁判权是先于它们的法官的，因为法官是为了裁判权而被任命的，而不是相反"）。然而，帝权（*imperium*）是一种裁判权（*iurisdictio*）；因此"这（裁判权）是先于它的法官即皇帝的"（"ipsa [iurisdictio] est prior suo iudice, qui est Imperator"）。

之人这同一个种，而且因为人中俊杰者规定了两位任职者所共有的标准。

> 因为，作为人，二者必须还原到完人（*optimus homo*），这是所有其他人的标准，也可说是"理念"，不论他是谁；二者必须还原到人类自身中最能代表种的那一位。㉕

诚然，但丁的观点是源于亚里士多德的。他自己引用过《尼各马可伦理学》和《形而上学》，而"完人"（*optimus homo*）的观念也许受到了亚里士多德《政治学》的启发。㉖ 不过，这里我们关心的是，但丁是如何运用亚里士多德观点的。

但丁推导出了衡量教皇和皇帝的两个标准，"上帝或天使"的标准以及"完人"的标准。依神意而设立的职位（"教皇职"和"皇帝职"），将以上帝（或天使）的标准来衡量。而任职之人则当依人的标准，即"在自己种里是最高程度的一"的那位或人种之"理念"的标准来衡量，此人（Man）极 460
为完美地以其"人性"（*humanitas*）代表了并包含了"人类"

㉕ *Monarchia*, III, 12,62ff:"Nam, prout sunt homines, habent reduci ad optimum hominem, qui est mensura aliorum et idea, ut ita dicam, quisquis ille sit, ad exsistentem maxime unum in genere suo."

㉖ 这些出处参照的是《尼各马可伦理学》第十卷第五章（1176a16）（参较 Aquinas, *In Ethica Arist.*, §1466, and Commentary, §2062, ed. Spiazzi, pp. 534ff），以及《形而上学》第九卷第一章（1052b18）。另见《政治学》第三卷第十一章第八—十二节（1287b20 and 1288a15ff and passim）（参较 Aquinas, *In Pol.*, §378, and Commentary, §519, ed. Spiazzi, 178,182）。

(*genus humanum*)。[27] 这就是说,本因职分之别受限于两个不同领域而不可比较的实体——教皇和皇帝,一旦参照上帝和人类便可作比较了。他们可通过神的或人的标准来被衡量,可通过分别与职位和任职者相对应的"神性"(*deitas*)和"人性"(*humanitas*)标准来被衡量。但是他们决不能通过完全不相干的标准来被衡量,譬如,日月、双剑以及其他暧昧混乱、不切实际的(如此频繁地被援用来确定教皇或皇帝权力范围的)比喻。[28]由此,但丁将教皇和皇帝何者权重的旧争论,转到了一个不同于以往论证的新层面,他让两种权力参照它们的绝对标准——"神性"标准和"人性"标准,这两个标准通过基督的道成肉身彼此紧密结合,有时几乎可以互换。

一个问题可能会由此产生:在但丁的一般观念中,"成之

㉗ 有关"在自己种里是最高程度的一"("maxime unus in genere suo"),参见 *Monarchia*, I, 15,1ff,但丁在这里建立了存在、一和善的"分级"(*gradatim se habent*[它们都是有分级的]):"最高程度的存在就是最高程度的一,最高程度的一就是最高程度的善"("maxime enim ens maxime est unum, et maxime unum est maxime bonum"),并得出结论:"因此,事物所有的种中最善的东西便是最高程度的一"("Propter quod in omni genere rerum illud est optimum, quod est maxime unum")。现在,但丁将这种分级转用到人身上:在自己种中最高程度的一的人就是"完人",因此也成为该种的理念与标准;这样的人就像是在质量和数量意义上具现出来的"人性"。

㉘ 值得注意的是,Albericus de Rosate, on *C*.7,37,3, n.19, fol.108[rb]结合这些比喻再次道出了作者自己对但丁的看法:"尽管大家对此(太阳和月亮的比喻)持有公论,但丁本人却一反常识,不认为其中有指涉教权与帝权的比喻意义。他在上述问答中用精细和令人信服的理由证明了这一点。他同样也谈到了两把剑……他否认上述内容意指教权和帝权"("licet hoc communiter teneatur, tamen ipse Dantes negat verum esse quod in hoc figurentur sacerdotium et imperium. Et hoc probat in dicta quaestione per subtiles et probabiles rationes. Et idem dicit de duobus gladiis ... negat enim predicta significare sacerdotium et imperium")。参较 *Monarchia*, III, 4,12ff, and 9,2ff。参见 Nardi, "Note alla *Monarchia*," 103。

为‘人’”(Being Man)的能力(在质性意义上乃作为“自己种中最高程度的一”和“自己种的理念”)，本身是否并不能等同于某一“职位”，等同于“人”对人类担当起重责的职位——此职位在位阶、责任和普遍性上等同于“教皇职”和“皇帝职”，配享在永恒性方面不亚于教皇或皇帝的威严，即“人”的威严。完满地代表了“人”之理念的那一位，是不是就有可能会超越“彼得”或“提修斯”的偶然个体性，而成为自己那个种的超个体代表和人格威严的任职者，身上体现出人的团体和属类的威严？ 461
事实上，有种提法认为，但丁的“完人”不仅与亚里士多德的“贤人”一致，而且，这种哲学贤人似乎在第三条轨道上代表了独立于教皇或皇帝之外的第三种威严。[29] 尽管在其他方面这种提法也许是正确的，[30]这种教皇—皇帝—哲学家的三分法却并不符合《帝制论》中泾渭分明的二重性；在《帝制论》中，地上的完人标准(“不论他是谁”)与天国的上帝或天使标准是处于平衡状态的，这与但丁地上和天上两个乐园的平衡关系是相对应的。[31] 而且，哲学家—贤人在《帝制论》中也不能被视为第三实 462

---

[29] Gilson, *Dante*, 189ff.

[30] 有关“阿波罗神的帝国”(“Apolline Empire”)，参看 Burdach, *Rienzo*, 170ff, 501ff; Leonardo Olschki, *Dante* “*Poeta Veltro*” (Florence, 1953)，作者视猎犬(Veltro)的使命与诗人哲学家的使命是一样的。

[31] 在对《帝制论》第三章第十二节极富启发性的讨论中，吉尔松(*Dante*, 188ff)是通过将完人视同于亚里士多德的贤人，而得出秩序三分法(教皇、皇帝和哲学家)。这种等同本身是可能的，尽管在那一章中但丁并没有这样说过，也没有表露过这种看法。此外，吉尔松在确证教皇、皇帝和贤人三种层级上平等的秩序之后，以论及所有这三种秩序的方式解释了这句话“不能说一方从属于另一方”(*non potest dici, quod alterum subalternetur alteri*)：三种主权拥有者的任一方在自己的范畴内部均没有上位者。尽管这样的三分法肯定出现在 13 世纪思想框架内，也出现在但丁本人的思想中，但吉尔松的解释未能把握住《帝制论》(转下页)

体，因为这部著作旨在证明，皇帝的使命是引领“人类”趋向理智的或哲学的完善。因此在《帝制论》的体系中，皇帝和哲学家是一致的；他们必然会走到一起，否则，皇帝就会缺乏伦理正当性和道德资格，无法通过把哲学理性恰当用于人类的自然目标，来完成他引导人类的自然（即他纯粹作为人的）使命——正如属灵的牧者教皇，其使命在于引导人们达到基督徒的超自然目标。换言之，但丁的整个二元论体系，参照“人性”所构设出的形象不是希腊哲学家—贤人的，而是罗马皇帝—哲学家的，如同该体系是参照“基督教性”（*Christianitas*）而构设出罗马教皇的形象一样。说到底，完善的目标不过两

（接上页）第三章第十二节中的主导观念。且不说吉尔松的解释会遇到语法难点，因为“一方”（*alter*）只是在两个选项上的选择，而不是三个选项上的选择（可参见与教权和帝权相关的一句话：“这些权力被区分开来，一方不从属于另一方”［“Distincte enim sunt hae potestates *nec una pendet ex altera*”］，这句话引述于Kempf，*Innocenz III.*，218，n.65，also 221，n.71），在其他方面，吉尔松有关上帝之下的三分秩序乃协和的这种解释，也是不能令人信服的。吉尔松用下图（此处有所简化）来支持自己的论证：

但这完全不是但丁所表达的，但丁只是确立了将教皇和皇帝联系起来的两个关联点，其一是职位，其二是人，可由下图示意：

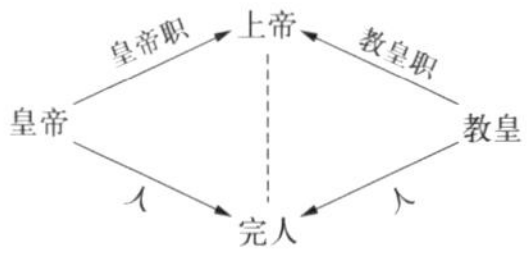

“上帝”和“完人”是教皇与皇帝均可关联的两个实体：他们的职位关联的是上帝，他们的个体性关联的是“完人”（可能与亚里士多德贤人相等同，也可能不等同；后一种情况是可能的，但对但丁此处想要表达的没有什么影响）。通过将完人转用于教皇和皇帝的共通项，吉尔松似乎取消了他们共同的人的关联点，同时取消了上帝和完人之间的张力，这种张力可相较于职位和人之间的张力。事实上，这重要一章里的张力，与由亚当和基督象征的人类目标的普遍二元性是紧密结合在一起的，亚当和基督正是两个乐园中完善性的典范：亚当在地上乐园，基督在天上乐园。

个，达到完善的道路也不过两条，这“两条道路”（*due strade*）是由罗马的两个太阳——皇帝和教皇照耀的：

> 罗马，善好世界的缔造者，向来
> 有普照生辉的两个太阳，
> 照耀现世的道路，也照耀上帝的道路。[32]

教会法学者们曾说过，“两位皇帝统治整个世界，一位是教会的，另一位是世俗的”，那么，“两个太阳”的奇特比喻是不是但丁对这些教会法学者的回应呢？这一问题于此处并不重要，[33]不过

---

[32] *Purg.*, XVI, 106ff：

> Soleva Roma, che il buon mondo feo,
> due soli aver, che l'una e l'altra strada
> facean vedere, e del mondo e di Deo.

有关这一问题，参见拙文“Dante's ‘Two Suns’”, *Semitic and Oriental Studies in Honor of William Popper* (University of California Publications in Semitic Philology, XI [Berkeley and Los Angeles, 1951]), 217－231。Michele Maccarone, “La teoria ierocratica e il canto XVI del Purgatorio”, *Rivista di Storia della Chiesa in Italia*, IV (1950), 359－398，笔者当时尚不知晓米歇尔·马卡罗(Michele Maccarone)此文。

[33] 参较 Stickler, “Imperator vicarius Papae,” *MIÖG*, LXII(1954), 200, n.66（以及 Kempf, *Innocenz III.*, 211, n.47），文中引用了 *Summa Bambergensis*（《班贝格〈教会法汇要〉评注大全》）的下述内容：“……在 c.10, D. XCVI 中是这样说的：有两位皇帝，一位是教会的，另一位是世俗的，他们统治全世界；的确如此，不过他们是用法律来统治的”（“... infra XCVI di., duo, ibi dicitur, quod duo imperatores scl. ecclesiasticus et secularis, totum orbem regunt; verum, set per iura regunt”）。这一说法引用于 c.10, D.XCVI, Friedberg, I, 340，是教皇杰拉斯一世(Gelasius I)对教皇权威与君王权力的著名定义，定义是这样开始的："尊敬的皇帝，（统治两个世界的）有两位……”（“Duo sunt quippe, imperator auguste, quibus ...”）看来，*Summa Bambergensis* 的作者在说“两位皇帝”（*duo imperatores*）时，似乎曲解了“皇帝”（*imperator*）在定义中的呼格意义。

463 但丁的思路再次表明了人类目的和人类领导权的根本二元性。

但丁受亚里士多德启发，赋予人类社会一个"以自身为目的"的道德—伦理目标，它因与教会目的并列而独立于有着自身目的的教会，这是《帝制论》整个理论体系的大前提。这种道德—伦理价值和教会—属灵价值的二元性，普遍存在于但丁时代的法学家们中间，他们指出，"统合体"（*universitas*）是可与教会"神秘体"同列并置的"道德的和政治的身体"，[34]或者与但丁一样主张，"帝国像教会一样有着自己的基础；教会的基础是基督……而帝国的基础则是人法"。[35] 为了辩护"人类统合体"（*universitas generis humani*）的自足性和主权，但丁像法学家们一样，挪用了神学语言和教会思想来表述自己有关世俗政治身体的观念；由此，他建构出了"对教会宗教观念的世俗化模仿对象"，[36]甚至还赋予了该创造物自身的至福状态——地上乐园。其结果便是产生出了彼此独立的集合体的二重性，一个是"人—帝国的"，另一个是"基督教—教皇的"，二者都具有普遍性，各自追求着自己的目的和人类完善的目标。这种二重性与托马斯思想体系有深刻的差别，后者一成不变地让世俗目的屈从于属灵目的之下，我们也就不难理解，但丁的体系为何立刻招致了他同时代的多明我会修士里米尼的圭多·维尔纳尼（Guido Vernani of Rimini）对《帝制论》的

---

[34] 参见第五章注 60、68、81；以及 Kantorowicz，"Mysteries of State，" 8ff。

[35] *Monarchia*，III，10，47ff："... sicut Ecclesia suum habet fundamentum，sic et Imperium suum：nam Ecclesiae fundamentum Christus est ...；Imperii vero fundamentum ius humanum est." 这段内容完整引述于 Albericus de Rosate，on *C*.7，37，7，n.30，fol.109；参较 Nardi，"Note alla *Monarchia*，" 105。

[36] Gilson，*Dante*，179f，also 166，and passim；d'Entrèves，*Dante*，50.

猛烈抨击。维尔纳尼宣称，此生中作为终极目的的政治至福， 464
那种仅通过发扬道德或理智美德便可获取的政治至福，是并不存在的。[37] “同步”(*pari passu*)朝向不同目标的集合体的二元性，对于但丁笔下不受控于教皇的自足性世界帝国是不可或缺的。但丁的君王不只是手持利剑者、教皇的执行武官，而是必然会在自身权限内具备一种哲学—理智的力量。因为，皇帝的主要责任正在于，利用自然理性和涵盖法律科学的道德哲学，[38]去指引人类心志获得尘世至福，就如同教皇肩负神意之责要指引基督徒灵魂趋向超自然光照一样。

目的的二元性并不必然意味着各为其主式的对立或冲突。但丁在著作中没有设立“人的”与“基督教的”之间的对立。但丁以一位基督徒的立场写作，向基督教社会宣讲，在《帝制论》结尾处他明确说道，“尘世有朽的至福依某种特定方式是以不朽的至福为秩序取向的”。[39] 然而，即使这两种人类潜能的现实化最终必定要相互支持而非彼此排斥，但丁事实上还是区分出了“人的”完善和“基督教的”完善——人类至福可能的两种截然不同的方面。在但丁的哲学体系中，人性(*Humanitas*)领域仍与“基督徒性”(*Christianitas*)领域有霄壤之异，人类社会的自主性权利——尽管有赖于教会的赐

---

[37] 参较 Guido Vernani, *De reprobatione Monarchie composite a Dante*, ed. Thomas Käppeli O.P., “Der Dantegegner Guido Vernani O.P. von Rimini”, *QF*, XXVIII, 123 - 146，特别参见 126，14ff, 146，5ff and passim。

[38] 参见上面注 13。参见 Hermann Kantorowicz, *Glossators*, 37f。

[39] *Monarchia*, III, 16，132ff：“... quum mortalis ista felicitas quodammodo ad immortalem felicitatem ordinetur.”

福——受到了如此有力的强调，我们甚至可以说，但丁“毅然
465 决然地摧毁了”世俗者无可置疑统合于属灵者的观念。[40] 但丁的前人倾向于让帝国从教会怀抱中挣脱开来，将哲学理性与神学区分开来，并通过把理智交付国家而将灵魂留给教会照料，从而来质疑“理智灵魂”的单一性，但丁的形而上学剖析术超越了前人的做法。但丁并没有让“人性”反对“基督徒性”，而是彻底将它们分离开来；他把“属人的”从基督教的复合体中带走，赋予它名实相符的价值——这或许是但丁在政治神学领域最具原创性的成就。

但丁的“分离论”导致了不同的社会学诸层次的创生。他的“人类统合体”(*humana universitas*)不仅囊括了基督徒或罗马教会的成员，而且还被构想成是所有人(基督徒和非基督徒)的世界共同体。成为“人”，而不是成为“基督徒”，是成为此世人类共同体成员的标准，为了普遍和平、正义、自由与和谐，该共同体由哲学家—皇帝引领，在地上乐园完成自己世俗性的自我实现。人类中的大部分人——犹太教徒、穆罕穆德信徒和异教徒——并不属于基督的神秘体，或只是潜在地属于这个神秘体，[41]而但

---

[40] 参见 Gilson, *Dante*, 211ff，吉尔松正确地对所谓但丁的“托马斯主义”这种解释给予了重击，并认可了但丁那摧枯拉朽般政治激情的力量。

[41] 参见 Aquinas, *Summa theol.*, III, q.8, art.3, resp.:“Quaedam tamen sunt [membra corporis mystici] in potentia, quae nunquam reducuntur ad actum”(“然而，有些是潜在可能的[神秘体成员]，是决不会进入现实状态的”)。这里争论的问题是“基督是不是所有人的头”(*Ultrum Christus sit caput omnium hominum*)，阿奎那的回答是肯定的，不过他补充说：“但要根据种种不同的程度”(“sed secundum diversos gradus”)。教皇权至上主义者们不像阿奎那这么慎重，而是主张从这种潜能性(即教会对普遍性的使命)去演绎基督代理人的现实普遍权力，可参见 James of Viterbo (*De regimine christiano*, I, 4) (转下页)

丁的“人类世俗国家”(*humana civilitas*)包括了所有人：异教的(希腊和罗马的)英雄们和智者，穆斯林苏丹萨拉丁和伊斯兰哲学家阿维森纳、阿维洛伊。但丁重复一个普遍性议题的同时可能也是在主张，世界在神圣奥古斯都这位怎么都算是异教皇帝的指引下臻于至善，在他的统治下，基督自己选择降 466
生为人，做一个罗马公民。[42]

(接上页)或 Aegidius Romanus (*De eccles. potestate*, III, 2)。然而，其他作者拥护与但丁类似的观点。譬如，*Somnium viridarii* (*Songe du Verger*[果园之梦])的作者十分明确地说道：“根据使徒训导，教皇并不统治异教徒，而只统治基督徒”(“Papa non est super paganos secundum apostolicas sanctiones, sed solummodo super Christianos”)，并得出如下结论：“因此(教皇)并不是所有人的世俗统治者”(“ergo [papa] non est dominus temporalis omnium”)。参较 *Somnium viridarii*, II, 35, ed. Goldast, *Monarchia* (Hanau, 1612－1614), I, p.154 (以及 II, 174, ed. Goldast, p.175：“Romanus pontifex non praesit omnibus”[“罗马教皇并不统治所有人”])。参较 F. Merzbacher, “Das *Somnium viridarii* von 1376 als Spiegel des gallikanischen Kirchenrechts”, *ZfRG*, kan.Abt., XLII (1956), 67, n.53.

㊷ 有关基督的罗马公民身份，参见 *Monarchia*, I, 16, 17ff, 以及 II, 12, 44f；另见 *Purg.*, XXXII, 102：“cive/Di quella Roma onde Cristo è Romano”(“[然后你将同我一起永久做]基督是罗马人的那个罗马的公民”)。但丁在 *Convivio*, IV, 5, 50ff 中讨论同样的问题时，对自己的奥古斯都神学投入了远为更多的热情：奥古斯都时代，不仅天上，而且地上，都比之前甚至之后的时代显得治理更好。“没有之前甚至之后的世界，能如罗马人民唯一元首和统帅发号施令时那般治理完善……因此普遍的和平到来了，之前和之后都不会再有：因为人类同胞们的船是在安稳的航线上向着正确的港湾笔直前行”(“Nè'l mondo *non fu mai nè sarà* si perfettamente disposto, come allora che alla voce d'un solo principe del Roman popolo e commendatore fu ordinato ... E però pace universale era per tutto, che *mai più non fu nè fia*: chè la nave della umana compagnia *dirittamente per dolce cammino a debito porto correa*”)。有关“奥古斯都的和平”(*Pax Augusta*)，也可参见 *Par.*, VI, 80f，有关奥古斯都的敕令(*de iustissimi principatus aula prodiisset edictum*[此敕令由元首宫廷郑重颁布])，则可参见但丁书信(*Epistolae*, VII, 64ff)，以及该书信 14 行以下对亨利七世的适用(*tu*, *Caesaris et Augusti successor*[您，凯撒和奥古斯都的继任者])。巴托鲁斯是了解但丁的《帝制论》及其诗歌的(参较 Woolf, *Bartolus*, 17, n.4, and 90f)，他在对 *Digesta* 49, 15, 24 的注释(n.7, fol.261ᵛ)中，将奥古斯都神学推升到顶点：“进而言之， (转下页)

根据13世纪后期和14世纪早期几位教会法学者和教皇身边政治论者的看法，“教会之外无正当的帝国”，这意味着，异教皇帝们并不能正当地拥有帝国；但丁的对头圭多·维尔纳尼更是直言不讳，“在异教徒当中既无真正的国家也无真正的皇帝”。但丁甚至都未对这种理论作出反驳，而是差不多将这种理论进行了底朝天式的翻转。圣保罗认为基督道成肉身之时是“时候满足”（《加拉太书》4：4）*，这一表述只能用在基督身上。然而，但丁认为奥古斯都也配得上这种说法，因为他称“时候满足”为神意应验之时，基督和奥古斯都当时都行在

（接上页）如果谁说统治者和皇帝不是全世界的统治者和君王，那他就是异端，因为他的说法违背了教会的决定，违背了圣福音书的经文，因为《路加福音》（2：1）里有言：‘凯撒奥古斯都有旨义下来，叫天下人民都报名上册。’如此，基督也认皇帝是统治者的”（“Et forte, si quis diceret dominum Imperatorem non esse dominum et monarcham totius orbis, esset haereticus, quia dicerat contra determinationem Ecclesiae, contra textum sancti Evangelii, dum dicit *Exivit edictum a Caesare Augusto, ut describeret universus orbis*, ut habes Lucas II[：1]. Ita etiam recognovit Christus Imperatorem ut dominum”）。巴托鲁斯的论证经常被引用，甚至是一字不差地被重复；可参见 Jason de Mayno, *Consilia*, III, 70, n.3 (Venice, 1581), fol. 119^v。不过也有其他一些人猛烈抨击他；参见 Woolf, *Bartolus*, 25, n.2。对但丁来说，奥古斯都无疑像大卫和所罗门一样，属于在基督直捣地狱日（Harrowing of Hell）得到救赎的那群人。在某种程度上，但丁是追随了奥罗修斯（Orosius）以及弗莱辛的奥托（Otto of Freising）（*Chronica*, III, 6）；有关奥罗修斯的奥古斯都神学，还可参见 Erik Peterson, “Der Monotheismus als politisches Problem”, 收录于他的 *Theologische Traktate* (Munich, 1951), 97ff；这一问题上许多有价值的见地要归功于 Th. E.蒙森（Th. E. Mommsen）的研究，见他的 “Aponius and Orosius”, *Late Classical and Mediaeval Studies in Honor of Albert Mathias Friend, Jr.* (Princeton, 1955), esp.107ff, 110f。另见下面注43。

* “the fulness of time”直译是“时间的充实”，在注43最后一句《帝制论》引文中，“充实”是对“时间”的谓述，该句话很好地解释了何为“时间的充实”或“时候满足”。——译者

地上之国，“我们至福的使职是不会缺了至福的执行者的”。[43]也就是说，只有在完善的皇帝奥古斯都的统治下才会有“完善的帝国”，即承平状态下的罗马帝国；在“时候满足”之际，帝国内有朽至福的完善领路人，并不是基督徒，而是帝国诗人维吉尔，但丁最终是在他的引领下，进入地上乐园的。换言之，但丁反对教权主义者所主张的观点——认为异教徒当中没有真正的国家（*vera respublica*）和真正的皇帝（*verus imperator*），而主张完善的帝国（*perfecta monarchia*）只存在于异教皇帝、人中之杰神圣奥古斯都的统治下，旷世唯此一例，之前之后都不会再有。 467

也许我们还必须考虑“人性”（*humanitas*）一词的多义性。从质性而言，“人性”意味着真正的人的作为；从数量上看，它意指全人类——这两个含义在但丁的著作中相互依赖，甚至在神学上还可能与基督的人性有关联。为了获得“人性”的最

---

[43] 有关格言“教会之外无帝国”（*extra ecclesiam non est imperium*），参见 Gaines Post, “Some Unpublished Glosses,” 408（参照 c.39 post, C.XXIV, q.1, ed. Friedberg, I, 982）以及 411ff。有关圭多·维尔纳尼，参见下面注 80 和 82。参较 Aegidius Romanus, *De eccles. potestate*, III, 2, ed. Scholz, 153：“... apud infideles nec est proprie imperium neque regnum”（“在异教徒当中既无严格意义上的帝国也无严格意义上的王国”）。反对的见解（类似于巴托鲁斯的看法；见上面注 42）可见于 *Somnium viridarii*, I, 179, ed. Goldast, 133f（esp.134, 10ff）：“... certius notum est quod illi infideles erant veri imperatores ... Nam de vero imperio seu regno illo infidelium habemus testimonium Christi”（“……可以确知，异教徒当中有真正的皇帝……因为，对于异教徒们的真正的帝国或王国，我们有基督的证言”）（引用了《马太福音》22：21 和《路加福音》2：1）。参较 *Monarchia* I, 16, 19ff：“Vere tempus et temporalia quaeque plena fuerunt, quia nullum nostrae felicitatis ministerium ministro vacavit”（“确实，时间以及时间之内的万物都是充实的，因为我们至福的使职是不会缺了至福的执行者的”）。另见前注。

高完善，每个人必须各尽所能为人类全体作出贡献；由此，人类，或数量上的“人性”，在但丁看来就是独一人（One Man）、囊括所有人的单一共同体、普遍团体或“某种整全体”（*quoddam totum*），但丁称之为“人类统合体”（*humana universitas*）或“人类世俗国家”（*humana civilitas*）。“统合体”一般是法学上惯用于指团体的专门术语，而“世俗国家”（尽管不见于法律用语）却有某种附加的蕴意：人们普遍性的公民权、公民思维、他们的人文素养甚至教育。[44] 无论如何，除开劳动分工、物品需求和社会性动物其他必需事项这些实践
468 性问题，“人类世俗国家”还有一个蕴意是普遍共同体，它靠着自然的、理智的、教育的纽带，靠着某种世界性政体的公民心态维系起来。在此，但丁并没有为基督子孙的超自然群体或亚当子孙的自然群体使用“神秘体”（*corpus mysticum*）一词；但如果说存在过什么世俗的“神秘体”，那它就存在于但丁的“人类世俗国家”之中。因为，人的这个普遍共同体，代表了人类之父的神秘体——“亚当的神秘体”（*corpus mysticum Adae*），它的头是皇帝，但丁让他肩负引领人类重返出发之地即地上乐园的使命。

---

[44] *Monarchia*, I, 7,2ff，谈到了“某种整全体”（*quoddam totum*）和“统合体”（*universitas*）（另见 I, 3,31）；有关“世俗国家”（*civilitas*），参见 I, 2,50ff, and passim。有关“世俗国家”，还可参见 Kern, *Humana Civilitas*, 33f; Nardi, *Saggi di filosofia dantesca*, 260; Ercole, *Il pensiero politico*, II, 78ff，艾克（Ercole）指出（115ff），万民法（*ius gentium*）和市民法（*ius civile*）从与“人类世俗国家”（*humana civilitas*）关联来看，都是有别于单个性共同体的实定法的。另见维奈（Vinay）对《帝制论》（*Monarchia*, I, 3,1, p.14, n.13）的注释。巴尔都斯（以及其他一些人）似乎主要是在“公民权”的意义上使用该词；可参较 *Consilia*, V, 64, n.2, fol.19ᵛ，以及 IV,445, n.5, fol.101ᵛ。

通往地上乐园之路的特征是理智的或道德—政治的德性，即那些古典—异教的主要德性：谨慎、勇敢、节制和正义。现在经院哲学区分了两组德性：其中上述四枢德为第一类，专名为“理智德性”（*virtutes intellectuales*）或“习取德性”（*virtutes acquisitae*），它们存在于人身上，凭人性和人类理性便可获致；第二类是三超德——信、望、爱，它们仅被赐予上帝恩典之人，故而仅被赐予基督徒，其专名是“灌注德性”（*virtutes infusae*）或“神所灌注德性”（*virtutes divinitus infusae*）。12、13世纪的神学家们依循奥古斯丁的观点，只承认“灌注德性”为无条件的“真正的德性”（*verae virtutes*）。当然，他们并不否认后天习取的政治—道德德性的存在，但是否认这些德性在没有灌注德性这神学姊妹相伴时仍有“存在理由”，因为他们没有把独立的超自然价值赋予那些纯粹属人的德性，因此，即使异教徒或不信教者有德性之举，从拯救的观点看它们是没有什么实质重要性的。只有深受亚里士多德影响的阿奎那脱离了这种神学的传统，首先给道德—政治德性以充分固有的“本质上”（*secundum rationem*）的价值：“政治德行并非欠缺重要性，其本身就是“善好行为”（*actus de se bonus*）”，并且，“倘此德行由恩典激发，那便可谓懿德了”。[45]

但丁算是阿奎那忠诚（要说也有不顺从）的门徒。对他来 469

---

[45] 有关这方面的历史发展，O. Lottin OSB, “Les vertus morales acquises sont-elles de vraies vertus? La réponse des théologiens de Pierre Abélard à saint Thomas d'Aquin”, *Recherches de théologie ancienne et médiévale*, XX (1953), 13－39做了很好的梳理，作者在第38页引述了阿奎那（Aquinas, *In II Sent.*, D. 40, q.1.a.5）的这一关键性内容。另见洛坦（Lottin）的研究续篇，ibid., XXI (1954), 101－129。

说，没有什么会比政治德行"本身就善好"这一信条更易接受了。但丁实实在在地接受了这一观点，敢于将理智德性的这种独立性价值分离出来，并与灌注德性的超自然价值两相对照，认为它们虽种类有别但等级是相同的。同时，他执守着人类习取德性和神圣灌注德性这二者之间的区分，措辞毫不含糊。[46] 阿奎那只是区分了理智德性和神学德性以及它们的功能和目的，并没有拆解七主德（依次对应七宗罪）在功能上的统一性，但丁则将它们分成两组，与他的两个乐园的观念结合起来，将理智德性归入地上乐园，而将灌注德性交托天上乐园。12 世纪的艺术中出现了一种所谓的"德性和罪恶之树"——对两组人类行为的图式表象：七宗罪有时由铭刻了"老亚当"（*Vetus Adam*）的形象来替代，七主德则由铭刻了"新亚当"（*Novus Adam*）即基督的形象来替代。[47] 将四大理智德性赋予天国的亚当，而不是"老亚当"，并相应地赋予了这位"新亚当"三大灌注德性，但丁的这种分法似乎暗藏另一种区分。他并未直接这么说，但在他的两个乐园的结构中，为了给他的普世帝国提供一个不依赖教会恩典的理智终极目标，能自律地运用异教的一人的德性便也成为一种恰当之举。换

---

[46] *Monarchia*, III, 16, 53ff; cf. Aquinas, *Summa theol.*, I-II, qq.61 – 63, also q.65.

[47] A. Katzenellenbogen, *Allegories of the Virtues and Vices in Mediaeval Art* (London, 1939), 63ff, and pls. XL-XLI; 另见 Herbert von Einem, *Der Mainzer Kopf mit der Binde* (Arbeitsgemeinschaft des Landes Nordrhein-Westfalen, Heft 37 [Cologne and Opladen, 1955]), 28, n.83, and figs.30 – 31。有关这些表象在 12 世纪的流布，还可参见 F. Saxl, "A Spiritual Encyclopaedia of the Later Middle Ages", *Warburg Journal*, V (1942), 107ff。

言之，只要加以适当引导，人类仅凭自己的机巧、自然理性力量和四枢德，便可达致第一人亚当所处的地上乐园。基督徒 470
之为人，为了获致天国至福的永恒安宁并在死后升享神圣之光，确实需要教会、灌注德性的襄助，因此也需要教皇的引导。但是人之为人，要获致哲学的幸福，获致尘世安宁、正义、自由与和谐，并不需要教会的帮助，因为，这一切借助四大理智德性是他力所能及的。

这一基本观念不仅为但丁的同时代人所熟知，像激烈反对他学说的圭多·维尔纳尼，[48]也为后来附和但丁并为之注释的学者们所深谙。例如，在佩鲁贾银行家会馆（Collegio del Cambio）的一个听讲室，墙上有一幅著名的壁画，它是佩鲁吉诺（Perugino）和学生们在当地一位人文主义者弗朗西斯科·马杜兰齐奥（Francesco Maturanzio）的学术建言下完成的。中间画着人子基督和圣子基督（基督的降生和变容）的窄墙，由它支撑着两道长墙：一边描绘的是神学的景象——永恒的上帝与诸天使、众先知在一起，另一边描绘的是四枢德，每一德性都由 3 人伴随和象征。此处我们的主要关注点是，四枢德的随从（cortège）——由它们的 12 位体现者或化身构成——由异教的英雄和智者们组成，他们完全是受异教人类德性的引导，与众先知所具现的超验世界形成一种平衡。[49] 然

---

[48] Vernani, *De reprobatione Monarchie*, on *Monarchia*, III, 16, ed. Käppeli, 145f.

[49] 有关人文主义者弗朗西斯科·马杜兰齐奥，参见 Lionello Venturi, *Il Perugino: Gli Affreschi del Collegio del Cambio*, a cura di Giovanni Carandente（由乔万尼·卡兰登特编辑）(Edizioni Radio Italiana, 1955), 28；可进一步参见 pl. II：伴随审慎（*Prudentia*）和正义（*Iustitia*）的费边·马克西穆斯 （转下页）

而，说但丁是该壁画创作的最终构思来源，根据在于：我们看到了独立登场的第十三位形象——小加图，对但丁而言，小加图正是四大公民德性实至名归的化身。[50]

471 不管怎么说，但丁通过将理智从早先与灵魂的统一中分离出来，将理智德性从与神赐灌注德性的统一中分离出来，释放了已然成为自由之理智的力量。为了现世的幸福，他运用这一理智的力量将所有人（基督徒和非基督徒）构成的人类世界共同体收摄统一。的确，普遍基督教信仰乃为所有基督徒共同信奉，然而，人的理智和自然理性却是人所共有的。个体灵魂的拯救，可能只会出现在那些相信拯救须靠基督的人身上，而在地上乐园获得纯粹理智完善和哲学的自我救赎，却是所有人都能做到的，包括《帝制论》中提到的西迪亚人（Scythians）和加拉曼特人（Garamantes）。[51]

显然，但丁证明世俗君王独立于教皇的一番良苦用心，“是从教会那里参鉴了普世基督教王国的理想，并将其加以世俗化”，[52]世俗化方式是以“人类”的观念取代“基督教王国”。

（接上页）(Fabius Maximus)、苏格拉底、努玛·庞皮里乌斯（Numa Pompilius）、弗利乌斯·卡米努斯（Furius Camillus）、庇塔库斯（Pittacus）、图拉真这6位；以及pl. IV：伴随勇敢（*Fortitudo*）和节制（*Temperantia*）的路奇乌斯·西基尼乌斯（Lucius Sicinius）、利奥尼达斯（Leonidas）、贺雷修斯·柯勒斯（Horatius Cocles）、大西庇阿、伯利克里、辛辛纳图斯（Cincinnatus）这6位。感谢潘诺夫斯基教授不仅让笔者注意到这一问题，而且任笔者使用以上所引述的刊行物。

[50] Venturi, *op.cit.*, pl.I；参较 *Purg.*, I, 22ff, 37ff，以及下面注94及其后。

[51] *Monarchia*, I, 14, 42ff.

[52] Gilson, *Dante*, 166。有关一个印象深刻的例子，可参见 *Monarchia*, I, 16, 23，特别是 III, 10, 44，此处，《约翰福音》（19：23）的“无缝的里衣”（*inconsutilis tunica*），在传统意义上本是指不可分离的信仰或不可分离的教会（可参见 *Liber aug.*, I, 1)，现已转用于不可分离的世界帝国。

但丁的同时代人，巴黎大学那批所谓的阿维洛伊学派的哲学家们，把阿维洛伊的现世理智至福或多或少地倡导为人类个体的终极目标。[53] 但丁虽然从不认为地上幸福是终极目标，但他将许多阿维洛伊主义者们所激进化了的亚里士多德学说，从个体层级上转用到了“人类统合体”的层级上，由此，但丁不仅为个体或个体之总和，也为更大的集合体，例如人本身之团 472
体，倡导了现世的哲学—理智至福。此团体被认为是由人类一致的理智诸能力结合起来的；这种一致的理智诸能力可由人类理智的统一性加以辩护；而这种理智统一性又使得皇帝—哲学家的指令权的统一性成为必须。现在，人类统一性、理智统一性和政治统一性的彼此联合——此联合指向人类全体的理智性自我展现，以其作为地上的自然目标——让但丁得出了一个非常大胆的结论，它在逻辑上也许无懈可击，但给

---

[53] 为当下目的，很有必要浏览一下由德尼夫勒(Denifle)等人出版的1277年“遭谴责的谬误”(*errores condemnati*)清单(参见上面第六章注5)，以理解但丁强调“理智德性”(*virtues intellectuales*)的旨趣所在；可参见 Denifle, No. 144: “Quod omne bonum, quod homini possibile est, consistit in virtutibus intellectualibus”(“对人可能的一切善，都存在于理智德性”)；或者，Denifle, No. 157: “Quod homo ordinatus quantum ad intellectum et affectum, sicut potest sufficienter esse per virtutes intellectuales, et alias morales, de quibus loquitur Philosophus in *Ethicis*, est sufficienter dispositus ad felicitatem aeternam”(“理智和欲求上正当有序的人，可以说，他们因着亚里士多德在《尼各马可伦理学》中所说的理智德性和其他德性就能充分存在，被置于了充分享受永久至福的状态”)。参较 Grabmann, *Der lateinische Averroismus*, 10f。这一哲学至福观念的最杰出代表是达西亚的波埃修，尤其表现于他的短论 *De summo bono sive de vita philosophi*, ed. Grabmann, *Mittelalterliches Geistesleben*, II, 200–224。有关亚里士多德的总体背景情况，参见 Harry V. Jaffa, *Thomism and Aristotelianism: A Study of the Commentary by Thomas Aquinas on the Nicomachean Ethics* (Chicago, 1952)。

人印象有点离经叛道。通过与人的单个性身体和理智作类比，但丁赋予了普遍性人类团体某种“普遍理智”。但丁并非不清楚“理智的统一性”是阿维洛伊学说代表性原理之一，因为，当但丁说下面这番话时，显然他自己就是在引用阿维洛伊的观点：

> 那么，“人性”的特殊潜能显然就是理智的潜能或能力。因为，那种潜能不能“完全且同时地”（*tota simul*）还原为仅是单个人的实现，或……特殊化群体里某个人的实现，人类必然是众人（*multitudo*）的复合体，只有众人的潜能实现了，整体的潜能才能实现。

但丁补充到，阿维洛伊在对亚里士多德《论灵魂》的注释里是赞同这一观点的。[54] 也就是说，只有人类整个团体能达成个体或局部团体无法达成的事情：让全部人类理智的所有潜能恒久地（*semper*）且同时地（*simul*）可实现。[55] 由此，但丁推断，人们需要世界帝国来确保“人性”全体在数量上和质性上的永久实现。他预见到了一种庞大的政治集团，这个集团的理智潜能通过四枢德的推动作用由罗马的哲学家—君王引向完

---

[54] *Monarchia*, I, 3,63ff.

[55] Ibid., 66ff:“potentia ista per unum hominem ... *tota simul* in actum reduci non potest ...”（“这种潜能……不能完全且同时地还原为仅是单个人的实现……”）; ibid., 73f:“ut potentia *tota* ... *semper* sub actu sit ...”（“让所有潜能……恒久地可实现”）; I, 4, 3f:“actuare *semper totam* potentiam intellectus possibilis”（“理智所有可能潜能恒久地实现”）。另见 Vernani, *De reprobatione*, ed. Käppeli, 127,19:“totius humani generis simul sumpti”（“同时聚现的人类全体的”[或“人类全体作为一个整体的”]）。

善——哲学家—君王固然具有某种不明确的神秘身份，但无疑是映照出“政治德性”（*virtutes politicae*）的玄鉴，是拥有一 473
切却又无所欲求、故而能恒常实现正义及其他德性的人。[56]

---

[56] 这里并不打算详细探讨但丁的君王形象（可能会有相当大的收获，但真要详加探讨还是极为困难的）。有决定性意义的是《帝制论》（*Monarchia*，I，11）对维吉尔《牧歌》第四首的引用。但丁描绘“农神的统治”（*Saturnia regna*）的复归（他视作最好的时代［*optima tempora*］）为一种潜能，这一复归在正义女神的统治下由“君王”（*Monarcha*）来实现或者体现，也就是说，君王不可避免要让真正的正义得以伸张，因为他拥有一切却又无所欲求：“所有欲望都被剪除时，便没有什么反抗正义的存留下来”（“Remota cupiditate omnino，nihil iustitiae restat adversum”）。倘若“正义”得以实现，和平（*Pax*）、自由（*Libertas*）、和谐（*Concordia*）以及所有其余的也都会实现。有关拥有一切的君王，参见*Monarchia*，I，11，81ff：“Sed Monarcha non habet quod possit optare；sua namque iurisdictio terminatur Oceano solum，quod non contingit principibus aliis，quorum principatus ad alios terminantur”（“但没有什么是君王可欲求的；因为只有他的裁判权以海洋为界，这不同于其他的统治者，他们的统治权是以邻国为界”）。但丁那里拥有一切的君王主要取典于亚里士多德；参见 Gilson，*Dante*，176ff；Vinay（ed.），*Monarchia*，p.62，n.21。不过，我们不应该忘记，法学家们特别是罗马法学家们一再讨论这一论题，承认君主“法权上”（*de iure*）拥有一切，尽管不是“事实上”（*de facto*）。他们也从哲学上深化了自己论证的基础，可是他们追随的哲学家不是亚里士多德，而是塞涅卡及其“贤人”理想，贤人“以君王方式”（*regio more*）拥有一切，国王既与贤人形成对照，又与贤人被置于同一分母之上（*De beneficiis*，VII，3ff）。可参见 Andreas of Isernia，on *Feud.*，II，56，n.78（*Quae sunt regalia*），fol.305^{v}：“... et melius per Senecam，de benefi. §.iur.civili. ［VII，4，2］‘omnia regis sunt etc.’ et sequitur ‘ad Regem potestas omnium pertinet，ad singulos proprietas’；et sequitur ‘quemadmodum sub optimo Rege omnia Rex imperio possidet dominia’［VII，5，1］，et hoc modo dicit infra ‘Caesar omnia habet etc.’［VII，6，3］. Seneca fuit iurista optimus，ut patet illis qui legerunt eum ...”（“……塞涅卡在《论恩惠》§.iur.civili.［VII，4，2］中说得更恰当，‘一切都属于国王，等等’，又说，‘对所有东西的权力属于国王，而现实的所有权则属于个体之人’；之后还说‘就像在最好的国王的统治下，国王以其统治权拥有一切，［而他的臣民以其各自的所有权拥有自己的财产］［VII，5，1］’，并且接下去他用了同样的表述方式，‘凯撒拥有一切，等等［VII，6，3］’。塞涅卡是最优秀的法学家，这对阅读过他著作的人是显而易见的……”）［此处《论恩惠》的译文内容参照了塞涅卡，《强者的温柔：塞涅卡伦理文选》，包利民等译，北京：中国社会科学出版社 2005 年版，（转下页）

至少有一点需要进一步阐明。严格说来，但丁并没有说过个体之人不可能达到自己的完善或人格的实现。这种说法是与教会的教义相冲突的；它不仅会遭到但丁本人的反驳，也会被但丁向地上乐园和天上乐园的朝觐之旅无声反驳掉，甚至还会为但丁笔下世界君王的形象所不容。[57] 但丁实际要说的是，人类知识的全体，人(man)之为“人”(Man)的全体，或简
474 言之，“人性”的全体，只有通过人类团体的集体努力才能实现。至于人类全体的这种完善是不是一项值得欲求的使命，甚至是不是一项必然的使命，则是另外一个问题。但丁的意图或可轻易从《神曲》的诗行中推察：

> 你们的本性由于种子犯罪
> 而全都有罪，

(接上页)第276—279页，据行文需要，有改动。——译者]另见 Andreas of Isernia, *Prooem. ad Lib. aug.*, ed. Cervone, xxvii。“塞涅卡是最优秀的法学家”这一论题还有待探究。但丁的君王“没有什么可欲求之物”(“qui non habet quod possit optare”)的观念，总体而言与法学家们是一致的；可参见 Baldus, on *C.*, prooem. (“*De novo Codice faciendo*”), rubr. n. 14, fol. 3^{v}，巴尔都斯反对将“欲求”(*oportet*)一词用于君主，“因为对(皇帝)自己来说没有什么是必需的；既然皇帝肖似上帝乃完全自由行动者，自由地行动……”(“quia sibi [imperatori] nihil est necessarium; nam imperator libere agit ad similitudinem Dei, qui est agens omnino liberum ...”)对这种皇帝哲学的倡言同样萦绕在腓特烈二世周围；可参见他写给约翰·瓦塔特泽斯(John Vatatzes)的书信(Huillard-Bréholles, VI, 685)。然而，但丁的理念与所谓的“现实”并不相符，这一点不应被解释为“辩证法上的故弄巧辞”(un bel gioco dialettico)(Vinay, *loc.cit.*)。但丁所描述的不是君王的“自然身体”，而(可以说)是永久君王的“政治身体”。

[57] 有关这一问题总体情况的一些评述，参见 Vinay (ed.), *Monarchia*, 23ff, n.16 (on I, 3)；另参见下面注62及后注。

远离天国的同时，也远离了自己的高贵。[58]

这就如阿奎那所言，从原罪来看，整个人类就像是一个身体和一个人。[59] 针对陷入(初人身上)既已潜在之罪的人类全体，但丁构设了另一种人类全体，它潜在就能重归“自己的高贵”和乐园。人类全体靠着自己的力量，借助理智德性，便可在亚当被逐出的地上乐园中达成自我实现，在无罪状态下，亚当自身便是对“人性”无条件的实现。但丁可以说是将这种潜能翻转了过来：如同亚当在其肢体里潜在包含了人类和人的罪孽，人类全体之中也包含着亚当和他的完善状态——(若可以这样指称的话)他肢体中的“纯真状态”(*status subtilis*)。那种脱离亚当(人类)的东西，又以团体的形式回到了他。无疑，但丁是把“人种”设想成了单一人格，单个的团体，它就像法学家们的“统合体”，是“恒久的”且“同时的”现实状态。与那种永恒的“人类统合体”相比，其构成个体的理智力量，因有朽、变化不定，与其他社会团体一样只可能是不完整的、短暂的和不完善的。因此，永久的现实化状态——通常是天上诸理智体的特权[60]——

---

[58] *Paradiso*, VII, 85ff:

Vostra natura, quando peccò tota
nel seme suo, da queste dignitadi,
come da Paradiso fu remota.(参照田德望先生译文，略有改动。——译者)

[59] 参见下面注 72。

[60] *Monarchia*, I, 3,55－62，但丁似乎想说，永恒的存在就是永久的现实状态；但是他主张“存在”(*esse*)与“认知”(*intelligere*)在天上诸理智体那里是合一的，因此遭到了奎多·维尔纳尼的反对(*De reprobatione*, ed. Käppeli, 127,4)，维尔纳尼批驳这种合一是“不可容忍的谬误”(*intolerabilis error*)，因为只有在上帝那里“存在”和“认知”才是合一的。有关这一内容，也可参见 Vinay, *Monarchia*, 22, n.15。

475 只有通过整个团体或人种才能实现，但丁把单一而普遍的理智赋予了这一人种团体。

很明显，但丁是从阿维洛伊那里借来了“普遍理智”的概念，对此但丁毫不掩饰，但这个概念的意义却与阿维洛伊学派有所不同。阿维洛伊学派梦想着某种分离的世界理智可在哲学家个体身上实现，或通过这位哲学家来实现；然而，但丁想到的却是集体。但丁心中有某种无所不在的世界理智，它尽管超越了人类每一个个体成员，但并不与个体成员相分离，并且，它只有借助作为“单人”或集体之个体来行事的“统合体”才能完完全全被实现。[61] 如此一来，但丁的观念就不可否认地带上了异端色彩，特别是但丁自己于此论题中引用的是阿维洛伊，无疑思考的也是阿维洛伊。因此，但丁的对手维尔纳尼将诗人的哲学理论烙上“极端谬误”（*pessimus error*）的印记，从表面上看并没有错。但是“极端谬误”不能简单加诸集体理智学说之上。以传统观点来看，维尔纳尼没有错：他以理智灵魂（*anima intellectiva*）的概念为前提，表明了灵魂和理智的传统统一性；在这个前提下，但丁的集体理智也就蕴含了“集体灵魂”或世界灵魂，因而否认了人类中的个体灵魂，否认其个体的完善和救赎的可能性。[62] 然而，但丁所做的其实是把理智与灵魂分离了开来，把“理智德性”与“灌注德性”分离了开来；人们或许可以一种确属夸张的方式进而提出这样一个假设：但丁一方面在关于理智方面构设了某种主导性的集体

---

[61] Gilson, *Dante*, 169，吉尔松在阿维洛伊学派的个人完善与但丁的集体完善之间作了很好的区分。

[62] 参见 Vernani, *De reprobatione*, ed. Käppeli, 127f。

完善，而另一方面又在关于灵魂方面预见了传统的个体之完善。[63] 不过这与我们的论证没有什么关联。重要的是，但丁认 476
为普遍理智应该“永久地”且“同时地”实现，这个永久性要求在个体方面是无法满足的，就像任何博洛尼亚的个体公民不能实现博洛尼亚本身的永恒性一样。在这一点上，但丁显然是接受了他那个时代法学家和哲学家中间流行的团体学说，而不是阿维洛伊的学说。

尽管法学家们难以准确界定统合体的罪性和责任，但他们至少一致认为，团体身体既没有头，也没有灵魂和理智。[64] 团体没有灵魂，便无法遭到教会绝罚，落入撒旦之手；团体无头，便可免遭枭首之刑，不过，集体罪行的问题（经常被解释为人类全体所背负原罪的世俗对应物），在 13 世纪与在今天一样都广受讨论。[65] 法学家有时会宣称，既然诸团体借拟制而拥

---

[63] 有关这一区分，参见 M. Barbi，“Nuovi problemi，VIII：Impero e Chiesa，” *Studi danteschi*，XXVI (1942)，13，n.1。不过，这一区分是否成立大可质疑：现世的“沉思生活”（*vita contemplativa*）的目标总归是个人的至福，而但丁在《帝制论》中想要深究的是可界定为集体性的“行动生活”或“政治生活”（参较 I，2，36ff）。可参见 Jacobus de Pistorio，*Quaestio de felicitate*，ed. P. O. Kristeller（下面注 71），462，lines 460ff，作者区分了沉思个体的“至福本身”（*ipsa felicitas*），人作为“群体的一部分”（*pars multitudinis*）的“实践至福”（*felicitas practica*），以及与人作为“宇宙的一部分”（*pars universi*）相关联的人类的永恒性这三者。

[64] 有关几处重要内容，参见 Gierke，*Gen.R.*，III，363，n.36；cf.280f，282，n.112。整个世界可能是一个“团体”，这一观念是不言而喻的；可参见 Bartolus，on *D*.6，1，1，3，n.2，fol.204（上面第六章注 70）。有关巴尔都斯，参见上面第六章注 91，另见 Gierke，*Gen.R.*，III，356，n.8，545，n.64。

[65] 1945 年以来为国际关注的集体罪行（*peccatum multitudinis*）问题，近年来不断引发学者们从经院学说—教会法的角度和从原罪（*peccatum originale*）的相关背景下进行研讨，对此可参见 Franz König，“Kollektivschuld und （转下页）

有身体,“也应借此拟制拥有灵魂”,[66]这种说法当然与“一元心灵论”(*monopsychism*)无甚牵连,正如但丁学说与阿维洛伊的“理智统一性”几无瓜葛一样,[67]他们这么说只是在玩弄概念
477 术语而已。然而另一方面,但丁同时代的法学家们声称,“统合体”本身就是不可分割的整体,“是一种不可再分为诸部分

(接上页)Erbschuld”, *Zeitschrift für katholische Theologie*, LXXII (1950), 40–65; Eschmann, “Studies in the Notion of Society”(上面第六章注77),特别是1–7,这两项研究都对现代文献作了简要评述,都令人信服地表明了,集体罪行的现代观念不可适用于原罪观念。不过,这并不能排除下面这种情况:与原罪关联下的团体学说可适用于人类;见下面注72。

[66] 参见 Oldradus de Ponte, *Consilia*, LXV, n.7, fol.24r,以及 Gierke, *Gen.R.*, III, 364f 中的批评意见。

[67] 很奇怪的是,一些法学家有时会谈到“世界灵魂”(*anima mundi*)。可参见 Azo, on *Inst*.2,2, fol.276v, ed. Maitland, *Azo and Bracton*, 130:“Forte et res incorporales sunt, quae in iure non existunt, ut genera et species, et calodaemones et cacodaemones, et animae hominum et *anima mundi*”(“或许,无体物如同属与种、善灵与恶灵、人类灵魂与世界灵魂一样,在法律上并非实存”),这一内容为 Bracton, fol.10b, ed. Woodbine, II, 48 所重述。这一观念在夏特尔学派中也很有名;可参见 Theodore Silverstein, “The Fabulous Cosmogony of Bernardus Silvestris,” Modern Philology, XLVI (1948–1949), 114ff。西尔弗斯坦(Silverstein)教授友善地向笔者指出,阿佐所有无体物的例子是从 William of Conches, *De philosophia mundi*(《论哲学世界》), ed.(以比德的 *Elementa philosophiae*[哲学原理]之名刊行)in *PL*, xc, 1127ff 中借来的;关于“善灵”(*calodaemones*)与“恶灵”(*cacodaemones*),参见1131B,关于世界灵魂,参见1130CD。有关孔什的威廉(William of Conches)的著作,也可参见 Silverstein, “*Elementatum*: Its appearance among the Twelfth-Century Cosmogonists”, *Mediaeval Studies*, XVI (1954), 157, n.6,以及他的新近研究“Hermann of Carinthia and Greek: A Problem in the ‘New Science’ of the Twelfth Century”(“斯拉夫人克恩滕的赫尔曼与希腊:12世纪‘新科学’中的一个问题”), *Medioevo e Rinascimento: Studi in onore di Bruno Nardi* (Florence, 1955), 693f。显然,阿佐并没有思及一元论学说。不过西尔弗斯坦对阿佐文本的鉴别非常有价值,因为它表明前期注释法学者与夏特尔学派哲学家之间有相互联系;有关贝内文托的罗弗莱多(Roffred of Benevento),可参见 Hermann Kantorowicz, *Glossators*, 19f, n.10。

的个体”。如果我们用“祖国”概念替代“统合体”，就更容易发现，整体超过了所有构成成员的总和，伊塞尼亚的安德烈亚斯说过，“将祖国按其居民分成众多部分，是‘划分’（*concisio*）而非‘分割’（*divisio*）”。[68] 奇诺的学生巴托鲁斯一贯主张，“统合体代表了不同于其构成个体的一个人格”，因为诸构成虽可变化，“团体本身却保持不变”。[69] 最后如果巴尔都斯也认为共同体“拥有单一人格的理智，不过这单一人格由众多身体构成”的话，[70]那么，但丁的思考论证方式就显然与这些法学家们的思考论证方式有紧密关联了。从专门用语上看，巴尔都斯准确地道出了但丁在他之前说过的话，只不过他止步于对“单一理智”的界定上，没有建立起人类的目的论，而这种目的论正是但丁有关道德—政治的和教导性的世界帝国这一观念的真正核心。

即便意大利法学家们时常被指责有阿维洛伊主义倾向，他们在概念上的集体论却不属于阿维洛伊学派。[71] 与阿维洛 478
伊学派相比，他们的概念倒是更接近于阿奎那的“集体主义”，

---

[68] 有关伊塞尼亚的安德烈亚斯，参见上面第六章注 75，有关贝内文托的罗弗莱多（Roffred of Benevento），则可参见 Gierke，*Gen.R.*，III，204。

[69] 有关巴托鲁斯对 *Digesta* 48，19，16，10 的注释，参见上面第六章注 89。

[70] Baldus，on C.6，26，2，n.2，fol.80^v：“Est quaedam persona universalis，quae unius personae intellectum habet，tamen ex multis corporibus constat，ut populus ... Et haec persona similiter loco unius habetur et individuum corpus reputatur ...”（“存在某种普遍人格，它拥有单一人格的理智，不过这单一人格由众多身体构成，人民便是一例……这种人格同样被视为单一人格，并被认作是一个个体……”）。参较 Gierke，*Gen.R.*，III，433，nos.61ff.

[71] 参见上面第六章注 62，此处还可另参见 Paul Oskar Kristeller，“A Philosophical Treatise from Bologna Dedicated to Guido Cavalcanti：Magister Jacobus de Pistorio and his ‘Questio de felicitate’”，*Medioevo e Rinascimento：Studi in onore di Bruno Nardi*（Florence，1955），427－463，这篇论文再次揭示了但丁与他那个时代非托马斯学派哲学家之间的亲近关系。

阿奎那在《神学大全》里讨论了亚当堕落的原因及其对人类的影响。在此语境中，阿奎那对人类之罪也给出了一个团体层面的解释。

> 因此，可用别的方法继续讨论，我们可以说，降生自亚当的所有人可认作单一的人（*possunt considerari ut unus homo*），就他们在受自初人的自然上是一致的这点来看——就像在公共事务中，属于一个共同体的所有人可视如一个身体，整个共同体可视如单一的人。[72]

我们可以这样总结阿奎那的集体主义，"人类成为一个团体是因为原罪的一致性，而不是因为理智的一致性"，由此出现了一个未受讨论的奇特观点：因原罪结成的集体应该是正统的，而因理智结成的集体却有异端之嫌。可以看到，但丁、阿奎那与法学家们的见解是多么紧密关联，将团体学说与纯粹集体主义分别开来的间隙又是多么纤狭。

雷米焦·德·吉罗拉米（Remigio de' Girolami）这位阿奎那的学生和但丁的老师并不常守这种纤狭间隙。雷米焦极端而又激进的团体主义，完全消抹了个体完善的价值。他像但丁一样，将亚里士多德的潜能现实化学说运用于政治领域，并

---

[72] Aquinas, *Summa theol.*, I-II, q. 81, a. 1, resp.: "Et ideo alia via procedendum est, dicendo quod omnes homines qui nascuntur ex Adam, possunt considerari ut unus homo, in quantum conveniunt in natura quam a primo parente accipiunt secundum quod in civilibus omnes homines qui sunt unius communitatis, reputantur quasi unum corpus, et tota communitas quasi unus homo."

主张只有在共同体中和在整体中才有完善可言。

> 整体比部分有更多的存在。根据亚里士多德《物理学》第七卷，整体是作为现实状态下存在的一个整体，而部分就作为部分来看，除了是在潜在状态下之外，别无存在。[73]

因此市民必须爱城市甚于爱自身，因为城市是他唯一可能的 479
现实状态：作为整体的城市要比个人更完善，因此之故，城市与上帝的类似性要更大。[74] 雷米焦过度强调了这一观念，甚至否认了被城市剥夺身份的个体还有作为人的秉性：

> 如果佛罗伦萨毁灭了，身为佛罗伦萨市民的人就不能再被称作佛罗伦萨人……如果他不再是一位市民，他就不再是一个人，因为人就其自然而言乃是市民动物。[75]

---

[73] 笔者能了解 Remigio de' Girolami, *Tractatus de bono communi*，只是通过由理查德·厄根特尔（Richard Egenter）刊布的长篇节选"Gemeinnutz vor Eigennutz: Die soziale Leitidee im *Tractatus de bono communi* des Fr. Remigius von Florenz (+ 1319)", *Scholastik*, IX (1934), 79－92。引文出处可参见 82.n. 10："... totum plus habet de entitate quam pars. Totum enim ut totum est existens actu, pars vero ut pars non habet esse nisi in potentia secundum Philosophum in 7 *Physic*"。

[74] Egenter, *op. cit.*, 84, n. 11："Unde [commune] ... directe amatur, praeamatur autem post Deum propter similitudinem, quam habet ad Deum ..."（"因此[城市]……直接被爱，因为有与上帝更大的类似性，它是先于他物为上帝所爱的……"）另见 Egenter, 87, n. 20。上位的实体（城市或皇帝）"是直接被爱的"，不经中介者，有关这一学说可参较 *Monarchia*, I, 11, 111ff。

[75] Egenter, *op. cit.*, 82, n. 10."Unde destructa civitate remanet civis lapideus aut depictus, quia sc. caret virtute et operatione quam prius habebat, ... ut qui erat civis Florentinus per destructionem Florentiae iam non sit （转下页）

雷米焦的说法只是亚里士多德理论的翻版。亚里士多德曾说过,一个人如果出于“自然”而非出于“偶然”不合社会性的话,那么,他要么低于人要么高于人,也可以说,他要么是兽要么是神。⑯ 雷米焦这位有趣的托马斯学派的黑格尔主义前身(proto-Hegelian),⑰不愧是激进的反个人主义者。在他看来,“人之为人”取决于市民身份,因为倘无城市,个人就根本达不到完善状态。的确,但丁也承认,人若不是市民,在世上就会每况愈下。⑱ 然而雷米焦比但丁走得更远。他甚至打算为城
480 市利益之故,否定个人会有灵魂的永恒拯救。雷米焦最终的

(接上页) Florentinus dicendus, sed potius flerentinus. Et si non est civis, non est homo, quia homo est naturaliter animal civile ...”(“因此,如果城市被毁灭了,留下的就是石头或画像的市民,因为[这样的市民]没有了以前市民所拥有的活力与劳作,……[以下翻译内容见正文]……”)参见 G. de Lagarde,“Henri de Gand”(上面第五章注 52),88f,以及“Individualisme et corporatisme”(上面第五章注 220),38f。

⑯ 事实上,雷米焦(在《尼各马可伦理学》之外)引用了亚里士多德的《政治学》的一节内容(*Politics*, I, 1, 1252b),阿奎那在对这一内容的注释(Commentary, § 35, ed. Spiazzi, 11)中指出,“人之上”的存在拥有“通常比其他人更完善的本性”(“naturam perfectiorem aliis hominibus communiter”),因此可不需要人类社会而自足地生活,“就像施洗者约翰和蒙福者隐修士安东尼那样。”

⑰ 可参见黑格尔的《法哲学》(*Philosophie des Rechts*, § 258):“因为国家是客体化的精神,个人只有作为国家的成员才会拥有客观性、真理性和伦理性状态。这样的共同体本身才是真正的内容和最终的目的。”

⑱ 参见《天国篇》(*Par.*, VIII, 115ff)中那著名的三韵句:

于是,他[查理·马尔泰罗]又说:“现在你说,假若人生在世上不是公民,他的景况会更坏吗?”

我回答说:“肯定会,这一点我无须问有什么理由证明。”

(Ond' egli [Carlo Martello] ancora:“Or di', sarebbe il peggio
per l'uomo in terra se non fosse cive?”
“Si,” rispos' io, “e qui ragion non cheggio.”)

另见 D'Entrèves, *Dante*, 11ff 对这一段的精彩讨论,不过,他全然略过了雷米焦。

立场还是有所缓和。但他仍坚称，即使完全无瑕的市民也应当承担起自身的永恒惩罚，如果这样做可以阻止他的共同体堕入万劫不复之境的话；在城市蒙难之际，市民应选择受罚而不是得救。没有灵魂的拟制人格也有可能遭受地狱惩罚，对于这种可能性雷米焦是认可的，但除此之外，他都倾向于将自己的论点扩展到不合常理的极端。因为，他所宣扬的并不是简单的"为祖国而死"，亦即不只是为了共同体遭受自然的身体死亡，也不只是去期盼作为地上牺牲之回报的天国酬赏；他所宣扬的是灵魂的永恒死亡，即为了现世的祖国而甘冒失去个人救赎和天上至福之险。[79]

虽然远不及他老师那无情的团体原则和反个人主义，但丁还是受到了当时诸观念和思维方式的复合整体的影响，雷米焦正是这些观念和思维方式的极端代表。但丁再三强调，实现人类全体理智这项任务，只能由所有可能共同体中最伟大的那个，即罗马世界帝国所组织起来的"人类普遍统合体"

---

[79] Egenter, *op.cit.*, 89f, n.24。雷米焦就市民对待"自己城市被判罚下地狱"("suum commune in inferno damnetur")这一情况时的态度提出了问题，并主张"人，作为自己城市的一部分，凭借有序的爱之力量，相比于让自己免罪而让城市遭受[惩罚]，更应意愿的是让城市免罪而让自己遭受[惩罚]"("ex virtute amoris ordinati homo deberet potius ipsam [poenam] velle pati cum immunitate communis, quam quod commune suum ipsam [poenam] incurreret cum immunitate sui, inquantum est pars communis")。的确，这种奇思异想后来因下述事实而有所缓和：无罪之人是怎么也不应受神圣正义惩罚的；而且，对城市之爱和对上帝之爱发生冲突的情形里，雷米焦是留下了一些转圜余地的；有关这些论点，参见 Egenter, 89ff。雷米焦(如恩里科·德·内格里[Enrico de Negri]先生友善向笔者指出的)想到了《罗马书》(9：3)："为我弟兄、我骨肉之亲，就是自己被诅咒，与基督分离，我也愿意"("Optabam enim ego ipse anathema esse a Christo pro fratribus meis")，这一点未必没有可能。

(*universitas generis humani*)——乃与个体的自然身体有别的人类团体，依集体之力来完成，但丁这样做也就把亚里士多德主义领向了(对但丁而言)合乎逻辑的归宿。然而，但丁必须将世界君王纳入上述构架，对于这位世界君王，《帝制论》的读者不由自主会把他当作近乎完善的个体，而且，但丁所召唤出来的世界君王的灵秘形象，类似于这位君王的"政治身体"，而非他的自然身体。但丁的对手维尔纳尼把这个想象的世界君王描绘为一位(若以亚里士多德的学说来看)德性上需超越所有臣民的君王，并不为过：他"较之于自己所有臣民，犹如
481 整体较之于部分"。[80] 实际上这种解释与法学家们(安德烈亚斯等人)的理论非常接近，他们认为"君王在国家里面，而国家在君王里面"。[81] 既然"国家"在但丁那里取代了"人类统合体"，此含义由此而扩展到了极限，当维尔纳尼推断"(但丁笔下)全人类的君王须在德性和审慎上超然于全人类之上"时，可能又一语中的了。维尔纳尼以如此完善的人根本不存在为由反驳了但丁的观点。但他又有所保留；他宣称，根据但丁自己的哲学，人性(*humanitas*)的整体只在一种存在中是现实性的，这

---

[80] Vernani, *De reprobatione*, ed. Käppeli, 128,11ff,首先谈到了亚里士多德《政治学》的一节内容(*Politics*, III, 17,1288a15,其拉丁版本[ed. Spiazzi, §386]有阿奎那的评注[§527f, pp.183ff]),然后指出:"……国王在德性上应卓然超越所有臣民的集合,较之于自己所有臣民,犹如整体较之于部分"("... rex debet excellere et excedere in virtute totam multitudinem subditorum, et comparatur ad omnes subditos sicut totum comparatur ad partes")。参见 *Monarchia*, I, 6,1ff,此处,亚里士多德关于"二重秩序"(*duplex ordo*)的格言,这其中还包含了与军队和统帅之间那种主流关系的比较,被但丁运用到了自己的"君王"上;另参见第五章注 221 及其后。

[81] Kantorowicz, "Mysteries of State," 79f, nos.48 and 53;另参见第五章注 64 及其后。

种存在便是基督，这位世界唯一真正的君王。[82]

维尔纳尼的这一推论是允执厥中的，它有助于再次证明但丁思想中根本的二元性，[83]在但丁思想中，每一处“基督教性”的独占地位，都会被一个属于“人性”的对应物排挤下去并同时补充上来。如维尔纳尼所示，《帝制论》的读者们毫无疑问地要面临这样的问题：但丁的世界君王在何种程度上配称“完人”形象，配称“在自己种之中的最高者”和“自己种的理 482

---

[82] Vernani, ed. Käppeli, 128, 13ff: “Monarcha ergo totius humani generis debet excedere in virtutibus et in prudentia totum genus humanum. Talem autem purum hominem impossibile fuit aliquando reperire. Unde secundum istam philosophicam rationem solus dominus Iesus Christus et nullus alius fuit verus monarcha” （“因此，全人类的君王须在德性和审慎上超然于全人类之上。这样一个没有欠缺的人在任何时代都是不可能找到的。按此般哲学推理，除了主耶稣基督没有谁会是真正的君王”）。接下来维尔纳尼指出（ibid., 128, n.4），“在异教徒当中从来不会有真正的国家，也不会有真正的皇帝”（“quod in infidelibus numquam fuit vera respublica nec aliquis verus imperator”），以此驳斥了但丁建立在同“基督徒性”（*Christianitas*）对置的“人性”（*humanitas*）之上有关帝制的整个议题。见上面注 43。

[83] 但丁的“二元性”和“并置”的思想体系，不应被错误地视为奥古斯丁形态的“二元论”。后者将“灵魂和理智”（*anima intellectiva*）的非质料复合态与质料的“肉体”（*corpus*）对置起来。然而但丁强力地、首尾一贯地将理智与灵魂分离开来，事实上再次回到了“身体、心志、灵魂”（σῶμα, νοῦς, ψυχή）的三分法，这种三分法的残留可见于奥古斯丁的著作和一些礼仪中；参见 Erich Dinkler, *Die Anthropologie Augustins* (Stuttgart, 1934), 255－266，有关一些礼仪的情况，参见 F. E. Brightman, “Soul, Body, Spirit”, *Journal of Theological Studies*, II (1901), 273f，此处还可加上 *Gelasian Sacramentary*, ed. H. A. Wilson (Oxford, 1894), 70 中的“圣油的祝福”（*Benedictio olei*）。有关古典时代的情况，可参见 Plutarch, *Moralia*, 943a（“月之面貌”, c.28）中的重要一节，普鲁塔克反对未能正确区分灵魂和理智的“多数人”，哈罗德·切尼斯（Harold Cherniss）将普鲁塔克的考论刊录于洛布古典丛书，可参见哈罗德·切尼斯自己对这一版本所作注释，Plutarch, vol.XII, 197, note c。由此看来，但丁的“异端”不是“阿维洛伊主义的”（抑或它只偶然是阿维洛伊主义的），而是来源于他见解中普遍存在的三分法。

念”，亦即，那种“完善之人”——“人性”整体得以在其身上实现，正如王国在其国王身上实现那样。个体身上有过这样的完善吗？除基督外，还有单个人能集中体现普遍人类的整个共同体吗？在《神曲》中，但丁回答得很清楚：是的，这种完善确实存在过；因为有过两位完善的存在者——亚当和基督。

> 人性从来没有而且将来也不会有
> 那两个人的完美性。[84]

亚当和基督无疑是完善的：他们降生于上帝自身，没有原罪之累。然而他们的完善还有一层哲学的含义，因为二者都实现了人类的所有潜能，都集中体现了人类的整体性（体现方式或各有不同）：亚当因创造之时即处于无罪状态，是当时唯一的活人，作为一特例，他身上汇合了个人和种、人和人类；至于基督，因为他同时为上帝和人子，也因为（但丁说过）按照拥有对全人类裁判权的罗马皇帝的法官所言：“在基督的肉身中乃是全人类在受罚。”[85]再者，亚当和基督都是独特的二重性之

---

[84] *Paradiso*, XIII, 86f:

> Chè l'umana natura mai non fue,
> Nè fia, qual fu in quelle due persone.

“从来没有而且将来也不会有”（*Non fue*, *nè fia*），是但丁表达所谓实现时刻的惯用法；可参见 *Convivio*, IV, 5, 60ff；见上面注 49。

[85] *Monarchia*, II, 13 (11), 40ff:“... et iudex ordinarius esse non poterat, nisi supra totum humanum genus iurisdictionem habens, quum totum humanum genus in carne illa Christi ... puniretur”（“……除非存在对全人类有裁判权的人，否则就不可能存在正规全权的法官；因为，在基督的肉身中乃是全人 （转下页）

人。初人亚当（可能前后连续地）既是处于无罪不朽状态的“纯真亚当”（*Adam subtilis*），“只比天使下位一些，头顶上帝的荣光和荣耀”，[86] 又在尝了知识树上的果实之后成为那“有朽的亚当”（*Adam mortalis*）。按照经院哲学的教义，基督无垢无罪，在道成肉身中呈现出来的是“纯真亚当”的自然；另一方面，基督有遭受死亡的秉性，使自己的自由意志呈现出了“有朽的亚当”的偶性自然。[87] 由此，人类在单独个体中的实现可分两种，一种是在亚当身上，另一种是在基督身上，他们分别是地上乐园和天上乐园的主人，是今生和来世的完善典范，两个形象再次显明了但丁哲学的二元性，“人思所无法言喻的神意，为人类安排了双重目的”。 483

每一个属于基督教时代的世纪，都有自己关于人的革新、改造和重生——简言之，人在道德上的和超自然性上的再

（接上页）类……在受罚”）。当然，这是传统的信条，不过它并不意味着：基督通过道成肉身呈现的是人“种”意义上的人性，而不是人“个体”意义上的人性。有关这一矛盾性的论点，参见 Karl Holl, *Amphilochius von Ikonium* (Tübingen and Leipzig, 1904), 222ff。

[86] 除 *Monarchia*, I, 4,14 之外，另见 *Convivio*, IV,19,65，此处《诗篇》(8∶6)的诗句（还有《希伯来书》[2∶7]），被用来描述人类之高贵基于德性基础上的实现。《诗篇》的诗句当然也被引述于 *Liber aug*.的序言，不过序言里“王冕”(diadem)一词以皇家气象添附其中：“头上冠以荣光和荣耀的王冕”（“honoris et gloriae *diademate* coronato ...”）。有关类似变化，参见 *Monarchia*, II, 9,39，西塞罗的《论义务》(*De officiis*, I, 11,34)中的“帝权的荣光”(*imperii gloria*)在这里被换成了“帝权之冠”(*imperii corona*)。

[87] 有关这一问题，参见 M. Landgraf, “Die Sterblichkeit Christi nach der Lehre der Frühscholastik”, *Zeitschrift für katholische Theologie*, LXXIII (1951), 257-312。

生——的观念；而且，这些观念实为千差万别。[88] 不过，在某些基本观点上，基督教的著述家们还是一致的。一方面，每个基督徒和基督教整体的目标，是要恢复人在堕落前的原初形象——作为上帝的类似者、“比天使下位一些”的形象被创造。另一方面，由于圣子的道成肉身，每一位信徒都是潜在的选民，可分有基督的神性，在自己身上重建人性的原初完整，这种原初完整即是初人自被造之日起便禀受的与上帝的类似性。换言之，乐园中的亚当形象融进了基督这位新亚当的形
484 象；亚当在乐园中与上帝的原初类似，借着神圣恩典的襄助，由基督恢复了。这一人的新形象，被认为优于堕落之前的亚当（奥古斯丁就是这么看的）。[89] 把融合的东西再度分开，或者，把亚当原初形象得以恢复的观念从基督教教义的复合整体中再分离出去，这样做是没有必要的。

要使亚当原初本性得以恢复的观念重新“属人化”，并且要从基督教的思想集合体中再释放出“人”，成为但丁要解决的问题。[90]

---

[88] 这是 Gerhart B. Ladner, *Reform: The Influence of an Early Christian Idea on Mediaeval and Renaissance Civilization*（该书即将出版）的主题，由他引述于自己的预备性研究“Die mittelalterliche Reform-Idee und ihr Verhältnis zur Idee der Renaissance”, *MIÖG*, LX (1952), 32 - 59 之中。

[89] 参见 Ladner, *op. cit.*, 41ff, 以及“St. Augustine's Conception of the Reformation of Man to the Image of God”, *Augustinus Magister* (Congrès International Augustinien, Paris, 21 - 24 Septembre 1954, Communications; Paris, 1954), 867 - 878。另见 Walter Dürig, *Imago. Ein Beitrag zur Terminologie und Theologie der römischen Liturgie* (Munich, 1952)。

[90] 在《奥古斯都宪法》序言这样一个显著的位置，腓特烈二世就已经运用过了亚当的形象。有关与亚当相关联的神秘主义的总体情况，参见 Burdach, *Rienzo*, 297ff, 313ff; 另见 Georg Jellinek, *Adam in der Staatslehre* (Heidelberg, 1893)，特别是对绝对主义诸理论的讨论。

既然但丁的哲学是二元性的哲学，既然他承认地上乐园和天上乐园皆可获得完善，那么，他或许就不可避免地还要将当时的亚当神学“世俗化”，建立纯粹“属人的”重生学说。它与基督重生的学说不一致，但二者并不一定会彼此矛盾。

《神曲》的前两部分《地狱篇》和《炼狱篇》，清晰展示了但丁这位将一般意义之人或人类体现于己身的诗人，是如何受哲学和世俗智慧引导，从有罪的状态返回到初人堕落前“纯朴和善好的本性”（*natura sincera e buona*）。[91] 的确，只有教会才有能力为人备下未来的不朽，因为，作为对犯下原罪和由此而来对肉体不朽之丧失的补救，教会司掌着精神重生的圣事——洗礼。显然，洗礼圣事的一些效果会以某种方式切合但丁的地上乐园概念，人在地上乐园想要恢复的，不是他的永恒至福，而是他的现世至福、初人尊严以及内在的清白无罪。然而，这种现世的完善状态，不能借助圣事的和超自然的行为，而要借助人自身的力量，借助他的自然理性和理智德性来实现。当然，我们毫无理由去设想，但丁在洗礼的效果方面完全偏离了普遍传统。既然回到亚当在地上伊甸园的无罪状态这一观念，完全不在教会规训、教会圣事甚或拯救摄理的范围之内，那么，但丁所想象的人的重生尽管经常模仿教会的规程，但必然是要在教会外部进行。由于但丁区分了“人性”和“基督教性”、“理智德性”和“灌注德性”、地上乐园和天上乐园，他就也得把基督和亚当分开，使人向地上原初形象的回归，独立于人借助恩典在基督身上实现的超验之完善，但丁必须以 485

---

[91] *Par.*, VII, 35f.

非圣事的方式来涤除人类的原罪(*peccatum originale*)。[92]

在但丁看来,人类自身有能力恢复初人的纯洁,重新进入伊甸园,最终回到知识之树下,消除知识之果带给亚当的奴役状态。《神曲》里,人通过游历炼狱,在哲学意义上而非神学—圣事意义上完成净化,这种游历和净化的结果,与洗礼圣事的效果相当。正如新入教者经过慕道期并从洗礼池出来时,便成为获得新生和脱离了原罪的人;但丁最后从炼狱中出来时也成为类似新亚当的存在,“自由、正直、健全”。[93] 诚然,这对但丁来说便是新生;但这一新生是道德伦理上的新生,而非圣事上的新生。

道德哲学和市民德性的净化和重生效力,是但丁在《炼狱篇》一开始就点明了的主题。看守炼狱入口的监管者是一位孤独的老人小加图,一位为了政治自由而献身(尽管是自杀)的哲学家英雄,政治自由在加图那里几乎等同于理智自由。[94]
486 对于但丁来说,他就是四枢德的化身:“四颗神圣的明星的光芒”照耀着加图的面庞,这四颗星“除了初人,就没有人看见过了”。[95] 我们可以认为,但丁心中所想的大概是南十字星座,属于所谓“太阳背后的无人的世界”南半球。[96] 从伊甸园的有利

---

⑫ 关联于此,参见圭多·维尔纳尼(Guido Vernani, *De reprobatione*, ed. Käppeli, 137f)对《帝制论》(*Monarchia*, II, 13)的猛烈抨击,但丁在那一节试图把彼拉多的审判和对亚当原罪的惩罚联系起来。

⑬ *Purg.*, XXVII, 140.

⑭ 有关加图的一般性问题,参见但丁《筵席》的评注版(*Convivio*, by G. Busnelli and G. Vandelli [Florence, 1937], II, 55, n.4)中所引用的文献,特别是 Francesco d'Ovidio, *Il Purgatorio e il suo preludio* (Milan, 1906), 33－147。

⑮ *Purg.* I, 23f,37f.

⑯ 参较 *Inf.*, XXVI, 117。

地势，亚当和夏娃可清楚地看到这四颗明星，但是两人堕落之后，这四颗星就不再为人所见了。因此但丁让自己成为重见这四大理智德性的第一位活人，成为引领人类走向世俗完善和幸福的北斗七星。在这样的征象下，或在如帝王般“身穿紫衣”的“四位仙女”[97]指引下（她们的光芒映在加图身上），但丁的世俗洗礼过程开始了。但丁的向导仍是地狱中那位罗马帝国的诗人维吉尔，维吉尔遵从另一位异教徒加图的话，清洗了朋友但丁脸上从地狱带来的烟尘和污垢，将唯一能经受住狂暴海浪而生长的植物灯心草——此处象征谦卑——束在但丁腰间。[98]

中世纪教会中的两大净化仪式——洗礼和悔罪者的复归，在预备阶段有许多共通之处。从四旬斋到复活节的 7 个星期，告解活动结合大量的教会仪式，为有罪者在圣周四的复归做好准备。在此期间，新入教者需要经过所谓“审察”（“scrutinies”），即结合有训导的礼仪活动和驱魔仪式，为圣周六的洗礼做准备。[99] 此时信友弥撒还没有接纳悔罪者和新入 487

---

[97] *Purg.*, XXIX, 130f（“quattro ... in porpora vestite”[“四位……身穿紫衣”]），以及 XXXI, 104（“alla danza delle quattro belle”[“走入四位美女的舞蹈中”]）。（此处参照黄国彬译本，有改动。——译者）

[98] 有关圣伊丽莎白对灯心草的解释，参见 Ferdinand Koenen, “Anklänge an das Busswesen der alten Kirche in Dantes Purgatorio”, *Deutsches Dante-Jahrbuch*, VII (1923), 93。

[99] Koenen, “Busswesen,” 91—105，收录了相关出处。有关“审察”（*scrutinia*）的总体情况，参见 Eisenhofer. *Liturgik*, II, 250ff，有关更多细节则可参见 A. Dondeyne, “La discipline des scrutins dans l'église latine avant Charlemagne”, *Revue d'histoire ecclésiastique*, XXVIII (1932), 5－33, 751－787，以及 M. Andrieu, *Les* Ordines Romani *du haut moyen âge* (Louvain, 1948), II, 382ff。迨至 11、12 世纪，意大利北部仍施行一套繁复的仪 （转下页）

教者，他们在此期间会接受口授训导，渐至最终的照亮和净化。告解仪式和洗礼仪式在但丁的《炼狱篇》中都出现过。它们相互交织在一起，在许多场合，某种解释既是在告解意义上说的，也是在洗礼意义上说的。我们不应忘记，但丁不仅是要与教会和解的罪人，而且，他首先是有所追求的人，他追求的人之完善是独立于教会的，在教会内部他则是追求超越人之上的完善。

迨至11世纪，也许一直到13世纪（若杜兰铎所言不虚的话），意大利北部仍保留着中世纪早期的仪式，根据这些仪式，新入教者在接受完口授训导之后，还要接受旨在考验、磨炼他的7项"审察"。[100]这些审察分布于四旬节的7个星期之中，最后一项审察与洗礼本身差不多。[101] 可以说，但丁为理智洗礼预备的审察始于进入炼狱那一刻，他遵照加图的建议准备攀登炼狱山，地上乐园就在此山山顶之上。[102]

一场梦将但丁带到炼狱之门。在梦中，朱庇特之鹰把他如美少年加尼墨德（Ganymede）一般攫起，投入天国的火焰界，在那里鹰和诗人好像都燃烧起来。这是一个借帝国（即道德的—哲学的）权力来净化的梦，此处，帝国权力可与鹰作为

（接上页）式；参见Dom C. Lambot, *Recueil d'Ordines du XIe siècle provenant de la Haute-ltalie* (Henry Bradshaw Society, LXVII; London, 1928), xiiff, 7ff。

[100] Martène, *De antiquis ecclesiae ritibus*, I, c.1, art.11, §4，引述了杜兰铎的主张：在意大利其他一些教会里，甚至到13世纪仍遵行着"审察"的仪式。参见上一个注。

[101] Eisenhofer, *Liturgik*, II, 254。最后一项审察在圣周六施行。

[102] *Purg.*, I, 107f.

洗礼重生的象征这一传统意义相比较。[103] 但丁醒来时，发现自己在炼狱之门，一位天使身穿灰色的悔罪袍，坐在金刚石的台阶上，足踏华贵的斑岩台阶。往下一层一般认为是爱之台阶。但丁犹如悔罪者和新入教者——要求行首次驱魔仪式，由此可进一步接受净化、训导并最终为教会所接纳——拜伏于悔罪天使面前，捶打自己的胸膛，祈求天使让他进入炼狱。天使同意了，便用分别代表审察和赦免的银钥匙和金钥匙打开大门让但丁进入，在这之前，天使先用剑尖在但丁的额上刻下 7 个 P 字母。[104] 7 个 P 字母代表了七宗罪（*peccata*），它们是道德之罪而非属灵之罪；在攀登游历炼狱山地界时，但丁将要逐一摆脱它们。然而，7 个 P 字母也可与 7 项审察相比较，[105]那些审察是新入教者在借助洗礼摆脱最后的、非人格的原罪之前所必须面对的。站在火焰墙之外的天使去除了但丁额上最后一个 P 字母，只要穿过这道自人类堕落后就围绕着伊甸园的火焰墙，但丁便可进入地上乐园。[106] 由此，最后的“审察”就从但丁完成穿越神圣火焰开始，神圣火焰的炽热意味着燃烧和照亮，而非死亡；诗人经历火的净化和洗礼，最后进入伊甸园，这个地方智天使之前一直用燃烧的剑阻挡亚当，不让他 488

---

[103] *Purg.*, IX, 19ff。有关作为重生和复活象征的鹰，参见 *Physiologus latinus*, c.VIII, ed. F. J. Carmody (Paris, 1939), 19。

[104] *Purg.*, IX, 94ff.

[105] 参见 F. X. Kraus, *Dante* (Berlin, 1897), 424；另见《炼狱篇》的“殿堂古典丛书”(Temple Classics)版本(*Purgatorio*, 115)。

[106] *Purg.*, XXVII, 7ff，在以“神圣的灵魂们”招呼诸诗人并唱道“清心的人有福了”(*Beati mundo corde*)之前，天使必须先用他的翼去除最后一个 P 字母。

进入。[107]

至此，维吉尔一直是但丁的向导。维吉尔坦承，从地上乐园再往前他便不再胜任。死亡是对人之罪衍的惩罚，唯有借着基督才能克服它；基督的死和复活使人那永生中的不朽得
489 以恢复。然而，人“纯朴和善好的本性”只有通过人的智慧和理智德性才能恢复，并且人的原初本性理应进入不朽状态：以自己的自由意志为指导便不再犯错（“不依自由意志砥砺前行，势必犯错”），[108]而且，人真正的本性，像“常态”（*habitus*）一样是一成不变的。因此，原罪的诸后果，包括“纯真亚当”的人之尊严的丧失，他的自然判断和内外自由的丧失，所有这些在但丁穿越火焰之后皆得以消除；对人类的咒罚不是在教会及其圣事的介入下被攘除的，而只是借着理智和最高理性的力量被攘除的。这些力量由异教徒维吉尔所象征，这位与作为个人的但丁相关联的维吉尔，所据有的那些地位和职能，本是交托给关联于全人类或“人类世俗国家”的皇帝的。不过，但丁进入的地上乐园，并没有他在《帝制论》中梦寐以求的人丁兴旺，因为帝国和教会皆玩忽职守，[109]作为个人的但丁在维吉尔的引导下达成了人的完善和自我实现，最后维吉尔放手让他的学生继续往前走，此时的但丁已获得与堕落之前的亚当真正的类似性。

---

[107] *Purg.*, XXVII, 21（“qui può esser tormento, ma non morte”[“这里会有痛苦，但不会有死”]。）

[108] Ibid., 140f.

[109] 这或许是从《炼狱篇》第三十二章（*Purg.*, XXXII, 100ff）中演绎而来。参见威克斯第德（P. H. Wicksteed）对这一章的序言性注释，它收录于《炼狱篇》的殿堂古典丛书版本。

神意给人类设立的目标之一完成了。在《神曲》的最后一章中，但丁揭示了人如何可以达成自己的第二个目标，意识到自己与基督的合一性：基督人脸轮廓的影像，“来自我们人像”(*della nostra effige*)的模糊反射，只在上帝之光的第二圆圈中依稀可见，此光圈会让但丁理解道成肉身的秘密。[110] 但是，人在三位一体的上帝和永恒的乐园中达到完善之前，首先需在地上乐园实现完善，实现亚当身上的完善。根据教会的仪式，人们借助洗礼方可返回无罪亚当的无瑕状态。从教会成立之初，彼得便赋予了洗礼上的膏油这样的含义，他对皈依者说(《彼得前书》2∶9)：“惟有你们是被拣选的族类，是有君尊的祭司。”洗礼在属灵的层面上将君尊和司祭之尊授予了新受洗者。

> 我们所有人皆因特殊恩典，受膏进入上帝的王国和司祭职中。(安布罗斯)[111] 490

> 借助圣油的注入，受洗者看到上帝在他们身上赋予了君尊和司祭之尊。(都灵的马克希姆[Maximus of Turin])[112]

---

[110] *Par.*, XXXIII, 130ff.

[111] Ambrose, *De mysteriis*, VI, 30, *PL*, XVI, 415B: “omnes enim in regnum Dei et in sacerdotium ungimur gratia speciali.” 有关后面的内容，参见 Thomas Michels, “Die Akklamation in der Taufliturgie”, *Jahrbuch für Liturgiewissenschaft*, VIII (1928), 76–85。

[112] Maximus of Turin, *De baptismo*, III, *PL*, LVII, 777: “... per quod ostenditur baptizatis regalem et sacerdotalem conferri a Domino dignitatem.”

> 受洗者当理解，他是领受了君王之冠和司祭之尊。（加洛林王朝佚名作者）[113]

在中世纪神学家和礼仪论者的著作中，类似的内容可信手拈来。[114] 我们可能还会想起，所有东方教会的实践仪式（现在或许仍然）遵循着为新受洗者加戴洗礼冠的习俗，其典礼理当有

---

[113] Pseudo-Amalar of Trier, *Epistola ad Karolum*（对查理大帝有关洗礼方面问询的众多答复之一），ed. J. M. Hanssens, "Deux documents carolingiens sur le baptême"（"加洛林时代有关洗礼的两份史料"），*Ephemerides Liturgicae*, XLI (1927), 80, 7ff.: "Tunc sacro crismate caput perungitur et mistico tegitur velamine ut intelligat se diadema regni et sacerdotii dignitatem portare"（"此时，头上膏抹圣油，身着神秘衣饰，受洗者当理解，他是领受了君王之冠和司祭之尊"）。此文本多次刊行；可参见 *PL*, XCVIII, 939C; *MGH*, *Epp.*, IV, 536, 44, and *Epp.*, V, 274, 24; Morin, in *Rev. bénéd.*, XIII (1896), 291; Burn, in *Zeitschrift für Kirchengeschichte*, XXV (1904), 153。有关阿马拉（Amalar）本人的表述，参见 *PL*, XCIX, 898D: "ut intelligat baptizatus regale et sacerdotale ministerium accepisse, qui illius corpori adunatus est, qui Rex summus et Sacerdos est verus"（"以让受洗者理解，他是接受了作为君王和司祭的使职的，使职与他的身体是合一的，以及他是至高的王和真正的祭司"）。

[114] 参见 Michels, "Akklamation"（上面注 111），79, n.9，其中谈到了别的可引之处。有关之后几个世纪，还可加上 Ernaud de Bonneval, *Liber de cardinalibus operibus Christi*, c. VIII（"De unctione chrismatis"），*PL*, CLXXXIX, 1654A: "... in quo mistum oleo balsamum regiae et sacerdotalis gloriae exprimit unitatem, quibus dignitatibus initiandis divinitus est unctio instituta"（"……膏油的神秘芳香中表现了君王和司祭的荣光的合一，其显职的新任者通过膏油而确立了神性"）。Aquinas, *De regimine principum*, I, 14, ed. Joseph Mathis (Turin and Rome, 1948), 18: "... omnes Christi fideles, in quantum sunt membra eius, reges et sacerdotes dicuntur"（"……所有基督的信徒，就他们是基督的四肢而言，都可称作君王和司祭"）。John of Paris, *De potestate*, 18, ed. Leclercq, 228, 27。另见 L. Cerfaux, "Regale Sacerdotium"（"王者司祭职"），*Revue des sciences philosophiques et théologiques*, XXVIII (1939), 5。

欢呼致意紧随在后，情形类似于国王加冕和圣职者叙任。[115] 尽管这种洗礼之际加冕的典礼并未在西方教会得到发展，但西方教会并非对此全然无知：杜兰铎曾提到纳博讷（Narbonne）教区的一种习俗，“依王冠样式”（*in modum coronae*）为白色洗礼服的兜帽加上红色花边，这与为保护圣油而戴的红边头饰（*coiffe*）和亚麻帽子没什么两样，受洗者头上还戴着“类似法冠的帽子”（*quasi quadam mitra*）。[116] 无论如何，中世纪以 491
降[117]一直通行的看法是，洗礼授予了新受洗者君尊和司祭之尊，显示新受洗者已经成为（如塞维利亚的伊西多尔所言）基

---

[115] Michels, “Akklamation,” 77ff。据米歇尔斯（Michels）的引述，在科普特教派（Coptic）的仪式中，加冕欢呼会严守时刻地引用《诗篇》（8：6）中的诗句：“并赐他荣耀尊贵为冠冕”（“Gloria et honore coronasti eum”）。

[116] Martène, *De antiquis Ecclesiae ritibus*, I, C.1, art.15, §7 (Rouen, 1700), I, 141 以及（Bassano, 1788）, I, 54：“Coronae neophytorum”（“新受洗者的冠”）。他引用了 Durandus, *Rationale*, VI, c.82（参较 Michels, 85, n.23）有如下主旨的一节：“当时，纳博讷教会有这样的习俗，在待受洗者所穿白袍的最上部，依王冠样式，缝上红色花边”（“hanc fuisse adhuc suo tempore ecclesiae Narbonensis consuetudinem, ut in candidae vestis baptizatorum superiori parte rubea vitta *in modum coronae* assueretur”）。另见 ibid., §6，此处图尔的佚名作者（*Chronicon S. Martini Turonensis auctore anonymo*）描绘了洗礼服：“之后，新受洗者穿上洗礼服，这是一件白色衣服，有着类似亚麻帽子的兜帽，［新受洗者］头戴类似法冠的帽子，其上缝有红色丝线”（“Induitur deinde chrismali Neophytus, scilicet alba veste, quae instar cappae lineae caputium habet, quo caput *quasi quadam mitra* operitur et filo rubeo supersuitur”）。

[117] 在 *Assertio Septem Sacramentorum or Defence of the Seven Sacraments*, ed. Louis O'Donovan（由吉本斯［James Cardinal Gibbons］作序言）（New York, 1908）, 422f 中，亨利八世反驳路德时援引《彼得前书》（2：9）指出，如果像路德所说每一位基督徒都是司祭的话，那么，“一言以蔽之，所有的基督徒在他们都是司祭的意义上，也同样都是王者。”

督这位君王兼大祭司身体的一部分。[118]

既已确然有据，维吉尔为但丁所行加冕礼却仍受众多猜疑，这未免显得有些怪异。的确，加冕礼上皇帝除王冠外还戴着法冠，[119]教皇除法冠外还戴着三重冠，维吉尔为但丁加冕，要么加戴的是皇帝的冠，要么是教皇的冠，或者二者兼而有之。在《炼狱篇》第二十七章的情景下，主旨其实很明显：当但丁像另一位"加荣光和荣耀之冠"的亚当重返地上乐园时，维吉尔为他"加王冠和法冠"。这就是说，君尊与司祭之尊被授予了但丁，就像它们会授予每一位新受洗者一样，这些新受洗者借此洗礼圣事，以亚当的原初状态重生，潜在地获得了不朽性和与基督在天国的共同统治地位。[120] 但丁"加王冠和法冠"的加冕仪式当然算不上宗教圣事；它"依自然，而非借恩典"
492 (*naturā*, *non gratiā*)，是一次理智和道德"脱胎换骨的洗礼"，它自但丁成为"新入教者"便已进入准备状态，当时但丁重新见到四颗明星，拜伏于异教的自杀者加图面前，"膝盖和额头饱含虔敬"。[121] 换言之，但丁以类似圣事和属灵的方式实现自己的"受洗"进入"人性"(*humanitas*)，加图为洗礼教父，

---

[118] Isidore, *De officiis ecclesiasticis*, II, 26, *PL*, LXXXIII, 824A:"Omnis ecclesia unctione chrismatis consecratur pro eo quod membrum est aeterni regis et sacerdotis. Ergo quia genus sacerdotale et regale sumus, ideo post lavacrum ungimur ..."("每一个教会通过神圣膏油而被圣化，因为它是那永恒君王和大祭司的身体的一部分。因此，我们既然属于司祭和君王的族类，在洗礼后就要被膏油……")参较 Michels, "Akklamation," 80, n.9。见上面注 114。

[119] Schramm, *Herrschaftszeichen und Staatssymbolik* (Stuttgart, 1954), I, 68ff, and 88, n.2.

[120] 参较 Aquinas, *Summa theol.*, III, q.69, a.7；另见 a.5 和 a.6。

[121] *Purg.*, I, 51.

先知维吉尔为施洗者，不过这位施洗者这次向人打开的不是天国之门，而是“人”的乐园之门。

但丁加王冠和法冠的仪式似乎无须作更多解释，但仍有其他一些问题尚待澄清。因新受洗者成了“基督这位永恒君王和大祭司的身体的一部分”，教会的洗礼仪式看起来就像在授予君尊和司祭之尊。然而，通过维吉尔施行的理智洗礼，但丁成为“乃为人性之亚当的神秘身体”（*corpus mysticum Adae quod est humanitas*）的一部分，而非“乃为教会之基督的神秘身体”（*corpus mysticum Christi quod est ecclesia*）的一部分。但丁受洗后有了与亚当的类似性，成为人类完善和实现的纯粹属人的典范，但是，人类完善的神圣典范基督，并没有完全隐退；但丁在伊甸园中一觉醒来，贝雅特丽齐对他说的第一句话，召唤出了——同时超验化了——基督在自己罗马公民身上人的—政治的能力中道成肉身的形象，事实上基督此时意味深长地融入了地上乐园。

> 你将在这里短时做森林中的人，
> 然后你将同我在一起永久
> 做基督是罗马人的那个罗马的公民。[122]

超验化的罗马替换了超验的耶路撒冷；基督纯粹属人的能力变身为罗马公民，并由此变身为亚当身体的一部分；但丁在接受同胞公民兼亚当的共治者维吉尔的加冕后，被许诺以同胞

[122] *Purg.*, XXXII, 100ff.

罗马人身份与基督一样拥有将来共同的公民权;贝雅特丽齐的预言融入了地上乐园的场景中——所有这些因素彼此交
493 错、内在勾连,要想详尽分析出诗歌表现手法通过一个意象所能表达的东西,几无可能。可以说,但丁的诗歌意境是无法完全揭示的。

当然,在乐园中亚当是唯一之人,因此等同于人类,他在那个特定时间是人的所有理智潜能的完全实现,或者说"人性"的完全实现。加荣光和荣耀之冠的他,不仅是他所管理的那些被造物全体的主权者,而且也是他所代表的人类的主权者。他既是种类又是个体,自然而然"如天使一般",(可以说)是这个世界真正的独体法人。但丁加冕后成了亚当的同胞共治者。从隐喻的意义看,但丁的"洗礼上的"加冕,是被授予"纯真亚当"的仪式,是被授予超个体"人性"的仪式,像亚当一样,但丁自己就是这一"人性"的实现;或者(我们可以说),但丁被赋予了人的团体与政治的身体。从此,他有资格接受象征自己普遍性和主权性地位的权标即王冠和法冠,他所禀受的这一切并不是皇帝和教皇的威严(这两种威严是为补救人类堕落而设的,人类在无罪状态下是不需要的),而是几乎被客观化了的"决不会死"的"人之威严/尊严"(Dignisty of man),但丁即是"人之威严/尊严"的有朽掌权者,这一威严/尊严深深吸引了文艺复兴时期的学者,譬如詹诺佐·马内蒂(Gianozzo Manetti)和皮科·米兰多拉。[123] 确实,"人"有了至

---

[123] 詹诺佐·马内蒂(1396—1459)写过一篇短论 *De dignitate et excellentia hominis*(《论人的尊严与卓越》),呈献给阿拉贡的阿方索(Alfonso of Aragon),该短论不易寻获;不过,有关摘录可参见 *Prosatori Latini del Quattrocento*, (转下页)

高的权威和总揽全体的职位，它的任职者可能就是"那种完人，那种是其他人的标准，或者说，是其他人的'理念'，不论他是谁"。当有人"在自己种类中达到完人级别"，成为"人之威严/尊严"的工具——"人是人性的工具"，那么，这种威严就包括了对所有有朽之人的至高裁判权，不论这人身份地位如何。

须承认的是，那些法学理论极有可能并未在但丁头脑中出现过。但是，有关两个身体亦即"人的两个身体"的学说的本质，但丁肯定是了解的。"意志自由、正直、健全"的但丁，已 494
成为乐园中"纯真亚当"的类似者，是人类之上的至高存在者，若就个体亚当而言，则是自己之上的至高存在者。当维吉尔授予但丁王冠和法冠的权标时，这个仪式意味着但丁身上的"纯真亚当"在为但丁身上的"有朽亚当"加冕。维吉尔这位罗马人，仅用六个词就精炼地表达了上述观念，作为临别他学生时的最后一句话：

> 我为你自身之上的你加王冠和法冠。（TE SOPRA TE *corono e mitrio.*）*

（接上页）a cura di Eugenio Garin (Milan and Naples, n.d.), 421－487。有关皮科·米兰多拉的 *De hominis dignitate*（《论人的尊严》），参见欧金尼奥·加林（Eugenio Garin）的版本（Florence, 1942）。

* 此处翻译是对坎托洛维奇所用英文原句（见本章最后一句：I crown and mitre you over yourself）的直译。另见辛格尔顿（Charles S. Singleton）的《神曲·炼狱篇》英译本（Princeton University Press, 1973）对该句的注释；在对法冠的理解上，辛格尔顿建议参考坎托洛维奇的解释。——译者

但丁加王冠和法冠[124]于自己身上：我们没有必要去强调这句诗蕴含了多么丰富的含义和寓意，也没有必要去强调，诗句能向如此众多方向辐射光芒的充溢之源，如何像承负生命的艺术品一样是不竭不尽的。诗人的形象是自反性的：客体与主体交合出现，趋向各个他者时也向自己回归。在《神曲》的最后一章，但丁所看到的第二位格光圈，显现为“用与它自己相同的颜色画成的人像”，上帝和人子、全体人类以及处于完善状态的观照者但丁一同在场，各个返归自己又进入彼此，这里，人的层面上的自反性形象，与神圣层面上类似的自反性形象有了某种相似性。

这样的安排只是为了强调一个方面：但丁的王权观念是以亚当或以人为中心的，它表现出了“人”（man）和“人类”（Man）、“人”（*homo*）和“人性”（*humanitas*）、“有朽亚当”和“纯真亚当”之间的自反关系；通过转用，也表现出了人的自然身体和人类团体身体的自反关系。我们现在也许更容易，或者也可能更难去理解英国法学家们后来的定义——认为“（国王的）自然身体，是与他那包含了国王身份和权威的政治身体结合在一起的”，或者认为“与自然身体相合的政治身体，攘除了
495 自然身体的缺陷”。现在我们知道了，这些法学家们的“奇谈怪论”只是想表达：从哲学上说，作为王者或作为王冠的国

[124] 据《便西拉智训》（*Ecclus*. 45：14），亚伦从摩西那里接受了金饰头巾，上面“刻有‘圣化归于上主’字样”（“*signo sanctitatis et gloria honoris*”），这一内容有时关联但丁的诗句而被引用；可参见 Koenen，“Busswesen”（上面注 98），100，n.34。尽管这一出处以及《旧约》中的其他一些出处，与教皇头饰的发展肯定有某种关联（参见 Schramm，*Herrschaftszeichen*，I，57f），但基本上与但丁的加冕没有关系。

王，永久性地而且在任何时候都是完全的现实，而个体的自然身体仅是潜能。这里，我们也可以看到对作为王者的国王的其他特征所给出的那些哲学解释：他决不会死，他可免于垂髫之期的虚弱和黄发之期的缺陷，他不会犯罪也不会犯错。因为，他既然是所有国王潜能的永久现实化，也自然就拥有了“天使的特征”（*character angelicus*）。这一点是政治理论家们力图理解的，有时他们是从双重性质的上帝来理解，有时是从正义和法律来理解，有时又是在人民和政体的基础上来理解。然而，仍是这位诗人但丁，具体描绘出了“两个身体”在人自己身上的真实张力，使“人性”（*humanitas*）（根据罗马法，“人性”是人模仿上帝的中介[125]）成为个体之“人”（*homo*）的主

---

[125] 参较 C. 5, 16, 27, 1：“... cum nihil aliud tam peculiare est imperiali maiestati quam *humanitas*, per quam solam *dei* servatur *imitatio*”（“为皇帝大权所特有的，除了人性，别无其他，也只有通过人性，对上帝的模仿才可维系”）。事实上，“我们的（你们的）人性”（*humanitas nostra* [*vestra*]），像大权（*maiestas*）、永恒性（*aternitas*）以及其他类似观念一样，也是作为皇帝的称号而被使用的；可参见 *Nov*.23,4，或 C.11,56,1；另见 *Thesaurus linguae latinae*，s.v.“*humanitas*”。与此关联的出处中，让人费解的是但丁的同时代人伊塞尼亚的安德烈亚斯（卒于1316年）。他为巴巴罗萨的《安全居住法》（*Authentica* “*Habita*”）（1158年公布于隆卡利亚；参较 *MGH*，*Const*.，I，249，No.176）写了一篇冗长的注释，巴巴罗萨这一所谓 *Privilegium Scholasticum*（“学术特权”）的敕令对学生和学校给予了保护，后被编入罗马法（C.4,13,5 post），它不可能没有激起但丁的兴趣。安德烈亚斯（*In usus feudorum*，fol. 318）在这篇注释中写道：“奥古斯丁在注释《诗篇》（76：12）‘他向地上的君王显威可畏’时说：‘每个人对自己就是君王’，君王们应以有德的方式并通过有德的行为来竭力追随上帝，特别是在人性中追随上帝，对上帝的模仿通过这样才可维系”（“QUILIBET autem EST REX SUI IPSIUS, dicit Augustinus super illud Psalmum ‘Terribili apud omnes Reges terrae’ [Ps. 75: 13]. Multum debent reges virtuose et in virtuosis actibus sequi Deum, maxime in humanitate, per quam Dei servatur imitatio [C.5,16,27,1]”）。这并不意味着就此可草率下结论；但这段话的分量足以引起我们关注。有关巴巴罗萨 （转下页）

权者，为那些彼此交错、内在勾连的相互关系找到了最复杂同时又最简洁明了的表达方式："我为你自身之上的你加王冠和法冠。"

(接上页)法律的历史，参见 Walter Ullmann，"The Medieval Interpretation of Frederick I's Authentic 'Habita'"，*L'Europa e il Diritto Romano: Studi in memoria di Paolo Koschaker*(《欧洲与罗马法：纪念保罗·科夏克研究论集》)(Milan，1954)，I，99－136。

第九章 结 语

“所有相关于国王的律则事实上都可概括为两条要铭记之事：‘记住你是人’（*Memento quod es homo*）和‘记住你是上帝，或上帝的代理人’（*Memento quod es Deus*，or *vice Dei*）”。 496
培根在随笔《论帝权》中写下的这两条箴规，前一条约制君主们的权力，后一条约制君主们的意志。除此之外，君主在其他方面看起来“像是导致时代盛衰的天体，备受尊崇但不休不眠”。[①]

培根所说的第一条“要铭记之事”不应和卡马尔多利修道院的（Camaldolite）那句著名箴言“不忘死亡”（*Memento mori*）相混淆；卡马尔多利修道院的箴言，尤其是在与它的艺术象征即头盖骨关联之下，对中世纪后期的宗教情感具有独特的吸引力。“记住你是人”并非源出于修道会，而是起源于古典时代，弗朗西斯·培根不可能会忽视它的罗马背景。在

---

① Bacon，*Essays*，ed. Spedding (Boston，1860)，XII，146。有关“不眠的国王”（*rex exsomnis*），参见第四章注 131、146、167。此处内容由 Per Palme，*Triumph of Peace: A Study of the Whitehall Banqueting House* (Stockholm，1956)，173 引述，潘诺夫斯基教授唤起笔者对这部著作的注意。

凯旋之日，得胜的罗马皇帝乘坐由四匹白马拉的战车，从战神广场(Campus Martius)向卡比多山(Capitol)进发——作为在世之神，皇帝身穿卡比多山朱庇特的刺绣紫袍，手持神的鹰杖，脸上由辰砂涂红——与皇帝同乘战车的奴隶，把金色花冠戴在他的头上，对他耳语："看看你身后。记住你是人。"[②]

这显然就是培根第一条箴规所影射的场景。他的另一条要铭记之事参引的可能是《诗篇》(82∶6)"你们是神"，这句短诗很投合绝对主义时代政治著述家们的嗜好，也肯定十分投合詹姆士一世的嗜好，詹姆士一世引用过这句诗，并详尽地给
497 出了自己的注释。[③] 培根辩证地结合了这两条箴规，手法巧妙而不显突兀。那个时代的其他人也表述过类似观念，[④]这种对

---

② 参较 W. Ehlers, "Triumphus," *RE*, VIIA: 1, 507; Tertullian, *Apologeticus*, xxxiii,4。提比略明言，罗马皇帝们非常在意自己的"人性"，马可·奥勒留自不待言；有关提比略给斯巴达附近伊西翁(Gytheion)人民的书信，参见 E. Kornemann, *Neue Dokumente zum lakonischen Kaiserkult* (Breslau, 1926), 7, line 20。此处及以下几页内容，笔者要感谢安德烈亚斯·阿佛第(Andreas Alföldi)教授及他对这篇简短结语表现出的友善兴趣。

③ 参见 James, "Speech of 1609", ed. McIlwain, *The Political Works of James I* (Cambridge, Mass., 1918), 307ff；另见 Kantorowicz, "Mysteries of State," 68, n.9，以及(关于波舒埃的)"Deus per naturam," 274, n.72。还有，乌雪(Ussher)([下面注 15], p.269, and passim)也引用了《诗篇》；德·拉·盖斯勒(De La Guesle)([下面注 13], p.42)及众多其他著述家也有引用。

④ 参较 Palme, *Triumph of Peace*, 174，援引自 Ben Jonson, *A Panegyrie on the Happie Entrance of James, our Soveraigne, to his First High Session of Parliament ... 1603*，收在 *Poems*, ed. B. H. Newdigate (Oxford, 1936), 275ff, esp.277：

> 她[忒弥斯]先告诉他：
> 国王们是地上最显要的存在者：
> 他们受命天国而坐上宝座
> 像在天国那般统治；
> 又说，既然他们与人无异，
> 便并不拥有常人之上的东西。

语(antithesis)本身恰好暗示了培根经常谈及的主题的一个变体：国王就其本人而言是可朽的存在，但就他的威严和政治身体来看是不朽的。然而，培根对这一古罗马传统——值凯旋统帅充任“当下神”(*deus praesens*)之际要向其耳语“要铭记之事”——的暗示，或许是对我们提示出一件“要铭记之事”——至少还有最后一个话题要在这里讨论，这个话题在本书前面浮现过不止一次：中世纪后期的法学概念和宪制隐喻“国王的两个身体”，有没有古典时代的先例或对应物？这个隐喻有没有古代异教的祖先？或者，更直截了当地说，国王两个身体的观念是起源于异教还是基督教？

答案是肯定的，确实有许多特征表明，统治权二分的观念可能源自古典时代。⑤ 权能学说，即自然人与其职位(或复数职位)的明确区分，并没有超出古典思想家们的想象范围。我们没有必要去古代近东的君主国中找寻这样的极端事例，⑥只

---

⑤ 详加评述古典文献中的类似事例，超出了本研究的范围和笔者的能力。不过，笔者简注或可激发他人更为成功地解决这一问题。

⑥ 在埃及，对“阴魂”(*Ka*)的表现导致了“事实上的”(*ipso facto*)的二重化；有关拉美西斯二世(Ramses II)建造自己的神殿，崇拜自己的画像，可参见 A. D. Nock, “Σύνναος Θεός”(“共处一殿的神祇”), *Harvard Studies in Classical Philology*, XLI (1930), 14, n.1；另见 Kantorowicz, “Quinity,” 81f, nos. 48ff。饶有趣味的是，埃及习俗有时会将一位死亡官员的两个雕像葬入墓中：一个戴着假发、装束腰带，表现他作为具备国王官员的资格；另一个光着头，一袭长袍，表现出作为死者所是的那个“人”；参较 Jean Capart, “Some Remarks on the Sheikh El-Beled”, *Journal of Egyptian Archaeology*, VI (1920), 225-233；另见 A. Wiedemann, “Ägyptische Religion”, *Archiv für Religionswissenschaft*, XXI (1922), 457，作者也唤起了对埃及国王们那里偶尔出现的二重埋葬的注意。在古代罗马，从几个事例也可看出那里存在二重埋葬(*funus duplex*)，这可显见于佩蒂纳克斯(Pertinax)和塞普蒂米乌斯·塞维鲁(Septimius Severus)的情形，尽管还并不是普遍习俗，参见 Bickermann, “Die römische (转下页)

498 需看看亚历山大的情况便足矣；据普鲁塔克的记载，亚历山大大帝曾区分过“亚历山大的朋友”(*φιλαλέξανδρος*)和“君王的朋友”(*φιλοβασιλεύς*)。[⑦]追根溯源的话，这种说法也许是受到了亚里士多德的启发，他在《政治学》中明确区分了君主的朋友和君权的朋友。[⑧] 此外，我们还可以想到塞涅卡就舵手说过的话。

> 舵手有两个人格(*Duas personas habet gubernator*)：一个是他与所有同船乘客一样的人格；另一个为他独有，作为舵手。风暴伤害的是作为乘客的他，而不是伤害作为舵手的他。[⑨]

不管怎么说，这里提出了“双重性”原则，尽管表述冗繁。极有可能的情况是，为了引出一个“从类似者到类似者”(*de similibus ad similia*)的结论，这段话也许已经被一位中世纪

(接上页) Kaiserapotheose”, *Archiv für Religionswissenschaft*, XXIX (1929), 1-34；参较 Ernst Hohl, “Die angebliche ‘Doppelbestattung’ des Antoninus Pius”, *Klio*, XXXI (1938), 169-185。有关阿凯美内斯王朝时期(Achaemenian)印章上的二重化(王者[King]和阿胡拉·马兹达[Ahuramazda])，可参见 H. P. L'Orange, *Studies on the Iconography of Cosmic Kingship in the Ancient World* (Oslo, 1953), 93, fig.65b。

⑦ Plutarch, *Alexander*, c.47.

⑧ Aristotle, *Politics*, III, 16, 13, 1287b；参较 W. L. Newman, *The Politics* (Oxford, 1887), III, 301f。上面第七章注 180。

⑨ Seneca, *Epistolae*, LXXXV, 35。罗马医者斯科利波尼乌斯·拉格斯(Scribonius Largus，公元 1 世纪)细致区分了人与其职业(人在其中“扮演某种角色”的活计)之间的差别；参较 Ludwig Edelstein, “The Professional Ethics of the Greek Physician”, *Bulletin of the History of Medicine*, XXX (1956), 412ff。

法学家采用,那个时期的法学家们喜欢出于自己特定目的来引述塞涅卡的话。⑩

著述过"论王权"的所谓新毕达哥拉斯学派,已就王权方面独立阐发了相关观念,他们的著作经斯托比亚斯(Stobaeus)以残篇流传于世。名为"埃克潘达斯"(Ecphantus)的一残篇里,作者解释到,国王在地上的临时寓所(即肉身)中与其他人一样;然而作为国王,他是复制于"至高造物者,在塑造国王时这位至高工匠是以自己为原型的"。⑪ 斯托比亚斯的作品在16世纪上半叶被编译成拉丁文出版之后,这位作者对主张绝对主义的政治神学家们不会没有影响。⑫ 16世纪末,国王总代诉人(*Procureur général*)雅克·德·拉·盖斯勒(Jacques de La Guesle)在法兰西高等法院前的庄严演说中,大段引用了"埃克潘达斯"的内容,包括上面引用的部分。⑬ 大主教詹姆 499

---

⑩ 事实上,舵手这一内容在1625年被格老秀斯引用于 *De iure belli ac pacis*, II, c.IV, §12 (Amsterdam, 1720), 234;参较 Vassalli, "Fisco", 205;见上面第五章注30。

⑪ Goodenough, "The Political Philosophy of Hellenistic Kingship", *Yale Classical Studies*, I (1928), 76; Delatte, *Traidés de la Royauté*, 26,2ff and 47;有关欧律苏斯(Eurysus)所撰类似残篇,参见 Delatte, *Traidés de la Royauté*, 177ff。另一曾被误认为出自斐洛(Philo)之手的相关残篇,实际上是出自阿戈培(Agapetus),阿戈培本人依据的是新毕达哥拉斯学派的诸论文;参较 Ševčenko (下面注14), 145ff,舍甫琴科一扫将斐洛视为作者的不实之论。

⑫ 斯托比亚斯的原初版本(*editio princeps*)于1535年在威尼斯出版,第一个拉丁文译本由C.格斯纳(C. Gesner)翻译,1543年出版于苏黎世;参较 Delatte, *op.cit.*, 7 and 21。

⑬ Jacques de La Guesle, *Les Remonstrances* (Paris, 1611), 42 (1588年7月21日谏言):"正义是法律的目的,法律是国王的作品,国王是伟大上帝的作品和杰作。尽管国王在外表上与其他人并无二致,因其是由同样的材质创造出来的,但他终究是由这样一位如此伟大和如此完美的工匠按自己的形象、以自己为原 (转下页)

斯·乌雪(James Ussher)一篇原先准备呈献给查理一世的短论《论上帝赋予国王的权力》,尽管借称引自阿戈培(Agapetus),⑭其实也是引用了上述"埃克潘达斯"的内容。⑮ 另一篇毕达哥拉斯学派的短论,同样是由斯托比亚斯传下来并为绝对主义者们所引用,它的作者狄奥图根尼斯(Diotogenes)宣称,国王本人"享有绝对统治权,自身就是活的法律,已变身为人中之神"。⑯

(接上页)型来造作的"("La Iustice est la fin de la loy, la loy l'oeuvre du Roy, le Roy l'ouvrage et le chef-d'oeuvre du grand Dieu [参较 Plutarch, *Ad principem ineruditum*, c.3, 780E]. Et combien qu'il ne soit point dissemblable en apparence des autres hommes, comme estant facit et crée de mesme matiere, si est-ce qu'il est fait et fabriqué de ce tres-grand et tres-parfaict artisan, lequel en soy, et sur soy en a pris le modelle")。数行之后,德·拉·盖斯勒援引了"某位毕达哥拉斯主义者"(*un certain Pythagoricien*)的观点。他 1595 年的演说事实上是以埃克潘达斯的话开场的;参较 Church, *Constitutional Thought*, 266, n.54 中所引用的内容。

⑭ Agapetus Diaconus, *Capita admonitoria*, c.21, *PGr*, LXXXVI: 1, 1171A。这一章撷取自"埃克潘达斯",只不过换了一种说法而已;另外一些段落也流露出阿戈培受到毕达哥拉斯学派政治哲学家的影响。12 世纪以降,阿戈培(并且,借他之力,"埃克潘达斯")对俄罗斯的政治理论也产生了某种影响,有力凭证可见于 Ihor Ševčenko, "Neglected Byzantine Source of Muscovite Political Ideology", *Harvard Slavic Studies*, II (1954), 141-179。阿戈培的第一个拉丁文译本应该是 1509 年的译本(*PGr*, LXXXW: 1,1155ff);1563 年,他希腊文的法译本由让·皮科(Jean Picot)刊行;路易十三(1613 年)增加了从拉丁文翻译而来的法译本。16 世纪又出版了两个英译本,第一本是托马斯·佩内尔(Thomas Paynell)的(约 1530 年);第二本是詹姆士·怀特(James Whit)的(London, 1564),这本译作是呈献给玛丽·斯图亚特的。(笔者得以在普林斯顿燧石图书馆利用这两篇论文的缩微胶卷。)

⑮ 参见 James Ussher, *The Whole Works* (Dublin, 1864), XI, 281。感谢玛格丽特·本特利·舍甫琴科(Margaret Bentley Ševčenko)女士唤起笔者注意到乌雪对新毕达哥拉斯学派的大量引述。

⑯ Goodenough, "Hellenistic Kingship," 68; Delatte, *Traités de la Royauté*, 39,10ff;以及 p.53。国王"拥有无须作任何解释的统治权"(ἀρχὰν ἔχων ἀνυπεύθυνον; Delatte, 140 and 248),这一定是绝对主义者们经常取用的出处。乌雪的短论一再指名引述了狄奥图根尼斯(pp.266, 280f, 285)。

即使不受毕达哥拉斯学派的启发，中世纪的政治思想家们也 500
会受《旧约》启发，而知晓国王变身的观念。然而，诺曼佚名著者的下面一番话，肯定会令人惑误，以为是狄奥图根尼斯（或新毕达哥拉斯学派另一位作者洛克里的斯塞尼达斯［Sthenidas of Locri］）的论述，[17]

> 我们必须看到（国王身上的）二重人格，一重来自自然，另一重来自恩典……；依自然条件，国王的自然与其他人并无二致；借助（他）神化的显赫和（敷油）圣事的力量，国王超越于所有其他人之上。[18]

可见，在诺曼佚名著者看来，国王是借圣化仪式中"跃入"他体内的恩典之力而变身的；而毕达哥拉斯学派则主张，这一变身是国王对上帝模仿（*mimesis*）的结果。不过，恩典和模仿之间并不相互排斥，因为，恩典（至少在这里）是使人成为"上帝形像"或以"上帝形像"来行事的力量。[19]

一旦我们要纳入某些文化层面的考虑，试图将国王的政治身体以某种方式"等同于"希腊诸王和罗马皇帝的神圣性，国王二重化的古老问题就会变得越来越复杂难解。我们可以说统治者的不朽超身体与他那被臆构出来的神圣本质在古代

---

⑰ 斯塞尼达斯认为"上帝依本质为第一国王和统治者，国王只是经造化和对上帝的模仿而成为统治者"（Delatte，45f；cf.56 and 274ff），有关于此，参见拙论"Deus per naturam，" 268ff。

⑱ 参见第三章注 8。

⑲ Kantorowicz，"Deus per naturam，" 274ff.

就是一致的吗？当然，一人兼具神人二重性的观念，对古典时期的思想来说并非全然陌生。希罗多德颂扬过以两种仪式祭祀大力神赫拉克勒斯的那些希腊城邦，“为一个不朽的赫拉克勒斯奉上牺牲，称他为奥林匹斯神，但也为另一个死去的英雄
501 奉上供物。”[20]不错，赫拉克勒斯是位神话人物；但我们并不缺乏对应的历史人物。例如，马其顿的腓力二世在埃格(Aigai)剧场就坐之时，腓力本人的像与十二神像在庄严队列中一起被抬进了剧场，添列为第十三位神，这样做用意何在？[21] 在这个例子中，是不是可以这么说，国王以自然身体端坐于王座中(不过，这一自然身体在王座上被谋杀了)，而以政治身体或同此之物的形式，他被陈列于为神预备的长榻上？这样奇异的情况在罗马帝国可能会屡见不鲜。给自己献祭的神，在古典时代不会无所见闻，[22]不过，真要到罗马皇帝们那里探明大致类似的态度，却绝非易事。早在公元前7年，罗马就为奥古斯都的“守护神”(*genius*)设置了祭坛，考虑到奥古斯都神坛(*ara numinis augustus*)的教化职能，又在其旁设立了非常高贵的祭司团。[23] 由此，奥古斯都大帝成了大祭司(*Pontifex Maximus*)，既可以献祭也可以受祭，兼献祭者和

---

[20] Herodotus, II, 44.

[21] Diodorus, XVI, 92,5.

[22] 参较 Erika Simon, *Opfernde Götter* (Berlin, 1953)，作者深入探讨了陶壶绘画中的重要资料。另见 S. Eitrem, “Zur Apotheose”, *Symbolae Osloenses*, XV-XVI (1936), 137, 文中谈到多种“自我崇拜”的例子(作者称为“自相矛盾的崇拜”[“*kultische Ungereimtheiten*”])。

[23] 参见 D. M. Pippidi, *Recherches sur le culte impérial* (Paris, 1939)，第一、二和七章；Georg Niebling, “Laribus Augustis Magistri Primi”, *Historia*, V (1956), 303-331。

受祭者于一身。[24] 据苏维托尼乌斯记载，卡利古拉(Caligula)甚至为他自己的“守护神”(*numen*)建造了一座拥有诸多祭司的神殿，还在一个神龛里面供奉自己的黄金祭仪像，祭仪像的穿着与皇帝本人当天的穿着一样[25]——这的确是一种完美但却令人费解的二重化形态。这里面所蕴含的其实就是统治者“公共人格”(*persona publica*)的“具象化”。在法庭上通过“守护神”(*τύχη*)向皇帝宣誓的义务，也确有这层蕴意(图密善时代奉行的这一习俗，一直延续到了查士丁尼时代)；于是，臣 502
民不得不以“神化的皇帝”(*E*mperor)之名来宣誓效忠“个体的皇帝”(*e*mperor)，这既成为历史可能，也的确在历史上发生了。[26]

上述诸特征与后来对国王不朽政治身体的具象化，无疑

---

[24] 这种二重化的基督教形态，或者说，神性和人性相互作用的基督教形态，在东方教会“大进堂礼”(Great Entrance)之际诵唱的天使赞美歌中表现得淋漓尽致：“你是献祭者又是受祭者，你是接受者又是施与者”(“Thou art he that offerest, and art offered; and that acceptest and art distributed”)参较 F. E. Brightman, *Liturgies Eastern and Western* (Oxford, 1896), I, 318,34; 378,5; 431,6。有关这种二重化引发的争论和二重化的绘画表现，参见上面第三章注43，以及拙论“Quinity,” 83f。

[25] Suetonius, *Caligula*, 22,3：“Templum etiam numini suo proprium et sacerdotes et excogitissimas hostias instituit. In templo simulacrum stabat aureum iconicum amiciebaturque cotidie veste, quali ipse uteretur”(“他为自己这位守护神建造了神殿，设置了祭司和极尽心思的献祭仪式。神殿里设立了他的黄金像，每天黄金像穿着他自己当时穿着的衣服”)。

[26] 参见 E. Seidl, *Der Eid im römisch-ägyptischen Provinzialrecht* (Münchener Beiträge zur Papyrusforschung, XVII and XXIV [Munich, 1933 and 1935]), I, 11ff, and II, 5ff，文中谈到了这一说法，它表明希拉克略一世(Heraclius I)治下“守护神”(*τύχη*)一语仍被援引，参较 I, 23f, and II, 16f。有关以“神化的皇帝”之名向“个体的皇帝”立下的誓约，参见 Eitrem, “Zur Apotheose”(参见上面注 22), 137。

有着某种模糊的关联，它们之间虽有相似但也有差异，差异程度至少不会低于相似程度。皇帝的"守护神"(*genius* 或 *numen*)虽是公众崇拜的对象，但并未与个体之人分开，依然是个体之人身上的内在构成要素。因此，中世纪后期的君王俨然可以成为"威严的工具"(*instrumentum Dignitatis*)和不朽职位的化身，但此处的皇帝却难以成为中世纪后期意义上的"守护神的工具"(*instrumentum numinis* 或 *instrumentum genii*)。不过，"化身"和"工具性"都是存在于古代统治者崇拜的意义范围内的。

统治者不是在崇拜皇帝个人的守护神，而可能是在将自己视同为活着的且被公认的神，代表着新的赫拉克勒斯(*novus Hercules*)、新的太阳神(*novus Sol*)。确实，卡利古拉遭到了嘲讽，因他为了礼拜拉丁守护神朱庇特而"自己神化自己"——*αὐτοὸς ἑαυτῷ ἱερατο*，卡西乌斯·狄奥(Cassius Dio)如是表述。[27] 伽列努斯(Gallienus)将自己视同为谷物女神，竟至于在钱币上不仅用女神的特征麦穗王冠来装点他那一脸胡须的肖像，而且还在肖像边幅镌上赫然醒目的铭文 GALLIENAE AUGUATAE(女王迦列努斯)。[28] 还有一些特征也有必要考

㉗ Cassius Dio, LIX, 28, 5。有关"新的"(*novus*)这一描述语，参见 A. D. Nock, "Notes on Ruler-Cult", *Journal of Hellenic Studies*, XLVIII (1948), 30ff；有关中世纪的情况，参见笔者在 *Laudes regiae*, 57, n.148, 69, n.15, 74, n.31 中的评述。

㉘ A. Alföldi, "Zur Kenntnis der Zeit der römischen Soldatenkaiser", *Zeitschrift für Numismatik*, XXXVIII (1928), 174ff, esp.188ff (见上面第三章注 93)；有关铭文上表现的雌雄同体(*zweigeschlechtliches Zwitterwesen*)，参较 193ff。有关法学家们对雌雄同体的见解，参见第一章注 8。

虑进来。3世纪时,戴克里先创立四帝共治制(Tetrarchy)并由此出现“朱庇特”加“赫拉克勒斯”神系王朝时,“守护神”的多重体便混杂难分了,因为“每位皇帝的守护神——本身即为神圣的并且也是崇拜对象,都被宣称是朱庇特神或赫拉克勒斯神本身”。[29] 当某位神被认为是“奥古斯都的同伴”(*comes* 503
Augusti)、皇帝的永恒同伴,[30]“奥古斯都的守护神”就与这位神难以分别,这与前述观念复合形态没有什么不同,可从大量钱币中轻易得到印证。皇帝波斯图穆斯(Postumus)发行过一种钱币,上面是结合了他和赫拉克勒斯面部轮廓的重叠式半身像,亦即赫拉克勒斯的面貌极大地同化于那位人—皇帝的面貌,明确表现出他们之间的“双生性”,或者说神和统治者的某种一致性(图 32a)。[31] 具有同样意义的还有普罗布斯(Probus)与“皇帝普罗布斯的太阳神同伴”(SOL COMES PROBI AUGUSTI)即这位皇帝战无不胜的同伴的重叠式半身像:太阳神头顶的光辉在普罗布斯戴头盔的头部后面好似

---

[29] Harold Mattingly, in *Cambridge Ancient History* (Cambridge, 1939), XII, 330.参较 C. H. V. Sutherland, “Flexibility in the ‘Reformed’ Coinage of Diocletian”, *Essays in Roman Coinage Presented to Harold Mattingly* (Oxford, 1956), 174–189.

[30] A. D. Nock, “The Emperor's Divine *Comes*”, *Journal of Roman Studies*, XXXVII (1947), 102–116.

[31] H. Mattingly and E. A. Sydenham, *The Roman Imperial Coinage* (London, 1925–1933), V: 2, pl.XIII, fig.11, also figs.9–10;另一种样式略有不同的钱币,其上的类似性不那么显著,有关于此参见 Alföldi, *op.cit.*, pl.VII, fig.10;以及 Jocelyn M. C. Toynbee, *Roman Medallions* (New York, 1944), pl. XLVI, fig.8。有关“半身像上重叠的头部”(jugate heads)的总体宗教背景,参见 Hermann Usener, “Zwillingsbildung”, *Kleine Schriften* (Leipzig and Berlin, 1913), 334ff, esp.355f,遗憾的是,作者没有讨论这种皇帝钱币。

某种幻影(图 32b)。[32] 然而我们应该强调,皇帝的面貌并不是要被理想化去适应他的神圣同伴,相反,神的面貌看上去应与皇帝相像或类似于皇帝的超常面相。君士坦丁的钱币更加突出了这个倾向,同样的"战无不胜的同伴太阳神"(SOL INVICTUS COMES)完全被改变了面貌,太阳神似乎成了"依照君士坦丁的形像创造出来的"(图 32d－f)。[33] 此处我们看到一种双生形态,某种二重存在者即人神的二重化显露其中,这种人神的二重化表现出君士坦丁与战无不胜的太阳神
504 具有可相互交换的重要地位,展示了统治者的有朽肉身与他相伴的神圣不朽超身体是同在的。[34] "神是君王的形象",我们把这句话稍作变动就会想到基督教的一条格言"君王是上帝的形象",这条格言也可以合理解释基督教艺术中何以会时常出现神明与统治者、基督与他地上代理人之间的面貌相似性。[35]

㉜ Toynbee, *op.cit.*, pl.II, fig.7.

㉝ 参较 Toynbee, *op.cit.*, pl.XVII, fig.11; J. Maurice, *Numismatique Constantinienne* (Paris, 1908－1912), II, 238ff; E. Babelon, "Un nouveau médaillon en or de Constantin le Grand", *Mélanges Boissier* (Paris, 1903), 49f; 另见 Maurice, *op.cit.*, p.236, pl.VII, fig.14。有关君士坦丁钱币,可进一步参见 Alföldi, "The Helmet of Constantine with the Christian Monogram", *Journal of Roman Studies*, XXII (1932), pl.II, figs.15－16。参较 Kantorowicz, "Quinity," figs.27－29, and p.82。

㉞ 皇帝卡鲁斯(Carus)钱币的某些头像上,神与皇帝是面对面的,不太能揭示此处所谈之意义;但是,那个时代流行的皇帝称号"神兼统治者"(*deus et dominus*)(参较 Alföldi, "Insignien," 92ff),作为铭文环绕着神和统治者的头部,事实上,它与同一时期的铭文"为神性和大权"(*numini maiestatique*)(参见下面注 38)有着相似的内涵。有关卡鲁斯的钱币,参较 Mattingly and Sydenham, *op. cit.*, V: 2, pl.VI, fig.13。

㉟ 参见第三章注 50。

a. 波斯图穆斯与赫拉克勒斯

b. 普罗布斯与战无不胜的太阳神

c. “奥古斯都旭日”奥勒留的金币

d－f. 重叠式半身像：君士坦丁与战无不胜的太阳神

图 32 罗马币章和钱币

重叠式半身像

再者，回想起其他一组罗马钱币的铭文，我们似乎也离不开工具性的问题。自共和时代后期起，"罗马人民之神"(*Genius populi Romani*)就出现在钱币上：如赫拉克勒斯一样，这位神手执权杖和象征丰饶的羊角，将自己的脚置于世界之球或神的脚台上；或者，神只出现头部，"伴随着权杖、君王桂冠和世界之球"。[36] 3世纪的一些钱币上，可以看到君主本人被誉为"罗马人民之神"，罗马人民永恒创生力的化身或拟人化。[37] 此处，皇帝完全可被视为某某的"工具"，这一某某与皇帝不同，也不是皇帝自身的内在构成要素——其实可以说，皇帝是罗马人民之神的工具(*instrumentum Genii populi Romani*)和"决不会死"之不朽政体的工具。又或者，当3世纪的铭文"为神性和大权"(*numini maiestatique*)一再被题献给皇帝的至圣"神性"和地上的"大权"时，我们会想起，皇帝最终其实是罗马人民大权(*Maiestas populi Romani*)的化身。[38] 当然，我们也不应忘记塞涅卡的表述，"君王是国家(*res*

---

[36] 参较 Alföldi, "The Main Aspects of Political Propaganda on the Coinage of the Roman Republic", *Essays ... Mattingly* (上面注 29), 87, 93f。

[37] Alföldi, "Zeremoniell," 91, and fig.3 (Gallienus)；也见于 *Zeitschrift für Numismatik*, XXXVIII, pl.VII, fig.1, and p.192。

[38] 罗马人民的"大权"本身是承续于君权之古时"大权"，这是另外一个问题。的确，这样的题献形式可经常见诸3世纪；可参见 H. Dessau, *Inscriptiones Latinae selectae* (Berlin, 1916), III: 2, p.779, Index, *s.v.* "N N M QE."。有关于此的一个例子，参见 Dessau, No.499 (vol.I, p.120)："Imperatori Caesari M. Antonio Gordiano etc. Numisius Quintianus v(ir) p(erfectissimus) ab epistulis Latinis, *devotus numini maiestatique eius*"("为皇帝戈尔迪安一世……为他神性和大权尽忠者、拉丁事务总管、完美之人努米修斯·昆体良")。阿佛第(Alföldi)教授友善提醒笔者，这种题献形式可能因为出现得不多，至今尚未成为专题研究的对象。

publica)的灵魂,而国家是君王的身体";从哲学上看,这与后 505
来居普良的观念——"教会在主教里面,主教在教会里面"非常相似,也一样古老。[39]

要言之,一些分离特征可见诸古典时期的政治哲学和政治神学中,这一点是不可否认的,它表明国王两个身体观念的实质内容在基督教之前的异教古代已经有所预征。我们也有充分理由相信,在文艺复兴盛期,由于除文献资料外人们还可获得考古和钱币史料,古代的某种定律得以复现并对文艺复兴盛期产生了影响。毋庸置疑,古典模式时常有助于使某些生发自完全不同条件和层面的现象(例如,国王葬礼上的人像展示)变得合理化(*rationalize*)。[40] 然而,对种种二重性的古代特征进行总结,是否就能得出可与中世纪后期法学家理论相提并论的严密理论呢?对此,我们仍存有疑虑。因为,尽管国王两个身体的观念在古代有那么多的类似者和"先驱形态",还是有一个细节(即国王有两个身体这一观念)可以排除都铎王权观起源自异教的可能。异教思想中显然没有什么可以证立这种遣词措意。因此,现代学者有时称罗马皇帝为"独体法人",其实是错误的。[41] 当然,宇宙、城邦或个人在希腊哲学中确实都可以被解释成一种身体(σῶμα);圣保罗将教会定

---

[39] Seneca, *De clementia*, I, 5,1;见上面第五章注 65,以及第七章注 405 和 408。

[40] 参见第七章注 372 及后注。

[41] 参较 F. Schultz, *Classical Roman Law* (Oxford, 1951), 90f.:"运用英国'独体法人'的概念,我们可以简括而言,君主(*princeps*)就是独体法人。"有关这一说法,参照第 89 页:"罗马人民是法人。"

义为“基督身体”(*corpus Chriti*)确实也反映了这种哲学。[42]不过,另一方面也要看到,保罗这一富有创新性的概念,最终赋予古代后期“团体”观念的那种哲学—神学的推动力,在君士坦丁大帝称教会为“身体”并将哲学和神学观念引入法律语
506 言之前,明显是那些身体观念尚付阙如的。[43] 除此之外,“基督身体”学说对于从法律上就“统合体”所作解释的影响,以及由此对中世纪团体理论产生的影响,都是要去考虑的事实。[44]

诺曼佚名著者的总体观念仍然承续了古代对统治者的神化,如果说这一点还只是可能成立的话;那么,都铎王朝法学家们的学说,则一定可上溯至保罗的语言表述及其在后来的演进:从保罗的“基督身体”(*corpus Christi*)到中世纪的“教会神秘身体”(*corpus ecclesiae mysticum*),再到等同于国家“道德的和政治的身体”(*corpus morale et politicum*)的“国家神秘身体”(*corpus reipublicae mysticum*),直到最后出现了(尽管与威严观念相混淆的)这样的口号:每一位修道院院长都是“神秘身体”或“政治身体”;相应地,国王也拥有了“决不会死”的政治身体。因此,“国王的两个身体”观念尽管与路数有别的异教观念有某些相似之处,但终归还是基督教神学思想的产物,无愧为基督教政治神学的显著特征。

---

[42] 有关这一问题的整体情况,参见 Arnold Ehrhardt, “Das Corpus Christi und die Korporationen im spät-römischen Recht”, *ZfRG.*, rom. Abt., LXX (1953), 299-347,以及 LXXI (1954), 25-40。

[43] Ehrhardt, *op.cit.*, LXXI, 37-40;以及 Roberti (见下一个注), 79f。

[44] 参较 M. Roberti, “Il corpus mysticum di S. Paolo nella storia della persona giuridica”, *Studi in Onore di Enrico Besta* (Milan, 1939), IV, 37-82; Tierney, *Conciliar Theory*, 131ff;以及 Gierke, *Gen.R.*, III, 108ff,111ff。

图版目录

铭文：SHOULD HEAR BOTH HOUSES OF PARLIAMENT FOR TRUE RELIGION AND SUBJECTS FREDOM STANDS

背面：议会中的王者

埃塞克斯的币章(d－e)结合了两种国王币章(b－c，d－e)的铭文。背面保持不变(另见图2)。这三种币章藏于格拉斯哥亨特博物馆(The Hunterian Museum)；石膏塑形的获取，蒙亨特钱币室管理成员安妮·S.罗伯逊(Anne S. Robertson)惠允。参较Hawkins，*Medallic Illustrations*，pl. XXV，figs. 5，6，11。

2. 1642年的币章，放大图(第22页)

正面：军舰

背面：议会中的王者

铭文：PRO：RELIGIONE：GREGE：ET：REGE：伦敦，大英博物馆(照片：蒙大英博物馆J. K.詹金斯[J. K. Jenkins]先生惠允)。

3. 查理一世的玺印(所谓“第五玺印”)

来自：*Trésor de numismatique et de glyptique: Sceaux des rois et reines d'Angleterre* (Paris，1858)，pl. XX。

4. 理查二世的私人徽章(第32页)

a. 方旗，b. 军旗

来自：Lord Howard de Walden, *Banners, Standards, and Badges from a Tudor Manuscript in the College of Arms* (1904), figs. 5 and 71。

5. 庄严的皇帝(第 62 页)

赖兴瑙画派一幅插画中的奥托二世；

亚琛大教堂宝物室藏的福音书抄本(fol. 16r,约公元975 年)

照片：亚琛的安雷多-莱珀(Ann Bredol-Lepper)夫人。

6. 庄严的基督(第 64 页)

象牙书封(比利时),达姆施塔特(约公元 900 年)

来自：A. Goldschmidt, *Elfenbeinskulpturen*, I, pl. LXXV, fig.162;参较 Rosalie B. Green, in *Art Bulletin*, XXVIII (1946), 112f。

7. 庄严的基督(第 64 页)

来自圣高尔修道院的象牙书封(约公元 900 年)

照片：承惠于 K. Weitzmann 教授；参较 Goldschmidt, *op.cit.*, I, pl. LXXV, fig.163a。

8. 支撑受难基督的地母(第 66 页)

象牙雕件来自 Echternach, Gotha(11 世纪)

照片：承惠于 K.魏茨曼(K. Weitzmann)教授；参较 Goldschmidt, *op.cit.*, II, pl. IX, fig.23。

9. 末世论场景，加洛林时代(第 69 页)
《维维安圣经》的插画：巴黎国家图书馆藏抄本(MS lat. 1, fol.416)。
照片：普林斯顿大学艺术与考古学系。

10. 末世论场景，加洛林时代(第 69 和 75 页)
插画；罗马城外保罗大殿藏圣经抄本(fol.307^{v})。
照片：普林斯顿大学艺术与考古学系。

11. 天空之神上方庄严的主(第 69 页)
朱尼厄斯·巴苏斯的石棺(Sarcophagus of Junius Bassus，公元 359 年)；罗马，梵蒂冈墓窟(Grottos of Vatican)。
来自：F. Gerke, *Der Sarkophag des Junius Bassus* (Berlin, 1936, pl. 5)；参较 Gerke, *Christus in der Spätantike*(《古代后期的基督》) (Mainz, 1948), pls. 52 and 53。

12. 巴西尔二世的凯旋(第 69 和 78 页)
拜占庭(11 世纪)插画；威尼斯马尔恰那国家图书馆藏抄本(Ms gr.17)。
照片：普林斯顿大学艺术与考古学系。

13. 凯旋的基督(第 72 页)
6 世纪镶嵌画；拉文纳，大主教座礼拜堂藏。
照片：承惠于 K.魏茨曼(K. Weitzmann)教授。

14. 消失入天上的基督：基督升天(第 74 页)

《伯恩瓦德福音书》(11 世纪)的插画；希尔德斯海姆，大教堂宝物室藏抄本(Ms 18，fol.175v)。

来自：S. Beissel，*Des Hlg. Bernward Evangelienbuch* (Hildesheim，1891)，pl. XXIV。

15. 二十四位长老陪伴的庄严基督(第 76 页)

a. 加洛林时代插画；罗马城外保罗大殿藏圣经抄本(fol. 116v)。

b. 加洛林时代插画；《特里尔启示录》，州立图书馆抄本(Ms 31，fol.61v)。

照片：普林斯顿大学艺术与考古学系。

16. 御座上的秃头查理(第 63 页注 66，第 66 和 76 页)

a. 加洛林时代插画；《维维安圣经》(上面图 9)，fol.423。

来自：W. Köhler，*Der Schule von Tours* (1930)，pl. 76。

b. 加洛林时代插画；圣埃梅拉姆(St. Emmeram)的福音书(《黄金抄本》)：慕尼黑，州立图书馆(Clm. 14000，Cim. 55，fol.5v)。

来自：G. Leidinger，*Codex aureus* (1921)，I，pl. 10。

17. 皇帝腓特烈二世的卡普阿大门(第 111 页)

13 世纪(复原)

来自：C. A. Willemsen，*Kaiser Friedrichs II. Triumphtor*

zu Capua（Wiesbaden，1953），fig.106。

18. 安布罗焦·洛伦泽蒂(第 112 页)

a. 正义，b. 良政

锡耶纳市政厅壁画(14 世纪)

照片：Alinari。

19. 描绘了正义女神的最后审判(第 112 页)

来自斯塔弗洛的珐琅三联画(12 世纪)；纽约阿利斯泰尔·布拉德利·马丁(Alistair Bradley Martin)夫妇的收藏。

照片：承惠于 A. B.马丁(A. B. Martin)先生。

20. 作为法官的皇帝亨利二世(第 113 页)

蒙特卡西诺修道院藏福音书插画(公元 1022—1023 年)；梵蒂冈图书馆藏抄本(Ottobon lat. 74，fol.193^{v})。

照片：承惠于梵蒂冈图书馆。

21. 寓意画"基督未取之物，可攫入国库"(第 174 页)

Andrea Alciati，*Emblemata*（Lyon，1551；初版于 1531 年），No. CXLVII，p.158。

22. 1603 年的币章：伊丽莎白女王——"独一无二的不死鸟"(第 413 页)

正面：伊丽莎白女王

铭文(外): HEI • MIHI • QUOD • TANTO • VIRTUS • PERFUSA • DECORE • NON • HABET • ETERNOS • INVIOLATA • DIES •

铭文(内): ELIZABETHA • D • G • ANG • FR • ET • HIB • REGINA •

背面: 积薪上燃烧的不死鸟;不死鸟上方是女王的花押字和王冠

铭文(外): FELICES • ARABES • MUNDI • QUIBUS • UNICA • PHOENIX • PHONICEM • REPARAT • DEPEREUNDO • NOVAM •

铭文(内): O • MISEROS • ANGLOS • MUNDI • QUIBUS • UNICA • PHONIX • VITIMA • FIT • NOSTRO • TRISTIA • FATA • SOLO •

来自: J. D. Köhler, *Munz Belustigung* (Nürnberg, 1729ff), XXI, 225ff。有关伊丽莎白 1558 年即位时发行的不死鸟币章,参见 Hawkins, *Medallic Illustrations*, pl. VI, 7, 8, 9, and also VIII, 17。

23. 1649 年的币章: 查理一世与作为不死鸟的查理二世(第 413 页)

正面: 国王查理一世

铭文：CAROLVS • I • D：G：MAG：BRT：FR：ET • HI：REX

背面：积薪上飞起的不死鸟

铭文：CAROLVS • II • D：G：MAG：BRIT：FRAN：ET • HIBER：REX

(内侧)EX • CINERIBVS

查理一世被处死之后由王党派铸造，托马斯 • 罗林斯(Thomas Rawlins)制作的币章；藏于格拉斯哥亨特博物馆钱币室，大英博物馆 J. K.詹金斯(J. K. Jenkins)先生友善提供了石膏模型；照片由美国古钱币协会拍摄。参较 Hawkins，*Medallic Illustrations*，pl. XXX，19。

24. 1643 年的代币设计图(第 414 页)

巴黎，马萨林图书馆抄本(Ms 4395，fol. 1^{v})

照片：承惠于 R.E.吉赛(R. E. Giesey)博士。

25. 币章(设计图)：路易十四的"正义之床"(第 414 页)

来自：Claude-François Menestrier，*Histoire de Louis le Grand* (Paris，1691)，pl. 28；照片：华盛顿敦巴顿橡树园研究图书馆及馆藏库。

26. 萨克雷针对里高的路易十四肖像画而作的讽刺画(第 423 页)

这幅讽刺画出自皮尔庞特 • 摩根图书馆(Pierpont Morgan Library)中的 Thackeray，*The Paris Sketch*

Book 的初版（1840 年）；参较 *Works of Thackeray*（Charterhouse Edition，London，1901），Vol.XVI，第 313 页对面页的图。

27. 荣誉之床上的法兰西国王亨利四世(第 425 页)
a－b. Isaac Briot(1558－1670)的雕刻。巴黎国家图书馆抄本(Ms Clarembault 1127，fol.25^{v})。参较 P. Mathieu，*Historia della morte d'Enrico quarto Rè di Francia*(《法兰西国王亨利四世遇刺的历史》)（Modena，1625），757；E. Benkard，*Undying Faces*，fig.1(第 18 页对面页)。照片：承惠于 R. E.吉赛(R. E. Giesey)博士。

28. 阿伦德尔伯爵十七世约翰・菲查伦之墓(第 435 页)
阿伦德尔，埃塞克斯(约 1435 年)
照片：承惠于弗朗西斯・沃莫尔德(Francis Wormald)先生和伦敦沃伯格研究所。

29. 华盖下的人像(第 430 页)
L'obsèque et enterrement du roy（*Louis XII*）[Paris，1515]的卷首插画。
照片：承惠于 R. E.吉赛(R. E. Giesey)博士。

30. 大主教亨利・齐契利之墓(第 433 页)
坎特伯雷大教堂(约 1424 年)
照片：承惠于威廉・A.钱尼(William A. Chaney)教授。

31. 巴斯和威尔士的主教托马斯·贝金顿之墓(第 435 页)
威尔士大教堂(约 1451 年)
照片:威尔士菲利普的城市工坊(Philip's City Studio),承惠于威廉·A.钱尼(William A. Chaney)教授。

32. 罗马币章和钱币

a. 重叠式半身像:波斯图穆斯与赫拉克勒斯(第 65 和 503 页)
纽约,美国古钱币协会;照片:承惠于该协会。参较 Mattingly and E. A. Sydenham, *The Roman Imperial Coinage* (London, 1925 - 1933), V: 2, pl. XIII, fig. 11;以及 F. Gnecchi, *Medaglioni Romani*, pl. CXVI, figs. 7 - 8。

b. 重叠式半身像:普罗布斯与战无不胜的太阳神(第 65 和 503 页)
来自:Joceline M. C. Toynbee, *Roman Medallions* (New York, 1944), pl. II, fig.7。

c. “奥古斯都旭日”(第 32 页)
奥勒留的金币。来自:Mattingly and E. A. Sydenham, *The Roman Imperial Coinage*, V: 2, pl. VIII, fig. 129。参见莎士比亚的《理查二世》(*Richard II*, III, ii, 41ff):

……暗杀、叛逆和种种可憎的罪恶,
 因为失去了黑夜的遮蔽

就会在光天化日之下无所遁形，向着自己的影子战栗吗？

d. 重叠式半身像：君士坦丁与战无不胜的太阳神（第503—504页）

金币章，Collection Beistegui（巴黎国家图书馆币章室藏）。来自：Toynbee，*Roman Medallions*（New York，1944），pl. XVII，fig. 11；参较 E. Babelon，*Mélanges Boissier*（Paris，1903），49ff。

e-f. 重叠式半身像：君士坦丁与战无不胜的太阳神（第503—504页）

索里得（*solidi*）金币。来自：Alföldi，in *Journal of Roman Studies*，XXII（1932），pl. II，figs. 15-16。

缩写表

AHR	*American Historical Review*
AKKR	*Archiv für katholisches Kirchenrecht*
ArchUF	*Archiv für Urkundenforschung*
BZ	*Byzantinische Zeitschrift*
C.	*Codex Justiniani* (see *Corpus Iuris Civilis* [1584], vols. V and IV)
CSEL	*Corpus scriptorum ecclesiasticorum latinorum*
D.	*Digesta* (see *Corpus Iuris Civilis* [1584], vols. I-III)
DA	*Deutsches Archiv für Erforschung des Mittelalters*
DACL	*Dictionnaire d'archéologie chrétienne et de liturgie*
EHR	*English Historical Review*
Erg. Bd.	see Kantorowicz, *Kaiser Friedrich der Zweite, Ergänzungsband*
Feud.	*Libri feudorum* (see *Corpus Iuris Civilis* [1584], vol. IV)
Glos. ord.	see *Glossa ordinaria*
HZ	*Historische Zeitschrift*
Inst.	*Institutiones Justiniani* (see *Corpus Iuris Civilis* [1584], vol. IV)
JRS	*Journal of Roman Studies*
Lib. aug.	See *Liber augustalis*
MGH	*Monumenta Germaniae Historica*

The series cited in abbreviation are:

Epp. sel.	*Epistolae selectae* (octavo)
LdL.	*Libelli de Lite*
SS.r.Germ.	*Scriptores rerum Germanicarum* (octavo)
Const.	*Constitutiones et acta publica*

MÖIG [*MIÖG*]	*Mitteilungen des Österreichischen Instituts für Geschichtsforschung*
Nov.	*Novellae* (see *Corpus Iuris Civilis* [1584], vol. IV)
PGr	Migne, *Patrologia graeca*
PL	Migne, *Patrologia latina*
QF, QFiAB	*Quellen und Forschungen aus italienischen Archiven und Bibliotheken*
RE	*Realencyclopädie der classischen Altertumswissenschaft*, edd. Pauly, Wissowa, Kroll, and others
Rev. bénéd.	*Revue bénédictine*
RM	*Mitteilungen des deutschen archäologischen Instituts: Römische Abteilung*
Sitz. Ber.	*Sitzungsberichte*
VI	*Liber Sextus* (see *Corpus Iuris Canonici* [1588], vol. III)
Warburg Journal	*Journal of the Warburg and Courtauld Institutes*
X	*Liber Extra* (see *Corpus Iuris Canonici* [1588], vol. II)
ZfKT	*Zeitschrift für Katholische Theologie*
ZfRG	*Zeitschrift der Savigny-Stiftung für Rechtsgeschichte*

参考文献

Accursius, *Glossa ordinaria* to Roman Law (*Corpus iuris civilis* [Venice, 1584]).

Aegidius Romanus, *De ecclesiastica potestate*, ed. R. Scholz (Weimar, 1929).

Albericus de Rosate, *In Digestum vetus (Infortiatum, Digestum novum) Commentaria* (Venice, 1585).

———, *In Codicem Commentaria* (Venice, 1585).

———, *Dictionarium Iuris tam Civilis quam Canonici* (Venice, 1601).

Andreas de Barulo, *Commentaria super tribus libris Codicis* (Venice, 1601).

Andreas de Isernia, *Commentaria in Usus Feudorum* (Naples, 1571).

———, *Peregrina Lectura super Constitutionibus et Glossis Regni Siciliae*, in: *Liber augustalis*, ed. Cervone.

Andrieu, M., *Le Pontifical Romain au moyen-âge* (Studi e Testi, 86-88, 99 [Vatican City, 1938-1941]).

Angelus de Ubaldis, *In Digestum vetus (Infortiatum, Digestum novum) Commentaria* (Venice, 1580).

———, *In Codicem Commentaria* (Venice, 1579).

———, *In Authenticorum volumen Commentaria* (Venice, 1580)

Aquinas, see Thomas Aquinas.

Arbusow, Leonid, *Liturgie und Geschichtsschreibung im Mittelalter* (Bonn, 1951).

Aristotle, Latin Version, see Thomas Aquinas.

Aubert, Jean-Marie, *Le droit romain dans l'oeuvre de Saint Thomas* (Bibliothèque Thomiste, xxx [Paris, 1955]).

Augustinus Triumphus de Ancona, *De summa potestate ecclesiastica* (Augsburg, Johannes Schüssler, 1483).

Azo, *Summa* [*Codicis, Institutionum, Novellarum*] (Lyon, 1530).

———, see Maitland.

Bacon, Francis, *The Works of Sir Francis Bacon*, edd. J. Spedding and D. D. Heath, 7 vols. (London, 1859-1870); also edd. Spedding, R. L. Ellis, and Heath, 15 vols. (Boston, 1861).

Baethgen, Friedrich, "Der Anspruch des Papsttums auf das Reichsvikariat," *ZfRG*, kan. Abt., x (1920).

Baldus de Ubaldis, *Consilia* (Venice, 1575).

———, *In Decretalium volumen Commentaria* (Venice, 1580).

———, *In Digestum vetus, Infortiatum, Digestum novum, Libros Codicis Commentaria* (Venice, 1586).

———, *Liber de Pace Constantiae*, in: *Corpus Iuris Civilis*, vol. IV, 159-190 (following after the *Libri Feudorum*).

Barbi, Michele, "Nuovi problemi della critica dantesca: VI. L'ideale politico-religioso di Dante," and "VIII. Impero e Chiesa," *Studi danteschi*, XXIII (1938), XXVII (1942).

Bartolus de Saxoferrato, *Commentaria in Digestum vetus, Infortiatum, Digestum novum, Codicem* (Venice, 1567).

———, *Super Authenticis et Institutionibus* (Venice, 1567).

———, *Consilia, Quaestiones et Tractatus* (Lyon, 1547).

Beda Venerabilis, *Expositio Actuum Apostolorum et Retractatio*, ed. M. L. W. Laistner (Cambridge, Mass., 1939).

Beemelmans, F., Zeit und Ewigkeit nach Thomas von Aquino (Beiträge zur Geschichte der Philosophie im Mittelalter, XVII, 1 [Münster, 1914]).

Beissel, Stephan, *Die Bilder der Handschrift des Kaisers Otto im Münster zu Aachen* (Aachen, 1886)

———, *Geschichte der Evangelienbücher in der ersten Hälfte des Mittelalters* (Stimmen aus Maria-Laach, 92-93 [Freiburg, 1906]).

Benkard, Ernst, *Das ewige Antlitz* (Berlin, 1927); English transl. by Margaret M. Green, *Undying Faces* (New York, 1929).

Berges, Wilhelm, *Die Fürstenspiegel des hohen und späten Mittelalters* (*MGH, Schriften*, II [Leipzig, 1938]).

Bernard (de Botone) of Parma, *Glossa ordinaria* to *Decretales Gregorii Papae IX* (see *Corpus iuris canonici* [Turin, 1588], vol. II).

Bibliotheca juridica medii aevi, ed. A. Gaudenzi, 3 vols. (Bologna, 1888-1901).

Blackstone, Sir William, *Commentaries on the Laws of England* (London, 1765).

Bloch, Marc, *Les rois thaumaturges* (Strasbourg, 1924).

Bodin, Jean, *Les six livres de la république* (Paris, 1583).

Böhmer, Heinrich, *Kirche und Staat in England und in der Normandie im 11. und 12. Jahrhundert* (Leipzig, 1899).

Böhmer, Johann Friedrich, *Acta imperii selecta*, 2 vols. (Innsbruck, 1870).

Boncompagno, Magister, *Rhetorica novissima*, ed. A. Gaudenzi, in: *Bibl. jurid. med. aevi*, II (Bologna, 1892).

Bossuet, J.-B., *Oeuvres oratoires*, ed. J. Lebarq (Lille and Paris, 1892).

Bracton, Henry of, *De legibus et consuetudinibus Angliae*, ed. G. E. Woodbine, 4 vols. (New Haven, 1915-1942).
Budé, Guillaume, *Annotationes in XXIIII Pandectarum libros* (Lyon, 1551).
Burdach, Konrad, *Rienzo und die geistige Wandlung seiner Zeit, Vom Mittelalter zur Reformation*, II, 1 (Berlin, 1913-1928).
Calasso, F., *I glossatori e la teoria della sovranità* (Milan, 1951).
Capasso, B., "Sulla storia esterna delle costituzioni di Federico II," *Atti della Accademia Pontaniana*, IX (1871).
Carlyle, R. W. and A. J., *A History of Mediaeval Political Theory*, 6 vols. (Edinburgh and London, 1903-1936).
Cases before the King's Council, 1243-1482, ed. I. S. Leadam and J. F. Baldwin (Selden Society, XXXV [Cambridge, 1918]).
Cervone, A., see *Liber augustalis.*
Chiappelli, Luigi, "Dante in rapporto alle fonti del diritto," *Archivio storico Italiano*, Ser. V, vol. XLI (1908).
Choppin, René, *De Domanio Franciae* (Paris, 1605).
Chrimes, S. B., *English Constitutional Ideas in the Fifteenth Century* (Cambridge, 1936).
Church, William Farr, *Constitutional Thought in Sixteenth-Century France* (Harvard Historical Studies, XLVII [Cambridge, 1941]).
Coester, Hildegard, *Der Königskult in Frankreich um 1300 im Spiegel der Dominikanerpredigten* (Staatsexamens-Thesis, typescript, Frankfurt, 1935-1936).
Coke, Sir Edward, *Reports*, ed. G. Wilson, 7 vols. (Dublin, 1792-1793).
———, *The Institutes of the Laws of England* (editions London 1681 and 1809).
Coquille, Guy, *Les oeuvres*, 2 vols. (Paris, 1666).
Coroner's Roll, Select Cases from the, ed. Charles Gross (Selden Society, IX [London, 1896]).
Corpus iuris canonici, 3 vols. (Turin, 1588), containing the *Glossae ordinariae* to *Decretum Gratiani* (vol. I), *Decretales Gregorii IX, Liber Extra* (vol. II), *Liber Sextus* and the later Decretals (vol. III).
———, ed. Emil Friedberg, 2 vols. (Leipzig, 1879-1881).
———, 5 vols. (Venice, 1584), containing Accursius' *Glossa ordinaria* to *Digest* (vols. I-III), *Codex* (vols. V and IV), *Institutes* and *Novels*, also the *Libri Feudorum* and other material (vol. IV).
Crompton, Richard, *L'Authoritie et Jurisdiction* (London, 1594).
Cujas, J., *Opera*, 12 vols. (Prato, 1836-1843).
Cynus de Pistoia, *Commentarium in Codicem et Digestum vetus* (Frankfurt, 1578).
Dante Alighieri, *De Monarchia*, ed. Gustavo Vinay (Florence, 1950).
———, *Le opere*, ed. E. Moore and P. Toynbee (4th ed., Oxford, 1924).
Davies, J. C., *The Baronial Opposition to Edward II* (Cambridge, 1918).

Davis, Gifford, "The Incipient Sentiment of Nationality in Mediaeval Castile: The *Patrimonio real*," *Speculum*, XII (1937).
De la Guesle, see Guesle.
De la Roche Flavin, Bernard, *Treize livres des Parlemens de France* (Geneva, 1621).
Delatte, Louis, *Les traités de la royauté d'Ecphante, Diotogène et Sthénidas* (Bibl. de la Faculté de Philosophie et Lettres de l'Université de Liège, XCVII [Liège, 1942]).
Deusdedit, *Collectio canonum*, ed. Victor Wolf von Glanvell, *Die Kanonessammlung des Kardinals Deusdedit* (Paderborn, 1905).
Diehl, C., *Manuel d'art byzantin*, 2 vols., 2nd ed. (Paris, 1925).
Dölger, F. J., *Sol Salutis*, 2nd ed. (Münster, 1925).
———, *Die Sonne der Gerechtigkeit und der Schwarze* (Münster, 1918).
Dubois, Pierre, *De recuperatione Terrae Sanctae*, ed. Ch.-V. Langlois (Collection des textes, IX [Paris, 1891]).
———, *Summaria brevis et compendiosa doctrina felicis expedicionis et abbreviacionis guerrarum ac litium regni Francorum*, ed. H. Kämpf (Leipzig and Berlin, 1936).
Dupré-Theseider, Eugenio, *L'idea imperiale di Roma nella tradizione del medioevo* (Milan, 1942).
Dupuy, Pierre, *Histoire du différend d'entre Pape Boniface VIII et Philippe le Bel, Roy de France* (Paris, 1655).
Durandus, Gulielmus, *Rationale divinorum officiorum* (Lyon, 1565).
———, *Speculum iuris*, 4 vols. (Venice, 1602).
Du Tillet, Jean, *Recueil des Roys de France* (Paris, 1618).
Egenter, Richard, "Gemeinnutz vor Eigennutz: Die soziale Leitidee im *Tractatus de bono communi* des Fr. Remigius von Florenz (+ 1319)," *Scholastik*, IX (1934).
Ehrhardt, Arnold, "Das *Corpus Christi* und die Korporationem im spätrömischen Recht," *ZfRG*, rom. Abt., LXX (1953), LXXI (1954).
Ehrlich, L., *Proceedings against the Crown, 1216-1377* (Oxford, 1921).
Eichmann, Eduard, *Die Kaiserkrönung im Abendland*, 2 vols. (Würzburg, 1942).
———, "Königs- und Bischofsweihe," *Sitz. Ber. bayer. Akad.*, phil.-hist. Klasse (Munich, 1928), No. 6.
Eitrem, S., "Zur Apotheose," *Symbolae Osloenses*, XV-XVI (1936).
d'Entrèves, A. Passerin, *Dante as a Political Thinker* (Oxford, 1952).
———, "La teoria del diritto e della politica in Inghilterra all' inizio dell' età moderna," *R. Università di Torino: Memorie dell'Istituto Giuridico*, Ser. II, No. IV (1929).
Ercole, Francesco, *Il pensiero politico di Dante* (Milan, 1927-1928).
Erdmann, Carl, *Die Entstehung des Kreuzzugsgedankens* (Stuttgart, 1935).
———, *Forschungen zur politischen Ideenwelt des Frühmittelalters* (Berlin, 1951).

Esmein, A., "La maxime *Princeps legibus solutus est* dans l'ancien droit public français," *Essays in Legal History*, ed. P. Vinogradoff (Oxford, 1913).
Ettlinger, L., "The Duke of Wellington's Funeral Car," *Warburg Journal*, III (1939-1940).
Figgis, J. N., *The Divine Right of Kings*, 2nd ed. (Cambridge, 1934).
Finke, H., *Acta Aragonensia*, 3 vols. (Berlin and Leipzig, 1908-1922).
Fitting, H., *Juristische Schriften des früheren Mittelalters* (Halle, 1876).
———, *Quaestiones de iuris subtilitatibus des Irnerius* (Berlin, 1894).
Fitzpatrick, Mary Cletus, *Lactantii De Ave Phoenice* (University of Pennsylvania thesis [Philadelphia, 1933]).
Fleta, ed. John Selden, 2nd ed. (London, 1685).
Folz, Robert, *Le souvenir et la légende de Charlemagne dans l'empire germanique mediéval* (Paris, 1950).
Fortescue, Sir John, *De laudibus legum Angliae*, ed. S. B. Chrimes (Cambridge, 1942).
———, *The Governance of England*, ed. Charles Plummer (Oxford, 1885).
Frederick II, see *Liber augustalis.*
Friedberg, Emil, see *Corpus iuris canonici.*
Geoffrey of Monmouth, *Historia Regum Britanniae*, ed. Jacob Hammer (Mediaeval Academy of America Publications, N.57 [Cambridge, 1951]).
Gerson, Jean, *Opera omnia*, ed. Ellies du Pin, 5 vols. (Antwerp, 1706).
Gierke, Otto von, *Das Deutsche Genossenschaftsrecht*, 4 vols. (Berlin, 1868-1913).
———, *Political Theories of the Middle Age*, tran. by F. W. Maitland (Cambridge, 1927).
———, *Johannes Althusius*, 3rd ed. (Breslau, 1913).
Gilbert of Tournai, *Eruditio regum et principum*, ed. A. de Poorter (Philosophes Belges, IX [Louvain, 1914]).
Gilbert, Felix, "Sir John Fortescue's *Dominium regale et politicum*," *Mediaevalia et Humanistica*, II (1943).
Gilson, Étienne, *Dante et la philosophie* (Paris, 1939), Engl. transl. by David Moore, *Dante the Philosopher* (New York, 1949).
———, *Jean Duns Scotus* (Études de philosophie médiévale, XLII [Paris, 1952]).
Glanvill, *De legibus et consuetudinibus regni Angliae*, ed. G. E. Woodbine (New Haven, 1932).
Glossa ordinaria, see *Corpus iuris canonici* (Turin, 1588), *Corpus iuris civilis* (Venice, 1584), and Accursius, Bernard of Parma, Johannes Andreae, Johannes Teutonicus.
Godefroy, Th., *Le céremonial de France* (Paris, 1619).
Goldast, M., *Monarchia S. Romani Imperii*, 3 vols. (Hanau and Frankfurt, 1611-1613).

Goldschmidt, A., *Die Elfenbeinskulpturen aus der Zeit der karolingischen und sächsischen Kaiser*, 4 vols. (Berlin, 1914-1926).
———, *German Illumination, II: Ottonian Period* (New York, n.d.).
Goodenough, Erwin R., "The Political Philosophy of Hellenistic Kingship," *Yale Classical Studies*, I (1928).
Gottlob, Th., *Der kirchliche Amtseid der Bischöfe* (Kanonistische Studien und Texte, IX [Bonn, 1936]).
Grabar, André, *L'Empereur dans l'art byzantin* (Paris, 1936).
Grabmann, Martin, *Der lateinische Averroismus des 13. Jahrhunderts und seine Stellung zur christlichen Weltanschauung* (Sitz. Ber., Munich, 1934, No. 2).
———, *Mittelalterliches Geistesleben*, 3 vols. (Munich, 1926-1956).
———, *Studien über den Einfluss der aristotelischen Philosophie auf die mittelalterlichen Theorien über das Verhältnis von Kirche und Staat* (Sitz. Ber., Munich, 1934, No. 2).
Grassaille, Charles de, *Regalium Franciae libri duo* (Paris, 1545).
Grégoire, Pierre, *De Republica* (Lyon, 1609; first published 1578).
Gregory VII, *Das Register Gregors VII.*, ed. Erich Caspar (*MGH, Epp. sel.*, II [Berlin, 1920-1923]).
Gregory of Bergamo, *De veritate corporis Christi*, ed. H. Hurter, *Sanctorum patrum opuscula selecta* (Innsbruck, 1879).
Grotius, Hugo, *De iure belli et pacis* (Amsterdam, 1720).
Guesle, Jacques de la, *Les Remonstrances* (Paris, 1611).
Guido Vernani, see Vernani.
Güterbock, Carl, *Bracton and his Relations to the Roman Law*, transl. by Brinton Coxe (Philadelphia, 1866).
Hackelsperger, Max, *Bibel und mittelalterlicher Reichsgedanke* (Diss. Munich, 1934).
Hahn, August, *Bibliothek der Symbole und Glaubensregeln der alten Kirche*, 3rd ed. (Breslau, 1897).
Hawkins, E., *Medallic Illustrations of the History of Great Britain and Ireland* (London, 1911).
Hamburger, Max, *Morals and Law: The Growth of Aristotle's Legal Theory* (New Haven, 1951).
Henry of Ghent, *Quodlibeta magistri Henrici Goethals a Gandavo* (Paris, 1518).
Heydte, F. A. Freiherr von der, *Die Geburtsstunde des souveränen Staates* (Regensburg, 1952).
Hinschius, P., *Decretales pseudo-Isidorianae et Capitula Angilramni* (Leipzig, 1863).
Hofmeister, Philipp, *Die heiligen Öle in der morgen- und abendländischen Kirche* (Das östliche Christentum, N.F., VI-VII [Würzburg, 1948]).
Holdsworth, W. S., *A History of English Law* (London, 1922 1952).
Holtzmann, Robert, *Französische Verfassungsgeschichte* (Munich and Berlin, 1910).

———, *Wilhelm von Nogaret* (Freiburg, 1898).
Hope, W. H., "On the Funeral Effigies of the Kings and Queens of England," *Archaeologia*, LX:2 (1907), 518-565.
Hostiensis (Henry of Segusia), *Summa Aurea super titulis Decretalium* (Venice, 1586).
Hotman, François, *Francogallia* (Frankfurt, 1586).
Hoyt, Robert S., *The Royal Demesne in English Constitutional History: 1066-1272* (Ithaca, N. Y., 1950).
Hubaux, Jean, and Leroy, Maxime, *Le mythe du Phénix* (Bibl. de la Faculté de Philosophie etc. de Liège, LXXXII [Liège and Paris, 1939]).
Hugelmann, K. G., "Die Wirkungen der Kaiserweihe nach dem Sachsenspiegel," *ZfRG*, kan. Abt., IX (1919).
Huillard-Bréholles, J. L. A., *Historia diplomatica Friderici Secundi*, 7 vols. (Paris, 1852-1861).
Innocent IV, *In quinque libros Decretalium apparatus* (Lyon, 1578).
James of Viterbo, *De regimine Christiano*, ed. H. X. Arquillière, *Le plus ancien traité de l'Église* (Paris, 1926).
Jenkins, Marianna, *The State Portrait* (Monographs on Archaeology and Fine Arts, III [New York, 1947]).
Johannes Andreae, Glossa ordinaria to Liber Sextus Decretalium (see *Corpus iuris canonici* [Turin, 1588], vol. III).
———, *Novella super Decretalibus* (Venice, 1612).
Johannes de Terra Rubea, see Terre Rouge.
Johannes Teutonicus, *Glossa ordinaria* to *Decretum Gratiani* (see *Corpus iuris canonici* [Turin, 1588], vol. I).
John of Paris, *De potestate regia et papali*, ed. Dom Jean Leclerq, *Jean de Paris et l'ecclésiologie du XIIIe siècle* (Paris, 1942).
John of Salisbury, *Policraticus*, ed. C. C. J. Webb, 2 vols. (Oxford, 1909).
John of Viterbo, *De regimine civitatum*, ed. Gaetano Salvemini, in *Bibliotheca juridica medii aevi*, III (Bologna, 1901).
Jungmann, Josef Andreas, "Die Abwehr des germanischen Arianismus und der Umbruch der religiösen Kultur im frühen Mittelalter," *Zeitschrift für katholische Theologie*, LXIX (1947).
———, *Die Stellung Christi im liturgischen Gebet* (Liturgiegeschichtliche Forschungen, VII-VIII [Münster, 1925]).
Kämpf, Hellmut, *Pierre Dubois und die geistigen Grundlagen des französischen Nationalbewusstseins um 1300* (Leipzig und Berlin, 1935).
Kail, J., *Political and Other Poems* (Early English Text Society, Orig. Series, CXXIV [London, 1904]).
Kallen, Gerhard, *Aeneas Silvius Piccolomini als Publizist* (Stuttgart, 1939).
Kantorowicz, E. H., "An 'Autobiography' of Guido Faba," *Mediaeval and Renaissance Studies*, I (1943).

———, "Deus per naturam, deus per gratiam," *Harvard Theological Review*, XLV (1952).
———, "Inalienability: A Note on Canonical Practice and the English Coronation Oath in the Thirteenth Century," *Speculum*, XXIX (1954).
———, *Kaiser Friedrich der Zweite* (Berlin, 1927) and *Ergänzungsband* (Berlin, 1931).
———, *Laudes Regiae: A Study in Liturgical Acclamations and Mediaeval Ruler Worship* (Berkeley and Los Angeles, 1946).
———, "Mysteries of State: An Absolutist Concept and its Late Mediaeval Origins," *Harvard Theological Review*, XLVII (1955).
———, "Petrus de Vinea in England," *MÖIG*, LI (1937).
———, "*Pro patria mori* in Mediaeval Political Thought," *AHR*, LVI (1951).
———, "The Quinity of Winchester," *Art Bulletin*, XXIX (1947).
———, "*Σύνθρονος Δίκῃ*," *American Journal of Archaeology*, LVII (1953).
Kantorowicz, Hermann, *Bractonian Problems* (Glasgow, 1941).
———, "The Poetical Sermon of a Mediaeval Jurist," *Warburg Journal*, II (1938-1939).
———, *Studies in the Glossators of the Roman Law* (Cambridge, 1938).
Keeton, George W., *Shakespeare and His Legal Problems* (London, 1930).
Kempf, Friedrich, *Papsttum und Kaisertum bei Innocenz III.* (Miscellanea Historiae Pontificiae, XIX [Rome, 1954]).
Kern, Fritz, *Die Anfänge der französischen Ausdehnungspolitik* (Tübingen, 1910).
———, *Gottesgnadentum und Widerstandsrecht im früheren Mittelalter* (Leipzig, 1914).
———, *Humana Civilitas* (Leipzig, 1913).
———, "Die Reichsgewalt des deutschen Königs nach dem Interregnum," *HZ*, CVI (1911).
Kloos, Rudolf M., "Ein Brief des Petrus de Prece zum Tode Friedrichs II.," *DA*, XIII (1957).
———, "Nikolaus von Bari, eine neue Quelle zur Entwicklung der Kaiseridee unter Friedrich II.," *DA*, XI (1954).
Koenen, Ferdinand, "Anklänge an das Busswesen der alten Kirche in Dantes Purgatorio," *Deutsches Dante-Jahrbuch*, VII (1923).
Koht, Halvdan, "The Dawn of Nationalism in Europe," *AHR*, LII (1947).
Kristeller, P. O.,"A Philosophical Treatise from Bologna Dedicated to Guido Cavalcanti: Magister Jacobus de Pistoria and his *Questio de Felicitate*," *Medioevo e Rinascimento: Studi in onore di Bruno Nardi* (Florence, 1955).
Kuttner, Stephan, *Kanonistische Schuldlehre von Gratian bis auf die Dekretalen Gregors IX.* (Studi e Testi, LXIV [Vatican City, 1935]).

———, *Repertorium der Kanonistik* (Studi e Testi, LXXI [Vatican City, 1937]).
——— and Rathbone, Eleanor, "Anglo-Norman Canonists in the Twelfth Century," *Traditio*, VII (1949-1951).
Ladner, Gerhart B., "Aspects of Mediaeval Thought," *Review of Politics*, IX (1947).
———, "The Concepts: Ecclesia, Christianitas, Plenitudo Potestatis," *Sacerdozio e regno da Gregorio VII a Bonifacio VIII* (Miscellanea Historiae Pontificiae, XVIII [Rome, 1954]).
———, "Die mittelalterliche Reform-Idee und ihr Verhältnis zur Idee der Renaissance," *MIÖG*, LX (1952).
———, "St. Augustine's Conception of the Reformation of Man in the Image of God," *Augustinus Magister* (Congrès International Augustinien: Communications [Paris, 1954]).
Laehr, Gerhard, *Die Konstantinische Schenkung in der abendländischen Literatur des Mittelalters bis zur Mitte des 14. Jahrhunderts* (Berlin, 1926).
Lagarde, G. de, "Individualism et corporatism au moyen âge," *L'Organisation corporative du moyen âge à la fin de l'ancien régime* (Recueil de travaux d'histoire et de philologie, 2me sér., XLIV [Louvain, 1937]).
———, "La philosophie sociale d'Henri de Gand et de Godefroid de Fontaines," *L'Organisation corporative* etc. (Recueil de travaux etc., 3me sér., XVIII [Louvain, 1943]).
———, *La naissance de l'esprit laïque au declin du moyen âge*, vol. I (Vienna, 1934).
Langlois, Ch.-V., *La connaissance de la nature et du monde au moyen âge* (Paris, 1911).
Lapsley, Gaillard, "Bracton and the authorship of the 'Addicio de Cartis,'" *EHR*, LXII (1947).
Le Bras, G., "Le droit romain au service de la domination pontificale," *Revue historique de droit français et étranger*, XXVII (1949).
Leclercq, Dom Jean, "Un sermon prononcé pendant la guerre de Flandre sous Philippe le Bel," *Revue du moyen âge latin*, I (1945).
Lemaire, A., *Les lois fondamentales de la monarchie française d'après des théoriciens de l'ancien régime* (Paris, 1907).
Lesky, Erna, *Die Zeugungs- und Vererbungslehren der Antike und ihr Nachwirken* (Abh. d. Mainzer Akad. d. Wissensch. und der Literatur: Geistes- und Socialwiss. Kl., 1950, No. 19 [Mainz, 1951]).
Liber augustalis, ed. Cervone = *Constitutionum Regni Siciliarum libri III* (Sumptibus Antonii Cervonii, Naples, 1773), containing the *Glossa ordinaria* of Marinus de Caramanico and the commentary of Andreas de Isernia.
Liber censuum, ed. Fabre, M. P., and Duchesne, L. M. O. (Paris, 1895ff).

Liebermann, F., *Die Gesetze der Angelsachsen*, 3 vols. (Halle, 1903-1916).
Lizerand, Georges, *Le dossier de l'affaire des Templiers* (Paris, 1932).
Lodge, E. C., and Thornton, G. A., *English Constitutional documents 1307-1485* (Cambridge, 1935).
Loyseau, Charles, *Cinq livres du droit des offices* (Cologne, 1613).
Lubac, Henri de, *Corpus mysticum* 2nd ed. (Paris, 1949); also in: *Recherches de science religieuse*, XXIX (1939), and XXX (1940).
Lucas de Penna, *Commentaria in Tres Libros Codicis* (Lyon, 1597; also Lyon, 1544, and other editions).
Maccarrone, Michele, "Teologia e diritto canonico nella *Monarchia*, III, 3," *Rivista di Storia della Chiesa in Italia*, V (1951).
———, *Vicarius Christi: Storia del titolo papale* (Lateranum, N. S., XVIII [Rome, 1952]).
McIlwain, C. H., *Constitutionalism Ancient and Modern*, 2nd ed. (Ithaca, N. Y., 1947).
———, *The High Court of Parliament and its Supremacy* (New Haven, 1910).
Maisonobe, A., "Mémoire relatif au Paréage de 1307," *Bulletin de la société d'agriculture, industrie, sciences, et arts du Departement de la Lozère* (Mende, 1896).
Maitland, F. W., *Selected Essays* (Cambridge, 1936).
———, *Select Passages from the Works of Bracton and Azo* (Selden Society, VIII [London, 1895]).
———, see Pollock, Sir Frederick.
Marinus de Caramanico, *In Constitutiones Regni Siciliae* (= *Glossa ordinaria*), see *Liber augustalis*, ed. Cervone.
Marongiu, A., "Concezione della sovranità ed assolutismo di Giustiniano e di Federico II," *Atti del Convegno Internazionale di Studi Federiciani* (Palermo, 1952).
———, *L'Istituto parlamentare in Italia dalle origini al 1500* (Rome, 1949).
———, "Note Federiciane," *Studi Medievali*, XVIII (1952).
Martène, E., *De antiquis Ecclesiae ritibus* (Rouen, 1700; Bassano, 1788).
Matthaeus de Afflictis, *In utriusque Siciliae Neapolisque sanctiones et constitutiones novissima praelectio* (Venice, 1562).
Meer, F. van der, *Maiestas Domini* (Vatican City, 1938).
Meyers, E. M., *Juris interpretes saec. XIII* (Naples, 1924).
Michels, Dom Thomas, "Die Akklamation in der Taufliturgie," *Jahrbuch für Liturgiewissenschaft*, VIII (1928).
Mirbt, Carl, *Quellen zur Geschichte des Papsttums und des römischen Katholizismus*, 4th ed. (Tübingen, 1924).
Mitteis, Heinrich, *Die deutsche Königswahl: Ihre Rechtsgrundlagen bis zur Goldenen Bulle*, 2nd ed. (Brünn, Munich, and Vienna, 1944).

Most, Rudolf, "Der Reichsgedanke des Lupold von Bebenburg," *DA*, IV (1941).
Nardi, Bruno, *Dante e la cultura medievale*, 2nd ed. (Bari, 1949).
———, "Note alla *Monarchia*, I: La *Monarchia* e Alberico da Rosciate," *Studi danteschi*, XXVI (1942).
———, *Saggi di filosofia dantesca* (Milan, 1930).
Nicholas of Bari, see R. M. Kloos, ed.
Nock, A. D., "Notes on Ruler-Cult," *Journal of Hellenic Studies*, XLVII (1948).
———, "The Emperor's Divine *Comes*," *JRS*, XXXVII (1947).
Oldradus de Ponte, *Consilia* (Venice, 1571; also Lyon, 1550).
Onory, Sergio Mochi, *Fonti canonistiche dell'idea moderna dello stato* (Milan, 1951).
Oppenheim, Philipp, "Die sakralen Momente in der deutschen Herrscherweihe bis zum Investiturstreit," *Ephemerides Liturgicae*, LVIII (1944).
Ott, Irene, "Der Regalienbegriff im 12. Jahrhundert," *ZfRG*, kan. Abt., XXXV (1948).
Parliamentary Writs, ed. F. Palgrave, 2 vols. in 4 (London, 1827-1834).
Palmer, John Leslie, *Political Characters of Shakespeare* (London, 1945).
Paris de Puteo, *De Syndicatu* (Lyon, 1548).
Peregrinus, Marcus Antonius, *De privilegiis et iuribus fisci libri octo* (Venice, 1611).
Perrot, Ernest, *Les institutions publiques et privées de l'ancienne France jusqu'en 1789*. (Paris, 1935).
Peterson, Erik, "Der Monotheismus als politisches Problem," in his *Theologische Traktate* (Munich, 1951).
Petrus de Ancharano, *Consilia* (Venice, 1574).
———, *In quinque Decretalium libros . . . Commentaria* (Bologna, 1581).
Petrus de Vinea, *Epistolarium*, ed. Simon Schard (Basel, 1566).
Philip of Leyden, *De cura reipublicae*, edd. R. Fruin and P. C. Molhuysen (The Hague, 1915).
Piccolomini, Aeneas Silvius, *De ortu et auctoritate imperii Romani*, ed. R. Wolkan, *Der Briefwechsel des Eneas Silvius Piccolomini* (Fontes rerum Austriacarum, LXVII [Vienna, 1912]); see also Kallen, G., for another edition.
Pickthorn, Kenneth, *Early Tudor Government: Henry VII* (Cambridge, 1934).
[Placentinus], *Quaestiones de iuris subtilitatibus*; cf. Fitting, *Quaestiones*.
Placentinus, *Summa Institutionum*, ed. H. Fitting, in *Juristische Schriften* (Halle, 1876).
Plowden, Edmund, *Commentaries or Reports* (London, 1816).
Plucknett, T.F.T., "The Lancastrian Constitution," *Tudor Studies*,

ed. by R. W. Seton-Watson (London, 1924).
Pollard, A. F., *The Evolution of Parliament* (London, 1926).
Pollock, Sir Frederick, and Maitland, F. W., *The History of English Law Before the Time of Edward I*, 2 vols., 2nd ed. (Cambridge, 1898).
Post, Gaines, " 'Blessed Lady Spain'—Vincentius Hispanus and Spanish National Imperialism in the Thirteenth Century," *Speculum*, XXIX (1954).
———, "A Romano-Canonical Maxim, *Quod omnes tangit*, in Bracton," *Traditio*, IV (1946).
———, "Some Unpublished Glosses (ca. 1210-1214) on the *Translatio Imperii* and the Two Swords," *AKKR*, CXVII (1937).
———, "The Two Laws and the Statute of York," *Speculum*, XXIX (1954).
———, "Two Notes on Nationalism in the Middle Ages: I. *Pugna pro patria*, II. *Rex imperator*," *Traditio*, IX (1953).
Powicke, F. M., *King Henry III and the Lord Edward*, 2 vols. (Oxford, 1947).
Pseudo-Isidorus, see Hinschius.
Rapisarda, E., *L'Ave Fenice di L. Cecilio Firmiano Lattanzio* (Raccolta di studi di letteratura cristiana antica, IV [1946]).
Remigio de' Girolami, see Egenter, ed.
Richardson, H. G., "The English Coronation Oath," *Transactions of the Royal Historical Society*, 4th Ser., XXIII (1941).
———, "The English Coronation Oath," *Speculum*, XXIV (1949).
Richier, *La vie de Saint Remi: Poème du XIIIe siècle*, ed. W. N. Bolderston (London, 1912).
Roberti, M., "Il *corpus mysticum* di S. Paolo nella storia della persona giuridica," *Studi in Onore di E. Besta*, vol. IV (Milan, 1939).
Rossiter, A. P., *Woodstock* (London, 1946).
Saint-Gelais, Jean de, *Chronique*, in Th. Godefroy, *Histoire de Louys XII* (Paris, 1622).
Sauer, J., *Die Symbolik des Kirchengebäudes* (Freiburg, 1902).
Sayles, G. O., *Select Cases in the Court of King's Bench under Edward I*, vol. III (Selden Society, LVIII [London, 1939]).
Schäfer, Carl, *Die Staatslehre des Johannes Gerson* (Cologne diss., 1935).
Schaller, Hans-Martin, *Die Kanzlei Kaiser Friedrichs II.: Ihr Personal und ihr Sprachstil* (Göttingen diss. [type-script], 1951).
Schapiro, Meyer, "The Image of the Disappearing Christ," *Gazette des Beaux Arts*, LXXXV (1943).
Scholz, Richard, *Die Publizistik zur Zeit Philipps des Schönen und Bonifaz' VIII.* (Kirchenrechtliche Abhandlungen, H.6-8 [Stuttgart, 1903]).
———, *Unbekannte kirchenpolitische Streitschriften aus der Zeit Lud-*

wigs des Bayern (1327-1354), (Bibliothek d. Preussischen Historischen Instituts in Rom, IX-X [Rome, 1911-1914]).

Schrade, Hubert, "Zur Ikonographie der Himmelfahrt Christi," *Vorträge der Bibliothek Warburg 1928-9* (Leipzig, 1930).

Schramm, Percy E., *Die deutschen Kaiser und Könige in Bildern ihrer Zeit*, 2 vols. (Leipzig, 1928).

———, *Herrschaftszeichen und Staatssymbolik* (Schriften der *MGH*, XIII:1-3 [1954-1956]).

———, "Das Herrscherbild in der Kunst des Mittelalters," *Vorträge der Bibliothek Warburg 1922-3*, I (1924).

———, *A History of the English Coronation* (Oxford, 1937).

———, *Der König von Frankreich*, 2 vols. (Weimar, 1939).

———, "Die Krönung in Deutschland bis zum Beginn des Salischen Hauses," *ZfRG*, kan. Abt., XXIV (1935).

———, "Die Ordines der mittelalterlichen Kaiserkrönung," *ArchUF*, XI (1929).

———, "Sacerdotium und Regnum im Austausch ihrer Vorrechte," *Studi Gregoriani*, II (1947).

Schulz, Fritz, "Bracton on Kingship," *EHR*, LX (1945).

Ševčenko, Ihor, "A Neglected Byzantine Source of Muscovite Political Ideology," *Harvard Slavic Studies*, II (1954).

Silverstein, Theodore, "On the Genesis of *De Monarchia*, II,v," *Speculum*, XIII (1938).

Steinwenter, Artur, "Νόμος ἔμψυχος: Zur Geschichte einer politischen Theorie," *Anzeiger d. Akad. d. Wissensch. in Wien*, phil.-hist.Kl., LXXXIII (1946).

Stengel, Edmund E., "Kaisertitel und Suveränitätsidee," *DA*, III (1939).

———, *Nova Alemanniae*, 2 vols. (Berlin, 1921-1930).

Stickler, A. M., "Imperator vicarius Papae," *MIÖG*, LXII (1954).

———, "Der Schwerterbegriff bei Huguccio," *Ephemerides Iuris Canonici*, III (1947).

———, "*Sacerdotium et Regnum* nei decretisti e primi decretalisti," *Salesianum*, XV (1953).

Strayer, Joseph R., "Defense of the Realm and Royal Power in France," *Studi in onore di Gino Luzzatto* (Milan, 1949).

Stubbs, William, *Select Charters and other Illustrations of English Constitutional History*, 9th ed. (Oxford, 1921).

Terre Rouge, Jean de, *Tractatus de iure futuri successoris legitimi in regiis hereditatibus*, in: François Hotman, *Consilia* (Arras, 1586), Appendix.

Thomas Aquinas, *In decem libros Ethicorum Aristotelis ad Nicomachum expositio*, ed. R. M. Spiazzi (Turin and Rome, 1949), with the Latin version of Aristotle.

———, *In duodecim libros Metaphysicorum Aristotelis expositio*, ed. M.-R. Cathala and R. M. Spiazzi (Turin and Rome, 1950), with the Latin version of Aristotle.

———, *In libros Politicorum Aristotelis expositio*, ed. R. M. Spiazzi (Turin and Rome, 1951), with the Latin version of Aristotle.

———, *De regimine principum*, ed. Joseph Mathis, 2nd ed. (Turin and Rome, 1948).

Thomson, S. Harrison, "Walter Burley's Commentary on the *Politics* of Aristotle," *Mélanges Pelzer* (Louvain, 1947).

Tierney, Brian, "A Conciliar Theory of the Thirteenth Century," *Catholic Historical Review*, XXXVI (1950-1951).

———, *Foundations of the Conciliar Theory: The Contribution of the Medieval Canonists from Gratian to the Great Schism* (Cambridge, 1955).

Tolomeus de Lucca, *Determinatio compendiosa de iurisdictione Imperii*, ed. Mario Krammer, in: *MGH, Fontes iuris germanici antiqui* (Hannover and Leipzig, 1909).

Toynbee, Jocelyn M. C., *Roman Medallions* (New York, 1944).

Treitinger, O., *Die oströmische Kaiser- und Reichsidee nach ihrer Gestaltung im höfischen Zeremoniell* (Jena, 1938).

Überweg, F. and Baumgartner, M., *Grundriss der Geschichte der Philosophie der patristischen und scholastischen Zeit*, 10th ed. (Berlin, 1915).

Ullmann, Walter, "The Influence of John of Salisbury on Mediaeval Italian Jurists," *EHR*, LIX (1944).

———, "Baldus' Conception of Law," *Law Quarterly Review*, LVIII (1942).

———, *The Medieval Idea of Law as Represented by Lucas de Penna* (London, 1946).

———, *Medieval Papalism* (London, 1949).

Ussher, James, *The Whole Works* (Dublin, 1864).

Vassalli, Filippo E., "Concetto e natura del fisco," *Studi Senesi*, XXV (1908).

Vernani, Guido, *De reprobatione Monarchie composite a Dante*, ed. Thomas Käppeli O.P., "Der Dantegegner Guido Vernani O.P. von Rimini," *QFiAB*, XXVIII (1937-1938).

Vieilleville, Marquis de, *Mémoires*, ed. J. Michaud and P. Poujoulat, *Nouvelle collection des mémoires sur l'histoire de France*, vol. IX (Paris, 1850).

Watkins, Robert D., *The State as a Party Litigant* (Johns Hopkins diss., Baltimore, 1927).

Wieruszowski, Helene, *Vom Imperium zum nationalen Königtum* (*HZ*, Beiheft, 30 [Munich and Berlin, 1933]).

Wilkinson, B., "The Coronation Oath of Edward II and the Statute of York," *Speculum*, XIX (1944).

———, "The 'Political Revolution' of the Thirteenth and Fourteenth Centuries in England," *Speculum*, XXIV (1949).

Willemsen, Carl A., *Kaiser Friedrichs II. Triumphtor zu Capua* (Wiesbaden, 1953).

Williams, George H., *The Norman Anonymous of ca. 1000 A.D.: Toward the Identification and the Evaluation of the So-called Anonymous of York* (Harvard Theological Studies, XVIII [Cambridge, Mass., 1951]).
Wilson, John Dover, ed., *King Richard II*, in: *The Works of Shakespeare* (Cambridge, 1939).
Wipo, *Gesta Chuonradi*, ed. H. Bresslau (*MGH, SS.rer.germ.*, 1915).
Woodbine, G. E., see Bracton, Glanvill.
Woolf, C.N.S., *Bartolus of Sassoferrato* (Cambridge, 1913).
Wunderlich, Agathon, *Anecdota quae processum civilem spectant* (Göttingen, 1841).
Yates, Frances A., "Queen Elizabeth as Astraea," *Warburg Journal*, X (1947).

索　引

（词条后的页码参见边码）

名称索引要追求合理的全面性，主题内容索引当然不可能这样做：它不完整，也不可能不去考虑协调一致，而任由滋蔓。尽管会有遗缺，但主题内容索引对于学者来说大有裨益。指涉脚注的索引往往也是指涉脚注所在正文的。缩略语（*abp. = archbishop*，*bp. = bishop*，*emp. = emperor*，*k. = king*，*q. = queen*）遵循的是习惯用法，名称缩略语部分，不加说明情况下应亦能理解。

译后记

现代政治思想的基础主要在于16世纪以马基雅维利、培根为代表的共和传统、历史经验主义，以及17世纪以格老秀斯、普芬多夫为代表的自然法传统。一般而言，二者很大程度上源于阿奎那以来对亚里士多德、西塞罗伦理政治思想的复兴；然而，也应看到，不管是共和传统、历史经验主义还是自然法传统，它们在观念史上的发端以及所使用的关键概念，都与11—15世纪起始于意大利博洛尼亚大学并向整个西欧漫散开来的一支重要法学流派相关——注释法学派（The school of the Glossators）。[①]

---

① 11世纪末随着罗马法研究在博洛尼亚大学复兴，罗马法成为神圣罗马帝国境内法律学说和司法活动的基本框架，从这一时期到13世纪的前期注释法学家在研究和注释古典法律文献时忠实于经典，尽量将所得结论照搬于实践活动，他们主张每种权威都应遵从作为法律之母的理性。前期代表人物有伊尔纳留斯（Irnerrius，1085—1125年）、布拉克顿（Bracton，1210—1268年）、阿佐（Azo，约1150—1230年），集大成者是阿库修斯（Accursius，约1182—1260年）；主要活动于14世纪的后期注释法学派（Post-Glossators），反对沿用前期注释法学派从字面上来解释罗马法的刻板方法，致力于寻找意大利城市独立于帝国的法律依据，避免让意大利城市沦为神圣罗马帝国皇帝和教皇的附庸，代表（转下页）

这一点可从昆廷·斯金纳(Quentin Skinner)那里寻获佐证,他在初版于20世纪70年代的《现代政治思想的基础》中开宗明义:现代政治思想的基础要从12世纪以来意大利北部出现的一种标新立异的社会政治组织形式谈起。此种变革得益于意大利诸城市共和国的兴起及其新的城市生活方式和制度构设,得益于城市在与帝国、教会的不断论争中形成了对自身权威的认同和对自由的热烈追求;[②]从君主、贵族到人民,在接下来的几个世纪,都在为城市的自由同神圣罗马帝国和教皇国周旋抗争,而除了刀枪剑炮之外,法律是他们最重要的武器。由此,斯金纳把12—15世纪意大利乃至西欧历史上重要

(接上页)人物有奇诺(P. Cynus, 1270—1336年)、巴托鲁斯(Bartolus, 1314—1357年)、巴尔都斯(Baldus, 1327—1400年)、卢卡斯(P. Lucas, 1320—约1390年)等。巴托鲁斯奠定了后期注释派法学的方法论基础,主张在法律与实践相抵牾的地方应当力促法律切合实践;因此后期注释法学派又被称作评注法学派(the school of Commentators)。依据这种新方法论,他们对城市自由、契约、权利等重要概念作出了与以往不同的阐释。这些注释法学家与以格兰西、约翰·条顿、胡古奇奥为代表的教令集注释者、教皇令集注释者,成为以基督为中心的礼仪式王权向以法律为中心的王权转变过程中的重要力量。可参见《王の二つの身体:中世政治神学研究》,小林公译,东京:平凡社,1992,(译后记)第732页。后文译者将以"注释学派"统称注释法学家、教令集注释者、教皇令集注释者。

② 这不仅限于意大利的城市共和国或君主国,也适用中世纪后期西欧的众多君主国。如霍伊特(R. Hoyt)所言,"西欧诸君主国在从古代到中世纪、从中世纪到现代的变革中扮演着重要角色。……帝国在西欧奄奄一息,乃至其存续与否都值得怀疑。值中世纪后期遽变之际,西欧的君主国在建构现代民族—国家中再次扮演了重要角色。强大的民族—国家于现代崛起的地方,正是中世纪君主国强大的地方。民族—国家是对潜藏于中世纪教会和帝国之下的基本原则的否定",参见R. S. Hoyt, *The Royal Demesne in English Constitutional History: 1066–1272*, New York: Cornell University Press, 1950, p.1。

的注释法学派作为理解西方现代政治思想的一个基点。[③]

在斯金纳看来，正是由于注释法学派的努力，市民法与罗马法、教会法出现了有益的较量融合，它们在经院哲学中或扎根或破土，于彼此融会贯通中让一种文艺复兴时期政治观念体系渐趋成形，形塑了之后的西欧现代政治法律思想；也正是端赖注释法学派的热情，罗马法传统及修辞人文传统得以恢复，形成了城市与帝国、世俗与教会之间在正义、理性、权利、义务等问题上的大辩论，其孕生出来的公共精神和法律文化是西方现代伦理政治社会的基石。尽管在政治法律实践中难免有上凌下替、祸乱相寻的局面，总体来看，注释法学派给西欧带来的法治传统和人文精神永久流淌在其血脉之中；紧随注释法学派之后的自然法思潮持续了 200 余年（17—19 世纪），[④]极

---

③ 昆廷·斯金纳：《现代政治思想的基础》，段胜武等译，求实出版社 1989 年版，第 1—11 页。也是在 12 世纪下半叶，英格兰在亨利二世治下出现了《论英格兰王国的法律和习惯》或《格兰维尔》，其开卷之语——王权不应只以武力来打击叛贼和敌对势力，还应依法律来和平治理臣民——成为后来英国法律运作指南，而这一时期也奠定了后来英美法律体系的基础。金雀花王朝治下的 13 世纪也是布拉克顿的时代，议会和国家认同观念初现端倪，很多偶然因素使得国王的两个身体学说能在英格兰发展起来。“我们回过头来看，亨利二世的强大权力传到了约翰王手里。专政激起了反叛，大宪章逢此而生，此乃幸事一也；反叛并非全胜，王冠幸得从约翰王传至九岁稚童，此幸事二也。亨利三世的未成年，使得在非个人的‘王冠’（Crown）与戴王冠的稚童之头之间作出区分得以可能，因法律不可能仅是那稚童之喜好。”参见 *Bracton's Note Book*, ed. by F. W. Maitland, 3vols, Cambridge: Cambridge University Press, 1887, vol. 1, p. 3。特别参见 Pollock and Maitland, *The History of English Law before the Time of Edward I*, Cambridge: Cambridge University Press, 1898, vol.I, ch.II. § 13, “The King and the Crown”。

④ 从某种意义上说，自然法变革（尤其是主体性权利的出现）的发轫也是始于 12 世纪。例如，蒂尔尼（B. Tierney）就认为，霍布斯和洛克等 17 世纪思想家著述中的自然法和自然权利定义，源出于数世纪以来（1150—1650 年）形 （转下页）

大程度上为西欧社会攘除了弊政、洗濯了民心。同时,法律上的新方法论带来了智识层面上的整体跃升。[⑤]注释法学派追随西塞罗、塞涅卡传统,对法律的"自然"(*natura*)和"诸基础"(*fundamenta*)进行探究,[⑥]让法律真正回归与政治社会的深层交融,让通往"正义"和"理性"的道路不致成为断头路或死胡同,它们的畅通使法律得以向广阔而层级化的社会源源不断输入活泉,这是一种更新万象的力量。法律案件不再是孤立的和寡闻的,对法律案件的注释或评注不仅仅是法学者的事务,它牵涉到的是这个国家的政治生态和法学家的水平,而法学家的水平又代表着法律和政治文明的健康程度。诚如 20 世纪最重要的中世纪法律史家之一厄尔曼(W. Ullmann)所言,"法律是对文明近乎完美的表达;没有什么能比法律更好地体现一个时代的精神",因此,一个自然而然的结论便是,"对过去法律史的探究不仅是法律史的事情,也是社会史和文化史的一部分。"

(接上页)成的文化演进过程,这一过程在蒂尔尼看来,正是自 12 世纪中叶起始于格兰西的著作及其同时代和后继法学家的著述,参见 Riccardo Saccenti, *Debating Medieval Natural Law, A Survey*, Notre Dame: University of Notre Dame Press, 2016, p.36。从注释法学者(比如巴尔都斯)那里,我们似乎也聆听到了 17 世纪格老秀斯关于自然理性和自然法的声音,参见本书第四章注 55—56。有关自然法方面的研究,还可参看李猛:《自然社会:自然法与现代道德世界的形成》,三联书店 2015 年版;还可参见 Daniel Chernilo, *The Natural law Foundations of Modern Social Theory: A Quest for Universalism*, Cambridge: Cambridge University Press, 2013,特别是第三章。另可浏览拙文《休谟与自然法传统》,《哲学门》总第十九辑,北京大学出版社 2009 年版,第 99—132 页。

⑤ "应该看到,注释法学派是第一个耕耘罗马古典文献这片处女地的,这一法律史实揭示了他们倾向去倚赖语法的、逻辑的和辩证的方法。"参见 Ullmann, *The Medieval Idea of Law as Represented by Lucas de Penna*, London: Routledge, p.1。

⑥ 同上书,第三章。

西欧在12—15世纪蓄积起来的这股政治改革潜力和社会动能，决定了它自16世纪起与那些饱受游牧民族侵凌或彻底被征服的国家地区有了质性上的文明分野。这一时期从北非到中东欧，从拜占庭帝国到罗斯公国，从南亚次大陆到东北亚，蒙元帝国、奥斯曼帝国攻城略地、兵锋遍指，受之影响，需要承平与自由来滋养的法律文明，在这些土地上一直未能在真正意义上对抗住无上王权或极权主义的天然野心。正如近年哈佛学者胡夫(T. Huff)在《西方文明的“东方”起源?》一文中所指出的那样，西欧文明与中国、印度或其他文明虽说有些同源或互通的思想因素，但其本质因素是生发于自身的，其政治法律思想与其他文明出现本质性差异的时间，正是在13—15世纪。⑦

观念的演递和文明的推进，其背后往往是势均力敌的论战双方或多方在相对长的一段时期内相互较量的结果，西欧中世纪法律领域的情况即是如此。西方政治法律思想从11世纪开始，进入了罗马法与教会法两种传统激烈碰撞的时期。罗马法注释研究的大行其道，虽对教会法研究产生了较大影响，⑧

---

⑦ Toby Huff, "The 'Eastern' Origins of Western Civilization?," *Academic Questions*, 2014, 27 (3): 286 - 299. 该文是对约翰·霍布森著作(John M. Hobson, *The Eastern Origins of Western Civilization*, Cambridge: Cambridge University Press, 2004)的回应。

⑧ 朗道(P. Landau)指出，格兰西在教会法研究方面的成就，若不考虑博洛尼亚注释法学派的影响是不可想象的；注释法学派对罗马法法律文本的分析方法，给予了格兰西很大启迪。然而，格兰西在《教会法汇要》中对圣经的极其依赖，表明他完全是处于以神学为导向的基督教世界观内。参见 Peter Landau, "Gratian and the *Decretum Gratiani*," *The History of Medieval Canon Law in the Classical Period, 1140 - 1234, from Gratian to the Decretals of Pope Gregory IX*, ed. Wilfried Hartmann and Kenneth Pennington, Washington, D. C.: The Catholic University of America Press, 2008, p.42。

但也引来了教会法学者的敌意；同时，注释法学者对罗马法的强调，使他们对教会法学者也持抵触甚至敌对的态度，他们甚至愿意舍近求远从罗马法经典中去引述圣经的原话。⑨ 这种情况在 14 世纪的巴托鲁斯(甚至包括他的老师奇诺)之前是常态，“而引人注意的是……对教会法的敌意在巴托鲁斯身上却不复存在了”，巴托鲁斯极力捍卫各种权力不仅独立于帝国，而且彼此分立，这不仅为罗马法研究领域带来了一场革命，也使得明显具有近代特征的政治权力多元化概念应运而生。⑩ 罗马法和教会法“敌对的时代结束了”，巴托鲁斯本人和“在他之后的重要法学家几乎都是‘两种法律方面的’(in utroque jure)博学之士”。⑪

两种法律之间关系的转换，很大程度上源于王权、帝权、教权之间的关系在 13 世纪下半叶和 14 世纪初发生了转换，⑫

---

⑨ 参见本书第 117 页(脚注所引页码均为原文页码，后同)。

⑩ 昆廷·斯金纳：《现代政治思想的基础》，第 8 页。

⑪ 不唯如此，巴托鲁斯还探讨过希伯来语的问题，涉足过几何学，对阿奎那和但丁也有自己的研究和评述。参见 C. N. S. Woolf, *Bartolus of Sassoferrato: His Position in the History of Medieval political Thought*, Cambridge: Cambridge University Press, 1913, pp.15－17。另见本书第八章注 42。

⑫ 详情可参见 P. E. Schramm, *Kaiser, Konig und Papst: gesammelte Aufsätze zur Geschichte des Mittelalters*, Stuttgart: Anton Hiersemann, 1969。在如何处理教权与王权的关系上，主要有三种立场：其一是以巴黎的约翰(1255—1306 年)为代表的二元论立场，该派主张世俗权力直接来自上帝，无须属灵力量来安顿；其二是罗马的吉尔斯(1243—1316 年)等人的立场，他们主张世俗权力完全源于属灵权力，前者若不与后者相联或不经后者授职，便没有合法性；第三种是以维泰博的詹姆士(1255—1308 年)《论基督教的统治》为代表的观点，它可以说是前两种观点的“中道”：世俗权力的建制性“存在”(being)既来自上帝的创生也来自属灵权力的安顿，但詹姆士认为，世俗权力虽来源于上帝，但受人的自然倾向影响而不免带上质料性和不完善性，因此要由属灵力量来完善和成全。参见《斯坦福哲学百科全书》(*Stanford Encyclopedia of Philosophy*)网络版对“维泰博的詹姆士”(James of Viterbo)词条的解释。詹姆士的第三种折中观念，已非常接近但丁(1265—1321 年)在《君主国》中对世俗权力相对独立性的强调，以及《神曲》对地上乐园与天上乐园之关系的定位。

而对于后面这一点，我们还可向前追溯到国王、皇帝与教皇三方在礼仪称谓和政治法律实践上的相互参鉴。在教会把自己标榜为“基督神秘体”时，世俗世界也称自己是“神圣帝国”，以谋求获得准宗教的荣光，“属灵的神秘体”和“世俗的神圣帝国”恰好同时出现在了 12 世纪中叶；及至 13 世纪早期，圣俗两界在权标、特权和政治象征上的彼此借用达到了顶峰。[13] 罗马教廷的教阶制日益变成世俗君主国的完美原型，而国家日益成为奠基理性之上的准教会；国王们以及王座法学家们，不断强调国王自身在王国里与帝国的皇帝是平起平坐的，教皇和教皇特使们，则在王国誓约的效忠对象上开始不断强调王冠与国王之分别。[14] 人们不禁要问，中世纪晚期和近代早期的国家或王权到底在多大程度上受到教会模式或教权的影响，两种法律（有时还可加上第三种即封建法）、三种权力之间既斗争又融会的关系对近代主权观念和现代国家建制的影响又有几何，它们势必成为揭开“国家的神话”的关键线索。20 世纪上半叶，诸如此类的问题引发了众多思想家和学者们的深入探讨和著书立说。

囿于眼界和虑及主旨，译者在此对与注释法学派相关的重要文献仅作概梳略举。20 世纪上半叶可以说是对注释法学派及其所处时期进行研究的高峰期：1913 年，伍尔夫（S. Woolf）出版了介绍巴托鲁斯的专著（*Bartolus of Sassoferrato*，Cambridge）；1938 年，赫尔曼·坎托洛维奇（H. Kantorowicz）

---

⑬ 参看本书第五章开头部分。

⑭ 可参看本书第 298 和 360 页。

和巴克兰(W. Buckland)出版了《罗马法方面注释法学者研究：新发现的12世纪著述》(*Studies in the Glossators of the Roman Law: Newly Discovered Writings of the Twelfth Century*, Cambridge)；1946年，厄尔曼出版了《彭纳的卢卡斯所展现出的中世纪法律观念：十四世纪法学成就研究》(*The Medieval Idea of Law as Represented by Lucas de Penna*, London)；20世纪下半叶涌现出了更多有关注释法学派整体及强调其在政治思想史中重要地位的著述。1951年，意大利学者卡拉索(F. Calasso)出版了介绍注释法学派的专著《注释法学派与王权理论》(*I glossatori e la teoria della sovranità*, Milan)；70年代，斯金纳的《现代政治思想的基础》在梅特兰、吉尔克(O. Gierke)等人的基础上进一步阐明了注释法学派对西方"修辞"、"自由"、"德性"等观念的重要意义，他批评厄尔曼和伍尔夫之前在评介意大利注释法学家时，忽视了他们求学巴黎大学将亚里士多德哲学政治理论运用于法典评注这一点，[15]由此他特别强调了注释法学派与古典哲学之间的紧密关联，以及注释法学家在西欧地区的学术流动所带来的政治法律思想新气象。斯金纳的批评无疑是中肯的，事实上，在他作出深刻批评前的十几年，一部集中于这一时期的大作已述及这段关键时期的这一关键疏漏。

这便是恩斯特·坎托洛维奇初版于1957年的巨著《国王的两个身体：中世纪政治神学研究》。该书一经面世所引发

---

⑮ 昆廷·斯金纳：《现代政治思想的基础》，第54页。有关博洛尼亚和巴黎之间的思想互动，还可参见 Riccardo Saccenti, *Debating Medieval Natural Law*, p.56。

的反响"可谓即时而强烈",它"可能是有关中世纪政治思想史最重要的著作,……追溯了11—16世纪早期民族国家的理论及象征形态的发展进程","引人入胜地呈示了有关中世纪王权观念的法学、神学、图像学方面的史料"。[16] 通过大量引用注释法学家、教令集注释者、教皇令集注释者的著述,坎托洛维奇阐述了注释学派在11—16世纪王权与教权、法律与皇帝(或国王)的较量中的重要地位,呈现了注释学派所处时期波澜壮阔的政治观念变革,尤其是剖析了"国家的神话"、主权、团体、法人等一系列现代重要政治观念、建制或拟制体的形成过程。书中,坎托洛维奇从基督教神学中的"基督的二性"(神性和人性)回溯到教会有机团体概念基础上形成的"基督的两个身体",揭示了其如何经由"国王的两个人格"而演化为"国王的两个身体"学说。"从国王两个身体这一主题,以及该主题对王国作为政治身体而具有的连续性(13世纪以来整个国家理论都建立在这种连续性之上)的影响出发,坎托洛维奇以点带面、以史拓论,探讨了中世纪政治神学那些主要问题的全貌,评判了其对中世纪后期各君主国主流法律—观念形态架构的影响。下面一系列重要的相关问题正是在上述视角下出现的:国王服属于法律,国库概念的神学基础,祖国观念及其演进过程,团体观念,建制和王朝的连续性,作为政治拟制的

---

⑯ 有关反响的具体情况,参见威廉·切斯特·乔丹为本书所撰序言(1997年);后两句雷森伯格(P. Risenberg)和蒂尔尼的评语转引自 Robert E. Lerner, *Ernst Kantorowicz: A Life*, Princeton: Princeton University Press, 2017, p.356。

王冠……”[17]

坎托洛维奇为我们展现了围绕“国王两个身体”这一主题的中世纪政治神学长卷。在这幅“政治神学”长卷当中，乍观之下的相关性或相似性可能经历了观念或概念上的漫长嬗变，很多因果联系的假象令人眼花缭乱，作者一再提醒当中的观念联结陷阱，提醒人们对于历史上诸相似概念的中间演进不可贸然遽断，这些诫诲无疑成为后来踏入这片茂林的学者们的路标。

如作者所言“时间相近并不一定存在因果关系”（第 273 页，此处为原文页码，下同），同样，时间相疏或许在因果上却有接续之实，坎托洛维奇在梳理观念演进史时一再呈示了这一因果论的两面。[18] 在他看来，注释法学派融汇了罗马法传统、亚里士多德（主义）思想、经院哲学教义和教会法理论；同时，理性逻辑精神、象征拟人手法、神秘主义传统、寓意释典路径、修辞作文技艺等等，这些对文艺复兴、宗教改革及至现代

---

⑰ E. Kantrowicz, *Los dos cuerpos del rey: un estudio de teología política medieval*, traduccion de Susana Aikin Araluce y Rafael Blázquez Godoy, Madrid: Akal, 2012, p.18.

⑱ 坎托洛维奇的观念史梳理偏重于对“国王二体论”相关观念追本溯源，偏重于从诸多相似观念在历史上的关联影响展开推论，他在文中不止一次地谈到观念复合（见本书第 131 页）、观念联结、因果关系或类似的休谟式用语。在本书第一章注 36 中，他还提到了休谟那部以剖析伦理政治观念或诸宗教信念之成因而著称的《英国史》，赞许他对新生观念的敏锐捕捉，“休谟在《英国史》中引人关注地褒扬了英国议会的创举，认为它‘在国王职位和他的个体之间，创造了一个前所未闻的区分’。”在第四章对时效、自然法、长期习惯等问题的讨论中，坎托洛维奇认为，布拉克顿通过运用一整套观念到直领地或国库上，便将“准神圣物”等同于自然法了；这与休谟对自然法的探讨，以及人为正义如何获得自然法的地位有异曲同工之处。

西方总体思想产生重要影响的要素，也都在注释法学派那里会通承转。受此种融会风格影响的但丁，[19]其以“地上乐园”和“天上乐园”为代表的二分法思维模式决定了他有关“人”和“职位”等的新见解，[20]其“人类统合体”观念则为国王代表整个人类或成为永续的独体法人提供了可能，从而使得国王有可能与基督一样成为不朽之头“王者”(King)，形成与“国库”、“王冠”、“威严”同位并列的不朽“政治身体”。[21] 这些观念史上的因果联结，坎托洛维奇不是以孤立个案呈现给我们的。他笔下的但丁，是亚里士多德思想、阿奎那学说、阿维洛伊主义等共同影响下造就的；但丁学说的背后，是那个新潮涌动的时代和社会。但丁之后一直到莎士比亚的时代也一样深受拟制和象征风格的影响，形成了丰富而辐散式的政治神学图景，在对这一图景的俯仰切换之间，坎托洛维奇对莎士比亚《理查二

---

⑲ 有关但丁与注释法学派的关联情况，参见本书第八章注 4。

⑳ 正是依据对这一思维模式的整体把握，坎托洛维奇令人信服地反驳了吉尔松的秩序三分法(将教皇、皇帝和哲学家并置于上帝之下)，使得“人类统合体”成为与教会“神秘体”同列并置的“道德的和政治的身体”。参见本书第八章注 31。

㉑ 普林斯顿大学出版社在拿到《国王的两个身体》1953 年书稿时，还不知道坎托洛维奇要新增但丁一章，如果社里知道的话，他们肯定会不太赞同，因为他们之前对莎士比亚一章的去留就持保留意见。普林斯顿大学历史系主任斯特雷耶(J. Strayer)也曾建议坎托洛维奇删除但丁一章，但这一建议没有被后者采纳。坎托洛维奇的传记作者勒纳(R. Lerner)认为，坎托洛维奇新增但丁一章，与但丁和莎士比亚都是 20 世纪 20 年代格奥尔格圈子所大加推崇的诗人有关，并以坎托洛维奇在这一章结尾处的话——“我们现在也许更容易，或者也可能更难去理解英国法学家们后来的定义”(第 494 页)来例证，坎托洛维奇本人对这一章与整体的关联性也不是很有把握。但最后勒纳更愿意用吉赛(R. Giesey)的话来理解坎托洛维奇的良苦用心：但丁一章“对于坎托洛维奇的生活哲学是重中之重”。参见 Lerner, *Ernst Kantorowicz*, p.352。

世》和但丁《神曲》的解读既推察远景又究极精微，不断激发后人在哲学、法学、历史、艺术和文学等畛域的多维想象空间。[22]坎托洛维奇以他特有的叙述手法向我们揭示了：前期注释法学派如何发起对古罗马法学经典的注释，如何受亚里士多德、西塞罗等影响，经阿奎那、索尔兹伯里的约翰、巴黎的约翰、马西利奥等思想家的中间作用，在新的政治法律环境下催生出以巴托鲁斯为代表的一大批后期评注法学派；评注法学派又是如何通过他们对文艺复兴时期政论性思想家的影响，开始塑形 15、16 世纪的法兰西政治法律思想（例如博丹的）和实践（包括国王葬仪），直至对伊丽莎白时代英格兰的法律报告或判例汇编产生重要影响，这些报告汇编最终成为西方公民个体接触评价公共事件、参与公共政治空间的最初形式之一；直接承继于中世纪注释法学派的普洛登、柯克、考威尔等，他们的判例报告或法学辞典为莎士比亚的法律题材文学输送了养料，成为后来梅特兰和波洛克法律思想史的重要素材，而从德语世界迁到英语世界的坎托洛维奇受英格兰这一支脉的影响甚大，他们可以说是在德国团体论研究大家吉尔克之外，对

㉒ 此处也应留意下述批评意见：在诗歌的超现实想象与法律的实证取向之间难免存在较大张力，坎托洛维奇在莎士比亚的《理查二世》这一章完全信赖诗歌的隐喻，并将国王二体论隐喻的"固化"（stiffening）延伸到了布拉克顿身上，把布拉克顿真实表述"（国王）不在人之下，而在上帝和法律之下"（*non sub homine, sed sub deo et sub lege*），转换成了自己政治神学的核心用语——"国王既低于又高于法律"（*rex infra et supra legem*），如此一来，他便遮蔽了布拉克顿实质上是要努力消除法律之神学特征的本意；而且，批评意见还认为莎士比亚的《理查二世》中本应会出现布拉克顿的身影，以凸显诗歌背后真实的政治法律因素。参见 Anselm Haverkamp, "*Richard II*, Bracton, and the End of Political Theology", *Law and Literature*, Vol.16, No.3 (Fall, 2004), pp.316－320。上述批评意见对于如何看待坎托洛维奇笔下的《神曲》同样有参鉴意义。

《国王的两个身体》影响最大的思想来源。[23]

不可否认的是，坎托洛维奇的宏大视野也成了为人诟病的话柄(见本书序言)。坎托洛维奇在描绘一张动态的西欧中世纪观念史地图时，将众多主题归入一个论题之下，并且在这种混合当中还不断反观现代实践，这种书写方式本身必定会冒着巨大的风险。[24] 当然，此种风险同时也带来了旧有观念通

---

[23] 中世纪史家弗莱肯施泰因(J. Fleckenstein)在《国王的两个身体》德译本前言中指出，坎托洛维奇迁到英美之后，其与德国研究传统的联系并未隔断，而是将德国传统融入了英美研究传统，因此他也成为“一位名副其实的顶尖国际学者”，参见 *Die zwei Körper des Königs: Eine Studie zur politischen Theologie des Mittelalters*, übersetzt von Brigitte Hellmann, München: Deutscher Taschenbuch Verlag, 1990, p.17。也应看到，坎托洛维奇年轻时在德国所沉迷的民族主义幻象和所经历的真实迫害，与他流亡英美并定居美国所感受到的宽容气氛，形成了反差较大的“双重经历”，后来的坎托洛维奇“不仅意识到和悔悟于他之前极权主义思想的罪性，而且成为民主思想的坚定信守者”。他前后 3 部著作(《皇帝腓特烈二世传》、《君王颂》、《国王的两个身体》)某种程度上正反映了这种思想变化。然而，他本人的内心轨迹并不能同步为外界所体察，这也决定了《国王的两个身体》面世后的命运。对于 1945—1955 年间撰写这部著作的坎托洛维奇，不少英美学者对他的印象仍停留在 20 世纪 20 年代那个撰写《皇帝腓特烈二世传》的作者上，他们仍以怵然为戒之心看待这位“半个纳粹”(полунациста)。直至坎托洛维奇 1963 年逝世后，这位“回头浪子”(Блудного сына)的著作的学术分量才获得越来越多的认可和重视。参见《国王的两个身体》俄译本(*Два Тела Короля*, пер. с англ. М. А. Бойцова и А. Ю. Серегиной, Москва: Изд-во института гайдала, 2014)译者博伊索夫(М. А. Бойцов)所撰导言“坎托洛维奇三部曲”(Три книги Канторовича)，第 48 页。

[24] 针对坎托洛维奇的批评意见主要集中在以下 3 点：首先，不少批评者认为坎托洛维奇对观念史的处理“不着地”(up in the air)——极少有对现实政治事件的思考，斯莫利(B. Smalley)抱怨道，“读到最后，我感觉就像用了一顿没有面包光是果酱的餐之后那般反胃。研究观念史的时候，不把这些观念与产生出它们的那些现实的问题和冲突联系起来，这可能吗?”其次，有关莎士比亚、但丁等章节本身的问题，以及书中各章节非线性的结构，也引起了很多批评意见，“早期评论者奥夫勒(H. S. Offler)觉得(书中)论证的主线有时很难把握住；格雷森(C. Grayson)则觉得书中少了能让读者……准确定位自己的那种连续性；波威克(F. Powicke)认为该书‘不成体系’”；再者，有些批评者认为这部著作“过于学术化”，在他们看来，展示那些冷僻的神学知识和艰深的修辞术语是“没有必要的”，注释中对大段专业性极强的拉丁文处理欠妥。参见 Lerner, *Ernst Kantorowicz*, pp.353 - 354。

道上意想不到的掘进方向。坎托洛维奇对古代、近代和自己时代的问题有着不同寻常的深刻反思,[25]正是带着这种反思精神,他有关王权的论题才显得鞭辟透里,正是他所执着的广博精细,他的影响才会与日俱增。[26] 千百年来,封建王权不断吸

㉕ 斯金纳曾借用坎托洛维奇的话来评价但丁老师雷米焦的学说——"托马斯式的原始黑格尔主义",参见《现代政治思想的基础》,第61页,以及《国王的两个身体》,第479页。坎托洛维奇作为犹太人身处纳粹德国治下,他对"国家的神话"和自己时代的问题有着深切的感悟,有关于此及坎托洛维奇的简略生平,可参见本书序言(1997年)。当然,坎托洛维奇对现代性问题有着深刻的反思,并不意味着我们可以夸大他同时代事件或人物对他的影响,如舍甫琴科(I. Ševčenko)所言,"坎托洛维奇一再表明自己的著述未受同时代事件的影响",而且,坎托洛维奇本人在一些场合也说过要让自己的历史研究免受自己时代的影响;对于从"政治神学"或那个年代德国政治思想家来费力解读《国王的两个身体》的倾向,勒纳直言,虽然坎托洛维奇在本书的副标题里使用了卡尔·施密特19世纪20年代提出的"政治神学"概念,但"坎托洛维奇未曾想过要与施密特对话或在观念形态上对其有所引鉴。施密特的名字没有出现在《国王的两个身体》中,没有出现在坎托洛维奇所发表或出版的任何别的著述中,也没有出现在他上千封书信的任何一封中。一些评注者就不要再继续这种臆想的关联性了"。参见Lerner, *Ernst Kantorowicz*, p.347。

㉖ 20世纪90年代以来,所谓"两个坎托洛维奇"(1927年出版《皇帝腓特烈二世传》并为纳粹所追捧的坎托洛维奇与移居美国执教普林斯顿大学并于1957年出版《国王的两个身体》的坎托洛维奇),或者说,他的前后两段重要历程或"双重自我",被置于一个更大的视阈中来理解。"坎托洛维奇是现代性及其不满的孩子。在加入格奥尔格圈子的同时他也卷入了一个论题——格奥尔格同时代人兼对手马克斯·韦伯称之为世界的'除魔化',这种讨论正是像坎托洛维奇这样的归化犹裔(还包括瓦尔堡、卡西尔和本雅明)特别有优势去添力的。他们的19世纪是'虔敬'遭弃而'世俗性'认同得势的世纪。这是进步还是失落——让世界重新魔化可能或者可取吗?"在这样一个大的思想背景下,《国王的两个身体》副标题中的"政治神学"才可能更好地得以理解,也才可能说,这部著作与卡尔·施密特处于有张力的对话当中。参见莱瑟(C. Leyser)为《国王的两个身体》普林斯顿经典版所写的导言(*The King's Two Bodies*, Princeton: Princeton University Press, 2016, pp.xiv-xv)。可以说,坎托洛维奇何以选用了"中世纪政治神学研究"而不是通常情况下的"中世纪政治思想研究"作为副标题,对于理解这部著作是非常重要的。在巴拉克劳(G. Barraclough)看来,"别的学者甚至别的评论家都引人误解、过于理性化地称作'中世纪政治思想'的东西里,这 (转下页)

重，形成古代世界里一种特有的“黑洞效应”，严重扭曲了自身所涉场域的“时空”，但由于正义、理性、教权、法律、国家等继起“超星体”的强大约制力，西欧王权的“时空图景”呈现了新的样态；欲从现代处境出发探寻其奥秘，也就必然要进到已变身为“高维空间”的历史深处，还原那些处在时空曲率下错落关联的事件真相和观念真相，它们的千奇百态和虚实交错，是靠现代某一两个学科无法揭示和厘清的。从这个意义上说，坎托洛维奇有关中世纪王权历史的这项研究，树立了跨界整合分析和观念群落溯源的典范。我们虽不能历数他所有创见的后续影响，但对他笔下西方文明塑形最重要时期的一些最重要观念成因，我们无疑值得再花费些笔墨。

在译者看来，坎托洛维奇很好地解释了哈佛学者胡夫上面提出的问题。坎托洛维奇的第一部大部头著作《皇帝腓特烈二世传》选题就是西方中世纪历史上极具特色的人物。腓特烈二世博学多才，身上流淌着法学精神，其治下的西西里王国和他本人的作品《论以鸟行猎的技艺》（*De arte venandi*）都

（接上页）一副标题抓住了它的神学方面——虔敬至诚的且归根结底乃形而上的方面”（见本书序言[1997]，p.xxvi）。坎托洛维奇自己前言里的表述，或许能帮我们更好地理解他所用“政治神学”的真正意涵和他的方法论取向：“如今所呈示的这项研究，内容之一是要尝试去理解，或者（若可能的话）去展现出，政治神学的某些原则借助哪些方式方法如何在中世纪晚期开始发展起来，这些政治神学的原则虽‘已作必要的修正’，却一直到20世纪仍为有效。不过，就此认定作者仅依据我们自己时代可怕经历而要去探究一些现代政治宗教偶像的出现，也是与作者本意相去甚远，当今国家，从最大的到最小的，皆有沦为那种最怪异之教义的牺牲品的，在这个时代，政治神学的思考成为真正的妄念执意，在许多情形下否定人类理性和政治理性的基础。”

可谓独步当世，有浓郁的西欧文化特质。[27] 此外，坎托洛维奇笔下的注释法学者们总是可寻根于但又不拘囿于一地，在整个西欧乃至中东欧有着广泛的传承关系，他从各国法律政治史料中找寻注释法学派在欧洲地区相互交融的佐证：包括巴托鲁斯在内的多数意大利法学家都有法国求学背景，受英国索尔兹伯里的约翰的影响较大；诺曼人在意大利建立起的西西里王国，最后形成腓特烈二世治下的多民族多语言共存局面，并促就了《奥古斯都宪法》（*Liber augustalis*，或译作《1231年皇帝腓特烈二世为西西里王国颁布的梅尔菲宪法》[28]）的出台，该王国其后虽由德意志霍亨斯陶芬家族接管，但与同样由诺曼人主导的金雀花王朝治下英格兰有着深层次的人口迁移和文

---

[27] 对此，还可参见卡西尔对腓特烈二世的评价（《国家的神话》，范进、杨君游译，华夏出版社1999年版，第169—170页）。卡西尔将腓特烈二世的法典视为"现代官僚政治的出生证书"，并认为他在西西里王国的政治行为是现代化的，揭开了不同于中世纪文明的新篇章；不过，与坎托洛维奇看法相近，卡西尔也主张，腓特烈二世的思想和论述方式并非是现代化的，而是神秘主义的。评述最后，卡西尔引用了坎托洛维奇在《皇帝腓特烈二世传》的原文来对这位但丁眼中伟大君主的典范作出总括。

[28] 在《奥古斯都宪法》1971年英译本导言中，作者鲍威尔（J. Powell）批评了早期学者在对该部宪法研究时偏重讲罗马法复兴等法律因素的影响，而忽视了政治和社会的大环境以及拜占庭帝权观念的影响，他指出："近来，恩斯特·坎托洛维奇就西西里王国的帝王理论如何发展出了真正世俗意义的新政治神学，探寻出了一种新方法，这种新政治神学乃是17世纪绝对主义的先声。对坎托洛维奇而言，《奥古斯都宪法》是腓特烈二世'作为罗马皇帝颁布的，其实，颁布该法也处于西西里之王的权限内，因为这样的王是真正能够作为自己王国里的皇帝来行使权能的。'在坎托洛维奇看来，罗马法是一种在国王和法律之间建立起联系的新政治神学信条，以及新法律礼仪的源泉。"参见 *The Liber Augustalis or Constitutions of Melfi Promulgated by the Emperor Frederick II for the Kingdom of Sicily in 1231*, translated with an introduction and notes by James M. Powell, New York: Syracuse University Press, 1971, p.xviii.

化交流；推进而论，英格兰的诺曼佚名著者与法兰西的夏特尔的伊沃、前期注释法学派与夏特尔学派之间的密切联系，[29]德意志地区的苏门哈特(C. Summenhart)、法兰西的巴托鲁斯后继者博丹、以维多利亚和苏亚雷斯为代表的西班牙萨拉曼卡学派之间隐微难察但不容忽视的影响关系，以及类似的跨国家跨地区的政治法律思想交融，都需要更为深入的考辨，在此基础上，我们或许能借取后期经院哲学对亚里士多德以来某些重要概念(比如“关系”[*relationes*])的统览，来进一步深化对《国王的两个身体》诸观念演进的理解。[30]

㉙ 参见 George H. Williams, *The Norman Anonymous of 1100 A.D., toward the Identification and Evaluation of the So-called Anonymous of York*, Cambridge: Harvard University Press, 1951, pp.55－60。另见本书第八章注 67。

㉚ 坎托洛维奇对与国王二体论相关的一些经院哲学概念(包括时间、连续性、统合体、共相等)作了较为深入的分析，对这些概念的讨论，往往经由阿奎那、阿维洛伊、大阿尔伯特、司各脱、奥康、伦巴第人彼得等中世纪思想家而上溯到亚里士多德、奥古斯丁等古典哲学家或教父，这无疑决定了坎托洛维奇在《国王的两个身体》中的思考深度不同于一般史学著作。当然，难免也会有一些重要概念会被遗漏(也不排除坎托洛维奇有意避免在法学观念与经院哲学之间的关系上作“冒然决断”，故持守一种谨慎态度而不随意延展。参见本书第 302 页)，“关系”就是其中之一。这一概念在亚里士多德《范畴篇》里是与实体、质性、数量、时间同等重要的范畴，在 12—14 世纪的经院哲学思想中占有举足轻重的地位，对三一论中圣父圣子的位格关系、所有权、实在世界的秩序等问题的讨论都尤为重要。苏亚雷斯这位被海德格尔誉为近代哲学唤醒者、重要性甚至高于阿奎那的耶稣会士，专门写过《论实在的关系》(*Disputatio XLVII. De Relatione Reali in Communi*)，它不仅是对亚里士多德的《形而上学》的评注，同时也是对他之前所有关系学说的梳理，参见 Francisco Suárez, *On Real Relation* (*Disputatio metaphisica XLVII*), a translation from the Latin, with an introduction and notes, by John p. Doyle, Milwaukee: Marquette University Press, pp.16－19；本书第四章第 134－135 页，谈及了阿奎那弟子罗马的吉尔斯在国王—法律关系问题上的独辟蹊径，此处可与罗马的吉尔斯在关系问题上的看法进行对读，参见 Mark G. Henninger, *Relations, Medieval Theories 1250－1325*, Oxford: Clarendon Press, 1989, p.26－29。还可参见《斯坦福哲学百科全书》(网络版)词条“Medieval (转下页)

如果说坎托洛维奇在第二部著作《君王颂》(出版于1946年)中的崇奉对象从皇帝腓特烈二世更多转向了法兰西的路易九世,那么到了19世纪50年代的《国王的两个身体》中,坎托洛维奇没有特别展现对某个人物的这种崇奉,毋宁说他在呈现一个连续性的主题,让那些"波澜不惊的诸历史"(des histoires à pente faible)和"不相类属的诸事件"(des événements disparates)[31]嵌入这个连续性主题的有机结构。这是他的"新史学"所力图推动的。个中的困难和应对的方法,我们不妨用他自己的话来作答,"任何'解释'历史现象的努力,即便是只想理解历史现象背后那些限定性或关联性因素的努力,似乎都会无功而返,因为,实际生活中有多个层面同时在起作用且相辅相成,对历史现象的解释也就不可单线直入了。"[32]多维视阈下还原主题和思潮背后的诸多成因,而不受学科"樊篱"的阻隔,成为他"博学和修辞传统"的靶向。这时的坎托洛维奇已不同于19世纪20年代那个身在格奥尔格圈子里无比推崇腓特烈二世、但丁和莎士比亚的坎托洛维奇了,而升格为一位能通览整个欧洲中世纪政治神学的学术大

(接上页)Theories of Relations"。关系的实在性及其与实体的关系问题在13—16世纪的深刻变化,对坎托洛维奇的相关思考肯定也是很有意义的。譬如,本书第七章,诸侯战争时期对国王、王者、王冠三者关系的理解之所以不同于稍后及至培根时期的理解,很大程度上是没有"将两个实体(王国和王冠)连同'王权'回归至一个共通项之下",而是让两个实体处在各自偶性上的对立状态,使得诸侯们把国王及王者置于王冠的对立面成为非此即彼选择下的两个实体(可参见本书第368页);个中变化或许就包括了来自关系论的重要影响。

㉛ 这两个用语引自福柯《知识考古学》(*L'arch éologie du savoir*, Paris: Gallimard, 1969, p.10)。

㉜ 参见本书第447页。

师。他早先对文学艺术的热情显身为《国王的两个身体》中有关理查二世、但丁的章节，其早期在“经济史、地理学和阿拉伯哲学”[33]的兴趣和积淀，则化现为第三部著作对“国库”、“祖国”和“阿维洛伊主义”的分析；他在中世纪政治思想史研究上的新方法和在近代诸多政治问题上的深度反思，正是福柯、斯金

㉝ 参见 Lerner，*Ernst Kantorowicz*，p.59。坎托洛维奇在海德堡大学有关“穆斯林工匠联合会”的博士论文选题，是由第一次世界大战时期任土耳其经济顾问的萨尔兹(A. Salz)建议的。萨尔兹撰写过《伊斯兰的“衰落”问题》一文，与韦伯看法一致，他也认为伊斯兰教缺乏支撑资本主义发展的内在质性。但萨尔兹由于教职问题最后未能成为他的导师，坎托洛维奇博士论文《穆斯林工匠联合会的本质》(*Das Wesen der muslimischen Handwerkerverbände*)是在戈泰因(E. Gothein)指导下完成的。戈泰因知识非常渊博，但熟悉他的韦伯认为他空有学识而拙于应用；事实上，戈泰因对坎托洛维奇也没有作出什么实质性指导，坎托洛维奇这篇经济史的博士论文是自己完成之后提交给他的。博士论文的主要分析模式是在“东方”伊斯兰教和“西方”基督教之间进行比较，作者把对劳动的发现和尊重作为东西方差异的重要内容。其最核心论点是，穆斯林世界在高贵观念中追求威望，并专注于受苏菲主义影响的宗教仪式，而缺乏旨在核正技术成果和形成专卖价格的“行会”(*guilds*)。在坎托洛维奇看来，伊斯兰看重的是“多样性”(multiplicity)而非“一致化”(monopoly)，经济领域的差异势必带来相应的观念分歧：“如果西方人说‘统一带来力量’，东方人则会说‘多样性带来力量’”；观念分歧反过来又加剧了经济领域的分化：穆斯林工匠联合会成员不关心价格的稳定，允许买卖中讨价还价甚至是伊斯兰教阿訇大力支持的，这使得穆斯林手工制品逐渐为西方量化产品所取代。参看 Lerner，*Ernst Kantorowicz*，pp.62－65。勒纳视1920年提交答辩的这篇博士论文为“青涩之作”，充其量是现在美国大学本科生的水平。不过，从坎托洛维奇之后思想轨迹来看，其博士论文在原始文献考证、历史学训练和观念立意上的不足之处，成为他在1921年之后重点发力的领域(1921—1922年跟随古代历史学家多马斯车夫斯基[Domaszewski]进行历史考古[尤其是“古代后期祭仪、罗马墓葬和铭文”]方面的训练，之后进入格奥尔格圈子)；不唯如此，博士论文对于坎托洛维奇的第一部著作《皇帝腓特烈二世传》的影响是不容小觑的，传记主人公腓特烈不仅对伊斯兰文化谙熟，还曾同穆斯林幕僚率领十字军兵临圣地城下，书中坎托洛维奇还写道，“所有东方和西方的力量都呈现在了小小的西西里”(*Kaiser Friedrich der Zweite* [Berlin 1927]，p.29)。

纳、阿甘本[34]等众多思想家引述《国王的两个身体》的重要原因。坎佩斯(F. Kampers)那句概述《皇帝腓特烈二世传》的话，或许同样也适用于《国王的两个身体》："这部著作执着于细节，但貌似不甚关联的却又可自然而然地融汇于整体。其观念的无比丰富、作品的艺术之美，是无法用三言两语来概述的。"[35]

坎托洛维奇的这部著作对他自己、对读者都无疑是一次中世纪政治神学的奥德赛之旅，从出发地向着明确的目的地前行，看似平静的海面却布满了迷雾重重甚至危机四伏、阻断前行的小岛。[36] 西欧的学术流动如悠悠长河蜿蜒千年，俯瞰这样的宏景自然需要居高凌顶的视野；逝去的古典和中世纪文

㉞　在《神圣人：至高权力与赤裸生命》(吴冠军译，中央编译出版社 2016 年版)第五章第一节中，阿甘本用整节篇幅讨论了《国王的两个身体》；在《无目的的手段》(赵文译，河南大学出版社 2015 年版)"形式生命"一节里，阿甘本对阿维洛伊主义和但丁《帝制论》的见解更是与坎托洛维奇如出一辙；坎托洛维奇的身影，在阿甘本对葬仪、誓言、连续性等主题的讨论中也时有浮现。

㉟　参见 Lerner, *Ernst Kantorowicz*, p.101。

㊱　霍赫纳(Nichole Hochner)曾指出坎托洛维奇在讨论热尔松有机体学说时出现前后不一。对霍赫纳而言，热尔松明确提到了国王的三重生命，第一重是肉身的生命(需用药物治疗)，第二重是政治的生命(要靠技艺和法律方面的专家来确保)，第三重是属灵的生命(端赖于神学博士)；坎托洛维奇虽然在书中第 219 页注 76 指出，热尔松"似乎增加了第三种生命或者说属灵的生命"，但在第 422 页再次提到热尔松时却说，"如果像让·热尔松所说，国王确有'二重生命'……"，后一表述在霍赫纳看来显然有违热尔松本意。参见 Nichole Hochner, "A Sixteenth-Century Manifesto for Social Mobility or the Body Politic Metaphor in Mutation", *History of Political Thought*, Vol.33, No.4 (Autumn 2012), pp. 617-618。政治有机体是否有第三重生命，以及由此而来的"教会是否是国家的灵魂"，因 1605 年英国火药阴谋和 1606 年教皇授意弑杀"威胁天主教的"世俗君主这两大事件，成为霍布斯、菲尔默(R. Filmer)与耶稣会士(以苏亚雷斯和贝拉明为代表)争论的焦点问题，它们对于理解 17 世纪上半叶的西欧政治世界具有重要意义。

明中法律、政治、哲学、历史、神学、文学、艺术思想众多板块间的碰撞与错层，生起语言延续体的裂痕甚至它们之间永久的脱离，而这又需要能字斟句酌的“小学”功夫，来解码它们曾经共处的思想“板块”，以便自由而精准地巡弋于促使它们彼此相离的时代“大洋”。坎托洛维奇所追根溯源的各种概念、拟制和因果联结，就像暗夜航船上空的群星，指引着那条稍有不慎便易迷失的前路。[37]

书中，坎托洛维奇大量汲取了纹章学、钱币学、金石学、教会论、葬仪研究等领域成果，这在很大程度上得益于他在考古文化和古典语言上的深厚学养，从其追溯很多重要术语的词源上可见一斑；[38]坎托洛维奇多次谈及“词义对用”(antiphrasis)、“同位并列”(equiparations)、“对置互用”(*quid pro quo*)等中世纪常用语法，也提到“首语重复法”(第 32 页)、“交错法”(第 55 页)、“回文法”(第 82 页)等修辞学术语，并通过在拉丁语夺格(第 104 页注 51)、呼格(第 463 页注 33)、单复数(第 99 页注

---

[37] 对于拟制在政治世界的重要作用，当代法国著名政治哲学家扎尔卡(Y. Zarka)作了精彩的分析。他在谈到拟制与制度的关系时，认为拟制定义了政治上的一种象征的向度，而非仅具有马基雅维里的掩饰与伪装的意义；这种拟制造就了制度的大厦，并谋划它的连续性、永久性，乃至它的正当性。君主制的一部分历史，就是围绕着国王作为上帝的图像或代理人这样的主题展开的。扎尔卡特别引用了坎托洛维奇的国王两个身体学说，把这一学说看作是君主制最核心的想象。参见扎尔卡，《权力的形式：从马基雅维利到福柯的政治哲学研究》，赵靓、杨家彦等译，福建教育出版社 2014 年版，第 126 页。

[38] 譬如，个体行省的“守护神”(*Genius*)有永续不绝的创造力和生殖力，因为“*genius*”一词就源自“生育”(*gignere*)(第 79 页)；“法兰西王国”(*Francia*)来源于“自由人的国度”(Land of the Free [*franci*])(第 237—238 页)；再如，“普遍者”(*universale*)和来自罗马法的专门术语“统合体”(*universitas*)即团体的集合体同义，前期注释法学者将其界定为“众人在一个身体中的结合或集合”(第 304 页)。而且，坎托洛维奇在书中大量参考了伊西多尔的《词源》。

37)、阴阳性(第158页注209)等古典语言学方面细微处对早先一些翻译乃至文本理解进行修正,从而对某些重要思想家甚或观念史的解读偏差进行纠正。[39] 也正是这些“小学”功夫,让坎托洛维奇的整体文风在力求“高度思辨的修辞笔法”[40]时能不晦于深、不坠于浅。当然,他对罗马法、教会法、经院哲学文献的旁征博引,他所稽考的词意嬗变,也将学识有限的译者带入了一种窘况,[41]为追步此种嬗变和兼顾汉译传统,有些概

---

[39] 例如,可参见本书第八章注33。

[40] 参见本书序言(1997年),第10页。坎托洛维奇非常注重修辞和古体押韵,勒纳曾从《皇帝腓特烈二世传》中摘录过不少例子,参看 Lerner, *Ernst Kantorowicz*, p.101。福柯在《规训与惩罚》(*Surveiller et punir*, 1974)中引介和致敬《国王的两个身体》,自然是与坎托洛维奇谈论权力和身体这一内容相关,但后者的历史叙述和修辞技法可能也是福柯所看重的,此种声气相投我们从福柯的《知识考古学》和《词与物》中能感受到。在为意大利语版《国王的两个身体》撰写的导言中,阿兰·布若(A. Boureau)从福柯《知识考古学》中的“陈述”(énonciation)方法来理解坎托洛维奇对“诸拟制”历史效力的还原,参见 *I due corpi del Re: l'idea di regalità nella teologia politca medievale*, traduzione di Giovanni Rizzoni, Torino: Einaudi, 1989, intro.xxi;《词与物》第五章福柯对自然的“连续性”(continuité)的讨论,以及《知识考古学》引言中对历史分析的“连续性”和“非连续性”的讨论,也容易让我们联想起《国王的两个身体》第六章“论连续性和诸团体”。从后来的学者给坎托洛维奇著作贴上“后现代主义”、“新历史主义”、“文本考古学”、“身体的历史”等标签来看,我们也不难理解福柯乃至当时法国思想界何以对《国王的两个身体》青睐有加,参见 Lerner, *Ernst Kantorowicz*, p.347;还可参见 *Die zwei Körper des Königs*, p.16。

[41] 有关教会法方面的文献译名以及教皇、教令的译法,主要参考了彭小瑜:《教会法研究》,商务印书馆2003年版,以及厄尔曼:《中世纪政治思想史》,夏洞奇译,译林出版社2011年版;有关基督教神学方面的译名和相关译按,主要参考了卓新平、卢龙光主编:《宗教研究辞典丛书:基督教圣经与神学词典》,宗教文化出版社2007年版;有关经院哲学方面的译名和背景知识,主要参考了赵敦华、傅乐安主编:《中世纪哲学》,吴天岳审校,商务印书馆2013年版;有关罗马法及其他法律方面的译名和相关译按,主要参考了薛波主编:《元照英美法词典》(缩印版),北京大学出版社2013年版。

念在译文中甚至出现了 3 种以上译法。譬如，西方古典语言自身的丰富词义所带来的“*status*（state）”一词的多义性，文中参照上下文译作了“状态”、“身份”、“地位”或“国家”等；为了体现新旧约用词之别，“*sacerdotes*”视语境而被译为“祭司”（专用于基督或基督宗教之前）、“司祭”或“圣职者”；随基督宗教发展而嬗变或与希腊哲学交汇后用法出现扩展的词语，比如，“person”一词，被译作了“位格”（专用于基督）、“人格”或“人”；再有，依国内对天主教和基督新教用语翻译上存在的差异，“priest”被分别译成了“圣职者”（或“司祭”）和“牧师”（基督新教或英格兰教会用语）。译者为自己在某些用词上的犹疑不定转嫁给了原文和读者而惴惴不安。

坎托洛维奇的著作中的脚注部分是一个知识储库，很多都是他极费心思搜寻而来，有重要的学术价值，因此译者在这方面投入较大精力，尝试着破解他那在学养不足的译者看来“断章取义式”的脚注，当中无疑会有译名甚至译文方面的舛误，为此求取读者的谅解和慷慨指正。不管怎么说，该书的丰富脚注有如“活的宝库”，让后学可骋无穷之路、饮不竭之泉。[42]就译者所知，该书目前至少有西班牙语、法语、意大利语、葡萄牙语、德语、日语、俄语、波兰语、塞尔维亚语、斯洛文尼亚语和罗马尼亚语译本。翻译过程中，译者参较了日语译本(《王の

[42] 在本书第三章注 52 中，坎托洛维奇甚至谈到了希腊地母形象与犍陀罗造像的联系，这很有启发意义。事实上，受犍陀罗造像影响的于阗和敦煌等地区，有很多表现地神在释迦降魔成道中具有证言意义的图像或造像，它们与西欧 9、10 世纪象牙书封（或更早时期的作品）里的地母形象在起源和功能上的关联，是东西方文化交流史中值得进一步研究的课题，对于其背后所蕴含的中西王权形象和见证（μαρτύριον）文化的比较也应有启发意义。

二つの身体》,平凡社,1992),西班牙语译本(*Los dos cuerpos del rey*, Akal, 2012),意大利语译本(*I due corpi del Re*, Einaudi, 1989),德语译本(*Die zwei Körper des Königs*, Deutscher Taschenbuch Verlag, 1990),法语译本(*Les Deux Corps du Roi*, Gallimard, 1987)和俄语译本(*Два Тела Короля*, Изд-во института гайдала, 2014),不少译名的翻译和词句的疏通都得益于它们,尤其是日译本和俄译本。

感恩之言,形诸笔墨,不仅是循守常例,更是出于本心。

首先要感谢我的导师北京大学哲学系宗教学系张志刚教授和师母刘老师一直以来在学业和生活上对我的指引和无私帮助!译者能结缘此书,承惠于北京大学哲学系宗教学系吴飞老师,我博士毕业那年(2008年)他推荐给我这本书,一晃已近10年。译事虽有延宕,但译者一直未忘在语言和知识背景上不断积淀,尽管如此,对于书中大量出现的古典语言,译者仍感到有些吃力,美国西北大学杨克勤教授和吴飞老师在疑难问题上给了我颇多指点;译著部分内容是本人主持完成的国家社科基金青年项目"自然法变革与世俗伦理的兴起"(09CZX040)的成果之一,课题研究与本书翻译过程中所涉及的传统逻辑和早期基督教方面的难点,有幸分别得到西南大学何向东教授和清华大学朱东华教授的指导。为此,我非常感激他们。

感谢我爱人王梓给予我的巨大支持和激励,没有她在翻译过程中对孩子的悉心照料,我不可能完成这项翻译工作,她本人是圣经学学者,翻译过程中与她的讨论令我受益良多。

感恩家人对我这几年无暇顾家、风雨兼程的宽让与砥砺。感谢日本专修大学讲师小川都（王威女士）、北京大学外国语学院俄罗斯语言文学系讲师王帅在日译本、俄译本句法排难上对我的点拨；感谢北京市社会科学院副研究员王玉峰、北京外国语大学讲师谢明光，以及译者几位首都师范大学同事，在术语译释和资料搜集上所提供的热心帮助。

上海社会科学院出版社编辑董汉玲女士，在图文编排和装帧设计上不辞辛劳，为本书的付梓做了大量工作，在此对出版社和她本人一并致谢。上海师范大学人文与传播学院历史系讲师李腾对全书作了细致校对，他在中世纪教会史和相关领域的学识帮助译者减少了很多舛误、增补了不少词条诠释，在此表达我对他的诚挚谢意。感谢北京大学历史学系彭小瑜教授，他拨冗帮助译者校对译稿的序言和导言部分，提出了宝贵的修改意见。最后，我要感谢法兰克福大学古迪安（J. Gudian）为本书撰写导读，导读是基于他 2014 年在德国出版的坎托洛维奇传记，同时，也增补了他目前的研究项目“坎托洛维奇书信集评注”的很多新成果；还要特别感谢揭玺将此篇导读译成中文。

尹景旺

2017 年 8 月初稿

2018 年 12 月完稿于北京